ՀԱՅԿԱԿԱՆ

ՀԻՆ ԴՊՐՈՒԹԵԱՆ

ՊԱՏՄՈՒԹԻՒՆ

(Դ — ԺԳ ԴԱՐ)

ԲԱՐՁՐԱԳՈՅՆ ԴՊՐՈՑԱՑ ՀԱՄԱՐ

ԵՐԿՐՈՐԴ ՏՊԱԳՐՈՒԹԻՒՆ

ՅԱՒԵԼՈՒԱԾՆԵՐՈՎ ԵՒ ՓՈՓՈԽՈՒԹԵԱՄԲՔ

ՎԵՆԵՏԻԿ

ՄԽԻԹԱՐԵԱՆ ՏՊԱՐԱՆ

1886

ՅԱՌԱՋԱԲԱՆ

Համառօտ երկասիրութեանս տպագրութեամբ հասարակաց ընծայուելէն' կրկին տասնեակ ամաց սահեցան անցան։ Նոր տպագրութեան մը բռնադատուած ատեննիս, ժամանակը և անոր հետեւանք և արդիւնք նորանոր տեղեկութիւնք' անհրաժեշտ ըրած էին գրուածքիս աւելի ճոխ և նորոգոյն կերպարանք մը տալ. զոր և ջանացինք ընել, ոչ լոկ տպագրութեան ձեւովն և տառերով, ինչպէս կը տեսնեն ընթերցողք, այլ նաեւ – որչափ հնարաւոր և կարելի էր, – պարունակութեամբն։

Այս դիտմամբ և փափաքանօք եղած են այլեւայլ փոփոխութիւնք, ուղղութիւնք և յաւելուածք, ջանալով ընդարձակագոյն տեղեկութիւնս ընծայել ուսումնասիրաց և բարձրագոյն դպրոցաց աշակերտելոց' մեր հին մատենագրաց վարուց և երկասիրութեանց վրայ, ու անով աւելի սիրելի և մեծարոյ ընել' հեռաւոր և մերձ ոչ այնչափ երախտապարտ նոր սերնդեան' մեր ընտիր և հռչականուն նախնեաց գործածած լեզուն, և հմտացընել իրենց արդիւնաւոր կեանքին։ Այսու հանդերձ' կ'ուզենք խոսցընել միանգամայն թէ գրուածքիս նպատակը՝ իր կրած քիչ շատ փոփոխութիւններովն ալ՝ առաջին տպագրութեամբն իրեն համար արդէն գծուած ամփոփ սահմանին մէջ կը մնայ. որ էր, – ինչպէս ակնարկուած է յառաջաբանին մէջ, – «ընդհանուր պատմական տեղեկութիւն մը աւանդել մեր մատենագրաց և անոնց գրուածոց վրայ, առանց ուզելու քննադատական տեսութեամբք ծանրացընել այնպիսի գրուածք մը որ վարժարանաց համար սահմանուած էր»: Անկէ անդին բարձրանալ խիզախելը՝ մեր կամքէն ու դիտաւորութենէն, ու նաև նպատակէն դուրս էր: Խոստովանութիւն մը՝ զոր մատենիս չափն ալ մեզի հետ անխօս կը հռչակէ:

***

Մեր պատմութեանց տարեգիրքն աչքէ անցուցած ատեննիս՝ սրտի իրաւացի գոհութեամբ և սփոփանօք կը հանդիպինք բազմապատիկ քաղաքական ու եկեղեցական պարծանաց. ու Խորենացւոյն հետ կրնանք երկրորդել և վկայել որ «թէպէտ և եմք ածու փոքր, և թուով յոյժ ընդ փոքու սահմանեալ ... սակայն բազում գործք արութեան գտանին գործեալ և 'ի մերում աշխարհիս, և արժանի գրոյ յիշատակի»: Սակայն անոնց ամենուն վրայէն աւերիչ ձեռք և զէնք ժամանակաց անցնելով՝ չեն թողած այլ ինչ՝ բայց հին ու պատուական լեզու մը և մատենագրութիւն, միակ մնացորդք և աւանդապահ վկայք մեր հետախաղաղ ծածկուած անցեալ փառաց: Այդ լեզու և մատենագրութիւն՝ դարուց և ժամանակաց ամէն կերպարանափոխութեանց և աղէտից ենթակայ, չեն կրցած իրենց խակաշնորհ դրիւք և փափաքելի ամբողջութեամբ հասնիլ մինչև առ մեզ. այլ մին՝ զանազան դրոշմ և աղաւաղութիւն ընդունելով և տգիտութեան ծանր բեռը վրան կրելով, և միւսն բազմաթիւ ու աշխարելի կորստեամբք և հարուածովք։

Սակայն և այնպէս ոչ դոյզն քաջալերութիւն և սփոփանք են մեզ լսել և ըսել՝ թէ արևելեան ազգաց մատենագրութեան մէջ նշանաւոր տեղ մը գըրաւած է հայ լեզուն և դպրութիւն. իր մինչև առ մեզ պահած արդի կերպարանքովն ալ՝ թէ՛ մեզ և թէ եւրոպական գիտութեանց և բանասիրութեան համար՝ հարուստ ու անսպառելի բովք մը, որ որչափ աւելի ուսումնասիրուի, և հետախոյզ քըննուի, փորձը կը ցուցընէ թէ ի՛նչպէս օր ըստ օրէ նորանոր ճոխութիւնք արտադրելու յարմարութիւնն ունի։

Ո՛րչափ փափաքելի էր և օգտակար այսպիսի անխոնջ հետազօտութիւն՝ մեր պատմական և մատենագրական ուսմանց յառաջադիմութեանն համար։ Եւ ներուի ըսել, որ յայսմ՝ մասին օրինակ կրնան ըլլալ մեզ Եւրոպացի գիտունք և բանասէրք. և մինչ արևմուտք մեզմէ այնպիսի և այնչափ փութով կը փնտռէ մեր հին պատմութիւնն ու նախնեաց մտաւոր հարստութիւնն, և իրեն տրուածը անյագաբար կ՚ընդունի, դարուս արժանաւոր լուսամիտ և ուսումնասէր ոգին՝ հարկ է որ յորդորամիտ ընէ զմեզ՝ տգիտութեան հետևանք ամէն նախապաշարումն և աւելորդ նախանձայուզութիւն մէկդի դնելով՝ աւելի մեծանձն և առատատուր երևնալ, բաւական սեպելով անոնց երկար դարեր խաւարի և թաքնութեան մէջ մնալը։

***

Արևմտեան բանասիրութիւնն՝ – առանց ուզելու յիշատակել աւելի հեռաւոր ժամանակներ, – միայն վերջին քսան և աւելի տարիներու մէջ՝ մեծ եռանդ և հետամտութիւն ցըցուց՝ մեր ազգային դպրութեանց, մանաւանդ պատմական երկասիրութեանց նկատմամբ: Հայագէտն Տիւլորիէ 1855 տարիէն 'ի վեր՝ մեծ և օգտակար խորհուրդ մը ունեցած էր, հայ պատմչաց Մատենադարանի մը հրատարակութեան՝ հանդերձ գաղղիական թարգմանութեամբ: Իբրու երախայրիք այս հետաքննական Մատենադարանին, տպագրութեամբ հրատարակեց Մատթէի Ուռհայեցւոյ պատմական գրուածին թարգմանութիւնն, և հայկական ժամանակագրութեան վրայ բազմահմուտ հատոր մը: Իր մտածութիւնն և 'ի հանգամանաց ժամանակին առկախ մնացած գործը՝ ուզեց գլխաւորել և յարդիւնս ածել Վիկտոր Լանկլուա՝ միւս այլ հայագէտ գաղղիացի. ու ազգայնոց և օտար հայագիտաց օժանդակելովը՝ և Նուպար փաշայի վեհանձն և առատամիտ նպաստիւք, ձեռք զարկաւ և հրատարակեց երկու մեծ հատոր, չորրորդ ու հինգերորդ դարու պատմական երկասիրութեանց գաղղիական թարգմանութիւնն հմուտ ծանօթութեամբք, կանխաբանութեամբք և անոնց հեղինակաց վրայ կենսագրական տեղեկութեամբք: Եռանդուն և հայասէր ձեռնարկուին տարաժամ մահը՝ և վրայ հասած գաղղիական կառավարութեան յեղափոխութիւնն և պատերազմի և պարտութեան արկածք՝ խափան եղան այդ հաւաքման շարունակութեանն, որ ամենուն իրաւացի փափաքն էր, և առ որ ոչ ոք կը համարձակէր, ճանչնալով գործոյն մեծութիւնն ու դժուարութիւնը: Մասամբ եւեթ ուզեց դարմանել այդ պակասը Պրոսէ գաղղիացի, անդամ կայսերական ճեմարանին Ռուսաց 'ի Փեթրպուրկ, ընծայելով 'ի լոյս նոյն քաղքին արքունի տպարանէն ուրիշ երկու հատոր թարգմանութեանց մեր ազգային պատմագրաց: Տիւլորիէ իր բազմարդիւն կենաց վերջի տարիները նուիրեց 'ի թարգմանութիւն Աստղկան, և որուն առաջին մասը իր մահուընէն ետքը հրատարակուեցաւ. ասկէ զատ նաև Խաչակրաց պատմագրաց հաւաքման մէջ մեծ հատոր մը 'ի մեր պատմչաց, հայկական բնագրաւն և գաղղիական թարգմանութեամբ: Բրիւտոմ՝ նոյն լեզուով Լաստիվերտցւոյն պատմութիւնը ծանօթացոյց. Լաւէր գերմանացի փոխեց յիւր լեզու զԲիւզանդ և զԽորենացի, աւելցընելով ասոնց հետ նաև հայ լեզուի քերականութիւն մը՝ գերմաներէն բացատրութեամբ, զոր Գարրիէր՝ արդի ուսուցիչ հայկական բարբառոյ 'ի դպրոցի արևելեան կենդանի լեզուաց 'ի Փարիզ, թարգմանեց 'ի գաղղիականն: Հիւպշման՝ Սեբէոսի արաբական արշաւանաց պատմական մասին թարգմանութիւնն ըրաւ 'ի գերման բարբառ. Կուտշմիդ և Գէզա՝ քննադատական տեսութիւնք ընծայեցին Խորենացւոյ և Ագաթանգեղոսի երկասիրութեանց վրայ: Կը թողունք ուրիշներն, և եւրոպական ուսումնական հանդէսներու միջոցաւ հրատարակուած զանազան հետաքննութեան արժանաւոր հատուածներ. բայց այս յիշատակուածներն ալ արդէն բաւականէն աւելի են 'ի հաւաստարմացընել թէ որչափ մեծ կարևորութիւն տուած են և կու տան եւրոպական գիտութիւնք մեր տոհմային մատենագրութեան: Իրենց ջանքով ու ձեռքով եղած հայ հեղինակաց թարգմանութիւնք, ու անոնց վրայ տեսութիւնք և քննութիւնք՝ ոչ միայն ծանօթ ու սիրելի ընելու կը ծառայեն արևմտեայց մեր անցեալը, այլ մերթ անոր մութ ու անստոյգ մասերն ալ լուսաւորելու և ուղղելու նպատակն ունին, որով և ազգիս կրկնակի երախտապարտ մեծարանացն արժանաւորք:

***

Մեր ազգայնոց քով ալ՝ վերջի տարիներու մէջ երեւցած գրաբար լեզուի և ուսման, հայկական դպրութեանց փոյթ և ջանք՝ նշանաւոր և սփոփիչ կրնան սեպուիլ։ Նախնեաց լեզուին և մատենագրութեան արհամարհոտ անտարբերութիւնն, և անոնց վրայ զուրցուած յքուցիչ դամբանականք, դպրոցներէ անոնց ուսումը վարելու ջանք, և միայն եկեղեցական դասու հնաւանդ ժառանգութիւն մը սեպելու կարծիք՝ իրենց նորութիւնն կորսնցուցած և լռած դադրած են. և հօն մանաւանդ ուր մեր գրաբար լեզուին մահուան վճիռն արձակուելով՝ համարձակաձայն քարոզուեցաւ թէ մեռելոց յարութիւն տալու դարը իննևտասներորդը չէ, իննևտասներորդը ասոր մէջ ալ ցըցուց թէ յառաջադիմութեան և անհնարին ենթադրուածներն ալ հնարաւոր ընելու ուսմանց և գիտութեան դար է։ Թիֆլիզ, Մոսկուա և Փեթրպուրկ՝ երեք գլխաւոր կեդրոնք մեր ռուսահպատակ ազգայնոց լուսաւորութեան և գիտութեան, կարծես մասնաւոր ճգամբ զիրար գերազանցել ուզեցին 'ի սոյն զայդ վճիռ։ Պատկանեան, Մըսերեան, Էմին և այլք, մեծարոյ հանճարներ և պատկառելի հեղինակութիւնք, իրենց ուսումնական և բազմարդիւն կենաց մեծ մասը նուիրեցին 'ի հետազօտութիւն և 'ի հրատարակութիւն մեր նախնեաց երկոց. և հաճութեամբ կը նկատեն իրենց արժանաւոր աշակերտաց վրայ՝ հաւասար եռանդն և գործունէութիւն։ Ի Թիֆլիզ՝ օգտակար գրոց հրատարակութեան համար կազմուած ընկերութիւն մը՝ բաց 'ի նոր գրուածոց ընծայեց նաև այլևայլ դասական գրքեր։ Շահնազարեան վարդապետ 'ի Փարիզ, Էջմիածնի և Երուսաղեմի տպարանք՝ գովելի ու֊

ուսմնասիրութեամբ իրենց բազմահարուստ մատենադարաններէն նախնեաց զանազան գրուածոց հրատարակութիւններ ըրին։ Կը թողունք յիշել՝ի մեր մամլոց ընծայուածքն։ Կոստանդնուպոլսոյ բազմահայ գաղթականութիւնն և Զմիւռնիա, նոր լեզուի կանոնաւորութեան և զարգացման սիրողք և հետեւողք, չուզեցին անտարբեր մնալ հնութիւնն ալ պահպանող այս յառաջադիմական ասպարիզին մէջ. ոչ միայն նոր լեզուն գրաբարի աւելի մերձաւոր դրութեան մը մէջ դրին, այլ ինչուան հին լեզուով ուսումնական հանդիսի մը հրատարակութեան ձեռք զարնելու արիութիւնն ունեցան։ Չենք գիտեր թէ որչափ տեւական կրնայ ըլլալ այսպիսի ձեռնարկ մը. բայց անով՝ մեր ժամանակաց բանասիրական յառաջադիմութեան և ջանից՝ յայտարար նշան մը և ապացոյց ըլլալէն չիդադրիր։

***

Ազգային մատենագրութեան և բարգաւաճանաց մեծ և կենսական գործոյն օժանդակելու և սատարելու վախճանն ու փափաք՝ ծնունդ տուած է մեր այս դուզնաքեայ երկասիրութեանն։ Առաջին տպագրութեան ներողամիտ ընդունելութիւնն յազգէն և յօտարազգի բանասիրաց, որ մեր լեզուին և դպրութեանց ուսմամբ կը պարապին, երկրորդիս ալ գրաւական մը ըլլալու յոյսը կու տայ մեզ։ Քննադատք և ուսումնատենչք՝ կրնան աւելին քան զոր գրուած տեսնեն մեզմէ՝ պահանջել և յուսալ։ Համամիտք իրենց հետ՝ թէ ազգային լեզուն, մատենագրութիւն և բանասիրութիւն դեռ շատ դժուարալոյծ խնդիրներ ունին, մթին տեղուանք՝ կարօտք լուսոյ, կը փափաքինք որ մեր այս համառօտ գրուածքը՝ նոր գրգիռ մը ըլլայ հմտագունից, այսպիսի բազմաշած և արդիւնալիր ասպարիզի մէջ խրախուսելու 'ի ջանս, յուսումն և 'ի վաստակ։ Արդէն ոչ սակաւաթիւ են ազգասէր և գիտուն շահատակքն և մրցողք, որ մեր խրախուսանաց և գովութեան կարօտ չեն։ Մենք ըսինք թէ նպատակնիս այս չէր։

***

Մեր գրուածքը ամբողջացընելու համար՝ կը մնայ Հին թարգմանութեանց արդէն պատրաստ մասը, և զոր կը յուսամք քիչ ատենէն առանձին հատորով ընծայել 'ի լոյս։

Հ. ԳԱՐ. Զ.

ՊԱՏԿԵՐ ՀԱՅ ԴՊՐՈՒԹԵԱՆ

ԸՍՏ ԻՒՐԱՔԱՆՉԻՒՐ ԴԱՐՈՒՑ

ԱՆԳԻՐ ԺԱՄԱՆԱԿ

Հայերէն լեզու․ 84
Գողթան երգեր․ 116
Բերնով՝ կամ գրաւոր ժամանակի մատենագրաց ձեռքով ինչուան առ մեզ հասած հին առածներ։

ԳՐԱՒՈՐ ՄԱՏԵՆԱԳՐՈՒԹԻՒՆ

Յառաջ քան զգիւտ կամ կիրառութիւն հայ տառից։

Մարիբաս Կատինա․ 135 (Ըստ Խորենացւոյ)։
Արտաւազդ Ա Թագաւոր, որ յոյն լեզուով ողբերգութիւններ շարագրեց․ 150
Աբգար, որ Եդեսիոյ դիւանը կառոյց և զարդարեց․ 151
Երուանդ Բ, որ նոյն դիւանը աւելի ճոխացուց․ 151
Արտաշէս Բ․ 153
Վրոյր, բանաստեղծ․ 153
Մաժան, վերակացու մեհենից․ 153
Մինչև 'ի Լուսաւորիչ երեւցած մատենագիրք, որոց անուանքը միայն հասան առ մեզ։
Ողիւպ կամ Ոլիմպիոս քուրմ․ 154
Բարդածան Եդեսացի․ 155
Խորոհբուտ․ 159

Արտիթէոս. 160
Ղերուբնա. 161

ԴԱՐ Դ

Չորրորդ դարուս մէջ նշանաւորք 'ի վանորայս Հայաստանի, Գլակայ և Ղազարու վանք կամ Առաքեալք՝ 'ի Տարօն գաւառի, շինեալք ըստ պատմչաց և աւանդութեան 'ի սրբոյ Լուսաւորչէն. Մանեայ այրք՝ որբավայր իրեն ճգնութեանն և աստուածահրաւէր փախման: Աւանդութիւնը կը ցուցընէ յ'Առաքեալք վանս՝ Խորենացւոյ և Դաւթի Անյաղթի գերեզմանները. ու 'ի միջին մատենագրաց. զԱսողկան: Լուսաւորչի կ'ընծայուի դարձեալ՝ Էջմիածին, ու անոր մօտաւոր 'ի պատիւ սրբուհեացն Հռիփսիմեայ և Գայիանեայ կառուցուած մենաստանք. Այլոց, Հոգեաց և Ջորոյ վանաց շինութիւնն կամ պայծառութիւն և բարեկարգութիւն: Անուանի էին դարձեալ Մատրավանք կամ Մարգարէանոց սրբոյն Յովհաննու ըստ Բիւզանդայ, Տիրաշինի ուխտ, Թանահատք, Տիրանաշէն կամ սրբոյն Ներսիսի վանք, և այլն:

Գրեգոր Լուսաւորիչ. 174
Յաճախապատում. 175
Մանր երկասիրութիւնք. 179
Պատարագամատոյց. 180
Տրդատ Թագաւոր. 171
Ժամանակին դպրոցաց մէջ նշանաւորք. Թագաւորական ու հասարակաց վարժարանք. 172
Ագաթանգեղոս. 181
Պատմութիւն սրբոյն Գրիգորի. 183
Արձանագրութիւն առ Սեբէոսի. 197
Դաշանց Թուղթ. 205

Վասն վանորէից որ 'ի սուրբ քաղաքն Երու-
սաղէմ. 209
Զենոբ ասորի Գլակ. 214
Պատմութիւն Տարօնոյ. 216
Ներսէս Մեծն Պարթև. 218
Պատմութիւնը կ'ընծայէ իրեն հազարի չափ վանաց հիմնարկութիւն. աւանդութիւնն ալ քանի մը աղօթք և հանգստեան շարական-
ներ. 220
Բիւզանդ Փաւստոս. 222
Պատմութիւն Հայոց. 233
Պրոյերեսիոս կամ Պարոյր հայկազն. 237

ԴԱՐ Ե

Յետ գիւտի հայկական նշանագրաց։

Դարուս մէջ նշանաւոր դպրոցքն էին սրբոյն Սահակայ և Մեսրովպայ ձեռքով բացուածներն թէ բուն Հայաստանի և թէ Յունաց բաժնին մէջ եղածներն։ Ի վանորայս՝ Նորավանք, Այրի և Ոչխարաց վանք։

Սահակ Պարթև. 249
Կանոնական թուղթ մը. 253
Թուղթք առ Ակակիոս և Պրոկղ հայրապետս Կոստանդնուպոլսի. 254
Թուղթ առ Փոքրն Թէոդոս կայսր. 254
Տեսիլ. 254, 585
Շարականներ. 255
Մեսրովպ կամ Մաշտոց. 256
Ծիսարանին մէկ մասը. 261
Շարականներ. 261
Քանի մը համառօտ աղօթք. 261

Խրատական Թուղթք. 262
Թարգմանիքք. 262
Առաջին աշակերաք.
 Յովսէփ 'ի Վայոց Ձորոյ. 272
 Յովնան. 272
 Ղեւոնդ երէց 'ի Վանանդայ. 272
 Եշնիկ Կողբացի. 273
 Կորիւն. 273
 Մուշէ Տարօնացի. 274
 Տիրայր Խորձենացի. 274
 Յովսէփ Պաղնացի. 274
 Յովհան Եկեղեցացի. 274
 Ենովք. 276
 Դանան. 276
 Երեմիա, սարկաւագապետ Սաճակայ. 276
 Թադիկ. 276
 Գինիթ, եպիսկոպոս Դերջանայ. 276
 Արձան Արծրունի. 277
 Ալան Արծրունի. 277
 Ստեփանոս Տարօնացի. 277
 Ղաղաբիկ կամ Ղաշիկ. 277
Երկրորդ աշակերաք.
 Մովսէս Խորենացի. 278
 Մամբրէ Վերծանող. 278
 Դաւիթ Անյաղթ. 278
 Գիւտ կաթուղիկոս. 278
 Յովհան Մանդակունի. 278
 Եղիշէ. 278
 Ղազար Փարպեցի. 278
 Եզնաս Անգեղացի. 278
 Խոսրով կամ Խոսրովիկ. 278
 Յովհաննէս. 278
 Աբրահամ կամ Աբել. 278
 Անանիա. 279

  Յովսաթան. 279
  Խաչիկ կամ Խաչատուր. 279
  Անդրէաս. 279
  Թաթուլ. 279
  Վարոս. 280
  Թէոդորոս քերթող. 280
Եղնիկ Կողբացի. 280
  Եղծ աղանդոց. 281
  Եզնեկայ խրատք. 286
  Հարցումն Արձանայ և պատասխանիք Եզնկայ
   Կողբացւոյ. 286
  Հարցումն Աշոտայ որդւոյ Սմբատայ և պա-
   տասխանիք Եզնկայ Կողբացւոյ. 286
  Վասն պատարագութեան հաղորդողաց. 287
  Վասն արարչութեան. 287
  Սահմանադրութիւն կարգաց ... Թարգմանե-
   ցաւ ընդ ձեռն Եզնակայ հրամանաւ երա-
   նելոյն Սահակայ. 287
  Պատմական գրուածք մը. 288
  Ճառք. (անհարազատ). 287
Կորիւն. 291
  Պատմութիւն վարուց Ս. Մեսրովպայ. 291
Դաւիթ Անյաղթ. 295
  Ներբող խաչի. 298
  Սահմանաց գիրք կամ Սահմանք իմաստասի-
   րութեան. 300
  Գովեստ ներբողական 'ի սուրբ Եկեղեցի – յե-
   րուսաղէմ. (անհարզատ). 502
Փիլտ. 303
  Թուղթ առ Դաւիթ Անյաղթ. 305
  Թուղթ առ Վաչէ արքայ Աղուանից. 503
  Աղօթք 'ի ժամագիրս. 505
Յովհան Մանդակունի. 506
  Ճառք. 310

Ճառ խօսեցեալ յեկեղեցւոջ Դըռնայ. 307
Աղօթք 'ի մաշտոցի և 'ի ժամագիրս. 311
Կշռումն ապաշխարութեան.

Եղիշէ. 312
Պատմութիւն Վարդանանց. 315
Ճառ Մխանձանց. 326
Մեկնութիւն Յեսուայ և Դատաւորաց. 327
Մեկնութիւն տերունական աղօթից. 327
Արարածոց մեկնութիւն. 327
Այլ և այլ Ճառք. 327
Կշռումն ընծայութեան.

Մովսէս Խորենացի. 329
Պատմութիւն Հայոց. 332, 339
Աշխարհագրութիւն. 356
Պիտոյից դիրք. 359
Պատմութիւն սրբուհւոյ Աստուածածնի և պատկերի նորա. 363
Ներբող 'ի սուրբն Հռիփսիմէ. 364
Պատմութիւն Ճանապարհորդութեանն Հռիփսիմեանց. 364
Ճառ վարդավառի. 364
Մեկնութիւն կարգաց եկեղեցւոյ. (անհարապատ). 365
Քերականական երկասիրութիւնք. (անհարապատ). 367

Մամբրէ. 277
Ճառ 'ի յարութիւնն Ղազարու. 368
Ի գալուստն Քրիստոսի յերուսաղէմ. 368
Պատմութիւն. (անյայտ). 368
Ճառ 'ի ծնունդ վիրկէին. 369
Քերականական գրուածք. (անհարազատ). 369

Ղազար Փարպեցի. 370
Թուղթ առ Վահան Մամիկոնեան. 376
Պատմութիւն Հայոց. 377

ԴԱՐ Զ

Այս դարուս մէջ հռչակաւոր էր ուսմամբ Սիւնեաց վարդապետարանը ։

Աբրահամ եպիսկոպոս Մամիկոնեանց · 388
Առ Վաչագան արքայ՝ յաղագս Ննջեցելոց · 388
Պատմութիւն ժողովոյն Եփեսոսի · 589
Պետրոս եպիսկոպոս Սիւնեաց · 589
Ներբողեան 'ի սուրբ Աստուածածին · 590
Ի ծնունդն Քրիստոսի · 590
Առ Վաչագան արքայ՝ յաղագս մարդեղութեան Քրիստոսի · 590
Պատմութիւն · (անյայտ) · 591
Ներբող 'ի Բաբիկ Սիւնի · (անյայտ) · 591
Մովսէս կաթուղիկոս Եղիվարդեցի · 594
Կիւրիոն Վրաց կաթուղիկոս · 596
Աբրահամ Հայոց կաթուղիկոս · 596

ԴԱՐ Է

Եօթներորդ դարուս նշանաւոր ուսումնավայրքն էին 'ի Հայս՝ Վարդիկ հայր կոչուած վարդապետարանը յԱրշարունիս, Մայրոյ վանք, Դպրեվանք՝ 'ի Շիրակ, և Խաչկայ վանք՝ 'ի Կարին ։

Կոմիտաս կաթուղիկոս · 403
Անձինք Հռիփսիմեանց · 405
Ճառք · (անհարազատ) · 405
Եզնիկ երէց · 406
Եզր կաթուղիկոս · 406
Մաթուսաղա · 407
Գրիգորատուր վարդապետ · 409

Յովհան Մայրագոմեցի. 409
Յովհան Մամիկոնեան. 411
    Պատմութիւն Տարօնոյ. 412
Սեբիոս եպիսկոպոս. 413
    Պատմութիւն 'ի Հերակլ. 415
Մովսէս Կաղանկատուացի. 422
    Պատմութիւն. 425
Դաւիթ Բագրեւանդացի. 455
Անանիա Շիրակացի.
    Աստեղաբաշխութիւն. 439
    Պատճէն սաւմարի մեծ Հայոց.
    Ժամանակագրութիւնք. (երկրայական). 444
    Յաղագս չափոյց և կշռոց. 445
    Վեցհազարեակ կամ Ցօթնագրեանք. (անհա-
    րազատ). 445
    Անծանօթ գրուածներ. 446
Վրթանէս քերթող. 447
    Ճառ ընդդէմ Պատկերամարտից. 447
    Թուղթք. 449
Գրիգոր քերթող. 451
    Թուղթ առ Աբրահամ կաթուղիկոս. 451
Թէոդորոս քռթենաւոր. 451
    Ընդդէմ Մայրագոմեցւոյն. 452
    Ներբող 'ի սուրբ խաչն աստուածընկալ. 453
    Գովեստ 'ի սուրբ Աստուածածինն. 453
Մովսէս Սիւնեցի. 454
Գրիգոր Արշարունի. 454
    Մեկնութիւն ընթերցուածոց. 455
Փիլոն Տիրակացի. 456
Սահակ կաթուղիկոս. 457
    Թուղթ առ Մոհմատ. 458
    Ճառ 'ի տօնի Արմաւենեաց. 458
    Շարականք. 458

ԻԱ

ԴԱՐ Ը

Դարուս նշանակութեան արժանի դպրոցներն էին Մաքենոց կամ Մաքենոցաց մենաստանը 'ի Գեղարքունիս, Ջրեսկ կոչուած սուրբ ուխտը 'ի Շիրակ. Միհրներսեհի վանքը կամ Ջրվշտիկ. Թանահատք 'ի Սիւնիս, Հերմոնավանք, Արաենից վանք, Գնդայի վանք 'ի Վայոց ձոր, Հոռոմայր կամ Հոռոմոսի վանք 'ի Լոռի։

Յովհան Իմաստասէր. 455
Ատենախօսութիւն. 460
Ճառ ընդդէմ Երեւութականաց. 462
Ճառ ընդդէմ Պաւլիկեանց. 465
Յաղագս կարգաց եկեղեցւոյ. 466
Շարականք. 467
Կանոնագիրք. 468
Անհարազատ կամ երկբայական գրուածներ. 470
Ստեփանոս Սիւնեցի. 470
Թուղթք առ պատրիարքն Անտիոքայ. 475
Առ վարդապետս Աղուանից. 475
Շարականք. 476
Մեկն. Արարածոց, Յոբայ, Դանիելի, Եզեկիելի. 476
Անհարազատ երկասիրութիւնք. 477
Ղեւոնդ Երէց. 478
Պատմութիւն Մահմետի և յաջորդաց նորա. 478

ԴԱՐ Թ

Իններորդ դարուս գլխաւոր վանորայքն և ուսումնատեղիքն էին Աղթամար, Խոտակերից վանք. Սևան, Տաթև։ Հռչակաւորագոյն էին վերջին երկուքը․ յորոց Սեւանայ համար կը վկայէ Ասողիկ․ « Ի ծովուն Գեղամայ զկղզին Սեւանայ բնակութիւն իւր արարեալ (Մաշտոցի) շինէ զեկեղեցին ՚ի նմա որ Առաքելոց անուանեաց․ յոր միացեալ ժողովեցան եղբարց բազմութիւն կանոնագրութեամբ սահմանաւ սրբոյն Բարսղի, միակրօնք ՚ի տան Աստուծոյ եղեալք, ստանալով զբազմութիւն գրոց սրբոց » ։ Իսկ Տաթեւու կամ Ստաթէի վանից համար որ ՚ի Սիւնիս՝ կը գրուցէ Ուռպելեան թէ Հայոց ՅԽԴ (895) թուականին ՚ի ժամանակս Յովհաննու եպիսկոպոսի Սիւնեաց լեցուն էր այն մենաստանը « ծովամտոյց փիլիսոփայիւք երաժշտական երգոց․ Ճոխ էր և վարժարան դպրոցացն վարդապետական կրթութեամբն․ նաև արուեստաւորք նկարչացն և գրողաց անհամեմատք » ։ Կը յիշուին դարձեալ Փըշոց վանք յԱղբակ, Կարմրակայ վանք ՚ի Վան, Ահավանք ՚ի Վասպուրական, Խաչի վանք յԱղթամար և յԱղբակ, և այլն ։

Զաքարիա կաթուղիկոս․ 481

Թուղթ առ Փոտ․ 482

Թուղթ Փոտայ առ Աշոտ․ 482

Պատասխանի Աշոտոյ առ Փոտ․ 485

Ձայնք զանազանք․ 484

Շապուհ Բագրատունի․ 484

Պատմութիւն․ 485

Մաշտոց կաթուղիկոս․ 487

Թուղթ առ Դըւնեցիս․ 490

Պատմութիւն․ (անյայտ) 491

Յովհան կաթուղիկոս․ 492

Պատմութիւն Հայոց․ 494

Թովմա Արծրունի․ 500

Պատմութիւն Արծրունեաց․ 504

Յովհաննէս բժիշկ․ 515

ԻԳ

Դաւիթ վանահայր՝ 'ի սուրբ Ստեփանոս Բագրեւանդայ․ 513
Ստեփանոս աշակերտ Մաշտոց կաթուղիկոսի․ 514
Գուրգէն Արծրունի․ 514
Գէորգ Բ կաթուղիկոս․ 514

ԴԱՐ Ժ

Տասներորդ դարուս մէջ ծաղկեցան ուսմամբ յԱրշարունիս՝ Կամրջաձորոյ վանքը, Հնձուց կամ Կարմիր վանք՝ Կարնոյ մօտ, Հոռոմոց վանք՝ 'ի Շիրակ, այսպէս կոչուած Ռոմանոս կայսերէն հալածուած միանձանց հոն ապաւինելուն համար․ Նարեկայ վանք՝ 'ի Ռշտունիս, Մոկաց գաւառին մէջ Ապարանից եպիսկոպոսանիստ ուխտը, Ցախաց քար մենաստանը, զոր Ասողիկ «բարձրահռչակ և սուրբ առաքինաստան» կը կոչէ, Մարմաշէն կամ Մարմարաշէն սուրբ ուխտը և Հառիճայ վանք 'ի Շիրակ։

Անանիա Նարեկացի․ 515
Մեկնութիւն առաքելական Թղթոց․ 516
Ճառք․ 516
Խոսրով Անձևացի․ 517
Ժամագրոց մեկնութիւն․ 517
Մեկնութիւն խորհրդոյ սրբոյ պատարագին․ 518
Բանք երանելւոյն Խոսրովայ․ 519
Գրիգոր Նարեկացի․ 520
Ապարանից Խաչին պատմութիւն․ 521
Ներբողեան 'ի սուրբ Կոյսն․ 523
Ճառ 'ի գովեստ Առաքելոց․ 524
Գովեստ 'ի սուրբն Յակոբ Մծբնայ․ 524
Երգ երգոցի մեկնութիւն․ 526
Աղօթք կամ Նարեկ․ 527
Մանր երկասիրութիւնք․ 527

Անհարազատ գրուածներ. 529
Խաչիկ կաթուղիկոս. 531
Դաւիթ վանահայր. 531
Պետրոս՝ մեկնիչ սուրբ գրոց. 531
Մովսէս Տարօնացի. 531
Սարգիս. 531
Ստեփանոս. 531
Դաւիթ Մաշկոտն. 532
Դաւիթ եպիսկոպոս Մոկաց. 532
Ստեփանոս Ասողիկ. 532
Պատմութիւն տիեզերական. 532
Մեկնութիւն Երեմիայ. 535
Ուխտանէս եպիսկոպոս. 536
Պատմութիւն. 536
Մեսրովպ երէց. 542
Պատմութիւն սրբոյն Ներսէսի. 543
Մուշեղ Բագրատունի. 549
Արտաւազդ Մաղազունեաց տէր. 550
Սամուէլ Կամրջաձորեցի. 550
Տաճատ վարդապետ. 550

ԴԱՐ ԺԱ

Նշանաւորութեան արժանի ուսումնավայրքն էին 'ի Ձորոյգետ՝ Սանահին և Հաղբատ, զորոնք Աշոտ Ողորմած Թագաւորին կենակիցն Խոսրովանոյշ կանգնեց, ու Բագրատունի Աշոտնից Կորիկէ Թագաւորը նորոգելով, եպիսկոպոսանիստ ըրաւ զՀաղբատ, որուն մատենադարանը՝ ամենահարուստ գանձարան կը կոչէ յիշատակագիր մը: Անուանի էին դարձեալ Խնասի վանքը, Տրապիզոնի մօտ Ամենափրկիչ մենաստանը, և Արգինա՝ 'ի Շիրակ գաւառի Այրարատու:

Յովհաննէս վարդապետ Կոզեռն Տարօնացի. 551
Հաւատոյ գիրք. 551
Մեկնութիւն տոմարի. 551
Պատմութիւն. (անյայտ) 551
Գրիգոր Մագիստրոս. 456
Թուղթք առ այլ և այլ անձինս. 557
Քերականականք. 563
Քերթողականք. — Թուղթք. 565
Ներբող 'ի սուրբ խաչն աստուածընկալ. 566
Հազարտողեանն առ Մանուչէ. 566
Պետրոս Գետադարձ. 568
Անանիա Սանահնեցի. 569
Սարգիս Սևանեցի. 572
Սամուէլ վարդապետ, առաջնորդ Խնասի. 572
Գէորգ վարդապետ. 572
Տիգրան Պահլաւունի. 572
Արիստակէս Լաստիվերտցի. 573
Պատմութիւն Հայոց. 573
Ընթերցուածոց մեկնութեան ճառք. 576
Գրիգոր Վկայասէր. 577
Գործոց մեկնութիւն. 580
Թարգմանութիւնք. 582
Կիրակոս վարդապետ } օգնականք Վկայասէ-
Մատթէոս վարդապետ } րին. 584, 585
Գէորգ Մեղրիկ. 585
Թէոդորոս վարդապետ Ալախոսիկ. 586
Սոփիանոս. 586
Պօղոս Տարօնացի. 587

ԴԱՐ ԺԲ

Գլխաւոր ուսմանց տեղիք՝ Կարմիր վանք 'ի Փոքրն Հայս՝ Մարաշու մօտ. Սևաւ լեառն 'ի Մարաշ. Գետ-կայ վանք յարևելեան Հայս, Դրազարկն, Սկեւռայ իգ

վանք 'ի սահմանս Կիլիկիոյ, Գռներոյ ուխտ, Գան-
ձակ կամ Գանձասար յԱրցախ։ Թող նախընթաց
դարուն մէջ յիշատակուած վանորայք։

Յովհաննէս Սարկաւագ · 588
Պատմութիւն Հայոց · (անյայտ) 594
Յաղագս քահանայութեան · 594
Ներբողեան · 594
Աղօթամատոյց · 594
Մանր գրուածք · 595
Ի Սարեակն · 595
Երեմիա Անձրեւիկ · 597
Սամուէլ Երէց · 597
Անանիա · 597
Խաչատուր · 597
Գրիգոր Անեցի · 597
Յովհաննէս Անեցի · 597
Սարգիս Կունդ · 597
Ստեփանոս Մանուկ · 598
Գրիգոր Պահլաւունի · 599
Ներսէս Շնորհալի · 602
Ընդհանրական · 606
Պատճառ խնդրոյ միաբանութեան։ Թուղթք · 670
Թուղթք առ այլ և այլ անձինս · 608, 610
Հրեշտակաց ներբող · 613
Մեկնութիւն Բարձրացուցեաց · 615
Մեկնութիւն Մատթէի · 614
Մեկնութիւն Կաթուղիկեայց · 614
Մանր երկասիրութիւնք · 616
Խրատ ժամերգութեան · 617
Ողբ Եդեսիոյ · 619
Յիսուս որդի · 620
Բան հաւատոյ · 621

Յաղագս երկնից և դարդուց նոցա. 621
Վիպասանութիւն. 621
Իգնատիոս վարդապետ. 623
Մեկնութիւն Ղուկասու. 623
Սարդիս Շնորհալի. 625
Մեկնութիւն Կաթուղիկեայց. 625
Մեկնութիւն Եսայեայ. 627
Ներսէս Լամբրոնացի. 628
Առենաբանութիւն. 631
Մեկնութիւն Պատարագի. 633
Մեկն. Արարածոց. 635
Մեկն. Առակաց. 635
Մեկն. Ժողովողի. 635
Մեկն. Իմաստութեան. 635
Մեկն. Երդոց երդոյն. 635
Մեկն. ԺԲ Փոքր մարգարէից. 635
Մեկն. Սաղմոսաց. 635
Մեկն. Դանիէլի. 635
Մեկն. Տերունական առակաց. 635
Էր ընդ եղբարն. 635
Ճառք. 637
Բերթողական դրուածք. 638
Վարք Գր. Նարեկացւոյ. 638
Մեկն. ութ խորհրդոց. 638
Անուանք Քաղաքաց-շինողաց. 638
Գրիգոր Գանձակեցի, 638
Դաւիթ Գանձակեցի. 639
Գրիգոր իմաստասէր. 639
Խաչատուր պշակերտ Լամբր. 639
Դաւիթ քահանայ. 640
Մատթէոս Ուռհայեցի. 640
Պատմութիւն. 642
Գրիգոր. շարայարող պատմութեան նորա. 648
Սամուէլ Երէց. 649

Ժամանակագրութիւն· 640
Մխիթար Հերացի· 653
　　Ջերմանց մխիթարութիւն· 655
Գրիգոր Տղայ· 656
　　Թուղթք· 659
　　Ողբք Երուսաղեմի· 661
Մխիթար Գոշ· 662
　　Դատաստանագիրք· 667
　　Շարք Հայրապետացն Աղուանից· 671
　　Առակք· 673
　　Մեկնութիւն Երեմիայ· 673
　　Աղօթք· 674
Խաչատուր Տարօնացի· 675
　　Տաղք· 676
Վարդան Հայկազն· 677
Դաւիթ Քոբայրեցի· 679
Սամուէլ Ծերունի· 679
Դաւիթ վարդապետ, մեկնիչ Եսայեայ· 680
Արիստակէս վարդապետ· 680
Եփրեմ, աշակերտ նորա· 680
Ստեփանոս Տիրացու· 680
Յովհաննէս կրօնաւոր· 680
Բարսեղ վարդապետ· 682
Գրիգոր գայիր· 684
Կոստանդին Բ կաթուղիկոս· 686
Յովհաննէս Արքայեղբայր· 688
Թորոս վարդապետ· 691
Ստեփանոս վարդապետ· 691
Յովհաննէս Ձլուղ· 691
Թորոս փիլիսոփայ կամ Երաժիշտ· 691

ԻԹ

ԴԱՐ ԺԳ

Այս դարուս մէջ ծաղկած ուսումնարաններն՝ բաց 'ի Նախայիշատակելոց, էին Սեպուհ լեառն կամ Մանեայ այրք, Դարանաղիք, զոր ծաղկեցոյց Երզնկացին. Խորանաշատ՝ յԱրցախ կամ յԱղուանս, զոր պայծառացոյց Վանական: Սուրբն Դադի՝ յԱրցախ, Ծուխծոր՝ Վասպուրական աշխարհին մէջ. սուրբն Անդրէաս 'ի Գուգարս, մեծին Վարդանայ ուսումնարանը, Ղազարու կամ Առաքելոց վանք 'ի Տարօն:

Գրիգոր Սկեւռացի. 693

Ներբող 'ի սուրբն Լամբրոնացի. 694

  Ճառք. 694

  Շարականք. 695

Գէորգ Սկեւռացի. 696

  Մեկնութիւն Եսայեայ. 697

  Արուեստ գրչութեան. 697

  Խմբագիր մեկն. Գործոց. 581, 700

Մխիթար Անեցի. 701

  Պատմութիւն. 703

Կոստանդին Ա կաթուղիկոս. 707

  Թուղթք. 708

Վանական վարդապետ. 709

  Յովբայ մեկնութիւն. 712

  Պատմութիւն. (անյայտ) 713

  Մանր գրուածք. 713

Վարդան վարդապետ. 713

  Պատմութիւն. 718

  Դանիէլի մեկնութիւն. 720

  Սաղմոսի մեկնութիւն. 720

  Մեկնութիւն Հնգամատենին. 721

  Մեկնութիւն Երգոց Երգոյն. 721

Լ

Ներբող 'ի սուրբ Լուսաւորիչն · 722
Քերականի մեկնութիւն · 723
Առակք · 723
Աշխարհագրութիւն · 723
Մանր գրուածներ · 723
Կիրակոս Գանձակեցի · 725
Պատմութիւն · 726
Մխիթար Սկեւռացի · 729
Վարխամ կամ Վարդան վարդապետ · 730
Կիրակոս Արեւելցի · 731
Հաւաքումն Յայսմաւուրաց · 731
Յովհան Երզնկացի · 732
Մեկնութիւն Քերականի · 737
Բանք յաղագս երկնային շարժմանց · 739
Ներբող 'ի սուրբ Լուսաւորիչն · 740
Մեկնութիւն Մատթէի · 741
Խրատական գրուածք · 741
Քնարերգականք · 742
Ներսէս Տարօնացի · 743
Յովհան Արճիշեցի կամ Ոսպնակեր
Եսայի Նչեցի
Մխիթար Սասունցի
} աշակերտք Ներսիսի Տարօնեցւոյ 743
Սմբատ Գունդստաբլ · 744
Տարեգիրք · 748
Գիրք օրինաց · 750

ՅԱՒԵԼՈՒԱԾ

ՓՈՔՐ ՄԱՏԵՆԱԳԻՐՔ

Գագիկ Բ Թագաւոր · 753
Գրիգոր Անաւարզեցի · 754

Գրիգոր Արծրունեաց եպիսկոպոս. 755
Գրիգոր որդի Աբասայ. 755
Գրիգոր Սարկաւագապետ. 756
Գրիգոր վարդապետ. 756
Դանիէլ վարդապետ. 756
Դաւիթ փիլիսոփայ. 756
Դաւիթ քահանայ. 757
Եղիշէ վարդապետ. 757
Եղիշէ քահանայ. 757
Թէոդորոս Թարգմանիչ. 757
Թորոս, պարոն Կիլիկիոյ. 757
Կապուտիկ վարդապետ. 758
Կարապետ Սասունցի. 758
Համամ վարդապետ. 758
Միայէլ եպիսկոպոս. 758
Յակոբ դիւնական. 759
Յակոբ Քարափնեցի կամ Սանահնեցի. 759
Յակոբիկ Շնորհալւոյ. 760
Յովհաննէս վարդապետ. 760
Յովհաննէս Տարօնացի. 760
Պատմութիւն Ամիկոնէից. 760
Պատմութիւն Ռուբինեանց. 760
Սահակադուխտ. 761
Սամուէլ Կամրջաձորեցի. 761
Ստեփանոս Երէց. 761
Վահրամ պատմիչ. 762
Վահրամ բարուն. 762
Տիմոթէոս վարդապետ. 763
Տիրան վարդապետ. 763
Տիրատուր վարդապետ. 764

ՄԱՏԵՆԱԳԻՐՔ

ՈՐՈՑ ԳՐՈՒԱԾՔԸ ԶՅԻՇԱՏԱԿՈՒԻՐ

Աթանաս · 765
Անաստաս · 765
Գագիկ, Թագաւոր Կարուց · 765
Գէորգ վարդապետ · 765
Գրիգոր Մանանիկ · 766
Գրիգոր Շիրակացի · 766
Գրիգոր որդի Վասակայ · 766
Գրիգոր Տուտէորդի · 767
Դաւիթ վարդապետ · 767
Եղիա Հաւուցթառեցի · 767
Եփրեմ վարդապետ · 767
Թէոդորոս 767
Թորոս աշակերտ Մխ. Գոշի · 768
Թորոս վարդապետ · 768
Խաչիկ վարդապետ · 769
Մարտիրոս առաջնորդ Գետկայ · 769
Յակոբ վարդապետ · 769
Յովհաննէս Գառնեցի · 769
Յովհաննէս Տաւուշեցի · 770
Յովսէփ եպիսկոպոս · 770
Ներսէս իշխան · 771
Սամուէլ · 771
Սողոմոն կաթուղիկոս · 771
Ստեփանոս դպան երէց · 772
Տուրքիկ վարդապետ · 772

ՊԱՏՄՈՒԹԻՒՆ

ՀԱՅ ԴՊՐՈՒԹԵԱՆ

ՊԱՏՐԱՍՏՈՒԹԻՒՆ

Հայկական Դպրութեան համեմատուած ուրիշ հին ազգաց գրականութեան հետ։ — Անոր աղքատութեան պատճառները։ — Մեր մատենագրութեան բաժանումը ըստ դարուց։

Ազգային Դպրութեանց կամ Գրականութեան պատմութիւնը՝ նոյն ազգին մտքին ու հոգին կրող ամէն անձին մտադրութեանն և ուսման արժանաւոր է. վասն զի ինչպէս իրեն քաղաքական պատմութիւնը՝ ընտանի կենացը ճշգրիտ և հաւատարիմ պատկերն է, ասանկ ալ մատենագրականը գրաւորականին. և թէ որ առջինը զինուց և նիւթական ուժոյն զօրութիւնն ու չափը կը ցուցնէ, երկրորդը՝ ազգի մը անցելոյն մէջ ունեցած մտաւորական ուժին նկարագիրն է, որ ապագային համար մեծ ազդեցութիւն ունի։

Դպրութիւնն կամ մատենագրութիւնն երկու կերպով կրնայ մտածուիլ. մէյմը իբրև գրաւոր երկասիրութիւնք՝ զանոնք առանձին քննելով՝ նկատմամբ իրենց ոճոյն կամ գրութեան կերպին. մէյմըն ալ՝ նոյն երկասիրութեանց առիթ կամ հեղինակներուն *վրայ՝ պատմական ու կենսագրական ծանօթութիւններ աւանդելով։*

Այս երկու նկատմամբ ալ՝ մեր մատենագրական պատմութիւնը եթէ ոչ բոլորովին աղքատ, սակայն և ոչ այնչափ ճոխ կրնայ ենթադրուիլ։ Քաղաքական ու եկեղեցական պատմութիւննիս ճոխ է, իրաւամբք հետաքրքրական ու ընդարձակ դէպքերով. բայց ոչ նոյնպէս, ինչպէս փափաքելի էր, նաև ազգին մտաւորական պատմութիւնն կամ անոր թողած գրաւոր արտադրութիւնք։

Հայերէն դպրութեանց այս չքաւորութիւնն աւելի զգալի կ՚ըլլայ՝ թէ որ բոլոր ուսումնական աշխարհի իրաւացի զարմանքն յաճախող յոյն և լատինական մատենագրութեանց հետ ուզենանք բաղդատել. վասն զի անոնց մէջ տեսնուած փայլուն հանճարը, հմտութիւնն, կիրթ ախորժակն ու բուն մատենագրական ոճը՝ ընդունայն է փնտռել, կամ յուսալ գտնել մեր մէջը. այլ ընդհակառակն մեր դպրութեանց պատմութիւնն և ուղիղ քննադատութիւնը պիտի ցուցընեն թէ մերոնց մէջ անոնք որ բաւական չխեղդելով ազգային նեղ ու ամփոփ շրջանակ մը, իրենցմէ աւելի բարգաւաճ ժողովրդոց մտաւորական ուժոյն և արտադրութեանց մէջ ջանացեր են փընտռել առատագոյն ճարակ և սնունդ մը, և անոնց հետեւողութեամբն ըրած են իրենց ուսումը՝ անոնք աւելի ընտիր երկասիրութիւններ թողած են. Թարգմանչաց դարը՝ որ ազգային պատմութեան դարագլուխ կազմած է՝ բանասիրական նկատմամբ ապականեալ ու եղծեալ Յունաստանին մէջ իրեն ուսումնառած, մտաւոր դաստիարակութիւնն ընդունած և բարգաւաճ եղած է հմտութեամբ։ Որչափ աւելի հարուստ և նախանձելի կրնար ըլլալ մեր ոսկեղէն հինգերորդ դարու մատենագրութիւնն՝ եթէ պերիկլեան հռչակապանծ ժամանակաց անմահան հան-

ձայներէ և 'ի վեհագոյն վարժապետաց կրթուէր Հայաստանի ուսումնատենչ և ուշիմ երիտասարդութիւնն:

Ուրիշ մեզի դրացի ժողովուրդներ ալ ունեցած ենք, որոնց հետ քիչ կամ շատ յարաբերութեանց մէջ գտնուեր է ազգերնիս: Եթէ անոնց հետ ալ ուզենանք համեմատել մեր գրականութիւնն, այլ և այլ մատենագրական ճիւղեր կրնանք նկատել՝ յորս մերոնք թերևս առաւել յառաջադէմ և զարգացած սեպուին. անանկ ճիւղեր ալ՝ յորս անոնք զմեզ կը գերազանցեն: Օրինակ իմն, պատմագրական մասով՝ գուցէ կարենանք վեր սեպուիլ ասիական ուրիշ շատ ազգերէն աւելի. ուր բանաստեղծականին մէջ՝ արաբացին, պարսիկն, և այլն, բուն բանաստեղծական անուան արժանաւոր նիւթեր արտադրած են, որոնց նմանը կամ ամենևին և կամ խիստ քիչ կրնայ տեսնուիլ մեր քովը:

* * *

Ի՞նչ է արդեօք մեր մտաւոր և գրաւորական զարգացման այսպիսի նուազութեան մը պատճառը: Ոմանք այս աղքատութիւնն առթող այլ և այլ դէպքեր մէջ կը բերեն. Նինոս մը կը յիշատակեն, որ իրմէ առաջ եղած բոլոր քաջերուն պատմութիւնը ջնջել կու տայ, որպէս զի ինքը միայն անմահանայ. և իրեն այս փառասիրութեանը զոհ եղած կը համարին նաև մեր հին գրութիւնը. — Մերուժան մը՝ որ բոլոր Հայաստանի մէջ գտնուած գրքերը այրել կը հրամայէ. — Բարբարոսներ, որ պատերազմօք մատենադարաններ կը քանդեն, կ'այրեն ու կը փճացընեն. և անոնցմէ ամենէն աւելի ահաւորագոյն թշնամի մը, աղխատութիւնն՝ որ դարերով կը ծանրանայ Հայաստանի վրայ իրեն հետևանք և արգասիք ամէն աղխտիւք:

Ասոնք, տարակոյս չկայ որ մեծամեծ պատճառներ կրնան ենթադրուիլ և ընդունելի սեպուիլ. բայց մատենագրական աղքատութիւննիս բոլորովին և միայն այդպիսի արտաքին դիպաց և ախտից արդասիք չէ: Նոյնպէս և Թերեւս աւելի դժնդակ հալածանք կրած են յոյն և լատինական դպրութիւնք. և սակայն այսօր բոլոր աշխարհք իրենց սքանչելի գրուածներովը լեցուցած են. միայն Փոստոյ Մանանայայան գիրքն այնչափ երկասիրութեանց կորուստ կը դնէ մեր առջեւը՝ որ արժանաւոր ցաւոց հետ մեծագոյն զարմանք մը կ՛ազդէ:

***

Ուսմանց և գիտութեանց՝ Հայաստանի մէջ պէտք եղած բարգաւաճանքը չունենալուն պատճառը, ոչ այնքան անոնց անյաջողութիւնն՝ որքան անխրելութիւն մը եղած է. և այս անխրելութիւնը՝ անոնց յառաջադիմութիւնը արգիլած: Պէտք է խոստովանիլ, որ չունինք մեր պատմութեանց մէջ այնպիսի Թագաւորներ՝ որ ուսմանց, գիտութեան և կրթութեան հալածիչք եղած ըլլան. սակայն քիչ ունինք այնպիսի իշխաններ ալ՝ որ անոնց յառաջադիմութեանը պէտք եղած փոյթն ու մտադրութիւնը երեւցուցած ըլլան:

Գանձք են ուսումն և գիտութիւնք. բայց անոնցմով հարստանալու համար պէտք է զանոնք մեզի մօտեցնել. իրենք իրենցմէ մեզի չեն մօտենար: Վաս՜ չապուն՝ որ մեր պատմութեանց մէջ Պերիկլէս ու Մեկենաս մ'է, այս հնարքս գտաւ՝ իւր հայրենիքը բարգաւաճանաց և յառաջադիմութեան ճամբուն մէջ մտցնելու: Առաջ դպրոցներ բանալ տուաւ Հայաստանի մէջ, ու սպասած արդիւնքը չտեսաւ անոնցմէ. անոր համար հարկ սեպեց ճանապարհորդութիւններ ընել տալ, և ուր աւելի կը տեսնուէր մտաւորական զարգացումն՝ հոն աւելի կեցընել և աշխատցընել տուաւ Թարգմանչաց դարը: Պատմութիւնն և արդիւնք իրաց՝ բարձրաձայն կը հռչակեն թէ որչափ օգտակար եղած է մեծ և ուսումնասէր Թագաւորին այս մտածութիւնը: Հայոց ազգասիրական ոգին՝ զոր միշտ ունեցեր են, զիրենք քիչ մը կարճատես ըրած է (թէ քաղաքական և թէ ուսումնասիրական բարգաւաճանաց մէջ), ըսած է անուանի արեւելագէտն Մոհլ. մենք կրնանք յաւելուլ՝ թէ չափազանց խորշումն յամենայնէ որ իրենցը չէ՝ երբեմն զիրենք յետադէմ ալ ըրած է: Հինգերորդ և երկոտասաներորդ դարերը բացառութիւն մը կրնան սեպուիլ. բայց այն նշանաւոր և բազմերախտ անձանց գրուածք և վարք կեցած են հաւատարմացընելու թէ այն բացառութիւնը ընդհանուր ազգին համար չէր:

Այս գլխաւոր պատճառներէն զատ՝ մեր աշխարհին նիւթական դիրքն ալ ուսմանց յառաջադիմութեանը նպաստաւոր եղած չէ: Զորս կողմէն թշնամի ազգաց յարձակմանը նշաւակ ազգ մը՝ 'ի հարկէ ինքզինքը պաշտպանելէն՝ քիչ ատեն կ'ունենար նաև միտքը զարգացընելու. և չզարգանալու սովորած միտք մը՝ միշտ յետախաղաց ընթացք կ'ունենայ: Այդ ընթացքն՝ կամաց կամաց ագիտութիւնը կ'ընտելացընէ, և ուսմանց օգուտն ու յարգը մոռցընել տալով՝ ինչուան զանոնք անօգուտ կամ [illegible] երևցընելու վտանգին կը տանի:

Որ և իցէ յառաջադիմութիւն՝ քաջալերութիւն կը սիրէ. բարոյական ու նիւթական խրախոյսը՝ հանճարոյ գլխաւոր սնունդ տուող անհրաժեշտ տարրն է. անոր համար Ելլադա և Հռովմ սովորած էին իրենց իմաստունները ժողովրդոց առջև հանելու, և անոնց խրախուսանօքը՝ ձեռք զարկած ասպարիզին մէջ ալ աւելի յառաջադէմ ընելու: Կը տեսնենք բոլոր Յունաստան ժողվուած՝ Հերոդոտեայ պատմութեան գիրքը մտիկ ընելու, զինքը գովելու և քաջալերելու. և այն գովութեանց ու քաջալերութեանց արդիւնք կ'ըլլայ Թուկիդիտէս: Եսքիլեայ ողբերգութեանց յաջող ձեռնարկութիւնները Սոփոկլէս ու Եւրիպիդէս մը կ'երեւցընեն:

Նիւթական խրախոյս ալ յիշեցինք, և որ այնչափ դժուարագիւտ եղած է մեր նախնեաց քով: Հերոդոտ՝ զոր հիմա ալ յիշատակեցինք, զինք մտիկ ընող ու իր հանճարոյն վրայ զարմացող ժողովրդեան հաճութեամբն ու վճռով՝ տասն տաղանդ (54,000 Ֆր.) վարձք կ'ընդունէր: Գրեթէ իրեն ժամանակակից քերթող մը, Կերիլոս, որ Յունաց՝ Քսերքսեսի զօրաց վրայ տարած յաղթութիւնը հռչակեր էր, քերթուածին ամէն մէկ տողին համար մէյմէկ ոսկի ընդունեցաւ 'ի փոխարէն: Մեծն Աղեքսանդր՝ որ Հոմերոս մը ունենալու համար՝ Բաբելոնէ աւարած բոլոր գանձն ու ճոխութիւնը կը խոստանար, դիմացը եղած խեղճ քերթողը խրախուսելու համար՝ յօրինած ամեն ընտիր տողին համար ոսկի մը կուտար: Երբ Վիրգիլ՝ Հոկտաւիայի 'ի լուր կ'ընթեռնուր այն սրտաշարժ տողերը՝ որ կը յիշեցընէին ըղձալի Մարկելլոս, սրտին ցաւէն ու սքանչելութենէն թալկացաւ ինկաւ. ու երեսուն տողերէ բաղկացած այն գեղեցիկ դրուագին ամէն տողին համար զատ զատ տասն մեծ սեստերտ (2,000 Ֆր.) պարգեւեց քերթողին (300 սեստ. = 60,000 Ֆր.): Սեպտիմիոս Սեւերոս և Կարակալլա կայսերք՝ հաւասար առատաձեռնութեամբ վարձատրեցին Ոպպիանոս բանաստեղծը յօրինած Որսոց և Ձկնորսութեան երկու քերթուածոց համար. իւրաքանչիւր տողին փոխարէն պարգեւելով ոսկի ստատեր մը, և էին ըստ Սուիդասայ 20,000 տողք: Կը թողունք յիշատակել ու-

ՊԱՏՐԱՍՏՈՒԹԻՒՆ 7

քիչ բազմաթիւ օրինակներ թէ հին ազգաց և մանաւանդ նորոց մէջ, որք գիտցան և յաջողեցան փոխել 'ի դէտ ոսկւոյ՝ իրենց գրչէն բղխած մելանը։ Ունեցե՞ր են արդեօք մերք ալ այսպիսի խրախոյս և քաջալեր։ — Պատմութիւնը ասոր հակառակը կ'արձանագրէ յաճախ տխուր գոյներով և լքուցիչ բանիւք։

Ուրիշ պատճառ մըն ալ կը գտնենք ուսմանց մեր մէջը եւս մնալուն։ Հին ազգաց շատին մէջ՝ ուսումը մենավաճառի մը պէս էր կրօնից պաշտօնեաներուն. և ինչպէս հաւատոց վարդապետութիւնք՝ ասանկ ալ ուսումը անոնցմէ կը ծաւալէր ժողովրդեան մէջ։ Վախ մը՝ չէր համարձակեցըներ զիրենք առատ ըլլալ այդ մատակարարութեանը մէջ, որպէս զի չըլլայ թէ կիսկատար ուսումը՝ կրօնից անտարբեր կամ թոյլ ընէ ժողովուրդը։ Այս գրութեան հետեւող կ'երեւնայ նաեւ մեր ազգը. և անոր արգասիք կը սեպենք մեր մատենագրաց շատին՝ եկեղեցական դասուն վերաբերիլը։ Անանկ որ եթէ կարելի ըլլար՝ հեթանոսական ժամանակներէ մնացած մատենագրութեան փափաքելի երկասիրութեանց գիւտին հանդիպիլ, հաւանական պիտի ենթադրէինք որ հեղինակաց մեծագոյն մասը քրմաց դասակարգին պիտի վերաբերէին։

***

Բայց իւր աղքատութեամբն ալ՝ պատուական է, և պէտք է ըլլայ, մեզի համար մեր ազգային մատենագրութիւնը։ Լեզուն իսկ իրեն նախնական վայելչութեան մէջ՝ անոնց գրքերովը ինչուան մեզի աւանդուած է. պատմութիւննիս անոնց պարտըկան ենք. և իմաստունն Եւրոպա մեզի հետ երախտագէտ է՝ անոնց հմուտ գրչին արդիւնք ընտիր պատմական երկասիրութեանց, և մանաւանդ ընտրելագոյն թարգմանութեանց համար։

Անոնցմէ մին, — մեր արդ իսկ յիշատակած անուանին Մոհլ, — Գաղղիոյ իմաստնոց ասիական կաճառին մէջ կը վկայէր թէ «Հայոց մատենագրութեանը պատմիչներու կողմանէ ի՛նչ առաւելի հարուստ ըլլալը՝ քաջայայտ է ամենուն: Քրիստոսի թուականին չորրորդ դարէն 'ի վեր՝ անընդհատ շարք մը ունի պատմագրաց. անկէ 'ի զատ՝ Հայոց երկրին դիրքը պատճառաւ՝ իրենց մատենագրութիւնն ալ մասնաւոր յատկութիւն մը ունի: Հայք օտար ազգաց վրայ ոչ երբեք մեծ ազդեցութիւն մը ունեցած են. բայց դժբաղդաբար միշտ վերաբերութիւն մը եղած է անոնց մէջ ու իրենց դրացի աշխարհակալ ժողովրդոց: Ատենով Պարսից հպատակ եղան. Հռովմայեցւոց և Յունաց ձեռքը անցան, Արաբացւոցմէ նուաճուեցան, իրենց երկրին մէկ մասը Խաչակրաց իշխանութեան կամ ազդեցութեան տակ ձգեցին. Մողոլներէն ու Թուրքերէն հարստահարեցան: Իրենց տարեգրութեանց հին մասին մէջ պահուած են՝ Սասանեանց ժամանակը գրուած ու կորսուած գրքերու կտորներ: Եւ որովհետև Պարսից հպատակ էին, իրենց կառավարութենէն ու Պարսից հետ ունեցած կռիւներէն՝ Պարսկաստանի վրայ այնպիսի թանկագին տեղեկութիւններ կ'աւանդեն որ ուրիշ տեղ չեն գտնուիր[1]»:

***

Մատենագրական պատմութիւննիս երկու գլխաւոր մասի բաժնած ենք. Հին և Նոր մատենագրութիւն:

Հինը՝ մէյմը Անգիր ժամանակաց մատենագրու-

1 Mohl, secrétaire de la Société Asiatique de Paris. Rapport sur les travaux du Conseil de la Société, pendant l'année 1855—56.

թիւն, քանի որ ազգը իրեն մասնաւոր գիր, կամ հիմնակուան գործածուած գրերը չունէր· մէյմըն ալ Գիւտը: Գրաւոր մատենագրութիւննիս ալ երկու-քի կրնանք բաժնել. մէյմը սրբոյն Մեսրոպայ ձեռ-քով ազգային գրոց գիւտը չեղած, մէյմըն ալ անկէ ետքը: Առջինին կը վերաբերին չորրորդ դարուն մէջ երեւցած մատենագիրք, և երկրորդին՝ սրբոյն Մես-րոպայ գիւտէն մինչեւ 'ի Յովհաննէս Երզնկացի:

Երզնկացիէն ետքը լեզունիս ամենամեծ կերպա-րանափոխութիւն մը կը կրէ· անանկ որ եթէ նոր մատենագրութիւնը իւր ամէն փոյթն ու ջանքը գոր-ծածած չըլլար՝ հայերէնը իւր նախկին վիճակին մէջ մացընելու, բոլորովին պիտի աղաւաղէր, և թերեւս անհետանար՝ ուրիշ լեզուաց մէջ ընկղմելով: Անոր համար եթէ նոր մատենագրութիւնը հնոյն պարտա-կան է իւր գոյութիւնը, հնոյն ալ պահպանութիւնը նորոյն ջանիցը արդիւնք է:

Բայց հին գրաւոր մատենագրութիւննիս ալ՝ ա-մէն ժամանակ նոյն կերպարանքը ունեցած չէ· եր-բեմն ծաղկած՝ ու երբեմն ալ անշքութեան դարեր ունի: Մեր գրուածքը աւելի պատմական ըլլալով, ընթերցողաց և սորվողներու դիւրութեանն համար զատ զատ դարերու բաժնեցինք, և ամէն մէկ մատե-նագիր՝ ինչ դարու որ կը վերաբերի, հոն դրինք ի-րեն գրաւոր վաստակոց յիշատակութեան հետ նաև վրան ամփոփուած կամ մեզի ծանօթ բանասիրական կամ կենսագրական տեղեկութիւններն:

ՀԱՅԿԱԿԱՆ ՆՇԱՆԱԳԻՐՔ

Նշանագիրք ընդհանրապէս և անոնց կարևորութիւնն։ — Հայ ազգին նախնական տառերը։ — Բեւեռաքանդակ արձանագրութիւնք։ — Անոնց գոյութիւն 'ի Հայաստան և հաւանական Հետեւանք։ — Շամիրամ և իր արձանագրութիւնք 'ի Վերում աշխարհի և այլուր։ — Զենդ, ասորի և յոյն տառք, և անոնց գործածութիւն առ մեզ։ — Հաւանօրագիր նշանակք։ — Յատուկ ազգային տառից զգալի պէտք։ — Վռամշապուհ, Սահակ և Մեսրոպ։ — Մեսրոպեան ջանք 'ի գիւտ հայկական տառից։ — Կորիւն, Խորենացի և Փարպեցի և անոնց խօսքերը։ — Պատմութիւն գիւտի տառից։ — Այլևայլ խնդիրք, կարծիք և դրութիւնք ասոր նկատմամբ։ — Դանիէլ ասորի և իր տառերը։

Խօսքը՝ որով մարդուս խորհուրդները ուրիշի մը կը հաղորդուին, հեռաւոր անձանց չեն կրնար հասնիլ. խօսուած վայրկենին կը սահին կ'երթան, ու խօսողին ետեւէն եկողներուն կամ չլսողներուն համար ամենեւին անօգուտ կամ անպիտան կը մնան։ Այս երկուքին ալ դարմանը գիրը միայն կրնայ ըլլալ։

Գաղափարաց բացատրութիւնք՝ նախնական մարդկային ընկերութեան մէջ միշտ անկատար կերպով ու յաճախ խորհրդաւոր նշանակներով կ'ըլլային. որով՝ նմանելով մանկութեան, յառաջ քան գրել՝ սկսած պէտք ըլլան նկարել, կամ ինչպէս սովոր ենք ըսել, աչքի հետ խօսիլ: Այսանկ՝ իրարու խառնուած երկու ձեռք՝ կը տեսնենք որ ան հնագոյն ազգին կը նշանակէին զխաղաղութիւն կամ զմիաբանութիւն. նետք՝ զպատերազմ, աչք մը՝ զաստուածութիւն կամ զնախախնամ տեսչութիւն. գաւազան՝ զթագաւոր կամ անոր իշխանութիւնը, և այլն: Այս ձևերն իրարու հետ միացընող այլևայլ նշանք՝ բաւական կրնային ըլլալ պարզ իմաստ մը բացատրելու համար:

Սակայն ասոնք իմաստից բաւական արտայայտիչք չէին. գրութեան այս կերպով՝ խօսքը որոշ և ճիշդ չէր կրնար թարգմանուիլ. ուստի և ոչ յոյժ դիւրացուցիչ, և զայն ընդհանուր ընելու ոչ պատկանաւոր: Մարդիկ, քանի որ ընկերութիւնը կ'ընդարձակուէր, որով և իրարու հետ ունեցած հաղորդակցութեանց կարևորութիւնք, հեռաւորաց հետ ալ խօսելու անհրաժեշտ հարկը իմացան և տեսան. և թէ պէտք էր յիշել, և ուրիշներուն մտաց մէջ ալ տպաւորել՝ ինչ որ հարկ և օգտակար էր չմոռնալ:

Այս անհրաժեշտ հարկէն, ինչպէս ըսինք, արգասիք և հետևանք է գիրը, որ մասնաւոր նշանակներով կը ձևանայ, և որուն ամբողջութիւնը այբուբենք կոչուած են, և յունական բառով ալփաբետք:

***

Ո՞րն է Հայոց ազգին նախնական գիրը. կամ թէ մեզի արդէն ծանօթ տառերէն զատ կամ յառաջ՝ ունեցա՞ծ է ուրիշ տառեր կամ այբուբենից գործածութիւն: — Մեր հետաքննութեան ու տեղեկութեան արժանաւոր խնդիր մը. տոհմային մատենագրութեան սնունդն և յառաջդիմութեան գլխաւոր տարրը, անոր պատմութեան մէջ հարկ է որ իր արժանաւոր տեղը գրաւէ: Այս դիտմամբ կը համառօտենք մեր այբուբենին և անոր գիւտին վրայ ինչուան առ մեզ հասած տեղեկութիւններն։

Հայոց ծանօթ պատմութիւնը կ'աւանդէ թէ ազգերնիս՝ ազգ ձեւանալէն ու կարգաւորեալ լեզու մը ստանալէն շատ եւքը հնարած ըլլայ իր գիրը։ Բայց որովհետեւ անկարելի է անգիր քաղաքականութիւն մը ենթադրել՝ մեր պատմութեանը այն ընդարձակ միջոցին մէջ որ յառաջ քան զգիւտ գրոյն, հաւանականաբար մերոնք ալ իրենց յատուկ գրերը ունենալէն յառաջ գրացի ազգաց տառերը գործածելու սովորութիւնն ունեցած պէտք է ըլլան։ Մեր այս կարծեաց երաշխաւորութիւնը՝ կրնանք կերպով մը հին պատմութեանց և արձանագրութեանց մէջ փնտռել։

Ասիոյ պատմութիւնը, և մեր ժամանակաց հնուս հետազօտութիւնք կը սովրեցընեն թէ նոյն ընդարձակ գաւառները գրաւող յաղթական ազգեր՝ իրենց յատուկ գրութեան կերպ մը ունէին, որով սովոր էին քանդակել արձանագիրս, և որուն մեր ժամանակաց գիտնականք սեպաձեւ կամ բեւեռագիր անունը կու տան։ Այսպիսի արձանագրութիւնք փորագրեալք 'ի վերայ ժայռից, քարանց, վիմաց և թըրծուն աղիւսներու՝ գտնուեցան ու կը գտնուին Եփրատայ ու Տիգրիսի ափանց վրայ՝ ուր էին երբեմն Բաբելոն և Նինուէ՝ հռչակաւոր քաղաքք. յաշխարհին Պարսից՝ 'ի Սուզը և 'ի մերձակայս հնոյն Պերսեպոլեայ և 'ի Շօշ. 'ի Համատան՝ կամ նախնոյն Եկբատանայ մօտ, Ելվենտ լերանց վրայ և յԱրոնդէս. 'ի Կրմանշահ՝ Բիսիթունի կամ Բիհիսթունի ժայռից վրայ. 'ի հիւսիսակողմն Կովկասու՝ մերձ 'ի Դարբանդ, և այլն։

Արդէն այդ խորհրդաւոր և դժուարընթեռնլի տառից և գրուածոց գոյութիւնը նաև 'ի Հայաստան տեսեր ու ծանուցեր էին անուանի հնագէտք մեր դարուն՝ Շուլց, Ռիթթէր, Կրոթֆէնտ, Լայար, Բանիքոֆ, Պրոսէ, Բիւնիք, Քոսսաքոֆ, և այլք. և 'ի մերազգի հմուտ և բանասիրաց՝ Սարգսեան և Ամբատեան վարդապետք, Պատկանեան ... ոչ լոկ 'ի Վան և 'ի Շամիրամակերտ, այլ նաև 'ի հովիտս Եփրատայ, 'ի Մելիտինէ և այլուր, 'ի Բալու, յԱրմաւիր, 'ի Ցոլակերտ և 'ի Վաղարշապատ: Այս բազմաթիւ արձանագրութիւնք՝ ցան և ցիր սփռեալք ընդ ամենայն Հայաստան, իրաւամբք ենթադրել կու տան՝ թէ մեր ազգն ալ, որ իրեն դրացի մերձաւոր ազգաց նման քաղաքականութիւն և կրթութիւն ունէր, ու յառաջ նաև վերաբերութիւն, անշուշտ նոյն բևեռաձև գրոց բոլորովին անծանօթ մնացած չէր, ու երբեմն նաև անոնց գործածութեան:

Մեր հին պատմութիւնն այս ենթադրութեան հաւաստարմութեանը ապացոյց մը կ'ընծայէ:

Խորենացի՝ մեր ամենէն աւելի հնախօս և հմուտ պատմագրաց մէկը, Մարիբասէ առնլով կ'աւանդէ թէ երբ Շամիրամ Արայի յաղթեց ու Հայաստան մտաւ, Վանայ բերդին վրայ՝ մեզի անիմանալի լեզուով մը արձանագրութիւններ քանդակեց. նոյնպէս ուրիշ շատ տեղուանք՝ նման տառերով արձաններ հաստատեց: Այս գրուածներն՝ Շամիրամայ պատերազմաց ու յաղթանակաց պատմութիւններն էին. ինչպէս որ Խորենացւոյն հետևեալ խօսքերն կը հաւատարմացընեն. «Զամենայն երեսս քարին իբրև գրչաւ զմոմ հարթեալ, բազում գիրս 'ի նմա գրեաց. որոյ հայեցուածն միայն՝ զամենայն ոք 'ի զարմանս ածէ: Եւ ոչ միայն այս, այլ և 'ի բազում տեղիս յաշխարհին Հայոց արձանս հաստատեալ, նովին գրով յիշատակ ինչ հրամայէ գրել. և 'ի բազում տեղիս սահմանս նովին գրով հաստատէր»:

Կը համաձայնին նաև ոմանք յօտար պատմագրաց՝ նոյն Շամիրամայ համար աւանդելով թէ նման արձաններ և յիշատակարաններ հաստատած ըլլայ նաև ուրիշ տեղուանք՝ հանդիսավայրք և տեսարանք իրեն մարտիցն և յաղթանակաց [1] :

Հայաստանի մէջ ալ, ինչպէս ուրիշ տեղուանք, Շամիրամ արձանագիրներ քանդակել տուած ատեն, ունէր անտարակոյս իրեն իրաւացի փառասիրութեանն նպատակ մը. յիշեցընել տեսողաց, ու ապագայից՝ ինչուան հեռաւոր դարերու գիտութեանն ու զարմացման յանձնել իր անունն, համբաւն ու քաջագործութիւնքը: Այդ նպատակին հանելն անկարելի պիտի ըլլար Շամիրամայ՝ եթէ այդչափ խնամքով քանդակուած գրուածոց տակն անտարբեր մնար՝ նոյն գաւառներուն և աշխարհաց մէջ բնակող ժողովուրդը, չկարենալով ընթեռնուլ զանոնք, ու 'ի նոսա պարունակուած իմաստից խելմուտ ըլլալ: Կը հետևի ուրեմն ենթադրել՝ թէ կար, կամ պէտք էր ըլլար, նաև հայկական բևեռակերպ գրութիւն մը՝ երկրին բնակչացը ոչ անծանօթ. և այս կարծեաց՝ 'ի ստուգութենէ ոչ այնչափ զուրկ ըլլալուն՝ նպաստաւոր և օժանդակ կը համրին՝ նոր ժամանակաց այդ ամենահին տառից վրայ եղած խուզարկութիւնք, որ սեպաձև գրութիւնները այլեայլ ցեղ բաժնելով՝ անոնցմէ մէկուն ալ, ճիշդ Հայաստանի մէջ գտնուածներուն, Նայիրական կամ Արարական անունը տուած են: Այդ անունը ոչ այնչափ նոյնպէս կոչուող աշխարհին մէջ գտնուելուն համար է, զի գտնուեր են և դեռ կրնան գտնուիլ անկէ

1 Semiramis, quum et lapis deficeret et majus aliquim concupiscerel, quam quod ære posset assequi, apud montem Mediae, qui Bagistanum dicitur, in petra stadiorum septem et decem suam inculpsit effigiam, quam viri certum divis venerentur. (Կեռլիոս, ԻԹ. ԻԴ.) :

Ուրիշ հին պատմիչ մ'ալ կը վկայէ նոյնպէս զՇամիրամայ. Petras ferra domuit ; viasne feris quidem ambulatas stravit.

Դարձեալ այլ ումն աշխարհագիր. Semiramis mons, ubi Pylae Zagri, a Semiramide, qui illum abscissum pervium redditit.

դուրս տեղուանք ալ, այլ հոն բնակող ժողովրդեան խօսած լեզուին պատկանելնուն ենթադրութեամբ։

* * *

Հայկական կոչուած բեւեռակերպ արձանագրութեանց ընթերցումը, զայն հետազօտող գիտնոց ղանազան ջանքերովն ալ դեռ ինչուան հիմա արժանապէս գոհացուցիչ արդիւնք մը տուած չէ ուսումնական աշխարհի. ու միւս երկու ցեղ գրուածներէն ալ, — ասորականէն ու աքեմենականէն — աւելի դըժուարընթեռնլի մնացած։ Ասոր ալ գլխաւոր պատճառն՝ որ լեզուի պատկանելնուն անստուգութիւնը՝ որով անհամաձայնութիւնը. ոմանք՝ի հնախոյզ գիտնոց՝ սեմական լեզուի մը վերաբերիլ կարծեցին. այլք՝ հնդիկ-եւրոպական, և միւսներն ալ՝ի տուրական և՝ի հայկական տարերաց բաղկացեալ լեզուի մը։ Յետին երկու կարծիք կամ դրութիւնք՝ իրարու կը մօտենան, հայկական ծագումն և սկզբնաւորութիւն չժխտելով անոնց։ Հռչականուն անգղիացի հնագէտն Հինքս՝ որ հնդիկ-եւրոպական լեզու մը կը նկատէ անոնց մէջ. Վանայ բերդին արձանագրութեանց վրայ անխոնջ ու երկար հետազօտութիւններէ ետքը կը հետեւցնէ թէ հայերէն լեզուով գրուած պէտք է ըլլան անոնք։ Իր այս կարծեաց պատճառը՝ անոնց մէջ ձայնաւոր տառեր գըտնելն եղած է. որով յաբեթական ըսուած լեզուներուն մէկուն պատկանելնուն վրայ տարակոյս չմնար կ'ըսէ. վասն զի այն հին լեզուաց մէջ միայն կը գըտնուէր ձայնաւոր տառից գործածութիւնն։ Երրորդ դրութեան ջատագովն էր Մորթման գերմանացի, որ այլեւայլ գրուածներով, ինչպէս ծանօթ է, ոչ լոկ հայկական պատմութեան՝ այլ նաև լեզուին վերաբերիլը ուզեց ցուցնել. և իր կարծիք և դրութիւն՝ բաւական ճաշակ և ընդունելութիւն գտաւ, գէթ առջի բերան:

Աքեմենեան և ասորացեղ բևեռաքանդակ տառից ընթերցման բաւական դիւրանալն ու պարզուիլը ջանից գիտնոց, հայկական կոչուածներուն ալ ընթերցումն յուսալի և փափաքելի կ'ընէ: Օբբէրդ՝ որ մասնաւոր ջանքով ետևէ եղած է ասոնց ընթերցման, իր գրուածոց մէջ շատ տեղ հնդիկ-եւրոպական լեզուի մը պատկանելնուն ամենևին չտարակուսիր: Ըստ նորագոյն լեզուաբանական հետազօտութեանց եւրոպացի արդի գիտնոց, և ոմանց եւս մերազնեայց, հայկական հին լեզուն՝ հնդիկ-եւրոպական արմատներէ ձևացած կը համարուի, ու սեմական քանի մը տարերաց, Հայկայ ցեղին կամ՝ սերունդին խառնուելովը արամէական ժողովրդոց հետ՝ որ Հայաստանի հողոյն վրայ յառաջագոյն հաստատուած էին բնակութեամբ, գրութեանց մէջ բևեռակերպ տառերն ալ գործածած պիտի ըլլան:

Բևեռաձև տառերով ձեռագիր մը գտնուած չէ. ուստի կը հետևցընեն հմուտք, նոյն իսկ տառից բընութենէն՝ որով ձևացած են, թէ պարզ քանդակաց և արձանագրութեանց մէջ գործածուելու վախճանաւ հնարուած էին: Անոնց կիրառութեամբն վարուող աշխարհաց ժողովուրդք հարկ էր ունենային, ինչպէս անշուշտ կը համարի Գադրըմէր, ուրիշ ազգ մ'ալ գրութեան, աւելի ընթացիկ, սովորաբար և հեշտաւ գործածելի: Այս վերջնոյս՝ որ թերևս առջինին հետևողութեամբ յօրինուած էր; և որուն սակաւագիւտ օրինակք կամ փորձք կրնան համարուիլ 'ի Բաբելոն գտնուած քանի մը մանր ու աղիւսի վրայ քանդակուած յիշատակարանք, նմանութեամբ յօրինուած կ'ենթադրուին հեբրայական նոր կամ քառակուսի կոչուած տառք, զորս Հրէայք գերութենէ դարձած ատեննին հետերնին բերին:

***

Սակայն բեւեռակերպ տառից գործածութիւնը երկար ատեն չդիմացաւ. և ինչպէս ուրիշ ազգեր՝ ասանկ ալ Հայերը ձգեցին զայն. Ասիոյ հարաւային բնակիչք՝ սկսան Փիւնիկեցւոց տառերը գործածել. ուսկից կամաց կամաց Սամարացւոց, Քաղդէացւոց, Հրէից, Ասորւոց, Յունաց և Արաբացւոց գրերը ծեւացան: Իսկ Ասիոյ հիւսիսային բնակիչք, որոնց հետ մեր ազգն ալ, Զենտի գրերով սկսան վարուիլ: Այս կարծիք անհակառակելի կրնայ սեպուիլ, որովհետև Խորենացւոյ, և իրեն ժամանակակից կամ ետքը եկող ուրիշ պատմագրաց վկայութեան վրայ հաստատուած է. և Խորենացւոյ և հայկական գրոց գիւտին մէջ եղած ժամանակի մերձաւորութիւնը՝ ստուգութեանը մեծագոյն երաշխաւորութիւն մըն է:

Նոյն գրոց կիրառութիւնը ինչուան սրբոյն Գրիգորի Լուսաւորչի ժամանակ դիմացաւ, ու անկէց ալ մինչև սրբոյն Մեսրովպայ օրը. այս տարբերութեամբ որ եկեղեցական բաներու մէջ յունարէնն ու ասորերէնը կը գործածէին, քաղաքական իրաց կիրառութեան համար պահելով Զենտի գիրը՝ և կամ պարսկական տառերը:

***

Քրիստոսական կրօնից 'ի Հայաստան մուտ գտնելէն ետքն ալ՝ արքունական դրչաց ու անոնց գործածած Նշանագիրներուն կը հանդիպինք ազգային մատենագրութեան պատմութեան մէջ. և որոց ձեւն, ինչպէս նաև կիրառութիւնն 'ի Հռովմայեցւոց մեզի անցած կ'երևի: Անշուշտ տեսակ մ'էր այն համառօտագրութեան (sténographie), յորում աջողակ և յոյժ վարժ էին լատինք. կը վկայէ նաև իրենց երգիծաբան քերթողն Մարտիալէս. «Բառք սրաթռիչք են, կ՚ըսէ. այլ ձեռք արագաշարժք քան զնոսա. լեզուն իր գործը չլմնցուցած՝ ձեռք արդէն կատարած է զիւրն[1] »:

Այս կերպ գրութեան առ նախնիս մեր, և մեզի ծանօթ ու թերևս միակ յիշատակութիւնն կը գտնենք առ Ագաթանգեղոսի: Սրբոյն Գրիգորի և Հռիփսիմեանց վկայութեան հանդիսին ատենական հարցաքննութեանց ժամանակ՝ իրենց խօսքերն առ թագաւորն Տրդատ հասցընելու փոխձանու կային հոն, կ՚ըսէ, արքունի նշանագիրք: Ասանկ (յէջ 89 տպ. Վենետկոյ). «Եւ մինչդեռ կայրն կախեալ այսպէս, խօսեցաւ (Գրիգոր) զայս ամենայն. և գրեցին ատենակալ դպիրք նշանագրացն »: Դարձեալ (140). « Դիպեցան անդ նշանագիրք՝ որք գրեցին զամենայն բանս, և ընթերցան առաջի թագաւորին »:

Հեթանոս Հռովմայ այս սովորութիւնը՝ կը նկատենք նաև հին քրիստոնէութեան առաջին ժամանակաց և հալածանաց դարերուն մէջ: Եկեղեցական հնագիտութիւն և սրբագիրք կ՚աւանդեն թէ ընդհանրապէս ամէն եկեղեցեաց, և 'ի մասնաւորի կայսերական քաղաքին մէջ նստող հայրապետաց փոյթն էր՝ վկայական մահուամբ իրենց հաւատոյ պահպանութեանն համար արիւննին դնող մարտիրոսաց՝ ատենական հարցափորձին ժամանակ գտնուելին իբրև հանդիսատեսք և լուռք ծածուկ հաւատակիցք, և համառօտագրեն իրենց կրած տանջանքն և յատենի դատաւորաց զրուցած խօսքերը. և զորս յետոյ գետնադամբաններու մէջ կ՚ընթեռնուին 'ի լսել և 'ի խրախոյս հաւատացելոց: Առ Ագաթանգեղեայ յիշուած

[1] Currant verba licet; manus est velocior illis;
Nondum lingua suum, dextra peragit opus.

նշանագրաց համար՝ հմուտ բանասէրն Մ. Էմին կարծիք մը յայտնած է թէ բեւեռագիրք կամ հին եգիպտական սրբագրոշմ տառից նման ըլլան: Բայց հաւանականագոյն կը թուի Լանկլուա հայագէտ գաղղիացւոյն ենթադրութիւնը, որ մեր արդ իսկ յիշատակած և առ Հռովմայեցիս տիւրանեան կոչուած տառից նմանակերպ գրութիւն մը կը համարի:

* * *

Սակայն յատուկ և ազգային գրոց պէտքը՝ աւելի կերպով մը սկսեր էր զգալի ըլլալ Հայաստանի մէջ: Հայրենեաց այս մեծ ծառայութիւնը իւր վրայ առաւ սուրբն Մեսրովպ: Յարմար ու բարեպատեհ էր ժամանակն այնպիսի վերանորոգութեան մը ձեռք զարնելու, որ թէ ազգին լրութեանը փափաքն էր, և թէ ժամանակին համար անհրաժեշտ պահանջք մը: Սուրբն Գրիգոր քրիստոսական հաւատոց ճըշմարտութիւնը քարոզեր ու ծաւալեր էր յազգին. բայց ինչուան 'ի չորրորդ դար՝ դեռ եւս կային 'ի նմա այնպիսի ժողովուրդք՝ որոց ժամանակակից պատմութիւնը կը վկայէ թէ չկրթութիւն և թէ չքրիստոնէութիւն: Ասոնց սեպհական և յատուկ նշանագրաց՝ անկարելի եղած էր սուրբ գիրքն և իր վարդապետական նուիրական ուսումը ընդունելի և տեւական ընել իրենց մէջ: Ասկէ զատ, քաղաքական մեծ պատճառ և հարկ մ'ալ կար այս բանիս ետեւէն ըլլալու: Հայաստանի իշխանական զօրութիւնը՝ մէկ կողմանէ արդէն սկսած էր զգալի տկարութեան մը տխուր նշանակներն տալ. միւս կողմանէ ալ Պարսիկք՝ իրենց ոյժն ու ազդեցութիւնը տարածելով՝ յարատեւ սպառնալիք մ'էին անոր քաղաքական ինքնօրէնութեանն և կրօնից: Մերձաւոր ապագայ մը արդարացուց դժբաղդաբար նոյն ատենի հայրենեաց ու սրբութեան կրօնից սիրով տոչորող սրտից արդարացի երկիւղը, որ չըլլայ թէ քրիստոնէութիւնն ու իր բարոյականն հաստատուն կերպով մը, ինչպէս փափաքելի էր, արմատացած չըլլալուն՝ պարսկական բռնութեան տեղիք տալ բռնադատուած ատեննին՝ նաև սուրբ հաւատք ունենան իրենց անդարմանելի կորուստը։ Այսպիսի վերահաս վտանգէ մը զհայրենիս ապահովել՝ սրտի ու հոգւոյ անհրաժեշտ պարտաւորութիւն մ'էր, ու միանգամայն երկնաւոր ու երկրաւոր սիրելագոյն շահուց եռանդուն փափաքանաց արդիւնք։ Այս կերպով, — ինչպէս կ'ակնարկէ Սէն-Մարդէն հայերէնագէտ գաղղիացին, — Հայք յաջողեցան իրենց հաւատոց հետ փրկել նաև ազգութիւնը՝ մերժելով կամ կիրառութիւնը խափանելով այն ամէն օտար տարերուն՝ որոնք արդէն տարածուած էին իրենց երկրին մէջ՝ և որոց բռնադատ գործածութիւնը կամայ կամայ կրնար զիրենք ընդելացընել զրադաշտական կրօնից վարդապետութեան մերձաւորութեան, և կամ անզգալի կերպով յունականին հետ վերաբերութեան մէջ դնելով կամ խառնելով, ազգային ինքնուրոյն գոյութիւնը վտանգել։ Հաւատք, ազգութիւն, լեզու և մատենագրութիւն՝ գտան իրենց փրկութիւնն ու ապահովութիւնն այս կարևոր գլուխին և անոր համար եղած ջանից մէջ։ Առանց ասոր՝ Հայաստան այսօրուան օրս թերևս այն վիճակն ունենար, ինչ որ Ասիոյ այլևայլ հին ժողովուրդք. միայն պատմական կամ անուանական ազգ մը մնալով։

Այս էր երկու նախանձընդդէմ ազգաց, Յունաց և Պարսից՝ այլևայլ տեսակէտով բայց մի և նոյն նըպատակաւ, փափաքն ու հեռաւոր յոյսն. և անոր հասնելու համար՝ ամէն ջանք, խոստմունք, օգնականութիւն և մերթ նաև բռնադատութիւն և բռնութիւն 'ի գործ կը դնէին։ Մերուժանայ գործն ու Պարմիջ քաղաքականութեան սատարելու եռանդն ու հնարագիտութիւնը՝ դեռ կենդանի էր շատերուն մտքին մէջ։ Հայաստանի ժողովուրդը մոգակրօն ու սասանական ազգին հպատակ ըլլալու ամենէն գլուխն ու յարմարագոյն միջոց գտեր էր՝ յունական գրքերն այրել ու փճացընել, ու անանկով յոյն ազդեցութեան վախը յարմարոց քանցել։ Անոր հակառակ՝ կայսրն Թէոդոս, և Կոստանդնուպոլսոյ հայրապետ սուրբն Ատտիկոս՝ կերպով մը իրենց կառավարութեան քաղաքագիտութեանն և զգածմանց թարգման կ՚ըլլան, երբ առ սուրբն Սահակ հայրապետ գրած թղթերնուն մէջ մեծարական դանգատ մ՚ալ կը յայտնեն հայկական գրոց գլուխն համար եղած հետապնդութեանց և խուզարկմանց նկատմամբ. առաջինն՝ թէ «Առաքել եւս մեղադիր եմք, զի արհամարհեալ զճարտարօքս որ 'ի մերում քաղաքիս, յԱտտիկեայ ոմանց խնդրէիր զիմաստից գիտս»։ Եւ Ատտիկոս. «Աչաց 'ի մեղադրանաց ոչ թողումք, որ ոչ կանխաւ յիշատակեցեր զսիրելութիւն Գրիգորի և Ներսիսի երանելեաց քոյ հարց։ Եւ առաւել ընդ այս զարմանամք, թէ զվարդ թողեր զաղբիւրն եկեղեցւոյ զհայր մեր սուրբ Յովհաննէս, որ ոչ միայն անեզերական մայրաքաղաքիս, այլ սովաւ և ամենայն քրիստոնեայք և ընդհանուր աշխարհ 'ի նմանէ վարդապետեալ ուսանի. ուստի և Ոսկեբերան կոչեցին զնա։ Եւ յեր զանց զնովաւ արարեալ, կամեցայք 'ի սահմանական ջրոց զփափագ ծարաւոյն յագեցուցանել»։

Ժամանակաւ կրտսերագոյն գրութեանց մէջ ալ զնոյն ակնարկուած կը գտնենք. «Սուրբ հայրն մեր Մեսրոպ յետ առնլոյ երկնաւոր շնորհացն և ստեղծանելոյ զնշանագիրս Հայոց, զՎրաց և զԱղուանից, գնաց 'ի Կոստանդնուպոլիս հրամանաւ սուրբ հայրապետին Իսահակայ մեծի պարթեւի. և յոյժ պատուով ընկալան զնա Թագաւորն Թէոդոս և հայրապետն Ատտիկոս․ և սակաւ ինչ մեղադրեցին սիրով, թէ 'ի շարժելն ձեր 'ի խնդիր գրոյն թէ ընդէ՞ր իջեր 'ի շաղփաղփանս Ասորեացն, և ոչ եկիր առ աղբիւրն իմաստութեան յաստուածազգեաց հայրապետն Յովհան Ոսկեբերանն․ և 'ի նմանէ այլ դիւրեաւ գտանէիր զմխիթարութիւն սրտի քո[1] » ։

***

Լսենք նոյն իսկ ժամանակակցաց բերնէն այս ցանկալի գիւտին հետաքննական պատմութիւնը։ Ասոնք երեք են գլխաւորաբար, և մէկ դարու և դպրոցի կը վերաբերին․ Խորենացի, Կորիւն և Փարպեցի․ երեքն ալ ամենայն մեծարանաց և հաւատարմութեան արժանաւոր անձինք, և որոնք մէկմէկու գրուածքն ալ տեսած ըլլան կամ ոչ, ազգային մատենագրութեան այս նշանաւոր կէտին վրայ ունեցած համաձայնութեամբը կը հաւատարմացընեն կարծիք մը զոր այլք արդէն մեզմէ յառաջ ալ ունեցած են, թէ ազգին մէջ ինչուան իրենց ատեն գտնուած արքունի վաւերական դիւաններէ քաղած կամ համառօտած պէտք է ըլլան զայն։ Իրենց բուն խօսքերը մէջ բերելով և իրարու դիմաց դնելով՝ այս ենթադրութիւնը թերեւս աւելի ոյժ առնու քննադատ բանասիրութեան առջև։

1 Ի Վատիկանեան մատենադարանի որ 'ի Հռովմ՝ հոյակապ սրահի մը մէջ ուր ամենայն ազգաց այբուբենից ծանօթ հնարողաց դէմքերն պատկերագրուած են, մեր այբուբենքն իրենց հին երկաթագիր ձեւերովն տրուած են 'ի ձեռս սրբոյ Ոսկեբերանի, զինքն համարելով և կոչելով անոնց հեղինակ։ Գրուածքիս մէջ ուրիշ տեղ պիտի անդրադարձընենք՝ թէ ինչպէս ոմանք յեւրոպէացի բանասիրաց այդ բազմահուչակ հայրապետին ընծայած են ժամանակաւ նաեւ զթարգմանութիւն աստուածաշունչ գրոց, կամ անոր մէկ մասին, 'ի հայ բարբառ։

Գնենք նախ հին ճառընտրի մը մէջ գտնուած Կորեան հատուածը այս նիւթիս վրայ, որ հետեւեալ էջերուն մէջ գրուածէն բաւական կը տարբերի:

“ Բայց զի ոչ էր գիր հայերէն լեզուիս՝ բազում պակասութիւն լինէր ճշմարտութեան աւանդելոյն առ աշակերտեալսն. իսկ երանելի վարդապետն տարակուսեալ 'ի խորհուրդս իւր՝ առ Աստուած աղաւթնէր, որ կարողն է յամենայնի, ցուցանել զգիր հայ լեզուիս. որով նուազութիւնն յաւաւելութիւն գայցէ գրով: Եւ յարուցեալ այնուհետեւ հասանէր առ սուրբն Սահակ հայրապետն Հայոց՝ յաղագս գրոյ նշանագրաց. եգիտ զնա առաւել եւս փափաքող այնմ: Եւ յետ բազում ջանից և աշխատութեանց և ոչ ինչ օգտելոյ, դարձեալ յաղօթս ապաւինելով՝ յԱստուծոյ խնդրէին որում ցանկային: Եւ մեկնեալ 'ի միմեանց, և յանձն առեալ զխստամբերութիւն՝ ճգնէին առաւել քան զառաւելս:

“ Եւ յետ այսորիկ ծանուցեալ լինէր 'ի Թագաւորէն Վռամշապհոյ, որ և նա այսմ նախանձայոյզ եղեալ, առաքէն զՄեսրովբ աշակերտօքն հանդերձ 'ի Միջագետս Ասորւոց: Եւ երթեալ նորա խուզէր ուր ուրեք իմաստասիրաց համբաւէր գիտութիւն: Եւ հանդիպեալ Դանիէլի ումեմն եպիսկոպոսի Ասորւոց առաքինւոյ, որ ասաց նմա ցուցանել զնշանագիրս՝ որում ցանկային: Եւ յետ բազում աշխատութեանց և քննութեանց և ուսմանց՝ անշահ թուացեալ. զի ոչ բերէր զբառս և զբանս ամփափետացն ըստ հայերէն լեզուիս:

“ Յայնժամ հաւատով առ Աստուած ապաւինի, և աղօթս արտասուալից առ Աստուած մատուցանէր, և հայցէր յամենեցունց տեառնէն զոխ և զգիւտ՝ ցուցանել զփափաքելին նշանագրաց: Եւ տեսանէր ոչ 'ի քուն երազ և ոչ յարթնութեան տեսիլ, այլ 'ի սրտին գործարանի՝ երեւութացեալ հոգւոյն աչաց՝ թաթ ձեռին աջոյ, գրելով 'ի վերայ վիմի. զի որպէս 'ի ձեան վերջք գծին ունէր քարն. և ոչ միայն երեւութացաւ, այլ և հանգամանք ամենայնիցն՝ որպէս յամանի 'ի միտս նորա հաւաքեցաւ: Եւ յարուցեալ յաղօթիցն՝ եստեղծ զնշանագիրս մեր հանդերձ Ռուփինոսիւ աշակերտիւ Եպիփանու, որ 'ի Սամոս էր միայնակեաց. կերպաձեւեալ զգիրն ըստ հրամանի Մեսրովբայ վարդապետին և երանելւոյ, փոխադրելով ըստ հայերէն ըստ անսայթաքութեան սիղոբայից հելլենացւոց „ :

ԿՈՐԻՒՆ

«Եւ անկեալ 'ի ծուփս խորհրդոց, եթէ որպէս արդեօք ելս իրացն գտանիցէ, և իբրև աւուրս բազումս անդէն 'ի նմին դեգերէր, յարուցեալ այնուհետև հասանէր առ սուրբ կաթուղիկոսն Հայոց մեծաց, որոյ անունն ճանաչէր Սահակ, զոր պատրաստական գտանէր նմին փութոյ հաւանեալ և միանգամայն յօժարութեամբ գումարեալ հանդերձ աղօթիւք մեծովք առ Աստուած կանխէին վասն ամենայն ոգւոց քրիստոսաբեր փրկութեանն հասանելոյ, և զայն առնէին աւուրս բազումս: Այս եղանէր նոցա պարգևական յամենաբարին Աստուծոյ, ժողովել զաշխարհահոգ խորհուրդն երանելի միաբանելոցն, և գիւտ նշանագրոյ հայաստան ազգին հասանել. բազում հարց փորձի և քննութեան զանձինս պարապեցուցեալ, և բազում աշխատութեանց համբերեալ:

«Ազդ առնէին ապա և զկանխագոյն խնդրելին իւ-

ՓԱՐՊԵՑԻ

«Եւ այսպէս բազմաժամանակեայ մտածութիւնն երանելոյ առն Մաշթոցի՝ ընկալեալ յամենախնամ մարդասիրէն Աստուծոյ, զօրացոյց զնա հոգւով ողորմութեան իւրոյ. քանզի հոգացեալ յարաժամ տրամէր երանելի այրն Մաշթոց, տեսանելով զմեծաջան ծախս մանկանցն հայաստան աշխարհիս: Որք բազում թոշակօք և հեռագնաց ճանապարհօք և բազմաժամանակեայ դեգերմամբք մաշէին զաւուրս իւրեանց 'ի դպրոցս ասորի գիտութեան. քանզի պաշտօն եկեղեցւոյ և կարդացմունք գրոց ասորի

ԽՈՐԵՆԱՑԻ

«Ի վարդապետել երանելոյն Մեսրոպայ՝ ոչ փոքր կրէր վտանգս, քանզի ինքն էր ընթերցող և թարգմանիչ. և եթէ այլ ոք ընթեռնոյր, ուր նա ոչ հանդիպէր, զանխուլ 'ի ժողովրդոցն լինէր՝ յաղագս ոչ լինելոյ թարգմանչի։ Վասն որոյ եդ 'ի մտի հնարել գտանել նշանագիրս Հայոց լեզուիս. և արկեալ զանձն 'ի ջանս, պէսպէս փորձիւք տաժանէր։

«Յետ այսր վախճանեալ եպիսկոպոսապետին Ասպուրակէս, 'ի տեղի նորա յաջորդէ Խոսրով զՍահակ որդի մեծին Ներսէսի... Առ նա եկեալ Մեսրոպ յաղագս խնդրոյ նշանագրաց Հայոց, եգիտ զնա առաւել փափագող այնմ. և յետ բազում ջանից և ոչ ինչ օգտելոյ, դարձեալ յաղօթս ապաւինեալ, յԱստուծոյ խնդրելով։ Եւ մեկնեալ 'ի միմեանց, գնաց Մեսրոպ 'ի դադարս իւր։

«Վռամ հրամայեաց Վռամշապհոյ մեր թագաւորին իջանել 'ի Միջագետս, զի խաղաղացուցեալ կարգես-

---

ուսմամբ վարէին 'ի վանորայս և յեկեղեցիս հայաստան ժողովրդոցս. յորմէ ոչ ինչ էին կարող լսել և օգտել ժողովուրդքն այսպիսի մեծ աշխարհի՝ յանկրութենէ լեզուին ասորոյ։

«Զայս 'ի բազում ժամանակս զմտաւ ածեալ երանելին առն Մաշթոցի, և փղձկացեալ յանձն իւր, մանաւանդ թէ գոն նշանագիրք հայերէն լեզուոյս, որով հնար է ինքեան ձայնիւ, և ոչ մուրացածոյ բարբառով շահել զոգիս արանց և կանանց առ հասարակ յամենայն եկեղեցիս բազմութեանն. զօրացեալ 'ի սուրբ Հոգւոյն յորդորմամբ, և եկեալ առ սուրբ կաթուղիկոսն Հայոց Սահակ, զեկուցանէր

(Կ ո ր ի ւ ն)

բեանց թագաւորին Հայոց, որոյ անուն կոչէր Վռամշապուհ։ Յայնժամ պատմէր նոցա արքայն վասն առն ուրումն ասորւոյ եպիսկոպոսի ազնուականի Դանիէլ անուն կոչեցելոյ, որոյ յանկարծ ուրեմն նշանագիրս ալփաբետաց հայերէն լեզուին։ Եւ իբրև պատմեցաւ նոցա յարքայէ վասն գտելոցն 'ի Դանիէլէ, յօժարեցին զարքայ, փոյթ առնել վասն պիտոյից իրացն այնոցիկ։

«Եւ նա առաքէր զոմն Վահրիճ անուն հրովարտակօք առ այր մի երէց, որոյ անունն Հաբէլ կոչէին, որ էր մերձաւոր Դանիէլի ասորւոյ եպիսկոպոսի։ Իսկ Հաբէլն զայն լուեալ՝ փութանակի հասանէր առ Դանիէլն. և նախ ինքն տեղեկանայր 'ի Դանիէլէ նշանագրացն. և ապա առեալ 'ի նմանէ առաքէր առ արքայն յերկիրն Հայոց 'ի հինգերորդի ամի թագաւորութեան նորա 'ի նա հասուցանէր։ Իսկ արքայն հանդերձ միաբան սրբովք Սահակաւ և Մաշթոցիւ ընկալեալ զնշանագիրսն 'ի Հաբէլէն՝ ուրախ լինէին։

(Փ ա ր պ ե ց ի)

նմա զիւրոյ բազմաժամանակեայ մտածութեան ընդխնդիրն. և ընկալեալ 'ի նմանէ քաջալերութեան աւետիս, թէ զօրացեալ պինդ կաց՝ առեալ ընդ քեզ և այլ արս օգնականս 'ի քահանայից, զոր ես պատուիրեմ. և ուր տկարանայք 'ի կարգել զհեգենայսն, բերեալ առ իս ուղղեմ զայն. քանզի յոյժ դիւրին է գիւտ իրացդ՝ զոր հայցես։ Բայց նախ արժան է մեզ զգացուցանել թագաւորին զպէտս այսպիսի մեծ և կարևոր խնդրոյ. վասն որոյ և քան զաւուրս ինչ յառաջ ոչ բազումս, առեալ բանք յեկեղեցւոջ յաղագս կարօտութեան այդպիսի պիտոյից, ասացեալ է ուրումն ցարքայ, թէ տեսի նշանա-

(Խորենացի)

ցէ զնոսա, և համար երկաքանչիւրոցն հասցէ զգոր-
ծակալացն։ Եւ իջեալ նորա՝ և կարգեալ զայս ամե-
նայն, ոչ փոքր ինչ կրէ աշխատութիւն յաղագս քար-
տուղարի. զի մինչև գնաց Մեսրոպ յարքունական
դրանէն՝ ոչ զոք 'ի Ճարտարաց գտանէր անդր 'ի դը-
պրաց, քանզի պարսկականաւն վարէին գրով։

« Վասն որոյ մատուցեալ առ արքայն քահանայի
ուրումն՝ Հաբէլ անուն կոչեցեալ, խոստանայր հայ-
կականացս լեզուաց առնել նշանագիր, յարմարեալ
'ի Դանիէլէ եպիսկոպոսէ յիւրմէ մերձաւորէ։ Զո-
րով անփոյթ արարեալ արքային, և եկեալ 'ի Հայս,
գտանէ ժողովեալ առ մեծն Սահակ և Մեսրոպ զա-
մենայն եպիսկոպոսունս՝ հոգալ զգիւտ (զգիր) դըպ-
րութեան Հայոց, զոր զեկուցուցին արքային. և նա
պատմեաց զասացեալսն վանականին։ Զոր իբրև
լուան՝ Թախանձէին զնա՝ փոյթ զայնպիսեացն առնել
պիտոյից։

« Վասն որոյ յաշխարհէս մերոյ առաքեաց հրեշտա-

(Փարպեցի)

գիրս առ ումեմն եպիսկոպոսի 'ի դեօղ միում. և Թա-
գաւորն յիշէր զասացեալսն, քանզի և ինձ նա պատ-
մեաց։ Եւ մտեալ սրբոյ կաթուղիկոսին Հայոց Սա-
հակայ հանդերձ երանելեաւն Մաշթոցիւ առ Թա-
գաւորն Վռամշապուհ, և իմացուցեալ նմա զպէտս ի-
րացն, յիշեաց և ինքն Թագաւորն զխօսեցեալսն վա-
նականին վասն նորին իրացն ընդ նմա, զոր և նորա
պատմեալ ուրախացոյց։

« Եւ նոցա լուեալ զայս 'ի Թագաւորէն, փութա-
ցուցանէին զնա առնել, թէ Ճեպեա՛ յաղագս մեծ
և օգտաբեր աշխարհիս Հայոց գիւտս այսորիկ 'ի ժա-
մանակս քո, որ շատ աւելի առ յապայսն բերէ քեզ

(Կորիւն)

Այս առեալ երանելլի հոգաբարձուացն զյանկարծագիւտն՝ խնդրէին հայցէին եւս յարքայէ մանկունս մատաղս, որով զնշանագիրսն մարթեսցեն։ Եւ յորժամ բազումք 'ի նոցանէ տեղեկանային, ապա հրաման տայր ամենայն ուրեք նովին կրթել, որով և յաստիճան իսկ վարդապետութեան գեղեցիկ երանելին հասանէր. և իբրև ամս երկուս կարգեալ զվարդապետութիւն իւր և նովին նշանագրովք տանէր. իսկ իբրև 'ի վերայ հասեալ թէ չէին բաւական նշանագիրքն ողջ ածել զսիւղոբայս և զկապս հայերէն լեզուին, մանաւանդ զի և նշանագիրքն իսկ յայլոց դպրութեանց թաղեալք և յարուցեալք դիպեցան։ Յետ այսորիկ դարձեալ կրկին անգամ 'ի նոյն հոգս դառնային, և նմին եւս խնդրէին ժամանակս ինչ։

« Վասն որոյ առեալ երանելոյն Մաշթոցի դաս մի մանկտոյ հրամանաւ արքայի, և միաբանութեամբ սրբոյն Սահակայ, և հրաժարեալք 'ի միմեանց համ-

---

(Փարպեցի)

շահ յիշատակ անմոռաց, և օգուտ երկնաւոր վայելից՝ քան զնշխանութիւն թագաւորութեանդ քո. և կամ որպէս յառաջ քան զքեզ նախնիքն քո էին յազգէն Արշակունեաց։

« Եւ թագաւորին լուեալ զայս և խնդալից եղեալ ետ փառս Աստուծոյ, որ 'ի ժամանակս թագաւորութեան նորա, զայսպիսի հոգևոր կենաց փափագ ժառանգեաց յաշխարհիս Հայոց։

«Վաղվաղակի ստիպով առաքեալ դեսպան զՎահրիճ ոմն անուն կոչեցեալ 'ի ծնողաց իւրոց՝ հանդերձ հրովարտակաւ, առ այր մի երէց Հաբէլ անուն, որոյ ատացեալ էր յառաջագոյն ցարքայ, որ և մեր-

(Խորենացի)

կութեամբ զայր մի պատուական և հաւատարիմ իւր, խազունի ազգաւ՝ Վահրիճ անուն, յայտ փափագող նորին գործոյ առ Հաբէլն այն։ Զոր առեալ և երթեալ նովաւ հանդերձ, քաջ հմտացեալ 'ի Դանիէլէ, կարգեալ ըստ ձեւոյ օրինակի յունականին զվաղընջուց գտեալ նշանագիր տառից, եկեալ եւտուն ցմեծն Սահակ և Մեսրոպ։ Որոց ուսեալ, և թեւածելով ընդ նոսա տղայոց զամս սակաւս, տեղեկացեալ գիտացին՝ ոչ լինել բաւական այնու նշանագրօք ստոյգ հոլովել զհեգենայ բառից հայկականաց հագներդաբար՝ մանաւանդ մուրացածոյին այնուիկ գծագրութեամբ։

«Զկնի այսորիկ ինքնին Մեսրոպ եկեալ 'ի Միջագետս՝ հանդերձ աշակերտօքն առ նոյն Դանիէլ, և ոչ աւելի ինչ գտեալ քան զառաջինն, անցանէ և յԵդեսիայ առ Պղատոն ոմն Ճարտարասան հեթանոս՝ իշխան դիւանին։ Եւ նորա խնդութեամբ ընկալեալ, և զոր ինչ միանգամ 'ի միտ առնոյր բան հայերէն

(Փարպեցի)

ձեռօր էր առն բարեպաշտի Դանիէլի եպիսկոպոսի, առ որում նշանագիրքն հայերէն կային. և երանելւոյն Հաբէլի ընկալեալ զհրովարտակն 'ի Վահրիճէ և լուեալ զբան, փութանակի հասանէր առ աքանչելի եպիսկոպոսն Դանիէլ. և նախ անդէն 'ի նմին Դանիէլէ ինքն տեղեկանայր զկարգ նշանագրացն, և առեալ 'ի նմանէ առ թագաւորն և առ սուրբ հայրապետն Հայոց Սահակ և առ երանելին Մաշթոց հասանէր։

«Իսկ արքային Հայոց սուրբ կաթուղիկոսաւն Սահակաւ և երանելեաւն Մաշթոցիւ ընկալեալ զնշանագիրսն 'ի Հաբէլէ, ուրախ լինէին։ Բայց տեղե-

(Կորիւն)

բուրիւ սրբութեանն, խաղայր գնայր 'ի հինգերորդ ամի Վռամշապհոյ արքային Հայոց, և երթեալ հասանէր 'ի կողմանս Արամի' 'ի քաղաքս երկուս Ասորոց, որոց առաջինն Եդեսիա կոչի, և երկրորդն Ամիթ անուն. ընդդէմ լինէր սուրբ եպիսկոպոսն այն' որոց առաջնոյն Բաբիլաս անուն, և երկրորդին Ակակիոս համդերձ կղերականօքն և իշխանօքն քաղաքին պատահեալ. և բազում մեծարանս ցուցեալ հասելոցն, ընդունէին հոգաբարձութեամբ ըստ Քրիստոսի անուանելոյն կարգի։ Իսկ աշակերտասէր վարդապետին' զաշակերտսն ընդ իւր յերկուս բաժանեալ, զոմանս յասորի դպրութեանն կարգէր, և զոմանս յունական դպրութեանն։ Անտի 'ի Սամոսատական քաղաքն գումարէր, և նորա իւրովքն հաւասարօք ... որում պարգևէ ... նշանագիրս հայերէն լեզուին. և անդ վաղվաղակի նշանակեալ անուանեալ և կարգեալ յօրինէր սիղոբայիւք և կապօք. և ապա հրաժարեալ յեպիսկոպոսայն սրբոց' համդերձ

(Փարպեցի)

կացեալ դիտացին, ոչ լինել բաւական այնու նշանագրօք սոսկ յօրինել զհեգենայ բառից հայկականաց հագներդաբար, մուրացածիւն այնուիկ գծագրութեամբ։

« Զկնի այսորիկ ինքնին Մեսրովբ իջանէ 'ի Միջագետս համդերձ աշակերտօք առ նոյն Դանիէլ, և ոչ աւելի ինչ գտեալ քան զառաջինն, անցանէ յԵդեսիա առ Պղատոն ոմն Ճարտասան հեթանոս, իշխան դիւանին. և նորա խնդութեամբ ընկալեալ, և զոր ինչ միանգամ 'ի միտ առնոյր բան հայերէն' յինքն առեալ, և շատ ջանացեալ և ոչ օգտեալ' զպարտութիւն խոստովանեաց հռետորն. և զայլ ոմն ասելով

(Խորենացի)

յինքն առեալ, և շատ ջանացեալ, զօգնութիւն խոստովանեաց հաւատովն: Եւ զայլ ոմն ասելով յոյժ հասու, վարդապետ իւր եղեալ յառաջագոյն, և ապա առեալ զճարտարացն գրեան 'ի նոյն դիւանէն Եդեսեայ, և գնացեալ քրիստոնէութեան հաւատոց. որոյ անունն Եպիփանոս. զոր խնդրեալ գըտ-ցես լցուցանել զփափաքդ քո:

« Յայնժամ Մեսրոպայ օգնականութիւն 'ի Բաբելոսէ եպիսկոպոսէ գտեալ, և անցեալ ընդ Փիւնիկէ 'ի Սամոս դիմէ. քանզի Եպիփանոս վճարելով զկենցաղս՝ Թողեալ լինի աշակերտ մի անուանեալ Հռոփանոս, հրաշալի արուեստիւ հելլէն դպրութեամբ, որ 'ի Սամոս էր միայնացեալ: Առ սա երթեալ Մեսրոպայ, և յայսմ եւս անշահ մնացեալ, յաղօթս ապաւէնի. և տեսանէ ոչ 'ի քուն երազ և ոչ յարթնութեան տեսիլ. այլ 'ի սրտին գործարանի երևութացեալ հոգւոյն աչաց Թաթ ձեռին աջոյ՝ գրելով 'ի վերայ վիմի (Ա, Ե, Է, Ը, Ի, Ո, Ւ). զի որպէս 'ի

(Փարպեցի)

յոյժ հասու՝ վարդապետ իւր լեալ յառաջագոյն, և ապա առեալ զճարտարացն գրեան 'ի նոյն դիւանէն Եդեսեայ, և գնացեալ քրիստոնէութեան հաւատոց, որոյ անունն Եպիփանոս, զոր խնդրեալ՝ գըտ-ցես, լցուցանել զփափաքդ քո: Յայնժամ Մեսրովբայ օգնականութիւն 'ի Բաբելոսէ գտեալ, և անցեալ ընդ Փիւնիկէ 'ի Սամոս դիմէ. քանզի Եպիփանոս վճարելով զկենցաղս, Թողեալ լինի աշակերտ մի անուանեալ Հռոփանոս, հրաշալի արուեստիւ հելլէն դպրութեան, որ 'ի Սամոս էր միայնացեալ: Առ սա երթեալ Մեսրովբայ, և յայսմ եւս անշահ մնացեալ, յաղօթս ապաւէնի. և տեսանէ ոչ 'ի քուն ե-

(Կորիւն)

օգնականօքն իւրովք՝ իջանէր 'ի քաղաքն Սամոսատացւոց, յորում մեծապատիւ իսկ յեպիսկոպոսէն և յեկեղեցւոյն մեծարեալ լինէր. և անդէն 'ի նմին քաղաքի՝ գրիչ ումն հելլենական դպրութեան Հռոփանոս անուն գտեալ. որով զամենայն ընտրութիւնս նշանագրոյն՝ զնրբագոյնն, զկարճն և զերկայնն, զառանձինն և զկրկնաւորն միանգամայն յօրինեալ և յանկուցեալ, 'ի թարգմանութիւն դառնային հանդերձ արամբք երկու աշակերտօքն իւրովք. որոց առաջնոյն Յովհան անուն կոչէին յԵկեղեաց գաւառէն. և երկրորդին Յովսէփ անուն 'ի պաղանական տանէն » :

(Խորենացի)

ձեան վերջք գծին կուռեալ ունէր քարն: Եւ ոչ միայն երևութացաւ, այլ և հանգամանք ամենայնին որպէս յաման ինչ 'ի միտս նորա հաւաքեցաւ: Եւ յարուցեալ յաղօթիցն, եստեղծ զնշանագիրս մեր՝ հանդերձ Հռոփանոսիւ կերպաձևեալ զգիրն Մեսրոպայ առձեռն պատրաստ. փոխարկելով զհայերէն աթուղթայն ըստ անսայթաքութեան սիւղոբայից հելլենացւոց » :

(Փարպեցի)

րաց և ոչ յարթնութեան տեսիլ. այլ 'ի սրտին գործարանի երևութացեալ հոգւոյն թաթ՝ ձեռին աջոյ գրելով 'ի վերայ վիմի. զի որպէս 'ի ձեան վերջք գըծին կուտակեալ ունէր քարն. և ոչ միայն երևութացաւ, այլ և հանգամանք ամենիցն որպէս յաման ինչ 'ի միտս նորա հաւաքեցաւ. և յարուցեալ յաղօթիցն՝ եստեղծ զնշանագիրս մեր հանդերձ Հռուփանոսիւ, կերպաձևեալ զգիրն առձեռն պատրաստ Մեսրովբայ, փոխարկելով զհայերէն աթուղթայն ըստ անսայթաքութեան սիղոբայիցն 'ի հելլենացւոյն » :

***

Այսչափ է երեք՝ գրեթէ ժամանակակից պատմիչաց, մեզի աւանդածը՝ հայկական նշանագրաց Մեսրոպայ ձեռքով եղած նորութենէն յառաջ ունեցած վիճակին, և անոնց գիւտին պատմութեան վրայ: Աւելորդ է յիշեցնել՝ թէ իրենց խօսքերը՝ տեղ տեղ լուսաբանութեան կարօտ, ու մերթ ալ բոլորովին անիմանալիք կը մնան. շատ տեղ իրարու համաձայնութեամբ ալ՝ նաև երբեմն անհամաձայնք:

Մենք ջանանք իրենց խօսքերուն հետևողութեամբ ընթերցողաց առջևը դնել համառօտելով և պարզել՝ որչափ կարելի է, հայկական նշանագրաց գիւտին պատմութիւնը:

Հայերէն տառից գիւտին եռանդուն փափաքող և անխոնջ հետամուտ կը ներկայանայ մեզ սուրբն Մեսրովպ, և իրեն աջակից և օգնական մեծն Սահակ: Թագաւորական աթոռոյն վրայ կը նստէր յայնմ ժամանակի Վռամշապուհ. արքունի ամէն օգնութիւն և նպաստ պատրաստ էր այն բարձր իշխանութիւնն և գահոյք գրաւող անձին կողմանէ, որ դժբաղդաբար սակաւատեւ եղաւ, և որ լաւագոյն ժամանակաց արժանաւոր իշխան մըն էր:

Այսպիսի հզօր ձեռնտուութենէ մը չուզեց Մեսրոպ զրկել իր ազգը. ուստի և հայերէն գիր ստեղծելու հնարից վրայ՝ սրբոյն Սահակայ հետ և քովը երկար ատեն կենալէն ու խորհրդակցելէն ետքը, յորդորեց զինքն որ մասնաւոր ժողով մը գումարէ, որպէս զի կարենայ այլ և այլ իմաստուն անձանց խորհրդակցութեամբը փափաքին հասնիլ: Սուրբն Սահակ իրեն սրտին, գիտութեանն ու նուիրական պաշտամանն արժանաւոր խօսքերով յորդորեց ու քաջալերեց զինքն, իր կողմանէ ամենայն կարելի ջանք ու ձեռնտուութիւն խոստանալով. «Եւ ուր տկարանայք, կ'ըսէր, կարգել զՀեգենայսն, բերել առ իս ուղղեմ զայն. քանզի յոյժ դիւրին է գիւտ նրացդ զոր հայցես»: Մեկէն յարքունական քաղաքի 'ի Վաղարշապատ՝ մասնաւոր ժողովք մը գումարեց. հոն այլ և այլ խօսակցութիւններէ ետքը փափաքեցան որ Վռամշապուհ Թագաւորն ալ այս ժողովոյն ներկայ գտնուի: Թագաւորն ալ ժողովականաց փափաքը կատարեց, ու իմանալով թէ ինչ վախճանաւ ցանկացեր էին իր ներկայութեանը՝ պատմեց անոնց Հաբէլ անունով քահանայէ մը լսածը, թէ Դանիէլ կոչուած ասորի եպիսկոպոսի մը քով կը գտնուէին հայերէն լեզուի նշանագիրք: Ժողովքը խնդրեց Թագաւորէն որ մէկը ղրկէ առ Դանիէլ, որպէս զի այն նշանագրաց վրայ կարևոր տեղեկութիւնը առնայ: Այս վախճանաւ Վահրիճ անունով իմաստուն և փութաջան իշխան մը ղրկեցին Թագաւորական տունէ. որ և Թագաւորէն ու եպիսկոպոսներէն յանձնարարական թղթեր առնլով՝ Միջագետք անցաւ ու հոն տեսաւ զՀաբէլ քահանայն. ու անոր հետ մէկտեղ գնաց առ Դանիէլ: Սա իր քովը եղած նշանագրերը ցըցուց անոնց, ու սովրեցուց թէ ինչ կերպով հեգելու է այն տառերը: Լաւ մը տեղեկանալէն ետքը՝ Հաբէլ և Վահրիճ դարձան 'ի Հայաստան, ու Թագաւորին և սրբոյն Սահակայ և Մեսրոպայ առջև դրին թէ դանիէլեան նշանագիրքը և թէ անոնց հնչմունքը:

Վռամշապուհ՝ Սահակայ ու Մեսրոպայ յանձնեց այն տառերը, որպէս զի զանոնք ընդհանուր ազգին օգտակար ըլլալու եղանակին վրայ մտածեն: Անոնք ալ շատ աշխատեցան որ այն տառերը մեր լեզուին հնչմանը ծառայեցընեն, ու տղաքներ ժողվեցին զանոնք կրթելու և անոնց սորվեցընելու համար այն տառերը: Երկու տարի անընդհատ այս վախճանիս հանելու համար աշխատեցան. ու այն դժուարին վաստակը ու երկայն փորձը իմացուց իրենց թէ ընդունայն էր աշխատանքը. վասն զի այն տառից հեգը մեր լեզուին չէր յարմարեր. ուստի դարձեալ նոր աշխատանքի և հին մտածութեանց մէջ ինկան, ու Թագաւորին հետ միաբան խորհեցան որ ինքը սուրբն Մեսրովպ անձամբ երթայ առ Դանիէլ՝ որով թերևս կարենայ աւելի բան մը իմանալ: Ուստի Մեսրովպ իր մասնաւոր աշակերտներէն մէկ քանի հոգի հետը առած՝ Միջագետք գնաց Դանիէլ եպիսկոպոսին քով. և բաւական ատեն հոն կենալէն ետքը՝ նոր բան մը չկրցաւ սորվիլ. և ասոր համար կարգէ դուրս տրտմութիւն և մտատանջ հոգ ունեցաւ: Բայց որպէս զի բոլորովին անպտուղ չըլլայ իր աշխատութիւնը, երկու դաս բաժնեց հետը բերած աշակերտները, ու դպրոց մը դրաւ զիրենք, որպէս զի անոնցմէ ոմանք ասորի՝ մեկալները ալ յունական դպրութիւն սորվին: Իսկ ինքը հետը առնելով ընտրելագոյն աշակերտքը և օգնականքը՝ զՅովհան Եկեղեցացի և զՅովսէփ Պաղնացի, Ճամբայ ելաւ Հայաստան դառնալու:

Երբոր Մեսրովպ այս մտքին վրայ էր, լսեց թէ Եդեսիա քաղաքին մէջ Պղատոս անունով հանճարեղ ու ճարտարամիտ մարդ մը կայ, որ միանգամայն նոյն քաղաքին դիւանին վերակացուն է. և շատերը կ՚ապահովցընէին թէ անիկայ իր հանճարովը կրնայ Մեսրովպայ առաջնորդութիւն մը ընել: Մեսրովպ այս բանիս վրայ ուրախանալով, շուտով մը անոր գնաց, ու իր մտացը խորհուրդը ծանոյց: Պղատոս քննեց հարցուց ու իմացաւ իրմէ Հայոց լեզուին հանգամանքը, և շատ աշխատեցաւ որ զերանելին գոհ ընէ. բայց իր վախճանին չկարենալով հասնիլ՝ խոստովանեցաւ թէ այդ փափաքելի խնդրոյն կարողութիւնը իրմէ վեր է. բայց միանգամայն իմացուց թէ Եպիփանիոս իր վարդապետը կայ. Անիկայ, ըսաւ, թերևս կարենայ քու փափաքանացդ լրումը շնորհել: Այս վախճանաւ յանձնարարական թղթեր առաւ Մեսրովպ թէ՛ իրմէ, և թէ տեղւոյն Բաբուլա կամ Բաբելաս եպիսկոպոսէն, ու Փիւնիկստան ինջաւ. հոն լսեց որ քիչ առաջ վախճաներ է Եպիփանիոս, շատ տրտմեցաւ. բայց որովհետև մեծ համբաւ տարածեր էր Եպիփանիոսի աշակերտը Հռոփանոս, իբրև իր վարդապետին հանճարոյն և ճարտարմտութեանը ժառանգ, և Սամոսատացւոց (Սամոսատ) քաղաքին մէջ առանձնացեր նստեր էր, շուտով մը անոր գնաց[1]: Սակայն հոս ալ ընդունայն եղաւ իր աշխատութիւնը:

Ա՛լ անկէ ետքը մարդկային հնարագիտութենէ իր ամէն յոյսը կտրեց Մեսրովպ, ու միայն աստուածային օգնականութեան վրայ դրաւ ակնկալութիւնը: Ու յիրաւի, այս անգամ տարապարտ չյոգնեցաւ: Ժամանակակից ու ստուգապատում պատմագիրք կ'աւանդեն թէ օր մը յանկարծ տեսիլքով յափշտակուեցաւ. աչքին առջևը քար մը տեսաւ, ու աներևոյթ թաթ մը՝ որ այլևայլ տառեր կը գրէր այն վէմին վրայ, ու անոնց ձևը 'ի նմին ժամանակի կը կերպացընէր նաև Մեսրովպայ սրտին վրայ: Մէկէնիմէկ աղօթքէն ելլելով՝ իմացաւ Մեսրովպ թէ աստուածային էր այն տեսիլքը. իրեն երևութացած գրերուն ձևը ու նմանութիւնը՝ դեռ իր մտաց մէջ տպաւորուած էին, ուստի մէկէն գնաց առ Հռոփանոս, և պատմեց իրեն տեսիլքը՝ ու կերպերը բացատրեց. որ իր ճարտար գրչովը՝ վայելուչ ու գեղեցիկ ձևեր տուաւ նոյն տառերուն: Սուրբն Սահակ հա-

1 Յիշատակի Հռուփինոս անունով եպիսկոպոս մը 'ի Սամոսատ (440), յաջորդ Անդրէի եպիսկոպոսի քաղաքին: Ժամանակակից ըլլալով՝ կրնայ կարծուիլ թէ առ սա դիմեր է Մեսրովպ:

ւատարիմ մնաց իր խոստմանն և աջակցութեան «յերիւրելով… և գիւրահնար ճանապարհ ցուցանելով (երանելւոյն Մաշթոցի), կարգաւորութեան գրենոյս և հեգենային ուղղաձայնութեան, տալով նմա օգնականս… որք էին սակաւ մի և նոքա՝ որպէս երանելին Մեսրոպ՝ մերձաւորեալք 'ի յունարէն հեգենայսն» :

Այսպէս Մեսրովպ և Սահակ, ամոլք սիրալիրք՝ արժանապէս կոչուած կրկին մտաւոր «լուսաւորիչք տանս Թորգոմայ» ունեցան իրենց մեծ և բազմաշահ գործակցութիւնն և արդիւնք գիւտի գրոց կարեւոր գործոյն մէջ. մին հնարող, ճարտարող և ձեւերն տուող, միւսն՝ անոնց ձայնը ու հեգ. որով երկուքն ալ ամբողջ ազգի մը ապագային առջև շնորհընկալ երախտագիտութեան արժանաւորք :

***

Հայկական այբուբենից գիւտին պատմական և արդէն ծանօթ մասը համառօտիւ մը յիշատակելէնես ետքը, քանի մը խնդրոց կը հանդիպինք, որոնցմով արդէն պարապած է ու կը պարապի բանասիրութիւնը, և զորս արժան է մէջ բերել 'ի գիտութիւն և 'ի խելամտութիւն:

Այս խնդրոց մէջ գլխաւորն է թէ արդեօք սրբոյն Մեսրովպայ գիւտը, ամբողջ մեր այբուբենին, երեսուն և վեց տառի՞ց ալ կը վերաբերի, թէ անոր մէկ մասին. կամ թէ յառաջ քան զգիւտ նորա՝ յատուկ հայկական նշանագիրք ունեցա՞ծ ենք:

ԶԽԸ Թուականին գրչագրած մատենի մը մէջ՝ հետագայ հատուածին կը հանդիպինք. և որ մասն է դաւանական երկար գրութեան մը՝ զոր, ըստ ձեռագրին, յօրինած է «սուրբ վարդապետն Սահակ՝ Հայոց կաթուղիկոս և մեծ Թարգմանիչ» : Ահաւասիկ այդ հատուածը․ «Նախ քան զծագումն (Փրկչին) պերճաբանութիւն հռետորական արհեստից՝ ըստ պլատոնական վարժից՝ ոչ երբեք ստորագրեալ տոհռեաց 'ի կողմ հայկազանց․ և ոչ յոլով մակացութեամբ դեգերեալ հինքն մերազնեայք՝ 'ի հրահանգս հելլենական ճարտասանութեան ըստ իմաստնոյն Յունաց՝ առ ունակութիւն եղելոց գիտութեանց, որ է առաջին մասն իմաստութեան ... այլ և ոչ առանձնական վայելչուն գծագրական տառից վաղագոյն հարստացեալ էր, առանց որոյ ոչ է հնար զանցեալսն իմանալ, և ոչ զներկայս՝ ապագայից Թողուլառ 'ի յիշատակ»։ Զնոյն իմաստ՝ գրեթէ նոյն բառերով կրկնուած կը գտնենք դարձեալ վերը յիշուած գրչագրին մէջ՝ 'ի Թղթին որ կ'ընծայուի Ստեփանոսի Սիւնեցւոյ առ Գերմանոս պատրիարք Կոստանդնուպոլսի․ «Զրկեալք, կ'ըսէ, յառանձնական տառից գծագրութենէ, որով զանցեալսն մարթէաք գիտել, և զներկայս ապագայից Թողուլառ 'ի յիշատակ, անճաճանչ աղջամղջաւ, և անլոյս սաւեբաւ պարփակեալ նստէաք 'ի խաւարի գիւցազանցն տոհից»։

Եթէ իբրև վաւերականք ընդունուին այս հատուածք, — և զանոնք մէջ բերող գրչագրին հնութիւնք և ընտրութիւնը ոչ դուզնաքեայ երաշխաւորութիւնք կրնային սեպուիլ, — երկու հռչականուն անձինք, պատուականք և մեծարգոյք իրենց հնութեամբ, ուսմամբ և եկեղեցական բարձր դիրքով, կարծես թէ մեր յիշած խնդրոյն նկատմամբ ամէն տարակոյս փարատելու բաւական պիտի ըլլային իրենց այս բացայայտ խօսքերովը։

Սակայն թէ՛ օտարաց և թէ՛ մեր հնոց մէկ քանի խօսքերը՝ երկմտութեանց և ենթադրութեանց պատճառ եղած են։

***

Յօտար պատմչաց վկայութիւն մը հասած է մինչև առ մեզ, որ հաւատարմացընել կը թուի հայկական այբուբենից գոյութիւնը յառաջ քան զսուրբն Մեսրոպ և անոր գիւտը: Փիլոստրատոս՝ որ Կարակալլա կայսեր ժամանակ ծաղկած մատենագիր մ'է, կ'աւանդէ թէ ժամանակաւ ինձ մը բռներ էին, պարանոցը ոսկեղէն մանեակով. որուն վրայ հայկական նշանագրօք այս խօսքերս գրուած էին եղեր. «Արշակ թագաւոր՝ աստուածոյն Նիւսեայ»: Այս դէպքը մէջ բերող պատմիչն կը յաւելու. «Յայնժամ թագաւորէր Հայոց Արշակ. և կարծեմ թէ տեսեալ նորա զինձն՝ նուիրեաց Դիոնիսեայ վասն մեծութեան գազանին»:

Այս դէպք և զրոյց եթէ արժանահաւատ սեպուի, կրնայ բոլորովին կերպարանափոխութիւն մը կրել տալ շատերու ընդունելի եղած գաղափարաց. նկատմամբ այն փոխառութեան տառից՝ զոր Հայք, ինչպէս քիչ յառաջ տեսանք, հետզհետէ բանադատուեր են ընել 'ի Պարսից, յԱսորւոց և 'ի Յունաց, անոնց յատուկ այբուբենից տառերը իրենց լեզուին կիրառութեանը մէջ մտցընելով: Վասն զի այն ատեն կրնայ կարծուիլ թէ Հայաստանի մէկ քանի գաւառաց մէջ՝ բուն ազգային տառից կամ այբուբենից կիրառութիւնն կար կամ կրնար ըլլալ, մինչդեռ յայլ գաւառս նոյն երկրին, մանաւանդ Պարսից և Ասորւոց սահմանակից և յունական ազդեցութեան կամ իշխանութեան տակ եղող տեղուանք՝ իրենց դրացի և մերձաւոր երկիրներու մէջ խօսուած լեզուներու այբուբենից տառերը կը գործածուէին: Առաջին դէպքին ենթադրութեամբ, այն հայկական այբուբենք՝ որոց գիւտը կ'ընծայուի սրբոյն Մեսրոպայ.

արդէն 'ի գործածութեան եղած պիտի ըլլան երկար ատեն Հայաստանի այլեւայլ կողմանք, ու Մեսրովպ ուրիշ բան ըրած պիտի չըլլայ՝ բայց եթէ բարեփոխել, ու քանի մը նորագիւտ տառից յաւելուածով կատարելագործել զանոնք, և 'ի մասնաւորի ձայնաւորաց ներմուծմամբ։ Ոչ անծանօթ է բանասիրաց և հմտից՝ թէ ասորատառք՝ ինչպէս ուրիշ որ և իցէ սեմական լեզուք՝ ձայնաւոր տառից կիրառութիւնն չունէին 'ի սկզբան, և միայն Քրիստոսէ ութ դար ետքը առնուած են 'ի յունականէն։ Ծանօթ է դարձեալ որ հայ այբուբենից ձայնաւորք ալ՝ 'ի յունէ թեթև փոփոխութեամբք առնուած և յարմարցուած են. և Մեսրոպ՝ որուն ոմանք 'ի հայ պատմագրաց, և 'ի մասնաւորի Խորենացի, անոնց գիւտը կամ համաձայնութիւնն կը յատկացընեն, և որ ազգային յատուկ այբուբեն մը հնարելու համար՝ մասնաւոր ճամբորդութիւն և հետազօտութիւնք ըրաւ յաշխարհին Յունաց, ետևէ եղած է անոնց ձայնաւոր նշանակաց հնչումը ու ձայնը մտցընել հայ այբուբենին մէջ։

***

Այս կարծեաց կրնան զուգընթաց սեպուիլ մեր հինգերորդ դարու, և մանաւանդ ժամանակաւ կըրտսերագունից խօսքերն ու աւանդութիւնք։

Առջիններուն՝ – սրբոյն Մեսրովպայ ժամանակակից երեք գլխաւոր մատենագրաց, զորոնք շատ անգամ յիշեցինք, – քանի մը մթին և ոչ այնչափ բացայայտ խօսքերէն կրնայ գուշակուիլ, թէ առաջուց ալ գիր կար մեր ազգին մէջ, բայց անկատար ըլլալուն պատճառաւ՝ կիրառութիւնը դժուարին, ուստի և երեսի վրայ ձգուած էր. «Զի ոչ էին, կ'ըսէ Կորիւն, բաւական նշանագիրքն ողջ ածել զսիղոբայս և զկապս հայերէն լեզուին»: Խորենացին ալ կ՚ըսէ. «Զօր առեալ, (Վահրիճ՝ զՀաբէլ), և երթեալ նովաւ հանդերձ քաջ հմտացեալ 'ի Դանիելէ, կարգեալ ըստ ձևոյ օրինակի յունականին զվաղնջուց գտեալ նշանագիր տառից, եկեալ ետուն ցմեծն Սահակ և Մեսրոպ: Որոց ուսեալ, և թեւածելով ընդ նոսա տղայոց զամս սակաւս, տեղեկացեալ գիտացին՝ ոչ լինել բաւական այնու նշանագրօք ստոյգ հոլովել զհեգենայ բառից հայկականաց հագներգաբար՝ մուրացածոյին այնուիկ գծագրութեամբ»: Փարպեցին ալ կ՚աւանդէ թէ սուրբն Մեսրովպ՝ դեռ առ Սահակ կաթուղիկոս և առ Վռամշապուհ թագաւորն չգնացած, և դանիէլեան նշանագրոց գտնուիլը չիմացած, շատ ետևէ կ՚ըլլար հայերէն գիր հնարելու. «Մանաւանդ թէ գոն, կ՚ըսէ, նշանագիրք հայերէն լեզուոյս»: Ետքն ալ կը յաւելու թէ, «Զարթոյց աստուածայինն շնորհ 'ի ցանկութիւնս յայս (զՄեսրովպ), կարգել զվաղնջուցն գտեալ շարագիրս տառիցն՝ զորս ոչ ուրուք էր հոգացեալ՝ արկանել 'ի կիր»: Այս խօսքին կը համաձայնի և Խորենացին՝ յասելն. «Կարգեալ ըստ ձևոյ օրինակի յունականին զվաղնջուց գտեալ նշանագիր տառից»: Դարձեալ Կորիւն՝ դանիէլեան նշանագրոց վրայ խօսելու ատենը ասանկ կը զրուցէ. «Մանաւանդ զի և նշանագիրքն իսկ յոյլոց դպրութեանց թողեալք, և յարուցեալ դիպեցան». որով անշուշտ կ՚ուզէ իմացընել թէ այն դանիէլեան կոչուած նշանագիրքը նոր հնարուած չէին, այլ հին՝ բայց անկատար. ուստի և առջիններէն երեսի վրայ թողուած, ու ետքը Դանիէլի ասորւոյն քով գտնուեցան. ու թէ որ առջինները, կ՚ըսէ, զանոնք երեսէ ձգեցին, որովհետև պէտք եղած դիւրութիւնը չունէին վանկերը հեգելու, ինչո՞ւ համար մենք դարձեալ պիտի աշխատինք ու յօգնինք՝ նոյն անկատար նշանագիրներով:

* * *

Երկրորդ խնդիր մ'ալ։

Հայկական այբուբենից գիւտին պատմութեան մէջ՝ ինչպէս տեսանք, ասորւոյ մը՝ Դանիէլի անունը կը յիշատակուի, և որուն կարևոր դեր մը ընծայուելով 'ի պատմչաց, հետևաբար հետաքննութեան նիւթ մը կը դառնայ բանասիրաց և քննադատից թէ ուստի իր քով կը գտնուէին այդ տառք, և առ որ հարկ կը սեպէն դիմել Հայոց քաղաքական և հոգևոր իշխանութեանց ներկայացուցիչք յատուկ պատգամաւորութեամբ և աղերսական Թախանձանօք. և թէ արդեօք՝ մեր պատմութեանց մէջ իր անունը կրող այդ նշանագիրք՝ Դանիէլի ստեղծուածք էին թէ հին ժամանակաց յօրինուածք։ Իրաւամբք Դանիէլի անուան քով դրուած և իր ազգութիւնն ցուցընող մակդիրը՝ ոչ միայն կասկածելի կ'ընէ որ այդ նշանագրերը Դանիէլի գիւտն եղած ըլլան, այլ բոլորովին իսկ անհերքելի, – ինչպէս կ'անդրադարձընէ նոր բանասէր մը, – զայնս նմա վերագրել. և արդարացի սեսութեամբ կը հետևցընէ թէ «Ի՞նչ շահ կամ հարկ կամ բաւականութիւն իսկ կարէր ունել միջագետաբնակ ասորի մը՝ այսպիսի գործով մը զբաղելու. մինչդեռ նոյնն Մեսրոպայ իսկ դժուարին փորձիւք տաժանել առաւ, ինչպէս վկայեն իր կենսագիրք»[1]։

Այսպիսի ենթադրութեան կամ տարակուսի մը պատասխանը՝ լուծելի տուած է կարծենք մեր ազգային պատմութիւնն, որ թէպէտ Դանիէլի և իրեն անունը կրող նշանագրաց խօսքն ըրած է յաճախ, բայց ոչ երբեք յայտնի և որոշ կերպով անոնց հնարիչ կամ ստեղծող զինքն սեպելով։ Ժամանակակից

1 Երկրագունդ, հանդէս ամսեայ. Կ. Պոլիս, Արամեան տպարան, 1884-85։

պատմչաց խօսքերն արդէն յիշատակեցինք. հետագայք ալ զնոյն կրկնած են, ընդհանրապէս միայն աւանդապահ մը զինքն համարելով՝ 'ի վաղնջուց դրոշմուած և 'ի կիրառութենէ դուրս ինկած տառերու՝ որոնք կամ բուն հայկականք էին և կամ հայերէն լեզուի յարմար կրնային կարծուիլ: Միայն կայսերաց կոչուած ժամանակագրական ու բաւական հընութիւն ունեցող երկասիրութեան մը մէջ, և որ 'ի յունէ փոխաբերութիւն է 'ի հայ, Դանիէլի գիւտն ըլլալու նշմար մը կը տեսնենք. «Ի սոցա ամսերորդամի, կ'ըսէ, (Արկադեայ և Ոնորիոսի) եղև սկիզբն հայերէն քսան և հինգ գրոց... Ի սորա յաւուրսն էր սուրբն Սահակ հայրապետն, յորոյ աւուրս գըտաւ քսան և ինն գիրն հայերէն լեզուի 'ի Դանիէլէ փիլիսոփայէ ասորւոյ, զոր ետ բերել Վռամշապուհ թագաւորն. իսկ զեւթն գրոյն պակասութիւնն Մեսրոպ երանելի տարաւնեցի 'ի Հացեկաց գեղջէ յաղատ տանէ, ամօրեայ պահօվք և աղօթիւք հանդերձ աշակերտօվքն հայցէր յԱստուծոյ. որ և ցուցաւ նմա 'ի տեսլեան. այս լինէր յաւուրս աշխարհին՝ յորժամ վասն նորին խնդրոյ ճանապարհորդեաց նա»:

Մեր պատմչաց վկայութիւնք չեն համաձայնիր ընդ նմա յայս կարծիս: Բայց 'ի ծանօթագունից և 'ի հնոց՝ որոց խօսքերն արդէն յայտնի են ընթերցողաց՝ Ասողիկ կ'ըսէ. «Գտաք հանդիպեալ յերկրորդամին Արտաշրի արքայի Պարսից՝ զհինգերորդ ամն Վռամշապհոյ արքայի Հայոց: Յորում Մաշթոցն երանելին՝ որ էր 'ի գաւառէն Տարօնոյ 'ի գեղջէ Հացեկաց, 'ի ձեռն Վռամշապհոյ և մեծի հայրապետին Սահակայ՝ դանիէլեան նշանագրօք զգրութիւն ըստ հայումն յօրինէր՝ ընկերօք ամամբք տուելովք նմա 'ի Սահակայ: Յետ որոյ դարձեալ եւս 'ի վեցերորդումն նորին Վռամշապհոյ՝ որ է առաջին Վռամայ Կրման

արքայի, վերստին աստուածային շնորհաց տուեալ
նշանագրոց՝ զնոյն յեղանակեալ յօրինէր։ Որովք և
դպրութիւնք և գիրք աստուածաշունչք ուղղեալ
թարգմանէին, որպէս պատմէ Կորիւն և Ղազար»։
Նոյն դարձեալ. «Մեսրոպ որ և Մաշտոց, այր
սքանչելի քահանայ, նախադասող և վարդապետ ըստ
հայումս նշանագրութեան, զայսու ժամանակաւ
յաւէտ եւս երևեալ պայծառանայր»։

***

Խորենացւոյ պատմութեան մէկ քանի գրչագրա-
ցը մէջ հայերէն գրոց գիւտին պատմութիւնը յաւե-
լուածով՝ կամ թէ ըսենք՝ տարբերութեամբ մը կը
պատմուի։ Սրբոյն Մեսրովպայ ջանքն ու փոյթը
պատմելէն ու օգուտ մը չտեսնելէն ետքը՝ կը յաւե-
լու. «Աղօթքի կ'ապաւինի, ու կը տեսնէ չէ թէ
քունի մէջ երազ, և ոչ թէ յարթնութեան տեսիլ,
այլ սրտին գործարանին մէջ երևութանալով հո-
գւոյն աջ ձեռքին թաթ մը՝ որ կը գրէր. Ա, Ե, Է, Ը,
Ի, Ո, Ւ»։ Այս խօսքերով՝ զանազանութիւն կամ
մասնաւորութիւն մը կը տրուի սրբոյն Մեսրովպայ
հնարած գրերուն։ Այս կարծեաց՝ կերպով մը ձայ-
նակից կ'ըլլան յետին դարուց պատմագիրներէն Ա-
սողիկ և Վարդան։ Ասողիկ կ'ըսէ. «Հայոց Սահակ
հայրապետին օրը՝ հայկական դպրութիւնն եղաւ.
քսանըեօթը գիր՝ ասորւոց Դանիէլ փիլիսոփայն
ստեղծեց. իսկ եօթն գրոյն (կամ ձայնաւորաց) պա-
կասութիւնը՝ Մեսրովբ տարօնացի խնդրուածով
կ'առնու յԱստուծոյ»։ Վարդան ալ կը գրէ. «Սուր-
բըն Մեսրովպ հայերէն դպրութիւնը կը յօրինէ.
քսանուերկու գիր՝ Դանիէլի ասորւոյն քով գտնե-
լով հին ժամանակներէ, որոնք մեր լեզուին ընդար-
ձակութիւնը պարզել չկարենալընուն համար՝ նախ-

նիք անհոգութեամբ երեսի վրայ ձգեր էին, ուստի, ասորի և պարսիկ գրերը կը գործածէին. և որովհետև սուրբն Մեսրովպ չէր կրնար անոնցմով աստուածաշունչ գրոց թարգմանութեան ձեռք զարնել, անոր համար սրբոյն Սահակայ գործակցութեամբը աղօթքի դիմեց, և տասնաչորս գիր տուաւ Աստուած իր ձեռքովը դրոշմուած»: Նոյն Վարդան պատմիչը իր կարծեաց ստուգութեանն համար դէպք մըն ալ մէջ կը բերէ. «Լևոն Թագաւորին օրերը, կ'ըսէ, վկայուեցաւ թէ Հայք հին ատենէն գիր ունէին. վասն զի Կիլիկիայի մէջ դրամ գտնուեցաւ մեր հին կռապաշտ Թագաւորաց օրէն մնացած՝ հայերէն տառերով. բայց նոյն գրոց պակասութիւնը՝ մեր Նոր Եզրասը (կամ Մեսրովպ) լեցուց[1]»:

Սամուէլ անեցի. «Սկիզբն գրութեան Հայոց. Մաշտոց և Մեսրոպ երանելին և մեծն Սահակ՝ զԴանիէլի նշանագիրսն յօրինէին ընկերօքն հանդերձ. և յետ միոյ ամի՝ դարձեալ աստուածատուր նշանագրօք զնոյն յեղանակեալ. որով և գրութիւնք և գիրք աստուածայինք ուղղեալ թարգմանէին»:

Ի Յայսմաւուրս. «Սուրբ վարդապետն Մեսրոպ աշակերտ էր մեծին Ներսիսի հայրապետին և դպիր նորին. և յետ կատարման նորին եղև 'ի դրան արքային. և յետ փոքր մի ժամանակաց զկնի առեալ

1 Հմուտ հնախոյզն Լանկլուա, հայագէտ և դրամագէտ՝ իրաւամբք անստոյգ կը համարի Վարդանայ մէջ բերած այս դէպքը. վասն զի, կ'ըսէ թէ, Արշակունի Թագաւորաց անունով գտնուած դրամք՝ ոչ երբեք հայկական, այլ միշտ յունական վերտառութիւն կը կրեն. և հաւանական կը համարի որ Վարդանայ գրոց մէջ յիշատակուած դրամը՝ աքեմենիտեան Թագաւորաց հպատակութեան տակ գտնուող նախարարաց մէկունն ըլլայ, փիւնիկեան տառերով: Այսպիսի դրամք կը գտնուին, կ'ըսէ, ինչուան հիմա 'ի Կիլիկիա, ուր ինքն անձամբ ճանապարհորդած է, և տեղագրութիւնն հրատարակած, և այլ և այլ հնութիւնք փոխադրած 'ի հայրենիս իւր 'ի Գաղղիա, 'ի Լուվր փարիզու:

զկրօնաւորական ձև՝ սիրեաց զմիայնութիւն, բնակեցաւ 'ի Գողթն գաւառ, և լուսաւորեաց զնոսա քրիստոնէական հաւատով. և զի էր ինքն միայն, աշխատէր 'ի թարգմանել զգիրս սուրբս ժողովրդեանն հելլենացի լեզուոյն 'ի հայ։ Սկսաւ ապա ընդ միտ ածել թէ լինէր հնար գրոյ Հայոց՝ զի մի՛ անմխիթար հնացեն յընթեռնուլն այլ լեզու զաստուածաշունչ գիրս. և յարուցեալ եկն առ մեծն Սահակ հայրապետն, և եգիտ զնա 'ի նոյն հոգւոյ վարանումն։ Իսկ Թագաւորն Հայոց ծանոյց նոցա վասն քահանայի միոյ ասորւոյ Դանիէլ անուն թէ խոստանայր ունել նշանագիր Հայոց. զոր առաքեալ՝ բերին. և վարժեալ նովաւ մանկունս՝ տեսանէին զի ոչ բերէր ուղղակի զհնչս Հայոց բարբառոյն. քանզի յոյն գիրն միայն յարմարեալ էր»։

Գանձարան գրոց մէջ... «Աստ հոգին շարժեալ — Առ նոսա աղգեալ — Հայ գիր աւրինեալ. — Վռամշապուհ աւգնեալ, — Վահրիճ գործակցեալ, — Դանիէլ շնորհեալ, — Քսան և ինն գըտեալ, — Նախնեացն աւարեալ. — Ամս երկուս չհերըքեալ — Բազումս աշխատեալ — Եւ ոչինչ օգտեալ։ — Զեռն յԱստուած ձըգեալ. — Ի Բալու ալըքնեալ — Մեսրոպ ապաւինեալ. — Աստուած գըթացեալ. — Հրեշտակ տեառն իջեալ — Մատամբ փորագրեալ — Ի վիմին գրոշմեալ։ — Աջ ձեռն երևեալ — Իբր 'ի ձեռան գըրեալ — Եւթ գիր յօրինեալ. — Այն հոգի ջահեալ — Զայն գիրն յարուցեալ, — Սիղոբայք հերըքեալ»։

Դարձեալ 'ի նոյն գրոց. «Ի մերոյ սուրբ Լուսաւորչէն — Գրիգորիոս արթուն անուանէն — Աւրինադրեալ դարձաք 'ի չարէն — Ի կռոց զոհէն 'ի բանսարկուէն։ — Այլ նա վարժեալ գրով յունարէն — Զի չունէաք գիր հայի բառէն — Մինչ 'ի Սահակ մեծն 'ի պարթեւէն. — Մեծըն Մեսրոպ ցանկալին բազմաց — Արժան եղև սուրբ Հոգւոյն շնորհաց...

Զոր 'ի նմանէ սուրբ Սահակ խնդրեաց – Գիր յաւրինել մեզ Հայոց մեծաց։ – Յոլով տեղիս վասն այնոր գնաց – Ոչ գտանէ հնար յայնմ իրաց։ – Քանևինն գիր էր գտեալ – Այլ անաւգուտ էր ընթերցողաց, – Զի և ոչ կայէր հեգ բառից անուանց, – Այլ անհոգի մարմնոյ նմանեալ։ – Մինչև բազում ամիք աղօթեաց – Հառաչանաւք սրտիւ արտասուաց. – Այն Աստուծոյ անեղին փառաց – Ըղեւթն գիրն 'ի քարին գրրեաց, – Որպէս երբեմն հին աւրինաց – Քարեայ տախտակըն Մովսեսի գրրեաց. – Աւրհնեալ Փըրկիչն որ զՀայք մեծարեաց – Քան զամենայն ազգս գերակաց։ – Նրեւեցաւ Մեսրաւպ ցանկալին – Համանըման մեծին Մովսեսին. – Տըպաւորեալ 'ի սիրտըս նորին – Այն որ գրեցաւ աջով երկնային. – Ա, Ե և Է կարգեալ ընդ Ըն – Եւ Ո և Ի 'ի կարգին. – Զոր և առեալ մեծի Մեսրաւպին – Խառնեալ 'ի յայլ գրերն առաջին. – Սուրբ Հոգի ջահեցաւ նոցին – Վեցեակ վեցից համարով գըրին »։

Զենք ուզէր յերկարել այլ վկայութիւնս, յորս յամենեսին քաջայայտ կ'երևնայ ասորւոյն ընծայուած մասնակցութեան որպիսութիւնն և չափ՝ նշանագրաց գիւտի խնդրոյն մէջ, և որոնք յայտնապէս ղփաղնջուց գտեալ նշանագիրք կը կոչեն Դանիէլի քով գտնուածներն։

* * *

Որպիսի հանգիսամամբ Հայաստանի մէջ անծանօթ մնացած նշանագիրք՝ կը գտնուէին առ ասորի քահանային։ — Հայք՝ ասորի տառեր գործածելու բուռն հարկին մէջ գտնուած ատենին՝ այդ երկու ժողովրդոց մէջ յարաբերութիւնք կային անտարակոյս. և զարմանք չէր՝ որ Հայոց ոչ եթէ բոլորովին անծանօթ, այլ իրենց պէտքը լեցընելու անբաւականութեանն համար երեւէ ձգուած կամ թողուած նշանագիրք՝ իբր ուսումնասիրելի կամ հետաքննութեան արժանաւոր նիւթք մնացած էին առ Դանիէլի։

Մեր քիչ յառաջ յիշատակած բանասիրական հանդիսին յօդուածագիրն՝ երկրորդ, ու հաւասարապէս հետաքննելի հարցումն կ՚առաջարկէ. «Եթէ առ Դանիէլի յայտնեալքն, կ՚ըսէ, հին հայկական նշանագիրք էին, ինչ կերպարանաց ներքեւ գտաւ զնոսա՝ Դանիէլ. իբր ցանկ կամ ցուցակ ինչ այբուբենի, թէ իբրեւ մատենաձեւ գրութիւն՝ որ այդ վաղեմի տառիւքն ձեռագրեալ էր»։ Ըստ մեր կարծեաց՝ կրնար թէ մէկն եւ թէ միւսն ըլլալ. եւ փափաքելի անշուշտ ամբողջ գրութիւն մը կամ գրուածք, եւ որ մեր ազգային հին գրութեան գոյութեան նկատմամբ յառաջ քան զգիւտ գրոյն՝ յուզուած խնդրոյ լուծման համար մեծ կարեւորութիւն կ՚ունենար, եւ որք ցայսօր մթին եւ անորոշ մնացած են. բայց արգելք մ՚ալ չենք տեսներ կամ անտեղութիւն որ իբրեւ պարզ նշանագրաց կամ այբուբենի ցուցակ մը գտնուէին ասորի եպիսկոպոսին քով, ունենալով անշուշտ այդ նշանագրոց հեգը, ոյժը, զօրութիւնը հասկըցընելու բաւական ու պարտուպատշաճ բացատրութիւններ հայ, կամ ասորի եւ յոյն լեզուով. եւ ինչո՞ւ ասորի մը այդպիսի հետազօտութեամբ եւ քննութեամբ պիտի չկարենար պարապիլ՝ երբ Հայք այդչափ յարաբերութեան մը մէջ գտնուելու բռնադատուած էին՝ անոնց տառից կիրառութեամբ։ Մէջ բերուած ժամանակակից պատմչաց վկայութիւնք՝ Խորենացւոյ եւ Փարպեցւոյն, առաջնոյն՝ «Կարգեալ ըստ ձեւոյ յունականին զվաղնջուց գտեալ նշանագիրս տառից» եւ երկրորդին՝ «Հանդիպեցուցանէր զհայերէն աթութայն ըստ կարգման սիղոբայից Յունաց» որչափ ալ ստուգիւ կը նշանակեն թէ Մեսգովղ «դասաւորեց այդ վաղնջական տառերը ըստ կարգի յունական այբուբենին՝ համապատասխան տառից հնչիւնեցուցանելով ձայնս»․ բայց անկէ աւելի բան մը չէն նշանակեր՝ ըստ մեզ․ և որ դիւրին էր՝ արդէն իրենց ձեռքն եղած նշանագրացքանկի մը վրայէն ուրիշ ցանկ մը կարգել և պատրաստել, օժանդակուելով նաև իրենց անձնական և արդէն հնչակուած յոյն, ասորի և մանաւանդ հայկական լեզուաց հմտութեամբն և գիտութեամբ։

***

Երրորդ ու վերջին հարցումն մ'ալ առաջարկուած է 'ի նոյն հմուտ ու հետազօտող միրաբանէ թէ «արդեօք Մեսրովպ այդ վաղնջական նշանագրաց թերութիւններն լեցնելու ժամանակ՝ անթերի եղողներուն ձևերը թողո՞ւց հաւատարմութեամբ, թէ ինքնակամ և մտացածին նոր ձևեր ընտրեց կամ հնարեց»։ Իրեն հետ համամիտ այս հարցման պատասխանին նկատմամբ՝ ոչ հարկաւոր և ոչ պատշաճական կը գտնենք՝ արդէն հնարուած և ազգային լեզուի հնչմունքը արժանապէս և անսայթաք կերպով բացատրող նշանագրաց ձևերուն մէջ աննկարևոր փոփոխութիւններով՝ թէ իր և թէ յլոց աշխատանքը դժուարացընել և կնճռել։ «Ի՞նչ հարկ այդ փոփոխման, — իր ստուգահաւատ խօսքերը մէջ բերելով․ — երբ զառաջինն գոհ եղան և սփռեցին ընդ աշխարհն․ նա մանաւանդ այդ պարագայն, որ պատմական է, քանի՛ հակառակ հարկ փոխելէ զգուշանալու, որ հազարաւոր տղայք սկսել էին արդէն ընտանենալ այդ հին նշանագրաց ձևոյն։ — Իսկ աւելցունել հա՛րկ է նաև ուրիշ փոքր ինչ հետաւոր խորհրդածութիւն մը, որ այդ հին ձևոց իբրև ազգային աւանդի մը հաւատարիմ մնալն՝ դիւրութիւն կը մատուցանէր Մեսրովբեանց բարոյական դժուարութեան մը յաղթելու՝ որ թերեւս կրնար յառնել, և թերեւս յարուցեալ իսկ էր՝ 'ի չարակամ (կամ 'ի նախանձոտ) ընդդիմացողաց այդ ձեռնարկութեանն իբր նորելուկ բան: Հնութեան հեղինակութիւնն մեծ է յոյժ. և այնքան մեծ, որ նորա լեզուաւ խօսողն՝ շատ անգամ նաև զդժուարինն և զագեղ և զանհանդուրժելին, սիրելի և յարգելի և տանելի կ'ընծայէ: Ինչո՞ւ այդպիսի պիտանի օժանդակէ մը ինքզինք զրկէր Մեսրովպ ինքնակամ և քմահաճոյ նորութեան մը սիրով»: Ի հաւաստիս այս կարծեաց՝ ամենաքաջայայտ վկայութիւն սեպուած է նաև Փարպեցւոյն խօսքը թէ «Զարթոյց աստուածայինն շնորհ (զՄաշթոց) 'ի ցանկութիւնս յայս, կարգել զվաղնջուց գտեալ նշանագիրս տառից, զորս ոչ ուրուք էր հոգացեալ արկանել 'ի կիր»[1]. և չէր կարելի համարձակել ըսել Փարպեցւոյն թէ Մեսրովպ զհին նշանագիրս հոգացաւ արկանել 'ի կիր (այսինքն 'ի գործ ածել) եթէ զձեւսն փոփոխեց. զի այդպիսի փոփոխութիւն՝ մահ է այբուբենի մը անձնաւորութեան:

* * *

Դանիէլ ասորւոյն քով գտնուած հայկական հին նշանագրաց հմտանալէն՝ և ազգին ինչուան այն ատեն ունեցած կարեւորութեան պէտք եղածը՝ գէթ քիչ մը ատենի համար, կարգադրելէն ետքը, Մեսրովպ կ'անցնի 'ի Միջագետս: Այս ուղեւորութեանն ալ նպատակը ուրիշ բան չէր կրնար ըլլալ՝ բայց ինչ որ մինչև այն ատեն զբաղեցուցած էր Մեսրովպայ բազմ-

1 Փարպեցւոյն այդ յայտնի խօսքերը՝ ապացոյց մը չեն սեպուիր թէ առ Դանիելի եղած նշանագիրք՝ լոկ գրերու ցուցակ մ'էին, և ոչ կարգաւորեալ գրուածք մը:

աշխատ միտքը և ազգանուէր սիրտը: Որչափ ալ մասամբ գոհ եղեր էր՝ գտած և ազգին բաւական ընտանի ըրած նոր գիւտովը և անոր արդեամբք, բայց կային ուղղելիք և յաւելլիք՝ անոր փափաքելի կատարելութիւն մը տալու համար. և առ այն՝ չէր կրցած օժանդակել ասորի եպիսկոպոսն. հարկ էր ժամանակին գտնուող ու հռչակուած իմաստնոց և հմտագոյնից դիմել: Իր ամէն կենսագիրք, թէ ժամանակակիցք և թէ կրտսերագոյնք, ամէնքն ալ զայս նպատակ կու տան Մեսրոպայ ինչուան հեռաւոր տեղուանք յօժարափոյթ ուղեւորութեանց՝ մեծ մարդկանց, ինչպէս էր արդեամբք, յատուկ հաստատամտութեամբ: Եթէ ոմանց անպատճառ կամ անկարեւոր կրցած են համարուիլ՝ աշխարհէ յաշխարհ, քաղաքէ 'ի քաղաք թափառիլ միայն այդ վախճանաւ, և կամ ինչպէս ըսուած է և գրուած, իբրու մուրացիկ դանէ դուռ քալել, անշուշտ այդպիսիք ոչ այնչափ լրջաբար ուզած են խորհրդածել թէ որչափ դժուարին է ազգի մը արդէն ունեցած լեզուին՝ անոր հոգւոյն համեմատ և համաձայն տառեր ստեղծել: Քառասուն և աւելի տեսակ այբուբենից կան առ զանազան ազգս, բայց անոնք ամէնքն ալ՝ մեր ենթադրածին համեմատ հեշտեաւ հնարուած չըլլալուն՝ վկայ ու երաշխաւոր կեցած է պատմութիւնը:

Միայն այդ վախճանաւ՝ ըսինք. վասն զի Մեսրովպայ ուրիշ դիտմունք ալ ունենալուն այդ ճանապարհորդութեանց մէջ՝ վկայութիւն կու տան մեր շատ անգամ յիշատակած պատմիչք: Նախ կը յիշեցընեն Պղատոս կամ Պղատոն կոչուած անձ մը՝ առ որ կը փութայ երթալ Մեսրովպ՝ իմաստուն ու ճարտարասան հռետոր մը՝ որ կը բնակէր յԵդեսիա, և զոր միաբան ու մի և նոյն բառերով հաւասար կը գրուատեն՝ Խորենացի և Փարպեցի, և միաձայն 'ի վկայել՝ որ իր գիտութեամբն և ունեցած տեղեկութեամբք չկարելով օգտակար ըլլալ Մեսրովպայ՝ խոստովանեցաւ իր անբաւական ըլլալն առ այն գործ։ Իրենցմէ ետքը եկող 'ի պատմչաց ոմանք՝ բաղմաւորաբար կը ներկայացընեն այս դէպքը. «Մեսրովպ, կ'ըսեն, հանդերձ աշակերտօքն իւրովք էջ 'ի Միջագետս. և խնդրելով զլուծումն փափաքանացն յիմաստասէրսն որ անդ էին՝ անմասնեայքն զգիտութիւն խոստովանեցան»։ Պղատոնէն ետքը առ Եպիփանիոս, Հռուփանոս և առ այլս կ'երթայ Մեսրովպ՝ ունելով միշտ իր գլխաւոր դիտմունքն ու վախճանը։

Բուն ազգային մատենագրութեան մը հաստատուն հիմունքն ձգելու համար, — և այս էր Մեսրովպայ ջանքը, — առաջին և գլխաւոր, բայց ոչ միակ միջոց էին նշանագիրք։ Անոնց գիւտէն ետքը՝ անհրաժեշտ հարկ սեպեց սուրբ վարդապետը՝ թէ՛ անձամբ և թէ իր ընտրելագոյն աշակերտաց և օգնականներուն հետ այլևայլ համբաւեալ դիւանաց և մատենադարաններու յայց ելլել։ Թէ ինչ օգուտ քաղեց ազգային դպրութիւնն այդ ճանապարհորդութիւններէն ու ժամանակին հռչակաւոր իմաստնոց հետ տեսութենէն և օժանդակութենէն, հինգերորդ դարու մէջ կատարուած ոսկեղէն Թարգմանութեանց մնացորդք բարձրաբարբառ կը վկայեն։ Հարկ էր դարձեալ այդ ուղեւորութեանց աշխատութիւնը՝ օտար մատենադարանաց մէջ ցրուած այլևայլ յոյն և ասորի տառերով գրուած և գտնուած հայ գրքերն ալ տեսնել, քննել և պէտք եղած տեղեկութիւններն առնել, հայրենեաց զանոնք ծանօթացընելու և հաղորդելու նպատակաւ։

Այս ամէն տեղեկութեամբք և տեսութեամբ, և որ համառօտութիւն մը կրնան սեպուիլ՝ ազգային և օտար բանասիրութեան կազմանէ այս նիւթոյս վըրայ ինչուան հիմա գրուածներուն, դեռ մութ և անթափանցելի կը մնայ հայկական նշանագրաց գիւտին ճիշդ պատմութիւնը. և իրաւամբ փափաքելի կ'ըլնէ՝ արդէն խոստացուած և սպասուած լուսաբանութեանց հրատարակութեան՝ որոնցմով « խնդրոյն ամենայն կնճռմունքն և խրթնութիւնք, — կ'ըսուի — քակեցան, պարզեցան. և այդ ճգանց հետևանք եղաւ յաղթութիւն »:

Տասնըհինգ երկար դարերու մէջ՝ անլոյծ մնացած խնդիր մը. սակայն յարատև ճգանց, հետապընդութեանց և գիտնական ուսումնասիրութեան դիմացը՝ տարակոյս չկայ որ ամէն դժուարութիւնք կրնան հարթուիլ:

***

Դանիէլեան նշանագիրք Միջագետաց մէջ կարգի գրուեցան՝ կամ Դանիէլի և կամ Հաբէլի և այլոց ձեռքով, ըստ ձեւոյ օրինակի յունականին, ինչպէս կ'աւանդէ Փարպեցի: Կորիւն՝ այս կարգադրութիւնը Հռուփանոսի կու տայ՝ երբոր կը գրուցէ. « Ընտրութիւնս նշանագրոցն՝ զնրբագոյնն, զկարճն և զերկայնն, զառանձինն և զկրկնաւորն միանգամայն յօրինեալ »: Իրեն համաձայն է և Խորենացին, միայն աւելի կերպով մը սրբոյն Սահակայ կ'ուզէ ընծայել այս պարծանքը՝ երբոր Հռուփանոսի համար նախ ասանկ կը գրուցէ. « Սա եղծ զնշանագիրս մեր հանդերձ Հռուփանոսիւ, կերպաձևեալ զգիրն առձեռն պատրաստ Մեսրոպայ. փոխագրելով զհայերէն աթութային ըստ անսայթաքութեան սիւղոբայիցն 'ի հելլենացւոյն ». ու ետքը անմիջապէս կը յաւելու. « Ձեռն 'ի գործ առնէր երանելին Մաշտոց, յերկուրելով զնոսա սուրբ հայրապետին Հայոց Սահակայ, դիւրահնար ճանապարհ ցուցանելով կարգադրութեան գրենյս և հեգենային ուղզաձայնութեան»։ Եաքը դարձեալ. «Հանդիպեցուցանէր Մեսրովպ զհայերէն աթութայն ըստ կարգման սաղովբայիցն Յունաց, ստէպ հարցմամբ և ուսանելով 'ի սրբոյն Սահակայ զաթութայիցն գաղափար ըստ անսայթաքութեան յունին. վասն զի ոչ լինէին բաւական 'ի վճարել անսխալ ուղղակի առանց առաջնորդելոյ նոցա սրբոյ հայրապետին Սահակայ, որ յոյժ առլցեալ անցուցանէր վարժիւք զբաղում գիտնովք Յունաց»։

Մեր հին ու նոր պատմագրաց այսչափ և այսպիսի ու երբեմն նաև խօսքերուն հետևանք եղած են զանազան կարծիք առ բանասէրս, զորոնք ոչ այնչափ հեշտ է իրարու հետ միաբանել։ Բայց ուզելով համառօտել մեր ինչուան հիմայ ըսածներն, այս ամէն կարծիքներն գլխաւորաբար իրեքի կրնանք վերածել։

Ոմանք Կորեան, Խորենացւոյն ու Փարպեցւոյն խօսքերէն կը հետևցընեն՝ թէ սրբոյն Մեսրովպայ օգնութիւն մը բրած չըլլան ոչ Դանիէլեան և ոչ ուրիշ որ և իցէ նշանագիրք որ կը գտնուէին կամ կըրնային գտնուիլ ազգին մէջ, ուստի և բոլորովին նորէն հնարած է Մեսրովպ հայկական գրերը։ Ասիկայ եղած է ընդհանրապէս շատ բանասիրաց կարծիքը. որոց կը զուգընթանայ և Շնորհալին որ իր վիպասանութեանը մէջ՝ ամբողջ երեսուն և վեց հայկական տառից գիւտը Մեսրովպայ կ'ընծայէ.

« Ըստ Մովսէսի արժանացեալ
Զաստուածագիծ տառս ընկալեալ,
Երիւք տասամբք վեցիւք յանգեալ
Արեգական ելիւք չափեալ»։

Բայց ինչպէս վերը ցըցուցինք՝ նոյն իսկ ամէնէն աւելի հին ու մերձաւոր ժամանակաւ՝ որով և արժանահաւատ պատմիչներուս մէջ՝ անանկ խօսքեր ալ ճան, որովք կրնանք գուշակել թէ մեր լեզուին մէջ կային յառաջ մասնաւոր նշանագիրք, բայց անոնք՝ լեզուին պէտք եղած դիւրութիւնը չմատուցանելնուն համար՝ հարկ եղաւ որ Մեսրովպայ ջանքովը կատարելագործուին:

Ասկէց ելած է երկրորդ կարծիք մը, զոր նախ ոչ այնչափ որոշ կերպով հինք և մերձաւորք ժամանակաւ, և ապա յայտնապէս բացատրած են իրենց գըրուածոցը մէջ Վարդան և Ասողիկ, և ուրիշ անոնց հետևողք, որոնց խօսքը վերը դրինք: Ասոնք կ՚ըսեն թէ Մեսրովպ Դանիէլի տառերուն քով քանուերկու գիր գտաւ, որոնք բաւական չէին առ 'ի պարզել ընդարձակութիւն լեզուին. ու այն պատճառաւ յոյն, ասորի ու պարսիկ գրերը կը գործածէին. ուստի և Մեսրովպ աղօթքի ապաւինելով, Աստուած տասնըչորս գիր տուաւ իրեն, երկնային թաթով մը գրուած: Այս կարծիքը իր կուսակիցքը գտած է նաև մեր ժամանակի բանասիրաց մէջ. և յորոց շատերը կ՚ըսեն թէ Մեսրովպայ ջանքը գլխաւորաբար մեր այբուբենին կրկնակ գրերը հնարելուն համար եղած է. այն գրերը՝ որոնք ուրիշ լեզուաց մէջ չեն գտնուիր, և մեր լեզուին հնչմանց ճոխութիւնը կը կազմեն:

Երրորդ կարծիք մըն ալ կայ թէ Մեսրովպ միայն ձայնաւոր տառերը հնարած ըլլայ: Ասոնց կարծեաց հիմն ու ամենամեծ վկայութիւնն ալ՝ Խորենացւոյն գրչագրաց մէկէն առնուած է, և որուն այլք ոմանք 'ի յետնոց հետևող և համամիտք են, ինչպէս մենք ալ յիշատակեցինք:

Մեսրովպեան նշանագիրք այլ և այլ ժամանակ մեծամեծ կերպարանափոխութիւններ կրած են իրենց ձևոյն մէջ: Բայց այս փոփոխութիւնքն ալ ընդհանրապէս իրեքի կը վերածուին, և են Երկաթագիր. Բոլորգիր և Նօտրգիր կոչուած տառերն: Յայտնի է որ սրբոյն Մեսրովպայ հնարած գրերը Երկաթագիր ըսուածներն էին, որոնց գործածութիւնք հինգ վեց դար տեւեց (406էն ինչուան Ժ դար), առանց երեւելի փոփոխութեան կերպարանք մը առնելու։ Այս գիրերուն երկաթագիր ըսուելուն պատճառը՝ հաւանական կ'երեւնայ թէ մէյ մը երկըթէ գրչով գրուելնուն համար ըլլայ, մէյ մըն ալ այն ատենուան գործածուած թանաքին պատճառաւ, զոր երկաթի ոքսիտով կամ ժանգով կը պատրաստէին։

Բայց իններորդ դարուն մէջ՝ ինչպէս հաւանական կը կարծուի, գրչութիւնը դիւրացընելու համար սկսան գրերուն վերին ու ստորին կողմերը շիտակ գրել, որոնք զատ ձեւ մը ունեցան. եւ բուն երկաթագիրը սկսան գլխագրի տեղ բանեցնել։ Ասիկայ է Միջին երկաթագիր ըսուածը, որ մինչեւ ԺԲ դար եւ անկէ անդին ալ տեւեց քիչ փոփոխութեամբ։ Այս գրերը թէպէտ աւելի համեմատ ձեւ ունին, բայց ընթերցումը դժուարին ըլլալուն՝ այս կերպն ալ փոխեցին, ու սկսան Բոլորգիր տառերը գործածել, որ կամաց կամաց կատարելագործուելով ու կանոնաւորուելով՝ հիմակուան տպագրութեանց մէջ գործածուող առօրական գիր եղան։

Բոլորգրոյն աւելի դիւրացուցած կերպն է Նօտարագիր կամ Նօտր գիրը, որ ինչուան հիմայ հասարակ գրութեանց մէջ կը գործածուի։

Այս գրոց փոփոխմանը մէջ դիտելու արժանի է՝ որ Միջին Երկաթագիրը հնարուելէն ու հասարակ ըլլալէն ետքը՝ բուն Երկաթագրին գործածութիւնք գրեթէ բոլորովին դադրեցաւ. նոյնպէս Բոլորգրոյն գտնուելէն ետքը՝ Միջին Երկաթագիրը խափանուեցաւ։ Բայց Նօտր գիրը հնարուելէն ետքն ալ՝ բոլորգիրը չվերցաւ, այլ ընտիր ձեռագրաց մէջ կը գործածուէր։

Ուսումնասէր ընթերցողաց հետաքննութիւնք գոհացընող ցուցակի մը մէջ, զոր կը ներկայացընենք. կը տեսնուին հայկական նշանագրաց կրած այլ և այլ կերպարանափոխութիւնք ըստ այլ և այլ դարուց և ժամանակաց, մինչ արտահանութիւնք նոյն տառեններն գրուած ձեռագրաց[1] ։

ՀԱՅ ԳՐՉԱԳԻՐՔ

Հայկական գրչագրաց վրայ ընդհանրապէս։ — Ծանօթ հնագոյն գրչագիրք ՚ի Մոսկուա ՚ի Լազարեան ճեմարանի, ՚ի Մխիթարեան Մատենադարանի ՚ի Ս. Ղազար։ — Գրչութիւն և գրիչք առ Կիլիկեցիս։ — Մագաղաթ, թուղթ և անոնց կիրառութիւն։ — Գրութեան պատկանեալ ուրիշ գործիներ։ — Թանաք։ — Նկարք, պատկերք և անոնց արուեստը։

Մեսրովպեան տառից կրած այլևայլ փոփոխութիւնք՝ հարկաւ կը հրաւիրեն մեր ուշադրութիւնն ու քննութիւնը նաև ձեռագրաց վրայ։

Հին գրչագիրք՝ ինչպէս ամէն ուսումնական և բարգաւաճ ազգաց մէջ, ասանկ նաև առ մեզ՝ մանաւանդ ներկայ դարուս գիտութեան և պահանջից

1 Էջմիածնի Մատենադարանին գրչագրաց տպագրեալ ցուցակին մէջ (Թիւ 1435) նշանակուած կը գտնենք գիրք մը այս մակագրով. «Մեկնութիւն նախնի նշանագրաց Հայոց» — և ՚ի նմին գրչագրի. «Վարք հօրն Եւագրեայ նոյն նշանագրօք»։ Բանասիրաց հետազննութեան արժանաւոր տեղեկութիւն մը։ Ծանօթ են հմտից՝ ձեռագրաց մէջ տեղ տեղ Ադամայ կամ այլոց անունով նշանագիրք կամ փակագիրք, և անոնցմով համառօտ քանի մը տող գրուածք, որ աւելի ծածկագրութիւնք կրնան սեպուիլ, և չունին զհետս կամ զյարգ հնութեան։

առջև՝ արժանապէս մեծարուած են. ցանկալի և պատուական աւանդք հնութեան, 'ի նախնեաց առ մեզ հասած փափաքելի և հետազօտելի նշխարք: Անոնց միջոցով պահպանուած և մինչև առ մեզ հասած են՝ մեր նախնեաց գրաւոր երկասիրութիւնք. յիշատակարանք՝ որ անցեալ դարերու մէջ զմեզ կը փոխադրեն. անոնց համբուրելի մատանց գրերը կը ներկայացնեն, մեր աչքերուն հետ՝ իրենց լեզուովն ու գրեթէ ձայնով կը խօսին, և յաճախ՝ մտաց տխուր բայց սիրելի զմայլման մը մէջ՝ մոռցնել տալով վայրկեան մը ինչ որ ենք, անցելոյն սրտայոյզ և սրտագրաւ յիշատակութեամբ մտքերնիս կը բերեն ինչ որ էինք:

Այս իրենց մատուցած գնահատելի ծառայութեամբք իրաւունք կը ստանան՝ հայկական մատենագրութեան պատմութեան մէջ գէթ քանի մը համառօտ էջեր գրաւել՝ ուսումնասիրաց ճարակ և ճաշակ մը ներկայացնելով,

Ա. Ո՛յք են և ո՞ր դարու կը պատկանին՝ մեզի ծանօթ ամենէն հնագոյն հայ գրչագիրք:

Բ. Անոնց հանգամանքն, արուեստ ու ճարտարութիւն:

Գ. Յարգն ու պատուականութիւն ըստ զանազան գլխոց:

***

Հնութիւնն և ժամանակ՝ ամենայն մարդկային և ինչուան անմահական համարուած գործոց խանգարիչք և աւերիչք, ինչպէս մեր հայրենեաց՝ սանկ նաև անոր յիշատակարանաց հետ անողոք խստութեամբ և անգթութեամբ վարուած, և հողոյ հաւասարեցուցած են: Անոնց անգթութեան՝ կերպով մը ակամայ և բռնադատ սատարք երևցած են նաև մեր հայրենակիցք:

Այս յիշատակարանաց մէջ՝ ամէնէն աւելի կրօններու դասակարգէն պիտի ըլլային և գրչագիրք, ոչ միայն իրենց բնական ու դիւրաւ ապականելի դիրքովը ու նիւթով, հապա նաև զանոնք բնաբարձ ընելու աշխատողաց ագիտութեան ու մոլեռանդն հակառակութեան զոհ մը ըլլալով։ Անոնց վրայ ամենայն խնամքով հսկողքն ու սիրողք, անոնց պահպանութեան միջոցներէն յուսահատք, ընտրելագոյն կը համարէին՝ բոլորովին մէջ տեղէն վերցընելն ու անհետացընել. որպէս զի ուր որ իրենց ձեռքին ու արժանաւոր պատուոյն մէջ մնալու հնարաւորութենէն կը զրկուէին, գէթ անարգողաց և անպատիւ արհամարհողաց ձեռք չիյնան. և այս զգուշութիւնը առաւելագոյն արթնութեամբ 'ի գործ կը դնէին նուիրական ու վարդապետական գրուածոց նկատմամբ։ Ոչ միայն իրաց արդիւնք այլ և ստուգախօս պատմութիւն՝ յայտնապէս կը հաւաստեն զայս և կը վաւերացընեն իրենց տխուր էջերովը։ Աստուածաշունչ գրոց, եկեղեցական մատենից և նմանեաց, որ քան զայլ գիրս յաճախագոյն կիրառութեան մը ենթարկուած էին, և որոց թարգմանութիւնն հինգերորդ դարէն 'ի վեր եղած և ծաւալած էր ընդ ամենայն Հայաստան, խիստ քիչ թուով՝ հնագոյն գրչագիրք հասած են մինչև առ մեզ։ Օրինակ իմն, մեր ձեռագրաց Մատենադարանին մէջ 'ի Ս. Ղազար, որ թուոյ առաւելութեամբ ոչ յաննշանից կրնայ սեպուիլ յազգին, հնագոյն գրչագիրք Աստուածաշունչ սուրբ գրոց միայն ՉԿԸ (1319) ՉՁԱ (1332) ՉՂ (1341) թուականներն կը կրեն։

Ո՞ւր պէտք էր փնտռել այսպիսի անդարման կորուստ մը։ — Արտաճմլիկ է պատմութեան՝ այս հարցման և իրաւացի հետաքննութեան տուած պատասխանը, և աղիտագոյն ևս ներկայացուցած պատճառներն։ Ի սրոյ և 'ի հրոյ, և 'ի վերահաս վտանգաց պաշարեալ և ահաբեկ մեր սիրելի հայրենիք, չորս կողմերնին տարածուած սփռուած թշուառութեանց մէջ՝ իրենց ապագային վրայ անստոյգք և անվստահք, ապահովագոյն միջոց մը մտածեր և գըտեր էին այդ նուիրական մատենից փրկութեան. իրենց դողդոջուն ձեռքերով և աչաց անմխիթար արտասուօք թաղել, եկեղեցեաց և խորաններուն հիմանց տակ: Ասանկով կը մեռնէին անոնք ապագային համար. մեզի համար՝ որ նոյն իսկ այդ սրբավայրից աւերակներուն տեսութեանն ալ պիտի չժամանէինք՝ երկար և յուզեալ դարեր ունելով անջրպետ ընդ մեզ և ընդ նոսա:

Եթէ յայդպիսի ձեռաց և յանողոք տարերաց կրուած դժնդակ հալածանաց վրայ աւելցընենք նաև ժամանակին երկաթի ու ծանր ձեռքը, մաշող ու բըպառող ոյժը, բռնագաս գաղթականութեանց աշխարհէ աշխարհ ու հեռաւոր նժդեհութեամբ զանոնք ցրուել տանիլը, և վնասակարագոյն թշնամեաց մը՝ ագիտութեան և անոր հետևանք նախապաշարմանց անոնց դէմ տուած պատերազմը՝ իբրև անօգուտ և անպիտան ընջելով փճացընելով, իրաւամբք պիտի զարմանանք որ դեռ ևս այդչափ բազմութիւն գրչագիր մատենից կը գտնուին 'ի Հայաստան և անկէ դուրս:

Մեզի ծանօթ հայկական հնագոյն գրչագիրք՝ ութերորդ դարէն անդին չեն անցնիր. ու թէպէտ տեղ տեղ աւելի հին ժամանակաց պատկանող ձեռագրաց գոյութեան հանդիպեր ենք 'ի լոյս, բայց ըստ հմտագունից՝ ոչ այնչափ ստոյգ հաստատութեամբ. այլ կամ թուականաց չփոթութենէ յառաջ եկած, և կամ այդ գրչագրաց աւելի յարգ ու կարևորութիւն տալու մտօք: Այսպէս է, օրինակի համար, առ Միւհէնտիսեանի 'ի Կոստանդնուպոլիս տպագրուած Ուղեւորութիւն 'ի Պարսկաստան կոչուած գրքին մէջ յիշուած Աւետարան մը, որուն գրեթէ հինգերորդ դարու հնութիւն ուզուած է տալ:

Իրենց հնութեան ստուգութեանն անտարակուսելի նշանակքը վրանին կրող քանի մը պատուականագոյն և սակաւագիւտ գրչագիրք յիշատակենք:

Անոնց մէջ գլխաւորներէն մէկն սեպուած է իրաւամբ 'ի Մոսկուա Ռուսաստանի՝ Լազարեանց ճեմարանի Մատենադարանին մէջ գտնուած և խնամով պահպանուած Աւետարան մը, Հայոց ՅԼԶ թուականին գրուած ու այսպիսի յիշատակարանով մը. «Գրեցաւ սուրբ և կենաբեր աւետարանս այս ՅԼԶ թուականութեան Հայոց, 'ի հայրապետութեան Գէորգայ Հայոց կաթուղիկոսի, և յիշխանութեանն Աշոտի իշխանաց իշխանի, 'ի տէրութեան Սմբատայ Բագրատունեաց. ես Սահակ Վանանդացի՝ որդի Վարդա Վանանդացւոյ որում կրկին Մլեհ կոչէին»:

Անշարժ անպաճոյճ, — որ և այն միւս հաւաստիք մ'է հնութեան, — բայց ամենընտիր գրչութեամբ և ընթերցուածովք ցանկալի մատեան մը: Ձափը՝ ըստ երկայնութեանն երկու թիզ. իսկ ըստ լայնութեան մէկ թիզ և չորս մատնաչափ: Բովանդակ գրուածն Մեսրովպեան խոշոր երկաթագիր տառիւք, երկուհարիւր քառասնեօթն մագաղաթեայ թերթերու վրայ, ծայր 'ի ծայր միաձև և համեմատ գրչութեամբ գրուած, աջողաձեռն և հմուտ գրչի գործ: Բանասիրական տեսութեամբ հետաքննութեան արժանաւոր կրնան սեպուիլ 'ի սմա՝ բաց 'ի բազմապատիկ տարբերութեանց ընթերցուածոց՝ նաև ըստ ուղղագրութեան, և յաճախ մի և նոյն կերպով կրկնուած՝ տարբեր կամ շարդխս մեզի անսովոր գրութեան կերպեր. թէպէտ և ուրիշ հին ձեռագրաց մէջ ալ ոչ 'ի սակաւ անծանօթք: Ասանկ կը գրէ Ովմն փոխանակ Ոմն գրելու. ովմանք (ոմանք), զովք (ոք), ուսնուք (ումեք). նոքովք, զնոքովք (նոքաւք, զնոքաւք), չարւոլք (բարւոք), ուղեւղ (ուղիղ), բովական (բաւական), եին (էին) և այլն:

Այս աւետարանին հաւասար կամ քիչ պակաս հնութիւն, յարգ ու պատուականութիւն ունեցող ուրիշ օրինակ մ'ալ կայ նոյն սուրբ գրոց 'ի մեր Մատենադարանի՝ հետեւեալ յիշատակարանաւ. «Ես Մլքէ աղախին Քրիստոսի և Հայոց Թագուհի 'ի ՇԺԷ...Թվականիս եառ զաւետարանս 'ի Վարագի սուրբ Աստուածածինս զոր իմ ձեռամբս և ծախուք եմ շինեալ. յաւգնականութիւն ինձ և արքային իմոյ Գագկայ և զաւակաց իւրոց. ով որ կարդա յաղաւէթս յիշէք :: առաջի Աստուածամաւրս. և Աստուած հասարակաց ողորմեցի»:

«ԶԱնդրիաս և զԳէորգ քահանայք ստացաւղ սուրբ աւետարանիս յիշեսջիք 'ի Քրիստոս աղաչեմք»: Գրութեան Թուականն է 'ի ՅԾԵ:

Ուրիշ յիշատակարան մ'ալ, Անդրէաս քահանայի ստացողի սուրբ աւետարանիս, կ'ըսէ. «Ի ՈԾԷ Թուականիս Հայոց ես Անդրիաս քահանայ Թափեցի զսուրբ աւետարանս 'ի յանաւրինաց և վերստին ետու զսա յընծայս սրբոյ Նշանիս Վարագայ, յիշատակ ինձ և հարազատ եղբաւր իմոյ Գէորգեայ քահանայի: Արդ որ լուսաւորիք 'ի լուսոյճաճանչ տերունեան հրամանացս՝ յիշեսջիք զիս զԱնդրիաս և զեղբայրն իմ զԳէորգ և զՀայրապետ և զՍարգիս և զծնողսն մեր. և Աստուած հասարակաց ողորմեսցի. ամէն»:

Յիշատակագրին ակնարկած գերութեան և յանշնորհ ձեռաց կրած տառապանաց հետքը՝ տեղ տեղ կը տեսնուի, 'ի սրբագրոշմ մատենիս, որ նախընթացին նման Մեսրովպեան խոշոր երկաթագրովք գրոշմեալ է ծայր 'ի ծայր չորս հարիւր վաթսուն մագաղաթեայ ընտիր թերթերու վրայ. պարզ, առանց զարդագրոց և լուսանցից վրայ գեղանկար դրուագներու, ինչպէս ընդհանրապէս սովոր են ընել՝ ժամանակաւ աւելի կրտսեր գաղափարողք և նկարակերտող գրիչք։ Միայն 'ի սկզբան՝ վեց թերթ մագաղաթի վրայ՝ իրեն դարուն և ժամանակին յատուկ ճարտարութեամբն և արուեստիւ կը տեսնուին՝ խորանք կամ համաձայնութիւնք չորից աւետարանաց, իրենց նկարուց նիւթ առնլով՝ ինչպէս կ'երևնայ, Վարագայ վանքին՝ որուն ընծայուած է, մանաւոր տեսարաններն, Վանայ ծովակին, շրջակայից, ձկանց՝ թռչնոց և երէոց, այլն։ Ասոնցմէ զատ՝ չորս աւետարանչաց պատկերներն։ Այս ամէն նկարք և արուեստ՝ թերևս Մլքէ թագուհւոյն հրամանաւ և ժամանակ եղած ըլլան, և որ անշուշտ՝ իր արքայական մեծութեան և գիրքին արժանաւոր կերպով՝ գրքին արտաքին երեսն ալ՝ ոսկւոյ և արծաթոյ առատ ճոխութեամբ զարդարած է, և որ առիթ տուած է յափշտակութեանն և գերութեան։ Միւս աւելի նորագիր յիշատակարան մը, գրքին մէջ զետեղուած 'ի վերջ աւետարանին Ղուկայ՝ կ'ակնարկէ այդ խանգարման տիկնոջ մը կողմանէ եղած դարմանը. «Ես Աւագ տիկինս ... միաբանեցայ 'ի հռչակաւոր և 'ի մեծ սուրբ ուխտն Վարագ, և ետու վերստին նորոգել զսուրբ աւետարանս 'ի յարդար արդեանց իմոց. կազմութեամբ կողափակ նկարակերպ արծաթապատ զարդիւք զարդարեալ. յիշատակ ինձ և ծնաւղաց իմոց պարոն Մանիլայ՝ և զուգակցի իւրոյ»։ Աւելորդ է ըսել թէ այս վերջին ճոխութենէն ալ կապտուած հասեր է մեր ձեռքը։ Գրքին երկայնութիւնն է մէկ թիզ և հինգ մատնաչափ. լայնութիւնն՝ թիզ մը և երկու մատնաչափ. ստուար և գեղեցիկ հատոր մը։

Խօսքերնիս չյերկարելու համար՝ բաւական սեպենք ուրիշ Աւետարան մ'ալ, թերևս հնագոյն քան զառաջինն, — որովհետև թուական չունի, — ներկայացընել մեր ընթերցողաց։

Ասիկայ ալ նկարչի հրաշալի արուեստիւ և ճարտար ձեռաց գրչութիւն՝ սուրբ Աւետարան մըն է, 'ի մեր Մատենադարանի, երկու թիզէն աւելի բարձրութիւն և գրեթէ երկու թիզ լայնութիւն ունեցող գիրք մը, վերը յիշուածներուն նման ընտիր և մաքուր մագաղաթեայ թերթերու վրայ և երկաթագիր տառերով. դժբաղդաբար յետին երկու թերթից պակասութեամբը՝ ոչ յիշատակարան և ոչ ալ գրչութեան թուական ունի: Սակայն հնագէտք՝ գրչագրին հանգամանացը մանր քննութեամբ՝ հազար տարիէն աւելի հաւանական կեանք կու տան անոր. և մէկ կամ երկու դարով աւելի հնագոյն կը դատեն ճարտարագործ նկարներն կամ պատկերք՝ որոնք անշուշտ յունական գրչագրէ մը հանուած և աստ մէջ գրուած են. վասն զի բաց 'ի յոյն արուեստէ, որ զգալի կերպով կը զանազանի 'ի մերոյնոց, վերտառութիւնքն կամ պատկերաց ցուցակութիւնք՝ նոյն լեզուով են. և տառից ձեւն և գրութիւն՝ վկայութիւնք կը սեպուին առ տեղեակս իրենց ժամանակին:

Այս պատկերաց մէջ՝ յոմանս առաւել կը փայլի արուեստ և վրձինի փափկութիւն, և իրաւամբք ճարտարաց ուշադրութիւնը կը գրաւէ. ինչպէս 'ի նկարուն՝ յորում կը տեսնուի վարդապետն Յիսուս 'ի մէջ, յաջակողմն Աստուածամայրն սուրբ, և 'ի ձախմէ՝ յունական կերպարանք և պատմուճան կրող հայրապետ մը. այսպէս Աւետման, Յիսուսի ընծայմանն 'ի տաճարն, Մկրտութեան և Այլակերպութեան պատկերներն: Միւսներն են երկու սուրբ աւետարանիչք՝ Մարկոս և Ղուկաս. (Մատթէի և Յովհաննու պատկերներն կը պակսին). չորս աւետարանիչք՝ մէկ պատկերի մէջ, Յիսուսի ծնունդն, Յիսուս փրկիչ՝ յոյն միւսիններու կերպարանքով և արուեստով: Ասոնցմէ զատ, երեք խորանք համաձայնութեան չորից աւետարանաց, և միւս չորրորդ մ'ալ՝ Եւսեբեայ Թղթոյն առ Կարպիանոս։ Յիշենք անցողաբար միւս Աւետարան մ'ալ երկաթագիր և մագաղաթեայ, նոյնպէս 'ի մերում Մատենադարանի, նման արուեստով և գեղեցկութեամբ՝ 'ի ՆԾԶ (1007) Թուականի գրեալ յԱնգանապոլիս (Ադրիանուպոլիս) Մակեդոնիոյ, թողլով ուրիշ շատերն, ժամանակաւ կրտսերագոյն, ԺԱ, ԺԲ, ԺԳ դարուց գրչութիւնք։

Այս վերջին և մեզի աւելի մերձաւոր դարուց մէջ գրուած ձեռագիրք, կիլիկեան ժամանակաց ժառանգութիւնք և աւանդք՝ աւելի բազմաթիւ հասած են առ մեզ. և որոց համառօտ նկարագիրը՝ հայրենական գիտութեանց հետամուտ և բազմահռչակ գրչի մը խօսքերովը ներկայացընենք ընթերցողաց, իր մէկ նոր և անուանի հեղինակութենէն քաղելով։

«Միւս եւս արուեստ ... Քարտուղարութիւն կամ Գրչութիւն յոյժ 'ի պատուի էր և քաջ յաջողեալ 'ի Սիսուան, 'ի դրան արքունի և 'ի վանօրայս. որոյ և կենդանի լինի վկայք հնան ձեռագիր մատեանքն։ Յանուանէ կարգէ ժամանակագիրն զոմանս 'ի նոցանէ, որք յելս կոյս ԺԳ և յառաջին կէս ԺԴ դարու կացեալ էին. Գրիգոր դպիր. Վասիլ դպիր. Հեթում Երէցն. Կոստանդին Շարահիւանց. Սարգիս երէց՝ քեռորդի Ստեփանոսի Վահկացւոյ, որոյ առէ աւարտեալ զգրութիւն հրաշազան և նկարակերտ գրոցն Արարածոց, զսկզբնաւորեալն յաւուրս Բ Լեւոնի և յանկ ելեալ յաւուրս Դին. Թոռն Սարգիսս այս նոյն ինքն Ճարտար Պիծակն, և որդի Խուլ Գրիգորի քահանայի. զորոյ և զմականուան ծագումն յայտնէ. որպէս թէ երբեմն «յ'առնելն ծաղկի և 'ի նկարելն, պիծակ մի նստաւ հանդէպ նմա 'ի լուսամուտըն, որ և շուտ նկարեաց զնա. զոր տեսեալ մերձակայիցն՝ կարծեցին թէ պիծակն եկեալ նստաւ.

զոր ընդ ձեռօքն վարելն նոցա զնա, ծիծաղեալ Տէր Գրիգորն. ապա դիտացին զիրն, և զարմացեալ կոչեցին Պիծակ»: Թերևս վերոյիշեալ Տարահիւանց Կոստանդինն է քահանայն՝ զոր աշակերտ նորա Լեւոն երէց, յամի 1306, կոչէ «անհաս և անհամեմատ դրիչ». նոյնպէս և զիւր հարազատ եղբայրն «զՄխոն քահանայ, որ և մանկագոյն խակակոտոր եղև»: — Եթէ ոչ անթիւ, մարթ է յոյժ բազմաթիւ առնել զճարտար գրիչս Միսուանայ...

«Բազում անգամ անանջատ են յարուեստաւորս ձեռագրացն՝ երկոքին ճարտարութիւնք, Գրչութիւն և Նկարչութիւն, որ բազում այն է զի Ծաղկողք և Ոսկողք կոչին. և յայսմ արուեստի գերազանցեալ երևին Միսուանեայք քան զոր 'ի Մեծ Հայս. յիշատակին և յոլովք 'ի սոցանէ. որպէս, ժամանակակիցն Կոստանդեայ՝ և անհման յայնմ արուեստի վըկայեալ Գրիգոր զարգարիչ Պապառօնեան աւետարանին «գեր 'ի վերոյ և անհաս 'ի սեռս մեր»: Ժամանակակից Պիծակին յիշի Յակոբ Նկարիչ 'ի Գայլուվանս. որոց մերձաժամանակ և այլք ոչ սակաւք: Հնագոյնքն՝ առաւել հետևողք են Բիւզանդացւոց, յետինք՝ ապառագոյնք. այլ ոչ հաւասարէն գաղափարաց իւրեանց 'ի պատկերս հերպարանաց, մանաւանդ ձեռաց և ոտից, ճարտարագոյնք գոլով 'ի կերպարանել զհաւս և զհարսնահաւս և զչորքոտանիս, և ևս առաւել զպէսպէս զարդս և ձևս արաբիկս և ինքնահնարս...

«Այլ առաւել ևս փայլէ ուսումնասիրութեան և գրասիրութեան շնորհ 'ի զարմի անդ Հեթմեանց յաջորդաց Ռուբինեանց. յորոց գրեաթէ յամենայն պայազատաց՝ ժամանեալ մնան ցարդ ոմանց իսկական երկ.ք, և յոլովից՝ վասն ինքեանց կամ վասն օտարաց գրել և յօրինել տուեալ մատեանք. ...որպէս Վարդ. Անկերեանի գրեալ վասն Օշնի հօր արքայ որբոյ Լամբրոնեցւոյն. իսկ սա ... պարագլուխ ամենայն բանասիրաց տանս Կիլիկիոյ՝ իւրով ձեռօք գրեալ է յոլով մատեանս, յոլովագոյնս եւս տուեալ գրել։ — Ոչ անարժան նմին և եղբայրն Հեթում-Հեչին, ետ գրել զգեղապաճոյճ աւետարանն նուիրեալ վանաց Սկեւռայ։ — Նմանեալ նմին յետ դարու միոյ և դուստր Թոռին իւրոյ համանուան՝ Ալիծ՝ կին սենեսկալին Կիպրոսի, տայր գրել աւետարանս և կտակարանս ձեռամբ ճարտարին Ստեփանոսի Գոյներիցանց, որք ցարդ պահին առ գաղթականս Հայոց յարեւմուտս։

« Մեծագոյն եւս տեսանի գրասիրութիւն և գրավարժութիւն յարքունական շառաւիղն Հեթմեանց քնոյն, ուրոց նոր նահապետ Կոստանդին Պայլ՝ նորոգեաց կամ յառաջացոյց զամենայն երախտիս Լեւոնի, ընդ քաղաքականին և զբանասիրականն, յորս որդիք նորա պանծալիք մի քան զմի գերազանցեցին. առաջինն՝ քաջն Սմբատ Գունդստաբլ՝ արժանաւորն մատենագրաց դասակցութեան, եթող զիւր և զիւրոց մատանց գիծս, և մատեանս գրեալս իւրովք ձախուք։ Նոյնպէս և երկրորդն, որ է Բարսեղ արքեպիսկոպոս, որ և հեղինակ է Բերդակաւն գրոյ։ Ծանօթ եւս են կրտսերոյն Յովհաննէս եպիսկոպոսի՝ առաւել քան զմիաւոր վաստակս, բազում մատեանքն ընդօրինակեալք, եւս և իւրովք խրախուսանօք յօրինեալք, որպէս Գործոց Առաքելոց մեկնութիւնն Սկեւռացւոյն։ Զորրորդ և սակաւածանօթ եղբօր սոցա՝ Վասակայ կամ Վասլի տեառն Ճանճոյ, քաջի և բարեպաշտի՝ յիշին ընդ այլոց սրբազան սպասուց և Աւետարանք գրեալք և Սաղմոս մի ատենի։ Իսկ վեհագունի հարազատացն Հեթում արքայի, վկայեալ է զոյգ ընդ քաղաքական և պատերազմական հրահանգաց՝ և սէր մատենագրականին. « ետ գրել բազում մատեանս, յորոց բազումք կան մինչև ցայսօր (ասէ ժամանակագիրն, զոր կարեմք և մեք կրկնել). և ետ թարգմանել այլ եւս բազումս» : …

«Զուգակից երկարժամանակեայ իշխանութեան Թագաւորին և կաթողիկոսն Կոստանդին՝ նոյն գտանէր և ջանիւն, խնամարկելով 'ի բանասէրս, զի «գրասէր եղեալ (ըստ ժամանակակից յիշողի)՝ ետ գրել յոլով աւետարանս և գրեանս», ընծայելով արքայազարմիցն (յորոց ոմանք իւր իսկ սանք էին), և եկեղեցեաց վանորէից. յորոց ծանօթ են ինձ եօթն աւետարանք՝ պահեալք յայլեայլ ձեռս, և մին 'ի մերումս: — Առաւել քան զարքունի փառս՝ զիմաստասիրութեանն ոգի ժառանգեաց պայազատն Հեթմոյ Լեւոն Բ, Թերեւս գերազանցեալ զհանուրբք՝ յայսմ մասին, վասն որոյ և կոչեցաւ Գրասէր, զի «ետ գրել բազում պատուական գրեանս, յորոց բազումք կան մինչև ցայսօր, (ասէ ժամանակագիրն), և զայլ բազումս ժողովեաց, և ետ վերստին նորոգել՝ 'ի ձեռս Ճարտարաց և վարդապետաց, զոր 'ի վատթար գրչաց այլայլած էր. և դարձեալ զբաղումս ետ թարգմանել» : …— Ոչ միայն 'ի բնիկ երկրի իշխանութեան իւրում, այլ և առաքէր 'ի մատենիցն 'ի Մեծ Հայս, և 'ի գաղթականս յարևմուտս, յորոց ճաշոց մի՝ յիշատակաւ իւրով առաքեալ 'ի Պերուճիա քաղաք Իտալիոյ՝ փոխադրեցաւ յետոյ 'ի Հոգետունն Հայոց Հռովմայ: Գտանին մատեանք գրեալք և 'ի խնդրոյ կնոջ նորին Կեռան Թագուհւոյ, որ և կրօնաւորեալ աստ և կոչեցեալ Թէոփանի: Ոչ պակաս քան զհայրն գտաւ և անդրանիկ սորա Հեթում Բ, մեկենասն Գր. Անաւարզեցւոյ և Գէորգայ Սկեւռացւոյ, որում ետ յօրինել զՄեկնութիւն Եսայեայ. գտանին և շատք վասն իւր և վասն այլոց գրեալ մատեանք իւրովք ծախուք. իսկ իւրոյ դրաւոր վարժից յաջողութեան վկայ մնայ Յիշատակարանն վասն աւուր տօնի զատկին, վայելուչ տաղաչափութեամբ։ Ի բազմաթիւ եղբարց սորին Հեթ-մոյ՝ ծանօթ է ինձ, նա և 'ի ձեռին, Յայսմաւուրք մի (ըստ կարգադրութեան Անաւարզեցւոյն) գրեալ վասն Օշին Թագաւորի, յորում նշանակեալ են ա-ւուրք մահուան արքայազանց։ Օշնի որդի Լեւոն Դ. ցուցաւ երախտագործ՝ հաստատութեամբ վարժա-րանին 'ի Ջերմաղբեր վանս. նորին հրամանաւ կան միայն գրեալ Ասիզքն Անտիոքայ և Օրինագիրք Սմ-բատայ, որ նոր յայտնեցաւ։

«Ի զարմից եղբարց Ա. Հեթմոյ և հօրեղբարց Լե-ւոնի Բ. ծանօթք ինձ մնացորդք ստացեալ գրոց՝ են, Գիրք Սողոմոնի և այլ ինչ 'ի Ս. Գրոց։ ... Վասն եղ-բօրորդւոյ սորա երկրորդ Սմբատ Գունդստաբլի՝ ծանօթ է գրեալ Աստուածաշունչ մի չքեղ։ — Զատ 'ի չորից և 'ի հնգից եղբարց՝ որդւոց նահապետին Կոստանդեայ Պայլին՝ էին և այլ որդիք, յորոց մի Լիկոս. յանուն սորա չէ ինձ ծանօթ գրեալ մա-տեան. այլ վասն որդւոյ նորա պատանեկի Պարոն Սիր Լեւոն կոչեցելոյ՝ կայ առ մեզ Աւետարանիկ մի գրեալ յամի 1256, որոյ գրիչն Յովհաննէս մաղթէ յիշել «զբարի չաւաւեղն, զորդւոյ Պարոնն՝ ըզՍիր Լեւոն, որ եռափափագ սիրով ստացաւ զսուրբ ա-ւետարանս»։ ... Ութերորդ որդւոյ արքայահօրն Կոստանդեայ, որ է Պաղտին մարաջախտ ստացող և նորոգող ճաշոցի գրելոյ ծախուք մեծի Գունդստաբ-լին, յորում գրեալ է և ինքն յիշատակս ինչ ընտա-նեկանս, որպէս յետոյ և որդի նորա Կոստանդին Բ. իսկ Կոստանդին Գ. Թագաւոր՝ չափական բանիւ գրեալ է ողբս զմահուանէ եղբօրն։ Գտանի առ մեզ և աղօթագիրք մօր նորա Մարիւն տիկնոջ՝ դստեր Լեւոնի Գունդստաբլի»[1]։

1 ԱԼԻՇԱՆ (Հ. Ղ. Վ.). Սիսուան, յէջ 517–520։

***

Ձեռուընիս հասած հնագոյն հայկական գրչագիրք՝ մագաղաթի վրայ գրուած են ըսինք։ Գրոց գիւտին և կազմակերպութեան ժամանակ ալ, և յառաջ քան զուրբն Սահակ և զՄեսրովպ, երբ դեռ ևս ասորի և յոյն տառերով կը վարուէին մերք՝ հաւանական կ'երևնայ նաև մեր մատենագրաց խօսքերէն թէ ծանօթ և ընտանի էր նաև իրենց, ինչպէս ուրիշ մերձաւոր ազգաց, մագաղաթի գոյութիւնն ու գործածութիւն։

Մագաղաթէն առաջ, ինչպէս յայտնի է 'ի պատմութեանց, սովոր էին հինք քարանց, թրծուն աղիւսի, փղոսկրի և փայտերու վրայ ալ դրոշմել իրենց արձանագրութիւնները։ Առջինին գործածութիւնը տեսանք և 'ի Հայաստան անդստին 'ի վաղ ժամանակաց՝ բևեռաձև գրոց կիրառութեան ատեններէն· և հայկական տառերով ալ դեռ ինչուան հիմայ կը գտնուին բազմաթիւ յիշատակարանք ընդ ամենայն Հայաստան· իսկ միւսներուն ոչ յիշատակութիւնը կը գտնենք, և ոչ ալ անոնցմէ մնացորդք հասած են առ մեզ· այսպէս և ոչ պղնձի տախտակաց վրայ աւանդուած գրութեանց, որոնց յաճախ կը հանդիպինք առ հինս և մանաւանդ առ Հռովմայեցիս։

Մագաղաթի վրայ գրելը շատ հին սովորութիւն է։ Երեք այլևայլ գունով էին մագաղաթք՝ ըստ տեսակին և ազնուութեան նիւթոյն· սպիտակ, դեղնագոյն և ծիրանի· և այս վերջինս կը գործածուէր մանաւանդ քրիստոնեայ ազգաց մէջ՝ սրբազան գրքերու ընդօրինակութեան համար· ինչպէս աստուածաշունչ գրոց, սաղմոսաց, պատարագամատուցի, շարակնոցաց և ժամագրոց, և այլն· և տառերն ալ՝

մանաւանդ տողից գլուխք, շատ անգամ ոսկեով և արծաթով պաճուճուած։ Մեր գրչագրաց մէջ յաճախ կը տեսնուին այս վերջի հանգամանք և զարդք. բայց մագաղաթի կիրառութեան մէջ գոյներու այնչափ և զգալի տարբերութեանց չենք հանդիպիր. ուր մագաղաթք ընդհանրապէս մաքուր, յղկեալ և բաւական արուեստով պատրաստուած են։ Գրչութիւնք ալ ճարտար և բազմածախ, չխնայելով յոսկի, յարծաթ և 'ի դեղս։

Մետասան, երկոտասան և երեքտասան դարերուն մէջ՝ յորս մագաղաթի արուեստ և կիրառութիւն դէպ 'ի անկումն կը յառաջէր, և թղթի գործածութիւնն դեռ ոչ ընդհանուր և սովորական, հին ձեռագիրներն քերելը, և անոնց վրայ նոր գրութիւններ ընելով՝ մագաղաթ և դրամ շահելու վնասակար սովորութիւնն յաճախելով, 'ի հնոց աւանդուած շատ երկասիրութիւնք չհասան առ մեզ։ Այս կերպով քերուած և նորէն գրուած ձեռագիրք՝ Կրկնագիրք (Palimpsestes) կը կոչուին. և որք նախնական գրուածոց հետքը կամ նշանակքը ընդհանրապէս վրանին կրելով՝ մեր ժամանակաց անուանի հնագիրք և հնախոյզք յաջողած են և կը յաջողին երբեմն զանոնք կրկին 'ի լոյս հանել։ Մեր գրչագրաց մէջ՝ թէպէտ ոչ 'ի սպառ անծանօթ, բայց այնչափ ալ յաճախած չենք տեսներ այսպիսի աղաւաղութիւնք և կրկնագիրք։

Մագաղաթի խափանմանէ կամ անկմանէ ետքը՝ բամբակեայ թղթոյ գործածութիւնն սկսած է յԵւրոպա, որով և առ մերսն։ Հնոց տերևներու, ծառոց կեղևներու և մանաւանդ կտաւի վրայ գրելու սովորութեան հետևանք և արգասիք եղած է Եգիպտական կոչուած թղթոյ գիւտը. որուն ժամանակաւ և հետզհետէ ստացած կատարելութեան արդիւնք են բամբակեայ և ուրիշ թղթեր։ Մեր մէջ մետասան, երկոտասան դարերէ սկսած է բամբակի Թուղթը, և չարունակուած. Թէպէտ և բոլորովին չզատուելով 'ի մագաղաթէ, մանաւանդ առջի բերան, և եկեղեցւոյ պաշտամանց յատուկ գրքերու մէջ։

***

Մագաղաթէ ու Թուղթէ զատ՝ հնոց մէջ գրուԹեան սովորական գործեաց վրայ ալ կ'արժէ քանի մը խօսք ընել, և որոնք ժամանակին և հաճոյից համեմատ փոփոխուԹիւններ կրած են։ Հաւանական է Թէ Եգիպտացիք, Յոյնք և Հռովմայեցիք կտաւի վրայ եղած գրուԹեանց համար՝ վրձին կը գործածէին. և որ ցայսօր 'ի կիրառուԹեան է առ Ճենս։ Մոմի կամ կապարի վրայ գրելու ատեն՝ փղոսկրէ կամ 'ի մետաղէ պզտի գործի մը ունէին՝ զոր գրիչ (style) կը կոչէին. որուն մէկ կողմովը կը գրէին, և միւսովը սխալները կը ջնջէին։ Այս եղած է անշուշտ մեր հնոց քով գործածուածը, և այն պատճառաւ՝ մեր այբուբենից առջի ձևք երկաթագիրք կոչուած, ինչպէս յիշեցինք։ Բաց յերկաԹոյ՝ ուրիշ մետաղներէ ալ կը շինուէր այս գրիչը. և կ'աւանդէ Մոնֆոքոն՝ Թէ Յունաց պատրիարքունք արծաԹէ եղէգով մը կը գնէին իրենց ստորագրուԹիւնը։ Թերևս և առ մերոն ալ անծանօԹ եղած չըլլայ ասոր գործածուԹիւնը։ Ասոնցմէ ետքն են եղէգէ և փետուրէ գրիչք, և որոց կիրառուԹիւնն կը տեսնուի նաև մեր ձեռագրաց պատկերներուն մէջ։

Մատենագրի կամ ընդօրինակողի մը համար անհրաժեշտ կարևոր ուրիշ ամէն գործիք՝ քանոն, կարկին, կաղամար, զմելին, քերիչ, աւազաման, բոլորն ալ ծանօԹք էին նախնեաց, և ձևերու քիչ շատ տարբերուԹեամբ իրարու անցած։ Քանոնով և կարկնաւ սովոր էին՝ ուղղահայեաց գծերն գծել և գրուածքն ամփոփող լուսանցքն նշանել. յետոյ հորիզոնական գծերով տողից համաչափ հեռաւորութիւն կուտային։ Մերթ մի և նոյն տողը երկու գծերու մէջ կ'ամփոփէին, մանաւանդ երկաթագիր գրութեանց համար. և որք միշտ կը փայլին իրենց կանոնաւորութեամբ։ Երեսները գծելու համար ընդհանրապէս սուր երկաթի մը ծայրը կը գործածէին. կապարեայ գրչի գիւտը՝ մետասաներորդ դարուն է. բայց կիրառութիւնն միայն երեքտասաներորդին մէջ սովորական եղած է։ Աւելի վերջին դարուց մէջ կ'երևնայ կարմիր գծերով տողերուն ուղղութիւն մը տալու սովորութիւնն, և որ կը տեսնուի նաև եւրոպական հին տպագրութեանց մէջ. բայց այս կարմիր գծերու կիրառութեանն մեր ձեռագրաց մէջ չենք հանդիպած։

Առ հինսն գործածուած թանաքը ընդհանրապէս սև փայլուն գոյն մը ունի. և կ'երևնայ թէ նոյն տեսակ նիւթով կը շինէին նաև ինչուան միջին դարերէն ետքն ալ։ Բայց չորեքտասաներորդ դարուն մէջ՝ թանաքի շինութեան համար գործածուած նիւթք փոփոխութիւն կրած կը թուին. վասն զի գրութեանց երևոյթը կ'այլափոխի, և կամաց կամաց կը սկսի աժգոյն կերպարանք մը առնուլ։ Ահաւասիկ դիւրին միջոց մը՝ որով հնագէտք ձեռագրի մը հնութիւնն ու ժամանակը կը ճանչնան, թէպէտ և գրութեան թուական չունենան։ Նոյնը կրնանք ըսել և հաստատել ընդհանրապէս նաև մեր ձեռագրաց համար, 'ի բաց առեալ այն պատահական պատճառները՝ որ անոնց արտաքին երևոյթը կրնային այլայլել։ Ընդհանրապէս սևագոյն էր թանաքնին. բայց զարդագրոց մէջ կարմիր և ուրիշ գոյն ունեցողներն ալ 'ի կիրառութեան էին. և թագաւորք, ինչպէս ուրիշ ազգաց մէջ, ասանկ ալ 'ի մեզ, իրենց ստորագրութիւնն դնելու համար կարմրագոյն թանաք կը գործածէին, և կը հաւատարմացընէին մեր խօսքը՝ Լևոնի մեծին և Հեթմոյ մեր Թագաւորաց ինչուան առ մեզ հասած ստորագրութիւնք՝ դաշնագրութեանց մէջ։ Այս էր նաև Կոստանդնուպոլսոյ կամ Բիւզանդական արքունեաց և Նիկոսիոյ պատրիարքաց սովորութիւնը, յորոց անշուշտ անցած է առ մեզ և յեւրոպական արքունիս. վասն զի Կարոլոս Ճաղատ Թագաւորին ստորագրութիւնք կը գտնուին կարմրադեղով։ Այսպէս սովոր էին մերքն՝ գրչագրաց գլխատառքն և նաև առաջին մէկ կամ երկու երեք տողերը կարմրով, կապոյտ և ծիրանեգոյն դրոշմել և զարդարել. նոյնպէս սկզբնատառից այլեայլ հաճոյական և արուեստաւոր ձևեր տալ, թռչնոց, կենդանեաց, ծաղկանց նմանութեամբք և յարմարութեամբ՝ յորս յաճախ գրողին ընտիր ճաշակն ու գիւտաւոր հանճարը կը փայլի։ Այսպիսի գրութիւնք շատ են նաև եւրոպական, մանաւանդ միջին դարուց պատկանող ձեռագրաց մէջ։ Մետաղային և գունաւոր թանաքներ՝ որոնք, ինչպէս ըսինք, ձեռագրաց զարդագրութեանը կը ծառայէին, ութերորդէն մինչև 'ի տասներորդ դարուց գիւտք են և կիրառութիւն, և հետևորդ դարերուն մէջ առաւելագոյն յաճախութիւն գտած, ինչպէս նաև մեր մէջ։ Իսկ յերեքտասաներորդ դարու և անկէ ետք՝ ոսկեայ թերթեր կը գործածուէին՝ արուեստով կպցնելով գրերուն վրայ։

Ինչպէս ուրիշ ազգաց՝ ասանկ ալ մեր մէջ, գրչագրողն ու զարդագրող և նկարիչ՝ միշտ մի և նոյն անձը չէր, այլ մերթ նաև զատ անձինք, և որք՝ ինչպէս դեռ քիչ առաջ յիշատակն ըրինք Ոսկողք կամ Ծաղկողք կը կոչուէին։ Այս պատճառաւ է որ կը տեսնուին գրչագիրք՝ այս նկատմամբ անաւարտ և անկատար հասած մինչև առ մեզ. երբեմն նաև գլխաւոր տնագլուխ տառք՝ կամ բոլորովին չնշանակուած, և կամ միայն սևադեղով՝ զոր նկարողին արուեստը պիտի լրացնէր։

Ձեռագիրքը երփնագրելու արուեստը՝ ծանօթ էր հնոց, բայց ոչ կիրառութիւնն 'ի յաճախութեան. որով հնագոյնք՝ կամ բոլորովին զերծ են 'ի զարդուց, կամ խիստ հազուագիւտ, մանաւանդ ութերորդ դարէն առաջ գրուածներն։ Առջի բերան զարդք՝ նկարակերտութեանց անձուկ սահմանէն դուրս չէին ելլեր. ութերորդ և իններորդ դարուց ձեռագրաց մէջ կ'երևնան բոյսք, տերևք, թռչունք, և այլն. ապա արաբական զարդք՝ որ աւելցին՝ առանց կորանցնելու իրենց նորութիւնն, և չդադրեցան սիրելի և հաճոյական ըլլալէն մինչև ցերեքտասաներորդ դար։ Առ Եւրոպացիս՝ գրչագրաց զարդարանաց համար՝ ճոխագոյն դար սեպուած է հնգետասաներորդը. նոյնը կրնանք ըսել նաև մերիններուն համար, թերևս դար մը կանխելով քան զնոսա. տերևք, ծաղիկք, պտուղք, կենդանիք և միջատք՝ շատ փափկութեամբ և ճարտար արուեստով նկարակերտուած են, և յաճախ նաև առաւելագոյն նմանութեամբ քան իրենցմէ հնագունից մէջ։ Սակայն առ բնութիւնն դարձիւ ալ՝ տեսարանք շատ անգամ հեռանկար արուեստի գեղեցկութենէն անմասն են, և մանաւանդ մարդկային կերպարանաց վրայ բըրտութիւն կամ խստութիւն մը կ'երևնայ։

***

Ձեռագրաց յարգն ու պատուականութիւնը՝ կամ իրենց հնութեան և արուեստին, և կամ իրենց մէջ ամփոփուած նիւթին համեմատ է։ Ոմանք այս ամենայն յատկութիւններն միանգամայն կրնան բովանդակել, որով երկպատիկ և եռապատիկ կ'ըլլայ յարգերնին, ոմանք ալ՝ մէկ կամ երկու մասամբ, և անոր համեմատ պատուականութիւններին։ Մեր հայկական ձեռագրաց մէջ ալ՝ թէ մին և թէ մէկալն սակաւգիւտ չէին կրնար սեպուիլ՝ միշտ համեմատաբար ազգային մատենագրութեան ունեցած դրիցը՝ ուրիշ ազգաց մտաւորական հանճարոյ արտադրութեանցը հետ։

Մատենագրութիւննիս կամ յատուկ հայկական է, և կամ յայլոց առ մեզ փոխադրուած։ Առջինին կը պատկանին ազգային հանճարոյ և մտաց երկունք, մինչ երկրորդն թարգմանութիւնք են՝ յայլևայլ հին և երբեմն նաև 'ի նոր լեզուաց։ Թէ ազգային մատենագրութիւնն, և թէ յօտարաց՝ հայկական կերպարանքով մեր ժառանգածը, ունին իրենց մեծ կարևորութիւնն հայ լեզուին, պատմութեանն, ու յաճախ նաև ոչ ազգային մատենագրութեան նկատմամբ։ Առ այս միակ և գլխաւոր օժանդակք եղած են ձեռագիրք. առանց իրենց մատուցած մեծ ծառայութեան՝ գերեզմանի լռութեան և միայնութեան պիտի դատապարտուէր նոր սերունդը. և որչափ սիրելի է կեանք, այնչափ անցեալ և բարգաւաճ կեանք մը մեզի ներկայացընող գրեանք՝ ժամանակին անխնայ ձեռքերէն յափշտակուած։ Եթէ գրիչք, օրինակ իմն, անփոյթ ըլլային հետզհետէ ընդօրինակութեամբ, իրենց ձեռքին հասածը մեզի աւանդելէն, ընդհանուր գիտութեան համար մեծ պարապ մը պիտի բացուէր. պատմական ուսմանց շղթային օղակք՝ կորսուած և ջախջախ դրից մէջ պիտի ներկայանային։ Նոյնը կրնանք ըսել նաև յօտար լեզուաց 'ի հայ եղած թարգմանութեանց համար։ Անոնց սկզբնագիրք՝ մերթ մասնական և մերթ ալ ամբողջ կորստեան մը ենթարկուած են. տեղ տեղ յանհըմտութենէ և կամ յանհաւատարմութենէ գաղափարողաց՝ աղաւաղ և անհարազատ կերպարանօք ապագայից աւանդուած. որով յաճախ թարգմանութեանց դիմել հարկ կ'ըլլայ՝ լուսաբանելու և 'ի ձեռնձգութեանց սրբելու համար։ Միւս այլ բաղմաշահ ծառայութիւն՝ զոր ըստ վկայութեան նոցին իսկ եւրոպէացի երախտապարտ իմաստնոց՝ հայկական ձեռագիրք մատուցած են հնութեան և գիտութեանց։

Գալով 'ի մասնաւորի մեր ազգին, մենք չունինք զպատմութիւն արուեստից, և անոնց բարգաւաճանացը կամ անկման։ Այսպիսի էական պակաս մը՝ եթէ ոչ լիուլի, սակայն մասամբ կը լեցընեն գրչագիրք։ Թէ ինչ վիճակի մէջ էր իններորդ դարէն 'ի վեր հայ ազգին մէջ նկարչութիւն, զարդագրութիւն կամ նկարակերտ միւսինք, ճարտարապետական ձև և ճաշակ, և ասոնց ամենուն վրայ որպիսի և որչափ ազդեցութիւն ունեցած էին յոյն և արաբական արուեստք. երբ կամ ինչ կերպով անոնց տեղ սկըսաւ մուտ գործել եւրոպական ծանօթութեան հետ նաև արուեստ և ճարտարութիւն, այս ամենուն նկատմամբ՝ պատմութիւնը լուռ և համր կրնայ սեպուիլ մեզի համար. և անոր լռութեան դարմանը՝ գոհացուցիչ կերպով կը մատուցանեն մեզ գրչագրողք՝ դարէ դար շարունակեալ պատմութիւն մը՝ սիրալի օրինակներով, դնելով մեր առջևը իրենց բազմաթիւ և գեղեցիկ նկարներով։

Խիստ քիչ է ունեցած տեղեկութիւննիս մեր նախնեաց առանձին և քաղաքային սովորութեանց և կիրառութեանց. ոչ անոնց զինուորական զարդուց և կազմածոց, գործածած զինուց, զգեստուց, կահից և կարասեաց։ Չունինք իբրև զՅոյնս և զՀռովմայեցիս հրաշակերտ արձաններ և քանդակներ՝ հնախուզից և ուսումնականաց գիտութեանն և քննութեան 'ի ճարակ և 'ի սնունդ։ Սակայն մեր գրչագիրքն քննած ատեննիս՝ բազմաթիւ նկարուց վրայ թուական ճշդութեամբ այդ ամէնը կը ներկայանան մեզ. ոչ լոկ քաղաքային և զինուորական սովորութեանց հանդերձանք, կազմածք և զգեստք, այլ նաև քինչուան ազատաց ու Թագաւորաց յատուկ կամ սովորական պատմուածք, ծիրանիք եւ այլն։

Չունինք դարձեալ մեզի համար մասնաւոր եւ մանրամասն բուն ազգային աշխարհագրութիւն կամ տեղագրական նկարագրութիւն. եւ ոչ կարգաւորեալ տարեգրութիւն մեր ընդարձակ հայրենեաց հողուն վրայ սփռուած քաղաքաց, գիւղից եւ մանաւանդ անթիւ վանորէից եւ անոնց գործունէութեան, եւ հայրենեաց մատուցած ծառայութեանց թէ՛ կրօնից եւ թէ ուսմանց պահպանութեան եւ բարգաւաճանաց նկատմամբ։ Այս կողմանէ ալ շատ օգտակար կերպով ուսումնասիրելու ընդարձակ ասպարէզ մը կը բանան ձեռագիրք՝ իրենց յիշատակարաններով՝ հետաքննական տեղեկութիւններ տալով մեզ այդ ամէն նիւթերուն վրայ։

Ունինք ազգային պատմչաց ոչ աննշան թիւ մը. բայց յաճախ ընդհատութեանց հանդիպելով՝ կը բռնադատուինք ոստիւն մը ընել. եւ այդ բռնադատ անցքը՝ շատ անգամ կամ բոլորովին մեր պատմութեանց փափաքելի շարունակութեան թելը կը կտրէ, եւ կամ մթին եւ անորոշ դէպքերու մէջ կը ստիպէ թափառիլ։ Հոս ալ գրչագիրք մեզի օգնութեան կը հասնին՝ մեր արդ իսկ յիշատակած բազմաթիւ եւ բազմալեզու պատուական յիշատակարաններով։ Չենք գիտեր թէ արդեօք եւրոպական գրչագրողք ալ ունեցե՞ր են այդ սովորութիւնը՝ զոր մերք, գրեթէ ամէնքը՝ սակաւաւոր բացառութեամբ, շատ գովութեամբ ու պիտանի կերպով բանեցուցած են, իրենց ժամանակակից դէպքերը՝ սփոփիչք կամ տխրականք, ընդօրինակած գրքերնուն վերջը աւելցնելով. եւ որոց ժամանակագրական կարգի վրայ առնուած ամբողջութիւնը՝ պատմական տեղեկութեանց բովք մը կրնան կազմել։ Քանի՜ քաղցր էր եւ մխիթարական, — մանաւանդ ժամանակաց եւ դարուց տխրութեննէն լքելոց և արտմեցելոց, — արտասուալից աչքերով թափառիլ անոնց մէջ, ու նախնեաց փառաւոր ժամանակաց, առաքինութեան՝ գիտութեան և քաջութեան դարուց սիրալի այլեայլ յիշատակաց հանդիպիլ։ Օրինակ իմն, մեր բարեպաշտ ու աստուածասէր թագաւորաց համար գրուած վերը յիշուած Յայսմաւուրաց մէջ կարդալ հետադայ տողերը՝ և իրաւամբ սքանչանալ այն նշանաւոր անձանց վրայ որ գիտէին արութեամբ նահատակիլ՝ի պատերազմունս իրենց հայրենեաց պաշտպանութեանն ու ապահովութեան համար, ու երկրաւոր փառաց մէջ՝ չմոռնալով զերկինս, զէնքը առ ժամանակ մի մեկդի դրած ատեննին՝ կը զմայլէին երկնաքաղաքացի առաքինեաց վարուց ընթերցմամբ. «Տէր Աստուած վայելել տացէ զթիւքս թագաւորին մերոյ Աւշնի, և որդւոյ նորա Լեւոնի»։ — «Կեցո, Քրիստոս, զթագաւորս Աւշին և զորդի նորա Լեւոն զօրութեամբ քով»։ — «Տէր տայ յաղթութիւն բարեպաշտ թագաւորին մերոյ Օշնի». — «Տէր Յիսուս Քրիստոս զօրացուցանէ զբարեպաշտ և զաստուածասէր թագաւորն մեր Օշին և զդեռաբոյս մանուկն իւր Լեւոն առաւել քան զառաւել, և քան զամենայն զօրս իւր զօրացուցէ Քրիստոս'ի վերայ թշնամեաց իւրոց»։ Երբ առ սուրբ Կոյսն դառնալով կը մաղթէ. «Մայր սուրբ, բարեխօսեա առ Քրիստոս վասն բարեպաշտ և տօնասէր թագաւորին մերոյ Օշնի, յաղթող լինել ընդդէմ հակառակորդ թշնամեաց խաչին Քրիստոսի»։ — «Սուրբ և տօնելի ծննդեամբ Մօր քո Քրիստոս զօրացո՛ զնորոգ օծեալ բարեպաշտ թագաւորս մեր Աւշին, և զդեռաբոյս մանուկն իւր զԼեւոն»։ Յիշելով և յիշատակելով զսուրբն Գրիգոր Լուսաւորիչ. «Տէր Յիսուս Քրիստոս քահանայապետ յաւիտենից, քահանայապետիս քո և վկայիս բարեխօսութեամբ և ամենայն սրբոց զօր յիշատակեցայք յայսմ ամսի, զօրացուցանէ զբարեպաշտ և զաստուածասէր Թագաւորն մեր Աւշին, և զդեռաբոյս մանուկն իւր զԼեւոն առաւել քան զառաւել. և զամենայն զօրս իւր զօրացուսցէ Քրիստոս 'ի վերայ Թշնամեաց իւրոց » : — Զաւուրբ վկայուհին Հռիփսիմէ. « Հարսն Քրիստոսի, որ վերափոխեցար այսօր վկայական մահուամբ դշխոյ զարդարեալ նստար ընդ աջմէ երկնաւոր Թագաւորին, զծնեալքս 'ի կուսական երկանցդ՝ զեկեղեցին Հայաստանեայց, որք վերապատուեմք զքեզ տօնախմբութեամբ, ընկալ 'ի պարս քո յերկնաւոր առագաստիդ. և յիշեա առ Աստուած զբարեպաշտ Թագաւորն մեր Աւշին և զորդին իւր Լեւոն՝ զօրացուցանել զնա ըստ կամաց իւրոց » : — Զաւուրբ Թագաւորն Տրդատ. « Բարեխօսութեամբ սուրբ Թագաւորիս, երկնաւոր Թագաւոր մեր Քրիստոս, զօրացո՛ զբարեպաշտ ծառայն քո զԱւշին Թագաւոր Հայկազանց », և այլն:

Ասանկ պատմական յիշատակարանք ուրիշ գրչագրի մը մէջ. Յունւ. ԻԲ. « Եւ յայսմ աւուր հանգեաւ 'ի Քրիստոս Զապել Թագուհի առաջինն » : — Յունւ. ԻԳ. « Յայսմ աւուր հանգեաւ 'ի Քրիստոս պր. Թորոս՝ Լեւոն Թագաւորի եղբայրն որ սպանաւ յանօրինաց » : Փետր. Ա. « Յայսմ աւուր հանգեաւ 'ի Քրիստոս պարոն Ռուբէն յազգէն Բագրատունեաց որ էառ զԿիլիկիայ և կայ 'ի Կաստաղաւնն » : — Մարտ զ. « Յայսմ աւուր հանգեաւ 'ի Քրիստոս Սմբատ Թագաւորն որդի երկրորդ Լեւոն Թագաւորին և կայ 'ի Ներքքունեթն » : — Փետր. զ. « Յայսմ աւուր հանգեաւ 'ի Քրիստոս Լեւոն Թագաւոր երկրորդն, որոյ ողորմեսցի Նմա Տէր » : — Մարտ. ը. « Յայսմ աւուր փոխեցաւ 'ի Քրիստոս պարոն Կոստանդին որդի Լեւոն Թագաւորի, և կայ 'ի Կոստանդինապաւլիս » : — Ապրիլ ե. « Յայսմ աւուր հանգեաւ 'ի Քրիստոս տղայն Ստէֆանէ որդի երկրորդ

Լեւոն Թագաւորին և կայ 'ի Դրազարկն » : — Մայիս Բ. « Յայսմ աւուր հանգեաւ 'ի Քրիստոս առաջին Թագաւորն Հայոց Լեւոն » : — Մայիս Ե. « Յայսմ աւուր հանգեաւ 'ի Քրիստոս Թագաւորն Հայոց Գագիկ որ սպանաւ յորդւոցն Մաթալէի » : — Մայիս Զ. « Յայսմ ... քաջ և յաղթող պարոն Ըռուբէնն ազգական Թագաւորին Գագկայ » : Կը թողունք ուրիշ ասոնց նման յիշատակարաններն, որոնք կարծես թէ մեր արքայազանց լռին ու խաղաղաւէտ հանգըստարաններն կը փոխադրեն զմեզ:

Շատ անգամ ալ՝ քաղաքական իշխանութեամբ ճոխացեալ ու եկեղեցական նուիրապետութեան դասակարգին մէջ իրենց արդեամբք և արքութեամբ փայլեալ նշանաւոր ու փառելի անձանց խնկագրոշմ գրութեանց կը հանդիպինք, որով բազմապատիկ կ'առաւելու զանոնք ամփոփող գրչագրաց յարգը: Ռուբինեան արքունեաց ժամանակներէն մինչեւ առ մեզ հասած քանի մը հրովարտակաց տակ՝ Լեւոնի առաջնոյ, Հեթմոյ, Լեւոն երկրորդի ինքնագիր ստորագրութիւնքը տեսած ու կարդացած ատեննիս, անմարթ է որ մտքով չյափշտակուինք այն արքունեաց մէջ՝ անցեալ փառաց և մեծութեան յուշարարք, ուր այդպիսի բարձրագոյն վաւերացուցմանց գործեր կը կատարուէին: Այսպէս չեն կրնար անզգայ մնալ սիրտք և աչք երբ հաշականուենն Սմբատայ գունդստապլի, Պաղտինի՝ Հեթմոյ արքայազարմ իշխանաց՝ բուն իրենց ձեռքով. կամ իրենց համար գրուած մատեննից հանդիպին, և որ իրենց իշխանական ձեռքերէ անցեր են:

Կարելի չէ դարձեալ հետեւեալ տողերն ընթեռնուլ՝ առանց սրտին իրաւացի յուզման՝ երբ կը յիշենք թէ զանոնք խորհողն ու մելանաւ արտագրողն եղած է՝ անմահականն և սիրելին Ներսէս Լամբրոնացի, իր սուրբ և օրհնաբաշխ ձեռքովը:

«Փառք և գոհութիւն նմա որ սկիզբն է և կատարած 'ի նուաստ վաստակաւորէ Ներսիսէ: Տառապեալ Ներսէս, վրիպեալ յառանձինն խոկմանէ. վերակացութեամբ Տարօնի քաղաքին և որ 'ի նմա մեծի եկեղեցւոյն պաշտամամբ. զբաւսանս իմս ըղբաղմանցն ստացայ զվաստակ գրչութեան 'ի մատեանս աստուածայինն. լեզուաւ բազում անգամ զքաղաքականն ընլով հոգս, և հիւսմամբ ձեռին և մտաց սոս դեգերելով՝ զբնականն և զկրթականն խոկմամբ յաստուածայինս կերակրելով զոգի. ո՛հ ո՛հ՝ թերևս ըստ մեծ Քրիստոսի գթութեանն պատահեսցուք 'ի զերկնից արքայութիւնն բանաքարղաց. 'ի թուս ՈԽԴ»:

Միւս յիշատակագիր մ'ալ նոյն սուրբ և համբուրելի ձեռաց. «Փառք ամենասուրբ Երրորդութեանն, ամէն: — Ի թուէ՛՛ ՈԽԴ աւարտեցաւ հիմ՟ հաւատոյ գիրս Պարապմանց՝ զոր իմ Ներսիսի արուեստ և անարժան բանասիրի՝ 'ի վարժուռ՟ իմաստից գոլով ընթերցա ընդ բազում բանս սրբոց և զսրբոյն Կիւրղի քննութիւնս ուղղափառ հաւատոյ՝ և 'ի դիպող ժամանակի եկեալ 'ի հայրենի աշխարհս՝ սկիզբն ետու առնել սմին 'ի ձեռն պաշտօնակցի եղբաւր մեր Յովսեփա՝ և ձեռամբ իմով աւարտեցաւ 'ի գըձուձ և 'ի մրճոտեալ աւրինակէ: Ընդ որ յոյժ գըտանեն և զուգաբանս աւրէնս եկեղեցւոյ»:

Երրորդ մ'ալ 'ի Փարիզեան մեծ մատենադարանի՝ Նոր կտակարանաց յունարէն օրինակի մը մէջ, և դիմացը 'ի հայ գրուած 'ի նոյն սրբոյ Լամբրոնացւոյն՝ հետևեալ համառօտ յիշատակարանը. «Ներսէս նուաստ եպիսկոպոս Տարսոնի, սիրով վաստակաւոր 'ի սուրբ մատեանս, զոր ծերացեալ գտի ըստ հելլենացւոյդ, և նորոգեցի ըստ հայւոյդ. շնորհի աղաւթից 'ի վայելողացդ լինիմ արժանի»:

Աւրիշ՝ թէ արքունական տոհմիը, և թէ նուի-

*րակյան բարձր տաղիձանաւ հաչակաւոր և մեծա-
նուն անձի մը՝ Յովհաննու Արքայեղբօր ձեռագիր
գրչութեանց մէջէն հետեւեալ քանի մը տողեր:*

Աւետարանի մը յիշատակարան. «Շնորհիւ տեառն և ողորմութեամբ կատարեցաւ սուրբ աւետարանս 'ի յընդիր աւրինակէ, 'ի վայելումն աստուածասէր իշխանին պարոն Ամբատայ որդւոյ հանգուցեալ և բարեպաշտ իշխանին պարոն Կոստայ, և հանգուցեալ մաւրն իւրոյ տիկին Շահանդուխտին, և հանգուցեալ եղբարցն պարոն Բակուրան և պարոն Կոստանդ: Գրեցաւ սուրբ աւետարանս ձեռամբ սուրբ և ընտրեալ աստուածահաճոյ արքեպիսկոպոսին սուրբ Ուխտին Գանէրոյն տէր Յոհաննէսի, որդի աստուածասէր և բարեպաշտ իշխանաց իշխանին հանգուցեալ 'ի Քրիստոս պարոն Կոստանդեայ Թագաւորահօրն:

«Գրեցաւ սա 'ի հայրապետութեան տեառն Յակոբայ, և 'ի Թագաւորութիւնն Հայոց աստուածասէր և բարեպաշտ իշխանին Լեւոնի: Գրեցաւ 'ի մեծ Թուակ. Հայոց ՉԻԵ»:

Յաւարտ նախադրութեանն Մատթէի. *«Երջանկացդ պարու հայցեմ, յիշել զեղկելի ոգիս 'ի բարին Քրիստոս. զՅոհ" եպիսկոպոս, և զծնողսն իմ. և Աստուած զձեզ յիշեսցէ»:*

Ի վերջ աւետարանին Մատթէի. *«Բազմամեղ և դատապարտ ոգւոյ գրողիս Յոհ" եպիսկոպոսի թողութիւն խնդրեցէք 'ի Քրիստոսէ տեսողք նորա»:*

Ի վերջ աւետարանին Մարկոսի. *«Զեղկելի ոգիս զՅոհ եպ" զարքաեղբայր Հայոց, զգրող սորա և զստացող՝ որք ժառանգէք զսա կամ գաղափարէք, յիշեցէք զծնողսն մեր, և զբնաւ զարմն միաւք հանդերձ. զի յոյժ տանջիմ յուղղոյն գիւտ. և զձեզ տէր յիշեսցէ. ամէն»:*

Այս խնկագիր յիշատակարանաց մէկ քանին՝ ճիշդ

նմանահանութեամբ կը տեսնեն ընթերցողք 'ի հան-դիպոյ գրուած պատկերին մէջ։

* * *

Հայերէն գրչագրաց գլխաւոր և պատկառելի թուով աւանդատունք են ազգային երկու պատ-մական վանաց Մատենադարանք յԷջմիածին և յԵ-րուսաղէմ. անոնցմէ ետքը Մխիթարեանց ուխտի Մատենադարանները 'ի Ս. Ղազար և 'ի Վիեննա. Անտոնեանց' 'ի Միջագիւղ Կոստանդնուպոլսոյ. Փա-րիզու ազգային Մատենադարանն, այլ և այլ վանո-րայք 'ի Հայաստան. Բրիտանական Մուզէոնն 'ի Լոնտրա. Վատիկանեան գրատունն 'ի Հռովմ, կայ-սերականն 'ի Վիեննա, արքունականն 'ի Մոնաքոյ, և այլն։

ՀԱՅԵՐԷՆ ԼԵԶՈՒ

Հայերէն լեզու։ — Իր ծագումն և սկզբնաւո-րութիւն քան ազգային պատմութեան։ — Արդի բա-նասիրութեան կարծիք նոյն խնդրոյն վրայ։ — Հայ-կական լեզու յառաջ քան զհինգերորդ դար։ — Թարգ-մանչաց դարը։ — Այլ և այլ կերպարանափոխութիւնք լեզուին։ — Հելլենաբանութիւն։ — Հայ լեզուն մինչ 'ի սկիզբն երեքտասաներորդ դարու։

Ինչպէս ամէն ազգ, ասանկ ալ ամէն արդէն կամ հիմա խօսուած լեզուք ունին, կամ պէտք է ունե-նան, իրենց սկզբնաւորութեան կամ ծագման պատմութիւնը։ Բայց ինչպէս ազգաց, ասանկ ալ լեզուաց պատմութիւնք՝ իրենց մթին, անորոշ ու երբեմն նաև անթափանցելի կէտերը կ'ունենան։

Նոյնը կրնանք ըսել՝ ինչպէս մեր սահմային հին պատմութեան, ասանկ նաև անոր լեզուին նկատմամբ. մանաւանդ թէ հայերէն լեզուին պատմութիւնը, — անոր սկզբնաւորութիւնն, յառաջադիմութիւնն, այլեայլ փոփոխութեանց ենթակայ ըլլալն՝ իրօք կամ կարծեօք, — նոյն լեզուն խօսող ազգին պատմութենէն շատ աւելի մթին կը գտնենք։ Այս մթութիւն՝ պատճառ տայ այլեայլ կարծեաց, որոնք երբեմն քիչ կամ շատ հաւանականութիւն որով և ընդունելութիւն գտած են առաջի հմուից և բանասիրաց։

Մենք՝ քանի որ բանասիրութիւնն իր վերջին և վճռական խօսքն չէ կրցած ըսել այս խնդրոյն համար, երկու տեսակէտով խօսինք անոր վրայ՝ համառօտիւ, ինչպէս գրքուկիս չափը կը պահանջէ.

Ա. Հայ լեզուին ծագումն և սկզբնաւորութիւն՝ ըստ ազգային պատմութեան և աւանդից։

Բ. Արդի եւրոպական՝ և մասամբ նաև ազգային բանասիրութեան կարծիք նոյն խնդրոյն վրայ։

* * *

Նախ ըստ ազգային պատմութեանց։ — Հնոց մէջ՝ բաց 'ի Խորենացւոյն ուրիշ մը չենք գտներ մեր ազգին ծագման և սկզբնաւորութեան խնդրով զբաղող. մանաւանդ թէ այն նշանաւոր պատմագրէն ետքն եկողք՝ գրեթէ ամենքն իրենց պարտք մը սեպած են իրեն հետևիլ, նոյն կարծիքն ունենալ և աւանդել։

Այս հետևողութեամբ վարուած էր նաև ազգային նոր բանասիրութիւնն ու պատմագրութիւն ինչուան դարուս կէսը ։ Իսկ օտարք՝ որ ինչուան դարուս սկիզբը կամ բոլորովին զուրկ, և կամ ամենաքիչ տեղեկութիւն ունէին ազգերնուս, որով և լեզուին, ծագմանը վրայ, բանագատուեր են իրենց ծանօթ, բայց յաճախ անստոյգ և հեղակարծ աղբերաց մէջ մերթ ընդ մերթ փնտռել զայն. և հմտագոյնք՝ նախապատիւ սեպած են, առանց յամենայնի իրեն համամիտ ալ երևնալու, Խորենացւոյն հեղինակութիւնը, որուն գրուածքը երկու դարէ 'ի վեր լատինական թարգմանութեամբ ծանօթացած և մեծարուած էր յարևմտեայց ։

***

Լեզու մը չիկրնար ձևանալ՝ ինչուան որ իրմէ առաջ ձևացած չըլլայ նոյն լեզուն գործածող ժողովուրդը. ուստի և հայ լեզուին սկզբնաւորելուն պատմութիւնը՝ զանիկայ խօսող ժողովրդեան մէջ փնտռելու ենք ։ Քաղաքական պատմութիւննիս ըստ մարիբասեան պատմական սեպուած աւանդութեանց, մեզի անանկ հնութիւն մը կու տայ՝ զոր քիչ ազգ, մանաւանդ թէ աւելի որոշ խօսելով՝ թերևս ուրիշ մը ունեցած չէ, բաց յԵբրայեցւոց ։ Հնութիւն մը՝ որուն սկիզբը առասպելներով մթացած չէ. քաղաքականութիւն մը՝ որուն սկզբնաւորելը ծառոց և անտառաց մէջ չփնտռուիր, ու կրօնք մը՝ զոր սուտ աստուածոց մոլորութիւնը չպղծեր ։ Մեզի համար ստոյգ ու անտարակուսելի կերպով կ'աւանդէ մեր սկզբնաւորութիւնն՝ այն համաշխարհական աւերմանէն ետքը, զոր սուրբ գիրք կը ներկայացնեն ջրհեղեղի պատուհասիւ և անոր հետևանք դէպքերով, և ուսկից ետքը Աստուած կրկին լինելութիւն կու տայ բոլոր աշխարհի ։

Աստուածաշունչ գիրք կը պատմեն թէ տապանը

Հայաստանի մէջ Արարատ լերան վրայ նստաւ։ Հոն Նոյ՝ աշխարհի երկրորդ ստեղծման նախահայրը՝ բնակեցաւ. հոն որդիք ունեցաւ ու որդւոյը որդիք. հոն սկսաւ բազմանալ ժողովուրդը, և անկէց սփռուեցան մարդիկ իրարմէ բաժնուելու, որոշ ազգութիւններ ձևացընելով։

Զուգելով ալ հետևող կամ պաշտպան երևնալ այն կարծեաց որ ինչուան ջրհեղեղ ազգաց ու լեզուաց միութիւն կ'ենթադրէ, կամ ընդդէմ մեր համոզմանն ալ՝, յարգելով անոնց կարծիքը որ կը հակառակին, կը խծբծեն և կամ ըստ քիմս՝ սուրբ գրոց յայտնի պատմութիւնն ու խօսքը կը կամակորեն, պէտք է ընդունինք թէ Նոյ լեզու մը ունէր զոր կը խօսէր, 'ի նախնեաց իւրոց աւանդուած։ Այս լեզուն բնականաբար ու յաջորդաբար պիտի անցնէր և աւանդ մնար իր սերնդեան մէջ։ Ինչ կրնար ուրիշ տեղւոյ մը ծնունդ ըլլալ և ոչ այն երկրին՝ որուն այսօր Հայաստան անունը կու տանք. բայց սուրբ գրոց անհակառակելի պատմութեամբ՝ Աստուծոյ կամքը իրեն երկրորդ հայրենիք կու տար զԱրարատ. հոն կը հանգչէր զինք համայնաջինջ ջրոյ ողողմանէ փրկող տապանն, հոն կը մատուցանէր իր շնորհակալութեան զոհը, ու իրեն կրկնակի սիրելի այդ հողոյն վրայ տարածուած երկնակամարին վրայ՝ կը նկատէր աստուածային հաշտութեան նշանակ լուսափիւռ բազմագունեան աղեղը։

Ոչ հարկ և ոչ ալ հնարաւորութիւն կրնար ըլլալ որ Նոյ թողու հեռանայ այն տեղերէն. մանաւանդ որ հոն եղած արգաւանդ դաշտերն, օդոց մաքրութիւնը, ականակիտ ջուրք՝ յորդորամիտ պիտի ընէին զինք իր բնակութիւնն հաստատելու։ Եւ ասանկ ալ ըրած է ըստ ազգային նախնի և ինչուան մեզ ատեններս մեծարուած աւանդութեանց։

Նոյի և իր սերնդոց՝ ինչուան աշտարակաշինութեան դէպքը. մէկ լեզու ունենալնուն կը վկայէ Մովսէս՝ Ծննդոց գրքին մէջ, որոշ և բացայայտ խօսքով. և կը յաւելու թէ լեզուաց միութիւնը՝ չարեաց պատճառ մը ըլլալուն, Աստուած Սենաարայ դաշտին մէջ ամենուն լեզուն խառնակեց. ու այն նորակերպ պատժով՝ ամէն ազգաց սկզբնաւորութիւնն ըրաւ։

Հոս պէտք է զանազանենք նախ, թէ ինչ պատճառաւ մարդիկ սկսան Հայաստանէն ցրուիլ։ — Այս ցրման պատճառը՝ եթէ մեր հին պատմութեանցը մէջ փնտռենք, կը գտնենք որ ոչ ընտանի պատերազմաց և ոչ ուրիշ մասնաւոր առթով մը եղած է. այլ ժողովրդեան բազմանալուն ու տեղւոյն անձկութեանը համար։ Ըսել է թէ Հայաստանի մէջ մնացին այնչափ ժողովուրդք՝ որ իրենց բաւական սեպեցին երկրին ընդարձակութիւնը։ Ուստի և հետևաբար առանց լեզուն անփոփոխ մնաց Սենաարայ դաշտին խառնակութեանը մէջ. այն պատիժը՝ յանցանաց պատիժ էր, ու յանցանքին մէջ մաս չունեցողները 'ի հարկէ պատժէն ալ ազատ կ'ըլլային։

Մեր Հայկ Նահապետը՝ Սենաար գացողներուն հետ էր, ու անոնց կրած պատուհասին կցորդ. բայց երբ աշտարակը կործանեցաւ, Հայկ մէկէնիմէկ դարձաւ 'ի Հայաստան. ու անտարակոյս հոն փոխանակ ինքը ուրիշներուն իր լեզուն սորվեցնելու, ինքը անոնց լեզուն կրկին սորվեցաւ։

Այս դէպքէն ետքը պատմութիւննիս այլ և այլ պարագաներ մեր առջևը կը դնէ, որոնք լեզուներնուս հնութեանը մեծամեծ ու անտարակուսելի հաւաստիք կրնան սեպուիլ։ Լեռնադաշտակի մը վրայ տեղ մը կը շինէ Հայկ իր բնակութեանը համար, ու անունը Հարք կը կոչուի. գիւղ մը կը շինէ՝ ու Հայկաշէն կը մնայ այն տեղւոյն անունը. Բելայ հետ կը պատերազմի 'ի Ձորն Հայոց, ու իր առաջին յաղթուլթեան յիշատակը մշտնջենաւորելու համար՝ քաղաք մը կը շինէ ու Հայք կը կոչէ. Բելայ ինկած տեղւոյն ալ՝ Գերեզմանք անունը կու տայ:

Նոյն հին և հաւատարիմ պատմութիւնէն՝ որ Խորենացւոյն կամ Մարիբասայ ձեռքով մեզի հասած է, Հայկայ յաջորդաց նկատմամբ ալ տասնեակ նման օրինակներ մեզի կ՛ընծայէ. Արագած (լեռը) Հայկայ Արմենակ որդւոյն անունէն եղած. Արմաւիր՝ Հայկազանց հին ու նուիրական քաղաքը՝ Արամայիսէն. Մասիք լերան անունը՝ Ամասիա նահապետէն, Սիւնեաց կամ Սիսական նահանգին անունը Սիսակէն, Շիրակ գաւառին անունը Շարայէն. Գառնի՝ Գառնիկ նահապետէն, Գեղամէն՝ Գեղ լեռը ու Գեղարքունի գաւառն ու ծովը, նմանապէս Փառախոտ ու Ցոլակերտ աւաններուն անունները՝ Փառոխ ու Ցոլակ նահապետաց անուններէն. Այրարատ անունն ալ Արա գեղեցիկ նահապետին անունէն առնուեցաւ, ուզելով նշանակել անշուշտ թէ այն գեղեցիկ ու ծաղկաւէտ դաշտերը՝ Արայի անպարտ արեամբը արատաւորեցան:

Ասոնց կարգէն են նաև մեր ուրիշ նահապետաց անունները, որոնց անունը հետ է նաև իրենց նշանակութիւնը. ինչպէս Հաւանակ, Վաշտակ, Առնակ, Նորայր, Զարմայր, Պերճ, Բազուկ, Սկայորդի, Հրաչեայ, Պաճոյճ, Տիգրան, Վահան, Վահէ, և այլն: Եւ ասոնց անունը նշանակութիւնը իրենց վրայ ըլլալուն վկայ է Գր. Մագիստրոս. «Ո՛ւր Գեղամայն գեղեցկութիւն ... ո՛ւր Փառնակ փառացի, ո՛ւր Հաւանակ գիւրահաւան ... ո՛ւր Նորայր՝ վասն զի նոր արիութիւն ցուցանէր ... ո՛ւր Հրանտ հրատեսակ. ո՛ւր Ցուսակ՝ յուսացեալ զօրութեամբ»:

Այս ամէն օրինակները՝ եթէ չուզենանք մեր հին պատմութեան հետ գեղեցիկ ու փառաւոր անցեալ մը ուրանալ, առանց կարող ըլլալու՝ վերցուածին կամ մերժուածին տեղ՝ մտքերը համոզող բան մը դնել, բաւական պիտի սեպուին 'ի ցուցանել թէ Հայկազանց օրերը, մեր նախնեացը ժամանակ, հայերէն լեզուին գործածութիւնը կար։ Այս խօսքին երաշխաւորութիւնը՝ անոնց խօսած լեզուին՝ մեզի իմանալի լեզու ըլլալն է. կամ թէ ըսենք՝ նոյն նշանակութեամբ հասկընալնին այն բառերը՝ ինչպէս որ մենք հիմայ կը հասկընանք։

Ասոր և այս կարծեաց հետեւողաց և ընդունելի ենթադրուած գրութեանց առջեւ՝ ինքնիրեն կ'ելնան նոր բանասիրութեան յայտնած այլ և այլ կարծիք՝ որ կ'ուզեն մեր լեզուն ուրիշ երկրորդական լեզուներէ առաջ եկած սեպել, ու անոնց լեզուին մէջ փնտռել մեր լեզուին ծագումը։

Ասով չեն ուզեր մերժել՝ թէ կրնայ կամ ունի մեր լեզուն այլ և այլ նմանութիւն ուրիշ լեզուաց հետ. բայց նմանութիւնք՝ շատ անգամ ուրիշ երկրորդական ու անհրաժեշտ պարագաներէն առաջ եկած կը համարին։ Ինչպէս մերձաւոր ազգի մը տիրապետութիւն՝ կրնայ նոյն ազգին հետքը ձգել ընկճած ժողովրդեան լեզուին մէջ. ուսումնական գրաւում մը՝ անկարելի է որ առանց իր նշմարանքը թողլու՝ բոլորովին ելլէ այն երկրէն. վաճառականութիւնը՝ որ շատ անգամ այլ և այլ յարաբերութեամբք երկու կամ զանազան ազգեր իրարու հետ կը միացնէ, կրնայ իր ազդեցութիւնը ունենալ նաեւ լեզուին վրայ։ Ինչպէս պարսիկն, յոյնն, արաբացին և անոնցմէ ետքն մեր ազգին հետ վերաբերութեան մէջ գըտնուող ազգեր՝ ունեցեր են իրենց ազդեցութիւնը մեր լեզուին վրայ, նաեւ ընտրելագոյն մատենագրաց երկասիրութեանց մէջ, անտարակոյս նախընթաց ազգք և ժողովուրդք ալ՝ իրենց այլ և այլ յարաբերութեամբք զոր յաջողեր են ունենալ, թողեր են 'ի մեզ իրենց հին քաղաքականութեան և սովորութեանց հետ՝ նաև լեզուի հետք, և որ փոփոխակի կերպով ալ կրնան ենթադրուիլ։ Թէ ազգային և թէ օտար բանասէրք՝ ամենահին սեպուած լեզուաց վրայ իրենց ըրած համեմատական և բաղդատական քննութեանց մէջ չեն տարակուսիր այս բանիս վերայ. և առանց կարող ըլլալու ճշդել և ստուգել թէ հայերէն լեզուին բուն ծագումն և սկզբնաւորութիւնն ուստի է, Քոսսաքոֆ գտեր և հրատարակեր է բազմաթիւ բառեր բևեռական արձանագրութեանց մէջ, զարմանալիք իրենց նմանութեամբ հայկական լեզուի հետ, և զորս հրատարակած է 'ի Փեթրպուրկ իր մէկ ընտիր գրուածոց վերջը։ Պատկանեան՝ հայկական և հին լեզուաց վրայ ըրած հըմտական երկասիրութեամբքն պատկառելի հեղինակութիւն, ինք ալ մասնաւոր գրուածքով մը՝ որ նոյնպէս հրատարակուած է 'ի մայրաքաղաքին Ռուսաց, ցուցեր է թէ որչա՜փ շատ են հայկական լեզուի մէջ բառեր՝ որոց ձայնն ու նշանակութիւն նման է սանսքրիթ, զենտ, պարսիկ, յոյն ու երբեմն նաև լատին բառերու հետ։ Այս նմանութիւնքը՝ ունեցած են իրենց պատճառները նաև մեր լեզուին նկատմամբ, ինչպէս քիչ ետքը պիտի տեսնենք։

* * *

Անցնինք եւրոպական բանասիրութեան այս խընդրոյս համար յայտնած կարծեացը։

Թէպէտ և ազգային պատմութիւն և հնութիւնք՝ ցարդ չեն ունեցած եւրոպացի գիտնոց խուզարկութեանց մէջ գլխաւոր ու նախնական կարևորութիւն և դիրք մը, սակայն ասիական մեզի դրացի ու մեզմէ շատ աւելի հնագոյն յիշատակներ թողուցող ազգաց ու ժողովրդոց, ու անոնց բնակութիւնն ծածկող աւերակաց ու չքնուածոց մնացորդներուն վրայ իրենց քննութիւններն ըրած ատեն, հանդիպեր են նաև արդէն հին Յունաց և Հռովմայեցւոց շատ իսկ ծանօթ մեր ազգին անուանն ու երկրին. և այդ անունն ու երկիր՝ արթնցուցեր է հետաքրքրութիւն մը՝ անոնց հին աշխարհի պատմութեան մէջ բռնած տեղւոյն և դասակարգութեան:

Իրենց համար՝ ազգային աւանդից մեզի և մեր լեզուին համար տուած ծագումը՝ 'ի պատմական հաւաստեաց զուրկ, մանաւանդ թէ երբեմն անոնց ընդդիմամարտ ենթադրութիւնք են, և պարզապէս խղձք՝ որ իմաստասիրաբար արժէք մը չունին: Սակայն ասով հանդերձ՝ նկատելով Հայաստանի աշխարհագրական դիրքն, չեն տարակուսիր ամենահին ժամանակներէ 'ի վեր՝ մարդկային ազգի բնակութեան որրան համարիլ այդ երկիրը: Իրենց մեր ազգին և լեզուին սկզբնաւորութեան և ծագման նկատմամբ ունեցած այլ և այլ կարծիք՝ այսպէս համառօտուած կը գտնենք ազգային բանասիրի մը նորագոյն երկասիրութեան մը մէջ. «Որովհետև, կ՚ըսէ, հայերէնն՝ հնդեւրոպական կամ արիական կոչուած լեզուաց կարգէն է, որպէս վկայեն մեր լեզուն քննող գիտունք, կարեմք հետևցնել նաև թէ Հայք են մարդկային ազգին հնդեւրոպական կամ արիական կոչուած ցեղէն, յորմէ են և բազումք 'ի հին և 'ի նոր երևելի ազգաց զոր օրինակ Հնդիկք, Արիք, Յոյնք, Լատինք, գերմանական և սլաւեան ցեղեր. այսինքն այժմու գրեթէ եւրոպական ազգաց բոլորը:

«Ոմանք յարդի հնաբանից՝ զՀայս համարին ծագմամբ փիւնիկեցի: «Ուրարդայ (Արարատայ) լեզուն՝ ասէ Րոլինսըն, չունէր ամենևին նմանութիւն ընդ այժմու հայերէնին: Այս լեզուն խօսող ցեղն՝ թուի գաղթեալ 'ի Փռիւգիոյ, և առ սակաւ սակաւ դրաւեալ զերկիրս արևելեան մասին Արմենիոյ, վանելով կամ ընդ իւր միացնելով զհին Ուրարդիս, և փոխանակ նոյա գնելով զանուն, զլեզու, զկրօնս և զաւանդութիւնս իւր»:

«Լընորմանի, ուրիշ հնաբան մը, երկու տարբեր գաղթականութիւններ կը գնէ յԱրմենիա՝ այլ և այլ ժամանակ: Զառաջին գաղթականութիւնն նոյնացընելով ընդ Հայկայ Խորենացւոյն, կը համարի Տիգրիսի և Եփրատայ հովիտը (Բաբելոն) բնակող հին Քուշաններէն ցեղ մը, 'ի Հերոդոտոսէ Ալարոտ կոչուած, զոր Ասորեստանցւոց Ուրարդին և Ներայեցւոց Արարատը կը համարի: Այս Քուշեան ցեղէն մնացած կարծէ Լընորման Արմենիական կոչուած սեպագիր արձանագրութիւններն որ 'ի Վան: Զերկրորդ գաղթականութիւնն կոչէ Լընորման՝ Արմենեան, յանուանէ Արմենակայ, զոր համարի ոչ իբրև պատմական անձն, այլ իբր անուն ազգին՝ անձնաւորեալ: Քան զառաջին գաղթականութիւնն, ասէ, նշանաւոր է երկրորդս այս արմենական գաղթականութիւն, զոր ազգային աւանդութիւնն անձնաւորեալ է յԱրմենակ՝ իբրու ազգական Հայկայ:

«Լուի Տըրոպէր կ'ենթադրէ քան զառաջին գաղթականութիւնն Լընորմանի աւելի հին Քուշեան գաղթականութիւններ յԱրմենիա. իսկ զհայկեան գաղթականութիւնն համարի սեմական, որ հալածելով զՔուշեանս անդր քան զԿուր գետ դէպ 'ի հիւսիս, ինքն կալաւ զհարաւային մասն, զհովիտն Եփրատայ յարևմուտս Մասեաց մինչև 'ի լերինս Կորդուաց: Այս սեմական գաղթականութենէ մնացած կը համարի Տըրոպէր արմենական կոչուած սեպագիր արձանագրութիւնս Վանայ: Յետ Հայկեան կամ սեմական գաղթականութեան, իբր 'ի միջոցի վեցերորդ դարու նախ քան զՔրիստոս, կը գնէ վերջին հնդեւրոպական արմենական գաղթականութիւն մի 'ի Փռիւգիոյ. և այս վերջի գաղթականութենէն եկած կը համարի զՀայս և զհայերէն լեզու:

« Այս ենթադրութիւնք՝ կը ցուցնեն խորին պատմական հնութիւն, և չեն ամենևին առանց պատմական հիման: Տարակոյս չիկայ՝ թէ հին նախապատմական ժամանակ, յառաջագոյն իսկ քան զվերջին հարստութիւնն Ասորեստանի կամ Նինուէի, միջին և արևմտեան Ասիոյ ինչպէս ուրիշ կողմերուն, նոյնպէս Հայոց, մանաւանդ հարաւային (Վանայ) կողման, բնակիչք էին մարդկային ազգին այն հին քաղաքականացեալ ցեղէն զոր գիտունք Քամեան և Քուշեան կ'անուանեն: Թուի ստոյգ, ասէ Լընորման, թէ 'ի սկզբան Քամեանք ունէին զմեծագոյն մասն արևմտեան Ասիոյ յառաջ քան զՍեմականս որ վանեցին զնոսա անտի: Հին քաղաքակիրթ ազգաց մէջ, ասէ Րընան, Քուշեանք և Քամեանք այնպիսի որոշ յառաջութիւն մը կը ցուցընեն, և այնչափ դարերով յառաջ են քան զՍեմականս և զԱրիականս, որ կը ստիպուինք ընդունել թէ սոքա եղեն առաջին քաղաքակիրթ ցեղ յարևմտեան Ասիա և յարևելս հիւսիսոյ Ափրիկէի՝ յառաջ քան զերևել Սեմականաց և Արիականաց: ...

« Քուշեանց 'ի Հայաստան բնակութեան ապացոյց Վանայ մօտ Շամիրամայ գործ համարուած քարափոր շէնքն է. ինչպէս նաև արմենական կոչուած սեպագիր արձանագրութիւնք այն կողմանց: Հաւանական է թէ նաև Սեմականք բնակած են 'ի Հայս յետ Քուշեանց, նախապատմական ժամանակ. բայց նաև հնդեւրոպական ցեղք հին, նախապատմական ժամանակ եկած էին Հայաստան, յառաջ իսկ քան զվերջին հարստութիւնն Ասորեստանի:

» Այլ թէ այս հնդեւրոպական ցեղք փռիւգացի գաղթականութիւնք էին որ եկան 'ի Հայս 'ի վեցերորդ դարուն նախ քան զՔրիստոս. և թէ Արմէնք, այսինքն Հայք, այս փռիւգացի գաղթականութեան սերունդ են, այս կարծիքն, ըստ մեզ, պատմական հիմնունի։ Ոչ ատ Հերոդոտոսի և Քսենոփոնի որ ժամանակաւ շատ հեռի չէին այս գաղթականութեան ենթադրեալ ժամանակէն, և ոչ այլուր, կը գտնենք այսպիսի գաղթականութեան յիշատակութիւն։ Հրէից մատեանք (Աստուածաշունչ սուրբ գիրք), Բաբելոնի առման ժամանակ, առ Կիաքսարաւ որդւով Աժդահակայ և առ Կիւրոսիւ, այն է 538ին նախ քան զՔրիստոս, յիշեն Արարատեան թագաւորութիւն մը, ընդ որում՝ ըստ Քսենոփոնի, վաղուց դաշնակից էին Մարք։ Վարդան, Տիգրան, Շաւարշ, յատուկ անուանք, որ արիական բառեր են և ոչ Քուշեան կամ Քամեան կամ Սեմական, վեցերորդ դարուն և աւելի առաջ իբրև անուանք արքայից և արքայորդւոց Արարատայ թագաւորութեան, կը յիշուին հին յոյն պատմիչներէ (Դիոդոր Սիկիլիացի, Քսենոփոն)։

«Արդարև Հայերէն լեզուն հնդեւրոպական լեզուաց արեւմտեան ճիւղին կը վերաբերի մանաւանդ քան արեւելեան արիականին, թէպէտ 'ի վերջնոյ տափ առած է յետոյ դրացութեամբ զմեծ մասն հարստութեան իւրոյ։ Մեր հնագոյն բառերը և քերականական ձեւք շատ մօտ ազգականութիւն կը ցուցընեն յունարէնի, լատիներէնի և գերմանական ճիւղին հետ. բայց այս բաւական չէ հաստատելու Ռոլինսոնի և Տըրրոպէրի ենթադրութիւնը. և այս երեւելի հնաբանք ոչ այնչափ լեզուաբանական պատճառներէ որչափ հին յոյն պատմչաց ոմանց խօսքէն առաջնորդուած կը թուին փռիւգացի ծագումն տալ Հայոց։ Հերոդոտոս զՓռիւգացիս և զԱրմէնս համարի եղբարս, այսինքն համացեղս. և Դիոնեսիոս Ալիկառնացի կոչէ զԱրմէնս համալեզուս ընդ Փռիւգացւոց. և 'ի յիշելն զպատերազմն Քսերքսի ընդդէմ Յունաց, ըստ օրինակին փռիւգացւոց վառեալս և զգեցեալս պատմէ զԱրմէնս 'ի բանակին Արեաց։

Նաև Եւդոքսիոս՝ ուրիշ յոյն հեղինակ, հաւանականապէս առ Պտղոմէամբք, նմանաձայն յոյժ առնէ լինել զՀայերէնն Փռիւգերէնի: Գիտել պարտ է սակայն զի հին պատմիչք փռիւգացի անուամբ իմանային Փոքուն Ասիոյ հնդեւրոպական կամ արիական ցեղերը. և շատ հաւանական է թէ Արմենիոյ արևմտեան մասին ժողովուրդք իբրև սահմանակիցք Փոքուն Ասիոյ, համացեղ և համալեզու էին այն երկրին հնդեւրոպական ցեղին: Յոյն պատմիչք, հնագոյնքն անգամ՝ ի նոցանէ, ինչպէս Հերոդոտոս և Քսենոփոն, որ յետոյ են քան զԴարեհ Վշտասպեայ, առ որով ոչ միայն Արմենիոյ արևելեան մասն, Մեծ Հայք, այլ և արևմտեանն, այն է Փոքր Հայք, սահմանակից Փոքուն Ասիոյ, կոչեցան Արմինիք կամ Արմենիա, ընդհանուր անուամբ կը կոչեն Արմէն՝ Մեծին և Փոքուն Արմենիոյ բոլոր ժողովուրդները: Ուստի Յոյն պատմչաց խօսքը թէ Արմէնք համացեղ և համալեզու էին Փռիւգացւոց, պէտք չէ բոլոր Արմենիոյ ժողովրդոց վրայ առնուլ և հետևցընել թէ Հայք փռիւգացի գաղթականներ էին, և թէ Հայերէն լեզուն որ Մեծ Հայոց և բուն Արարատեան ցեղին լեզուն էր՝ փռիւգական է»[1]:

*
* *

Ի՞նչ է եւրոպական բանասիրութեան կարծիք մեր լեզուին ծագման վրայ:

Եթէ ընդհանրապէս ուրիշ հին լեզուաց համար ծանր ու դժուարին աշխատանք է գիտութեան՝ անոնց սկզբնաւորելուն և յառաջադիմութեան խնդիրը, ծանրագոյն եւս հայկական լեզուին նկատմամբ:

1 ԳԱՐԱԳԱՇ (Ա. Մ.). Քննական պատմութիւն Հայոց, Հատ. Ա. 7–10:

Հին և մեզի դրացի կամ մերձաւոր ազգաց և ժողովրդոց լեզուին հնութիւնը և ծագումը փորձելու, քննելու և ուսումնասիրելու համար՝ պատմական առոյգ կամ կեղակարծ սեպուած աւանդներէ աւելի բան մը կայ. վաղեմի և պատկառելի մատենագրութեանց հատուածք, և մերթ նաև նախանձելի ամբողջութիւնք. և ուր ասոնք կը պակսին, հին դարերէ մինչև առ մեզ հասած, և ինչուան հիմա զգուշաւոր խնամօք պահպանուած քարագրոշմ արձանագրութիւնք, որոց վրայէն դարեր և ժամանակք անցեր են, և որք իրենց լռութեամբն, ու ինչուան երբեմն նաև անթարգմանելի կերպարանքովը, դեռ լոյս մը կրնան ծագել՝ ինչպէս պատմութեան, սանկ նաև լեզուաց և անոնց կրած յեղափոխութեանց վրայ. ուր ընդհակառակն մեր հայրենիք, երկար, անդուլ ու յարատև յարձակմանց և աւերմանց տխուր արգասիքն և արդիւնք՝ ինչուան իրենց անշունչ, կիսակործան ու հետախաղաղ ծածկուած քարանց վրայ նկատել տալու տխուր դժբաղդութեանն ենթարկած են զմեզ:

Այսպիսի անստուգութեան մը մէջ՝ զարմանք չէ որ անստոյգ, բազմապատիկ և իրարմէ տարաձայն ըլլան նաև մեր լեզուին վրայ կարծիք, թուէք և ենթադրութիւնք նաև առաջի դիտութեան:

« Հնագոյնք յեւրոպէացի քննչաց, կ'ըսէ Րիդգէր, և յանուանէ Շրոէտէր և Ստէլունկ, առ ընդիտութեան, չկրցան ծանօթ լեզուաց մէջ տեղ մը տալ հայերէնին. ուստի Պալայի՝ կովկասեան ինքնագլուխ լեզու մը համարեցաւ հայերէնը: Աւելի հնագոյնք, Ադոլութ և Գրոմէեր, ազգակից համարեցան հայերէնը ղփտերէնի, մինչ ինքեանք՝ այս երկու լեզուաց եւս անդէտք էին: Վաղ ուրեմն Ստեփանոս Բիւզանդացի՝ փռիւգերէնի նման կը համարէր այս լեզուն. հաւանականապէս, ասէ Բէգէրման, վասն զի Արարատ 'ի գիրս Սիբիլլեայից սխալմամբ գրուած է 'ի Փռիւգիա: Բայց որովհետեւ փռիւգերէնն այնպէս անծանօթ էր ինչպէս նմին համացեղ կարծուած հին Թրակերէնն՝ ընդ որում այլք ազգակից համարեցան հայերէնը, հայ լեզուին փռիւգերէնի հետ նմանութիւնը այնչափ անստոյգ է, որչափ կարծիք Սարաքոնի, որ զՀայս և զԱրիս իսկ ոչ միայն բարուք, սովորութեամբ, մարմնոյ կազմութեամբ, այլ և լեզուաւ կը համարի նման ընդ Սեմականաց, Արաբացւոց և Ասորւոց, այս պատճառաւ միայն՝ զի գտանէր զնոսա խառն բնակեալս 'ի Միջագետս: Պոլլաս հայեցեալ յարդի հայերէնն միայն, դրաւ Հայոց լեզուն 'ի կարգս Դուրանեան լեզուաց, իբր միջին ինչ 'ի մէջ Թաթար և Թուրք բարբառոց և կովկասեան լեզուաց: Լաքրոզ համարելով զհայերէնն նոյն ընդ հին լեզուին Մարաց, աւելի մօտեցաւ ճշմարտին. մանաւանդ զի ըստ Նոյմանի՝ մեծագոյն մասն բառից Մարաց որ գտանին առ Հերոդոտեայ կը մեկնուին հայերէնով: Զարմանք չէ այսչափ հակառակ կարծիս տեսնել զհայերէնէն որ հարեւանցի միայն ճանչցուած էր, մանաւանդ այնպիսի ժամանակ, մինչ Գլաբրոդ անգամ հայներու առաջին նմանութենէն միայն կը դատէր լեզուաց ազգականութիւնը, զոր գիտել՝ լեզուին բովանդակ քերականական կազմութենէն միայն հնար է: Բէգէրման եղև առաջին որ եցոյց հաւաստեաւ զազգականութիւն հայերէնին ընդ հնդեւրոպական լեզուաց: Հմուտ լեզուաբանն Բոդդ կ'ընդունի զայս, և Նոյման կը համարի իբրև արդէն ապացուցեալ»:

« Բայց ինչպէս ճանչցան գիտունք թէ հայերէնն տոհմակից է լեզուաց հնդեւրոպական ցեղին: Սեմական լեզու մը ճանչնալ, որպէս առէ Րընան, դիւրին է քան հնդեւրոպական մը. բայց և այնպէս հնդեւրոպական լեզուք ևս ունին որոշ նշաններ որ չեն կրնար վրիպիլ գիտնական մտադիր դիտողութենէ։ Հայերէնի ցեղակցութիւնն ուրիշ հնդեւրոպական լեզուաց, հնագոյնից և հեռաւորագոյնից հետ անգամ, որպիսի են սանսքրիտն, յոյնն և լատին, այնպէս յայտնի և ներքին է, զի նմանութիւնն որ կայ 'ի մէջ սոցա և հայերէնին՝ չկարէ լինել արդիւնք ոչ պատահման և ոչ փոխառութեան։

« Հայերէնի այս նմանութիւնը կը տեսնուի հնդեւրոպական լեզուաց երկու գլխաւոր տարրներէն. այսինքն բառերէն և քերականական ձեւերէն միանգամայն ։ . . . Թէպէտ այսպէս բնութեամբ հնդեւրոպական, և սակայն հայերէնն այնպէս ուրոյն է և անկախ, իբրև զսանսքրիտն, զյոյն և զլատին 'ի համացեղից իւրոց, մինչև յիրաւի է կոչել զնա յատուկ անուամբ իբրև արմենական ճիւղ 'ի մէջ հնդեւրոպական ցեղին։ Չունենալով հնագոյն դարերէ գրաւոր մնացորդներ, ենք և պիտի մնանք 'ի հարկէ անգէտ, թէ ինչ փոփոխութիւններէ անցաւ և ինչ ազդեցութիւններ կրեց հայերէնն յընթացս, չէ յայտ, որչափ դարուց. մինչև հասաւ յայն աստիճան յորում կը գտնենք զնա յանգլին մնացորդս առաջին Հայ մատենագրութեան անուանեալ ոսկեղէն դարուն, որ է առաջին կէս հինգերորդ դարուն, իսկ և իսկ յետ գիւտի հայերէն դպրութեան։ Նայելով սակայն գիտնական անաչառութեամբ մատենագրական յատկութեան վերոյիշեալ մնացորդաց լեզուին, անհնար է չսքանչանալ։ Հարստութիւն, մաքրութիւն և ընտրութիւն, բանաստեղծական զարդ, ճաշակ և փիլիսոփայութիւն որ կը տեսնուին այն չքնաղ մնացորդաց լեզուին մէջ՝ կ'ենթադրեն ազգային քաղաքական և մտաւոր բարձր վիճակ մը, որչափ կրնայ մտածուիլ յայնպիսում հնութեան ժամանակի »[1] ։

1 Քննական պատմութիւն Հայոց, Հատ. Ա. 279-281։

Ուրիշ ազգային բանասէր մ՚ալ. «Մինչև ցայժմ եղած խուզարկութեանց եզրակացութիւնները հետևեալ կերպով կրնանք ամփոփել. Հայկական լեզուն՝ իրանեան և սլաւո-լիթուանեան խմբերուն մէջտեղը բռնելով՝ հնդա-եւրոպական լեզուներու անյայտացած (գուցէ փոքր-ասիական) խմբին անկախ ներկայացուցիչն է։

«Դեռ ժամանակը եկած չէ վճռական պատասխան մը տալու այն հարցման թէ հնդա-եւրոպական լեզուներու ո՛ր խմբին մէջ պէտք է դասել հայկական լեզուն։ Վինտիշմանի ժամանակներէն սկըսեալ հայերէն լեզուի համեմատական ուսումը մեծ յառաջդիմութիւններ ըրաւ համեմատութեան միջոցներու ճշդութեան, քննուած բառերու քանակութեան և ուրիշ մանրամասնութեանց կողմանէ։ Իսկ ինչ որ կը վերաբերի զմեզ ամենքնիս զբաղեցընող խնդրոյն լուծմանը, պէտք է ըսել որ հազիւ վերջին երեսունուիրեք տարիներու մէջ շատ առաջ գնաց։ Գիտնականաց վերջին ժամանակներուս հասած եզրակացութիւններէն կ՚երևնայ թէ ոմանք հայերէն լեզուն հաստատապէս իրանեան խմբին կը վերաբերին, ուրիշները՝ եւրոպական խմբին. այսինքըն՝ իսկապէս ըսելով ոչ մէկին և ոչ միւսին. որովհետև ոչ բառերու կազմութեամբ, ոչ ձայնական առանձնութիւններով և ոչ ալ քերականական ձևերով՝ անոնցմէ մէկուն հետ կատարեալ նմանութիւն չունի. այլ մէկ դէպքի մէջ՝ եւրոպական խմբի, իսկ յայլ՝ իրանեան խմբի յատկանիշն ունի։

» Տըլակարա՝ հայ լեզուի կազմութեան մէջ քանի մը ժամանակ որոշած է։ Հայերէն լեզուն՝ իրեք խառն մասերէ բաղկացած է, կ՚ըսէ. և են հայկականն, արշակունին (փեհլեվի), և սասանական։ Հայ լեզուի արշակունի և սասանական տարրերը՝ յայտնի ցոյց կուտան հարկաւ իրենց իրանեան բնաւոբութիւնը․ բայց և բուն հայկական լեզուն այն գերդաստանին կը պատկանի՝ որուն ամենահին ներկայացուցիչը Զենտի լեզուն է։

» Հիւպշման իր հետազօտութիւններէն հետևեալ եզրակացութիւնն կը հանէ․ հայկական լեզուն՝ սլաւո-լիթուանեան լեզուներու շրջանին մէջ՝ իրանեան և սլաւո-լիթուանեան լեզուներուն մէջ կանգնած է։

» Բայց հայկական լեզուին որ խմբին մէջ դասելու խնդրոյն վերջնական վճիռ մը տալ կարող ըլլալու համար՝ հարկ է լաւ կերպով ուսումնասիրել այս լեզուի բոլոր բարբառները․ այլապէս հետազօտութեան վրայ 'ի գործ դրուած բոլոր աշխատանք՝ միակողմանի կ'ըլլան ։ ... Առանց այսպիսի նախապատրաստական աշխատութեան՝ շատ երևոյթներ, նոյն իսկ գրական (գրաբար) լեզուի բաղադրութեան և կազմութեան մէջ անբացատրելի կը մնան »[1] ։

Թէպէտ արդի հայ գաւառական բարբառներու վրայ՝ վերջին տարիներս այլևայլ գիտնական հետազօտութիւնք և հրատարակութիւնք եղած են թէ յազգայնոց և թէ յօտարաց, և մեր նոր մատենագրութեան կարևոր մէկ պակասը լեցուցած, սակայն շատ աւելի ցանկալի էր որ այսօր ունենայինք այն բազմադիմի բարբառներն, զոր Հայաստան երբեմն խօսեր էր, և զոր ինքն իսկ Երզնկացին իր դարուն մէջ ամենակարևոր կը համարէր գրաբար լեզուի հմտութեան և ստուգաբանութեան համար։ Վասն զի ինչպէս յունական լեզուն ունէր իր զանազան բարբառները (dialecte), այսպէս իբր ամենայն ազգի բնական տուրք, ունէր նաև Հայաստան. ատոր նոյն բազմահմուտ մեկնիչ քերականին կը վկայէ․ « Նադարձեալ զքո լեզուիդ գիտել զբաւանդակ զբառս եզերական, որպէս զԿորճայն և զՏայեցին, զԽու-

1 ՊԱՏԿԱՆԵԱՆ (Ք.) Փորձ, ազգային և գրականական միամսեայ հանդէս. Դ տարի, Թիւ 5, 77։

թայինն և զՋորրորդ Հայեցին, և զՍպերացին և զՍիւնին, և զԱրցախայինն, այլ ոչ միայն զմիջերկրեայն և զոստանիկն. վասն զի պիտանիք այսոքիկ են 'ի տաղաչափութեանն, այլ և օգտակարք 'ի պատմութիւնս, զի մի վրիպեսցի՝ անընդել գոլով լեզուացն »:

Մեր այս համառօտ բովանդակութիւնն կը ցուցընէ՝ որ եթէ առաջնոց կարծիք պարզապէս ենթադրութեանց վրայ հիմնուած սեպուին, եւրոպական բանասիրութիւնն ալ դեռ հաստատուն կերպով մը խնդիրը լուծելու պատասխանը տուած չէ:

***

Հայկական լեզուն այլ և այլ վիճակներ ունեցած է: Երբեմն պարզապէս խօսուած լեզու մը եղած, առանց գրաւոր մատենագրութեան, երբեմն ալ գրաւոր մատենագրութիւն ունեցող:

Առջի վիճակը յանյայտ ժամանակաց մինչև 'ի Վաղարշակ եղած է. վասն զի անոր օրը երևցաւ Մարիբաս, ու հայկական մատենագրութեան շրջանը իրմով սկսաւ: Ըսել է թէ ամբողջ Հայկազանց, նահապետական ու թագաւորական իշխանութեան ժամանակ՝ բուն գրաւոր մատենագրութիւնը պակաս է մեր մէջը: Սակայն կարելի՞ է այնպիսի երկարատև թագաւորութիւն մը անգիր քաղաքականութեամբ ենթադրել: Արդեօք պարզ մաքի յիշողութեան աւանդուած օրէնքը՝ կրնա՞ր այնպիսի երկայն իշխանութեան մը տևողութիւն տալ: Ասիկայ ալ մութ խնդիր՝ ու իրաւամբ տարակոյս վերցընող հարցում մըն է: Բայց Պատմութիւնը՝ կարծես թէ կերպով մը երաշխաւորութիւն կու տայ այս կարծեաց: Վասն զի Վաղարշակայ համար կը պատմէ՝ թէ Հայաստան եկած ատեն ամէն բան անկնուվրայ գտաւ, և ոչ իսկ կրցաւ այն հին ու մեծ ազգին պատմութեան հետքը գտնել որուն վրայ իշխելու սահմանուած էր, ու ստիպուեցաւ ուրիշ մատենագրաններու յիշատակաց մէջ փնտռել:

Վաղարշակայ հետ դպրութիւնք ալ կը սկսին երեւնալ: Անոր ջանից և հետազօտութեանց արգասիք է մեր ամենէն հին ու պատուական՝ ու իրաւամբ Թագաւորական կոչուած պատմիչը Մարիբաս: Անոր պատմութեան հատուածներն են՝ զորոնք Խորենացին իր գրոցը մէջ կը յիշատակէ, և որոնց վրայ կըրկին խօսելու առիթ պիտի ունենանք. ինչպէս նաև այն երգոց վրայ՝ զոր պատմութիւնը մեր Գողթան գաւառին երգողաց ու քնարին կ'ընծայէ, և որոնք հայկական Մուսային առաջին և գեղեցիկ արտադրութիւնքն են:

Այսոնցմէ ետքը կու գան Լուսաւորիչ և Ագաթանգեղոս, և իրենք կը բանան հայ գրաւոր մատենագրութեան ասպարէզը:

Ագաթանգեղոսի ինչ լեզուով գրած ըլլալը թէպէտ և անստոյգ սեպուած է, բայց մենք որովհետև պիտի ջանանք ցուցընել թէ հայերէն լեզուաւ յօրինեց իր Պատմութիւնը, անոր համար անոր լեզուն ալ կրնանք հայկական լեզուի պատմութեանը մէջ դասաւորել. մանաւանդ թէ անով սկսիլ մեր խօսքը, ինչպէս որ իրաւամբք ինքն եղած է հայ՝ կամ գէթ նոյն ազգին առաջին մեզի ծանօթ պատմագիր:

Ընտիր՝ բայց թերեւս ոչ միշտ զերծ 'ի մթութենէ լեզու մը կը գործածէ Ագաթանգեղոս. իր գրոցը մէջ հայերէն լեզո՛ւն՝ դեռ իր պատանեկութեան հասակին մէջ կ'երեւնայ. եռանդուն ու աշխոյժ պատանեակ մը որ իրեն գեղեցիկ ապագայ մը կը խոստանայ. մթութիւն մը կ'երեւնայ, որ միանգամայն կ'իմացընէ թէ ժամանակաւ իր պայծառութիւնը պիտի ունենայ: Զրուցածնիս՝ բուն իսկ Ագաթանգեղեայ խօսքերովը հաստատմացընենք։ Կարդանք անոր յառաջաբանին հետեւեալ կտորները։

« Ի մէջ ըմբռնելոցն խորոցն անդնդոցն լցեալ խռովչացեալ խոխոջելովն ահաւոր կրեալ զօրհասն դառնակեն. Թէպէտև զինքեանս շարժունս տեսանիցեն 'ի վերայ յաղթ ջուրցն բազմութեան սասանելոցն սարսափելոցն, սակայն զկարողէն առաջի ածեալ ընդ միտ, ջանան դիմադրաւեալք ընդ խռովութիւն ահագին ծովուն, զի թերևս դարձեալ օգտութեամբ զգիւտս իւրեանց խնդութեամբ ցուցանեն առ իւրաքանչիւր ընտանիս, և զպարծանս վաստակոցն իւրեանց դրացեացն. զի ուր հարկ է զաղքատութեան անուն յանձանց թափեալ, և զստացպեալ ընտանիսն թափել 'ի դրաւահարկ իշխանացն բանութենէ, և յիւրեանց չահիցն բերելոցն հաճել զպարտս վաստկին 'ի լծոյ ծառայութեան թագաւորացն ազատացեալ դատարկացին »։

Նոյն ոճը կը տեսնուի նաև Մծբնայեցոյն Զգօն գրոցը մէջ, Փաւստոսի Բիւզանդացւոյն պատմութեանը, և աւելի յայտնի և սաստիկ ոճով՝ Զենոբայ Ասորւոյն երկասիրութեանը։ Բանասէրք՝ այս երեքն ալ յասորի լեզուէ 'ի հայ թարգմանուած կը կարծեն. և նորագոյն հետազօտութիւնք և գիւտք՝ զառաջինն՝ այսինքն Մծբնացւոյն ընծայուածը ասորւոյ մը հեղինակութիւն, Փրատայ կամ Աֆրատայ։

Բայց ինչպէս կրթուած երիտասարդութիւնը՝ մէկէնիմէկ իր մասուր բարգաւաճանքը կ'առնու, և իր ախորժակը կը կրթէ, ասանկ ալ կը տեսնենք նաև մեր մատենագրութեանը մէջ։ Չորրորդ դարէն հինգերորդ դարը՝ հսկայաքայլ անցք մըն է, որ մեծապէս կը զարմացընէ. սակայն ժամանակին կրթութեանը արգասիքն էր այն անցքը, և այնչափ յառաջադիմութեամբ օժտեալ՝ որ ոմանք չտարակուսեցան ըսել թէ « Հինգերորդ դարուն առաջին կիսուն հայերէն մատենագրական լեզուն, զոր՝ բառին անձկագոյն նշանակութեամբ, Թարգմանիչք մեր ոչ եթէ հնարեցին՝ այլ ուսան. և որոյ օրինակն ունինք յետս հնագոյն հատակոտորս ինչ երգոյ վիպասանաց մերոց որ գէթ իբր երեք դար յառաջ էին քան զԹարգմանիչս մեր, է սակայն եթէ ոչ հրաշք, գէթ հրաշակերտ, և մի միայն նշան զոր թողած է հայ ազգն իւր վաղեմի մեծութեան: Անհնար էր լեզուին հասանել յայն չափ կատարելութեան՝ առանց մատենագրական մեծ շարժման»: Հայկական դիտութիւնը իրմով միայն չբաւականանալով՝ իր սահմանը կ'ուզէր ընդարձակել. և այն վախճանաւ ուսումնական գաղթականութիւններ ղրկեց յԱթէնս, 'ի Բիւզանդիոն, 'ի Հռոմ և յԵդեսիա: Այս գաղթականութիւնքը՝ մանաւանդ 'ի Բիւզանդիոն և յԱթէնս ճանապարհորդութիւնները՝ առանց իրենց ազդեցութեան չէին կրնար մնալ. յունական ուսումը ու կիրթ ախորժակը իր տպաւորութիւնը ըրեր էր հայկական մտքերու վրայ: Նոյն տպաւորութիւնքը ազգին ընդհանուր օգտակար ըլլալու համար՝ անոնց ընտիր օրինակագիրքը հայերէն թարգմանելու ետեւէ եղան: Կրթուած հանճարն ու միտքը՝ կիրթ ու ծաղկեալ լեզու մը երևցուց ազգին մէջ:

Այս ընտիր և գեղեցիկ լեզուն յայտնապէս կը տեսնենք նոյն ժամանակին թէ՛ ինքնագիր և թէ թարգմանեալ երկասիրութեանց վրայ: Նոյն լեզուն աւելի գեղեցկութիւն մը առած է մեր հոգեւոր հայրապետաց սրտէն բղխած ու գրչովը մեզի աւանդուած եկեղեցական ու մաղթողական գրոց մէջ, Աստուածաշնչին, Եւսեբեայ Քրոնիկոնին կամ Ժամանակագրութեան ու Եկեղեցական պատմութեան մէջ, Կիւրղի Երուսաղեմացւոյ Ընծայութեան կոչման գրոցը, Յովհաննու Ոսկեբերանի, Բարսղի հայրապետին զանազան գրուածոց թարգմանութեանցը, և այլն. և ինքնագիր երկասիրութեանց մէջ Ագաթանգեղոս, Եզնիկ Կողբացի, Կորիւն, Եղիշէ, և մանաւանդ անոնց վարդապետքը Սահակ և Մեսրովպ։

Թէ ՚ի Թարգմանութեանց և թէ յինքնագիր գրուածոց քանի մը ընտիր օրինակներ՝ մեր խօսքին հաւատարմութիւն ըլլան։

Ի թարգմանութեանց. «Աբրահամ ծերացեալ էր և անցեալ զաւուրբք, և Տէր օրհնեաց զԱբրահամ ամենայնիւ։ Եւ ասէ Աբրահամ ցծառայն իւր ցերէց տան իւրոյ՝ ցիշխան ամենայն ընչից նորա. Երդմնեցուցից զքեզ ՚ի Տէր՝ յԱստուած երկնից և յԱստուած երկրի, զի մի՛ առցես կին որդւոյ իմոյ Իսահակայ ՚ի դստերաց Քանանացւոց յորոց միջի ես բնակեմ. այլ յերկիրն իմ՝ ուստի ելեալ եմ՝ երթիցես, և ՚ի տոհմ իմ. և առցես դու անտի կին որդւոյ իմոյ Իսահակայ։ Ասէ ցնա ծառայն. Գուցէ կինն ոչ կամիցի գալ ընդ իս յերկիրս յայս, դարձուցանելո՞վ դարձուցից զորդի քո յերկիրն ուստի ելեր։ Եւ ասէ Աբրահամ. Զգոյշ լեր, մի՛ դարձուցանիցես զորդի իմ անդր։ Տէր Աստուած երկնից և Աստուած երկրի՝ որ առ զիս ՚ի տանէ հօր իմոյ, և յերկրէն ուստի ծնեալ էի, որ խօսեցաւ ընդ իս, և երդուաւ ինձ և ասէ. Զաւակի քում տաց զերկիրդ զայդ, նա առաքեսցէ զհրեշտակ իւր առաջի քո, և առցես անտի կին որդւոյ իմում Իսահակայ։ Ապա թէ ոչ կամիցի կինն գալ ընդ քեզ յերկիրս յայս, քաւեալ լիջիր դու յերդմանէդ յայդմանէ. բայց միայն զորդեակդ իմ մի՛ դարձուցաներ անդր։ ... Եւ յարեաւ գնաց ՚ի Միջագետս ՚ի քաղաքն Նաքովրայ, և նստոյց զուղտսն արտաքոյ քաղաքին առ ջրհորոյ ջրոյն ընդ երեկս՝ յորժամ ջրուորն ելանէր, և ասէ. Տէր Աստուած տեառն իմոյ Աբրահամու, յաջողեա ինձ այսօր, և արա ողորմութիւն ընդ տեառն իմում Աբրահամու»։

«Բայց Իսրայէլ սիրէր զՅովսէփ առաւել քան զամենայն որդիսն իւր. քանզի որդի ծերութեան էր նորա։ Եւ արար նմա պատմուճան ծաղկեայ։ Իբրև տեսին եղբարքն նորա, թէ սիրէ զնա հայրն քան զամենայն որդիս իւր, ատեցին զնա․ և ոչ կարէին խօսել ինչ ընդ նմա խաղաղութեամբ։ Եւ ետես երազ Յովսէփ, և պատմեաց եղբարց իւրոց․ և յաւելին ևս ատել զնա վասն երազոյն նորա և վասն բանիցն նորա »։ ԾՆՆԴՈՑ ԳԻՐՔ։

« Եթէ ուղղագործացն կարեւոր են նեղութիւնք, ո՞րչափ ևս առաւել մեղուցելոցն։ Տե՛ս յորչափ երկայնմտութիւնս վայելեաց Փարաւոն, և յետոյ զանհնարինն ընդ ամենեցունց ետ վրէժս։ Որչափ ինչ յանցեաւ և Նաբուգոդոնոսոր, և մօտ 'ի վախճանն ընդ բնաւին տանջեցաւ։ Եւ մեծատունն քանզի ոչ ինչ կրեաց աստէն կարիս, վասն այնորիկ առաւել թշուառացաւ․ զի փափկանայր 'ի կեանս աշխարհիս, չոգաւ անդր ընդ ամենայնի տալ տոկոսիս․ ուր և մխիթարութիւն ինչ չգտյր գտանել։ Սակայն են ոմանք այնպէս ցուրտք և անմիտք, մինչև աստէն միայն միշտ խնդրել՝ թէ առ այժմ աստէն վայելեսցուք, և ապա տեսցուք զանյայտիցն․ շնորհեսցուք որովայնի, ծառայեսցուք ցանկութեանց, համարձակ կացցուք աստէն յաշխարհի․ տուր ինձ զայս օր, և առ քեզ զվաղիւ։ Եւ զինչ 'ի քօշից և 'ի խոզից ընդհատ իցեն որ զայսպիսի բանս խօսիցին »։ ՈՍԿԵԲԵՐԱՆ։

« Այնչափ ինչ չար 'ի գազանացն բնութեամբ ոչ գոյր, մինչև առեալ զնորարարսն առ նորաստեղծն՝ նմա նոցա անուանս հրամայեր դնել․ և եթէ մօտ ոչ գային, զիա՞րդ միոյ միոյ ըստ իւրաքանչիւր ազգաց անուանս յօրինէր․ ապա եթէ մօտ գային, և ընտելութիւն ընդ մարդոյն ունէին, յայտ է թէ ոչ չարք էին, և ոչ մարդոյն վնասակարք․ այլ յետ յանցանելոյ մարդոյն զԱստուծոյ պատուիրանաւն՝ տուան նմա զարհուրեցուցիչք, առ 'ի չհպարտանալոյ հողեղինին՝ որ 'ի հողոյ եղև և 'ի հող դառնալոց էր։ Եւ առաջնոյ չվնասակարութեան գազանացն մարդոյ՝ այժմու համբոյրս և ընտելութիւնս վկայեն։ Զի ոմն զգայլոյ կորիւն սնուցանէ, և իբր զշան կորիւնս՝ առ ընդելութեան ընդ անձն անկանին։ Եւ միւսն զառիւծու կորիւն սնուցեալ՝ ածէ 'ի համբոյր և 'ի քծինս, մինչև պատել զսնուցելեաւն․ և եթէ այլ ոք 'ի նա հուպ գայցէ, չմոռացեալ զբարս գազանութեանն՝ 'ի վերայ յարձակի»: ԵԶՆԻԿ:

Սակայն որքան Սահակայ ու Մեսրովպայ աշակերտաց Բիւզանդիոն, Աթէնք ու Աղեքսանդրիա երթալը թէպէտ և մեծ օգուտ բրաւ անոնց ախորժակը կրթելու համար, բայց անոնց լեզուին մէջ քիչ շատ փոփոխութիւն մտուց: Խորենացին՝ որ դուրս ղրկուած աշակերտաց մէջ գլխաւորներէն մէկն էր, իր վարդապետացը վրայ խօսելու ատեն՝ սանկ կը զրուցէ. «Որովհետև, կ'ըսէ, անոնք մեր արուեստին տեղեկութիւն չունէին, անոր համար գործերնին ալ շատ կերպով թերի էր. ուստի մեծն Սահակ ու Մեսրովպ ղրկեցին զմեզ յԱղեքսանդրիա, «Ի լեզու պանծալի 'ի ստոյգ յօգանալ ճեմարանին»: Ողբոյը մէջն ալ կ'ըսէ. Երբոր անոնք մեր դառնալուն կը սպասէին ու իմ ամենիմաստ արուեստովս և առաւելագոյն յարմարութեամբ պատուասիրել, բոլորովին թէ մեր և թէ անոնց չկարծած դէպքը հանդիպեցաւ:

* * *

Տեսնենք լեզուին փոփոխութիւնը՝ զոր կրեց այն ուսմամբը և ճանապարհորդութեամբ:

Այն ուսմանց, հետազօտութեանց և ճանապարհորդութեանց գլխաւոր արդիւնքը եղաւ, եթէ կարելի է այս բացատրութիւնս բանեցնել, լեզուին աւելի փիլիսոփայութիւն մը և իմաստասիրական ճշդութիւն տալ, բայց միանգամայն հայերէն լեզուին ալ ուրիշ կերպարանափոխութիւն: Հելլենաբանութիւնը՝ որ մեր հինգերորդ դարուն մանաւանդ երկրորդ կիսուն մէջ երևցող շատ մատենագրաց գրուածոց մէջ այնչափ յաճախած է, այս ժամանակէս սկսաւ: Հելլենաբանութիւնը՝ կամ յոյն լեզուին նմանութիւնը երեք կերպով կը տեսնուի՝ մեր նոյն ժամանակին մատենագրաց գրուածոց մէջ։ Ուրիշ հելլենաբանութիւն ունի Խորենացին, ուրիշ Գիւտ և ուրիշ Դաւիթ Անյաղթ: Տեսակ մը հելլենաբանութիւն կայ, անանկ նոյն լեզուովը զանգուած՝ որ հայու համար անհասկանալի կ'ըլլայ։ Ուրիշ տեսակ հելլենաբանութիւն մըն ալ՝ որ թէպէտ և յունաբան է, բայց հայերէն լեզուի կատարեալ տեղեկութիւն ունեցողը կրնայ աշխատանքով հասկընալ։ Իսկ երրորդ տեսակը աւելի մօտ է ազգային ոճի, և դիւրաւ հասկընալի. թէպէտ և մեծապէս հեռու բուն ազգային մատենագրաց ոճոյն յատկութենէն։

Այս երեք դաս հելլենաբանութեանց ալ օրինակներ մէջ բերենք։

« Եղբայր հարկաւոր, Քրիստաւորիկ, և յ'առս Արիստոտէլի ստորոգութեանցն վարդապետութիւն, գիտել՝ զինչ սեռ և զինչ տարբերութիւն և զինչ տեսակ. զինչ յատուկ, և զինչ պատահումն 'ի սահմանացն բացատրութիւն, և բոլորովին՝ յաղագս բաժանման և ապացուցի պիտանացուի եղեալ տեսութիւն, համառօտ քեզ ընձեռութիւն առնելով՝ փորձեցայց 'ի ձեռն սակաւուց իբր ներածութեան յեղանակի զառ ծերունեացն ընդունել բանիւ, 'ի խորագունիցն 'ի բաց կալ, 'ի խնդրոյ, և պարզագունիցն՝ չափաւորապէս հանդիպելով » : ...

« Տեսակ ասի և 'ի վերայ իւրաքանչիւրոյ կերպի՝ ըստ որում ասի, նախ տեսակ արժանի գոռոզութեան: Եւ ասի տեսակ և այս՝ որ ընդ բացատրեալ սեռիւս է, ըստ որում սովորեցաք ասել զմարդ տեսակ կենդանւոյ՝ սեռոյր, եղյր, կենդանւոյր. և սպիտակն գունոյ տեսակ, և եռանկիւնին ձևոյ տեսակ։ Եւ եթէ զսեռն բացատրելով՝ զտեսակն յիշեցաք, ասելով զոլովիցն և զտարբերեցելոց տեսակաւ 'ի ներումն զինչէն ստորոգեալ, և զտեսակն ասեմք զոյն որ ընդ բացատուեալ սեւին է: Գիտել պարտ է, վասն զի սեւն՝ որում է սեւ, և տեսակն՝ որում է տեսակ, երկաքանչիւր՝ երկաքանչիւրոյ, հարկ է և ներկոցունց՝ բանս վարիլ երկոքումբք [1] »:

Ասանկ անիմանալի հելլենաբանութիւն մը գործածող Դաւիթ Անյաղթը՝ Սահմանաց գրքին մէջ շատ աւելի պարզ և իմանալի լեզու մը կը գործածէ, թէպէտ և ոչ անխառն 'ի հելլենաբանութենէ:

« Կատարեալն փիլիսոփոս՝ երեքումբք այսոքիւք կերպարանի. բարեաւն, ասեմ, և գիտնականաւն և կարելեաւն: Եւ բարեաւն՝ թէ որպէս Աստուած խնամ տանի ամենեցունց, նոյնպէս և իմաստասէրն խնամ տանի անկատար ոգւոց 'ի կատարեալ գիտութիւն ածելով զնոսա: Իսկ գիտնականաւն՝ թէ որպէս Աստուած զամենայն ինչ գիտէ, նոյն և կատարեալ իմաստասէրն զամենայն ինչ խոստանայ գիտել, և գիտէ զօգտակարն: Իսկ կարելեաւն՝ թէ որպէս Աստուած զամենայն ինչ կարէ զպատշաճագոյնս և կամի, նոյնպէս և կատարեալ իմաստասէրն՝ որչափ ինչ կարող գոյ ըստ կարելոյն և կամի, և ոչ երբեք կամի զոր ոչն կարէ »:

Նոյնպէս ալ Փիլոն.

« Սա (հանճար գիտութեան) է որ զթանձրահողն արգաւանդ և զառաքինի երկրի զլեռնային և զդաշտային սերմանեաց և տնկեաց, և զկենցաղոյս զօգտակարագոյն մշակութիւնն կարաց գտանել: Սա է որ նաւ կազմեաց, և զցամաքին բնութիւնն ընդ միտ ածելով, հնարս գտեալ՝ որ քան զամենայն բան 'ի վեր է, զուղակ գործեաց զմարդ. և ճանապարհս 'ի ծովս բազմահերձս և բազմաչետս մինչև 'ի նաւահանգիստն, որք ըստ քաղաքաց քաղաքաց. և ընթացից աշխարհապողոտայս եհատ ճանապարհ. և ծանոյց ցամաքայնոցս զկղզայինս (որք) ոչ երբեք 'ի մի վայր եկեալ լինէին, եթէ ոչ մակոյկ նաւակ առեալ

1 Դաւիթ Անյաղթ իւր թարգմանութեանց մէջ:

էր։ Սա է որ ձեռագիրացն և պայծառագոյն արուեստից տացելոց գտակ։ Սա գիրս և երաժըշտութիւն, և ընթերցմանական ամենայն խրատս հանճարոյ հնարեալ իմացաւ, և աճեցոյց և էած 'ի կատարած։ Սա և զմեծ բարի՝ զիմաստասիրութիւնն ծնաւ, և 'ի ձեռն իւրաքանչիւրոյն մասանց՝ օգուտ արար մարդկային կենացս »։

Օրինակ մ'ալ Նոննոսի Աստուածելոյ մեկնութենէն մէջ բերենք։

« Անաքսագորաս իմաստասէր էր․ սա ըմբռնեալ յԱրքելայոս իմաստասիրէ, և արկեալ 'ի սանդ հարեալ լինէր նզով փայտեղինաւ, և 'ի սանդահարելն մանրել և փշրկել 'ի նմանութիւն հնդոյ ինչ, այլ սանդահարելով սորա աղաղակէր և ասէր․ Սանդահարեա, սանդահարեա զպարկս Անաքսագորեայ․ քանզի ոչ կարես զԱնաքսագորաս սանդահարել։ Զայս ասէր, նշանակեալ թէ իմաստասէր գոլով, մարմնոյն և ոչ մի ինչ փոյթ առնէ »։

Երրորդ տեսակ հելլենաբանութեանն ալ օրինակ մը մէջ բերենք։

« Արդ զիս դեռ ես տղայոցն (Բեթղեհեմի) հնչեցուցանէ գոչումն․ և տեսեալ զնոսա՝ կարծեմ ճչել անդուշակս զարհուրելով, և 'ի նշոյլս սրոյն կափուցեալս, և երկիւղիւ խոնարհեալք 'ի գիրկս մարց իւրեանց իբրև յապաւէնս, այլ և 'ի ծոցս խուսափեալս։ Ապա և զմարսն կարծեմ տեսանել․ այլ զոմն առ այլովս փախուցեալս 'ի քաղաքէն՝ այնու ողորմելի և քաղցր բեռամբք, և խնդրողս տեղի ապաստանի․ և զոմն 'ի նոցանէ՝ ոչ ծածկոյթ բարեշուք զիւրեաւ առեալ 'ի դառնութենէն․ իսկ ոմն և զոր ունէր՝ 'ի բաց ընկեցեալ 'ի չփոթական փախստենէն։ Եւ զայլ ոմն զմանկամբն անկեալ՝ յայնպիսի ծածկութիւն զտղայն վտանգէր, գողանալ յուսալով․ և զմիւս ևս այլ՝ հասեալ 'ի հալածչացն ուժգընակի, և ապա սպանեալ 'ի գնացիցն, և պարաւանդեալ յերկիւղէն, և արտասուալից աչօք հայեցեալ 'ի փայլումն սրոյն, և զհայեցուածն յերկուս բաժանեալս, և զանձն առաջի եդեալ փութապէս իջմամբ սրոյն։ Եւ դարձեալ միւս այլ ոմն ոչ կարացեալ շարժել ուրեք, կապեալ ոտիցն 'ի զարհուրմանցն՝ այլ յառաջ կորուսեալ 'ի սպանմանէ իւրոյ զաւակին, և սպանողին՝ սուղ ինչ անսացեալ հառաչմանն, և ուրեք ձեռօքն լուծեալք և յոյժ սաստանելովք անգխտացեալք, և զմանուկն 'ի գիրկան սատակեալ. և կանխեալ զմահուանն գիակոյտ՝ նախ քան զսրոյն կորուստ։ Ո՛վ Հերովդի մոլեգնութեանն։ ԳՐԻԳ. ՆԻՒՍԱՑԻ։

Աս օրինակներուն մէջ կը տեսնուին յայտնապէս իրեք դաս յունաբանութեանց ոճը և յատկութիւնները, որ մեր մատենագրաց՝ կամ անոնց ձեռքով եղած թարգմանութեանց մէջ կ'երևնան։ Անոնցմէ՝ ոմանք այն տափնանի սիրով երևցան այս տեսակ ոճոյն՝ որ ինչուան ուղեցին հայկական լեզուին կարգն ալ փոխել, և մեր լեզուին կանոն տալ Դիոնեսիոսի Թրակացւոյն քերականութիւնը։ Անոր համար կը տեսնենք որ նոյն գրքին մէջ նոր ու այլակերպ բարդութիւնք կան՝ բոլորովին օտար ու հակառակ մեր լեզուին կանոններուն ու խոնարհմանցը, որուն օրինակ կրնայ ըլլալ կոփեմ բայը, զոր հետևեալ կերպով կը լծորդէն երկրորդ թարգմանիչք. Կոփեմ, կոփես, կոփէ. կոփյեմք, կոփյեք, կոփյեն. — էկոփոցեւր, էկոփոցիւ, էկոփոցեր. էկոփոցիւք, էկոփոցիւրք, էկոփոցիւն, և այլն։ Բայց 'ի նորամուտ հոլովներէ և ժամանակներէ բայից, զոր շատ քերականք հաստուցած են մեզի՝ ոմանք համառօտելով այլք ընդարձակելով, ուզած են նաև նիւթական կազմութեամբ ալ նմանցընել զհայերէնն յունարէնի. ինչպէս, է տառն աւելցնել բայերուն քանի մը ժամանակաց վրայ, որ արդէն կը տեսնուի նոյն կոփեմ բային մէջ։ Օրինակ իմն, կը կարդանք Դաւթի գրոց մէջ. « Քանզի կենդանոյն տարբերութիւն ռամկական բանականին՝ այլ հարար. տեսակ մար-դոյ կենդանւոյ հարար ... իսկ ապա մին՝ այլ, իսկ միւսն՝ այլայլակ միայն հարար». ուր հարարն մէկ-տեղ գրուելով պիտի կարդացուի, և ըսել է՝ արար։ Այսպէս նաև իրենց գիւտն եղաւ նորօրինակ սեռա-կան հոլով մ՚ալ լեզուին մէջ մտցընել. որ չէր յու-նական. այլ թերևս հին հայկական առա մը ըլլար, ր գիրն, որ ցարդ կը տեսնուի գերմանուանց մէջ, և զայն ր տառն անցունել ուզեցին նաև ուրիշ բառե-րու վրայ ալ. ինչպէս կ՚ըսէր նոյն Դաւիթն Անյաղթ « Բացատրութեցելոյր սեռոյրն և տեսակոյրն՝ զինչ եր-կաքանչիւրն, սեռոյր եղոյր ելոյր, և տեսակացն յո-լովից » . որուն իմաստն է՝ բացատրելով զսեռ և զտե-սակ, թէ զինչ է երկաքանչիւրն. և սեռն եղ (այ-սինքն մի) գոլով և տեսակք յոլովք։ Այսպէս կը հո-լովէն զսեռականն ձիոյր (ձիոյ), իւրաքանչիւրոյր (երկաքանչիւրոյ), « Մանկան ելոյր և այրացելոյր և ներգործելոյր ինչ կամ դադարելոյր ». այսինքն մանուկ գոլով և յարբունս հասեալ և գործելով ինչ կամ դադարելով. — այլոյր (այլոյ), մարդոյր (մար-դոյ), միոյ միայնոյր (միոյ միայնոյ) »[1], և այլն։ Ա-սանկ ալ գերմանուանց իգական սեռը զատեցին ու-ըսին. Նա, նորա արական. Նէ, նէրա իգական։

Թարգմանչաց այս նորաձևութիւնը հաճոյ անցաւ ժամանակակցաց աչքը։ — Խնդիր մըն է՝ որուն վը-րայ քանի մը անդրադարձութիւն պիտի ընենք՝ Թարգմանչաց դարուն վրայ խօսած ատեննիս, ալ-գային գրականութեան պատմութեան քանի մը խօսքերէն գուշակելով։ Սակայն ազգին մէջ ընդհա-նուր չըլլալէն՝ հաւանական կ՚երևնայ զրուցելը թէ իբրև անսովոր բան մը մերժուեցաւ. ուստի և կեր-պով մը Խորենացին կը գանգտի թէ մեր արուեստին

1 Բազմավէպ, 1875. Հելլենաբանութիւն և հելլենաբան Թարգմանիչք հայկական լեզուի, 118, և 1877, յէջ 108։

վրայ կը ծիծաղին՝ ու անօգուտ և անպիտան կը սեպեն մեր գիտութիւնը. Խորենացւոյն և ընկերացն կրած հալածանքն մեր այս խօսքին երաշխաւորութիւն կրնան սեպուիլ: Իրենցմէ ետքը եկող մատենագիրք ալ ընդհանրապէս չհետևեցան նոյն ոճոյն. և ասիկայ ալ հաւաստիք մ'է՝ թէ ընդունելի չեղաւ այն գրութեան կերպը՝ որուն յառաջադիմութեանը համար այսչափ աշխատեցան:

Այս ժամանակ մտած են մեր ազգին մէջ շատ յունական բառեր, կամ յունարէն բառերու հայկական թարգմանութիւնք՝ որոնցմէ ոմանք մեր լեզուին պարզութեանը վնասակար եղած են, և ոմանք ալ իբրև ընտիր զարդեր արժանապէս գործածուած:

Թարգմանչաց դարէն ետքը՝ անակնկալ կերպով մը կ'իյնայ ազգային դպրութեան հետ նաև լեզուն: Հարիւր տարուան երկայն շրջան մը՝ քանի մը աննշան մատենագիրներ կ'ընծայէ մեզի, որոնք իրենց գրուածոցը վրայ ժամանակին իմաստից և լեզուի աղքատութեան նշանագրոշմը կը կրեն:

Ասոր նման՝ կամ քիչ տարբերութեամբ է եօթներորդ դարը: Միայն Շիրակունւոյն ջանքով՝ հայկական բարբառը ուսումնական բառերով և բացատրութեամբք կը ճոխանայ:

Ութերորդ դարուն մէջ Հայաստանի քաղաքական դիրքը նոր կերպարանք մը կ'առնու: Նոր տիրապետութիւն մը՝ իր իշխող և զօրաւոր ձեռուընները կը տարածէ մեր հայրենեացը վրայ. զէնքերուն հետ՝ լեզուին կնիքը ու բացատրութեան կերպերը կը մտնեն մեր բարբառոյն մէջ: Արաբացին կը սկսի մերթ յաղթական անգութ զօրաց բանակներ, ու մերթ ալ իր ոստիկանները ղրկել Հայաստանի վրայ, երբեմն զարնելու և աւարելու, երբեմն ալ նոյն աւերակաց վրայ իր իշխանութեան աթոռը դնելու: Ասիական մատենագրութեանց մէջ նոր՝ ու գրեթէ

ՀԱՅԵՐԷՆ ԼԵԶՈՒ 113

քրէն յատուկ ոճ մը ունի արաբականը։ Զրուցուածքի մէջ այլաբանական ու նկարագրական լեզու, բացատրութեանց մէջ երկայնաբանութիւն։ Այս ոճը յայտնապէս կը սկսի երևնալ մեր նոյն ժամանակի մատենագրաց մէջ. Յովհաննու Օձնեցւոյն կամ Իմաստասիրին գրուածոցը մէջ աւելի ընտիր կերպով, իսկ Յովհաննու Պատմաբանի ու Թովմայի Արծրունւոյ երկասիրութեանց մէջ՝ աւելի տարբեր ոճով։ Այն ազդեցութեամբն է որ ժամանակին մատենագիրքը կը սկսին իմաստից յորդութեան կամ առատութեան հետ՝ նաև բառից յորդութիւնք և առատութիւնք գործածել իրենց գրուածոց մէջ. և անով կը սկսի լեզուն աղաւաղիլ։ Այս աղաւաղութիւնը աւելի կերպով մը զգալի կ՚ըլլայ Գրիգորի Մագիստրոսի երկասիրութեանց և դարուն մէջ։

Իսկ երկոտասաներորդ դարը՝ Ներսիսի Կլայեցւոյ, Սարգսի և Իգնատիոսի ու իրենց ոճոյն հետևող ընտիր մատենագրաց ձեռքովը՝ արծաթի դար մըն է մեր մատենագրութեանը։ Անոնց գործածած վայելուչ լեզուն չկրցաւ երկար ատեն դիմանալ, ու կամաց կամաց անշքանալով՝ բոլորովին նոր կերպարանք մը սկսաւ առնուլ։ Այնպիսի կերպարանք մը՝ որ հայերէն գրականութիւնն ու լեզուն երկուքի բաժնեց. խտրոց մը դրաւ ընդ հին և ընդ նոր մատենագրութիւն։

Այս նորութեանը և իր ոճոյն վրայ՝ մենք ալ ազգային Նոր Մատենագրութեան պատմութեանը մէջ ընթերցողաց մտադրութիւնը պիտի դարձընենք։

ԳՈՂԹԱՆ ԵՐԳԵՐ

Բանաստեղծութիւն՝ առաջին լեզու մարդկային ազգի։ — Անոր հետքն ՚ի հինն Հայաստան։ — Գողթան երգիչք։ — Վէպք, վիպասանութիւն։ — Թուելեաց երգք։ — Խնչուան առ մեզ հասած Գողթան երգոց հատուածք։ — Անոնց արուեստը։

Մարդկային ամենայն գիտութիւնք, ըսած է մատենագիր մը, մթերեալք են ՚ի գանձարանս Մուսայից, յորոց ազգ իւրաքանչիւր հանած առած է իր նախնական գրական կրթութիւնն, և անով իրեն համար սկզբնաւորած նորածին քաղաքակրթութեան զարագլուխ մը։ Ազգաց մատենագրութեան մէջ՝ քան զամենայն բան՝ բանաստեղծութեան նախընթաց ըլլալուն պատճառը այս է։ Որփէոսէ ութ հարիւր ետքը, և չորս դար յետ Հոմերի՝ առաջին անգամ արձակ գրութիւն կ'երևնայ ՚ի Յունաստան՝ փռիւգացի գերւոյ մը՝ Եսովպոսի ընծայուած առակներով։ Նոյն ազգին հանճարեղ առասպելքը՝ յորս անկենդան և անբան արարածք՝ հեշտալուր և դիւրանուաց կը հռչակուին՝ իրենց նախնի քերթողաց քնարի ձայնին, ժողովրդոց ՚ի բարբարոսութենէ ՚ի կրթութիւն անցքը կ'ակնարկեն։ Այս պատճառաւ բանաստեղծութիւն՝ բնութեան ձայնն ու խօսք, մարդկային ազգի առաջին լեզուն, անոր սրտին և մտաց բացատրութիւնն սեպուած է։ Այդ սրտի լեզուով, բնութեան աղէկութեամբք խօսելու համար՝ ամէն անգամ մտաց կրթութիւն և ուսումն հարկաւոր կամ անհրաժեշտ չենթադրուիր, ուր բնութիւնն և իր զարմանալիքն են դաստիարակ, շնչող և ուսուցիչ: Զեփիւռն ունի իրենց համար ձայն մը. գարնան բազմագունեան ու բուրազուարթ ծաղկըներուն վրայէն անցնելով, անոնց 'ի հրապուրիչ գեղոյն և 'ի բուրմանց փոխ առնուած խօսք մը. — երկնից կապոյտը՝ ու անկէ անդին, հեռաւորն ու անծանօթ, բայց իրենց սրտին ու մտաց սիրելի ու հաճոյական գաւառ մըն է, ուր կ'ախորժին թափառիլ. զբօսավայր և սփոփարան՝ իրենց հակառակամարտ կրից, յուսոյ՝ ուրախութեան և ցաւոց: Այգ տարփելի և ակնապարար պարզութեան վրայ՝ յանկընկալս իրարու վրայ խիտ առ խիտ դիզուած ամպեր, անոնցմէ ճայթող ու որոտացող գոռմունք, անոնց վրայէն արագաթռիչ սահող անցնող փայլատակունք, սեաւ ու մթին գաւառներու մէջ տարածուած ձգուած լուսոյ ճամբաներ, երկնակամարին վրայ վառ 'ի վառ փայլող աստեղք, իբրև դշխոյ մը՝ մէջերնին երևցող լուսնի խաղաղափիւռ և հանդարտասիւք պայծառութիւն, զանոնք ամէնքը՝ խաւարին հետ յերկրէ հալածող վանող ու ափեզերաց վրայ միակ իշխող արեգակն՝ նախընթաց կարապետ ըլլելով զուարթամատն արշալոյս, — բնութեան այս ամէն երևոյթներ՝ ունեցեր են իրենց ազդեցութիւնը՝ քերթողի սիրտ ու հոգի կրող հանճարներու վրայ, և որ բարեբաղդաբար՝ ամէն դարուց, ազգաց և ժամանակաց կը վերաբերին, և անսպառելի բովք են երևակայութեան և զգացմանց:

Յերկնաւոր յանծայր սահմանաց՝ յերկիր որ դառնան աչք, հոն ալ ամենադեղ բնութեան զարմանազուարթ ու հրաշապատում գիրքը բացուած կը գտնեն. անոր ամէն արարչագործ ու արարչապատում առատ ձեռքով ցանած ցրուած գեղեցկութենէն ձայն մը կը լսեն, խօսք մը ազդեցութիւն մը կ'ընգունին սիրտը և զմայլմամբ կը յափշտակէն: Ծով իր անսպառագիր ընդարձակութեամբն ու հանդարտութեամբ կը գրաւէ զմիտս. փոթորկալից յուզմամբն և լեռնակուտակ ու փրփրադէզ կոհակօք կը զարմացընէ ու կը սասանեցընէ. վտակք՝ գարնան հեշտալիր համբուրիւ արթնցած ու զուարթացած բազմաբոյր և բազմատեսակ ծաղկանց ու խոտոց մէջէն բացուած ճամբաներէն խոխոջելով կ՚անցնին՝ անոյշ յիշատակներ արթնցընելով, յաղթ և առատաջուր գետք՝ զիրար բռնաբար մղելով կը հոսին կը թափին զիրենք կլլող ծովուց ընդարձակութեան մէջ. ծաղկունք իրենց գեղովն ու բուրմամբ, ծառք երկնաբերձ ու սաղարթախիտ ոստերով. թռչունք զմայլական ու հեշտալուր գեղգեղանօք և ճռուողելով, գազանք վայրենի և ահագնատեսիլ մռնչմամբ, և այլն. և ասոնց ամենուն վրայ իշխող մարդն՝ իր բազմարկածեան կենօք, մխիթարութիւն և յոյս սփռող օրրանովը, առոյգ ու գեղապատշաճ հասակաւն, յափշտակող ու յափշտակիչ սիրով, մեծութեան՝ փառաց ու զինուց տենչանօքն, իր չուրջը պատած՝ մահուան ու մոռացութեան աշխարհի մը մէջ՝ անմահանուն յիշատակաց փափաքանօք, ու բովանդակ անեղերօք գոհ չեղող սրտին՝ անպատուհան ու անդուռն վերջին ու մախառլապատ բնակութեամբ, ուր վերջապէս կը լռեն ու դադրին ամէն խղձք և կիրք:

***

Ունէին մերքն՝ ինչպէս ունինք և մեք՝ անկապուտ և ամենանորոգ ժառանգութիւն մը, բնութեան ամենագեղ տեսարաններով զարդարուած հայրենիք. երկնահերձ և ձիւնագագաթն լերինք, զուարթագեղ բլրակք, հովիտք և ծմակք. բուրեան և գունագոյն ծաղկունք, առատաջուր գետք, ծիծաղախիտ և հանգարտաքայլ վտակք, ամենազգի բոյլք և սոյլք Թռչնոց. և բնութեան տիրող այդպիսի առատ ձըրրիւք զարդարուած հողոյն վրայ՝ դիւցազանց դարերուն արժանաւոր պատմութեան մը դրուագք։ Անկարելի է ենթադրել՝ թէ այդ բնութիւն և պատմութիւն՝ անզգայ ու ցուրտ անտարբերութեան մը մէջ ձգած ըլլան զմերոն։ Կրնային Հայք, խիզախք 'ի զէն և 'ի զարդ, քաջայանդուգն և արի 'ի պատերազմունս, որսասէրք և զբօսասէրք, մնալ վայրենի մի զքնար, կամ անոր թելերը հոգեշարժ ձայնին՝ չտալ զոյն կարեւորութիւն և յարգ՝ ինչ որ ուրիշ հին կամ նոր ազգաց քով կը գտնենք, անխրողք երևնալով, ինչպէս տեղ մը կ'ակնարկէ Խորենացի, «երգարանաց բանաւորաց»։ բայց անկարելի կ'երևնայ կարծել՝ նկատելով իրենց քաղաքական ու բարգաւաճ դիրքը, որ ընդհանուր սովորութենէ դուրս և հակառակ՝ երբեմն հանդիստ, զբօսանք և սփոփանք չփընտռէին. կամ երկար արութեամբք խոնջք և պարտասեալ՝ թշնամեաց բազմախուռն բանակաց մէջ փախուստ, սարսափ ու մահ՝ տարածել սփռելէն ետքը՝ զիրենք պաշտպանող վահանին վրայ կռթընած ինկած ատեննին, հայրենեաց գոհութիւնն ու գովութիւն՝ իրենց փափաքելի չըլլար. կամ կողերնէն կախուած՝ արիւնաներկ ու մահուամբ անյագ սրոյն, զինուց ու զարդուց քաջութեանն ու գովեստից անտարբեր գտնուէին։

Պատմութիւն և հատակոտորք ազգային և ինչուան առ մեզ հասած Գողթան երգոց կը հաւատարմացընեն զայս, սոսկ կարծեաց և ենթադրութեանց անձուկ սահմանէն դուրս հանելով։ Խորենացին շատ անգամ կը յիշէ զանոնք. ու կարծես թէ կերպով մը իր առաջին խօսքը, զոր մէջ բերինք, ետ առնել ուզելով «Առաւել յաճախագոյն, կ'ըսէ, հինքն Արամազնեացն 'ի նուագս բամբռան և յերգս ցցոց և պարուց զայսոսիկ ասէն յիշատակօք » : Կը հաւատարմացընէ և Ագաթանգեղոս. Տրդատ՝ մեր թագաւորաց մէջ՝ 'ի Հռովմ և 'ի հայրենիսն հռչականուն և զարմանալի՝ արուեստեան հանդիսիւք, ժամանակակից քերթողաց նիւթ տուած է՝ երգօք և առակօք գրուատելու իր քաջութիւնը. « Թագաւորն Տրդատ, — կ'ըսէ պատմիչն, — զամենայն ժամանակս իւրոյ թագաւորութեան աւերէր քանդէր զերկիրն Պարսից թագաւորութեանն. զաշխարհն ասորեստանի աւերէր, և հարկանէր 'ի հարուածս անհնարինս: Վասն այսորիկ պատշաճեցան բանքս այս 'ի բանս կարգի առակաց թէ իբրև զսէգն Տրդատ՝ որ սիգալովն աւերեաց զթումբս գետոց, և ցամաքեցոյց իսկ 'ի սիգալ իւրում զյորձանս ծովուց » : Դարձեալ նա ինքն Ագաթանգեղոս նկարագրելով Տրդատայ ձիգն ու ջանքը 'ի խախտել հրաշագեղն Հռիփսիմեայ երկնախրախոյս ու աստուածահրաշ արիութիւնը, երբ թագաւորն մնաց 'ի սենեակն՝ ուր հրաման տուեր էր արգելուլ զՀռիփսիմէ, և արդէն վստահ էր իր յաղթանակին վրայ, կը յաւելու. « Առ հասարակ մարդիկն՝ ոմանք արտաքոյ ապարանիցն, կէսք 'ի փողոցս 'ի ներքսագոյնսն, առ հասարակ երգս առեալ բարբառեցան կայթիւք վազելով ցուց բարձեալ մարդկանն, կէսք 'ի բերդամիջին և կէսք զքաղաքամէջն լցին խնճոյիւք առ հասարակ. համարէին հարսանեացն զպարսն պարել և զխաքսան յորդորել » : Բիւզանդ՝ ոչ լոկ հեթանոս Հայաստանի, այլ քրիստոնէութեան դարերուն՝ Լուսաւորչայ և իր որդւոցը ժամանակակցաց համար կը վկայէ թէ « Դեգերեալ մնչէին ... 'ի հնութիւն հեթանոսական սովորութեանց ... և զխեբեանց երգս առասպելաց զվիպասանութեանն սիրեցեալք 'ի փոյթ կրթութեանցն, և նմին հաւատացեալք և 'ի նոյն հանապազորդեալք» ։ Վասակայ Սիւնւոյ համար ալ կ'աւանդէ Եղիշէ թէ «Քաղցրացուցանէր ոմանց զկարգս երաժշտութեան և զերգս հեթանոսականս» ։

Այս երգերէն՝ որոց գոյութիւնը պատմական է, գժբաղդաբար հայկական անգիր մատենագրութիւնը՝ մեզի ուրիշ նշանակութեան արժանի աւանդ մը հասուցած չէ, բայց եթէ քանի մը Գողթան երգոց հատուածք[1] ։

***

Ինչպէս Յունաց մէջ Հագներգուք, ասանկ ալ Հայաստան ունեցեր է ուրեմն իր երգիչները, և մանաւանդ Գողթան բարեբեր ու գինաւէտ գաւառին մէջ, որք իրենց բանաստեղծական աշխուժովը հին ատենէն 'ի վեր համբաւ ստացան։ Այս գաւառը, ինչպէս իրաւամբ կ'անդրադարձընէ մեզի ժամանակակից հմուտ բանասէր մը, անտարակոյս Հայոց Ատտիկէաստանն էր, լեզուի գեղեցկութեան կողմանէ։ Իր բնակչաց-

1 Այս հին երգերուն վրայ՝ գրեթէ մի և նոյն ժամանակի մէջ, և առանց իրարու գրուածները տեսնելու, երկու մտադրութեան արժանի և գիտնական երկասիրութիւնք հրատարակուեցան։ Մէկն է Մկրտչի Էմին, Մոսկուայի Լազարեանց ճեմարանին ուսուցչի Վէպք հնոյն Հայաստանի գրուածքը, տպագրեալ 'ի Մոսկուա (1850). միւսն Վիէննայի Մխիթարեանց Ուխտին միաբան՝ Գաթըրճեան Հ. Յովսեփայ՝ Հայոց մատենագրութեան պատմութիւնը (Վիէննա, 1851)։ Նոյն տարւոյն մէջ այս երգերուն վրայ հմտական հատուած մ'ալ հրատարակուեցաւ Բազմավէպ Օրագրին մէջ. (1850 դեկտեմբեր, և 1851 յունուար)։ Այս երեք հեղինակաց հետևութեամբ յօրինած ենք մեր յօդուածը, շատ տեղ ոչ միայն իրենց կարծիքը՝ այլ նաև խօսքերնին փոխ առնլով։ 1865ին ուրիշ ազգային բանասէր մ'ալ, Ստ. Պալասանեան հետաքննական տեսութիւն մը հրատարակեց Գողթան երգոց վրայ՝ 'ի Պատմութեան Հայոց գրականութեան (Հատոր Ա. Բանաւոր գրականութիւն), տպագրեալ 'ի Թիֆլիզ։

քերթողական հանճարոյն արգասիքն են այն երգե-
րուն հատակոտորները որ Խորենացւոյն ատենէն
մինչև առ մեզ իրենց երկրին անուամբը կը յիշուին.
յաւիտենական և մեր բանասիրութեան համար սի-
րելի յիշատակարաններ, իբրև մնացորդք հայ Աթե-
նէոնի մը մեծագործ շինուածքին, որուն աւերը
միշտ ողբալի պիտի ըլլայ[1]։ Ասոնք այլ և այլ ժամանա-
կաց դէպքեր ու անցքեր մեզի յիշատակելնուն հա-
մար, այլ և այլ ժամանակ ունեցած են իրենց յօրին-
մանը։ Զանազան ժամանակ յօրինուած երգեր, տա-
րակոյս չկայ որ զանազան երգիչներ ու հեղինակներ
ունեցած են։ Բայց որովհետև ասոնց անուանքը՝
պատմութիւնը ինչուան մեզի հասուցած չէ, ուստի
և ընդունայն աշխատանք է անոնց բուն հեղինակը
փնտռելու համար յոգնիլ։

Սակայն այս երգերուն նիւթը յայտնի կը ցուցը-
նէ որ ոչ քուրմերէ, և ոչ անոնց ազդեցութեան
տակ անձինքներէ՝ կրօնական հանդէսներու մէջ կամ
բագիններու առջև երգեցուելու համար շինուած
են, այլ այնպիսի անձինքներէ յօրինուած՝ որոնց
առջև արքունիք անգամ գոց չէն. և թերևս ա-
զատաց ցեղէն վարձուած քերթողներ են, որոնց
պարտք սեպուած էր նոյն ցեղին մէջ հռչակուած
քաջութեանց և առաքինութեանց գովաբան ըլլալ։

Որչափ ալ ազգերնուս հեթանոսութեանը ժա-
մանակ յօրինուած են այս երգերը, բայց անոնց
գործածութիւնը՝ դեռ ինչուան քրիստոնէութեան
հինգերորդ դարը կը տևէր։ Այս կարծեաց ստու-
գութեան երաշխաւորութիւնը՝ Խորենացւոյն խօս-
քերուն մէջ ունինք, որ նոյն երգերը մէջ բերելուն
ժամանակ միանգամայն կը զրուցէ թէ անոնց գոր-

1 ԱՅՏԸՆԵԱՆ (Հ. Ա. Վ.). Քննական քերականութիւն ար-
դի հայերէն լեզուի։

ծածութիւնը դեռ ևս կը լսուի Հայոց Գողթան գաւառին բնակչացը քով։ Բիւզանդ ալ՝ չորրորդ դարուն քրիստոնեայ՝ բայց իրեն աստուածաւանդ կրօնիցը անհաւատարիմ Հայաստանին համար կը զրուցէ մեղադրանաց խօսքեր զորս յիշեցինք արդէն ։ Ինչուան Մագիստրոսի ժամանակ՝ դեռ այս երգոց գործածութիւնը կար. և ինքը մէկ հատուած մը մէջ կը բերէ զոր իր ժամանակին գիւղականացը բերնէն լսած էր ։

* * *

Բանաստեղծական քնարը թէպէտև այլ և այլ ձայներ ունի, սակայն մեր ազգին մէջ երևցած կամ ինչուան առ մեզ աւանդուած երգոց հատակոտորք՝ պարզապէս պատմական երգեր են. և մեր Նախնեաց լեզուովը վէպք, վիպասանութիւն, վիպագործութիւն և թուելեաց երգեր կը կոչուին ։

Համառօտիւ մը քննենք այս բառերուն նշանակութիւնը ։

Էմինեանը՝ և Բազմավէպին մէջ հրատարակեալ յօդուածին հեղինակն կը համարին թէ Խորենացւոյն Երգ վիպասանաց կոչածը՝ ամբողջ բանաստեղծութեան գիրք մըն էր Պարսից Շահ-Նամէ վիպասանական գրքին նման, և յորում մեր հին ազգային քերթողքը՝ Հայոց Թագաւորաց պատմութիւնը աւանդած էին ։ Ինչուան Քրիստոսի վեցերորդ դարը՝ այս երգերը պահուած էին, և ժամանակին մարդկանցը մէջ 'ի կիր առնուած ։ Կը վկայէ Խորենացին. « Զայս մեզ ստուգապէս պատմէ Ողիւպ ... որում և Պարսից մատեանքն վկայեն և Երգն վիպասանաց » ։ Ուրիշ տեղ մըն ալ. « Արտաշիսի վերջնոյ գործք բազում ինչ յայտնի են քեզ 'ի վիպասանացն, որ պատմին 'ի Գողթան » ։ Երրորդ տեղ մըն ալ. « Այս ամենայն յայտնի են քեզ յերգս վիպասանաց»։ Այս խօսքերը ամենեւին տարակոյս չեն ձգեր, թէ կային այնպիսի երգեր, և անոնց կիրառութիւնը յաճախած մինչև յաւուրս Խորենացւոյն։

Բայց իրեն պատմութեանը մէջ յիշուածները միայն մէկ քանի մը կտոր բան ըլլալով, կրնանք տարակուսիլ. ուստի աւելի հաստատութեան համար հարկ է որ մէջ բերենք Խորենացւոյն գրոց մէկ հատուածը՝ որով թերեւս ամէն տարակոյս վերցուի։ Վասն զի Խորենացին՝ Մարաց աշխարհքէն բերուած գերեացը ստորագրութիւնն ընելէն ետքը կ'աւելցընէ. «Յայտնեն զայս ճշմարտապէս և թուելեացն երգք, զոր պահեցին ախորժելով, որպէս լսեմ, մարդիկ կողման գինաւէտ գաւառին Գողթան, յորս պատմին բանք զԱրտաշիսէ և զորդւոց նորա, յիշելով այլաբանաբար և զզարմիցն Աժդահակայ, վիշապազունս զնոսա կոչելով։ Այլ և ճաշ, ասեն, գործել Արգաւանայ 'ի պատիւ Արտաշիսի, և խարդաւանակ լեալ նմա 'ի տաճարին վիշապաց։ Այլ և Արտաւազդայ ոչ գտեալ, ասեն, քաջի որդւոյն Արտաշիսի՝ տեղի ապարանից՝ 'ի հիմնանալն Արտաշատու նաանց, ասէ, գնաց և շինեաց 'ի մէջ Մարաց զՄարակերտ, որ է 'ի դաշտին՝ որ անուանեալ կոչի Շարուրայ։ Այլ և տենչայ, ասեն, Սաթենիկ տիկին տենչանս՝ զարտախուր խաւարտ և զտից խաւարծի 'ի բարձիցն Արգաւանայ»։

Խորենացւոյն այս հատուածին մէջ՝ այլ և այլ գործողութեանց յիշատակութիւնք կան, որոնք այլ և այլ անձանց և ժամանակներու կը վերաբերին։ Հոն Աժդահակայ Անոյշ կնիկը և անոնց սերունդքը կը յիշատակուին, որոնք ինչպէս յայտնի է՝ Քրիստոսի թուականէն գրեթէ վեց դար առաջ կ'իյնան. կը յիշատակուի Արգաւան Մեդացի՝ որ Արտաշիսի պատուոյն համար ճաշ մը տուաւ, և միտք ունէր այն ճաշուն ժամանակ՝ դաւաճանութեամբ գարանիլ անոր կենացը։ Առջի դէպքին և ասոր մէջ՝ գրեթէ եօթն հարիւր տարւոյ տարբերութիւն կայ։ Կը յիշուի Արտաշէսի Արտաւազդ որդին, ու նոյն Թագաւորին Սաթենիկ կնկան վրայ զրոյցք կ'ըլլան։

Այսչափ իրարմէ հեռու ժամանակաց և անձանց պատմութիւնները ամփոփող երգերը՝ տարակոյս չկայ որ չէին կրնար համառօտ բաներ ըլլալ։ Ասիկայ որչափ ալ ենթադրուած ճշմարտութիւն մը սեպուի, սակայն ճշմարտանման ըլլալովը՝ իրաւամբ քննութեան առիթ եղած, ու գրեթէ ստոյգ սեպուած է։

* * *

Երկու տեսակ ազգային պատմական երգեր կային. ոմանք Վիպասանաց երգք կը կոչուէին, ոմանք ալ Երգք թուելեաց։ Ասոնք այլ և այլ տեսակ նիւթեր բովանդակելով, ոչ միայն մեր երկրին՝ այլ նաև Մարաց ու Պարսից և Ասորեստանեայց աշխարհին յատուկ աւանդութիւններ կը բովանդակէին։

Անոնց մէջ առաջին կը սեպուին այն երգերը՝ որոնց մէջ մեր քաջ Թագաւորաց ու զօրավարաց արութեան ու նշանաւոր գործոց յիշատակութիւնը կ'ըլլայ. երկրորդ այն երգերը՝ յորս Մարաց և Պարսից վրայ խօսք կ'ըլլայ. և երրորդ անոնք՝ որոց մէջ Ասորեստանեայց աւանդութիւնները կը տեսնուին։

Առաջիններուն կարգէն կրնանք սեպել՝ նաև հռմ. տագոյն քննադատից կարծեօք՝ մեր հին նախնեաց վրայ պատմողաբար մեզի աւանդուած դէպքերը. Թէպէտ և առանց յիշատակութեան Գողթան երգչաց, Խորենացւոյն առաջին գրոց մէջ. Երուանդեան Տիգրանայ վրայ երգուածները, որ Հայկազն Թագաւորաց մէջ ամենէն աւելի սիրելագոյնն էր, ու ոչ

միայն արտաքին ու ներքին բարեմասնութեամբք՝
այլ և իր քաջութիւններովն իր ժամանակին ազ-
գային քերթողացը երգերուն և աշխուժին առիթ
տուած։ Խորենացին՝ որ նոյն թագաւորին վրայ
աքանչացողներէն մէկն է, կը պատմէ անոր ձեռքով
Հայաստանի մէջ եղած տեսակ տեսակ բարեկարգու-
թիւնները, Յունաց ազգը հարկատու ընելը, Աժ-
դահակայ հետ խնամենալը, ու ետքը անոր դէմ պա-
տերազմիլը․ զինքն սպաննելը, ու բոլոր թագաւորա-
կան ընտանիքը դերելով՝ Երասխ գետին քով բնակե-
ցընելը զանոնք, մասնաւոր քաղաքներ ու տեղեր
տալով անոնց։ Այս տեսակ տեսակ դիպուածոց վը-
րայ իրենց քնարը նուիրած են Գողթան երգիչները․
որոց բանաստեղծութեան համառօտութիւնն է զոր
Խորենացին մէջ կը բերէ․ «Զայս՝ և որ այլ այսպի-
սիք բազումք՝ եթէ մերոյ աշխարհիս խարտեաշս
այս և աղեբեկ ծայրիւ հերաց Երուանդեանս Տի-
գրան․ երեսօք գունեան և մեղուակն, անձնեայն և
թիկնաւէտն, առոյգաբարձն և գեղեցկոտն, պար-
կեշտն 'ի կերակուրս և յըմպելիս և 'ի խրախճանու-
թիւնս օրինաւոր․ զորմէ ասէին 'ի հինսն մեր որք
բամբռամբ երգէին, լինել սմա և 'ի ցանկութիւնս
մարմնոյ չափաւոր․ մեծիմաստն և պերճաբան, և
յամենայն որ ինչ մարդկութեան պիտանի ... Արդա-
րադատ և հաւասարասէր կշխու ունելով յամենայ-
նի, զամենայն ուրուք կենցաղ մտացն լծակաւ կըշ-
ռէր։ Ոչ ընդ լաւագոյնսն խանդայր, և ոչ զնուաստա-
սըն արհամարհէր․ այլ ամենեցուն հասարակաց
հնարէր՝ զխնամոցն իւրոց 'ի վերայ տարածել ըզ-
զգեստ »։

Պատմութիւնը կ'աւանդէ թէ Երուանդեան Տի-
գրանը երեք որդիք ունեցաւ, Բաբ, Տիրան և Վա-
հագն․ և թէ ասոնց մէջ ամենէն հռչակաւորը իր
քաջութեամբն եղաւ Վահագն․ և իր արութեանցը

վրայ զարմացող Հայաստան աշխարհը և անոր դրացին Վրաստան՝ աստուածոց կարգը դասեցին զինքը։ Գողթան երգողաց ալ իր յիշատակին ընծայած գովաբանութիւններէն՝ հետևեալ տողերը պահած է Խորենացին.

« Երկնէր երկին եւ երկիր,
Երկնէր եւ ծիրանի ծով.
Երկն ի ծովուն ունէր զկարմրիկ եղեգնիկն ։
Ընդ եղեգան փող՝ ծուխ ելանէր.
Ընդ եղեգան փող՝ բոց ելանէր.
Եւ ի բոցոյն պատանեկիկ վազէր.
Նա հուր հեր ունէր.
Ապա թէ բոց ունէր մուրուս,
Եւ աչկունքն էին արեգակունք »։

Այս երգը՝ իր ամբողջովը լսած է նոյն ինքն Խորենացին, ինչպէս պատմութեանը մէջ կ՚աւանդէ։ Իրմէ ժամանակաւ կրտսերագոյն և հաւատարմութեան արժանի մատենագիր մ՚ալ, Յովհան պատմիչ Դրասխանակերտցի, կը վկայէ վասն Վահագնի թէ « Ի կռոոցահար աղէբախս ընդ վիշապաց համբաւէին կռուել նմա »։

Վահագնէն ետքը՝ Գողթան երգողաց քնարին ու քերթողական ոգւոյն առիթ տուած է Արտաշէս Բ։ Այս քաջ ու սիրելի թագաւորին կենաց այլ և այլ պարագաները՝ առատ նիւթ կրնային մատակարարել, ինչպէս արդեամբք ալ մատակարարած են նոյն ազգային քերթողաց։ Հետևեալ տողերը՝ պատառիկ կրնան սեպուիլ այն քերթուածոց, և որոնք մասունք են անշուշտ ընդարձակ ոճով գրուած գեղեցիկ երկասիրութեան մը.

« Հեծաւ արի արքայն Արտաշէս
Ի սեաւն գեղեցիկ.

Եւ հանեալ զոսկեօղ
Շիկափոկ պարանն,
Եւ անցեալ՝ որպէս զարծուի
Սըրաթեւ՝ ընդ գետն,
Եւ ձըգեալ զոսկեօղ
Շիկափոկ պարանն,
Ընկէց ի մէջք
Օրիորդին Ալանաց.
Եւ շատ ցաւեցոյց
Ըզմէջք փափուկ օրիորդին,
Արագ հասուցեալ
Ի բանակն իւր »։

Այս գեղեցիկ ու ընտիր երգը՝ բանաստեղծական այլաբանութիւն մըն է այն դէպքին՝ զոր Խորենացին իր Պատմութեան գրոցը մէջ կ'աւանդէ։ Արտաշէս հասաւ իր փափաքին. Ալանաց աչագեղ դուստրը՝ Սաթենիկ, որ իր երեսաց վայելչութեամբը՝ արիւնռուշտ պատերազմաց մէջ գրաւեր էր քաջին Արտաշիսի սիրտը, Հայաստանի թագուհի եղաւ. ու արքային՝ իր սիրոյն ու մեծութեանը և հարստութեան արժանի հարսնիք մը ընել տուաւ անոր պատուոյն։ Այս մեր խօսքին հաւատարիմ վկայութիւն են Գողթան երգողաց հետեւեալ տողերն.

« Տեղ ոսկի տեղայր ի փեսայութեանն Արտաշիսի,
Տեղայր մարգարիտ ի հարսնութեան Սաթինկանն »։

Սակայն այսչափ փառքով, ու մարգրտի ու ոսկւոյ վրայ կոխելով Արտաշիսի արքունիքը մտնող Սաթենիկը՝ նոյն արքունեաց մէջ միշտ բարեբաստութիւն չկրցաւ գտնել, ու ինչպէս պատմութենէն կ'երեւնայ, իր հասակը, գեղեցկութիւնն ու բարքը այլ և այլ հակառակամարտ կրից խաղալիկ եղան։ Իր քաջութեամբը մերձակայ ու դրացի ազգաց սրտին մէջ ժամ ձգող Արտաշէսը՝ չկրցաւ իր արքունեացը մէջ եղած խռովութեանց դէմն առնուլ։ Նոյն ինքն Սա-թենիկ՝ աւելի իր ներքին բերմանցը քան պարտուցը հնազանդելով, իր փեսային տանը մէջ՝ Արտաշիսէն դուրս անձի 'ի խնդիր ելլելով. քաջին Արգամայ, թէ զԱրտաշէս թագաւոր և թէ անոր որդիքը նախան-ձորդ ու թշնամի կը յարուցանէր ոչ միայն իր ան-ձին՝ հապա նաև Արգամայ. ու մէկ կրքի մը պատ-ճառաւ՝ բոլոր արքունեաց և աշխարհին խաղաղու-թիւնը տակնուվրայ կ'ըլլար։ Անշուշտ այս կիրքն ու սէրը կ'ակնարկէին՝ վիպասանաց երգերէն մնացած այս տողերը.

« Տենչայ Սաթինիկ տիկին տենչանս
Զարտախոյր խաւարտ եւ զտից հաւարծի
Ի բարձիցն Արգաւանայ »։

Այս երգին մէջ յիշուած Արգաւանը՝ էր նոյն ինքն Արգամ, որ իր իմաստութեանն ու քաջութեանցը համար՝ Հայոց թագաւորներուն երկրորդը սե-պուած էր, ու անոնցմէ այլ և այլ պատիւներով և արտօնութեամբք փառաւորուած։ Անկից օր մը զթագաւորն Արտաշէս իր կոչնոյը հրաւիրեց. և այն ուրախութիւնը՝ թշնամութեան առիթ կարծուե-լով՝ սպաննուեցաւ, ու թագաւորական հրամանով տանը տեղը այրեցաւ, և ընտանիքն ալ ջնջուեցան։

Արտաշէս՝ Մարաց ազգին զօրութիւնը խորտակե-լէն ետքը, Հռովմայեցւոց հարկ տալը դադրեցուց. Դոմետիանոս կայսրն ալ զօրք ժողվելով՝ եկաւ Հա-յաստան. Բասեն գաւառին հովտացը մէջ երկու բա-նակներն իրարու զարնուեցան. և յաղթութեան պարծանքը Հայերը ժառանգեցին։ Այն պատերազ-մին մէջ քաջութեամբը անուանի հանդիսացաւ Սմ-բատ, որուն համար կը վկայէ Խորենացին, թէ ծեբութեանը հասակին մէջ՝ պատերազմական արուեստին մատուցած երկար փորձառութեամբը «երիտասարդապէս յորդորեաց և մղեաց զճակատն»:

Ասանկ քաջ պատերազմող մը իր արութեանց ու սրտին արժանի գրուատանքը գտած էր ազգային երգոց մէջ, որոնք զարմանքով կը յիշատակէին իր տուած պատերազմունքը, ու հնացեալ հասակին մէջ՝ նոր զէնքերով Հայաստանի փրկութեան առիթ ըլլալը:

Մահը՝ որ աշխարհի տեսարանաց մէջ ամենուն վարագոյրը կը գոցէ, Արտաշէսի բազմափորձ կենաց տեսարանն ալ պիտի գոցէր: Վերջին անգամ աչուըները փակելուն ժամանակ՝ դեռ եւս կարօտ կը քաշէր իւր հայրենեացը. կը փափաքէր կրկին տեսնել իր հայրենեաց վայելչութիւնը, ու այս սրտառուչ տողերը կ'արտասանէր, զոր Մագիստրոս իր ժամանակակցացը բերնէն լսած է, և որ հնութեան ամէն հետքը կը կրէ իր վրան.

«Ո՜ տայր ինձ զծուխ ծխանի
Եւ զառաւօտըն Նաւասարդի.
Զվազելն եղանց եւ զվազելն եղջերուաց.
Մեք փող հարուաք եւ թմբկի հարկանէաք»:

Ասանկ մեռաւ Արտաշէս: Սակայն իր քաջութեանց ու հայրենասիրական ջանից երախտապարտ եղեցաւ Հայաստան: Աննման թագաւորին մահը աղի արտասուօք լալէն ետքը, շատերը ժամանակին հեթանոսական սովորութեանը համեմատ չուզեցին իրմէն բաժնուիլ նաև 'ի մահուանն. ու ողջ ողջ ինքզինքնին կը թաղէին: Արտաշէսին Արտաւազդ որդին՝ որ հօրը յուղարկաւորութեան ներկայ էր, ու ետքը անոր թագաւորական աթոռը պիտի ժառանգէր, հօրը եղած այսչափ փառաց ու պատուոյն վրայ նախանձեցաւ . անոր դիակնացեալ մարմնոյն ընծայուած պատիւն իրեն իշխանութեանը պղտիկութիւն մը ենթադրելով, ու դժկամակելով մը ըսաւ հօրը .

« Մինչ դու գնացեր, եւ զերկիրս ամենայն ընդ քեզ տարար
Ես աւերակացս որպէս թագաւորեմ»։

Այս նախանձոտ արգասիք խօսքերուն վրայ նեղանալով Արտաշէս՝ անիծեց զինքն ու ըսաւ .

« Դու յորս հեծցիս յԱզատ ի վեր ի Մասիս,
Զքեզ կալցին քաջք, տարցին յԱզատ ի վեր ի Մասիս.
Անդ կացցես, եւ զլոյս մի տեսցես »։

Աս անէծքին հետեւանք կը սեպուին Արտաւազդայ մահուան պարագաները , զոր աւանդած է մեզի պատմութիւնը։

Արտաւազդայ ոչ միայն մահը՝ այլ նաև ծնունդն ալ առասպելներ լի կը ներկայացընեն մեզի Գողթան երգիչք։ Անոր անհանդարտ ու խռովայոյզ բարքը տեսնելով, որ անարժան էր արքունեաց , և մանաւանդ Արտաշիսի արքունեացը , այլաբանելով կը զրուցեին թէ « Վիշապազունք գողցան զմանուկն Արտաւազդ , և դև փոխանակ եդին » ։

Կարծես թէ Արտաւազդայ կենաց այլ և այլ հանգամանքը՝ կ՚արդարացընեն վիպասանից այս քերթողական ենթադրութիւնը ։ Իր անձնահաճ ու նախանձոտ բարքովը բոլոր թագաւորական տունը տակնուվրայ ըրաւ . հօրը սիրտը ցրտացուց յԱրգամայ , ու անոր պատիւը ինքը յափշտակեց , թագաւորութեան երկրորդական աթոռը ։ Նախանձեցաւ նաև Սմբատ սպարապետին վրայ , ու անոր արուած արժանաւոր պատուոյն չկարենալով համբերել, ետևէ եղաւ զինքն սպաննելու . բայց իրեն վախճանին չկրցաւ հասնիլ։ Վասն զի Սմբատ իմանալով անոր միտքը, թողուց Հայոց սպարապետութիւնը, ու Ասորեստանեայց կողմերը գնաց իր բնակութիւնը հաստատելու։

Այսպիսի բարուց տէր Արտաւազդը՝ չկրցաւ երկար ատեն վայելել իր թագաւորական իշխանութիւնը։ Երկու տարիէն ետքը Մասիս լերան վրայ որսալու ժամանակ՝ մեծ ու խոր վհի մը մէջ ինկաւ։ Առասպելն ու երեւակայութիւնը՝ իրենց ատելի թագաւորին անակնկալ կորուստը ուրիշ կերպով մեկնաբանելով, զրուցեցին թէ Արտաշիսի անէծքը՝ որդւոյն վրայ իրենց արդիւնքն ունեցան. վասն զի ազատ Մասեաց քաջերը հասան, բռնեցին, ու երկըթի շղթաներով կապկըպելով, այրի մը մէջ փակեցին զինքը. միայն իր երկու հաւատարիմ շները չկրցան բաժնուիլ իրմէն. այլ միշտ շղթաները կը կրծեն, զանիկայ բանտէն ազատելու համար։

Գողթան երգողաց հատուածներէն է նաեւ հետեւեալ երգը՝ Վարդգեսի վրայ երգուած, որ առաջին Տիգրանայ քեռայրն էր, Արտիմէդ քաղաքին շինուածքին համար։

« Հատուած գնացեալ Վարդգէս մանուկն ի Տուհաց գաւառէն ըզՔասաղ գետով,
Եկեալ նըստեալ զՇրէշ բլրով, զԱրտիմէդ քաղաքաւ, ըզՔասաղ գետով,
Կռել կոփել զդուռն Երուանդայ արքայի »։

Ասոնք են ահաւասիկ այն սակաւիկ՝ բայց մտադրութեան արժանի Գողթան երգողաց հատուածներն. զորս Խորենացի աւանդած է մեզի իր ընտիր պատմական երկասիրութեամբը։

ԳՈՂԹԱՆ ԵՐԳԵՐ 133

***

Քննենք տաղից արուեստը։

Տարակոյս չկայ որ տաղք արձակ գրուածքներ չեն. բայց միանգամայն և ոչ այն չափը ունէին՝ որ ընդհանրապէս մեր շատ քերթող հեղինակաց յատուկ էր ու գործածական։ Ոչ յունական կամ լատինական արուեստին հետեւած են մեր երգիչքը, որուն թերեւս ծանօթութիւն ալ չունէին, և ոչ պարսիկ կամ արաբացի նմանաձայն չափուն՝ որ դեռ երեւցած չէր. այլ հին ազգաց մէջ գործածական համեմատութեամբ ու թուականութեամբ վարուած, իրենց այս երգերուն մէջ։ Ասանկ են ընդհանրապէս Եբրայեցւոց բանաստեղծական սքանչելի հատուածները՝ որ սուրբ գրոց մէջ կը տեսնուին։ Եւ թէ որ այս երկու ազգաց մէջ ինչուան հիմայ մնացած բանաստեղծական հատուածները քննութեան առնունք, խիստ մեծ նմանութիւն մը կը տեսնենք արուեստի. այն արուեստին՝ զոր բնութիւնը սորվեցուցած է այս ազգերուն։ Անոնց քերթուածոցը մէջ գործածուած Չափականութիւնն ու Համեմատութիւնը կը տեսնուի նաև մեր քերթողաց երգերուն մէջ։ Մեր այս խօսքին ապացոյցը յայտնապէս պիտի նկատենք եթէ ուզենանք այս երկու ազգացմէ մնացած բանաստեղծական հատուածները իրարու հետ համեմատել։ Պիտի լսենք մեր Գողթան երգերը որ կը զրուցեն.

« Երկնէր երկին եւ երկիր,
Երկնէր եւ ծիրանի ծով. . .
Ընդ եղեգան փող՝ ծուխ ելանէր,
Ընդ եղեգան փող՝ բոց ելանէր ».

ու զիսրայելացիս՝ որ Կարմիր ծովուն վտանգէն ազատած, թմբուկներով ու պարերով կ՚երգէն.

« Աջ քո, տէր, փառաւորեալ է զօրութեամբ իւրով.
Աջ քո տէր խորտակեաց զթշնամին...
Պաղեցան որպէս պարիսպք՝ ջուրք,
Պաղեցան ալիք ի մէջ ծովուն »:

Դարձեալ Դեբովրայ օրհնութեանը մէջ.

« Տէր, յելանել քո ի Սէիրայ,
Եւ ի չուել քում՝ յանդաստանացն Եդովմայ,
Երկիր շարժեցաւ, եւ երկինք խռովեցան.
Լերինք շարժեցան յերեսաց Տեառն Եղովայ Սինայի,
Յերեսաց Տեառն Աստուծոյ Իսրայելի »: —
« Կապուտ երանգոցն Սիսարայ,
Կապոյտ երանգոցն գոյնագոյն նկարուց,
Նարօտ պէսպէս նկարուց,
Այն էր պարանոցին նորա կապուտ »:

Այս երգոցը չափուն մէջ թէպէտ և կատարեալ ազատութիւն մը կը տեսնուի, բայց տարակոյս չկայ որ այն ազատութիւնն ալ իւր քերթողական չափուն մէջ մնալու համար սահման մը ունեցաւ, որ մեզի համար դեռ բացայայտ չէ:

ԳՐԱՒՈՐ

ՄԱՏԵՆԱԳՐՈՒԹԻՒՆ

ՄԱՐԻԲԱՍ ԿԱՏԻՆԱ

(149 Քրիստոսէ առաջ)։

Քաղդէացիք։ — Նախնական մատենագրութիւն։ — Վաղարշակ 'ի Հայաստան։ — Մարիբաս Կատինա։ — Արքունի հրամանաւ և յանձնարարութեամբ երթն 'ի Նինուէ։ — Նինուէի մատենադարանաց մէջ ըրած գիւտը։ — Իր պատմական գրուածքը՝ ըստ Խորենացւոյն։ — Անոր սկզբնաւորութիւնն և քանի մը հատուածք։ — Բանասիրաց հակառակական կարծիք Նկատմամբ Մարիբասեան գրոց և իր անձին։ — Գաղղիական թարգմանութիւն իր գրոցը։

Հին աշխարհի պատմութեանց մէջ՝ Բաբելոն մտաւորական զարգացման յառաջադէմ կեդրոն մը նկատուած էր։ Արիական տոհմէ սկզբնաւորութիւն ունեցող ժողովուրդ մը, բաժնուելով յիրանեանց, և Եւքսինեան Պոնտոսի միջերկրեայ ափանց վրայ եղող Խաղտեաց լեռներէն ելլելով, գաղթական գնացեր էր 'ի կողմանս Եփրատայ և Տիգրիսի, և այնտեղի դիպաց ու արկածից շարայարութեամբ՝ որ պատմութեան մէջ անծանօթ մնացած են, յաջողեր էր տիրապետել Բաբելոնի՝ ութերորդ դարուն սկիզբներն, յառաջ քան զհասարակաց կամ զՔրիստոսեան թուաբերութիւն։ Այս ժողովուրդը՝ որուն հեբրայեցիք կամ աստուածաշունչ գիրք և յունական մատեանք Քաղդէացւոց անունը կու տան, ըստ հեբրայեցւոց զինուորական ժողովուրդ մ՚էին, իսկ ըստ Յունաց կամ Հերոդոտեայ՝ քրմական ցեղ մը, և յետոյ նաև իմաստից անուն ժառանգող ազգ մը։ Այս յետին կարծեաց ստուգութեան հաւատարիմ երաշխաւորութիւն մ՚է նաև Դանիէլի մարգարէութեան գիրքը։

Ե՞րբ սկսան ծաղկիլ ուսմունք և գիտութիւն Քաղդէացւոց մէջ։ — Իրենց պատմութեան հնութիւնը՝ անլուծանելի ըրած է մեզի համար այս հարցման պատասխանն։ Այս միայն կրնայ հաւանական ենթադրուիլ թէ Քրիստոսէ շատ յառաջ Քաղդէաստանի մէջ, բաց 'ի Հրէից յօրինուած գրքերէ, և Քրիստոսէ ետքը՝ 'ի քրիստոնէից շարադրուած ասորի մատեաններէ, արամէական՝ հեթանոսական և արտաքին ընդարձակատարր մատենագրութիւն մ՚ալ կար, որ բոլորովին կորսուած է։

Արդի հնախօսական գիտութեան մեծ ջանքն և պարապմունք եղած է, այս անհետացեալ դպրութեան հետքը փնտռել. և բանասիրութիւնն յաջողած է՝ կարևոր հատուածներ 'ի լոյս հանել՝ իրենցմէ ետքը և համեմատութեամբ նորագոյն սեպուած մատենագրութեանց մէջ. և 'ի մասնաւորի՝ Սաբէացւոց, Արաբաց, Ասորւոց և Հայոց մատենագրութեանց մէջ։

Այս դպրութիւն՝ որուն Յոյնք քաղդէական անունը տուած են, և սկզբնաւորութիւնն 'ի Բաբելոն, և երկար դարեր յառաջադիմութիւնն եղած է յարևմտեանն Ասիա, համանման էր անշուշտ այն մտաւոր մշակութեան՝ զոր Արաբացիք Նաբաթեանց կ՚ընծայէին, նոյն սեպելով զանոնք Քաղդէացւոց և Բաբելացւոց հետ։ Եւ յիրաւի Նաբաթեանք, եթէ Արաբացւոց մեզի տուած նկարագրին հետևինք, հռչականուն ժողովուրդ մը եղած են յերկրագործութեան, 'ի բժշկութեան և 'ի մոգութեան. և ասոնք բնակիչք են Քաղդէաստանի։

***

Այս Նաբատեան կամ Քաղդէական կոչուած մատենագրութենէն քիչ բան հասած է առ մեզ։ Բայց Արաբաց, Յունաց և Լատինացւոց՝ քաղդէական մատենագրութեան վրայ մեզի տուած տեղեկութիւններէն զատ, ուրիշ ժողովրդոց քով կը գտնենք ամենայայտնի յիշատակութիւնք քաղդէական գրոց, և զորս չեն տարակուսիր հմուտք Նաբատեան հանճարոյ և գիտութեան վերագրել։ Բերոսոս, Բարդածան և Մովսէս Խորենացի, արևելեան երեք զանազան ազգութեանց վերաբերող անձինք, իրենց գրուածոցը մէջ կը յիշեն յաճախ քաղդէական մատենագրութեան վերաբերեալ գրուածներ. որոնք թէպէտ երբեմն խարդախեալ կամ անհարազատք, սակայն անտարակոյս կոտորակք են այն ուսումնական մտաւոր մշակութեան որ հին դարերէն մինչև քրիստոնէութեան մերձաւոր ժամանակներն արևմտեան Ասիոյ մէջ մեծ պայծառութիւն, և կարգէ դուրս ազդեցութիւն ունեցաւ յոյն և հռովմէական աշխարհին ուսումնական զարգացման վրայ։

Քաղդէական կամ Նաբատեան մատենագրութիւնն յերկարակեաց եղաւ քան զմեծ իշխանութիւնն՝ որոյ մէջ ծնած և զարգացած էր։ Ի Բաբելոնէ տարածեցաւ մինչև 'ի Միջագետս, ուստի ծաւալեցաւ յարևմուտս։ Քրիստոնէութիւնն՝ որ իմաստասիրական և կրօնական հին մոլար վարդապետութեանց ընդդիմամարտ մաքառելու գործն ու պաշտօն ունէր, առանց ուզելու բոլորովին փճացընել քաղդէական մատենագրութեան ազդեցութիւնն, դըլ խաւոր պատճառ մը եղաւ անոր կերպարանափոխութեանն 'ի Միջագետս՝ արամէական ժողովրդոց մէջ, նոր մատենագրութեան մը՝ ասորականին երևնալուն: «Զարմանալի է մեզ համար, կ'ըսէ Րընան, որ մէկէնիմէկ նախընթաց չունեցող մատենագրութիւն մը երևան ելլէ. մինչդեռ անկէ հնագոյն ազգային գրականութեան մը աւանդութիւնն չկայ. բայց այս յանկարծական երևման պատճառած զարմանքն ուրիշ բանի արդիւնք չէ՝ բայց եթէ մեր տգիտութեանն հին արամէական գիտութեանց վրայ»: Բաց աստի՝ լեզուաքննական հետազօտութիւնք ասորական լեզուն՝ նաբատեան բարբառոյն քրիստոնէական շարունակութիւնն կը համարին. և Բարդածանի վրայ ունեցած տեղեկութիւններս և անոր գրուածներէն մինչև առ մեզ հասած քանի մը հատուածք՝ յայտնապէս կը հաւատարմացընեն թէ այս գնոստիկեանն՝ քաղդէական դպրոցի աշակերտ էր. և որուն հակառակամարտ ախոյեան երևցաւ սուրբըն Եփրեմ՝ Եդեսիոյ քրիստոնէական դպրոցին փառաւոր ներկայացուցիչը:

Այս նախաբան տեղեկութիւնք հարկաւոր էին լաւ հասկըցընելու համար այն կապը զոր քաղդէական մատենագրութիւնը՝ ասորա-քրիստոնէականին հետ ունի, և ընթերցողին մտադրութիւնն դարձընելու այն ազդեցութեան վրայ՝ զոր ասորի մատենագրութիւնն պիտի բանեցընէր՝ իրեն դրացի Հայոց վրայ, որք ժամանակ մը Սասանեանց իշխանութեան տակ 'ի մի ձուլուած էին: Եդեսիա՝ որ այն կէս ասորի և կէս հայ իշխանութեան մայրաքաղաքն եղաւ, և որուն արքունական գահոյից վրայ փոփոխակի նստան ասորի իշխանաց հետ՝ արշակունի տոհմէ իշխանք, մտաւորական շարժման և յառաջադիմութեան նշանաւոր կեդրոն մը եղաւ, և անուանի դպրոցի մը աթոռ՝ որ մեծ ազդեցութիւն ունեցաւ քրիստոնեայ Հայաստանի մատենագրական կազմակերպութեան և յառաջադէմ բարգաւաճանաց վրայ։

***

Հայք՝ դեռ քրիստոնէական կրօնից իրենց մէջ մուտ չգտած, ամփոփ մատենագրական շարժում մը ունեցած կ'երևին։ Հնութեան այս նկատմամբ մեզի աւանդած տեղեկութիւնք խիստ անկատար են. անանկ որ յանգիր ժամանակաց և 'ի դարուց մինչև առ մեզ հասած նշանաւոր և բուն ազգային՝ քանի մը Գողթան երգոց հատակոտորք են՝ ինչպէս տեսանք։ Եւ 'ի հակառակէն՝ աւելի մեզի աննպաստ յիշատակութեանց կրնանք հանդիպիլ՝ նոյն իսկ Խորենացւոյն գրոցը մէջ, անդրադարձնելով անոնց բանաւոր երգարանաց անսիրելութիւնն, և ազգային պատմութեան և աւանդից հետամտութեան անհոգութիւն. և դատաստանական և ընտանի յարաբերութեանց ուղղութեան «անբաւ զրուցաց մատեանքը» յիշատակելէն ետքը՝ իրաւացի զարմանք մը կը յայտնէ թէ ինչպէս քաջութեամբ և հնութեամբ այսչափ անուանի ազգ մը՝ իր տարեգիրքն ու պատմութիւնը չունենայ։

Այս զարմանքն ունեցաւ Հայոց արքունական աթոռոյն վրայ բազմող մեծ թագաւոր մը, և որուն արդիւնք և հետևանքն եղաւ մեր պատմութեան հետաքննութիւնն ու գիւտ։

Հայոց պատմութիւննիս կը յիշեցընէ Վահէ մը՝ որ մեծին Աղեքսանդրի դէմ խիզախելով 'ի պատերազմ, անոր բովանդակ աշխարհի վրայ դրած ծանր լծէն՝ զինքն ու իր երկիրը խալըսել ուզած ատեն, կորսնց կեանքն ու թագաւորութիւնը։ Ինք եղաւ Հայկազանց հարստութեան վերջի իշխողը։ Իրմէ ետքը՝ մինչև Արշակունեաց իշխանութեան սկզբնաւորելը.

Քրիստոսէ դարուկէս յառաջ, Հայաստան՝ արեւմըտեան Ասիոյ մեծ տէրութեանց՝ մերթ մէկուն և մերթ միւսին հպատակելով, պարզապէս առաջին կարգի նախարարութիւն մը կը ձեւացընէր. նախ Ասորւոց իշխանութեան տակ, յետոյ Բաբելացւոց, Մարաց և Պարսից: Իսկ երբ Արշակ Ե Մեծն, որ Միհրդատ Ա ալ կը կոչուի, իր իշխանութեան հպատակեցուց միջին ու արեւմտեան Ասիոյ ժողովրդոց մեծ մասը, Հայաստանի ժառանգական կառավարութիւնը իր Վաղարշակ եղբօրն յանձնեց, ապսպարելով որ կարգաւորէ աշխարհն, ու Պարթեւաց ինքնակալութեան օրինաց ու կարգաց համեմատ՝ տեսչութիւն և կառավարութիւն հաստատէ: Վաղարշակ իր եղբօրը պատուիրած քաղաքական բարեկարգութիւնն 'ի Հայաստան մտցընելու համար ամէն ջանքն ըրաւ:

Իրմէ առաջ, կ'ըսէ պատմագիրն, չկար հաստատուն օրէնք մը նոյն երկրին մէջ՝ ուր իշխելու և կարգաւորելու կը հրաւիրուէր, այլ ամէնայն ինչ քմահաճոյ՝ և տիրող օրէնքն բռնութիւն էր. նախարարք և նահանգապետք՝ երկրին մէկ մասին տիրելով՝ իշխանութիւնն մէկմէկու ձեռքէն յափշտակել կ'ուզէին. կալուածոց, ստացուածոց, սեպհականութեանց օրէնք չկար. այլ ամէնայն ինչ խառնիխուռն և անկերպարան:

Վաղարշակ այսպիսի անկարգ դրութեան մը վախճան տալու համար՝ միտքը դրաւ նախարարաց իշխանութիւնն կարգաւորել, անոնց երկիրներուն սահմաններն որոշել զատել, և մէկուն մէկալին սահմանն անցնիլը արգիլած ատեն ամէնուն ապահովութիւն տալ. անով աշխարհն հանդարտեցընել, քաղաքակրթութիւնն՝ արուեստ ու մշակութիւն բարգաւաճ ընել: Այս նպատակին հասնելու համար՝ հրամայեց որ փնտռուի հին ազգային պատմութիւն մը նոյն իսկ Հայաստանի մէջ։ Սակայն իր ջանքն ընդունայն եղաւ. այն աշխարհին մեծ և երկայն յեղափոխութեանց համար՝ հարկ էր որ օտար ազգաց դիւաններուն մէջ փնտռել տայ իր ուզածը. ու այս վախճանաւ գտաւ Մարիբաս կամ Մար Աբաս Կատինա անունով իմաստուն և սրամիտ[1] ասորի մը, քաղդէական և յոյն լեզուաց հմուտ, և ղրկեց 'ի Նինուէ ընծայութեան նամակաւ մը՝ իր Արշակ եղբօրը, աղաչելով որ հրաման տայ բանալու անոր հետախոյզ աչացն առջև Նինուէի մատենադարանը, որպէս զի կարենայ իր փափաքելին գտնել։

Կարդաց Արշակ իր եղբօրը գրած թուղթը, և գովեց անոր խնդիրքը։ Հրամայեց բանալ Մարիբասայ համար Նինուէի արքունական մատենադարանը. ուր գտաւ Մարիբաս գիրք մը յունարէն գրով ու այսպիսի վերնագրով. « Այս մատեան՝ հրամանաւ Աղեքսանդրի 'ի Քաղդէացւոց բարբառոյ փոխեալ 'ի յոյնն, որ ունի զբուն հնոցն և զնախնեացն բանս »։

Այն գրքին մէջ գտաւ Մարիբաս՝ Վաղարշակայ փափաքանօք խնդրած պատմութիւնը, Հայկայ օրէրէն գրեթէ մինչուան Աղեքսանդրի ժամանակ. և գրելով յոյն և ասորի լեզուով՝ բերաւ 'ի Մծբին, Վաղարշակայ յանձնեց։ Թագաւորն ալ չափէն աւելի ուրախանալով՝ հրամայեց որ իր գանձարանին մէջ պահուի ամենայն զգուշութեամբ. և անոր մէկ մասն ալ՝ արձանի վրայ գրուի։

* * *

Մարիբասայ գիրքը ձեռուընիս հասած չէ։ Սակայն բարեբաղդաբար՝ մեր հինգերորդ դարու մատենագիրն Մովսէս Խորենացի իր Հայոց պատմութիւնը

[1] Ասիկայ է ըստ Ասսեմանեայ ասորի լեզուին մէջ Կատինա բառին և անուան նշանակութիւնը։

շարադրելու ատենը կարգաց զայն, և ոչ միայն անոր հետևեցաւ, հապա նաև քանի մը երևելի հատուածներ թարգմանելով՝ մեզի հասուց։ Այս հատուածներն ընտիր ու հնագոյն գանձեր սեպելով ազգային գրականութեան՝ կ'արժէ որ ամբողջ օրինակենք։

Խորենացին Մարիբասայ ջանիցը անօգուտ չըլլալը ու գտած արքունի գրոց միջէն քաղածը՝ Վաղարշակայ յանձնելուն պատմութիւնն ընելէն ետքը, կ'աւելցընէ նաև գրքին սկզբնաւորութիւնը, որ էր այսպէս.

« Ահեղք և երևելիք առաջինքն 'ի դիցն, և աշխարհի մեծամեծ բարեաց պատճառք, որ սկիզբն աշխարհի և բազմամարդութեան։ Եւ 'ի սոցանէ հատեալ գտան ազգ սկայից, անհեդեդք, յաղթանդամք մարմնով և վիթխարիք. որք լցեալ ամբարտաւանութեամբ ծնան զամբարիշտ խորհուրդ աշտարակաշինութեանն, և 'ի նոյն լինէին 'ի գործ անկեալք. յոր հողմ՝ ահագին իմն և աստուածային շնչեցեալ 'ի դիցն ցասմանէ, ցրէ զամբարտակն, և մարդկանն անլուր բարբառս իւրաքանչիւր ումեք բաշխեալ, աղմուկ շփոթի 'ի մէջ արկանէին։ Յորոց մի էր և յապետոսթեանն Հայկ, անուանի և քաջ նախարարն, կորովաձիգ և հաստաղեղն »։

Գրքին սկզբնաւորութիւնը դնելէն ետքը, Խորենացին խօսքը կը դադրեցընէ. որովհետև, կ'ըսէ, մեր կամքը ամբողջ պատմութիւն մը շարադրել չէ, հապա միայն ցուցընել մեր բուն նախնեաց ծագումը, զոր նոյն գիրքն կը ցուցընէ այսպէս. Յապետոսթէ, Մերոդ, Սիրաթ, Թակլադ, որ է՝ Յաբեթ, Գոմեր, Թիրաս, Թորգոմ։ Ետքը, նոյն ժամանակագիրը խօսքը առաջ տանելով՝ կը զրուցէ. Հայկ, Արմենակ, և անոնցմէ ետքը եկողները. վերջէն Հայկայ գեղեցիկ պատմութիւնը բուն իսկ Մարիբասայ խօսքերով մէջ կը բերէ.

« Սա, ասէ, Հայկ գեղապատշաճ և անձնեայ, քաջագանգուր, խայտակն և հաստաբազուկ. սա 'ի մէջ սկայիցն քաջ և երեւելի լեալ, ընդդիմակաց ամենեցուն, որ ամբառնային զձեռն՝ միապետել 'ի վերայ ամենայն սկայիցն և դիւցազանց: Սա խրոխտացեալ ամբարձ զձեռն ընդդէմ բռնաւորութեանն Բելայ, 'ի տարածանել ազգի մարդկան ընդ լայնութիւն ամենայն երկրի, 'ի մէջ բազմակոյտ սկայիցն, անհուն խօլաց և ուժաւորաց: Քանզի անդ մոլեգնեալ այր իւրաքանչիւր սուր 'ի կող ընկերի իւրոյ ձգելով, ջանային տիրել 'ի վերայ միմեանց. ուր պատահմունք 'ի դէպ ելանէին Բելայ՝ բռնանալ ունել զամենայն երկիր: Որում ոչ կամեցեալ Հայկայ՝ հնազանդ լինել Բելայ, յետ ծնանելոյ զորդի իւր զԱրմենակ 'ի Բաբելոնի, չու արարեալ գնայ յերկիրն Արարադայ, որ է 'ի կողմանս հիւսիսոյ, հանդերձ որդւովք իւրովք և դստերօք և որդւոց որդւովք, արամբք զօրաւորօք՝ թուով իբրև երեքհարիւր, և այլովք ընդոծնօք, և եկօք յարեցելովք 'ի նա, և բոլոր աղխիւ: Երթեալ բնակէ 'ի լեռնոտին միում 'ի դաշտավայրի, յորում սակաւք 'ի մարդկանէ յառաջագոյն ցրուեալքն դադարեալ բնակէին. զորս հնազանդ իւր արարեալ Հայկ, շինէ անդ տուն բնակութեան կալուածոց, և տայ 'ի ժառանգութիւն Կադմեայ որդւոյ Արմանեկայ »:

Խորենացին այս հատուածը մէջ բերելէն ետքը՝ կը յաւելու. « Այս արդարացուցանէ զանգիր հին ասացեալ զրոյցս »: Որով անշուշտ կ'ակնարկէ կամ Ողոմպիոդոր փիլիսոփային պատմած աւանդութեանց, (զորս ինքն նախ կը յիշատակէ), և կամ ուրիշ հին աւանդութիւններու, որ բերնէ բերան անցնելով մինչև Խորենացւոյն ժամանակ հասած էին: Ետքը դարձեալ Մարիբասայ գրածը կը թարգմանէ.

« Եւ ինքն խաղայ այլով աղխիւն ընդ արևմուտս հիւսիսոյ. գայ բնակէ 'ի բարձրաւանդակ դաշտի միում, և անուանէ զանուն լեռնադաշտակին Հարք, այս ինքն, աստէն բնակեալքս, ազգի տանն Թորգոմայ: Շինէ և գիւղ մի, և անուանէ յիւր անուն Հայկաշէն:

» Ի հաստատել տիտանեանն Բելայ զթագաւորութիւն իւր առ ամենեսեան, առաքէ 'ի կողմն հիւսիսոյ զմի ոմն յորդւոց իւրոց առ Հայկ՝ սրամբք հաւատարմօք գալ նմա 'ի հնազանդութիւն և կեալ խաղաղութեամբ: Բնակեցեր, ասէ, 'ի մէջ ցրտութեան սառնամանեաց. այլ ջեռուցեալ մեղկեա զցրտութիւն սառուցեալ քո հպարտացեալ բարուցդ, և հնազանդեալ ինձ՝ կեաց 'ի հանդարտութեան, ուր հաճոյ է քեզ յերկրիս իմում բնակութեան: Եւ 'ի բաց դարձուցեալ Հայկայ զպատգամաւորսն Բելայ, խստութեամբ պատասխանեաց: Դառնայ առաքեալն անդրէն 'ի Բաբելոն:

» Այս զօրաժողով լինի 'ի վերայ նորա տիտանեանն Բէլ ամբոխիւ հետևակ զօրաց, գայ հասանէ 'ի հիւսիսի յերկիրն Արարադայ մերձ 'ի տունն Կադմեայ: Փախստական լինի Կադմոս առ Հայկ, քաջընթացիկս առաջի իւր առաքէ. Գիտեա, ասէ, ով մեծդ դիւցազանց, զի դիմեալ գայ 'ի վերայ քո Բէլ յաւերժիւք քաջօք, և երկայնադիզօք հասակօք սկայիւք մրցողօք. և իմացեալ իմ զմերձ լինելն նորա 'ի տուն իմ, փախեայ, և գամ աւասիկ տագնապաւ: Արդ աճապարեա խորհել որ ինչ գործելոց ես:

» Իսկ Բէլն՝ յանդուգն և անձոռնի զօրութեամբ ամբոխին՝ որպէս յորձան ինչ սաստիկ ընդ զառիվայր հեղեալ, փութայր հասանել 'ի սահմանս բնակութեան Հայկին, 'ի սիրտ և 'ի մարմին վստահացեալ արանց զօրաւորաց։ Այս ուշիմ և խոհեմ սկայն, քաջագանգուրն և խայտակն, աճապարեալ հաւաքէ զորդիս իւր և զթոռունս, արս քաջս և աղեղնաւորս, թուով յոյժ նուազունս, և զայլ ևս որ ընդ իւրով ձեռամբ. հասանէ յեզր ծովակի միոյ, որոյ աղի են ջուրքն, մանունս ունելով ձկունս յինքեան։ Եւ կոչեցեալ զզօրս իւր ասէ ցնոսա. Ցեղանելն մեր հանդէպ ամբոխին Բելայ, դիպեալ ջանասցուք տեղւոյն՝ ուր անցեալ կայ 'ի մէջ խռան քաջացն Բէլ։ Զի կամ մեռցուք, և աղխ մեր 'ի ծառայութիւն Բելայ կացցէ, կամ զաջողութիւն մատանց մերոց 'ի նա ցուցեալ, ցրուեսցի ամբոխն, և մեք եղիցուք յաղթութիւն ստացեալք։

» Եւ յառաջ կոյս անցեալ բովանդակ ասպարիզաւ՝ հասանեն 'ի միջոց ինչ դաշտաձև լերանց բարձրագունից. և յաջմէ ջուրցն հաստանայ 'ի բարձրաւանդակումն կուռ կալով 'ի տեղւոջ. 'ի վեր զերեսս ամբարձեալ, երևեցաւ նոցա բազմութիւն անկարգ հրոսակի ամբոխոյն Բելայ ցան և ցիր յանդուգն յարձակմամբ ընդ երեսս երկրին սուրալով. իսկ Բէլ հեզ և հանդարտ ամբոխիւ մեծաւ 'ի ձախմէ ջուրցն 'ի վերայ ոստոյ միոյ իբրև 'ի դիտանոցի։ Ծանեաւ Հայկ զխումբ վառելոյ ջոկատին, յորում Բէլ առաջի ամբոխին եկեալ հասեալ ընտրիւք և վառելովք ոմամբք. և երկար միջոց ճանապարհին ընդ նա և ընդ ամբոխն. և ինքն գլխանոց ագուցեալ երկաթի, նշանաւորօք վերջօք, և տախտակս պղնձիս թիկանց և լանջաց, և պահպանակս բարձից և բազկաց. գօտեւորեալ զմէջն, և յահեկէ զսուրն՝ երկսայրի. և նիզակն արի 'ի ձեռին իւրում աջոյ, և յահեկումն վահան, և ընտիրք յաջմէ և ՚ի ձախմէ: Եւ տեսեալ Հայկին զՏիտանեանն կուռ վառեալ, և զարս ընտիրս ընդ նմա, աջինս և ահեկինս, կարգէ զԱրմենակ երկու եղբարբք ընդ աջմէ, և զԿադմոս և զայլս երկուս յորդւոց իւրոց ՚ի ձախմէ, զի արք կորովիք էին յաղեղն և ՚ի սուսեր. և ինքն առաջի, և զայլս հրոսակին զկնի իւր կարգեաց. երեքանկիւնի իմն կարգեաց ձևով, հանդարտ յառաջ մատուցանելով:

» Եւ հասեալ երկոցունց կողմանց սկայիցն ՚ի միմեանս, ահագին դղրդիւն ՚ի վերայ երկրի առնէին չահատակելովն, և ահս պակուցանողս տարազուք յարձակմանցն զմիմեամբք արկանէին: Անդ ոչ սակաւք յերկոցունց կողմանց սկայիցն արք յաղթանդամք բերանոյ սրոյ դիպեալք, տապալ յերկիր կործանէին. և մարտն յերկոցունց կողմանց մնայր անպարտելի: Զայսպիսի անակնունելի դիպուած տարակուսանաց տեսեալ արքայն Տիտանեան՝ զարհուրեցաւ, և ՚ի նոյն բլուր՝ ուստի էջն՝ վերջոտնեալ ելանէ. քանզի խորհէր ՚ի միջոցի ամրանալ ամբոխին, մինչև հասցէ բովանդակ զօրն, զի միւսանգամ ճակատ յօրինեսցէ: Զայս իմացեալ աղեղնաւորին Հայկայ, յառաջ վարէ զինքն, մօտ հասանէ յարքայն, լի քարշէ պինդ զլայնալիճն, դիպեցուցանէ զերեքթևեանն կրծից տախտակին. և շեշտ ընդ մէջ թիկանցն թափանցիկ լեալ՝ յերկիր անկանի սլաքն. և այսպէս ճախացեալն Տիտանեան կործանի՝ յերկիր զարկուցեալ, և փչէ զոգին: Իսկ ամբոխն տեսեալ զայսպիսի ահագին գործ քաջութեան, փախեան իւրաքանչիւր դէպ երեսաց իւրեանց: Եւ վասն այսորիկ այսչափ բովանդակ լիցի առել:

» Բայց զտեղի ճակատուն շինէ դաստակերտ, և անուն կոչէ Հայք, վասն յաղթութեան պատերազմին. այսորիկ աղագաւ և գաւառն այժմ անուանի Հայոց ձոր: Իսկ բլուրն, ուր քաջամարտիկքն անկա-

Բէլ, անուանեաց Հայկ Գերեզմանս. որ այժմ ասին Գերեզմանք: Բայց զդիակն Բելայ պաճուճեալ իմն դեղովք, հրամայէ Հայկ տանել 'ի Հարք, և թաղել 'ի բարձրաւանդակ տեղւոջ, 'ի տեսիլ կանանց և որդւոց իւրոց»:

Հայկայ պատերազմէն ետքը՝ ուրիշ զանազան բաներ ալ կը պատմուին, կ'ըսէ Խորենացին, այն գրքին մէջ. բայց մենք մեր հաւաքմանը հարկաւոր եղածները մէջ բերենք. ու կը սկսի իրեն համառօտ ոճովը քաղել Մարիբասայ գրոցը մէջէն կարեւոր և մտադրութեան արժանի տեպածները:

***

Խորենացւոյն պատմութիւնը՝ այլ և այլ արեւմտեան լեզուներով եւրոպական գիտնոց ծանօթանալէն ետքը, անոնց երկար և քննադատ հետազօտութեանց նիւթ եղաւ: Մարիբասայ առաքումն 'ի Նինուէ, Պարթեւաց թագաւորին քով գտած ընդունելութիւնը, արքունի դիւանաց մէջ խուզարկութիւնք, Վաղարշակայ փնտռած Հայոց պատմութեան գիւտը, շատ բանասիրաց համար խնդրոյ և երկմտութեան նիւթ մը դառնալով, անկէ քաղուած ու 'ի Խորենացւոյ մեզի աւանդուած դիպուածոց և անցից ստուգութիւնն ալ կեղակարծ, անստոյգ, առանց պատմական հաւաստեաց՝ ուստի և քմահաճոյ յերիւրեալ հիւսուածք մը սեպեր են: Ասոնց մէջ գլխաւորք եղած են Ֆրերէ, Գաթրըմէր, Կուտշմիթ և այլք՝ մինչուան մեր օրերը, և ունեցեր են իրենց համամիտքն ու հետեւողք՝ նոյն իսկ մեր ազգին մէջ, և որք ազգային պատմութիւն մ'ալ՝ բոլորովին օտար 'ի Մարիբասեան աւանդից և 'ի Խորենացւոյ, ուզեցին ընծայել « ազգին լուսաւորեալ մասին, որ գիտէ իննեւտասներորդ դարուս քննադատական ոգին, և որ կամէր վաղուց տեսանել այն ոգին մուծեալ և յազգային պատմութիւն մեր»։ Թէպէտ և մերազգի բանասէրք, և յառաջ քան զնոսա հմուտ հայագէտն Տիւլորիէ, առնց կարծեացը դէմ մաքառեցան, բայց իրենց տարակոյսները բոլորովին ցրելու բաւական չսեպուեցան բերուած պատճառներն[1]։

Մենք հակառակորդաց քանի մը պատճառներն միայն յիշատակենք, որոնցմով կ'ուզեն Մարիբասայ գոյութիւնը ժխտել կամ տարակուսի տակ ձգել։ Նախ կ'ըսեն թէ հին Նինուէ արդէն կործանած էր, և հաւատալի չէրևնար որ Պարթևաց և Սելևկեանց պատերազմին ատեն Ասորեստանեայց նոր տէրութեան մը մայրաքաղաք ձևացած ըլլայ։ Դարձեալ կ'ըսեն թէ Աղեքսանդր ոչ ժամանակ և ոչ ալ կամք ունեցած ըլլայ՝ քաղդէականէն 'ի յոյն թարգմանելու պատմական գիրք մը. Մար Իբաս Կատինայեն անունն ալ՝ Արշակայ ժամանակին չկրաբերիր, կ'ըսեն, այլ բառերուն կազմութենէն կ'երևնայ Ասորւոց քրիստոնէական ժամանակի անուն։ Այս պատճառներով՝ զՄովսէս Խորենացի եթէ ոչ խաբեբայ՝ գէթ խաբուած կը համարին այս եւրոպացիք, և թէ կարծեցեալ Մարիբասեան գիրքը՝ Բերոսոսի գրուածքին մէկ օրինակը պիտի ըլլայ անշուշտ։ Գաթրըմէրի հետևողք ալ կը յաւելուն թէ եդեսական դպրոցին վերաբերող Ասորւոյ մը գրուածք է Մարիբասայ պատմութիւնն, որ Խորենացւոյն ձեռքն անցած, և իբրև հաւատարիմ պատմիչ մը կարծուեր է։

Այլազգին բանասիրութեան մաս մ'ալ, և Տիւլորիէ, կը ջանան ցուցընել թէ Մարիբասայ գրուածքը՝ յիրաւի ըստ աւանդութեան Խորենացւոյն՝ Վա-

1 Փափագողք կրնան տեսնել Բազմավէպ ու Արևելեան Մամուլ կոչուած հանդէսներու մէջ (1882-1885) եղած առարկութիւնքն և անոնք ցրելու վախճանաւ տրուած պատասխաններն։

ղարչակայ ատեն չարադրուած է, և թէ անկարելի չէ՝ որ Նինուէի դիւանները Սելեւկիացւոց ձեռքէն Պարթեւաց Թագաւորներուն ձեռքն անցած ըլլան. և հոն իմաստուն ասորին հանդիպած ըլլայ այդ-գրքին: Եւ ցուցընելու համար թէ Մարիբասայ անունը կրնար Քրիստոսէ առաջ ալ գործածուած ըլլալ, Աբգարու և Քրիստոսի ժամանակակից Մար Իհաբ անուն մը կը յիշատակեն. վասն զի Մար՝ Տէր ըսել է, որ ամէն պատուաւոր անձանց ալ կը տրուի:

***

Մարիբասայ՝ կամ 'ի Խորենացւոյ իրեն ընծայուած մատեանն՝ հայերէնագէտ գաղղիացին Վիկտոր Լանկլուա յիւրում Հաւաքման հին և նոր պատմչաց Հայաստանի (Collection des Historiens anciens et modernes de l'Arménie), առաջին անգամ իբրև առանձինն գիրք հրատարակեց գաղղիական թարգմանութեամբ՝ ընդարձակ և հմուտ կանխաբանութեամբ և ծանօթութեամբք, յորոց օգտուեցանք մեր այս գրուածքին մէջ: Խորագիրն է. Mar Apas Catina, Histoire ancienne de l'Arménie, extraite de l'histoire des premiers ancêtres, traduite de chaldéen en grec par ordre d'Alexandre-le-Grand, et conservée en partie par Moïse de Khorène. Traduction nouvelle en français, avec des notes historiques, critiques et philologiques, par Victor Langlois. Paris, Librairie de Firmin-Didot frères, fils et Cie. MDCCCLXVII.

Մեր վերը յիշած մարիբասեան հատուածներէն զատ՝ Հայոց սկզբնաւորութեան և Հայկայ պատերազմին վրայ, թարգմանիչն 'ի մի կը գումարէ առ Խորենացւոյն գտնուած ու Մարիբասայ ընծայուած հետևեալ գլուխները: Առաջին գրքէն՝ գլուխք ԺԲ,

ԺԳ, ԺԴ, ԺԵ, ԺԶ, ԺԷ, ԺԸ, ԺԹ, Ի, ԻԱ, ԻԲ,
ԻԳ, ԻԴ, ԻԵ, ԻԶ, ԻԷ, ԻԸ, ԻԹ, Լ, ԼԱ, ԼԲ։ Եր-
կրորդ գրքէն․ Ա, Բ, Գ, Դ, Ե, Զ, Է, Ը, Թ․ *ուր
հետեւեալ խօսքերը կը յաւելու Խորենացի․ «Աս-
տանօր սպառին բանք ծերունւոյն Մար Աբաս Կա-
տինայ»։*

ՄԱՐԻԲԱՍԷՆ ԻՆՉՈՒԱՆ ՉՈՐՐՈՐԴ ԴԱՐ

—

*Արտաւազդ Ա։ — Աբգար։ — Եդեսիոյ դի-
ւանն։ — Արտաշէս Բ։*

Վաղարշակ՝ որ Հայաստանի թէ քաղաքական թէ ուսումնական բարգաւաճանացը փոյթ ունենալով՝ Հայոց առաջին և ընտիր պատմիչը երեւցուց, յամենայնի իրեն արժանի յաջորդ չունեցաւ․ Արշակ, Արտաշէս, Տիգրան, իրենց փառքն ու մեծութիւնը՝ աւելի հարստութեան և երկրակալութեան վրայ դրած ըլլալով, անոնց համար յոգնեցան․ և իրենց զէնքերուն ուժովը համբաւնին բոլոր աշխարհք, ու վախերնին մերձակայ ազգաց վրայ տարածեցին։

Տիգրանայ յաջորդն Արտաւազդ Ա, եթէ իր նախնեացը պատերազմասէր աշխոյժն ալ ունէր՝ բայց ոչ յաջող բաղդը։ Հայոց պատմութեան մէջ գրեթէ անօրինակ դէպքով մը՝ ոսկի շղթաներով կապկըպած Հռովմայեցւոց ձեռքը գերի կ՚իյնայ․ և թագաւորն գլուխը՝ իւր օտարութեան ու ամօթոյն ցաւերը մեղմացնելու միակ հնարք՝ բանասիրութիւնը կը գտնէր, անոր անոյշ զբաղմանցը մէջ իւր ձախող բաղդին վիշտերը թաղելով։ Պլուտարքոս կ՚աւանդէ թէ իւր գերութեանը մէջ այլ և այլ թատերական քերթուածներ, ճառեր, ու պատմական գրուածներ շա-

թագրած է Արտաւազդ, որոնք ժամանակակցացը առջև մեծապէս յարգի եղած են[1]։

Աբգար՝ Արտաւազդայ յաջորդ Արշամին որդին՝ արքունական աթոռը ելած օրէն Աւագ այր կոչուեցաւ, ու իւր խելքովը ու իմաստութեամբ այնչափ հաճոյացաւ Օգոստոս կայսեր, որ չէր ուզեր զանիկայ հեռացընել քովէն։

Աբգարու Հռովմ եղած ատենը՝ այն համբաւատենչ քաղաքը ոչ միայն քաղաքական, այլ նաև ուսումնական փառաց լման մէջ էր։ Հռովմէական մատենագրութեան ոսկեդարն էր այն ժամանակը. ու Աբգարու սուր և թափանցող միտքը տեսաւ ու նախանձեցաւ վրանին, ու զՀայաստան ջանաց հետևող ընել անոնց։ Անոր համար իւր թագաւորական աթոռը դառնալէն ետքը՝ Եդեսիա քաղքին մէջ տիեզերահռչակ դիւան մը բանալ տուաւ. հոն փոխադրել հրամայեց Մծբին քաղաքին ամէն դիւանական մատեանները. նոյնպէս ալ Պոնտացւոց Սինոպ քաղաքին մեհենական պատմութեանց գրքերը։

Այս դիւանը՝ Երուանդայ երկրորդի օրովը ա՛լ աւելի ճոխացաւ, երբոր Հայք՝ Հռովմայեցւոց հարկատու եղան, ու անոնց կողմանէ գրուած կուսակալներն ջանացին զարդարել զայն. որովհետև յԵդեսիա՝ իբրև 'ի միջավայրի հաստատած էին 'ի Հայոց, 'ի Միջագետաց և յԱսորւոց ժողովելիք հարկերը. ուստի հոն ժողվել տուին ուրիշ գլխաւոր քաղաքաց հարկերուն դիւաններն ալ։ Եդեսիոյ դիւանը՝ ինչուան Քրիստոսի հինգերորդ դարը սրբավայր մը սեպուած էր ամենայն ազգաց իմաստնոց. գիտութեանց մէջ ծերանալու փափաքող մտքեր՝

1 «Արտաւազդ ինքնին և ողբերգութիւնս եւս քերթեալ ունի, և ճառս և արձանագրեալ պատմութիւնս, յորոց կէսք կան և մինչև ցայսօր»։ Պլուտ. Զուգակշիռք, Հատ. Դ. 138։

կ՚ախորժէին հոն անցընել իրենց օրերը։ Հոն Յուլիոս Ափրիկանոս մեծանուն ժամանակագիրն կ՚երթար «գաղափարել որ ինչ ՚ի քարտէզս այնր դիւանին յաղագս Թագաւորացն առաջին ժամանակաց և գործոց նոցա»։ Հոն Սեբերիանոս եմեսացի և Պրոտոգենէս քահանայն վարժուող և վարժիչ կ՚ըլլային։ Հոն կ՚երթար նաև Եւսեբի կեսարացի, որ և կը վկայէ Եկեղեցական պատմութեանը մէջ թէ ինչ որ Աբգարու վրայ գրած է, բոլորն ալ Եդեսիոյ դիւանէն քաղած է։ Հոն սուրբն Մեսրոպ ալ՝ հայ գրոց գիւտէն ետքը՝ իւր աշակերտացը մէջ երկու գլխաւորներն կը ղրկէր, զԵզնիկ և զՅովսէփ պաղնացի, որ օտար գրով գրուած գրքերը հայերէնի դարձնեն։

Հոս միայն չսահմանուիր Աբգարու ուսումնասիրական եռանդը։ Քրիստոսական լուսոյն ճշմարտութիւնն ընդունելէն ետքն ալ՝ նոյն սուրբ կրօնքը հաստատուն գործելու համար՝ ուրիշ հնարքներէն զատ՝ սուրբ գրոց ասորի թարգմանութիւն մըն ալ ընել տուաւ, զոր ազգային և օտար յեռագայ պատմիչք, և մասնաւոր կերպով Վարդան, կը յիշատակեն [1]։

Սակայն Աբգարու մահուընէն ետքը՝ կրօնական

1 Վարդան կը գրէ առ Հեթում Թագաւոր․ «Թարգմանեցին յասորի գիր և ՚ի լեզու... և հայերէն գիր չկայր, վասն այն ասորի գրով թարգմանեցին։ Այս ՚ի ձեր նախնոյն յիշատակ»։ Նոյնն Թադէական Թարգմանութենէն օրինակ մ՚ալ մէջ կը բերէ՝ Ծննդոց գրքին սկզբնաւորութիւնը․ «Ի սկզբանէ արար Աստուած զէութիւնն երկնի և զէութիւնն երկրի․ և այս գեղեցիկ է, զի ցուցանէ թէ յոչէից արար․ և ըստ եօթանասնիցն բազում երկինս ցուցանէ... խիստ անոյշ է»։ Կը վկայէ և Միխայէլ ասորի․ «Ըստ Աբգարոյն՝ որով ասորիք վարին»․ և Ապուլֆարաճ ասորի կամ հայ․ և յառաջ քան զսոսա՝ Ջուաստ կամ Եւստաթ՝ եպիսկոպոս Հագդենայ կամ Հադրենայ ասորւոց։

ու քաղաքական յեղափոխութիւնք տակնուվրայ ըրին զՀայաստան ։ Անանէ ու Սանատրուկ՝ իրենց հօրն ու մօրեղբօրը հաւատքը արհամարհելէն ետքը՝ զէնքերնին ալ իրարու դէմ կը դարձընեն․ Սանատրուկ իր հակառակորդէն զօրաւոր և երկարակեաց ըլլալով, բոլորովին քաղաքական շինութեանց ու Մծբին արքունի քաղաքը զարդարելու զբաղեցաւ։ — Իր որդւոյն Բ․ Արտաշիսի ատեն՝ բոլոր Հայաստան կերպարանափոխ ըլլալու վիճակի մը մէջ կը մնայ․ այդ մեծ և սիրելի Թագաւորը՝ Հայաստանը Ելլադա, Լատիոն մը դարձընելու փափաքով վառուած անձ մըն է․ «Թէպէտ և կարգք և սովորութիւնք գեղեցիկք հաստատեցան 'ի Վաղարշակայ և յայլոց առաջնոց Թագաւորացն, այլ 'ի մեծամեծ արուեստից և 'ի գիտութեանց ունայնացեալք էին, կ'ըսէ Խորենացին․ զչափաթուց ասեմ և զամսոց և զտարեաց բոլորմանց։ Եւ այս ամենայն յօրինի յաւուրս Արտաշիսի » ։ Իրեն խաղաղասէր իշխանութեանը ժամանակ՝ ազգային ոգին մեր մատենագրութեանը մէջ առաջին տեղը բռնեց․ բանաստեղծութիւնն՝ միւսանգամ իւր աշխոյժն ու թռիչքը Թագաւորական գահէն կ'առնուր ։ Թագաւորին որդւոցը մէկը, արքունի հազարապետն Վրոյր, նշանաւոր բանաստեղծ մըն էր․ և թերևս հայկական վիպասանութեան շարագրողաց մէկն, որ երգեց Արտաշիսի երջանիկ օրերն, և անոր հռչակաւոր Սմբատ սպարապետին քաջութիւններն ։ Ասանկ ալ Արտաշիսի միւս որդւոց մէկը՝ Մաժան, որ մեհենաց վրայ վրակեցու դրուած էր, և Անի քաղաքին մէջ եղած Արամազդայ մեհենին քրմապետը՝ հաւանականաբար շարագրող է նաև մեհենական պատմութեանց ։

Արտաշիսի յաջորդաց ատենէն մինչև Տրդատայ ժամանակը, հեթանոսութիւնն՝ քրիստոնական կրօնից դէմ վերջին ուժով պատերազմել կ'երևայ ։ Հայաստան՝ անոր երկնաւոր լուսոյն առջև արդէն սա-սանեալ՝ իր հին կրօնքը հաստատուն պահելու հա-մար երկար և ունայն աշխատանքներէ վերջը կը յաղթուի, ու այն երջանիկ յաղթուելուն պարտը-կան է իր սուրբ փառքն ու մեծութիւնը։

ՔԱՆԻ ՄԸ ՄԱՏԵՆԱԳԻՐՔ

—

Ողիւպ։ — Բարդածան։ — Խոռոհբուտ։ — Արտիթեոս։

Աբգարէն ինչուան Լուսաւորիչ, երեք դարու մի-ջոց, միայն քանի մը մատենագիրք երևցան Հայոց մէջ. կամ թէ աւելի ճիշդ խօսելով, հաւանաբար այնպի-սի բարեկարգ թագաւորութեան մը մէջ ծաղկող մատենագրաց՝ միայն մէկքանիին անուանքը հասան մինչև առ մեզ։ Մեր այս յիշատակած անձանց ազ-գայնութիւնն ալ՝ կամ բուն մեր ազգին պատկանիլը տարակուսական կրնայ համարուիլ, ինչպէս նաև ի-րենց գործածած լեզուն։

Ասոնց մէջ գլխաւոր է

ՈՒՂԻՒՊ կամ Ողիմպիոս քուրմ. Պարսից Դարեհ Վողոգէսի ու մեր Արտաշիսի թագաւորութեան ա-տեն ծաղկած Քրիստոսի երկրորդ դարուն երկրորդ կիսուն։ Հանի կամ Անի ամրոցին ուր քրմապետա-կան պաշտամամբ մեծարուած էր, մեհենական պատմութիւնը շարագրեց Ողիւպ, յորում աւան-դուած էին Դարեհի և Արտաշիսի թագաւորութեան ժամանակաց դէպքերը. և կ'երևնայ թէ անոր գըբուածներէն քաղած է Խորենացին՝ ինչ որ Արտաշիսի վրայ կը պատմէ. վասն զի անոր պատմութիւնն ըրած ժամանակ՝ կը յաւելու. «Եւ զայս մեզ ստուգապէս պատմէ Ողիւպ քուրմ Հանւոյ, գրող մեհենական պատմութեանց, և զայլ բազում գործս՝ զոր ասել կայ մեզ առաջի, որում և Պարսից մատեանքն վկայեն և Հայոց երգն վիպասանաց»: Հաւանական կ'երևնայ թէ Բարդածան և Եւսեբիոս ալ Եդեսիոյ դիւանին մէջ հանդիպեր են ասոր գրուածքին, և անոնցմէ օգտուած:

*
* *

ԲԱՐԴԱԾԱՆ. Անտոնինոս Կարակալլա և Լուկիոս Վերոս կայսերաց ատենն էր Բարդածան՝ յաջողակ 'ի բան և 'ի գիր, և հայկական ուսմանց ոչ անտեղեակ: Ծնած է յասորեստան, և հաւանականաբար յԵդեսիա: Ցայլ և այլ մատենագրաց հնոց՝ որ իր յիշատակութիւնն կ'ընեն, երբեմն ասորի և պարթեւ կոչուած է, մերթ միջագետացի, մերթ բաբելոնացի, և յայլոց նաև հայկազն: Կրնայ ենթադրուիլ թէ իրարմէ որիշ՝ բայց համանուն անձինք ըլլան, որոց գրուածք և գնացք, վրիպակաւ կամ շփոթմամբ իրարու ընծայուած: Այս պատճառաւ է անշուշտ՝ որ երբ յոմանց արդի քննադատից՝ համաձայն ընդ հնոց, Կարակալլայի ժամանակակից՝ կը համարուի, յայլոց՝ մանաւանդ 'ի գերմանացի գիտնոց, ասորի կայսերաց ատեն ծաղկած կ'ենթադրուի, և իրեն ընծայուած Բաշխից կամ Գուշակութեանց վերայ յօրինուած գրուածքին մէջ տեղ մը Հելիոգաբաղ կայսեր ակնարկութիւն մ'ալ կը կարծեն տեսնել:

Ընտիր դաստիարակութիւն մը առած էր կ'ըսեն Բարդածան Եդեսիոյ իշխանաց արքունեաց մէջ. և բարեկամ Աբգարու Ը՝ ութերորդ Մանուայ որգոյն, որ Ոսրոէնաց աթոռը գրաւեց 152–153էն մինչեւ 'ի 187–188. սիրող եւ հետամուտ գիտութեանց եւ արուեստից, ու իր դարուն եւ ժամանակին մատենագրաց մէջ նշանաւոր անձ մը։ Ետեւէ եղաւ նաեւ գիտութեան գաղանեաց կամ քաղդէութեան, աստեղաց շրջաններուն կամ շարժմանց՝ մարդկային բաղդի եւ ապագային վրայ ունեցած եւ ըրած ազդեցութեանց. եւ անգղիացի բանասէրն Գիւրըդոն՝ իր անունը կրող այսպիսի գրութեան մը հատուածներուն հանդիպած է Նիտրիոյ վանքի մը մատենադարանին ձեռագրաց մէջ եւ հրատարակած յիւրում Ասորական Հաւաքման։

Որչափ ալ հետամուտ արեւելեան աստղերագրական եւ իմաստասիրական գրութեանց, սակայն մեծ փոյթ եւ ջանք ալ ցըցուց Բարդածան նաեւ արեւմտեան գիտութեանց՝ որք անհրաժեշտ լրումն կը սեպուէին Ասիական դպրոցաց ուսման, եւ 'ի մասնաւորի Եդեսիոյ, որ Աղեքսանդրիոյ ու Աթենքի վարժոցներէն ետքը՝ ամենէն հռչակեալն էր։ Հմուտ կատարելապէս ասորի լեզուի, տեղեակ էր նաեւ հելլէն դպրութեանց. եւ կը վկայէ Եպիփան՝ վարդապետ եկեղեցւոյ, որ նոյն լեզուով այլ եւ այլ գրուածքներ ալ շարագրած ըլլայ։ Սակայն իր լիուլի հմտութիւնը ասորականին մէջ էր. որով յօրինած է ընդհանրապէս իր ամէն երկասիրութիւնքը, եւ զոր կը խօսէր ընտիր ոճով եւ հրավառ ճարտարախօսութեամբ։ Ինք եղաւ հեղինակ նոր քերթողական չափու մը յասորի մատենագրութեան. եւ այն չափաւ շարադրեց հարիւր եւ յիսուն եկեղեցւոյ պաշտամանց վերաբերեալ երգեր, եւ որք գրեթէ երկու դար 'ի կիրառութեան էին Ասորւոց մէջ՝ իր Հարմոնիոս որդւոյն շարագրածներուն հետ։ Իրեն կ'ընծայուի դարձեալ եւ եղանակաց ներմուծումը յարեւելեան եկեղեցիս։

Առաջ հաւատարիմ եկեղեցւոյ վարդապետութեանցը, իր զօրաւոր լեզուն և ճարտասանութիւնը անոր պաշտպանութեան գործածած էր, և այն գըրչով ու սրտով՝ որուն վրայ կը զարմանային սուրբն Հերոնիմոս, Աւգոստինոս և Նիկեփոր, կորակոր ու ամօթապարտ լռեցուցած էր Ասորւոց աշխարհին մէջ իւր ժամանակին բազմաթիւ հերետիկոսներն։ Բայց կենացը վերջի տարիներն՝ ինքն ալ մոլորական վարդապետութեանց մէջ ինկաւ, նախ՝ նա եւ ըստ Խորենացւոյ, Վաղենտինեանց աշակերտելով, « զոր յետոյ յանդիմանեալ անարգեաց, կ'ըսէ. ոչ գալով 'ի ճշմարտութիւն, այլ միայն 'ի նմանէ զատուցեալ՝ այլ հերձուած յարդարեաց յինքենէ »։

Երբ Կարակալլա կայսրն 'ի դարձին յարշաւանաց Եգիպտոսի՝ անցաւ 'ի Միջագետս, ու գահընկէց ընելով յիշխանական աթոռոյն զԱբգար Ծ զորդի Մանովայ Ծ, ու ձմերելով յԵդեսիա՝ Ոսրոենաց վայրապետութիւնը հռովմէական գաւառի մը վերածեց, բռնադատուեցաւ Բարդածան հեռանալ 'ի հայրենեաց։ Անշուշտ այն միջոցին է՝ որ Հայաստան ալ եկաւ, յոյս ունենալով զոմանս աշակերտել իրեն. բայց տեսնելով թէ ընդունայն է աշխատանքն, Հանի ամրոցը գնաց, ու հոն մեր ազգին մեհենական պատմութիւններն ու առաջին թագաւորաց գործերը կարդալով, յասորի լեզու թարգմանեց զանոնք. ու այլ և այլ թագաւորական դիւաններէ զանազան տեղեկութիւններ ժողվելով, պատմական գրուածք մը շարագրեց, զոր յետոյ իր աշակերտեալքը՝ փոխեցին 'ի յոյն, և Եդեսիոյ դիւանին մէջ պահուեցաւ։

Թէ Եւսեբիոս և թէ մեր Խորենացի՝ իրեն գըրուածքներէն կը քաղեն այլ և այլ ժամանակակից դիպուածոց յիշատակութիւններ. « Էր, կ'ըսէ Խորենացի, այր կորովի բանիւք. որ և առ Անտոնինոս համարձակեցաւ գրել թուղթ. և բազում ասացուած արար ընդդէմ աղանդոյն Մարկիոնացւոց և բաշխեց և կուոց պաշտաման, զոր 'ի մերում աշխարհիս … Պատմէ 'ի մեհենիցն պաշտամանց, վերջին Տիգրանայ արքայի Հայոց պատուեալ զգերեզման եղբօրն իւրոյ Մաժանայ քրմապետի 'ի բագնացն աւանի, որ 'ի Բագրեւանդ գաւառի, բագին 'ի վերայ գերեզմանին շինեալ՝ զի 'ի զոհիցն ամենայն անցաւորք վայելեսցեն, և ընդունիցին հիւրք երեկօթիւք … Յայսմ պատմութենէ առեալ մեր երկրորդեցաք քեզ 'ի թագաւորութենէն Արտաւազդայ մինչև յարձանն Խոսրովու »։

Ոչ անծանօթ է Բարդածան նաև մեր ուրիշ պատմչաց ալ։ Զենոբ Գլակ, չորրորդ դարու մատենագիր, կ'ըսէ. « Եթէ ստուգիւ կամիս գիտել զայսոսիկ, ով երանելիդ Բեկտոր, ընթերցիր զթագաւորութիւն Հեփթաղինեկայ հելլենացի գրով, և կամ զթագաւորութենէն Ճենաց, զոր գտանես յՈւռհա քաղաքի առ Բարդայ պատմագրի »։ Ուխտանէս պատմիչ. « Եթէ ստուգիւ կամիք տեղեկանալ, ասէ, ընթերցջիք զվերջին գրուածն Բարդըծանայ Ուռհայեցւոյ, զոր կարի գեղեցիկ ասէ և զբանն՝ զոր խօսեցան ընդ միմեանս Տրդատ և Հրաչեայ արքայ. և կամ թէ յետոյ զինչ արարին զՀրաչէ՝ ոչ գիտեմ ասէ պատմագիրն »։

Եւսեբիոս 'ի Պատմութեան Եկեղեցւոյ (Դպր. Դ. 30) հետևեալ տեղեկութիւններն կ'աւանդէ Բարդածանի վրայ. « Ի նմին իսկ արքայութեանն Անտոնինոսի Վերոսեայ, բազում էին աղանդք հերձուածոց 'ի Միջագետս յՈւռհայ. Բարդեծան այր երևելի, որ ասորի լեզուաւ իմաստուն կորովի էր յոյժ, և ընդդէմ Մարկիոնացւոցն և այլոցն որ վերակացու էին որոշեալ աղանդոյն, եկաց բանիւ իւրով. և գրեաց նա զխօսսն յիւր լեզու հանդերձ այլովք խօսիւք բազմօք. և էին նորա ընկերք և ծանօթք բազումք և զօրսգոյն էին բանիւք. և նոքա հանին զխօսս նորա 'ի լեզուէ ասորոց 'ի յոյն. և 'ի նոյն խօսըն իւր է մաքառումն մի զոր ասացեալ է նորա մեծապէս վասն բաշխից զոր գրեաց Անտոնինոսի: Եւ այլ բազումս ասեն զնմանէ թէ գրեաց 'ի պատճառս հալածանացն որ եղեն յայնմ ժամանակի: Բայց էր սա յառաջագոյն յուսման աղանդ Վաղենտինոսի. իսկ իբրև անարգեցաւ յաչս իւր սա, և կշտամբեալ յանդիմանեաց զբազում պատմութիւնս նորա. և խորհեցաւ թէ որպէս ինքն յանձնէ իւրմէ փոխեացի 'ի խորհուրդս առաւելս. այլ ոչ լի կատարեալ ջնջեաց նա յիւրմէ զաղտ առաջին հերձուածոյն»:

Ինչպէս Մարիբասայ, սանկ ալ Բարդածանայ նկատմամբ հայ պատմութեան գրուածոցը հաւաքում և թարգմանութիւն մը ընծայեց Լանկլուա, մեր արդէն 'յիշատակած Հաւաքման մէջ՝ այսպիսի խորագրով. Bardesane, Œuvres historiques et philosophiques, publiées d'après les sources Arméniennes, Grecques et Syriaques, avec des notes historiques, critiques et philologiques, par Victor Langlois. Այս գրուածքին մէջ՝ Հատուածք Հայկական պատմութեան (Fragments d'une histoire de l'Arménie, par Bardesane) վերնագրով կը խըմբագրէ առ Խորենացւոյն իրեն ընծայուած գլուխներն. և են երկրորդ գրքէն գլուխք ԿԱ, ԿԲ, ԿԳ, ԿԴ, ԿԵ, ԿԶ: Կը յաւելու ապա իրեն անուամբ գտնուած ուրիշ քանի մը երկասիրութեանց մնացորդք:

***

ԽՈՌՈՀԲՈՒՏ. Նոյնպէս 'ի Խորենացւոյ յիշատակուած, ու միայն անուամբը մեզի ծանօթ մատենագրաց կարգէն է նաև Խոռոհբուտ, Պարսից Շապուհ Թագաւորին դպիրը, որ Քրիստոսի 362 Թուականին Յուլիանոս Ուրացողին ձեռքը գերի ինկաւ, ու անոր ուրիշ արքունի պաշտօնակալացը հետ Յունաստան անցնելով՝ քրիստոնէութիւնն ընդունեցաւ, ու Եղիազար կոչուեցաւ։ Հոն Բարսումա անունով Ասորւոյ մը, զոր Պարսիկք Ռաստսոհուն կը կոչէին, մէկ գիրքը 'ի յոյն թարգմանեց։

Պատմական գրուածք մըն ալ շարադրած է Խոռոհբուտ, որուն համար կը վկայէ Խորենացին թէ Շապհոյ, Յուլիանոսի և Խոսրովու գործերը աւանդող ուրիշ պատմագիրներէն աւելի ստուգապատում է, թէպէտ և գտնուին իւր գրոցը մէջն ալ այլ և այլ առասպելներ թէ Պարսից և թէ Հայոց վրայ։ Այս առասպելներէն մէկ քանին կը յիշէ Խորենացին իւր պատմութեանը մէջ. «Անտեղի է մեզ, կ'ըսէ, այժմ երկրորդել զառասպելսն յաղագս Երազոյն Փափագոյ, և արտադատութեան հրոյն մանուածոյ՝ որ 'ի Սասանայ, և պատուհն զհօտիւն, և լուսնակն, և ախտարմողացն յառաջասացուհն, որ են քաւդեայք. և որ ինչ զկնի այսորիկ. և պոռնկական խորհուրդն Արտաշրի հանդերձ սպանութեամբք, և անմիտ հանճարաբանութիւն մոգին դստեր վասն նոխազին, և որ ինչ այլն ամենայն։ Նաև այծին դիեցուհն մանկանն ընդ հովանեաւ արծւոյն, և գուշակուհն ագռաւուն, և գերապանծին պահպանութիւն առիւծուն հանդերձ որբանեկութեամբ գայլոյն, և միայնամարտութեանն առաքինութիւն, և որ ինչ այլաբանութեանն բերէ կարգ»։

***

ԱՐՏԻԹԷՈՍ. Հայ քրմի մը որդի էր. բայց սրբոյն Գրիգորի ձեռքովը ու ջանիւք՝ ճշմարտութեան քարոզ եղաւ, և ուսումնական ընթացքը կատարելով՝

իր արժանաւորութեամբը ինչուան եպիսկոպոսական աստիճանի բարձրացաւ։

Արտիթէոս՝ Մարկոս անունով միայնակեցի մը խնդրանօքը, որ Ագուոձան ըսուած կղզին առանձնացած էր, Լուսաւորչայ վարուց պատմութիւնը շարագրեց նամակի ձեւով. և իրմէն առած է Խորենացին՝ ինչ որ նոյն սրբոյն մանկութեան և երիտասարդութեանը վրայ կ՚աւանդէ, ինչուան անոր Տըրդատայ քով ծառայութեան մտնելը։

ՂԵՐՈՒԲՆԱ

Իրեն ընծայուած գրքի մը գիւտը։ — Ասորի բնագիրը։ — Գրուածքին նիւթը։ — Հարազատութիւնը։ — Այլ և այլ տպագրութիւնք և թարգմանութիւնք։

Աբգարու ժամանակակից պատմիչ մը կը յիշատակէ Խորենացին՝ Ղերուբնա անունով. Ափշադարայ քրմի որդի, մեհենական պատմութեանց հմուտ, որ Աբգարու և անոր որդւոյն Սանատրկոյ պատմութիւնը շարագրած է. «Ղերուբնա, կ՚ըսէ, որդի Ափշադարայ դպրի՝ գրեաց զամենայն գործս՝ որ ինչ յաւուրս Աբգարու և Սանատրկոյ, և եդ 'ի դիւանին՝ յԵդեսիա»։

Այս գրուածը կորսուած կը համարուէր ընդհանրապէս. որովհետև միայն Խորենացին կը յիշէր այն երկասիրութիւնը, առանց յայտնապէս ըսելու թէ արդեօք ինքը տեսա՞ծ էր այն գրուածը. իսկ իրմէ ետքը եկող պատմագիրներէն ոչ ոք՝ — բայց 'ի Մխիթարոյ այրիվանեցւոյ՝ յերեքտասաներորդ դարու, դնելով 'ի կարգի պատմըչաց իր անունը յետոյ քան զՏատիանոս և յառաջ քան զՄարիբաս, – ոչ զինք կը յիշէ, և ոչ ալ անոր իրաւամբ հետաքրքրական երկասիրութեան վրայ տեղեկութիւն մը կու տայ:

Բայց ետքի տարիներս (1853) Փարիզու ազգային մատենադարանին հայկական ձեռագրաց մէջ Հայաստանի հին քրիստոնէութեան վրայ համառօտ բայց ընտիր գրուածք մը գտնուեցաւ՝ այսպիսի մակագրութեամբ. «Թուղթ Աբգարու Թագաւորի Եդեսիոյ քաղաքի՝ որ է յասորի լեզու Ուռհայ, որդւոյ Մանովայ»: Այս թէ՛ մեր լեզուին և թէ եկեղեցական պատմութեան համար ծանրակշիռ գրուածին հեղինակ՝ նոյն ինքն Ղերուբնա կարծուեցաւ ոմանց հմտից. և կամ աւելի հաւանականաբար՝ անոր երկասիրութեան մէկ մասը. որովհետև նոյն գրուածքին վերջերը հեղինակին անունն ալ կը յիշատակուի հետևեալ խօսքերով. «Զամենայն ինչ զոր հրամայեն թագաւորք, և զամենայն որ ինչ միանգամ լինի առաջի նոցա, գրի և դնի 'ի տունս յիշատակաց. սոյնպէս և յՈւռհա քաղաքի՝ Ղըբուբնեա որդի Անակայ, որդւոյ Աբդաշարագայ, դպրի թագաւորին. գրեաց զամենայն ինչ որ միանգամ իրք եղեն Ադէի առաքելոյ, 'ի սկզբանէ մինչև ցկատարած. միաբանութեամբ ձեռն արկանելով և Աննա (Անան) հաւատարիմ թագաւորին. և եդին 'ի տանն յիշատակաց քարտխսից, ուր դնին մատեանք և օրէնք արքունականք. և որք գնեն և վաճառեն և գրեն 'ի միջի նոցա մուրհակք հաստատութեան, անդ պահին հաստատութեամբ առանց արհամարհանաց»:

* * *

Հայկական ձեռագրին այս նշանաւոր գիւտէն տասնըմէկ տարի յառաջ, երբ դեռ հրատարակուած չէին ասորագրութեամբ ոչ հայերէնն և ոչ եւրոպական լեզուներով թարգմանութիւնք նոյն գրուածքին, անգղիացի անուանի ասորագէտ վարդապետն Գիւրըթոն՝ ուսումնական աշխարհի իրաւամբ մեծ ցաւ պատճառող իր մահուընէն քիչ յառաջ՝ ուզեց գիտնալ թէ հայկական մատենագրութեան մէջ կա՞ր արդեօք Աբգարու պատմութեան վերաբերեալ հին գրուածք մը, զոր ինք յաջողեր էր գտնել այն ասորի գրչագրաց մէջ՝ զոր հայրենակիցքը բերեր էին յԱնգղիա՝ Եգիպտոսի Նիտրիոյ վանքերէն: Այս գրուածքն էր նոյն՝ Փարիզու գրատան մէջ գտնուած հայկական օրինակին հետ, ինչպէս յայտնի անմուեցաւ երբ Գիւրըթոնի մահուընէն ետքը և նոյն տարին (1864)՝ իր բարեկամն և ուսումնակից Վրայթ հրատարակեց՝ ասորի բնագրին վրայ աւելցընելով նաև անգղիական թարգմանութիւն մ'ալ հետևեալ խորագրով. Ancient Syriac Documents relative to the earliest establishment of Christianity in Edessa. Հրատարակողն կը ծանուցանէ թէ 1848 տարիէն Աբգարու այս թղթին հանդիպած էր Գիւրըթոն երկու հին ասորական ձեռագրաց մէջ. յորոց միոյն համար կը կարծէ որ սկզբնագիր եղած ըլլայ հայ թարգմանութեան, գրուած ըլլալով՝ ինչպէս կ'ենթադրէր 'ի սկզբան հինգերորդ դարու. իսկ միւսն 'ի վեցերորդին՝ բայց դժբաղդաբար երկուքն ալ խիստ անկատար, գրուածքին գրեթէ կէս մասը պակսելով ասորւոյն մէջ, ուր հայերէն թարգմանութիւնն ամբողջ է և անթերի:

Ասորի բնագրոյ և այս հայկական թարգմանու-

թեան մէջ եղած տարբերութիւնը խիստ քիչ է։ Միայն նշանակութեան արժանի այն է՝ որ այս երկու գրուածք ինչուան վերջը չէին շարունակեր 'ի համաձայնութեան ընդ միմեանս. այլ 'ի վերջ կոյս պատմութեանն իրարմէ կ'անջատին. և մինչ ասորին մահուանը պատճառաւ անհետ կ'ընէ զառաքեալն Թադէոս, հայկականն ճանապարհորդել կու տայ անոր յԵդեսիոյ յաշխարհս արևելից։

Հայերէն օրինակն հրատարակուեցաւ յամի 1868 *'ի Ս. Ղազար Վենետկոյ 'ի Մխիթարեան Հարց այսպիսի խորագրով. «Լաբուբնեայ դիւանագիր դպրի Եդեսիոյ. Թուղթ Աբգարու, յեղեալ յասորւոյն, լուսաբանեալ»։ Նոյն տարին գաղղիական թարգմանութիւն մ'ալ այն գրուածքին 'ի նոյն Հարց.* Lettre d'Abgar, ou Histoire de la conversion des Edesséens, par Laboubnia, ecrivain contemporain des Apôtres, traduite sur la version arménienne du V.me siècle.

Նախընթաց 1867 *տարւոյն թուագրով ուրիշ գաղղիական թարգմանութիւն մ'ալ հրատարակուեցաւ 'ի* 1868 *'ի Փարիզ. Լանկլուայի Հայ պատմագրաց Հաւաքման մէջ.* Léroubna d'Edesse, Histoire d'Abgar et de la prédication de Thaddée, traduite pour la première fois sur le manuscrit unique et inédit de la Bibliothèque Impériale de Paris, par Jean Raphaël Emine. Paris, Librairie de Firmin-Didot frères, fils et C.ie. *Հայկական թարգմանութեան ուրիշ տպագրութիւն մ'ալ դարձեալ 'ի* 1868 *յԵրուսաղէմ, 'ի տպարանի սրբոց Յակովբեանց. «Ղերուբնա Եդեսացի, Թուղթ Աբգարու թագաւորի Հայոց, և քարոզութիւնք սրբոյն Թադէի առաքելոյն։ Մակագիրն ըստ ձեռագրաց. Թուղթ Աբգարու թագաւորի Եդեսիայ քաղաքի, որ է յասորի լեզու Ուռհայ, որդւոյ Մանովայ»։*

***

Գրուածքիս հաւատարմութեան գլխաւոր նշանը՝ յամենայնի ընդ Խորենացւոյն զուգընթացութիւնն է. և յայլուստ գիտենք թէ Խորենացին՝ Ղերուբ-նայէն քաղած է Աբգարու պատմութիւնը։ Եւ գը-րուածքիս մէջ անանկ դիպաց յիշատակութիւնք կան և մանր պարագաներ՝ որոնք երկասիրութեանս սկզբնագիր ըլլալուն ապացոյցներ են։ Քանի մը օրի-նակով հաւատարմացընենք խօսքերնիս։

Խորենացին պատճառ մը չիտար թէ ինչու Աբգար չկրցաւ անձամբ Պաղեստին երթալ, ու Քրիստոսէ բժշկութիւն խնդրել. կամ գէթ կ'իմացընէ թէ հի-ւանդութիւնն էր պատճառ որ զինքը այն ճամբոր-դութենէն ետ կը կեցընէր։ Իսկ գրուածքիս հեղի-նակը քաղաքական բարակ տեսութիւն մը մէջ կը բերէ. «Կամեցաւ, կ'ըսէ, ինքնին երթալ 'ի Պաղես-տին, զի աչօք իւրովք տեսցէ զՔրիստոս և զամենայն սքանչելիս զոր առնէր. և վասն զի չէր իւր իշխանու-թիւն աշխարհն Հռովմայ՝ ընդ որ ինքն երթալոց էր, զանցի կալաւ, զի մի պատճառք ինչ լինիցին թըշ-նամութեան»։

Մանր զանազանութիւններ ալ կ'ըսէ որ աւելի ժամանակակից անձի և գրչի յատուկ են։ Ասանկ են թուահամարոց մանր իջնելներն, որ Խորենա-ցւոյն գրոցը մէջ չեն երևնար. ինչպէս Մարիհաբ, Շամշագրամ և Անան իշխանաց առ Սաբինոս Եւ-ստորքեայ ղրկուելնուն ժամանակը որոշելը՝ Աբգա-րու թագաւորութեան երեսունուերկուերորդ տա-րին, Տրէ ամսոյն տասուերկուքին։ Դարձեալ Անա-նայ հաւատարմին ձեռքով առ Քրիստոս թղթելը, ու-անոր՝ արեգ ամսոյն չորեքտասաներորդ օրը Ուռ-հայէն ելլելը, ու ահկի ամսոյն երկոտասաներորդ՝ չորեքշաբթի օրը Երուսաղէմ մտնելը, ու զՔրիստոս՝ Հրէից Գամաղիէլ քահանայապետի տան մէջ տեսնելը: Նոյնպէս Թադէոսի Ուռհա քաղաքէն ելլելը հինգշաբթի օրը մարերի ամսոյն տասնուչորսին:

Աբգարու առ Քրիստոս թղթոյն օրինակը՝ նման է ըստ ամենայնի Խորենացւոյն մէջ գտնուածին, բաց 'ի քանի մը մանրմունր տարբերութիւններէ. միայն թէ Խորենացւոյն մէջ Յիսուսի փրկիչ անունը կը տրուի յԱբգարէ. իսկ հոս՝ բժիշկ մեծ կ'անուանի, որ թերևս աւելի վայելուչ է տակաւին հեթանոս թագաւորի մը բերանը՝ որ միայն անոր բժշկութիւններէն գուշակած է անոր մեծ ու երկնաւոր անձ ըլլալը:

Արքունի գերդաստանին նկատմամբ ալ ծանօթութիւններ կու տայ՝ որ ուրիշ պատմչաց մէջ չեն երեւնար, և ըստ մեզ ապացոյցք են անոր հնութեանը. վասն զի կը յիշէ զԱւգուստինէ՝ Աբգարու մայրը, ու անոր կինը Շղամաթէ՝ զոր Միհրդաթայ դուստր կը կոչէ: Դարձեալ իրեն պաշտօնեայքը յանուանէ կը յիշատակուին Փոկրէ, Աբեթշէմէ, Շամշագրամ, Աբդիու, Անլի և Բարքաղաբա, Ղաբբու, Խափէս, Խասրով և Ղբուրնիա, Շաւիթա, Պերոզ, Դանկով, և այլ ուրիշ նախարարք.

Խորենացին կը զրուցէ թէ երբ Քրիստոս Աբգարու կողմանէ գրուած նամակը ընդունեցաւ, Թովմայի առաքելոյն պատուիրեց որ այն թղթոյն պատասխանը տայ: Ասանկ նաև Եւսեբիոս յԵկեղեցական պատմութեան, Պրոկոպիոս և այլք: Իսկ գրուածիս հեղինակը կ'աւանդէ, — և որ հաւանականագոյն թուի, — թէ Տէրն մեր Աբգարու թղթոյն պատասխանը ոչ գրով՝ այլ բերնով եւեթ տուած ըլլայ, վասն զի կ'ըսէ. « Ընկալեալ Յիսուսի զթուղթըն 'ի տան քահանայապետին Հրէից, ասէ ցԱնան հաւատարիմ արքային. Երթ և ասա տեառն քում որ առաքեացն զքեզ առ իս. Երանի է քեզ զի հաւատացեր յիս, մինչև տեսեալ քո զիս. զի այսպէս գրեալ է վասն իմ։ Եւ զի գրեցեր դու առ իս՝ գալ ինձ առ քեզ. վասն որոյ առաքեցայ ես յաշխարհ. կատարեալ է ամենայն.» և այլն։

Խորենացին կը յաւելու. «Զայս Թուղթ եբեր Անան սուրհանդակ Աբգարու. ընդ որում և զկենդանագրութիւն փրկչական պատկերին». ու չինշանակեր թէ ինչպէս նկարեցաւ այն պատկերը. ուստի և ոմանք ետքէն յարմարցուցած կ'աւանդեն, թէ Քրիստոս տեսնելով որ Աբգարու կողմանէ ղրկուած նկարիչը չկրցաւ իր աստուածային դէմքը պատառի վրայ առնուլ, ձեռքն առաւ պատառը, երեսացը վրայ դրաւ, և աստուածային դիմացը նկարագիրը տպաւորեցաւ այն պատառին վրայ։ Այս պարագայն չյիշատակեր ընաւ գրուածքիս հեղինակը. այլ կ'ըսէ յայտնապէս, թէ «(Անան) առեալ նկարեաց զպատկերն Յիսուսի ընտիր դեղովք. քանզի արուեստաւոր Թագաւորին էր. և բերեալ մատոյց Աբգարու Թագաւորի տեառն իւրում»[1]։

***

Աբգարու Թղթոյն գլխաւորնիւթը Թադէոս առաքելոյն քարոզութիւնն է, զոր ինք Ադէ կ'անուանէ, հանդերձ այն հրաշքներով՝ զորս արդէն ազգային եկեղեցական պատմութիւններէս մեզի կ'աւանդէ։ «Եւ ոչ միայն Հայք, կ'ըսէ պատմիչը, այլ բազումք յարեւելից 'ի նմանութիւն վաճառականաց յիշխանութենէ Հռոմոց գային տեսանել զնշանսն զոր առնէր Ադէ առաքեալ. և աշակերտեալքն 'ի նմանէ ընդունէին զձեռնադրութիւն քահանայութեան. և յաշխար-

1 Ի Գենուա (Ճենովա) Իտալիոյ յեկեղեցւոջ սրբոյն Բարթուղիմեայ Հայոց (S. Bartolommeo degli Armeni) մեծարուած և պատմական հնութիւն ունեցող Քրիստոսի դաստառակ մը, որուն համար աւանդութիւնը առ Աբգար ղրկուածն է կ'ըսէ, արուեստախ՛ դեղոց նկարուած է ըստ հմտից և քննողաց։

հին իւրեանց յԱսորեստանի զգաւառականս իւրեանց աշակերտէին. և տունս աղօթանոցս շինէին 'ի ծածուկ վասն երկիւղի այնոցիկ՝ որ երկիր պագանէին կրակի և պատուէին զջուրս»:

Խորենացւոյն պատմութեան մէջ թուղթ մը կը կարդանք գրուած յԱբգարէ առ Ասորեստանեայց մանուկ թագաւորն Ներսեհ: Գրուածքիս հեղինակը այն նամակը մէջ չբերեր, այլ պարզապէս նոյն պատմութիւնը կ'աւանդէ. «Ներսեհ թագաւոր Ասորեստանեայց, կ'ըսէ, յորժամ լուաւ զգործսն զոր առնէր Ադէ առաքեալ, յղեաց նա առ Աբգար թագաւոր և ասէ. Կամ տուր ածել ինձ զայրդ որ զնշանսդ առնէ առ քեզ, զի տեսից զդա և լուայց զբանս դորա, և կամ տուր գիտել ինձ զամենայն ինչ որ միանգամ արարեալ է դորա 'ի քաղաքիդ քում[1]: Ապա գրեալ Աբգարու Ներսեհի թագաւորի Ասորեստանեայց և իմացուցեալ նմա զամենայն պատմութիւն իրացն՝ զոր արար Ադէ առաքեալ 'ի սկզբանէ մինչև ցկատարած. և ոչ ևթող ինչ զոր ոչ իմացոյց նմա գրով: Եւ իբրև լուաւ Ներսեհ զգրեալսն առ նա՝ հիացեալ զարմանայր. և մեծապէս ցանկութեամբ կամէր տեսանել զնա»:

Աբգարու մահը ու անոր Սանատրուկ որդւոյն թագաւորելը և կրկին 'ի պաշտօն կուռց դառնալը՝ համառօտիւ կը յիշատակուի Խորենացւոյն մէջ. և պատճառը մէջ կը բերէ. «Զայս, կ'ըսէ, ծայրաքաղ արարեալ համառօտ յիշատակեցաք, որպէս զառ 'ի յայլոց պատմեալ նախկին», որով անտարակոյս զՂերուբնա կ'ակնարկէ, ինչպէս առաջ ալ ըսինք: Ղերուբնա՝ կամ իրեն ենթադրուած գրուածքիս հե-

1 «Այլ վասն այնր զի գրեցեր առ իս թէ տուր ածել զայրդ բժիշկ՝ որ զնշանսդ առնէ և քարոզէ այլ Աստուած 'ի վեր քան զհուր և զջուր, զի տեսից և լուայց դմա, նա ոչ էր բժիշկ ըստ արուեստի մարդկան. այլ աշակերտ էր Որդւոյն Աստուծոյ՝ արարչի հրոյ և ջրոյ.» և այլն: Աբգար՝ առ Խորենացւոյ:

ղլինակը՝ ասանկ մանրապատում կ՚ընէ նոյն ժամանակաց դէպքերը.

«Յետ ամաց ինչ մեռաւ Աբգար Թագաւոր, և եկաց 'ի Թագաւորութեան մի յորդւոց իւրոց, այր չար և ապստամբող, լի ամենայն անօրէնութեամբ, որ ատէր զխաղաղութիւն և ոչ ընդունէր զվարդապետութիւն քարոզութեան աւետարանին. յղեաց առ Ադէ եպիսկոպոս մինչդեռ նստէր յեկեղեցւոջ, և խօսէր զպատգամս գրոց սրբոց յականջս ժողովրդեան, և ասէ. «Արա ինձ խոյրս ոսկեղէնս զոր օրինակ առնէիր յառաջ հօրն իմոյ»: Եւ ոչ առ յանձն Ադէ. առաքեալ անդրէն և ասէ. «Ոչ Թողում ես զպաշտօնս Քրիստոսի որ աւանդեցաւ ինձ յԱդէէ առաքելոյ, և առնեմ խոյրս անիրաւութեան»: Եւ իբրև ետես նա եթէ ոչ հաւանի նա կատարել զկամս նորա, յղեաց և խորտակեաց զսրունս նորա՝ մինչդեռ նստէր յեկեղեցւոջ և Թարգմանէր 'ի մէջ ժողովրդեանն: Եւ 'ի մեռանելն իւրում երդմնեցոյց զՓղոտ և զԱբշղամայ՝ եթէ աստէն իսկ 'ի տանս յայսմիկ ուր մեռանիմս վասն Ճշմարտութեան սորա՝ դիք զիս, և աստէն Թաղեցէք: Եւ որպէս երդմնեցոյց զՓղոտ և զԱբշղամայ՝ նոյնպէս արարին. Թաղեցին զնա անդէն 'ի ներքոյ քան զմիջին դուռն եկեղեցւոյն, 'ի միջի՝ ընդ արս և ընդ կանայս: Եւ եղև սուգ մեծ և դառն յեկեղեցւոջն և յամենայն քաղաքն վասն իրացն եղելոցն. որպէս եղև սուգ և տրամութիւն՝ յորժամ վախճանեցաւ բարիոք վըկայութեամբ Ադէ առաքեալ վարդապետն նորա 'ի ձեռաց ամպարշտաց՝ 'ի կողմանս արևելից»:

Հաւանական կարծեօք հմտագունից՝ ըստ մեծի մասին Ղերուբնայի և կամ Լաբուբնեայ դիւանագրի Եդեսիոյ, ժամանակակցի առաքելոց և աշակերտաց կը վերաբերի այս գրուածքը. սակայն երկու հարիւր տարուան միջոցի մէջ շատ փոփոխութիւններ կրած՝ ու երբեմն նաև յաւելուածներ յիրահամար-

ձակ ձեռաց և գրչաց. և վերջին ու գլխաւոր խմբագրութիւնն՝ երրորդ դարուն առաջին կիսուն մէջ եղած կ'երևնայ: Սակայն եթէ մէկ կողմանէ հայկական թարգմանութեան ընտիր և յստակ ոճը, ասորի բնագրին հետ համաձայնութիւնը, հնութիւն ձեռագրաց յորս պահուած և առ մեզ հասած է, տարակոյս չեն ձգեր թէ արդէն 'ի հինգերորդ դարու կար գրեթէ մի և նոյն կերպարանքին մէջ՝ յորում այսօր, և մեր հին տօնացոյց գրոց մէջ՝ որոց կարգադրութիւնը սրբոյն Սահակայ պարթևի կ'ընծայուի, 'ի 23 դեկտեմբերի պատուիրելով կատարել զտօն Ադդէի հայրապետին Եդեսիայ քաղաքի, աշակերտին Թադէոսի, և կը յաւելու. «Ընթեռնուն զԹուղթըն Աբգարու և զգիրս նորին». միւս կողմանէ ալ չենք կրնար կարծել թէ աստուածաբանական քանի մը կանխահաս կամ անընդունելի մանրամասնութիւնք վրիպած ըլլան 'ի լուսաւոր աչաց Մովսիսի Խորենացւոյ մը կամ մեծին Սահակայ պարթևի: Ուստի կը բանադատուինք յետագայ դարուց ընդօրինակողներու ընծայել այս յաւելուածները, և հաստատել թէ ըստ մեծի մասին նոյն գրուածքն է՝ ինչ որ էր 'ի ժամանակս և առաջի աչաց մեր հիմա իսկ յիշատակած անձանց, և Եւսեբեայ. որով և մեծարելի և հետաքննական յիշատակարան մը հին քրիստոնէութեան:

Անիկայ է գաղղիարէն թարգմանչին կարծիքը 'ի յառաջաբանին:

Այլևայլ թարգմանութիւնք և լուսաբանութիւնք եղած են այս գրուածքին: Բաց 'ի արդէն վերը յիշուածներէն աւելցընենք նաև

The doctrine of Addai, the apostle, now first edited in a complet form in the original syriac, with in english translation and notes, by Georges Philipps. London, 1876.

Դ Ա Ր Դ

Քրիստոնէական կրօնից կրկին հաստատուիլն 'ի Հայաստան։ — Անոր ազդեցութիւնն և արդիւնք մեր մատենագրութեան վրայ։

Զորրորդ դարուն մէջ նշանաւոր կերպարանափոխութիւն մը կրեց Հայաստան։ Սուրբ աւետարանին քարոզութիւնը՝ որ դեռ գրուած չգրուած՝ Հայաստանի մէջ ալ պատմուելով, երկար տեւողութիւն մը չունեցաւ հոն, չորրորդ դարուս մէջ կրկին հաստատութիւն առաւ այն նշանաւոր անձին ձեռքով՝ որ արժանապէս Լուսաւորիչ կոչուած է տասնուհինգ դարերէ վեր։ Տրդատ Թագաւորը՝ որ նոյն սուրբ կրօնից քարոզիչը մեռցընելու համար իր ամէն ոյժը բանեցուց, անոր երկնահրաշ զօրութենէն յաղթուեցաւ. այն երկնաւոր լուսոյն դէմ երկար ատեն մաքառելէն ետքը՝ ինքը նոյն լուսով լուսաւորուեցաւ. ու հրաման հանեց որ Հայաստանի հին կրօնից մեհեաններն կործանին, ու անոնց վրայ՝ միոյն և Ճշմարտին Աստուծոյ անուանը փառաւորութեան տաճարներ կանգնուին։

Ասանկ կրօնական մեծ կերպարանափոխութիւն մը՝ ինչպէս քաղաքականին վրայ իր զօրաւոր ազդե-

ցութիւնն ունեցաւ, ասանկ ալ ուսումնականին վը-
րայ։ Հաւատքը քարոզելը բաւական չէր. այն հա-
ւատքը ընդունելի և տևական ընել տալու համար՝
հարկ էր նաև մտքերն ընդելացընել և կրթել. ու-
այս կրթութիւնը անհրաժեշտ կը պահանջէր զու-
սումն։ Տարակոյս չկայ որ նոյն ուսումը առաջ տա-
նելու համար ամենազօրաւոր միջոց մը կը պակսէր,
կամ դեռ բոլորովին կազմակերպուած չէր, գիրը.
հետագայ ոսկեղէն դարու ջանից արդիւնք. որով
կարելի չէր թէ կրթութիւնը և թէ ուսումը ընդ-
հանուր ընել այնպիսի ընդարձակածաւալ աշխարհի
մը մէջ. և սակայն ոչ գրոյն պակսութիւնը և ոչ աշ-
խարհին ընդարձակութիւնը յուսահատեցուցին
զԳրիգոր և զՏրդատ։ Ագաթանգեղոս կ'աւանդէ
թէ Տրդատ երկու ազգ դպրոցաց կանգնեց. յորոց
մէկը Թագաւորական կը կոչուէր, արքունի և իշխա-
նական տոհմէ եղողներուն կրթութեանը համար, և
որոց գլուխ կ'ըլլար ինքն Տրդատ. «Առնոյր այնու-
հետև սուրբն Գրիգոր զԱրշակունեաց տոհմի որ-
եարն, 'ի վարժս վարդապետութեան պարապեցու-
ցանէր. որոց առաջնոյն Տրդատ անուն, որ և Թա-
գաւոր իսկ էր, ամենայն տամբ իւրով»։ Աշխարհին
այլ և այլ կողմերը կը հաստատէր նաև հասարակաց
կրթութեան պատշաճեալ ուսումնարաններ, ինչ-
պէս կը վկայէ նոյն ինքն Ագաթանգեղոս. «Ի տե-
ղեաց տեղեաց սահմանացն Հայոց տայր հրաման
Թագաւորն Տրդատ իւրոյ իշխանութեանն՝ յաշխար-
հաց և 'ի գաւառաց բազմութիւն մանկտւոյ ածել
յարուեստ դպրութեան, և կարգել 'ի վերայ հաւա-
տարիմ դպրապետս. առաւել զազգս պղծագործ
քրմացն, զմանկունս նոցա 'ի նոյն ժողովել փութա-
րել յարժանաւոր տեղիս դասս դասս, և դարման
ռոճկաց կարգել։ Եւ զնոսա յերկուս բաժանեալ,
զոմանս յասորի դպրութիւն կարգեալ և զոմանս 'ի

հելլէն. և անդէն յական թօթափել՝ վայրենամիտքն և դատարկասունքն և անասնաբարոյ աշխարհքն՝ մարգարէագէտք և առաքելածանօթք և աւետարանաժառանգք լինէին, և ամենայն աւանդելոցն Աստուծոյ ոչ իւիք անտեղեակք »:

Չորրորդ դարուն Հայերը սովորութիւն ունէին Աթէնք, Կեսարիա, Բիւզանդիոն, Եդեսիա և Աղեքսանդրիա երթալ, և հոն ոչ միայն կրօնական, այլ և արտաքին ուսմանց ետևէ ըլլալ: Ասկէց է որ նոյն դարուն մէջ ուսման պարապողներն հաւասարապէս կը ճանչնային թէ իրենց հայրենական լեզուն, և թէ յոյն և ասորի լեզուները. ուր հասարակ ժողովուրդը այն լեզուաց կատարեալ տեղեկութիւնը չունենալով, որով եկեղեցական պաշտամունքը կը կատարուէին, պէտք կ'ունենար երբեմն նաև թարգմանի: Ծանօթ էր շատերուն նաև պարսկերէն լեզուն, 'ի պատճառս քաղաքական այլ և այլ յարաբերութեանց:

Այսպիսի ուսումնական դրից մէջ էր Հայաստան 'ի չորրորդ դարու: Քիչ մատենագրաց անուանք կը յիշատակուին՝ որ այն ժամանակին ծաղկած ըլլան. կամ հնութիւնը՝ անոնց անուանքը ինչուան մեզի չըհասոյց, և կամ ընդհանուր և ըստ արժանւոյն չծաղկած ուսումնականութիւն մը՝ չկրցաւ անկէ աւելին երևցընել:

Տեսնենք հիմայ նոյն ատենը ծաղկող մատենագրաց ուսումնական արդիւնքը:

ԳՐԻԳՈՐ ԼՈՒՍԱՒՈՐԻՉ

Իր ջանքն և արդիւնք նաև ուսմանց յառաջադիմութեան համար: — Հաստատած դպրոցները: — Յաճախապատում գիրքը: — Անոր նիւթն ու բովանդակութիւնը: — Ո՛ր լեզուով գրուած ըլլալը: — Լուսաւորչի անուամբ ուրիշ երկասիրութիւնք:

Ինչպէս հաւատոյ՝ ասանկ ալ դպրութեանց նորոգմանը հայր և հեղինակ է սուրբն Գրիգոր Լուսաւորիչ: Ազգային եկեղեցական պատմութեան կ՚իյնայ այս անզուգական անձին արդիւնքը հաշուել՝ զոր ունեցաւ սուրբ հաւատոց 'ի մէջ հաստատութեան նկատմամբ: Մենք պարզապէս իբրև մատենագիր պիտի նկատենք զինքը հոս:

Այս գիտնալով սուրբ Լուսաւորիչն թէ ուղիղ գիտութիւնը ոչ միայն չհակառակիր հաւատոց, այլ նաև մեծապէս նպաստաւորող է անոր յառաջադիմութեանն և բարգաւաճանաց, առջի ջանքն եղաւ հաւատքով ազգը լուսաւորելէն ետքը, այն հաւատոյ մշտնջենաւորութիւնը ապահովցընել՝ գիտութեամբք. անոր համար դպրոցներ հաստատելու եռանդ եղաւ: Ինչպէս հաւատոց քարոզութիւնը՝ ասանկ ալ ուսումնական կրթութիւնը իշխաններէն սկսաւ. ամենէն առաջ բացած վարժարանը՝ Թագաւորական դպրոց մը եղաւ, և հոն կրթեց իշխանները, ու նաև զնոյն ինքն Տրդատ Թագաւորը, ինչպէս քիչ մ՚առաջ ալ յիշեցինք: Անկէ զատ համոզեց զՏրդատ Թագաւոր՝ որ այլ և այլ տեղուանք հասարակաց դպրոցներ հաստատէ. «Հաւանեցուցանէր, կ'ըսէ պատմիչը, զԹագաւորն զի 'ի գաւառաց գաւառաց, և կողմանց կողմանց 'ի տեղիս տեղիս ժողովեսցէն բազմութիւն մանկաւոյ առ 'ի նիւթ վարդապետութեան». և այլն: Ագաթանգեղոսի խօսքերէն առնելով կ'աւանդէ և Վարդան. «Դպրոցս յօրինէր, մանկունս հաւաքէր, վարդապետս յոյն և ասորի գրոյ և լեզուի գիտակս կացուցանէր, ռոճիկս կարգէր յարքունուստ»: Այս արդիւնքը՝ Տրդատայ կու տայ Բիւզանդ. «Կարգէր, կ'ըսէ, և 'ի տեղիս տեղիս դպրոցս յունարէն և ասորերէն՝ յամենայն գաւառս Հայոց»:

⁂

Այս դպրոցաց հիմնարկութենէն զատ՝ մասնաւոր գրուած մըն ալ հասած է ձեռքերնիս՝ սրբոյն Գրիգորի աշխատասիրութեանը արդիւնք, Յաճախապատում կոչուած: Այս գրքին հարազատութեանը կը վկայեն ոչ միայն յետին ժամանակի մատենագրաց մէջ Խոսրով Անձևացեաց եպիսկոպոսն, իր որդին Նարեկացին Գրիգոր, Մագիստրոս, Գրիգոր Սարկաւագապետ, հապա նոյն իսկ իրեն ժամանակակից պատմիչն Ագաթանգեղոս հետևեալ խօսքերով. «Ապա յետ այսպիսի գործոց՝ առաւել բարձրագոյն վարդապետութիւն սկսեալ երանելւոյն Գրիգորի 'ի ճառս յաճախագոյնս, դժուարապատումս, առակս խորիմացս, դիւրալուրս, բազմադիմիս, շնորհագիրս, յարդարեալս 'ի զօրութենէ և 'ի հիւթոյ գրոց մարգարէականաց, լի ամենայն ճաշակօք կարգեալս և յօրինեալս՝ աւետարանական հաւատոցն ճշմարտութեան. յորս բազում նմանութիւնս և օրինակս 'ի յանցաւորաց անտի՝ առաւել վասն յարութեան յուսոյն 'ի հանդերձեալսն՝ յորդորեալ․ զի հեշտընկալ և դիւրահաս՝ տխմարագունից և մարմնաւոր խրոց զբաղելոց լինիցին առ 'ի սթափել, զուարթացուցանել, զօրացուցանել և հաստահիմն առ 'ի խոստացեալ աւետիսն քաջալերել»։ Յովհան Իմաստասէր հայրապետն ալ Ագաթանգեղեայ այս խօսքերուն հետեւողութեամբ կ'ըսէ եկեղեցւոյ վրայ յօրինած ճառին մէջ. «Ըստ նմին օրինակի և իմպըսակաւորն և հայրապետն սուրբն Գրիգոր՝ ըստ տերունական առակին՝ զյարութիւն մեռելոց բուսոց և տնկոց օրինակէր 'ի գարուն բուսաբեր, և 'ի դալարանալ մարգկան 'ի գերեզմանէ»։

Քսանուերեք ճառով կը բաղկանայ սրբոյն Գրիգորի այս երկասիրութիւնը. որոնց մէջ նախ սուրբ Երրորդութեան խորհրդոյն և աստուածածանօթութեան վրայ խօսելով, անկեց արարչին իր արարածոց վրայ ունեցած մարդասէր խնամոց վրայ կը ճառէ։ Ապա իւր խնամոցը ու գրեթէ իւր արեանը գին՝ սիրելի հօտին՝ ամենուն վիճակին յարմար յորդորական, ամոք ու ողոքիչ խրատներ կ'աւանդէ, որդեսէր հօր մը սրտովը ու լեզուով։ Վերջը միակեցական կենաց ետեւէ եղողներուն յարմար պատուիրաններ ու խրատներ մէջ կը բերէ։

Հետագայ ցուցակը ընթերցողին աչքին դիմաց պիտի դնէ՝ իր անուամբը ինչուան առ մեզ հասած ճառից գլխակարգութիւնը։

Ա․ Յաղագս ամենասուրբ Երրորդութեան։

Բ․ Վասն առանձնաւորութեան Երրորդութեան։

Գ․ Վասն մտաց հաւատոյ։

Դ․ Վասն յանդիմանութեան մոլար մտաց և ընծայութիւն աստուածպաշտութեան։

Ե․ Վասն հաստատութեան ճշմարտութեան և առաջնորդութեան կենաց խրատու։

Զ․ Վասն յանդիմանութեան ծածկութից իրաց, որ զաներեւոյթն յերեւելիս ածէ։

Է. վասն յօրինուածոց արարածոց։

Ը. վասն յանդիմանութեան դժնդակ վարուց և ընծայութիւն առաքինութեան հանդիսից։

Թ. վասն ամենարուեստ կատարեալ պահոց։

Ժ. վասն երախտաւորութեան անդեղջ բարեբար կամացն, և յորդորումն 'ի լաւն և յառաւելն ըստ ճշմարիտ առաքինութեան։

ԺԱ. վասն վարուց առաքինութեան որ հանդիսիւք լաւութեան պատկեալ երանին։

ԺԲ. վասն խնամոց արարչին և կշտամբութիւն անհնազանդ ստահակութեան և առաջնորդութիւն բարութեան բարուցն լաւութեան։

ԺԳ. վասն լաւութեան յիշատակաց 'ի պէտս օգտից, զաներեւոյթն յերեւելիս ցուցանելով 'ի գործ առաքինութեան փոխեալ 'ի յոյս կենացն։

ԺԴ. վասն մարդկութեան որ յԱստուծոյ խնամք տեսչութեան կան։

ԺԵ. վասն հոգւոց մարդկան բացայայտութիւն։

ԺԶ. վասն մարտիրոսաց բացայայտութիւն ուսմանց։

ԺԷ. Զգուշութիւն զգաստութեան ընդ մոլորմս և ընդ դըժընդակս պատիւ և պատիժս։

ԺԸ. վասն դովութեան Աստուծոյ երախտեացն հանդիսիւք մարտիրոսաց քաջայայտ։

ԺԹ. վասն յորդորման ապաշխարութեան։

Ի. վասն խորագիտութեան և մարտից։

ԻԱ. վասն տրոց իմաստութեան որ 'ի Հոգւոյն սրբոյ պարգեւեցաւ։

ԻԲ. վասն անխափան լինքնութեան էութեանն Աստուծոյ։

ԻԳ. վասն խրատու ճգնաւորաց յառաքինութիւնս 'ի Քրիստոս Յիսուս։ Նորին Աղօթք։

Այս ճառերուն մէջ՝ աստուածանուէր սրտով ու սիրովլեցուն հոգիէ զատ, յունական հարց նմանողութիւն և անոնց խօսքի ոճը կը բանեցընէ Գրիգոր։ Իր նուիրական վարուց պատմութիւնը մեզի կը ցուցընէ՝ թէ ինչպէս հօրը հետ մէկտեղ, պատժապարտին Անակայ, նաև բովանդակ ընտանեաց բնաբարձ ջընջման հրամանէն՝ բարբարը ձեռք զինք փրկեցին, փոխադրելով 'ի Կեսարիա, ուր հաւատոց սրբութեան մէջ սնաւ և զարգացաւ: Հոն առէն անցնելէն ետքը՝ ընկուեցաւ եպիսկոպոսական սուրբ աստիճանին ընդունելու: Այս ամէն պարագայք ընդելացուցին և կրթեցին զնա 'ի յունական ուսմունս, յոյժ և 'ի լեզու: Հոն սորված վարդապետութիւնը՝ զոր դիցապաշտ Հայաստանին կ'ուզէր ծանօթացընել, անոնց լեզուովը կ'աւանդէ, ցուցընելով կրթուած միտք ու հանճար: Մեր ազգին մէջ քիչ հայրապետք կրցած են աստուածութեան վրայ խօսած առեններին այն վարժ գրիչը և լեզուն գործածել, որուն առաջին վարդապետն ու հեղինակ է ինքն սուրբն Գրիգոր:

Խնդիր է թէ ինչ լեզուով շարագրած է այս գիրքս Լուսաւորիչ: Ոմանք կը համարին թէ հայերէն շարագրած ըլլայ, այլք յունարէն. և պատճառ կը բերեն թէ այն ժամանակ հայերէն գիր չըլլալուն՝ հարկ էր որ յունարէն գրեր:

Աւելի հաւանական երևցածն է որ Հայոց համար եղած աշխատութիւն մը բնականաբար պէտք էր որ այն լեզուով գրուէր՝ որ ազգին մեծագոյն մասին հասկընալի ըլլար. ապա թէ ոչ՝ ընդունայն աշխատութիւն և անպատճառ յոգնիլ կ'ըլլար: Հայերէն գիր չըլլալուն՝ անշուշտ ինքն ալ ինչպէս իր ժամանակակիցք՝ յոյն տառերը գործածած են, հայկական բառեր արտագրելու համար: Բայց պատմական ստուգութիւն մը չունենալով այս կարծեաց, բանասէրք չեն ուզեր պնդել որ բուն ինք սուրբն Գրիգոր հայերէն գրած ըլլայ այս ճառերն, մինչ ազգաւն ու լեզուով՝ օտար ու անծանօթ անոնց՝ որոց սրտին և հոգւով հայր էր դորովագութ, կրնար իր յունարէն շարագրածը հայերէնի վերածել տալ ուրիշի[1]:

1. Յաճախապատում գրոց օրինակաց միոյն մէջ հետևեալ հետաքննական յիշատակարանը կը կարդանք. «Կատարեցաւ..

***

Բաց 'ի Յաճախապատում գրոց, և Ագաթանգեղայ պատմութեան կարևոր մէկ մասը կազմող՝ վարդապետական քարոզութենէն, Լուսաւորչայ կ'ընծայուին նաև քանի մը ուրիշ մանր երկասիրութիւնք։ Անոնց մէջ գլխաւոր է երեսուն թուով կանոններ, որոնք Կանոնգրոց մէջ Լուսաւորչի անունը կը կրեն, և թերևս յաւելուած են Նիկիոյ ժողովոյն մէջ սահմանուած կանոններուն, զորոնք բերաւ 'ի Հայաստան սուրբն Արիստակէս, և զորս ընդունեց իր և Հայաստանեայց սուրբ հայրն՝ Լուսաւորիչ, անոնց ընդունած հանգանակին վրայ աւելցընելով «Իսկ մեք փառաւորեսցուք» աղօթքը։ Կը վկայէ և Խորենացին. «Ընդ որ ուրախացեալ, կ'ըսէ, սուրբն Գրիգորի, սուղ ինչ կանոնս յինքենէ 'ի կանոնս ժողովոյն (Նիկիոյ) յաւելու, վասն առաւել զգուշութեան իւրոյ վիճակին»։

Այս երեսուն կանոններէն դուրս, ձեռագրաց մէջ կը հանդիպինք նաև ուրիշ մետասան կանոնաց կամ հարցմանց՝ որոնք սրբոյն Գրիգորի անունը կը կրեն, այսպիսի խորագրով. «Կանոնք սրբոյն Գրիգորի Պարթևի. դարձեալ՝ հարցումն և պատասխանիք նոցա»։ Հրատարակողն Աբէլ արքեպիսկոպոս, յԱրարատ ամսագրի Էջմիածնի (1873 յէջ 409) յաւելու. «Բաց յերկուց աստի կանոնացս եղելոց

գիրքս որ կոչի Յաճախապատում... էր օրինակ սորին ԳՃԸ տարի էր առաջի Թուականն Հայոց 'ի Լուսաւորչէն. և առեալ օրինակ 'ի մայրաքաղաքն Կիլիկիայ, որ է 'ի ժամանակին Հայոց Թագաւորաց, և քաջաց իմաստնոց»։ Դարձեալ 'ի վախճան գրոցն. «Եղբարք իմ, զայս աճախապատումս օրինակն Սըսայ գրքատանն առաք՝ 'ի մեր Թուականն ԳՃԸ թիւն էր. այժմուս մեք գրաք մեր օրինակաց ժամանակին թիւն էր ՌՃԻԲ»։

'ի կանոնագիրս մեր՝ որպէս ասացաք, անուամբ սըրբոյն Գրիգորի երկրորդ Լուսաւորչին մերոյ, գտաք դարձեալ 'ի նմին և զերկուս ճառօրէն կանոնս նորին Գրիգորի. առաջինն մասն կարգի ուխտի և որոշումն վանաց. և երկրորդն յաղագս նուիրանաց քահանայից և վանորէից՝ կոչեցեալն Ագապ, թարգմանեալ յասուրս սրբոյն և մեծին Սահակայ ընդ ձեռն Եզնակայ, որպէս է տեսանել 'ի վերնագրին՝ յորոց երևի առեալ սրբոյն Սահակայ, և ընդարձակեալ զկանոնս արարեալս նորա յամին 426»։

Լուսաւորչին է նաև ժամագրոց մէջի մաղթանքը «Աստուած մեծ, հզօր և փառաւորեալ». որուն համար աւանդութիւնը կը զրուցէ թէ երգած ըլլայ Հռիփսիմեանց ու Գայիանեանց մարմինները ամփոփելու ժամանակ։ Ասկէ զատ ուրիշ երկու աղօթք ալ իր անուամբն. «Օրհնեալ է մարդասիրութիւն քո տէր իմ». և միւսը՝ «Աղաչեմ զքեզ»։

Վերջի տարիներս գտնուեցաւ Լուսաւորչայ անուամբ նաև Պատարագամատոյց գիրք մը, որուն վրայ մեր այս երկասիրութեան Թարգմանութեանց մասին մէջ՝ նոյն նուիրական գրոց վրայ խօսելու ատեննիս աւելի պիտի ունենանք ընթերցողաց մտադրութիւնն դարձընել։

Լուսաւորչայ Յաճախապատում գիրքը երկու անգամ տպագրութեամբ հրատարակուած է. մէյմը 1737ին 'ի Կոստանդնուպոլիս՝ Պաղտասար դպրին ջանիւքը. մէյմ'ալ 1838ին 'ի Վենետիկ՝ Մխիթարեանց վանքը, ձեռագրաց բաղդատութեամբ և հաւատարիմ ընթերցուածով։

ԱԳԱԹԱՆԳԵՂՈՍ

Ո՞վ էր Ագաթանգեղոս։ — Հնոց կարծիքը իր վրայ։ — Յառաջաբանին ըստ յունական օրինակին։ — Ագաթանգեղեայ պատմութեան նիւթը։ — Իր գրոց հարազատութեան վրայ տարակոյսներ։ — Ո՞ր լեզուով գրուած ըլլալուն խնդիրը։ — Հայկական և յունական օրինակք։ — Առ Սերէնոսի հատուած մը իր անունով։ — Դաշանց թուղթ ու անոր հարազատութեան վրայ կարծիք և դրութիւնք։ — Իր անունով յիշուած ուրիշ երկասիրութիւն մը։ — Ագաթանգեղեայ գրոց տպագրութիւնք և թարգմանութիւնք։

Լուսաւորչի ձեռքով Հայաստանի մէջ գործուած զարմանալի դէպքերը ու աստուածային նախախնամութեան սքանչելիք՝ արժան էր որ յետագայից մտքին մէջ հաստատուն մնալու համար գրով մշտնջենաւորուէին։ Այս փափաքը ունեցաւ նաև Տրդատ թագաւոր, ու յանձնեց Ագաթանգեղոսի որ ազգաւ Հռովմայեցի էր, ու Տրդատայ հետ մէկտեղ իբրև արքունի քարտուղար՝ Հռովմէն Հայաստան եկած։ Անկէ աւելի տեղեկութիւն մը չեն աւանդեր մեզի ոչ ինքը և ոչ պատմութիւնն՝ իր կենացը առաջին կամ վերջին հանգամանացը վրայ։ Միայն ինքն իր անձին համար այս վկայութիւնը կու տայ, զոր թողած Պատմութեան գիրքն ալ կ'երաշխաւորէ, թէ հռոմարէն և յունարէն դպրութիւն սովրած էր։

Որչափ ալ ժամանակակից, կամ գրեթէ ժամանակակից դիպաց պատմող պիտի ըլլար Ագաթանգեղոս, սակայն զանազան հին դիպաց յիշատակութիւնք ալ մէջ մանելով, պէտք էր որ իրմէ առաջ եղող պատմագրաց գրուածներէն քաղէր զանոնք: Այս վախճանաւ ինչուան իր օրերը գտնուած՝ ու ցրիւ աւանդուած պատմութիւնները մէկտեղ բերաւ, անոնցմով կազմելու իր պատմութեան գրքին առաջին մասը. «Հասեալ առ իս, կ՚ըսէ, հրաման 'ի մեծ արքայէն Տրդատայ, կարգել ինձ 'ի ձեռնարկութենէ նշանագիրս ժամանակագրաց՝ զհայրենականացն գործս քաջութեան»:

Տարակոյս չկայ որ պատմութիւնը անկենդան դիակ մըն է, ու զանիկայ ախորժելի ընծայելու համար՝ բաւական չէ գոյնզգոյն ու գեղեցիկ պատմուճան մը ձգել անոր վրայ. այլ պէտք է կենդանութեան շունչ ազդել այն դիակին, որպէս զի պատմութիւնն ըլլայ խօսողը՝ չէ թէ պատմողը: Այս յատկութիւնը կարգէ դուրս կերպով մը ունի Ագաթանգեղոս: Իրաւ է որ պատմութիւնը ինքնիրմէն գեղեցիկ է ու զարմանահրաշ, բայց գրողին ճարտարութիւնն ալ մեծապէս օժանդակած է այն գեղեցկութեանը: Այնպիսի կարգաւորանութիւն մը ունի գրուածը, որ յայտնապէս կ՚երևցընէ թէ Հռովմայ մէջ ծնած ու դաստիարակուած հանճար մըն է. այն քաղաքին՝ որ հաւասարապէս գիտցաւ գործածել զէնս և զդրիչ:

***

Իր այս ամէն յատկութեանցը համար՝ մեծապէս յարգի էր թէ՛ ինքը և թէ իր գրուածը, ոչ միայն իրմէն ետքը եկող՝ հապա նաև իրեն ժամանակակից մատենագրաց առջև: Զենոբ Գլակ՝ երկիցս կը յիշատակէ Ագաթանգեղոսի անունը և գրուածքը. և տեղ մը՝ իրմէ առաջ գրելն ալ կը ծանուցանէ։ «Դուք մի ինչ ալարտէք, կ'ըսէ, զսակաւ պատմութիւնս, կամ եթէ Ագաթանգեղոս զայդ ոչ յիշէ. զի ես յառաջագոյն գրեցի քան զնա»։ Խորենացին՝ որ իր գրուածոյը մէջ ընդհանրապէս համառօտախօս ոճ մը կը բանեցընէ, երբոր կ'ուզէ որ ընթերցողք աւելի կատարեալ տեղեկութիւն մը առնեն՝ Ագաթանգեղոսի կը ղրկէ, ու աջող քարտուղար Տրդատայ կը կոչէ զինքը։ Փարպեցին ալ իր Պատմութեան գրքին սկիզբը առանձին կը խօսի անոր վրայ. «Ընդ բազում ճառս մատենից առաջնոց պատմագրացն Հայոց անցի. յորոց ըստ երկար ընթերցողութեան գտի 'ի նոցանէ զժամանակաց և զդարուց աշխարհիս Հայոց զյեղափոխութիւնս, յ'ստոյգ և յանսխալ կարգաւորութենէ առաջին գրոցն, զոր յարմարապէս պատմեալ ծանոյց մեզ երանելին Ագաթանգեղոս. այր բանիբուն գիտութեամբ և լի ամենայն հրահանգիւ, առուգաբան 'ի կարգադրութիւն ճառից, և յարմարագիր 'ի պատմութիւնս ասացածի իւրոյ։ Սա զնուաղումն թագաւորութեան արշակունեայն Արտաւանայ և զզօրանալն Ստահրացւոյն Արտաշրի որդւոյ Սասանայ՝ առուգապէս յօրինուածով կարգեալ դրոշմեաց, զքինախնդրութիւնն Խոսրովու ... Զայս ամենայն, և առաւել քան զայն գիտութիւն յիւրում անսխալ կարգաւորութիւնսն պատմեաց մեզ երանելի այրն Աստուծոյ Ագաթանգեղոս»։ Ժամանակաւ կրտսեր պատմիչք ալ՝ նոյնպէս գովութեամբք զԱգաթանգեղոս կը մեծարեն. որոցմէ Աղուանից և Սիւնեաց պատմիչքն նոր դէպք մը կ'աւանդեն. Շապուհ Պարսից թագաւորն ուզելով Հայոց նախարարներուն ազնուականութեան կարգը առուգել, հարցուց անոնց թէ ունի՞ն այնպիսի գիրք մը՝ յորում անտարակուսելի հաւաստեօք ապացուցուած ըլլայ այս բանս։ Այն ատեն Հայոց նախարարներն մէջերնին խորհուրդ ընելով, Թագաւորին առջեւը դրին «զյանկալին ամենայն տառից՝ զհրաշաբանականն ապաւորումն, զգրաւորական զգիրս ցանկալւոյն սրբոյն Գրիգորի՝ որ Ագաթանգեղն կոչի»։ Թագաւորը հրամայեց որ իր լեզուովը թարգմանեն այն գիրքը. և իմանալով թէ իր նախնւոյն Արտաշիսի օրերէն կը սկսի, Պարսից աշխարհաժողով գնդին առջև կարդէ դուրս ուրախութիւն ըլցուց։ Ետքը ձեռքն առնելով այն գիրքը, կը համբուրէր ու Պարսից լեզուով այլ և այլ գովութիւններ կու տար։ Ասկէց տեղեկանալով Հայոց առաջին կարգի ազնուական ցեղերը, սկսանոյն կերպով նախապատիւ ու գահերէց բազմեցընել զանոնք արքունական տաճարին մէջ։

* * *

Ագաթանգեղեայ պատմութեան հայկական օրինակները՝ Պարսից թագաւորութեան նուաղէլէն կը սկսին. բայց որովհետև նոյն գրոց յունական օրինակ մըն ալ կայ, ինչպէս ետքը պիտի տեսնենք, անոր մէջ քանի մը էջ աւելի կը գտնենք, որ հետաքրքրական ըլլալուն՝ հարկ սեպեցինք թարգմանել զայն 'ի յունէ, և դնել հոս։

Ա. Ըղձիւք ըղձացեալքն յօժարութեամբ ընդծով նաւարկութեան, ինքնակամ մղին 'ի ջուրցն վտանգ. զուարթամիտք ձեռն մխեն 'ի շինուած նաւուց, և սխորժեն ծովային անցուցանել կեանս. կայմս կանգնեն, և թեւօք ուղղեկաց՝ զալեացն խորտակեն զբռնութիւն. և ընդ որ կոյս կամք լցեն՝ զնաւն ուղղեն. զհաստափոր՝ զծոցաւոր զտախտակըն՝ իբրև զկրմուղ ըստ կամի սանձավարեալ։ Որոց ոչ ինչ ահ արկանէ, ոչ կոհակացն ուժգնութիւն, և ոչ քարաժայռիցն ընդ առաջ ելք կասեցուցանեն. վասն զի 'ի վտանգս յաճախեալ զկենցաղական ընթացս' 'ի հպաւորմն մահու դեգերել ցանկան, զի կարող լինիցին զկարևորն անձանց մատակարարել: Են որ 'ի սակս քաղաքացն ապրանաց ճարակի' ուղի հատանեն. և են որ 'ի պէտս զարդու պճնութեան արանց և կանանց' մինչև ցՀնդկային նաւարկել ծով, և զազնուագիծ ականց ինդութիւնս' բազմացելոցն բերեալ մատուցանեն: Յայսպիսիս գոգցես անդունդս խորոց և իմ միջամուխ լեալ, 'ի տուրեւառս Հայաստան աշխարհի, բուռն հարից 'ի գիր արձանացուցանել զեղեալսն, զպարծեցեալս յաշխարհին Պարսից և 'ի Հայոց, և զմարտս պատերազմաց զոր ետուն ընդ միմեանս:

Բ. Պարթևք' իբրև դէպք 'ի բարի յաջողէին նոցա, զթագաւորութիւն Պարսից, զՀայոց և զՀնդկաց' որ սահմանակիցք են արևելեայ Պարսից, նա և զխուժադուժ ազգն Մասքթաց' յինքեանս կորզեալ ժառանգէին, այսպիսի իմն կարգաւ. երիցագոյնն 'ի Պարթևաց տոհմէ, որ ապա զարշակունի ընկալան անուն, հասակաւ բարգաւաճ և արութեամբ շքեղ, գեր 'ի վերոյ քան զայլս երևեալ, նա կալաւ զիշխանութիւն արքայութեանն Պարսից: Եւ որ երկրորդն էր զկնի նորա, զՀայաստանեայց առնոյր յինքն ըզթագաւորութիւն. իսկ որ երրորդն էր' զՀնդկացն կալաւ զտէրութիւն, զհպաւորն սահմանաց Պարսից: Իսկ չորրորդն 'ի նոցանէ' զՄասքթացն ընկալաւ զիշխանութիւն թագաւորութեան: Այս կարգ էր տոհմին Պարթևաց, և սովիմբ զբազում ժամանակս յերկարեցան յաջողութեամբ:

Գ. Անուն սկիզբն արարից' ուստի զեւրոյ գլըմանն ծագ եցոյց Պարթևն: Արտաւան որդի Վաղարշայ 'ի Պարթևական ծննդոց, քաղդէիցն գոլով գիտութեամբ ներհուն, և զընթացս և զհոլովմունս աստեղացն համարեալ, և իրացն հանդերձելոց կանխագէտ, իբրև յառագաստի էր ընդ կնոջն, ամբառնայր զաչսն յաստեղս 'ի վեր, և խորհրդոց լեալ հասու, ասէ առ Թագուհին. Տեսի զընթացս աստեղ. և այս Թուի ինձ նշանակ, զի եթէ ոք վտարանջեալ 'ի տեառնէ իւրմէ՝ ելցէ ընդդէմ նորա մարտիւ պատերազմաւ, յաջողեսցի նմա տանել 'ի գլուխ զյաղթութիւնն և նկուն առնել զտէր իւր: Զայս ասացեալ՝ 'ի քուն լինէր: Եւ որպէս զիարդ օրէնք են, մի 'ի նաժշտաց Թագուհւոյն 'ի նմին սենեկի առագաստին ունէր իւր դադար անկողնոյ առ 'ի պէտս կարևոր հարկի սպասարկութեան առ 'ի նմանէ հրամայելոցն: Դուստր էր սա ուրումն յուսադ ծառայից, և ընտանի մերձաւոր ումեմն 'ի գլխաւոր իշխանաց, որոյ անունն Արտաշիր, 'ի գաւառէն Ասորեստանեայց, յորոյ 'ի ցանկութիւն տարփանաց ըմբռնեալ իսկ էր: Վասն որոյ 'ի լսել անդ զբանս Թագաւորին, եւ 'ի սենեկէ անտի զանխուլ յարքայէն և 'ի տիկնոջէն, ընթացաւ առ Արտաշիր որդի Սասանայ, յորմէ Սասանականքն՝ որ 'ի նմանէ՝ և 'ի Թագաւորացն Պարսից ընկալան զծագումն:

Դ. Մտեալ սորա 'ի խորանն՝ քանզի և ոչ ոք 'ի սպասաւորաց կարէր արգելուլ զնա, գիտելով զառմիմեանս սիրելութիւնն, այսպէս խօսէր ընդ նմա. Սիրեցեալդ իմ Արտաշիր, 'ի բաց արա զքուն յարտեւանանց քոց, և բուռն հարցես զխորհրդոցն զոր խորհեցար երբեմն. զօրացիր և քաջ լեր 'ի վերայ հասեալ գուշակութեան արքային. քանզի ժամ է արդ գեղեցիկ զինուորութեան, արդ ընդ իմաստունս խորհրդակցութեան, արդ դէպ ժամանակ 'ի ճակատ գումարելոյ զքաջութիւն գնդից. վասն զի քննեաց Թագաւորն զընթացս աստեղաց և ասէ. Եթէ ոք 'ի ծառայից ընդդէմ դարձցի տեառն իւրում, յաղթեսցէ. և արդ երթ 'ի խորհուրդ ժողովեա, և կարկառեսցես առ իս զաջ քո, և հաստատեսցես երդմամբ զբանս իմ. և եթէ յաջողեսցի քեզ բերել 'ի ձեռս զարքայութիւն Պարսից, և զիս մի՛ որոշեսցես յանկողնոյդ. զի զդոյն հանապազ առնէիր, յորմէ հետէ եղև 'ի սրտի քում խորհուրդդ այդ և ինձ պատմեցար: Զայսոսիկ Արտադուխտ:

Իսկ Արտաշիր շնորհս կալաւ զնմանէ. և աջոյն 'ի վեր յերկինս բարձրացուցեալ զձեռս կնոջն, ասէ. Ահաւասիկ տեսցեն յանդիման դիցն զօրութիւնք, արև և հուր, օդ և հող, զի յայսմ և 'ի սոյն աւուր խորհուրդ արարեալ ընդ աւագաց Պարսից, և նշկահեալ զարքայն, վաղվաղակի 'ի պատիւ տիկնութեան ամբարձից զքեզ:

Ե. Եւ զայս լուեալ Արտադուխտոյ ասէ. Արդ ես ճեպիմ փութամ 'ի խորան թագաւորին, զի պարտ է ինձ այսօր զանցելոց աւուրց տանել 'ի գլուխ զսպասաւորութիւն. զի թէ և յաջողեսցի մեզ հնարագէտ ճարտարութեամբ բերել 'ի ձեռս զաղատութիւն, բայց հարկ 'ի վերայ կայ սպաս տանել 'ի պէտս արքունիս: Եւ զայս ասացեալ՝ երթայր 'ի խորան արքայի, և դադար 'ի մահիճին ընկողմանէր: Իսկ Արտաշիր յարուցեալ ժողովեաց զմեծամեծս 'ի Պարսից և յԱսորեստանեայց, ընդ որս և զառաջինն 'ի խորհուրդ մտեալ էր. եկաց 'ի մէջ նոցա և ասէ. Ո՛ քաջքդ Պարսիկք և Ասորեստանեայք, զդառնութիւն Պարթեւաց 'ի վաղ ժամանակաց գիտեմք, և թէ զիարդ զայլոցն վաստակս յափշտակեն՝ ճանաչեմք. պարծին յանիրաւել իւրեանց, ոչ դադարեն տարապարտ սպանանել. դարշին 'ի Պարսից և յԱսորեստանեայց՝ Պարթեւքդ եկամուտք 'ի մեր աշխարհ յերկրէ բարբարոսաց: Եւ արդ զի՞նչ ունիք ասել. եթէ արդարև սուտ իցեն բանք իմ, կացցէ մնասցէ նա որ թագաւորէն անիրաւութեամբ. ապա եթէ խօսեսցի ճշմարտութեամբ, զխնու զորդու վառեսցուք. զի լաւ է մեզ մեռանել, քան եթէ ծառայել Թագաւորի անիրաւի: Զայսոսիկ Արտաշիր:

Զ. Իսկ իշխանքն Պարսից զասացեալն խնդամիտ ընդունէին, քանզի ցանկային թօթափել զլուծ տէրութեանն Պարթեւաց, և յիւրեանց 'ի բնիկ ազգատոհմէն Պարսից ունել զիւք Թագաւոր. որոյ վասն ասեն առ Արտաշիր. Դու յիշիր առաջնորդ ասացուածոց և արդեանց գործոց ընտրեալ առ 'ի մէնջ. որոց զիմաստուն խորհրդոց քոց առեալ է զփորձ, և գիտեմք զհրամանատարութիւն քոյ առաքինի ուղղութեամբ 'ի վեր երևել. և արդ զոր կամիս արա. և առաջնորդ զքեզ ընծայեցո. աւադիկ մեք պատրաստ եմք հետևել զկնի բանից քոց, առնել որ ինչ միանգամ յօգուտ երկաքանչիւր կողմանց իցէ: Ապա 'ի ծագել առաւօտուն 'ի մարտ պատրաստեալ Պարսից, հանդերձ Արտաշիրաւ առաջնորդաւ իւրեանց, դեսպանս արձակեցին նախ առ արքայ Արտաւան զՁիկ և զԿարէն, զաանուանեալս գլխաւոր նախապետութեանց և զզօրավարս զօրաց: Երթեալ սոցա յանդիման եղեն մեծի արքային. և այսպէս խօսել սկսան ընդ նմա և ասեն. «Հրեշտակութեամբ եկեալ հասեալ եմք յաշխարհէն Պարսից. եթէ հանդարտեսցեն միտք քոյ 'ի լուր պատգամացն Պարսից, խօսեսցուք և մեք զբանս հրեշտակութեան մերոյ աներկիւղ և անվտանգ. քանզի և այս հրամանք օրէնաց են՝ կարգեալ յառաջնոց տերանց, որ ազատ կացուցին զդեսպանս յամենայն վնասու. և արդ եթէ տացես հրաման, արքայ, խօսեսցուք:

Եւ Թագաւորն Արտաւան հրամայեաց նոցա ասել զոր կամէին:

Է. Յայնժամ խօսել սկսան և ասեն. Փոյթ պնդութեան է արքայ առ մեզ Պարսիկս՝ ծառայից հպատակ կալ արքայի, իբրու գոլով նորուն ամենայնի տէր. և Թագաւորին՝ հաւատարութեամբ և արդարութեամբ լինել իւրացն խնամատար, և հեռի 'ի խժդժագոյն բարուց կառավարել. ահարկու առ թշնամիսն երևել և մարդասէր առ հպատակս: Քանզի զիարդ իցէ նմա զանիրաւս պատուհասել, եթէ ինքն ինքեամբ յանիրաւութիւնս հատեալ իցէ. որպէս զեղեռնագործս ընդ սանձանօք արկանել, եթէ ինքն 'ի չարիս վնասակարս իցէ յօժարեալ: Արդ մեր 'ի վերայ հասեալ ծանր ծանր վնասուց քոյոցդ յանցանաց, 'ի բաց որոշեցաք զմեզ 'ի քումմէ իշխանութենէդ. ոչ 'ի հպատակութենէն տաղտկացեալք, այլ յապիրատ Թագաւորէն խուսափեալք. ոչ զբռնաւորութենէ բուռն հարեալք, այլ անագորոյն մտաց բռնաւորի տանել չկարացեալք»:

Զայս խօսեցան Պարսիկք ընդ արքային:

Իսկ Թագաւորն Արտաւան զաչս 'ի խոնարհ ունելով՝ զմեծ ժամս զյատակս տանն նշմարէր, իբրագէտ, կանխագէտ կործանման Թագաւորութեան իւրոյ: Հայեցեալ ապա առ պատգամաւորսն ասէ. Ես ինքն եմ պատճառք չարեացս, զի զոմանս 'ի ձէնջ իշխանութեամբ և աւագութեամբ մեծարեցի, զայլս ընչիւք ճոխացուցի, և զյոլովս արքունի պարգևօք ագարակաց և կալուածոց տեարս կացուցի: Հապա դուք փութայջիք 'ի կատարումն խորհրդոց ձերոց, և զիս ինքն տեսանիջիք 'ի ձերդ խորհուրդ պատշաճեալ. տաց ձեզ գիտել չլինել ընդդիմակաց Թագաւորի. իսկ դուք որ առաքեալքդ էք 'ի բաց գնացէք. և մի ևս յաւելուցուք այսպիսեաց բանից լինել սպասաւորք, գուցէ արդեօք 'ի ձէնջ սկսայց զվրէժ չարեաց յիս անիրաւելոց:

Ը. Զայսոսիկ իբրև լուան Զիկ և Կարէն՝ չոգան յատեան խորհրդոյ Պարսից, և պատմեցին զամենայն Արտաշրի և աւագանւոյն Պարսից. և յաւելին 'ի կարգի բանիցն՝ զյանդուգն որոմնութիւն յիմացուԹեան Թագաւորին, որ ոչ ևս այնուհետև ապաւեալ միայն պատգամաց, այլ զխորհուրդս իւր զինեալ էր ընդդէմ իշխանացն։ Իսկ Արտաշիր յղեալ առ Արտադուխտ 'ի բաց կորզեաց զնա. և արգել փակեաց զնա ալխիւքն հանդերձ յամուր դղեկի. և ինքն միաբանուԹեամբ ընդ Պարսից և ընդ Ասորեստանեայց վառեալ կազմէր ընդդէմ Արտաւանայ արքային մեծի։ Եւ 'ի վերայ հասեալ Արտաւանայ իրացն, եԹէ պատրաստին 'ի մարտ ընդդէմ իւր. պատրաստէր և ինքն միաբանուԹեամբ ՊարԹևաց, ունելով և 'ի Պարսից ոչ սակաւ՝ համականս և հաւանս։ Եւ յառաջնում յարձակման անդ՝ յորում հարան ընդ միմեանս, բազումք յերկաքանչիւր կողմանց Թաւալգլոր անկանէին 'ի Պարսից և 'ի ՊարԹևաց. այլ զօրանայր կողմն Արտաշրի՝ 'ի լքանել Թողուլ և այլոց ևս բազմաց զԱրտաւան, և գալ յենուլ յինքն յԱրտաշիր։ Ապա իբրև յերկրորդում նուագի անդ հարան ընդ միմեանս, բազումք անկանէին 'ի ՊարԹևաց, և ինքն Արտաւան աճապարէր 'ի փախուստ. բայց ապա դարձաւ միւսանգամ 'ի տեղի մարտին։ Արդ իբրև զամիսս երկոտասան ճակատեալ կային ընդդէմ միմեանց, երբեմն 'ի մարտ մատուցեալք և երբեմն դադարեալք, ապա միւսանգամ բուռն հարեալ զմարտն, իբրև այն ինչ առ միմեանս մերձեցեալ կամէին յիրեարս խառնել, ձայնեաց առ ալքայ Արտաւան, և ասէ ...

Թ. Թագաւորեաց 'ի վերայ մնացելոցն ՊարԹեւաց և Պարսից և Ասորեստանեայց. զամենայն ինչ բարեկարգուԹեամբ ուղղեալ, սիրող երևեալ արդարուԹեան և հաւասարագատ իշխանուԹեան. քանզի զուն գործէր արժանի երևել գովուԹեան, որ կորզեաց յանձն զարքայուԹիւնն Պարսից։

Այս ամենայն անցք որ գործեցան լու եղեն յականջս Խոսրովու արշակունւոյ, Թագաւորին Հայոց *մեծայ, եթէ որդին Սասանայ Արտաշիր զօրացեալ բռնացաւ 'ի վերայ թագաւորութեան Պարսից, և կորոյս զեղբայր նորա զԱրտաւան: Յաւելին գուժկանքն և ասեն թէ և Պարթևք հաճեալ հաւանեալ են յոյժ ընդ թագաւորութիւն Արտաշրի, քան ընդ համազգւոյն նորա և արեան հարազատին. և զի վաղվաղակի լքին խոտեցին ...*

Այս հատուածը եկամուտ կամ անհարազատ պէտք չէ սեպել, ու մեր ձեռքը եղած Ագաթանգեղոսի պատմութեան գրչագրացը մէջ չգտնուելուն համար՝ մերժել. այլ անտարակոյս կորսուած, ու միայն յունական թարգմանութեան մէջ մնացած: Վասն զի Խորենացին ալ՝ մեր մեծն Խոսրով թագաւորին վրայ խօսելու ատեն՝ այսպէս կը գրուցէ. « Յաղագս սորա և համառօտմիջն յԱգաթանգեղեայ պատմեալ փոքր 'ի շատէ զմահն Արտաւանայ Պարսից արքայի և զբառնալ տէրութեան Պարթևաց յԱրտաշրէ որդւոյ Սասանայ »: Ուստի և հաւանական կ'երևնայ թէ Մովսէսի Խորենացւոյն ձեռքն եղած օրինակին մէջ այս հատուածը կը գտնուէր, որովհետև հիմայ հայերէնին մէջ Արտաւանայ մահը չյիշուիր:

* * *

Այս վերը յիշուած հատուածէն ետքը՝ կը սկսի Ագաթանգեղոս իր սիրելի պատմութիւնը: Պատմութիւն մը՝ որուն առջի երեսէն կ'երևնայ թէ ինչպէս Աստուծոյ միայնոյ հնարաւոր է՝ մահկանացուաչաց աղէտք ու չարիք կործուածներէն՝ բարութիւն առաջ բերել: Հայաստանի երջանկութեան և հաւատոյ լուսաւորութեան դարը հասեր էր. Աստուծոյ՝ մէկ բարերար նայուածքովը՝ Թադէի ու Բարթուղիմեայ առաքելութեանց պտուղը կ'երևնար, ու անոնց արեան արգասաւորութիւնը:

Այն ժամանակները՝ արևելից իշխանութիւնը կարգէ դուրս ցնցում մը կ'իմանար. Պարթևք չկարենալով Սասանեանց դէմ դնել, կը խոնարհէին անոնց առջև, ու մեր Խոսրով Թագաւորը իր շինանիստ քաղաքներն ու ամրապատ տեղուանքը թողլով՝ ինչուան այն օրերը իմաստութեամբ գործածած խաղաղարար վարչութեան դաւաղանը կը թողուր, ու անոր տեղ զէնք առնելով՝ Պարսից վրայ պատերազմի կ'ելլէր, ու յաղթական փառքով իր հայրենիքը կը դառնար: Բայց որովհետև իր կեանքը յարատև տագնապ էր Սասանեանց, ու անոր զէնքին վախովը միշտ ահուդողի մէջ էին, բնական էր որ ետևէ ըլլային այն կեանքը վերցընելու հնարք մը փնտռել: Այս սեաւ խորհրդոյն գործադրութիւնը իր վրայ առաւ Անակ, ու բարեկամութիւն կեղծելով՝ Խոսրովու հետ ընտանեցաւ. և այն մտերմութեան տուած համարձակութեամբը՝ որսի մէջ զինքն սպաննեց: Թագաւորը դեռ բոլորովին մահուամբ չծանրացած աչուըները զինքը սպաննող Անակայ վըրայ դարձընելով, կիսահագագ ձայնովը հրամայեց որ այն անօրինին տունը տեղն ու ցեղը ջնջուի: Այն ընդհանուր մահուան մէջէն միայն սուրբն Գրիգոր և իր Սուրէն եղբայրը կ'ազատին: Գրիգոր՝ Կեսարիոյ օտարութեանը մէջ սրտի ու մտաց կրթութիւն մը ընդունելով, իր հօրը Անակայ յանցանքը քաւելու համար՝ յանձն կ'առնու Խոսրովու որդւոյն Տրդատայ ծառայութեան մէջ մտնել: Այն հաւատարիմ սպասաւորութեան ժամանակ՝ կ'իմանայ Տրդատ Գրիգորի հաւատարմութիւնը նաև առ Աստուածն քրիստոնէից, ու չարաչար տանջանքներով անոր հաւատոց հաստատութիւնը փորձելէն ետքը, երբոր կ'իմանայ ալ թէ իր հօրը սպաննչին որդին է, արևու անարժան սեպելով այնպիսի կեանք մը, կը դատապարտէ որ Արտաշատու խոր վիրապին մէջ՝ դժնդակ մահուամբ իր հօրը յանցանքը քաւէ:

Երբոր Աստուծոյ կամօք՝ Գրիգոր վիրապին մթութեան մէջ տասն և հինգ տարի անյուսալի կենդանութեամբ կ'ապրէր, ուրիշ սրտաշարժ տեսարանի մըն ալ ականատես կ'ըլլար Հայաստան: Հռովմայ Դիոկղետիանոս կռապաշտ կայսեր ձեռքէն կը փախչէին Գայիանէ և իրեն հետևող կուսանաց խումբ մը․ որոնց մէջ ամենէն աւելի կը փայլէր Հռիփսիմէ, որ իր գեղեցկութիւնը երկնքի ընծայած, Դիոկղետիանոսի հարսնութենէն փախած ժամանակ, Տրդատայ աչքն ու սէրը իր վրայ կը դարձընէր: Սակայն Տըրդատ իր ամէն ուժովը՝ չի կրնար տկար կուսի մը դէմ դնել. անոր հետ պատերազմած ժամանակ կը յաղթուի իրմէն. ու դեռ անոր գեղեցկութեամբը կուրացած չիկրնար ուրիշ կերպով մը յաղթել, բայց եթէ զինքն ալ իր ընկերներն ալ սպաննել տալով:

Դեռ անոնց մարմինը անթաղ՝ բայց անապական ձգուած տեղն, աստուածային բարկութեան գաւազանը թէ զՏրդատ թագաւոր և թէ զբովանդակ նախարարները կը զարնէր: Նաբուգոդոնոսորայ պատիժը կը կրկնուէր Տրդատայ վրայ: Այս անակնկալ ու սաստիկ պատուհասը այնպիսի շփոթութիւն մը կը ձգէր նախարարաց մէջ, որ հնարք կը փնտռէին այն պատուհասէն ազատելու: Նոյն հնարքը՝ աստուածային տեսլեամբ կը յայտնուէր Խոսրովիդխտոյ, որ կը հրամայէր զԳրիգորիոս հանել վիրապէն, ու իրմէն փնտռել այն բժշկութիւնը: Հնազանդեցան տեսիլքին, ու անկէց՝ զոր աշխարհի վնասակար ու կենաց անգամ արժանի չէին սեպեր, կը խնդրէին իրենց ցաւոց դարմանը: Սուրբն Գրիգոր ալ, չէ թէ միայն անոնց մարմնոյն՝ հապա նաև հոգւոյն բժշկութիւնը կը պարգևէր՝ աստուածուսոյց խրատներով ու բանիւք: Այս քարոզութիւնը՝ Ագաթանգեղեայ գրոցը մեծ մասն է:

Անկէ ետքը կը պատմէ Ագաթանգեղոս՝ Գրիգորի և Տրդատայ ձեռքով եղած բարեկարգութիւնները 'ի Հայաստան. անոնց 'ի Հռովմ ճանապարհորդելը.

նորէն դառնալը, Նիկիոյ ժողովոյն հրաւէրը առ Լուսաւորիչն Հայաստանի, ու ասոր՝ իր որդին փոխանակ ղրկելը ու առանձնութիւնը: Հոս կը լմննայ Ագաթանգեղոսի պատմութիւնը:

***

Այլ և այլ խնդիրք յուզուած են առ բանասէրս՝ Ագաթանգեղեայ գրոց հարազատութեան վրայ: Թէ Ագաթանգեղոս՝ ժամանակակից և ականատես անձն, Տրդատայ և սրբոյն Գրիգորի պատմութիւնը շարադրած է, իր դարուն մէջ Զենոբ Գլակ, և անմիջապէս հետևեալ դարու պատմիչք մեծարոյք և պատուական իրենց հնութեամբն և հաւատարմութեամբ, անտարակուսելի վկայութիւնը կու տան: Խնդիրը կը մնայ թէ անոնց յիշատակած ու մեր ձեռքը գտնուած ու Ագաթանգեղոսի անունը կրող գիրքը՝ արդեօք և մի և նոյն երկասիրութիւնն է, թէ վերջինս փոփոխութիւններ և այլայլութիւն կրած է:

Այս ենթադրութեան կամ կարծեաց պատճառը՝ վիճելի նիւթ եղող գրքին պատմական հանգամանքն է. յորում՝ ողջամիտ քննադատութեան թերութիւններ ենթադրելով նկատել, չեն յօժարիր ոմանք ընծայել զայն Ագաթանգեղեայ. որ իբրև քարտուղար՝ ընդունելով 'ի Տրդատայ հրաման՝ գրելու անոր թագաւորութեանը անցից պատմութիւնը՝ ոչ յանձնողին արքայական մեծութեան և ոչ ալ գրողին կրնար պատշաճիլ, կ'ըսեն, այդպիսի ոճով և բացատրութեամբ աւանդել յետագայ սերնդոց՝ թագաւորին կիրքը, ամօթն ու շառագունանք, երկնառաք պատուհասի մը հետևանք դէպքերն, և այլն:

Այսպիսի կարծիք և զգուշաւոր շրջահայեցութեան պարտք մը՝ կրնայ պատշաճական սեպուիլ այնպիսի անձի մը համար՝ որ պատմութիւնն շարագրել տուած ատեն՝ իր փառքն, համբաւն ու պատիւը կը փնտռէ. բայց ոչ անշուշտ այն մեծ Թագաւորին՝ որուն համար այդպիսի երկնահրաշ պարտութիւն մը 'ի վեր էր քան զամենայն փառս. զորմէ վկայէ Խորենացի թէ «Յետ հաւատոցն որ 'ի Քրիստոս ամենայն առաքինութեամբք բացափայլեալ... ընկեցեալ զերկրաւոր պսակս՝ զհետ ընթանայր երկնաւորին»: Աշխարհահռչակ պատմութիւն մը խարդախել, և կամ օտար 'ի ճշմարտութենէ գոյն և կերպարանք տալ անոր՝ ոչ Տրդատայ և ոչ իր պատմչին կրնանք վերագրել:

Միւս առարկութիւն մ՚ալ, բովանդակ պատմութեանն հրաշապատում ըլլալովը, եթէ ոչ բոլորովին առասպել՝ գէթ առասպելախառն կարծուիլը:

Ասոր ալ պատասխանը հետևեալ իրաւացի անդրադարձութեանց մէջ կը համարինք լիուլի ամփոփուած տեսնել, որ ոչ մեր՝ այլ հմուտ ու բանիբուն քննաբանի մը խօսքերն են. «Ագաթանգեղեայ պատմութիւնն, կ՚ըսէ, իր ամէն մանրամասնութիւններովը անտարակուսելի ենթադրել՝ անհնարին գործ մը կրնայ սեպուիլ. վասն զի այսպիսի յատկութիւն՝ մարդկային որ և իցէ գրուածքի մը չի կրնար տրուիլ. մանաւանդ ուր տեղեաց և ժամանակաց հեռաւոր անցից և դիպուածոց վրայ է պատմութիւնն: Բայց եթէ մատենագիրք կը սխալին, կը սխալին նաև անոնց քննադատք. և այնչափ աւելի՝ որչափ ջանան սուր միտք և հանճար ունեցող երևնալու փափաքով՝ դիմացինին պարզմտութիւնն արհամարհել: Չեմ հասկընար թէ ինչու քրիստոնէութեան հաստատութիւնն 'ի Հայաստան՝ պէտք է որ առանց հրաշից կատարուած ըլլայ, մինչդեռ առողջ քննադատութիւնն՝ ուրիշ երկիրներու մէջ եղածներն տարակուսի տակ չի ձգեր: Թող զի յԱգաթանգեղեայ պատմուածներուն մէջ՝ եթէ լաւ մտադրութիւն ըլլուի անոնց, նշանակութեան արժանի այն է որ շատ բան կրնայ պատշաճապէս մեկնուիլ նաև ըստ մարդկային հաւանական կարծեաց. ինչպէս Թագաւորին անբանական մոլեգնութիւնն, և իրեն հետ նաև նախարարացն՝ կամ առ տագնապ խղճի, կամ նմանութեամբ, և կամ արքային հաճոյական երևնալու համար. — բարեպաշտ այրւոյ մը ձեռքով՝ այնչափ տարի սրբոյն Գրիգորի ապրիլը ՚ի գբին՝ ուստի նաև Աստուծոյ Թոյլտուութեամբ և խնամօք՝ նաև բնական պատճառներով կրնային տեղի տալ հեռանալ օձք. — սըրբոյն և սրբուհեաց՝ երկար տանջանաց դիմանալը, մինչ գիտենք՝ թէ հոգեկան ոյժը կ'իշխէ զգացման ցաւոց, և կամ թերևս նոյն իսկ տանջողք՝ առ հիացման և գթոյ՝ կրնային տանջանաց սաստկութիւնն մերթ ընդ մերթ մեղմացընել... Մեծագոյն հրաշք, կրնանք սրբոյն Աւգոստինեայ հետ կրկնել, այնչափ բազմութեան փոփոխութիւնն է:

« Եթէ աւելի մանրամասնութեանց իջնենք՝ քննադատից առարկութիւններն իմաստակութիւնք կ'երևին մեզ. օրինակ իմն, երբ Ագաթանգեղոս կ'ըսէ թէ ամէն պատմածներուն ականատես եղած է, քննադատը ապացուցանելով թէ անանկ չէ, կը հետևցընէ թէ ոչ ինչ է ճշմարիտ ՚ի պատմելն: Ով որ կը պատմէ այնպիսի դէպքեր՝ որոնց մասամբ ականատես է, և մասամբ յայլոց հաւատարիմ տեսողաց լսած. կամ կը տեսնէ արդէն պատմուածներուն մերձաւոր արգասիքը, և կամ գործողաց շատին հետ կենակից եղած է և ապրած, առանց ստելու՝ Ագաթանգեղոսի իր ստուգախօսութեան համար զրուցածը կրնայ երկրորդել:...

« Անհաւատալի կը թուի որ Տրդատ բարձր լերան մը ծայրէն՝ ուսոցը վրայ շալկելով՝ փոխադրէ այն քարինքը՝ որոնցմով պիտի բարձրանար իրմէ ՚ի մահ մատնուած սրբոց մահուան հանգստարանը, մինչ պանոնք տեղափոխելու ուրիշ շատ միջոցք կային։ ...Եթէ Տրդատ արքայական մեծութեանը վրայ՝ իր քըննադատէն տարբեր կարծիք ունէր՝ ինչ կրնանք ըսել։ ... Այլ ինձ հաճոյ է այն ոչ անարգ նուաստութեանը մէջ՝ արքայական մեծվայելչութիւն մը նկատել. և աւելի կը մեծարեմ զՏրդատ իր այդ խոնարհութեանը մէջ՝ քան զՄաքսիմիանոս յաղթող և յաղթական »[1]։

***

Սեբէոս եպիսկոպոս Մամիկոնենից, եօթներորդ դարու մատենագիր, իր պատմական երկասիրութեանը մէջ՝ Հայոց հին պատմութեան վերաբերեալ հետաքննական ու բաւական ընդարձակ հատուած մը մէջ կը բերէ՝ Ագաթանգեղեայ ընծայուած. « Հայելով, կ՚ըսէ, ՚ի մատեանն Մարաբայ փիլիսոփայի Մծուրնացւոյ, զոր եգիտ դրոշմեալ ՚ի վերայ արձանի ՚ի Մծբին քաղաքի՝ յապարանս Սանատրուկ արքայի հանդէպ դրան արքունական տաճարին, ծածկեալ յաւերածի արքունական կայենիցն։

« Քանզի զսինս տաճարին խնդրեալ ՚ի դուռն արքային Պարսից, և բացեալ զաւերածն վասն սեանցն ըստ գլխոյն արձանագրին դրոշմեալ ՚ի վերայ վիմի զամս և զաւուրս հինգ Թագաւորացն Հայոց և Պարթևաց՝ յունարէն դպրութեամբ, զոր իմ գտեալ ՚ի Միջագետս՝ ՚ի Նորին աշակերտացն, կամեցայ ձեզ զլուցակարգել. քանզի այսու ունէր վերնագիրն այսպէս. « Ես Ագաթանգեղոս գրիչ գրեցի ՚ի վերայ արձանիս այսորիկ իմով ձեռամբս զամս առաջին Թագաւորացն Հայոց, հրամանաւ քաջին Տրդատայ, առեալ ՚ի դիւանէ արքունի » ։

1 ԴՈՄՄԱՋԵ՚ՈՑ, ՚ի յառաջաբանի իտալական Թարգմանութեան Ագաթանգեղեայ։

Այս պատմական քաղուածը՝ կ'ամփոփէ մարբեասեան ոճով Հայոց պատմութիւն մը՝ 'ի սկզբնաւորելոյ ազգին մինչև ցթագաւորութիւն Պապայ, Տըրդատայ մահուընէն վաթսունուերեք տարի ետքը։ Ասով յայտնապէս կ'իմացուի որ եթէ գրուածքին հեղինակը ինքն Ագաթանգեղոս ալ ըլլայ՝ շարունակութիւնն ուրիշ է։ Մեր ազգին պատմութեան վըրայ բոլորովին նոր մանրամասնութեանց կը հանդիպինք 'ի սմա, և որ 'ի Խորենացւոյն աւանդուած չեն, և որ իրեն բոլորովին անծանօթ երկասիրութիւն մը պիտի չըլլայ, ինչպէս կ'ակնարկէ Սեբէոսի պատմութեան նոր հրատարակողն (Պատկանեան)։ Վասն զի Ագաթանգեղեայ ընծայուած այս հատուածին մէջ՝ Բագարատ և իրեն տոհմը՝ սերեալք ասին յԱրամենակայ և ոչ 'ի Հրէից՝ ինչպէս կ'աւանդէ Խորենացին, և կը յաւելու. «Ասէին ոմանց անհաւատալի մարդոյ, ըստ յօժարութեան և ոչ ըստ ճշմարտութեան, 'ի Հայկայ զթագադիր ազգ լինել Բագրատունեաց։ Վասն որոյ ասեմ, մի՛ այդպիսեաց յիմար բանից հաւանիր ... զի 'ի բայ բանից և անոճ իմն յաղագս Հայկայ և նմանեացն կակազէ»։ Սակայն ինչ ալ ըսուի՝ հնագոյն և պատուական նշխար մ'է ազգային պատմութեան, մեր ձեռքը հասած պատմական վաղեմի աղբիւրներէ քաղուած։

Լանկլուա իւր Հաւաքածոյին մէջ (Հատ. Ա. 195) հրատարակելով այս գրուածքը՝ խորագիր կը դնէ. Le Pseudo-Agathange, Histoire ancienne de l'Arménie.

***

Խնդիր է դարձեալ թէ ինչ լեզուով շարադրեր է Ագաթանգեղոս իւր Պատմութիւնը։ Վասն զի ոմանք տեսնելով թէ անիկայ հռովմայեցի էր, օտարազգւոյ համար անկարելի սեպեցին անանկ ճշգրիտ ու ընտիր հայկաբանելը. ուստի և ըսին թէ ինքը յունարէն շարադրած է այս գիրքը, ու ետքը 'ի թարգմանչաց 'ի հայ լեզու փոխուած։ Իրենց այս կարծեացը հաստատիք մէջ կը բերեն թէ Ագաթանգեղոսի յունարէն օրինակը կը գտնուի առ Սիմէոնի Մետափրաստեայ, որ ուրիշ սրբոց վարուցը և վկայաբանութեանց հետ՝ սրբոյն Գրիգորի վարքն ալ կ'աւանդէ Ագաթանգեղեայ խօսքերն մէջ բերելով, բայց 'ի երկար վարդապետութենէն, և որ 'ի մատենադարանին Փլորենտիոյ պահուած միակ յոյն օրինակին հետևողութիւն է։

Այս կարծեաց հերքումը, ըստ մեզ, իր մէջն է։ Ագաթանգեղոս հռովմայեցի էր, իսկ գրուածքը՝ յունարէն. պէտք էր որ լատին կամ հռովմայեցի լեզուով շարադրած ըլլար երկասիրութիւնը՝ որպէս զի այս տարակոյսը իր վրան չըլլար։ Իսկ եթէ յունարէն գիտութեանը համար ինքը Ագաթանգեղոս կը վկայէ, ի՞նչ զարմանք թէ հայերէն ալ սորված ըլլայ, որ այնչափ տարեն Հայոց արքունիքը կեցաւ, ու նախարարաց ու պաշտօնէից հետ խօսակից ու կենակից։

Երկրորդ՝ Ագաթանգեղոս կ'աւանդէ թէ Տրդատայ հրամանաւ ձեռք զարկաւ այս երկասիրութեան ու Տրդատայ կամքն էր որ մեր թագաւորաց և արքունի դիւաններուն մէջ մնայ. որպէս զի ըլլայ «յօրինակ քաջալերիչ հոգևոր ծննդոց իւրեանց». «զի և որդիք, կ'ըսէ, որ ծնանին՝ յարիցեն և պատմեսցեն որդւոց իւրեանց. զի դիցեն առ Աստուած զյոյս իւրեանց, և մի մոռասցին զգործս Աստուծոյ. խնդրելով խնդրեսցեն՝ զի մի եղիցին իբրև զհարս իւրեանց»։ Ուրեմն Հայոց համար գրուած երկասիրութիւն մը՝ հարկ էր որ անոնց լեզուովը գրուէր. և որչափ ալ ենթադրենք թէ յունական լեզուին ուսումը հասարակ էր մեր մէջը, սակայն տարակոյս չկայ որ ամենուն հասկընալի լեզու չէր: Փարպեցւոյն խօսքը՝ իր ժամանակի Հայոց համար, երաշխաւորութիւն է մեր այս կարծեացը. «Ոչ ինչ էին, կ'ըսէ, կարող՝ լսել և օգտել ժողովուրդքն այնպիսի մեծ աշխարհի»: Ագաթանգեղոսի սկզբնագրին յունական սեպուելուն գլխաւոր պատճառ, ինչպէս ըսինք, նոյն լեզուով իր երկասիրութեան գտնուիլն է: Բայց այս պատճառը եթէ զօրելու ըլլար՝ հաւասարապէս պիտի զրուցուէր նաև հայկականին համար: Ուստի այս խնդրոյն վրայ ստուգութեամբ դատաստան ընելու համար՝ հարկ է երկուքն ալ իրարու հետ բաղդատել, և անանկով խնդրոյն լուծումը դիւրացընել: Մենք ալ այս հնարքին ձեռք զարնենք:

Ա. «Ջի գետն Երասխ (Ἑρασαχ) յարուցեալ գայր գաքիւ և գաքիւ»:

Թէ որ սկզբնագիրը յունարէն ըլլար, Երասխ գետին անունը Երասախ չէր դնէր, հապա ըստ յունին Արաքսէս Ἀραξις.

Բ. «Երթեալ հասանէր յամուր տեղին Անի, ՚ի թագաւորաբնակ կայանս հանգստանոցացն գերեզմանաց թագաւորաց Հայոց. և անդ կործանեցին զբագինս դիցն Արամազդայ՝ հօրն անուանեալ դիցն ամենայնի». (τοῦ Κρονοῦ του πατρὸς Διὸς παντοδαίμονος):

Ահաւասիկ յայտնի նշան մըն ալ թէ յոյնը հայերենէ թարգմանուած է. վասն զի հայերենին մէջ Կրոնոս բառը չկայ, ու զԱրամազդ հայր կը սեպէ ուրիշ ամէն աստուածոց. իսկ յոյն թարգմանիչը սանկ կարդացեր է. "զբագինս դիցն՝ Արամազդայ հօրն՝ (Կռոնոսի), անուանեալ դիցն ամենայնի". ու այս վերջին երկու բառերը՝ Դիոսի ածական ըրեր է παντοδαίμονος բառով:

գ. «Գայր հասանէր 'ի Միհրական մեհեանն անուանեալ որդւոյն Արամազդայ (εν τοῦ ἱερῷ Ηφαιστοῦ) 'ի գիւղն զոր Բագայառիճն կոչեն 'ի պարթեւարէն լեզուէն»։

Միհր աստուածը՝ ըստ արեւելեան առասպելաց՝ արեւն է, չէ թէ կրակը կամ Հեփեստոս։ Հոս ալ թարգմանչին՝ արեւելեան դիցաբանութեան անհմտութիւնը կ'երեւնայ։

դ. «Ի կողմանս Կապադովկացւոց 'ի քաղաքն Կեսարացւոց՝ (εἲς πολην Καισαροίων) զոր ըստ հայերէն լեզուի Մաժաք (Μασακ) կոչեն, զի տարեալ զԳրիգոր՝ քահանայապետ կացուսցեն իւրեանց աշխարհին»։

Յունականին՝ հայերէն առմամբ դնելը 'ի քաղաքն Կեսարացւոց, փոխանակ ըսելու իրենց յատուկ ոճովը εἲς Καισαρειαν կամ εἲς πολην Καισαρειαν, յայտնի քննադատական նշան է թէ հայերէնէ թարգմանուած է յունականը։

ե. «Եւ հրամայեաց կատարել անդ ամ յամէ 'ի նմին տեղւոջ ժողովել ամենեցուն 'ի յիշատակ սրբոյն, որ օր եօթն էր սահմի ամսոյ. (τοῦ μηνὸς σαομὴ κατὰ χωραν λεγομενοῦ, κατα δε ρωμαίους οκτοβριοῦ)։

Սահմի ամսոյն մեկնութեան այս յաւելուածը, կամ յունին "ըստ հռովմայեցւոց հոկտեմբերի" ըսելը, հաւանական փաստ մըն է մեր կարծեաց ստուգութեանը։

զ. «Եւ զյիշատակ վկայիցն բերելոց ժամադրեաց 'ի տօն մեծ հաչակեալ յառաջագոյն կարծեցեալ սնոտեացն պաշտաման, 'ի ժամանակի դիցն ամանորաբեր Նոր պտղոց տօնին՝ հիւրընկալ դիցն Վանաարև. զոր յառաջագոյն իսկ 'ի նմին տեղւոջ պաշտէին յօր ուրախութեան նաւասարդ աւուր»:

Այս հատուածին մէջ հիւրընկալ դիցն Վանատրէ կոչուած տօնը՝ յատուկ էր Արամազդայ. որովհետև այս աստուածը միայն թէ՛ յունաց և թէ լատին աստուածաբանութեանց մէջ Վանատուր կոչուած է: Արդ մէկ աստուածոյն տեղ՝ յունին բազմաւորական ξενοδέκτων Θεῶν Վանատուր աստուածոց ընելը՝ զօրաւոր ապացոյց մըն ալ է անոր սկզբնագիր ըլլալուն. վասն զի մեր լեզուին դից ձայնը՝ բազմութեան վրայ առած է՝ փոխանակ միոյն Արամազդայ:

Է. «Այս եկեալ գտանէին 'ի Դարանաղեաց գաւառին, 'ի լերինն որ կոչի Մանեայ այրք»:

Յոյնը հոս ալ փոխանակ գնելու σπήλαιον Μανῆς, հայերէն ձայնով կը դնէ Μαναарκ.

Ը. «ԶՇահապն Շահապիվանի և զիշխանն սպասկապետութեան» (πασκαπετέων):

Ահաւասիկ ուրիշ փաստ մըն ալ. Սպասկապետութիւն բառին նշանակութիւնը ծանօթ է մեզի. իսկ նոյն ձայնով յունական բառը՝ թէ՛ մեզի և թէ Յունաց անծանօթ:

Թ. «Առնուր (Գրիգոր) զԱրշակունեաց տոհմի որերն»: Յոյնը՝ Սարակինոսաց կը դնէ:

Այս քանի մը օրինակք՝ բաւական կրնան սեպուիլ 'ի հաւաստարիմ առնել ենթադրութիւն մը՝ որում համամիտ և զուգաձայն են նաև բազմագոյնք յազգային և յօտար բանասիրաց, թէ Ագաթանգեղեայ գրոց միակ գրչագիր յունական օրինակն որ 'ի լաւընտեան մատենադարանի Փլորենտիոյ է Թարգմանութիւն 'ի հայկականէ։

Յունականն՝ բաց 'ի քաղուածոյ հրատարակութենէն առ Մետափրաստեսի, ինչպէս յիշեցինք, առաջին անգամ հրատարակուեցաւ 'ի Ստիլտինգայ՝ լատին Թարգմանութեամբ և ընտիր ծանօթութիւններով. իսկ վերջին տպագրութիւնն ըրած է Լանկլուա 'ի Հաւաքման հայ պատմագրաց։ Վարդապետական մասն, որ Ագաթանգեղոսի գրոց երկրորդ մասն է, կը պակասի նաև 'ի յոյն ձեռագրին[1]։

Որչափ ալ միաբանին բանասէրք յայսմ ենթագրութեան, սակայն ոչ սակաւք 'ի նոցանէ, ինչպէս ըսինք, կը զլանան տալ Ագաթանգեղեայ թէ յոյն և թէ հայ լեզուով մեր ձեռքն հասած գրուածքին այն հարազատութիւնը, զոր մեզ փափաքելի է չկարծել 'ի նմանէ, հնգետասան դարուց աւանդական կարծեաց և համոզման դէմ տարակոյս վերցընելով։ Այս է կարծիք եւրոպական նոր քննադատ բանասիրութեան, որուն կը ձայնակցին և ոմանք 'ի մերազգի հըմտից։ Կը համարին թէ հեղինակին ժամանակէն մինչև 'ի հինգերորդ դար, յորում իր պատմական երկասիրութիւնը Թարգմանուած կը կարծեն 'ի հայ, մեծ կերպարանափոխութիւն և այլայլութիւն կրած ըլլայ սկզբնագիրը. և հայ ազգին երախտագէտ մեծարանքն առ սուրբն Գրիգոր, օրինաւոր սեպել տուած է այլ և այլ յաւելուածներ։ Հետևաբար՝ Ագաթանգեղոսի բնագիրն, — ո՛ր լեզուով ալ գրուած սեպենք, — հիմա կորսուած կը համարին. և « արդի

1 Դիւ՛ԶԱ, Իտալացի հմուտ հայագէտն և քննադատ, վերջի տարիներս ընտիր տեսութիւն մը հրատարակեց՝ Ագաթանգեղեայ գրոց յոյն օրինակին վրայ՝ իրենց ուսումնական օրագրի մը մէջ, բաղդատելով ձեռագիրն ընդ տպագրաց, և իրարմէ ունեցած բազմաթիւ ընթերցուածոց տարբերութիւններն նշանակելով։

երկլեզու Ագաթանգեղոսն յետին ժամանակի մը գործ կ'երեւնայ, կ'ըսեն, որ հին Ագաթանգեղոսի գործը իրեն հիմ դրեր է, բայց պատմութիւնը բոլորովին այլափոխուեր. և դիւանական և ատենական գրուածքն՝ վկայաբանութեան փոխուեր»: Սակայն այսպիսի կարծեաց ընդունելութեան դժուարութեանն ալ անծանօթ չեն. «Զարմանք է, կ'ըսեն, որ մեր հնաւանդ տարեգիրք՝ արդէ Ագաթանգեղոսը կը ճանչնան, և հայ օրինակին լեզուին յստակութիւնն, ճոխութիւնն և հմտութիւնն ալ Թարգմանչաց դարու արժանաւոր է. և մանաւանդ թէ ուրիշ յետնագոյն դարու մը ընծայելը՝ ազգային մատենագրական պատմութեան ընդդէմ է»:

Երեք մաս կը բաժնուի Ագաթանգեղոսի գրուածքն. առաջինն՝ Լուսաւորչայ, Հռիփսիմեանց և Գայիանեանց վկայաբանութիւնն կ'ամփոփէ: Երկրորդ մասը 'ի հեղինակէն մակագրուած է. Վարդապետութիւն սրբոյն Գրիգորի առն Աստուծոյ. իսկ երրորդին խորագիրն է. Դարձ փրկութեան աշխարհիս Հայաստան ընդ ձեռն սրբոյ նահատակին: Իր գրոցը քննադատք կը կարծեն թէ «Որչափ ալ երեք մասին ալ մատենագրական ոճը նոյն երեւնայ, սակայն անիրաւ չէ երկրորդ մասն եկամուտ սեպել, և երրորդն յաւելուած. վերջինս ալ մեծ հաւաստիք են Կորիւնի հետ ունեցած անթիւ նմանութիւնք բանից և բառից»:

Մենք կը կրկնենք թէ Ագաթանգեղեայ և Թարգմանչաց մէջ եղած ոչ այնչափ երկար միջոց ժամանակի, և մանաւանդ այս վերջնոց վրայ ազգային անընդհատ և իրաւացի մեծարանքն՝ դժուարին կ'երեւցընէ այդպիսի գրականական անհաւասարմութիւն մը՝ այնպիսի անձանց և գիտուածոց նկատմամբ՝ որ աշխարհածանօթք և աշխարհալուրք էին:

***

Ագաթանգեղեայ գրոց մասն կը սեպեն ոմանք նաև Դաշանց կոչուած Թուղթը։

Պատմութիւննիս կ'աւանդեն թէ երբոր Տրդատ Թագաւոր և Գրիգոր Լուսաւորիչ լսեցին Կոստանդիանոսի հաւատալը 'ի Քրիստոս, այն հրաշալի փոփոխմանը խնդակից ըլլալու համար՝ անձամբ ելան 'ի Հռովմ գնացին, և այն առթով՝ իրարու հետ բարեկամական դաշինք դրին։

Այս դէպքին ստուգութիւնը՝ Ագաթանգեղոսի խօսքերուն մէջ յայտնի կը տեսնուի. «(Կոստանդիանոս), կ'ըսէ, և արքային Տրդատայ իբրև եղբօր սիրելւոյ սէր ցուցեալ ուրախութեամբ մեծաւ, մանաւանդ վասն աստուածածանօթութեանն նորա՝ առաւել դաշինս կռէր ընդ նմա. միջնորդ կալեալ ըզհաւատսն որ 'ի տէր Քրիստոսն էր. զի անշուշտ մինչ 'ի բուն զհաւատարիմ սէրն 'ի մէջ թագաւորութեանցն պահեսցեն»։

Իրմէն ետքը եկող պատմագիրներն աւելի բացայայտ կերպով կը խօսին այս բանիս վրայ։ Բիւզանդ կ'աւանդէ թէ երբոր Հայաստան աշխարհքը կը նեղուէր 'ի Թշնամեաց, Վաղէս կայսեր կ'իյնար՝ իրմէն օգնութիւն խնդրելով, անիկայ ալ յանձն կ'առնուր, «զուխտն յիշեալ, կ'ըսէ, զդաշանցն կռեւոց՝ զերդմանցն հաստատութեան միջնորդութեամբ 'ի մէջ կայսերն Կոստանդիանոսի և 'ի մէջ Թագաւորին Տրդատայ եղեալ էր»։ Նոյն դաշանց հաստատութեան ստուգութեանը վկայութիւն կու տայ և Զենոբ. «Ի ժամանակն յայնոսիկ, կ'ըսէ, լուր եհաս 'ի դուռն արքային եթէ Կոստանդիանոս կայսրն հաւատայ 'ի Քրիստոս Աստուած, դադարեցոյց զհալածումն եկեղեցեաց, քաջութեամբ կալեալ զԹադաւորութիւնն. այս խորհուրդ 'ի մէջ առեալ գընալ 'ի դուռն կայսեր վասն դնելոյ դաշինս խաղաղութեան 'ի մէջ իւրեանց »: Այս խօսքէն անանկ կը հասկցուի թէ Տրդատայ Հռոմ երթալուն գլխաւոր պատճառը՝ այդ դաշանց հաստատութեան համար էր:

Տրդատայ մահուընէն ետքը՝ երբոր Հայաստանի ընտանի երկպառակութիւնքը իրենց առիթ առնելով՝ թշնամիք վրան կը վազէին անոր ստացուածքներուն ու կողոպուտով ճոխանալու, նեղեալքը պաշտպանելու անկարող Հայաստան՝ այն դաշանց թղթոյն զօրութեամբը կայսերաց օգնութիւնը կը խնդրէր: Նոյն դաշինքը և ուխտերը կը յիշեցնէր սուրբն Վրթանէս՝ Կոստանդ կայսեր գրած թղթին մէջ, երբ որ Տրդատայ Խոսրով որդին՝ անոր իշխանական աթոռոյն վրայ կ'ուզէր նստեցնել: Զնոյն և սուրբն Յովսէփ կաթուղիկոս Թէոդոս կայսեր կ'երկրորդէր, երբոր Պարսիկք՝ մոգութեան կրօնքը կ'ուզէին Հայաստան մտցնել. «Նոքա, կ'ըսէ Եղիշէ, ընթերցան զգիր պայմանաց Հայոց աշխարհին և զխնամակարանս նախնեացն. բազում մատեանք 'ի մէջ եկեալ ընթերցան, որ զնոյն ուխտ հաստատութեան 'ի ներքս գտանէին »:

Այսչափ ստուգապատում վկայութեանց առջև տարակոյս չմնար թէ Տրդատայ ու Կոստանդիանոսի, Սեղբեստրոսի ու Գրիգորի մէջ դաշինք գրուեցան. և հաւանական ալ է թէ այն ատեն գրուած դաշանց թղթոյն յօրինողն Ագաթանգեղոս եղած ըլլայ: Ասիկայ ոչ միայն իր ատենադպրութեան պաշտամանը յատուկ ծառայութիւն մըն էր, այլ նաև Խորենացւոյն մէկ խօսքէն կրնայ գուշակուիլ: Որովհետև Վրաց աշխարհին առաքելուհի սրբուհւոյն Նունէայ վրայ խօսելու ատեն, Ագաթանգեղոս քեղի կը ստուգեցնէ, կ'ըսէ, թէ ինչպէս քարոզեց, «Ի Կղարջից սկսեալ, առ դրամբք Ալանաց և Կասբից մինչև 'ի սահմանս Մազքթաց »: Բայց Ագաթանգեղոսի պատմագրութեանը մէջ Նունեայ և ոչ անունը կը տեսնուի, այլ միայն 'ի Դաշանց թղթին. որով կամ պէտք ըսենք թէ Ագաթանգեղոսի երկասիրութիւնը ամբողջ մեր ձեռքը հասած չէ, և կամ թէ անորն է նաև Դաշանց թղթոյն յօրինուածը:

Բայց թէ որ Ագաթանգեղոսի պատմութեան ոճը՝ Դաշանց թղթոյն հետ բաղդատենք, թէ՛ գրութիւնը և թէ լեզուն յայտնի կ'աղաղակեն թէ կամ բոլորովին անհարազատ է այս գրուածքը, և կամ այնչափ ձեռնամուխ եղած՝ որ անհարազատութեան վիճակի մէջ ընկեր է:

Նախ լեզուին անտեղութիւններէն սկսինք:

Ոչ միայն Ագաթանգեղոսի յատուկ վայելուչ ու հայկաբան ոճը չերևնար այս թղթոյս մէջ, այլ զանգուած մըն է զանազան նոր ազգաց լեզուացը բառերուն: Ռուսի և տաճկական ոճի և ռամկախ բառերը կը գործածէ. արաբական վէքիլի բառը, գաղղիացի ֆրեր (frère) ու շամբռ (chambre) ձայները. դուքսայ կամ դուքիսիքայ կը կոչէ զԽոսրովիդուխտ, որ է տիւշէս (duchesse) կամ տուքեսսա (duchessa). նոյնպէս լատինական օֆրանդ (offrand) նուէր բառը: Կը թողունք ուրիշ ասոնց նման անհարազատ բառերը, որոնցմով յայտնի կ'երևնայ թէ Կիլիկեցւոց կամ Խաչակրաց ժամանակակից էր այս թղթոյն յօրինողը՝ կամ անոր սկզբնագրին խանգարիչը: Նման՝ ու նոյն ոճով և իմաստներով թղթերու կը հանդիպինք նաև արևմտեան մատենագրութեանց մէջ, և որք ընդհանուր անուամբ Մուրհակք պարգևատրութեանց Կոստանդիանոսի (Donations de Constantin) կը կոչուին, մէջին անուանեալ դարուց չարագրութիւնք և յօրինուածք:

Լեզուին խամութեանը հաւասար աչքի կը զարնեն նաև այնպիսի դիպուածոց յիշատակութիւնք՝

զորոնք անկարելի էր որ Ագաթանգեղոսի պէս կիրթ ու հմուտ միտք մը մտածէր ու գրի վրայ առնուր։ Ասոնց կարգէն է այն վիշապին պատմութիւնը որ կ'ահաբեկէր բոլոր Հռովմայեցւոց քաղաքը, ու Տրդատ սպաննեց զանիկայ. և ինչպէս յետին ու տխմար գրիչ մը կը յաւելու՝ այն յաղթամարմին վիշապին գլուխը մինչև 'ի դուռն քաղաքին բերաւ, զոր եօքէն յիսուներկու եզինք հազիւ կրցան ձգել։

Սրբոյն Սեղբեստրոսի այնչափ լինքզինք մեծցընելն ալ՝ ոչ իրեն սրբութեանը և ոչ վիճակին բարձրութեանը կրնանք պատշաճեցընել։ Իրեն աթոռը նստող հայրապետներէն ոչ ոք այն լեզուն գործածած է։ Եւ անիկայ որ ինքզինքն այնչափ կը մեծցընէ՝ գրեթէ հաւասարապատիւ իշխանութիւն կու տայ նաև սրբոյն Գրիգորի· բոլոր արևմտից և արևելից եպիսկոպոսաց, եպիսկոպոսապետաց և պատրիարքաց կ'արգելու որ չըլլայ թէ համարձակին Գրիգորի վրայ ձեռք դնել. այլ Հայոց կաթուղիկոսը միայն իրեն եպիսկոպոսներէն կարենայ ձեռնադրութիւն առնուլ, և թէ սրբոյն Գրիգորի և յաջորդաց հաւանութեամբ պիտի դրուին Երուսաղէմի, Անտիոքայ և Աղեքսանդրիոյ մետրապոլիտք. և թէ յարևելս՝ առաքելական գահուն փոխանորդ սեպուհն Հայոց քահանայապետք։

Դարձեալ՝ ռամկական առասպելներ ալ անմուծեն Թղթոյս մէջ։ Ասոնց կարգէն են՝ թէ Նոյ Փռիւգիոյ մէջ շիներ է իր տապանը. թէ Կոստանդիանոս՝ Բեթղեհէմ քաղաքը ընծայեր է Տրդատայ, և թէ Տըրդատ՝ իր հետն եղող կորիճներէն իւրաքանչիւր հոգի Կոստանդիանոսի արքունեաց մէջ ձգեր է անոր խընդրանօքը, որ եօքը կայսեր անձնապահապետներն եղեր են 'ի պատերազմունս, և այլն։

Ասոնցմէ զատ ժամանակագրական այլ և այլ սխալներ ալ կան։ Ինչպէս, կ՚ըսէ թէ Կոստանդիանոս իր մօրը Հեղինէի ձեռքով գտնուած կենաց փայտին մէկ մասը շնորհեր է Տրդատայ. ուր Զմմարիա պատմութիւնն կ՚աւանդէ թէ Կոստանդիանոսի դարձէն շատ տարի ետքը եղաւ խաչին գիւտը Հեղինէի ձեռքով։ Կը թողունք ուրիշ ստուգութեան կարօտ խօսքերը. ինչպէս Կոստանդիանոսին՝ իրեն մօրաքեռորդի կոչելը զՀռիփսիմէ, ու զՏրդատէս փեսայ։

Այս ամէն հաւաստիք յայտնի կը ցուցընեն թէ հիմակուան մեր ձեռքն եղած Դաշանց թուղթը անհարազատ գործ մըն է յետին ժամանակաց, կամ ինչպէս վերն ըսինք, Ագաթանգեղեայ ձեռքով յօրինուածին՝ չէ թէ մասնաւոր՝ հապա ամբողջական խանգարումն։

* * *

Ագաթանգեղոսի անուամբ ձեռագրաց մէջ ուրիշ մանր երկասիրութիւն մ՚ալ կայ այսպիսի խորագրով. Վասն վանորէից որ 'ի սուրբ քաղաքն յԵրուսաղէմ, յԱգաթանգեղեայ պատմութենէն, որ էր դպրապետ սուրբ Լուսաւորչին, և համառօտ ստորագրութիւն կամ անուանակոչութիւն մ՚է յԵրուսաղէմ և 'ի մերձակայս սրբոյ քաղաքին գտնուած վանորէից, զորս՝ ըստ ձեռագրին, հիմներ ու հաստատեր են Տրդատայ թագաւորութեան և սրբոյն Գրիգորի հայրապետութեան ժամանակ «գլխաւոր և անուանի իշխանք Հայաստանեայց»։ Հաւանականաբար անհարազատ է այս գրուածքը, բայց ունենալով նաև պատկառելի հնութիւն մը՝ 'ի վերջ եօթներորդ կամ 'ի սկիզբն ութերորդ դարու. վասն զի գրուածքին մէջ կը յիշատակուի թէ Անաստաս անունով հայ վարդապետ մը շարագրած է զայն 'ի խնդրոյ Համազասպայ Կամսարական իշխանի Պահլատինոյ՝ որ էր 'ի վերջ եօթներորդ դարու, և որ ազատեց 'ի ձեռաց պատրիարքին Երուսաղեմի Հայոց այս վանքերը, ուր յոյնք կ'ուզէին Յոբնաղի վարդապետութիւնը մուծանել. և թէ այս պատճառաւ նոյն վանաց միաբան հայ կրօնաւորք ժողով մը գումարելով, բողոքեցին առ կաթուղիկոսն Յովհաննէս՝ որ էր յերկրորդ կէս վեցերորդ դարու (557-574)։ Կը հաւատարմացընէ զայս ձեռագրի մը յիշատակարանը, յորում կ'ըսուի թէ « գտաք յերկրին Գաղատացւոց, յԱնկիւրիա քաղաքի, սրբոյ Լուսաւորչին ընծայուած եկեղեցւոյ մէջ գիրք մը՝ և յորում այս հատուածը, և թէ Անաստաս կոչուած Հայոց վարդապետ մը երթալով յԵրուսաղէմ, աչքովը տեսեր է Հայոց ազգին պատկանող այս վանքերը, եօթանասուն թուով, ամէնքն աղէկ վիճակի մէջ. և գրի վրայ առնլով՝ բերեր հետը Ծոփաց գաւառը, որ հիմա Չմշկածագ կը կոչուի. ուր հանդիպելով իր գրուածքին, գաղափարեցինք. հաւատարմութեամբ » ։ Չի գիտցուիր թէ ով է այս ծանօթութեան հեղինակը, բայց եօթնևտասներորդ դարէն յառաջ ըլլալը անտարակուսելի կ'երևնայ։

Ագաթանգեղոսի կամ Անաստասայ ընծայուած այս գրուածքը՝ քանի մը տարի յառաջ (1883) գաղղիական թարգմանութեամբ հրատարակուեցաւ 'ի Փարիզ (Archives de l'Orient latin II) այս մակագրով. Anastase d'Arménie, (VIIme siècle). Les LXX Couvents Arméniens de Jérusalem.

* * *

Էջմիածնի Մատենադարանին մէջ գտնուած Ագաթանգեղեայ հնագոյն գրչագիրք հետևեալքն են՝ ըստ տպագրեալ Կարենեան ցուցակին.

1. Մեծագիր՝ բոլորագիր գրեալ 'ի թղթի 'ի

Յովհաննավանս որ 'ի Կարբի 'ի Թուին Հայոց ՉԽԲ (1293)․ յորում նաև թուղթն դաշանց, և Յաճախապատում գիրք սրբոյ Լուսաւորչին։

2. Մեծագիր բոլոր հին ընտիր գրչութեամբ յանապատն Ակներ։ — Ներբող Լուսաւորչի յՈսկեբերանէ։

3. Մեծագիր բոլորագիր 'ի Բաղէշ 'ի մենաստանն Խնդրակատար, 'ի Թուին Հայոց ՌԺԹ։

Մեր Մատենադարանին վեց և աւելի գրչագրաց մէջ՝ ընտրելագոյնն է հնութեամբ և ստուգագոյն ընթերցուածովք գաղափարեալն յօրինակէն որ յազգային Մատենադարանին Փարիզու․ և որոյ վրայ եղած են կրկին տպագրութիւնք 'ի Ս. Ղազար։ « Գրեալ, ինչպէս յիշատակարանն կը ծանուցանէ, 'ի Վարդանայ քահանայէ 'ի Թուականիս Հայոց ՉԳ, 'ի քաղաքն Ռիմ, ընդ հովանեաւ սուրբ տաճարին որ յանուն սուրբ աւետարանչացն Յովհաննու և Մատթէոսի, ուր էր նա հոգեւորն Հայոց » ։

Այսոնցմէ ամենէն աւելի հին է՝ Ագաթանգեղոսի երկաթագիր կրկնագիր օրինակ մը 'ի Մատենադարանի Մխիթարեանց 'ի Վիէննա։

« Այս կրկնագիր ձեռագրին բուն երկայնութիւնը մէկ ոտնաչափ ու լայնութիւնն ութը մատնաչափ է։ Վրայի գրուածն է ամենէն հին բոլորագրով Անդրէի եպիսկոպոսի Կեսարու Կապադովկացւոյ՝ մեկնութիւնն Յայտնութեան Յովհաննու առաքելոյ, Ս. Ներսէս Լամբրոնացւէն թարգմանուած, որուն գիրքը առջինին չորս մասին մէկ մասն է․ որովհետեւ ասիկայ գրոցը՝ Ագաթանգեղոսին ամէն մէկ թերթը չորս ծալլած է։ Տակի գիրը միջին երկաթագիր է, ուսկից յայտնի կ'երեւայ որ ութերորդ կամ իններորդ դարերուն մէջ գրուած պիտ' որ ըլլայ։ ...

« Օրինակին ընտրութեանը վրայ խօսք ընելը աւելորդ կը համարինք․ արդէն կրկնագիր ըսելը ու հնութիւնը՝ անոր ընտրութիւնն ալ կը ցուցնեն. այս միայն կ՚աւելցընենք որ մինչեւ հիմա գտնուած ամէն օրինակներէն շատ աւելի աղէկ և ընտիր է. անանկ որ Փարիզի Թագաւորական գրքատան օրինակն ալ, որ մինչեւ հիմա գտնուած օրինակներուն մէջ ամենէն ընտիրն է, շատ տեղեր սով կը սրբագրուի, մէջի սխալ կամ մթին բառերն ու իմաստները կ՚ուղղուին, միանգամայն անկից աւելի կտորներ ալ մէջը կը գտնուի: Օրինակի համար, հոս քանի մը կտորներ դնենք: Փարիզի օրինակին յառաջաբանութեան մէջ (Տպագր. Վենետիկ 1835) երես 4 այսպէս գրուած է. «...Յանքոյթ նուաճանգիստն հասանել կարացեն. այլ առ չգոյութեան աղքատութեան», և այլն. իսկ մեր կրկնագրին մէջ. «...Յանքոյթ նուաճանգիստն հասանել կարացեն, արդարեւ իսկ չար այնք իսկ են, որ ոչ վասն ազատութեան զանձինս 'ի ռազմ դնեն, այլ առ չգոյութեան աղքատութեան»: Նոյնպէս նոյն երեսին մէջ տող 24 Փարիզի օրինակը կ՚ըսէ. «Երկպատիկ օգտութեան աւելի եղագս գտանել կարացեն. միանգամայն զպարտաւորսն հաճել». իսկ կրկնագիրը՝ «Երկպատիկ աւգտութեան նշի աղագս գտանել կարացեն. միանգամայն զպարտաւուսն հաճել»: Երես 7 տող 3 Փարիզեան օրինակը. «Ըստ վարիչ օգւոյն». կրկնագիր. «Ըստ վարդիչ աւգոյն»: Երես 8 տող 2 Փարիզեան օր. «Յանդգնութեամբ բարբառովք». կրկնագիր. «Յանդգնութեամբ տղայաբար բարուք»: Երես 10 տող 4 Փարիզեան օր. «Երկոյն Ճանապարհացն». կրկնագիր. «Երկայնուղւոյ Ճանապարհաց»: Երես 17 տող 16 Փարիզեան օր. «Անունութեան». կրկնագիր. «Բնութեան»: Երես 20 տող 22 Փարիզեան օր. «Ո՛ ոք ուստեք, որ զայսպիսի շնորհով աստուածեղէն երեւեցաւ». կրկնագիր. «Ո՛ ոք ուստեք որ զայս նորոգատուր զառաքելաբան շնորհս յանձին ցուցանելով, այնպիսին աստուածեղէն շնորհաւ երեւեցաւ»: Նոյնպէս նոյն երեսին մէջ տող 12. «Զալեօք ժամանակագրական ծովուս. որք հարցեալ ըհայրական մատեանս պատմեցի նոցա». իսկ կրկնագիրը կ'աւելցընէ. «Զալեաւք ժամանակագրական ծովուս, պատմեմ յազգս յազգ զժողովրդին (զժողովրդենէն) ասացելոյ, որք աշխննացեան զանէր, որք յետ այսր անցեալ ժամանակաց գալոցն իցեն. որք հարցեալ ըհայրական մատեանն, պատմեցի նոցա», և այլն: – Բոլոր գրքին մէջ այսպէս տարբերութիւններ ու գեղեցիկ յաւելուածներ կը գտնուին: Բայց ափսոս որ կատարեալ ամբողջ չէ. ինչու որ վրան նորէն օրինակողը՝ շատ անգամ՝ հին մագաղաթին սիւներուն կէսէն կտրած է, որով տողերուն կէսը դուրս մնացած է»[1]:

Այլ և այլ անգամ տպագրուած է Ագաթանգեղոսի գիրքը. ասոնց մէջ առաջին է 'ի Կոստանդնուպոլիս եղածը 1759ին Էջմիածնի Նուիրակ Աստուածատուր վարդապետի մը ձեռքով: Վերջի երկու տպագրութիւնքն եղած են 'ի Վենետիկ, Մխիթարեանց վանքը, 'ի 1835 և 'ի 1862, ընտիր և հարազատ ընթերցուածով. որոց խնամքով թարգմանուած է նաև իտալերէն և տպագրած հոն, 'ի 1843: Նորագոյն տպագրութիւն մ'ալ հայ բնագրին 'ի Թիֆլիզ, 'ի 1882:

Ագաթանգեղեայ գրոց եւրոպական թարգմանութիւնքն են, բաց յիտալականէն զոր յիշեցինք, լատինն մասնական Agathangel; Acta S. Gregorii Illum. (Bolland. Acta Sanctorum; Sept. VIII, 321): Գաղղիականն. Agathange, Histoire du règne de Tiridate et de la prédication de S. Grégoire l'Illuminateur, avec suppressions des passages purement religieux, sur le texte arménien, accompagnée de la version grecque, par V. Langlois; Paris, 1867. Մասնագիտական քննադատութիւնք. Agathangelos et la doctrine de l'Église arménienne au V. siècle ... par Garabed Toumajan; Lausanne. — Agathangelus, von Alfred von Gutschmid, ու մեր վերը ակնարկած Գէզա խոալացւոյն գրուածը:

1 Եւրոպա, շաբաթական լուրեր, 1848, թիւ 9:

ԶԵՆՈԲ ԳԼԱԿ

Ո՞վ էր Զենոբ։ — Զենոբայ պատմական երկասիրութիւնը և նիւթը։ — Իր գրուածքին գլխաւոր աղբերք։ — Ի՛նչ լեզուով գրեց։ — Տպագրութիւնք բնագրին և թարգմանութիւնք։

Ասորի էր Զենոբ, ու սրբոյն Գրիգորի հետ Կեսարիայէն 'ի Հայաստան եկած, կրօնաւորական կենաց կարգերը՝ որուն նուիրած էր ինքզինքը, նորահաւատ աշխարհին մէջ ծաւալելու։ Այս վախճանաւ Լուսաւորիչ Տարօնոյ մօտ Իննակնեան՝ կամ սրբոյն Կարապետի վանքը հաստատելով, հոն առաջնորդ և վանահայր կարգեց զԶենոբ։

Այսչափ է Զենոբայ վրայ ունեցած տեղեկութիւննիս։ Քանի մը խօսք ալ իւր երկասիրութեանը վրայ զրուցենք, յորում պիտի տեսնուի թէ ինչ պատճառաւ և երբ գրեց իւր պատմութեան գիրքը։ Իւր և Ագաթանգեղոսի գրոց մէջ երևցած տարբերութեանց վրայ պէտք չէ զարմանալ․ որովհետև ինչպէս ինքն ալ կ'ըսէ, Ագաթանգեղոսէն առաջ շարադրած է իւր գիրքը։

***

Զենոբ իր պատմութեան գիրքը քանի մը նամակներով կը սկսի։ Առաջինը՝ սուրբն Գրիգոր Լուսաւորիչ կը գրէ առ Ղեւոնդիոս հայրապետ Կեսարու․ յորում նախ շնորհակալ կ'ըլլայ սրբոյն Յովհաննու Մկրտչի նշխարքը իրեն ղրկելուն համար, և անոր ձեռքով Հայաստանի մէջ կատարուած հրաշալի դէպքերը կը պատմէ Գիսանեայ կռոց պատկերին կործանմամբը: Շնորհակալ կ'ըլլայ դարձեալ Անտոն և Կրօնիդէս Ճգնաւորաց համար, զորոնք նոյն սուրբ հայրապետը ղրկած էր 'ի Հայաստան, և կը խնդրէ որ անոնց նման ուրիշներ ալ յուղարկէ, մանաւանդ զՏիմոթէոս և զՆեղեազար՝ սրբութեամբ նշանաւոր անձինքը:

Ղեւոնդիոս այս թղթոյն փոխարէնը կը դարձընէ առ Լուսաւորիչն: Ուրախակից կ'ըլլայ այն աստուածահրաշ փոփոխութեանց համար՝ որոց հանդիսարան եղած էր Հայաստան. ու այլ և այլ զգուշութիւններ կը պատուիրէ սրբոյն Գրիգորի: Իսկ այն կրօնաւորաց համար՝ զորոնք կը խնդրէր իրմէ, կը ծանուցանէ որ ուրիշ տեղ են: Սուրբն Գրիգոր այս թուղթն առնելով շատ ցաւեցաւ, ու թագաւորին և իշխանաց հետ մէկտեղ թուղթ մը գրեց առ Եղիազար և առ Տիմոթէոս: Ասոնց գործակից ու վաստակակիցք Բեկտոր, Անաստաս, Աքիւղաս և Մարկեղիոս նոյն ժամանակները Բիւզանդիոն քաղաքը եկեր էին. հոն հանդիպեցան իրենց քանի մը անձինք որ Տարօնոյ Աշտիշատ քաղաքէն եկած էին. ու պատմեցին թէ ինչ զարմանալի գործեր կատարեց Աստուած սրբոյն Գրիգորի ձեռքովը. և փափաքելով այս դիպաց մանրամասն տեղեկութիւնը ունենալ, մասնաւոր թղթով մը աղաչեցին զսուրբն Գրիգոր որ իրեն պաշտօնէիցմէ մէկուն պատուիրէ՝ որպէս զի այդ ամէն հանդիպած դէպքերը՝ գրով մը իրենց ծանօթացընէ: Սուրբն Գրիգոր երբոր այս թուղթն առաւ, Զենոբայ Ասորւոյ հրամայեց որ առջի ու երկրորդ պատերազմաց պատմութիւնը նամակով մը անոնց իմացընէ: Զենոբ ուզեց որ Խոսրովու մահուընէն սկսի պատմութիւնը. բայց սուրբն

Գրիգոր յանձն չառաւ. հապա միայն անոնց խնդրածը գրել պատուիրեց:

Այս աւճով շարագրեց Զենոբ իր Պատմութիւնը: Համառօտիւ կ'աւանդէ սրբոյն Գրիգորի Լուսաւորչին պատմութիւնը, Խոսրովու մահը Անակայ ձեռքով, անոր ազգատոհմին բոլորովին ջնջուիլը, ու միայն երկու հոգւոյ ազատիլը, ու անոնցմէ մէկուն՝ ժամանակ անցնելէն ետքը Տրդատայ քով ծառայութեան մտնելը, ու կռոց պաշտօն չմատուցանելուն համար այլ և այլ տանջանաց մատնուիլը, վիրապը իջնելը, անկէց դուրս ելլելով՝ զամենքն աշակերտելը քրիստոնական հաւատոց, եպիսկոպոս ձեռնադրիլը 'ի Ղեւոնդեայ: Դարձեալ կը պատմէ թէ ինչպէս սուրբն Գրիգոր Կեսարիայէն գալնալու ատեն ամէն ջանքը բանեցուց կռատուններն ու մեհեանները կործանելու, և այն պատճառաւ կռապաշտ Արձան ու Դեմետր իշխաններն և իրենց համախոհքն՝ Գրիգորի ու Տրդատայ հետ միաբան եղող հաւատարիմ ու քրիստոնեայ բանակին հետ պատերազմեցան: Ասով կը լմննայ Զենոբայ գրոց առջի պատճէնը:

Երկրորդ պատճէնին խորագիրն է «Վասն պատերազմին որ յԱրձանն եղև». յորում նոյնպէս Տրդատայ ըրած պատերազմներուն և քաջութեանց պատմութիւնն ընելով կը լմնցընէ երկրորդ թուղթը, որ միանգամայն իր գրոցն ալ լրումն է:

* * *

Այլ և այլ աղբիւրներ ունեցած է Զենոբ այս գիրքը շարադրելու համար. ու անանկ պատմագիրներ կը յիշատակէ որ կամ միայն անուամբ յայտնի և կամ բոլորովին անծանօթ են մեզ: Ասոնց կարգէն են Բարդա կամ Բարդեծան և Պիսիդոն Թարգմանից: Ուր որ ինքը ստիպուած է համառօտ ոճով անցնիլ, հոն երբեմն այս պատմագրաց կը զրկէ իր ընթերցողքը. «Ընթերցիր, կ'ըսէ տեղ մը, զթագաւորութիւն Հեփթաղինեկայ հելլենացի գրով, և կամ զթագաւորութիւնն Ճենաց զոր գտանես յՈւրհայ քաղաքի առ Բարդայ պատմագրի»: Ուրիշ տեղ մըն ալ. «Զոր եթէ ստուգիւ կամիք իմանալ, զՔրիստոն թարգմանիչ ասորի՝ հարցէք»:

* * *

Ինչպէս որ և իցէ հին երկասիրութիւնք, սանկ ալ Զենոբայ գրուածքը շատ աղաւաղութիւն կրած է անհմուտ և ձեռնամուխ գրիչներէ, որով թէ՛ լեզուին և թէ պատմութեան մէջ այլ և այլ կերպարանափոխութիւնք մտած: Ասկէց առաջ եկած է լեզուին խամութիւնը, բառից և դարձուածոց սխալ կամ անհարազատ իմաստներով ու եղանակաւ գործածուիլը, երբեմն ալ ամբողջ խօսքերուն մութ և անիմանալի մնալը:

Զենոբայ ի՛նչ լեզուով գրելուն վրայ տարակոյս կայ. հաւանականաբար հայերէն լեզուով գրած չէ, որովհետև թուղթը ասորւոց համար ըլլալով՝ հարկ էր որ անոնց լեզուովը շարադրեր: Ոմանք կը համարին թէ նախ ասորերէն գրած ըլլայ, ու ետքը թարգմանած 'ի հայ. որովհետև 'ի գրչագրաց ոմանք այս խորագիրը կը գտնեն նոյն գրքին. Պատմութիւն Տարօնոյ՝ զոր թարգմանեաց Զենոբ ասորի: Բայց եթէ մէկը՝ թարգմանելոյ բառը շարագրելոյ տեղ գործածուած համարի՝ խօսքին իմաստն այլայլած չըլլար: Կարելի է որ հայերէն թարգմանութիւնը ժամանակաւ ետքը եղած ըլլայ. և որովհետև Զենոբայ և անոր պատմութիւնը շարայարողին՝ Յովհաննու Մամիկոնէնի գրոցը մէջ շատ նմանութիւն կը տես-

նեն ոմանք, հաւանական կը սեպեն որ նոյն իսկ Մամիկոնեանն եղած ըլլայ թարգմանիչը:

Զենոբայ գրոցը առաջին տպագրութիւնն եղած է 'ի Կոստանդնուպոլիս 1719ին, ջանիւք և սրբագրութեամբ Պաղտասար դպրի. իսկ երկրորդ և ընտրելագոյն տպագրութիւնն 'ի Վենետիկ, Մխիթարեանց վանքը 1836ին, այլ և այլ ձեռագրաց բաղդատութեամբ. յետ որոց աւելի հին և ընտիր օրինակ ալ գտուած է: Էջմիածնի Մատենադարանին գրչագրաց ցուցակին մէջ՝ երկու օրինակ կը գտնենք Զենոբայ պատմութեան գրոց, մին բոլորագիր և միւսն նոր անթուականք (*Թիւ* 1641, 1642):

Կրկին թարգմանութիւնք եղած են իր գրոցը 'ի գաղղիական բարբառ. առաջինն, Histoire de Daron par Zenob de Klag, évêque syrien, traduite pour la première fois de l'arménien, et accompagnée de notes, par Ev. Prud'homme. Paris, 1864. *իսկ երկրորդն*, Zenob de Glag, évêque syrien; Histoire de Daron, traduction nouvelle par V. Langlois. (Collection des Historiens anciens et modernes de l'Arménie, publiée en français). Paris, Librairie de Firmin-Didot frères, fils et C. Tome I, 1867.

ՆԵՐՍԷՍ ՊԱՐԹԵՒ

Սրբոյն Ներսէսի վարուց համառօտութիւնը: — Իր արդիւնքը նկատմամբ մեր քաղաքական պատմութեան: — Բանասիրականին վրայ ունեցած ազդեցութիւնը: — Իրեն ընծայուած երկասիրութիւնք:

Այս նուիրական անուան առջեւ՝ մեր քաղաքական պատմութիւնը նոր կերպարանք մը կ'առնու. Հայաստանի արքունական սասանեալ դահոյքը՝ մէկ երկու անգամ իրեն պարտական է իւր հաստատութիւնը. Թագաւորաց սաստիչ, նախարարաց ու ժո-

ղովրդեան խրատող ու քարոզ, ամենուն հաւասար հայր եղած, և ազգին անմահական երախտագիտութեանը արժանի։ Սակայն ոչ ժամանակն իրեն, և ոչ ինքը ժամանակին արժանաւոր կ՚երևնայ. իւր ամէն ջանքովը՝ զՀայաստան վերանորոգելու, գրեթէ աչքովը կը տեսնէ անոր անկումը, և հոգեխառն զմայլմանցը մէջ՝ արցունքով կը նկատէ անոր գլուխը գալիք փորձանքները. անանկ թշուառութիւններ՝ երկնից կամքովը սահմանուած, որոնց առջևն առնելու համար՝ բաւական չըլլար իւր մեծ հոգին և անխոնջ եռանդը։ Մանաւանդ թէ պատմութեանց մէջ քիչ անգամ իրեն նմաններն ունեցող դէպքով մը՝ անօրէնութիւնը գժնդակ յաղթանակ մը կը կանգնէ, և այն լեզուն և սիրտը՝ որուն խրատուց չկրնար հանդուրժել, և որուն սրբութեանց նմանիլը վատութիւն կը սեպէ, բոլորովին կը համրացընէ, թոյն խմցընելով անոր՝ որ իւր հայրենեացը անմահութեան բաժակը մատուցանելէն չէր յոգնած։

Այս է մեծին Ներսէսի վարուց համառօտ ուրուագիծը։ Տխուր դէպք մը, որուն ամօթը՝ դարուց հեռաւորութիւնն չէ կրցած փարատել։

* * *

Ինչպէս ազգին քաղաքական կենացը, ասանկ ալ բանասիրականին վրայ մեծ ազդեցութիւն ունեցած է Ներսէս. թէպէտ և պատմութիւնները՝ այս նկատմամբ խիստ քիչ տեղեկութիւն կ՚աւանդէ։

Տղայութեան հասակին Կեսարիա գնացած է Ներսէս, և հոն իմաստասիրական ուսմանց մէջ ունեցած յառաջադիմութեամբը՝ աշակերտակցացը սիրելի, վարդապետաց ալ զարմանալի երևցած, ինչպէս կը վկայէ Բիւզանդ։ Անկէց Կոստանդնուպոլիս անցնելով, հոն Յունաց երևելի իշխաններուն մէկուն գուստրն իրեն ամուսնացուց, և այն զուգութեան միակ պտուղն եղաւ սուրբն Սահակ պարթև։

Հայաստան դառնալէն ետքը՝ Փառներսեհի յաջորդ եղաւ ՚ի կաթողիկոսութեան։ Այն պաշտամանը մէջ մտանց տեսնելով հայրենեաց խեղճութիւնը, անոր միակ դարման սեպեց ժառանգաւորաց կրթութիւնը. անոր համար բոլոր Հայաստանի մէջ վանքերը շատցուց. որոնց թիւը ոմանք ինչուան երկու հազարի կը հանեն, և անոնց բարեկարգութեանն համար կարգեր ու կանոններ սահմանեց, ինչպէս որ տեսած և սովրած էր առ Յոյնս։

«Զօրաւորն ՚ի բան և ՚ի գործ, կատարեալ աշխարհական հոգւոց՝ չէ թողուցած մեզի մասնաւոր երկասիրութիւն մը իւր մտաց և գրչի արդիւնք. սակայն կարելի՞ է մտածել որ հայրապետ մը ունեցած չըլլայ վերաբերութիւններ ընդ Թագաւորս դրացիս, ընդ իւր ստորակարգ եպիսկոպոսունս և ընդ բոլոր ազգին՝ զանազան առիթներով։ Բայց այս տեսութիւններէս բան մ՚ալ աւելի կ՚ենթադրենք, որ սուրբ հօրս արդիւնք եղած է մեր Մաշտոցն, չըսեմ նաև Պատարագամատոյցն և Ժամագիրքն, այնպիսի մատեանք որ միակ կարևորք էին յամենայն ժամանակի. կը յիշէ Բուզանդ, որ սուրբն Ներսէս ՚ի սպանութեան Գնելոյ առաւօտեան ժամերգութիւնը կը կատարէր, և Մեսրոպ երէց կը յիշէ Թափօր խաչի և աւետարանաւ. կրնանք համարել միանգամայն որ սուրբն Ներսէս իբրև զսուրբն Բարսեղ յարդարած ըլլայ զեկեղեցական մատեանս ըստ մասին։ Վկայէ ինքն Մեսրոպ որ մեր Մաշտոցին քահանայաթաղն աղօթքն և հրաժարականքն՝ այն խօսքերն են զոր արտաբերեցին երջանիկ շրթունքն հոգիացեալ մարմնոյն Ներսիսի ՚ի ժամ արբման բաժակին։ Երկարատև ազդուութիւն մը ունեցաւ Թոյնն ՚ի նմա, և ըրաւ առ Նախարարս այն սրտառուչ հրաժեշտն՝ զոր կ'ընթեռնունք յիւր աշակերտին գրուածս. կը դարձընէ սիրտն առաւել քան զաչսն՝ առ շրջակայս և կ'ըսէ. « Ողջոյն ձեզ դասք քահանայից, ողջոյն ձեզ կարգ սարկաւագաց, ողջոյն ձեզ մանկունք սուրբ եկեղեցւոյ, ողջոյն ձեզ հաւատացեալ եղբարք. ես ճանապարհորդեցի առ արարիչն իմ. Թողի զամենայն զկեանս իմ, և թողի զժառանգութիւնս իմ. ըստ հրամանի քում դարձայ 'ի հող յորմէ ստեղծայ: Ահա հրաժարիմ 'ի քէն սուրբ եկեղեցի: Ահա մեկնիմ 'ի ձէնջ սիրելի եղբարք, 'ի կոչումն Քրիստոսի Աստուծոյ մերոյ » ... Այս ողջոյնքն են զորս կ'արտաբերէ ցարդ հանգուցեալն 'ի Քրիստոս բերանով քահանային, որով Մաշտոցին գեղեցիկ գրուած մը իր մասերուն անկէ առնուած է:

« Բայց մարդկային միտք շատ անգամ եղածովը գոհ չըլլալով, կը սիրէ և կ'ախորժի նաև յաւելուլ և բարդել. այսպիսի գրուածներ ստեղծած է մեր պատմութիւնն վասն սրբոյն Ներսիսի: Ինչպէս Մեթոդիոս պատարացի, և Ագաթրոն մը 'ի մեզ, և Հիպպողիտոս մը գրած ըլլալնին կ'աւանդուի, Նեռին և վերջին գալստեան համար և կատարածի աշխարհիս, ոչ ինչ նուազ գրութիւն մ'ալ մերքն կուտան Ներսիսի, որպէս թէ 'ի կատարած կենացն խօսած ըլլայ Հայոց ազգին և կատարածին վրայ և Նեռին. և այս պատմողն և մանրամասն գրողն է ինքն Մեսրովպ երէց վայելչաբան ոճով պատմիչն, որ և ... կը յաւելու եւս որ սրբոյն Ներսիսի մահուանն առաջնակայ գտան երկուք ոմանք՝ Մեսրոպ և Եպիփան՝ աշակերտք սրբոյն, որ և զհայ գիրն գտան »[1]:

1 Բազմավէպ, 1877, յէջ 537:

ԲԻՒԶԱՆԴ

Բիւզանդ և իր անձին և ազգին վրայ եղած այլևայլ ենթադրութիւնք։ — Փարպեցի և իր խօսքերը Բիւզանդայ վրայ։ — Բիւզանդայ պատմական գիրքը՝ համեմատուած ուրիշ ազգային պատմչաց հետ։ — Անոնցմէ օտարանալն շատ դիպուածոց չիշատակուելուն մէջ՝ օտարութիւն կ'ենթադրէ նաև ազգաւ։ — Սահառունի կոչուիլը, ու այդպիսի անուանակոչութեան հաւանական սեպուած պատճառ մը։ — Ո՞ր լեզուով գրուած է իր երկասիրութիւնը։ — Արդեօք ամբողջ հասա՞ծ է ձեռուընիս Բուզանդայ յօրինած պատմութիւնը։ — Բուզանդարանի նիւթը։ — Տպագրութիւնք և թարգմանութիւնք։

Չորրորդ դարուն գլխաւոր մատենագրաց մէկն է Բիւզանդ Փաւստոս, նշանաւոր իր ընտիր և գեղեցիկ երկասիրութեամբը, և դարձեալ իր վրայ եղած զանազան կարծիքներովը։ Մենք իրէքի կրնանք վերածել այս կարծիքները. նախ թէ ով է Բիւզանդ և ինչ ազգէ. երկրորդ թէ ինչ լեզուով պատմագրեց, և երրորդ թէ արդեօք իր գրուածքը ամբողջ հասա՞ծ է մեր ձեռքը։

Բիւզանդայ համար ոմանք կը զրուցեն թէ Յոյն էր ազգաւ, և այլք թէ Հայ։ Երկու կարծեաց հետևողներուն ալ պէտք եղած հաստատուն պատճառները կը պակսին իրենց դրութիւնը հաստատելու կամ այլոց կարծիքը հերքելու համար։ Այն վախճանաւ հարկ է որ այս խնդրոյս լուծումը հեներուն գրոցը՝ կամ աւելի լաւ՝ Բիւզանդայ գրոցը մէջ փնտռենք։ Բանանք անոր վեցերորդ դպրութեան ցանկը. և հոն կը տեսնենք մասնաւոր գլխոյ մը նշանագրութիւն հետևեալ խօսքերով. «Սաորոտ ամենայն պատմութեանց՝ յաղագս իմ տեղեկութեան, որ մինչդամ զմատեանս ընթեռնույք, աունք տասն՝ համարական թուօք»։ Սակայն գրուածքին մէջ այս նշանաւոր և հետաքրքրական գլուխը պակաս կը գտնենք։ Միայն նոյն գրոց հինգերորդ և վեցերորդ գլուխներուն մէջ Փաւստոս անունով եպիսկոպոս մը կը յիշատակուի, սրբոյն Ներսիսի եպիսկոպոսապետին ժամանակ, և անոր տանը թելակալ կամ հոգաբարձու, և իր Առոստոմ եղբայրը, որոնց համար յայտնապէս կ՚ըսէ պատմագիրն թէ «էին սոքա լեալ ազգաւ հոռոմ»։ Թէ որ հոս յիշուած Փաւստոսը՝ նոյն է պատմութեան գրոց հեղինակին հետ, ամէն տարակոյս կը վերցուի, և իր ազգութիւնը կը յայտնուի։ Ուրիշ վկայութիւն մըն ալ այս կարծեաց կրնանք սեպել Փաւստոսի պատմութեան երրորդ դպրութեան վերջին գլխոյն այս խօսքերը. «Կատարեցաւ երրորդ դարք, քսան և մի պատմութեանց դպրութիւնք, (այսինքն նոյնչափ գլուխք) ժամանակագիր կանոնք Փաւստեայ Բիւզանդեայ ժամանակագիր մեծի պատմագրի, որ էր ժամանակացի Յունաց»։

Սակայն ոմանք այս վկայութիւնները բաւական չսեպելով, և տեսնելով որ Բիւզանդ հայերէն յօրինէր է իր պատմութեան գիրքը, կարծեցին թէ մեր ազգէն ըլլայ, և միայն Բիւզանդիոնի մէջ իր ուսմունքը կատարած ըլլալուն համար Բիւզանդ կամ Բիւզանդացի կոչուած. ինչպէս նաև ոմանք մեր թարգմանիչներէն Աթէնքի մէջ իրենց ուսման ընթացքը լրած ըլլալնուն համար Արենացի կոչուած են։ Բայց մեզի այս կարծիքը անընդունելի կ՚երևնայ. և ՚ի հաւաստիս՝ մէջ կը բերենք նախ վերի յիշուած երկու վկայութիւնները․ երկրորդ՝ ուրիշ թէ ժամանակակից և թէ իրմէն ետքը եկող պատմագրաց խօսքերը, և երրորդ՝ ասոնցմէ ամենէն աւելի իր պատմութեան գիրքը։

Այս երկրորդ ու երրորդ հաւաստեաց վրայ քիչ մը երկընկեկ խօսինք։

***

Բիւզանդայ վրայ խօսող պատմագրաց մէջ գլխաւորն է Ղազար Փարպեցի՝ որ ժամանակաւ իրմէն քիչ ետքը կ՚իյնայ։ Ասիկայ Ագաթանգեղեայ վրայ գովութեամբ խօսելէն ետքը կը յաւելու․ «Երկրորդ գրոցն անուանեն զոմն պատմագիր կոչեցեալ՝ Փաւստոս Բիւզանդացի․ և վասն զի կարգելոցն առ 'ի նմանէ 'ի տեղիս ուրեք, կարծեցին ոմանք բանք ինչ ոչ յարմարք և դիպողք, յերկուացեալ հարկաւորին՝ չասել զայնպիսի անպատշաճ կարգումն Բիւզանդացւոյ ուսելոյ»։ Ետքը Բիւզանդիոն քաղաքին վրայ մեծ համարմամբ խօսելէն վերջը, կը զրուցէ․ «Յայնպիսում քաղաքի, և 'ի մէջ այնչափ բազմութեան ուսելոյ վարժեալ այրն Փաւստոս, այնպիսի ինչ արդեօք անհաճոյս լսողաց կարգէր 'ի պատմութեան իւրում․ քաւ և մի լիցի․ ուստի և անհաւատալի իմում տկարամտութեանս կարծեցեալ գործն, ասեմ թէ այլ ոք յանդուգն և անհրահանգ բանիւ ըբաբար ձեռն արկեալ՝ յիւրմէ գրեաց զինչ պէտս ըստ կամի ... և անուամբ Փաւստոսին՝ զիւրոյ յանդգնութեան սխալանս համարեցաւ ծածկել․ և այն յայտնի երևի ամենայն հայցողաց․ քանզի են ուսանիք 'ի Յոյնս, այլ մանաւանդ յԱսորիս»։

Փարպեցւոյն այս խօսքերը թէ որ մտադիր ու անաչառ քննութեան տակ ձգուին, մեզի կ՚երևնայ թէ մեր կարծեացը զօրաւոր և անհակառակելի վըկայութիւնք են։ Իրաւ է որ ոչ հայ և ոչ յոյն ըլլալուն որուշ խօսք մը կայ աս հատուածիս մէջ, բայց յոյն՝ մանաւանդ թէ, ինչպէս ոմանք կ'ենթադրեն, ասորի ըլլալուն աւելի կրնան վկայաբերիլ։ Փարպեցւոյն պէս հմուտ անձի մը ագիտութիւնը այս խնդրոյս վրայ, աւելի մեծ ագիտութիւն մը կ'ենթադրէ ազգին մէջ. և թէպէտ իր պատմութեան գիրքը յունարէն կամ ասորի լեզուով գրուած ըլլայ, և իրմէ կամ ուրիշէ մը հայերէն թարգմանուած, բայց կ'երևնայ թէ ժողովրդեան մէջ Բիւզանդայ անունը կար, իսկ իր անձին վրայ ստոյգ տեղեկութիւն մը պակաս էր։ Փարպեցին ալ չափազանց խղճմտութեամբ՝ որ իրեն պատիւ է, ազգին մէջ նոյն հեղինակին համարումը չկոտրելու համար, քաղաքէն՝ քաղաքացին կը սկսի դովել. ուստի և անոր գրոցը մէջ եղած անտեղութիւնքը ուրիշ տգէտի մը կ'ուզէ ընծայել, որ յանդգնութեամբ, կ'ըսէ, ձեռք զարկաւ, ու անանկ իմաստուն մարդու մը գրուածքը խանգարեց. և թէ այս դէպքը զարմանալի կամ անօրինակ բան մը չէ. վասն զի կայ այդ սովորութիւնը Յունաց մէջ, բայց մանաւանդ Ասորւոց։

***

Սակայն Փարպեցւոյն անորոշ խօսքերէն աւելի՝ Բիւզանդայ գիրքը անոր ազգութիւնը կը յայտնէ։ Կարգէ դուրս աննմանութիւն մը կը տեսնուի անոր գրոցը մէջ հայկական պատմութեանց վկայաբերեալ դիպուածոց նկատմամբ՝ տարբեր յայլոց պատմչաց բանից, որ համազգւոյ մը համար անկարելի էր. և ալ աւելի՝ չափազանց ատելութեան ոգի մը ընդդէմ Հայոց։ Փարպեցւոյն մեղադրանքն ու զարմանքն ալ այս կէտին համար է, և զպատմիչն արդարացընե-

լուջանից նպատակն։ Մէկ քանի օրինակ մէջ բերենք։

Սուրբ Յակոբ Մծբնայ հայրապետը՝ որ դրեթէ Բիւզանդայ ժամանակակից կը սեպուի, և զոր մեր ամէն՝ թէ հին և թէ յետին ժամանակաց պատմիչները՝ սրբոյն Գրիգորի Լուսաւորչին հօրաքեռորդին կը սեպեն, ազգաբանութիւնն ալ մէջ բերելով, 'ի Բիւզանդայ երկբայութեամբ մը կը յիշուի. «Որ փոխանակ ազգաւ պարսիկ կոչէր» կ'ըսէ։

Նոյն սուրբ հայրապետին համար Խորենացին և իրմէ ետքը եկող ուրիշ պատմիչներ կ'աւանդեն, թէ Ռշտունեաց Մանաճիհր իշխանը՝ Ասորւոց կողմ Բակուր բդեշխին վրայ պատերազմի ելլելով՝ զանիկայ կը մեռցնէր. ու թէ 'ի զինուորաց և թէ ռամիկ մարդիկներէն շատերը գերելով, սրբոյն Յակոբայ ութը սարկաւագունքն ալ ծովը նետել կը հրամայէ։ Բիւզանդ այն ութ անձինքը ութհարիւրի կը հանէ. «Եւ առ վայրենի բարուցն զոր ունէր, կ'ըսէ, յանձին իւրում, իբրև նմա հեծուկս առնելոյ, ութ հարիւր այր որ կային 'ի կապանս առանց յանցման, ետ ածել առաջի նորա, և հրամայեաց 'ի գահճէ միջէ 'ի ծով անդր հոսել, և զայնչափ հոգի առանց յանցման կորուսանել»։ Այս անգթութեան նախընթաց պատճառ եղող Բակուրայ պատերազմը և ոչ իսկ կը յիշէ. այլ Մանաճիհրի համար չար ու անզգամ մարդ մը ըլլալը կը ցուցնէ, և թէ սուրբն Յակոբ գնաց առ նա, որպէս զի խրատելով ուղիղ ճամբու բերէ զինքը։ Այս խրատին հետեւանք կ'ենթադրէ յիշուած անգթութեան գործը։

Դարձեալ թէ 'ի Խորենացւոյն և թէ ուրիշ պատմիչներէ գիտենք սրբոյ Յուսկան նահատակութեան պատճառը։ Յայտնի է մեզի թէ Տիրան թագաւորը ուզեց Յուլիանոսի պատկերը եկեղեցեաց մէջ դնել. և երբոր սուրբ հայրապետը այդ անօրէն գործը խա-

փանելու ետեւէ եղաւ, իր աստուածային նախանձուն մէջ գտաւ չարաչար մահը: Բիւզանդ բոլորովին տարբեր կերպով կ'աւանդէ այս դէպքը. «Օր մի, կ'ըսէ, յաւուրց տարեկան՝ դիմեաց գալ Թագաւորն Տիրան հանդերձ այլով աւագանւոյն մտանել յեկեղեցին. իսկ նա ընդդէմ բարբառեալ ասէր. Չես արժանի, հեմ դաս. մի գար 'ի ներքս: Վասն որոյ անդէն 'ի ներքս քարշէին զնա յեկեղեցւոյն. բրածեծ եղեալ ջախջախէր քահանայապետն Աստուծոյ սուրբ երանելի մանուկն Յուսիկ, կիսամահ կոչկոճեալ ընկեցեալ լինէր»:

Տիրանայ կուրանալուն պատմութիւնն ալ բոլորովին տարբեր կերպով կ'աւանդէ: Յայտնի է մեզի յայլոց պատմչաց թէ Տիրան՝ Ուրացող Յուլիանոս Թագաւորին օգնականութեան ձեռք տուաւ Պարսից դէմ. ու երբ Պարսիկք յաղթող ելան՝ Շապուհ Թագաւորը կուրցընել տուաւ զՏիրան: Բիւզանդ այս պատժին տարբեր պատճառ մը մէջ կը բերէ. Տիրան Թագաւորը, կ'ըսէ, ճարտուկ ձանձկէն երիվար մը ունէր. Շապուհ ուզեց իրմէ այս ձին. իսկ Տիրան յանձն չառնելով իրմէ օտարացընել՝ բոլորովին անոր նման երիվար մը գտաւ ու ղրկեց Շապհոյ: Իմացաւ Շապուհ խարդախութիւնը, ու 'ի պատիժ հրամայեց զՏիրան կուրացընել:

Կը թողունք յիշատակել ուրիշ ասոնց նման զանազան դէպքերը, ինչպէս Գնէլի ու Փառանձեմա պատմութիւններն, Արշակայ ու Պապայ, և այլոց վրայ աւանդածներն, որոնք բոլորովին կ'օտարանան յայլոց պատմչաց, և մանաւանդ 'ի Խորենացւոյն: Բայց այս յիշուած մէկ քանի օրինակներն ալ բաւական են հաւատարմացընելու թէ ազգային պատմչի մը համար անկարելի է այդպիսի անգիտութիւն, ուան ալ՝ իրեն սանկ մերձաւոր ժամանակաւ մարդիկներու ու դէպքերու նկատմամբ: Բայց ալ աւելի իրեն ազգը քարոզողը՝ հնցած ատելութիւնն է, որով միշտ առիթ կը փնտռէ մեր ազգը վար զարնելու։

Ճշմարիտ ու հայրենասէր Հայու մը համար՝ սըրբոյն Գրիգորի ու Տրդատայ պատմութենէն աւելի սրտաշարժ դէպք մը չկայ։ Բոլոր Հայաստանին մէկ ծայրէն մէկալը աւետարանին քարոզութիւնը անանկ մտադիւրութեամբ ընդունելը, մէկ օրուան մէջ հազարներով մարդիկներու մկրտուիլը, բոլոր աշխարհին մէկ սիրտ մէկ հոգի ըլլալը, կուռց տաճարները քանդելու և անոնց աւերակացը վրայ Աստուծոյ տուները բարձրացընելու, ասոնք անանկ դէպքեր են որ նոյն գործը կատարող ժողովրդեան վրայ թէ սէր և թէ զարմանք կը յաճախեն։ Իսկ Բիւզանդ այն երջանիկ ժամանակաց համար ալ ասանկ կը խօսի. «Զի 'ի վաղնջուց, կ'ըսէ, յորմէ հետէ առին նոքա զհաւատս քրիստոնէութեան, լոկ միայն իբրև զկրօնս ինչ մարդկութեան յանձինս իւրեանց և ոչ ջերմեռանդն ինչ հաւատովք ընկալան, այլ իբրև զմոլորութիւն ինչ մարդկութեան 'ի հարկէ, ոչ եթէ որպէս պարտն էր գիտութեամբ, յուսով կամ հաւատով ... խառնաղանջ բազմութիւն մարդկան ժողովրդոցն, նախարարացն և կամ շինականութեանն»։

Ասոր նման ուրիշ շատ օրինակներ ալ կրնայինք մէջ բերել՝ թէ որ խօսքի երկարութենէն չխորշէինք։

Տարակոյս չկայ որ ուրիշ աստուածարեալ հարք ալ անաչառ և խիստ լեզու մը կը բանեցընեն ազգին պակասութեանցը դէմ, և երբեմն ինչուան իրենց նուիրական շրթունքը յանէծս կը շարժեն. բայց նոյն խստութեան և նոյն իսկ անիծից մէջ ուրիշ գորովալի սիրտ և ուրիշ հայրենի խանդաղատանք մը կը նկատուի։

Բիւզանդայ օտարազգի ըլլալուն ուրիշ փաստ մըն

ու այն կրնանք սեպել, որ ոչ երբեք իր Պատմութեանը գրքին մէջ աշխարհն Հայոց, թագաւորն մեր կը գրէ, այլ պարզաբար աշխարհն Հայոց, թագաւորն Հայոց, և այլն: Իսկ եթէ Յունաց վրայ ըլլայ խօսքը, տասնիկ կը գրէ. «մեծ թագաւորն Յունաց, մեծ Աթենացւոց քաղաք», և այլն:

***

Իսկ որոնք որ զՓաւստոս Բիւզանդ հայ կը սեպեն, նոյն լեզուով պատմագրելէն զատ ուրիշ մէկ քանի փաստեր մէջ կը բերեն: Նախ Բիւզանդացի կոչուիլը հայրենեացը յայտարարութիւն չեն սեպեր, այլ ուսմունքը հոն ըրած ըլլալուն համար այնպէս անուանած, ինչպէս վերն ըսինք. և ապացոյց մէջ կը բերեն Թարգմանիչներէն ոմանց Աթենացի կոչուիլը, ինչպէս նոյն ինքն Ղազար Փարպեցին ալ Սիմոն ապարանեցիէն Աթենացի կոչուած է[1]. Եղիշէ այլ սրբոյն Եղիփանու Արարածոյ գրոցը մեկնութեան թարգմանչէն՝ Բիւզանդացի կը կոչուի: Բայց անոնց միտքը ոչ եթէ Եղիշէի կամ Ղազարայ հայրենիքը ցուցընել է, այլ անոնց յուսմունս գերազանցութիւնը. ընդհակառակն Փարպեցւոյն միտքը Բիւզանդայ համար՝ բոլորովին տարբեր մտքով կը հասկըցուի, ինչպէս վերը ցուցինք:

Անկէ աւելի զօրաւոր ապացոյց մը կը սեպուի անոնց աչքէ Բիւզանդայ Սահառունի կոչուիլը. որովհետև ինքը պատմիչը իւր գրոց երրորդ Դպրութեան մէջ կ՚աւանդէ «Եւ զմերոյ տոհմի ազգի իշխան Սահառունեաց, և զԱբա իշխան Գնունեաց»:

1 « Ի յունական երկիր գնացեալ
Եւ զարտաքնոց հանճարս ուսեալ,
Աթենացի զինքն անձայնեալ
Քան ըզնոսա այլ հըմտացեալ»:

Բայց մենք կրնանք ենթադրել թէ կամ Սահառունեաց ցեղին հետ խնամեցած էր Բիւզանդայ տոհմը և կամ դրչի սխալ մը պիտի ըլլայ անշուշտ այս հատուածին մէջ։ Վասն զի ինչպէս խիստ լաւ կ'առարկէ բանասէր մը, Բիւզանդ որ ուրիշ ամէն ցեղերուն նախարարաց անուանքը կը յիշատակէ այն գլխոյն մէջ, իրեն սեպհական ցեղին նախարարին անունը առանց յիշատակութեան կրնա՞ր թողուլ· ուստի և հաւանական կ'երևնայ ըսելը թէ Մերոհդահզատ իշխանին անունը փոխուեր եղեր է «մերոյ տոհմի»։ Որովհետև նոյն իսկ Սահառունեաց տոհմին ալ այնչափ բարեկամ չէ Բիւզանդ, որուն վկայ կրնայ ըլլալ Բաստոյ Սահառունւոյ պատմութիւնը՝ հինգերորդ Դպրութեանը մէջ։

Մէկ գլխաւոր պատճառ մը կրնայ առարկուիլ, վերը յիշուածներէն ամենէն աւելի զօրաւոր. և է Բիւզանդայ հայերէն լեզուով մատենագրելը։ Թէպէտ և եղած են ոմանք որ կարծեցին թէ սկզբնագիրը յունարէն կամ ասորի լեզուով եղած ըլլայ, ու ետքը թարգմանուած 'ի հայ, բայց հայկական լեզուին քաջ տեղեակ ոմանց բանասիրաց անհաճոյ կը թուի այդ կարծիքը։ Սակայն այս ալ բաւական պատճառ չէ մատենագրի մը ազգը յայտնելու. ուր բազմալեզու մատենագիրք պակաս չեն թէ հին և թէ նոր ազգաց մէջ, որ հաւասարապէս կրցեր են գրել թէ իրենց և թէ օտար լեզուներով։ Ասանկ՝ մեր մատենագրութեան մէջ Ագաթանգեղոս, ինչպէս ցուցինք, և լատին դպրութեանց պատմութեանը մէջ կարքեդոնացին Տերենտիոս, որ լատին բարբառը իբրև իրեն յատուկ լեզուն գործածեց, և ընտիր օրինակագիր մը եղաւ։

Այս կարծիքը ունեցողներուն մէջ առաջին ըլլալով մեր Ինճիճեան վարդապետը, իր պատճառներն ուղեցինք մէջ բերել, իւր ձեռագիր գրուածոց մէկուն մէջ գտնելով. «Փաւստոսի անձին համար՝ որովհետեւ ինքզինքը յայտնապէս Սահառունի կը կոչէ, ուստի Հայոց ազգէն կը սեպեմ զինքը, բայց սնած և սորված առ Յոյնս, և ինչպէս հաւանական կ'երեւի, 'ի Բիւզանդիա. ինչպէս տասնկ ուրիշ շատերն ալ եղած են մեր ազգին մէջ. ետքը Հայաստան գալով՝ հոն յօրինած ըլլայ այս Պատմութիւնը. և որովհետեւ Բիւզանդիայէն եկած ըլլալովը՝ յունական Փաւստոս անունը ընդունած էր, կարծուեցաւ թէ ինքն ըլլայ այն հռչակաւոր Փաւստոսը՝ որուն վըրայ կը խօսի Ղազար: Ինծի կ'երեւնայ թէ զայս կ'ակնարկեն երրորդ Դպրութեանը վերջը գրուած մթին խօսքերը. «Փախստեայք Բիւզանդեայ ժամանակագիր, մեծի պատմագրի որ էր ժամանակագիր Յունաց»: Զոր ես այս կերպով կը կարդամ. «Փախստեայք Բիւզանդեան ժամանակագիրք, ըստ մեծի պատմագրին Փաւստոսի Բիւզանդեայ՝ որ էր ժամանակագիր Յունաց»: Բայց թէ որ այս մեր Փաւստոսին համար զուրցուած սեպեն այս խօսքը՝ Յունաց ժամանակագիր կոչուած, մենք չենք հակառակիր. վասն զի թէպէտ ինքը հայկազուն էր, բայց որովհետեւ Յունաց մէջ մեծցած էր՝ կրնար նաև Յունաց պատմական ժամանակագրութիւն մըն ալ գրած ըլլալ:

Իսկ իւր այս Հայկական պատմութեանը համար՝ ես կը կարծեմ թէ Բիւզանդ շատ բան Հայոց մատեաններէն ու դիւաններէն քաղած է՝ որ այն ատեն կը գտնուէին. վասն զի իւր գրոցը մէջ այնպիսի բազմազան պարագաներ կը նկատենք, որ կը յարմարին ու կը լուսաւորեն Խորենացւոյն պատմութիւնը. կը գտնենք նշանակուած գաւառաց ու գիւղօրէից անուանքը՝ ուր որ այն գործքերը կատարուեցան. նոյնպէս ալ շատ անձանց անուանք, որոնց համար ինքնահնար ըսելը անկարելի է: Թէ որ Խորենացին ընդարձակ գրած ըլլար իւր պատմութիւնը, և իւր 'ի համառօտն փութալը շատ տեղ չյայտնած, այն ատեն կարելի էր տարակուսիլ և քննել թէ ինչ պատճառաւ զանցառութիւն ըրած է այն դէպքերը յիշելու: Անոր համար իմ դատմանս համեմատ՝ միշտ պէտք է այս երկուքը միաբանելու աշխատիլ. և զայն մերժել որ յայտնապէս կ'ընդդիմանայ Խորենացւոյն պատմութեանը: Ահաւասիկ Բիւզանդայ աւանդած Դրաստամասն ներքինւոյն պատմութիւնը՝ Արշակ թագաւորին ինքնասպան ըլլալուն պատճառները ընդարձակ կը մեկնէ, որուն վրայ Խորենացին բան մը չնշանակեր. նոյնպէս ալ Արշակունի չարեացը ստորագրութիւնը՝ Խորենացւոյն համառօտ խօսքը բացատրութիւն է: Ուստի այսպիսի և ուրիշ նման դիպուածներէ իմաստասիրելով, պէտք չէ, կ՚ըսեմ, 'ի Բիւզանդայ պատմուած այն ամէն դէպքերը մերժել, որ չեն գտնուիր առ Խորենացւոյն. զոր օրինակ Մուշեղի ու Մանուէլի զօրավարութիւնքը և անոնց քաջագործութիւններն, որոնց վրայ Խորենացին բան մը չաւանդեր. վասն զի յայտնի է թէ այն ատեն Հայերը քաջագործութեամբ անուանի զօրավարներ ունէին, որոց և ոչ անուանը յիշատակութիւնը կայ առ Խորենացւոյն: Անշուշտ մեր այս կարծիքը ունեցան նաև Մեսրոպ Երէց, Կիրակոս և Վարդան, որոնք այլ և այլ պատմութիւններ և դէպքեր քաղեցին Բիւզանդայ գրքէն՝ իրենց պատմական երկասիրութեանցը մէջ»:

***

Կը մնայ երրորդ խնդիր մըն ալ թէ արդեօք Բիւզանդայ երկասիրութիւնը ամբողջ հասած է մեր ձեռքը՝ թէ անկատար. որովհետև Բիւզանդարանը երրորդ դպրութենէ կը սկսի, և ուրիշ երկու նախընթաց դպրութիւնք ալ ենթադրել կու տայ: Բայց որովհետև ինքը մատենագիրը իր յատուկ յառաջաբանին մէջ հետևեալ խօսքերը մէջ կը բերէ. «Այս ինչ է 'ի դպրութիւնս երրորդ պատմութեանցս, ժամանակագիր կանոնք մատենից, և առ նմին դպրութիւնք երեք, այս ինքն են սոքա չորք մատեանք. և չորեքին միոյ իրաց յիշատակարանք են»: Այս խօսքերը յայտնապէս կը ցուցընեն թէ չորս դիրք կամ դպրութիւն շարադրած է Բիւզանդ. որով ինքնիրեն կը լուծուի այս երկբայութիւնը. և հաւանական կ'երևնայ կարծելը թէ առաջին և երկրորդ դպրութիւնք կ'ենթադրէ հեղինակը իրմէ առաջ եղող ուրիշ երկու պատմագրաց գրուածներն, որոնք սրբոյն Թադէոսի և սրբոյն Գրիգորի Լուսաւորչին պատմութիւնքը կ'աւանդէին. գուցէ Ղերուբնայի ու Ագաթանգեղոսի կամ Զենոբայ գըրուածներն ակնարկելով: Ուստի և գրչագիրք ալ ընթերցողաց մտքէն ամէն տարակոյս վերցընելու համար այս գրքին ամբողջութեանը նկատմամբ, սովոր են երրորդ դպրութեան վրայ Սկիզբն բառը դնել:

***

Բուզանդարանի նիւթն է 29 տարուան պատմութիւն. և իրեն գլխաւոր նպատակն է Տրդատայ որդւոյն Խոսրով երկրորդին իշխելէն, մինչև Արշակայ և Խոսրով երրորդի թագաւորելուն, և Ասպուրակէսի կաթողիկոսութեան պատմութիւնն ընել:
Համառօտ ոճով մը կը նշանակէ Թադէի առաքելութենէն մինչև Տրդատայ օրերուն անցքերը. վասն զի « այն ամենայն 'ի ձեռն այլոց գրեցան » կ'ըսէ, ակնարկելով անշուշտ Ղերուբնայի երկասիրութիւնքը և Ագաթանգեղոսի պատմութիւնը: Բայց հոնկէց՝ ուր անոնց պատմութիւնը կը դադրի, կը սկսի ինքն ճոխաբար աւանդել. և Լուսաւորչայ նուիրական ցեղին վրայ՝ ուր այլք 'ի պատմչաց համառօտ և ոչ այնչափ գոհացուցիչ պատմութիւններ կ'աւանդեն, ինքը տեղեկատեղը և մանրապատում յիշատակութիւններ կ'ընէ: Ասանկ են սրբոյն Վրթանայ, անոր որդւոցը՝ Գրիգորիսի և Յուսկան, ու այս վերջնոյս անարժան որդւոց՝ Պապայ և Աթանագինէի, և սըրբոյն Դանիէլի ասորւոյ վարքերն. անանկ յիշատակութիւններ՝ որ մեր եկեղեցական պատմութիւնքը փառաւորելով՝ քաղաքականին վրայ ալ մեծ լոյս մը կը ձգեն:

Ասոնց նուիրած կրնանք սեպել Բիւզանդայ երրորդ Դպրութիւնը։

Բայց անոնց օրովը՝ Հայաստանի մէջ անցած քաղաքական դէպքերն ալ անյիշատակ չիթողուր Փաւստոս։ Հոն կը կարդանք Մանաւազեան և Որդունի նախարարութեանց իրարու դէմ տուած հակառակամարտ կռիւներն, ու իրենց սրովը մէկզմէկ անզաւակելը։ — Մազքթաց թագաւորին Հայաստանի վրայ վազելը, ու ամօթապարտ յաղթուիլը, Բակուր բդեշխին ապստամբութիւնը. Բզնունեաց ազգահատութիւնը, Վաչէ մեծ զօրավարին առաջնորդութեամբը՝ Հայոց ու Պարսից իրարու դէմ տուած պատերազմները. ու իրեն և արքունեաց վրայ եկած հասած խեղճ դիպուածներն։ Ասանկ տխուր դիպաց ու աղետից և շփոթութեանց մէջ կը գադրեցընէ Բիւզանդ իրեն երրորդ Դպրութիւնը։

Տիրանայ որդւոյն Արշակայ թագաւորութեամբը կը սկսի Բիւզանդ իր չորրորդ Դպրութիւնը. Հայաստանի նեղութեանց ու թշուառութեանցը մէջ՝ երկնաւոր աստուածախնամ տեսչութիւնը՝ Աթանագինէի անարժան՝ բայց երկնից արժանի ու Հայաստանի բազմավրդով տառապանացը սփոփանք Ներսէս մը կ՚ընծայէին. այն Պարթեւ հայրապետը՝ որուն նման և ոչ մէկն 'ի մերոց թագաւորաց՝ այնչափ ազդեցութիւն ունեցած է Հայաստանի քաղաքական իշխանութեանը վրայ, և որուն հաւասար անձ մը կրնանք ըսել թէ հին և նոր պատմութեանց մէջ սակաւագիւտ է։ Անոր պատմութիւնը Բիւզանդայ չորրորդ գրոց մեծ մասը գրաւած է. իր ծնունդը, Կեսարիա երթալը, Հայոց հայրապետական գահը նստիլը, Հայաստանի արքունական սասանեալ աթոռը փրկելու համար՝ մինչև առ Վաղէս Ճանապարհորդելը, հոն իրմէ աքսորուիլը, կրկին կայսեր հետ տեսնուիլը, ու ընդ Արշակայ թագաւորի զանիկայ հաշտեցընելը, ու 'ի հայրենիս վերադարձը։

Սակայն Ներսէսի սրտին, հոգւոյն ու հայրագութ թելադրութեանցը անարժան անձ մըն էր Արշակ, որ այնպիսի բարերար հօր մը ձայնին մտիկ չընելով՝ անօրէն գործքերովը բոլոր Հայաստանին ատելի կ՚ըլլար. իրեն կնիկը միայն լսելով իր եղբօրորդին՝ զԳընէլ՝ կը սպաննէր, ու անոր Փառանձեմ կնիկը իրեն առնելով՝ Հայոց արքունի տանը ընտանի խաղաղութիւնը կը վրդովէր։ Վերջապէս ինքը Արշակ Թագաւորն ալ՝ Շապհոյ Պարսից արքային ձեռքն իյնալով. Անյուշ բերդին մէջ յուսահատ կեանքէ մը ետքը՝ աւելի յուսահատ մահուամբ կը մեռնէր։ Ո՛րչափ սըրտաշարժ ու ճարտասան լեզուով կ՚աւանդէ Բիւզանդ այս դէպքերը։ Արշակայ մահուամբը կը դադրի Փաւստոսի չորրորդ Դպրութիւնը, մէջ բերելով նոյն միջոցին Հայաստանի մէջ եղած այլ և այլ դէպքերու յիշատակութիւնը, և մանաւանդ Շապուհ Պարսից Թագաւորին՝ Հայոց հետ ունեցած վերաբերութիւններն։

Արշակայ յաջորդը եղաւ Պապ, հօրը արժանի որդի մը, որուն պատմութիւնը կ՚ընէ Բիւզանդ իւր հինգերորդ Դպրութեանը մէջ։ Կը պատմէ անոր Մուշեղ զօրավարին Պարսից Թագաւորին դէմ տուած պատերազմները. ժամանակին այլ և այլ նախարարական տանց մէջ անցած դէպքերը, Պապայ անօրէն ու անկարգ վարքը, ու զսուրբն Ներսէս մահադեղով սպաննելը. Թագաւորին՝ իր խառնակ կենացը արժանի մահուամբ մը՝ Յունաց զօրավարէն սպաննուիլը. Վարազդատայ՝ անոր տեղ Թագաւորելը, ու մեկէնիմէկ Հայոց Մուշեղ զօրավարը սպաննելը, ու ետքը Մանուէլ զօրավարին Պարսից գերութենէն դառնալը, ու Մուշեղայ մահուանը վրէժը խնդրելով, Վարազդատը Հայաստանէն ու Թագաւորական աթոռէն մերժելը։ Դարձեալ նոյն Մանուէլ զօրավարին Պարսից հետ միաբանիլը 'ի խաղալութիւն աշխարհին, ու երբ Մերուժանայ Արծրունւոյ թելադրութեամբ՝ պատերազմաց յուղմունքը, մինչուան որ այս վերջինս Պարսից զօրացը հետ միաբան Մանուէլի վրայ գալով, յաղթուեցաւ ու սպաննուեցաւ. և այն ատեն Մանուէլ թագաւորեցուց զԱրշակ, և ինքն ալ մեռաւ: Իր մահուամբը կը վերջացընէ Բիւզանդ հինգերորդ Դպրութիւնը:

Բուզանդարանի վեցերորդ գիրքը՝ ամենէն անարժան կրնայ սեպուիլ առջի իրեք Դպրութեանց. վասն զի ոչ առջիններուն մէջ երևցած հետաքննական գիտուածոց շարունակութիւնք են, և ոչ ալ անոնց ոճովը գրուած. այլ ժամանակին Հայաստանի մէջ երևցած քանի մը եպիսկոպոսաց վրայ կենսագրական տեղեկութիւններ, բաց 'ի առջի գլխէն՝ յորում՝ Հայոց թագաւորութեան երկու բաժնուելուն պատմութիւնը կ'ընէ. այս ինքն Յունաց թագաւորին հրամանաւ Արշակայ իշխելը ու Պարսից կողմանէ ալ Խոսրովու թագաւորելը, ու անով Հայաստանի թագաւորական իշխանութեան տկարանալը:

Երեք տպագրութիւնք եղած են Բիւզանդայ գրոցը. 1721ին ('ի Կոստանդնուպոլիս). 'ի Վենետիկ 1831ին, ընտիր ընթերցուածով և հմուտ յառաջաբանութեամբ, և նորագոյն տպագրութիւն մ'ալ 'ի Ս. Փեթրպուրկ (1883) 'ի ձեռն Քերովբէի Պատկանեան:

Եւրոպական լեզուով թարգմանութիւնք. Faustus de Byzance, Bibliothèque historique en quatre livres ; traduite pour la première fois de l'arménien en français, par Jean-Baptiste Emine, directeur du gymnase impérial de Vladimir sur le Kliazma. (Collection des Historiens anciens et modernes de l'Arménie, par Victor Langlois). Paris, Librairie de Firmin-Didot frères, fils et C. 1867. Բազմահմուտ Թարգմանիչն 'ի յառաջաբանին՝ Բիւզանդայ անձին ու գրոց վրայ յայտնած կարծեաց մէջ քանի մը տեղ մեղմէ կը տարբերի: Սկզբնագիրն յունարէն կը համարի, և յառաջին կէս հինգերորդ դարու թարգմանուած 'ի Հայ:

Des Faustus von Byzanz Geschichte Armeniens. Aus dem Armenischen uebersetzt und mit einer Abhandlung über die geographie Armeniens eingelates von D.r M. Lauer. Köln, 1879.

ՊՐՈՅԵՐԵՍԻՈՍ

Հայք յԱթէնս և 'ի Հռոմ: — Պարոյր և իր ուսումն: — Յառաջադիմութիւնն և պատիւ 'ի Հռոմ: — Իր անուանն և համբաւոյն կանգնուած արձան: — Գրիգորի աստուածաբանին վերտառութիւնն:

Այս չորրորդ դարուս մէջ կը յիշուին 'ի Յունաց շատ բանաւէր Հայկազունք, որ ուսմունք սորվելու համար կ'երթային Աթէնք ու Հռոմ և ուրիշ գլխաւոր քաղաքներ. որոց մէջ գլխաւորն է Պրոյերեսիոս կամ Պարոյր հայկազն, որ անչափ անուանի եղաւ ճարտարխօսութեան ուսման և հրահանգաց մէջ՝ որ մինչուան Աթէնքի և Հռոմայ մէջ արձաններ կանգնեցին իրեն պատուոյն ու Թագաւոր ճարտարախօսաց կոչեցին:

Սակայն ցաւալին այն է որ այսպիսի հայկական դպրութեանց պարծանք անուանի անձին վրայ՝ մեր նախնիք տեղեկութիւն մը չեն տար, ու կը ստիպեն որ օտար աղբերաց դիմելով՝ ազգային ճոխութեան խեղամուտ ըլլանք: Պարոյրի վարքը գրողաց մէջ գլխաւոր Եւնաբիոս յոյն ու իրեն ժամանակակից հեղինակ ըլլալով, հարկ է որ իրմէ քաղենք այս հարկաւոր ու հետաքրքրական տեղեկութիւնները՝ մեր ամենէն մեծ ճարտասան անձին վրայ:

Պարոյր, կ'ըսէ պատմիչն, իրեն ծերութեան ատենն ալ այնպիսի դիմաց վայելչութիւն և գեղեցկութիւն ունէր, որով յայտնի կ'երեւնար երիտասարդութեան ժամանակ ունեցած կորովը ու համեմաս կազմուածքը։ Հասակին բարձրութիւնն ալ խելքէ մաքէ ու սովորական կարգէ դուրս բան մը կրնար սեպուիլ. վասն զի ութը ոտք բարձրութիւն ունէր, և իրեն ժամանակակից բարձրահասակ մարդիկներուն քովն ալ՝ մեծ հսկայ մը կ'երևնար։ Պատանեկութեան ատենը իրեն հայրենի Հայոց աշխարհէն ելլելով՝ Անտիոք գնաց, որովհետև առջի բերան Աթէնք երթալու յօժարութիւն մը չէր զգար. հոն յետին կարօտութեան մէջ ինկաւ, որովհետև դիմացը վայելչութեան հետ՝ աղքատութեան պարգևն ալ երկնքէն ունեցեր էր։ Ուստի Ուլպիանոսի դիմեց, որ այն ժամանակներն Անտիոքի մէջ ճարտարխօսութեան լսարան սահմանած էր. և անոր աշակերտացը մէջ քիչ ատենէն ամենէն աւելի յառաջադէմներէն մէկն եղաւ Պարոյր։

Շատ ժամանակ իր քովը կենալէն ետքը՝ Աթէնք երթալով՝ հոն ալ մեծ պատիւ և անուն ստացաւ։ Աթէնքի մէջ Հեփեստիոն անունով ընկեր մը ունեցաւ Պարոյր, և մէկմէկու հետ մտերիմ սիրով մը կապուեցան. և ինչպէս աղքատութեամբ՝ ասանկ ալ ճարտարխօսական արուեստի մէջ մէկմէկու հետ մրցանաց ելածի պէս՝ մէկզմէկ գերազանցել կը ջանային։ Մէկ պատմուճանէ ու մէկ վերարկուէ զատ բան մը չունէին. իրեք կամ չորս ալ կապերտի կտորուանք, որոնք հնութենէ մաշեր ու գունաթափ եղեր էին։ Զարմանալի միաբանասիրութիւն մը ունէին այս երկու անձինքն իրարու հետ. անանկ որ կարծես թէ մէկ հոգի էր երկու մարմնոց մէջ. երբոր Պարոյր տնէն դուրս կ'ելլէր, Հեփեստիոն ներսը քաշուած կը մնար, ճարտարխօսութեան հրահանգըն առաջ տանելու. նոյնպէս ալ Պարոյր՝ երբ Հեփեստիոն լսարանը կ'երթար. վասն զի այն ատենի յետին աղքատութեան մէջ ինկած էին խեղճերը, որ հազիւ մէկ դրսի զգեստ մը ճարած էին և փոփոխակի կը հագնէին։ Աթէնքի մէջ իրենց ճարտասանութեան վարպետը՝ Կապպադովկացին Յուլիանոս՝ մեծ համարում ունէր Պարոյրի սրամտութեան ու հմտութեանը վրայ. և երբոր ինքն Աթէնքէն հեռացաւ, շատերն ետևէ եղան իրեն ճարտարախօսութեան աթոռը ժառանգելու. բայց հմուտք՝ այն շատերուն մէջէն Պարոյրը, Հեփեստիոնը, Եպիփանը ու Դիոփանտէսը առաջարկեցին. և որովհետև թիւը լրացած չէր, հարկ եղաւ որ Սոպոլիսէս ու Պառնասիոս անունով մարդիկն ալ առաջարկուէին, թէպէտ և առջիններուն համբաւը չունէին։ Վասն զի Հռովմայեցիք Աթէնքի մէջ օրէնք մը հաստատեր էին՝ որ ինչպէս ունկնդիրք՝ ասանկ ալ ճարտարախօսք բազմաթիւ ըլլան։

Երբոր ընտրուեցան՝ իրենց մէջէն նուաստագոյնքը՝ վարժապետի միայն անունն ունէին, և իրենց կարողութիւնը դպրոցին պատերուն և ատեանին մէջ էր միայն։ Իսկ աւելի համբաւ և իմաստութիւն ունեցողներուն համար՝ քաղաքը զանազան հերձուած բաժնուեցաւ. և չէ թէ միայն քաղաքը՝ հապա նաև բոլոր Հռովմայեցւոց հպատակ ազգերը։ Արևելքի մեծ մասը զԵպիփանիոս կ՚ընտրէր. Արաբիա՝ զԴիոփանտէս, Հեփեստիոն՝ Պրոյերեսեայ համար Աթէնքէն ալ ելաւ, ու նաև կեանքէն ալ. իսկ Պրոյերեսի՝ բոլոր Պոնտացիք և մերձակայ գաւառներն աշակերտներ կը ղրկէին՝ իբրև ծանօթի և իրենց մէջ համբաւ ունեցող հռչակաւոր մարդու։ Անկէց զատ բոլոր Բիւթանիա և Հելլեսպոնտոս, և Ասիոյ այն մասը որ Կարիայէն ինչուան Լիկիա և Պամփիւլիա և Տորոս լեռները կը տարածուի, ու Եգիպտոսէն ու Լիբիայէն՝ իրեն հանճարոյն վրայ զարմացողքը գունդագունդ կը վազէին. որով Պրոյերեսիոսի փառքը անանկ հայրենիք մը ունեցաւ՝ որուն սահմաններն դեռ ևս անծանօթ երկիրներ են։

Բայց փառաց զուգորդ է նախանձն. Պրոյերեսեայ ընկերակից ճարտարխօսութեան վարպետները չկրցան դիմանալ և հնարք չմնաց որ չքանեցընեն. ինչուան քաղքին իշխանն ալ կաշառելով իրենց կողմը ձգեցին, և զՊրոյերեսիոս Աթէնքէն աքսորել տուին: Հայկազն ճարտարախօսին հեռանալովը՝ սկսան իրենք պատիւ ու մեծարանք գտնել. այն աստիճանի հասած էր առջինին փառքն ու համբաւը:

Խեղճ Պարոյրը աքսորանաց դառնութեան հետ՝ դառնագոյն ցաւ մըն ալ ունեցաւ աղքատութիւնը. բայց քիչ ատենէն նորէն Աթէնք դարձաւ: Ուրիշները ոսկւոյ զօրութեամբը կրնային դառնալ, իրեն համար լոկ ճարտարխօսութիւնը բաւական եղաւ. ինչպէս Հոմերոսի հագներգութեանց մէջ ճարտարխօսութեան աստուածը Հերմէս՝ աւանց թշնամեաց բազմութենէն վախնալու՝ Պրիամոսի հետ ինչուան Աքիլլէայ վրանը կ'երթայ: Պարոյր երբոր Աթէնք դարձաւ, բաղդը իրեն ձեռնտու գտաւ. որովհետև քաղաքին իշխանը փոխուեր էր, որուն արդէն մեծ վիշտ ալ էին այնպիսի ճարտարախօսի մը քաշած նեղութիւններն. և թէպէտ իրեն թշնամիքը դարձեալ ետևէ եղան զինքը նորէն աքսորելու, բայց ճար չեղաւ. Պարոյր՝ Աթէնք դառնալուն՝ ինչպէս նոր Ոդիսսեւս մը իր ծանրատաղտուկ գերութենէն ետքը, բարեկամներէն ու ընկերակիցներէն քիչ հոգի գտաւ ողջ և առողջ. որոնց մէջ էր նաև Տուսկիանոս, զոր Սուիդաս ամենազօր ճարտարախօս կ'անուանէ, և որուն համար Պարոյրի վարքն մեզի աւանդողն Եւնաբիոս՝ կ'ըսէր, թէ ինքը միայն արժանաւոր էր Պրոյերեսիոս ըլլալու՝ թէ որ ինքն Պրոյերեսիոս ողջ չըլլար:

Իշխանը երբոր Աթէնք դարձաւ, իմաստունները խորհրդի կանչեց և զանազան առաջարկութիւններ դրաւ առջինին որ լուծեն: Բայց որովհետև իրենց տուած պատասխաններովը չկրցան զիշխանը գոհ ընել, այն պատճառաւ Պարոյրի բարեկամներն ալ սրտաթափ եղան։ Բայց բդեաշխը նորէն կանչեց զիրենք, ըսելով թէ աւելի երախտեաց մրցանակը պիտի ընդունին. ամէնքը վազող վազողի եղան։ Պարոյրն ալ առանց իրենց գիտնալուն կանչուած էր։

Բդեշխը դարձաւ՝ մէկ նոր առաջարկութիւն մըն ալ, ըսաւ, պիտի ընեմ ձեզի. դուք մէջերնէդ մէկն ընտրեցէք որ կարենայ լաւ ճառել. անկէ ետքն ալ Պրոյերեսիոս ճառէ։ Իմաստակքն զարհուրելով Պրոյերեսի անունէն, մենք առանց պատրաստութեան բան չենք խօսիր, ըսին։ Այն ատեն բդեշխն ակնարկեց Պրոյերեսեայ, որ գովելով անոր առաջարկութիւնը, այսինքն յանպատրաստից բան խօսելը, ատենին մէջ կեցաւ. և անվախ գրգռեց իրեն թշնամեաց գլխաւորները՝ որ իրենք իրենց ուզած առակը իրեն առաջարկեն. անոնք ալ չարութեամբ անանկ դժուար նիւթ մը ընտրեցին՝ որ ոչ միայն անյարմար էր պերճախօսութեան, այլ գրեթէ և անկարելի էր յանպատրաստից խօսելու։ Սակայն Պրոյերեսիոս չհրաժարեցաւ. միայն թէ խնդրեց որ նշանագիրք գրի առնուն իր խօսելիքը՝ որ յետոյ վէճ չըլլայ ըսածին չըսածին վրայ. դարձեալ խնդրեց ալ որ բոլոր ատեանն լուռ կենայ և ծափահարութիւն չընէ՝ ինչուան որ ինքն խօսքը չլմնցընէ։ Ատենախօսութիւնն այն աստիճան զարմանալի, պերճաբան և իմաստալից եղաւ, որ ունկնդիրք կը նեղուէին ծափահարութիւն չընելնուն և լռութեան համար, նշանագիրք ալ հազիւ կը հասնէին խօսքին ետևէն. որ մինչդեռ լմնցած կարծուէր, Պրոյերեսիոս երկրորդ մաս մ'ալ սկսաւ ըսել՝ առջինէն աւելի զօրաւոր և գեղեցիկ. և երբ լմնցուց, Կարելի է ըսաւ, սխալ բան մը ըսած եմ կամ սխալ գրած ըլլան. նայեցէք թէ չիտա՞կ է. և նորէն սկսաւ բոլոր

Ճառը առջի բառէն ինչուան վերջինը անփոփոխ կարգաւ ըսել։ Այս բանս ալ այնքան զարմացուց լսողները, որ երբ լռեց՝ ամէնքն վազեցին իրեն խնդակցելու, ու Ճարտասան մը՝ հապա Նոր Հերմէս մը՝ աստուած մը անուանելով։ Բդեաշխն զինուորական հանդիսիւ հանեց զՊրոյերեսիոս յատենէն և իր արժանաւոր աթոռը տուաւ։ Բայց իմաստակաց նախանձն գործելու հնարք գտաւ՝ զաշկերտները խաբելով անվայել հնարքներով՝ վարպետնին աթոռէն ձգել։ Պրոյերեսիոս անտրտունջ կը կենար յԱթէնս իբրև ռամկական մը, երբ Անատոլիոս Պէրիթացի՝ որ իմաստութեամբ անուանի եղած եպարքոսութեան պատուոյ հասեր էր՝ եկաւ յԱթէնս. և իր նախորդին նման իմաստակները կանչելով՝ իրենց Ճառի նիւթեր տուաւ. բայց զամէնքն ալ արհամարհելով՝ աթոռէն ելաւ, միայն Պրոյերեսիոսը մեծարեց և իր սեղանը նստուց։

Այս միջոցներս, կամ քիչ մը յառաջ, Կոստանդ կայսր 'ի Գաղլիա հրաւիրեց զՊրոյերեսիոս, որ և գնաց և զարմացուց զԿոստանդ և բոլոր արքունիքը, ոչ միայն իր հանճարովը, այլ և իր վարքովը և կենաց տոկունութեամբն. վասն զի հակահասակ և գեղապատշաճ անձն էր մեր հռետորն և ամէն կերպերովը սիրելի. ապրուստն ալ ամենապարզ և զարմանալի. մինչև Գաղղիոյ ցուրտ ձմեռներուն մէջ ալ՝ միայն մէկ պարեգօտ կը հագնէր, գրեթէ բոպիկ կը պտըտէր, ոչ միայն ջուրը պաղ կը խմէր, այլ և տաք կերակուր ալ չէր ուտէր։ Կոստանդ շատ պատուով խաւրեց զինքն 'ի Հռոմ. հոն ալ քաղքին մեծերն պատուելով զնա խնդրեցին որ գովեստ մը խօսի իրենց շնաշխարհիկ քաղքին վրայ։ Պրոյերեսիոս հոս ալ այն աստիճան գերազանց Ճարտարախօս երևցաւ, որ թերևս ինքնին Կիկերոն՝ եթէ ողջ ըլլար՝ ինքն իր վրայ միայն չպարծէր. Հռովմայեցիք արժանաւոր վարձք ընծայեցին իրենց գովասանին՝ պղնձէ ամբողջ անդրի մը կանգնելով Պրոյերեսեայ, և վրան գրելով, Թագուհին Հռոմ թագաւորի Բանին[1]: Չգիտեմ թէ ուրիշ ալ տրուած է այսպիսի պատիւ: Հռոմայեցիք խնդրեցին 'ի Պրոյերեսեայ որ գոնէ իրեն տեղը աշկերտներէն մէկը խաւրէ իրենց, ան ալ խաւրեց զԵւսեբիոս Աղեքսանդրացին:

Պրոյերեսիոս դարձաւ նորէն յԱթէնք՝ Զինապետի պատուանուամբ՝ զոր իրեն տուեր էր Կոստանդ կայսր, և յորդորեր ալ էր որ ուրիշ բան մ'ալ խնդրէ իրմէ. իսկ նա իբրև փոխարէն երախտեաց և փառաց զոր իմաստութեան մայր սեպուած Աթէնքի մէջ գտեր էր, խնդրեց որ քաղաքը մտած ցորենին մաքսը վերցուի. և այս բանս կատարել տուաւ վերոյիշեալ Անատոլիոսի ձեռօք. որուն հրաւիրանաւն ալ ներբող մը խօսեցաւ 'ի պատիւ Կոստանդ կայսեր՝ այս ցորենին ազատութեան ըրած շնորհաց համար: Անկէ ետև դարձեալ Աթէնքի ճարտասանութեան աթոռը նստաւ Պրոյերեսիոս, և հոն էր Յուլիանոսի ինքնակալ ըլլալուն ատենն ալ. աս իմաստակ կայսրս որ թէ՛ զէնքով և թէ գիտութեամբ ու հռետորութեամբ մէկէ մը վար մնալ չէր ուզեր, իրեն նուաստութիւն չսեպեց զՊրոյերեսիոս պատուել. և առ նա գրած նամակի մը մէջ կ'անուանէ զնա «Յորդառատ և անարգել գետ պերճախօսութեան, և հզօր ըլուցուածոյն՝ ամենևին Պերիկլեայ նման»[2]: Յուլիանոս մեծ ակնկալութիւն մ'ալ ունէր 'ի Պրոյերեսեայ, որուն իր բանած կարգէն դուրս շնորհք և բացառութիւն մ'ալ ըրաւ. կը փափագէր

1 Regina rerum Roma, Regi Eloquentiæ. Ἡ βασίλισσα Ῥώμη, τοῦ βασιλέως Λόγων.

2 Hominem ita in dicendo copiosum et abundantem, ut flumina cum in patente campo influunt; hominem æmulantem eloquentia Periclem.

և կը յուսար որ Պրոյերեսիոս գրէ իր զինուորական գործոց պատմութիւնը, որոց նա ականատես ալ էր մասամբ՝ 'ի Գաղղիա. և այս բանս թերևս իրեն յաւիտենական պարծանք պիտի սեպէր, որոյ չէր արժանի. վասն զի ինքն Քրիստոսի հաւատոց յայտնի ուրացող և հալածող մ'էր, իսկ Պրոյերեսիոս պատուաւոր և պատուելի քրիստոնեայ մը. Յուլիանոս թշնամաբար բոլոր քրիստոնեայ վարժապետները հեռացուց իրենց աթոռներէն, միայն զՊրոյերեսիոս թողուց իր սուտ յուսովը. բայց այն մեծ անձն որ ինքն իրեն և ամէն ճանչցողաց պատիւ էր, կամաւ և ազատաբար հրաժարեցաւ իր աթոռէն, այն սիրելի ճարտասանութեան աթոռէն՝ որով այնչափ բարձրացեր և զոր այնչափ բարձրացուցեր էր, բայց անոնցմէ գերագոյն դասեց ճշմարիտ հաւատոց փառքը:

Արդէն այս ատեն 90 տարու մօտ ծերունի մ'էր Պրոյերեսիոս, և գեղեցիկ երկայն արծաթափայլ ալեօք զարդարեալ. բայց դեռ կայտառ երեսօք և երիտասարդական ուժով. այս ատենս էր որ Եւնաբիոս՝ իր վարուց գրողն՝ 17 տարեկան պատանի մը, աշակերտեցաւ անոր տանը մէջ հինգ տարի քովը կենալով, և տեղեկանալով անոր դիպուածներուն՝ աւանդեց մեզի: Իր բաժնուելէն քիչ վերջը մեռաւ Պրոյերեսիոս իբրև 95ամեայ, լի տարւօք և փառօք: «Տեսի զնա, կ'ըսէ Եւնաբի, ալեւոր սպիտակահեր արծաթափայլ, անցեալ զութսունեւեօթն ամօք, որպէս ինքն ասէր. բայց էր ժիր յոյժ՝ զորպիսի ալեւոր չէր իմ տեսեալ երբէք, և համարեցայ զնա անմահ ոք»:

Վերոյիշեալ քանի մը ճառերէն զատ կը յիշուին թէ շատ ուրիշ հռետորական ճառեր ալ գրեր էր, աւելի իբրև դամբանական կամ ներբողեան. որոց և ոչ մէկն ալ մեզի հասած է, ժամանակին կամ նախանձու անգթութեամբ. Թէպէտ և իր փառաց և արժէից համար բաւական սեպուին իր վրայ պատմուածքն և ըսուածքն, և աշակերտքն. որոց մէջ գտուեցաւ և Կեսարիոյ աթոռոյն պարծանքն՝ մեծն Ս. Բարսեղ, և իր սիրելին ու համանման յունական մատենագրութեան և ընդհանուր եկեղեցւոյ պարծանք՝ սուրբն Գրիգոր աստուածաբան, որ իր խորունկ ու զարմանալի իմաստութիւնը՝ կերպով մը Պրոյերեսեայ ջանիցն ու հանճարոյն պարտական կը ճանչնայ. 'ի մօտոյ զինքը ճանչցած 'ի մանկութեան, հասուն հասակին մէջ յետագայ տողերը իրեն կը նուիրէր.

« Մի՛ եւս յայսմ հետէ բարձր 'ի գլուխ պարծի Կեկրոպիա.
Ոչ է օրէն 'նդ արեգական զաղօտալոյսն կըշռել ջահ.
Ոչ մահացուի 'նդ Պրոյերեսեայ գալ 'ի պայքար հռետորական,
Որ շհամօրէն նուաճեաց զերկիր 'ի ճարտասան բանիցն հանդէս:
Ի շանթեացն՝ յեղակարծուց սասանեցաւ Ատտիկաստան,
Եւ ընդհանուր կոկոժլաբան իմաստակաց կոկոզ կաճառք՝
Տեղի ետուն Պրոյերեսեայ. տալ ետ տեղի եւ ինքըն բաղդ.
Անշըքեցան փառքն Աթենայ պայծառք՝ 'ի դառն 'ի յօրհասէն.
Փախերուք այսուհետեւ 'ի Կեկրոպեայ մանկունք համբակք »:

Պրոյերեսեայ ժամանակակցաց մէջ և քիչ մը իրմէն վերջ ալ՝ գարուն ամենէն անուանի իմաստակ և հռետորն ս՚պուխ Լիբանիոս, որ հեթանոս էր և մնաց, անոր համար պատուեցաւ 'ի Յուլիանոսէ. այս հռետորս ալ իր նամակաց մէջ մեծ գովութեամբ կը յիշէ զՊրոյերեսիոս, և կը վկայէ թէ նա պերճախօսութեամբ աշխարհքս գրաւեր է, համբաւովը՝ արձաններու արժանի եղած էր, վարքովն ալ ազնիւ անձ։

Այս սքանչելի և անծանօթ անձին վարքը բովանդակելու համար՝ ըսենք որ կենդանի յիշատակներ ալ թողուց. տարիքն առնելէն և անգամ մը Աթէնքէն հեռանալէն ետև՝ Փոքր Ասիոյ Տրալլէս քաղաքը գտնուած ատենը՝ Ամփիկլէա անուամբ կին մ'առաւ և երկու դուստր ունեցաւ. զորոնք ատենին հարսնացուց ալ, և բաժնուելուն վրայ շատ ցաւ քաշեր է կ'ըսեն։

ԴԱՐ Ե

Մեր մատենագրութեան ոսկեդարը։ — Որո՞ւն կը վերաբերի այս արդիւնքը։ — Դարուս ազդեցութիւնը և ուսումնական արգասիք։

Հայկական դպրութեանց ամենէն աւելի նշանաւոր ժամանակն է հինգերորդ դարը։ Թագաւորական իշխանութիւնը և եկեղեցական նուիրապետութիւնը իրենց ամէն ազդեցութիւնն ու փոյթը կը բանեցնէին՝ ուսմանց և գիտութեանց մուտք, տեւողութիւն և պահպանութիւն տալու Հայաստանի մէջ։ Իրենց ջանիցն արժանաւոր պտուղները կը տեսնուէին։

Ուրիշ ազգերու մտաւորական զարգացմանց պատմութեանը մէջ՝ շատ անգամ զուսումն և զկրթութիւն՝ գաղթականութեանց արգասիք կը տեսնենք։ Ասանկ Եգիպտոս, Փիւնիկէ, Յունաստան, Հռոմ և Իտալիա՝ իրարու պարտական են. ծովավաճառք, պատերազմունք և յաղթութիւնք՝ ուսմանց և գիտութեանց տեղափոխութեան պատճառ կ՚ըլլան։ Հայաստան չունեցաւ այս բաղդը, անոր համար հարկ սեպեց – ինչպէս յառաջ ալ առիթ ունեցանք յիշատակել – իւր քաջուշիմ երիտասարդութիւնը հո՛ն ղրկել ուր դեռ ևս կը ծաղկէին դպրութիւնք․ և անոնց ջանքովը նոր կերպարանափոխութիւն մը տալ իւր մտաւորական յառաջադիմութեանը։

Ո՛րչափ զարմանալի է Թարգմանչաց ժամանակը, որ իրաւամբ մեր ուսումնականութեան ոսկեդարը կը սեպուի։ Ազգաց պատմութեանը մէջ նման դէպք մը փնտռելու՝ ընդունայն պիտի աշխատինք․ ինչպէս նաև անոնց ջանքովն եղած ուսումնական արդեանցը հաւասարը նկատել․ քիչ ատենուան մէջ՝ այնչափ ինքնագիր երկասիրութիւն և բազմապատիկ թարգմանութիւն, այնպիսի կիրթ ախորժական և ընտիր լեզուով։

Իրենց ազդեցութիւնն ալ մեծ եղած է ժամանակակցաց վրայ։ Հայաստան գրեթէ ուսմանց անճաշակ, մէկէն կ'իմանար անոնց քաղցրութեան ճաշակը․ դպրոցներ կը յաճախէին, աշակերտք կը բազմանային, գիտութիւնք կը ծաւալէին, և ինչպէս ժամանակակիցն Կորիւն կը վկայէ, «Յայնմ ժամանակի երանելի և ցանկալի աշխարհն Հայոց անպայման սքանչելի լինէր»․ և կամ ինչպէս ուրիշ պատմիչ մը կը զրուցէ, «Սկիզբն դպրութեանս Հայոց լինէր սկիզբն մեծի գիտութեան»։

Ափսոս որ սկզբանը արժանաւոր շարունակութիւնը պակսեցաւ․ Հայաստանի թագաւորական ու հայրապետական աթոռներն մէկէն 'ի մէկ ինկան կամ իրենց նախկին պայծառութիւնը կորսնցուցին․ արտաքին պատերազմունք և ընտանի երկպառակութիւնք՝ կարկտախառն փոթորիկով մը Հայաստանի գեղեցիկ ու ծաղկազարդ գարունը կ'անապատացընէին։

Ս․ ՍԱՀԱԿ ՊԱՐԹԵՒ

Սուրբն Սահակ Պարթեւ։ — Համառօտութիւն իւր սուրբ և քաղցրաբարոյութեան վարուց։ — Ազդեցութիւնն ազգիս քաղաքական պատմութեան և մտաւոր բարգաւաճմանց վրայ։ — Գրուածները։

Մեծին Ներսէսի որդին էր սուրբն Սահակ Պարթեւ, որ իւր հօրը մահուանն առեն՝ Կոստանդնուպոլսի մէջ ուսմանց կը պարապէր։ Հօն սրբասէր ու մաքուր հոգին՝ աշխարհի կեանք ընտրելը հարկ սեպեց, որպէս զի Լուսաւորչայ Նուիրական ցեղը Հայաստանէն չվերցուի։ Բայց Աստուած՝ որ իւր բարեացն ու շնորհաց չճանչցող Հայաստանը խրատելու աղէտք սահմանած էր, ուզեց որ նոյն ցեղին վերջին շառաւիղն ըլլայ սուրբն Սահակ․ ուստի միայն դուստրը մը պարգեւեց իրեն Սահականոյշ անունով։

Այս բանիս համար՝ կարգէ դուրս տխրութեան մը մէջ ինկած էր սուրբն Սահակ, և անոր դարմանը յԱստուծոյ կը խնդրէր, Վաղարշապատու եկեղեցւոյն մէջ իւր սրտին ցաւերն ու վիշտերը՝ մխիթարիչ Աստուծոյ մը առջեւը ձգելով արտասուօք, հոն տեսլեամբ մը յայտնեց Աստուած քիչ ատենէն Հայոց աշխարհին վրայ հասնելու չարիքն, ու անոնց հետեւանք Թագաւորական ու հայրապետական իշխանութեանց միանգամայն դադրիլը։

Գերագոյն կամաց հպատակելով Սահակ, ինքզինքը բոլորովին Աստուծոյ ու ազգին բարւոյն ընծայեց. մէկ կողմանէ աղօթից ու ճգնութեանց պարապելով, և միւս կողմանէ ալ իրեն արժանի աշակերտներ բազմացնելով, և անոնց թէ՛ հոգևոր և թէ մտաւոր յառաջադիմութեան համար ջանալով ու յոգնելով:

Անով ազգին մէջ ընդհանուր և սիրելի համբաւ մը ստանալով, Աստուածակէս կաթուղիկոսին մահուընէն ետքը՝ բոլոր ժողովուրդն իր Խոսրով թագաւորին հետ միասին՝ անոր յանձնեց հայրապետական աթոռը: Բայց որովհետև այս ընտրութեան մէջ՝ նախ Պարսից թագաւորին կամքը չէր հարցուած, ուստի Շապուհ՝ Խոսրով թագաւորին վրայ բարկանալով. թէ զինքը և թէ զսուրբն Սահակ զրկեց իրենց իշխանութենէն. թէպէտ քիչ ատենէն նորէն հաստատեց զինքը իր պատւոյն մէջ, ու Խոսրովու տեղն ալ թագաւորեցուց անոր Վռամշապուհ եղբայրը:

Այն միջոցին սուրբն Մեսրոպ եկաւ առ Սահակ, և այս երեք նշանաւոր անձանց ջանքովը ու աշխատութեամբ՝ հայերէն մատենագրութեան ոսկեդարին հիմունքը ձգուեցան: Վասն զի անոնց փութովը եղաւ հայերէն գրոց գիւտը, անոնք բացին այլ և այլ վարժարաններ՝ Հայաստանի մանկութիւնն ու երիտասարդութիւնը կրթելու, և այս երկուքին ձեռքովը եղաւ աստուածաշունչ գրոց թարգմանութիւնն:

Երբոր իրենք այս գործերուն զբաղած էին, Վռամշապուհ թագաւորն մեռաւ. ուստի և նախարարք՝ զսուրբն Սահակ զրկեցին առ թագաւորն Պարսից Յազկերտ Ա. խնդրելով որ զԽոսրով Գ՝ որ Շապուհ արքային իշխանութենէ զրկելով՝ բանտի մը մէջ փակեր էր, նորէն թագաւորեցընէ Հայոց վրայ. Յազկերտ ալ՝ սրբոյն խնդիրքը կատարեց: Այսպէս քանի մը տարի վերջ ալ՝ երբոր նոյն Յազկերտ թագաւորը՝ Պարսկաստանի մէջ բնակող քրիստոնէից դէմ սաստիկ հալածանք մը հանեց, սուրբն Սահակ իր իմաստուն խօսքերովն՝ անոր սիրտը քաղցրացուց քրիստոնէից վրայ։

Տարին մը ետքը երբոր Յազկերտ մեռաւ, և այն պատճառաւ այլ և այլ խառնակութիւններ ելան Պարսից աշխարհին մէջ, Սահակ հեռու անելով իր թոռները՝ Մեսրովպայ հետ մեկտեղ Հայաստանի այն մասը գնաց որ Յունաց իշխանութեան տակն էր. բայց որովհետև այն գաւառներն Կեսարիոյ եպիսկոպոսին վիճակն էին, ուստի տեղւոյն վերակացուքն չընդունեցան զսուրբն Սահակ. որ այս բանին վրայ վշտանալով՝ զսուրբն Մեսրովպ իր Վարդան թոռանը հետ ղրկեց առ Թէոդոս փոքր. և խնդրեց իրմէ որ կարենայ իր հայրապետական իշխանութիւնը բանեցընել Հայաստանի այն բաժնին վրայ ալ՝ որ Յունաց իշխանութեան տակն էր։ Կայսրը շնորհեց իրեն խնդիրը, և զսուրբն Վարդան՝ ստրատելատութեան պատուով մեծարեց։

Բայց նախարարք զինքը նորէն Պարսից բաժնին մէջ հրաւիրեցին, որպէս զի Վռամայ ձեռքովը թագաւորեցընէ զԱրտաշիր՝ զորդին Վռամշապհոյ։ Սուրբն Սահակ յանձն առաւ իրենց առաջարկութիւնը, և սկսաւ աւելի փութով մը ետեւէ ըլլալ Հայաստանի բարեկարգութեանը։ Սակայն երբ Արտաշիր իր անառակ վարքովը՝ նախարարաց սիրտը իրմէն պաղեցուց, անոնք ուզեցին զինքը Վռամայ ձեռքով Հայոց թագաւորութենէն զրկել, և խնդրել իրմէ որ անկէ ետքը պարսիկ մարզպան մը ղրկէ Հայաստանի վրայ. և այս իրենց խորհրդեանը կամակից կ'ուզէին զսուրբն Սահակ։ Աստուածարեալ հայրապետին ոչ արցունքէն կակղացան, և ոչ զօրաւոր խօսքերովը համոզուեցան այն վնասակար խորհրրդէն ետ կենալու. մանաւանդ թէ տեսնելով որ կը հակառակի իրենց կամացը, նախարարներ ղրկեցին առ Վռամ, և միանգամայն ամբաստանեցին թէ զԱրտաշիր և թէ զՍահակ: Թագաւորը երկուքն ալ դուռը կանչեց, և ղրկեց՝ մէկը իր արքունի և մէկալը հայրապետական իշխանութենէն: Բայց երբ ետքը նորէն իր հայրենիքը կը ղրկէր զՍահակ, և միայն ձեռնադրութեան իշխանութիւնը տալով կը յորդորէր զինքը որ միամտաբար Պարսից ծառայութեան մէջ մնայ, և Յունաց հաւատակցութեամբը չխաբուի, հրաշալի ատենախօսութիւն մը ըրաւ հոն սուրբն Սահակ. ցուցընելով, կ'ըսէ Խորենացին, «զերախտիս ծառայութեան և զապերախտն 'ի նոցանէ լինել. ընդ նմին և զկեղծաւոր քաղցրաբանութիւն նոցա յանդիմանելով և զդառնութիւն խորհրրդոյ, և զգործս չարաչարս. յարելով 'ի նոսին զընդդիմաբանել անմիտ հայհոյութեանց արտաձաւելոյ, զոր ասաց մոլար հաւատակցութիւն. և զնոցայն խայտառակելով պաշտամունս, կատարեաց 'ի հրաշալի աստուածաբանութիւն, ըստ հանդուրժելոյ հեթանոսական լսելեաց». անանկ որ մոգերուն բերանը խօսք չմնաց. Թագաւորն բոլոր անձնագեղ Պարսից հրապարակին բազմութեամբ զարմանքով մտիկ ընելէն ետքը, հրաման տուաւ որ շատ ստակ տան իրեն՝ «իբրև քաջաբանի և ուժգնասրտի առն համարձակախօսողի առաջի այնքանոյ թագաւորին»: Բայց սուրբն Սահակ ոչ իրեն և ոչ իրեններուն զարմանքը բանի տեղ դրաւ, և ոչ ալ տուած ընծաներուն մօտեցաւ:

Ժամանակ անցնելէն ետքը՝ նախարարք անոր աթոռը անարժանապէս գրաւողներուն ձեռքէն ձանձրանալով, խնդրեցին իրմէ որ նորէն նոյն նուիրական գահուն վրայ նստի. բայց սուրբն Սահակ յանձըն չառաւ. «Քահանայանալ 'ի վերայ աւրանենդ *ժողովրդոց ոչ կարեմ» ըսաւ. ու Դուինի քաղքին քովերը քաշուեցաւ. յետոյ Բագրեւանդայ մէջ կընքեց իւր բազմարդիւն կեանքը, գրեթէ իննսնամեայ հասակի մէջ:*

Սահակայ վրայ թէ ժամանակակից և թէ յետագայ պատմիչք՝ ամէնքը գովմանքով կը խօսին, հաւասար գովելով անոր սրբութիւնն և իմաստութիւնը: Մենք բազմապատիկ վկայութեանց մէջէն՝ միայն Խորենացւոյն խօսքերը մէջ բերենք. «Մահկանացու ծնեալ՝ անմահ զիւրն յիշատակ եթող. պատուեալ զպատկերն, պատկառեալ 'ի կոչնականէն, փոխանորդեալ զկեանսն»:

* * *

Սահակայ գրաւոր երկասիրութեանցը մէջ նշանաւոր եղած են այլ և այլ թարգմանութիւններ, և մանաւորաբար Աստուածաշունչ գրոց թարգմանութիւնն, որուն վրայ զատ պիտի խօսինք:

Ինքնագիր գրուածոցը մէջ ամենէն աւելի նշանաւոր կրնանք սեպել, գէթ ինչուան հիմա մեր ձեռքը հասածներուն մէջ, կանոնական թուղթ մը՝ վեց գլուխ բաժնուած, զոր 'ի Վաղարշապատ գումարած ժողովքէն վերջը ղրկեց, գեղեցիկ և ընտիր շարադրութեամբ: Մեր եկեղեցական պատմութեան և մատենագրութեան արժանապէս պարծանք այս գրոց խորագիրքն են.

Ա. Յաղագս եպիսկոպոսաց թէ որպէս պարտ է ունել զընտանիս սուրբ եկեղեցւոյ:

Բ. Թէ որպէս պարտ է զկանոնական զկարգն հաստատուն պահել յեկեղեցիս Աստուծոյ:

Գ. Կարգ քահանայից առ ժողովրդականս, և նոցին ժողովրդականաց հնազանդութիւն, և կարգ ուղղութեան առ քահանայս:

Դ. Թէ որպէս սահմանեցաւ կարգ ուխտի և որոշման վանաց:

Ե. Թէ որպէս պարտ է եպիսկոպոսին պահել զգանձս եկեղեցւոյ, կամ որոց որպէս մատակարարել:

Զ. Գիր աւանդութեան յաղագս կարգի սպասաւորաց սրբոյ եկեղեցւոյ և պտղոց ժողովրդականաց ընծայելոց 'ի տուն Աստուծոյ:

Չորրորդ գլխոյն վերջը՝ հետևեալ յիշատակարանը գրուած կը տեսնենք. «Այս սահմանադրութիւն կարգաց գրեցաւ հրամանաւ սրբոյն Սահակայ մեծ հայրապետին հայաստան աշխարհի, ընկալեալ 'ի քաջ նահատակէն 'ի տեառնէն Գրիգորէ՝ Թարգմանեցաւ միայն 'ի Յունէ 'ի Հայս»: Խորենացի մէջ կը բերէ 'ի Սահակայ գրուած թղթեր առ կայսրն Թէոդոս, առ Ատտիկոս եպիսկոպոս, առ Անատոլիոս, և իրենցմէ ընդունած պատասխանները: Ասոնցմէ զատ հասած են առ մեզ երկու դաւանական թուղթեր առ Պրոկղ հայրապետ Կոստանդնուպոլսի, և առ Ակակ եպիսկոպոս Մելտինոյ:

Փարպեցւոյն գրոցը մէջ՝ Վաղարշապատու եկեղեցւոյն մէջ յայտնուած տեսլեան նկարագիրն ալ կայ՝ իրմէն պատմուած առ նախարարս. զոր յետին դարուց մատենագիրք ալ կը յիշատակեն, և մասնաւորաբար Մագիստրոս. նոյնպէս կը յիշէ զայն Վասիլ կայսեր Թոռն Կոստանդին Պորփիւրոժէն, ու կը յարմարցնէ զայն Վասլի Թագաւորութեանը: Լամբրոնացին որովհետև նոյն տեսլեան վկայութիւնը չիգտնէր Խորենացւոյն գրոցը մէջ, ուստի և անոր հարազատութեան վրայ տարակուսիլ կը ցուցնէ. «Տեսիլն այն, կ'ըսէ, ոչ հաստատի առ մեզ գոլ սրբոյն Սահակայ, այլ 'ի կարծիս միոյ, վասն ոչ անելոյ նմա 'ի գիրս իւր յիշատակ Մովսիսի Խորենացւոյ»:

Ազգային եկեղեցական գրոց կարգաւորութեանը մէջ ալ շատ աշխատանք ունի սուրբն Սահակ. բայց օրհնութիւնները կոչուած ցուցակին մէջ՝ մասնաւորաբար իրեն կ'ընծայուին հետևեալներն. « Իսկ ըզՔահանայօրհնէքն՝ սրբոյն Սահակայ գծեալ՝ յետ քանեմի ամի արքեպիսկոպոսութեան իւրոյ՝ 'ի Նաւասարդ ամսոյ որ օր մի էր, և 'ի Քահանայաթաղն այլ՝ յաւել եօթն աւետարան. նոյնպէս և զԱշխարհաթաղն, 'ի Քաղաքուդաշտի 'ի վկայարանս սրբոց Հռիփսիմեանց, յետ հարիւր և քսան և մի ամին սրբոյն Գրիգորի, զի մինչև ցայն վայր հնոյն վարէին: Արար սուրբն Սահակ և զչորս քարոզսն զգիշերոյ և զնոցին աղօթսն »: Յովհան Իմաստասէրն ալ կը յիշէ թէ ինքը սուրբն Սահակ յօրինած ըլլայ գիշերային ժամակարգութեան չորս աղօթքները. բայց իր մէջ բերած աղօթքները կը զանազանուին հիմակուաններէն: Յայսմաւուրաց մէջ ալ կը կարդանք. « Կարգեաց կանոնս համաշխարհականս եպիսկոպոսաց և աշխարհի երիցանց և վանաց՝ զի մի ամբոխեսցին ընդ միմեանս, վասն մնիցն որ 'ի ժողովրդենէն: Նոյնպէս և վանաց որ առընթեր գիւղից և քաղաքաց էին, և անապատականաց. զի ամենայն ոք գիտասցէ զիւր մասն: Արար և զչորս աղօթսն՝ որ ասի 'ի գիշերի, իւրեանց քարոզիւքն և հանգստիւքն »:

Աւագ շաբաթուն մէջ երգուած շարականներն՝ Պարթեւ հայրապետին կ'ընծայուին, որոնք իրենց պարզ ու մաքուր լեզուովը, բանաստեղծական հանճարով և ամփոփած գեղեցիկ իմաստներով՝ նոյն սքանչելի գրքին գերազանց կտորներն կրնան սեպուիլ արժանապէս:

Ս. Սահակայ կանոնական թղթին և գրած նամակներուն տպագրութիւնն եղած է 'ի Վենետիկ (Սոփերք Հայկականք Հատ. Բ) 'ի 1852. առաջինն հրատարակուած է նաև յԱրարատ ամսագրի Էջմիածնի և առանձինն:

Ս. ՄԵՍՐՈՊ

Ս. Մեսրովպայ վարքը։ — Արքունեաց մէջ ատենադպրութիւնը։ — Առանձնութիւնն և հրաժեշտ յաշխարհէ։ — Աշակերտութիւնն ընդ արքոյն Սահակայ։ — Հայկական գրոց գիւտը։ — Իր մեծ արդիւնքը նկատմամբ հայկական մատենագրութեան։ — Գրաւոր երկասիրութեանց յիշատակք։

Հայկական դպրութեանց ծաղկելուն նախկին առիթ ու բարգաւաճեցընող ոգեւորած անձը՝ երանելին Մեսրոպ կամ Մաշտոց՝ Տարօն գաւառին Հացեկաց գեղէն էր, Վարդան անունով մէկու մը որդի։ Մանկութեան հասակէն հելլենական դպրութեամբ վարժած՝ Հայոց Արշակունի Թագաւորաց Վաղարշապատ քաղաքը եկաւ, ու արքունական դիւանին պաշտօնէից մէկն եղաւ։ Տեղեակ և հմուտ աշխարհական կարգերու, զինուորական արուեստին ալ իր ձեռքին տակն եղած զինուորներուն սիրելի անձ մըն էր։

Բայց քիչ ատենէն յաշխարհական մեծութեանց հրաժարելով՝ Թողուց արքունիքը, ու լերանց և անապատներու միայնութեան մէջ Աստուծոյ հաճոյ ըլլալու կը ջանար։ Իր սրբակաց վարուցը հետեւողներ ալ ունեցաւ Մեսրոպ. ու անոնց հետ մէկտեղ գնաց Գողթն գաւառը, տեսաւ այն երկրին բնակչաց վայրենութիւնը, և Թափանցող մտքովը իմացաւ թէ աւերիչ տգիտութիւնը իւր երկաթի ու ծանր ձեռքը տարածելով բոլոր Հայաստանի վրայ՝ այն նախանձելի աշխարհը անմարդի վայրենեաց բնակարան մը պիտի դարձընէր։ Անկէց իր սրտին մեծ ցաւ եղաւ. և դարմանը գտնելու համար գնաց առ սուրբն Սահակ. և երկուքը միաբան առ Վռամշապուհ Թագաւոր, ու հայերէն գրոց գիւտին համար կ'աշխատէին. որուն համար եղած ջանքը և յաջողութիւնը արդէն գրոցս պատրաստութեան մէջ պատմած ենք։

Երբ իմացան Թագաւորն և սուրբն Սահակ՝ Մեսրոպայ եղած աստուածային յայտնութիւնը, ու անոր դառնալն 'ի Հայաստան և Թագաւորական քաղաքին մօտենալը, բոլոր նախարարներն իրենց հետ առած՝ Ռահ գետին քովերը հանդիպեցան երանելոյն, և կարգէ դուրս ուրախութիւն և աստուածային խնամոց շնորհակալութիւն մատուցին։

Այն ատեն Թագաւորէն հրաման առաւ Մեսրոպ՝ Մարաց խուժադուժ կողմանքն ալ հրահանգելու. ու թէ՛ անոնց և թէ բոլոր Հայաստանի օգտին համար ձեռք զարկաւ Թարգմանելու Աստուածաշունչ գիրքը. և նախ քանի մը օգնական հետն առնելով, (որոց առաջնոյն անունը Տիրայր Խորձենացի, և երկրորդին Մուշէ Տարօնացի, և ուրիշներ) անոնցմով Գողթն գաւառը իջաւ, ու Շաբիթ անունով իշխանի մը ձեռնտուութեամբը սկսաւ քարոզել և ուսուցանել։

Անկէ՝ Գողթն գաւառին սահմանակից Սիւնեաց աշխարհքը գնաց. ու տեղւոյն Վաղինակ իշխանէն օգնականութիւն գտնելով, դայեկաբար՝ կ'ըսէ պատմիչը, գազանամիտ, վայրենագոյն, և ձիւաղաբարոյ մարդիկը կը խրատէր. ու Անանիա անունով մէկը տեղւոյն եպիսկոպոս կարգելով, բոլոր աշխարհքը վանականներով կը լեցընէր։

Քիչ ժամանակ անցնելէն ետքը՝ աստուածային տեսլեամբ նաև Վրաց աշխարհին նշանագիր ստեղծեց։ Ետքը իր ընտիր աշակերտներէն ոմանք իր հետը տանելով՝ ներկայացաւ Վրաց Բակուր թագաւորին և Մովսէս եպիսկոպոսին, ու թէ՛ անոնց ու թէ՛ բոլոր աշխարհին գլխաւորներուն ընդունելի եղաւ։ Ջաղա անունով մէկը գտնելով՝ Վրաց լեզուին թարգման, գրագէտ ու ճշմարտահաւատ անձ մը, թագաւորին հրամանով աշակերտաց բազմութիւն ժողվեց, ու յանձնեց անոնց կրթութեան խնամքը։

Իրեն աշակերտած գաւառացը կրկին այցելութիւն ընելէն ետքը՝ սուրբն Մեսրոպ սկսաւ մտածել Հայաստանի այն մասին վրայ՝ որ Յունաց թագաւորին իշխանութեան տակն էր. ու շատ աշակերտներ հետը առած հոն անցաւ. և որովհետև արդէն իր բարի համբաւն տարածուած էր, ուստի և մեծ սիրով կ՚ընդունէին զինքը աշխարհին եպիսկոպոսունքն և իշխաններն ու գաւառականները. և մանաւանդ Անատոլիոս սպարապետն՝ որ Յունաց երկիրը մտնելուն պէս սիրով ընդունեցաւ զՄեսրոպ, և առ Թէոդոս կայսր մասնաւոր նամակ մը գրեց սրբոյն համար. որով և թագաւորն ալ հրամայեց որ Ակումիտ պատուանունը տան սրբոյն։

Մեսրոպ իւր աշակերտները Մելիտինէ քաղաքը տանելով՝ տեղւոյն Ակակիոս եպիսկոպոսին յանձնեց զանոնք. ետքը անոնցմէ գլխաւորներէն մէկը՝ զՂեւոնդ հոն թողլով, ինքն առաւ հետը Դերջանայ եպիսկոպոսը՝ զԳինթ, և ուրիշ քանի մը հոգի և անոնցմով գնաց 'ի Բիւզանդիոն. ուր թէ՛ կայսերէն և թէ Ատտիկոս հայրապետէն մեծարանք, պատիւ և ընդունելութիւն գտաւ։

Հոն քիչ մը ատեն կենալէն ետքը՝ իմացուց կայսեր իր իշխանութեան տակ եղող Հայերուն խեղճ ու ցաւալի վիճակը, ու հրաման առաւ իրմէ՝ որ կարենայ դպրոցներ բանալ՝ ու պէտք եղած տեղերը նաև եկեղեցիներ հաստատել։ Մեծ պատուով և փաուջ դարձաւ Մեսրոպայ իրեններուն իր նպատակին տեղը, և հոն Հայոց սպարապետին պատահելով. կայսեր տուած հրամանագիրը ցըցուց. Նա ալ՝ մէկէն մարդիկ ղրկեց բոլոր այն գաւառները, շատ տղայոց բազմութիւն ժողվել տուաւ, և անոնց ռոճիկ սահմանեց. սուրբն Մեսրոպ ալ իրեններովը մէկտեղ զանոնք սովրեցընելու ետևէ կ'ըլլար:

Անկէ ետքը, կ'ըսէ պատմիչը. «Երանելւոյն զիւր վարդապետութեանն պայման արարեալ, սակեալ և վճարեալ, և բազում շնորհագիր մատեանս զհարցն եկեղեցւոյ ստացեալ, ծովացուցանէր զվարդապետութեանն զխորութիւն, և լցեալ զեղոյր ամենայն բարութեամբ»:

Այն օրերը Բենիամին անունով Աղուան մը եկաւ առ սուրբն Մեսրոպ, ուսկից տեղեկանալով Աղուանից լեզուին հանգամանքը, անոնց ալ նշանագիր ստեղծեց ու խաւրեց հոն իւր աշակերտներէն զԴանան և զԵնովք: Իսկ ինքը շատ աշակերտներով նորէն Վաղարշապատ քաղաքը դարձաւ առ Ս. Սահակ և առ Թագաւորն, պատմելով անոնց աստուածային շնորհաց յաջողութիւններն:

Վերջը Աղուանից կողմերը անցաւ, ու տեսաւ գաւառին եպիսկոպոսը զԵրեմիա, ու անոնց Արսվաղէն թագաւորը. ու իմացընելով անոնց իւր գալստեան պատճառը, յորդորեց իրենց յանձն առած գործութեանը խնամք տանիլ: Անոնք ալ հրաման տուին բոլոր գաւառներէն և իրենց իշխանութեան տեղերէն դաս դաս տղայոց գումարել, և դարմանել արքունի ծախքով:

Երբ այս հրամանը թէ արգեամբք և թէ գործով կը կատարուէր, Երեմիա եպիսկոպոսն աստուածաշունչ գրոց թարգմանութեան ետևէ կ'ըլլար. որով նոյն աշխարհին շատ մեծ օգուտ առաջ կու գար: Հոն սուրբն Մեսրոպ իւր Յովհաթան աշակերտը ձգելով, Վրաց աշխարհքը անցաւ. ու Տաշրաց Աշուշայ իշխանին ձեռնտուութեամբը թէ գրութիւնը և թէ հաւատոյ ճշմարտութիւնը նորէն հաստատեց։

Անկէ Հայաստան դարձաւ Մեսրոպ, ու Սահակայ հետ մէկ տեղ սկսան թարգմանութեան ետևէ ըլլալ. «Սկսեալ, կ'ըսէ Կորիւն, երանելւոյն Մաշթոցի (Մեսրոպայ) ճառս յաճախագոյնս գիրապատումս շնորհագիրս բազմադիմիս, 'ի լուսաւորութենէ և 'ի հիւթոյ գրոց մարգարէականաց կարգել և յօրինել, լի ամենայն ճաշակօք աւետարանական հաւատոցն ճշմարտութեան. յորս բազում նմանութիւնս և օրինակս 'ի յանցաւորաց աստի, առաւելագոյն վասն յարութենական յուսոյն առ 'ի հանդերձեալսն՝ յերիւրեալ կազմեալ, զի հեշտընկալք և դիւրահասոյցք տխմարագունիցն և մարմնական իրօք զբաղելոցն լինիցին. առ 'ի սթափել և զարթուցանել, և հաստահիմն առ 'ի խոստացեալ աւետիսն քաջալերել»։

Այսպիսի արդիւնաւոր կեանք մը կնքեց Մեսրոպ, որբոյն Սահակայ մահուընէն գրեթէ վեց ամիս ետքը. ու Օշական գիւղին մէջ ամփոփուեցաւ. «Գերազանցեալ, կ'ըսէ Խորենացին, քան զամենայն որ զայնու ժամանակաւ էին առաքինիք։ Քանզի ամբարտաւանութիւն և մարդահաճութիւն 'ի նորա վարս տեղի գտանել երբեք ոչ կարացին. այլ հեզ և լաւակամ և բարեխորհուրդ գոլով, և երկնայնոցն զարդարեալ սովորութեամբք զինքն բոլորից ցուցանէր։ Վասն զի դոյր տեսլեամբ հրեշտակական, մտօք ծննդական, բանիւք պայծառ, գործովք ժուժկալ, մարմնով արտափայլեալ, սպասիւք անճառ, խորհրդակցութեամբ մեծ, հաւատով ուղիղ, յուսով համբերող, սիրով անկեղծաւոր, ուսուցանելով անձանձրոյթ»։ Մեսրոպայ ուրիշ անանուն կենսագիր մ'ալ այսպէս կը գրուատէ զինքը. «Էր վարդապեան Մեսրովպ ամենևին հեզ բարուք և երկայնխորհրդովք, տեսլեամբն հրեշտակակերպ և ծննդական մօք 'ի բանս. բանիւ պայծառ և խորհրդովն մաքուր. գործովն ժուժկալ և հաւատովն ուղղափառ. յուսովն համբերող և սիրովն անկեղծ. ուսուցանող անձանձրոյթ, և 'ի պատասխանատրութիւնս ստուգաբան. որ և երկրորդ Լուսաւորիչ գտաւ Հայոց յետ սրբոյն Գրիգորի: Եւ 'ի սուրբ հայրն մեր և վարդապետն Մեսրովպ, բնաւ ամբարտաւանութիւն և մարդահաճութիւն ոչ գտաւ երբէք»:

Մեսրովպայ մեծարեալ և նուիրական գամբանին վրայ՝ Վահան Ամատունի 441ին սուրբ եկեղեցի մը կառուցանել տուած էր 'ի յիշատակ և 'ի փառս իր մեծ և բարերար անուանը և արդեանց: Փիլիպպոս կաթուղիկոս 1635ին նորոգել տուաւ զայն: Ժամանակին աւերիչ ձեռք և բռնութիւնք՝ այն սիրալիր սրբավայրին ալ չխնայելով՝ լքեալ և խոպան գիւղի մը մէջ գտաւ զայն կաթուղիկոսն Գէորգ Ե. և Ռուսիոյ Հայոց յօժարափոյթ նուիրօք՝ հոյակապ եկեղեցի մը կառոյց 'ի 1879: Իսկ 'ի 1882՝ Էջմիածնի միաբաններէն Անդրէաս եպիսկոպոս Կոստանդնուպոլսեցի՝ սուրբ գերեզմանին վրայ մասնաւոր տապանաքար մ'ալ դնել տուաւ հանդերձ արձանագրութեամբ:

***

Մեսրովպ իր այնչափ աշխատանացը մէջ՝ անդադար էր և 'ի Թարգմանութիւնս. ինքը առաջին եղաւ՝ որ իւր աշակերտացը գլխաւորներուն հետ մէկտեղ՝ հայերէն գրոց գիւտը յԱստուծոյ ընդունածին պէս, սուրբ գրոց Թարգմանութեան ձեռնէ եղաւ. դարձեալ ինքն եղաւ ազգային եկեղեցական ծիսարանը կարգի դնող, այլ և այլ աղօթքներու Թարգմանութեամբ կամ ինքնագիր յօրինմամբ, որ և իւր մականուամբը Մաշտոց կոչուած է։ Գեղեցիկ, և իւր տեսակին մէջ անհամեմատ երկասիրութիւն մը, որուն մէջ հաւասար կը փայլին յօրինողին աստուածապաշտ եռանդը, բնատուր հանճարը և մաքուր լեզուն։ Ասոնցմէ զատ՝ աւանդութիւնն իրեն կ'ընծայէ նաև մեծ պահոց շարականներն և քանի մը համառօտ աղօթքներ։ — Իւր աշակերտն և վարուց պատմիչ՝ Կորիւն կ'աւանդէ թէ բաց 'ի թարգմանութեանց, կենաց վերջի տարիներուն և աստուածանուէր առանձնութենէն « բազում թուղթս խրատագիրս և զգացուցիչս ընդ ամենայն գաւառս առաքէր » ։

ԹԱՐԳՄԱՆԻՉՔ

Թարգմանիչք և իրենց դասակարգութիւնը։ — Ուսումնական ուղեւորութիւնը յԵդեսիա, 'ի Կեսարիա, յԱղեքսանդրիա, յԱթենս, 'ի Հռոմ և 'ի Բիւզանդիոն։ — Դարձն 'ի հայրենիս։ — Հայաստանի քաղաքական վիճակը։ — Գտած ընդունելութիւննին և չարախօսութիւնք։ — Թարգմանչաց թիւը։ — Առաջին թարգմանիչք։ — Երկրորդ կամ կրտսերագոյն թարգմանիչք։

Հայերէն դպրութեանց պատմութիւնը կ'աւանդէ, թէ սուրբն Սահակ և Մեսրոպ՝ մեր լեզուին գրոց գիւտը անմիջապէս կատարելէն ետքը՝ ետևէ եղան աշկերտներ ժողվելու և զանոնք կրթելու. լեզուն սովրեցընելու, և ազգին պիտոյից յարմար ծառայութեան վիճակի մը մէջ գտնելու։ Ասոնք են որ ընդհանուր անուամբ Թարգմանիչք կը կոչուին։

Այն քսան տարուան միջոցին մէջ՝ որ ընդ գիւտ գրոյն և Արշակունեաց Թագաւորութեան իյնալը և Հայաստանի Պարսից բռնութեանն ստնակոխ ըլլալը, անտարակոյս բազմաթիւ աշակերտներ հասուցած պիտի ըլլան՝ Հայաստանի ամէն կողմերը հաստատուած վարժարաններն։ Բայց անոնց շատին՝ և ոչ իսկ անունը հասած է մեզի, ինչպէս այն դարուն արդիւնք և մեր գրաւորական պատմութեանց պարծանք՝ բազմապատիկ երկասիրութեանցն մնացածներուն ալ՝ ո՛րն որո՛ւն ըլլալը անծանօթ է։

Մենք այնչափ երկար միջոցի մէջ վարժուած աշակերտաց թիւը՝ յերկուս դասակարգութիւնս կը բաժնենք, զոմանս առաջին Թարգմանիչք կոչելով, և զայլս երկրորդ կամ կրտսեր Թարգմանիչք։ Առաջին սեպուած են անոնք որ սրբոյն Մեսրովպայ հայերէն գիրը հնարած կամ կատարելագործած ժամանակ՝ բաւական հասակ ունէին, և կրնային իրենց վարդապետացը օգնական և գործակից ըլլալ 'ի Թարգմանութիւնս. իսկ կրտսերագոյն Թարգմանիչք անոնք են՝ որոնց համար կ'աւանդուի թէ առաջին Թարգմանչաց աշակերտներ էին, և անոնց քով իրենց ուսումը կատարելէն ետքը՝ ղրկուեցան իրենց վարդապետներէն յայլ և այլ քաղաքս, աւելի հմտանալու այն արուեստին։ Այս կարծեաց ստուգութեան երաշխաւորութիւն կրնանք սեպել այլ և այլ ժամանակակից պատմագրաց խօսքերն։

Ասոնց վրայ՝ գրուածքիս տանելուն չափ՝ համառօտ տեղեկութիւն մը տանք։

***

Վռամշապուհ Թագաւոր ըստ խնդրոյ Ս. Սահա-
կայ և Մեսրովպայ մասնաւոր արքունական հրամա-
նով մը պատուիրեց որ բոլոր Հայոց աշխարհքին մէջ
ուշիմ և իրենց ապագայ յառաջադիմութեան վրայ
յոյս տուող մանկունք ընտրուին ու ղրկուին առ
Թագաւորն: Հրովարտակը՝ իր ազդեցութիւնն ու-
նեցաւ. ու Մեսրոպայ և Սահակայ պատրաստած
վարժարանաց մէջ ցրուեցան մանկունքն՝ յունական,
ասորի և պարսիկ լեզուաց գիտութեան զբաղելու,
(որովհետև այն լեզուներն էին ժամանակին մեր մէ-
ջը գործածական բարբառները). ու նոյն միջոցին ի-
րենց վարդապետացը հետ աշխատիլ՝ հայերէն գրոց
գիւտին համար: Երբ Ս. Մեսրովպ իր փափաքած
խնդրոյն հասաւ, Թագաւորն սուրբ հայրապետին
հետ մէկտեղ հրաման տուաւ որ այն գիրերուն աշա-
կերտող քաջավարժ մանկունքն առաջ անցնին, և
անոնցմէ ընտրեցան վաթսուն հոգի, որոնց համար
ժամանակին ամէն պատմիչքը՝ տրամախոհք, քաջ-
ուշեղք, փափկալանգք, երկարոգիք, կատարեալ և
ամենայարմար անունները կու տան:

Թագաւորը՝ իր բոլոր արքունական գանձը, ոյժն
ու ազդեցութիւնը՝ անոնց ու աշխարհին յառաջա-
դիմութեանը կը գործածէր. անոնք ալ Թագաւորին
ջանիցն ու փութոյն արժանաւոր կ՚երևնային. Հա-
յաստան հայրենեաց ուսումնական յառաջադիմու-
թեանը համար ամէն ջանք, ամէն աշխատութիւն
դիւրին կ՚երևնար իրենց աչքին. «Գումարէին, հան-
դերձէին, յաղթանակէին, երկայնաձիգ ճանապարհ
հորդէին, 'ի ծովս ընթանային, 'ի թևս թեթևս
թռչէին, յերկվարս փայտակերաս ելանէին, 'ի սա-
ռանուտ դաշտս անհասատաս յածէին, զմահ քան

զկեանս միշտ ընտրէին, աներևոյթ նպատակի ուշ ունէին»: Այն ատեններն էր որ յԵգիպտոս, 'ի Կեսարիա, Աղեքսանդրիա, Աթէնք, Հռոմ, Բիւզանդիոն ճանապարհորդութիւններ կ'ընէին. ու ամէն տեղ արժանաւոր պատիւ և մեծարանք գտնելով, ժամանակին ուսումնականացը մէջ համբաւաւոր, ու անոնցմէ շատերէն գերազանց երևնալով՝ ինչուան ոմանց նախանձու ալ առիթ տուած են: Իրենց հոն ունեցած ուսումնական աշխատութիւններն՝ այսպէս կը համառօտէ գրեթէ ժամանակակից անձ մը. «Ճրանայէին, տքնէին, աշխատէին, ուսանելով, կըրթելով, վարժելով, վաստակելով, պատրաստելով զանձինս յերկս օգտակարս և 'ի գործս շահաւէտս. ոմանք զառաւից գծագրութիւնս շահաւորեալ, ոմանք զիմաստս հաւաքեալ՝ զուսումնականն, զքնաբանականն, զերկրաչափականն, զհամարողականն, զերաժշտականն, զաստեղաբաշխականն, զքերականն և զքերթողական, զգործնականն և զտեսական իմաստասիրութիւն: Ոմանց հաւասարէին գիտութեամբք, քան զոմանս վեհագոյնք երևէին, ոմանց զարմանալիք թուէին... ընդ ոմանս դատէին քննութեամբ, զոմանս պատասխանւոյ արժանի ոչ համարէին, հարցաւէրք, բանաւէրք, ընթերցաւէրք»:

Ի Բիւզանդիոն՝ կայսրն Թէոդոս, ու Ատտիկոս և Սիսիննիոս հայրապետք՝ իրենց արժանաւոր առատամտութեամբ մեծարեցին այն օտարական հանճարները, որոնք քիչ մը ատեն Յունաստան կենալով, ոչ միայն յոյն եկեղեցւոյ բոլոր փառքը 'ի Հայս փոխադրելու աշխատութիւնն վրանին առած էին, այլ և յունական լեզուին կատարեալ գիտութեամբը՝ զամէնքը կը զարմացընէին: Անյաղթն Դաւիթ իւր յունական իմաստասիրութեամբը՝ յաղթութեան պարծանքը կը յափշտակէր. Խորով՝ յոյն եկեղեցեաց մէջ՝ սրբոյն Բարսղի օրհնութիւնները կը կարդար. Մամբրէ՝ Ոսկեբերանի ճառերը կ'արտասանէր. Ղազար և ուրիշներն ալ այնչափ խորամուխք էին յունականին գիտութեանը մէջ՝ որ Աթենացի կոչուելու պարծանքը կը ստանային։

Այն երկար ու դժուարին ճանապարհորդութիւնները լմնցընելու ատեննին՝ իրենց բարերար Վռամշապհոյ մահը լսեցին. իմացան թէ իրենց թողած Հայաստանը չէր որ կը սպասէր իրենց, և օրուն անձկանօքը կը մաշէին. պարսկական բռնութիւնն սկսած էր զօրանալ. հաւատք իրենց նախկին մաքրութիւնն ու սրբութիւնը՝ աշխարհային շահուց և փառաց զոհելու վտանգի մէջ էր. անոր համար կը փութային ժամ մը առաջ դառնալ իրենց հայրենիքը, տեսնել հոգևոր ծնողքնին, և գէթ անոնց տեսութեամբը սրտերնուն ցաւը մեղմացընել. իրենց գիտութեամբն և յառաջադիմութեամբ՝ վրանին աշխատող արդիւնաւոր հանճարները մխիթարել։

Սակայն բոլորովին տխուր տեսարան մը կը սպասէր իրենց Հայաստանին մէջ։ Կը դառնային իրենց հայրենիքը. և ահաւասիկ տխուր մահն հողոյ աւանդած էր իրենց սիրելի վարդապետքը՝ զսուրբն Սահակ և զՄեսրովպ։ Այն ցաւին վրայ՝ ուրիշ դժնդակ տագնապ մըն ալ կը հասնէր երանելի Թարգմանչաց վրայ. ընտանի երկպառակութիւն մը Հայաստանին մէջ, ու անոր հետևանք կրօնական պատերազմն ընդ Պարսս։

Այնպիսի սպառնացող ահաւոր չարեաց առջևն առնելու համար՝ Հայաստան աղետից և թշուառութեանց թատր կը դառնար. և միութիւնն այն ատեն միայն ամօթապարտ կ'ըլլար՝ երբ Հայաստանի որդիքը թէ 'ի զինուորական և թէ յեկեղեցական դասուէ՝ իրենց արեամբը փրկութեան զոհ կ'ըլլային հայրենեաց համար։

ԴԱՐ Ե․ ԹԱՐԳՄԱՆԻՉՔ 267

***

Այս քաղաքական մեծ յուզմանէն զատ, որով կործանման վերահաս վտանգի մէջ էին հայրենիք, ուրիշ դժբաղդութիւն մ՚ալ կը սպասէր Թարգմանչաց. — իրենց ազգակցաց տգիտութեան և նախանձու հետեւանք կրելիք դառն հալածանք մը: Իրենցմէ շատին գրուածներէն, և մանաւանդ Փարպեցւոյն առ Մամիկոնէից իշխանն Վահան ուղղած նամակին խօսքերէն՝ այնպիսի բացայայտ ակնարկութեանց կը հանդիպինք ժամանակին աբեղայից վրայ, որ դըժբաղդաբար շատ հեռի են անոնց ուսումնասիրութեան և առաքինի քաղաքավարութեան վրայ լաւ տպաւորութիւն մը ազդելէն: Որչափ Թարգմանչաց վրայ ամենընտիր սիրտ և եռանդուն գործունէութեան ջանք մը կը նկատենք ազգին մտաւոր և բարոյական զարգացմանն ու յառաջադիմութեան օժանդակելու՝ այնչափ ալ իրենց անուանն ու համբաւոյն նախանձորդ ու մախացող թշնամեաց վրայ, — զի հարկ է այս անունով կոչել զիրենք, — հակառակամարտ ու յարատեւ փոյթ մը զիրենք և ուսումնին անպատիւ ընելու, այս վախճանին և նպատակին հասնելու համար նաեւ անարժան միջոցներու և զինուց կիրառութեամբ:

Սահակայ և Մեսրովպայ, իրենց խնամոտ և հայրագութ դաստիարակաց կենդանութեանն ատեն՝ դժուարին էր որ հակառակորդք կարենային իրենց դիտմանն հասնիլ. այլ այն մեծ և հռչականուն վարդապետաց մահը՝ իրենց աշակերտացն երկարատեւ հալածանաց և նեղութեանց սկզբնաւորութիւն պիտի ըլլար. որով թէ՛ իրենք և թէ հայրենիք պիտի վնասէին: Ուստի և իրաւամբ կը փնտռէր զանոնք Խորենացի՝ հառաչանաց արտասուօք Պատմութեան գրոցը վերջը սրտառուչ խօսքեր նուիրելով անոնց անմոռանալի յիշատակին, և որ դարէ դար աւանդուելով՝ մինչև առ մեզ հասան. «Ողբամ զքեզ, կ՚ըսէր, Հայոց աշխարհ. ողբամ զքեզ, համօրէն հիւսիսականաց վեհագոյն. զի բարձաւ թագաւոր և քահանայ, խորհրդական և ուսուցող. վրդովեցաւ խաղաղութիւն, արմատացաւ անկարգութիւն, դըրդուեցաւ ուղղափառութիւն, կայկայեցաւ ագիտութեամբ չարափառութիւն: Ողորմիմ քեզ, եկեղեցի Հայաստանեայց, խրթնացեալ ՚ի բարեզարդութենէ բեմբին, ՚ի քաջէն զրկեալ հովուէ և հովուակցէ»: Ու խօսքը յառաջ տանելով. «Եւ մինչ նոքա զմերն յուսային դարձ, և պատուաստել խմով ամենիմաստ արուեստիւ և կատարելագոյն յարմարութեամբս, համայն և մեք փութայես դիմեալք ՚ի Բիւզանդիոն, յուսայաք հարսանեաց պարել՝ անվեհեր երագութեամբ կրթեալք, և առագաստի առել երգս, արդ փոխանակ խրախճանութեանն՝ ՚ի վերայ գերեզմանի ողբս առեալ ողորմելի հառաչեմ. ուր և ոչ տեսութեանն ժամանեցի աչաց նոցա կափուցմանց, և լսել զվերջին բարբառն և զօրհնութիւն: Այսպիսի անձկաւ հեղձամղձուկ եղեալ՝ վըտանգիմ կարօտութեամբ մերոյ հօրն: Ո՞ւր է քաղցր աչացն հանդարտութիւն ... ո՞ւր զուարթ շրթանցն ժպտումն առ բարի աշակերտացն հանդիպումն. ո՞ւր խնդումիտ սիրոն ընդունող արբանեկաց. ո՞ւր երկայն ճանապարհաց յոյս հեշտայուցիչ, աշխատութեանցն հանգուցող: Կորեաւ ժողովողն, թաքեաւ նաւահանգիստն, ելիք օգնականն, լռեաց ձայնն յորդորեցուցիչ: Ո՞վ այսուհետև զմեր յարգեացէ զուսումն. ո՞վ ուրախասցի ընդ յառաջադիմութիւն աշակերտին, ո՞վ զհայրականն բարբառեսցի զուարճութիւն, մատամբ ինչ յաղթահարեալ յորդւոյս: Ո՞վ կարկեսցէ զյանդգնութիւնն ընդդէմ առաջի վարդապետութեանն հակառակ յարուցելոցն. որք ամենայն բանիւք քակտեալք և քայքայեալք ... զծխծաղիլն զմեւք և զարհամարհելն իբրու զանհաստատունս, և որ ոչինչ պիտանացու ունիցի արուեստ: Ո՜վ զնոսա ըմբերանեսցէ ստաելով, և զմեզ սփոփեսցէ գովելով, և չափ դնէ բանի և լռութեան ... Ոչ գիտեմ եթէ զխորդյորմարեցից զողբերգութիւնս, և կամ զո՞վ արտասուեցից ... Զհա՞յրն իմ և զքահանայապետ ... զծնո՞ղն իմ աղբիւր վարդապետութեան, զարդարութեանն առոգող, և հեղեղաւ զամբարշտութիւնն սահմանելով. եթէ զիս երաշտացեալ և թարշամեալ պակասութեամբ արբուցման խրատու»:

Ուրիշ մ'ալ՝ ժամանակաւ ոչ այնչափ կրտսերագոյն, հետևեալ խօսքերով կը նկարագրէ սրբոց Թարգմանչաց ողորմ վիճակը, յետ դարձի նոցա յուսումնական և 'ի բազմաշահ շրջագայութեանց. «Վաճառականքն մեր հոգևորք, կ'ըսէ, յորժամ դարձան 'ի մեծամեծ ուղևորութենէն, ոչ գտին զաւաքիչսն իւրեանց. զի վախճանեալ էին սուրբքն, և բարձեալ թագաւորութիւնն. քայքայեալ վայելչութիւնն և սպառեալ ուսումնասիրութիւն ... նսեմացեալ ճշմարտութիւն և զօրացեալ ստութիւն: Վասն որոյ ողբս առեալ հառաչէին, հաշէին, արտասուս յաչաց կաթեցուցանէին, ձեռն 'ի ծնօտի հարեալ ողբային ... 'ի զուր ժրացաք, ասէին, ունայն վաստակեցաք, յանպէտ ջանացաք. ընդ վայր իմաստնացաք, յանշահս դեգերեցաք: Աւա՜ղ երկայնութեան ճանապարհին, մեծագոյն ոքնութեանն, յոլով աշխատութեանն, 'ի ծովու ալէկոծութեանն, 'ի ցամաքի վաստակելոյն, մեծագին բեռանց կապելոյն: Վաճառականքս պատրաստք, և վաճառականք չէն 'ի միջի. պսակքն մերձ, և պսակադիրքս յօժարք. և որք պսակինն չիք առաջի. բանքս 'ի բերան և բանաբերքս իմաստունք, և խնդրողք բանի ոչ երևին: Վարդապետք հուպ և ուսումն ազնիւ, և աշակերտեալք ոչ հանդիպին»։

Այս հակառակութիւնն այնչափ բանացաւ, որ թարգմանիչք ալ չկրցան հանդուրժել. ուստի և ոմանք 'ի նոցանէ լաւագոյն համարեցան թողուլ քաղաք, եկեղեցի, վանորայ, տեղիք բնակութեան և ուսմանց, և անապատներու լռութեան՝ անձաւաց միայնութեան մէջ ողբալ թէ՛ իրենց և թէ հայրենեաց վիճակը: Եղիշէ հետևող կ'ըլլար անոնց՝ որոց երկնակրօն քաղաքավարութիւնն կը ստորագրէ ոսկեղէն լեզուովը. «որ խոյս տան 'ի խորս և 'ի ստորոտս անապատ վայրաց, զի տեսանեն զաշխարհս լի ամենայն չարեօք»: Այսպէս նաև ուրիշ շատերն:

Եղան և այլք՝ արխաքար նախատողք, ինչուան վերջի շունչերնին մաքառելով. թէպէտ վերջապէս բռնադատուեցան տեղի տալ հալածչաց բազմութեանն և ուժգին կրից՝ ասպարիզէն քաշուելով: Փարպեցին ալ Վահան գրած թղթին մէջ՝ համառօտ բայց ազդու խօսքով և լեզուով քանի մը դէպք մէջ բերէ, ինքզինքն ալ կրողաց և յանիրաւի հալածուողաց թուոյն մէջ խառնելով. «Երանելի փիլիսոփան Մովսէս, կ'ըսէ, որ արդարև մինչդեռ էր 'ի մարմնի՝ ցանկ երկնային զօրացն էր քաղաքակից, ո՜չ ապաքէն տեղւոջէ 'ի տեղի աքսորեալ հալածական արարին: Ո՞չ զլուսաւորիչն և զազնուահալած զգրեանն նորա ալ անգիտութեան փարաղինկս կոչէին, և այլ բազում ինչ իրօք թշնամանեալ՝ յետոյ ապա յաղագս այլոց ամօթոյ զխաբէական զեղխկոտութիւնն նման գեղջոց մահու արբուցեալ սրբոյն հեղձուցին... Զոսկերսն 'ի գերեզմանէն հանել տային և 'ի գետ արկանել»: — «Եւ զհրեշտականման այրն զՏէր՝ նոյն անհանդիստ հալածանօք վախճանեցուցանելով. որք և այժմ դեռ ևս անպատուութեամբ գինով ընդ մեռելոյն կազմին» ։ Նոյնպէս վարուեցան, կ՚ըսէ, և «ընդ անարատ և ամենեցունց յարգելի յոյս Տէր Խոսրովիկ, զայս և ընդ Տէր Աբրահամ և ընդ այլս բազումս, որոց ոչ բացեալ ՚ի բարեբան զլեզուս իւրեանց ... խստագոյն վշտիւ վախճանեցան» ։ Ուրիշ յիշատակագիր մ՚ալ հետևեալ խօսքերով՝ երանելի Թարգմանչաց ախուր վիճակը կը նկարագրէ. «Յետ փոխման սրբոյն եկին աշակերտք նորա յԱթէնայ, ճոխացեալ և փարթամացեալ ուսմամբ. Մովսէս քերթողն, և Դաւիթ Անյաղթն, Մամբրէ Վերծանողն և Եղիշէ Պատմագիր, Ղազար Փարպեցի և Եզնակ Կողբացի, Ստեփանոս Ասողնիկն և այլք ոմանք ։ Եւ ոչ ժամանեալ սուրբ հարցն ՚ի կենցաղս, ողբս առեալ լացին ՚ի վերայ գերեզմանացն, և նստան լռութեամբ. անընդունակ լեալ ՚ի խստապարանոց ... ազգէս Հայոց» ։

***

Վահանայ մարզպանութեանն ատեն պարսկական գրգռութեանց հանդիսարան եղող Հայաստանը՝ քիչ մը ատենուան համար իւր հանդստութիւնը գտնելու բաղդը կ՚ունենար, որով և Թարգմանչաց ալ ժամանակ և պատեհ կու տար իրենց ուսումնական զբաղմանց ետևէ ըլլալու ։

Թարգմանչաց գլխաւոր երկասիրութիւններն՝ Թարգմանութիւնք ըլլալով, անոնց վրայ զատ պիտի խօսինք ։ Բայց որովհետև գտնուած են մէջերնին այնպիսիք ալ՝ որ ինքնագիր երկասիրութիւններ թողուցած են, կարգաւ մը անոնց վրայ խօսինք համառօտիւ, և նախ անոնց Թուոյն վրայ ։

Թարգմանչաց Թուոյն վրայ՝ որոշ տեղեկութիւն չենք կրնար ունենալ. բայց որովհետև զանազան դըպրոցներու մէջ և այլ և այլ ատեն կրթուեցան, մեզի կ'երևնայ թէ սուրբն Մեսրովպ և Սահակ՝ բոլոր Հայաստանի մէջ եղող դպրոցներու մէջ իրենց արժանի բազմաթիւ աշակերտներ ունեցած պիտի ըլլան․ որոնց շատին և ոչ անունը ինչուան մեզի հասած է։ Բայց ժամանակին առ մեզ հասուցած անուանքը ասոնք են․

Առաջին աշակերտք

ՅՈՎՍԷՓ 'ի Վայոց Ձորոյ, որ կաթողիկոսական աթոռոյ արժանի եղաւ, և Արտաշատու ժողովոյն մէջ նախագահ բազմեցաւ, ինչպէս իր ընկերակիցն Կորիւն վկայէ․ « Գլխաւոր վերակացուս տեղապահս յայտ արարին, կ'ըսէ, հարցն կատարելոյ։ Որոց առաջին Յովսէփ՝ գլխաւոր ժողովոյն »։

Յովսեփայ հետ վերակացու և տեղապահ կարգեցաւ նաև

ՅՈՎՀԱՆ, որ սրբոց Ղևոնդեանց մահուընէն ետքը՝ Տիզբոն քաղաքին մէջ Քրիստոսի յուսոյն համար այլ և այլ չարչարանք քաշելով՝ խոստովանող կոչուեցաւ։ « Երկրորդն այլ աշակերտ, կ'ըսէ նոյն Կորիւն, Յովհան անուն, այր իսկ սուրբ, վարդապետասէր և ճշմարտապատում․ որում դէպ լինէր յետ վախճանի սրբոյն՝ բազում և ազգի ազգի փորձութեանց և կապանաւոր վշտաց մենամարտիկ երկպատակին բռնութեանն 'ի Տիզբոն քաղաքի՝ վասն Քրիստոսի յաղթութեամբ տարեալ համբերեաց »։

ՂԵՒՈՆԴ երէց 'ի Վանանդայ, որ իր երկնատուր ուժովը, աստուածասէր սրտով և հրեղէն լեզուով պարսկական մոգութիւնը Հայաստանէն վռնտեց, և աստուածազգեցիկ խօսքերովը Վարդանայ բանակը քաջալերեց, փառաւոր մահուամբ մը՝ թէ իրենց և թէ հայրենեաց անմահ փրկութիւնը ստանալու։

Այս մեծ ու փրկարար ծառայութենէն առաջ, այլ և այլ ուսումնասիրական սպասաւորութիւն ալ մատուցած է ազգին։ Ինքն էր գլխաւոր այն աշակերտաց՝ զորս Մեսրոպ մէկտեղ Մելիտինէ քաղաքը սարած էր, և Անատոլիս զօրավարին խնդրանօքը՝ քաղաքին Ակակ եպիսկոպոսին քով թողած էր։ Մեսրոպայ Շաղագոմք անապատին մէջ՝ առաջին դասու աշակերտաց ուսումը բովանդակել տալէն ետքը, նոյն տեղւոյն վրակեցու կարգեց զՂեւոնդ. որ լսելով թէ իւր ընկերներէն ոմանք 'ի Բիւզանդիոն գտնուելով՝ հոն թարգմանութեանց և հելլէն լեզուին ուսմանը կը պարապին, և վախնալով որ չըլլայ թէ ինքն անոնցմէ վար մնայ, Կորեան հետ մէկտեղ՝ առանց իրենց վարդապետաց կամքը հարցընելու՝ 'ի Բիւզանդիոն գնաց և ուրիշներուն պէս մեծ պատիւ գտաւ քաղաքին Մաքսիմինոս եպիսկոպոսէն։ Անկէց նիկիական և Եփեսոսի տիեզերական ժողովոց կանոններով և Աստուածաշունչ գրոց ընտիր օրինակներով՝ դարձաւ իւր վարդապետացը քով. «Յետ ժամանակի 'ի մէջ անցանելոյ, կ'ըսէ Կորիւն, դէպ լինէր ոմանց եղբարց 'ի Հայաստան աշխարհէս դիմել 'ի կողմանս Յունաց, որ և Ղեւոնդէս առաջնոյն անուն էր, և երկրորդին Կորիւնս, և մատուցեալ յարէին յԵզնիկն, իբր առ ընտանեգոյն սննդակից 'ի Կոստանդինական քաղաքին. և անդ միաբանութեամբ հոգևոր պիտոյից զխնդիրն վճարէին։ Որոց յետ այնորիկ հաստատուն օրինակօք աստուածատուր գրոց և բազում շնորհագիւտ հարց յետ այնր աւանդութեամբք, և նիկիական և եփեսոսական կանոնօք գային երևելով յաշխարհին Հայոց. և առաջի դնէին հարցն՝ զբերեալ կտակարանս եկեղեցւոյ սրբոյ»։

ԵԶՆԻԿ } որոնց վրայ մասնաւոր գլխով պիտի
ԿՈՐԻՒՆ } խօսինք։

ՄՈՒՇԷ Տարօնեցի
ՏԻՐԱՅՐ Խորձենացի

Երբոր Մեսրովպ ուզեց անձամբ 'ի սփիւռս հեթանոսաց երթալով քարոզել ու սովրեցընել, հետն առաւ նաև այս երկու անձինքը, զՄուշէ Տարօնեցի և զՏիրայր կամ Տէր Խորձենացի, որոնց համար պատմիչն կը վկայէ թէ էին սուրբք և զուարթադոյնք. և թէ անոնց հետ կային նաև շատ աշակերտներ, «զոր չեմք բաւական ըստ անուանցն նշանակել»: Փարպեցին ալ կը զրուցէ թէ սուրբն Սահակ՝ Մեսրոպայ օգնական տուաւ «արս բանիբունս և մտացիս 'ի քաջհանայից Հայոց, որք էին և նոքա սակաւ մի մերձաւորեալք 'ի յունարէն հեղենայսն, ... որոց անուն էր Տէր 'ի Խորձենոյ և Մուշէ 'ի Տարօնոյ. որոց օգնելով՝ զործէր երանելին Մաշթոց»: Նոյն պատմիչը առ Մամիկոնեան Վահան գրած թղթին մէջ կ'ըսէ. «Զհրեշտականման այրն զՏէր (Խորձենացի) նոյն անհանգիստ հալածանօք վախճանեցուցանելով»:

ՅՈՎՍԷՓ Պաղնացի
ՅՈՎՀԱՆ Եկեղեցացի

Այս երկու անձինքը՝ թարգմանչաց մէջ գլխաւորներէն կը սեպուին արժանապէս, և սրբոյն Մեսրովպայ հզօր աջակից եղած 'ի հրահանգել զաշակերտս, և 'ի թարգմանութիւնս գրոց սրբոց: Կորիւն, Խորենացի և Ղազար՝ միաձայն են այս վկայութիւնը տալու անոնց համար: Կորիւն կ'աւանդէ թէ Մեսրոպ աստուածային օգնութեամբ՝ հայերէն տառից պակասութիւնը գտնելէն ետքը, հոն մէկէն 'ի Սամոս, «Ի թարգմանութիւնս գառնոյին հանդերձ արամբք երկու՝ աշակերտօք իւրովք, որոց առաջնոյն Յովհան անուն կոչէին յԵկեղեցեաց գաւառէն, և երկրորդին Յովսէփ անուն 'ի Պաղանական տանէն, և եղեալ սկիզբն յառակացն Սողոմոնի»: Նոյնը կը զրուցէ նաև Խորենացի. «Իսկոյն 'ի թարգմանութիւն ձեռն արկեալ, խորհրդաբար սկսանելով յառակաց, բովանդակ զքսաներկու յայտնիսս, և զնոր կտակս յեղուլ 'ի հայ բան. նաև աշակերտք նորա՝ Յովհան Եկեղեցացին և Յովսէփ Պաղնացի »:

Վերջը երբ Մեսրոպ Գուգարաց աշխարհէն դարձաւ, Եզնըկայ հետ մէկտեղ Միջագետաց Եդեսիա քաղաքը ղրկեց զՅովսէփ Պաղնացի, « զի որ միանգամ գտցի անդ գիրք ասացեալ հարցն առաջնոց, թարգմանեալ 'ի մեր լեզուս՝ բերցեն փութով ». որպէս զի ետքը նոյն վախճանաւ նաև 'ի Բիւզանդիոն ղրկէ զանոնք: Երբ Եդեսիա երթալնէն ետքը՝ քանի մը ուսուցողներէ լսելով թէ սուրբն Սահակ և Մեսրոպ կը պատրաստուին ուրիշները ղրկել 'ի Բիւզանդիոն, առանց հրամանի հոն գնացին. և « Նախանձաւորս բարեաց եղեալ ուսմանց, և քաջ վարժեալ հելլէն դպրութեամբ՝ ձեռնարկեցին 'ի թարգմանել և 'ի գրել »: Այս դէպքը՝ հետևեալ խօսքերով կ'աւանդէ Կորիւն. « Դէպ լինէր եղբարս երկուս յաշակերտացն յուղարկել 'ի կողմանս Ասորւոց, 'ի քաղաքն Եդեսացւոց. զՅովսէփ՝ զոր 'ի վերոյն յիշեցաք, և երկրորդն Եզնիկ անուն՝ յԱյրարատեան գաւառէ 'ի Կողբ գեղջէ, զի յասորական բարբառոյն՝ զնոցին հարցն սրբոց զաւանդութիւնս, հայերէն գրեալս դարձուսցեն: Իսկ թարգմանչացն հասեալ ուր առաքեցանն, և կատարեալ զհրամանսըն, և առ պատուական հարսն առաքեալ, անցեալ գնացին 'ի կողմանս Յունաց. ուր և ուսեալք և անղեկացեալք՝ թարգմանիչս կարգէին ըստ հելլենական լեզուին »: Անկէց Հայաստան դառնալնէն ետքը՝ Տարօնոյ Աշտիշատ քաղաքին մէջ գտան իրենց վարդապետներն, ու Եփեսոսի ժողովոյն թղթոցն ու կանոնաց հետ մէկտեղ՝ աստուածաշունչ գրոց ստոյգ օրինակ մըն ալ մատուցին անոնց. « Զոր առեալ մեծին Սահակայ և Մեսրոպայ, դարձեալ թարգմանեցին զմիանգամ թարգմանեալն, փութանակի համդերձ նոքօք վերստին յօրինել նորագամամբ» :

ԵՆՈՎՔ } **ԴԱՆԱՆ** } Երբոր Մեսրոպ՝ Աղուանից լեզուին գրերը գտնելով՝ պիտի դառնար 'ի Հայաստան, հոն անոնց վրայ վերակացու թողուց իւր աշակերտներէն երկու հոգի՝ զԵնովք և զԴանան, որոնց համար վկայէ Կորիւն. «արք կրօնաւորք և յառաջադէմք յաւետարանական սպասաւորութեան» :

ԵՐԵՄԻԱ, սրբոյն Սահակայ սարկաւագապետը. զոր կ'անուանէ Կորիւն այր սուրբ և բարեպաշտօն, որ և թաղեց իր սուրբ հայրապետը 'ի Տարոն գաւառը:

ԹԱԴԻԿ կամ **ԹՈԴԻԿ**, սրբոյն Մեսրովպայ աշակերտը. որ երջանիկ մահը մօտեցած տեսնելով, իր աշակերտացը մէջէն գլխաւոր դաս մը կը կազմէր. և այն ժողոված աշակերտներուն մէջէն երիցագոյններէն մէկն էր Թադիկ «այր զգաստ՝ և զգուշագոյն հրամանաց վարդապետութեան». որ վարդապետին մահուընէն ետքն ալ՝ անոր տեղապահութեանը պաշտօնն ըրաւ: Իրեն ընկերակիցք էին Յովսէփ՝ որ թերևս զատ չէ 'ի համանուն եպիսկոպոսէն զոր վերը յիշեցինք, և Յովհան, որոց համար կը վկայէ Կորիւն. «Վերակացուս ժողովրդեանս ըստ յայտնութեան սուրբ հարցն՝ զՅովսէփ և զՅովհաննէս կացուցանէին արս ճշմարտասէրս և ողջախոհս. որոց դէպ լինէր յետ վախճանի սրբոցն ազգի ազգի փորձութեանց 'ի վերայ եկելոց 'ի բռնաւորաց, մնակու մենամարտիկ 'ի Պարսս 'ի Տիսպոնն քաղաքի վասն Քրիստոսի. որոց և զխոստովանողական անուն ժառանգեալք, 'ի նոյն վերակացութիւնն վարդապետութեան դառնային յերկիրս Հայոց» :

ԴՆԻԹ՝ Դերջանայ եպիսկոպոսը, որ 'ի Շաղագոմս իրենց ուսումը կատարող գլխաւոր աշակերտաց մէկն էր:

ԱՐՁԱՆ արծրունի, որ ուրեք Արջեւան կամ Արզեւան ալ կոչուած է, ընկերակից Կորեան. և անշուշտ զատ է համանուն Արձան կամ Ազան արծրունիէն, զոր անանուն պատմիչ մը՝ կրտսերագոյն Թարգմանչաց կարգէն կը սեպէ։ Այս հասակաւ երիցագոյն և ուսմամբ հմտագոյն Արձանը՝ առաջին աշակերտաց մէկն է, որ Յովհաննու Եկեղեցացւոյն հետ Թարգմանութեան պատճառաւ գնաց 'ի Կեսարիա, որոնց համար կ'ըսէ Խորենացին. «Կանխագոյն առաքեալ էր (զնոսա) մեծին Սահակայ և Մեսրովպայ, որոց յուլաբար ուղեւորեալ և ծուլաբար դեգերեալք՝ պարապեցան 'ի Կեսարիա»։

ՍՏԵՓԱՆՈՍ Տարոնացի. սրբոյն Մեսրովպայ աշակերտաց հետ յիշատակուած կը գտնենք հին յիշատակարանի մը մէջ. «Գտաք, կ'ըսէ, այլ պատմութիւն մի հնագոյն և անվերծանելի, որ շարունակաբար անցուցեալ էր 'ի գիր զյաջորդութիւն սուրբ առաքելոյն Թադէոսի 'ի Կեսարիա Կապադովկացւոց վիճակին 'ի Թէոփիլոսէ աշակերտէ առաքելոյն, գրեալ հանդերձ ժամանակագրութեամբ. և անուն նորին Ստեփանոս Տարաւնացի, որ էր աշակերտ սրբոյն Մեսրովպայ»[1]։

Սոյնպէս զատ առաջին աշակերտաց կարգէն կը սեպուի Ղազարիկ՝ կամ Ղազրիկ անունով մէկը, որ այլ է 'ի Փարպեցւոյն։

Երկրորդ աշակերտք

Երկրորդ կարգի աշակերտք, որոնց վրայ՝ մեր գրոց մէջ բաւական պատմական ծանօթութիւն և անուանի երկասիրութիւններ գտնելնուս համար՝ մասնաւոր պիտի խօսինք, ասոնք են.

1 Արարատ, ամսագիր Էջմիածնի, Ա. տարի, 103։

Դաւիթ Անյաղթ.
Գիւտ կաթողիկոս.
Յովհան Մանդակունի.
Եղիշէ.
Մովսէս Խորենացի.
Մամբրէ Վերծանող.
Ղազար Փարպեցի.

Եզրաս Անգեղացի, զոր ոմանք 'ի պատմըչաց Խորենացւոյ աշակերտ կը սեպեն, և որուն համար կ'ըսեն թէ « բազմոյթոյթ զգաստ Ճարտասանաց » :

Անոնցմէ զատ կը յիշատակուին անորոշ ժամանակաւ, և առանց ո՛ր դասուն վերաբերելնուն.

Խոսրով, որուն համար կը յիշատակուի թէ գրած ըլլայ զպատմութիւն վարուց սրբոյն Սահակայ հայրապետի: Ձեռագրաց ցուցակի մը մէջ ալ կը հանդիպինք (Մատենադարան Էջմիածնի, թիւ 920). « Արտասանութիւն Խոսրովկայ Թարգմանչի 'ի մենամարտութիւն Դաւթի և Գողիաթու ». և սկզբնաւորութիւնն է « Պատերազմական հանդիսից զումարք » : Իրեն կ'ընծայուի դարձեալ Ջրօրհնեաց կանոնին թարգմանութիւնն 'ի յունէ: Պատառիկ մը կայ առ մեզ « վասն կարգի կաթուղիկոսաց » խորագրով որ Խոսրովու կը կարծուի:

Յովհաննէս.

Աբրահամ կամ Աբէղ. Եղիշէ իր պատմութեան գրոց մէջ կը յիշէ զԱբրահամ խոստովանող՝ ընկեր Ղեւոնդեանց 'ի գերութեան: Կը գտնենք տեղ մը հետեւեալ համառօտ տեղեկութիւնն. « Արեւելեան վկայից պատմութիւնք, որ թարգմանեցաւ յԱբրահամ խոստովանողէ, մինչ բանդարկեալ կայր 'ի Պարսիկս, 'ի պարսիկ լեզուէ ». : Մեր մատենագրութեան մէջ, ինչպէս ծանօթ է բանասէր հմտից, կայ համանուն երկասիրութիւն մը, արժանաւոր հինգերորդ դարու ոսկեղէն լեզուին, և որ արդէն հրատարակեալ է տպագրութեամբ. և յետոյ գտնուած է նաև ամբողջն՝ ընտրելագոյն ընթերցուածովք[1]: Արծրունին ալ կը յիշատակէ զԱբրահամ և իր պատմական երկասիրութիւնն. «Պատմի այս, կ'ըսէ, 'ի համառօտութեան Աբրահամու խոստովանողի». Թէպէտ և իրմէ մէջ բերուած հատուածը չիվերաբերիր յառաջ յիշուած վկայաբանութեան. այլ մասն է Վարդանայ և իր առաջնորդութեամբ արուած պատերազմին պատմութեան. «Պատահի յառաջ, կ'ըսէ, Տաճատայ Արծրունի. յորոյ վերայ կալեալ և կանչեալ քաջն Վարդան իբրև զառիւծ և զկորիւն առիւծու. և առ ուժոյ և երագութեան ձեռինն 'ի վերայ ձգեալ զմիզինին՝ յերկուս կտրէ զՏաճատայն»: Ուրիշ տեղ մ'ալ նոյն պատերազմին առթիւ. «Ի վեր կառուցեալ զաչս սրբոյն Վարդանայ՝ տեսանէ՝ զանօրէնն Վասակ Սիւնեաց տէր. և զհետ նորա աճապարեալ՝ արկանէն զնա 'ի յամրափակ զինեալ վաշտն 'ի մէջ փղացն. և քաջն Վահան Արծրունի ընդ նմա նիզակակցեալ մեռանին»: Էջմիածնի Մատենադարանին ցուցակաց մէջ ալ կը հանդիպինք (Թիւ գրչ. 920). «Երանելւոյն Աբրահամու խոստովանողին ասացեալ 'ի վկայսն արևելից: — Սկսայց այսուհետև պատմել զողալով զչարչարանս որ եկն 'ի վերայ ազգիս մերոյ»:

Անանիա.

Յովնաթան.

Խաչիկ կամ Խաչատուր.

Անդրէաս.

Թաթուլ.

[1] Ի շարս Հայկական Սոփերաց, Հատ. Ի:

Վարոս. Ցայսմաւուրաց մէջ կը կարդանք. «Սուրբն Վարոս՝ երէց եղբայրն Թաթլոյ՝ որ յետոյ Գիւտ կոչեցաւ, բնակեցաւ յանձաւս լերինն՝ որ կոչի Դիցմայրի. խոտաբուտ եղեալ և վայրի մրգօք շատանայր ժամանակս բազումս. մինչև գտեալ զնա արք ոմանք ըստ խնամոցն Աստուծոյ, և խնդութեամբ լցեալ անուանեցին զնա Գիւտ: Այլ զտեղի նորա շինեցին վանք, որ մինչև ցայսօր կոչի Գիւտի վանք»:

ԵԶՆԻԿ ԿՈՂԲԱՑԻ

Եզնիկ՝ սրբոյն Սահակայ և Մեսրոպայ առաջին աշակերտներէն, և իր ուսումը: — Թարգմանութիւնք և Եղծ աղանդոց գիրքը: — Իր իմաստասիրական հմտութիւնը այդ երկասիրութեան մէջ: — Մատենագրական ու հնախօսական գիտութիւնը: — Մանր երկասիրութիւնք: — Պատմական գրուածքի մը յիշատակութիւն և անոր քանի մը հատուածք: — Արդիւնքը եւրոպական գիտութեան առջև և իր գրոց տպագրութիւնք և թարգմանութիւնք:

Սրբոյն Սահակայ ու Մեսրոպայ երիցագոյն աշակերտներէն էր Եզնիկ Կողբացի, հմուտ՝ հայ, յոյն, պարսիկ և ասորի լեզուաց: Անոր համար՝ ինչպէս նախընթաց գլխոյն մէջ տեսանք, հայկական գրոց գիւտէն ետքը՝ իր Յովսէփ աշակերտակցին հետ Ասորւոց Եդեսիա քաղաքը ղրկուեցաւ 'ի սրբոյն Սահակայ, որպէս զի ասորի լեզուով գտնուած գրքերը՝ հայերէն տառերով գրեն կամ փոխադրեն. անկէ ետքը զիրենք Բիւզանդիոն ղրկելու միտք ունէր նոյն վախճանաւ. իրենք իրենցմէ գնացին հոն և սկսան թարգմանելու և գրելու ետևէ ըլլալ. և իրենց ուրիշ աշակերտակիցներուն պէս մեծ պատիւ գտան Բիւզանդիոնի Մաքսիմինոս հայրապետէն։

Իր ուսմունքը Բիւզանդիոնի մէջ գովութեամբ կատարելէն ետքը՝ Հայաստան դարձաւ Եզնիկ միւս ընկերակցացը հետ մէկտեղ, և Տարոնոյ Աշտիշատ քաղաքը գալով, հոն գտաւ իր վարդապետները, ու Եփեսոսի ժողովոյն կանոնները, ու աստուածաշունչ գրոց «ստոյգ և հաստատուն» օրինակները անոնց յանձնեց. և սուրբն Սահակ՝ Եզնըկայ մասնաւոր գործակցութեամբը՝ միանգամ թարգմանուածը նորէն կրկին թարգմանեց 'ի յունէ։

Եպիսկոպոսական աստիճանի ալ բարձրացած է Եզնիկ, և Բագրեւանդայ վիճակին հովիւ կարգուած. ուստի և Յովսէփ կաթուղիկոսին յԱշտիշատ գումարած ժողովքին մէջ ալ ներկայ գտնուեցաւ, ինչպէս կը վկայեն Եղիշէ և Փարպեցին։

***

Այլ և այլ թարգմանութիւններէն զատ՝ որ կամ պատմագրաց ստոյգ վկայութեամբը և կամ կարծեօք Եզնըկայ կ'ընծայուին, ինքնագիր գեղեցիկ երկասիրութիւն մըն ալ թողուցած է, որ թէ հեղինակին և թէ իր ժամանակին մեծ պատիւ կ'ընէ. և այս է Եղծ աղանդոց գիրքը։ Պարսկաստան սկըսած էր այն ատենները իր վնասակար ազդեցութիւնը Հայաստանի վրայ տարածել. արքայից արքայք՝ իրենց կրօնական պարտք մը սեպած էին՝ անթագաւոր և իրենց հպատակ եղող Հայոց ազգը՝ Պարսից կրօնից աշակերտել. Նախարարաց մէջն ալ կը գտնուէին ոմանք՝ որ երկրաւոր թագի մը ընծայած փառքը՝ աներևոյթ յոյսէ մը վեր դնելու սկը-սած էին։ Մէկալ կողմանէ ալ յունական ուսումը սկսած էր մեր ազգին մէջ տարածուիլ. և այն պատ-ճառաւ՝ ոչ միայն վարդապետական գրուածներ, այլ նաև հին դասական մատենագրութիւնք կը սկսէին ծանօթանալ Հայաստանի. և եպիսկոպոսաց և ա-ւագնորդաց սիրտը իրաւացի վախ մը կը ձգէին՝ որ չըլլայ թէ ուսմանց հետ անանկ կարծիքներ ալ սպըր-դին 'ի Հայաստան՝ որ կրօնից վնասակար ըլլան։ Ա-սոնցմէ զատ՝ նաև քրիստոնէական կրօնից ծոցէն ե-րևցած Մարկիոն մըն ալ սկսեր էր իւր աղանդը տա-րածել. և այնպիսի համաճարակ կերպով մը, որ վախ կու տար Հայաստանի մէջ ալ մուտ գտնելու։

Այս ամէն վնասուց առջևն առնելու համար՝ շա-րադրեց Եզնիկ իւր Եղծ աղանդոց գիրքը, չորս մասն բաժնուած. և առանձին կերպով մը խօսելով Հե-թանոսաց, Պարսից, Յունաց իմաստնոցը և Մար-կիոնի աղանդոյն դէմ։ Հին իմաստնոց դէմ իմաստա-սէր լեզու, գրիչ և հանճար գործածելով. և անոնց-մէ ամենէն աւելի զօրաւոր զէնքով մը, հաւատոյ ճշմարտութեամբ՝ անոնց մոլորամիտ գրութիւններն եղծանելով։

* * *

Իր իմաստասիրական հմտութիւնը ցուցընելու համար՝ երեքի բաժնենք. 'ի Բնականս, յԱստուածա-կանս և 'ի բուն Իմաստասիրականս։ Բնական մակա-ցութեանց մէջ՝ թերևս մեր նախնեաց մէջ մէկը չկայ որ Եզնիկայ գիտութիւնն և հմտութիւնը ունենայ։ Մեր այս խօսքին վկայ կրնան ըլլալ իրեն ստոյգ վար-դապետութիւնքը թէ տարերաց և թէ բնութեան երևութից վրայ, և թէ տարբեր կերպով մտածողնե-րուն կարծիքը հերքելուն մէջ։ Բուսական սեպենք՝

չառերլէն մէկ քանի բան մէջ բերել։ Թէ որ իրմէն ուզէնանք պատճառը հասկընալ թէ ինչո՞ւ արեւուն ծագելուն և մանելուն ժամանակ կը կարմրանան երկինք, պատասխան կու տայ մեզի. Վասն զի, կ'ըսէ, արեւուն ծագելուն ատեն՝ օդը ջրոց խոնաւութիւնը առնելով՝ արեւուն ճառագայթից վրան կը ձգէ. և որովհետև դեռ օդը թանձրացած ու ամպացած չէ. քիչ մը արեւուն նշոյլքը արգիլելովը՝ արեւը կը կարմրցընէ ու չիմթընցըներ ։ — Հարցընենք թէ առտուան ցօղը ինչ բանէ առաջ կու գայ. կը պատասխանէ. Վասն զի, կ'ըսէ, օդը որ ինչուան առտու կ'ուռի (կը ծանրանայ) ջրոյն խոնաւութենէն, արեւուն ճառագայթից ջերմութիւնը վրայ հասնելով՝ թացութիւնը կը շքթեցընէ. ուստի չէ թէ միայն այն տեղը՝ հապա ամէն տեղ արեւուն ծագելուն ժամանակ ցօղ կ'իջնայ ։ — Լուսնին չորս կողմը երեւցած բակին պատճառն ալ կու տայ. լուսինը, կ'ըսէ, օդին խոնաւութենէն նեղուելով՝ կ'ուզէ խոնաւութիւնը իր վրայէն փարատել. ուստի խոնաւութիւնը մօտենալով ու իրեն չհասնելով՝ չորս կողմը կը կենայ. որով յայտնի կ'ըլլայ անձրեւին նշանը։ Նոյնը կ'երեւնայ, կ'ըսէ, նաև ճրագին վրայ. և այլն։

***

Եզնիկայ Ուսողական հմտութեանցը վրայ չխօսած՝ պէտք է յիշեցընենք ընթերցողաց, թէ որովհետև գիտութեանց յառաջադիմութիւնը դարուց հոլովման ու շրջանին արդիւնք է, կը հանդիպի երբեմն որ ուղիղ կարծուած գրութիւնք սխալի կերպարանք կ'առնուն, և երբեմն սխալ երեւցածներուն ուղղութիւնը կ'երեւնայ։ Ուստի հին մատենագրաց գիտութիւնը քննելու ատեն՝ մեր ժամանակաց գիտութիւնը պէտք չէ անոնց վրայ փնտռել, այլ մտքով ճշդել անոնց դարը, ու այն ատենուան գիտութեանց չափովը չիրենք քննել: Այս նկատմամբ այլ և այլ սխալ կարծիքներ ունի Եզնիկ, որ աւելի իր ժամանակին սխալները կրնան սեպուիլ: Օրինակ իմն, սաստիկ կերպով կը հերքէ այն կարծիքը՝ որ դարեր անցնելէն ետքը հաստատութիւն գտաւ, թէ երկիրս արեւուն վրայ իր ընթացքը կ՚ընէ. այլ նոյն շրջանը արեւուն կու տայ, և իր կարծեաց հաստատութեան մէջ կը բերէ սուրբ գրոց այլ և այլ խօսքերը և դէպքերը, ինչպէս Յեսուայ՝ արեւը իր շրջանէն կեցընելը. Եզեկիայի ժամանակ՝ Աքազու արեւադէտ ժամացուցին ստուերին ետ դառնալը, և այլն: — Երկրիս գրից ու շարժմանը վրայ՝ Յունաց հին իմաստունքը կատարեալ տեղեկութիւն ունէին. անոնց կարծեացը հմուտ էր Եզնիկ, բայց ժամանակին նախապաշարմունքը անկարելի կ՚ընէր թոյլ տալ իրեն՝ անոնց խօսիցը հաւանելու, և նուիրական պարտք մը կը սեպէր ամէն ջանքով դէմ կենալ այն կարծեաց որ հեթանոսաց գիտութեանցն արգասիք կը սեպուէին:

Աստեղագիտաց կամ հմայից վրայ խօսելու ատենը՝ մեծ ճարտարութեամբ և հանճարով կը հերքէ անոնց բաջաղանքը. ոչ միայն Պարսից օրինաց հետեւողքը ըմբերանելով, այլ նաև ինչուան յետին դարուց ճակատագրականքը:

Բնազանցականին մէջ ուրիշ ամէն մասերէն աւելի յայտնի և որոշ կ՚երեւնայ Եզնկայ հմտութիւնը: Կարդացողն կը տեսնէ թէ ինչ զօրաւոր ապացոյցներ ու հաւաստիք մէջ կը բերէ Աստուծոյ գոյութեանն ու անոր ստորոգելեացը. չէ թէ միայն աստուածաբանական ցուցակութեամբք հաւատարմացընելով իր խօսքերը, այլ նաև բնական ու անհակառակելի փաստեր մէջ բերելով, և երբեմն ալ նոյն իսկ հեթանոսաց առասպելներովը՝ անոնց կրօնքին ստութիւնը, ու աստուածուանց հաւատոց ճշմարտութիւնը հռչակելով: Նոյնպէս երբոր Յունաց իմաստնոց և անոնց կարծեացը վրայ կը խօսի, կարգէ դուրս հմտութիւն մը կը ցուցընէ անոնց տեսակ տեսակ վարդապետութեանցը. համառօտ կերպով մը անոնց ուղիղ կամ թիւր տեսութիւնքը կը զանազանէ, ու զօրաւոր լեզուով մը անոնց պատասխանը կու տայ[1]:

***

Մատենագրական հմտութեանց նկատմամբ՝ առաջինն է Եզնըկայ լեզուին գեղեցկութիւնը: Երեք ազգ գեղոյ կը նկատենք Եզնըկայ գրոցը մէջ. նախ բառից ճշգրիտ նշանակութեամբ. երկրորդ՝ զուրցուածքի գեղեցիկ կերպովը, և երրորդ՝ ընտիր դասաւորութեամբ:

Հնախօս գիտութեանց մէջ՝ յազգային մատենագիրս նշանաւորներէն մէկը կրնայ սեպուիլ Եզնիկ: Հաւասար գիտութիւն կը ցուցընէ թէ հայրենի և թէ օտար հնութեանց: Առջիններուն կարգէն կրնան սեպուիլ՝ արուեստից սկզբանը, ցլու արեանը, թերիակէին, մանրագորին, հազարին, և այլն, վրայ տուած տեղեկութիւններն: Նոյնպէս Արալէզին, վիշապաղանց, Արտաւազդայ, ծովային նհանգաց վրայ խօսելու, և մարմնոց բնական ազդեցութեանց վրայ ազգային գուշակութիւններն մէջ բերելուն ատեն: Իսկ օտար ազգաց հնախօսութեանը մէջ ունեցած գիտութիւնը յայտնապէս կը ցուցընէ Եզնիկ՝ երբոր Պարսից առասպելացը, անոնց կրօնական արարողութեանցը, զանդիկ և մոգութեան կրօնից, նախնի Յունաց, Հերակլեան արձանաց և անոնց վը-

[1] Եպիփանու Հերձուածոց դէմ գրած մատենին մէջ՝ շատ տեղ Պարսից աղանդոյն և Մարկիոնի դէմ խօսած ատեն՝ համաձայն կը գտնենք զնա ընդ Եզնըկայ:

րայ եղած գրուածոյը. Հեսիոդեայ, Հոմերոսի և Պղատոնի վրայ կը խօսի։

* * *

Եզնիկայ խրատք անուամբ ընտիր խրատներ կան, հեղինակին արժանի լեզուով ու սրտով գրուած. բայց որովհետև անոնք Նեղոսի սուրբ հօրն սկզբնագիր երկասիրութիւնք համարուած են, ուստի հաւանականաբար թարգմանիչ է Եզնիկ այն խրատուց, և անոնց մէկ մասը իրեն ընծայուած։

Եզնիկայ Կողբացւոյն անուամբ ձեռագրաց մէջ երկու համառօտ երկասիրութիւնք ալ գտնուած են հետևեալ խորագրով. — Ա. «Հարցումն Արձանայ և պատասխանիք Եզնիկայ Կողբացւոյ ուղղափառ վարդապետի»։ — Բ. «Հարցումն Աշոտոյ որդւոյ Սմբատայ և պատասխանի Եզնիկայ Կողբացւոյ Հայոց վարդապետի»։ Հրատարակողք կը ծանուցանեն վասն առաջնոյն. (Մասեաց աղաւնի, Զ տարի 125, 166). «Ընտիրս այս ՚նշխար երկասիրութեանց Արձանայ Արծրունւոյ մերոյն Թարգմանչի և հոգելից վարդապետին Եզնկայ ... հանեալ է 'ի գրչագիր մատենէ Թուագրելոյ յամին ՋԽԱ։ — Մեզ ոչինչ բնաւ կասկածելի է հարազատութիւն հատուածոյդ, զի և բանիցն գեղեցկահիւս շարամանութիւն և բառիցն յստակութիւն զնոյն յայտ առնեն»։ Իսկ երկրորդին համար. «Թէպէտ և գրուածքին յստակ և գեղեցիկ ոճը յայտնապէս կը ցուցընէ որ հին և ընտիր մատենագրութեան կտոր է այս, բայց վերնագրին մէջ ժամանակի անյարմարութիւն մը կայ՝ որոյ պատճառը հասկընալ շատ դժուար է։ Վասն զի Աշոտ որդի Սմբատայ, որ է անշուշտ Բագրատունեաց ցեղէն մեր առաջին թագաւորը, որդին Սմբատայ Խոստովանողի, թագաւորեց 883էն մինչև 889 Թուականը. իսկ Եզնիկ Կողբացի (եթէ մեզի ծանօթ սուրբ Թարգմանիչն է) 430ին տառեները ծաղկած էր. ուստի և գրեթէ չորս հարիւր յիսուն տարի յառաջ է քան զԱշոտ Թագաւոր։ Հարկ է ուրեմն ըսել թէ կամ այս վերնագրին անուանցը մէջ սխալ մը կայ, և կամ մեր Աշոտ առաջին Թագաւորին ատենն ալ Եզնիկ Կողբացի անունով վարդապետ մը կայ եղեր՝ առաջնոյն անուանակից և հետեւող. բայց այս երկրորդ կարծիքը մեզի ալ հաւանական չերևիր։ Թերևս չեմք սխալիր ըսելով թէ հաւանական է որ այս հատուածը Համամ վարդապետի գրուածներէն է. որ Աշոտոյ ժամանակակից էր, և այն ատենի մատենագրաց մէջ իբր յստակ և համառօտախօս ոճովը անուանի»։

Ասոնցմէ զատ կը գտնենք 'ի ձեռագիրս նաև հետևեալ քանի մը հատուածներն. «Եզնիկայ Կողբացւոյ Հայոց վարդապետի վասն պատարագութեան խորհրդոց։ — Եզնակեանն ասացեալ վասն պատարագութեան։ — «Սահմանադրութիւն կարգաց ընծայեալ 'ի նախատօնեակն տեառն Գրիգորի. պարգևանեցաւ ընդ ձեռն Եզնակայ՝ հրամանաւ Երանելոյն Սահակայ Եպիսկոպոսապետին Հայոց, և նորին Արուակեցւոց, թէ ո՞րպէս սահմանեցաւ կարգ ուխտի և որոշումն վանաց»[1]։

Ճառընտրաց մէջ կը գտնուին երկու հատուածք ճառից՝ խորագիր կրելով. «Եզնիկայ առ սուրբն Մաշթոց»։ Նոյն գրոց մէջ քանի մը ուրիշ անհարազատ երկասիրութիւններ ալ կան Եզնըկայ անուամբ, համառօտ և իրեն գիտութեանը և հանճարոյն ոչ այնչափ արժանաւոր, որոնց համար պէտի ըլլայ անշուշտ յետին պատմագրաց մէկուն, Կիրակոսի, ըսելը Եզնըկայ համար, թէ «խօսս յոլովս եթող յօգուտ լսողաց»։

1 Արարատ, ամսագիր Էջմիածնի, 1875, յէջ 446։

***

Պատմական գրուածքի մը՝ ու անկէ քանի մը կցկտուր հատուածոց յիշատակութիւնը կը գըտնենք Եղնըկայ անուամբ առ Ստեփանոսի Ռոշքեան Կամենիցացւոյ, իր հմուտ Բառգրոց կարգին մէջ։ Չենք կրնար որոշակի զրուցել թէ արդեօք Կողբացւոյն է թէ ուրիշ համանուն և ժամանակաւ կրտսերագոյն անձի մը։ Իբրև հետաքննութեան արժանաւոր նիւթ՝ այս հատուածներն կ'ամփոփենք։

« Ետես խարտեաշ և զգիսակաւոր մանուկ »։

« Կայր մանուկն ընդ ողին անկեալ »։

« Ասէ. Թախանձ մեր եղեր խնդրելոյ զայսքան խրատս »։

« Որպէս քարինք առ ջուրս լուանան, նոյնպէս և որք 'ի մեղս են »։

« Հարին զսուրբն խթանաւոր մարոցօք »։

« Առաւել գտաւ քան զհամալսականն Պղատոն »։

« Պատուեն զնա հիւրընծայիւք »։

« Ասեն զշանդլուխ խոտն դեղ տապաստի »։

« Հեծաւ յոտնաւոր ձի, բայց 'ի թօթափելոյն խօթացաւ »։

« Մի՛ ոք կեցցէ չարակամաբար ընդ ընկերին »։

« Խոկալ պիտոյ է պատրաստութեամբ զելս հանդերձելոյն »։

« Յաստեացս վաղահասաբար փոխի »։

« Կոշտք տափանօք ... և մարմինն ձգամբ »։

« Արծիւն յորժամ ձագք իւր փետրաւորին՝ յանդիման արևու կացուցանէ »։

Ասոնք խրատական գրուածքի մը մասն կ'երևնան։ Իսկ յետագայք՝ պատմական կը թուին.

« Առ ժամ մի տեղի տայ ընդդիմաբանից »։

« Ի ձին խամթաւոր նստեալ վաղէր »։

« Սբեր նմա խանկաւ գալար թուղս » ։

« Խմբական զօրքն 'ի Ճակատ դարձան » ։

« Որպէս զփայտ հերձանելի՝ զքարինսն ճեղ-քէր » ։

***

Արդի գաղղիացի հայերէնագէտ մը՝ Մարթէն (P. P. Martin) *հետեւեալ խօսքերով և զարմացմամբ կը գրուատէ զԵզնիկ·*

Eznigh fut un des amis les plus dévoués de saint Sahag et de saint Mesrob, un de leurs plus zèlés cooperateurs, celui de leur disciples qui eut le plus leur confiance. Il fut envoyé par eux, d'abord, à Édesse et ensuite à Constantinople, dans le but de préparer la traduction des Saintes-Écritures, et celles des Pères grecs et syriens.

Ce fut lui qui rapporta de Constantinople, les Actes du Concile d'Éphèse (431) et les Manuscrits grecs sur lesquels fut terminée, en 433, par saint Sahag et saint Mesrob, la version arménienne des Saintes-Écritures. On voit, par ces détails, qu'Eznigh, loin d'être le premier venu, était au contraire un personnage fort distingué au point de vue intellectuelle et moral... Si nous ajoutons qu'Eznigh possédait, outre l'arménien, le grec, le persan et le syriaque, nous aurons fait connaître, dans ces grands lignes, le personnage. *Ու իրեն գոված ու վրան սքանչացած Աղանդոց գրքէն վկայութիւններ մէջ բերելէն ետքը, կը յաւելու։* C'est là... un témoignage de première importance; le témoignage d'un grand écrivain,... d'un savant qui connaît les langues hébraïque, grecque, syriaque et persan, et les nations qui parlent ces langues ; le témoignage d'un auteur qui n'est pas demeuré étranger à la rédaction de la traduction arménienne (de la Sainte Bible). Aucun d'autre témoignage ne pourrait passer avant celui-là, à moins qui n'emanent de saint Sahag et de saint Mesrob.

Եզնկայ Եղծ աղանդոց գիրքը նախ տպագրեցաւ 'ի Զմիւռնիա յամին 1763. *երկրորդ և երրորդ անգամ 'ի Վենետիկ 'ի Մխիթարեանց* (1827, 1863) *ընտիր մատենագրաց կարգին մէջ: Գաղղիարէն ալ թարգմանուած է այս գործը 'ի Լըվայեան Փլըրիվալայ հայերէնի վարժապետէ, և տպագրած 'ի Բարիզ յամի* 1853: *Այս թարգմանութեան վրայ քննադատական հատուած մը հրատարակեց Արման Տըվէքէրին գաղղիացի'* Eznigh de Goghpe ... et son traducteur français *խորագրով 'ի Հանդէս Արեւելեան ամսագրի.* (*Հատ.* Ե. 207-216) : *Մասնական թարգմանութիւն մ'ալ նոյն լեզուաւ 'ի Հատընտիր հին և նոր պատմագրաց Հայոց Լանկլուայի, այս խորագրով.* Eznig de Goghp ; Extrait du Chapitre II. Réfutation de la religion des Perses ; traduction nouvelle, par un membre de l'Académie arménienne de Saint-Lazare de Venise. *Մանէսի և Պարսից աղանդոյն վերաբերեալ տեղեկութիւնքը թարգմանեցին 'ի գերմաներէն Նայման* (Zeitschrift für die historische Theologie) *և Վինտիշման* (Bayerische Annalen, 1834): *Եղեան Կ. Ցողտօ վարդապետութեան նախնեաց մերոց ռուսերէն գրուածքին մէջ այլ և այլ հատուածներ թարգմանած է յԵզնկայ, ինչպէս նաև Ցողտօ ողբապաշտութեան Պորտից հատուածի մը հեղինակէն վերը յիշուած Հանդէս Արեւելեան ամսագրին մէջ: Ըստ մասին թարգմանեալ է և անգղիարէն և հրատարակեալ բանասիրական օրագրի մը մէջ: — Խրատներն այլ տպագրուած են 'ի Վենետիկ:*

ԿՈՐԻՒՆ

Կորիւն 'ի դասու է առաջին թարգմանչաց: — Իւրմէ շարադրուած կենսագրական գրուած մը: — Իւր ոճը: — Ագաթանգեղոսի և Բիւզանդեայ գրոց հետ նմանութիւնք: — Տպագրութիւնք և թարգմանութիւնք:

Առաջին թարգմանչաց դասէն էր նաև Կորիւն, որ Եզնիկայ ու Յովսէփայ Պաղնացւոյ Բիւզանդիոն եղած ատեն՝ Ղևոնդեայ հետ հոն ղրկուեցաւ թարգմանութեանց պարապելու, ու ետքը Ընծակայ հետ Երուսաղէմ գնաց, ուսկից սրբոյն Կիւրղի Երուսաղեմացւոյ աշխատասիրած Ապաշխարող արձըկելու կարգը բերաւ:

Սրբոյն Մեսրովպայ ձեռքով Վրաց աշխարհքը գրով, գիտութեամբ և հաւատքով լուսաւորուելէն ետքը, Սահակ հայրապետ զԿորիւն Վրաց եպիսկոպոս ձեռնադրեց, և անշուշտ այն պաշտման մէջ իւր կեանքը կնքեց. որովհետև աւելի տեղեկութիւն մը չեն ընծայեր մեզի ժամանակակիցք իւր վարուցը և զբաղմանց վրայ:

Զանազան թարգմանութիւններէն զատ՝ իւր վարդապետին, սրբոյն Մեսրովպայ պատմութիւնը շարադրած է Կորիւն: Այս աշխատասիրութեան՝ որ իւր ժամանակին գրաւորական պատմութեանը վրայ մեծ լոյս կը ծաւալէ, զինքն յորդորած են սուրբն Յովսէփ կաթուղիկոս և իւր ուրիշ աշակերտակիցներն. որոնք այլ և այլ աշխարհքներ իրենց ուսումը կատարելէն ետքը դարձան 'ի Հայաստան ու տեսան որ արդէն վախճանած էին իրենց և ընդհանուր հայրենեաց բարերար վարդապետներն, ու զԿորիւն աղաչեցին՝ որ անշուշտ անոնց կենաց վերջի տարիներն 'ի Հայաստան կը գտնուէր, սրբոյն Մեսրովպայ վարքը գրել:

Կորիւն ալ յանձն առաւ ու շարադրեց, «ոչ եթէ, ինչպէս կ'ըսէ, 'ի հին համբաւուց տեղեկացեալ, այլ որոց մեր իսկ ականատես եղեալ կերպարանացն, և առընթերակաց հոգևոր գործոցն, և լսող շնորհապատում վարդապետութեանն, և նոցին արբանեակք ըստ աւետարանական հրամանացն»:

Սրբոյն Մեսրովպայ ամբողջ կենսագրութիւնը չիկրնար սեպուիլ այս գրուածքը. վասն զի Մեսրովպ կրկին վիճակ կենաց ունեցած է. մէկը 'ի դրան արքունեացն Հայոց՝ պատուեալ իշխանական պաշտամամբ, մէյմ'ալ առ Սահակայ հայրապետի: Կորիւն իւր վարդապետին կենացը առաջին մասին վրայ՝ ամենևին, կամ խիստ քիչ տեղեկութիւն կ'աւանդէ. և իւր այս զանցառութեան պատճառը՝ ինքը մէջ կը բերէ. «Ոչ սուտապատում, կ'ըսէ, ճարտարախօս եղեալ, առ 'ի մերոց բանից զհօրէն իմն կարգեցաք, այլ զպաճախագոյնն թողեալ, և 'ի նշանագիմակայն քաղելով զհամառօտսն կարգեցաք. որք ոչ միայն մեզ՝ այլ և որք զատեանն ընթեռնուն՝ յայտնի է: Քանզի չէաք իսկ հանդուրժողք զամենայն արարեալսն կտակաւ զիւրաքանչիւրսն, այլ 'ի դիւրագոյն և 'ի հեշտագոյնս՝ յառաջբերական անդր զանձինս պատսպարեցաք, որոց անցեալ զբազմախուռն արգասեօք սրբոցն՝ առ 'ի մանրակրկիտ առնելոյ զկարևորագոյնս պատմելոյ զհանգամանս՝ սաստեցաք»:

Հեղինակին այս մութ խօսքերը հետևեալ կերպով կրնանք պարզել. թէ միայն սրբոյն Մեսրովպայ հոգևորական աշխատանացը ու վարդապետութեանց վրայ խօսեցանք. իսկ այն գործերուն վրայ՝ որ իւր աշխարհիկ կամ զինուորական կենացը կը վերաբերին, և որոնք շատ են, լռեցինք. որովհետև այն գործերը չէ թէ միայն մեզի, այլ նաև ատեանը կարդացողաց յայտնի են։

Իսկ սրբոյն կենացը երկրորդ մասին վրայ՝ բաւական ընդարձակ ու յագեցուցիչ կերպով կը խօսի Կորիւն, տեղն 'ի տեղը և իրեն յատուկ ոճով մը պատմելով այն մեծ մարդուն ձեռքովը Հայաստանի մէջ եղած մտաւոր լուսաւորութեան արդիւնքը։

***

Իրեն յատուկ ոճով մը ըսինք, որովհետև ընդհանրապէս ընտիր ու հայկաբան լեզուի հետ՝ մութ ու խրթին դարձուածներ կը բանեցընէ, որոնցմով իր խօսքերը շատ տեղ անիմանալի կը մնան։ Այս թերութիւնը՝ թերևս գրչագրաց ալ թերութիւն է, որոնք շատ տեղ, ինչպէս նաև ուրիշ զանազան գրուածներ, ասանկ ալ Կորեան այս երկասիրութիւնը՝ ուզածնուն պէս համառօտեր են, առանց գիտնալու կամ ուզենալու մտադրութիւն ընել թէ պակսած կտորը՝ մնացածին հետ անմիջական վերաբերութիւն ունենալովը, այն պակասը մեծ վնաս կը բերէ գրուածին ամբողջութեան։

Ասանկ Մեսրովպայ ձեռքով եղած Վրաց դպրութեան գիւտը պատմելէն ետքը կը յաւելու. «Նա արդ զնոսա որ յայնչափ 'ի մասնաւորև 'ի բաժանեալ լեզուաց ժողովեցան, միով աստուածաբարբառ պատգամօքն մի ազգ կացեալ՝ փառաբանիչք միոյ Աստուծոյ յօրինէր. յորոց և իմ անարժանիս եղեալ 'ի կարգ՝ եպիսկոպոսութեան վիճակ»։ Հոս խօսքին կարգը մէկզմէկ չբռնելով՝ պակասութիւն մը կ'ենթադրէ։ Այսպէս ուրիշ զանազան տեղուանք ալ՝ զորս աւելորդ կը սեպենք մի առ մի նշանակել։

Ագաթանգեղոսի և Բիւզանդայ գրոց հետ շատ նմանութիւն ունի Կորեան այս գիրքը, մանաւանդ առջինին. ուսկից ամբողջ խօսքի հատուածներ մէջ կը բերէ: Վասն որոյ ոմանք համարեցան թէ այն գրոց թարգմանիչն եղած ըլլայ Կորիւն, և այն է պատճառը այնչափ նմանութեան: Բայց մենք որովհետև այն կարծիքն ունինք թէ Ագաթանգեղոս և Բիւզանդ սկզբնագիր երկասիրութիւնք են, ուստի անոնց շատ ընթերցմանը արդիւնք կը սեպենք այն նմանութիւնները:

Այս հատուածներէն մէկ երկու գլխաւորն մէջ բերենք:

« Եւ զի ըստ օրինակի գրեցելոցս առ 'ի մէնջ հարցն 'ի կափարումն դարձան, ոչ եթէ 'ի հին համբաւուց տեղեկացեալ և մատենագրեալ զայս կարգեցաք, այլ որոց մեզ իսկ ականատես եղեալ կերպարանացն, և առընթերակաց հոգևոր գործոյն, և լսող շնորհապատում վարդապետութեանն », և այլն:

« Որոց անցեալ զբազմախուռն արդասեօք սրբոցն, առ 'ի մանրակրկիտ առնելոյ, զկարևորագոյնսն և զօգտակարագոյնսն պատմել: Ուստի և մեր առեալ հանգոյն ասացաք, ոչ 'ի պատիւ ընտրելոց Քրիստոսի, որք ամենապարծ և կենդանատուր խաչին ծանուցեալք յարգեցան. այլ յօրինակ քաջալերիչ հոգևոր ծննդոց իւրեանց՝ նոքա պատմելոց իցեն յազգս ազգաց, ըստ բանի հոգևորական երգչին՝ որպէս ասէ. Զի զոր ինչ միանգամ պատուիրեաց հարցն՝ ցուցանել զայս որդւոցն, զի ծանիցէ ազգ այլ. որդիք որ ծնանիցին յարիցեն և պատմեսցեն որդւոց իւրեանց, զի դիցեն առ Աստուած զյոյս իւրեանց »:

Կորեան պատմութիւնն տպագրուած է 'ի Վենետիկ 'ի շարս գործոց Նախնեաց (1833). դարձեալ ուրիշ հին օրինակէ 'ի կարգի Սոփերաց (1854) ընտրելագոյն ընթերցուածովք: Գերմանական թարգմանութեամբ հրատարակեց Հայագէտն Վէլդէ 'ի Թիւպինկէն (1841), 'ի քսանեւհինգամեակի թագաւորութեան Գուլիելմոսի Ա. թագաւորին Վիւրթէմպէրկի (Goriun's Lebensbeschreibung des hl. Mesrob): Գաղղիական թարգմանութիւնն ալ 'ի Հաւաքածոն հին եւ նոր պատմագրաց Հայոց Լանկլուայի, (Հատ. Բ.), Goriun : Biographie du bienheureux et saint docteur Mesrob, traduite pour la première fois en français, par Jean-Raphael Emine.

ԴԱՒԻԹ ԱՆՅԱՂԹ

Դաւիթ Անյաղթ 'ի թուոյ կրտսերագոյն թարգմանչաց: — Իր ուսումն և համբաւ առ Յոյնս: — Գրաւոր երկասիրութիւնք: — Ներբող 'ի սուրբ Խաչն: — Սահմանաց գիրք: — Թարգմանութիւնք:

Մովսեսի Խորենացւոյն քեռորդի էր Դաւիթ, Տարօնոյ մօտ Հարք գաւառին Հերեթ կամ Հերեան գիւղէն, և կամ ըստ այլոց՝ Ներգին աւանէն, ուստի և Ներգինացի կոչուած:

Սահակայ ու Մեսրոպայ ձեռքով ընտրուած վաթսուն փափկաձայն, ուշեղ և երկարոգի աշակերտաց դասէն էր Դաւիթ, և կամ անոնց վերջիններէն մէկը. բայց իւր ուսմամբը անոնց հաւասարած, և մանաւանդ իմաստասիրութեամբը մէջերնէն ամենէն աւելի գերազանց երևցած. ուստի և իրեններէն, և անոնցմէ՝ ուր ուսմանցը ընթացքն կատարելագործեց գովութեամբ, մեծ Անյաղթ կոչուած, իբրև թէ անհաւասար, և ամենէն վեր իւր գիտութեամբը, և մերթ Աստուածասէր իւր բարեպաշտութեանը համար, և առհասարակ յամենեցուն Իմաստասէր կամ փիլիսոփայ կոչուած. և երբեմն նաև Ամենագիտողն, եռամեծ փիլիսոփայ. և պատճառը կու տայ Շնորհալին հետևեալ խօսքերով. «Ունիմք սովորութիւն փիլիսոփայ ասել, որ յերաժշտական արուեստի կատարեալք են. այսպէս և Դաւիթ՝ ոչ միայն փիլիսոփայ, այլ յաստուածեղէն և յարտաքին հրահանգս անթերի և լիակատար էր, նորին աղագաւ կոչի փիլիսոփայ, զպատիւն զեկուցանելով»։

***

Այնչափ մեծանուն հանդիսացաւ Դաւիթ իւր իմաստասիրական ուսմամբքը, որ ինչուան Յոյնք՝ այնպիսի պարծանք մը չուզելով իրենցմէ օտարացընել, որովհետև Դաւիթ այլ և այլ երկասիրութիւններ ունի յոյն լեզուով շարադրած, ուստի իրենցմէ մէկը ուզեցին սեպել զանիկայ։ Ազգային յիշատակարանք կ'աւանդեն (թէ և աւելի պարծենկոտութեամբ քան ստուգութեամբ) թէ Դաւիթ 'ի Կոստանդնուպօլիս գտնուած ժամանակը՝ այլ և այլ ընդդիմադրութիւն ունեցած է փիլիսոփայական, ոմանք կ'ըսեն նաև հաւատոյ խնդրոց վրայ, Մարկիանոս թագաւորին արքունեացն իմաստասիրաց հետ, որք իրենց գիտութեամբը նշանաւորք էին. այսինքն Յոբնաղայ, Մելիտոսի, Մամբրէի եպիսկոպոսի և անոնց նմանեացը հետ. ու երբ իւր քեռւոյն Մովսէս Խորենացւոյն հետ արքունական պալատը երևցան, ամէնքը իրենց աչքը անոնց վրայ դարձուցին. «վասն զի, կ'ըսէ պատմիչն, էին ծերացեալ, կերպարանքն և խօսքն աթենացիք. զի երեսուն տարի էին յԱթէնս»։ Ու երբ Յոբնաղ անոնց իմաստութիւնը կ'արհամարհէր, Մովսէս Խորենացի պարծանքով մը զինքն յանդիմանելով կը զրուցէր. «Ո՛վ Յոբնաղ, ճանաչես զիս. Մովսէս եմ, և սա Դաւիթ. բազում դպրութեան ազգաց հմուտ և պարծանք Աթենացւոց, կենդանեաց և գերեզմանաց, եւ առաւել Հայոց աշխարհին»:

Մարկիանոս Թագաւորն հրամայեց որ իւր իմաստնոցը հետ խօսի Դաւիթ. «Եւ յարեաւ, կ'ըսէ պատմիչն, յաղթող և քաջ սպառազէնն Դաւիթ. եկաց յոտին առաջի բազմութեանն՝ որպէս զամուր լեառն երկաթի»: Ու երբ այնպիսի պատրաստութեան արժանի հանճարով ու լեզուով խօսեցաւ իւր ընդդիմադրին հետ, Կորնթացւոց Մամբրէ եպիսկոպոսը՝ իմաստասիրական ուսմամբքը ուզեց զինքը յաղթահարել. «հպարտացեալ փիլիսոփայական արուեստիւ, յառաջ վազեաց և 'ի դիմի հարաւ քաջին Դաւթի և մեծ անյաղթն կոչեցեալ փիլիսոփայի, և ասէ. «Զի՞նչ անուն և զի՞նչ մակածութիւն»: Եւ այն ընդդիմամարտութեան մէջ ալ իրեն արժանաւոր պատասխաններն ընդունելով՝ լռեցին իմաստակներն, աւելի մեծ համարում առանալով անոր գիտութեանն վրայ[1]:

1 Երկոտասաներորդ դարու քերթող մատենագիր մը Վարդան Հայկազն, Թուի ակնարկել զայս հետագայ տողերուն մէջ.

« Մովսէս պիտէր Խորենացի
Քերդողահայրըն կենդանի.
Իմաստութեամբն անչափելի
Ձերդ հոգեւոր տուն և տեղի:
Կամ յընկերացն իւր նազելի
Բանիւք հզօրքն 'ի հանդիսի.
Յորոց անուանցն էին յահի
Յունաց ճարտարքն և յերկիւղի:
Չէին կարող կալ 'ի դիմի
Կամ բան մի տալ պատասխանի...
Այլ նոքա չէն աստ 'ի միջի »:

Հայաստան դառնալէն ետքը՝ տեսնելով Դաւիթ իւր հայրենեաց խեղճութիւնը, և գիտութեանց անպատիւ մնալը, քաշուեցաւ, աղօթքը՝ արտասուաց, հանճարը՝ գրոց հետ խառնելու. և մեռնելով թաղուեցաւ Տարօնոյ մօտ Ղազարու վանքը, ուր մինչուան հիմայ կը ցուցընեն իր գերեզմանը. և ուր դեռ ևս կը յաճախեն իմաստութեան և ճարտարխօսութեան ձիրքը խնդրելու և ընդունելու փափաքողք յուսով։

* * *

Այսչափ է Դաւթի իմաստասիրին վարուցը վրայ ունեցած տեղեկութիւններնիս։ Քանի մը խօսք ալ իւր գրաւոր երկասիրութեանցը վրայ զրուցենք։ Ասոնք գլխաւորաբար երկու դասակարգութիւն կրնան բաժնուիլ, մէյմը ինքնագիր, մէյմըն ալ թարգմանութիւնք։

Առջիններուն մէջ ամենէն աւելի նշանաւորն և մտադրութեան արժանին է

Խաչին Ներբողը. — *Որուն մասնաւոր յառաջաբանութեանը մէջ՝ աւանդուած է թէ ինչ պատճառաւ երկասիրած է Դաւիթ այս գրուածքը։ Հայոց Գիւտ կաթուղիկոսին իշխանութեան օրերը՝ Օշին գեղջէն Կոստանդին, Պետրոս և Թէոդորոս անունով երեք անձինք եկան, որ ժողովուրդը խաբելու համար՝ ամէն արտաքին պատրուակ ունէին. խարազն կը հագնէին, բոկագնացք, պահողք ու կեղծաւորք. որ սուրբ Կուսին համար կը քարոզէին թէ աստուածածին չէ. և Աստուծոյ մարդացելոյ խաչն ալ՝ փրկութեան փայտ չէին սեպեր, այլ գողոց պատժարան։*

Գիւտ կաթուղիկոս երբոր լսեց թէ Դաւիթ և իր ընկերներն Աթէնքէն և ուրիշ քաղաքներ ուսմանց համար ճանապարհորդելէն դարձեր են, նամակ մը գրեց առ նա, աղաչելով որ իւր իմաստուն գրիչը և զօրաւոր լեզուն սուրբ խաչին գովութեան ու պաշտպանութեան գործածէ. որպէս զի « բարձցի, կ'ըսէր, հերեսիովտաց հերձուածն, և խլեսցին յագարակաց փուշք, և որոմն սատանայական սերմանց, որ 'ի մարդ յուսան և ոչ յԱստուած »:

Դաւիթ պատասխան տուաւ կաթուղիկոսին, յօժարամիտ յանձն առնլով հրամանը, յորմէ թէպէտ իւր տկարութիւնն ըլլալը ետ կը նահանջէր, բայց միանգամայն հայրապետին աղօթքին վստահացած կը քաջալերուէր: Դաւթի առ Գիւտ գրած թղթին վերջը՝ այսպիսի ծանօթութիւն մը կ'աւելցընեն գրչագիրք. «Եղև այս 'ի ժամանակս մարզպանութեան և սպարապետութեան Վահանայ՝ որդւոյ Մագնոսի, որդւոյ Վարդանայ, կամ որպէս ասեն՝ եղբօր: Փորձողք և գիտողք սուտ ասեն զայլ պատճառան յԱթէնս կամ 'ի Բիւզանդիոն կամ յԵրուսաղէմ. կամ յորժամ 'ի Պարսից դարձաւ խաչն՝ և խօսեցաւ »:

Այս ծանօթութեանն մեկնութիւնը կու տայ Շնորհալին՝ Անյաղթին այս ճառին վրայ գրած բացատրութեանը մէջ: Կը պատմէ, կ'ըսէ, թէ սուրբն Սահակ և Մեսրովպ զոմանս իրենց աշակերտներէն՝ իմաստութիւն սովրելու համար, Յունաց աշխարհին կողմերն ու անոնց Աթէնք մայրաքաղաքը ղրկեցին. որոնք հելլենական լեզուին թարգմանիչ եղան. որովհետև նախ հարկաւոր էր որ ամէն իմաստասիրականաց հմտանան, բառերու և ոլորակներու, և ետքը համարձակին 'ի թարգմանութիւն: Եւ ըսին ոմանք թէ Աթենացւոց մէջ սովորութիւն կար եօթը տարի աշակերտութիւն ընել. ու այն եօթը տարուան լմննալէն ետքը՝ բարձր տեղւոյ մը վրայ կ'ելլէր աշակերտը, ու ժամանակին և լսողաց պիտոյիցը *յորմէ բան մը կը խօսէր: Դաւիթ ալ՝ որ այն աշակերտաց մէկն էր, նոյն աստիճանին հանելով, Նշանին առջևը եղող աշտարակին կամ սեան վրայ ելաւ, և հոն զրուցեց այս ճառը՝ յուրախութիւն լսողաց և՛ի պատիւ խաչին: Ուրիշներն ալ կ'ըսեն թէ Աթէնքէն Կոստանդնուպոլիս դարձած ատենը՝ իր ընկերներն զինքը մեծարեցին, ու Վերացման խաչին օրը այս ներբողը զրուցընել տուին: Ոմանք ալ թէ յԵրուսաղէմ սուրբ Խաչին առջև, և այլք՝ թէ խաչը Պարսկաստանէն դառնալէն ետքը, և ոմանք ալ թէ անապատի առանձնութեան մէջ յօրինուած է այս ճառը: Բայց թէ Շնորհալին, և իրմէն աւելի Գիւտ կաթուղիկոսին ու Դաւթայ վաւերական թղթերը ամէն տարակոյս կը վերցընեն, յայտնապէս ցուցընելով թէ երբ և ինչ վախճանաւ յօրինուած է այս ճառը:*

Սահմանաց գիրք կամ Սահմանք իմաստասիրութեան. — *Հին Յունաստանի մէջ ծագող փիլիսոփաներէն մէկը, Պիհռոն, մանաւոր և անօրինակ աղանդ մը հնարած էր, ամէն բանի վրայ տարակուսիլ. և այն տարակոյսը և դեգևեալ վարանքը իրեն առջևը իմաստութիւն սեպուած էր. որով և բազմաթիւ աշակերտներ ստացած, որք ժամանակ անցնելով՝ իրենց վարդապետին կարծեացը վրան ալ հաստատուն չկենալով, շատ աւելի անդին անցեր էին. և բոլոր մարդկութիւնն իրեն ամէն գիտութեամբը, ուսմամբք և կրօնիւք՝ անէակ կը կարծէին, և ինչուան կենաց և մահուան մէջ խտրութիւն չէին դներ: Այսպիսի սխալ և մոլորական դրութեան մը դէմ զինեցաւ Դաւիթ իւր այս գրուածքովը, զոր ինքն կամ գրչագիրք կը կոչեն «Ընդդէմ առարկութեանցն չորից Պիհռոնի իմաստակի, և սահմանք և տրամատութիւնք իմաստասիրութեան»:*

Իմաստասիրական ուսմանց կարգէ դուրս փափա-

քով մը ետեւէ եղած էր Դաւիթ․ և իրեն անանկ կ՚երեւնար թէ «որք միանգամ իմաստասիրութեան տենչան բանից, և առ 'ի նմանէ հեշտութեանց ծայրիւ մատին միայն հանդիպելին ճաշակեալք, ամենայն կենցաղական հոգոց բարեաւ մնալ ասացեալք, ողջախոհ իմն մոլութեամբ առ այսոսիկ վարեալք բերին»։ Այս փափաքին արժանաւոր գիտութիւն և լեզու բանեցուցած է Դաւիթ՝ Սահմանաց գրքին մէջ։ Հին յունական իմաստասիրութեան կատարեալ և ամբողջ տեղեկութիւն մը կը տեսնուի, ու իմաստասիրութիւնը՝ իմաստասիրութեամբ կ՚ապացուցանէ, մէջ բերելով իմաստակաց ամէն առարկութիւններն, և անոնց ամենուն պատասխանը տալով։ Ուստի և իրաւամբ կը զրուցէ Ստեփանոս Սիւնեցի․ «Արդ թէ զի՞նչ է բնութիւնս մեր, յատկապէս ուսաք 'ի Դաւթայ եռամեծէ․ այն՝ որ ընդդէմ Ակադեմայցն և Պիւռհոնացեացն դիմակայէ քաջապէս, որք ջանային եղծանել զգոյութիւն իմաստութեան»[1]։

Հայերէն մատենագրութիւնը՝ ճիշդ իմաստասիրական ըսուելու գրուածք մը ինչուան այն ժամա-

[1] Առաքել Սիւնեցի, ('ի Մեկն. Սահմանաց) կ՚ըսէ․ «(Դաւիթ) գրեաց նախ զՍահմանքս, երկրորդ զԲարձրացուցէքն, երրորդ զՊէտքն, չորրորդ զՄեկնութիւն քերականին, հինգերորդ զՄեկնութիւն Պորփիւրի և զԱրիստոտէլին»․ և կը յաւելու․ «Իսկ թէ վասն է՞ր ոչ արդիւնացաւ բանք նորա 'ի Հայս, այնպիսոյ փառաւոր առն և առաքինոյ և իմաստասիրի։ Եւ այս վասն հինգ պատճառի․ նախ զի յետ Վարդանանց պատերազմի դառնացեալ էին Հայք, և ամենայն բան աչաց ելած էր նոցա վասն աւերութեան աշխարհիս և կոտորման իշխանացն․ երկրորդ՝ զի ոչ գոյր ուսումնական, … երրորդ՝ զի յանդիմանեալ 'ի նմանէ՝ անարգեցին զնա և զբանս նորա, և հարեալ վիրաւորեցին զնա․ և նա գնացեալ 'ի Վիրս, անդ կացեալ վախճանեցաւ․ չորրորդ՝ զի անիշխան էր ազգս և ոչ ոք էր որ յարգէր զնա»։

նակ արտադրած չէր. ուստի և ինքն Դաւիթ եղաւ առաջին՝ բուն իմաստասիրութեան պարապող, և անոր յատուկ լեզուն գործածող։ Ուստի ինչպէս ուսման, ասանկ ալ լեզուին, պէտք էր որ ինքն ըլլար հեղինակ։ Այս պարծանքը աւելի արժանապէս կրնայինք իրեն ընծայել՝ եթէ իմաստասիրական ուսմանը հաւասար՝ լեզուին կատարելութեանն ալ պարապելու ետևէ ըլլար, կամ թէ այնչափ յունականութեան ետևէ չըլլար, ուսմանը պէս՝ լեզուն ալ անոնցմէ փոխ առնլով։

Դաւթի այս գրուածքին յունարէնն ալ կը գըտնուի, ուստի և ոմանք կարծեցին թէ Անյաղթ՝ իւր մէկ քանի գրուածներն առաջ յունարէն լեզուով շարադրած է՝ Յունաստանի մէջ գտնուած ատենը, անոնց կիրառութեանը կամ դիտութեան համար, ու ետքը զանոնք 'ի յունէ 'ի հայ թարգմաներ։ Ոմանք ալ համարեցան թէ Սահմանաց ամբողջ գիրքը՝ թարգմանութիւն ըլլայ և ոչ սկզբնագիր, որովհետև նոյն գրքին վերջին գլուխը՝ որ կը սկսի «Ամենայն չար ատնջելի», Նիւսացւոյն Գրիգորի ընծայուած է՝ անոր անուամբը տպագրուած երկասիրութեանց հետ մէկտեղ։ Կարծիք ալ կայ թէ ուրիշ անձ մը թարգմաներ է Դաւթայ գործը 'ի հայերէն Զ դարուն մէջ։ Դաւթի Անյաղթի անուամբ ուրիշ գրուածք մ'ալ կայ հետևեալ խորագրով. «Դաւթի Անյաղթ վարդապետի հայկազնի՝ գովեստ ներբողական 'ի սուրբ Եկեղեցի-յԵրուսաղէմ»։ Որչափ ալ մեծ նմանութիւն ենթադրենք գտնել այս Ճառին և իր անունը կրող ուրիշ երկասիրութեանց մէջ, բայց հարազատութիւնը միշտ տարակուսական կը մնայ։ Թարգմանութեանցը վրայ պիտի խօսինք գրուածքիս երկրորդ մասին մէջ։

'Դաւթայ անուամբ գտուած ամենայն գործքն տպագրուած են 'ի Վենետիկ յամի 1833։

ԳԻՒՏ

Գիւտայ վարքը։ — Կաթողիկոսութիւնն և յարքունիս Պարսից կոչուիլը։ — Գրաւոր երկասիրութիւնքը։

Դաւթի Անյաղթին ժամանակակից էր Գիւտ, Տայոց գաւառին Արահեզայ գիւղէն, կրթուեր Թարգմանչաց մէջ, ուստի և յիշատակարանի մը մէջ աշակերտ կոչուած սրբոց քահանայից, այսինքն Ղեւոնդեանց, որոց 'ի Պարսկաստան նահատակուելէն տասը տարի ետքը՝ Հայոց կաթուղիկոսական աթոռը նստաւ։ Փարպեցին այս համառօտ խօսքերով՝ թէ անոր վարուցը և թէ գիտութեան վկայութիւնը կու տայ. « Այր լի գիտութեամբ հայոցս և առաւելեալ յունին, յորդասաց բանիւ և առատաբուղխ վարդապետութեամբ, զոր ոչ երբէք որդելոյր անգիտութեանն վարդապետութիւն. այլ զծածուկս ասացեալ Հոգւոյն՝ նոյն սուրբ Հոգւոյն շնորհ յայտ արարեալ՝ նովաւ լուսաւորապէս ուսուցանէր բովանդակ ժողովրդոց. որոյ բանք իւր՝ նման յորդառատ անձրևի՝ զամենայն լաղի ծաղկեցուցեալ պտղաբերէր զոգիս » ։

Սակայն Պարսիկք այն ատեններն իրենց բռնաւոր ազդեցութեամբն սկսեր էին ինչուան Նախարարաց սիրտը հեռացընել 'ի սուրբ հաւատոց։ Ուստի սկըսան ոմանք կրակատուններ ալ բանալ իրենց իշխանութեան տակ եղած երկիրներուն մէջ. և անով քաղաքական պատիւներու մէջ մեծնալով, ձեռուընուն տակ եղած հպատակաց մոլորելու և գայթակղելու պատճառ ըլլալ:

Ասանկ ատենի մը մէջ հայրապետական աթոռոյն վրայ նստող Գիւտ կաթուղիկոսը՝ իւր ամէն ջանքը կը բանեցընէր անարատ պահելու հաւատոց գանձը՝ որուն աւանդապահն էր. ուր իրեն աշակերտակիցքըն՝ Եղիշէ, Խորենացի և այլք, գրեթէ յուսահատեալ ազգին բարելաւութենէն՝ անապատները քաշուեր առանձնացեր էին:

* * *

Երբ տեսաւ Գիւտ թէ իւր ամէն ջանքովն ալ համաճարակ աղետից առջեն առնելու բաւականութիւն չունի, սկսաւ խօսքովն ու գրով ուրացողներն յանդիմանել, և իրենց հաւատոյը մէջ հաստատուն մնացողները քաջալերել ու պատուել: Այս արդարադատ խստութեան վրայ պչարեցաւ Գադիշոյ Խորխոռունի, որ ուրացելոց մէջ ամենէն աւելի չարաչերն էր, և ամենէն աւելի իւր ջանքն ու ազդեցութիւնը բանեցընող՝ որ իրեն հետևող ընէ զազգն: Ու չկարենալով ուրիշ կերպով վրէժն առնուլ, Պարսկաստան գնաց, ու Պերոզ թագաւորին առջև ամբաստանեց զԳիւտ:

Պերոզ՝ արքունի դուռը կանչեց զկաթուղիկոսն, որպէս զի իրմէն լսէ վրան եղած ամբաստանութեանց ջատագովութիւնը. բայց հոն՝ զինքն արհամարհող ու նախատող հեթանոսութիւնն անգամ իրմէ պատկառեցաւ, ինչպէս կը վկայէ Փարպեցի:

Թագաւորն իշխան մը ղրկեց առ Գիւտ, և ամբաստանութեանց ստուգութիւնն անոր յանձնեց: Գեղեցիկ ատենախօսութեամբ մը Գիւտ արդարացուց ինքզինքն, և թէ ինչպէս իրեն համար նուիրական պարտք մըն է սիրել զքրիստոնէութիւն: Ու որովհետեւ ուրիշ ամբաստանութիւն մըն ալ գրած էին վրան, Հռոմայ հետ շատ վերաբերութիւն ունենալը, անոր ալ պատասխանը տուաւ համարձակ. «Իսկ որ ասէ թէ ունի երթեւեկ 'ի Հռոմ, ոչ ըստ ամբաստանողին կարծեաց են իրքդ. այլ վասն զի զդպրութիւն և զգիտութիւն և զամենայն իմաստս բանաւոր ուսմանց յաշխարհին Հռոմայ ստացեալ եմք, և են իմ անդ ծանօթք և բարեկամք բազումք և ուսումնակիցք»: Աներկիւղ համարձակութեամբը Գիւտ զարմացուց զիշխանն ալ, թագաւորն ալ, որ չկարենալով իւր չարութեան խորհուրդը անոր վրայ կատարել, ղրկեց զինքը 'ի հայրապետական պատուոյ:

Այն վիճակին մէջ վրայ հասաւ Գիւտայ մահը:

***

Իբրև Թարգմանիչ՝ անշուշտ գլխաւոր մաս մը ունեցած պիտի ըլլայ Գիւտ իւր աշակերտակցացը մէջ. որովհետեւ մեծ է իւր գիտութեան և իմաստութեան գովութիւնը: Բայց իբրև ինքնագիր մատենագրութիւնք՝ քիչ բան հասած է մեր ձեռքը. յորս գլխաւոր կրնայ սեպուիլ Թուղթ մը առ Դաւիթ Անյաղթ, Խաչին Ճառը իրմէն խնդրելով, որուն վրայ առաջ խօսեցանք:

Կաղանկատուացին կը յիշատակէ Գիւտայ անուամբ Թուղթ մը առ Վաչէ արքայ Աղուանից, որ իւր թագն ու մոգութեան կրօնքը, միանգամայն նուիրելով աւետարանին ճշմարտութեանը, միանձնական կենօք փափաքած էր երկնաւոր թագաւորութիւն մը փնտռել. այսպիսի ընթացքի մը հարկաւոր և էական խրատները կը բովանդակէ Գիւտ թղթին մէջ:

Կ'երեւնայ թէ ժամագրոց և հասարակաց աղօթից

կարգաւորութեանն ալ ձեռնտու եղած է Գիւտ, որովհետեւ նոյն գրքին խորագրոցը մէջ իւր անունն ալ կը յիշուի, թէպէտ և ասոնց մասնաւոր աղօթք մը իրեն յատկացընելու։

ՅՈՎՀԱՆ ՄԱՆԴԱԿՈՒՆԻ

Մանդակունի և Հայաստանի վիճակը։ — Վահանայ մարզպանութիւնը։ — Մանդակունւոյ ընծայուած ճառեր։ — Մանր գրուածք։

Արշարունեաց Տախնաա[1] գեղէն էր Յովհան Մանդակունի, որբոյն Սահակայ ու Մեսրովպայ աշակերտաց կարգէն. ու եօթանասուն և հինգ տարուան հասակին՝ կաթուղիկոսական աթոռը նստաւ Վահան Մամիկոնեանին յորդորանօքը։

Դժուարին դրից մէջ էր իր ատենը Հայաստան։ Վահան Մամիկոնեան՝ իր կտրուկ ու յաղթող սրոյն ու Աստուծոյ անուանը վրայ երդուընցեր էր՝ խաղաղութիւն պարգեւել Հայաստանի։ Բայց իր այս ջանիցը ոխերիմ թշնամի էին Պարսիկք, ու անոնց ընկեր եղած 'ի Հայոց ուրացելոց խումբ մը։ Միաբանելոց հաւատքն ու քաջութիւնը ամրացընող ու խրախուսող էր Մանդակունի՝ իրեն հայրենասէր սրտովը, ու հայրապետական բարձր աստիճանով։ Ինքը զինուոր՝ պատերազմին դաշտը չմտած, մահուան արհաւիրքը չտեսած, սուրբ եկեղեցի կը

1 Ձեռագրի մը մէջ կը կարդանք. «Յովհաննու Մանդակունւոյ 'ի գաւառէն Արշարունեաց՝ 'ի գեղջէն Տաղկեաց»։

մացընէր, կ'օրհնէր անոնց զէնքերը, ու հայրենեաց փրկութեանը զօրաւոր ախոյեանները՝ Վահանայ ձեռքը կը յանձնէր: Պատերազմաց մէջ ալ անոնց յաջողութեամբը կ'ուրախանար, զլխուց ձախողելուն ատեն՝ աղօթքովը այն քաջերուն օգնութիւն կը խնդրէր, որոնց յաղթանակը՝ հաւատոյ յաղթանակ պիտի ըլլար:

Այս վախճանին հասնելու համար՝ ծերութիւնն իրեն փոքր արգելք մը կ'երևնար, ինչուան պատերազմաց բանակներուն մէջ իր խրախուսիչ ձայնը բարձրացընելով, ու մարտից խառնուրդին մէջ Պարսիկներէն մահառիթ վէրք մը ընդունելով, մեռելոց դիականց մէջ՝ իբրև մեռեալ կ'իյնար, ու Աստուծոյ մասնաւոր հրաշքովը՝ կրկին կենդանութեամբ հայրենեաց կը պարգևէր:

Բայց վերջապէս իր վախճանին հասաւ Մանդակունին: Վահան որ իր սրոյն և քաջութեան վախովը զՊարս սասանեցուցեր էր, անոնց սիրելի կ'ըլլար՝ իր «Իմաստից յառաջատեսութեամբն, արդարախոհութեամբն, աշխարհապիտութեամբն ու քաջութեամբ», ու 'ի Պարսկաստան կանչուելով՝ Հայոց աշխարհքին մարզպանութեան իշխանութեամբը կը փառաւորուէր, և արքունական հրովարտակով՝ կրկին իր հայրենիքը կը դառնար:

Այն հրամանագիրն առնելով՝ մեկէն Դուին քաղաքը հասաւ Վահան, ու սուրբ կաթուղիկոսին դիմեց յեկեղեցին: Ուրախալի լուրն համբաւը բոլոր քաղաքին մէջ կը տարածուէր. Նախարարք և ազատանի, իշխանք և ռամիկք, արք և կանայք, ծերք և աղայք, ամէնքն հոն կը վազէին, անանկ որ ընդարձակ սրբավայրը՝ այդ բազմութիւնը չէր կրնար տանիլ. ու չորս կողմի փողոցներն ու հրապարակներն՝ բազմութեամբ կը լեցուէին: «Եղև օրն այն, կ'ըսէ ականատես պատմիչը, անյագ խնդութիւն և անտպաւ ուրախութիւն աստուածասէր բարեմտացն, և ողջախորհուրդ մնաց լաւահայեցաց. և սուգ թախանձալից և տրտմութիւն անմխիթար՝ խոթամտացն »:

Այն սրտաշարժ տեսարանին՝ չէր կրնար Մանդակունին իր ուրախութեան արցունքը բռնել. կ'ելլէր ոտքը բեմին վրայ, ու խաղաղութեան ողջոյնը՝ իբրև առհաւատչեայ աստուածաշնորհ խաղաղութեան իւր ժողովրդեանը տալով, ու այն զարմանալի փոփոխութեան վրայ՝ չկարենալով իր հիացումը բռնել, « Յեկեղեցիս, կ'ըսէր, օրհնեցէք զԱստուած, և զտէր յաղբերացն Իսրայէլի: Ահա սիրեցէք զեկեղեցիս, և սիրեցայք յեկեղեցւոյ. զթագաւորս քաղցրացոյց եկեղեցի, զգազանս ընդելացոյց, զգայլ՝ գառինս արար, զճեղ պայծառացոյց, զթշնամիս ճըշմարտութեան ամաչեցոյց »: Եւ երբ՝ հայրենեաց բարօրութեան համար համապաղատարած ձեռուըններն երկինք վերցընելով, « Օրհնեալ տէր Աստուած Իսրայէլի, կ'ըսէր, որ ետ ինձ տեսանել զորդիս եկեղեցւոյ՝ որ ինձ հաւատացաւ, պատուով՝ չքեղութեամբ պայծառացեալ 'ի Քրիստոսէ »: Եւ օրուանը գեղեցիկ հանդիսին և տեսարանին արժանի լեզուով մը, կորովով ու իմաստիւք լի ճառ մը կը խօսէր. անանկ որ իւր աստուածազգեցիկ սիրելի լեզուին լսելէն ու անոյշ ձայնին դադրելէն ետքն ալ, դեռ ևս եկեղեցւոյն մէջ մէջ լալու և արտասուաց ձայնը կը շարունակուէր. ոմանց առ խնդութեան, այլոց առ զղջման, ու ամենքը միաբան զՎահան ողջունելով և 'ի հայրապետէն օրհնուելով՝ Նոր ջանքով մը հայրենեաց երջանիկ օրեր պարգևելու աշխատանքին երդմունքը կ'ընէին:

Վեց տարի հայրապետական գահը արժանապէս գրաւելէն ետքը վախճանեցաւ Յովհան, ու Շիրակ գաւառին Բեռնոս ըսուած գիւղը թաղուեցաւ:

***

Այլ և այլ երկասիրութիւնք կ'ընծայեն Մանդակունւոյն մեր տասներորդ կամ մետասաներորդ դարուց պատմիչք: Ասողնիկ կ'ըսէ. «Երանելին Յովհան Մանդակունի՝ զՀայոց բազում կարգս ուղղութեան կատարեաց. զքարոզս գիշերի և տուընջեան, զկարգս մկրտութեան և զսարկաւագի, զքահանայի և զեպիսկոպոսի, և զօրհնութիւնն եկեղեցւոյ, և գլխովին զպատարագամատոյցն՝ զոր Աթանասի ասեն լինել»: Յովհան կաթուղիկոս. «Մանդակունին առլցեալ ամենայն հոգևոր հանճարով, և կարգս յօրինեալ ճոխացուցանէ պայծառապէս զամենայն աղօթականն, ժամակարգութիւնս եկեղեցւոյ սրբոյ. և յարդարէր ևս ճառս զգուշացուցիչս դիտաւորական կենցաղոյս, որ բերէ զոգւոյն փրկութիւն»: Կիրակոս. «Մանդակունի ... բազում կարգաւորութիւնս եմոյծ յեկեղեցի, կարգեաց զքարոզս ազուհացիցն և զաղօթս նոցա. զերրորդ ժամին և զչորրորդին և զիններորդին, և զեկեղեցւոյն հիմնարկէքն և ժամահարի, ակին և զմաղզմային գիրք և բանք, խաչօրհնէք և այլս»: Վարդան պատմիչ. «Յաջորդէ զնա Մանդակունին, իմաստասէր և լի հոգւով Աստուծոյ, որ բարիոք յօրինեաց զկարգ ձեռնադրութեան և ճառս խրատուց: Սա թարգմանեաց զերրորդ կորնթացի թուղթն, զՅովհաննու, և այլ բազում օգուտս գործեաց 'ի կեանս իւր»:

Ասոնք են ահաւասիկ յետին պատմչաց՝ Մանդակունւոյն ընծայած երկասիրութիւնները, և իրենց խօսքերը՝ որչափ ալ մթին և ըստ արժանւոյն գոհացուցիչ չսեպենք, յայսմ կը միաբանին թէ այլ և այլ ճառեր շարագրած է Յովհան, և թէ հինգերորդ դարուն մէջ եղած եկեղեցական կարգաւորութեանց մեծապէս ձեռնտու եղած է, այլ և այլ աղօթից շարագրութեամբը և կամ թարգմանութեամբ:

***

Գլխաւոր երկասիրութիւնք կը սեպուին իր Ճառերը, և որոնք արդէն տպագրութեամբ 'ի լոյս ընծայուած են[1]. քսանեւութ խրատական կամ վարդապետական Ճառեր, այլ և այլ բարոյական նիւթերու վրայ, ընտիր ոճով. և չորրորդ դարուն՝ յունական եկեղեցւոյ մէջ պայծառացած վարդապետներուն ոճոյն, ոտին և լեզուին հետևողութեամբ:

Այս սքանչելի հետևողութիւնը՝ տարակոյս ձգած է ոմանց մտքին մէջ անոնց հարազատութեանը վրայ. չէ թէ երկբայելով՝ որ Մանդակունւոյն պէս հանճար մը չկարենայ նման բան մը արտադրել, այլ քանի մը ձեռագրաց մէջ՝ Ոսկեբերանի և Եփրեմի ընծայուելնուն համար:

Աս տարակոյսը՝ գրչագրաց և գաղափարողաց անհմուտ անհոգութեանը արդասիք կրնայ սեպուիլ, վասն զի յիշեալ երկու վարդապետաց յունական և ասորի սկզբնագրաց մէջ՝ այս Ճառերուն և ոչ մէկը կը տեսնուի. և թէ որ կորսուած ալ համարինք անոնց սկզբնագիրը, ինչպէս նոյն սրբոց ուրիշ այլ և այլ Ճառերը, բայց քսանեւութին ալ միանգամայն կորսուիլը իրաւամբ տարակոյս կը ձգէ մեր մտքին մէջ՝ թէ անոնց պիտի չըլլայ այդ երկասիրութիւնը:

Բայց թատերինց վրայ, կ'ըսեն, կը խօսի Մանդակունին, և այն անանկ ժամանակի մը մէջ՝ յորում Հայաստան ներքին և արտաքին խռովութեանց նշաւակ, աչուըները բանալու ատեն չունէր, թող թէ

1 Ի կարգի Մատենագրութեանց նախնեաց, Վենետիկ, 'ի Ս. Ղազար, 1836, 1860:

ԴԱՐ Ե․ ՅՈՎՀԱՆ ՄԱՆԴԱԿՈՒՆԻ 311

զբօսանաց եւեթ ըլլալը․ մանաւանդ որ այն ժամանակին չի յիշատակուիր 'ի Հայաստան թատերաց գոյութիւնը: Յօտար պատմչաց, 'ի Յունաց և 'ի Հռովմայեցւոց ունինք յիշատակ թատերական տեսարանաց 'ի Հայաստան․ և զԱրտաւազդ երկրորդ՝ որ ըստ Պլուտարքեայ՝ այնպիսի քերթուածոց գրութեամբ ալ և յօրինմամբ կը զբաղէր, և յորոց հատուածք հասած էին մինչև պատմչին ժամանակ: Կը վկայէ նաև ազգային պատմութիւն՝ թատերաց և գուսանաց գոյութեանն 'ի Հայաստան Տիգրանայ երկրորդի ժամանակ: Բայց թէ առաջինքն և թէ յետինք՝ յոյն լեզուով գրուած և նոյն ազգին գուսանաց կը վերաբերին, և Մանդակունւոյն խօսքերը՝ անշուշտ յունական ծաղկեալ ու բարեկարգ թատերք չէին ենթադրեր․ և որոնք իրեն ժամանակ չկային և չէին ալ կրնար ըլլալ 'ի Հայաստան․ բայց ամենևին անպատեհ է կարծելը թէ զբօսանաց տեղւոյնք չըլլային առ մեզ, և թէ հին զբօսանաց պատշաճը չպահուելով, կը ստիպուէին սուրբ հայրապետքն ու վարդապետք՝ եկեղեցւոյ բեմերուն վրայէն իրենց ձայնը բարձրացընել: Թող որ մեր ուրիշ հեղինակաց մէջ ալ չպակսիր թատերաց յիշատակութիւն: Այսպէս Խորով․ «Ի խաղս և 'ի թատերս և 'ի ժողովս այլանդակաց»: Նարեկացին․ «Առ թատերս տեսարանաց»: Ուրիշ անանուն վարդապետ մը․ «Յորժամ թատերախաղքըն հարկանին՝ յայնժամ ողբայ եկեղեցի զկորուստ ժողովրդեան»: Սարկաւագ․ «Ի տեսարանի աշխարհիս կարգեաց կացոյց տէր՝ իւր հանդիսականս անթուելիս»:

Ասոնցմէ զատ Մաշտոցին կարգաւորութեանը մէջ՝ իրենն է Մկրտութեան կանոնը, խաչ օրհնելու, պսակի, եկեղեցւոյ հիմնարկէից օրհնութիւնը, տաճարի սրբութիւնն, ժամահարի, սկւոյ, մաղզմայի, տապատու և աւազանի օրհնութիւնը: Պատարագամատուցին մէջ այլ և այլ քարոզներ ու աղօթքներ, ու 'ի մասնաւորի՝ սրբոյն Աթանասի կոչուած պատարագամատոյցը: Ժամագրոց մէջ ալ գիշերային ժամուն՝ Զարթուցեալք և Զքեզ գոհանամք աղօթքներն, և Հաշտաժամուն երեք քարոզներն ու աղօթքները: Խրատք վանականաց միանձանց գրուածքի մըն ալ յիշատակութեան հանդիպեր ենք յանուն Մանդակունւոյ, որ մեզի անծանօթ երկասիրութիւն է:

Բաց 'ի ասոնցմէ Դըւնայ եկեղեցւոյն մէջ խօսած Ճարտասան ու գեղեցիկ ատենաբանութիւնն, զոր վերը յիշեցինք, և զոր աւանդած է Փարպեցին իւր Պատմութեան գրոցը մէջ:

ԵՂԻՇԷ

Եղիշէի վարքը: — Յաղագս Վարդանայ և Հայոց պատերազմին գրուածքը: — Անոր հանճարոյ բովանդակութիւնը: — Յաղագս Միաբանից ճառը: — Մեկնութիւն Յեսուայ և Դատաւորաց: — Ճառերն: — Արարածոց մեկնութիւն: — Անհարազատ կամ երկբայական ճառեր: — Պատմութեան գրքին և մատենագրութեանցը զանազան տպագրութիւնք և թարգմանութիւնք:

Կրտսերագոյն Թարգմանչաց՝ կամ երկրորդ աշակերտաց դասէն էր Եղիշէ, սրբոյն Վարդանայ ատենագայիրն, և ինչպէս հաւանական կ'երևնայ, նաև անոր մերձաւորն ազգականութեամբ[1]:

Թէպէտ և ընդհանրապէս վարդապետ կը կոչուի Եղիշէ՝ թէ իւր գրոցը խորագիրներուն մէջ, և թէ ուրիշ պատմիչներէն, բայց յոմանց կարծուի թէ եպիսկոպոսութեան աստիճանին ալ բարձրացած է, և թէ յԱրտաշատ գումարուած եպիսկոպոսաց ցուցակին մէջ նշանակուած համանուն Ամատունեաց եպիսկոպոսն՝ ինքն ըլլայ, ուրիշ միաբանակից պաշտօնակցաց հետ աւելցընելով նաև իր ստորագրութիւնը յաշխարհէն Պարսից՝ ուր կը գտնուէր նոյն առենը:

Հայաստանի թշուառ օրերուն ականատես, երբոր սրբոյն Վարդանայ և իրեն քաջ ընկերաց ինկնալը տեսաւ, ու այն 'պատճառաւ՝ հայրենեաց դժնդակ աղետից մէջ թաւալիլը, չկրցաւ դիմանալ, ու այնպիսի կեանքը՝ մահուանէ մը դառնագոյն սեպելով, մենաւոր առանձնութեան մէջ ուզեց իր կենաց մնացորդը աւարտել: Ինքզինքը ծածկելով 'ի մարդկու-

1 « Եղիշէ էր զինուորեալ Վարդանայ զօրավարին, և էր դըպրապետ. և տեսող լեալ ամենայն անցիցն որ անցին ընդ զօրսն Հայոց 'ի Յազկերտէ Պարսից արքայէ. և յետ նահատակութեան զօրացն Հայոց՝ թողեալ զզինուորութիւնն կրօնաւորեցաւ, և բնակէր ճգնութեամբ և խստակրօն վարուք յանապատի. պահօք և աղօթիւք պարապեալ, խոտաբուտ և գետնախշտի լեալ յաշխարհին Մոկաց և 'ի ծավեղերն: Եւ անդ գրեաց զպատմութիւն սրբոց Վարդանանց և զգիրս կանոնականս. և զմեկնութիւն խաչելութեանն Քրիստոսի և այլ գիրս օգտակարս »: Այսպէս նշանակուած կը տեսնենք 'ի հին ճառընտիրս: Այս կարծեաց հաւաստարմութիւնը նոյն իսկ Եղիշէի գրոց մէջ կը կարծեն ոմանք տեսնել, երբ 'ի Հայաստան Արտաշատ քաղաքին մէջ ժողովք կը գումարուէր 'ի տալ զպատասխանի Թղթոյն Միհրներսեհի. Եղիշէ Վարդանայ քով էր կ'ըսեն, և իրեն նախարարաց հետ 'ի դրան արքային Յազկերտի. « Ես ինքնին, կ'ըսէ, անձամբ 'ի տեղւոջն պատահեցայ և տեսի. և լուայ զձայն բարբառոյ յանդգնաբար խօսելոյ »:

նէ, քաշուեցաւ Մոկաց լեռներուն մէջ, ու խոտերով կ'ապրէր: Այն լերանց վրայ պտըտող հովիւները՝ գտան անոր առանձնութեան վայրը. տեսան խստակրօն վարքն ու ճգնութիւնը, և բոլոր մերձակայ գաւառներուն հռչակեցին: Ստիպուեցաւ Եղիշէ Մոկաց լեռներէն հեռանալ, և Ռշտունեաց գաւառը քաշուելով, հոն Աստուծոյ հաճոյական վարքը կնքեց:

«Դեռ չմեռած Հայոց ձորը, — կ'ըսէ ազգային ու ազգասէր նոր ճանապարհորդ մը, — Ռստանեաց ծառաստանեայց յաջ կողմն քիչ մը խոտոր, այս անշուք չէնքին, մինակ մենաստանին երթանք ուխտ: Մի նայիր արտաքին խրթնութեան, գեղեցկակերտ է ներքին տաճարն... Իսկ այդ չիրիմն, պաշտելի նշխարք աղու Եղիշէին կը գանձէ. Վարդանայ դըպրին, Հայոց վարդապետին, հրեշտակակենցաղ ճըգնաւորին:

«Համբո՛յր իւր խունաւ հողին:

«Հոս կը հանգչի անտապան, անարձան, անյիշատակագիր, նա՝ որ անմահ արձանացոյց Վարդանն և իր դարը ... Իսկ վանքը կը կոչուի Ձաղար Սուրբ Նշան, որ ըստ աւանդութեան, սրբոյն Եղիշէի սըրբանեալ լանջքէն կախուած Սուրբ Նշանն է. քանի՜ փափագելի: Խաչ՝ որ Քրիստոսի աստուածային մարմինը իր վրայ կրելով, կրեցաւ մեր Սրբոյն՝ Քրիստոսի և Ազգին սիրով հրավառ սրբազան ծոցը և կուրծքին վրայ ...

«Մարդ քանի որ կենայ, քանի որ նայի, քանի որ խորհի, այնքան իր ուշքը կը բացուի, այնքան կարօտ կը շատնայ, այնքան սխրալի զմայլմանց և խորին զգացմանց խորեր կը պարզուին իւր առջև: Ինչե՜ր կը քարոզէ այս լռին գերեզման: Ի՞նչ ձայներ կու գան այս տապանաքարի տակէն. անմռունչ աղաւնին կը ճիչէ և կը մրմնջէ սրտաճմլիկ մրմռունջներ-

ԴԱՐ Ե. ԵՂԻՇԷ 315

րով։ Գերեզման, ուր իւր չքնաղ մատենին չափ վսեմ լեզուով կը խօսի աղուն Եղիշէ. ուր կը ննջէ անմահն Եղիշէ»[1]։

Այսչափ է Եղիշէի կենսագրութեանը վրայ ունեցած տեղեկութիւննիս, աւելի ծանօթ մնալով իւր անմահական երկասիրութեամբը, որոնց մէջ գլխաւոր կը սեպուի իրաւամբ Պատմութեան գիրքը։

***

Աւելի վիպասանական քերթուածի քան թէ պարզ պատմագրութեան կը նմանի Եղիշէի այս սքանչելի երկասիրութիւնն։ Ընտիր նիւթ մը, ընտիր հանճարոյ և գրչի հանդիպած։

Եղիշէ համառօտ ընծայականէ կամ յառաջաբանէ մը ետքը՝ կը սկսի իր պատմութիւնը։ Արշակունեաց թագաւորութեան վերցուելէն կը սկսի խօսիլ. այն դէպքէն՝ ուր Խորենացի լալով դադրեցուցեր է իր Պատմութիւնը, և որ Հայաստանի դժբաղդութեանցըն սկիզբն է։ Մերձաւոր ուժով ազգ մը՝ Սասանեանք կամ Պարսիկք՝ այլ և այլ կերպերով Հայոց թագաւորութիւնը տկարացընելէն ետքը՝ կը մտածեն քրիստոնէական կրօնքն ալ անհետացընել. որովհետև անիկայ միայն մեծ արգելք էր իրենց ոտքը հաստատուն կռուան մը գտնելու Հայաստանի մէջ։ Ասով կը սկսի Եղիշէի պատմութիւնը։ Անհնարին ոխութիւն մը կը նկատենք Պարսից Յազկերտ թագաւորին վրայ, մեծ ատելութիւն մը ընդդէմ քրիստոնէական կրօնից. յոր աւելի գրգռուած իր մոգերէն՝ թուղթ մը կը գրէ իր ձեռքին տակն եղած հըպատակ ազգաց. կ՚իմացընէ իրենց թէ միտքը դրած ըլլալով Քուշանաց վրայ պատերազմի երթալ, իրենց

1 ՄՐՈՒԽԱՆՁՅԵԱՆՑ (Գ. Վ.) Համառ-Համառ., 106։

օգնութեանը կը կարօտի. ուստի կը հրամայէ որ բոլոր ձիաւոր զօրքերնին հետերնին առած Ապար աշխարհքը ժողվուին:

Հայաստան ալ կը հասնի այս հրամանը: Ոմանք միամտութեամբ, այլք 'ի հարկէ կը ստիպուէին հնազանդիլ այնպիսի հրամանի մը՝ որուն հետեւանաց գէշ ըլլալուն իրենց միտքն ալ կը վկայէր: Գուշակութիւննին ալ սուտ չելաւ: Թագաւորը հրաման տուաւ զիրենք չարչարել, ինչուան որ հաւատքնին ուրանան. անտէր Հայաստանին ալ ուրիշ խեղճութիւն մը պատրաստեր էր: Դենշապուհ անունով մէկը ղրկեց որ երթայ Հայոց աշխարհքը նստի, և զիրենք խաբելու համար ամէն պատրողական հնարք 'ի գործ դնէ: Բայց աստուածապաշտ Հայաստանը այն նենգաւորին խօսքերէն չխաբուեցաւ. և իրեն սուրբ հայրապետաց հետ միաբանած՝ քաջութեամբ ընդդէմ դարձաւ Դենշապհոյ, ու Արտաշատ քաղաքին մէջ գումարուած եպիսկոպոսաց ձեռքովը՝ Միհրներսեհի հրապուրողական ու ամբարիշտ թղթոյն պատասխանը տուաւ:

Թագաւորն ու իրեն համախոհ մոգպետը՝ երբոր այն քրիստոնէական ոգւոյն թելադրած անվեհեր թուղթը կարդացին, ա՛լ աւելի զայրացան. մանաւանդ մոգպետը, այն դառնացեալ ծերը, որ կարծես թէ կը փափաքէր իր աչքովը տեսնել Հայաստանի կործանումը, ու իր ձեռքովը՝ սուրբ եկեղեցեաց աւերակներուն վրայ՝ ատրուշանաց հիմունքը ձգել. խրատ տուաւ Թագաւորին որ քաղցրութիւնը մէկդի դնէ, ու այնպիսի ապստամբ ազգը բռնութեամբ ընկճէ: Հաւանեցաւ Թագաւորը, ու կծու թղթով մը հրաման ղրկեց որ Հայոց գլխաւորները արքունի դուռը գան: Հնազանդեցան անոնք. Յովսէփ կաթուղիկոսին օրհնութիւնը և քաջալերութիւնն առնելէն ետքը՝ հասան 'ի Պարսկաստան. տեսան իրենց ընկերակցաց նեղութիւնը, արտասուեցին անոնց վշտացը վրայ. բայց թագաւորին սիրտը աւելի չզայրացընելու համար՝ հանդարտութիւն կը կեղծէին:

Իսկ նա իր սրտին թոյնը դուրս թափելու չուշացաւ. նոյն իսկ հասած օրերնին՝ ինչուան այն ատեն սովորական եղած ընդունելութեան օրէնքները չկատարելէն զատ՝ ալէկոծ ծովու մը պէս, ինչպէս գեղեցիկ կը նկարագրէ պատմիչն, տակնուվրայ եղաւ, երդում ըրաւ արեւուն վրայ՝ որ ամէն նեղութիւն իրենց գլուխը հասցընէ, եթէ երկրորդ օրը անոր առջեւը ինկած երկրպագութիւն չմատուցանեն արեգական: Ի՜նչ դժնդակ հրաման աստուածասէր նախարարաց համար. այն օրն՝ յորում կ'ուզէր զՀայս արեւապաշտ ընել, զիրենք իր արեամբը փրկող Ճշմարիտ Աստուծոյն հրաշափառ յարութեան օրն էր: Այս բանիս յիշատակն ու մտածութիւնը միայն զիրենք կը սարսափեցընէր. ուստի և քաջութեամբ դէմ կեցան թագաւորին, յիշեցուցին թէ ինչպէս իրենց կրօնիցը վրայ հաստատուն են, և թէ առ Ճշմարիտ Աստուածն ունեցած սէրերնին ամենեւին արգելք չըլլար իրենց պարտքերնէն պակսելու զոր ունին առ երկրաւոր թագաւորս. ինչպէս իրօք ալ գովութեան արժանի սեպուեր են հին արքային ատեն, և այլ և այլ պիտանի ծառայութիւններ մատուցած:

Բայց Յազկերտի առջեւ այն ամէն արդիւնքն ընդունայն էին: Յաւիլ կը ցուցընէր իրենց տգիտութեան վրայ ու թէ ինչպէս արեգական ու կրակի երկրպագութիւն չընելով՝ վնասակարք են աշխարհի: Ա՛լ չդիմացան նախարարքն. երբոր հաւատոց համար վկայելու տեղն եկաւ՝ ամէնքը ձայներնին բարձրացուցին. խոստովանեցան թէ ինչպէս հաստատուն է իրենց հաւատքը, և անընկճելի սուրբ եկեղեցին:

Այսպիսի հաստատուն հիման մը վրայ կռթնած՝ չենք վախնար, ըսին, ո՛չ քու սպառնալիքներէդ և ո՛չ ալ տուած պատիժներէդ:

Պատմիչը հոս բառ չիկրնար գտնել Թագաւորին սրտմտութիւնը բացատրելու. կը ստորագրէ այնպիսի դառն սրտի մը մաղձերուն դուրս թափուիլը. և թէ ինչպէս անդարձ երդմամբք կը սպառնար՝ կրատամահ վերցընել այն պատուական անձինքը: Սակայն սպառնալեացն ալ արդիւնքը չտեսաւ. հրամայեց որ բանտի մէջ արգելուն զիրենք:

Հոս մութ ու սրտաշարժ տեսարան մը կը բացուի աչքենիս: Ամէն նեղութեանց, ամէն վշտաց ու դառնութեան համբերող սրտեր՝ հայրենեաց սիրով կը լեցուին. այն սէրը կը յորդորէ զիրենք այնպիսի բանի մը ձեռք զարնելու՝ որ երբեք չէր կրնար արդարանալ, որուն եթէ նախ իրենց արցունքովը ուեաքը արեամբ քաւութիւնը չփնտռէին: Կը ստիպուին գէթ առ երեսս, գէթ մէկ անգամուան համար արտաքին երկրպագութիւն ընել, որպէս զի Քրիստոսի հաւատքը անվտանգ պահուի Հայաստանի մէջ:

Հարկ չէ ըսելը թէ որչափ մեծ կ՚ըլլայ Թագաւորին ուրախութիւնը. մտացը մէջ ա՛լ ամենևին տարակոյս չմնար Հայաստանի վրայ տիրապետելու. ուրախութեամբ ամէնայն պատիւ ու մեծարանք կը հրամայէ որ ըլլուին Նախարարաց. հետերնին մոգեր ու մոգպետներ դրած Հայաստան կը ղրկէ:

Նոյն միջոցին այսպիսի դժնդակ լուր մը՝ բերնէ բերան, գաւառէ գաւառ անցնելով, ինչուան Հայոց մայրաքաղաքը՝ Վաղարշապատ, ու սուրբ Յովսէփ կաթուղիկոսին ու իրեն համախոհից ականջը կը հասնի: Ցաւ ու տագնապ կը պաշարէ զիրենք, ու միաբան ժողովք գումարելով՝ կը ստիպուին արտասուօք երդնուլ սուրբ աւետարանին վրայ, որ չէ՛ թէ

միայն իրենց արիւնովը սուրբ հաւատքը պաշտպա-
նելն, այլ չխնայեն նաև իրենց կարևոր սիրելեացն
ալ, եթէ անոնք ուզենան Հայաստանի մէջ արևու-
պաշտօնը տարածել: «Հայրը իր որդւոյն չխնայէ.
ըսին, որդին ալ այդպիսի առթի մէջ հօրմէն չպատ-
կառի. կինը՝ իր էրկանը հետ կռուի, ծառան ալ տի-
րոջը դէմ ելլէ. աստուածային օրէնք Թագաւորէն
ամենուն վրայ. և այն օրինաց համեմատ՝ ամէն յան-
ցաւորք իրենց պատիժը գտնեն»: Ի՜նչ սրտաշարժ
դէպքեր: Հին Հռովմայ պատմութեանցը մէջ յիշա-
տակուած Կարթագինէի պատերազմունքն՝ որչափ
իրենց ուժէն կը կորսնցընեն:

Մինչդեռ Հայաստանի մէջ այս գործողութիւն-
ները կը կատարուէին, մէկալ կողմանէ ալ ուրա-
ցեալ Հայոց բանակը մոգերով ու մոգպետներով
Հայաստանի մօտեցեր ու բանակած նստեր էին. ի-
րենք ալ կ'իմանային թէ ինչ դժուարին արգելք մը
կար առջևնին՝ Թագաւորին անօրէն կամքը առաջ
տանելու համար: Իրենց ժողովուրդը անտերունչ
չթողլու պատճառաւ հաւատքնին ձգող նախարար-
ները կը տեսնէին որ նոյն ժողովուրդը զիրենք կը
մերժէ: Քանըհինգ օր այնպէս անգործ առթի կը
սպասէին, շատերն իրենց մտաց ուղղութիւնը կեր-
պով մը անոնց իմացընելու համար, և ասկէ՝ Թա-
գաւորին ու խորհրդոցը արբանեկելու: Ինչուան
գլխաւոր մոգպետը սիրտ ըրաւ, հետը խումբ մը զօ-
րաց առնելով՝ կիրակի օր մը եկեղեցւոյն վրայ վա-
զեց, ու դռները խորտակելով՝ կ'ուզէր ներս մտնել:
Հոն էր երանելին Ղևոնդ երէց իր քանի մը խորհըր-
դակիցներովը. աչքովը տեսաւ մոգպետին անօրէ-
նութիւնը, չկրցաւ համբերել, և ոչ ալ սպասել ե-
պիսկոպոսաց՝ որպէս զի անոնց խորհրդովը շարժի.
հրաման տուաւ հաւատացելոց որ կռուին անոնց
հետ: Անգէն՝ բայց հաւատով զինուորեալ ժողովուր-

գը՝ քարերով վռնտեցին թէ մոգպետը և թէ անոր համախոհքը. և ինքը եկեղեցին դառնալով՝ այն յաղթութիւնը պարգեւող Աստուծոյն շնորհակալութեան մաղթանքը շարունակեց։

Այն տագնապին ձայնը բոլոր Հայաստանի մէջ տարածուեցաւ. ամէն կողմանէ այր և կանայք նոյն տեղը կը դիմէին, ու եղածը լսելով՝ մէկ կողմանէ շնորհակալ կ'ըլլային Աստուծոյ, միւս կողմանէ ալ հաւատոց համար վերահաս վտանգ մը աչուընուն առջև տեսնալով՝ արտասուաց գետեր աչուըներնէն կը վազցնէին. կը փափաքէին, կ'ըսէ պատմիչը, որ երկիրը պատռի ու իրենց գերեզմանն ըլլայ, որպէս զի չտեսնեն այն դժնդակ հրամանաց կատարումը։

Զարմացաւ միւս մոգպետը, ու իրեն ամէն համախոհքը. «Այնպիսի մարդկանց դիմաց, կ'ըսէր զարմանալով մը, որ զմահ նախամեծար կը համարին քան զկեանս՝ ո՞վ կրնայ դիմանալ»։ Ուստի որոշեց՝ Յազկերտ թագաւորին գրելով՝ ամէն բան տեղնիտեղը իմացնել անոր, և յորդորել որ այսպիսի խորհրդոյ մը գործադրութենէն ետ կենայ։

Սակայն Հայ նախարարաց մէջ անանկներ ալ կային որ 'ի սրտէ ուրացեր էին Քրիստոսի հաւատքը. և անոնց մէջ գլխաւոր էր Վասակ Սիւնի, որուն հոգւոյ աչուըները փառասիրութեամբ կուրցած՝ կ'ուզէր քրիստոնական հաւատոց ջնջմամբը Հայոց թագաւորութիւնը ձեռք ձգել։ Տեսնելով Վասակ թէ մոգպետը յուսահատեցաւ թագաւորին կամքը առաջ տանելէն, քաջալերել սկսաւ զինքը. այն դըժուարին գործոյն կատարման յանձնառութիւնը իր վրայ առնելով՝ խոստացաւ ջանալ որ եկեղեցւոյ ուխտին մէջ երկպառակութիւն ձգէ. և թէ որ այս բանս յաջողցնեմ՝ ալ այն ատեն, կ'ըսէր, ամենևին չեմ տարակուսիր թէ թագաւորին կամքը պիտի կարենամ 'ի գլուխ հանել։ Սուրբ հաւատոց գնովը

ԴԱՐ Ե. ԵՂԻՇԷ 321

կ'ուզէր ստանալ այն երկրին թագաւորութիւնը՝ որուն անարժան էր։

Ծածուկ հնարագիտութեամբ կը սկսի Վասակ մտքի դրած չարութեան խորհուրդը առաջ տանելու աշխատիլ։ Նախարարաց ու ազնուականաց աները մօտեր ու մօտալեաներ կը ցրուէ. և այն կերպով կը ջանայ զանոնք մոլորցընել։ Բայց սուրբ եպիսկոպոսունքն ամէնայն արթնութիւն կը բանեցընեն անոր հնարագիտութիւնները խափանելու։ Տեսնելով թէ սատանայական խորհուրդն առաջ կ'երթայ, սուրբ աւետարանը ձեռուընին, Հայոց սպարապետին՝ սրբոյն Վարդանայ՝ տունը կը վազեն, իմանալու համար թէ արդեօք իր խորհրդովը այնպիսի անօրէնութիւնք կը կատարուին. «Թէ որ ատանկ է, կ'ըսէին, նախ մեր գլուխը կտրեցէք, ու ետքը եկեղեցեաց վրայ ձեռուընիդ զարկէք»։ Արդէն բոլորովին խռոված էր Վարդան իւր պատճառաւ Հայոց աշխարհքին վրայ հասած աղետիցը համար, արդէն սրտովը լացեր էր ուրացութեան ակամայ յանցանքը, ու առիթ կը փնտռէր թէ ինքն և թէ իրեն հետ եղող հաւատարիմ նախարարք որ իրենք զիրենք յայտնեն։ Ա՛լ չկրցաւ դիմանալ, անոնց ոտքն ինկաւ, իւր մտացն ուղղութիւնը լալով պատմեց անոնց, և թէ պատրաստ է նոյն սուրբ հաւատքին համար ինչուան արիւնն ալ թափելու։ Մէկէն հրաման տուաւ որ համախոհքը ժողվուին, ու եղածը դարմանելու փութան։

Վասակ դարձեալ մէջ կը մտնէր՝ Հայոց միաբանութիւնը աւրելու։ Սրտովը 'ի հաւատացելոց ուծացեալ, բերնով անոնց հետ ինքզինքը մէկ կը ցուցընէր. կը խառնուէր մէջերնին, ու անանկով կը ջանար զանոնք իրարմէ երկպառակել։ Այնչափ և այնպիսի վստահութիւն կ'ազդէր իւր վրան, որ Պարսից դէմ պատերազմել ուզած ժամանակնին, անոր ձեռքը կը յանձնէին զօրաց մէկ գունդը։ Երբոր բաւական վստահութիւն գտաւ Վասակ, այլ անկէ ետքը իր երկպառակութեան և անմիաբանութեան խորհուրդը սկսաւ յայտնել։ Ասով կը սկսի Եղիշէ իր չորրորդ գիրքը։

Միհրներսեհ Պարսից մեծ հազարապետը՝ տեսնելով թէ իրեն դժուարին պիտի ըլլայ Հայոց միաբանութեան դէմ դնել, ու միանգամայն գիտնալով Վասակայ 'ի սերտ սրտէ ուրացութիւնը, քովը կը կանչէ զինքը, ու իմանալով իրմէ թէ ո՛րչափ ջանացեր է Հայաստանին մէջէն վերցնել սուրբ կրօնքը, ու անով Թագաւորին կամքը գործակատար ըլլալ, սիրտ առած, մեծամեծ պարգևներ կը խոստանայ՝ միայն թէ կարենայ իր միտքը դրած խորհուրդները առաջ տանիլ։ Անօրէն խոստումը ընդունեցաւ Վասակէն։ Մէկէն իրեն հետ միաբանեց Վասակ այլ և այլ ուխտադրուժ նախարարներն. և անոնցմով ու անոնց հպատակներով զօրաց բանակ մը պատրաստեց, ու սկսաւ իր հայրենեացն ու կրօնիցը դէմ պատերազմի պատրաստուիլ. «Մոռնալով, ինչպէս կ'ըսէ պատմիչը, որդւոյն Աստուծոյ գալուստը, ու սուրբ աւետարանին քարոզութիւնը չյիշելով. իր սուրբ հաւատոցը ոչ պատուիրանքներէն վախնալով, և ոչ աւետեօքը մխիթարուելով»։ Ասանկով Հայաստան երկու մասն բաժնուեցաւ, հաւատացեալ և ուրացող։

Եղիշէին հինգերորդ գիրքը կամ յեղանակը կը սկսի սքանչանալով աստուածային սիրոյ մեծութեանը վրայ, որուն արդիւնքը յայտնապէս կ'երևնար հաւատարիմ հպատակաց ու անոնց զօրացը վրայ. որոնք ամէնքը ժողվուեցան իրենց սպարապետ մեծին Վարդանայ քովը՝ վաթսունևվեց հազար հոգի, և անոնց հետ Յովսէփ կաթուղիկոս և Ղևոնդ երէց և ուրիշ բազմութիւն քահանայից։ Ամբողջ բանակը քաջալերուեցաւ. նախ սրբոյն Վարդանայ խրախուսական և սքրձօքան խօսքերովը, ու ետքը Ղեւոնդեայ երիցու սրտաշարժ յորդորանքներովը. և պատերազմին նախընթաց գիշերը՝ հաղորդեցան սուրբ խորհրդոյն, ու պատրաստուեցան 'ի մարտ, փափաքանօք սպասելով այն արշալուսոյն՝ որ իրենցմէ շատերուն համար արքայութեան դուները պիտի բանար, ու իրենց արեամբը՝ փրկութիւն պիտի պարգևէր Հայաստանեայց: Ասով կը լմնցընէ Եղիշէ իր հինգերորդ յեղանակը:

Կը սկսի վեցերորդը: Փափաքելի առաւօտը կը հասնի. Պարսիկ ու Հայ սպարապետները փոփոխակի իրենց բանակը կը սկսին քաջալերել. միանգամայն զօրքերնին պատերազմի կը պատրաստեն. ու Տղմուտ գետին քով՝ ահաւոր ճակատամարտ մը կը սկսի, և հոն Վարդան իր բազմաթիւ քաջերովը կ'ինկնայ:

Մահուանէ ազատող Հայոց քաջերը բերդերու մէջ կ'ամրանան. ու փափաքելով մահակից ըլլալ իրենց նիզակակիցացը՝ ամենևին չեն շարժիր՝ ոչ 'ի խոստմանց և ոչ 'ի սպառնալեաց: Բայց երբ կ'իմանան թէ Վասակ ամէն ջանք կ'ընէ որ զիրենք ալ կորսնցընել տալով՝ բոլոր աշխարհին անկմանը պատճառ ըլլայ, կ'իմացընեն Պարսից զօրապետին անոր ըրած ամէն չարութիւններն, ու թէ ինչպէս թէ Պարսից և թէ Հայոց աշխարհացը վնասակար է. ու անօրէնութեամբ ստացած պատիւներէն զինքը զըրկել կու տան, որ իրենց հետ մէկտեղ բանտակից կ'ըլլայ, առանց անոնց մխիթարութիւնն և սփոփանքն ունենալու: Նախանձեցաւ ուրացողն անոնց երջանկութեանը վրայ, ու ինքը չկրցաւ նմանիլ, ու չարաչար կեանքով մը ապրելէն ետքը, դժնդակ ու դառն մահուամբ ալ մեռաւ:

Եղիշէ իր Յառաջաբանին մէջ խոստացած էր եօթն

յեղանակօք կամ գրքով աւարտել իր Պատմութիւնը, բայց ետքը Արտաքոյ կարգի յաւելուածի ուղերձ մըն ալ կ'աւելցընէ. որուն մէջ տեղեկագիրը կը պատմէ թէ ինչ նեղութիւնք ու չարչարանք կրեցին այն սուրբ քահանայք՝ որ Վարդանանց պատերազմէն ետքը ախոյեան հանդիսացեր էին Հայաստանի մէջ հաստատուն պահելու սուրբ հաւատքն ու ազգութիւնը։ Նոյնը աւանդած է և Ղազար Փարպեցի. բայց Եղիշէ աւելի մանրամասն կերպով ու աւելի յատուկ և ընտիր ոճով։ Վերջն ալ մասնաւոր հատուած մը կ'աւելցընէ այն սուրբ կանանց համար՝ որ իրենց արանցը արժանաւոր եղեցան սիրով ու սրտով, հաւասար քալելով թէ՛ առաքինութեամբ և թէ քաջութեամբ։

Եղիշէի այս պատմութեան գիրքը՝ խարդախած կը համարի Թովմա Արծրունի, ու այլ և այլ հատուածներ անոնց մէջէն պակսած։ Արծրունին՝ որ իւր ցեղին պարծանքն ու փառքը նորոգելու և անմահացընելու նպատակաւ՝ ձեռք զարկած է իր գրոցը, կրնան, կ'ըսէ, զարմանալ ընթերցողք թէ ինչո՛ւ Եղիշէ իւր պատմութեան մէջ ամենեւին չյիշատակեր Վահանայ Արծրունւոյ վկայական մահը. և այս բանիս՝ հետեւեալ պատճառը մէջ կը բերէ։

Պարսից Պերոզ թագաւորին ատենը՝ Բարծումա նեստորական աղանդաւորն՝ Մոկաց աշխարհքը եկաւ իւր մոլորութիւնը սերմանելու. և որովհետև այն միջոցին Մոկաց աշխարհին մէջ կը բնակէր Եղիշէ, Բարծումա իւր պատմութեան գիրքը խնդրեց իրմէ, ու խնդիրը ընդունեցաւ։ Բայց Արծրունեաց Մերշապուհ իշխանը՝ որ այն ատենները Տմորեաց բերդին մէջ ամրացած էր, լսելով Բարծումայի իւր սահմանները մտնելը, սախալա հրամայեց հեռանալ անկէ, ու սաստիկ պատիժներ և աքսոր սպառնացաւ թէ որ իւր հրամանացը մտիկ ընելու չըլլայ։ Ան ա-

տենը Բարծումա՝ վրէժխնդիր հոգւով՝ Եղիշէի գրո-
ցը մէջ եղած ամէն Արծրունեաց տան վրայի յիշա-
տակութիւններն հանեց, ու անոնց հետ նաև Վա-
հանայ Արծրունւոյ մարտիրոսութեան պատմու-
թիւնը: Նոյն իսկ մեր ունեցած Եղիշէի օրինակնե-
րէն կրնանք գուշակել Բարծումայի խարդախու-
թիւնը. վասն զի Եղիշէ ինն նախարարաց հետ՝ եր-
կու հարիւր եօթանասունևութ հոգւոյ նահատա-
կութիւնն յիշելէն ետքը կ՚ըսէ թէ տասնցմէ զատ
«են յարքունի տանէն և 'ի տանէն Արծրունեաց և
յիւրաքանչիւր նախարարաց տանէն, ... այլ եւս
եօթնհարիւր քառասուն այր» . որով յայտնի կ՚ըլլայ
թէ Բարծումա չկարենալով բոլորովին Արծրունեաց
յիշատակութիւնը վերցնել՝ Վահանայ անունը և
իրեն հետ իր ցեղէն մեռնողներուն թիւը վերուց, և
միացած Հայոց ցեղէն ինկածներուն հետ խառնեց
անոնց թիւը գումարելով եօթնհարիւր քառասունը.
և անոր համար կը հարկադրի հոս յիշել զԱրծ-
րունիս: Եղիշէ՝ Ուշտունեաց գաւառին ծովեզերքն
առանձնացած ըլլալով՝ տանէն չունեցաւ իւր գը-
րուածքը միւսանգամ աչքէ անցընելու, որովհետև
հոն եղաւ իւր երջանիկ փոխումը: Այն պատճառաւ
ոմանք կարծեցին թէ անանկ անկատար թողած է
իւր գործը սուրբ վարդապետս [1] :

1 Էջմիածնի Մատենադարանը՝ քառածալ երկաթագիր օրի-
նակ մը ունի Եղիշէի այս սիրելի և ընտիր երկասիրութեան
«գրեալ՛ի վանս Գօշայ Արագածոտան 'ի թուին Հայոց ՌԻԱ
(թիւ գրչ. 1645)»: Յիշուած ուրիշ երկու օրինակք (թիւ 1643
և 1644) նորագիր են: Հին և ընտիր օրինակ է բուն ԱՆՅԵ——
ցետյն կոչուածը, որուն համեմատ եղած է Թէոդոսիոյ տպա-
գիրը: Հին երկաթագիր օրինակ մ՚ալ կայ յանապատն Լիմ:
Մեր քովն եղած օրինակները նշանակուած են արդէն 'ի յա-
ռաջաբանի տպագրին: Արղնոյ Բարձրահայեաց Ս. Աստուա-
ծածնին Մատենադարանին մէջ պահուած գրչագիր մ՚ալ (թիւ
212) հետևեալ խորագիրը ունի. «Յիշատակարան և պատ-
մութիւն սրբոյն Վարդանայ քաջի և Հայոց սպարապետի»:

***

Պատմութենէն զատ՝ որ Եղիշէի գլուխ գործոցը կը սեպուի, ուրիշ գեղեցիկ երկասիրութիւններ ալ թողուցած է սուրբ վարդապետս, և որոնց մէջ գերազանց կը սեպուի իրաւամբ Միանձանց Ճառը։ Պատմութիւննիս կ'աւանդէ թէ հինգերորդ դարուն քաղաքական յեղափոխութեանցը մէջ՝ երբ Թարգմանիչք դարձան իրենց հայրենի երկիրը, ու Վամշապհոյ օրովը ծաղկած Հայաստանը՝ ներքին երկպառակութեանց, արտաքին մարտից և պարսկական բռնութեան ՚նշաւակ տեսան, երիտասարդութիւնին՝ իրենց սիրելի երկրին երջանկութեանը նուիրող սրտերն՝ անոր ապագայ բարօրութենէն յուսահատածի պէս եղան, ու շատերնին՝ անանկ թշուառ կեանքէ մը աւելի մահը նախամեծար սեպելով, անապատներու լռութեանը մէջ իրենց սրտին խաղաղութիւնը և հոգւոյն փրկութիւնը փնտռել փութացին։ Ասոնցմէ մէկն էր նաև Եղիշէ։ Այն առանձնութեանը մէջ՝ խրատական ու գեղեցիկ ճառ մը գրեց առ միանձունս իւրոյ ժամանակին, հին անապատաւորաց օրինակաւը՝ անոնց կատարելութեանը փափաքողներն քաջալերելու նպատակաւ։ Ո՜րչափ գեղեցիկ լեզու, քանի՛ ընտիր իմաստներ, և ինչ վշտահար սիրտ մը կը ցուցընէ Եղիշէ՝ իւր այս գըրուածքին մէջ. բայց ո՛ն էր այն ժամանակին Հայաստանին նկարագիրը՝ որ զինքը սիրող սրտերուն ըսել կու տար համարձակ, թէ «ամենայն չարիք եկին հասին 'ի վերայ մեր... կենդանեաւ մերով տեսաք զդիակունս անձանց մերոց»։

***

Եղիշէի միւս այլ երկասիրութիւն է Մեկնութիւն Յեսուայ և Դատաւորաց։ Թէ՛ այս, և թէ ասկէ ետքը յիշատակելիք քանի մը ճառերնիս՝ ժամանակաւ երիցագոյն կ'երեւնան քան զգրութիւն պատմութեան և ճառին Միանձանց։ Ոճոյ մեծ զանազանութիւն մը կը տեսնուի ասոնց մէջ, և հարկաւ կ'ենթադրէ ժամանակի երիցութիւն մը, յորում հեղինակը դեռ չէր ստացած ոչ այն հմտութիւնը և ոչ լեզուի մաքրութիւնը։ Ասանկ են Տէրունական աղօթից կամ Հայր մերի մեկնութիւնը, այլ և այլ ճառեր ու քանի մը աղօթքներ։ Անոր համար ուզած են ոմանք տարակուսիլ անոնց հարազատութեանը վրայ. սակայն պատմիչք յայտնապէս անոր ուրիշ երկասիրութեանցը մէջ կը յիշատակեն այս ճառերն, և 'ի մասնաւորի՝ Կիրակոս. «Եղիշէ (գրեաց) զպատմութիւն սրբոց Վարդանանց և զգիրս կանոնացն, և այլ մեկնութիւնս գրոց սրբոց և զչարչարանաց փրկչին»։

Արարածոց Մեկնութիւն մըն ալ շարադրած էր Եղիշէ, որուն կորուստը՝ մեծ զրկում մըն է հայերէն դպրութեանց. և այս կորստեան ցաւը աւելի զգալի կ'ընեն անոր հատուածները, զոր համանուն երկասիրութեան մը մէջ առաջ կը բերէ Վարդան յանուն Եղիշէի։ Յայսմաւուրք ալ կ'աւանդեն վասն Եղիշէի. «Արար Մեկնութիւն գրոցն Արարածոց, և ճառս վասն Չարչարանացն Քրիստոսի, Թաղմանն և Յարութեանն. և գիրս կանոնականս համեղ և ախորժ բանիւք»։

Այլ և այլ անգամ տպագրուած է Եղիշէի Պատմութեան գիրքը։ Ասոնց մէջ առաջինն կը սեպուի 1764ին 'ի Կոստանդնուպոլիս հրատարակուածը, զոր Էջմիածնի միաբան Աբրահամ վարդապետը տպագրել տուաւ։ Որուն կրկին տպագրութիւնն է 'ի Փեթրպուրկ հրատարակուածը՝ 'ի ձեռն իշխանացն Յովսէփ Արղութեանց արքեպիսկոպոսի ։ Վերջը քանի մը անգամ տպագրուած է 'ի Վենետիկ (1825), և 'ի 1838 և 1860 ամբողջ Մատենագրութեանցը հետ մէկտեղ ։ Անցեալ տարիներ (1861) նոր տպագրութիւն մըն ալ եղաւ 'ի Թէոդոսիա, ըստ Անյաոյեան օրինակի կոչուած, որ թէպէտ ըստ ընթերցուածին մեծ տարբերութիւն մը չունի իրմէն առաջ հրատարակուածներէն, բայց իր հնութեամբը և յիշատակներով՝ պատուական ։ Գրութեան թուական չունի, այլ մէջը գտնուած յիշատակարաններէն՝ հինգերորդ դարու գրուածք կրնայ սեպուիլ. վասն զի անոնց մէկուն մէջ կը յիշատակուի « տէրն Անձևացեաց Ատոմ », զոր հրատարակողը նոյն կը համարի ընդ Ատոմայ, որ կը յիշատակուի առ Յովհաննու կաթուղիկոսի, և որ Գնունեաց որդի կը կոչուի ։

Եղիշէի պատմութեան գիրքը՝ այլ և այլ եւրոպական լեզուներով ալ թարգմանուած է ։ Անոնց մէջ առաջինն է անգղիականը, զոր 'ի 1830 տպագրեց 'ի Լոնտոն՝ Նայման գերմանացի արևելագէտն, խորագիր դնելով: The history of Wartan and of the battle of the Armenians, containing an account of religions wars bettowen the Persians and Armenians, by Elisaeus Bishop of the Amadunians. Translated from the armenian by C. J. Neumann. London, 1830. Անկէ ետքը 'ի 1840 իտալական թարգմանութիւն մը հրատարակուեցաւ 'ի Վենետիկ՝ Գաբբելլէդդի հայագէտ քահանային աշխատասիրութեամբը, Eliseo storico armeno del V secolo; versione del prete Giuseppe Cappelletti. Venezia, tipografia Alvisopoli, և 'ի 1841 'ի Փարիզ գաղղիական լեզուով՝ Գապարաճեան Գրիգոր վարդապետի ձեռքով: Soulevement national de l'Arménie chrétienne au V.me siècle contre la loi de Zoroastre, sous le commandement du prince Vartan-le-Mamigonien. Ouvrage écrit par Élisée Vartabed, contemporain, sur la demande de David-le-Mamigonien, son collègue; traduit en français par M. l'abbé Grégoire Kabaragy Garabed. Paris, 1844. Նոյն լեզուով նորագոյն թարգմանութիւն մ'ալ 'ի Հաստատման հին և նոր պատմերաց Հայոց Լանկլուայի. Élisée Vartabed; Histoire de Vartan et de la guerre des Arméniens. Traduction nouvelle, accompagnée de notes historiques et critiques, par V. Langlois. Paris, 1869. Ռուսերէն թարգմանութիւն և տպագրութիւն մըն ալ եղած է 'ի Փեթրպուրկ: – Կը թողունք յիշատակել բնագրին զանազան տեղուանք նոր հրատարակութիւնները, և աշխարհիկ կամ գաւառական լեզուով թարգմանութիւն մ'ալ 'ի Թիֆլիզ:

ՄՈՎՍԷՍ ԽՈՐԵՆԱՑԻ

Խորենացի և իր ուսմնական դաստիարակութիւնն և ճանապարհորդութիւնք: — Դարձն 'ի հայրենիս և կրած նեղութիւնները: — Երկասիրութիւնները: — Պատմութիւն Հայոց: — Աղբերք: — Արտաքին պատմիչք: — Սուրբ գրոց հետևողութիւն մանաւանդ 'ի ժամանակագրական մասին: — Իր Պատմութեան գրոց ճիւղը: — Չորրորդ գիրք իր այս երկասիրութեան: — Խորենացւոյն արժէքը իբրու պատմաբան և ժամանակագիր: — Եւրոպական և ազգային քանասիրութեան կարծիք: — Պատմութեան գրոց տպագրութիւնք և թարգմանութիւնք: — Աշխարհագրութիւնն ու անոր հարազատութիւնը: — Պիտոյից գիրք: — Հռիփսիմեանց ճառ: — Վարդավառի ճառ: — Այլ և այլ մանր երկասիրութիւնք: — Իրեն ընծայուած անհարազատ գրուածք:

Հայ պատմագրաց հայրը, ազգային ծանօթ բանասիրութեան մէջ ամենէն բարգաւաճ միտքն և եւրոպական գիտութեանց առջև ամենէն մեծ և ստոյգ պարծանք՝ կը սեպուի արժանապէս Մովսէս Խորենացի: Չորրորդ դարուն վերջերը Տարօնոյ Խորնի կամ Խորօնք գեղը ծնած է Մովսէս և այն պատճառաւ Խորենացի կոչուած: Իր մանկութեան ատեն Վռամշապհոյ և սրբոյն Սահակայ և Մեսրովպայ ջանքով՝ Հայաստան նոր կերպարանափոխութիւն մը կ'առնուր ուսումնական զարգացմանց մէջ. և Մեսրովս՝ հայերէն գրոց գիւտը հնարելէն ետքը՝ ուրիշ փափկաձայն, ուշիմ և հանճարեղ մանկանց հետ՝ ասոր ալ, որ իւր քեռորդին էր, դաստիարակութեանը խնամք ունեցաւ, ու իր աշխատանաց արդիւնքը յայտնապէս տեսաւ անոր զօրաւոր մտացն ու հանճարոյն վրայ։

Իր միւս աշակերտակցացը պէս՝ Մովսէս ալ իր անմիջական դաստիարակաց ձեռքին տակ մեծ յառաջադիմութիւն ցուցընելէն ետքը՝ անոնց հրամանաւը ճանապարհորդութիւններ ըրաւ 'ի Սիւնիս, յԵդեսիա, 'ի Բիւզանդիոն, յԱթէնս, Հռովմ, 'ի յԱնտիոք, 'ի Պաղեստին և յԱղեքսանդրիա, մտացը գաղափարներուն աւելի ընդարձակութիւն տալու, և հայկական Թարգմանութեանց արուեստին կատարեալ հմտութիւն ունենալու համար. քննեց մատենադարանները ու գրքերը, ու իր ժամանակին անուանի իմաստնոց աշակերտելով՝ եղաւ գերագոյն և ամենահմուտ բանագիտաց մէկն։ Թարգմանչաց ու Անյաղթին վրայ խօսելու ատեննիս՝ տեսանք թէ ինչ պատիւ ունեցաւ իր ընկերակցացը պէս նաև Մովսէս՝ 'ի Բիւզանդիոն, ուր Մարկիանոս կայսրն (ըստ աւանդութեան մը) զարմանալով անոր հմտութեանն և իմաստութեան վրայ, և ճարտասան լեզուին զօրաւոր ազդեցութենէն յաղթուելով, «Ո՛վ Մովսէս, կ'ըսէր, յաչս ամենեցունց ընտրեալ են բանք բերանոյ քոյ, որպէս զաւաշինս 'ի հաւատորաց. և դու կարի քաղցար յոյժ»։

* * *

Սակայն միւս Թարգմանչաց պէս՝ Մովսէս ալ չկըրցաւ ոչ իւր հոգևոր ծնողաց կրկին տեսութեամբը մխիթարել և մխիթարուիլ, և ոչ ալ ուղածին պէս օգտակար ընել Հայաստանի՝ իւր այնչափ ջանքով և

ԴԱՐ Ե. ՄՈՎՍԷՍ ԽՈՐԵՆԱՑԻ 331

յարատեւութեամբ ժողոված հմտութեանց գանձը։
Դարձաւ 'ի Հայս յետ երկար ճանապարհորդու-
թեանց, և իր սակաւամեայ պանդխտութեանը միջո-
ցին՝ վերիվայր եղած տեսաւ իր հայրենիքը։ Վասն
զի, ինչպէս ուրիշ շատ անգամ յիշեցինք, կործաներ
ինկեր էր Հայաստանի թագաւորութեան աթոռը,
վախճաներ էին Սահակ ու Մեսրովպ, ու Հայաստա-
նի վրայ սոսկալի ու դժնդակ աղետից նախագուշա-
կութիւն մը ամէն կողմանէ յայտնի կը տեսնուէր։

Անանկ դժնդակ ատենի մը մէջ՝ ազգը ոչ միայն
ժամանակ չունեցաւ, այլ նաև չուզեց ճանչնալ ա-
նոր արդիւնքը. ուստի հեռացաւ քաշուեցաւ Մով-
սէս ալ անծանօթ տեղուանք, թէ իւր վարդապետա-
քը՝ և թէ աւելի հայրենիքն արտասուելու. երկտա-
սարդութեան աշխոյժ տարիները՝ հայրենեացը մը-
տաւոր սնունդ պատրաստելու համար յոգնողն՝ ծե-
րութեան հասակին մէջ օրուան հացին կարօտ եղաւ,
ինչպէս տխուր աւանդութիւն մը կը յիշատակէ, ու
պարկը կռնակը շալկած՝ դռնէ դուռ կը քալէր, ու
իրեն նախատիպ օրինակ Քրիստոսի պէս՝ գլուխը
հանգչեցընելու տեղ մը չէր գտներ այն Հայաստա-
նին մէջ՝ զոր պիտի անմահացընէր իւր երկասիրու-
թեամբքը։

Տասը տարի այսպիսի թշուառութեամբ անցուց
իր կեանքը Մովսէս, ինչուան Հայաստանի վիճակը
սկսաւ քիչ մը կերպարանափոխ ըլլալ. պարսկական
բռնութիւնը այնչափ անհամար անմեղ արիւններ
թափելէն ետքը յոգնեցաւ, ու կաթուղիկոսական
աթոռոյն վրայ նստելով Գիւտ՝ անակնկալ կերպով
մը ճանչցաւ իր հին և սիրելի աշակերտակիցն՝ զՄով-
սէս, աղքատութեան տառապանացը և աղքատ դըր-
գլէկին մէջ, մխիթարեց զինքը, և Հայաստանի՝ իրեն
անմահ բարերարը ճանչցընելով. Եզնըկայ Կողբա-
ցւոյն մահուընէն ետքը՝ Բագրևանդայ և Արշարու-

նեաց եպիսկոպոս դրաւ, ուր վարժարաններ բանալով՝ կրթեց իւր նոր աշակերտաց դասերը․ այս ալ կէս մը ըստ աւանդութեան:

Որոշ չենք կրնար զրուցել թէ երբ եղած է Մովսէսի մահը, այլ ժամանակագրութիւն մը կը յերկարաձգէ անոր կեանքը մինչև Զենոնի կայսերութեան տարիները, կամ 'ի 487․ և դար մը կամ աւելի ապրած կը սեպէ: Տարօնոյ գաւառին մէջ հանդիպեցաւ անոր երջանիկ փոխումը, և մարմինն ալ նոյն գաւառին սուրբ Առաքելոց վանաց եկեղեցւոյն մէջ ամփոփեցաւ:

* * *

Խորենացւոյն երկասիրութիւնքը․ — Մովսէսի երկար կեանքը՝ աստուածպաշտութեան և ուսմանց նուիրական եղած է․ և ոչ երբէք ուզեր է ձգել ձեռքէն գրիչը: Բայց կ'երևնայ թէ իւր գրուածոց և երկասիրութեանց գլխաւոր մասն՝ Թարգմանութիւնք եղած ըլլան․ ինչպէս ինքն ալ «այր ծեր և անպարապ 'ի Թարգմանութեանց» կը կոչէ ինքզինքը․ հին յիշատակագիր մ'ալ կը վկայէ թէ «Մովսէս Թարգմանական աշխատանօք ծերացաւ»: Որչափ ստոյգ է թէ հինգերորդ դարուն մէջ եղած Թարգմանութեանց մէջ մեծ մասն ունեցած պիտի ըլլայ Խորենացին՝ իր անխոնջ և բազմավաստակ գրչովը, այնչափ չենք կրնար որոշակի հաստատել թէ որո՛նք են իրեն հարազատ Թարգմանութիւնքը․ միայն քանի մը գրոց վրայ եղած կարծիքները պիտի յիշատակենք՝ Թարգմանութեանց վրայ խօսած ատեննիս:

Հիմայ իւր սկզբնագիր երկասիրութեանցը վրայ խօսինք: Ասոնց մէջ ամենէն գերագոյն տեղը կը բռնէ իրաւամբք իւր **Պատմագրութիւնը**, որ այսօրուան օրս այլ և այլ լեզուներ թարգմանուած, և գրեթէ աշխարհածանօթ գիրք մը եղած է։

Հեղինակին բուն նպատակն եղած է այս գրքին մէջ՝ Հայոց պատմութիւն մը շարադրել, այն ազգին ծագմանէն մինչուան իւր օրերը։ Ասիկայ էր նաև Սահակայ Բագրատունեաց իշխանին փափաքը, որ զԽորենացի աղաչեց այն երկասիրութեան ձեռք զարնելու։

Բայց Հայոց պէս հին ազգի մը պատմութիւնը այլ և այլ վերաբերութիւններ ունեցած էր ուրիշ թէ դրացի և թէ մերձաւոր ազգաց և աշխարհաց հետ. որով բնականաբար Հայոց պատմութեան հետ այն ազգաց պատմութիւնն ալ իր մասը կ'ունենար այս գրուածքին մէջ. և այս նկատմամբ աւելի սիրելի և հետաքննութեան արժանաւոր սեպուած է Եւրոպացւոց Խորենացւոյն գրուածքը։ Այս վախճանին հասնելու համար՝ հարկ էր որ Մովսէս չէ թէ միայն ազգային՝ այլ նաև օտար աղբերաց դիմէ, և անոնց գրուածոց քննութեամբը աւելի հաստարիմ և ախորժական ընէ իւր պատմութիւնը։ Ուստի և Մովսէս գլխաւորաբար հինգ գլխաւոր աղբերաց օժանդակութեանը փոյթ ունեցեր է, և են Ա. Յոյն անգիր և գրաւոր մատենագիրք։ Բ. Ասորի և պարսիկ մատենագիրք։ Գ. Եդեսիոյ, Մծբնայ և Սինոպի դիւանագիրք, կամ մեհենական պատմիչք։ Դ. Քաղդեական հեթանոս մատենագարանք և մատեանք՝ ասորի կամ յոյն թարգմանութեամբ։ Ե. Հնոյն Հայաստանի ժողովրդական և ազգային երգերն, զրոյցք և վէպք՝ որ մինչև ցհինգերորդ դար կենդանի և 'ի գործածութեան էին յազգին։

Բաց արտաքին պատմիչներէ, չէ ուզած ամենևին օտարանալ նաև 'ի սուրբ գրոց, ինչպէս իւր վիճակն, գիտութիւնը և սրբութիւնը կը պահանջէր. ուստի և ջանացած է սուրբ գրոց ծննդաբանութիւնքն համեմատել, և կարելի եղածին չափ յարմարցընել իւր ազգային աւանդութեանցը. և 'ի հարկէ ունեցած է աստ մէջ իւր դժուարին աշխատանքը. և չկարենալով յամենայնի զուգընթանալ ոչ նուիրական և ոչ ալ ազգային, կամ արտաքին օտար աւանդութեանց և պատմութեանց հետ, հարկ եղեր է երբեմն որ այս վերջիններուն հակառակի, և անով ոմանց առջևը կասկածելի եղեր է իր հաւատարմութիւնը: Այս դժուարութեանց մէջ աւելի խոհեմութիւն և պարզ սեպեր է Մովսէս՝ սուրբ գրոց հետևիլ. և ամենէն աւելի իրեն գրուածքին նմանողութեան գաղափար առնուլ զԵւսեբիոս. ինչպէս որ այլ և այլ տեղ, և 'ի մասնաւորի առաջին գրոց երրորդ գլխոյն մէջ կը զրուցէ: Եւ սակայն պատմութեանցը մէջ՝ հին ժամանակաց վրայ խօսելու տեղն՝ քրիստոնեայ հեղինակաց կարծիքները մէջ չբերեր, այլ Բազմավէպ Աղեքսանդրի, Աբիւդենեայ, Կեփաղիոնի և այլոց, որոնց գրուածներն առիթ տուած են իրեն քննելու և վճռելու՝ սուրբ գրոց և հին հեթանոսութեան պատմական աւանդիցը մէջ եղած, և իրարու հակառակամարտ կարծիքները: Այս աշխատանաց մէջ ալ ընդհանրապէս հետևող եղած է Խորենացին Եւսեբիոսի. վասն զի անանկ արտաքին պատմիչներ կը յիշատակէ՝ որոնք իւր ժամանակը արդէն կորսուած էին, և որոնց միայն քանի մը հատուածքը՝ իրմէ ժամանակաւ երիցագոյն՝ Կեսարիոյ եպիսկոպոսին (Եւսեբիոսի) ձեռքն անցած էին:

***

Տեսնենք հիմայ այն մատենագիրներն՝ որոնց գրուածոց օժանդակութեամբն և քննութեամբ շարադրեր է Մովսէս իր Պատմութիւնը: Ասոնց մէջ թէ կարգաւ՝ թէ մատուցած կարևոր ծառայութեամբը առաջին է Մարիբաս, որուն վրայ արդէն խօսեցանք: Իրմէ ետքը կու գայ Բերոսոս, կամ իւր շարադրողը՝ Աղեքսանդր Բազմավէպ, որ Քրիստոսէ 100 տարի առաջ է, և որուն բազմաթիւ հետաքըրքրական գրուածոց մեծ մասը կորսուած են: Հնոց մէջ յարգի էին Բազմավիպին գրուածները, և որուն երկասիրութեանց միջնորդութեամբը այլ և այլ պատմական ընտիր հատուածներ հասած են ձեւոքընիս. որոնք ընդհանրապէս իւր Քաղդէական կամ Ասորական գրքերէն առնուած են, և զՀրէից կոչուած գրուածէն:

Այլ և այլ տեղուանք կը յիշատակէ Խորենացին զՅովսեպոս, և կ'երևնայ թէ հմուտ Հեբրայեցւոյն գրուածոցը կատարեալ տեղեկութիւն ունեցած ըլլայ: Իրմէն առնելով կը յիշատակէ Սեթայ կանգնած երկու սիւները. Յուլիոս Ափրիկանոսի Ժամանակագրական պատմութեան հինգերորդ գրոց մէջ աւանդուածներն՝ անոր խօսքերով կը հաստատէ. և դարձեալ քանի մը խօսքով հրէայ պատմչին մէկ հատուածը կը հաւատարմացընէ՝ Միհրդատայ մահուանը նկատմամբ, զոր Պոմպէոս Երիքովի քով լսեց:

Կը յիշատակէ դարձեալ Խորենացի և զԿեփաղիոն՝ առեալ յԵւսեբեայ, երբոր Շամիրամայ 'ի Հնդիկս ըրած արշաւանաց պատմութիւնը կ'ընէ: Ու տարակուսելով անոնց հաւաստութեանը վրայ, սուտագոյն կը սեպէ 'ի Մարիբասայ պատմուածները: Ծանօթ է իրեն նաև Պորփիւր բազմահռչակ անձն, և իմաստասէր անուանի. որուն հինգ ընծայած են այլ և այլ գրուածք, և 'ի մէջ այլոց՝ պատմական երկասիրութիւն մը 'ի հինգ գիրս, յորմէ կը տեսնենք առ Եւսեբիոսի ('ի Ժամանակագրութեան) հատուած մը՝ զբանաքաղ մատենագրաց:

Սիբիլլայից ալ յիշատակութիւնը կ՚ընէ Խորենացին։ Հինք Սիբիլլայից կամ մարգարէուհեաց գուշակութեանը մեծապէս հաւատք կ՚ընծայէին, և բոլոր Յունաստանէն, Ասիայէն և Եգիպտոսէն կը հաւաքէին խնամով անոնց շատ անգամ աննշան և անհաւասալի պատգամները։ Վարրոն կ՚աւանդէ իրեն ժամանակին համար՝ թէ տասնէն աւելի Սիբիլլայք կը համրուէին, և թէ անոնց պատգամները զգուշութեամբ պահուելով Հռովմայ մեհեաններուն մէջ, ինչուան իր ատենը հասած էին։ Ասոնց մէջ նշանաւոր և աւելի համբաւեալ սեպուածն էր Պարսկային կամ Քաղդէական սիբիլլայն։ Ասիկայ է նաև Խորենացւոյն յիշատակածը, զոր Բերոսեան կը կոչէ՝ անկէ յիշուած ըլլալուն համար։

Խորենացին՝ Արշակայ առաջնոյ թագաւորութեանը վրայ խօսելու ատենը, այլ և այլ յոյն հեղինակաց հատուածները մէջ կը բերէ, որոց շատին՝ լոկ անուանքը, և այլոց ալ միայն գրուածոց քանի մը հատուածներն հասած են ձեռուընիս։

Ասոնց կարգէն է Հիւպպոլիտոս մատենագիր մը, որուն միայն անունը մեզի հասած է, կամ թէ ըսենք՝ նոյն իսկ անունն անծանօթ է շատ հմուտ բանասիրաց։ Վասն զի չենք կրնար կարծել թէ Խորենացին ուզենայ ակնարկել զՀիւպպոլիտոս եպիսկոպոս Բոստրացւոց, որուն բարոյական քանի մը ճառերուն հատուածները հասած են ինչուան մեր ձեռքը հին թարգմանութեամբ։

Նեկտանեբոսի վրայ խօսելուն ժամանակ՝ կը յիշատակէ Մովսէս և զՄանեթոն. և զՆեկտանեբոս՝ հայր կը համարի մեծին Աղեքսանդրի։ Բայց որովհետև աշխարհածանօթ է անուանի ինքնակալին հայրը՝ Փիլիպպոս Մակեդոնացի, հաւանականաբար Աղեքսանդրի վրայ եղած առասպելախառն պատմութիւններէն առած է Խորենացին։

Հինք՝ այլ և այլ երկպառակ կարծիքներ ունէին Կիւրոսի՝ Կրեսոսի դէմ տուած պատերազմին վրայ․ և այս նկատմամբ ալ բազմաթիւ յոյն պատմագրաց հատուածները մէջ կը բերէ Խորենացին։ Իրեն քըննած և ձեռքն ունեցած շատ պատմագրաց կարծեացը համեմատ, ոչ եթէ Կիւրոս՝ այլ Արտաշէս եղած է Լիւդացւոց Թագաւորին հետ պատերազմողը, զինքը բռնողը և մահուան դատապարտողը։ Իսկ այս կարծիքը հաստատարմացընելու համար՝ Խորենացին մէջ կը բերէ Պողիկրատ, Եւագր, Կամադրոս և Փլետոնիոս (Փլեգոն) պատմիչները։

Պողիկրատ այն մատենագիրներէն մէկն է՝ որոնց միայն անունը մեզի հասած է։ Աթենեոսի մէջ բերած մէկ հատուածէն՝ կրնայ ենթադրուիլ թէ այլ և այլ գրուածներ շարադրած ըլլայ այս մատենագիրը։ Աթենեոսի հատուածը՝ Լակոնական ըսուած գրքէն է, ուր Խորենացւոյն յիշատակածը տարբեր գրքէ մը կ'երևնայ, որ հաւանականաբար կ'աւանդէր Ասիոյ մէջ հին ատենէն 'ի վեր կատարուած դէպքերը։

Եւագրոս՝ նոյն է անշուշտ ընդ Եւագորայ՝ որ եգիպտական պատմութիւն մը շարադրած է, զոր կը յիշատակէ Սուիդաս, և որուն գրուածքը ծանօթ էին Պլինիոսի։

Կամադրոս հեղինակ է պատմական գրքի մը՝ որ կորսուած է, և զոր միայն Խորենացին կը յիշէ։

Իսկ Փլեգոն՝ Տրալլացի պատմիչ մըն է, որուն հատուածները կը յիշեն Սուիդաս, Ստեփանոս Բիւզանդացի, Յուլիոս Ափրիկանոս․ նաև կը յիշեն Եւսեբիոս, Փոտ, Որոգինէս, Սինկելլոս, Կոստանդին Պորփիւրոժէն, և այլք։

Յոյն պատմագիր մըն է նաև Արիստոն Փելլացի, որուն գրուածքէն առած կ'երևնայ Խորենացին Հրէից ապստամբութեան դէպքը Արտաշէս երկրորդի մահուընէն ետքը։

Խորենացին երբ կը հասնի Պարթեւաց հարստութեան ժամանակը, և Սասանեանց՝ Պարսից աթոռոյն տիրապետելը, ուրիշ աղբերաց դիմելու հարկ կը տեսնէ: Եւ թէպէտ ընդհանրապէս Խոռոհբուտի հետեւող կը ցուցընէ ինքզինքը այն ժամանակաց դէպքերուն գրութեանը մէջ, սակայն մեզի գրեթէ բոլորովին անծանօթ քանի մը յոյն պատմիչներ ալ մէջ կը բերէ: Ասոնք են Պաղեփատ, Պորփիւր և Փիլեմոն: ԶՊաղեփատ կը յիշատակեն Սուիդաս և Ստեփան Բիւզանդացի: Սակայն կը կարծուի թէ այլ և այլ համանուն պատմիչներ եղած ըլլան. յորոց մին Եգիպտացի կամ Աթենացի քերական մը կամ փիլիսոփայ, որուն կ'ընծայուին զանազան պատմական շարադրածք, և 'ի մասնաւորի, զառասպելաց հնոց: Կայ և համանուն Աբիդենացի յոյն պատմիչ մը՝ ժամանակակից Աղեքսանդրի, և գրած է, կ'ըսեն, այլ և այլ մատեանս, որք և կը կոչուէին Կիպրիական, Դելիական, Ատտիկեան, և այլն: Պորփիւր Տիւրացի պատմիչ մըն է, որուն գրուածոցը այլ և այլ հատուածները հասած են մինչև առ մեզ: Իսկ Փիլեմոն՝ բոլորովին անծանօթ անուն մըն է. և անտարակոյս զատ է այն համանուն մատենագրէն՝ զոր Պլինիոս կը յիշատակէ:

Կը թողունք յիշել զԵւսեբիոս, զՓիրմիլիանոս և զայլս:

Բայց 'ի յունական աղբերաց՝ ուրիշ պատմական հարուստ բովք մըն ալ հետազօտեր է Խորենացին. այս ինքն արամայական դպրութեան աղբերքը, որ ինչպէս ուրիշ տեղ ալ առիթ ունեցանք յիշատակելու, հեթանոս ժամանակաց մէջ՝ քաղդէական դպրութիւն կը կոչուէր, և քրիստոնէական դարուց մէջ ասորականի փոխուեցաւ: Այս դպրութեանս կը վերաբերին Բերոսոս, Սանքոնիաթոն, Աբիւդենոս, և վերջին ժամանակաց մէջ՝ Բարդածան, և այլք:

ԴԱՐ Ե. ՄՈՎՍԷՍ ԽՈՐԵՆԱՑԻ 339

Բերոսոսի անունը՝ մեծապէս յարգի ու ծանօթ էր հնոց, և մանաւանդ Յունաց մէջ, որոնք ընդհանրապէս իրեն կ'ընծայէին այն ամէն քաղդէական դպրութեան վերաբերեալ գրուածներն, որոնց տեղեկութիւնը ինչուան իրենց հասած էր: Խորենացին ալ՝ հաւանականաբար առանց տեսած ըլլալու անոր գրուածներն, զինքը 'ի վկայութիւն կը կոչէ. յԵւսեբեայ առնելով, ինչպէս որ Եւսեբիոս ալ Բազմավէպ Աղեքսանդրէն: Կ'երևնայ թէ ինքն Բերոսոս ժամանակաւ մերձաւոր էր Աղեքսանդրի, և ըստ յունական աւանդութեանց՝ ոչ միայն այլ և այլ պատմական գրուածներ շարադրած էր, հապա նաև աստեղաբաշխութեան և աստեղագիտութեան վրայ գրուածներ:

Ասոնցմէ զատ աչքին առջև ունեցած էր Խորենացին Ղերուբնա, Ողիւպ, Բարդածան և Խոռոհբուտ պատմչաց գրուածները, որոնց վրայ արդէն խօսած ենք համառօտիւ: Դարձեալ ազգային դիւանական գրուածներ, որոնք բազմաթիւ էին իր ժամանակները, այլ և այլ ազգային աւանդութիւններ և երգեր:

Ասոնք են Խորենացւոյն հետազօտած օտար, արտաքին և ազգային աղբերքը:

* * *

Երեք գիրք բաժնուած է Խորենացւոյն Հայոց Պատմութիւնը: Առաջինը՝ զոր ինքն Ծննդաբանութիւն Հայոց մեծաց կը կոչէ, Հայկազանց թէ՛ նախապետական և թէ թագաւորական պատմութիւնը կը բովանդակէ. ու կը սկսի մասնաւոր թղթով մը կամ ընծայականաւ առ Սահակ ասպետ Բագրատունի՝ որ նոյն պատմութեան շարադրութիւնը խնդրած էր իրմէ: Նոքը իր աշխատասիրած գրքին աղբերայը վրայ խօսելով, կը ցուցընէ թէ աւելի Յունաց հետեւող եղած է քան թէ Բաղդէացւոց եւ Ասորւոց. որոնք աւելի կերպով մը մեր ազգային յատուկ յիշատակներն ամփոփելու համար՝ յարմարագոյն կրնային՝ կամ պէտք էին սկսելու նմանողութեան. սակայն Խորենացին իր բռնած հակառակ ընթացքն արդարացընելու համար՝ Յունաց ազգին ուսումնական գերազանցութիւնը, պատմութեանց ճշգութիւնը, եւ հետազօտութեանց փոյթը մէջ կը բերէ, որով իրաւամբ «մայր եւ դայեակ ամենայն իմաստութեան» կոչուած են, եւ մեծարուած:

Բայց որովհետեւ առաջին աղբերք բաւական չէին ազգային պատմութիւն մը ամբողջ կազմելու համար, հարկ էր որ նոյն ազգին մէջ գտնուած պատմագրաց հետ ալ խորհրդակցի. եւ ահա հոս էր Խորենացւոյն համար ամենամեծ դժուարութիւն մը. որովհետեւ ինքը պիտի ըլլար ամբողջ ազգային պատմութիւն մը առաջին շարագրողը, եւ այն պատմութեան յօրինմանը համար պէտք եղած նիւթերը մատակարարող ազգային պատմիչներ կը պակսէին:

Ինչէ՞ն առաջ կու գար այս պակասութիւնը: — Խորենացին ազգին Նախարարացը եւ Թագաւորաց անխնամասէր բարուցը կու տայ. «Իրաւ, կ'ըսէ, պզտիկ, սակաւաթիւ, քիչ զօրութիւն ունեցող եւ շատ անգամ ուրիշ զօրաւոր ազգաց հպատակ ժողովուրդ մը եղած ենք, բայց մեր մէջն ալ քաջութեան անուանի գործեր շատ հանդիպած են. որոնք կրնային պատմչի մը արժանաւոր նիւթ պատրաստել, ինչպէս նման դէպքեր մատակարարած են քաղդէացի, ասորի, եգիպտացի եւ յոյն պատմչաց: Սակայն մեր իշխանները չուզէին, կ'ըսէ, այն իրաւացի փառասիրութիւնը, իրենց անուանքը եւ քաջութեանց եւ գործոց յիշատակը աւանդելու յետնոց». ուստի եւ իրաւամբ կը զայրանայ Բագրատունւոյն վրայ, զոր ազգին մէջ առաջին և միակ կը գտնէ այսպիսի բանի մը փափաքող. և այդ փափաքը արդիւնացընելու համար՝ ամէն դժուարութիւն յանձն կ'առնէ պատմիչը։

Եւ որովհետև, ինչպէս առաջ ալ յիշատակեցինք, Մովսէս իրեն գլխաւոր աղբիւր հետևողութեան ուզեր էր բռնել զսուրբ գիրս, և արտաքին պատմչաց խօսքերն և աւանդութիւններն կարելի եղածին չափ անոր հետ ընդելացընել, այս աշխատանքը Ադամէն և նահապետներէն կը սկսի, որոց վրայ սուրբ կերպով կը խօսին սուրբ գիրք, և բոլորովին տարբեր լեզու մը կը բանեցընեն Բերոսոս, Բազմավէպ Աղէքսանդր և Աբիւդենոս, թէ անոնց անուանը նկատմամբ և թէ այն գործերուն զոր Աստուածաշունչը կու տայ անոնց. և կը ջանայ սուրբ գրոց ժամանակագրութիւնը՝ արտաքին պատմչաց հետ համաձայնեցընել։ Այս դժուարին՝ բայց հետաքննական աշխատանքին նուիրուած են Խորենացւոյն պատմութեան առաջին գրոցը՝ ինչուան ութերորդ գլուխները։

Այն գլխէն կը սկսի Մարիբասայ արդէն ծանօթ պատմութիւնն ընել, Վաղարշակայ հրամանաւ մինչև 'ի Նինուէ երթալը, հոն արքունի մատենադարանին մէջ ընդհանուր ազգաց պատմութիւն մը գտնելը, և անկէց Հայոց աշխարհին և պատմութեան վերաբերեալ տեղեկութիւնները 'ի մի հաւաքելը, և անոր առաջնորդութեամբը՝ ու շատ անգամ նաև խօսքերով մէջ կը բերէ Հայկայ, անոր որդւոցը՝ Արամենակայ, Հարմայի, Արամայ, Արայի, և այլն, պատմութիւնները։ Այս յետին նահապետը՝ որովհետև պատերազմ ունեցաւ Նինուէի հռչակաւոր Շամիրամ թագուհւոյն հետ, և փառաւոր մահ մը, և այն մահուամբ Շամիրամ կրցաւ ինչուան Հայաստան մտնել և հոն իրեն բնակութեան քաղաք հաստատել, Խորենացին նոյն թագուհւոյն իւր որդիքը կոտրելը, Զրուան մօգէն 'ի Հայաստան փախուստը, և Նինուասայ իւր որդւոյն ձեռքով մեռնիլը՝ կը յիշատակէ, Կեփաղիոնի հետևողութեամբ. բայց աւելի հաւանականագոյն կը սեպէ Մարաբասայ պատմութիւնը՝ որ Շամիրամայ ինչուան 'ի Հնդիկս ըրած արշաւանքը պատմելէն ետքը՝ անոր մահը կը դնէ 'ի Հայաստան, ուր և ազգին քանի մը հանձարեղ տաղերուն ալ կը հաւատարմացընէ:

Շամիրամայ մահուընէն ետքը պատահած դէպքերը, և Հայոց վրայ իշխող նահապետաց և Թագաւորաց ժամանակագրութիւնը նորէն հարկ կը սեպէ Խորենացին միաբանել սուրբ գրոց և Քաղդէացւոց ժամանակագրութեանը հետ, յԱրայէ մինչև 'ի Զարմայր, որոնց համառօտ պատմութիւնը կ'ընէ, յերկարելով իրեն ախորժական ու սիրելի Երուանդեան Տիգրանայ վրայ:

Վահէին՝ որ Աղէքսանդրի հետ պատերազմեցաւ, ու կեանքն և Թագաւորութիւնը կորսնցուց, կը վերջացընէ Խորենացին իր Պատմութեան առաջին գիրքը, մասնաւոր յաւելուած մ'ընելով՝ այն գրոց մէջ շատ անգամ յիշատակուած Բիւրասպի Աժդահակայ վրայ, և այն անձին նկատմամբ պարսկական առասպելաց մէջ գտնուած դէպքերու:

* * *

Մովսէս իր երկրորդ գիրքը՝ Բուն միջակ պատմութեան Հայոց կոչած է. և կը բովանդակէ միջոցը՝ որ 'ի մեծէն Աղէքսանդրէ մինչև 'ի Տրդատ, Հայոց պատմութեան ճոխագոյն և ընտիր մասը: Որովհետև Արշակունեաց Թագաւորութեան ծագումը՝ Աղէքսանդրի մահուամբ և անոր ընդարձակ տէրութեան բաժանմամբ եղած է, հարկ կը սեպէ պատմել այն հռչականուն աշխարհակալին մահը, և Թագաւորութեանը բաժնուելուն յիշատակութիւնն ընել. որուն մահուընէն ետքը Սելեւկոս կը թագաւորէ 'ի Բաբելոն, կը նուաճէ զՊարթեւս, ու երեսուն եւ մէկ տարի թագաւորելէն ետքը իրեն յաջորդ կը ձգէ զԱնտիոքոս, որուն իշխանութեան մետասաներորդ տարին՝ Պարթեւք Մակեդոնացւոց լուծը կը թօթափեն, եւ որոց վրայ կը թագաւորէ Արշակ. եւ բոլոր արեւելքը իր իշխանութեան տակ ձգելով՝ Մակեդոնացիքը Բաբելոնէն կը մերժէ, Հռովմայեցւոց հետ ալ կը կռուի, եւ իր քաջութեանը եւ համբաւոյն արհաւրօքը բոլոր տիեզերքը կը լեցնէ: Իրեն կը յաջորդէ Արտաշէս, եւ Արտաշիսի՝ մեծն Արշակ, որ Դեմետրեայ ու անոր որդւոյն Անտիոքոսի հետ կը կռուի, որուն չկրնար դէմ դնել Անտիոքոս, ու զէնքերը ակամայ ձգելով՝ շղթայիւք կը բերուի 'ի Պարթեւս: Այսպէս աշխարհի երրորդ մասին տիրեց, կ'ըսէ, Արշակ: Այն փառաց եւ յաջողութեանը մէջ՝ իր Վաղարշակ եղբայրը Հայոց վրայ թագաւոր կը դնէ Արշակ. եւ աշխարհքը անոր յանձնելով, անոր սահմանները ընդարձակելը իր զինուցը յաջողութեան եւ քաջութեան կը յանձնէ: Իրեն վստահութեանը արժանի կ'երեւնայ Վաղարշակ. ոչ միայն աշխարհքին ներքին բարեկարգութիւնը հոգալով, այլ նաեւ տարածելով իր իշխանութիւնը մինչեւ Պոնտոսի բնակչացը վրայ եւ մինչեւ 'ի Փռիւգաստան. զորոնք աճով եւ մանրապատում կ'աւանդէ Խորենացին: Քըսաներկու տարի կը թագաւորէ Վաղարշակ, ու իրեն յաջորդ կը թողու զԱրշակ:

Անոր թագաւորութեան պատմութեամբը՝ Մարիբասայ երկասիրութիւնն ալ կը լմննար. ուստի եւ ուրիշ աղբիւրներէ հարկ էր հաւաքել հետեւեալ դէպքերը: Խորենացի Եդեսիոյ դիւանացը մէջ՝ Ափրիկանոսի պատմութեան գրոցը հանդիպած էր, որ մեր պատմութեանց վերաբերեալ ամէն դէպքեըլ՝ նոյն դիւաններէն համառօտեր էր: Իրմէ և ուրիշ պատմագիրներէ կը սկսի շարայարել Խորենացին իր երկասիրութիւնը, սկսելով յԱրտաշիսէ առաջնոյ որ ՚ի Պարսից նախագահութեան իրաւունքը յափըշտակեց, և անուանի եղաւ յաղթանակաց բազմութեամբ, և հռչակաւոր նաև յոյն պատմագրաց գըրուածոց մէջ. որոց այլ և այլ վկայութիւններն ալ մէջ կը բերէ Խորենացին. ու Լիւդացւոց թագաւորութեան կործանումը, և Կրեսոսի մահը, զոր Հերոդոտ, Պղուտարքոս, Յուստինոս և Վալերիոս Մաքսիմոս Կիւրոսի կ՚ընծայեն, զայն այլ և այլ յոյն պատմչաց յատուկ խօսքերովը Խորենացին Արտաշիսի կու տայ: Թէպէտ և նախ ինքն ալ կը տարակուսի. «Ընդ որ տարակուսեալ մեր՝ բազում խոյզ խնդրոյ արարաք, քանզի լուեալ ՚ի պատմութեանց ոմանց՝ Կիւրոսի սպանեալ զԿրիսոս». և այս է ստոյգն. իսկ այն Յոյն պատմչաց ըսածն Արտաշիսի վրայօք՝ դեռ մեզի ալ տարակուսելի և անլոյծ կը մնայ:

Անկէ առաջ կը տանի Մովսէս իւր պատմութիւնը, Տիգրանայ հետաքննական և մտադրութեան արժանի դիպուածոց վրայ, և վերջը յաջորդաբար մինչև Տրդատայ թագաւորելը և անոր մահը: Բայց այն դէպքերը՝ զոր արդէն այլք իրմէ առաջ աւանդած էին, ինչպէս Ղերուբնա, Ագաթանգեղոս, Գլակ և ուրիշները, ինքը համառօտ կերպով մը կը յիշատակէ:

* * *

Խորենացւոյն երրորդ գիրքը՝ Աւարտաբանութիւն մերոց հայրենեաց կը կոչուի, և որուն նպատակն է ՚ի սրբոյն Տրդատայ մինչև իւր օրերը հանդիպած դիպուածները յիշատակել. մինչև այն թշուառ անենները՝ յորս աչքովը տեսաւ Հայոց հայրապետական և արքունի աթոռոց ընկնալը. և այնպիսի փառօք լեցուն պատմութիւն մը գտան և սրտաշարժ ողբերովը կը լմնցընէ։ Ողբ մը՝ որ եթէ գրողին սրտին արժանի ընթերցողներ ունենար՝ անշուշտ ազգին ապագային վրայ մեծ տարբերութիւն պիտի տեսնուէր։

Խորենացիէն քիչ առաջ՝ նման դէպքի և զրկման մը մէջ գտնուելով Գրիգոր Աստուածաբան, սրտաշարժ արձանական մը յօրիներ էր 'ի սուրբն Մելետոս Անտիոքայ հայրապետ. այն ճառին ընթերցումը այնպիսի ազդեցութիւն մը ըրած էր Խորենացւոյն սրտին վրայ՝ որ գրեթէ շատ անգամ անոր իմաստները և խօսքերը կը գործածէ այս ողբին մէջ։ Նման ցաւոց հանդիպած ու հանգունատիպ աղէտից ականատես, զուգակից հանճարներ՝ նման լեզու ալ կը գործածէին։ Վասն զի Աստուածաբան՝ զՄելետոս կ'ողբար, որ ամուր պատուէնն էր Քրիստոսի հաւատոցը, ուսկից կ'ակնածէր և ուրացողն Յուլիանոս. իսկ Մովսէս՝ զՍահակ և զՄեսրոպ՝ որ հաստատութիւն էին Հայաստանի հաւատոցը և քաղաքականութեան, և որոնց մահը՝ բոլոր աշխարհին կործանումը կրնար ըլլալ։ Անոր համար հառաչանօք կ'աղաղակէր Գրիգորիոս, «Ողորմիմ քեզ, ով եկեղեցիդ. առ քեզ է բանս Անտիոքու քաղաքդ. ողորմիմ քեզ յանկարծակի փոփոխմանդ այդմիկ»։ Եւ Խորենացին. «Ողորմիմ քեզ, եկեղեցի Հայաստանեայց»։ Աստուածաբանն. «Նահատակէր յաղագս ճշմարտութեանն քրտամբք. իսկ հարսն համբերէր՝ ողջախոհութեամբք զամուսնութիւնն շահելով. ժամանակ էր 'ի մէջ յոլով, և ոմն սեղեխաքար յանդգնէր յանարատ առագաստն, այլ հարսն ոչ աղտեղանայր»։ Ու Խորենացին. «Երանի առաջնոյ և երկրորդի փոփոխմանն. զի էր ինչ ժամանակ հեռանալոյ փետոյին և փետուրին, և հարմոգ համբերեր՝ ողջախոհութեամբ զամուսնութիւն պահելով»։ Կը թողունք յիշատակել ուրիշ քանի մը նմանութիւններն ալ։

***

Խորենացւոյն այս ընտիր և անզուգական երկասիրութիւնը՝ գտած է իր արժանաւոր յարգն ալ ոչ միայն ազգայնոցն առջև, այլ նաև բուն գիտութիւնն և իմաստութիւնը յարգող Եւրոպայի գիտնոց։ Ազգին մէջ այնչափ մեծ էր իր համբաւը՝ որ ինչպէս Յունաց մէջ պատմագրաց հայր սեպուած էր Հերոդոտ, և իր հեղինակութեամբն ամենուն առջև պատկառելի, այսպէս ալ Խորենացին՝ իր ազգային պատմութեան ունեցած հմտութեամբը, և հասուն անկողմնակալ քննադատութեամբ․ անոր համար Աստղիկ՝ լոկ պատմագիր ըսելով զինքը կը հասկընայ․ և ուրիշ տեղ մըն ալ իր պատմութեան գրոցը մէջ կը կոչէ զնա «Մեծն Մովսէս հանգոյն Եւսեբեայ, որ քերթողացն անուանի հայր»։ Աւելորդ կը սեպենք յիշել ուրիշ վկայութիւնները՝ որոնցմով լեցուն են Խորենացիէն ետքը եկող պատմագրաց երկասիրութիւնները։ Բայց ամենէն աւելի իրենց առ Խորենացին ունեցած մեծարանքը անով կը յայտնուի՝ որ իրենք ալ իրենց կողմանէ ազգային պատմութիւն մը շարագրելու ձեռք զարկած ատեննին՝ կը ջանային յամենայնի իրեն հետևող ըլլալ. ու երբեմն գրեթէ ընդօրինակող։ Այսպէս վարուած են Յովհաննէս կաթուղիկոս, Ուխտանէս, և ինքն իսկ Ներսէս Շնորհալի իր վիպասանականին մէջ։

Ազգային նոր բանասիրութիւնն ալ՝ ինչուան դարուս սկիզբը՝ նոյն յարգանաց մեծարանօք վարուած է միշտ այս մեծանուն անձին և իր բազմահմուտ երկասիրութեանը նկատմամբ: Պատմական ուսմանց նորագոյն հետազօտութիւնք՝ որչափ ալ կասկածելի երեւցուցած են իրմէ պատմուած և իբրև ստոյգ յառաջ բերուած զանազան դէպքեր, սակայն երբեք չեն կրցած ժխտել անոր ծայրայեղ հմտութիւնն՝ և իբրև պատմաբան և մատենագիր ունեցած արժէքը: Անոնց մէջ ամենէն աւելի Խորենացւոյն անձին և երկասիրութեան վրայ խիստ լեզուով և քննադատութեամբ վարուող մը՝ կը բռնադատուի հետևեալ տողերով հռչակել և խոստովանիլ անոր արդիւնքը:

«Խորենացւոյն թէ՛ իբրև մատենագիր և թէ՛ իբրև պատմիչ՝ առաւելութիւններն չեն կրնար ուրացուիլ: Ընդհանրապէս խօսելով, իբրև հայերէն մատենագրութիւն, Խորենացւոյն գիրքը մեր նախնի մատենագրութեան ճաշորդաց մէջ երևելիներէն մին է: Ոչ բոլորովին յստակ, բայց ինքեան յատուկ ընտիր բառերով, հակիրճ՝ այլ պերճ և հարուստ, միանգամայն զուարթ ոճով, մանաւանդ նկարագիրներու մէջ, Խորենացին կը հաւասարի իւիք իրօք քան զնա առաջիններուն. որոնք են Ագաթանգեղոս, Բիւզանդ, Եզնիկ. իսկ քան զնա յետնոց՝ Եղիշէի, Փարպեցւոյն և այլոց մէջ խորենեան ոճոյ ստուերն անգամ չիտեսնուիր: Հայկայ պատերազմին, ինչպէս նաև Ձիրաւի ճակատուն, տեղագրութեանց մէջ՝ Արագածոտն գաւառին և Երուանդակերտի նկարագիրներն և ուրիշ ոչ սակաւ նկարագիրք, ոչ մերայոց միայն, Յոյն և Հռովմայեցի մատենագրաց մէջ անգամ հազիւ ունին զուգեանց նմանն. գրեթէ չիք գլուխ ուր չիցէ տեսանելի մատենագրական հանճար հեղինակին. ամէն դէպ, ամէն պարագայ ընդ գրչաւ Խորենացւոյն առնու գեղեցկութիւն, վսեմութիւն, ոյժ և կենդանութիւն: Պարբերութիւն չկայ, իմաստ չըկայ որ բոլոր գրքին հիմը կազմող բարձրութենէն անկանի կամ նուաստանայ: Միով բանիւ Խորենացույն պատմութիւնը բազմօրուեստ ճարտարագործ պատկերներու թանգարան է որ կը հիացնէ և կը յագեցնէ տեսանողը մինչև ցմայլումն։ Ստոյգ է թէ Խորենեան ոճոյն մատենագրական գերազանցութիւնը բնագրին կից է, ինչպէս մարմնոյ մը յատկութիւնը մարմնոյն հետ. գէթ մինչև ցարդ թարգմանութիւն մը չկրցաւ կաղապարել այս բնագիրն ինչպէս որ է իւր բանասիրական գոյներովը. այնպէս որ Խորենացին իբրև մատենագիր, պարտ է նոյն իսկ Խորենացւոյն մէջ տեսնել։ Մի միայն թերութիւն ոճոյ նորա են սաէպ պեղչմունք և շարաւղութիւնք, որովք կամի կարճառօտ և ազդու երևել. բայց, հակառակ կանոնաց լեզուի, երբեմն այնպէս կը խրթնանայ մինչև յանել լաբիւրինթոս արկանել ընթերցողն։

« Ոչ ինչ ընդհատ երևելի է Խորենացին նաև իբրև պատմագիր։ Դիպաց զանազանութիւն և հարստութիւն ստէպ պատմական շեղումներով, որ կամ անձանց և տեղեաց նկարագիրներ են և կամ հանճարեղ գիտողութիւններ, միանգամայն ազգային երգերու և աւանդութեանց ստէպ յիշատակութիւնք, ապացոյց են պատմական հմտութեան և ճաշակի նորա. երկու գլխաւոր յատկութիւնք՝ որ մեր հին պատմիչներէն և ոչ միայն, իսկ արտաքիններէն սակաւուց քով կը տեսնուին։ Այսպիսի և այսչափ եզական յատկութեանց հետ ցաւ է տեսնել մեր ծերունի պատմագիրը քննադատութեան կողմանէ թերի »[1]։

***

Արևմտեայց մէջ ունեցած յարգն ու մեծարանքն ալ, իր Պատմութեան գրոցը բազմապատիկ թարգ-

1 ԳԱՐԱԳԱՇ (Ա. Մ.) Քննական պատմութիւն Հայոց, Մասն Ա. 91։

մանութիւններէն, ու գրեթէ եւրոպական գիրք մը ըլլալէն կը յայտնուի։ Այս արժանաւոր յարգը և իրաւացի մեծարանք համառօտած կը գտնեն ընթերցողք անոնցմէ միայն, գիտութեամբն ու մատենագրական հմտութեամբ նշանաւոր, և արդէն մեզմէ յառաջագոյն յիշուած անձի մը, հետազօտ դատաստանին մէջ մեր Քերթողահօր այս երկասիրութեան վրայ։

«Ամէն գրուածներէն աւելի Խորենացւոյն հանճարոյն ու սրտին պատիւ ընողը՝ իր հայրենեաց պատմութիւնն է։ Իշխանի մը խնդրանօք կը գրէ զայն. բայց զինք կամ իր ցեղը շողոքորթելու համար՝ ճշմարտութիւնն անպատիւ չըներ կամ չխաքողեր։ Կը սիրէ ու շատ կը սիրէ իր Հայաստանը. և սակայն յայտնապէս կը մերկանայ իր աղէտքը. անցեալներն խստիւ կը յանդիմանէ, ըլլալիքն ալ յառաջ կը ծանուցանէ։ Եւ որովհետև ազգք՝ շուտ կամ անագան, կը ճանչնան ճշմարիտ սիրոյ լեզուն, Հայաստան զինք կը մեծարէ և կը սիրէ. և այդ քանի մը խօսքերը՝ նուիրականք են իրեն համար։ Չիծածկեր իշխողաց յանցանքը. բայց երբ ազգէն յատուկ թագաւորի մը ընտրութեան խօսքը կ՚ըլլայ, ինք ալ՝ իր վարդապետին հետ կը խրատէ համբերել։ Կը սիրէ ուսուցիչքը, իբրև հոգւոյ ծնողս. գորովալի խօսքեր կը գտնէ անոնց մահը արտասուելու։

» Սուգախօս, ինչպէս արժան է ըլլալ պատմագրին, և որ այնչափ սակաւագիւտք են։ Ոչ է սիրող հրաշալւոյն, և կ՚ըսէ զայն։ Հայկական պերուբենից գիւալին խօսքն ըրած ատեն, աստուածային ազդմամբ կը համարի զայն եղած, ոչ տեսլեամբ կամ զգալի երևմամբ, այլ յայտնութեամբ Բանին ՚ի միտս ջերմեռանդն հայցողին։ Առաւելագոյն մեծարանաց արժանաւոր է երբ այնպիսի դէպքեր մէջ կը բերէ որոնց ուրիշ պատմիչք չեն վկայեր կամ կը հակառակին. ինչպէս Քրիստոսի թղթերը առ Աբգար, և հայ Թագաւորին արշաւանքն 'ի Յունաստան՝ բոլորովին նման և ժամանակաւ յետոյ Քսերքսեայ բեկման։ Աստոյգ դէպքերն՝ իբրև անհաւատալի կ'աւանդէ. առասպելեօք խառն եղածներն՝ մեծ վստահութեամբ. յորոց և ոմանս՝ իբրև յաւելուած մը կը կարգէ առաջին գրոցը։ Այսպիսի յիշատակութիւններ մէջ կը բերէ՝ չէ թէ իրեն հաճոյական սխալներուն, այլ լոկ ցուցընելու համար ու Բագրատունին ունեցած մեծարանաց և սիրոյ չափը։ Տարբեր կամ հակառակ կարծիքներն ալ յիշելով, կարելի եղածին չափ ճշմարիտը կ'ընտրէ և կ'աւանդէ։

» Ամէն կարելի աղբերաց դիմեց. պատմագիրք և ժամանակագիրք, դիւանական գրութիւնք՝ զորս Աղեքսանդր փոխագրել տուած էր 'ի յոյն լեզու, և յորոց Թերևս օգտուեցան Կեփաղիոն, Աբիւդենոս և այլ պատմիչք։ Այսպիսի հրաման մը մեծ պատիւ կը բերէ երիտասարդ աշխարհակալին հանճարոյն, և անգութ ամբարտաւանութեամբ իրմէ Թափուած արեան մէկ մասը կը ջնջէ, և կը ցուցընէ թէ ինչպէս Նախախնամութեան ձեռքն է աւերման և կործանման գործիները՝ կենդանագործ քաղաքակրթութեան գործի ընել։

» Կը պակսէին Խորենացւոյն անընդհատ շարք ազգային վաւերական գրուածոց. սակայն քաղաքապետական դիւանաց մէջ կը պահուէին դատաւորց, դիւղից՝ ու ինչուան նաև մասնաւոր ընտանեաց յիշատակարանք՝ պարսիկ և յոյն տառերով։ Իր քննած և խորհրդակցած մատենագրաց մէջ հնագոյնն է Մարիբաս... կը յիշէ նաև հին իմաստոց խօսքերը, և Բերոսեան Սիբիլլայն. ազգային երգոց մէջ՝ կը տեսնէ անոնցմէ եղած պատմական ջերմ լոյսը. և յորում աւելի պատմաբան է և աւելի քերթող՝ 'քան զայնսըն, զհռովմայեցիս և զմեր խաղացիս։... Նորագոյն պատմագրաց մէջ կը յիշէ զԱփրիկանոս, Որոգինեայ ժամանակակից, և յԵւսեբեայ յիշատակուած ... իր ատենի մատենագիրներէն շատէն վեր է հմտութեամբ և դատմամբ. իսկ 'ի հնախօսական գիտութեան՝ սորվ միայն քան զԱփրիկանոս և զԵւսեբիոս:

»Փոքր ըսուած է իր երկասիրութեան ուրուագիծը, բայց բովանդակութիւնն մեծ: Իբրև պատմիչ ինքն է ստուգապէս Հայկազանց Մովսէսը: Ի նմա իբրև յաղբեր ամփոփեալ են՝ ցրուած ջուրք աւանդութեան, որբուած մաքրուած, հօսելով հանդարտ ներդաշնակութեամբ: Անցելոյն մթութեան մէջ՝ ինք միակ առաջնորդ. մարդկային ազգը իրեն պարտական է ժողովրդեան մը յիշատակարաններն՝ որ թէպէտ սակաւաւոր թուովը, և պատերազմական անիրաւութեամբք ոչ այնչափ հռչակեալ, այլ արևելից և արևմտից մեծ ազգերուն հետ միացած՝ իբրև քոյր մը անոնց և ազգակից: Ի Խորենացւոյ կ'իմանանք թէ ինչ վերաբերութիւններ ունեցաւ Հայաստան Ասորեստանեայց հետ Շամիրամայ ատեն. Եթովպացւոց և ասխակողման Յունաց Տրոյիոյ կոչուած պատերազմին ժամանակ, և որ նշանակ մ'էր, ինչպէս Հերոդոտ ալ տեղ մը կ'ակնարկէ, արևելից և արևմտից մէջ տրուած արդիւնաբեր մրցման: Չորրորդ Հայոց իր գաղթականութիւնները տարածելն մինչև 'ի Կապադովկիա, կը ցուցընէ զՀայս ասիական ուրիշ ազգերէն ալ մերձաւոր կերպով եղբայրացած եւրոպական արեան հետ ... : Բայց հայ ազգին պատմութիւնը թէ եւրոպականին մերձաւոր և թէ հեռի նկատել ալ ուզենանք, կրկին տեսակէտով ալ արժանաւոր է ծանօթանալու: Խորենացի՝ թէ վաւերական գրութեանց նուաղութեան համար, թէ աճապարանօք իր գրուածքը յօրինելուն, և թէ ընդհանրապէս ուրիշ ամէն պատմչաց ոճին հետևելով՝ որոնք ազգի մը պատմութիւնն ըրած ատենին՝

անոր ասորական և ներքին վիճակը նկարագրելէն աւելի, յաղթականացը և պարտութեանց, նուաճելուն կամ նուաճուելուն դէպքերովը կը զբաղին, քիչ բան կ'ըսէ երկրին սահմանագրութեանց վրայ, բայց թերևս աւելի քան զպատմիչս հռչակաւորագոյն ժողովրդոց: Հետաքննական են իր պատմութեան մէջ ասդին անդին նշանակուած յարաբերութիւնք նախարարաց ընդ արքայի, և թէ քանի խոհական խելամտութեամբ կ'ընծայէ այս տեղեկութիւններն. որովք պիտի տեսնուի թերևս՝ թէ ինչպէս նախնական թագաւորութեանց մէջ, ազնուապետութիւնը կը բարեխառնէր բարւոյ ու չարի քըմահաճութիւններն, և ժողովրդեան ու թագաւորին մէջ անանց պարիսպ մ'էր ...:

» Այսպիսի փութաջան ու խոհական անձի մը ու մանաւոր ժամանակաց համար գրեթէ միակ մատենագրի տուած տեղեկութիւնք՝ պատուականք են։ Այլ և այլ գլխոց մէջ ընդ Փարպեցւոյն համաձայնութիւնը (ուր երկուքն իրարու գրութիւնը տեսած չեն), ինչպէս նաև ընդ պատմչաց Յունաց և Հռովմայեցւոց և յիշատակարանաց՝ կ'առաւելու իր հեղինակութիւնը. և զոր լիուլի կերպով ունեցած է իր ազգակցաց քով ...: Պատմելու պարզ կերպովը՝ աւելի հաւատարմութիւնը կ'աւելցընէ. ծանրութեան հետ խառնուած պարզութիւն մը: Խնամքով հեռի կը պահէ իր գրիչը ամէն աւելորդաբանութիւններէ. այն ամէն խօսելու կերպերէն՝ որ հռետոր պատմչաց և ոչ հռետորաց՝ փափաքելի զարդարանք սեպուած են. ...բայց պէտք եղած տեղն գիտէ ճարտարխօսութիւն ալ գործածել, ինչպէս երկրորդ և երրորդ գրոց վերջը: Արևելեան շքեղութենէ կը զգուշանայ. միայն տեղ տեղ նշանակ մը, իբրու երիտասարդական տիոց թել մը որ լսելի կ'ընէ իր ձայնը ուսմամբ և առաքինութեամբ ծայրացեալ հատակին մէջ։ Քանի մը երկար նկարագրութիւններ, ինչպէս երբ քաղաք մը՝ մարդկային երեսաց կը նմանեցընէ, և ուսումը՝ երկնային լուսոյ ծագման, թերևս տարօրինակ նմանութիւնք կարենան սեպուիլ՝ բայց ոչ սուտ։

» Ոճը ամփոփ՝ բայց ոչ ցամաք. տեղ տեղ անհաւասար. իմաստներն երբեմն մութ, և իրարու հետ խառնուած, մանաւանդ ուր պատմութեանց իմաստասիրելու կ'անցնի։ Լեզուն ընտիր է կ'ըսեն, բայց այլ և այլ հելլենաբանութեամբք խառն. որ չէ արուեստակութիւն, այլ արգասիք աղեքսանդրեան հրահանգաց. յունական լեզուի անընդհատ ուսման. Աստուածաշունչ գրոց 'ի յունէ թարգմանութեան, յորում հարկ էր ամէն բառ կշռել և վրան երկար խորհրդածել՝ բնիկ լեզուին մէջ անոր համաձայնը գտնելու համար։ Յայտնապէս կը վկայէ թէ բառից ընտրութեան ժամանակը կը պակսի. և որ ուրիշ ապացոյց մ'է թէ օտարամոլ փառասիրութեան փափաք մը չէ այն, այլ թէ շատ՝ անհոգութեան »[1]։

Խորենացւոյն առաջին թարգմանիչն եղած է Պրէններ անունով շուետացի մը, որ նշանաւոր անձ մըն է իր ազգային մատենագրութեանը մէջ, և քաղաքական պատճառաւ մը Ռուսաց Մոսկուա քաղաքին մէջ արգիլուած էր 'ի բանտի։ Հոն իրեն քով բանտակից և կենակից ունեցաւ զՅովհաննէս Բարթուղիմէոս Յակինթեան Դոմինիկեան կրօնաւորը, տեղեակ Հայերէն լեզուի. ուր ձեռուընին իյնալով Խորենացւոյն այս պատմական երկասիրութիւնը, Հայագէտ կրօնաւորը քաղելով կամ համառօտելով կը թարգմանէր 'ի լատին, և Պրէններ ծանօթութեամբք կը ճոխացընէր, և զոր ետքը տպագրեց Ստոքհոլմ քաղաքին մէջ յամի 1725։ Խորագիրն է. Epitome Commentariorum Moysis Armeni, de origine et regibus Armenorum et Parthorum, item series principum Iberiæ et Georgiæ, a Brennero. Իրմէ ետքը երկու անգղիացի եղբարք, Գուլիէլմոս և Գէորգ

1 ԴՈՄՄԱԶԵՈՅ, 'ի յառաջաբանի իտալական թարգմանութեան Պատմութեան Խորենացւոյն։

Վիստոն, թարգմանեցին 'ի լատին թէ Խորենացւոյն պատմութիւնը և թէ աշխարհագրութիւնը, և 1726ին տպագրեցին 'ի Լոնտրա: Moysis Choronensis Historiæ Armeniacæ libri III. Accedit ejusdem Scriptoris Epitome Geographiæ. Præmittitur Præfatio, quæ de Litteratura ac Versione Sacra Armeniaca agit... Armeniacæ ediderunt, latine verterunt, notisque illustrarunt Gulielmus et Georgius Gul. Whistoni filí; Aulæ Clarensis Cantabrigiensi aliquandiu Alumni. Ասոնց հայրը՝ Գուլիէլմոս Վիստոն՝ Հնդկաստանի Մատրաս քաղաքին մէջ անգղիական լեզուի ուսուցիչ էր՝ հայազգի Աղափիրեան Գրիգորի որդւոցը, ասոնցմէ սորվեցաւ Գուլիէլմոս հայերէն լեզուն, ու Լոնտրա դառնալով՝ սորվեցուց իր երկու որդւոցը:

Վիստոնեանցմէ դար մը ետքը գաղղիական թարգմանութիւն մը բրաւ Լըվայլեան, դասատու հայկական լեզուի յողդային Մատենադարանին Փարիզու. և երկու անգամ տպագրեց, նախ 'ի Փարիզ (1836) և ապա 'ի Վենետիկ (1841) բնագրին հետ. և զոր ետքը ճոխացուց Խորենացւոյն գրոցը մէջ եղած այլ և այլ անուանց երկար և հետախոյզ ծանօթութեամբք, և նոր տպագրութիւն մը բրաւ 'ի Փարիզ 'ի 1855: Histoire d'Arménie de Moïse Khorénatzi, auteur arménien classique du V.me siècle, traduite par P. E. Le Vaillant de Florival. Paris, 1836. — Moïse de Khorène, auteur du V.me siècle. Histoire d'Arménie, texte arménien et traduction française, avec appendice, contenant notice géographique, précis de toute l'histoire d'Arménie; tableau de la litterature arménienne par P. E. Le Vaillant de Florival, chevalier de la Légion-d'Honneur, professeur d'arménien à l'école royale et spéciale des langues orientales vivantes près la Bibliothèque du Roi à Paris, etc. Venise, typographie arménienne de Saint-Lazare, 1841. — Moïse de Khorène, ... ouvrage dedié à S. M. Impériale Nicolas Ier, Empereur de toutes les Russies, par P.E. Le Vaillant de Florival ... Paris, 1845. Ուրիշ գաղղիական թարգմանութիւն մ'ալ 'ի Հատ. Բ. Հաւաքման հին և նոր պատմագրաց Հայաստանի Լանկլուայի: Moïse de Khorène, Histoire d'Arménie en trois livres, traduction nouvelle accompagnée de notes historiques, critiques et philologiques, par Victor Langlois. Paris, 1870. Ընտիր իտալական թարգմանութիւն մըն ալ հրատարակուեցաւ 'ի Վենետիկ 'ի Ս. Ղազար, ու երկու անգամ տպագրեցաւ (1841, 1850) հմուտ ծանօթութեամբք: Storia di Mosé Corenese, versione italiana illustrata dai Monaci Armeni Mechitaristi, ritoccata quanto allo stile da N. Tommaseo. Venezia, tipografia armena di S. Lazzaro. 1841ին նոյն քաղքին մէջ հրատարակուեցաւ ուրիշ իտալական թարգմանութիւն մը Գաբբէլլէդդի հայազգէտ երիցուն աշխատասի-

ԴԱՐ Ե. ՄՈՎՍԷՍ ԽՈՐԵՆԱՑԻ 355

բութեամբը: Mosè Corenese, storico armeno del V° secolo, versione di Giuseppe Cappelletti, Venezia. Կրկին ռուս թարգմանութիւնք ալ եղած են այս գրքիս, առաջինը Յովհաննիսեան սարկաւագին ձեռքով, որ և տպագրուած է 'ի Փեթերբուրգ. իսկ երկրորդը Մ. Էմինեան հմուտ բանասիրին ջանիւքը, տպագրեալ 'ի Մոսկուա 'ի 1858: Կայ նաև թարգմանութիւն մը 'ի լեզու գերմանական: Moses von Chorene, Geschichte Gross-Armeniens, aus dem Armenischen übersetz, von Dr M. Lauer, Regensbourg, 1869. — Այլ և այլ ժամանակ և տեղուանք եղած հայկական բնագրին և հեղինակին ուրիշ գրուածոց տպագրութեանց նկատմամբ տես 'ի ՄԱՏԵՆԱԳԻՏՈՒԹԵԱՆ, յէջ 267-276:

***

Այսպիսի երկար և մթին ժամանակաց և զանազան ազգաց ու դիպուածոց պատմիչն' եթէ հիմակուան բանադատութեան աչքէ տեղ տեղ սխալած ալ երևնայ զարմանք չէ. բայց յիրաւի զարմանալի է Խորենացւոյն քիչ սխալելն և անչափ աշխատանքն ու քննութիւնն ստուգութեանց համար, մանաւանդ 'ի ժամանակագրականս, որոց համար կ'երևայ թէ Յաւելուած կամ չորրորդ գիրք մ'ալ գրած էր: Այս Չորրորդ գիրքը կը յիշէ Թովմա Արծրունի, և կ'իմացընէ որ անոր մէջ կ'աւանդուէին այն ամէն անցքերը' որ 'ի բարձմանէ թագաւորութեանն Արշակունեաց' մինչև Զենոն կայսեր ինքնակալութիւնը. «Սահակս այս, կ'ըսէ Արծրունին, այն Սահակ է' որոյ հրամանաւ գրեաց մեծ վարդապետն Մովսէս, տիեզերահռչակեալ քերթողն, զգիրս պատմութեան Հայոց մեծաց, հրաշազան յօրինուածով. սկսեալ յԱդամայ մինչ 'ի կայսրն Զենոն: Որոյ ժամանակ կենացն ձգեալ տևեալ ամս հարիւր և քսան, լի և պարարտ ծերութեամբ. որպէս գրեալ աւանդեցաւ մեզ այս 'ի չորրորդ դրուագի խոստաբանեալ պատմութեանն Մովսիսի Խորենացւոյ' վերագարձութեան 'ի վերայ երեքունց գրուագեալ հատուածին»։ Բայց այս չորրորդ գիրքը ձեռուընիս հասած չէ, գէթ ամբողջ[1]. ինչպէս նաև երրորդ գրոցը ցանկին վերջը յիշուածը «Տաղք չափաւ յինք և 'ի Սահակ Բագրատունի»։

Խորենացւոյ Պատմութեան գրոց հին գրչագիրք 'ի վանս Էջմիածնի. 1. Մեծադիր բոլորագիր, գրեալ 'ի թղթի 'ի գիւղն Ալիփուշար. 'ի թուին ՌՃԽԿ, յորում ամփոփին և Ստեփաննոս Տարօնացի, Արիստակէս Լաստիվերտցի, Զենոբ Գլակ, Ագաթանգեղոս, Բիւզանդ Փաւստոս, Եղիշէ, Ստեփաննոս Օրբելեան, Վարդան պատմիչ, Կիրակոս Գանձակեցի, Եւսեբիոսի և Սոկրատայ եկեղեցական պատմութիւն, և այլն։ (Թիւ գրչ. 1619)։ — 2. Մեծադիր բոլորագիր գրեալ 'ի թղթի. յորում Եղիշէի պատմութիւն Վարդանանց, համառօտ պատմութիւն վասն ամբարշտութեանց Բարծումայ եպիսկոպոսի ասորւոյ 'ի Թովմաս վարդապետէ։ — 3. Յերկրին Մոկաց 'ի Սուրբ գեղջ 'ի թուին ՌՁԸ։ Ուրիշ այլ և այլ նորագիր օրինակք ՌՁ, ՌՃԻԵ, ՌՃԼԹ, ՌՃԽ թուականներով։ - Մեր Մատենադարանին գրչագիրք նշանակուած են 'ի Յառաջաբանի Մովսէսի Խորենացւոյն ('ի 1845 և 'ի 1865)։

***

Խորենացւոյն անուամբ մեր ձեռքն հասած Աշխարհագրութիւն կոչուած գրուածքը՝ այլ և այլ քըննադատութեանց ենթակայ եղաւ յեւրոպացի՝ նաև 'ի մերոց գիտնոց և բանասիրաց, և ինչուան նաև անհարազատ դատուեցաւ։ Ասոնց առաջնուն հայերէնագէտ գաղղիացին Սէն-Մարթէն՝ բոլորովին մերժեց Աշխարհացոյց առոյ Մովսէսի Խորենացւոյ կոչելով զայն. իսկ այլք՝ ինչպէս նաև մերազգի հմուտ բանասէրն Պատկանեան՝ ասոնց յանձն առնլոյ ընծայել զայն Խորենացւոյ, եօթներորդ դարու՝ և հաւանականաբար Անանիայի Շիրակունւոյ

1 Տես Բազմավէպ, 1851, Մարտ։

երկասիրութիւն համարեցան։ Այս կարծեաց առիթ և հաւանականութիւն տուած են՝ իրենց ծանօթ ձեռագրաց և անոնց վրայ եղած տպագրութեանց անընդունելի ընթերցուածք, յաւելուածք և համառօտութիւնք. զորս ուղղելով ըստ հնագոյն ու աւելի հարազատ գրչագրաց, կը հաւանին հմուտք – առանց ժխտելու անոր կրած բազմապատիկ փոփոխութիւններն, – Խորենացւոյն ընծայել զայն։

Պտղոմէոսի համանուն երկասիրութեան համառօտութիւնն է այս գրուածքը. զոր մօտէն քննողը յայտնի կը տեսնէ ամէն աշխարհաց ստորագրութեան, տուած սահմաններուն, գաւառներու բաժանման և անուանց մէջ։ Հեղինակն հայկականին և շարագրող, որ մեր ոսկեղէն դարու նշանաւոր անձնաւորութիւն մ'է, խորունկ հմտութիւնը կը ցուցընէ նաև 'ի յունական լեզուի այնպիսի գրուածքի մը շարագրութեան մէջ որ դժուարին է 'ի համառօտել, և դժուարագոյն 'ի ճշդել զանուանս գաւառաց, աշխարհաց և քաղաքաց։ Թէպէտ և հետևող Պտղոմէայ, այլ մերթ կ'ուղղէ անոր վրիպակներն՝ տեղ տեղ իրեն հետ համամիտ և համաձայն չըլլալն յայտնելով. սակայն և այնպէս նախամեծար սեպելով զնա քան զայլս, որովհետև՝ ինչպէս հեղինակն ալ կը վկայէ, երկարժամանակեայ վաստակոց և ճանապարհորդութեանց արդիւնք էր իր գրուածքը։

Երկասիրութեանս մէջ յիշուած աշխարհագիրք բաց 'ի Պտղոմէայ, են Հիպպարքոս, Մարինոս Տիւրացի, Կոստանդին Անտիոքացի, Պապ յԱղեքսանդրիոյ, Դիոնեսիոս և Ապողոն։ Առաջին երկու անձինք յիշուած են նաև 'ի Պտղոմէայ, ուստի առեր է և Խորենացի, իրենց ընծայուած խօսքերով. « Իպառքոս, կ'ըսէ, զքաղաքս ծովային չափով ուսանգեաց, և զլուսնի պակասութիւն յԱռբիւլայ ութ ժամ աւանդեալ, ՚ի Կարքեդոն երկոտասան արժանաւորեալ: Բայց Մառին Տիւրացի յերկրական բոլորակէն ուղղեալ՝ որչափ կարէ ցուցանել ժամագիտակն, առնէ պլինգլերագրութիւն ըստ ճանապարհակցութեանն ընդ օդ անցանելով, ՚ի ձեռն գործարանացն նկատելով զնշոյլս արեգականն և լուսնի և աստեղաց, ըստ անցնիւր եօթն նահանգաց փոփոխման սահմանաց »: Կոստանդին Անտիոքացի՝ մեզի անծանօթ անձ մ՚է, եթէ անուան շփոթութիւն մը չկայ. որովհետև իրեն ընծայուած Տեղագրութիւն քրիստոնէական գրուածքին հեղինակ կը համարուի Կոզմաս անունով մէկը որ Կոստանդին միայնակեաց ալ կոչուած է: — Պապ կամ Պապպոս Աղեքսանդրացի ծանօթ էր հնոց. բայց աշխարհագրական գրուածք իր անուամբը առ մեզ հասած չէ: Որոշ տեղեկութիւնք կը պակսին մեզ՝ ՚ի Խորենացւոյ յիշուած յետին երկու անձանց Կիոնեսիոսի և Ապողոնի վարուց և երկասիրութեանց:

Առաջին երկու գլուխներուն մէջ ընդհանրապէս աշխարհագրութեան վրայ խօսելէն ետքը, հայ հեղինակն կը խոստանայ իւրաքանչիւր աշխարհաց և քաղաքաց վրայ խօսիլ առանձինն, հետևելով Պտղոմեայ գրութեան, թէպէտև Պապպոյ համառօտութիւնն ուզելով ընել, ինչպէս կ՚ըսէ. ուր այս վերջինս ալ քալեր էր ՚ի Պտղոմեայ, ինչպէս հայ օրինակին՝ Պտղոմէոսի յունական սկզբնագրին բաղդատութենէն յայտնի կ՚երևնայ:

Գալով գրուածքին հարազատութեան, բաւական է բաղդատել զայն Խորենացւոյ պատմութեան գրոց հետ. որուն վրայ աւելցնելով նաև ոճոյ նմանութիւնն մի և նոյն հեղինակի ընծայուած այս կրկին երկասիրութեանց մէջ՝ կը հաւանին բանասէրք ալընդել և հաստատել թէ որչափ ալ ժամանակաւ մեծամեծ այլայլութիւններ կրած է այս գրուածը, ուստի և նրաւամբ կասկածելի եղած արդի գիտութեան համար, բայց նախկին շարադրութիւնը Խորենացւոյն է։ Զայս ուզած է հաւաստարմացընել ընդդէմ Սէն-Մարթէն գաղղիացւոյն և համախոհից՝ հայկական հնախօսական և աշխարհագրական գիտութեամբ պատկառելի՝ Ինճիճեան վարդապետը[1], և Խորենացւոյ այս գրուածքին՝ յընտիր օրինակաց ՚ի գաղղիական լեզու վերածող Նոր Թարգմանիչն՝ հմուտ տեսութեամբքն և բազմապատիկ ծանօթութիւններով, և յունականին հետ բաղդատութեամբ[2]։

* * *

Պիտոյից գիրք. — Այս անունով գրուած մը կ՚ընծայուի Խորենացւոյն։ Հեղինակը Թէոդորոս անունով աշակերտ մը ունեցած է, որուն Ճարտասանականին ուսումը աւանդելէն ետքը, նոյն ուսման հրահանգացը մէջ զինքը վարժեցընելու համար, հարկ սեպեր է վարդապետն ինք իր կողմանէ օրինակներ ալ ընծայել, և անոնց նմանողութեանը փութաջան և յորդորամիտ ընել զինքը. և յունական ձայնով Պէտք կամ Պիտոյից (χρεῖα) կոչեր է այն գիրքը։

Տասն Ճառ կամ Գիրք կը բովանդակէ այս երկասիրութիւնը, և որոնց վերնագիրքն են Պէտք, Խրատ, Եղծումն, Հասարակ տեղի, Ներբողեան, Պարսաւ, Բաղդատութիւն, Բարաբանութիւն, Արտասանութիւն և Դրութիւն։ Ասոնք, ինչպէս ընթերցողը գի-

1 Հնախօսութիւն Հայաստանեայց, Հատ. Գ. 305-14։

2 Տպագրեն խորագիրն է. «Աշխարհացոյց Մովսիսի Խորենացւոյ յաւելուածովք նախնեաց»։ Վենետիկ ՚ի տպարանի Մխիթարեանց, 1881. Géographie de Moïse de Corène, d'après Ptolémée. Texte arménien traduit en français par le P. Arsène Soukry, Mékhitariste.

տէ, ճարտասանական ձեւեր են. և այն ձեւերուն վըրայ վարժելու համար՝ այլ և այլ օրինակներ մէջ կը բերէ: Բայց այն օրինակները ընդհանրապէս շատ հեռու կը մնան ճարտասանականին ուսումը աւանդող՝ կամ իրենց գրուածներովը անոր կանոնները սահմանող յոյն և լատին մատենագիրներէն. և աւելի մերձաւոր կրնան սեպուիլ թէ ոճով և թէ գրուածքի կերպով այն ճարտասաններուն երկասիրութեանցը՝ զորոնք Ելլադա աւերից և խանգարից կը սեպէր բուն և հարազատ ճարտասանութեան, և ընդհանրապէս սոփեստէս կամ իմաստակ անունը կու տար անոնց: Ասոնց կարգէն կրնային սեպուիլ Հերմոգենէս Տարսոնացի, Թէոն, Ափթոնիոս գրամատիկոս, Լիբանիոս՝ Բարսղի բարեկամը և Ոսկեբերանի վարժապետը, և այլք:

Այս պատճառաւ ոմանք Խորենացւոյն այս երկասիրութիւնը անհարազատ կը սեպեն և կամ թարգմանութիւն. և իրենց տարակուսանացը գլխաւոր պատճառ կը համարին այն ոճոյ զանազանութիւնը՝ որ յայտնապէս կը տեսնուի Պիտոյից գրոց և Պատմագրութեանը մէջ. մանաւանդ որ ոճն ու դասաւորութիւնը յարենման կրնայ սեպուիլ՝ դեռ քիչ մը յառաջ յիշատակուած Լիբանիոսի Ներածութեանց:

Բայց ազգային ընդհանուր աւանդութիւն մը դէմ կ'ելլէ այս կարծեաց, որ Պիտոյքը՝ Մովսիսի հարազատ կը համարի. և որուն կրնայ երաշխաւորել ժամանակաւ կրտսեր պատմչի մը, Կիրակոս Գանձակեցւոյն վկայութիւնը, որ յայտնապէս կը զրուցէ. «Սքանչելին Մովսէս (շարագրեաց) զՀայոց պատմութիւնն 'ի խնդրոյ Սահակայ Բագրատունւոյ... և զՊիտոյքն 'ի խնդրոյ Թէոդորոսի ուսման»: Իրեն ձայնակից է Ասողիկ. «Ի ժամանակս (Գիւտայ կաթուղիկոսին) էր մեծ փիլիսոփայն Հայոց Մովսէս, որ զճարտասանական արուեստ 'ի գործ առնու 'ի

Հայս»: Նոյնպէս ալ, թէպէտ աւելի անորոշ խօսքերով, Արծրունին, Գրիգոր Սարկաւագապետ և այլք, որք միաբան անուանի փիլիսոփայ և քաջ հռետոր կը կոչեն զինքը, և քերթող և քերթողահայր[1]:

Մեզի հաւանական կ'երևնայ ազգային աւանդութեան և անոր պատմչաց ձայնակցիլը, անոր դէմ հակառակող քանի մը պատճառները ցրելու աշխատելով: Այս պատճառներուն մէջ գլխաւոր կրնայ սեպուիլ գրքին հելլենաբանութիւնը: Այդ թերութիւնը, եթէ հաճոյ երևնայ մէկուն տատանիլ անուանել, Մովսիսի ուրիշ գրուածոցը, և նոյն իսկ Պատմութեանը մէջ ալ կը տեսնուի, և ասիկայ արդիւնք է այն լեզուին ուսմանցը մէջ անխոնջ պարապմանը, և քիչ մըն ալ հելլենասիրութեանը, որուն մէջ ընկած կրնան սեպուիլ ոչ միայն Խորենացին, այլ իւր աշակերտակիցներէն ալ մէկ քանին, և այն պատճառաւ իբրև նորութեան մը հեղինակք՝ ազգին մէջ բաւական հակառակութիւն և ընդդիմութիւն ալ կրեցին:

Երկրորդ պատճառ, ոճոյ և մտածմանց տարբերութիւն, որ մեծ խտիր մը կը դնէ Պատմութիւնը և այս երկասիրութիւնը արտադրող հանճարոյն մէջ: Սակայն նոյն ոճը և գրիչը կրնանք նկատել յայտնապէս նաև այն ճառին մէջ՝ զոր Խորենացին յօրինած է 'ի գովեստ սրբուհւոյն Հռիփսիմեայ, և որուն վերջերը՝ զօրաւոր պատճառ մը ինքը կու տայ՝ արդարացընելու իր ոճը. այսինքն հասակին մանկութիւնը: Նման պատճառ մը թերևս առիթ եղած է Խորենացւոյն՝ Պիտոյից գրոցը մէջ այդպիսի ոճ մը բռնե-

1 Միայն յետին դարուց հեղինակ մը, Առաքել վարդապետ, Անյաղթին կ'ընծայէ Պիտոյից գիրքը, և որուն վկայութիւնը մէջ բերինք յառաջ՝ Դաւթի վրայ խօսելու ատեննիս: Բայց ուրիշ անանուն մատենագիր մը՝ Պիտոյից տեղ Անյաղթին երրորդ երկասիրութիւնը կը սեպէ Խոհից գիրքը:

լու. իր ժամանակին Ճարտասանական արուեստին տղայութիւնը, որ չէր ուզեր իրեն նմանողութեան գաղափար ընտրել նուիրական բեմերու վրայէն որոտացող սուրբ հայրապետաց աննման լեզուն, այլ լսարանաց մէջ գործածուած, ու փիլիսոփայութիւնը Ճարտասանութեան հետ խառնել կարծող վարժապետաց լեզուն և ոճը։

Ուրիշ պատճառ մըն ալ՝ որով կը հաւանինք Պիտոյից գիրքը Խորենացւոյն ընծայել՝ այս կ'երեւնայ որ ինչպէս 'ի Պատմութեան, սանկ ալ ասոր մէջ շատ անգամ վկայութիւն կը բերէ Փիլոնի խօսքերէն, նման շարադրութեամբ։

Բայց եթէ յունական մատենագրաց աւելի հմտութիւն մը երեւնալով այն գրքին մէջ, այն պատճառաւ ուզենայ մէկը Թարգմանութիւն սեպել Պիտոյիցը, կրնանք ալ կարծել թէ Թարգմանաբար յօրինած ըլլայ Խորենացին այս երկասիրութիւնը. թէպէտ և յունական մատենագրութեան հմտութիւնն ալ կրնանք ընծայել համարձակ՝ իր կենաց մեծ մասը անոնց գրուածոցը ու մատենադարանաց և ճեմարանաց մէջ անցընող անձի մը։

Միայն թէ կրնայ ալ ենթադրուիլ թէ գաղափարողք ոչ լոկ շարադրութեան և լեզուին մէջ մտահաճոյ յաւելուածներ ըրած ըլլան, այլ նաև նիւթոյն մէջ փոփոխութիւն մտցընելով ու ճառերէն մէկ քանին աւելցընելով։ Ասանկ կրնան համարուիլ Պիտոյից գրքին վերջը եղող երեք Բարառնութեան օրինակներն, որ անհմուտ անձի, և կամ թերևս աշակերտի արտադրութիւնք են։ — Հին ձեռագրի մը մէջ ալ Դաւթի և Գողիադայ մենամարտութեան նկարագրութիւնը՝ կ'ընծայուի Խոսրովայ Թարգմանչի, ինչպէս յառաջ ալ յիշատակեցինք։

Այսչափը ըսելնէս ետքն ալ, աւելի ու մանրախոյզ քննութիւնը՝ ժամանակին կը յանձնենք։

Պիտոյից գիրքը առաջին անգամ տպագրուած է օրինակաց բաղդատութեամբ և հմուտ ծանօթութեամբք 'ի Ս. Ղազար (Հ. Յովհաննէս Վ. Զոհրապ.) 'ի 1796. որուն համեմատ եղած է նոր տպագրութիւնն 'ի 1845:

Խորենացւոյն մանր գրուածները. — Խորենացւոյն մանր գրուածոցը մէջ առաջին է Պատմութիւն սրբուհւոյ Աստուածածնի և պատկերի նորա կոչուածը: Ազգային եկեղեցական պատմութիւնը կ'աւանդէ՝ թէ Հոգւոց վանացը մէջ՝ յերկրին Անձևացեաց, կիպարիս փայտէ յօրինուած սրբոյ Կուսին պատկեր մը կը մեծարուէր, Յովհաննու աւետարանչին ձեռագործ սեպուելով: Աստուածածնայ մահուանը ժամանակ՝ երբ մասնաւոր հրաշքով մը ամէն առաքեալք իրենց քովը գտնուեցան, Բարթուղիմէոս՝ որ 'ի Հայս առաքելութեամբ սուրբ աւետարանը կը քարոզէր, չկրցաւ անոնց հետ միաբան գտնուիլ. ու Սրբուհւոյն մեռնելէն ու մարմնոյն 'ի գերեզման ամփոփուելէն ետքը հասնելով, միւս առաքեալք անոր սրտին ցաւը մեղմացընելու համար՝ այն պատկերը իրեն պարգևեցին: Բարթուղիմէոս ալ դառնալով 'ի Հայս՝ եկեղեցւոյ մը մէջ դրաւ զայն 'ի յարգութիւն, քովն ալ վանք շինեց, որ կոչեցաւ Հոգեաց վանք: Արծրունեաց իշխանը Սահակ՝ որ իբր համանուն Բագրատունեաց խնդրանօքը՝ Խորենացւոյն յօրինած Պատմութեան գիրքը կարդացեր էր, աղաչանաց նամակ մը գրեց առ Մովսէս՝ խնդրելով իրմէ որ Հոգւոց վանքին մէջ եղած պատկերին վաւերական պատմութիւնն ընէ ու իրեն ղրկէ: Այն թղթին մէջ՝ « հրեշտակ և սպասաւոր մեծութեանցն Քրիստոսի, կը կոչէ զնա, և այր երկնակենցաղ և լուսաւորիչ խաւարելոց ... երկրորդ Սահակ և Մեսրովբ՝ յետ գնալոյ նոցա առ Աստուած »: Խորենացին ալ կատարեց անոր փափաքը:

Մետասաներորդ դարու գրչագիր մը՝ հետեւեալ հետաքրքրական տեղեկութիւնը կու տայ Խորենացւոյն այս երկասիրութեանը վրայ. «Զայս ցանկալի պատմութիւնս՝ բազում ըղձիւ և ցանկական յուղմամբ գտեալ մեծ հռետորն Մովսէս՝ որ կոչի Խորենացի. և էր ընդաղօտացեալ 'ի մերոց յարկաց, և ուր ուրեք գտանէին. մինչև 'ի ձեռն կրօնաւորի միոջ գտեալ՝ որ էր յերկրէն Խոր Հայոց, 'ի գաւառէն որ կոչի Ձորոյ գետ, 'ի համբաւեալ ուխտէն Սանահին անուանեալ, պատահումն բարի ինձ եղև. և հրամայեաց մեծն և բնաւն 'ի լաւս՝ Ատոմ, որդի Սենեքարիմայ, Հայոց նահանգի Վասպուրական կոչեցեալ. որոյ մասն փրկութեան հաւատացեալ էր Ատոմայ՝ պատկեր մօր տեառն 'ի բաժին Անձաւացեաց. հրամայեաց գրել մեծաւ յուսով և խնդութեամբ բազմաւ. որոյ անուամբ պարսպեալ եղիցի մեծաշուք իշխանութիւննոցա, չորից հարազատ եղբարց՝ Դաւթի և Ատոմայ, Կոստանդեայ և Համազասպայ, գեղեցիկ և շքեղազարդ Բագրատունեաց»:

Ներբող 'ի սուրբն Հռիփսիմէ. — Երիտասարդութեան առոյգ հասակին մէջ շարագրեց Խորենացին այս ներբողը, դրուատելով այն հրաշագեղ կուսանը և իր ընկերակիցները, որոնք 'ի Հայաստան՝ իրենց արեամբը աստուածանգիտութեանն խաւարը փարատելու նախկին առիթ եղան: Այնպիսի սրտաշարժ պատմութիւն մը, և անանկ արդասաւոր վկայութիւն, նոր եռանդ մը տուած են 'ի Մովսէս, վառվռուն և աշխոյժ իմաստներով և բացատրութեամբք՝ իր սրտին զգացմունքը, և իրեն ոգւոյն առաջին քըրտունքը նուիրելու անոր որ «զքեզ սիրէ՝ սիրեցեալդ յիսկապէս բարւոյն»: Ասիկէ զատ է Հռիփսիմեանց ճանապարհորդութեան պատմութիւնը:

Ճառ Վարդավառի. — Զոր Խորենացւոյն ուրիշ գրուածոցը հետ կը յիշատակէ Կիրակոս. բայց իմաստներուն և ոճոյ անհամեմատ տարբերութիւնը կարծել կու տայ թէ ուրիշ համանուն Մովսիսի մը գրուածքն ըլլայ: Ըստ ձեռագրաց՝ խորագիրն է. «Երանելւոյն Մովսիսի Խորենացւոյ սուրբ և ընտրեալ վարդապետի արարեալ, որ 'ի Կարխաթարիմ, որ բերէ զասւն վարդավառի»:

Յ'Օրհնութիւնաբեր ցուցակի կը տեսնենք հետևեալ յիշատակագիրը. «Երանելի Մովսէս Թարգմանիչ, որ էր գրիչ սրբոյն Սահակայ որդւոյ սրբոյն Ներսիսի. յորմէ և առաջի յերրորդ ամի գիւտի հայերէն գրոց 'ի Նաղխանց՝ յաթոռ Աստուածաբանի. և բերէ անուն զՄեկնութիւններն զկալն և զՀնձանն՝ զշարադրեալսն յԱստուածաբանէն 'ի հինգերորդ ամի հայրապետութեան իւրոյ»: Դարձեալ նոյն Մովսէս՝ յերեքտասաներորդ ամի Թարգմանութեան սրբոյն Սահակայ՝ կարգի գրաւ, կ'ըսէ ցուցակը. զկանոնս օրհնութեան այլ և այլ իրաց, զորս 'ի զանազան կողմանց բերեր էր:

Անհարազատ կամ երկբայական գրուածներ. — Մովսէս անուամբ այլ և այլ վարդապետներ եղած են մեր ազգային եկեղեցական հայրապետութեան մէջ, յորոց և ոմանք քերթող ալ կոչուած, ինչպէս Սիւնեաց եպիսկոպոսը, զոր ետքը պիտի յիշատակենք. ասոնց գրուածքը երբեմն իրարու ընծայուած են. և ինչպէս երբեմն Խորենացւոյն երկասիրութիւնքը՝ ասոնցմէ մէկուն, այսպէս ալ անոնց գրուածքը՝ Խորենացւոյն կարծուեր և այնպէս աւանդուեր են: Այսպիսեաց կարգէն է նաև Մեկնութիւն կարգաց եկեղեցւոյ, որուն մէկ քանի հատուածքը Խոսրովու համանուն երկասիրութեանը մէջ կը տեսնուին այսպիսի մակագրով. «Մովսեսի քերթողի». և Արշարունւոյն Ընթերցուածոց մեկնութեան հնագիր օրինակին մէջ. «Մովսիսի Քերթողահօր Հայոց վարդապետի և իմաստասիրի յաղագս կարգաց եկեղեցւոյ»: Դարձեալ իր անունը կրող ճառական գրուած մը 'ի ձեռագիրս. «Երանելւոյն Մովսիսի

Խորենացւոյ՝ սուրբ և ընտրեալ վարդապետի, ասացեալ պատճառս վասն սուրբ մարգարէից»։

Հայոց ՁԽԸ Թուականին 'ի Հռոմկլայ գրչագրեալ մատենի մը մէջ՝ երկար վարդապետական գրուածի մը կը հանդիպինք այս խորագրով. «Երանելւոյն մեծի Քերթողահօրն Մովսէսի Խորենացի եպիսկոպոսի»։ Սկզբնաւորութիւնն է. «Յաղագս 'ի յոլովից կատարեալ կենդանի ընդէր մի բնութիւն. այլ միոյ կենդանւոյն՝ հարկ է և բնութեան մի լինել»։

Այս անհարազատ գրուածոց կարգէն կրնան սեպուիլ նաև քերականական երկասիրութիւնք։ Որչափ ստոյգ է թէ մեծ հմտութիւն ունեցած էր Մովսէս յայսմ գիտութեան, և թէ այն պատճառաւ ալ եղած է իւր Քերթող կամ Քերթողահայր կոչումը, այնչափ ալ անստոյգ կամ անհարազատ՝ քերականական գրուածոց մէջ իրեն ընծայուած քանի մը հատուածները. թէպէտ և որոշ և բացայայտ խորագրով։ Ասոնցմէ կրնան սեպուիլ,

1. «Մովսիսի Խորենացւոյ բան իմաստութեան» կոչուածը. որ ընդհանրապէս քերականական արուեստին վրայ համառօտ տեղեկութիւն մըն է։

2. «Սուրբ երջանիկ հօրն Մովսիսի Թարգմանչի և քերթողի՝ մեկնութիւն քերականի». որ Դիոնեսիոսի Թրակացւոյ յոյն լեզուի քերականութեան մեկնութիւնը կրնայ սեպուիլ. և որուն հետևողութեամբ վարուած են իրենց համանուն երկասիրութեանցը մէջ՝ Խորենացիէն ետքը եկող գրեթէ ուրիշ ամէն քերականները։

3. «Մովսիսի Քերթողի յաղագս քերականութեանց»։ Այս գրուածքը՝ քերականութենէ բարձր նպատակ մը ունի, լեզուի ուսմունքէն աւելի հաւատոց և աստուածաբանական ճշմարտութեանց տեղեկութիւնը աւանդելու։ Մասնաւոր անձի մը գըրուածք չէ ասիկայ, այլ 'ի զանազան հեղինակաց

հաւաքեալ. որոնց և անուանքը նշանակուած են գրոց լուսանցքը մէջ. և են բաց 'ի Մովսէս քերթողէ, Դաւիթ Անյաղթ, Ստեփանոս Սիւնեցի, Մագիստրոս, Համամ. Արիստակէս, Գէորգ, և այլք:

Համառօտ մաղթանք մըն ալ կը գտնենք յԱղօթագիրս՝ Խորենացւոյն ընծայուած:

ՄԱՄԲՐԷ

Մամբրէ Վերծանող՝ եղբայր Խորենացւոյն: — Իւր անուամբ կրող գրուածք: — Ճառ 'ի Յարութիւն Ղազարու և անոր հարազատութիւնը: — Ճառ 'ի Գալուստ Տեառն յԵրուսաղէմ: — Պատմական գրուածք մը:

Խորենացւոյն կրտսեր եղբայրն էր Մամբրէ, ու Սահակայ և Մեսրովպայ աշակերտներէն մէկը, Վերծանող կոչուած. որուն վրայ մեծ յարգութեամբ կը խօսին թէ ժամանակակից և թէ յետագայ ազգային մատենագիրք, փիլիսոփայից մէջ երրորդ կամ երկրորդ դասելով, անշուշտ Խորենացիէն ու Դաւիթ Անյաղթէն ետքը: Իր ուրիշ աշակերտակցացը պէս ճանապարհորդեց Մամբրէ յԱղեքսանդրիա, յԱթէնս և 'ի Բիւզանդիոն, ու ամէն տեղ իր հանճարոյն մեծ պատիւ գտաւ:

***

Կ՚երևնայ թէ այլ և այլ երկասիրութիւններ ալ թողուցած ըլլայ, բայց մեր ձեռքը հասածներն են երկու ճառ, մէկը Ղազարու յարութեան վրայ, և միւսը Քրիստոսի Երուսաղէմ մտնելուն։

Եկեղեցւոյ հին վարդապետներէն շատին անուանը Ղազարու յարութեան վրայ բազմաթիւ ընտիր ճառեր կը գտնուին. որոնցմէ մէկ քանին թարգմանութեամբ աւանդած է մեզի հայկական դպրութիւնը։ Այս պատճառաւ՝ անհմուտ գրչագիրք մէկուն գրուածքը միւսին կ՚ընծայեն։ Նոյնը հանդիպած է նաև Մամբրէի այս երկասիրութեանը. վասն զի գրչագիրներէն ոմանք Մամբրէի Վերծանողի կ՚ընծայեն զայն, «Յովհաննու աւետարանին մեկնութենէն առացեալ» կոչելով. որով կամ կարծել կու տան թէ Մամբրէ Յովհաննու աւետարանին մեկնութիւն մը շարադրած ըլլայ, որ դեռ ձեռուընիս հասած չէ, և կամ նոյն դիպուածը Յովհաննու աւետարանին մէջ պատմուած ըլլալը կը նշանակեն։ Ոմանք ալ Ոսկեբերանի կ՚ընծայեն զայն, որուն պերճախօս գրչին արժանաւոր երկասիրութիւն է. բայց անոր գրուածոցը մէջ չգտնուելով, հաւանական կը կարծուի թէ սխալմամբ իրեն կ՚ընծայուի այս ճառը, այլ իրեն հանճարոյն նախանձորդ և հետեւող Մամբրէի գրչին և արտին արդիւնք է։ Եղիշէի անուամբ ալ գրուած կայ այս ճառս։

Ոչ նոյն գեղեցկութիւնը և ոչ լեզուի ընտրութիւնն ունի Մամբրէի միւս ճառը 'ի Գալուստն Քրիստոսի յԵրուսաղէմ. անոր համար ոմանք ուզած են երկբայութեան տակ ձգել անոր հարազատութիւնը։ Բայց Կիրակոս յայտնապէս իրեն կ՚ընծայէ. «Մամբրէ Վերծանող, կ՚ըսէ, ասաց ներբողեան 'ի յօրն արմաւենեաց՝ 'ի գալուստն Քրիստոսի յԵրուսաղէմ յաւանակաւ»։

Արծրունին՝ պատմական գրուածք մըն ալ կ՚ընծայէ Մամբրէի որ մեր ձեռքը հասած չէ. իսկ Արծրունեաց ցեղին սկզբնաւորութեանը վրայ խօսելով կ'աւանդէ. «Իսկ առ մեզ հասին զրոյցքս այս ըստ ճշտագրոց պատմագրացն առաջնոց, 'ի Մամբրէէ Վերծանողէ և 'ի Նորուն եղբօրէ Մովսէս կոչեցելոյ ... որ հրամանաւ Վահանայ արծրունւոյ փոյթ յանձին կալեալ խուզել, քննել, կարգել 'ի համառօտ բանս զաճմունս ազգացն անցելոց, ոչ կարի ինչ ընդ երկայնագոյնս աշխատասիրաբար անցանել պատմութիւնս»:

Հետեւեալ քանի մը հատուածներ Մամբրէի անուամբ պատմական երկասիրութենէ մը քաղուած են 'ի Հայ-լատին Բառարանի Ստեփանոսի Ռօշքեան Կամենիցացւոյ: Առանց ուզելու երաշխաւորել թէ Թարգմանչին և իր կորուսած գրուածին վերաբերին, իբրու բանասիրաց հետաքննելի աւելորդ չենք համարիր մէջ բերել զանոնք.

« Ըղձիցն իւրեանց փափաքանաց հասին սուրբքն » :—
« Ընդ այնքան ժամանակ ոչ փտացան մարմինք սրբոցն » :—
« Նախնիք մեր հակամիտաբար հետեւէին սուրբ հարցն :—
« Աշխարհ օրինագրութեամբ թագաւորաց յարդարի » :

Մեկնողական երկասիրութենէ մ'ալ այլեայլ վկայութեանց կը հանդիպինք նոյն Բառգրոց կարգին մէջ, որք թերեւս իր անուամբը յիշուած Յովհաննու կամ աւելի հաւանականաբար մովսիսական գրոց մեկնութեան վերաբերին : Հին քերականաց մէջ քանի մը հատուածներ կան Մամբրէի անուամբը: Էջմիածնի Մատենադարանին գրչագրաց ցուցակին մէջ ալ (Թիւ 1756) Մամբրէի կ'ընծայուի ճառ մը «Ի ծնունդ փրկչին» :

Մամբրէի ճառերը հրատարակուած են 'ի Վենետիկ 1833ին, Նախնեաց մատենագրութեան շարին մէջ:

ՂԱԶԱՐ ՓԱՐՊԵՑԻ

Փարպեցւոյն ծնունդն: — Իր ուսումն ու Վահան Մամիկոնեան իշխանին հետ մտերմութիւնը: — Հրաժեշտն յաշխարհական փառաց: — Էջմիածնի կաթուղիկէին վերակացու դրուիլը: — Այն պատճառաւ կրած հակառակութիւններն ու թշնամութիւնք: — Ինք-զինքը ջատագովելու համար առ Վահան մարզպան գրած թուղթը: — Պատմութեան գրոց նիւթը: — Աղբերք այդ երկասիրութեան: — Տպագրութիւնք և թարգմանութիւնք:

Հինգերորդ դարուն վերջերը ու վեցերորդին սկիզբները ծաղկեցաւ Ղազար: Թշուառ ատեն մը, յորում Արշակունեաց թագաւորութիւնը վերցուած, մարզպանաց ձեռքն էր Հայաստանի քաղաքական իշխանութիւնը. Նախարարաց մէջ անմիաբանութիւնն սկսած էր իր աւերիչ գլուխը վերցնել և աշխարհը կործանման վտանգի մէջ ձգել. «Եւ էր տեսանել յաշխարհին Հայոց, կ'ըսէ ինքն հեղինակն, զլաւութիւն հեռացեալ, զիմաստութիւն կորուսեալ, զքաջութիւն հեռացեալ և մեռեալ, զքրիստոնէութիւն թաքուցեալ»:

Դեռ եւս պատանեակ՝ աշխարհի փառքն ու մեծութիւնն արհամարհելով Ղազար, իշխանական պատմուճանին տեղ՝ խոնարհ ու անպաճոյճ մենակեցութեան սքեմն ընտրեց, ու վանական առանձնութիւնը՝ երկնահրաշ ասպարէզ հոգեկեցոյց յառաջադիմութեան: Ոչ նոր և անսովոր էր այս իր մտածութիւնն նաև յայնմ ժամանակի: Արդէն հետևողութեան նախանձելի օրինակն ունէր՝ իր իմաստուն և սրբակրօն դաստիարակին՝ Աղանայ Արծրունւոյ վրայ. ու երկացունց իրաւամբք սիրելի ու սիրալի մեծին Մեսրովպայ, որ «ընկեցեալ յետս զմարմնական պատիւն ... խնդրէր զանապատ»: Իր այսպիսի որոշման ոչ լոկ օրինակ և խրախուսիչ՝ այլ և գործադիր եղաւ նոյն ինքն Աղան. «Զատոյց զիս, կ'ըսէ Ղազար, պարկեշտիւք 'ի ծառայութենէ աշխարհի. և ազատութեան եղև մեզ առիթ»:

Ծննդեանն թուականին որոշ տեղեկութիւնը կը պակսի. բայց կարելի է գտնել զայն իւր իսկ խօսքերով: Ինքզինքը Վահանայ Մամիկոնենից խաղակից և սննդակից կը կոչէ, յաւելլով միանգամայն թէ [illegible] աւագագոյն քան զքեզ էաք. որով հասակի քիչ տարբերութիւն պէտք է ենթադրել երկուքին մէջ[1]:

***

Ղազար կ'երևնայ թէ ընտիր և ազնուական ցեղէ էր. վասն զի առ Վահան Մամիկոնեան գրած թղթին մէջ՝ պարծանքով մը կը ցուցնէ թէ «Դու յայց եկեալ խնդրել զիս, և գտեալ յաշխարհին յայնմ՝ ածեր 'ի տուն, ոչ իբրև զաղքատ զոք 'ի կազմածէն և 'ի մանկտոյն, և ոչ իբրև օտար զոք 'ի քէն, և կամ ծառայ ուրուք»: Տղայութեան հասակին՝ իր նախնական կրթութիւնն առաւ Ղազար Վրաց Աշուշայ

1 Ազգային հմուտ բանասէրն Գր. Խալաթեան իր Նոր երկասիրութեանը մէջ՝ Ղազար Փարպեցի եւ գործք նորին, պատմական այլ և այլ հաւաստիք մէջ բերելով՝ զՎահան 445-449 թուականին ծնած կը համարի, և զՂազար 440-445. այս երկու թուականներուն մէջ՝ և ոչ յառաջ կամ յետոյ դնելով անոր ծննդեան տարին:

բդեշխին տանը մէջ, որ Վահանայ Մամիկոնեայ Անոյշ-վռամ հօրաքրոջը հետ ամուսնացած էր: Ղազար Վահանայ սիրելին և մտերիմ, երկոցուն իսկ մանկութեան զբօսանաց ժամանակ՝ ինքն կը կրէր անոր արկանելիքը: Իր Թղթին մէջ առ նոյն մարզպան՝ կը յիշէ և կը յիշեցնէ թէ ինչպէս «'ի Դրան Աշուշայի սնուցանէր մայրն ձեր օրհնեալ և Անոյշվռամ՝ ըստ իւրեանց հոգեսիրութեանն՝ և զմեզ ընդ ձեզ և որպէս զձեզ»: Այս խօսքերով կրնայ հաւանական ենթադրուիլ որ Մամիկոնեանց ազնիւ ու նախարարական տոհմին հետ մերձաւոր ազգականութիւն ունեցած ըլլայ Ղազար: Փարպեցի կոչուելուն ալ պատճառը՝ որով թէ ինք և թէ այլք սովոր են որոշել զնա ուրիշ համանուն անձերէ՝ Փարպի գիւղը ծննդավայր ունենալուն համար է. Թէպէտև յարգի բանասիրաց ոմանք ուրիշ պատճառներ ալ ուզած են տալ այդպիսի անուանակոչութեան:

Նոյն ժամանակները՝ ինչպէս հիմա ալ յիշեցինք, Հայաստանի մէջ հռչակաւոր էր Վասակայ Արծրունեայ որդին Աղան: Վասակ՝ Մեհրուժանայ՝ հայրենեաց կրօնքին և անկախութեանը Թշնամի նենգաւորին հետ՝ սէր և բարեկամութիւն կը ցուցընէր. անով ոմանց կասկածելի, ու շատերուն խիթալի կ'ըլլար: Աղան՝ իր հօրը այս բռնած կերպին վրայ իրաւամբ ամչցող, գնաց առ սուրբն Սահակ հայրապետ, և իր զինուորութեան զգեստը թողլով, սուրբ կաթուղիկոսէն կրօնաւորութեան սքեմը խնդրեց, ու Գողթն գաւառը առանձնանալով՝ եղաւ, ինչպէս կ'ըսէ Թովմա Արծրունի, «երանելի մարդկան, ահարկու դիւաց»:

Աղանայ քով աշակերտեցաւ Ղազար, և երկար ատեն ուսմանց պարապելէն ետքը, իր վարդապետացը՝ Սահակայ և Մեսրովպայ հրամանաւը՝ Յունաստան գնաց, ու հոն հելլենական ուսմանց և ի-

ԴԱՐ Ե. ՂԱԶԱՐ ՓԱՐՊԵՑԻ 373

մաստութեան հետևելով, ամէն բանէ աւելի հռե-տորական արուեստի տուաւ ինքզինքը, և անշուշտ այն պատճառաւ ճարտասան կոչուած է։ Անկէց իր հայրենիքը դառնալով՝ Մամիկոնեանց ազգական Կամսարականաց տիրոջ քով կեցաւ։

***

Դառն և տխուր էր ժամանակն։ Աչքովը տեսնե-լով Հայաստանի վրայ եկած հասած տեսակ տեսակ թշուառութիւններն, ու չկարենալով հանդուրժել, ելաւ Սիւնեաց աշխարհքը գնաց, ու երկու տարի հոն կեցաւ, «անցուցանելով, ինչպէս ինքը կ'ըսէ, զձմեռն 'ի քարայրի առ առն միում հռչակելոյ 'ի բնակչաց գաւառին՝ յամենայն կրօնաւորութիւնս, որում անուն էր Մովսէս, և տեղին անձուկ. և զա-մառն՝ յաղագս տօթոյ տեղւոյն՝ քահանայապետ աշխարհին տէր Մուշէ՝ տանէր զիս առ ինքն, ուր և լինէր 'ի հովու»։

Երբոր Վահան՝ Պարսից Վաղարշ թագաւորէն Հայաստանի մարզպանութիւնն առաւ, ու անով Հայաստան՝ քիչ մը ժամանակ 'ի շփոթմանց և 'ի պատերազմաց հանդարտեցաւ, նոր մարզպանն՝ իր հայրենիքը բարեկարգելու ետևէ եղաւ. ու զանա-զան վկայարաններ, եկեղեցիներ ու վանքեր շինելէն կամ նորոգելէն ետքը, շատ ծախքով՝ Էջմիածնայ կաթուղիկէն զարդարեց։ Անկէ ետքը իւր հին բա-րեկամը՝ զՂազար, փնտռելու ետևէ եղաւ, որ մէ-կէն ձգեց Սիւնեաց աշխարհքը, ու եկաւ գտաւ զՎահան. հոն տեսաւ Փարպեցին նաև Վահանայ Վարդ եղբայրը և ուրիշները, և Գիւտ կաթուղիկո-սին եղբօրորդին՝ Յովհան Մանդակունին, որ այն ատեններն Հայոց կաթուղիկոսական աթոռը կը նստէր։ Հոն խօսք բացուելով նորաշէն կաթուղիկէին համար՝ կը մտածէին որուն յանձնել անոր կառավարութիւնը։ Յովհան կաթողիկոս, — ասանկ կ'աւանդէ Ղազար, — ուրիշ քանի մը անձինք առաջարկեց այն պաշտօնին. բայց Վահան՝ Ղազարու յանձնել տուաւ սուրբ կաթողիկէին հոգաբարձութիւնը. մանաւանդ երբ տեսաւ որ ուրիշ թեկնածուք անարժան միջոցներու ալ կը դիմէին՝ կարասւոյ և ընծայից մատուցմամբ և խոստմամբք կարծելով բռնադատել իր ընտրութիւնը։

Անզգոյշ և տկարամիտ գտնուեցայ, — կ'ըսէ Փարպեցին առ Վահան դրած թղթին մէջ, — ընդունելով այդ առաջարկութիւնը. « Ոչ զգուշացայ ժամոյն դաւոյն. այլ պարտ էր փութով և երագ երագ անկանիլ յոտս արտասուօք և աղաչելով 'ի բաց փախչիլ 'ի հոգաբարձութենէ տեղւոյդ։ Եւ ահա լինէի պրծեալ 'ի չարաթոյն ժանեաց գազանացն. որք յայնմհետէ դարանամտեալք 'ի ծածուկ և ըստ անհամար մեծութեանց իւրեանց սաստիկ կորանեալ գնեալ բազում յեսան՝ սրեցին որպէս սուսեր զլեզուս իւրեանց, և թոյնք իժից էին 'ի ներքոյ շըրթանց ... որոց հետամտեալ այնուհետև խափանեցին զգնացս իմ և հասեալ խոցոտեցին զիս 'ի մահ »։

Մարզպանին վստահութեանը արժանաւոր երեցաւ Փարպեցին. քիչ ատենի մէջ՝ մեծ բարեկարգութեան ու պայծառութեան հասուց ան վանքը։ Հայաստանի ամէն կողմերէն հոն կը վազէին՝ ուսանելու, կամ արդէն սովրածնին գլխաւորելու համար. և ժամանակին ուսումնասէր ու բարեպաշտ իշխաններէն ալ՝ Վահանայ եղբարքն, Ներսեհ և Հրահատ Կամսարականներն, Համազասպ Մամիկոնեան, Վահանայ եղբօրորդիքը, և Աբեղենից իշխանը Գազրիկ՝ պէտք եղած օգնութիւնն ընելէն ետ չէին կենար։

Վանքին բարեկարգութիւնը, արդէն Ղազարայ

դէմ եղող աբեղաներու նախանձը ալ աւելի շարժեց. զինքը վար զարնելու և իր համբաւը աղտացընելու համար՝ ամէն ջանքերնին բանեցուցին. անոր ուսմանցն ու գիտութեանը հետ՝ հաւատոց վարդապետութիւնն ալ կը պախարակէին։ Իրենց ամբաստանութիւնքն՝ ինչուան Վահանայ ականջն ալ հասուցին. և այնչափ պղտորեցին մարզպանին միտքը՝ որ երդմամբ սպառնացաւ ոչ միայն զՂազար՝ այլ և ոչ իրեններէն մէկը թողուլ այն վանքին մէջ։

Խռովեցաւ Փարպեցին, ու չէր գիտեր ինչ կերպով իրեն դէմ բացուած անգութ բերանները լռեցընել. իր հակառակորդացը հետ խօսիլ ու զանոնք համոզելն՝ իրեն համար ընդունայն աշխատանք մը կ'երևնար. այնչափ ատելութեամբ իրեն դէմ զինուած էին, որ Փարպեցին իր ամէն գիտութեամբն ու սրբութեամբն ալ՝ պիտի չկարենար իր անմեղութիւնը ցուցընել։

Ուստի հարկ սեպեց դիմել առ քահանայապետն Յովհան Մանդակունի, և իրմէն խնդրել իր նեղութեանը մէջ այն օգնութիւնը՝ որուն կարօտ էր։ Ընտիր տոհմէ սեպուհ մը ղրկեց առ քահանայապետն, ու ցաւօք և տագնապով կ'իմացընէր իր ինչ վիճակի մէջ ըլլալը. «Փութա, կ'ըսէր, հաս յօգնել. խոցոտեցայ թշնամիէն՝ անթիւ նետերով. կարեվէր եմ ու մահուան մօտեցած. անկէ ետքը քեզի հարկ է դեղը տալ ու բժշկել։ Իսկ թէ որ մեռնելու ըլլամ՝ գերեզման տանիլ ու թաղել»։ Երբոր պատգամաւորին բերնովը իր ուզած պատասխանը չառաւ Ղազար, հարկ սեպեց անձամբ երթալ առ Մանդակունին։ Քահանայապետն անհաւատալի տկարութեամբ մը, զոր պատմութիւնը ուրիշ առիթներու մէջ չիտար իրեն, չուզեց և ոչ իսկ տեսնել զինքը, թող թէ լսել և իրաւացի դատաստանը կտրել. «Ես և 'ի տեսանել իսկ, – կը գրէր առ նա, – չիշխեմ զքեզ առ երկիւղի․ դու ասես, եթէ գամ բժշկեմ և կամ թաղեա․ մի՛ գուցէ զգացեալ ուրուք և զիս ընդ քեզ թաղիցէ»[1]։

***

Ղազարու թշնամիքը երբոր տեսան թէ ամենէն երեսի վրայ ձգուած է, ա՛լ չվախցան․ անգթութեամբ զինքը վանքէն վռնտեցին, ունեցածը չունեցածը յափշտակեցին, և ինչուան իր քովը եղած յոյն լեզուով գրքերն ալ չտուին․ «որ կան այդր, կ'ըսէ գանգատելով, ընկեցեալ 'ի կերակուր ցեցոյ․ բայց արդեօք կարդացեալ լուսաւորիցէին 'ի դոցանէ բնակեալքդ 'ի տեղւոջդ, և կամ զայլս լուսաւորեսցեն»։

Սիրտը կոտրած և յուսահատած՝ ելաւ վանքէն ու Ամիթ քաղաքը գնաց․ հոնկէց ինքզինքը Վահան Մամիկոնեանին առջեւ արդարացընելու համար թուղթ մը գրեց, ու Համազասպ Մամիկոնեան նախարարին ձեռքովը ղրկեց անոր․ յորում իրեն վրայ եղած ամէն ամբաստանութիւնները նշանակելով՝ անոնց ամենուն պատասխանը կու տայ ճարտարութեամբ․ և անմեղութեան յաղթանակը կանգնելէն ետքը՝ զինքը բամբասողաց անկարգ վարքը և ագիտութիւնը կը յանդիմանէ։

1 Բանասէրն Գր․ Խալաթեան, վերը յիշուած երկասիրութեանը մէջ կը ջանայ ցուցընել թէ Մանդակունին չըլլայ 'ի Ղազարայ յիշուած իր սրբազան աստիճանին և կոչման անարժան հայրապետը, որ թղթոյն գրութեան ժամանակ արդէն վախճանած էր, և որուն վրայ այնչափ գովութեամբ կը խօսի՝ ժամանակաւ և գրութեամբ կրտսերագոյն Պատմութեան գրոցը մէջ։ Ո՞վ էր արդեօք այդ հայրապետը․ — Մանդակունւոյն յաջորդքը Բաբգէն (487-491) թէ Սամուէլ (490-502) թէ Մուշէ (502-510), և հաւանականագոյն կը համարի այս վերջինը։

Կ'երեւնայ թէ այս թուղթը՝ պէտք եղած ազդեցութիւնն ըրած է Վահանայ վրայ, որ մէկէն կանչեց զինքը իր քովը. և հաւանական կ'երեւնայ թէ անկէց ետքը առաջարկած է որ Պատմութեան գիրքը շարադրէ։ Եւ ահա թղթէն զատ իր երկասիրութիւններէն մեր ձեռքը հասածն է այս պատմութիւնս։

***

Փարպեցւոյն Պատմութեան նիւթը։ — Գրոց սկիզբը կը յիշէ Փարպեցին իրմէն առաջ եղող պատմագիրքն, ու անոնց իրաւացի արժէքը կը ճանչցնէ։ Ասոնք են Ագաթանգեղոս ու Փաւստոս Բիւզանդ, որոնց շարայարութիւն կը սեպէ իր գրուածքը, առ որ զինքը յորդորեր էին իշխանաց հրամաններն ու սրբոց վարդապետաց խօսքերը. «Տուաք, կ'ըսէ, զանձինս յայսպիսի գործ կարեւոր, չիշխեցեալք ընդդիմանալ, կարգել մի ըստ միոջէ զիրս և զգործս, զբազմայեղանակ դիպմունս Հայաստան աշխարհիս բաժանմանց յերկու թագաւորութիւնս, և 'ի վիճակէ բաժնոյ օրինացն՝ արանց քաջաց 'ի տոհմէ նախարարաց Հայոց՝ տալ զանձինս անձամբս 'ի նահատակութիւնս, 'ի վերայ ուխտին սուրբ եկեղեցւոյ, և կիսոցն համբերել կապանաց և բանտից ... Հեղուլ քահանայից ընտրելոց Աստուծոյ և Ճշմարիտ հովուաց՝ զարիւն 'ի պարանոցաց իւրեանց 'ի վերայ ընտրեալ բանաւոր հօտին Քրիստոսի. և ոմանց յընկերակցաց նախարարացս և յայլ ազատ մարդկանէ՝ դառնալ յետս յուխտէ սրբութեանն, և անշէջ յաւիտենից հրոյն լինել լուցկիք, պատրաստելոյն սատանայի և նորին արբանեկացն։ Եւ գրել զայս ամենայն մինչև յօր սկզբան մարզպանութեան Հայոց Վահանայ Մամիկոնէից տեառն և մեծի զօրավարին Հայոց և մարզպանի. և դադարեալ հանգու-ցեց յայնմ տեղւոջ զբան վաստակոց պատմու-թեանցս այսոցիկ»:

Ասիկա է Ղազարայ Փարպեցւոյն պատմութեան նիւթն ու նպատակը: Յորում կ'աւանդէ թէ ինչպէս Հայոց աշխարհին առ Աստուած դառնալէն ետքը՝ այն զարմանալի դէպքին, և անոր գործադիր սրբոյն Գրիգորի պատմութեան արժանի գրիչ երևցաւ Ագաթանգեղոս: Բայց իրմէ ետքը, կ'ըսէ, երբոր քաղաքական փոփոխութիւններ Հայաստանի մէջ տեսակ տեսակ շփոթութիւն յաճախեցին, ապէտ և յանդուգն մարդիկ՝ իրենք իրենցմէ ընդունայն ու անպիտան գրուածներ շարադրեցին, ու գիտուն և իմաստուն անձանց երկասիրութեանցը հետ՝ իրենց գրուածները խառնեցին: Այն անտեղութենէն զգուշանալու համար Վահան Մամիկոնեից իշխանը կը ստիպէ զՓարպեցին՝ որ իրեն ժամանակաց դէպքերը գրի վրայ առնու: Վերը յիշուած դժբաղդութեան հանդիպած կը համարի նաև Բիւզանդայ գիրքը, ինչպէս ուրիշ տեղ ալ խօսեցանք:

Կը սկսի Ղազար իր պատմագրութիւնը Արշակունեաց թագաւորութեան երկուքի բաժնուելէն. երբոր քաղաքական կերպարանափոխութեանց համար՝ Հայաստանի արևմտեան մասը Յունաց կայսեր իշխանութեան տակն ընկաւ, ու արևելեան մասն ալ Պարսից թագաւորին: Այն ատենները՝ Պարսից վիճակին մէջ եղող Հայոց նախարարները՝ թագաւորին երթալով խնդրեցին իրմէ՝ որ իրենց բնիկ Արշակունեաց ցեղէն թագաւոր մը դնէ վրանին: Շապուհ թագաւորը կատարեց անոնց խնդրուածքը, ու Արշակունեաց ցեղէն Խոսրովը դրաւ. որովհետև անկէց առաջ Արշակ թագաւորը տեսնելով Հայոց ազգին մէջ սիրած անմիաբանութիւնը, և ճանչնալով որ այն երկպառակութեանց վախճանը՝ բոլոր ազխարհին աւերումը պիտի ըլլայ, Թողուց Այրարատ գաւառը Պարսից ձեռքը, որ կարենայ խաղաղութիւն գտնել թէ իր անձին և թէ աշխարհին, ու գնաց Յունաց աշխարհին ժառանգութեանը մէջ նստաւ: Հոս արտուղութիւն մը կ'ընէ Փարպեցին, Այրարատ գաւառին գովեստն ընելով, որ իր պատմագրութեանն ընտրելագոյն մասերէն մէկը կրնայ սեպուիլ:

Ժամանակ անցնելէն ետքը՝ Հայոց նախարարք թշնամացան իրենց թագաւորին հետ, ու Պարսից թագաւորին առջև ամբաստանեցին զինքը, որպէս զի չխաբուի Խոսրովու արտաքին բարեկամութենէն զոր կը ցուցընէր իրեն, և թէ անոր միտքը ուրիշ բան չէ բայց եթէ Յունաց հետ միաբանիլ: Շապուհ սիրով մտիկ ըրաւ անոնց ամբաստանութեանցը. իրեն կանչեց զԽոսրով ու պատժեց զինքը. և Հայոց նախարարաց մատնութիւնն ալ վարձատրելու համար՝ անոնց խօսքին գէթ մէկ անգամ մը մտիկ ըրաւ, ու զՎռամշապուհ վրանին թագաւորեցուց:

Մեր գրականութեան պատմութեանը մէջ՝ մատենագրական գարագլուխ մը կրնայ սեպուիլ Վռամշապհոյ թագաւորութիւնն. ուստի և Ղազար Ճոխաբար կ'աւանդէ ինչ որ իրեն ժամանակ բարիք եղան ազգերնուս՝ Սահակայ հայրապետի ու Մեսրոպայ վարդապետի ձեռնտուութեամբը: Կը պատմէ նաև Վռամշապհոյ մեռնելէն ետքը Խոսրովու կրկին անգամ թագաւորելը Վռամայ ձեռքով: Բայց երբոր Վռամայ մահուընէն վերջը՝ անոր եղբայրը Յազկերտ թագաւորեց Պարսից վրայ, չուզեց որ Արշակունեաց ցեղէն թագաւոր նստի 'ի Հայաստան. ուստի իր Շապուհ որդին ղրկեց հոն իշխան: Իսկ երբ Հայերը գոհ չեղան անոր իշխանութենէն, Յազկերտի որդւոյն Վռամայ թագաւորութեան ժամանակ՝ խնդրեցին իրմէն ու Խոսրովու որդին Արտաշէսը թագաւորեցուցին:

Արտաշէս անարժան վարքովը ատելի եղաւ ամենուն. Նախարարք մտածեցին ձգել զինքը իշխանական պատուէն անոր ձեռքովը՝ որով զինքը այն մեծութեան հասուցեր էին: Ջանացին որ իրենց կամակից առնուն նաև զսուրբն Սահակ: Աստուածարեալ անձը որչափ իրաւացի կը գտնէր անոնց բողոքը թագաւորին անարժան վարուցը համար, յանձն չէր առնուր որ խորհրդոցն ալ կամակից երևնայ: Այս առթով գեղեցիկ խօսակցութիւն մըն ալ ըրաւ անոնց, զոր մէջ կը բերէ պատմիչը. բայց Նախարարք միտք չըրին, ու չէ թէ միայն իրենց ձեռքովը թագաւորը մատնելով՝ իշխանութիւննին վերուցին, այլ նաև իրենց խորհրդոյը դէմ կեցող սուրբ Հայրապետն ալ՝ Պարսից դուռը բանսարկել տուին:

Այս դէպքով Հայաստանի թշուառութիւնը սկըսաւ: Ու երբ Նախարարք իրենց անմիտ գործոյն վըրայ զղջալով՝ փութացան առ սուրբն Սահակ՝ որ իր աստուածատուր իմաստութեամբը դարման մը ընէ այն աղէտից, ու կ'ուզէին միւսանգամ Հայրապետական աթոռը նստեցնել զինքը, յանձն չառաւ Սահակ. ու արտասուալից աչքով մը՝ Վաղարշապատու եկեղեցւոյն մէջ եղած տեսիլքը պատմեց անոնց ու մեկնութիւնը տուաւ. իմացընելով թէ ինչպէս իրենք իրենց ձեռքովը, բայց միշտ աստուածային թոյլտուութեամբ, կորսնցուցին իրենց իշխանութիւնը և կործանումը փութացուցին: Անկէ քիչ ետքը հանդիպեցաւ Սահակայ ու Մեսրովպայ մահը, որով աւելի կերպով մը համարձակութիւն առին անմիաբանութիւնք և թուլահաւատութիւն. Նախարարք իրարու հետ սկսան լինալ, ու մէկմէկու ձեռքէ իշխանութիւնը յափշտակելու համար զիրար Պարսից դուռը ամբաստանել: Անոնց մէջ գըլխաւոր եղաւ Վարազվաղան, որ իր փեսային՝ Վասակայ՝ մեծնալը ու իշխանութեան հասնիլը տեսնելով՝ գնաց ուրացաւ իր հաւատքը, ու սկսաւ իր փեսային վրայ ամբաստանութիւններ ընել. կը ջանար անոր տեղն անցնիլ, խոստանալով որ եթէ այս մեծութիւնը իրեն տրուի, ինքն ալ երախտապարտ ըլլայ Պարսից, ու բոլոր Հայաստանը անոնց կրօնից աշակերտէ։

Այս խոստումը՝ մեծ ուրախութիւն ազդեց Միհրներսեհի, որ Յազկերտի առաջին հրամանատարն էր. սկսաւ յորդորել զԹագաւորն որ փոխանակ զէնքերով իրեն իշխանութեան սահմանը ընդարձակելու, կրօնից ասպարէզը լայնցընէ. Թագաւորին կողմանէ ու անոր հրամանաւ Թուղթ մը գրեց Հայոց՝ որ ետ կենան իրենց կրօնքէն, ու ընդունին այն հաւատքը զոր Պարսից Թագաւորը կը դաւանի։ Երբոր Հայք յանձն չառին, ու անոր Թղթոյն անհանճար խօսքերը՝ իմաստութեամբ ըմբերանեցին, իրեն քով կանչեց Թագաւորը անոնց գլխաւոր նախարարները, ու բանտերու մթութեան դատապարտեց, որպէս զի ստիպուին մտիկ ընելու իր հրամանին։ Երբ անոնցմէ ոմանք առ երեսս, և այլք սրտի մտօք ընդունեցան Պարսից կրօնքը, մեծապատիւ փառօք ղրկեց զանոնք 'ի Հայաստան։

Հոս կ'աւանդէ Ղազար Վարդանանց հրաշալի պատմութիւնն ու յաղթանակը. անոնց միաբան նահատակութիւնն ու մահը՝ զոր արդէն իրմէ առաջ ստորագրած էր Եղիշէ։ Անկէց Ղեւոնդեանց պատմութեանը կ'անցնի, գրեթէ Եղիշէի կերպովը, բայց աւելի համառօտ ոճով։ Եղիշէ իր պատմութիւնը մինչուան Յազկերտի մահը ու նախարարաց դարձը կը հասցընէ. իսկ Ղազար անկէ ալ անդին կ'անցնի, սկսելով Գիւտ կաթուղիկոսին օրերէն։ Կը պատմէ թէ ինչպէս անոր թշնամիքը Պարսից դուռը ամբաստանեցին զինքը, ու ինքն ալ հոն երթալով՝ արդարացաւ. բայց Թագաւորը չուզեց միւսանգամ հայրապետական աթոռոյ վրայ նստեցընել զինքը, այլ ամենայն պատիւ տալով՝ սահմանեց որ ուզած տեղը նստի։ Գիւտ ալ՝ երկար ատեն Պարսից դուռը կենալէն ետքը՝ ետ դարձաւ։

Նոյն ժամանակները Մամիկոնեանն Վահան կը պայծառանար։ Գադիշոյ Մալխազը և իրեն հետ քանի մը ուրացող նախարարք նախանձեցան վրան, ու ուզելով զինքն իշխանութենէ ձգել, ամբաստանեցին թէ ապստամբ է, և թէ անոր ձեռացը տակ ամենևին ապահով չիկրնար ըլլալ Պարսկաստան՝ իր Հայաստան աշխարհին աւարին վրայ։

Ինքզինքը արդարացընելու համար ելաւ Պարսկաստան գնաց Վահան, ու տեսնելով թէ անոնց նախանձը ամենևին պիտի չլռէ, և իրեն ալ անկարելի պիտի ըլլայ խաղաղութիւն գտնել, հաւատքին մէջ տկարացաւ։ Անանկով մեծապատիւ դարձաւ ՚ի Հայաստան. հոն իր ուրացութեան վրայ զղջալով, հետը միաբանեց հաւատացեալ նախարարքը, ու Պարսից դէմ պատերազմի սկսաւ. ու զանազան անգամ անոնց զէնքերը փշրելէն և ույժը խորտակելէն ետքը՝ հետերնին հաշտութեան դաշինք դրաւ։ Հայաստանն ազատեց, անոր կրօնքն ու ինչքը ապահովցուց, և ինքը մեծ փառքով պատուեցաւ. ուստի և իրաւամբ Մամիկոնէից տէր և Հայոց սպարապետ ու մարզպան ընտրուեցաւ։

Այս հրաշալի ու անակնկալ փոփոխութեան վրայ զարմացան Հայք, ու իրենց արժանաւոր հայրապետն Յովհան Մանդակունի՝ ատեանը ելլելով ու խաղաղութեան ողջոյնը տալով՝ աւետեց իր հաւատացելոցը այս զարմանալի ազատութիւնն, ու յորդորեց զիրենք որ փառք տան Աստուծոյ։

Այն գեղեցիկ ու պերճախօս ատենաբանութեամբը կը նկարէ Փարպեցին իր Պատմութեան գիրքը։

***

Փարպեցւոյն պատմութեան գրոց աղբերք. — Փարպեցի իր պատմութեան գրոց սկիզբը՝ իրմէ առաջ միայն երկու ազգային պատմիչք կը յիշատակէ, ըսինք, զԱգաթանգեղոս և զԲիւզանդ. տեղ տեղ ալ Կորեան անունը. և երրորդ զինքզինքը և իր գիրքը կը կոչէ. որով բանասէրք և քննադատք ենթադրեցին և գրեցին թէ իր ժամանակին երկու գլխաւոր անձնաւորութեանց, Եղիշէի և Խորենացւոյ գրքերը անծանօթ եղած ըլլան իրեն, կամ ո և իցէ պատճառաւ Ղազարայ ձեռքն անցած չեն իրենց երկասիրութիւնք։ Նոր հետազօտութիւնք և բանասիրաց բաղդատական քննադատութիւնք (և առանձինն Գր. Խալաթեան), այս կարծեաց չեն համաձայնիր. մանաւանդ թէ հակառակ կարծեաց պաշտպանք, օրինակներով ալ կը ցուցնեն թէ Փարպեցւոյն ոչ լոկ Ագաթանգեղոս, Բիւզանդ և Կորիւն ծանօթք էին, այլ նաև Խորենացի և Եղիշէ. և թէ ինչպէս առաջնոյ՝ բայց մանաւանդ վերջնոցս պատմական գրուածներէն մեծապէս օգտուած է իր պատմական շարադրութեանը մէջ։ Ուստի և երկուքի կը բաժնեն իրեն աղբերքն. նախ յանուանէ յիշատակեալքն 'ի նմանէ, և երկրորդ՝ կարևորագոյնքն քան զնոսա, և մեզի անծանօթ պատճառաւ մը յանուանէ իրմէ չի յիշատակուածքն։

Ագաթանգեղոսէն առած է՝ Լուսաւորչի տեսլեան պատմութեան պարագաներն՝ որոնք կը նոյնանան իմաստիւք և բառիւք ընդ տեսլեան սրբոյն Սահակայ, զոր կը պատմէ Փարպեցի։ Իրմէն առնուած է դարձեալ երկար հատուած մը բանի՛ 'ի տեսլենէ Լուսաւորչին, զոր Փարպեցի կը յատկացընէ Վարդանայ պատերազմին՝ ուխտապահ և ուխտազանց նախարարքն իրարու հետ բաղդատելով։ Ի Բիւզանդայ եկամուտ է իր գրոց մէջ սրբոյն Ներսէսի անէծքն առ Արշակ Թագաւոր, և գուշակօրէն տեսութիւնը Հայոց արքայական իշխանութեան բարձմանը 'ի ցեղէ Արշակունեաց։ Իսկ 'ի կենսագրական աշխատութենէ Կորեան քաղուած կ'երևնան Մեսրովպայ վարուց, նշանագրաց գիւտին և սրբոյն Սահակայ մահուան վրայ գրածները, եթէ՝ ինչպէս մեզի հաւանական կ'երևնայ, 'ի դիւանական գրութեանց առնուած չեն։

Բայց ասոնցմէ աւելի կարևորագոյն աղբերք եղած են, — ըստ իրեն նոր քննադատաց, — Խորենացի և Եղիշէ։ Ի գրոց առաջնոյն քաղած է Բիւզանդայ պատմութեան դադրելէն մինչև վախճանել Սահակայ և Մեսրովպայ՝ վաթսուներկու տարիներու անցից և դիպուածոց պատմութիւն։ Իսկ Եղիշէ միակ աղբիւր է Փարպեցւոյն՝ Վարդանայ պատերազմին պատմութեան համար։ Մերթ, — նաև գլխաւոր պարագայից մէջ, — կը տարբերի իրմէ, թերևս ոչ առանց մասնաւոր դիտման. բայց Եղիշէ՝ մերձաւորագոյն ժամանակաւ, ականատես և կենակից՝ իրմէ պատմուած անցից և անձանց, միշտ մեծագոյն հաւատարմութեան արժանի կը սեպուի իրաւամբ։ Այս նմանութեանց գլխաւորներն կ'ամփոփենք 'ի ծանօթութեան [1]։

1 Ի Խորենացւոյ առնուած են հետևեալ հատուածք. (էջքն նշանակուած են ըստ Վենետկեան նորագոյն տպագր.)։ Խոր. Գ. 55. — Փարպ. էջ 51 ։ — Խոր. Գ. 56 ։ — Փարպ. 51 ։ — Խոր. Գ. 65 ։ — Փարպ. 58, 60 ։ — Խոր. անդ ։ — Փարպ. 61 ։ — Խոր. Գ. 65 ։ — Փարպ. 62 ։ Նմանութիւնք ընդ Եղիշէի. (ըստ տպ. Վենետկ. 1859). Եղիշէ, էջ 9 ։ — Փարպ. 121 ։ — Եղիշէ 22 ։ — Փարպ. 124 ։ — Եղիշէ 32 ։ — Փարպ. 134 ։ — Եղիշէ 39 ։ — Փարպ. 154 ։ — Եղիշէ 49 ։ — Փարպ. 176 ։ — Եղիշէ 57 ։ — Փարպ. 183 ։ — Եղիշէ 58 ։ — Փարպ. 183 ։ — Եղիշէ 59 ։ — Փարպ. 192 ։ — Եղիշէ 61 ։ — Փարպ. 193 ։ Ասոնցմէ աւելի զգալի ընդօրինակութիւններ. Եղիշէ 26 ։ — Փարպ. 291 ։ — Եղիշէ 139 ։ — Փարպ. 306 ։ — Եղիշէ 140 ։ — Փարպ. 307 ։ — Եղիշէ 141 ։ — Փարպ. 313 ։

Գալով Փարպեցւոյն մատենագրական արժէքին՝ 'ի հնոց իրեն ընծայուած ճարտասան մակդիրին ոչ անարժան կը տեսնենք զնա՝ թէ 'ի պատմութեան, և թէ մանաւանդ առ Մամիկոնեանն Վահան ուղղած թղթոյն մէջ. կորովի ոճ մը, ուժով բացատրութիւնք, գեղեցիկ նկարագրութիւններ, սուր տեսութիւնք, և մանաւանդ լեզու զոր կը գործածէ յանիրաւի զինք և իր վարքն ու գործերը բամբասողաց և անգոսնողաց դէմ։ Իսկ հայ լեզուին՝ գեղեցիկ վայելչութեամբքն՝ Թարգմանչաց դարուն և դպրոցին արժանաւոր, ունի նաև թերութիւններն՝ կրելով ժամանակին աշխարհիկ խօսից կերպարանքը. թէպէտ և այն իսկ յետագայից համար մեծապէս օգտակար, իր հետաքննական պատմութեանն հետ ունենալով մասամբ նաև այն դարուց մէջ խօսուած լեզուին հանգամանքը։

Փարպեցւոյն պատմութեան գրոցը մէկ հետաքննական մասն ալ՝ սրբոյն Սահակայ տեսիլքն, և անոր մեկնութիւնն է։ Ղազար իբրև հաւատարիմ դէպք մը կ'աւանդէ զայն. սակայն նոյն իսկ հինք՝ չժխտելով տեսլեան ստուգութիւնը՝ անոր մանրապատում նկարագիրն ու մեկնութիւնը վաւերական չեն համարիր, ուրիշ ժամանակակից պատմչաց մէկուն քով չըտեսնելով անոր յիշատակը. որով և կը կարծուի թէ Փարպեցւոյն գրոց մէջ յետոյ աւելցուցած են այլք՝ իրմէ ետքը եկող դարուց մէջ։ Էջմիածնի Մատենադարանին գրչագրաց մէջ (թիւ 920) այս տեսլեան խորագիրը նշանակելով՝ բանասիրաց քննութեանը կը յանձնենք. «Յառաջաբան տեսլեան սրբոյն Սահակայ Պարթևի, զոր եցոյց նմա Բարձրեալն անբաւ մարդասիրութեամբ իւրով». և սկզբնաւորութիւնն է. «Ես յետ մահուան Յազկերտի որդւոյ Շապհոյ թագաւորին Պարսից՝ թագաւորեաց Վռամ որդի նորա 'ի վերայ աշխարհին Արեաց»։ — «Ի յիշատա-

կի սրբոյն Սահակայ Հայոց հայրապետի 'ի քերթողական գրոց, յաղագս վարուց և կենաց նորա. և վասն տեսլեան զոր ակամայ պատմեաց Նախարարաց Հայոց: — « Յայնժամ ժողովեալ 'ի միասին ամենայն նախարարացն Հայոց՝ չոգան առ մեծն Սահակ » : — « Տեսիլ մարգարէութեան սրբոյն Սահակայ Պարթեւի հայրապետի Հայոց, զոր ետես յԱյրարատ գաւառի 'ի Վաղարշապատ քաղաքի, յորժամ նստէր նա 'ի ժամ պաշտաման 'ի կաթուղիկէ սուրբ եկեղեցւոյն՝ 'ի վերայ բեմին, մերձ առ սեղանն Աստուծոյ: — Մեկնութիւն սրբոյն Սահակայ տեսլեան » :

Փարպեցւոյն Պատմութեան գրոց բնագրին առաջին տպագրութիւնն եղած է 'ի Ս. Ղազար Վենետկոյ յամի 1793. երկրորդ և նորագոյն հրատարակութիւն մ'ալ դարձեալ նոյն տըպարանէն հանդերձ թղթովք առ Վահան Մամիկոնեան 'ի 1873: Այս թղթոյն առաջին տպագրութիւնն եղած է 'ի Մոսկուա 'ի 1853, 'ի ձեռն Լազարեան արեւելեան լեզուաց ճեմարանի Տեսչին՝ Մկրտչի Էմին. աշխարհիկ լեզուով թարգմանութիւն մը և բացատրութիւնք 'ի Մ. Նալբանդեանց, և հրատարակուած 'ի Փեթրպուրկ (1868): Պատմութեան 'ի գաղղիական լեզու թարգմանութիւն մը 'ի Հաւաքածոյն Լանկլուայի. Lazare de Pharbe ; Histoire de l'Arménie, traduite pour la première fois en français et accompagnée des notes historiques et critiques, par le P. Samuël D.r Ghésarian (Cantar), membre de l'Académie nationale arménienne de St. Lazare de Venise. Մասնական թարգմանութիւն մ'ալ. Abrégé de la vie politique et guerrière du prince Vahan-le-Mamigonien, par Lazare de Pharbe. Traduit par le P. Garabed Kabaragy. Paris, 1843:

ԴԱՐ Զ

Դպրութեանց անկումն վերջերոյս դարուս մէջ: — Քաղաքական յուզմունք և կրօնական խնդիրք և խռովութիւնք պատճառ այս անկման:

Հայկական դպրութիւնք մեկէնիմէկ մեծ ու զարմանալի յեղափոխութիւն մը կը կրեն վեցերորդ դարուս մէջ. և զարմանք չէ. որովհետև աշխարհին քաղաքական դիրքն ալ բոլորովին փոխուած էր: Վարդանանց և Վահանեանց ջանքը՝ ուրիշ արդիւնք մը չէր ունեցած՝ բայց եթէ արգելուլ զՍասանեանս որ չկարենան իրենց մոգի դրած կերպով տիրել Հայոց վրայ:

Նոյն ժամանակները պատահած կրօնական դէպք մըն ալ՝ թէ ժամանակին և թէ անոնցմէ ետքը եղող մեր մատենագրաց սրտին ու մտքին վրայ մեծ ազդեցութիւն ըրաւ. — Քաղկեդոնի ժողովոյն գումարումը: Ազգային եկեղեցական պատմութեան թողլով՝ այս նկատմամբ ազգին մէջ պատահած դէպքերը, միայն յիշեցընենք թէ այն ժողովքին պատճառաւ՝ արտաքին պատերազմներէ զատ՝ ներքին գժտութիւնք և հակառակութիւնք ալ սկսան մտնել մեր ազգին մէջ: Անով թշնամական ատելութիւն մը մտաւ Հայոց մէջ Յունաց ազգին հետ, ու անոնց կրօնքէն խորշելնուն պատճառաւ, երթեւեկք և մտերմական յարաբերութիւնք պակսեցան, որով սկսան դպրութիւնքն ու գրքերն ալ արհամարհուիլ: Ալ խափանուեցաւ յունական լեզուին ուսումը, ու անոնց օգտակար կամ դասական գրոց թարգմանութիւնք: Քանի մը սկզբնագիր գրիչք ալ՝ որ վեցերորդ դարուս մէջ երևցան, աննշան երկասիրութիւններ թողուցին. սոսկ հայ մատենագրութեան ամփոփ հորիզոնին մէջ մնած ու մեծցած հանճարներն, անոնցմէ աւելի նշանակութեան արժանի արտադրութիւններ դժուարաւ կրնային թողուլ:

ԱԲՐԱՀԱՄ ԵՊ. ՄԱՄԻԿՈՆԵԱՆ

Աբրահամ Մամիկոնեից եպիսկոպոս: — Խրատական գրուածք իր անուամբ: — Պատմութիւն ժողովոյն Եփեսոսի: — Փիլաքսիանոս Մաբուգայ եպիսկոպոս:

Հինգերորդ դարուն վերջերը ու վեցերորդին սկիզբները կ'իյնայ Մամիկոնեից եպիսկոպոսը Աբրահամ, որ Աղուանից Վաչագան թագաւորին խնդրանօքը՝ քանի մը խրատական գրուածներ յօրինեց. մասնաւորաբար՝ սրբոց նշխարքը պատուելու և ննջեցելոց հոգւոց հանգստեանն համար աղօթք ընելու վրայ: Այնչափ համառօտ գրուած մըն է ասիկայ՝ որ մասնաւոր քննութեան իջնալուն չարժեր:

Աբրահամու անուամբ ուրիշ երկասիրութիւն մըն ալ կայ· Քրիստոսի 431 թուականին յԵփեսոս գումարուած տիեզերական սուրբ ժողովքին պատմութիւնը ընտիր ոճով և կարգաբանութեամբ գրուած· և որովհետև ձեռագրաց մէջ գտնուած օրինակներու վրայ՝ Վաչագանայ անունը կը յիշուէր, ուստի և կը կարծուէր հաւանականաբար թէ այս գրուածքն ալ նոյն թագաւորին ընծայած ըլլայ· բայց ետքի տարիներս ուրիշ գրչագիր մըն ալ երևնալով՝ իմացուեցաւ թէ նոյն պատմութեան հեղինակն է Փիլաքսիանոս անունով մէկը՝ որ Նաբովկ քաղաքին եպիսկոպոսն էր, և Կոմիտասայ Հայոց կաթուղիկոսին խնդրանօքը շարագրեց այս գրուածքը, ինչպէս յայտնի կ'երևնայ այն ընդարձակ յառաջաբանէն՝ որ Աբրահամու անուամբը յիշուած ձեռագրաց մէջ կը պակսի։ Հաւանականաբար Աբրահամ եպիսկոպոս մը եղած է նոյն պատմութեան թարգմանիչ։

ՊԵՏՐՈՍ ԵՊ· ՍԻՒՆԵԱՑ

Պետրոս եպիսկոպոս Սիւնեաց և իր ժամանակը։ — Ճառերն՝ որ իր անուամբ հասած են առ մեզ։ — Պատմական գրուածք մը։ — Քանի մը հատուածք այդ երկասիրութենէն առ Ստ. Օրբելեան։ — Համբաւն ու 'ի պատմչաց գովութիւնք իրեն և գրուածոցը։

Նշանաւոր անուն մը, մեր պատմագրաց շատերէն յիշուած և Սիւնեաց անուանի վարդապետանոցին մէջ կրթուած անձինքներուն գլխաւորներէն մէկն։

Որչափ ալ քիչ ըլլան իր համբաւոյն արժանաւոր երկասիրութիւնք, այս պակասութիւնն՝ անշուշտ աւելի ժամանակին տալու է, որ ուրիշ այնչափ հաջակաւոր իմաստնոց երկասիրութիւնը մեզմէ ծածկած է. ապա թէ ոչ, անտարակոյս առանց պատճառի չէր այն համարումն, և ոչ թէ միայն մեր ձեռքը հասած գրուածքներուն համար։

Մեր պատմիչներէն ոմանք, ինչպէս Ասողիկ և Ստեփանոս Ուռպելեան՝ սրբոյն Մովսիսի Խորենացւոյ աշակերտ կը համարին զՊետրոս. բայց այս ենթադրութեանս մէջ՝ ժամանակագրական սխալ կայ, և հաւանական կ'երևնայ ըսելը թէ Խորենացւոյ աշակերտի մը աշակերտ եղած ըլլայ Պետրոս։

Պետրոսի անուամբը մեզի հասած երկասիրութիւններն են.

Սուրբ Աստուածածնայ վրայ գովեստից ներբողեան մը, «Բազմերջանիկ քրիստոսասէր ժողովրդոց». որ թէպէտ համառօտ գրուած մըն է, բայց նոյն իսկ համառօտութեան մէջ հոգեւոր եռանդ մը ու վարժ գրիչ կ'երևցընէ [1]։

Քրիստոսի ծննդեան վրայ ճառ մը, որուն միայն մէկ հատուածը ձեռուընիս հասած է. «Ծնանի Էմմանուէլ՝ Աստուած մարդացեալ»։

Վաչագան արքային խնդրանօքը՝ անոր այլ և այլ հարցմանց պատասխանիք, այսպիսի մակագրութեամբ. «Պատասխանիք առ հարցմունս Վաչագանայ իշխանի». ընդհանրապէս Մարդեղութեան

[1] «Երանելւոյն Պետրոսի Սիւնեաց եպիսկոպոսի ասացեալ գովեստ յամենասուրբ Աստուածածին կոյսն Մարիամ և 'ի համբարձման անուանն նորա»։ (Մատենադարան Էջմիածնի, Թիւ գրչագրաց 915)։ Նոյն Մատենադարանին ուրիշ գրչագրի մը մէջ (Թիւ 917) վերջի տողին տեղ. «ըստ յորջորջման նորին և 'ի սուրբ գրոց լուծմունք նորին հոգևոր իմաստիւք»։ Դարձեալ նոյնաթիւ գրչագրին մէջ նշանակուած կը գտնենք՝ Պետրոսի Սիւնեաց ընծայեալ ճառ մը Յաղագս հաւատոյ։

սուրբ խորհրդոյն վրայ։ Բայց ինչպէս ասոր նման ուրիշ երկասիրութեանց, ասանկ ալ ասոր մէջ, — եթէ յիրաւի Պետրոսի երկասիրութիւնը սեպենք, — օտարի ձեռք խառնուած կ'երևնայ, որոնք իրեն լուսաւորեալ մտաց հարազատ ծնունդքը չեն կրնար ըլլալ, որ թէ՛ գրութեան կերպէն և թէ ոճէն կը յայտնուի։

***

Այս գրուածներէն զատ կը յիշատակուի Նախնեաց մէջ իր անուամբը՝ Պատմական գրուածք մ'ալ. վասն զի Ուռպէլեանը՝ սրբոյն Մեսրովպայ Աղուանից գրերը հնարելը, և Անանիա Սիւնեաց եպիսկոպոսէն պատուիլը նշանակելէն ետքը՝ կը յաւելու. «Այս ցուցանէ մեզ զայս սուղ ինչ՝ Մովսէս քերթողահայրն. և զբովանդակն Ճշգրիւ՝ աշակերտ Նորա Պետրոս եպիսկոպոս Սիւնեաց»։ Ուռպէլեանին խօսքին հաւատարմութեանը նշան կրնայ սեպուիլ՝ Մովսիսի Կաղանկատուացւոյն գրոցը մէջ գտնուած Բաբկայ Սիւնւոյ՝ Հոնանդուր Հոնին դէմ տուած մենամարտութեան պատմութիւնը, որ թէպէտ համառօտ գրուածք մըն է, բայց ընտիր գրչի մը ամէն կատարելութիւնքը կը տեսնուին վրան։

Նոյն Ուռպէլեան պատմիչը կը յիշատակէ թէ մասնաւոր գովեստ ալ շարադրած ըլլայ Պետրոս՝ սոյն Բաբկայ վրայ, որ Վասակայ ուրացողին հայրն էր. «Յերանելւոյն, կ'ըսէ, Պետրոսէ՝ Սիւնեաց եպիսկոպոսէ 'ի ներբողմանէն առաջ, զոր արար 'ի վէհն Բաբիկ, զոր և Պարսիկք՝ յիւրեանց լեզուն լաւ կոչէին»։ Մեր վերը յիշատակած հատուածը՝ արդեօք այս ներբողեանէն առնուած է, թէ իր անուամբը յիշատակուած պատմութեան մասն սեպուած, որոշ չենք կրնար զրուցել։

Ուղղելեանը՝ Պետրոսի Սիւնեցւոյն պատմական գրուածքէն՝ հետեւեալ ամբողջ հատուածները կը դաղափարէ:

ԳԼ. Թ. Վասն Անդոկայ Սիւնեաց իշխանի թէ զինչ գործ գործեաց. և թէ որպիսի՛ անցք անցին ընդ աշխարհն Սիսական՝ 'ի Շապհոյ Պարսից արքայէ, և երթն նորա առ կայսրն Յունաց առ մեծն Թէոդոս և անդ վախճանիլն. յառաջուածոց սրբոյն Պետրոսի Սիւնեաց եպիսկոպոսի:

Ժ. Վասն գալոյ Բաբկայ 'ի Հոռոմոց առ Շապուհ, և քաջութեանն զոր եցոյց. և վերստին տիրելոյն սեպհական հայրենեաց իւրոց աշխարհիս Սիւնեաց և չինութեան նորա, և նախադաս պատուելոյն ընդ Բագրատունիս. 'ի նոյն ճառից տեառն Պետրոսի:

ԺԱ. Յայտնութիւն եկեղեցւոյն Շաղատայ, և գիւտ այնչափ սրբոցն որ 'ի նմա:

ԺԲ. Դարձեալ 'ի նոյն ճառից տեառն Պետրոսի. յետ բազում ժամանակաց զրոյցք վասն գիւտի նշխարաց սրբոց որ 'ի Շաղատայ եկեղեցին. և որ յաւուրս Յովակիմայ եպիսկոպոսի վկայմունք, և սակս նախադասութեան տանուտերաց և գիւղից Սիւնեաց. և թէ ո՛ ոք նախապատիւ և գահագլուխ սահմանեցաւ:

Ուղղելեանին գովեստից խօսքերը իրաւամբ մեծ ցաւ զգալ կու տան այսպիսի անձի մը գրաւոր երկասիրութեանց կորուստին: Մենք՝ հաւատարմութեան երաշխաւորութիւնը բոլորովին իր գովաբանին վրայ ձգելով, միայն անոր վրայ զրուցած խօսքերը մէջ բերենք. «Նա ապա եղև, կ՚ըսէ, (Սիւնեաց իններորդ եպիսկոպոս), բազմերջանիկն և անհամեմատն 'ի մարդկանէ Պետրոս՝ աշակերտ Մովսէսի քերթողահօրն, քաջ հռետորն և անյաղթ փիլիսոփայն, լի իմաստութեամբ և կատարեալ առաքինութեամբ. նախաթոռ վարդապետաց Հայոց. քերթող և թարգմանիչ, որ արար բազում թարգմանութիւնս, և արար ճառս իմաստալիցս 'ի ծնունդն Քրիստոսի, և այլ յոլովս, և մեկնեաց զխրթին և զդժուաիմաց բանս հին և նոր կտակարանաց։ Սա գնաց ընդ այլոց վարդապետաց Հայոց՝ Մամբրէի, Եղնըկայ, Կորեան, Գաւթի՝ 'ի Թագաւորական քաղաքն Կոստանդնուպօլսի ... և կեցեալ յաթոռն ամս տասն՝ մեւանի»։ Եղնըկայ և Կորեան ընկերակից ըլլալ՝ անկարելի է այս Պետրոսի։

Պետրոս Քերթողին ուրիշ մէկ գլխաւոր արդիւնքըն ալ՝ Հայոց տումարը նորոգելն է. վասն զի երբոր Մովսէս կաթուղիկոս Եղիվարդեցի՝ Հայոց տումարը նորոգելու համար՝ ազգին ամէն գլխաւոր քաղաքաց իմաստունքը հաւաքեց 'ի Դուին՝ ժողովք ընելու համար, նոյն ժողովքին գլխաւորներէն մէկն էր, ինչպէս Վարդան կը յիշատակէ, Պետրոս Սիւնեաց եպիսկոպոսը, Ներշապուհ Տարօնացին և Աբդիշոյ Սանեցի։ Բայց Ասողիկ նոյն պատմութիւնը ուրիշ կերպով աւանդելով՝ կը զրուցէ թէ Ներսէս Աշտարակեցի կաթուղիկոսին օրովը գումարած ժողովոյն մէջ՝ Հայոց տումարին վրայ խօսք ըլլալով, Հայոց թուականը հաստատեցին Պետրոս Քերթողը և Ներշապուհ Տարօնացին։ Սակայն ընդհանրապէս մեր ամէն պատմիչք այս նորոգութեան պարծանքը Մովսէս կաթուղիկոսին կու տան։

ՄՈՎՍԷՍ ԿԱԹՈՂԻԿՈՍ ԵՂԻՎԱՐԴԵՑԻ

Մովսէս Եղիվարդեցի։ — Հայոց մէջ գործածուած հին թուականներ։ — Եղիվարդեցւոյն ձեռքով ու ջանիւք եղած նորոգութիւն ։ — Հայոց թուական և անոր սկզբնաւորութիւնը։

Մովսէս՝ Արագածոտն գաւառին Եղիվարդ գեղէն էր, և կաթողիկոսութեան աթոռը նստաւ Քրիստոսի 551 թուականին, և իրեն գլխաւոր գործն եղաւ Հայոց տումարին նորոգութիւն կամ հաստատութիւնն ։ Հաւանական կ'երևնայ թէ Հայք 'ի սկզբանէ իրենց տումարը ունեցած ըլլան. կամ իրենց գործածած գլխաւոր տումարը՝ Նաբոնասարայ թուականը եղած ըլլայ. վասն զի այն ատեն հաստատուեցաւ այս թուականը՝ երբ Վարբակէս Մար և Բելեսիս-Նաբոնասար՝ Պարոյրի հետ միաբանելով՝ Ասորեստանեայց թագաւորութիւնը վերուցին, և իրենք թագաւորութեան պսակ ընդունելով՝ սահմանեցին անկէ ետքը նոյն թուականը գործածել. (Քրիստոսէ 743 տարի առաջ)։

Արեգակնային էր այն ժամանակը Հայոց տարին, իրենց մերձաւոր ազգաց՝ Բաբելացւոց, Պարսից, Մարաց և Եգիպտացւոց նմանութեամբ։ Բայց որովհետև Յուլեան տոմարին ճշգութիւնը չունէր, հարկ կ'ըլլար որ ամէն անգամ տարւոյն օրերը փոփոխութիւն կրեն։ Տասներկու ամիս բաժնուած էր տարին, ամէն մէկ ամիս երեսուն օրով. և հինգ օր ալ Աւելեաց, որ է ըսել 365 օր, և հասարակ տարի.

սակայն Յունաց և Հռովմայեցւոց տարիները չորս տարին հեղ մը նահանջ ունենալով, համեմատութեամբ չորս տարին մէյմը Հայոց տարւոյն մէկ օրը կը պակսէր, և ուրիշ ազգաց տոմարէն առաջ երթալով՝ հարկաւ շփոթութիւն կը ծագէր։

Այս թուականէն զատ՝ մեր ազգին մէջ գործածական էր նաև Հայոց [illegible] թուականը, որ երբեմն գրչագրաց մէջ ալ կը գործածուի նոյն անուամբ։ — Սուրբ Լուսաւորչէն քիչ ետքը՝ սկսեր էին Հայք գործածել նաև Անդրէաս Բիւզանդացւոյն հինգհարիւրեկի շրջանը, որ 532 տարուան մէջ կը լրանար։ Այս շրջանին լմննալէն ետքը՝ որովհետև շփոթութիւն ծագեցաւ, մանաւանդ Զատկի տօնը կատարելու համար, այն ատեն Մովսէս կաթուղիկոս՝ ազգին մէջ իմաստութեամբ և տումարական հմտութեամբ նշանաւոր եղած անձինքը քովը ժողվեց, և անոնց խորհրդովը և առաջնորդելովը Հայոց թուականը հաստատեց, որ մինչուան հիմայ կը գործածուի։

Ոմանք կարծած են՝ թէ Մովսէս կաթուղիկոս ուզելովն իր ազգը Յունաց հաղորդակցութենէն բոլորովին զատել, կրօնական խորութեանց պատճառաւ հաստատած ըլլայ այս թուականը. բայց ասիկայ ձրի ենթադրութիւն մըն է, և մեր ազգային պատմչաց շատին խօսքերուն հակառակ կ՚ըլլայ, որոնք կաթուղիկոսին ձեռքովը եղած այս նորոգութեան մէջ ուրիշ բան չէին նկատեր՝ բայց միայն ուսումնական հետազօտութեան պտուղ մը և արգասիք։

Մասնաւոր գրաւորական երկասիրութեանց յիշատակութիւն չկայ Մովսիսի վրայ։ Միայն իրեն յաջորդը Աբրահամ կաթուղիկոս՝ առ Կիւրիոն Վրաց հայրապետ գրած թղթերուն մէջ կը յիշատակէ թէ մասնաւոր թուղթ մը գրած ըլլայ առ նոյն ինքն Կիւրիոն, զգուշացընելով զինքը որ չըլլայ թէ նեատորականայ հետ հաղորդակցութիւն ընէ: «Յառաջագոյն, կ՚ըսէ, երանելի հայրապետն մեր Մովսէս գրեաց առ ձեզ մեղադրութիւն, յաղագս հաղորդելոյն ձեր ընդ այնոսիկ ընդ որս չէր պարտ»: Նոյնը կը հաւատարմացընէ նաև Վրթանէս քերթող՝ առ նոյն Կիւրիոն գրած թղթին մէջ. «Յառաջագոյն առ պատուականութիւն ձեր գրեաց երանելի հայրապետն մեր Մովսէս՝ յաղագս Խուժիկ չեպիսկոպոսին խաբէութեանց»:

ԿԻՒՐԻՈՆ ՎՐԱՑ ԿԱԹՈՒՂԻԿՈՍ

ԵՒ

ԱԲՐԱՀԱՄ ՀԱՅՈՑ ԿԱԹՈՂԻԿՈՍ

Քաղկեդոնի ժողով ու այն պատճառաւ յուզմունք յեկեղեցւոջ: — Աբրահամ կաթողիկոս: — Կիւրիոն Վրաց կաթողիկոս: — Թղթակցութիւնք ընդ հայրապետին Հայոց: — Ասորեաց թուղթ առ Ներսէս կաթողիկոս, և վերջնոյս պատասխանն: — Հայոց իշխանաց կողմանէ գրուած նամակ մը:

Հինգերորդ դարուն մէջ պատահած կրօնական դէպքը՝ առիթ տուաւ այս դարուս վերջերը այլ և այլ խօսակցութեանց և թղթակցութեանց և գումարման ժողովոց: Քրիստոսի 451 թուականին՝ Քաղկեդոնի մէջ ընդհանուր ժողովք մը գումարուեցաւ Եւտիքէսի մոլորութեանցը դէմ: Առջի գումարուած երեք ժողովոց մէջ՝ Հայերն ալ իրենց կողմանէ պատգամաւորներ ունեցած էին, և անոր համեմատ՝ առոյգ տեղեկութիւն առած նոյն ժողովոց սահմանադրութեանցը վրայ· բայց այս չորրորդ ժողովոյն ժամանակ՝ որովհետև Հայաստան պատերազմաց և աւարառութեանց պատճառաւ ոտնակոխ եղած և նեղութեան մէջ էր, չկրցաւ իրեն կողմանէ մարդ ղրկել, և եղածին վրայ ճիշդ տեղեկութիւն մը ունենալ· այն պատճառաւ նոյն ժողովոյն թշնամիքն առիթ և համարձակութիւն ունեցան՝ իրենց հարցը հաւատոցը վրայ հաստատուն կեցող Հայաստանի բնակիչքը ջանալ օտարացընել նոյն ժողովքէն՝ մոլար վարդապետութեանց սահմանադիր քարոզելով: Բայց որովհետև անոր ջատագովքն ալ պակաս չէին, Հայաստանն ալ սխալուեցաւ՝ այս պատճառաւ գումարած ժողովքներուն մէջ՝ երբեմն ընդունել զայն իբրև ուղղափառական, և երբեմն ալ մերժել իբրև մոլորամիտ:

***

Այս ժամանակներս՝ Վրաստանի կաթուղիկոսական աթոռը կը նստէր Կիւրիոն արքեպիսկոպոս, որ Մովսէս Եղիվարդեցւոյն աշակերտն էր, յոյն, հայ, պարսիկ և վրացի լեզուաց հմուտ: Ճանչցաւ Կիւրիոն նոյն ժողովքին ուղղափառական սահմանադրութիւնները, և մտադիւրութեամբ ընդունեցաւ· ու փափաքելով որ ուրիշներն ալ իրեն հետևող երևնան, Կոստանդնուպոլսէն բերել տուաւ նոյն ժողովքին վաւերական պատմութիւնը, ու Ս. Լևոնի Հռովմայ հայրապետին տումարը· անոնց ընթերցմամբը ճանչցաւ բոլոր վրացի ազգը նոյն ժողովքին ուղղութիւնը և ընդունեցաւ:

Իր այս գործոյն հակառակող երևցաւ Ցուրտաւ քաղքին Մովսէս եպիսկոպոսը· ու այլ և այլ ամբաստանութիւններ ըրաւ վրան առ ղանազանս, և մասնաւորաբար առ Աբրահամ կաթուղիկոս Հայոց: Կաթուղիկոսն ալ մեղադրանաց թղթեր գրեց առ Կիւրիոն:

Ինքզինքը և իր գործը ջատագովելու համար նամակներ գրեց Կիւրիոն, ու 'ի կաթուղիկոսէն և 'ի զանազանից անոնց պատասխաններն ընդունեցաւ: Այս բոլոր թղթերը որ երեսնի չափ են՝ հաւաքած և պատմութեամբ աւանդած է Ուխտանէս պատմիչ տասներորդ դարուն մէջ, որ վերջի տարիներս տըպագրութեամբ հրատարակուեցաւ Էջմիածնի տըպարանէն:

* * *

Երեքտասաներորդ դարու գրչագրի մը մէջ թուղթ կամ նամակ մ'ալ կայ զոր Ներսէսի Բ կաթուղիկոսի Հայոց ուղղեր են Ասորիք՝ նոյն ժամանակներն յուզուած կրօնական խնդրոց վրայ: Այս նամակը կը գրէն «Սամուէլ քորեպիսկոպոս և Դանիէլ վանից երէց, և Սիւնական Սարեբայի, Գաբրիէլ վանից երէց Ովփեսի, և Եղիա Սիւնական և վանից երէց Սուսինայի, և Շապուհ վանից երէց Գնիխթայի, և Յաղդէն վանից երէց Գումայի, և Դանիէլ վանից երէց Բըդնայի, և Բդէշխ վանից երէց Սաղիմայի, և Մեղքի վանից երէց Յովասփայ և Դաւիթ վանից երէց Սոքփոնէի, և այլ երիցունք և սարկաւագունք գաւառիս եկեղեցեաց և վանից սպասաւորք, և ամենայն ժողովրդականք ուղղահաւատք 'ի Քրիստոս». և զոր կ'ուղղէն այս մեծարանաց խօսքերով. «Լաւաց, ճշմարտից և աստուածասիրաց հովուաց արդարոց և հարանց հոգևորաց, որ էք լոյս աշխարհի և սիւնք հաւատոյ, քարոզիչք արդարութեան և աշակերտք առաքելոց, ընկերք սրբոց և բարեկամք արդարոց, սիրելիք Քրիստոսի և պահապանք խաչին *նորա, Տէր Ներսէս կաթուղիկոս Հայոց մեծաց, և Մերշապուհ եպիսկոպոս Տարաւնոյ և Մամիկոնենից, և այլ աթոռակցաց և իշխանաց աշխարհիդ»:*

Հաւատոյ խնդրոյ համար իրենց 'ի հակառակորդաց կրած նեղութիւնները բացատրելէն' ու իրենց ճանչցած և ընդունած ճշմարտութեան վրայ անշարժ մնալու հաստատուն կամքն յայտնելէն ետքը, կը յաւելուն. «Վասն այսորիկ 'ի ձեզ ապաւինեցաք յետ Աստուծոյ, և ընտրեցաք արս 'ի մէնջ և առաքեցաք ձեզ և թուղթս աղաչանաց որ ծանուցանեն զսիրտս մեր և զխորհուրդս. և արս զորս առաքեցաք առ ձեզ, անուանք են այսոքիկ. Աշարին վանից երեց Մարհալայ, Գաւիթ վանաց երեց Խուփայի... Զայդ եղբարս և միապաշտօնս որ տան ձեզ զթուղթս աղաչանաց և մատուցանեն առաջի ձեր կամօք մեր և կամօք սրբոյ Հօփւոյն, զՆէզ այրդ Աբդիսոյ երեց 'ի վանաց Սարբեայի, մեք խնդրեմք 'ի ձեզնէ ողորմութեամբն Աստուծոյ' զի իշխանութիւն զոր ընկալայք 'ի Քրիստոսէ տացէք ձեռնադրութիւն դմա որ ընդրեցաւ. և առաքեցէք զդա մեզ զարդարեալ լուսով Աստուծոյ' 'ի ձեռն ճշմարտութեան ձերոյ, և դարձցի առ մեզ վառեալ 'ի ձեռն գրոյ ձերոյ և պնդ հրամանաւ»:

Հայոց կաթուղիկոսն այս նամակն և թղթաբերքն ընդունելով' կու տայ պատասխանին, քաջալերելով զնոսա 'ի հաստատութիւն. և կատարելով յայտնած փափաքնին' իրենց կողմանէ խրկուած անձին եպիսկոպոսական ձեռնադրութիւն տալով: «Պատասխանի թղթոյն Ասորեաց 'ի Ներսիսէ Հայոց կաթուղիկոսէ և 'ի Մերշապհոյ Մամիկոնենից եպիսկոպոսէ»: Նամակին սկզբնաւորութիւնն է. «Ի բազում ժամանակաց լուեալ զեղբայրութեանդ ձերոյ ուղղափառութիւն համբաւով, իսկ այժմ ընկալաք գրով առ 'ի ձէնջ աներկբայելի սրբոյ հաւատոյ հաստատութիւն»:

Նոյն ինքն Ներսէս ուրիշ թուղթ մ'ալ գրած է առ եպիսկոպոսունս ոմանս հայկական գաւառաց, որոնց վրայ անշուշտ 'ի Նեստորականաց զգօն մնալու և զգուշացընելու հարկաւոր արթնութիւնը չէր տեսած: Այս նամակին խորագիրն է «Տեառն Ներսեսի Հայոց կաթուղիկոսի թուղթ մեղադրութեան առ եպիսկոպոսունս». և ուղղած է «Սրբասիրաց և քրիստոսասիրաց աթոռակցաց մերոց Գրիգորի Արծրունեաց եպիսկոպոսի, Սահակայ Ռշտունեաց եպիսկոպոսի, Սողոմոնի Մոկաց եպիսկոպոսի, Ստեփաննոսի Անձեւացեաց եպիսկոպոսի, Միքայէլի Ջարեհաւանից եպիսկոպոսի, Աստուածատրոյ Բըժնունեաց եպիսկոպոսի, Թադէոսի Մեհնունեաց եպիսկոպոսի. — Ի Ներսիսէ Հայոց կաթողիկոսէ, 'ի Մերշապհոյ Տարաւնոյ և Մամիկոնեաց եպիսկոպոսէ, 'ի Գրիգորէ Մարդպետական եպիսկոպոսէ, 'ի Պարգեւայ Հարքայ եպիսկոպոսէ, 'ի Տիրկանէ Բագրեւանդայ եպիսկոպոսէ, 'ի Գրիգորոյ Բասենոյ եպիսկոպոսէ, 'ի Պետրոսէ Սիւնեաց եպիսկոպոսէ, 'ի Մաշտոցէ Խորխոռունեաց եպիսկոպոսէ, հոգեւոր սիրով ողջոյն»: Կը յիշեցընէ թէ ինչպէս նեստորականք վաճառաշահութեան պատրուակաւ մուտ գտնելով 'ի Հայաստան, իրենց մոլորական վարդապետութիւնքը սկսան սերմանել ու ծաւալել, ու ազգին կողմանէ թուլութիւն կամ անտարբերութիւն գտնելով, համարձակեցան «իւրեանց աղծութեան հաւատոյ առաջնորդ չեպիսկոպոսս ածել և մեր լուսաւոր և ուղղափառ հաստատուն հաւատոյս խոչ ընդ ակն կացուցանել»: Եւ կը յաւելու. «Յառաջագոյն վասն Նորին իրաց մեք և աշխարհիս մերոյ տանուտեարք և ազատք միաբանութեամբ 'ի ձեռն գրոյ հրաման արարաք վասն ձեր, փութապէս 'ի Դուին'ի սուրբ եկեղեցիս ժողովելոյ և առ միաբանութեամբ ըստ հաճոյից Աստուծոյ առնել խորհուրդ և հնար լինել բառնալ զայսպիսի աղէտս և զհանապազորդ հեծութիւն յոգւոց մերոց. և ձեր ոչ ունելով զնախանձ վասն Աստուծոյ հեղգացեալք սպուժեցէք ... Արդ վասն նորին զայս գիր միաբանութեամբ առ ձեզ հրամայեցաք առնել». և կը յորդորէ որ ամէնք գումարին գան 'ի ժողով, սպառնալով եպիսկոպոսական պատուէն զրկել զորս հեղգութեամբ կամ պատճառանօք այս հայրապետական պատուիրանին կամ կոչոյն անհնազանդ երևնան:

Այս սպառնալական նամակէն զատ՝ Ներսիսի անուամբ ուրիշ կարևոր գրուած մ'ալ կայ հետևեալ խորագրով. «Ուխտ միաբանութեան Հայոց աշխարհիս 'ի ձեռն Ներսէսի Հայոց կաթողիկոսի, և Մերշապհոյ Մամիկոնէից եպիսկոպոսի, և Պետրոսի Սիւնեաց եպիսկոպոսի, և այլոց աթոռակցաց, և տանուտերանց և ազատաց և համօրէն ժողովրդականաց»: Նամակին նիւթն է՝ հակառակիլ Նեստորական անձանց վարդապետութեան և անոնց յառաջադիմութեան, մերժելով զիրենք և իրենց կարծիքը, քանդելով իրենց ժողովոյ տեղիք կամ եկեղեցիքը, միաձայն հաւանութեամբ խոստան և արհամարհ հըռչակելով անոնց ձեռքով և եկեղեցեաց մէջ մատակարարուած խորհուրդները: Այս թղթին ձեռնադիր կը գտնեն՝ Ներսէս Հայոց կաթողիկոս, Մերշապուհ Տարաւնոյ և Մամիկոնէից եպիսկոպոս, Գրիգոր Սեպհական գնդին եպիսկոպոս, Պարգև Հարքայ եպիսկոպոս, Տիրուկ Բագրեւանդայ եպիսկոպոս, Գրիգոր Բասենոյ եպիսկոպոս, Ներսէս Մարդաղաղոյ եպիսկոպոս, Վաղոտ Արշամունեաց եպիսկոպոս, Պետրոս Սիւնեաց եպիսկոպոս, Գրիգոր Արծրունեաց եպիսկոպոս, Մարկոս Բագրեւանդեայ եպիսկոպոս, Մաշտոց Խորխոռունեաց եպիսկոպոս, Յոհան Ապահունեաց եպիսկոպոս, Աբդիշոյ Ասորոց ուղղափառաց եպիսկոպոս, Յոհան Վանանդայ եպիսկոպոս,

Հաւուկ Արշարունեաց եպիսկոպոս, Քրիստափոր Պալունեաց եպիսկոպոս, Յոյս Գողթան եպիսկոպոս, Թադէոս Մեհենունեաց եպիսկոպոս, և ամենայն եպիսկոպոսունք Հայոց աշխարհին, և իշխանք:

Վասն զի այս նամակին տակ՝ բաց յեկեղեցական աւագաց, իշխանական դասէն ալ այլեայլ անձանց ստորագրութիւնը կայ, և են Համազասպ 'ի Գուգ Վասամեան 'ի տանէ Մամիկոնից, Գարջոյր Հայոց Մաղխազ, Սամել յԱրտաւազդան սպարապետ, Գրիգոր 'ի Հմայական, Սահակ 'ի Վարդանեան, Աստուածատուր Վանանդայ տէր, Գատոյ 'ի Գարջուղեան, Գրիգոր և Վարդան 'ի Վասակայ, Ջօրակ 'ի Գղաւոնեան, Վարազ-Յոհան 'ի Յոհանեան, Վարդան 'ի Մուշեղեան, Համազասպ, Սահակ 'ի Հմայակեան, Գնեալ Գնունի, Վարազ Գաբեղեան, Գրիգոր Աբեղեան, Մերշապուհ 'ի Շինական, Համազասպ Ձիւնականեան, Աստուածատուր Հաւենունի, Արշամ 'ի Վարազտիրոցեան, Մուշեղ 'ի Հմայեկեան, Վրիւ յԱրտաշրեան, Աստուածատուր Արշաւրեան, Սամուէլ 'ի Մամական, Վարդ 'ի Հմայական, Ներսէս 'ի Սամոնեան, Վարդան Վահեւունի, Հմայեակ Վարաժնունի, Մանուէլ Սպանդունի, Վարդ և Արտաւազդ 'ի Մամական, Համազասպ 'ի Սահական, Սահակ 'ի Մանուէլեան, Վարդան Մուշեղեան:

Այս միաձայն հերքման որոշումը նեստորականաց և իրենց վարդապետութեան, Ներսէս կաթուղիկոս, Մերշապուհ Տարօնոյ և Մամիկոնէից, և Պետրոս Սիւնեաց եպիսկոպոսունք պաշտօնական գրով մը կը հաղորդեն՝ Գրիգորի Մարդպետական և Գրիգորի Արծրունեաց եպիսկոպոսաց «ուղղափառաց և ճշմարիտ հաւատացելոց աթոռակցաց»: Այս գիրը, որ մեր ձեռքն հասած է, խորագիր կը կրէ․ «Որոշումն նեստորականաց 'ի սրբոյ Եկեղեցւոյ»:

ԴԱՐ Է

ԿՈՄԻՏԱՍ ԿԱԹՈՒՂԻԿՈՍ

Ո՞վ էր Կոմիտաս։ — Ի պատիւ Հռիփսիմեանց երգած Անձինք շարականը։ — Անոր վայելուչ ու քերթողական ոճը։ — Կոմիտասայ անուանը յիշատակուած հարազատ կամ ոչ հարազատ երկասիրութիւնք։

Աբրահամ կաթողիկոսին յաջորդն էր Կոմիտաս՝ Տարօնոյ եպիսկոպոսը և Գլակայ վանից առաջնորդը։ Իր հայրապետութեանը ժամանակ՝ որբոց Հռիփսիմեանց վկայարանները նորոգել ուզեց. և անոնց սուրբ մարմնոյն տապանակներն՝ հողէն դուրս հանելուն ժամանակ՝ տեսնելով որ սրբոյն Գրիգորի Լուսաւորչին և Սահակայ Պարթև հայրապետին կնիքներովը վաւերացած են, չուզեց դպչիլ. այլ իր կնիքն ալ վրան դնելով՝ արժանաւոր պատուով ամփոփել հրամայեց անոնց սուրբ մարմինները։

Այս առթով որբոց կուսանաց վրայ շարադրեց շարական մը այբուբենի կարգաւ, որ իր անուամբը մեզի հասած գլխաւոր երկասիրութիւնն է, և կ՚ըսուի

Հռիփսիմեանց անձինք. — Գեղեցիկ քնարերգական բանաստեղծութիւն մըն է այն սուրբ կուսանաց յիշատակին և փառացը նուիրուած, որոնց արեանը պարտական է Հայաստան իր լուսաւորութեան գլխաւոր մաս մը։ Հռիփսիմեանց սրտաշարժ պատմութիւնն՝ ազդած է Քերթողին այս աննման և սիրելի երգը վրանին յօրինելու։ Որպիսի՜ կարուկ և բանաստեղծական՝ միանգամայն պարզ լեզուով նկարագրուած են իրենց պատմութեան գլխաւոր մասերը, մանաւանդ սրբուհւոյն Հռիփսիմէի, այն հրաշագեղ կուսին՝ որուն գեղեցկութիւնը՝ կը յիմարեցընէ պղծագաւորն. հեթանոսք կը սքանչանան իրենց անմիտ իմաստութեանը մէջ՝ այնպիսի տեսքի մը արհամարհուելուն համար, և հրեշտակք՝ ուրախութեամբ կը տանեն՝ փափուկ կուսի մը մահը և աշխարհս արհամարհելը։ Իրար կ'անցնին բոլոր աշխարհք. մէկ պատուական մարգարտի մը (Հռիփսիմէի) վրայ խնդութեամբ կը վազեն ամենայն հեթանոսք. արևմուտք և արևելք, Դիոկղետիանոս և Տրդդատ, իրարու կ'իմացընեն այն հրաշալի գեղեցկութիւնը. և մինչդեռ խօսքով իրարու կը խոստանան, ծածուկ հնարքներով կը ջանան յափշտակել իրարմէ։ Աշխարհիս առջև զօրաւոր սեպուած մարդիկներուն զէնքերը կը թուլնան. ուր ընդհակառակն աղկար կարծուած կանայք աստուածազդեցիկ զօրութեամբ քաջալերուած՝ զօրութեամբ և փառքով պերճացեալ թագաւորը՝ կուսական ձեռօք կը յաղթահարեն։ Ո՛րչափ գեղեցիկ, պարզ և բանաստեղծական են այն նմանութիւնքը, մերթ առ Աստուած, մերթ առ կուսանս և մերթ առ սօնողս գառնալները. որով իրաւամբք ազգային բանաստեղծութեան գըլխաւոր յիշատակարաններէն մէկը կը սեպուի [1]։

1 Մեր դարուն հռչականուն Իտալացի քերթող մը, Լուիճի Գարրեր, գեղեցիկ ոտանաւոր թարգմանութիւն մը ըրած է այս երգին, և որ հրատարակուած է 'ի Ս. Ղազար Վենետիկոյ յամի 1843։

***

Կոմիտասայ անունը յիշատակուած ուրիշ երկասիրութիւնք. — Օրբելեան և Կաղանկատուացին ուրիշ այլ և այլ ճառեր և գրուածներ կ'ընծայեն Կոմիտասայ: Ասոնց մէջ գլխաւոր կրնան սեպուիլ առ պատրիարքն Կոստանդնուպոլսոյ գրուած քանի մը Թղթերը՝ հաւատոյ դաւանութեան և այլ և այլ ազգային ծիսից վրայ: Այս Թղթերէն մէկ քանին Կաղանկատուացւոյն գրոցը մէջ կը տեսնուին, ու արժանաւորք են Կոմիտասայ հանճարոյն, որպէս ու գիտութեանը: Իրեն կ'ընծայուին ուրիշ քանի մը քննաբանական կամ աստուածաբանական համառօտ գրուածներ, որ իրենց իմաստներովը ու լեզուովը շատ կը հեռանան Կոմիտասայ գիտութենէն ու ընտիր և կիրթ ախորժակէն. ասոր և հաւանականաբար ուրիշ հակառակասէր ու տգէտ անձանց գըրուածներ են՝ իրեն անուամբը հրատարակուած: Ասոնց կարգէն են անշուշտ իրեն անունը կրող Հարցմունք որ ձեռագրաց մէջ կ'երեւնան, և «Հարցումն Պիւռոսի Կոստանդնուպոլսի հայրապետի և Կոմիտասայ Հայոց կաթուղիկոսի», և թուղթ վասն հաւատոյ:

ՔԱՆԻ ՄԸ ՄԱՏԵՆԱԳԻՐՔ

Եզնիկ Երէց։ — Եզր կաթուղիկոս։ — Մարութայ։ — Ուռպէլեանի զոհուրեանց խօսքերը։ — Իր հանրայր։ — Գրիգորատուր վարդապետ։ — Յովհան Մայրագոմեցի։

ԵԶՆԻԿ ԵՐԷՑ

Այս ատեններս կը յիշատակուի Եզնիկ երէց կամ վարդապետ մը, որ Կոմիտաս կաթողիկոսին ժամանակ և անոր ձեռքովը եղած սրբոց Հռիփսիմեանց մարմնոյն փոխադրութեանը ականատես, և այն դէպքին պատմութիւնն գրած է, քանի մը խօսքով յիշատակելով սուրբ թարգմանիչքը, և անոնց ձեռքովն եղած ազգային բարիքը։ Ձեռագրաց մէջ հանդիպած ենք նաև հետևեալ երկասիրութեան. «Եզնիկ վարդապետի վասն արարչութեան աւուրց», և որ ցարդ խորագրովս միայն մեզի ծանօթ է։

ԵԶՐ ԿԱԹՈՒՂԻԿՈՍ

Կոմիտաս և Քրիստափոր կաթուղիկոսաց յաջորդն էր Եզր, Նիգ գաւառին Փառաժնակերտ գեղէն. որ մեր եկեղեցական պատմութեանց մէջ նշանաւոր Կարնոյ ժողովքը գումարեց, Յունաց Հերակլ կայսեր յորդորելովն և ստիպմամբ։ Եկեղեցական ուրիշ այլ և այլ բարեկարգութիւններ ալ ըրած է. մանաւորաբար ժամակարգութեան և հասարակաց աղօթից մէջ։ Այս խօսքիս ստուգութեան երաշխաւորութիւն կու տայ Յովհան Իմաստասէր, որ Արևագալի կարգը իրեն կ'ընծայէ։

Եզրի ժամանակակից ուրիշ քանի մը անուանի վարդապետներ ալ կային, թէ բարեպաշտութեամբ և թէ գիտութեամբ նշանաւոր անձինք։ Ասոնց մէջ անուանիներէն կը սեպուէր

ՄԱԹՈՒՍԱՂԱ

Ասոր գովեստը կ՚ընէ Ուռպելեան, Սիւնեաց փառացը և պատմութեան հանդիսացընողը: Կ՚աւանդէ թէ Դաւիթ Սիւնեաց արքեպիսկոպոսին վախճանելէն ետքը՝ միաբան հաւանութեամբ տեղապահ ընտրուեցաւ Մաթուսաղա, զոր «մեծ քերթող և անյաղթ փիլիսոփայ կ՚անուանէ. զարդացեալ ամենայն առաքինութեամբ, ունեալ զքերթողութիւն և վարժեալ ճարտասանականաւն. հմտացեալ փիլիսոփայական արուեստից, լի ամենայն իմաստութեամբ և կատարեալ գիտութեամբ: Եւ զի էր մեծարոյ և նախաթոռ 'ի հայրապետսն Սիւնեաց, զի էր 'ի վաղնջուց հետէ հրամայեալ զթարգմանութիւնն և զմեկնողութիւնն նոցա ունել 'ի սրբոցն Սահակայ և Մեսրոպայ, և գլուխ կալ և հրամանատար ամենայն վարդապետաց Հայոց: Վասն որոյ տեսեալ յայնմ ժամանակի պայծառացեալ իմաստայեղց ճառագայթիւք զերանելին Մաթուսաղայ, վարժեալ և սնեալ 'ի նոյն տան՝ կացուցանեն յաստիճան վարդապետութեան եկեղեցւոյ. և նստուցանեն գլուխ ամենայն վարդապետացն 'ի վերայ բարձըր և ահարկու ամբիոնի րաբունարանին, յորմէ բղխէր գետօրէն աստուածային իմաստութիւնն և փարթամացուցանէր զամենայն աշակերտեալսն»:

Մաթուսաղայի այս համբաւը լսեց Կոմիտաս կաթողիկոս. և թէպէտ կաթողիկոսարանին մէջ ուրիշ այլ և այլ վարդապետք կային, Արշարունեաց գաւառին մէջ ալ հռչակաւոր վարդապետարան մը յԵրասխաձոր, Վարդիկ հայր կոչուած, ուր գիտութեանց ետևէ եղող և ուսումնասէր մանկունք կը կրթէին «Ճարտարք և գիտունք Հայոց», սակայն իր Թէոդորոս եղբօրորդւոյն դաստիարադութեան խնամքը Մաթուսաղայի յանձնեց: Կաթուղիկոսին վստահութեանը և համարման արժանաւոր երևցաւ Մաթուսաղա, կ՚ըսէ պատմիչը. վասն զի « մեծաւ զգուշութեամբ ուսոյց և հասոյց 'ի գլուխ կատարման »:

***

Կոմիտաս և Քրիստափոր կաթուղիկոսաց մահուընէն ետքը՝ Եզրի հայրապետութեանը ժամանակ՝ Յունաց Հերակլ կայսրը հրաման հանեց որ թէ Հայք և թէ Ասորիք ժողովին 'ի քաղաքն Կարնոյ՝ հաւատոյ խնդրոց քննութեան զբաղելու, և նոյն ժամանակաց մէջ յուզուած հերձուածքը խափանելու համար: Այս վախճանիս դիւրաւ հասնելու նպատակաւ՝ կայսրն հետը բերած էր Յունաց իմաստուններ: Այս հրամանը առնելնուն պէս՝ Թէոդորոս Ռշտունի և ուրիշ նախարարք ժողով գումարեցին Եզրի քով, և իրենք շուտով դէպ 'ի Կարին ճամբայ ելլելով, պատուիրեցին Հայոց կաթուղիկոսին որ ինքն ալ իր ազգին իմաստուններն ու եպիսկոպոսներն առնու, և անանկ երթայ ժողովքի. բայց աղաչեցին որ չըլլայ թէ առանց Մաթուսաղայի երևնայ ժողովքին մէջ: Այսչափ մեծ էր ժամանակակցաց համարումը իր գիտութեանն և իմաստութեան վրայ:

Եզր մարդիկ ղրկեց առ Մաթուսաղա, թէ իր և թէ ուրիշ եպիսկոպոսաց և նախարարաց կամքն ու բաղձանքն անոր յայտնելու: Բայց Մաթուսաղա որովհետև իր ամէն փոյթն ու խնամքը վարժարանին բարեկարգութեանը վրայ դարձուցեր, ու անոր յառաջադիմութեան համար գիշեր ցորեկ կ՚աշխատէր, յանձն չառաւ անոնց խնդրուածոցը զիջանիլ: Կաթուղիկոսը երբոր կրկին անգամ մարդիկ ղրկեց,

Մաթուսաղա առջի պատճառներուն վրայ իր ակարութիւնն ալ աւելցնելով, տեղը ղրկեց Կոմիտաս կաթուղիկոսին եղբօրորդին և իր աշակերտը՝ զԹէոդորոս, և անոր ձեռքը տուաւ հաւատոյ դաւանութեան թուղթ մը, պատուիրելով որ նոյն թուղթը կարդան ժողովքին մէջ։ Ժողովոյն լմննալէն ետքը՝ Մաթուսաղա եկաւ առ Եզր, և մեծ պատիւ գտնելով իրմէն, Սիւնեաց եպիսկոպոս ձեռնադրուեցաւ, ու նորէն իր վիճակը դառնալով, իր նախկին ջանքն ու փոյթը շարունակեց։

Ուռպելեանը իր Պատմութեան մէջ ամբողջ կը գտնէ Հաւատոյ դաւանութեան գիրը՝ զոր Մաթուսաղա տուաւ առ Հերակլ՝ յանուն Եզրի։

Մաթուսաղա տասնեւութ տարի Սիւնեաց մետրապօլտութիւն ընելէն ետքը վախճանեցաւ։

Նոյն ժամանակներն ծաղկեցան նաև Գրիգորատուր և Յովհան Մայրագոմեցի վարդապետք։

ԳՐԻԳՈՐԱՏՈՒՐ ՎԱՐԴԱՊԵՏ Անձախից ձոր կոչուած գաւառէն. որուն համար աւանդեր է Շապուհ Բագրատունի՝ թէ Մայրագոմեցւոյն և անոր մոլորամիտ վարդապետութեանցը դէմ կեցած ըլլայ երկար ժամանակ։ Բայց իր գրուածներէն բան մը ձեռուընիս հասած չէ։

ՅՈՎՀԱՆ ՄԱՅՐԱԳՈՄԵՑԻ՝ սրբոյն Գրիգորի եկեղեցւոյն փակակալն էր, և նոյն տեններն ազգին մէջ յուզուած կրօնական խնդրոց մէջ՝ Յունաց և անոնց ընդունած վարդապետութեանց դէմ կը հակառակէր։ Այս վախճանաւ երեք գրուածք ալ շարադրեց, կ'ըսեն Ասողիկ և Վարդան պատմիչները. բայց որովհետև զանազան մոլորական վարդապետութիւններ կը բովանդակէին այն գրքերը, չհամարձակեցաւ Յովհան իր անուամբն հրատարակել, այլ անծանօթ անուններ դրաւ վրանին, այսինքն Խրատ վարուց կամ Խրատաւարք, Հաւատարմատ և Նոյեմակ [1] ։ Բայց ազգը չընդունեցաւ այս գրուածները, և անհետ ըրաւ. Եզր կաթողիկոսն ալ զրկելով զինքը ամէն իշխանութենէ, մասնաւոր տեղ մը վտարեց։

Ուսպէշեանը կ'աւանդէ թէ Թէոդորոս Ռշտունեաց տէրն և իրեն հետ եղող նախարարք ստիպած ըլլան զԵզր՝ որ Մաթուսաղայի հետ Կարնոյ ժողովքը տանի նաև զՄայրագոմեցին, և անոնց աստուածաբանական տեղեկութեամբքը Յունաց դէմ դնէ. և թէ Եզր արհամարհելով զՄայրագոմեցի՝ անոր խօսքը մտիկ ըրած չըլլայ, և թէ անով իր և Ռշտունեաց իշխանին մէջ գժտութիւն ինկած է։

Բայց այս դէպքը անհաւատարիմ կ'երևնայ. նախ որ ինչպէս տեսանք, զարմանալի համարման արժանաւոր անձ մը սեպուած չէր Յովհան, և երկրորդ՝ որ Փոտ Կոստանդնուպոլսի հայրապետն՝ առ Զաքարիա կաթողիկոս գրած թղթին մէջ՝ բոլորովին հակառակ վկայութիւն մը կու տայ, թէ Թէոդորոս Ռշտունի բռնած ըլլայ զՅովհան, և աղուեսադրոշմ խարան մը դնելով անոր ճակտին վրայ, ինչուան 'ի Կովկաս աքսորած ըլլայ։

1 Էջմիածնի Մատենադարանին գրչագրաց ցուցակին մէջ (թիւ 1500) կը նշանակուի. «Յովհաննու Մայրավանեցւոյ գիրք Արմատ հաւատոյ», որ անշուշտ յետին դարուց գրուած է, և հաւանականաբար համանուն Որոտնեցւոյն։

ՅՈՎՀԱՆ ՄԱՄԻԿՈՆԵԱՆ

Յովհան Մամիկոնեան պատմիչ։ — Իր երկասիրութեան նիւթը։ — Մատենագրական ոճը։ — Տպագրութիւնք և թարգմանութիւն իր գրուածքին։

Ներսէս Շինող կաթողիկոսին օրովն էր Յովհան Մամիկոնէից եպիսկոպոսն, և նոյն հայրապետին հրամանաւ պատմական գրուածք մը շարագրեց, որ կերպով մը Զենոբայ ասորւոյն պատմութեան շարայարութիւնն ըլլալով, նոյն անուամբ Տարօնոյ պատմութիւն կը կոչուի։

Պատմութեանը յիշատակարանին մէջ կը պատմէ թէ Զենոբայ ժամանակէն 'ի վեր հաճոյական բան մը սեպուած էր Տարօնոյ մէջ, որ իւրաքանչիւր առաջնորդ՝ իր ժամանակին իշխող գլխաւորին քաջութիւնները և պատերազմունքը և բարեկարգութիւնները գրէ, և Գլակայ վանաց և եկեղեցւոյն յիշատակ թողու․ ատանիկով օր օրուան վրայ պատմութիւնը կը շատնար, և կը կոչուէր Ասորւոց պատմութիւն․ որովհետև մինչուան Թոդիկ վանահօր ժամանակ՝ վանքին առաջնորդքն ասորի էին ազգաւ, և ինքն եղաւ որ թէ զիրենք և թէ իրենց կարգերն և լեզուն հալածական ըրաւ։ Բայց ես, կը յաւելու Մամիկոնեան, տեսայ որ Խոսրովու ժամանակէն վեր մինչուան Տրդատայ թագաւորութեան ատենը Մամիկոնէից տան մէջ հանդիպածները՝ գրի վրայ առնուած չէին․ ետքէն տեղեկացայ թէ Ուռհայի կողմերը Մարմեաս կոչուած կրօնաւոր մը կայ՝ որ այգպիսի գիրք մը ունի քովը, գնացի քննելու, և տեսայ որ նոյն Իննակնեան վանքին մէջ գրուած էր, և հաւանականաբար թշնամեաց յարձակման կամ աւարառութեանը պատճառաւ անոր ձեռքն ինկած։ Եւ որովհետև քովս արդէն տասը գլուխ բան կար գրուած, քսանըութ գլուխ ալ անկէ թարգմանեցի, և բոլորը մէկէն երեսուն գլուխ՝ մէկ գրքի մէջ հաւաքելով, ինծմէ ետքը եկողներուն յիշատակ ձգեցի։

Բայց մատենագրին յիշատակած երեսունևութ պատճէններէն միայն ութը ձեռուընիս հասած են․ և ասոնցմէ հինգը Զենոբայ անուամբն են, միւս իրեքն ալ Յովհաննու Մամիկոնենի։

***

Մամիկոնեանի պատմութեան նիւթը. — Գլակայ վանից առաջնորդներուն շարակարգութեամբը կը սկսի Մամիկոնեանն իր պատմագրութեան գիրքը․ Զենոբ ասորւոյն օրուընէն ինչուան Թոդիկ վանահայր, որուն ժամանակ Գլակայ վանքը թէ շէնքերով և թէ բարեկարգութեամբ պայծառացաւ։

Անկէ ետքը կը պատմէ թէ ինչպէս Փոկաս զՄօրիկ հայկազն կայսրը սպաննեց, և անոր անպարտ մահուանը վրէժխնդիր եղաւ Խոսրով Պարսից թագաւորն․ և ուզելով որ Տարօնոյ Մուշեղ իշխանն ալ հետը միաբանի, մարդ ղրկեց իրեն այս փափաքը իմացընելու․ ապա թէ ոչ՝ կը սպառնար որ Յունաց երկրէն դառնալու ժամանակ՝ Հայաստանէն և Տարօնոյ երկրէն անցնի աւերելով և քանդելով։ Մուշեղ և ոչ պատասխան տուաւ․ ու մէկալ կողմանէ սկսաւ երկիրը ամրացընել։

Խոսրով շատ զօրքով Յունաց երկիրը արշաւելէն ետքը․ իր Միհրան քեռորդւոյն ձեռքը երեսուն հազօր զօրք տալով՝ 'ի Տարօն ղրկեց, որոնք մէկէն Մեղտի և Աստեղօնք կոչուած բերդերը սփռեցան. ոմանք ալ Արձան ըսուած տեղւոյն վրայ դիմեցին: Հոն տեղուանքը բնակող եօթն խոտաճարակ ճգնաւորները՝ մէկէն Տարօնոյ սուրբ Կարապետ վանքը վազեցին, և տեղւոյն միաբանիցը իմացընելով, ստիպեցին զիրենք որ փախչին երթան, և իրենք մնացին նոյն տեղը. վրայ հասան Պարսիկք և սպաննեցին սուրբ ճգնաւորները: Ասոնց արեանը՝ և թշնամեաց ձեռքով Տարօնոյ երկրին մէջ եղած արիւնհեղութեանց վրէժն առնելու համար՝ Մուշեղ իր Վահան որդին կանչեց, և յիշեցընելով իրեն թէ ինչպէս շատ տարիներէ 'ի վեր պատերազմի մէջ մնած և միշտ յաղթական եղած, հիմայ ծերութեան հասակին պատճառաւ ա՛լ չկրնար զէնք բռնել, իրեն յանձնեց որ Պարսիցմէ վրէժն առնու:

Մամիկոնեանն կը սկսի անկէ ետքը Գայլ Վահանայ հնարագիտութիւնքն և յաղթութիւնները պատմել, աշխոյժ և զուարճալի ոճով մը. բայց շատ անգամ այնպիսի պարագաներով՝ որ կարծես թէ ստուգութենէ հեռանալով առասպելաց կերպարանք կ՚առնու: Վասն զի երբեմն՝ հարիւր տարուան մէջ հանդիպած դէպքերը՝ իբրև մէկ կամ երկու տարուան դիպուած կը յիշատակէ. երբեմն ալ անոր հակառակ՝ քանի մը տարուան դիպուածոց՝ երկայն ժամանակ կու տայ: Անձինքը շատ անգամ իրարու հետ կը շփոթէ. անոր համար մէկուն ձեռքով եղած գործ մը՝ իբրև ուրիշի ձեռքով եղած կ՚աւանդէ: Առանց յերկուանալու՝ առասպելախառն դէպքեր՝ իբրև ճշմարիտ պատմութիւն կը զրուցէ. և ընդհակառակն առասպելաց կերպարանք կու տայ այնպիսի դէպքերու՝ որոնց ճշմարտութիւնն ուրիշ պատմագրաց գըրուածներէն յայտնի է: Երբեմն ալ իր գրոցը մէջ այնպիսի դիպուածոց յիշատակութիւնք կը գտնուին՝ որ իր մահուընէն ետքը պատահած են:

Գլխաւոր մէկ պակասութիւնն ալ՝ շատ տեղերու և քաղաքաց ստուգաբանութիւններն են, որոնք ընդհանրապէս իմաստակական են, և ինքն իբրև իրական կ'աւանդէ։ Օրինակ իմն, երբոր Վահան քսանևութ հազար հոգւով՝ Խեհանայ դէմ պատերազմի կ'երթար, Հաշտենից իշխանը կաշառելով՝ Խեհանայ գլխոյն տեղ երեսուն հազար դահեկան թշնամիներէն առած՝ ետ կը դառնար, Վահան աստուածային նախախնամով վառուած՝ թշնամեաց վրայ վազեց. անոնք ալ Վահանայ դառնալով՝ ըսին. «Առ ինչ դարձայք, ո՛վ աւելախօսք». և անոր համար, կ'ըսէ, տեղւոյն անունը Առինչք կոչուեցաւ։ Նմանապէս երբոր Վարազայ և անոր համախոհ Պարսից դէմ գնաց պատերազմաւ, թշնամիքն ահաբեկելով սկսան զրուցել թէ կորսուեցանք՝ «Կորեաք». և թէ այն պատճառաւ տեղւոյն անունը մնացած ըլլայ «Կորի»։

Այսպիսի անտեղութեանց պատճառ կրնայ սեպուիլ նաև օտար անձանց ձեռք խառնելը Մամիկոնենի պատմութեան մէջ. մանաւանդ որ ինքը Յիշատակարանին մէջ ազատութիւն առած, կամ աւելի լաւ ըսենք՝ սխալած է՝ որ իրենց ժամանակին դէպքերը աւելցնեն. և զարմանք չէ որ երբեմն ագէտ և անգրագէտ անձինք ալ զեղծած ըլլան իր այս թոյլտուութեամբը։ Խօսքերնուս ստուգութեանը գլխաւոր ապացոյց է ձեռագրաց մէջ եղած զանազան տարբերութիւնները։

Պարզ ու գրեթէ ռամկական ոճ մը ունի Մամիկոնեանն. և իր գիրքը աւելի յարգի կրնայ սեպուիլ իբրև պատմութիւն՝ քան թէ իբրև մատենագրութիւն։

Յովհաննու Մամիկոնենի պատմութեան գիրքը տպագրուած է նախ 'ի Կոստանդնուպոլիս 1719ին, ու ետքը ձեռագրաց բաղդատութեամբ 'ի Վենետիկ 1832ին, Զենոբայ ասորւոյն Տարօնոյ պատմութեանը հետ։ Գաղղիական թարգմանութիւն մ'ալ 'ի Հաւաքման Լանկլուայի 'ի 1869: Jean Mamigonien, continuation de l'histoire de Daron, traduite pour la première fois de l'arménien par Jean-Raphaël Emine.

ՍԵԲԷՈՍ ԵՊԻՍԿՈՊՈՍ

Սեբէոս եպիսկոպոս Բագրատունեաց: — Իր անձին վրայ տեղեկութիւն: — Պատմութեան նիւթը: — Այդ երկասիրութեան շարադրութեան մէջ իր ունեցած մասը: — Սեբէոսի ոճն: — Պատմական արժէքը: — Իր գրուածքին տպագրութիւնք և թարգմանութիւնք և մատենագիտական քննադատութիւնք:

Մեր պատմչաց կարգին մէջ յետ ոսկեղէն դարու մատենագրաց՝ յետոյ պատմիչք կը գտնեն զՍեբէոս եպիսկոպոս, յիշելով իր Պատմութիւնն 'ի Հերակլ, կամ Պատմութիւն Հերակլի կայսեր պատերազմաց ընդ Պարսից. որ և շատոնց անծանօթ մնացած՝ հազիւ անկէ քառասուն տարի մ'առաջ յերևան ելաւ և հրատարակեցաւ: Իր անձին և ուրիշ գործոց վրայ տեղեկութիւն չունինք, բայց միայն որ Բագրատունեաց ցեղի եպիսկոպոս էր, ինչպէս որ ստորագրած է անունն 'ի գործս ժողովոյն Դունայ՝ Գ. Ներսէս կաթուղիկոսին ատեն, 'ի կէս Է դարու:

***

Սեբէոսի Պատմութեան նիւթն. — Յետ յաւերժայիշատակ դիպուածոց Վարդանայ և Վահանայ, զոր անմահացուցին Ճարտար գրիչք Եղիշէի և Ղազարու, գրեթէ ամբողջ դար ու կէս՝ ոչ ոք ոճով Հայոց պատմութիւն մը գրած էր, և թէ գրած ալ էր՝ ոչ միայն մեզի հասած չէ, այլ և ոչ Սեբէոսի, որ Է դարուն սկիզբներն ծնած ըլլալու է. ինչպէս կը վկայէ և ինքն. թերևս Հայոց անիշխան ըլլալուն և թշուառութենէ զատ նշանաւոր գործ մը, մանաւանդ ազգային քաջագործութիւն մը չըլլալուն համար՝ յօգուտ հայրենի աշխարհին. բայց Զ դարուն վերջերը և Է ին կիսուն՝ ոչ միայն Պարսից և Յունաց մէջ նշանաւոր գործեր եղան՝ դաշանց և պատերազմաց, այլ և Հայք անոնցմէ նեղեալք կամ յանձրացեալք կամ անհամբերք՝ թէ ապստամբութեան և թէ քաջութեան գործեր ըրին, որ երկու ինքնակալ պետութեանց մէջ ալ հռչակուեցան և անոնց մտադրութիւնն արթնցուցին: Սեբէոս ետքի և գլխաւոր գործերուն ականատես՝ ուզեց զանոնք գրով աւանդել, մանաւանդ ամենէն հռչակաւոր դիպուածն, որ էր Հերակլ կայսեր արշաւանքն ՚ի վերայ Պարսից, անցնելով կրկին անգամ ընդ Հայաստան: Այսր պատերազմներն ընդ Պարսից, և այս ետքիններուս տէրութեան չփոթութիւնն Ապրուէզ Խոսրով թագաւորին ատեն, և քիչ մ՚առաջ ու ետև, ու անոնց տէրութեան նախ ակարանալն հարուածովք Հերակլի, ու յետոյ վերջանալն ՚ի ձեռն նորահաստատ տէրութեան Մահմէտի, գլխաւոր նպատակն են մեր պատմչին. անոր համար ալ իր գրուածն կ՚անուանի յոմանց Հերակլ՝ ՚ի Սեբէոսէ եպիսկոպոսէ ասացեալ:

***

Իրմէ առաջ երկայն ատեն ազգային պատմիչ չըլլալն՝ բնական պատճառ մը պիտի սեպուէր Սեբէոսի՝ համառօտաբար յիշելու այն միջոցին կամ առաջին դիպուածներն. և յիրաւի իր նպատակած պատմութենէն առաջ՝ Վահանայ մեծին գործքն համա-

ԴԱՐ Է. ՍԵԲԻՈՍ ԵՊԻՍԿՈՊՈՍ 417

ռօտ կը յիշուին, և իրմէ վերջն եղածներն. բայց անկէ առաջ ալ Հայոց Արշակունի Թագաւորաց և իրենց առենի Պարթևաց և Յունաց կայսերաց՝ համառօտ ժամանակագրական ցանկ մը կայ, 'ի Մովսիսէ Խորենացւոյ և 'ի Ստեփանոսէ Տարօնացւոյ առնուած, ըստ խորագրին, ինչպէս որ գրուած է տպագրելոյն մէջ ալ[1]. և ալ աւելի առաջ՝ Հայոց ազգին 'ի Հայկայ սկզբնաւորութեան, և անոր պատերազմին ու իր պայազատաց յիշատակութիւնք կ'ըլլան, հին ու վսեմ ոճով. որ ոչ միայն Սեբիոսի գըրածն չէ, այլ Թերևս և ոչ իրեն գրածն 'ի սկիզբն պատմութեան իւրոյ. այլ այն հին և պատուական հատուածքն՝ Ագաթանգեղոսի և Ղազարայ Փարպեցւոյ ծանօթ պատմական գրքերէն դուրս գրուած գործքերէն են. նոյնպէս ժամանակագրականքն ալ՝ անյարմար Թուականներով՝ յետին և ոչ շատ հմտի գործ են: Երկուքն ալ անհարազատ սեպելով Սեբիոսի՝ աւելորդ կը սեպենք հոս քննել զանոնք: Իր հարազատ գործն կը սկսի տպագրին Գ գլուխին ըսած տեղէն, որոյ երկու առաջին գլուխքն համառօտ յիշատակք են իրաց, և Հայոց իշխանաց կամ մարզպանաց, 'ի մեծէն Վահանայ մինչև ց'Բ Խոսրով Թագաւորն Պարսից. և այս միջոցիս գլխաւոր դէպուածն է Վարդան Մամիկոնին (որ կարծի Թոռն եղբօր Վահանայ) Պարսիկ Սուրէն մարզպանը սպաննելն, և փախչիլն 'ի կողմն Յունաց, որոց օգնութեամբ դէմ կեցաւ և յաղթեց Ա Խոսրովու Անուշռուանայ: Այս Թագաւորիս համար կ'ըսէ պատմիչս՝ նման քանի մը ուրիշներու՝ Թէ մահուան առեն հաւատաց 'ի Քրիստոս ու մկրտեցաւ:

1 « Արդ Թէ պիտոյ է քեզ ով ընԹերցասէր, երկրորդեցից 'ի պատմագրացն Մովսիսի Խորենացւոյ և Ստեփաննոսի Տարօնացւոյ հաւաստի և ճշմարիտ մատենագրաց՝ զորդի 'ի հարբ ճանաչել »: (Ի սկիզբն Բ. դպրութեան):

***

Ասկէ ետեւ՝ ուժով կը պատմէ Սեբէոս անոր որդւոյն Որմզդի անխոհեմ նախանձն 'ի վերայ քաջ զօրավարին Վահրամայ՝ որ յաղթեր էր Մազքթաց. և անոր ապստամբիլն, և առ Հայոց Մուշեղ Մամիկոնեան սպարապետն ալ գրել ու յորդորելն որ իր հետ միանայ. բայց Հայք, Յոյնք և Պարսիկք միաբանին ընդ Խոսրովայ Ապրուէզի՝ որ կը թագաւորէ փոխանակ հօրը՝ Որմզդի սպանելոյ. և միաբանութեամբ կը յաղթեն ապստամբին Վահրամայ: Խոսրով շնորհակալութեամբ ինքզինքն որդեգիր սեպէ կայսեր Յունաց (Մօրիկայ). բայց կասկածանօք պատիւ չտար Մուշեղի, որուն երախտապարտ էր՝ իր թշնամւոյն հետ չմիաբանելուն համար. Մուշեղ ալ դժարած կ'իմանայ Խոսրովայ թեթևամտութիւնը և կը գուշակէ որ ժամանակաւ Յունաց ալ ապերախտ ու վնասակար պիտի ըլլայ. և խորհուրդ կու տայ որ վերցընեն զան ալ. բայց Յոյնք չեն հաւանիր ու զգուշութեան համար Մուշեղ կը կանչուի կայսեր քով: Յունաց և Պարսից մէջ խաղաղութիւն կ'ըլլայ. զօր և անխռով պահելու համար՝ Հայոց կարիճ իշխանաց մէջէն կասկածաւորները և երբեմն անկասկածելիներն ալ կը ջանան տեղերնէն հեռացընել: Յոյնք կը խաւրեն զանոնք ընդդէմ Բուլղարաց 'ի պատերազմ: Սմբատ Բագրատունի Բազմայաղթն՝ Հայոց դիւցազանց և հսկայից մէկն, այս վտանգին մէջ չընկնալ ուզելով՝ աւելի մեծ վտանգներու կ'իյնայ Յունաց ձեռքը. և երկրորդ անգամ մ'ալ բաղդով ազատելով՝ կ'ապաւինի առ Խոսրով, և մեծամեծ քաջութիւններով անուանի եղած՝ Վրկան աշխարհին մարզպան կ'ըլլայ, Հայոց շինութեան և խաղաղութեան պատճառ, և Պարսից մէջ թագաւորէն ետև երկրորդ մեծ իշխան, և ըն փառօք կը մեռնի հոն. փառաց արժանի կը սեպուի իր Վարազտիրոց որդին, որ յետոյ կ'անցնի 'ի Յունաց կողմն, և ուրիշ Հայ նախարարաց հետ կասկածելի կ'ըլլայ. որոց ոմանք անխոհեմութեամբ ալ գործելով՝ յիրաւի կը պատժուին:

Խոսրով լսելով Մորկայ սպաննուիլն 'ի Փոկասայ, իր հայրայրին վրէժն առնուլ կ'ուզէ. պատերազմ կը բանայ ընդդէմ Յունաց, 'ի ձեռն քաջ զօրավարին Ռազման Խոռեմայ, որ երկայն տարիներ տագնապեցընէ զՅոյնս, շատ երկիրներու տիրելով և ինչուան զԵրուսաղէմ ալ առնլով, ու Քրիստոսի սուրբ Խաչը գերելով և տանելով 'ի Պարսկաստան: Այս որբազան գերութիւնը դարձընելու և Յունաց կորանքը կանգնելու համար՝ Հերակլ սպաննելով զՓոկաս և յաջորդելով, Պարսից դէմ կ'ելլայ՝ ինչուան իրենց մայրաքաղաքը դիմելու. ուր և կը հասնի յետ երկար ու երագ յարձակմանց. Խոսրով կը սպաննուի 'ի Պարսից, տեղը կը դրուի Կաւատ և յետոյ այլք. որոց հետ հաշտութիւն կ'ընեն Յոյնք. Հերակլ ետ կը դառնայ, սուրբ Խաչն ալ կը դարձընէ իր տեղը:

Այս գլխաւոր գործքէն զատ Սեբէոս կը պատմէ Պարսից վերջին տկար ժամանակը ու Սասանեանց 400 տարուան ահարկու տէրութեան վերջանալը՝ աւելի զօրաւոր տէրութեան ձեռքով, որ է Մահմէտի հաստատածն. կը պատմէ անոր ծագումն և առաջին զօրավարաց ու յաջորդաց պատերազմներն և աշխարհակալութիւնքն 'ի Յոյնս, 'ի Պարս և 'ի Հայս, մինչև ցամ Տեառն 660. յիշելով այն ատեններուն Հայ իշխանաց գործերն ալ, որոց գլխաւորքն են նախայիշեալ Վարազտիրոցն, իւր որդին Սմբատ, և Թէոդորոս Ռշտունի:

Քաղաքական դէպքերէ զատ կը պատմէ Սեբէոս եկեղեցական խնդիրն ալ՝ Հայոց և Յունաց հետ միաբանութեան համար, ստիպմամբ Կոստանդ կայսեր, Հայոց ժողովն 'ի Դուին և առ կայսրն պատասխանն: Իսկ Եզրի առեն հանդիպածը հազիւ թէ կը յիշէ: Երուսաղէմի առմանէն ետև ալ հոն պատրիարքի տեղ գրուած Մոդեստոսի թուղթ մը մէջ բերէ առ Կոմիտաս կաթողիկոս մեր և ասոր պատասխանը[1]. թէ ասոր և թէ ուրիշ կաթողիկոսաց գործերն ալ համառօտիւ յիշէ պատմիչս:

*
* *

Սեբիոսի ոճն և պատմական արժէքն. — Սեբէոսի լեզուն մերձաւոր է մեր մատենագրութեան ոսկի դարուն հեղինակաց. դեռ կը պահէ այն նախնական հնութեան ոճն և պարզութիւնը, որ յաջորդ դարուն մէջ կը խառնուի արտաքական բազմաբանութեան: Պատմելու եղանակին մէջ ալ ընդհանրապէս համառօտ և ուժով երագութիւն մ'ունի, որ կարծես թէ իր դիւցազին՝ Հերակլ կայսեր՝ արագարագ արշաւանացը կ'ուզէ նմանցընել: Առանց երկար խորհրդածելու կամ նկարագրելու՝ իրաց և անձանց որոշ և ճշգրիտ կերպարանքը կը յայտնէ, անկողմնասէր կամ անաչառ տեսութեամբ, որ ինչպէս ամէն պատմչի կը վայլէ՝ մեր հին պատմչաց ալ ձիրքն է, բայց դժբաղդաբար ոչ յամենեց ալ: Ի ժամանակագրութեան թէ և տեղ տեղ կը յիշէ Յունաց կամ Պարսից թագաւորին թագաւորութեան տարին, բայց ոչ ամէն տեղ, և ոչ ալ Հայոց թուականը կը բանեցընէ. որով ամէն պատմածին տարին որոշ չըգուշակուիր, և մութ կը մնայ. մանաւանդ երբ այն դիպուածներն ուրիշ պատմիչներէ յիշուած չըլլան:

1 Այս թուղթն ալ աւելցընելու է Կոմիտասայ կաթողիկոսի ուրիշ հարազատ գրուածոց հետ՝ զոր յիշեցինք գրուածքիս մէջ յէջ 405:

Կան ալ այսպիսի դիպուածներ. և ասոնք են ըստ պատմականին աւելի արժէք տուող Սեբէոսի պատմութեան, ուսկից առած են շատ բան Ժ դարու պատմիչքն, Յովհաննէս կաթուղիկոս, Թովմա Արծրունի և այլք. և կան քանի մը կարևոր ազգային դիպուածք՝ որ ուրիշներէ յիշուած չեն, և ոչ ալ դեռ մեր ընդհանուր պատմութեան մէջ անցած: Հերակլ կայսեր արշաւանաց մէջ ալ՝ թէ և շատ բան յիշուած է 'ի Բիւզանդացւոց, բայց կան նոր և կարևոր գիտելիք՝ տեղեաց և գործոց, որ արևելեան կայսերութեան և արևելից պատմութեան այն ժամանակին պիտանի լոյս կ'ընծայեն, և պէտք է պատմասէրք յարգեն զանոնք:

Սեբէոսի պատմութիւնը տպագրած է 'ի Կոստանդնուպոլիս յամին 1851 բանասէրն Թադէոս Միհրդատ Միհրդատեանց, բաղդատութեամբ երկուց օրինակաց, մէկն գրուած յամի 1568, միւսն 1672: Ռուսերէն ալ թարգմանած և տպագրած է ծանօթութեամբք 'ի Փեթրպուրկ, յամի 1862, աշխատասիրութեամբ գիտնական ազգայնոյ Ք. Պատկանեան, որ 'ի 1879 հայ բնագրին երկրորդ տպագրութիւն մ'ալ հրատարակեց նոյն քաղաքին մէջ: Այս երկրորդ տպագրին մէջ՝ որ ըստ ընթերցուածոցն էական տարբերութիւն մը չունի յառաջնոյն, նշանակուած են այն ամէն հատուածներն՝ որ 'ի Սեբէոսէ ետք եկող պատմագրաց փոխ առնուած են 'ի գրոց նորա, առ Թովմայի Արծրունւոյ, Յովհաննու կաթուղիկոսի, Ստեփանոսի Տարօնեցւոյ և Վարդանայ:

Պատկանեանի ռուսերէն թարգմանութենէն զատ, Հիւպշման գերմանացի հայագէտը մասնական թարգմանութիւն և տեսութիւն մը հրատարակած է: Zur Geschichte Armeniens und der ersten Kreige der Araber. Aus dem Armenischen der Sebeos, von D.r H. Hübschmann. Տիւլորիէ գաղղիացին ալ այլ և այլ թարգմանութիւններ ըրած է Սեբէոսի գրքէն իր Recherches sur la Chronologie arménienne գրոցը մէջ:

ՄՈՎՍԷՍ ԿԱՂԱՆԿԱՏՈՒԱՑԻ

Կաղանկատուացի և իր ժամանակը։ — Պատմութեան նիւթը։ — Աղուանք և իրենց ծագումը և յառաջդիմութիւնը։ — Իրենց նոր հարստութիւնը։ — Կաղանկատուացւոյն պատմական արժէքն և ոճը։ — Մատենագրական լեզուն։ — Տարրուծակութիւն պատմութեանն Աղուանից։ — Կաղանկատուացւոյն գրոցն տպագրութիւնք 'ի հայ և յօտար լեզուս, և քննադատական տեսութիւնք։

Դարուս մատենագրաց նշանաւորներէն մէկն և պատմչաց ամենէն նշանաւորն է Մովսէս Կաղանկատուացի, որ Սեբէոսի նման՝ ինչուան ասկէ երեսուն կամ քառասուն տարի առաջ՝ շատոնց անծանօթ մնացած և կորսուած կը սեպուէր․ և միայն 'ի նախնեաց կը յիշուէր 'ի շարս պատմչաց, թէպէտև անոնց իսկ շատերուն ալ շատ ծանօթ եղած պիտի չըլլայ, որովհետև ոչ անկէ վկայութիւն մը կը բերեն, և ոչ ալ սորա ժամանակը գիտեն․ այլ ոմանք Ճշմարտապէս այս է դարուս կը ցուցնեն, և ոմանք տասներորդ դարուն․ ինչու որ իր անուամբ ընծայուած գրոց պատմութիւնն՝ ինչուան Ժ դարուն վերջերը կը հասնի․ յորմէ նաև հիմակուան բանասիրաց ոմանք ալ Ժ դարու հեղինակ կը սեպեն զա, մանաւանդ Մխիթարայ Այրիվանեցւոյ ժամանակագրութեան խօսքին նայելով, որ ՆԼ և ՆԾ (980-1000) Թուականաց մէջ կը դնէ, ըսելով․ « Աստ Ազուանից պատմագիր Մովսէս Կաղանկատուացի, և Գրիգոր Նարեկացի », և այլն։ Թէ և նոյն ինքն Մխիթար ուրիշ տեղ՝ 'ի շարս պատմագրաց Հայոց, աւելի վեր կը դնէ զսա, յառաջ քան զՂեւոնդ՝ և զՅովհաննէս կաթուղիկոս։ Արդ մենք աներկբայ ենք որ բուն Աղուանից պատմիչն Մովսէս էր 'ի Կաղանկատուք գեղէ ընիկ Ուտի գաւառին, և Պարտաւ մայրաքաղաքի ու Տրտու գետոյն մօտ (որ հիմա Թարթառ կ'ըսուի), իսկ գեղն ալ ըստ ծանօթից այն կողմերուն՝ հիմայ Պարունկաթաղ կամ Վարունկաթաղ կ'ըսուի եղեր. և եօթներորդ դարու մէջ մեռած է, հաւանօրէն և ծնած։ Աղուանից Վիրոյ կաթուղիկոսին քով՝ փոքրաւորի պէս կ'երևի՝ անոր հետ Խազրաց բանակը գացած տարեն յամի 629. վասն զի երբև ականատես կը ստորագրէ և կ'ըսէ ալ. « Անդ տեսաք զբազմօցս նոցա », և այլն։ Իսկ իր պատմութիւնը գադրեցուցած է 683-5 թուականին միջոց, ինչպէս կը յայտնուի պատմածէն և ոճէն և գրոց բաժանմունքէն, որ երեք գիրք են. երկուքն մեծաւ մասամբ իրենն է հարազատ. երրորդն որ ետեւի երկու կամ երեք հարիւր տարուան դէպքեր կը պատմէ կամ կը յիշէ համառօտաբար, ուրիշի գրած է, որ և իրեն ժամանուն ըլլալով՝ նոյն մէկ անձն կարծուած է։

***

Կաղանկատուացւոյն Պատմութեան նիւթն. — Հին ատեն արևելեան իշխանութիւնքն ալ իրենց ցեղին և իշխանութեան գործոց առանձին յիշատակագիր և պատմիչ ունէին. մեր ազգին մէջ ալ ոչ միայն թագաւորն՝ այլ և գլխաւոր նախարարք իրենց ազգաբանութիւնը և ժամանակագրութիւնը խնամով գրել կու տային. և այսպէս ընդհանուր ազգային պատմութենէ զատ՝ կային այլ և այլ մեծամեծ ցեղերու մասնաւոր պատմութիւնք ալ, ինչպէս Սիւնեաց, Արծրունեաց, Մամիկոնէից, Բագրատունեաց, և այլն. յորոց ոմանք ինչուան մեզի հասած են. ասոնց մէջ ամենէն հինն է (բաց յանկատար պատմութենէն Մամիկոնէից կամ մանաւանդ Տարօնոյ) մեր հեղինակին Պատմութիւնն Աղուանից: Այս ազգս որ հին կովկասեան ազգաց մէջ զօրաւորագոյնն էր, մինչև մեծին Պոմպէոսի զէնքերն իր վրայ դարձընել տալը, և ծանօթ Յունաց և Հռովմայեցւոց, կ'արժէր իր առանձին պատմիչն ունենալ. բայց թէ ինչուան մեր հեղինակին ժամանակ ունեցե՞ր էր ոճով ժամանակագիր մը, շատ հաւանական չէ. վասն զի կէս լեռնցի և բարբարոս խառնալեզու ազգ մ'էր. ծագումն ալ ոչ շատ ծանօթ. սակայն մերձաւորութեամբ մեր ազգին և ազգախառնութեամբ՝ ընտելացած քաղաքական օրինաց, եւս առաւել քրիստոնէական կրօնից ընդունելութեամբ. զոր թէպէտ և անմիջապէս առաքելոց աշակերտաց քարոզութեամբ ընդունած էր, ըստ աւանդութեան Պատմչին և այլոց, այլ շուտով խափանուած էր սուրբ կրօնքն, մինչև մեր Լուսաւորչին Գրիգորիոս անոնց ալ կըրկին լուսատու եղաւ, և իր համանուն Թոռը անոնց առաջին կաթողիկոս գրաւ. յետոյ մեր ուսմանց լուսատու կամ դպրութեանց հայր Ս. Մեսրոպն՝ նոյնպէս եղաւ անոնց ալ, գրեր ստեղծելով, թարգմանութիւն ընելով Ս. Գրոց, և ալխազուր լեզունին կանոնաւորելով ըստ կարելւոյն: Այն ատեններն մեր ազգային տէրութիւնն տկարացած և վերջի շունչն հասած էր. իսկ Աղուանք՝ իրենցմէ աւելի հիւսիսային և հեթանոս Կովկասաբնակներէն նեղուած՝ իրենց լեռներէն իջնելով անցեր էին զԿուր գետ, և Հայոց Ուտի, Փայտակարան և Արցախ նահանգաց՝ քիչ շատ տիրած, որոց վրայ իշխեցին նաև

ԴԱՐ Է. ՄՈՎՍԷՍ ԿԱՂԱՆԿԱՏՈՒԱՑԻ 425

յետագայ դարուց մէջ՝ իրենց այլ և այլ իշխանական հարստութեամբք, մինչև գրեթէ յ'ԺԲ և ԺԳ դար. և բոլոր այս իշխանութեան այն հին հայկական նահանգներն՝ կոչուեցան Աղուանք կամ Աշխարհ Աղուանից, փոխանակ լեռնային և կովկասեան աշխարհին, ուր Քրիստոսի գալստենէն դարերով առաջ ալ հին Աղուանք թագաւորութիւն ունէին: Ե, Զ, Է դարերն են նոր Աղուանից ծագման և վայելուչ ժամանակն. որոց վերջերը մեր հեղինակն՝ ականատես մեծամեծ քաղաքական դիպուածոց և իր դիւցազնացուցեալ Ջուանշէր իշխանապետին, շարժեցաւ գրելու իր ազգին պատմութիւնը. թէ և ճըշդակի ըսելով՝ այն ատեն Աղուանք կոչուելոց մեծ մասն Հայք էին, և հայերէն կատարուէին կրօնական և քաղաքական մեծ պաշտամունք. իսկ Աղուան լեզուն երթալով կը նուաղէր, թէ և ինչուան հիմայ կը լսուի քանի մը տեղ՝ Կուր գետոյն երկու կողմն ալ, և Ուտիք կամ Ուտէացւոց լեզու կ'ըսուի: Ս. Մեսրովպայ քերողութիւնը յիշող հեղինակաց անուանեալ Գարգարացւոց, Գարգմանաց, Ուտէացւոց և Աղուանից լեզուքն՝ ամենն ալ նոյն կը սեպուին, և հիմկու մնացորդէն անտարակոյս կ'ըլլայ՝ որ անոնց վկայածին համեմատ՝ խեցբեկ, կոկորդախօս, ախաղուր լեզու մ'էր, և անարժան կիրթ մըտաց գործածութեան: Այս պատճառներով գրեթէ հարկ էր որ Կաղանկատուացին ալ իր պատմութիւնը հայերէն գրէր. ինքն իսկ ազգաւ Հայ էր՝ Ուտեցի ըլլալովն. իսկ Ուտիք և մերձակայ գաւառաց բընակիչք՝ ըստ մեր պատմչաց աւանդութեան, և նոյն իսկ հեղինակիս, սերեալ են յԱռանայ, զոր Վաղարշակ առաջին Արշակունի թագաւոր մեր՝ կարգեց վերակացու կամ իշխանապետ Աղուանից. և անկէ կը սկսի մեր հեղինակն ալ իր աշխարհին իշխանաց կամ թագաւորաց ազգաբանութիւնը կամ շարակարգութիւնը. վկայելով ընդ Խորենացւոյն՝ որ յիշեալ Առանն այլ էր 'ի ցեղէ Սիսակայ Հայկազնոյ՝ յորմէ և Սիւնիք. իսկ անկէ (Առանէն) առջի Աղուանից պատմութեան համար, կը խոստովանի որ «չունիմ ինչ ասել զատոյգն 'ի պէտս լսողաց, մինչև ցՎաղարշակ արքայն Հայոց»:

Թէպէտ անկեղծ և խոհեմական խոստովանութիւն, այլ և կը ցուցընէ թէ որչափ նուազ էր Աղուանից Մովսէս պատմչին հմտութիւնն քան զՀայոց պատմչին Մովսիսի Խորենացւոյ, որ Վաղարշակէ առաջ ալ իր ազգին պատմութիւնը գտեր էր մինչև 'ի նահապետաց դարն և 'ի ջրհեղեղն հանելով, և Հայկազանց ատենն ալ կը յիշէ զԱղուանս: Կաղանկատուացին յուսահատելով այս հին ժամանակներէն լոյս հանել՝ իր Պատմութեան (որ երկու գիրք բաժնած է) սկիզբը՝ երեք գլուխ համառօտիւ կը կարգէ նահապետաց անուանքն և թուականը, սկըսեալ յԱդամայ. յետոյ Նոյի երից որդւոց ցեղերը. և թէ ո՛ր ազգեր գիր ու դպրութիւն ունին. այս կարճ և անկատար յիշատակներն ալ առած է իրմէ առաջ թարգմանուածներէ, և Յունաց ղպտական ըսուած ժամանակագրութենէն: Չորրորդ գլխոյն մէջ կ'իմացընէ վերը ըսածնիս վասն Առանայ, և թէ 'ի Սիսակայ էր, և սա ալ 'ի Յաբեթայ: Հինգերորդ՝ քանի մը տող կարճ գլխով՝ կ'իմացընէ Աղուանից աշխարհին բնական գիրքը և բերքը. զոր արժան էր երկարօրէն նկարագրել, և դժար ալ չէր իրեն: Յաջորդ գլխով կը խոստովանի դարձեալ թէ նաև յԱռանայ մինչև 'ի Վաչագան թագաւոր ալ՝ «պատմութիւն ճշմարիտ ... այլ ինչ ոչ գտաք». և չգտնելուն պատճառն ալ կու տայ (ետևի գլխուն մէջ), թէպէտ «յոյժ ցանկալի էր ըստ կարգաց գիտել զպատմածս որ ինչ յԱռանայ նախադահութենէն ցայսօր գործք, բայց արևելեայցս բազմազգութիւն ամբոխեալ ցուցանէ զորպէսն, և կատարածացն հրկիզութիւնք: Սակայն յայսմ վայրի նպաստաւորէ մեզ քերթողահայրն Մովսէս՝ զպատերազմելն Արտաւազդայ (Ա) ընդ Հռովմայեցւոց », և այլն: Եւ կարճ խօսքով կը յիշէ որ Աղուանք ալ օգնական էին Հայոց այն պատերազմին մէջ: Յետոյ ջանալով կը գտնէ ուրիշ պատմական մնացուածներ կրօնական դիպուածներ ալ, Քրիստոսի առաջին հինգ դարուց մէջ, և նախ քան զՎաչագան եղած, և կարգաւ՝ կամ ետև առաջ կը յիշէ զանոնք. շատ տեղ իրմէ առաջ գտած յիշատակագրութիւնքն օրինակելով: Այսպէս են Թադէոս առաքելոյ աշակերտ Եղիշէի գալն և զԱղուանս լուսաւորելն քրիստոնէութեամբ, իր նահատակելն, և յետ ժամանակաց նշխարացը յայտնուելն. Ուռնայր Թագաւորի հաւատալն 'ի Քրիստոս, և մկրտելն 'ի Ս. Լուսաւորչէն մերմէ. Տրդատայ և իր յաջորդացը գործերն յԱղուանս. Գրիգորիսի հայրապետ կարգելն Աղուանից, և նահատակելն 'ի Մազքթաց. և իր և իրեն բերած սրբոց նշխարաց ծածկուելն ու Վաչագանայ ատեն յայտնուելն. անոր հօր Վաչէ Թագաւորին տկարանալն 'ի հաւատս և դարձեալ զօրանալն, և մեր Գիւտ կաթողիկոսին առ նա գրած թուղթն, որոյ համար պարտական եմք հեղինակիս: Որ և հոս հանելով՝ Նորէն (գլ. ժե.) Յաբեթէն սկսեալ Հայոց նահապետներ և Հայկազուն Թագաւորները կ'անուանէ. կը յիշէ զԱռան 'ի նոյն Հայկազանց. և սոյն Արշակունեաց ցեղէն Թագաւոր մը Աղուանից՝ Վաչագան քաջ, որ իբրև Գ դարուն կիսուն Թագաւորած է'երևի, և անոր պայազատները կը համրէ՝ մինչև յ'Գ և մեծն Վաչագան, որ կ'ըլլայ տասներորդ 'ի Թագաւորս, և Ե դարուն վերջերն իշխանութեան հասած: Ասոր գործերը մանրամասն կը պատմէ (ժԶ-իԶ գլուխոց մէջ), թէ քաղաքաշինութեան, թէ ուսմանց զարգացման և թէ մանաւանդ կրօնական բարեկարգութեանց, հեթանոսութեան հետքը ջնջելով, եկեղեցիներ շինելով, ժողովք մ՚ընելով ՚ի Պարտաւ, Գրիգորիսի և ուրիշ սրբոց անյայտ եղած նշխարքները փնտռել տալով: Շատ հետաքննական է Աղուանից քրմաց մասնահատութեան հեթանոսական և անգութ սովորութիւնն՝ զոր ջնջեց Վաչագան: Այս Թագաւորիս գործերը յիշելէն ետև՝ կ՚անցնի պատմիչն Ս. Մեսրովպայ քարոզութեանը յԱղուանս, և անոր աշակերտաց բնակութեանն ՚ի Ձղախ (Խաչենու կողմերը), և նահատակուելն ՚ի Հոնաց՝ որ հոն արշաւեր էին, զորս և Եզեկիել մարգարէին տուած անուամբ Ռոսմոսոքեան և Թոբելական զօրք կ՚անուանէ. և ատոնց զօրավարին հաւատալն ՚ի Քրիստոս և նահատակիլն: Հոս կը լմննայ Ա գիրք պատմութեանն. Թէպէտ և Երկրորդին առջի գլխոց մէջ ալ դարձեալ Մեսրովպայ յիշատակ կ՚ըլլայ, և անկէ առաջ Վարդանանց, զորս հարկ էր յիշել նախ քան զգործս Վաչագանայ. յայտնապէս շփոթութիւն կայ գլխակարգութեանց մէջ, նաև պակասութիւն գրոցն. վասն զի ոչ Վաչագանայ մահն և ոչ յաջորդքն կը յիշուին, այլ պատմութիւնն կ՚անցնի ՚ի կէս Զ դարու, ՚ի սկիզբն Հայոց Թուականին, երբոր Աբաս կաթողիկոս նստաւ Աղուանից և աթոռն ՚ի Ձոլայ փոխեց ՚ի Պարտաւ, ուր և ժողովով մերժեց աղանդաւորները, որոց համար գրեր էր առնա կաթուղիկոսն Հայոց: Անկից ալ դարձեալ 75 տարուան միջոց մ՚անցնելով՝ կու գայ իր ժամանակ՝ զինքն ափշեցնող դիպուածները պատմելու, ինչպէս ինքնին կը վկայէ (գլ. Թ.) խոստովանելով թէ «Մոռացայ զկարգ բանին». և կը սկսի Քրիստոսի 625 Թուականէն պատմել Պարսից Բ Խոսրովու և Հերակլ կայսեր պատերազմները, Յունաց տկարանալը և օգնութիւն խնդրելը ՚ի Խազրաց, որք կ՚արշաւեն 'ի Վիրս և յԱղուանս. երկու կողմէն նեղեալ Խոսրով՝ իր բնիկ ազգէն, ընտանիքէն և յորդւոցն ալ կը մերժուի ու կը սպաննուի. այս ողբերգական դէպքը Ճարտար կը պատմէ հեղինակս (գլ. ժգ.)։ Խոսրովայ սպանութեամբ իր բռնութենէն գերեալ և կապեալքն կ'արձակին. ասոնցմէ է Աղուանից կաթուղիկոսն ալ Վիրոյ, որ երկար տարիներու տառապանքէ ետև կը դառնայ իր եկեղեցին բարեկարգելու. բայց Խազիրք իր հայրենիքը պաշարած են, կը ստիպուի իբրև գերի երթալու անոնց ահաւոր խաքանին որդւոյն բանակը, և պատիւ գտնելով կը դառնայ տեղը։ Այս ուղեգնացութեան ընկեր էր մեր պատմիչն այլ, որ շատ հետաքննական և պիտանի տեղեկութիւններ կու տայ այն ատենուան ամենէն զօրաւոր ազգին՝ Խազրաց վրայօք։

***

Ասոնք յիշելէն ետև կը սկսի Աղուանից Նոր հարստութեան պատմութիւնը, որ նոյն վերոյիշեալ Խոսրովու Միհրան անուն ազգականաց մէկէն առաջ եկած է, անոր համար Միհրական ցեղ կ'ըսուի. որ և նախ փախչելով 'ի Խոսրովայ, վերջը անոր հաւանութեամբ կը բնակի մեր Գարդման գաւառը՝ 30000 տուն հետը բերած, որովք կը զօրանայ. մինչև իր թոռնորդին Վարդան՝ խարդախութեամբ կը ջնջէ Աղուանից թագաւորաց ցեղը՝ որ Առանշահիկ կ'ըսուէր, և ինքն կը տիրանայ. ասոր թոռն Վարազ՝ կ'ընդունի զքրիստոնէութիւն մկրտուելով 'ի Վիրոյէ, և կը կոչուի Վարազ-Գրիգոր. ասոր որդին է Ջուանշէր քաջն և մեր պատմչին դիւցազնն, որոյ գործերը երկար կը պատմէ։ Արժանի իսկ մատագրութեան. դժուար դրից և ժամանակի մէջ ըլլալով՝ յորում չորս մեծամեծ տէրութեանց հետ վարուելու էր, որ են Պարսիկք, Յոյնք, Խազիրք և նոր տիրապետող Արաբացիք. որոց ամենուն հետ ալ ճարտարութեամբ կը յարմարի Ջուանշէր, ամենուն իշխանաց քով ալ կ'երթայ զանազան անգամ, ամենուն սիրտը կը շահի, ամենէն ալ մեծ պատիւ և ընծաներ առնլով կը դառնայ իր աշխարհը շինելու, շէնցընելու. եկեղեցեաց շինութեան և բարեկարգութեան ալ պարապելով՝ օգնական կ'ունենայ պաշտօնասէր եպիսկոպոսներ և քահանաներ. որոց աղօթիւք և ջանիւք կը յայտնուին Ս. Մեսրոպայ աշակերտաց ծածկած նշխարները և խաչը, որոց համար եկեղեցիք կը շինուին: Բայց յամենայնի բարեբաղդն Ջուանշէր՝ դժբաղդ վախճան մը կ'ունենայ դաւաճանութեամբ սպաննուելով, զոր ոչ միայն կենդանի կերպով նկարագրէ պատմիչն, այլ և մէջ կը բերէ քերթողական ողբ մը՝ զոր երգեց «Ճարտասան ոմն 'ի մէջ անցեալ՝ որ տեղեակ էր արհեստական իմաստից, Դաւթակ անուն կոչեցեալ, հնարագիտական վարժիւք յաջողակ, և վերծանական քերթութեամբ յառաջադէմ. ... սկսաւ նա երգել ըստ այփաբետաց գլխակարգութեանց զողբս զայս», և այլն. զոր յետոյ առանձինն կը յիշենք: Ջուանշէրի կը յաջորդէ եղբօրորդին՝ Վարազ-Տրդատ, զոր կը նեղեն Հոնք արշաւանօք, իբր թէ 'ի վրէժ մահուան հօրեղբօրն. իսկ նա խորհրդակցութեամբ իշխանաց և կաթուղիկոսին՝ պատգամաւոր կը խաւրէ մինչև 'ի Վառաչան մայրաքաղաք Հոնաց (Թարքուի մօտ) Մեծկուենեաց գաւառին եպիսկոպոսը՝ Իսրայէլ, որ սրբութեամբ վարուց և ճգնութեամբ անուանի եղած էր շատոնց: Իսրայէլ ոչ միայն հաշտութեան դաշինք հաստատել կու տայ, այլ և զբազումս 'ի Հոնաց դարձընէ 'ի քրիստոնէութիւն իրենց ծառապաշտութենէն և Թանգրի-խան հսկայ չաստուածոյ պաշտամունքէն. մինչև Թագաւորն Հոնաց ինքնին եկեղեցիներ կանգնել կու տայ, և կը խնդրէ յԱղուանից և 'ի Հայոց կաթուղիկոսէն' որ զԻսրայել իրենց հովիւ տան: Աղուանք շատ դժարութեամբ և վախով կը հաւանին, բայց խնդրելով որ երբեմն երբեմն իրենց ալ այցելութիւն ընէ սիրելի եպիսկոպոսն:

Հոս (գլ. ԽԵ.) կը լմննայ ըստ մեզ Կաղանկատուացւոյն պատմութիւնն. իսկ Բ գրոց ետքի գլուխներն (ԽԶ-Ծ.) որ կրօնական խնդրոց վրայ գրուածներ են, կամ' կարգէ դուրս գրուած են, և կամ աւելի հաւանօրէն' ուրիշէ աւելցուցած են. մանաւանդ որ մէկուն մէջ (ԽԸ.) Ինչուան Ը դարու վերջերուն յիշատակ կայ: Վերջին երկու գլուխներն (ԾԱ. ԾԲ.) Երուսաղէմի եկեղեցեաց և Աղուանից անուամբ հոն եղած վանաց յիշատակն են, որք անդէպ չեն մեր պատմչէն կարգած ըլլալ 'ի լրումն պատմութեան Աղուանից:

* * *

Կաղանկատուացւոյն պատմական արժէքն, և ոճն.
— Նախադրեալ համառօտութենէս կ'իմացուի որ պատմիչս մասնաւոր ազգի կամ ցեղի մը դիպուածներ պատմելով, և անոր հետ հիւսիսային Կովկասեան ազգաց և մանաւանդ Հոնաց վրայ տեղեկութիւններ տալով, աներկբայապէս շատ հետաքննելի և պիտանի գրուած մը թողած է. և հարկ է ընդհանուր պատմչի մը' առ նա դիմել այս տեղեաց և ժամանակաց վրայ գրելու համար. զոր և ոչ ուրիշ մէկն գրած է, կամ մեզի հասուցած: Այս ծանօթութիւններս ալ աւելի յարգ մ'առին հիմայ. Ռուսաց տիրելովն Աղուանից և Հոնաց աշխարհաց վրայ, և Փեթրպուրկի Ճեմարանին քննասէր ուսումնականք Շատ լոյս պիտի առնուն 'ի Կաղանկատուացւոյն, շնոր-

հպարտ ըլլալով թէ՛ հեղինակին և թէ անոր ռուսերէն թարգմանչին, մերազգի բանասիրի Ք. Պատկանեան։ Սեբէոսի պէս ժամանակակից ըլլալով Է դարուն կիսուն հանդիպած մեծ յեղափոխութեանը, Սասանեանց տէրութեան կործանելուն և Արաբացւոց կանգնելուն, կարևոր են Մովսէսի պատմածներն ալ գոնէ իբրև վստահանալի հաստատութիւն մը ուրիշներուն պատմածին։ Մեր ազգային պատմութեան գալով, աւելի եկեղեցական դիպուածոց տեղեկութիւն կ'առնումք հեղինակէս քան քաղաքական. և թերևս երկուքէն աւելի՝ մատենագրական. վասն զի ոչ միայն Ս. Մեսրովպայ և աշակերտացն վրայ նոր ծանօթութիւններ կու տայ, այլ և ոչ սակաւ Ե, Զ, Է դարուց Հայոց հեղինակաց թղթեր և գրուածներ կ'աւանդէ մեզի, զոր ուրիշ տեղէ չունէինք. այսպիսիք են թուղթքն Գիւտայ, Աբրահամու Մամիկոնէից եպիսկոպոսի, Մաթէի երիցու առ Վաչագան, Յովհաննու կաթուղիկոսի Հայոց առ Աբաս կաթուղիկոս Աղուանից, Աբրահամու կաթուղիկոսի թուղթն, Յով. Մայրագոմեցւոյ գրուածն վասն Պատկերաց պաշտաման, և այլն։ Անոնց կարգը, և թերևս աւելի վեր դնելու է վասն նորութեանն և աշխուժին՝ վերյիշեալ Դաւթակայ ողբն 'ի Ջուանշէր, այբուբենից գլխակարգութեամբ անատեալ. ըստ ոճոյ Կոմիտաս կաթուղիկոսին երգած Հռիփսիմեանց Անձինք․ շարականին. քան զոր աւելի ազատ և արձակ կ'երևի Դաւթակայ ողբերգըս. բայց ոչ ինչ ընդհատ ներդաշնակաւոր և արուեստաւոր։ Արժան է յիշել՝ որ ձեռագրաց ոմանց մէջ մինչև 'ի Ճ տառն կը հասնի ողբս, իսկ ոմանց մէջ մինչև 'ի Ք հասուցած է. սակայն այս երկրորդման առջինին չնմանիր, և յայտնապէս օտար և նոր գրչի հիւսուած է։ Հեղինակին հմտութեանը գալով՝ շատ ընդարձակ ասպարիզի տէր չէ, և ոչ յունական լեզուի և դպրութեանց հետամուտ. սխալ կարծեացն մէջ նշանելի է Ալանաց և Աղուանից շփոթութիւն (Ա գիրք, Ը գլ.) մեր Բ Արտաշիսի պատերազմը և Սաթինկան խնամութիւնը պատմելու ատեն: Ուրիշ կողմանէ՝ բաւական անաչառ և ուղղական ոգի և լեզու կը բանեցընէ, առանց երկար և բարակ խելամտութեանց:

***

Ըստ ոճոյ մատենագրութեան՝ Կաղանկատուացւոյն լեզուն յստակ և հարուստ է, և դեռ առաջին ընտիր դարուց հայկաբանութիւնն կը փայլէ 'ի նմա, բայց ոչ բոլորովին. վասն զի տեղ տեղ, թէ և քիչ, մթաբանութիւն ունի, և աւելի շատ տեղ ճոխաբանութիւն մը, որ թէպէտ իրմէ վերջիններուն պէս չափազանց չէ, բայց և ոչ առաջնոց չափ ճշգած և սքանչելի պարզութեամբ. Ի վերայ այսր ամենայնի՝ կենդանի և վառվռուն զրուցուածք մ'ունի, և աշխոյժ ու գրեթէ բանաստեղծական նկարագրութիւններ՝ ուր որ նորանշան բան մը տեսնէ կամ երեւակայութիւնն գրգռի. ինչպէս Պարսից յետին և Հագարացւոց առաջին դիպուածները պատմել սկսելու ատեն (Բ. Թ.) կամ Ջուանշէրի՝ Խալիֆայէն առած ու բերած ընծաները տեսնելով, որ են պապակայն (Թութակ,) փիղն ու տաճիկ երիվարներ, զորս զմայլմամբ և ճշգրիտ երեւոյթներով կը նկարէ: Խոսրովու և Ջուանշէրի սպանութիւններն ալ աղէկ և սրտառուչ պատմուած են, բայց ետքինին մէջ մթաբանութիւններ կան. Հոնաց և Խազրաց սովորութիւններն ալ թէ՛ ըստ նորութեանն և թէ ըստ գըրութեանն հաճոյ են կարդալու:

* * *

Շարունակութիւն պատմութեանն Աղուանից. — Ինչպէս 'ի սկզբան ըսինք՝ Կաղանկատուացւոյն պատմութեանն եւս Գ գիրք մ'ալ աւելցուցած է 23 գլխով. որ համառօտ և աւելի ստորին ոճով՝ Աղուանից յետագայ դիպուածները կը պատմէ, ինչուան 'ի կէս Ժ դարու կամ աւելի անդին: Բայց առջի գլխոց մէջ հեղինակն Մահմէտի ծագման և անոր յաջորդաց պատմութիւնը կ'ընէ. յետոյ կրօնական դէպքերու կ'անցնի որ 'ի սկիզբն Ը դարու հանդիպեցան, պատճառաւ Աղուանից կաթուղիկոսին ընդունելուն զժողովն Քաղկեդոնի և Հայոց Եղիա կաթուղիկոսին գալուն յԱղուանս ու ուրիշ կաթուղիկոս դնելը, և ասոնց ըրած ժողովները: Յետոյ կը պատմէ (ուսկից որ Կաղանկատուացին լսեր էր) Վարազ-Տրդատ իշխանապետին երթալն և արգելուիլն 'ի Կոստանդնուպոլիս ու դառնալն հնարագիտութեամբ. նոյնպէս իրեն որդւոց դիպուածն ալ. ապա կը յիշէ Արաբացւոց արշաւանքն 'ի Հայս և յԱղուանս յԷ և Ը դարս. և դարձեալ 751 թուականէն ինչուան Ժ դարուն սկիզբները հանդիպածներն յԱղուանս: Վերջընթեր գլխով մը կը համառօտէ Միհրական Աղուան ցեղին յաջորդութիւնն և անոր խնամենալն ընդ Սիւնեաց, և առ սոսա անցնիլն Աղուանից իշխանութեան, որ և 'ի Թագաւորութիւն փոխեցաւ յիշխանութեան Յովհաննու Սենեքերիմայ, յետ կիսոյ Ժ դարու: Վերջին գլուխըն է Աղուանից կաթուղիկոսաց կարգը, որ և կը հասնի մինչև 'ի վերջ Ժ դարու, յորում դեռ կը թագաւորէր Յովհ. Սենեքերիմ: Արդ թէ ասկից ալ, թէ Մխ. Այրիվանեցւոյն ըսածէն յայտնի է՝ որ այս ժամանակս, այսինքն 'ի վերջ Ժ դարուն, գրած է զասնք՝ Աղուանից պատմութեան շարունակողն, որ է անշուշտ Մովսէս Դասխուրանցի, յիշեալ յ'ԺԲ դարու հեղինակէ մը։

Աղուանից Պատմութիւնն այլ և այլ օրինակաց բաղդատութեամբ, ծանօթութեամբք և երկար յառաջաբանիւ, Աղուանից վրայ, հրատարակեց տպագրութեամբ 'ի Փարիզ՝ յամին 1860, Շահնազարեան Կարապետ վարդապետն, որ և իր գըրչագրաց հետևելով Կաղանկատուացի կ'անուանէ։ Նոյն տարին Հայկական բնագրին ուրիշ տպագրութիւն մ'ալ ըրաւ՝ Հըմուտ բանասէրն Մ. Էմին 'ի Մոսկուա։ Ռուսերէն թարգմանութիւնն յիշեցինք, տպագրեալ 'ի Փեթրպուրկ։ Գաղղիական թարգմանութեան համառօտութիւն մ'ալ 'ի Փարիզ՝ Katkantouni Moïse ; Histoire des Aghovans, extrait et traduction du manuscrit arménien, par E. Boré, avec des annotations par M. Vivien de St.-Martin. — Extraits de l'Histoire des Aghovans en arménien, par Mosé Caghancatovatsi ; par M. Brosset. St.-Pétersbourg, 1851.

ԴԱՒԻԹ ԲԱԳՐԵՒԱՆԴԱՑԻ

Դաւիթ Բագրեւանդացի։ — Իր անուանով գըտնուած ճառ մը։ — Իրեն ընծայուած երկասիրութիւն մը։ — Ս. Բարսղի ճառից թարգմանութիւն։

Ներսիսի Շինող հայրապետին կաթուղիկոսութեան օրովը ծաղկած է նաև Դաւիթ անունով մէկը՝ Բագրեւանդ գաւառին Բագաւան գեղջէն, զոր մեծապէս կը դրուատէ Ասողիկ՝ իմաստասէր և մեծ փիլիսոփայ կոչելով։ Ասիկայ 648ին ժամանակները՝ Կոստանդ կայսեր հրամանաւ դեսպանութեամբ գնաց 'ի Հայս, և անոր կողմանէ բերաւ հրովարտակ մը առ Ներսէս կաթուղիկոս, և առ եպիսկոպոսունս և առ կիւրապաղատն Սմբատ Վարազտիրոցեան, և ուրիշ իշխաններուն։ Անոնցմէ մէկն՝ Աշոտ պատրիկ, յորդորեց զԴաւիթ՝ որ իւր գիտութեանը արժանաւոր գրուածով մը ցուցընէ թէ ինչ կերպով կամ իմաստով ուղղափառապէս կրնայ զլուցուիլ երկու բնութիւն ՚ի Քրիստոս. Բագրեւանդացին ալ ճառ մը շարագրեց, որ մեր ձեռքն ալ հասած է։

Գրչագրաց մէջ ուրիշ գրուած մըն ալ կայ, Քրիստոսի ներգործութեանց վրայ, այսպիսի խորագրով. « Հարցումն Դաւթի իմաստասիրի », որ թերևս այս Դաւթի երկասիրութիւնն է և ոչ Անյաղթին. որուն թէ համբաւոյն և թէ գիտութեանը արժանաւոր գրուած մը չէր կրնար սեպուիլ։

Սրբոյն Բարսղի ճառերուն թարգմանութեանցը երկաթագիր օրինակի մը մէջ, Քրիստոսի ծննդեանը վրայ գրուած ճառին թարգմանութենէն ետքը՝ հետեւեալ ծանօթութիւնն գրուած է. « Դաւիթ թարգմանն Տարօնացի՝ զճառս զայս յետոյ դարձոյց ՚ի յունէն ՚ի հայ բարբառ, ՚ի Դամասկացւոց քաղաքին, հրամանաւ Համազասպայ կուրապաղատի Մամիկոնէից տեառն »։ Ըստ ոմանց այս Դաւիթս ալ Բագրեւանդացին է։ Իսկ Համազասպ կիւրապաղատին համար մեր ազգային պատմիչք կ՚աւանդեն թէ ընթերցասէր և հմուտ անձ մը եղած ըլլայ։

Ոմանք կը համարին թէ սրբոյն Բարսղի ուրիշ ճառերուն թարգմանութիւնքն ալ՝ սոյն Բագրեւանդացւոյս ձեռքով եղած ըլլան, և ոչ առաջին թարգմանչաց երկասիրութիւն։ Բայց վերը յիշուած յիշատակարանին խօսքը՝ « յետոյ դարձոյց ՚ի յունէն ՚ի հայ բարբառ », ըսել կ՚ուզէ թէ մէկալներն կամ շատերն առաջուց թարգմանուած էին.

ԱՆԱՆԻԱ ՇԻՐԱԿԱՑԻ

Ι

Անանիա Շիրակացի։ — Իր վարքը։ — Անանիայի գրուածները։ — Աստեղաբաշխութիւն։ — Շիրակունւոյն աստեղաբաշխական կարծիք և դրութիւն։ — Ազգին մէջ ունեցած յարգը իր գրուածոց։ — Ժամանակագրութիւն։ — Յաղագս կշռոց և չափուց։ — Անհարազատ և անծանօթ գրուածք Անանիայի անուամբ։ — Ազգային պատմչաց թուոյն մէջ յիշուիլը։ — Իր ոճը։

Ազգային հին մատենագրութեան պատմութեանը մէջ՝ համարողական և թուաբանական գիտութեանց տեսէ եղող գլխաւոր՝ և թերևս իրեն նմանն չունեցող անձը՝ Անանիա Շիրակացի կամ Անեցի՝ այս եօթներորդ դարուս մէջ ծաղկեցաւ։ Տղայութեան հասակէն ուսմանց և գիտութեանց չափէ դուրս սէր և եռանդ ունենալով՝ քիչ ատենուան մէջ զարմանալի երևցաւ բարոյական և աստուածաշունչ գրոց գիտութեամբը։ «Բայց ետքը, կ՚ըսէ ինքն Շիրակացին՝ իր վարուցը պատմութեան մէջ, հասկընալով թէ թուաբանական գիտութիւնքն են մայր ամենայն իմաստից» անոնց ետևէն սկսաւ ըլլալ[1]։ Տեսնելով որ Հայաստանի մէջ ոչ վարդապետ և ոչ դրուածք կայ այս ուսման՝ ելաւ Յունաստան երթալու. Նախ

[1] Շիրակացւոյն այս հետաքննական երկասիրութեան խորագիրն է ըստ ձեռագրաց. «Անանիայի Շիրակվանեցւոյ երից երանեալ վարդապետին վասն որպիսութեան կենացն»։

Թէոդոսուպոլիս կամ Կարին քաղաքը գնաց. հոն Եղիազարոս անունով իմաստուն մարդ մը պատմեց իրեն, թէ Չորրորդ Հայոց մէջ Քրիստոսատուր անունով գիտնական մը կայ. մէկէն քովը երթալով՝ վեց ամիս աշակերտեցաւ անոր. և հասկընալով թէ համբաւոյն համեմատ չէր անոր գիտութիւնն, այլ աղքէն անդիէն կցկտուր բան մը, ելաւ անկէ Կոստանդնուպոլիս գնաց։ Ուր իրեն ծանօթ մարդիկ խրատեցին զինքը թէ «Որովհետև այդչափ դժուարութիւն և ճամբորդութիւններ յանձն առեր ես, գնա Տրապիզոն քաղաքը. հոն Տիւքիկոս անունով մէկը կայ, որուն հզօր գիտութեանն համբաւը ինչուան թագաւորաց քով հասած է. և աչքովիս ալ տեսանք որ Կոստանդնուպոլսոյ հայրապետին Փիլադրոս սարկաւագը՝ բազմաթիւ տղաք կը տանէր առ նա յաշակերտութիւն»։ Աս որ լսեց Անանիա, մեծ ուրախութեամբ ելաւ անոր քովը գնաց։ Սիրով և ուրախութեամբ ընդունեցաւ զինքը Տիւքիկոս, և ունեցած ուրիշ ամէն աշակերտներէն աւելի ուրախ եղաւ Շիրակացւոյն վրայ. վասն զի կ'ըսէր թէ «Ատենօք ես ալ շատ կեցեր եմ Հայոց մէջ, և աղէկ գիտեմ թէ որչափ մեծ կարօտութիւն ունին այսպիսի գիտութեան մը»։

Անանիա՝ իր վարդապետին սիրոյն և համարմանն արժանաւոր երևցաւ, կարգէ դուրս յառաջադիմութեամբը. անանկ որ աշակերտակիցքն սկսան նախանձիլ վրան։ Ութ տարի կեցաւ 'ի Տրապիզոն, և Տիւքիկոսի քով գտնուած ամէն տեսակ գրքերը, որոնց թարգմանութիւնը չկար մեր ազգին մէջ, կարդաց և հմտացաւ անոնց։

Մեծապէս կը գովէ Անանիա զՏիւքիկոս իր վարպետը. ոչ միայն համարողականին մէջ ունեցած հմտութեանը նկատմամբ, այլ նաև հայկականին. անանկ որ, կ'ըսէ, որ և իցէ օտար լեզուով գրուած գիրք ձեռքը առնում՝ իբրև թէ հայերէն լեզուով գրուած ըլլար՝ անանկ կը կարդար։

Իրմէ համարողական ուսմանց ամէն մասունքը սորվեցաւ Շիրակացին, առանց ուրիշի մը ձեռնտուութեան, այլ միայն իր անխոնջ ջանքովը և անդադար յարատևութեամբ։ Ետքը նոյն ուսումը բերաւ ՚ի Հայաստան. « Թէպէտ և ոչ ոք եղև շնորհակալ իմոյ աշխատութեանս, կ՚ըսէ. զի ոչ սիրեն Հայքս իմաստ կամ գիտութիւն, այլ ծոյլք են և ձանձրացողք »։ Վասն զի շատերն եկան իր քովը սորվելու համար. և հազիւ թէ քիչ մը բան վերիվերանց սորվելով, բաւական սեպեցին այնչափ գիտութիւնը. և սկսան մեկուն մեկալին վարդապետել. և որ դժընդակն էր վար զարնելով թէ զԱնանիա և թէ իր գիտութիւնը։ Այս բանիս վրայ դառնապէս կը գանգատի Շիրակացին։ Սակայն ունեցաւ քանի մը աշակերտք ալ՝ որ մեծապէս օգտուեցան իր գիտութեամբը. և անոնց մէջ յանուանէ նշանաւոր եղած են Հերման, Տրդատ, Աղարիա, Եզեկիէլ և Կիրակոս։

***

Անանիայի գրուածները. — Շիրակացւոյն երկասիրութեանց մէջ նշանաւորներն են

Աստեղաբաշխութիւն կամ Աստեղագիտութիւն, որ մեծ պատիւ կ՚ընէ հեղինակին։ Գրչագիրք ընդհանրապէս պարզ Յաղագս երկնի կը կոչեն այս գիրքը, ոչ միայն անոր համար որ աստեղաբաշխական ուսմանց գլխաւոր ասպարէզն երկինքն է, այլ նաև անով որ հեղինակը գրքին սկիզբը կը սկսի երկնքի վըրայ խօսիլ, և թէ ինչ այլ և այլ կարծիք ունեցեր են հին իմաստասէրք՝ երկնից և անոր ձևակերպելուն վրայ։ Անկէ ետքը երկրիս վրայ կը խօսի, և ապա կարգաւ՝ ծովու, երկնային զարդուց, երկնի և երկրի մէջ եղած շարժմանց, ծիր կաթին, լուսնի, ա-րեգական, կենդանատեսակաց, աստեղաբաշխու-թեան, կենդանատեսակ բոլորատեսութեան կամ կենդանակերպից, և խառնարան աստեղաց վրայ։ Բայց մեր ձեռքը հասած գրչագրաց մէջ՝ պակասա-ւոր կը մնայ այս ընտիր և օգտակար երկասիրու-թեան շարայարութիւնը[1]։

***

Շիրակունւոյն աստեղաբաշխական կարծիքը. — Ա-նանիա եօթը պարունակ կը բաժնէ երկինս, և առա-նձնեալ գօտիք կը կոչէ այն պարունակները։ Այս եօթն գօտիները կամ պարունակքն են այրեցեալ գօտի կամ շարաւիղական, մեծասիր գօտի, խառնա-րան գօտի կամ եգէր, յորում կը գտնէ զարեգակն, գեղեցկական գօտի, յորում առկայծեն մոլորակք, և խոնարհ գօտի՝ որ մեր գօտւոյն մօտ է, ուր ե-թերն է, և անկէց կ'ըլլան հրացանութիւնք և փայլա-տակմունք, ամպոց խլրտմունք, անձրևք և բուսոց սնունդը։ Այս եօթն գօտիները իրարու հակառակ կը համարի Շիրակացին։ Երկնից ու երկրի վրայ ընդ-հանրապէս ուղիղ և ուսումնական կարծիքներ ունի. թէպէտ և երբեմն հին յոյն իմաստասիրաց գրու-թիւնները պախարակելով, կը ստիպուի դէմ խօսիլ այն կարծիքներուն՝ որ ըստ ինքեան ուղիղ են, և

1 Նոյն օրինակն է տպագրութեամբ Հրատարակեալն 'ի Փե-թըրպուրկ Ռուսաց 'ի Գ. Պատկանեան բազմահմուտ բանասի-րէ։ Էջմիածնի Մատենադարանին մէջ եղած օրինակը (Թիւ գրչ. 2152) ամբողջ կ'երևնայ. «Աստղաբաշխութիւն Անա-նիայի Շիրակացւոյ. — Նորին՝ Մեկնութիւն տոմարի և յա-ղագս կշռոյ և կշռորդացն և համարողականն»։ Բարձրա-հայեաց Ս. Աստուածածնի վանաց Մատենադարանին գրչա-գիրն ալ (Թիւ 229) կը յիշատակէ իր անունովը «Անանիայի Շիրակունւոյ համարողի թիւք կշիռք»։

սուրբ գրոց՝ միայն առ արտաքս դէմ երևնալնուն պատճառաւ՝ հին հարց առջև արհամարհելի սեպուած են։ Բայց ինքը Շիրակացին ընդհանրապէս սրբոյն Բարսղի հետևող է, որ ինչպէս յայտնի է իր գրուածներէն՝ սուրբ հարց մէջ ամենէն աւելի ուսումնական հանճարն է։

Ծովու վրայ խօսելով՝ վար կը զարնէ Անանիա հին իմաստասիրաց այն կարծիքը որ կ՚ըսէին թէ երկրիս չորս կողմը պատած է ծովը, և ծովուն մէջ՝ իբրև կղզի մըն է երկիրս. անանկ որ չորս կողմերնիս՝ մըթնոլորտէն դուրս բոլոր ջուր է, և այն ջրոց անհուն և անսահման ընդարձակութեան մէջ՝ հաստատուած է երկիրս։ «Իսկ ես, կ՚ըսէ, բարի և ուղղախոհ իմաստասիրաց կարծեացը հետևող եմ որ կ՚ըսէին թէ երկրէս դուրս ծով չկայ, այլ երկրիս մէջ եղած ծովերն են միայն, և իրարու հետ վերաբերութիւն կամ կցորդութիւն ունին, և այլ և այլ տեղեաց ու դրից նկատմամբ՝ զանազան անուանք ունին»։ Կը զանազանէ ծովակը ծովէն, և առջիններուն կարգը կը սեպէ Հրէաստանի մօտ եղող Ասփաղտէս ծովակը (Մեռեալ ծով), զՍերբոնիդիս՝ որ Եգիպտոսի և Պաղեստինի մէջ է, և Բզնունեաց ծովակը՝ որ Հայաստանի մէջ է։

Խնդիր կը հանէ թէ ինչպէս կ՚ըլլայ որ ծովը միակերպ միակշիռ կը մնայ, որովհետև ամենայն գետք և ուղխք 'ի ծով կը թափուին և չլեցուիր։ Եւ կը պատասխանէ՝ թէ ասոր պատճառ՝ արեգական ջերմութիւնը սեպուեցաւ յիմաստասիրաց, որ իր դոլորշեօք կը ծծէ անոյշ, նուրբ և թեթև նիւթերը ու վեր կը հանէ զանոնք, իսկ թանձր և ծանր նիւթերը մէջը կը մնան, և անոր համար է որ ծովը միշտ դառն է։ Համոզիչ և դիւրըմբռնելի օրինակ մը մէջ կը բերէ՝ կրակի վրայ դրուած ջրով լեցուն կաթսայն, և թէ ինչպէս ջուրը կը պակսի՝ գոլորշեայն վեր ելլելովը.

անանկ որ եթէ երկար ատեն կրակի վրայ թողուս, և մէջը նորէն ջուր չդնես, բոլորովին կը սպառի և կը լմըննայ: Ծովու վրայ ճամբորդութիւն ընողները կ'ըսէ՝ երբոր ջրի նեղութիւն քաշեն, աղի և դառն ջուրը կ'առնուն, և կաթսայի մէջ դնելով՝ կրակի վը-րայ կը դնեն. կաթսաներուն վրայ ալ խուփի տեղ՝ սպունգներ կը դնեն. երբոր սպունգները՝ ջրոյն գոլորշիաւը ծանրանան, կը քամեն և անոյշ ջրի տեղ կը խմեն:

Ծիր կաթին վրայ խօսելու ատեն՝ կը մերժէ հին իմաստասիրաց այլ և այլ առասպելախառն կարծիքները, թէ ինչպէս ոմանք Պերսեփոնէի առագաստ կոչեցին, ոմանք հին արեգական ճամբուն հետքը համարեցան, ոմանք ալ ըսին թէ Հերակլէս նոյն ճամբէն վարեաց զԱնտէոգերիոն[1]: Կ'աւանդէ նաև հին Հայոց դիցաբանութեան ժամանակի առասպելը ծիր կաթին համար, թէ խիստ ձմրան ժամանակ՝ Վահագն՝ Բարշամայ Ասորւոյ նախնոյն յարդը գողացաւ, և ճամբան տանելու ատեն՝ գետին թափթըփած յարդերէն ձևացաւ այն լուսեղէն ճանապարհը. և թէ այս պատճառաւ Յարդգողի հետք կոչուեցաւ Հայոց մէջ այս ճամբան: Տիրակացին իր կողմանէ հիմնական աստեղաբաշխից ուղիղ կարծիքը մէջ բերելէն ետքը՝ թէ յարդգողը բազմութիւն է աստեղաց, որոնք մեզմէ հեռու ըլլալնուն համար՝ իբրև մէ՛կ լոյս մը կ'երևնան մեզի, մենք, կ'ըսէ, Եկեղեցւոյ վարդապետաց կը հետևինք՝ որ կ'ըսեն թէ ամենայն «զգայութիւնքս վերինք և ներքինք՝ ունին

1 Ի տպ. Փեթերպուրկի զանդքես Գերբինի: Բարշամայ անուան տեղ ալ՝ ինչպէս կը դնեն մեր Մատենադարանին ընտրելագոյն գրչագիրք, տպագիրն կ'ըսէ (յէջ 48)). «Ոմանք յառաջնոցն Հայոց ասացին՝ թէ խիստ ձմերանի Վահագն նախնին Հայոց՝ գողացաւ զյարդն Բառշամայ Ասորւոց նախնւոյն, զոր և մեք սովորեցաք ընախօսութեամբ Յարդգողի հետ անուանել»:

խառնուած միաբանութեան առ իրեարս. և է դա անփոյթութիւն գօտեացն վերնոց, ըթաղկեալ հրոյն նշոյլս հեղլով 'ի վայր, երևումն գործէ տեսողացն»: Այլ և այլ տեղեկութիւններ կու տայ նաև լուսնի, արեգական և կենդանատեսակաց վրայ խօսելուն ատեն, որոնց մէջ թէպէտ և վրիպական կարծիքներ ալ ունի, բայց կան նաև ուղիղ և ուսումնական տեսութիւնք[1]:

***

Շիրակացւոյն Աստեղագիտութիւնը մեծ յարգ ունէր մեր նախնեաց առջև՝ թէ իրեն պարզ և դիւրըմբռնելի ոճովը՝ և թէ մեր մէջ ուրիշ նմանօրինակ երկասիրութիւն չգտնուելուն համար: Մագիստրոս՝ առ Պետրոս Գետադարձ կաթուղիկոս գրած թղթին մէջ՝ այնպիսի թախանձանօք կը խնդրէ այս գիրքը՝ որ յայտնի նշանակ է ունեցած մեծարանքին տաւելութեանը. «Համարձակիմք, կ'ըսէ, մինչ սովորեալ յառաջաձիր պարգևս՝ զկարևորն և զպիտանացուս յարատևական բաշխելով քեզ, որ ոչդ երբեք դանդաղիս, հայցել 'ի քէն զգիրս Անանիայի Շիրակունւոյ, որ բազում աշխատութեամբ և յածաչու խոնջմամբ հաւաքեալ 'ի բազմազան և յոքնաբեղուն մատենից... յորում և ենթայակայացեալ են ոչ միայն քառիցն արուեստք, այլ բոլոր էակացն խոկմունս... կայացեալ ամենայն արուեստք մակացութեան: Եւ նախադասեալ է թուականու-

1 Այս երկասիրութեան Թ կամ վերջին գլուխը, զոր Շիրակացի կը կոչէ Պօղոսի Աղէքսանդրացւոյ նախերգան 'ի Ներտածոմբնէ յոյժ; թարգմանութիւն է 'ի յունէ. և որուն բնագիրն լատին թարգմանութեամբ հրատարակեալ է 'ի 1586 'ի Վիթթէմպէրկ. լատինականին խորագիրն է; Paulus Alexandrinus: Introductio ad Astrologiam.

թեանն և երաժշտականութեան, որք են 'ի տարորոշ քանակէ տարակացեալք. Նաև երկրաչափութեանն և աստեղաբաշխութեանն, որք են 'ի պարունակ քանակէ: Եւ զկնի այսորիկ յարամնեալք արուեստք և մակացութիւնք և մատենագրութիւնք. և գրեթէ ամենայն բոլոր վարժութիւն հռետորական... Եւ արդ քանզի սակս մատենին Անանիայի եղև յիշատակ իմաստասիրելոյս մեզ, բեր' ոչ ինչ խրթին և անյայտաբար կամիմք զհարցուած մեր ծանուցանել մերոյ լուսաւորչիդ. 'ի բազմաց անփոյթ եղելոյ այսպիսի գործառնութիւնք և հանդէսք. որ ոչ երբեք 'ի սաստին վարժելոց գրամարտիկոսաց և քերթողաց հնացեալ՝ 'ի մոռացումն այսպիսւոյ մատենի եղև անկանել»:

***

Ժամանակագրութիւն. — Ոչ այնչափ ստուգութեամբ՝ որչափ կարծեօք կրնանք ընծայել Անանիայի՝ ժամանակագրական երկասիրութիւն մը, Խորենացւոյն և Անդրէասայ խօսքերով և շարայարութեամբ՝ մինչև 'ի ժամանակս Շիրակացւոյն: Ընտիր և օգտակար երկասիրութիւն մըն է ասիկայ, և մեր մէջ գտնուած համառօտ երկասիրութեանց մէջ գըլխաւոր, կամ գլխաւորներէն մէկը, թէ կարգաբանութեամբը, թէ ոճով և թէ հմտութեամբ: Անանիայի ընծայելնուս գլխաւոր պատճառն ալ մէյմը այն է՝ որ ինչուան իր ժամանակը կը հասնի ('ի ՃԼԴ թուականն Հայոց) և հոն կը դադրի, մէյմ'ալ որ գրչագիրք անմիջապէս Անանիայի ուրիշ երկասիրութեանց ետևէն ասիկայ ալ կը շարայարեն՝ առանց անուան մատենագրի:

***

Յաղագս կշռոց և չափուց. — Այս անուամբ համառօտ երկասիրութիւն մըն ալ հասած է ձեռուընիս Անանիայի Շիրակունւոյ անուամբը. և որուն գլխաւոր նիւթն է՝ սուրբ գրոց մէջ յիշատակուած և գործածուած չափուց և կշռոց համառօտ մեկնաբանութիւն, ընդհանրապէս սրբոյն Եպիփանու Կիպրացւոյն հետևողութեամբ։ Որչափ ալ խմաստուն երկասիրութիւն մը սեպենք այս գրուածքը, և հեղինակին քննութեանց և տեսութեանց արժանաւոր, աւելորդ կ'երևնայ մեզի խօսքերնիս երկընցընել այնպիսի գրուածոյ վրայ՝ որ ընդհանրապէս մատենագրութեան չեն վերաբերիր։ Յիշեցընենք միայն թէ Եպիփանու և Շիրակացւոյն այս գրուածները՝ հանդերձ կարևոր տեղեկութեամբք և դիտողութեամբք՝ տպագրուած են 'ի Վենետիկ՝ 'ի 1821, աշխատասիրութեամբ Հ. Յարութիւն Վ. Աւգերեան։

Վեցհազարեակ կամ Եօթնագրեանք. — Գրուածք մը՝ որուն յօրինողը ուզեր է Շիրակացւոյն անունով իր երկասիրութեան յարգ մը տալ. գիտնալով ազգին մէջ անոր վայելած համարումն և մեծարանքը։ Բայց այս գիրքը այնչափ հեռու է Շիրակացւոյն ընծայուելու հաւանականութենէն, որչափ որ լուսաւորեալ էր անոր միտքը, և անկարելի որ այնպիսի անոճ երկասիրութիւն արտադրէ։

Անծանօթ գրուածներ. — Անանիայի անուամբը ուրիշ քանի մը գրուածք կամ ճառեր ալ գտնուած են, որոնցմէ ոմանք իրենց ոճովը և ոմանք ալ իրենց հոգւովը՝ Շիրակունւոյն հոգիէն և ոճէն կը հեռանան, և անշուշտ ուրիշ համանուն վարդապետաց երկասիրութիւնք են։ Ասոնց կարգէն են *Յաղագս զղջման* և արտասանուած ճառ մը՝ 'ի խնդրոյ Գրիգորի միայնակեցի. ուրիշ ճառ մըն ալ Յաղագս Խոնարհութեան: Քրիստոսի ծննդեան և Զատկի տօնին վրայ հակաճառական գրուածներ՝ Յունաց և անոնց հաւատոց և վարդապետութեանցը դէմ: Այս ճառից խորագիրքըն են. «Անանիայի Շիրակունւոյ Համարողի ասացեալ 'ի Յայտնութիւն Տեառն և Փրկչին մերոյ: – Անանիայի Շիրակունւոյ Համարողի ասացեալ 'ի Զատիկն Տեառն»:

Գրչագրաց ցուցակաց մէջ ուրիշ երկասիրութիւն մ՚ալ կը տեսնենք՝ Անանիայի անուամբը. «Անանիայի դիր խոստովանութեան յաղագս սուտ կարծեաց 'ի վերայ նորա, և բացայայտութիւն թուոց»: Այս վերջին խօսքը՝ հաւանական կ՚երեւցընէ մեզ Շիրակունւոյն ընծայել զայն, և ոչ ուրիշ նոյն անունը կրող վարդապետի մը:

Յովհան կաթողիկոս կ՚աւանդէ թէ Անաստաս հայրապետը ուզելով որ Հայոց ազգին տումարն ալ՝ ուրիշ ազգաց տումարին պէս անշարժ ըլլայ, գլխաւորաբար սրբոց տօներուն դիւրութեանը համար, իրեն կանչեց զԱնանիա, և յորդորեց որ այս բանիս մէկ ճարը տեսնէ: Ետքը երբ եպիսկոպոսաց մասնաւոր ժողովք ալ գումարելով՝ կը փափաքէր այս բանս յառաջ տանիլ, մահը վրայ հասաւ. ու թէ բաղձանքը և թէ անոր գործադրութիւնը անկատար մնաց:

Իմաստասիրական և ուսումնական գրութեանց յատուկ ոճ մը կը բանեցընէ Շիրակացին. և ինչպէս ուսմանը՝ սանկ ալ լեզուին գլխաւոր հեղինակը սեպուած է արժանապէս: Փափաքելի էր տեսնել 'ի նմա՝ աւելի ճշդութիւն 'ի կարծիս և պարզութիւն 'ի բացատրութեան, որով յաճախ մութ և անիմանալի կը մնան յետագայից:

Ազգային պատմչաց թուոյն մէջ տեղ մը յիշատակուած կը գտնենք նաև զՇիրակացին, հետևեալ խօսքերով նշանակելով նաև գրուածքին նիւթը. «Սկիզբն արարեալ յԱդամայ համառօտ գաւազանաւ՝ իջանէ մինչև 'ի ժամանակս Անաստասայ կաթուղիկոսի»: Թերևս կամ վերը յիշուած ժամանագրական երկասիրութիւնն, և կամ Կայսերաց պատմութիւն կոչուած ընտիր գրուածք մը ուզենան ակնարկել, որուն հատուածք հասած են մինչև առ մեզ՝ հետադէպ խորագրով. Կայսերք Հռոմոց թէ ո՞րչափ ամք կալան հանճանիոք, և զինչ գործ գործեցին, զոր ոմանք Շիրակացւոյ կ'ընծայեն և այլք Ուխտանիսի:

ՎՐԹԱՆԷՍ ՔԵՐԹՈՂ

Վրթանէս Քերթող: — Ընդդէմ Պատկերամարտաց ճառ: — Զանազան նամակներ Վրթանայ անուամբ: — Գրիգոր Քերթող:

Վեցերորդ դարուն վերջերը կամ 'ի սկիզբն եօթներորդին կը յիշատակուի Վրթանէս Քերթող, որուն անուամբն հասած է առ մեզ համառօտ՝ բայց ոճովն ընտիր և նիւթովն հետաքննական գրուած մը Յաղագս Պատկերամարտաց կոչուած: Այս աղանդոյն հետևողք՝ 'ի Բիւզանդիոնէ՝ ուր սկսաւ, և 'ի հոռոմոց աշխարհէ՝ ուր ծաւալեցաւ, մինչև 'ի Հայաստան մտած և յոմանց նաև ընդունելութիւն գտանելով, իրենց դէմ սրեցին Քռթենաւորն Թէոդորի ու իր պանծալի հռչականուն աշակերտին Իմաստասիրին լեզուն ու գրիչը անոնց դէմ, « որք չարեաց

'ի չարիս վերացեալ ելին, կ'ըսէ Օձնեցին, 'ի պատ-
կերամարտութենէ 'ի խաչամարտութիւն և 'ի քրիս-
տոսատեցութիւն ». և Վրթանէս Քերթող ալ այս
գրուածքին մէջ կը վկայէ թէ « մթաւորական ուս-
մանց խուհալք, որք չոքին յաղջամուղջ խաւար ընդ-
վայրայածք շաղեալք ուսանին զանհեթեթս, պատ-
րեն զախրտս անմեղացն, և մուծանեն հերձուածս
յեկեղեցի ». ու հին և նոր կտակարանաց խօսքերով
ու պատմական վկայութեամբ անոնց մոլորութիւն-
ները ըմբերանելէն ետքը, յոյն եկեղեցւոյ վարդա-
պետութիւնն ալ մէջ կը բերէ յՈսկեբերանէ, 'ի
Սեւերիանոսէ, յԵկեղեցական պատմութենէ Եւսե-
բեայ. ապա նաև Գրիգորի Լուսաւորչի խօսքերը և
Հայոց եկեղեցւոյն սովորութիւնն՝ անդստին յըն-
դունելութենէ հաւատոց սրբութեան, թէ ինչպէս
« յեկեղեցիս քրիստոնէից և յարկս վկայից Աստու-
ծոյ տեսանեմք նկարեալ զսուրբ Գրիգոր, և աս-
տուածահաճոյ չարչարանք իւր և սուրբ առաքինու-
թիւնք, և զՍտեփանոս նախավկայ 'ի մէջ քարկոծ-
չացն, զերանելի և զփառաւոր կոյսն սուրբ զԳայիա-
նէ և զՀռիփսիմէ հանդերձ ամենայն ընկերօքն և
յաղթող նահատակօք »: Եւ որովհետև հակառա-
կողք կ'ըսէին թէ չկար առ հինսն մեր այդ սովորու-
թիւն, և թէ Պապ Թագաւոր 'ի Յունաց աշխարհէ-
եմոյծ զայն 'ի Հայաստան, կը պատասխանէ. « Այդ
ամենեցուն յայտնի է թէ սուտ խօսին: Քանզի 'ի
Հայս պատկեր ոք չգիտէր առնել մինչև ցայժմ, բայց
'ի Հռովմոց բերէին. և մեր ուսմունքն անտի էին.
և եթէ նոքա չէին կորուսեալ, և քան զՊապ յառաջ
այլ Թագաւորք էին, և պատկերս և նկարս առնէին
յեկեղեցիս յանուն Քրիստոսի. և դարձեալ զկնի
Պապայ և այլ Թագաւորք եղեն 'ի Հայս, և հայրա-
պետք՝ որպէս երանելին սուրբն Սահակ և Մեսրոպ
և Եզնիկ և Արձան և Կորիւն և ընկերք նոցա. որ և

'ի ձեռն իսկ նոցա Հայոց դպրութիւն շնորհեցաւ 'ի տեառնէ Աստուծոյ. և ոչ ոք 'ի նոցանէ վասն պատկերաց և նկարուց եկեղեցւոյ բանս ինչ ոք ասաց. բայց միայն պիղծն մոլին Թադէոս և Եսայի և ընկերք նոցուն »։

* * *

Վրթանոյ Քերթողի անուամբ, որ սրբոյն Գրիգորի տեղապահ ալ կոչուած է, այլ և այլ նամակներ կան թէ առ Ուխտանէս պատմչի, և թէ թղթոց հաւաքմանց մէջ՝ առ զանազանս, հաւատոյ վերաբերեալ նիւթերու վրայ. և մանաւանդ իր դարուն երևցած իսկական կամ ենթադրեալ հերձուածոց կամ մոլորութեանց դէմ։ Ասոնց մէջ է Տրչագայական կոչուած թուղթ մը ուղղեալ « Սրբասիրաց ուղղափառաց և Ճշմարտից և վանաց երիցանց և գեղջ քահանայից, ազատաց և շինականաց, ծերոց և տղայոց համօրէն ամենայն ժողովրդականաց հայալեզու աշխարհացդ որ էք ընդ իշխանութեամբ եկեղեցւոյն Յուրտաւայ, 'ի Վրթանիսայ և յայլ պաշտօնէից սրբոյ եկեղեցւոյս »։ Այս թղթին պատասխանը կ'ընդունի Վրթանէս, յորում գոհութեամբ կը վկայէ թէ « Տեսաք զթուղթ ուղղափառ հաւատոյ ձերոյ և լուաք զողջոյն ձեր ... և որպէս երկիր ծարաւի 'ի բազում երաշտութենէ պապաքեալ, ընդունելով անձրև շայեկան ... յիշեցուցանելով սուրբ և զուղիղ հաւատն զոր մեծին սրբոյն Գրիգորի սերմանեալ էր յայս 'ի կուսակալին կողմանս »։ Յուրտաւայ եպիսկոպոսն Մովսէս կը գրէ թուղթ մը առ Վրթանէս, և կ'ընդունի իրմէն պատասխան. « Զգիր ողջունի սրբութեան քո ընկալեալ, կ'ըսէ, զԱստուծոյ գոհացաք. և ուրախ եղեաք որ ասերդ պահպանութեամբ ամենասուրբ Երրորդութեանն ողջ է »։

Թուղթ մ'ալ կը գրէ առ Պետրոս եպիսկոպոս, զոր 'ի սկիզբն նամակին կը կոչէ « Փառաւորելոյ տեառն Պետրոսի, աստուածաշնորհ պարգեւօք պայծառացելոյ, 'ի Վրթանիսայ և 'ի միաբանական սրբոյ եկեղեցւոյ պաշտօնէից՝ տերամբ ողջոյն »: Նամակ մ'ալ առ Կիւրիոն Վրաց կաթուղիկոս, միւս մ'ալ 'ի պատասխանի երրորդ թղթոյն զոր ուղղեր էր առ Մովսէս եպիսկոպոս: Այսչափ փոփոխակի գրուած և ընդունուած գրութեանց և Մովսէս կաթուղիկոսի մահուանն առթիւ գումարի ժողովն Դըւնայ, ուր հաւատոց ուղղութեան համար կանոններ կ'առաջարկուին և կը սահմանուին, և զորս իրենց ձեռնագրով կը վաւերացընեն Թէոդորոս Մարդպետական, Յովհաննէս Արծրունեաց, Քրիստափոր Սիւնեաց, Մանասէ Բասենոյ, Աբրահամ Ռշտունեաց, Յովհաննէս Ամատունեաց, Գրիգոր Անձեւացեաց, Սիոն Գողթան, Ահարոն Մեհնունեաց, Ներսէս Բաժունեաց, Յոհանիկ, Թադէոս եպիսկոպոսունք. « եպիսկոպոսք յիսուն, ինչպէս կ'ըսէ, և հարք և քահանայք երեքհարիւր և վեց, կամօք և այլոց. հաստատել սահմանս կանոնականս »:

Վրթանայ Քերթողի անունը կրող թուղթ մ'ալ կայ 'ի գրչագիրս առ Աղուանս, իրենցմէ առ Հայս գրեալ նամակին պատասխան, 'ի դիմաց Աբրահամու կաթուղիկոսի, և եպիսկոպոսացն Թէոդորոսի Մարդպետական, Դաւթի Սիւնեաց, Ստեփանոսի Բագրեւանդայ, Մովսիսի Խորխոռունեաց, Քրիստափորի Ապահունեաց, Մատթէոսի Ամատունեաց, և « այլ եպիսկոպոսաց և յուխտէ սրբոյ եկեղեցւոյ, և յազատ մարդկանէ և 'ի ժողովրդականաց »:

***

Այս ատեններս կը յիշատակուի նաև Գրիգոր Քերթող, որուն մէկ նամակն հասած է առ մեզ ուղղեալ առ Աբրահամ կաթողիկոս՝ և նոյն նպատակ ունենալով՝ հաւատոց համար յուզուած խնդիրներ։ Այն փոխանակ գրուած են նաև այլ և այլ նամակներ «՚ի Սմբատայ Գուրկան (կամ Վրկան) մարզպանէ և տերանց զինուորէ, և ՚ի Գիգայ Գաշտկարանէ, և ՚ի Վարդապետէ Հայոց Տաղատարէ և յայլ ազատաորերոյ» առ Կիւրիոն Վրաց կաթողիկոս և Ադրներսեհ իշխան և առ Մովսէս եպիսկոպոս, և անոնց պատասխանները։ Եղած խնդրոց, վիճմանց և հակառակութեանց լուծումը տալու համար՝ Աբրահամ կաթողիկոս գրած է Շրջագայական թուղթ մը, և որ նախընթացից հետ հասած է մինչև առ մեզ։

ԹԷՈԴՈՐՈՍ ՔՌԹԵՆԱՒՈՐ

1)

Քերթողի վարքը։ — Ճառ ընդդէմ Մայրագոմեցւոյն։ — Ուրիշ ճառեր։ — Գրուածեան ոճը։

Իսրայէլ կաթողիկոսին ժամանակ ծաղկիլ սկսաւ Թէոդորոս անուամբ խարազնազգեաց և սրբակրօն Ճգնաւոր մը՝ Քռթենաւոր կոչուած, թէ՛ հայկական և հելլենական գիտութեամբքը և թէ աստուածային ուսմամբը նշանաւոր, իմաստութեամբն և առաքինութեամբ անուանի։

Արագած լերան ստորոտը կառուցուած Սուրբ Աստուածածնին վանքին վանահայր եղաւ, և հոն շատերը աշակերտեցան իրեն, որոնք ետքը թէ իրենց վարդապետին և թէ ազգային գրականութեան պարծանք եղան:

Իր աշակերտաց մէջ յանուանէ նշանաւոր եղան՝ Սահակ և Յովհաննէս Իմաստասէր՝ որք յետոյ կաթուղիկոս եղան. այս ետքինս մեծապէս կը դրուատէ իւր վարդապետը, և իբրև յԱստուծոյ իրեն եղած մասնաւոր շնորհք կը համարի՝ այնպիսի մարդու մը աշակերտիլը: Ոմանք կ'աւանդեն թէ այս Թէոդորոս ըլլայ՝ Կոմիտաս կաթուղիկոսին եղբօրորդին և Եզրի քեռորդին, որ Սիւնեաց հռչակաւոր վարդապետանոցը գնաց սովրելու, և Մաթուսաղայի աշակերտեցաւ՝ ինչպէս վերն յիշեցինք:

* * *

Թէոդորոսի ժամանակներն սկսան զօրանալ Մայրագոմեցւոյն աշակերտեալքը, և իրենց մոլորական ու վնասակար վարդապետութիւնքը սերմանել. և ստիպեցին զՔռթենաւոր՝ որ իր հանճարովը և աստուածապաշտ եռանդով անոնց դէմ դնէ: Այս վախճանաւ յօրինած է ընդդէմ Մայրագոմեցւոյն ճառը, որով անոր հետևողացը՝ սուրբ հաւատոց որչափ վնասակար ըլլալնին կը ցուցընէ, և թէ վարքերնին՝ իրենց արտաքին խոշոր ձևոյն և ճգնութեանը դէմ է բոլորովին: Հակառակորդաց այլ և այլ առարկութիւնները մէջ բերելով՝ կը հերքէ զանոնք, և Բանին Աստուծոյ մարդեղութեան հրաշալի խորհուրդը զօրաւոր փաստերով կ'ապացուցանէ. և զնոյն կը հաստատէ նաև Յունաց բազմաթիւ աստուածաբան հայրապետաց վկայութեամբը, ինչպէս Բարսղի, Գրիգորի աստուածաբանի, Ոսկեբերանի, Եպիփանու

Կիպրացւոյ, և այլն։ Վերջը սա մոլորեալն կը դարձընէ խօսքը, յորդորելով զիրենք որ դառնան 'ի ճանապարհս ուղղութեան։

Այս ճառով՝ Քռթենաւորը հանճարի տէր, և ճարտարխօսութեան ձիրքն ունեցող կ'երևնայ. հըմուտ սուրբ գրոց և հարց, և արտաքին իմաստասիրութեանց ալ լաւ տեղեակ. հայկական լեզուի հմտութեամբն ալ ոչ աննշան, իրեն յատուկ ոճովը և բացատրութեամբ, մանաւանդ եթէ յունաբանութիւնք յաճախ չըլլային. և իմաստից և բառից խրթնութիւնք և բարդութիւնք, որոնցմով ոճոյ պարզութիւն և զրուցուածքի յստակութիւն փնտըռողաց համար կը պակսեցընէ իր գրուածոց յարգը։ Այս թերութիւնքն առաւելապէս կ'երևնան հետագայ երկասիրութեանց մէջ։

***

Ներբողեան 'ի սուրբ Խաչն աստուածընկալ. — Ընտիր և գեղեցիկ իմաստներով, և հետևողութեամբ Դաւիթ Անյաղթի համանուն գրուածքին։

Գովեստ 'ի սուրբ Աստուածածինն և 'ի կոյսն Մարիամ. — Խօսքի ճառին զրուցուածքէն շատ աւելի խրթին լեզու մը կը բանեցընէ Թէոդորոս այս գովասանութեան մէջ. անոր համար բանասէրներէն ոմանք կը տարակուսին հարազատութեանը վրայ. այլ կամ նոյն անունն ունեցող ուրիշ վարդապետի մը կու տան, և կամ Թադէոս անունով մէկու մը, որուն ուրիշ քանի մը ներբողական գրուածները ձեռուընիս հասած են, նոյն դժուարիմանալի լեզուով և խրթին կամ աւելորդ բառերով։

Հարկ է կրկին յիշեցընել թէ Քռթենաւոր՝ որչափ ալ պարծանք սեպուի մեր հայկական դպրութեանց իբրև սկզբնագիր հեղինակ մը, հետևողութիւնը զգուշալի է համբակաց. որովհետեւ այսպիսի երկասիրութիւնք կրնան ախորժակը կրթելու տեղ՝ վնասակար ըլլալ. եւ միանգամայն լեզուներնուս վայելչութիւնը խանգարել, որուն գեղեցկութիւնը եւ հոգին՝ իր պարզութեանը մէջ է։

Քաղթենաւորի ճառերը տպագրուած են 'ի Վենետիկ 1835ին, Նախնեաց մատենագրութեան դասակարգութեանը մէջ։

ՄՈՎՍԷՍ ՍԻՒՆԵՑԻ

Մովսէս Քերթող։ — Իր անձին եւ գրուածոց վրայ կարծիք։ — Քերականական երկասիրութիւնք։

Այս դարուս մէջ ծաղկեցաւ Սիւնեաց եպիսկոպոս մը՝ Մովսէս անունով, որ յունական դպրութեանց, եւ մանաւանդ հայկական հռետորութեան տեղեակ ըլլալուն համար՝ Քերթող եւ Քերթողահայր կոչուեցաւ։ Ձեռագրաց մէջ շատ քերականական եւ ճարտասանական գրուածներ կան՝ որ անոր կ'ընծայուին։ Ոմանք Խորենացւոյն անուամբը ծանօթ՝ Պիտոյից գիրքը՝ անոր ուզեցին տալ. բայց այս կարծիքս ընդհանրապէս անհաւանական կ'երեւնայ. մանաւանդ թէ այլք՝ ինչուան Քերականի մեկնութեանց մէջ գտնուած երկասիրութիւնները Խորենացւոյն կ'ուզեն ընծայել. որովհետեւ ազգերնուս մէջ ախրապէս Մովսէս Քերթող միայն Խորենացին կոչուած է. անշուշտ այս պատճառաւ է որ Կիրակոս՝ Խորենացւոյն կ'ընծայէ զանոնք։ Ուռպելեան՝ որ Սիւնեաց ամէն փառացը հանդիսացընող է եւ պատեհ չփախցըներ զանոնք գովելու, այս Մովսէսը՝ որ Սիւնեաց ինննևտասներորդ եպիսկոպոսն է և Ստեփանոսի Սիւնեցւոյն ուսուցիչ՝ Քերթող անուամբ յիշած չէ։

Այս խնդրոյս վրայ՝ պէտք եղածը զրուցեր ենք Խորենացւոյն վրայ խօսած ատեննիս։

ԳՐԻԳՈՐ ԱՐՇԱՐՈՒՆԻ

Գրիգոր Արշարունի։ — Ընթերցուածոց մեկնութիւն։ — Որուն խնդրանօք այս երկասիրութեան ձեռք զարնեց։ — Հայերէն լեզուն և ոճը։

Վահան Կամսարականին ժամանակ անուանի եղաւ Գրիգոր կամ Գրիգորիս անունով մէկը, որ 684ին Սահակ կաթուղիկոսէն Արշարունեաց եպիսկոպոս ձեռնադրուեցաւ։ Ետքը նոյն Վահանայ Կամսարականի խնդրանօքը՝ ընթերցուածոց գեղեցիկ մեկնութիւն մը շարագրեց, երեսունևչորս կամ երեսունևհինգ գլխոյ մէջ ամփոփուած, ընտիր լեզուով և իմաստներով։ Հմտաբար և վայելուչ ծանրութեամբ կը խօսի թէ ազգային և թէ Յունաց տօներուն վրայ, և հարկ սեպելով ազգայիններն արդարացընել այնպիսի փոփոխութեանց համար՝ որ չեն մասն հաւատոյ, կը պաշտպանէ իրենները, առանց վար զարնելու կամ նախատելու զուրիշները։

Շարադրութիւնը հայկաբան և ընտիր, և հեռաւորութեան յարմար, մանաւանդ վարդապետական ոճոյ մէջ. յորում մերթ Մամբրէի և Եղիշէի կերպը փոխ կ'առնու, և մերթ Շնորհալւոյն համբոյր և քաղցր լեզուին նախագաղափարը կու տայ։ Սամուէլ Կամրջաձորեցի կ'աւանդէ թէ Յովհան Իմաստասէրին խնդրանօքը շարագրած ըլլայ այս գիրքը. Ասողիկ ալ՝ Ներսէհ Կամսարականին հրամանաւը։ Յառաջաբանին մէջ՝ որ գեղեցիկ օրինակ է ընծայականի՝ մեծապէս կը դրուատէ Արշարունին զՎահան պատրիկ Կամսարական, թէ հասակաւ և թէ իմաստութեամբ ծերունի կոչելով զինքը, և իբրև Թագաւոր մը՝ պարգևեալ յԱստուծոյ ազգերնուս. անոր համար չկրցայ, կ'ըսէ, քու հրամանիդ դէմ կենալ. և որչափ որ մտացս աղքատութիւնը ներեց՝ քու փութով յինէն պահանջած խնդիրքդ՝ յամր քեզի ընծայեցի։

Ասողիկ՝ Ներսէհ Կամսարականին վրայ խօսած ատեն, «Ի սորա աւուրս, կ'ըսէ, պայծառանայր Գրիգորիս Արշարունեաց քորեպիսկոպոս՝ փիլիսոփայական արուեստիւ», և կ'աւանդէ թէ Յովհաննու Օձնեցւոյն 'ի Մանազկերտ գումարած ժողովքին վարդապետաց մէջ գտնուեցաւ նաև «Գրիգորիս փիլիսոփայ՝ քորեպիսկոպոս Արշարունեաց»։

ՓԻԼՈՆ ՏԻՐԱԿԱՑԻ

Տիրակացւոյն ժամանակը։ — Յօրինած Եկեղեցական պատմութիւնը։ — Սոկրատ Սկողաստիկոս։ — Փիլոնի գրութեան ոճը և իր պատմութեան շարունակութիւնը։

Անաստաս կաթողիկոսին ժամանակ ծաղկեցաւ Փիլոն Տիրակացի կամ Շիրակացի [1], որ Ներսէհ Կամսարականին խնդրանօքը՝ Սոկրատ Սկոլաստիկոս

1. Յոմանց նաև Թրակացի կոչուած։

յոյն եկեղեցական պատմաբանին գրուածքը թարգմանեց 'ի հայ։ Նոյն գիրք բաժնուած է այս երկասիրութիւնը. և Եւսեբիոսի համանուն գրոց շարայարութիւնը կրնայ սեպուիլ. Կոստանդիանոսի մահուընէն ինչուան փոքուն Թէոդոսի կայսերութիւնը հասցընելով, որուն ժամանակակից էր Սոկրատ։

Փիլոն այս աշխատասիրութեան մէջ որչափ ալ ջանացած է ընտիր լեզու և մատենագրական ոճ գործածել, հաւատարմութեան կողմանէ չէ կրցած անպարսաւ մնալ. այլ հեղինակէն դուրս, և իրեն բերնովը՝ այլ և այլ պատմութիւններ մէջ բերած է թէ 'ի հայ գրոց, և թէ մանաւանդ յասորի պատմութեանց. Փլաբիանոսի, Եւտիքէսի ու Եփեսոսի երկրորդ ժողովոյն վրայ խօսք ընելով՝ յորում ժամանակի արդէն մեռած էր Սոկրատ։ Կրնայ ըլլալ որ այս բանս գրչագրաց աղաւաղութենէն ալ առաջ եկած ըլլայ, և այն ատեն թարգմանիչը կ'արդարանայ։ — Իբրև ինքնագիր երկասիրութիւն, և ոչ 'ի կարգս թարգմանութեանց. սեպելնուս և յիշատակն ընելնուս պատճառն այս է։

ՍԱՀԱԿ ԿԱԹՈՂԻԿՈՍ

Ձորափորեցի Սահակի կաթողիկոս։ — Առ Մոհմատ Հագարացի իշխանն գրած թուղթը։ — Իրեն ընծայուած երկասիրութիւնք։

Քռթենաւորին աշակերտ էր Սահակ Ձորափորեցի, որ 677ին կաթողիկոսութեան աթոռը նստաւ. և իր խոհականութեամբն և իմաստութեամբը ամենուն յարգի և պատկառելի եղաւ։

Յովհան կաթուղիկոս կ'աւանդէ թէ երբ 'ի Դամասկոս գերի էր այս սուրբ հայրապետը, Ամրատ իշխանն մանաւոր աղաչանաց թուղթ գրեց անոր, խնդրելով որ երթայ Հագարացւոց Մոհմատ ոստիկանին սիրտն իջեցընէ, որ բազմաթիւ զօրքով Հայոց վրայ պատերազմի կ'երթար: Յանձն առաւ Սահակ. բայց երբոր Խառան հասաւ, հիւանդանալով՝ իմացաւ թէ ա՛լ իրեն համար բժշկութեան յոյս չկայ, ու Արաբացւոց լեզուով աղաչանաց գիր մը գրեց առ նոյն ինքն Մոհմատ, և իրեն մարդկանցն ալ պատուիրեց՝ որ երբ մեռնի՝ նոյն թուղթը իր ձեռքին մէջ դնեն, և երբոր ոստիկանը գայ՝ տան որ կարդայ: Յոյս ունէր թէ մեռելի մը ձեռքէն աղաչանաց գիր ընդունելովը՝ սիրտը շարժի, ու միաքը դրածէն ետ կենայ: Մոհմատ երբոր լսեց թէ կաթուղիկոսն իրեն գալու ատենը մեռեր է, արգիլեց որ չթաղեն. ու ինքն 'ի Խառան երթալով՝ երբ մտաւ այն սենեակը՝ յորում երանելւոյն մարմինը դրուած էր, իբրև կենդանւոյ ողջոյն տուաւ իրեն. անիկայ ալ՝ ինչպէս կ'աւանդեն պատմիչք, բարւոք ընդունելով՝ ձեռքն երկընցուց որ թուղթը մատուցանէ: Զարմացաւ ոստիկանը, ու կարդալով անոր աղաչանքը, կատարեց խնդիրքը: Այս թղթին հարազատ թարգմանութիւնը պահած է Ղեւոնդ երէց՝ իր Պատմութեան գրոցը մէջ:

Շարականաց հին գրչագիրք՝ ընդհանրապէս իրեն կ'ընծայեն Նաւակատեաց և սուրբ Խաչի շարականներն, որոնք գերազանց բանաստեղծութիւններ են: Նոյնպէս իրեն կ'ընծայուի Արմաւենեաց կամ Ողոգոմեան (Ծաղկազարդի) տօնախմբութեան վրայ ճառ մը, ընտիր ոճով և շարադրութեամբ, տպագրած 'ի Վենետիկ 1834ին [1].

1 Գրչագրաց մէջ՝ մերթ պարզապէս կը յիշատակուի. «Ասացուած իսահակայ յաւուր արմաւեննեաց, որ է ողոգոմեան»:

ԴԱՐ Ը

ՅՈՎՀԱՆ ԻՄԱՍՏԱՍԷՐ

Իմաստասիրին մանկութիւնը։ — Քռթենաւորի աշակերտելը։ — Կաթողիկոսական աթոռը բարձրանալը։ — Աստուածաբանութիւն։ — Ճառ ընդդէմ Երևութականաց։ — Ընդդէմ Պաւղիկեանց ճառը։ — Գործածած լեզուի յատկութիւնը և ոճ։ — Ուրիշ երկասիրութիւնը։ — Եկեղեցական կանոնադրութիւնը։ — Երկրպագական գրուածներ։ — Իր ճառից բնագրին տպագրութիւնը և թարգմանութիւնը։

Տաշրաց գաւառին Օձին կամ Օձուն գեղջէն էր Յովհան, և մանկութեան հասակէն աշակերտած Թէոդորոսի Քռթենաւորի, որ անոր մատաղ և թարմ մտացը վրայ՝ ապագայ հանճարոյն կնիքը և մեծութեան նշանակը դրոշմուած տեսնելով, ամէն ջանքըն ըրաւ որ ընտիր դաստիարակութեամբ արգասաւոր ընէ այն միտքը՝ որ տարիքը առնելէն ետքը կրցաւ իբրև զնոր ոմն Սողոմոն պարծենալով զրուցել. «Մանուկ էի մտաւոր՝ և ոգւոյ բարւոյ դիպեցայ»[1]։ Այնչափ մեծ էր Քռթենաւորին խնամքը

[1] Սուրբ Հայրապետն Յովհաննէս էր 'ի գաւառէն Տաշրայ՝ որ արդ կոչի Լաւռի, 'ի գիւղաքաղաքէն Աւձնոյ, յազատ տանէ. քաջաբոյս, վայելչագեղ, և գեղեցկատես. ուշիմ և հանճարեղ

իր աշակերտին վրայ, որ ինքն Իմաստասէրն կը զը-րուցէ. «Ոչ զսա յինքենէն եւեթ բաւականանայր չաեմարանել յիմուն օգուոյ զբարին, այլ եւ 'ի յո-լովից զպայծառագոյնն ծաղկաքաղ առնելով զշնոր-հաց, լնուցուցանել զագահութեանն իւրոյ ինե ջա-նայր զուսումնասիրութիւն»: Ժամանակը՝ Յովհան-նու մտացը վրայ իր զօրաւոր ազդեցութիւնն ընե-լով, անոր հանճարոյն եւ իմաստութեանը վրայ բա-քանչացող ազգայինքն՝ սրբոյն Գրիգորի աթոռոյն ժառանգ ըրին զինքը, կաթողիկոսական պատուով մեծարելով:

***

Այն նուիրական պաշտօնն 'ի գործ դնել սկսաւ Յովհաննէս՝ ժողովրդեան մէջ մտած անկարգու-թեանց դարմանը մատուցանելով: Այս վախճանաւ ժողով մը գումարեց 'ի Դուին, իր հայրապետու-թեանը երկրորդ տարին. ու ժողովոյն առջի գումա-րումը՝ սուրբ հայրապետաց գովելի սովորութեան համեմատ՝ ատենախօսութեամբ մը սկսաւ, իմացը-նելով թէ ինչու գումարեց զիրենք 'ի ժողով, եւ թէ անհրաժեշտ էր այն գումարումը:

Գեղեցիկ եւ ընտիր ոճոյ ամէն յատկութիւններն ու-նի այս Ատենախօսութիւնը. խօսքի վսեմ ծանրութիւն

'ի վարս ճգնողական եւ յիմաստ կրթութեան, հռետորական ուսման եւ փիլիսոփայական արուեստից: Զտիս տղայական ման-կութեանն առ հանճարեղս անցուցանէր: Վասն որոյ առեալ զիմաստասիրականն անուն ... Երթայր այնուհետեւ եռանդնա-շարժ սիրով, այդմամբ հոգւոյն սրբոյ առ մեծ ճգնաւորն եւ ա-նուանի վարդապետն Թէոդորոս՝ Քռթենաւոր կոչեցեալ, եւ յանձն առնոյր զխոշոր եւ զնուրբ վարս նորա յաւելուածովք. որով եւ զկարգն դարկճաձեւ զգենոյր ծածկաբար մինչեւ ցկատա-րումն կենաց իւրոց»: Ի Յայսմաւուրս:

մը, իմաստից առատութիւն և ընտրութիւն, աստուածաշունչ գրոց, սրբոց հարց և հին առաքելոց հմտութիւն, և ամէն բանէ աւելի բարւոյ նախանձ մը։ Կը յիշեցընէ հին եկեղեցւոյ բարեզարդութիւնքը, և թէ ինչպէս ժամանակը՝ իր ապականիչ և խանգարող ձեռքը՝ նաև այն սրբազան և աստուածային շէնքին վրայ ձգած է՝ ապականել զայն մերթ հերձուածոց երևմամբ, մերթ տգիտութեամբ, մերթ անհոգութեամբ։ Մարդկային հասակին կը նմանցընէ՝ եկեղեցւոյ վիճակը. թէ ինչպէս անմեղ է մանկութիւնը, անգէտ չարի, անհմուտ մեղաց. և թէ ատեն անցնելով՝ նոյն անմեղութիւնը չարութեան կերպարանք կ՚առնու։ Իր անձին օրինակովը՝ այս բանս հաստատմացընել կ՚ուզէ Օձնեցին. առանց պարծենալ ուզելու՝ կը յիշեցընէ իր այն մատաղ հասակին մէջ առած յոյսերը՝ թէ զինքը տեսնողաց և թէ իր վարդապետին Թէոդորի. և խորունկ սրտէ առաջ եկած հառաչանքով մը՝ Յոբայ խօսքերը կը կրկնէ. «Ո՞վ տանէր զիս ըստ աւուրցն առաջնոց»։ Անկէց առիթ կ՚առնու Հայաստանեայց եկեղեցւոյն մէջ սպրդած անկարգութիւններն յիշեցընել, և թէ ինչ կերպով և կանոններով դէմ դնելու է անոնց. որպէս զի չըլլայ թէ հաւատացեալ ժողովըրդոց մէջ ճարակելով՝ թէ հաւատոց, և թէ նոյն հաւատքը դաւանողաց բարօրութեանը վնասակար ըլլայ։

Ոճոյ կողմանէ ընտիր հայկաբանութիւն՝ միանգամայն և քիչ մը հելլենաբանութիւն կ՚երևնայ այս ճառին մէջ։ Անանկ լեզու մը գործածել ուզած է Իմաստասէր՝ որ նիւթոյն ծանրութեանը և մեծվայելչութեան արժանաւոր ըլլայ։

***

Ճառ ընդդէմ Երևութականաց. — Հեղինակին գըլխաւոր գլխուն եղած է այս ճառովս ցուցընել՝ Քրիստոսի երկու բնութեանց վարդապետութիւնը. Եւտիքական աղանդաւորաց դէմ, թէ ինչպէս 'ի մի անձն Քրիստոսի անշփոթ միացեալ են մարդկային և աստուածային բնութիւնք, և թէ սխալ է զրուցելն մի բնութիւն 'ի Քրիստոս՝ շփոթելով զերկուս բնութիւնս 'ի մի անձն Նորա: Այս աստուածաբանական խորունկ և դժուարին խնդիրը՝ իր մաքին և հանճարոյն արժանաւոր պարզութեամբ կ'ապացուցանէ երանելի վարդապետս, հին յոյն հարց լեզու և հըմտութիւն գործածելով[1]:

Երևութական կ'ըսուէին այն հերետիկոսները՝ որ Քրիստոսի անօրէնութիւնը ոչ իրական ճշմարտութիւն՝ այլ առաչօք կը համարէին. և ասոնց մոլորամիտ վարդապետութիւնքն ինչուան 'ի Հայաստան ալ տարածուելով, Յովհաննու Մայրագոմեցւոյն աշակերտներէն ոմանք հետևող երևցեր էին անոնց, և իրենց դէմ գրգռած՝ Բաթենաւորին զօրաւոր և յաղթահարող գրիչը: Բայց երբ իր մահուընէն ետքը՝

[1] Որովհետև մեր հին պատմագիրներէն ոմանք կը շփոթեն իրարու հետ զՅովհան Մանազկերտցի և զՅովհան Օձնեցի կամ զիմաստասէր, առջինին մոլորութիւնքը երկրորդին ընծայելով, և երկրորդին հմտութիւնն ու գրուածները առջինին սեպելով, Չամչեան Հ. Միքայէլ վարդապետը՝ Հայոց պատմութեան մէջ երկար և անժխտելի փաստերով ցուցընելով թէ որչափ կը սխալին թէ՛ նկատմամբ պատմութեան և ժամանակագրութեան և թէ նկատմամբ ոճոյ և գրութեան, որոնք իրարու հետ այս երկու անձինքը կը շփոթեն, գուշակօրէն զրուցեց որ եթէ Յովհան Իմաստասիրին Երևութականաց դէմ ճառը գտնուի, ուղղափառական և ողջամիտ պիտի ըլլայ այն երկասիրութիւնը. իր խօսքին հաւատարիմ ապացուցութիւն սեպելով՝ Գրիգորի Վը-

Մայրագոմեցւոյն աշակերտը Սարգիս, զոր Իմաստասէրն՝ խանձարիկ տանս Հայոց կը կոչէ, սկսաւ նորէն գլուխ վերցընել, և կրկին կենդանութիւն տալ այն մահաւիթ վարդապետութեանց. Քրիստոսի ուղղափառ հաւատոց զէնքը ձեռքն առած՝ երևցաւ Յովհաննէս յասպարէզ. « Վասն նորա (Քրիստոսի) – իր գերազանց խօսքերը մէջ բերելով, կ'ըսէ, – գիր հանեմք, և յանուն նորա խրախոյս բառնամք. յապաղս նորին ահաւասիկ և առեամք զառելիս նորա. զկատարելագոյնն զնոսին առեսցուք զառելութիւն »:

Այսպիսի իրաւացի առելութեան մը՝ ամէն էական յատկութիւններն ունի Իմաստասիրին այս ճառը: Նուրբ և խորունկ գիտութիւն աստուածաբանական ճշմարտութեանց, զօրաւոր և աննկուն ճարտարխօսութիւն՝ հակառակողաց բերանը սանձելու, և ընտիր լեզու մը՝ որուն նման մեր մէջ քիչ կը գտնենք, և որ աղէտակից է յոյն եկեղեցական մատենագրաց գործածած լեզուին. հայախօս Աստուածաբան մը, Բարսեղ կամ Կիւրեղ: Ուստի և իրաւամբք զմայլած էին այս գրուածքին վրայ մեր հին հայրապետքն. և Գրիգորիս Վկայասէր՝ իրեն համար մաս-

կայասիրի, Ներսիսի Կլայեցւոյն, Գրիգորի Տղայոյ և Ներսիսի Լամբրոնացւոյ գովութեան խօսքերը, որոնք անկարելի էր որ այսպիսի հայրապետ մը՝ անանկ լեզուով մը գովէին, եթէ անոր կրօնական համոզումը՝ իրենց համոզմանէն տարբեր ըլլար՝ հաւատոց այսպիսի էական նիւթի մը մէջ:

Այս ճառը գտնուելուն պէս՝ 'ի գրատան Փարիզու, Աւգերեան Հ. Մկրտիչ վարդապետը մեկէն ծանօթութեամբք հրատարակեց (1807) *բնագիրն ու լատինական թարգմանութիւնը, թէ Հեղինակին և թէ անոր պաշտպանին ուղղմտութիւնն և արդիւնքը հանդիսացընելով. զոր և Լատին աստուածաբանք՝ թէ իրենց գիտութեամբը և թէ հին Հայոց գործածած լեզուին հմտութեամբը նշանաւորք, լիուլի վկայութեամբ հաստատեցին:*

նուար օրինակ մը գաղափարել տալով, ճառին վերջը իր ձեռքով սա՛նկ գրած էր․ «Այս է գիրք կտակի ուղղափառութեան հօր մերոյ սրբոյն Յովհաննու կաթողիկոսի Հայոց և Իմաստասիրի Օձնեցւոյ։ Ես Գրիգորիս Նուաստս՝ նորին հաւատոց որդի և աշակերտ՝ ձայնակից եմ այսմ խոստովանութեան և աւանդման․ և որք այլապէս դաւանեն քան զայսոսիկ և նորաձեւս առնեն՝ (Նզովեալ լիցին)»։

Գրիգոր Տղայ կաթուղիկոսն ալ կը զրուցէ․ «Խնդրելի է՝ թէ յետ այսորիկ ո՞վ ոք 'ի հարցն սրբոց յայսոսիկ դրդուեցաւ․ եթէ զՅովհաննէս ասեմք զԻմաստասէրն՝ որ և աթոռակալ սրբոյ աթոռոյս, և նա այսոցիկ հեռացեալ շաւղաց ուղղափառութեան․ և մերն այլ սուրբ նախնիք զնորայն ընկալան խոստովանութիւն, և ձեռնագրեցին անխախտելի մնալ դիրս, Գրիգոր Վկայասէր և Բարսեղ հետեւող նորին, և միւս Գրիգորիս և Ներսէս՝ մերս հարք․ և է յարկեղս գրոց մերոց՝ ընկալեալ 'ի նոցանէ»։ Ուրիշ տեղ ալ «Երջանիկ և սուրբ հայրապետ կը կոչէ զինքը», և անոր խօսքերը՝ «հոգեշունչ բանք»։

Շնորհալի ալ Թէորիանէ յոյն աստուածաբանին հետ խօսած ատենը՝ այսպէս կը գրուատէ զԻմաստասէրն․ «Հայոց կաթուղիկոս մը կար, կ'ըսէ, Յովհաննէս անունով, որ իր վարքովը և խօսքով սուրբ հարց զուգահաւասար էր․ ու արտաքին գիտութեանց և փիլիսոփայութեան ալ ոչ անտեղեակ․ իսկ աստուածային վարքովը՝ թէ ոչ քան զամենեսին, այլ քան զբազումս գերազանց»։ Կը միաբանի և Յովհաննէս կաթուղիկոս․ «Հմուտ և տեղեակ գոլով նա, կ'ըսէ, բոլոր քերթողական շարադծոց՝ մասանց բանի և մասնականաց, այլ և վարժից սեռից՝ և որք ընդ գոյացութեամբ են սեռական տեսակարարութիւնք՝ մինչ ցանհատ վայր․ և տարբերութեանցն եւ հանգամանաց, և պատահմանց անջատից և անանջատից՝ ոչ անտեղեակ։ Դարձեալ և կրթական վարժից Թէոնականաց՝ որ զարուեստին ծառայ պտուղս՝ առոգանապէս ներադրէ յարուեստասէրն ... Սա ամենայն առաքինի քաջողջութեամբ զինքն տուեալ՝ աշխատասիրաբար կրթական ջանիւ զինքն զինէր յերգս հոգևորս, պահօք և աղօթիւք և ամենագիշեր տքնութեամբ» : Գրիգոր Մագիստրոս առ կաթուղիկոսն Ասորւոց գրած թղթին մէջ Թոնդրակեցի աղանդաւորաց վրայ խօսելու տեղն կը յաւելու, — անշուշտ զՕձնեցի ակնարկելով, — «Երանելի քահանայապետն մեր սուրբն Յովհաննէս, և վարդապետըն Անանիա դրեալ զչարափառութեան նոցա զսարսափելի հերձուածս» :

***

Ճառ ընդդէմ Պաւղիկեանց. — Այլի երկու ճառերուն արժանի երկասիրութիւն մըն է նաև ասիկայ։ Պաւղիկեանք՝ հերետիկոսներ էին, հետևողք Պօղոսի Սամոսատացւոյ, և որոց առաջնեակ երևեցաւ Մայրագոմեցւոյն վերոյիշեալ Սարգիս աշակերտը, ու Յուլիանիտաց, Ապողինարեանց, Մարկիոնեանց և Սաբելեանց աղանդները մէկի վերածելով՝ սկսաւ իր մոլորամիտ վարդապետութեանցը զՀայաստան աշակերտելու ետևէ ըլլալ։ Այսոնց խաբէութեանցը դէմ սրեց իւր գրիչը իմաստասէր հայրապետն Յովհան։ Կարծես թէ մեզի մերձաւոր ժամանակաւ՝ նորաղանդ հերձելոց մոլորութիւնքն գուշակօրէն նկատեր էր, որոնք եկեղեցին բարեկարգելու պատրուակաւ՝ իրենց ախտերուն ու կրից համարձակութիւն և ազատութիւն փնտռեցին։

«Ահա գտաւ, — կ'ըսէ Յովհան, Պաւղիկեանց վրայ խօսելով, — որոգայթ իբրև զվարմ հաւորսաց ձգեալ՝ ի մէջ ժողովրդեան ազգի իւրոյ, ըմբռնել զախմարս և զպարզամիտս 'ի մարդկանէ, որք չարեաց 'ի չարիս եղին. 'ի պատկերամարտութենէ 'ի խաչամարտութիւն և 'ի քրիստոսատեցութիւն. և անտուստ յանաստուածութիւն և 'ի դիւապաշտութիւն»: Ամբարշտութեան այս ծայրը հասած՝ սկսան արհամարհել և անգոսնել Քրիստոսի եկեղեցւոյն հաւատքը, և իրենց թիւր վարդապետութիւնքը՝ սուրբ գրոց նուիրական խօսքերովը կ'ուզէին ապացուցանել: Խաչին ընծայուած պաշտօնը կռապաշտութիւն կը սեպէին, պատկերաց յարգանքը՝ աւելորդապաշտութիւն, և այլն: Ասոնց դէմ կը խօսի Իմաստասէրն, ու սուրբ գրոց խօսքերովը զանոնք կ'ըմբերանէ. կը ցուցընէ՝ սքանչելի գիտութեամբ նաև հին կրօնական պատմութեանց, թէ որչափ կը զանազանին 'ի միմեանց՝ կռապաշտութիւնն՝ զոր կը մերժեն քրիստոնեայք, և անոնց ընդունած խաչի և պատկերաց պաշտօնն:

* * *

Յաղագս կարգաց Եկեղեցւոյ. — Երկու մասն կը բաժնուի այս ճառը. առջինին մէջ համառօտ մեկնաբանութիւն մը կ'ընէ ժամակարգութեան, գիշերային պաշտամանէն մինչև 'ի Ճաշաժամն. իսկ երկրորդին մէջ կը բացատրէ՝ Ճաշաժամէն մինչև ցիններորդ ժամ, կամ ցերեկոյեան ժամակարգութիւնը: Համառօտութեանը մէջ գեղեցիկ, յստակ և կատարեալ երկասիրութիւն մըն է: Անշուշտ այս ճառերուն համար կ'ըսէ Յովհաննէս կաթողիկոս. «Յաւէտ ևս հմտագոյնս գրով դրոշմեալ սոյ եկեղեցւոյ Քրիստոսի զբովանդակ կարգաւորութիւնս պաշտաման ժամուց, գեղեցիկ ևս յօրինուածով ճոխացուցեալ, և բացայայտեալ ևս զմիոյ միոյ կարգացն զմեկնութիւնս, 'ի մխիթարութիւն դպրաց եկեղեցւոյ.

Այլ և ճառս ևս ինքնախօսս՝ բանաստեղծս յորդաբեալ ըղձացուցիչս չար գործոց, և յորդորականս ՛ի մէտս ապաշխարութեան սակի»: Սամուէլ ալ կը գրուցէ. «Սուրբ իմաստասէրն Յովհան կանոնական կարգօք պայծառացոյց զեկեղեցին»: Ասոնց կարգէն և ասոնց նման գրուածներ են Յաղագս մեծի աւուր միաշաբաթու ճառը, և Հատուածք բանից:

***

Տարախանք. — Տարականներն յօրինողաց ցուցակին մէջ կը տեսնենք որ Իմաստասէր հայրապետս կ՚ընծայուին Աւագ տօնից շարականներն. այսինքն Դաւթի մարգարէին և Յակոբայ առաքելոյն, Ստեփաննոսի նախավկային, գլխաւոր առաքելոցն Պետրոսի և Պօղոսի և Որդւոց Որոտման շարականները: Ետքի երեքն ալ՝ եթէ հաւանինք Իմաստասիրին ընծայել, իրեն թէ ոճոյն, թէ հմտութեանը և թէ բանաստեղծութեան անպատիւ բան մը ըրած չենք սեպուիր. բայց Դաւթի մարգարէին և Յակոբայ առաքելոյն վրայ երգուածը՝ այն աստիճանի օտար է, որ իրաւամբ գրուցած է հմուտ բանասիրին մէկը՝ թէ և ոչ Իմաստասիրին աշակերտի մը կրնայ ընծայուիլ այնչափ խակ և անոճ շարադրութիւն: Այս սխալման գլխաւոր պատճառ՝ Կիրակոս պատմչին մէկ խօսքն եղած կ՚երևնայ որ կ՚ըսէ. «Երգեաց շարական և զհարց՝ Մեղաք յամենայնի, որ մինչև ցայսօր պաշտի յեկեղեցին Հայոց»: Մտադրութեան արժանի է որ պատմիչն երգեաց կ՚ըսէ և ոչ թէ յօրինեաց. որով անշուշտ կ՚ուզէ հասկցընել թէ խափանուած էր այն շարականին երգեցումը, և թէ Իմաստասէրը սահմանեց որ նորէն երգեցուի: Նոյնը կը հաստատեն նաև Յայսմաւուրաց խօսքերը: — Հռիփսիմեանց տօնին օրը երգուած Անսկիզբն Ատուած համբարձի չարականին յօրինումն ալ՝ ոմանք ուզած են Իմաստասիրին ընծայել․ բայց այլք աւելի հաւանականաբար այն երգին հեղինակ կը համարին զՄանդակունի։

***

Իմաստասիրին մէկ նշանաւոր աշխատանքն ալ եղած է՝ հին Հարց և Ժողովոց սահմանած կանոններն կարգի և դասաւորութեան վրայ առնուլ, և իր հայրապետական իշխանութեամբը՝ անոնց կարևոր հաստատութիւնը տալ․ որպէս զի իւրաքանչիւր ոք ըստ հաճոյս կանոններ չաւելցընէ, կամ արդէն սահմանուածները չվերցընէ։ Այս վախճանաւ՝ նոյն հաւաքմանէն եաքը մասնաւոր Յիշատակարան մըն ալ աւելցուց, ՝իմացընելով թէ ինչ վախճանաւ և դիտմամբ եղած է այս աշխատութիւնս։ Բայց Իմաստասէր հայրապետը իր դիտմանը չհասաւ․ ժամանակ անցնելէն եաքը՝ տգէտ և ձեռներէց ընդօրինակողք եկամուտ և անհարազատ կանոններ մուծցին սուրբ առաքելոց և հայրապետաց անուամբ աւանդուած սահմանադրութեանց մէջ․ և Օձնեցւոյ այս Յիշատակարանն ալ իրենց օրինակացը մէջէն վերուցին։

Իմաստասիրին բուն խօսքերն են․ «Կամեցայ զբովանդակ զառ 'ի նոցանէն կանոնական սահմանեալ բան՝ 'ի միում՝ տեղւոջ գեղեցկագործ մատենիւ 'ի հայրապետանոցի աստ արձանացուցանել․ ուրանօր և զիս աստուածային Հոգին վերակարգեաց յաթոռ սրբոյն Գրիգորի, 'ի կաթուղիկոսութիւն աշխարհիս Հայոց․ Յովհաննէս՝ նուաստագոյն յիմաստասիրականաց խմբից, և 'ի բոլորից մեկին մնացեալ ըստ մարմնոյ յաշխականաց։ Եւ ընկալեալ զայս ջան՝ նախկին, վասն կանոնականաց իմոց զարմին, զի ըստ հրամայողական անուանն՝ առընթեր կայցեն և հրամանացն գումարութիւնք. և թէ պարտ է սպասաւորաց բանին՝ աստուածախօսունակ հարցն բանիւք կնքել բանիս։ Երկրորդ, զի զուսումնասիրաց անձանց՝ իմով աշխատութեամբ սիրով կամեցայ հանդուցանել զբազմախոյզ խնդիրս։ Քանզի գրեցաք 'ի սմա ոչ միայն զկանոնական սահմանեալն նոցա շարակարգութիւնս, այլ և զժամանակն և զպատճառն 'ի սոյն յայս 'ի ներքս ածեալ յաւելաք, ընդ նմին և զգլուխս անցնիւրոց համառօտեալ բանիւք 'ի սկզբան անդ նախակարգեցաք. զի անաշխատաբար անդուստ զբանն յիւրում տեղւոջն գտցէ խնդրողն»։

***

Ուրիշ այլ և այլ երկասիրութիւնք ալ կը յիշատակուին Իմաստասիրիս անուամբը, յորոց ոմանք կորսուած են, և այլք երկբայականք։ Առջիններուն կարգէն կը համարուին՝ Ապաշխարութեան և վարուց զգաստութեան վրայ ընտիր ճառեր, զորս Յովհան կաթուղիկոս կ'աւանդէ թէ շարադրած ըլլայ, և մեր ձեռքը հասած չեն։

Երկբայականաց կարգէն են՝ Եկեղեցւոյ Հիմնարկէից վրայ երկու ճառ, Հիմնարկէք Եկեղեցւոյ կոչուածները։ Այս ճառերէն առջինին մէջ կը խօսի հեղինակն՝ տաճարաց հիմնարկութեան վրայ. երկրորդին ալ՝ թէ Նորաշէն եկեղեցեաց մէջ ինչպէս տաճար կանգնելու է. և վայելուչ ոճով մը կը խօսի այն արարողութիւնքը կազմող խորհրդաւոր աղօթից և սաղմոսաց վրայ։ Երկբայականներէն կը սեպուի նաև սուրբ Եկեղեցւոյ վրայ ընդարձակ ճառ մը, յորում հին և նոր, ստորին և վերին եկեղեցեաց բաղդատութիւնը կ'ընէ։

Կամ Օձնեցւոյս և կամ Մանդակունեայ, և կամ ուրիշ համանուն հայրապետի մ'է ՁԽԸ թուին 'ի

Հռոմկլա գրուած մատենի մը մէջ աստուածաբանական տեսութիւն մը՝ այս խորագրով. «Երանելոյն Յովհաննու Հայոց եպիսկոպոսապետի ապացոյց յերկուց բնութեանց ասել զՓրկիչն, կամ մի բնութիւն»: Սկզբնաւորութիւնն է. «Եւ քանզի 'առաքելականն և մարգարէիցն կտակքն ոչ ուրեք յիշատակեն զերկուց բնութեանց այլութիւն, ապա պարտ է անդըրդուելի խոստովանութեամբ դաւանել 'ի սուրբ Երրորդութեանն զԲանն աստուած մարմնացեալ»:

Այս ամէն ճառերն՝ բաց 'ի վերջնոյս, իմաստասիրին Հայրազատ երկասիրութեանցը հետ տպագրեցան 'ի Վենետիկ, 1833. ու լատինական թարգմանութեամբ ալ ծանօթացան արեւմըտեայց:

ՍՏԵՓԱՆՈՍ ՍԻՒՆԵՑԻ

Սիւնեցւոյն վարքը և ուսումը: — Ճանապարհորդութիւնները 'ի Բիւզանդիոն և Հռոմ: — Երկասիրութիւնները: — Իրեն ընծայուած շարականք և անոնց հարազատութիւնը: — Ուրիշ գրուածք: — Թարգմանութիւնք:

Դունին քաղքին աւագերիցուն որդին էր Ստեփանոս Սիւնեցի, որ Հայոց կաթուղիկոսարանին մէջ՝ ինչպէս կ'աւանդէ Ուռպելեան, իր նախնական ուսմունքն ընելէն ետքը, երբ հասակը քիչ մ'առաւ՝ Մաքենեաց կոչուած հռչակաւոր կրօնաստանը գնաց, նոյն վանքին առաջնորդ՝ ու գիտութեամբն և աստուածպաշտութեամբ նշանաւոր Սողոմոն վարդապետին քով: Հոն երկար ժամանակ կրթուելէն ետքը՝ Սիւնեաց վարդապետարանը գնաց, առ. Մովսէս

ԴԱՐ Ը. ՍՏԵՓԱՆՈՍ ՍԻՒՆԵՑԻ 471

եպիսկոպոս Սիւնեաց. որուն ջանքովը նոյն վարդապետարանը շատ ծաղկած էր գիտութեամբ[1]։ Այնպիսի հմուտ անձի մը առաջնորդութեամբ՝ քիչ ատեննուան մէջ կատարեալ տեղեկութիւն առնալով աստուածային գիտութեանց, եպիսկոպոսին հրամանաւ րաբունական ամպիոնը նստաւ, և սուրբ գիրքը կը մեկնէր նոյն վարժարանին աշակերտացը։ Երբոր Մովսիսի մեռնելու օրերը մօտեցան, նոյն աթոռոյն հոգաբարձութիւնը իրեն յանձնեց։ Ստեփանոս ալ Անանիա անունով մէկը՝ որ թէ՛ վարքովը և թէ՛ գիտութեամբ մտադրութեան արժանաւոր անձ մըն էր՝ հետը առնելով, Դուին գնաց առ կաթուղիկոսն և Սիւնեաց եպիսկոպոս ձեռնադրել տուաւ ու ղրկեց։ Իսկ ինքն չուզեց ետ դառնալ, հապա հոն կաթուղիկոսարանին մէջ նստած՝ հին և նոր կտակարանաց մեկնութիւն կ'ընէր։

***

Նոյն ատենները՝ Սմբատ Բագրատունի անունով իշխան մը՝ հաւատոյ խնդրոց վրայ հակաճառելով Սիւնեցւոյն հետ, չհաւանեցաւ անոր խօսքին. բայց միանգամայն չկարենալով դէմ դնել՝ անարգեց զՍտեփանոս, ու ետևէ եղաւ զինքը հալածելու. Ստեփանոս ալ Դուին քաղաքէն ելլելով՝ փախստական գնաց 'ի Կոստանդնուպոլիս, ուր միայնակեցի մը քով բնակեցաւ, որ արտաքին հմտութեանց ալ տեղեակ անձ մըն էր. և հոն յոյն և լատին լեզուները սորվե-

1 « Փութայ ճեպի, կ'ըսէ Ուռպելեան, յաղբիւրն իմաստից 'ի վարդապետարանն Սիւնեաց, որ էր գլուխ ամենայն գիտնոց Հայոց, և պայծառացեալ դպրոցքն որ 'ի նմա. քանզի որպէս Աթենացիքն 'ի մէջ Հռոմոց և Յունաց ճոխացեալ էին և մայր իմաստից կոչեցեալ... լատին և հելլէն դպրութեամբ, այսպէս և սոքա 'ի տանս Թորգոմայ յաշխարհիս Հայոց »։

ցաւ, և գիշեր ցորեկ գիտութեանց հմտանալու կը ջանար: Ետքէն Կոստանդնուպոլիս դառնալով, կ'երթար 'ի սուրբն Սոֆի, և հոն եկեղեցւոյն մատենադարանին մէջ գտնուած գրքերը կը կարդար: Լսեց զայս Սմբատ և Լեւոն կայսեր իմացուց թէ թագաւորութեանդ անարգիչ և սուրբ հաւատոյդ հայհոյիչ մը՝ մեղմէ հալածուած՝ միայնաւորի սուտ անուամբ ու ձեւով, ձեր քովը եկած է: Լեւոն բարկութեամբ հրամայեց փնտռել զինքն, ու ածել 'ի դուռն արքունի: Սիւնեցւոյն ընկեր միայնակեացը՝ խրատ տուաւ իրեն՝ անազգի և օտարական անձ մը ձեւացընել ինքզինքը, և թէ մուրալու պատճառաւ եկած էր 'ի թագաւորեալ քաղաքն: Զոր երբ լսեց Լեւոն՝ բարկութենէն իջնելով, թոյլ տուաւ և յաղատութեան: Ստեփանոս յետոյ Աթէնք ալ գնաց, և հոն ըրաւ իրեն թարգմանութիւնները, որոնց վրայ ետքը պիտի խօսինք:

Երբոր Սիւնեցւոյն իմաստութեան համբաւը կայսեր ականջը հասաւ, կանչեց զինքը, ու հաւատոյ խնդրոց համար կը հարցնէր: Պատասխան տուաւ Ստեփանոս. Հրաման տուր որ կայսերական մատենադարաններն բացուին իմ առջեւս, և ես խօսք կու տամ այնպիսի գրքեր գտնել անոնց մէջ՝ յորս ուղղափառական դաւանութեանց էութիւնը ամփոփուած ըլլայ»: Երբ թագաւորը հրամանը տուաւ, ոսկի տուփի մը մէջ պահուած գիրք մը գտաւ Սիւնեցին, ուղղափառ հաւատոյ վրայ գրուած, ու թագաւորին առջեւը բերաւ: Կայսրը ուրախանալով, «Դուք Հայք ալ, ըսաւ, այս հաւատքը կը դաւանի՞ք»: Եւ երբ Սիւնեցին հաստատուն վկայութեամբք հաւատարմացուց թէ նոյն հաւատքը ունին Հայք, կայսրը պատուիրեց իրեն որ Հռոմ երթայ, և մեծ եկեղեցւոյն մատենադարանին մէջ ալ եթէ իրեք գիրք գտնելու ըլլայ նոյն ճշմարիտ հաւատոց ուղղութեանը վրայ ճառող, խոստացաւ բոլոր աշխարհքը՝ նոյն կրօնից աշակերտիլ տալու: Սիւնեցին Համամ գնաց, ու առջի գաւառին միաբան և համախորհուրդ ուրիշ երեք գիրք ալ գտաւ. այսինքն՝ սրբոյն Կիւրղի Պարապմանց և Գանձուց գիրքը, Աթանասի աղեքսանդրացւոյ և Եպիփանու Կիպրացւոյ երկասիրութիւնքը: Այն գրքերը հետն առնելով՝ կասկածեցաւ որ եթէ դառնայ 'ի Կոստանդնուպօլիս՝ կայսրը իրեն տուած խոստումը պիտի չպահէ, ուստի Համմէն անցաւ 'ի Հայաստան, և աշխարհը աւերեալ ու ապականած գտաւ յԱրաբացւոց: Կաթողիկոսն ալ վախճանած ըլլալով, անոր յաջորդն եղեր էր Դաւիթ, որ հայրապետական աթոռը փոխադրեր էր յԱրամոնս: Սիւնեցին՝ թէ սրբոյն Գերմանոսի թուղթը՝ որուն հայ թարգմաթիւնն ըրեր էր, և թէ մէկալ գրքերը կաթողիկոսին ընծայեց. անիկայ ալ մեծապէս ուրախանալով՝ հրամայեց որ բերած թղթոյն պատասխանը ինքը տայ. Ստեփանոս ալ յանձն առաւ, ու բան առ բան ամէն խնդիրները լուծեց:

Նոյն միջոցին Սիւնեաց աշխարհին կը տիրապետէր Բաբկէն, որ Դաւիթ կաթողիկոսին մարդիկ ղրկեց, որպէս զի հայրապետը՝ եպիսկոպոսական աթոռը և Սիւնեաց մետրապոլտութիւնը յանձնէ Ստեփանոսի: Դաւիթ ուրախութեամբ յանձն առաւ այն առաջարկութիւնը. ու մէկէն Սիւնեաց եպիսկոպոս ձեռնադրելով զինքը՝ միանգամայն անոր յանձնեց եպիսկոպոսաց գլուխ կամ դահերէց կոչուելու պատիւը: Այն պաշտամամբ իր վիճակը դարձաւ Ստեփանոս, ու մէկ տարի մը միայն, կամ ըստ ոմանց՝ ութ տարի նոյն իշխանութիւնը վարելով՝ անգութ մահուամբ մը մեռաւ. վասն զի անզգամ կին մը՝ անկարգ վարուցը համար յանդիմանուելով սուրբ հայրապետէն՝ անոր առանձնութեանը և քնոյ մէջ սրով սպաննեց զինքը։ Թանահատի կոչուած միաբանակեցաց վանքին մէջ թաղուեցաւ Սիւնեցին։

* * *

Սիւնեցւոյն երկասիրութիւնները. — Այլ և այլ գըրուածներ կը յիշատակուին Սիւնեցւոյն անուամբ, որոնց մեծ մասը թարգմանութիւնք են։ Ասոնց մէջ գլխաւոր կրնանք սեպել՝ մեր արդէն յիշատակած Ս. Գերմանոսի Կոստանդնուպոլսոյ հայրապետին թուղթը, որուն պատճառն այս է։ Ստեփանոս ատեն մը Յունաց եկեղեցիքը երթալէն կը խորշէր. Ս. Գերմանոս հայրապետն կանչեց զինքը և պատճառը հարցուց. ու կասկածելով որ չըլլայ թէ այն խորշութիւնը մտաց մոլորութենէ առաջ եկած ըլլայ, հաւատոյ դաւանութիւն մը ուզեց իրմէն։ Յանձն առաւ Ստեփանոս, և գրով ուզեց տալ նոյն դաւանութիւնը. յորում կը խոստովանէր իւր ուղիղ հաւատքը ըստ երից ժողովոցն՝ Նիկիոյ, Եփեսոսի և Կոստանդնուպոլսի. բայց Քաղկեդոնի ժողովոյն և անոր դաւանութեան խօսքը չէր ըներ։ Ան ատեն Գերմանոս ուզեց համոզել զինքը՝ այն ժողովքին ողջմտութեանը վրայ. և թէպէտ հաւանեցաւ Սիւնեցին, բայց յանձն չէր առնուր Յունաց հետ հաղորդիլ, պատճառ բերելով թէ քանի որ ազգը նոյն ուղղութեանը խելամուտ եղած չէ, իրեն հալածանք և այլոց գայթակղութիւն կ՚ըլլայ։ Այն ատեն Գերմանոս գրեց թուղթ մը առ Հայս՝ որուն սկզբնաւորութիւնն է. «Քրիստոս է խաղաղութիւն մեր». և յորում իմաստալից ու յայտնի խօսքերով կը ցուցընէ Քաղկեդոնի ժողովոյն ուղղափառութիւնը. և թէ Յոյնք՝ երկու բնութիւն ՚ի Քրիստոս ըսելով ուրիշ բան չեն հասկընար, բայց եթէ զմի անձն Քրիստոսի՝ որ ունի զճշմարիտ աստուածութիւն և զմըրմարմին մարդկութիւն, և թէ Քրիստոսի աստուածութիւնը և մարդկութիւնը 'ի միաւորման իւրեանց, իրարու հետ չշփոթեցան. այլ երկու բնութիւնքն ալ կատարեալ մնացին 'ի մի անձն Քրիստոսի. որով մի և նոյն Քրիստոս՝ կ'ըլլայ և է ճշմարիտ Աստուած ըստ աստուածութեան, և ճշմարիտ մարդ՝ ըստ մարդկութեան: Նոյն թուղթը թարգմանեց 'ի հայ Սիւնեցին, և բերաւ առ կաթողիկոսն. և իրեն հրամանաւը գրեց նոյն թղթին պատասխանը, ինչպէս վերն ալ յիշեցինք: Այս թղթին հայերէն օրինակը՝ ժամանակ անցնելէն ետքը՝ հակառակասէր անձանց ձեռքէն իյնալով խանգարեցաւ, և անոր համար իրաւամբ կ'արհամարհէ զայն Լամբրոնացի: Բայց նոյն իսկ Լամբրոնացւոյն օրերը խնդիր ելաւ ազգին մէջ՝ թէ արդեօք Սիւնեցւոյն պէս իմաստուն և կիրթ միտք մը՝ կրնա՞ր այնպիսի գրութիւն հրատարակել ընդդէմ Գերմանոսի և եկեղեցւոյն Յունաց, որոց թէ բարեկամութիւնը և թէ ձեռնտուութիւնը վայելէր էր. ու գրչագրաց մէջ փնտռելով՝ այն թըղթին վաւերական օրինակը գտան, որ բոլորովին կը տարբերէր ազգին մէջ գտնուածէն. ինչպէս կը վկայէ Վանական վարդապետն ալ, թէ «Ի գալ Ստեփանոսի Սիւնեցւոյ՝ ետուն թուղթ յազգս Հայոց. այլ ոչ ոք պատասխանեաց փոյթ չարար. ինքն գրեաց, բայց մինչև յայն տեղին թէ «Սերմանողք այսոցիկ 'ի հանդերձեալն ունին զպտուղն»: Իսկ զայն որ նախատինք է՝ այլք են գրեալ»:

Մօտերս ուրիշ երկու թուղթեր ալ գտնուեցան յանուն Սիւնեցւոյն. մէկը գրուած առ պատրիարքըն Անտիոքայ, և մէկալը առ վարդապետս Աղուանից, որ համառօտ գրուած մըն է. իսկ առջինը ընդարձակ, յորում Հայոց եկեղեցւոյն դաւանութեան խօսքը ընելէն ետքը, պաշտպան կ'ելլէ նաև անոր ծիսական աւանդութեանցը և տօնախմբութեանց.

ընդդէմ Յունաց. և 'ի հաւատարմութիւն իւր բանիցը այլ և այլ պատմութիւն մէջ կը բերէ, որոնք առաւել առասպելաց կերպարանք ունին քան թէ ճշմարտութեան[1]: Նման օձով ուրիշ երկու ճառեր ալ գտնուեցան, որոնց ամենուն հաւատարմութիւնը կրնանք տարակուսի տակ ձգել իրաւամբք:

***

Շարականք. — Ոմանք մեր ազգային մատենագրութեան մէջ երկու Ստեփանոս Սիւնեցի դնելով, առաջնոյն ընծայած են Աւագ օրհնութիւնքը՝ բաց 'ի վառ ձայնէն, որ Շնորհալւոյն երգածն է, և երկրորդին կու տան Խաչի շարականաց կարգին մէջ գտնուած Սրբութիւն սրբոց վսեմ և իմաստալից երգը: Բայց որովհետև ըստ պատմութեանց մի է Ստեփանոս Սիւնեցին՝ քերթող և թարգմանիչ և գրական կոչեցեալ, բնականաբար այս շարականներն ալ՝ մեր Սիւնեցւոյն քերթողական հանճարոյն արգասիքն են: Խօսքերնուս ստուգութիւնը կը հաւաստարմացընէ և Ուռպելեան. «Բաժանեաց, կ'ըսէ, և զութ ձայնսն. և կարգեաց շարեաց շարականս՝ զյարութեան օրհնութիւնսն. երգեաց և կցորդս քաղցրահամս. յարմարեաց և զստուգողին յինանցն, եօթն եղանակօք յոյժ խորհրդաւոր»: Կը միաբանի և Կիրակոս. «Արար և երգս հոգևորս քաղցր եղանակաւ, շարականս, կցորդս և երգս»:

Ազգային պատմագիրք ուրիշ այլ և այլ երկասիրութիւնք ալ կ'ընծայեն Սիւնեցւոյս, որոնք մեր ձեռքը հասած չեն. ինչպէս Արարածոց, Յոբայ, Դանիելի և Եզեկիելի մարգարէութեանց մեկնու-

1 Խորագիրն է. «Ստեփանոսի Սիւնեաց եպիսկոպոսի մեծի իմաստասիրի պատասխանի թղթոյն Անտիոքու եպիսկոպոսի զոր վասն հաւատոյ գրեալ էր»:

թիւնները ։ Միայն այս վերջիններս հատուածներէն քանի մը կտոր բան մնացած է։ Դանիէլի մեկնութեան հատուած մ'ալ ընտիր ոճով, որ թերեւս Սիւնեցւոյն ըլլայ [1] ։

Խոսրով Անձեւացեաց եպիսկոպոսն ալ կ'աւանդէ թէ եկեղեցական կարգաւորութեանց մեկնութիւն մըն ալ շարադրած ըլլայ, և անշուշտ անոր հատուածըն է' որ Ճառընտրի մը մէջ կ'երեւնայ այսպիսի խորագրով. «Ստեփանոսի Սիւնեաց եպիսկոպոսի ասացեալ, վասն Նախերգանի աղօթից որ 'ի մէջ գիշերի կատարի»։ Կիրակոս ալ կը զրուցէ թէ սուրբ աւետարանաց մեկնութիւն մը յօրինած ըլլայ, որ դարձեալ՝ մեզի անծանօթ երկասիրութիւն է։ Միայն զանազան քերականական գրութիւնք հասած են ձեռուընիս Սիւնեցւոյն անուամբ, և անոնց համար է Քերթող կոչուիլը։ Հետեւեալ մակագրով գըրուածքի մ'ալ կը հանդիպինք գրչագրաց մէջ և զոր ենթադրութեամբ կրնանք ընծայել Սիւնեցւոյս՝ եթէ ուրիշ համանուն անձի մը երկասիրութիւն չէ. «Վասն անապականութեան մարմնոյն որք ասեն թէ որ աճէ՝ և նուազէ. Ստեփանոսի իմաստասիրի ասացեալ»։ Ուրիշ գրչագրի մը մէջ ալ յիշուած կը գտնենք նոյնպէս մեզի անծանօթ երկասիրութիւն մը որ Ստեփանոսի իմաստասիրի անունը կը կրէ. «Աշխարհացոյց Ստեփանոսի Հայոց իմաստասիրի 'ի գրոց մեկնութենէ»։

Բանք ընդդիմութեան 'ի նիւթս հաւատոյ քսաներկու գլխովք 'ի Ստեփանոսէ Սիւնեաց։ Կը գտնուի 'ի Մատենադարանին Էջմիածնի։ Արղընոյ Բարձրահայեաց Ս. Աստուածածին վանաց Մատենադարա-

1 «Մեկնեաց, կ'ըսէ Ուռպելեան, և դրեանս բազումս, զԱրարածքն, զՅոբն, զԵզեկիէլն, և այլ բազումս. որոյ բանքն նշանաւոր 'ի մէջ այլոց մեկնչաց՝ փայլէն որպէս ջահ պայծառ. Աղօթս և Ճառս բազումս»։

նին մէջ դրչագիր մ՚ալ որ նոյն է անշուշտ այս գրութեան հետ. «Ստեփաննոսի Սիւնեաց տեառն պատասխանիք ընդդէմ ազգին Յունաց»:

Ստեփանոսի Թարգմանած գրոց մէջ մեզի ծանօթք և մնացեալքն են Ս. Դիոնեսիոսի Արիոպագացւոյ գրուածքն, Ս. Կիւրղի Պարապմանց գիրքն, Գր. Նիւսացւոյ Յաղագս Բնութեան մարդոյ գիրքն, Ղեւտական գրոց մեկնութիւն մը, զորոնք ամէնն ալ թարգմաներ է ՚ի Կոստանդնուպօլիս՝ Դաւիթ հիւպատ անուամբ ազգակցի մը օգնութեամբ:

ՂԵՒՈՆԴ ԵՐԷՑ

Ղևոնդ Երէց և իր պատմական գրուածքը: — Անոր նիւթը: — Ոճը: — Պատմական արժէքը իր գրուածին: — Բնագրին տպագրութիւնն և թարգմանութիւնն: — Մոհլ գաղղիացի արևելագէտին կարծիքը:

Ղեւոնդ պատմագրին թէպէտ ծննդեան և մահուան տարին որոշ չեն նշանակեր ժամանակագիրք, բայց յայտնի կ՚երևնայ թէ ինչուան ութերորդ դարուն վերջերը ապրած ըլլայ, որով հետևաբար ականատես վկայ՝ պատմած վերջին դէպքերուն:

Ձեռուընիս հասած Ղեւոնդեայ գրոց դրչագիրներուն խորագիրն է. «Պատմութիւն յաղագս երևելոյն Մահմետի և յաջորդաց նորա»: Բայց գրոցը մէջ Մահմետի ծննդեան և ոչ խօսքը կ՚ըլլայ. և առջի բանն որ աչքիդ կը հանդիպի՝ անոր մահն է. որով Ղեւոնդեայ պատմութիւնը Մահմետի մահուընէն եաքը կը սկսի, և սրբազան սեպուած պատերազմէն՝ զոր Աբուպէքիր, Ոմար և Օսման խալիֆաները հրատարակեցին՝ իրենց դէնին չհաւատացող դէմ։

Բաց աստի, Ղեւոնդ համառօտ յիշատակութեամբ մը կ'անցնի՝ Մահմէտի անմիջական յաջորդ երեք խալիֆայից ժամանակ՝ Հայաստանի մէջ պատահած դէպքերուն վրայ։ Իր բուն պատմութիւնը կը սկսի Քրիստոսի 661 թուականէն, Ումմիատեանց առաջին խալիֆային՝ Մուավիէի իշխանութեան ատենէն, որ իր թագաւորութեան աթոռը՝ Արաբիայէն յԱսորիս փոխադրեց, և իր ժամանակը Հայք բոլորովին Արաբացւոց լուծին տակ ընկան, և երդումն հպատակութեան տուին. և 662ին Գրիգոր Մամիկոնեանը առաջին իշխան եղաւ Հայոց, զոր Արաբացւոց խալիֆայն անուանեց։ Ղեւոնդ մինչուան Քրիստոսի 788 թուականը կը հասցնէ իր պատմութիւնը, յորում Ստեփանոս Հայաստանի կաթուղիկոս ընտրուեցաւ. որով 156 (կամ 128) տարուան պատմութիւն կ'աւանդուի իր գրոցը մէջ։ Հոն կը լմընցնէ Ղեւոնդ իր Պատմութիւնը, և գրչագիրք կը յաւելուն. «Կատարեցաւ վարդապետութիւն Ղեւոնդի վասն ժամանակագրաց սանս Թորգոմայ, 'ի հրամանէ տեառն Շապհոյ Բագրատունւոյ»։

Ոճոյն նկատմամբ՝ շատ պարզ և հետաւակ է, և գրեթէ հասարակաց խօսից ոճէն չտարբերիր։ Տարակոյս չկայ թէ հինգերորդ դարուն պատմչաց ոճը՝ Ղեւոնդեայ երիցուն գրքին մէջ չտեսնուիր. բայց եթէ ուզենանք նկատել զինքն իբրև ութերորդ դարու մատենագիր մը, մեզի համար թէ ոճովը և թէ պատմագրելով՝ մտադրութեան արժանի անձ մը կ'երևնայ Ղեւոնդ. իր ժամանակին աղետիցը մէջ կրթուած հանճար և սիրտ մը կը ցուցընէ։ Պատմութիւնը ճիշդ, ժամանակագրութիւնը ուղիղ՝ կարելի եղածին չափ, համառօտախօս և ստուգաբան։

Եւրոպական գիտութեանց օգտակար ծառայութիւն մը ընելու դիտմամբ՝ Էջմիածնի միաբան Շահնազարեան Կարապետ վարդապետ գաղղիական թարգմանութեամբ հրատարակեց Ղեւոնդեայ պատմագրութիւնն 'ի Փարիզ: Այս հրատարակութիւնը Ասիական ընկերութեան կաճառոյն հաղորդելուն առթիւը՝ անուանի արեւելագէտն Մոհլ՝ հետեւեալ քննադատութիւնն կ'ընէ հեղինակին անձին և ոճոյն վրայ. «Ղեւոնդ, կ'ըսէ, իւր գրքի վերջի մասին անցքերուն ժամանակակից և ականատես եղած է. ասով մեծ յարգ ունի. բայց ուրիշ կողմանէ մեծ իմաստուն և հանճարեղ մարդ մը չէ. երկրին վիճակը խեղճ կերպով կը բացատրէ, լաւ ալ չիհասկըցուիր թէ ինչ էին այն քաղաքական երկպառակութեանց պատճառները որ առիթ կու տային Արաբացւոց 'ի Հայաստան արշաւելու. և գրքին երրորդ մասը բռնած է Լեւոն Իսաւրացիին առ Օմար Բ գրած աստուածաբանական մէկ նամակը, որ թերեւս վաւերական չէ. վաւերական ալ սեպուի, Հայաստանի պատմութեան հետ ամենեւին վերաբերութիւն չունի: Այսու ամենայնիւ, Ղեւոնդ պատմիչը այնպիսի մատենագիր մըն է, որ իւր յայտնի ճշմարտախօսութեանն համար շատ յարգի է, և իւր սաստիկ հայրենասիրութիւնը իրեն բաւական պերճախօսութիւն մը կու տայ հայրենեաց թշուառութիւնը գրելու ատեն որոնց ականատես եղած է : : — Նոյն Շահնազարեան վարդապետ Ղեւոնդեայ պատմութեան բնագրին տպագրութիւնն ալ հրատարակած է 'ի Փարիզ 'ի 1859: Պատկանեանն ալ ռուս թարգմանութիւն մը 'ի Փեթերպուրկ յամի 1862:

Դ Ա Ր Թ

—

ԶԱՔԱՐԻԱ ԿԱԹՈՂԻԿՈՍ

—

Զաքարիա կաթողիկոս և Փոտ պատրիարք Կոստանդնուպոլսի։ — Շիրակաւանի ժողովը։ — Թղթակցութիւնք ընդ Փոտ պատրիարքի։ — Զաքարիայ անուամբ գտնուած ճառերը։

Քրիստոսի 854 թուականին երբ Յովհաննէս կաթողիկոս վախճանեցաւ, Սմբատ իշխանաց իշխանն հրամայեց որ Շիրակայ Երազգաւորս աւանաքաղաքը եպիսկոպոսաց ժողովք մը ըլլուի՝ նոր հայրապետի ընտրութեան համար. և վիճակը ելաւ Զաքարիա անունով սոսկական անձի մը, զոր՝ մի և նոյն օրուան մէջ՝ ժամանակին կարճութենէն ստիպուած՝ սարկաւագ, քահանայ, եպիսկոպոս և կաթողիկոս ձեռնադրեցին։

Այն ատենները Կոստանդնուպոլսոյ պատրիարքական աթոռը կը նստէր Փոտ. և սկսեր էր Յունաց իշխանութեան մէջ բնակող Հայերը հալածել, և նախատանօք վարուիլ անոնց հետ, Քաղկեդոնի ժողովքը մերժելնուն համար։ Զաքարիա կաթողիկոս որ չէր գիտեր թէ ինչ հնարագիտութեամբ այն մեծ իշխանութեան հասեր է Փոտ, սիրոյ թուղթ գրեց առ նա, միանգամայն իմացընելով թէ Հայք ինչ պատճառաւ կը խորշին 'ի ժողովոյն Քաղկեդոնի, և աղաչեց որ ճշմարտութիւնը ծանուցանէ իրենց։ Տեղնիտեղը պատասխանեց իրեն Փոտ, իմացընելով թէ ինչպէս սուտ համբաւներ հասեր են Հայոց ականջը. և որովհետև Զաքարիա կաթուղիկոս գրած էր թէ Հայք հերձուածապետաց հետևողք չեն ամենևին, այլ սրբոյն Գրիգորի Լուսաւորչի, Փոտ անկեց առիթ առնելով՝ կը ցուցընէ իր ու բոլոր եկեղեցւոյն Յունաց նոյն սուրբ հօր վրայ ունեցած մեծարանքը, և միանգամայն խրատելով կ'ըսէ. «Ուրեմն զի այդպիսի հրաշափառ վարդապետի աշակերտք էք, ոչ է պարտ հետևող լինել մտաց ձերոց, այլ սուրբ և աստուածապաշտ գրոց հետևել»։

Զաքարիա կաթուղիկոս երբոր Փոտայ թուղթը կարդաց, հետն առնելով Նանա ասորի և Յովհան կամ Վահան եպիսկոպոսը՝ Երազգաւորս աւանը գնաց առ Աշոտ իշխան, և Փոտայ թուղթը տուաւ անոր։

***

Այն ատեն Աշոտոյ հաճութեամբ և կաթուղիկոսին հրամանատրութեամբ Շիրակաւանի ժողովքը գումարեցաւ. յորում Վահան երկար և լուսաւոր վարդապետութեամբ ճառ մը խօսեցաւ՝ սուրբ Երրորդութեան և Մարդեղութեան խորհրդոց վրայ։ Ետքը երբոր նոյն ժողովոյն մէջ հնգետասան գլուխք բանից կամ վարդապետութիւնք սահմանեցան, Վահան եպիսկոպոս միւսանգամ սկսաւ խօսիլ ժողովոյն կողմանէ, ցուցընելով երկուց բնութեանց անճառ և անշփոթ միութիւնը 'ի մի անձն Քրիստոսի։

Շիրակաւանի ժողովքէն քիչ ետքը՝ Սահակ Մըռուտ կամ Այլիվուրէշ վարդապետը, զոր Վարդան, Տայոց Աշունք տեղւոյն եպիսկոպոս կ'աւանդէ, Զաքարիա կաթուղիկոսին քով գալով, և իմանալով իրմէ թէ Յունաց և Հայոց մէջ միաբանութիւն եղեր է, շատ վշտացաւ. ու յանդիմանութեան թուղթ մը գրեց առ Փոտ, Յունաց եկեղեցին մոլորեալ ցուցընելով: Բայց այն թուղթը Կոստանդնուպոլիս չհասաւ: Այս դէպքը՝ բոլորովին հակառակ կերպով կ'աւանդէ Կիրակոս, և որ աւելի համաձայն է 'ի հնոց առ մեզ հասած յիշատակարանաց: Փոտ մասնաւոր թուղթ մը գրեց, կ'ըսէ, առ Աշոտ իշխան, ու թղթոյն հետ Քրիստոսի անօրինական խաչէն մաս մը ղրկեց անոր. Աշոտ իշխանին հրամանաւ Սահակ վարդապետ այն թղթին պատասխանը տուաւ, գեղեցիկ և իմաստասիրական: Ասողիկ ալ կը վկայէ թէ «գրեաց պատասխանի թղթոյն Փոտայ Յունաց պատրիարքի, լի իմաստութեամբ և գիտութեամբ»: Այս երկու թղթոց օրինակներն ալ հասած են առ մեզ: Փոտայ առ Աշոտ գրածին խորագիրն է. «Պատճէն թղթոյն հայրապետին Կոստանդինուպաւլսի Փոտայ առ Աշոտ իշխանաց իշխան: Քաջայայտ բարեպաշտութեամբ, հզաւրագոյնդ ճոխութեամբ, բարձրագոյնդ 'ի համասեռս՝ Աշոտդ իշխանդ Հայոց. Փոտս՝ շնորհիւն Աստուծոյ գլուխ եպիսկոպոսաց Նոր Հռովմայ, և պատրիարք հանուրց»: Աշոտոյ կամ իր կողմանէ գրուածին ալ. «Պատասխանի թղթոյն Փոտայ գրեալ Սահակայ Հայոց վարդապետի՝ հրամանաւ Աշոտեայ Հայոց իշխանաց իշխանի: Քահանայապետ զգաւնացեալ պարկեշտ և առաքինաւէր որ 'ի Քրիստոս վարիւք Փոտ, վերադիտող Թագաւորական մեծ քաղաքիդ Նոր Հռոմայ պատրիարք, Աշոտ իշխանաց իշխան Հայոց մեծաց: Զգիր հանճարեղ խոհականութեան ձերոյ, ով աստուածարեալդ, ընթերցայ, և յոյժ բարեբանեցի ուրախութեամբ զերկնաւորն զՔրիստոս զՓրկիչ մեր»:

Վերը յիշուած Թղթէն զատ՝ այլ և այլ ճառեր (մեզի ծանօթ՝ հնգետասան թուով) շարադրած է Զաքարիա կաթուղիկոս Քրիստոսի տնօրինականացը վրայ, ընդհանրապէս վայելուչ ոճով և շարադրութեամբ, և յոյն եկեղեցւոյ վարդապետաց քիչ շատ հետևողութեամբ։ Ասանկ են իր ճառերը Քրիստոսի Ծննդեան, Մկրտութեան, Գալստեանն յԵրուսաղէմ, մեծի Երկուշաբաթին, մեծի Երեքշաբաթին, մեծի Չորեքշաբաթին, վասն կատարածի աշխարհիս, մասն մատնութեանն Յիսուսի, 'ի խորհուրդ մեծի Հինգշաբաթուն, Տէրունական ընթրեաց, 'ի Չարչարանս տեառն յօր մեծի Ուրբաթուն, Թաղման, 'ի Ծրագալուցի զատկին, 'ի Յարութիւնն, 'ի Համբարձումն տեառն, 'ի սուրբ Խաչն աստուածընկալ 'ի տօնի սուրբ Նշանին, 'ի սուրբ Եկեղեցին և 'ի Ննջումն ամենասուրբ կուս Աստուածածնին։

ՇԱՊՈՒՀ ԲԱԳՐԱՏՈՒՆԻ

Շապհոյ պատմական երկասիրութիւնը։ — Իր անուանն և երկասիրութեանց յիշատակութիւնը առ նախնիս։ — Գրութեան ոճը։ — Իրեն ընծայուած անհարազատ գրութիւն մը։

Շապուհ Բագրատունի՝ Աշոտոյ անթիպատրկի որդին էր։ Հայոց, կամ աւելի ճիշդ խօսելով, իր ժամանակին պատմութիւնը շարադրեց Շապուհ, ինչպէս որ կը վկայէ Յովհան կաթուղիկոս. բայց իր պատմութեան գիրքը՝ ինչուան մեր օրերը դեռ տեսնուած չէ։ Յովհաննու կաթուղիկոսի խօսքերէն կ'երենայ՝ թէ աւելի Բագրատունեաց և անոնց ծաղկելուն պատմութիւնն է գրած, վասն զի հին ժամանակաց անցքերը աւանդելէն ետքը՝ համառօտ կերպով մը սկսի անցնիմ, կ'ըսէ, այն դէպքերուն նկատմամբ՝ զորս Շապուհ Բագրատունին աւանդեր է, տեղնիտեղը պատմելով Սմբատայ սպարապետին որդւոյն՝ Աշոտոյ՝ պայազատելը, և թագաւորական հանգամանաց կարգը, Բուղայ ոստիկանին գերի տարածներուն դարձը, և իւրաքանչիւր նախարարաց իրենց սեպհական իշխանութեան մէջ հաստատուիլը, և անոնց՝ թշնամեաց դէմ ըրած զանազան յաղթութիւնքը։ Քիչ մը ետքը՝ Գրիգոր Արծրունեաց իշխանին սպանումը պատմելէն ետքը՝ կը յաւելու Յովհան կաթուղիկոս. «Բայց զմնացորդս բանիցս այսոցիկ՝ զօրութեանց և քաջութեանց և մրցարանաց և պատերազմաց և բազում բարի օճանից, ահաւասիկ գրեալ է 'ի գիրս պատմութեանց Շապհոյ Բագրատունւոյ, բաւական քեզ կացուցանել տեղեկագոյն առնն բարեբաստութեան». այսինքն է Աշոտ Արծրունեաց իշխանին վարուցը, որ մօր կողմանէ Աշոտոյ Բագրատունեաց առաջին թագաւորին՝ թոռն էր։ Յովհաննու կաթուղիկոսին խօսքերէն յայտնի է որ Շապուհ երիցագոյն ըլլալով ժամանակաւ քան զինքն և ժամանակակից պատմած դէպքերուն՝ արժանահաւատ անձ մըն է[1]։ Գէորգ Ա կաթուղիկոսին օրով՝ առ նուաղութեան մեծամեծաց 'ի մերում աշխարհի, պակասեաց՝ կ'ըսէ, 'ի պատմութենէ մեր իշխանաց վրայ զրոյցք. և վրայ կը բերէ. «Բայց եթէ գուցէ գոյի ինչ՝ բաւական քեզ բերցի նախ քան զմեզ պատմեալն 'ի Շապհոյ պատմագրէ»։ Ու-

1 Յետին դարուց նորագոյն յիշատակագիր մը պատմչաց դասակարգութեանն մէջ կը թուէ նաև «Շապուհ պատմութիւն. որ է գիրք սրբոյն Սմբատայ ստրատելատին և այլ սուրբ նահատակացն. թուին Հայոց ՅԲ»։

ուրիշ տեղ մ'ալ. «Ի մանկութենէ մինչև ցերեւոյթս երիտասարդութեան զԱշոտոյ որդւոյ Սմբատայ բսպարապետի զզօրութիւնս և զքաջութիւնս և զպատերազմունս և զհրօսմունս 'ի յայլս, և զայլոց եւս 'ի նա' բաւական բերցի քեզ առ 'ի Շապհոյ պատմելուքն»: Սոյնին ալ կը գրէ. (Կոստանդիանոս մեծն) «խնդրեաց և ած զնախկի թագն Դաւթի մարգարէին 'ի Շապհոյ Պարսից արքայէ, զոր բարձեալ էր 'ի գլխոյն Յեքոնիայ որդւոյ Յովսիայ, Նաբուգոդոնոսոր արքայ: Որպէս ուսուցանէ քեզ պատմութիւնն Շապհոյ Բագրատունւոյ»: Կիրակոս 'ի չարս ուրիշ ազգային պատմչաց կը յիշատակէ և զնա. «Եւ Շապուհ Բագրատունի»: Նոյնպէս ալ Սամուէլ երէց:

Ասոյն նկատմամբ կ'երևնայ թէ այնչափ ընտիր եղած պիտի չըլլայ. գէթ ըստ Յովհաննու կաթողիկոսի, որ թէպէտ պատմութեան ստուգութիւնն անհակառակելի կը համարի, բայց «զբոլորովին բաժանումն ապացուցեալ' ոչ կարացեալ ըստ քերթողական հրահանգացն համառօտաբար ընձեռել, սակայն ըստ խուրումն ժամանակի ընտանի գոլով նորա զրուցացն ամենայնի, գեղջուկ բանիւ բաւական քեզ տայ պատճառս տեղեկութեան»:

Յանուն Շապհոյ Բագրատունւոյ' պահոց վրայ գրուած ճառ մը կայ, որ անշուշտ ուրիշ համանուն անձի մը երկասիրութիւն է:

ՄԱՇՏՈՑ ԿԱԹՈՒՂԻԿՈՍ

Մաշտոց և իր վարքը ըստ ժամանակակից յիշատակագրաց։ — Մըբաս թագաւոր։ — Դըւնայ շարժը։ — Մաշտոցի գրած թուղթը։ — Իրեն ընծայուած ուրիշ երկասիրութիւնք։

Աշոտ և Սմբատ Թագաւորաց օրերը ծաղկեցաւ Մաշտոց վարդապետն, որ Կոտէից կամ Արագածոտն գաւառին Եղիվարդ գեղէն էր, քահանայի որդի «ի ժառանգաց մենաստանաց, — ինչպէս իրեն ժամանակակից յիշատակագիր մը կ'աւանդէ, — որ անուամբն սրբոյն Թէոդորոսի էր»։ Երբ այլազգիք զօրացան բռնութեամբ այն գաւառին վրայ, հայրը՝ մանկութեան հասակին բռնադատեցաւ երթալ պանդխտութեամբ 'ի Սոդից գաւառ. ուր մնալով 'ի կարգ աշխարհի, ծնաւ Մաշթոց։ Հօրը դաստիարակութեան տակ՝ ուսմանց, մանաւանդ աստուածայնոց պարապեցաւ. անոր մահուընէն ետքն աշակերտեցաւ Գեղարքունեաց գաւառին Մաքենոցք կրօնաստանին մէջ գտնուող Թէոդորոս անունով միանձի մը, կամ նոյն վանաց առաջնորդ՝ Ստեփանոս վարդապետին, ինչպէս կ'աւանդէ Ուռպելեանն։

Քահանայութեան աստիճանն ընդունելով՝ իր բարեկրօն, ճգնասէր և աստուածահաճոյ վարուք ամենուն սիրելի եղաւ։ Բայց առաւելագոյն կատարելութեան փափաքանօք, «Եկն, — կ'ըսէ իր վարուց պատմագիրն, — բնակեցաւ 'ի կղզւոջն (Սեւան) սովին.

վարուց. և թողլով զառ 'ի բնակութենէ մարդկան, սիրօղն 'ի պաստուն և յանարգանս՝ բազմաց նշողացուցանէր զինքեան և զտեսակ առաքինութեան. զոր թէ ունիցին հասել՝ փորատան հողմով 'ի ձորս և 'ի փապարս կորստեան։ Այլ սա ոչ այսպէս. այլ գնացեալ բնակեցաւ յապա լերին, յայս կղզւոջ. ուստի հարկաւորեալ բազում թախանձանօք՝ իմաստուն և հանճարեղն և լաւութեան սիրողն, 'ի Մարիամայ Սիւնեաց տիկնոջէ կանգնեալ զսա ուխտ։ Եւ ժողովեալ եղբարս միանձնականաց դասս՝ վասն հոգևոր տեառն իւրոյ, յարևապէս վախճանելոյ Վասակայ Սիւնեաց իշխանին. յորում ունկնդիր եղեալ, յետոյ հաստատեցաւ. ասէ՝ Եթէ յԱստուծոյ է հրամանս, ես ոչ ընդդիմացայց. և շինեաց վանս, և ժողովեալ եղբարս՝ կալով կրօնաւորական կարգաւ։ Եւ զարդարեալ բազմախուռն պատուիրանօք վայելչական սպասուք. և անձին իւրում յաւելոյր օր ըստ օրէ զգործ մշակութեան առաքինութեան շնորհօքն Քրիստոսի։ Եւ այսչափ առաւելեալ 'ի մարմնի իւրոյ տանջանս, մինչ զի մեկնէր ևս 'ի մրգոյ և 'ի ջրոյ անգամ։ Եւ զարմանալի այս էր թէ զհարդ ոչ ինչ ուրուք իրաց նուաղ գտանէր. քանզի զաղօթսն հանապազորդկարգալ՝ անխափան ունէր զցայգ և զցերեկ. և զընթերցասիրութիւն գրոց սրբոց ոչ կասեցուցանէր. այլ և առնէր իսկ, և խրատէր զամենեսեան 'ի նոյն կարգ...

» Եւ եղեալ ընդ աւուրսն ընդ այնոսիկ իշխանն Հայոց Աշոտ 'ի կողմանս Վրաց վասն ապստամբելոյ ոմանց յեկուզակաց.. առ յեզերբ գետոյն հզաւրի որ կոչի Կուր. դարձեալ Ճանապարհորդէր առ եզերբ ծովակին։ Եկեալ գումարեցաւ 'ի տեղւոջ միոջ, հանդէպ կղզւոյն որ կոչի Բանակեաղ. հայցէր տեսանել զերանելին Մաշթոց. որ իբրև տեսին զիբեարս, բազում ուրախութիւն եղև երկուցունցն.

ապա յոյժ սիրեալ և մեծապէս ընկալեալ զնա բարեպաշտ իշխանն Աշոտ. որ և թագաւոր իսկ եղև յետոյ: Ապա շնորհէր երանելի հօրն Մաշթոցի ըղձյան մշտնջենաւոր. զոր արձակեալ էր նմա արքային Յունաց Վասլի: Յոտն կացեալ և արտասուօք հանդերձ առեալ յինքն զսուրբ խաչն, զոր պնդեալ էր ոսկւով և զարդարեալ գեղեցկազան գործով, ընդելուզեալ մարգարտով. և առեալ եդ ՚ի վերայ աչաց իւրոց և համբուրեաց զնա: Նա երկիր պագեալ իշխանն՝ զաջ նորա համբուրէր ... ապա հրաժարեցին ՚ի միմեանց. իշխանն գնաց զճանապարհ իւր, և նա դարձաւ ՚ի մենաստան իւր ... Յայսմ ամի յորում կարգեցի զսակաւաւոր գրմունս՝ էր ամք կենաց նորա սակաւ ինչ քան զվաթսուն ամ. իսկ որ մեկնեալ էր ՚ի կերակրոց և ՚ի բոլոր իսկ հեշտութեանց մարմնոյ՝ երեսուն և երեք ամք. և ՚ի շինութեան տեղւոյս քսան և երկու ամք» ...

Աբաս սպարապետն տեսնելով որ իր եղբօրորդին Սմբատ Բագրատունեաց վրայ թագաւորեց, Գէորգ կաթողիկոսէն օծուելով, անկէ վրէժն առնելու համար՝ ուզեց զԳէորգ ձգել յիշխանութենէ, ու անոր տեղ նստեցնել զՄաշտոց. ուստի և մասնաւոր թուղթ գրեց անոր: Մաշտոց՝ այնպիսի առաջարկութիւն մը թէ՛ իր սրտին և թէ մտածմանցը հակառակ տեսնելով, բացէ ՚ի բաց հրաժարեցաւ. ու չէ թէ միայն չուզեց համախոհ ըլլալ Աբասայ հետ, այլ նաև մասնաւոր խրատական թուղթ մը գրեց առ Աբաս, յորդորելով որ այնպիսի վնասակար խորհուրդներէ ետ կենայ. կը ջատագովէր Գէորգ կաթողիկոսը, իրեն դէմ եղած ամբաստանութեանց սուտութիւնը և անիրաւութիւնը ցուցընելով: Երբ այն թուղթն առաւ Աբաս, սաստիկ ամօթէն և ոչ իր մտերիմ համախոհիցը ցըցուց. և երբ իր կուսակիցներէն շատ աստուածառաջ պատիժներով պատուհասեցան, Աբաս անձամբ գնաց Թողութիւն խընդրեց Գէորգ կաթողիկոսէն, ու ետքը իր եղբօրորդւոյն՝ Սմբատ Թագաւորին հետ ալ հաշտուեցաւ։ Մաշտոցի՝ առ Աբաս գրած Թղթին ամբողջ օրինակը մէջ կը բերէ Յովհան կաթողիկոս իր Պատմագրութեանը մէջ։ Հոն կը կարդանք նաև առ Դընեցիս ուղղած Թուղթ մը, զոր հետևեալ պատճառաւ շարագրած է Մաշտոց։

Քրիստոսի 894 Թուականին՝ հոկտեմբեր ամսոյն 13ին գիշերը՝ յանկարծական սասանութեամբ մը Դուին քաղքին մեծ մասը կործանեցաւ, և բնակչաց շատը մեռան։ Այն խեղճ գոյժը՝ մեծ տպաւորութիւն ըրաւ ուրիշ քաղաքաց մէջ բնակող Հայոց վըրայ. և Մաշտոց վարդապետն ալ՝ որ նոյն ժամանակները Սևան կղզւոյն մէջ կը բնակէր, սրտաշարժ ու գեղեցիկ ոճով մխիթարութեան Թուղթ մը գրեց այն սոսկալի հարուածէն ազատող խեղճերուն։

Յետ վախճանի Գէորգ կաթողիկոսի՝ ամենուն հաւանութեամբը անոր յաջորդ ընտրուեցաւ Մաշտոց, որ միայն եօթն ամիս կրցաւ հայրապետական աթոռը նստիլ։

* * *

Ուրպելեանը կ'աւանդէ Թէ նոյն միջոցները այլ և այլ երկպառակութիւնք կային Հայոց, Վրաց, Աղուանից և Յունաց մէջ. հաւատոյ խնդրոց և եկեղեցւոյ ինն դասակարգութեանց վրայ. որոնց ամենուն լուծումը տուաւ, կ'ըսէ, Մաշտոց վարդապետ, այն Թղթովը՝ զոր 'ի հրամանէ և 'ի խնդրոյ Գէորգեայ կաթողիկոսի գրեց. բայց այս Թուղթը մեր ձեռքը հասած չէ, ինչպէս նաև ոչ այն նամակը զոր Յովհ. կաթողիկոս կ'աւանդէ Թէ գրած ըլլայ՝ երբ դեռ Սևան կղզւոյն մէջ էր, Աշոտոյ առաջնոյ թագաւորութեանը ժամանակ, անոնց դէմ՝ որ 'ի Քաղկեդոն և 'ի Շիրակաւան գումարուած ժողովոց հակառակ կը խօսէին: Ուսպելեանը պատմագրական երկասիրութիւն մըն ալ կ'աւանդէ Մաշտոցի անուամբ. վասն զի Թանահատի կոչուած վանքին մէջ գտնուող միանձանց ճգնութիւնները ստորագրելէն ետքը կը յաւելու, թէ «Զայս ծանոյց մեզ պատմութիւն երանելւոյն Մաշտոցի որ 'ի Սևան»: Ուրիշ տեղ մ'ալ. «Թէ զլինչն և զերկայնն կամիս լսել՝ ընթերցիր զՈւխտանէսն և զԱղվանից պատմութիւնն և 'ի Գիր Թղթոցն տեղեկացիր. եւս և զՏեառն Մաշտոցին որ 'ի խնդրոյ Գէորգեայ Հայոց կաթողիկոսի գրեալ է»: Այս պատուական ու փափաքելի երկասիրութիւնն ալ դեռ մեզի անծանօթ է:

Արծրունին՝ Մաշտոցի ճգնողական վարքին հետ մեծապէս կը գրուատէ զինքը նաև յուսումնասիրութեան. վասն զի կ'ըսէ. «Այր և ուսումնական բանգիտութեամբն յոյժ հմտագոյն»: Սամուէլ ալ իր ժամանակագրութեանցը մէջ. «Մաշտոց ճգնաւորական հանդիսիւ և իմաստասիրական արհեստիւ պայծառանայր»:

Ոմանք ուզեցին կարծել թէ այն Մաշտոց հայրապետին երկասիրութիւնն ըլլայ՝ նաև ազգային եկեղեցական արարողութեանց հաւաքման գիրքը կամ ծիսարանը, որ սովորական անուամբ Մաշտոց կը կոչուի: Այս յայտնի սխալման գլխաւոր պատճառ եղած է նախ անուան նմանութիւնը. որովհետև այն ծիսարանին հեղինակ՝ սրբոյն Մեսրովպայ անունն ալ շատ անգամ Մաշտոց կը կոչուի. և երկրորդ՝ Յայսմաւուրաց և Կիրակոս պատմչին խօսքերը, որոնք թերևս փոխանակ ըսելու թէ ծիսարանին մէջ քանի մը բան կարգաւորեց, կամ քանի մը սաղմոս և աղօթք աւելցուց, որ հաւանական կրնայ սեպուիլ. կ'աւանդեն թէ ինքը եղած ըլլայ այն աղօթքները ժողվող և կարգի դնող։ Ահաւասիկ Կիրակոսի խօսքերը. «Սա կարգեաց զգիրս՝ որ ըստ անուան իւր Մաշտոց կոչի. ժողովեալ զամենայն կարգեալ աղօթս, և ընթերցուածս ՚ի միասին յարմարեալ յաւելուածով յիւրմէ. որ ունի յինքեան զամենայն կարգս քրիստոնէութեան»։ Բայց իր խօսքին դէմ կ՚ելլէ ընդհանուր ազգին աւանդութիւնը, և սուրբն Ներսէս Շնորհալի, որ առ Միջագետացիս գրած թղթոյն մէջ յայտնապէս կը զրուցէ, թէ որչափ անտեղի է այս կարծիքը։

ՅՈՎՀԱՆ ԿԱԹՈՂԻԿՈՍ

Յովհան կաթողիկոս յաշակերտաց Մաշտոցի։ — Հայրապետական աթոռը եղեր։ — Պատմութիւնն և անոր նիւթը։ — Արժէքը իր այս երկասիրութեան։ — Գրաւորական ոճը։ — Բնագրին հրատարակութիւն և թարգմանութիւն։

Այս անուամբ՝ Հայաստանի հայրապետական աթոռը նստողաց վեցերորդն է Յովհաննէս, և ընդհանրապէս կը կոչուի՝ Յովհան կաթողիկոս կամ Պատմաբան։ Դրասխանակերտ աւանին մէջ ծնած էր Յովհան, Դուին քաղաքին մօտերը. բայց ո՛չ ծնողքն և ոչ ալ ծննդեանը ճիշդ տարին յայտնի է։ Ի խորին ծերութեան վախճանեցաւ Քրիստոսի 925 թուականին։ Իր ուսմունքը՝ Մաշտոց վարդապետին ձեռքին տակ ըրաւ, որոյ և ազգական էր, ետքը մասնաւոր բարեկամութեամբ մտերմացաւ Գէորգ կաթուղիկոսին ալ, ու անկէ և Մաշտոցէ ետև Նըստաւ 'ի հայրապետական աթոռն, Ա. Սմբատայ Թագաւորութեան ժամանակ:

Իր Պատմագրութեանը երեսներորդ երկրորդ գլխոյն մէջ՝ այն պատուոյն հասնելուն պատմութիւնը կ'ընէ՝ կարգէ դուրս խոնարհութեամբ մը[1]. մեծարանօք և գովութեամբ կը խօսի իրեն նախորդ Մաշտոց հայրապետին վրայ, ողբալով անոր վաղահաս մահը. զոր թէ Հայոց աշխարհին և թէ իր անձին համար աղետալի դէպք մը կը համարի. որովհետև կ'ըսէ թէ 'ի մանկութենէ անոր հայրական խնամոցը յանձնուած ու աշակերտած էր:

Չգիտցուիր թէ երբ կամ որ իշխանին խնդրովը և առաջարկութեամբ ձեռք զարկաւ իր Պատմագրութիւնը շարադրելու: Ոմանք կարծած են թէ տասներորդ դարուն սկիզբները սկսած ըլլայ յօրինել իր երկասիրութիւնը, հայրապետական աթոռը նստելէն ետքը. բայց աւելի հաւանական կ'երևնայ այլոց զրուցածը՝ որ կը համարին թէ մի և նոյն միջոցի երկասիրութիւն չէ անիկայ. այլ մէկ մասը՝ 897 թուականէն առաջ շարադրուած է, մնացածները անկէ ետքը: Այս կարծեաց ստուգութեանը գլխաւոր պատճառ այն կը սեպեն, որ Քաղկեդոնի ժողովոյն վրայ խօսելու առենները՝ գրքին առջի մասին մէջ, խիստ և ուժով լեզու մը կը բանեցընէ նոյն ժողովոյն դէմ, բայց անկէ ետքը լեզուն կը փոխէ. և թէ կրօնական համոզմամբ՝ թէ քաղաքական պատճառաւ, գիտնալով որ ինչուան յունական կայսերու-

1 «Զկնի ապա՝ հեգս ես և թշուառականս և պապքեալս ըստ հոգևոր արբուցմանս խրատուն Յովհաննէս, որ զայն ղայս գրեցի գիրքս, ոչ ըստ արժանեաց անձայ յաթոռ սրբութեան... զի թէպէտ և յաշակերտութենէ առն սրբոյն Մաշտոցի, և 'ի մանկութենէ իմմէ, այլ և ազգակից հարազատութեան նորա ըստ մարմնոյ»:

թիւնը վրանին ձեռք չդնէ՝ անկարելի է որ Հայաստանի խեղճութեանց դարման մը ըլլայ, կը սկսի չափաւորել խօսքը, թէ՛ նոյն ժողովոյն, և թէ անոր սահմանադրութեանցը հպատակող Յունաց նկատմամբ: Ինչ աստիճանի ստուգութիւն ուզենանք տալ այս ենթադրութեանս, այս յայտնի է որ Յովհան կաթուղիկոս գրեթէ մինչեւ մահը աշխատեցաւ իր Պատմագրութեանը վրայ. որովհետև Քրիստոսի 925 թուականին մեռաւ, և իր պատմած դէպքերն ալ մինչեւ 923 կամ 924 թուականը կը հասնին:

***

Պատմութիւնն և անոր նիւթը. — *Հարիւր ութսուն և եօթը գլուխ կը բաժնուի Յովհաննու պատմութիւնը: Առջի երկուքին մէջ հեղինակը իր երկասիրութեան յատակագիծը կը դնէ, ու միանգամայն կ'իմացընէ թէ իր վախճանն է աւելի համառօտութիւն մը՝ քան թէ բուն ընդարձակ պատմագրութիւն մը շարադրել: Իր այս խոստմունքը կը պահէ՝ մինչեւ այն ժամանակաց պատմութեանը մէջ՝ որոնց ականատես վկայ է: Ժամանակին ու ազգային պատմչաց սովորութեանը համեմատ՝ ջրհեղեղէն կը սկսի իր Պատմութիւնը, և կ'իմացընէ թէ պատմածներուն գլխաւոր աղբերքը երկու են. աշխարհածնութեան համար՝ սուրբ գիրք, և պատմութեանց համար օտար և ազգային պատմիչք: Բայց ընդհանրապէս ազգային պատմչաց կը հետևի, և գլխաւորաբար՝ Մովսէսի Խորենացւոյ, իրեն ժամանակաւ մերձաւոր դէպքերուն նկատմամբ՝ Շապհոյ Բագրատունւոյ և ուրիշ ազգային պատմչաց: Բայց որովհետև միտքը դրած է այնպիսի վայելուչ ոճ և լեզու մը գործածել 'ի պատմագրութեան՝ զոր Խորենացիէն ետքը ուրիշները գործածած չէն, իր այս ջան-*

քը չափազանցութեան մէջ կը ձգէ զինքը. վասն զի
ուզելով զարդարուն ոճ մը գործածել, վայելչակա-
նէն անդին կ՚անցնի, այնպիսի լեզու մը բանեցընե-
լով որ ըստ ինքեան այնչափ գովելի և հետևելի չէ,
ոչ ըստ ոճոյն և ոչ ըստ լեզուին: Բայց ասիկայ արևե-
լեան՝ և մանաւանդ Յովհաննու ժամանակացը ընդ-
հանուր թերութիւնն է: Մեր ազգին սովորական
գրչաց՝ մէկ չափաւորելի սովորութեանն ալ հետևած
է Յովհան, սուրբ գրոց խօսքերը յաճախ իր պատ-
մութեան գրոցը մէջ բերելով, յարմար կամ անյար-
մար վկայութիւնները շատցընել:

Պատմութեանը Գ-Է գլուխներուն մէջ՝ Յովհան
կաթողիկոս Հայոց ազգին սկզբնաւորելուն վրայ
կը խօսի. Մարիբաս Կատինայի ու Խորենացւոյն հե-
տևելով՝ Հայոց ազգը Յաբեթի ցեղէն առաջ եկած
կը սեպէ: Ութերորդ գլխոյն մէջ կը սկսի Հայկայ
պատմութիւնն ընել, և անոր օրինաւոր յաջորդա-
ցը, մինչև 'ի Մեծն Աղեքսանդր, որ՝ ինչպէս պատմու-
թիւնն կ՚աւանդէ, եկաւ Հայաստանի ալ տիրեց: Ան-
կէ ետքը Արշակունեաց պատմութիւնը կը սկսի ա-
ւանդել, համառօտագոյն ոճով, և անոնց իյնալը և
մարզպանաց յաջորդելը, և անոնցմէ ետքը Հայաս-
տանի վրայ իշխելը մերթ կիւրապաղատից և ոստի-
կանաց, զորս երբեմն Յունաց կայսերք կը ղրկէին, և
երբեմն Դամասկոսի և Պաղտատի խալիֆաները:
Այս առթով կը ցուցընէ Բագրատունեաց ցեղին իշ-
խաններէն ոմանց զօրանալը, ինչուան այն ժամա-
նակ՝ յորում Աշոտ Ա կամ Մեծն՝ անկախ իշխան և
Հայոց թագաւոր ճանչցուեցաւ խալիֆայէն:

Գրքին ԺԸ-ԽԸ գլուխներուն մէջ կ՚աւանդէ Աշո-
տոյ առաջնոյ թագաւորութեան, անոր որդւոյն
Սմբատայ, և այլն, պատմութիւնը: Յովհաննու կա-
թողիկոսին երկասիրութեան այս մասը՝ աւելի ման-
րամասն և հետաքննական տեղեկութիւն կը պարու-

նակէ Բագրատունեաց և Արծրունեաց Թագաւորաց վրայ։ — Խթ գլխոյն մէջ կը սկսի խօսիլ՝ Սմբատայ և Յուսփայ մէջ ծագած գժտութիւններուն և տարաձայնութեանց վրայ, որոնք այնչափ արիւնհեղութեանց պատճառ եղան։ Արտաքին թշնամութիւնք կը լռեն, և աշխարհագրոյն աղէտք և պատերազմունք Հայաստանի մէջ կը սկսին երևնալ՝ ներքին անմիաբանութեանց պատճառաւ. իշխան իշխանի դէմ, նախարար նախարարի դէմ կ'ելլեն. Ժողովուրդք ալ մերթ մէկին մերթ մէկալին կողմը բռնելով՝ իբրև ընդթշնամեաց կը պատերազմին։ Առիթ կ'առնու Յուսուֆ Հագարացի ոստիկանը՝ Հայոց ներքին անմիաբանութիւնը. ու Նսր անունով մէկը Ատրպատականի վրայ կը ղրկէ շատ զօրքով. ան ալ կու գայ ու Շահնշահ Աշոտին հետ երկար ու խիստ կերպով կը պատերազմի, զինքը ստիպելու համար որ խալիֆային հնազանդութեան տակ մտնէ։ Աշոտ Սևան կղզին կը քաշուի, Գեղայ կոչուած բերդին մէջ. ինչուան որ Աշոտայ կուսակիցներէն մէկը Գորգ՝ կը պատերազմի անոր դէմ, Նսրայ՝ Դուին քաղքին մէջ դրած Բշր (Պեշիր) ոստիկանը կը սպաննէ, և Արաբացւոց թշնամի գունդերը կը ցրուէ։ Այն ժամանակն է՝ յորում Յովհան կաթուղիկոս Աշոտ Շահնշահին քով կ'երթայ, երկար ատեն նոյն իշխանին արքունեաց մէջ կը բնակի, և սիրոյ ու մեծարանաց նշաններ կ'ընդունի իրմէն։ Անկէց Գագիկ Թագաւորին արքունիքը կ'անցնի, ու թէ իրմէն ու թէ անոր եղբօրմէն մեծ սիրով կ'ընդունուի։ Նոյն ժամանակները՝ այս երեք իշխանաց վրայ ալ սպառնալիք կը հասնին, և Գեղայի մէջ եղած զօրքերը՝ թշնամեաց ուժէն վախնալով անձնատուր կ'ըլլան։ Արաբացւոց սպարապետը կը առնէ բերդին, ու անանկով իր իշխանութեան տակը կ'իյնան մերձակայ քաղքներն, աւաններն ու երկիրներն։

***

Հոս կը դադրեցընէ իր պատմութիւնը Յովհաննէս կաթողիկոս։ Արդէն հասակն առած՝ ու իր մահը մերձակայ տեսնելով, Խորենացւոյն պէս իր գրքին վերջաբան ողբ մը կը դնէ, ողբալով այն աղէտքը որ Հայաստանի վրայ ծանրացեր էին. բայց միանգամայն կը քաջալերէ՝ գուշակօրէն զրուցելով, թէ ատեն պիտի գայ՝ յորում մեր հայրենեաց աղետիցը վախճանը պիտի հասնի, քրիստոսական կրօնք յաղթանակեն, և հաւատացեալք իրենց թշնամեացը վերայ զօրանան։ Անկէ խօսքը առ թագաւորս, իշխանս, պետս և հրամանատարս Հայաստանեայց կը դարձընէ, խնդրելով իրենց թէ ինչ պատճառի համար և ինչ նպատակաւ այս Պատմագրութիւնը գրելու ձեռք զարկաւ. կը ցաւի այն ուրացութեանց վրայ՝ որոց ականատես կամ պատմիչ եղաւ, և Հայաստանի իշխանացը՝ և անոնց հպատակաց՝ իմաստուն խորհուրդներ և խրատներ կու տայ։ Այս սրտաշարժ և ազդու վերջաբանով կ'աւարտէ իր Պատմութեան գիրքը։

Կենացը վերջին տարիները Ձորոյ վանքը քաշուեցաւ Յովհան, և հոն մեռաւ, 925 թուականին, քսանեւութ տարի Հայոց կաթողիկոսական աթոռը նըստելէն ետքը։ Իր յաջորդն եղաւ Ստեփանոս Բ, որ հայրապետական աթոռը Աղթամարայ կղզին փոխադրեց։ — Չենք գիտեր թէ արդեօք ուրիշ գըրուածք ալ շարադրած է Յովհան. ազգային հեղինակք՝ իր Պատմագրութենէն զատ ուրիշ երկասիրութիւն չեն յիշատակեր իր անուամբը։

***

Մեծ յարգանօք կը խօսին նոյն ազգային պատմիչք Յովհաննու կաթուղիկոսի թէ՛ կենացը և ուսմանց, և թէ այս Պատմագրութեան վրայ. Թովմա Արծրունի՝ «Սնեալ և ուսեալ էր, կ'ըսէ, առ ոտս սրբոյն Մաշտոցի, նորին հրահանգեալ կրթարանի ուսումնասիրութեան վարժիւք առոգացեալ. այր քաղցրաբարոյ և հեզահայեաց»: Եւ Յուսուփ ոստիկանին զօրացը ձեռքով՝ Հայաստանի մէջ եղած անթիւ արիւնհեղութեանց վրայ խօսելով, կը յաւելու. «Զօր այլ զօրաւոր և մտահարուստ ոմն հանճար մեծ՝ նախ քան զմեզ վերագրեաց և աւանդեաց 'ի գանձս արքունի»: Սամուէլ՝ գեղեցկաբան շարագրութիւն կը կոչէ անոր պատմութիւնը. Անեցին՝ ճարտասան և պատմագիր կ'անուանէ զինքը. Կիրակոս՝ գեղեցկայարմար պատմութիւն կը կոչէ: Տարակոյս չկայ որ ճարտասան պատմիչ մըն է Յովհան, և աւանդած դէպքերուն շատին ալ ականատես ըլլալով՝ այն աղէտքն տպաւորագոյն ազդեցութիւն ըրած են սրտին վրայ, և արժանի լեզու մը բանեցընելով՝ 'ի գութ կը շարժէ թէ՛ լսողքը և թէ՛ ընթերցողները: Բայց ճարտասանական արուեստը Յովհաննու գրչին տակ՝ երբեմն սովորական սահմանէն դուրս ելած է. լեզուն ալ, ինչպէս քիչ յառաջ յիշատակեցինք, արուեստակութեան կերպարանք առած. անով է որ՝ որչափ ալ գեղեցիկ երևնայ ոմանց իր կերպն և շարադրութեան ոճը, անընտիր հետևողութիւնը զգուշանալի է:

Իբրև պատմիչ՝ ընտիր բարեմասնութիւն մըն ալ ունի Յովհաննէս, որ մեր՝ մանաւանդ յետին պատմչաց մէջ՝ սակաւադիւտ յատկութիւն է, հաւատարմութիւնը. անով է որ ամէն լսած դէպքերը չպատմեր. և եթէ պատմելու ալ ստիպուի՝ երաշխաւորութիւնը վրան չառնուր: Օրինակ իմն՝ երբոր Սմբատայ առաջնոյն մարմնոյն վրայ լոյս իջնելուն պատմութիւնը կ'ընէ, և թէ ինչպէս թէ՛ հաւատացեալք և թէ անհաւատք տեսած ըլլան այն Ճառագայթաւէտ պայծառութիւնը, կը յաւելու. « Եւ որք՝ ասէինն զայս՝ ստուգութեամբ իմն հաւաստի զբանն առնէին. բայց մեք զայսոսիկ 'ի տեսողս անդր թողացուցեալ, և զորս աչօք իսկ տեսեալ է մեր, ոչ դանդաղեսցուք պատմել » : « Նոյն աչօք, – կ'ըսէ Վարդան պատմիչ – զխաւարաբեր ժամանակն, և գրեաց 'ի յիշատակ ապագայից » :

Յովհաննու կաթուղիկոսի պատմութիւնը՝ տպագրեցաւ յԵրուսաղէմ (1843): Այդ թուականէն երկու տարի յառաջ Գաղղիոյ Հասարակաց կրթութեան Պաշտօնէին հաճութեամբ հրատարակուեցաւ անոր գաղղիական թարգմանութիւնն 'ի Փարիզ, զոր անուանի արևելագէտն Սէն-Մարդէն երկասիրեր էր, ու իր մահուընէն շատ տարի ետքը Ֆելիքս Լաժառ տպագրեց: — Խորագիրն է. Histoire d'Arménie, par le Patriarche Jean VI, dit Jean Catholicos, traduit de l'arménien en français par M. Saint-Martin. Ouvrage posthume, publié sous les auspices du ministère de l'Instruction publique, par Félix Lajard, 1841. Մատենախօսական հատուած մ'ալ հրատարակած է Նէվ հայագէտն պելճիքացի. Examen de l'histoire Jean VI le Patriarche, traduite de l'arménien par Saint-Martin, par Félix Nève; Louvaine, 1843: Հայկական բնագիրն երկրորդ տպագրութիւն մ'ալ ունեցած է 'ի Մոսկուա (1853), ջանիւք Մկրտչի Էմին, Տեսչի Ճեմարանի Արևելեան լեզուաց:

ԹՈՎՄԱ ԱՐԾՐՈՒՆԻ

Թովմայի Արծրունւոյ ժամանակը։ — Գագիկ իշխանի յանձնարարութեամբ Արծրունեաց պատմութիւն գրելը։ — Այդ նախարարութեան աղերքը։ — Արծրունւոյն պատմութեան նիւթը։ — Գրութեան ոճը։ — Բանասիրական արժէքը։ — Բնագրին տպագրութիւնն ու թարգմանութիւնը։

Յովհաննէս կաթողիկոսի գրեթէ ժամանակակից՝ կամ անկէ քիչ կրտսերագոյն է Թովմա Արծրունի։ Ժամանակաւ որչափ ալ մերձաւոր՝ բայց ՚ի հմտութեան մեծ տարբերութիւն կը տեսնուի այս երկու անձանց մէջ. որով և արժանապէս առաջին կարգի պատմագիր կրնանք սեպել զԱրծրունին, թէ որ քանի մը թերութիւններէն զգուշանար, մանաւանդ լեզուի խրթնութենէն։ Եղիշէ վարդապետին աշակերտ կը համարուէր Արծրունին. որովհետև իր պատմութեան խորագրոյն մէջ՝ նոյն վարդապետին աշակերտ կ՚անուանի[1]. անոր համար քանի որ իր պատմութեան գիրքը գտնուած չէր, վեցերորդ դարու պատմիչ կը կարծուէր Թովմաս. բայց երբ երկասիրութիւնն երևան ելնելով՝ յայտնապէս տեսնուեցաւ այն ենթադրութեան սխալ ըլլալը, թէ որ ուրիշ համանուն վարդապետի մը աշակերտ չուզենանք սեպել զինքը։

1 « Պատմագիր վասն Արծրունեաց ազգին, զոր արարեալ է Թովմա վարդապետի՝ աշակերտի Եղիշեայ »։

Տասներորդ դարուն սկիզբը Գագիկ Արծրունեաց տէր և Վասպուրականի իշխանն՝ իւր հայրենասէր քաջագործութեամբքն ամենուն աչքը իւր վրայ դարձուցեր էր. անոր յաղթական զինուց վրայ՝ 'ի թշնամեաց հարստահարեալ ազգին վերանորոգութիւնը կը փափաքէին տեսնել. այն յոյսն և ակնկալութիւնն որդինաւորելու գեղեցիկ պարծանքն, իրեն վրայ առած էր Գագիկ: Նա որովհետև իւր զէնքերուն փառքը մինչև հեռաւոր ժամանակաց վըրայ կ'ուզէր տարածել, և պատմութեանց մէջ՝ իրեն փառաց արձագանգը թողուլ Բագրատունեաց Սահակ իշխանին պէս՝ ուզեց որ իրեն ու իր փառաւոր Արծրունեաց ցեղին պատմութիւնը թողու ազգին. ու իր այս կամքը և փափաքին գործադրութիւնը յանձնեց Թովմայի. որուն արդէն իր հայրն ալ նոյնը յանձնած կ'երևի. վասն զի Թովմա իր յառաջաբանին ետքը կ'ըսէ առ Գրիգոր Արծրունեաց Տէր և Վասպուրական իշխան, որ անշուշտ Դերենիկն է. «Ընկալեալ զհրաման պատուիրանի քո ... ձեռն 'ի գործ արկի» և այլն: Իսկ Ա դպրութեան վերջը՝ խօսքն առ Գագիկ կ'ուղղէ:

Չսխալեցաւ Գագիկ իւր ընտրութեանը մէջ. վասն զի Թովմաս ոչ միայն ժամանակին հմտագոյն հանճարներէն մէկն կրնար սեպուիլ, այլ ինքն իսկ Արծրունեաց ազգէն ըլլալով. հին ու անցած փառքերը՝ հնութեան աւանդից և գրքերուն մէջ փնտռելու յարմարութիւն և անխոնջ յարատևութիւն ունէր. ու ամէն բանէ աւելի հայրենասէր, կամ լաւ ևս ըսելով. ցեղասէր ոգի մը:

Բայց այն առաջարկութեան գործադրութեանը ամէն դժուարութիւնները իւր աչքին առջևն էին: Հայոց պատմութիւններ, զանազան անձանց ու այլ և այլ ժամանակաց երկասիրութիւնք հասեր էին իր ձեռքը. բայց Արծրունեաց ցեղին վրայ լիակատար ու յաւելցուցիչ գրուածք մը պակաս էր․ իրեն հընութեամբը պատկառելի ցեղ մը․ սակայն այն հնութիւնը ընդարձակ ասպարէզ մը պիտի բանար իւր առջևը հետազօտութեանց, և հարկ էր պատմութեան մռայլութիւնը դարմանել, փառաց պարծանքը նորոգել, կամ ուրիշներէն յափշտակել։

* * *

Արծրունին առաջնորդ առած է իրեն այս երկասիրութեանը մէջ բաց յաստուածային գրոց, մարդկութեան նախնական սերնդմանը և ընդ ամենայն աշխարհ ցրուելուն՝ նաև արտաքին պատմիչներ․ և մասնաւորաբար մէջ կը բերէ Եւսեբիոսի, Ափրիկանոսի, Բերոսոսի, Մանեթոնի, Արիստոնի Կեսարացւոյ, Յուլիանոսի Աղիկառնացւոյ, Փիլոնի Աղեքսանդրացւոյ, և այլոց կարծիքները[1]։ Ծանօթ կը ցուցնէ ինքզինքը նաև Հերոդոտեայ պատմութեանը, և անոր հետևողութեամբ կ'աւանդէ Պարսից պատմութեան այն մասը՝ որ Հայոց ազգին պատմութեան հետ վերաբերութիւն ունի։ Ազգային պատմիչաց հետ ալ կը խորհրդակցի Արծրունին, և գլխաւորաբար Մովսիսի Խորենացւոյ․ և Արծրունեաց ցեղին պատմութիւնն ընելու ժամանակ կ'աւանդէ, թէ նոյն ցեղին սկզբնաւորութեան վրայ խօսած ըլլան Մամբրէ Վերծանող և անոր եղբայրը Մովսէս և Թէոդորոս Քերթող։ Այս երկու պատ-

1 « Օժանդակեալ՚ի գրոց հնագէտ պատմութեանց մարգարէականաց, և նորոց վարդապետաց եկեղեցւոյ Քրիստոսի, և արտաքին վիպասանաց՝ աշխատասէր և մտահարուստ արանց․ որք դայեկաբար յանձնեցին մեզ յետոյ հետևելոցս՝ զառողջ և զառանց խարդախութեան ճաշակս համեղագոյն և կարևորագոյն կերակրոց, յորբունս կատարեալ գիտութեանն տանել հասուցանել զուսումնասէրն »։

միջները միայն անուամբ ծանօթ են մեզի, և իրենց երկասիրութիւնները կորսուած են։

Սակայն անոնց գրուածոցը մէջ եղած տեղեկութիւնքը անբաւական կը սեպէ իւր առաջարկութեանը. ուստի «փոքր ինչ և դուզնաքեայ, կը կոչէ, զմնացորդս յիշատակարանացն 'ի յառաջագոյն և հին պատմագրացն, զմեր բնիկ տերանց տոհմին Արծրունեաց»։ Այն պատճառաւ հարկ սեպած է՝ ուրիշ քննութեանց ալ ինքզինքը, և մանաւանդ ճարտար և առուգախօս պատմաբանից համեմատ՝ այն գրուածոց և քաջութեանց հանդիսարան դաշտաներն ու քաղաքները քալել անձամբ. ու պատմութեանց մէջ մնացուած անցքերը՝ հոն անոնց հնաւանդ յիշատակարանաց մէջ փնտռել։ Ինքը Արծրունին ալ կը վկայէ. «Որ ինչ 'ի սկզբանց անտի շինութեանց աշխարհիս Հայոց, 'ի Հայկայ աղեղնաւորէ և 'ի նորուն զարմից, և ցկալթոռ և վաւաշտ Տամրամն տիկին Ասորեստանեայց, և 'ի նմանէ յայլս. և յայլոց եւս յաւէտ ձեռակերտք և շինուածք յիւրաքանչիւրոցն յերկրիս մերում եղեն, մեր առ ամենայն անձամբ հասեալ և աչօք տեսեալ։ Զկոտեալ և 'ի հեռաւոր աշխարհս, մինչև ցԿղարջս և Տուշեթացիս, և առ լերամբն Կաւկասայ, և յԱհից. մինչև 'ի մուտն 'ի Գաղս, և ընդ Տայաստան, և ընդ ամենայն հիւսիսականս և ընդ արևելս. 'ի հետիոտս գընալով տեսաք զգործ քաջաց և նախնեաց»։ Ուրիշ տեղ մըն ալ. «Իսկ Գուրգէն (Արծրունի) որ ըստ օրէ աճէր զօրութեամբ 'ի բազում քան թէ 'ի սակաւ տեղիս. զոր 'ի Տարօն և զոր յԱնձաւացիս և զոր յԱրզն, և զոր առաւել ամենայն ուրեք, որպէս ցուցանեն յիշատակարանքն՝ որք յառաջ քան զմեզ հօդացան»։

Այսպէս կը վարուի ժամանակաւ իրմէ հեռու եղած դէպքերու նկատմամբ։ Իսկ ուր հարկ էր որ մերձաւոր պատմութեանց յիշատակութիւնն ընէ. հոն բաւական չխօսիր վեր 'ի վերոյ քննութիւն մը. այլ անձամբ քննած է անոնց ստուգութիւնը և այնպէս աւանդած: Իր պատմութեանը շատ դէպքերը կը հաւատարմացընեն այն խօսքը զոր կ'ըսէ իւր անձին համար. «Ոչ իբրև յայլոց համբաւուց տեղեկացեալ՝ ընծայեալ արձանացուցանեմ քեզ ստայօդ բանից պաճուճեալ առասպելս, այլ ականատես և ականջալուր և խմով խակ ձեռօք շօշափեալ, պատմեմ քեզ հաւաստապէս զեղելոցն զարմանս»: Այս խօսքիս ստուգութիւնը յայտնի կը ցուցընէ, երբոր Խուլթայ լեռնականներէն Յովսէփայ Հագարացւոյն մահը պատմելէն ետքը, «Ես ինքնին, կ'ըսէ, աչօք իմովք տեսի զայրն զայն՝ որ հարեալն էր զնա, (զՅովսէփ Հագարացի), և 'ի նմանէ ստուգեցի զմահ նորա»: Ասանկ՝ Ոսկանեանց աշխարհին մէջ բաղմաթիւ անձինք դեռ կենդանի են, կ'ըսէ, տեսողք վկայական մահուան Ապուսահակ երանելւոյն, յորոց լսեր էր պատմիչը մանրամասն հանգամանքը և իր պատմութեան գլուխը աւանդեր յետոյ:

* * *

Արծրունեաց Պատմութեան նիւթը. — Բիւզանդայ նման չորս դպրութիւն բաժնած է Թովմաս իրեն այս պատմական գրուածը. և գլխաւոր դիտմունքն եղած է, ինչպէս ըսինք, Արծրունեաց պատմութիւնը շարագրել. ասիկայ էր նաև Գագկա Վասպուրականի իշխանին խնդիրքը: Բայց Արծրունին՝ մեր ազգին շատ պատմագրաց սովորութեանը համեմատ՝ իւր պատմութիւնը կը սկսի Ադամէն և Նոյէն, ու մարդկութեան բաժանմանէն. և որովհետև Հայկայ քաջութիւնները, և անոր Բելայ վերայ ըրած յաղթութիւնն ալ կը պատմէ, այն առթով նաև Բաբելացւոց և անոնց առասպելացը վրայ կը սկսի խօսիլ, հմտաբար քննելով և աւանդելով քաղդէական զրոյցքը, և թէ ինչէն կամ երբ սկըսան անոնց պաշտամունքը։ Անկէց Ասորեստանի թագաւորութեան վրայ խօսելու կ'անցնի, ու Զրադեշտի և Մանիթոսայ կամ Մանեթոնայ ուսմանց վըրայ, և Զրադաշտէն՝ Զրուանայ որդւոցը՝ Որմզդի և Արհմենի թագաւորելուն, համեմատ այն առասպելոց զորս Եզնիկ և Եղիշէ կ'աւանդեն։ Պարսից կրօնիցը վրայ խօսելու ատեն՝ այն առասպելքն ալ կը յիշատակէ՝ զոր աւանդութեամբ կը պատմէին Ծախրիք կոչուած գիւղականքն, որոնք Ատլասատան աշխարհը կը բնակէին, կ'ըսէ, և յորոց լսած է պատմութեան մէջ յիշատակուած դէպքերը։ Այն աւանդութեանց յիշատակութենէն ետքը՝ Կիւրոսի պատմութեանը կ'անցնի. և Ասորեստանեայց ու Մարաց թագաւորութեան բարձումը պատմելով, այն պատճառաւ Հայոց իշխանութեան մեծնալուն և ընդարձակուելով փառաւորուելուն խօսքը կ'ընէ։ Յետոյ Պարսից տկարանալը և Աղեքսանդրի Մակեդոնացւոյ աշխարհակալութիւնը պատմած ատեն, կը յիշէ Արծրունեաց ցեղին Ասուգ նախապետը՝ Դարեհի նիզակակից, որ գերի բռնուած 'ի Յունաց՝ քաջութեան համար Աղեքսանդրէն տրուեցաւ առ Պտղոմէոս. որ և տարաւ զնա յԵգիպտոս և իրեն զօրավար ըրաւ։ Աղեքսանդրէն ետև Արշակունեաց թագաւորութեան կանգնիլը կը պատմէ, Հայոց ալ նոր թագաւորութեան, զոր և ինչուան վերջանալը 'ի Ե դարու՝ կը յիշէ. և իւրաքանչիւր թագաւորաց ատեն Արծրունեաց իշխանաց կամ անոնց երկրին մէջ հանդիպածները՝ որչափ որ գտած է՝ կը յիշէ. բաւական ու նոր տեղեկութիւններ տալով Արշամայ, Երուանդայ, Արտաշիսի՝ թագաւորաց ատենին. նոյնպէս ալ Տրդատէն ետև հանդիպած բաներուն, անաչառաալէս յիշելով և գատելով Մեհրուժանայ և Շաւասպայ պէս ուրացող Արծրունեաց ըրածները: Արշակունեաց Թագաւորութեան հետ կ'աւարտէ Թովմաս իր Ա. դպրութիւնը:

Բ դպրութիւնը չորս հարիւր տարուան դիպուածոց պատմութիւն է, Վարդանանց պատերազմէն մինչև 'ի գալ Բուղայի՝ Հայոց նախարարները ջնջելու կամ գերի տանելու. նախ կ'իմացընէ թէ Վարդանայ նիզակակից Արծրունեաց Վահան նահատակին պատմութիւնն՝ Եղիշէի գրոց մէջ չգտնուելուն պատճառն է՝ Բարսամա Ասորւոյն չարութիւնն, որ այն պատմութեան բնագիրը ձեռք բերելով՝ մէջէն հաներ ջնջեր էր իշխանին յիշատակը, որովհետև անոր յաջորդն Մերշապուհ իշխան՝ վանահեր էր զաղանդաւոր ասորին իր երկրէն: Յետոյ կարգաւ կը յիշէ Վահանայ Մամիկոնենոյ քաջագործութիւնքն ընդդէմ Պարսից. անոնց պատերազմները Զ և Է դարուց մէջ ընդ կայսերաց Յունաց. Հերակլ կայսեր քաջութիւնները. Պարսից տկարանալը և յետոյ նուաճուիլն յԱրաբացւոց. անոնց զօրանալն. Մահմէտի նոր օրինադրութիւնը, և իր յաջորդաց աշխարհակալութիւնը. զորոնք համառօտիւ կը յիշէ. մինչև Ջափր (Ճեաֆար) ամիրապետին տէրութիւնը, որ խիստ ոստիկաններ խաւրեց 'ի Հայս. անոնք ալ չդիմանալով՝ դէմ կեցան. և յետոյ Սասնեցիք սպաննեցին Եուսուֆ ոստիկանը. այս գործոց մէջ Արծրունիք ալ մասնակից էին: Հոս կ'աւարտէ Թովմաս Բ դպրութիւնը, հետաքրքրական տեղեկութեամբ մը Սասնոյ լեռնցոց վրայօք: Դիտելու արժանի է որ այս 400 տարուան կարևոր միջոցին գրեթէ բնաւ չեն յիշուիր Արծրունեաց նահատակքն, և ոչ Ս. Սահակայ և Համազասպայ Արծրունի իշխանաց նահատակութիւնն, զոր կը վայլէր ոճով պատմել. թերևս գրած ալ ըլլայ Թովմաս և հիմայ գրքէն պակսած, ինչպէս որ պատմութեան սկիզբն և ուրիշ՛ տեղ տեղ ալ Ա. դպրութեան մէջ յայտնապէս պակաս և կիսատ մնացած է, ինչուան հիմայ մեր ձեռքը հասած օրինակաց մէջ։

Գ. դպրութիւնն գրեթէ 30 տարուան պատմութիւն է, սկսեալ 'ի կիսոյ Թ. դարու. որ և պատմչին տղայութեան ատենն կ'ըլլայ. գլխաւոր և երկարագոյն մասն պատմածին աւելի չորս հինգ տարուան դիպուածքն են. և են Բուղայի պատերազմներն և կերպ կերպ հնարքներով Հայոց իշխանները բռնել և 'ի Բաբելոն խաւրելն։ Այս բաներս պատմած պիտի ըլլայ Բագրատունեաց պատմիչն Շապուհ ալ, բայց անոր գրոց կորուստն աւելի ցանկալի կ'ընէ Արծրունեաց այս պատմածը որ կրնայ իր լաւագոյն և կենդանագոյն ոճով գրուած մասը սեպուիլ. յորում կը սկսի ստորագրել ամիրապետին բարկութիւնը՝ 'ի լսելն Սասնեցւոց և Վասպուրականի Աշոտ իշխանին ըրածը, զօրք ժողովելն և յանձնելն Բուղայի. որ կու գայ նախ 'ի Խլաթ քաղաք, հոն Սմբատ Մոկաց իշխանն՝ իրեն անձնատուր կ'ըլլայ. բայց ուրիշներն քաջութեամբ դէմ կը կենան իր զօրաց. ոմանք ալ բռնուելով կը նահատակուին, և նախ Ապուսահակ՝ Նախջաւանայ եպիսկոպոսին եղբայրն։ Աշոտ Վասպուրականի իշխանն աւելի բերան դէմ կը կենայ Բուղայի, յետոյ անոր խաստման վստահացեալ՝ անձնատուր կ'ըլլայ իր Գրիգոր որդւովն։ Նոյնպէս անձնատուր կ'ըլլայ Գուրգէն իշխանն ալ, բայց յետ կռուին դիմակալութեան Կորճայից լերանց մէջ Ջաղգետոյն եղերքը. շատ բնական և վառվռուն նկարագրած է այս դիպուածս. նոյնպէս ալ յետոյ Աղուանից կամ Արցախոյ մէջ՝ անոնց իշխանին Ապումուսէի երկար պատերազմները և դիմակալութիւնը. որուն դէմ Բուղայի ձայն հանելով գրեց ամիրապետին և հրաման առաւ՝ որ բռնութիւն չընէ. այլ պատուով հրաւիրէ զքաջն երթալու առ ամիրապետն, ինչպէս որ ըրաւ Ապումուսէ ալ։ Ուրիշ պատերազմներէ և կարիճ վկայներ ալ նահատակելէն ետև, Բուղայ իրեք տարուան մէջ բռնած իշխանները կը տանի առ ամիրապետն, իր տեղ կուսակալներ թողլով. որոց դէմ կը կենայ ուրիշ Գուրգէն (որդի Ապուպելճի) Արծրունի իշխան մը. ինչուան որ յետ վեց եօթն տարուան գերութեան իշխանաց Հայոց՝ ամիրապետն անոնցմէ տկարները հաւատքէ կը հանէ և կը դարձնէ իրենց երկիրը, հաստատ կեցողներէն ոմանք կը նահատակէ, ոմանս ալ կը թողու բանտի մէջ մեռնելու. ասոնցմէ եղաւ Սմբատ Բագրատունի Հայոց իշխանապետն, որ և անոր համար Խոստովանող կը կոչուի. որուն տեղ Բուղա Հայոց գլխաւոր թողեր էր անոր որդին Աշոտը, այն որ յետոյ ամիրապետին հաւանութեամբը ոչ միայն Հայոց իշխանապետ՝ այլ և թագաւոր եղաւ։

Գերութենէն դարձող իշխանաց մէջ առջիններէն եղաւ Գրիգոր Դերենիկ որդին Աշոտոյ, և յետոյ հայրն ալ. ասոնք երկուքն ալ հակառակելով կը կռուին Գուրգէնի հետ նախիշխանութեան վրայ, ինչուան որ Գուրգէն Անձևացեաց երկիրն առնլով՝ մէկալ կողմերը կը թողու անոնց։ Աշոտ՝ ուրիշ տեղուանք ալ այլազգեաց ձեռքէն ազատելով, և իր ակամայ ուրացութիւնը ապաշխարելով՝ կը մեռնի տարիքը չառած։ Հոս կ'աւարտի Գ. դպրութիւնն ալ։

Դին մէջ կը պատմէ Թոմաս իր ժամանակին ականատես պատմութիւնը, որոյ գլխաւորն է՝ յետ Գրիգորի Դերենկայ և անոր անդրանիկին Աշոտոյ գործոց, ասոր միջին եղբօր՝ Գագկայ՝ գործքերն։ Գագիկ որ և Խաչիկ՝ ծնած էր յամին 879, և քան զԱշոտ ու իրենց կրսեր եղբայր Գուրգէնը՝ ամենայն բարեմասնութեամբ առաւելեալ էր, թէ մարմնաւոր ձիրուք և քաջութեամբ, թէ իմաստութեամբ և հնարագիտութեամբ և թէ քաղաքական կարգաւորութեամբք և շինութեամբք. և ըստ նկարագրի պատմչին՝ միանգամայն դիւցազն է և աշխարհաշէն իշխան. և այսպիսի բարեմասնութեանց արժանաւոր վարձք կը սեպէ Արծրունեաց թագաւոր և թագաւորութեան հեղինակ ըլլալը. որ ուրիշ աչքով նայելով՝ փառասիրութեան և ապերախտութեան արգասիք կը սեպուի: Վասն զի Գագիկ երկար ատեն անգութ և չարաչնար Յուսուփ ոստիկանին վարպետութեամբ հակառակելէն ետև, անոր աչքը մտաւ, և իր Արծրունեաց երկրին վրայ թագաւոր եղաւ, որով զատեց այն երկիրը Հայոց թագաւորութենէն, զոր իմաստութեամբ և քաջութեամբ կը կառավարէր իր քեռին Սմբատ Բագրատունի, որդի Ա. Աշոտոյ. աս երկուքն ալ շատ բարիք ըրած էին Գագկայ հօրը և իրեն ու եղբարցը՝ հօրերնուն մեռնելէն ետև: Ասով Սմբատ իր մեծ օգնականը և յոյսը կորսնցուց, և յետոյ ստիպուեցաւ անգութ ոստիկանին ձեռքն իյնալ և նահատակուիլ: Այս խորհրդածութիւնները չիկրնար ընել մեր պատմիչն և ոչ մեղադրել իր դիւցազնը. թէպէտ և չիզլանար զՍմբատ ալ մեծապէս գովել ու անմահ մարդ մ'անուանել: Երկիրը խաղաղելէն ետև Գագկայ շինութիւնները կը ստորագրէ պատմիչն՝ տեղ տեղ բանաստեղծական աշխուժիւ. Աղթամար կղզւոյ մէջ Ս. Խաչ եկեղեցին, որ ինչուան հիմայ ալ կանգուն է՝ թէ և քանդակքն և նկարքն մաշած և թափած, և նոյն կղզւոյն ու Ոստանայ մէջ արքունի ապարանից շէնքերն, որ հիմայ բոլորովին անհետ եղած են Վանայ ծովուն մէջ, ուր և ամբարտակ մը շիներ էր մեծամեծ քարերով: Պատմելով Գագկայ վերջին քաջագործութիւններն որ 'ի Դուին՝ օգնական երթալով Աբասայ թագաւորի՝ որդւոյ Սմբատայ, և որ ընդդէմ Դելմկաց, մեր հեղինակն կ'ուզէ պատմութիւնը վերջացընել Գագկայ վրայ գովեստով մը, սկսելով իր արտաքին կերպարանքը նկարագրել, և անցնելով իր բարուց, քաջութեան և իմաստութեան վրայ: Անշուշտ ընծայական մը, կամ խօսքն առ Գագիկ դարձընելով՝ աւարտած էր Թովմաս իր երկասիրութիւնը, ուրախութեամբ և փառք կնքելով խօսքերը. սակայն այս վերջաբանը մեզի հասած չէ. հատկտած կը մնայ գիրքն. և թէպէտ դեռ ուրիշ բաներ կը կարդանք Արծրունւոյն անուամբ հրատարակեալ գրոց մէջ, և Ե գլուխին մ'ալ, բայց խիստ ետքի գրողի և շարունակողի գործ է այն. մասամբ կրկնութիւն ըլլալով Գագկայ և իր եղբօր Աշոտոյ պատմութեանն, մասամբ Գագկայ ցեղին վերջին պայազատին՝ Սենեքերիմայ Արծրունեաց յետին թագաւորին յիշատակն, և անոր ցեղէն իջած Աբլմսեհ իշխանի ու ասոր որդւոց. որոնց դարձեալ ուրիշ յիշատակագիրք ալ պակասաւոր շարունակութեամբ՝ մինչեւ 'ի ԺԴ դար կը հասցընեն Արծրունեաց յիշատակները:

* * *

Արծրունւոյն ոճը. — Ըստ լեզուի մաքրութեան տարակոյս չկայ որ Թովմաս պատմիչ ալ լաւ հայկաբան է. բայց տեղ տեղ՝ ինչպէս իսկզբան ալ ըսինք՝ խրթնաբանութեամբն կամ պակաս ընտրութեամբ բառից՝ կը հեռանայ 'ի յստակութենէ. և ընդհանրապէս խիստ քան փափուկ կրնայ ըսուիլ. գլխաւոր պակասութիւնն ալ յայն մասին է իր դարուն քաղաքական ազդեցութեամբ առած եկամուտ ոճը, այսինքն արաբական պերճաբանութիւն մը, կամ բանութիւն բառից, որ թէ և շատ տեղ սաստկութիւն կու տան բացատրութեան՝ այլ ընտիր նախնեաց պարզութեան շնորհքը չունին: Ի վերայ այսր ամենոյնն գտնելով պատմութեան կարգաբանութիւնը, միակերպ պահած ոյժը, վառվռուն և երբեմն բանաստեղծական նկարագրութիւնները, դիմացնիս դրած մէջ գրուող տեսարանները, կարծես ոգի մը որ բոլոր պատմածին և գրուածին վրայ կը փայլի իբրև անդրադարձութիւն մը հոգւոյ հեղինակին, բաւական անաչառ դատաստանները, և յաջողութիւնը կերպ կերպ իմաստներ և կրքեր կենդանագոյն ներկայացնելու. առանց զԹովմաս առաջին պատմիչ կ'ընծայեն մեզի յետ ոսկեգիր պատմչաց Ե դարուն և Աղուանից պատմչին, իրմէ վերջ եկողներէն ալ ամենէն գերազանց, յիշեալ ամենայն բարեմասնութիւնքը մէկտեղ առնլով:

Գիտնական և պատմական արժէից դառնալով, բաց 'ի պէսպէս յիշեալ գիտուածներէն երախտապարտ ենք իրեն մեր հին և կորուսեալ քանի մը հեղինակաց գործքերէն յիշածներուն, և քանի մ'ալ գործոց յիշատակութեանն համար. ինչպէս են Մովս. Խորենացւոյ պատմութեան Դ գիրքը, անոր եղբօր Մամբրէի և Թէոդորոսի գրած Հայոց մնացորդ պատմութիւնները, Աբրահամ խոստովանողին համառօտ պատմութիւնը Վարդանանց, և այլն: Ասոնցմէ ալ հին՝ Հայոց կամ գէթ Արծրունեաց պատմութիւն մը, Թերևս Աղեքսանդրի Մակեդոնացւոյ ատեն կամ քիչ վերջ գրուած, որոյ օրինակն կը գտնուէր 'ի հռչակաւոր գրատան Աղեքսանդրիոյ Եգիպտոսի, ուսկից բերել տուաւ Ա. Տիգրան Արշակունի, խնդրելով 'ի Կղէոպատրայ Թագուհւոյ: Թովմա երկու տեղ կը յիշէ հին պատմագիր մ'ալ և հատուածներ կը բերէ, որք մարգարէական ոճով կէս ողբական և սպառնական խօսքեր են Պարսից կամ Եղիմացւոց վրայ. և բանասիրաց հետաքննութեան արժանի գլուխ մ'է այս [1]:

1 « Առ փոքր ինչ և դուզնաքեայ ցմնացորդս յիշատակարանացն 'ի յառաջագոյն և հին պատմագրացն՝ զմեր բնիկ տերանց

Յարգի են մեզի նաև Թովմայի յիշած քանի մը պատերազմական և քաղաքական օրինաց սովորութիւններ, զորս ուրիշ տեղէ չենք գիտեր։

Աստուածաբանական խնդրոց մէջ ալ կ'երևի որ Թովմաս ոչ միայն բաւական հմտութիւն ունէր, այլ և դատող և ոչ ծառայական միտք. և երբ պատմութեան կարևոր գլխուածն կը պահանջէ՝ կ'իջնայ քննութեան և ընտրութեան. խօսի կը յանդիմանէ զԲագարատ իշխան Տարօնոյ և Հայոց իշխանապետ, որ ուրացութեանը վրայ պատրուակ աւելցընելով ըսեր էր. թէ ակամայ ուրացութիւնն մեղք չէ։ Անսովոր և համարձակ կարծեօք մ'ալ կը հաւանի՝ թէ ջրհեղեղի ատեն Նոյի տապանին մէջ՝ Ս. Գրոց յիշած ութ անձանցմէ զատ ուրիշ անձինք ալ եղած ըլլան, ինչպէս տապանը շինողներէն ոմանք, և Ճարտարապետն ու Նոյի մէկ դուստրն, ըստ ոմանց աւանդութեան. և այս բանս կ'արդարացընէ Պետրոս առաքելոյն վկայութեամբ վասն ասելոյն 'ի ջրհեղեղէն «ոգիք իբրև ութ»։ Ընթերցողք 'ի հարկէ կը խորհրդածեն թէ ինչ պէտք էր Թովմայի՝ Արծրունեաց պատմութեան ատեն՝ այսպիսի խնդրոց մէջ մտնել. – իրաւացի է. Թովմաս 'ի սկզբան պատմութեանն ալ այսպիսի աւելորդաբանութիւն կ'ընէ նաև նախաջրհեղեղեան նահապետաց վրայ, մանաւանդ Կայենի վրայ իմաստասիրելով։

Թովմա Արծրունի իր պատմութեան պատրաստութիւնը սկսելէն ինչուան գլխաւորելը՝ իբրև 40 տարի անցուցեր է. որովհետև Գրիգոր Դերենիկ՝ որոյ առաջարկութեամբ ձեռք զարկաւ պատմագրու-

տոհմին Արծրունեաց զկրն և զտեղին բացայայտեսցուք 'ի պատմութեան աստ, զի յայտ յանդիման երևեսցին արիութիւնք առաքինութեանց, ըստ անուանց և տեղեաց և ժամանակաց »։ (Ա. Դպրոնեան)։

թեանը, մեռած է յամին 886, իսկ ինքն գրեթէ ին-չուան 930ի հանդիպած բաները կը պատմէ։

Թովմայի Արծրունւոյ Պատմութիւնն առաջին անգամ տպա-գրեցաւ 'ի Միջագիւղ Պոլսոյ յամին 1852, Աղթամարայ մէջ գրուած օրինակէ մը, որ հիմայ 'ի Կ. Պոլիս է, և ուսկից գա-ղափարած կ'երևան ուրիշ տեղ մեզի ծանօթ օրինակք ալ։ Աս-կէ զատ բնագրին ուրիշ տպագրութիւն եղած չէ։ Գաղղիական թարգմանութիւն մը Պրոսէի ձեռքով, և հրատարակեալ 'ի Փեթերպուրկ յերկհատոր Հաւաքման Հայ պատմչաց, կրելով խորագիր Histoire des Ardzrouni, par le Vartabed Thoma Ardzrou-ni ; traduite par M. Brosset. Saint-Pétersbourg, imprimerie de l'A-cadémie Impériale des Sciences, 1874. Մատենախօսական հա-տուած մ'ալ հրատարակած է դարձեալ նոյն հայագէտ բա-նասէրը Արծրունւոյն այս պատմական երկասիրութեան վրայ. Notice sur l'histoire arménien de Thoma Ardzrouni, Xe siècle. Tiré des Mélanges Asiat. IV, 686-763. — Ուրիշ հատուած մ'ալ իր թարգմանութեան վրայ. Sur l'histoire composée en arménien par Thoma Ardzrouni, traduite en français par M. Brosset. Mélanges Asiat., VI, 226-232.

ՅԻՇԱՏԱԿԱԳԻՐՔ

---

1. ՅՈՎՀԱՆՆԷՍ ԲԺԻՇԿ. — Իններորդ դարուս մէջ կը յիշատակուի Յովհաննէս անունով բժիշկ մը, որ սրբոյն Դիոնեսիոսի պատմութիւնը գանելով 'ի յու-նականէն փոխադրեալ 'ի Վխախական (?) հայերէն թարգմանեց մեր ՅԻԹ (Քրիստոսի 880) թուականին։

2. Նոյնպէս Բագրեւանդ գաւառին Ս. Ստեփա-նոսի վանուց ԴԱՒԻԹ վանահայրն, որուն համար այս-պէս կը գրուցէ յիշատակարան մը. «Այս 'ի պատ-մութենէ Շապհոյ Բագրատունւոյ է, որդւոյ Աշո-տոյ Ապուհիւպատ պատրկի, յանուն Դաւթի Բա-

գրատունւոյ՝ որդւոյ Աշոտոյ իշխանաց իշխանի. զոր 'ի ձեռն առեալ և ընկալեալ յօժարութեամբ հօր Դաւթի՝ առաջնորդի վանաց սրբոյն Ստեփանոսի 'ի Բագրեւանդ գաւառի, և յոյժ բերկրեալ՝ յաղագս հեռի գոլոյ 'ի ստութենէ և լի ճշմարտութեամբ, յաւել յինքենէ զճառս բանից աստուածայնոց»:

3. ՍՏԵՓԱՆՈՍ աշակերտ Մաշտոց կաթողիկոսի, որ Մաշտոց գիրք մը օրինակած է յամին 893, և վերջը իր վարդապետին՝ Մաշտոցի վարքը գրած. Թերևս աս ալ պատճառ եղած է այս Մաշտոց վարդապետը կարծելու հեղինակ նոյն գրոց, որ կ'ընծայուի Ս. Մեսրոպայ-Մաշտոցի:

4. ԳՈՒՐԳԷՆ Արծրունի Անձեւացեաց տէրն, իններորդ դարուս մէջ Աբդլմսեհի վկայաբանութիւնը թարգմանել տուաւ 'ի հայ. «Թարգմանեցաւ վկայաբանութիւն ծառայիս Աստուծոյ յասորի գրոց 'ի հայ, հրամանաւ աստուածապաշտ տեառն Գուրգենայ Արծրունւոյ Անձեւացեաց տեառն, ՅԻԲ (873) թուականութեանս Հայոց. յօգնականութիւն անձին իւրոյ և ամուսնոյ իւրոյ Հեղինէի աստուածասիրի, և որդւոց իւրոց Տաճատայ և Ատոմայ»:

5. ԳԷՈՐԳ Բ կաթողիկոս Գառնեցի, որ հաւատոյ խնդրոց վերաբերեալ թուղթ մը գրած է առ Յովհաննէս պատրիարք Ասորւոց:

ԴԱՐ Ժ

ԱՆԱՆԻԱ ՆԱՐԵԿԱՑԻ

Անանիա Նարեկացի, և իր յիշատակութիւնը առ նախնիս։ — Ճառ ընդդէմ Թոնդրակեցւոց։ — Ուրիշ հարազատ կամ կեղակարծ գրութիւնք իր անուամբ։

Տասներորդ դարուն սկիզբները ծաղկեցաւ Անանիա, որ Նարեկայ վանքին առաջնորդն ըլլալուն համար՝ անոր անուամբ կոչուեցաւ։ Թէպէտ և իր գրուածներէն քիչ բան ձեռունիս հասած, բայց ազգային պատմիչք մեծապէս կը գովեն թէ՛ երկասիրութիւնքը և թէ՛ զանոնք երկասիրող անձը. մերթ՝ մեծ փիլիսոփոս կոչելով զինքը, մերթ՝ նշանելի վարդապետ. իսկ Կիրակոս՝ այր անուանի և գիտնական, լուսաւորիչ եկեղեցւոյ, մաքուր և հանճարեղ և աստուածային գրոց մեկնող կ'անուանէ։ Նոյն պատմիչը՝ նաև տումարական արհեստից գիտակ կը համարի զԱնանիա, թերևս շփոթելով համանուն Շիրակացւոյն հետ։ Ուխտանէս պատմչին վրայ խօսելու առեններս ալ՝ պիտի լսենք իր դրուատանաց խօսքերն առ Անանիա՝ ընծայականի երկասիրութեանն։

Անանիայի Նարեկացւոյ գլխաւոր երկասիրութիւնն եղած է՝ Թոնդրակեցւոց մոլորութեանը դէմ գրուած մը, Անանիա կաթուղիկոսին հրամանաւը շարագրած, որ գովութեամբ կը յիշատակուի թէ՛ 'ի Շնորհալւոյն և թէ 'ի Մագիստրոսէ։ Կիրակոս կ'աւանդէ թէ առաքելական Թղթոց մեկնութիւն մըն ալ շարագրած է Անանիա գլուխմաց բանիւք և հետևողութեամբ Եփրեմի, Ոսկեբերանի և Կիւրղի և ուրիշ վարդապետաց։ Կ'ըսէ դարձեալ նոյն պատմիչը, թէ աւետարանաց համեմատութիւն և խորհրդական և մասնաւոր տեսութիւնք շարագրած ըլլայ. և ճառ մը՝ ցուցընելու համար թէ ինչպէս ուղղափառ մտքով կ'երգեցուի սուրբ Աստուած մաղթանքը խաչեցարիւ։ Տօնականի վրայ ճառ մը շարագրած է, կ'ըսէ, որ անշուշտ եկեղեցւոյ վրայ խօսած ճառն է՝ մեր ձեռքը հասած, իմաստալից գըրուած մը, բայց անսովոր բառերով և ոճերով։

Ճառընտրաց մէջ կը հանդիպինք հետևեալ խորագրով յիշատակուած երկասիրութեանց. «Շնորհալից վարդապետին Անանիայի Նարեկացւոյ ասացեալ վասն աղօթից, պահոց և արտասուաց»։ Ասկէ զատ ուրիշ ճառի մը՝ խորագրովը առջինին նման՝ բայց իմաստիւք տարբեր. «Անանիայի հոգելից վարդապետի և Նարեկայ վանից առաջնորդի ասացեալ վասն զղջման և արտասուաց և աղօթից»։

Դարձեալ. «Անանիայի հոգենորոգ վարդապետի խրատ հոգևոր ցուցեալ, թէ որպէս կարասցէ մարդ որոշել զմիտս յերկրաւորացն և զայս կեանս արհամարհել, և Աստուծոյ միայն ցանկալ և արքայութեան նորա։ — Արդ եթէ կամիս որ յաղթես աշխարհիս, և ոչ ըմբռնիս 'ի կենցաղոյս պատրանս»։

ԽՈՍՐՈՎ ԱՆՁԵՒԱՑԻ

Խոսրով Անձեւացի՝ հայր Նարեկացւոյն: — Ժամագրոց մեկնութիւն: — Մեկնութիւն խորհրդոյ սրբոյ Պատարագին: — Իր անուամբ յիշատակուած ուրիշ գրութիւն մը: — Տպագրութիւնք իր երկասիրութեան:

Տասներորդ դարուն մատենագրական պատմութեանը պարծանք է իր հանճարովը և իմաստութեամբ՝ մեծն Խոսրով Անձևացեաց եպիսկոպոսը. որ տղայ հասակէն ուսմանց և գիտութեանց ետևէ եղաւ, և վերը յիշուած Անանիա Նարեկացւոյն եղբօրը դստեր հետ ամուսնանալով՝ երեք որդի ունեցաւ, Յովհաննէս, Սահակ և Գրիգոր. որոնց վրայ ետքը պիտի խօսինք: Ժամանակ անցնելէն վերջը հրաժարեցաւ յաշխարհէ, ու վանք մը քաշուեցաւ. և քանի մը տարիէն Անձևացեաց գաւառին եպիսկոպոս ընտրուեցաւ: Իր եպիսկոպոսութեանը ժամանակ շարագրեց հետևեալ գրուածները:

Ժամագրոց մեկնութիւն. — Հայաստանեայց եկեղեցւոյ հասարակաց աղօթից ընտիր և սրտեռանդն մեկնութիւն մըն է, որուն յառաջաբանին մէջ այս պատճառը կու տայ. « Թէ որ իշխանաց և թագաւորաց առջև խօսելու ատենիս ամենայն զգուշութիւն, մաքրութիւն և արթնութիւն կ՚ընենք, որպէս զի չըլլայ թէ անվայել կերպ կամ խօսք մը տեսնուի վրանիս և մեր բերնին մէջ, ևս առաւել նոյն զգուշութիւնը պիտի բանեցընենք Թագաւորին Թագաւորաց՝ Աստուծոյ հետ խօսակցելու ժամանակնիս. և այս վախճանաւ յօրինեցի նոյն սուրբ աղօթից մեկնութիւնը»։ Աւելի տգիտաց համար շարադրեցի, կ'ըսէ, այս երկասիրութիւնը. ուստի և կ'աղաչէ որ չըլլայ թէ գիտունք արհամարհեն այն գրուածը՝ որ իրենց օգտակար ըլլալու դիտմամբ գրուած չէ. այլ պարզապէս անոնց համար՝ որ կ'աղօթեն առանց նոյն աղօթից ոյժը և խօսքերուն զօրութիւնը հասկընալու։

Որչափ պարզ՝ այնչափ ալ ընտիր է այս մեկնութիւնը. համառօտ՝ բայց առանց կարևորը դուրս թողլու։ Աստուածասէր հոգի և կիրթ միտք մը կը ցուցընէ Խօսրով այս երկասիրութեան մէջ. եկեղեցական գրոց և իմաստից ալ ընդարձակ հմտութիւն. անոր համար շատ անգամ յոյն եկեղեցւոյ վարդապետաց խօսքերն ալ մէջ կը բերէ։

***

Նոյն ոճով ու սրտով գրուած է, և Մեկնութիւն խորհրդոյ սրբոյ պատարագին, թէպէտ և առանց ունենալու այն հմտութիւնն ու լեզուն՝ զոր Լամբրոնացին բանեցուցած է համանուն երկասիրութեանը մէջ։ Ինչպէս առջի գրուածքին, ասանկ ալ ասոր շարագրութեանը մէջ ուրիշ վախճան ունեցած չէ սուրբ հայրապետս, բայց միայն իր պաշտաման պարտքը անթերի կատարել. «Ոչ եթէ անձինս փառք ստանալու համար էր, կ'ըսէ, որ այս գրուածքիս ձեռք զարկի, այլ որովհետև եպիսկոպոսութեան աստիճան ունիմ, և շատերուն քով ամենամեծ տգիտութիւն տեսայ, անոր համար հարկ սեպեցի այս գրուածքս յօրինել, իմանալով թէ անկարելի էր միայն խօսքով անոր կարևոր դարմանը մատուցանել»։

ԴԱՐ Ժ· ԽՈՍՐՈՎ ԱՆՁԵՒԱՑԻ 519

Մեր քովը գտնուած գրչագրաց մէջ յիշատակարան մը կայ՝ Խոսրովու որդւոյն Սահակայ ձեռքովը գրուած, որ իր հօրը երկասիրած Պատարագի մեկնութիւնը գաղափարելով կ՚աւանդէ այսպէս.

«Շնորհիւն Աստուծոյ եղև մեկնութիւն այսմ գրոց 'ի ձեռն Խոսրովայ Անձևացեաց եպիսկոպոսի, յոյժ հեռաւորի պատուիրանացն Աստուծոյ. զոր մեզ և գովել անձան է, զի մի գայթակղեսջիք 'ի նոյն. վասն գոլոյ նորին հայր իմ ըստ մարմնոյ. որոյ չեմ արժանի կոչիլ որդի և ոչ վարձկան, ըստ գրեցելումն. այլ 'ի գրելոցդ՝ լիցին հասու խնդրողքդ վասն նորա, որք սրտի մտօք ունկն դնիցեն. որք և աղօթիւք փոխադարձել պարտին ընդ աշխատելոյս. և հասարակաց տուողն Աստուած՝ և ձեզ հայցողացդ ձիրեսցէ զիւրականն պարգև։ Այլ յոյժ ամաչեցեալ և տարակոյ գտանիմ. ես Գրիգոր պարտաւոր պատուիրանաց սուրբ գրոց։ Արդ առաջին սուրբ գրոցս այսորիկ գծագրութիւն եղև ձեռամբ Սահակայ՝ որդւոյ տեառն Խոսրովու, այս սուրբ գրոցս մեկնողի ՅՂԹ թուականութեանս Հայոց»։ Այս խօսքերէն կ՚երևնայ թէ Խոսրովու թելադրութեամբ՝ որդին գրի վրայ կ՚առնուր։ Զայս ակնարկէ անշուշտ Այրիվանեցին. «Խոսրով Անձևացեաց եպիսկոպոս արար զմեկնութիւն Աղօթամատոյցին՝ զոր գրէր Սահակ որդի իւր»։

Բանք Երանելւոյն Խոսրովայ խորագրով երկասիրութեան մը յիշատակութեան հանդիպեր ենք (Մատենադարան Բարձրահայեաց Ս. Աստուածածին վանից, թիւ 229), որ հաւանականաբար Անձևացւոյն է։

Խոսրովու ժամագրոց մեկնութեան տպագրութիւնն եղած է 'ի Պոլիս յամի 1730-36։ Իսկ Պատարագի խորհրդոյն 'ի Ս. Ղազար 'ի 1869։

ԳՐԻԳՈՐ ՆԱՐԵԿԱՑԻ

Նարեկացի և իր սրբակրօն վարքն: — Երկասիրութիւնները: — Ապարանից խաչին պատմութիւնը: — Ներբող 'ի սուրբ Աստուածածինն: — Ճառ 'ի գովեստ Առաքելոց: — Գովեստ 'ի սուրբն Յակոբ Մծբնայ: — Երգերգոցի մեկնութիւն: — Աղօթք կամ Նարեկ: — Նարեկացւոյն մանր երկասիրութիւնները: — Անհարազատ գրուածներ:

Խոսրով Անձևացեաց եպիսկոպոսին որդին էր սուրբն Գրիգոր, որ 951 թուականին ծնաւ, ու մանկութեան հասակէն Ռշտունեաց գաւառին մէջ եղած Նարեկայ վանքին առաջնորդ Անանիա վարդապետին իմաստուն խնամոցը յանձնուեցաւ: Հոն իր վարուցը սրբութեամբն ու անարատ քաղաքավարութեամբ՝ մարմնաւոր հրեշտակ մը երևցաւ. իսկ գիտութեամբն ու իմաստութեամբը՝ ժամանակին ամենէն անուանի հանճարներէն մէկն: Անանկ որ քսանըվեց տարուան առոյգ հասակին՝ թագաւորներ իրենց տարակուսանացը լուծումը կը խնդրէին իրմէ: Բայց հանճարն ու սրբութիւնը իրեն դէմ յարոյց ժամանակին տգէտ ու ինքնահաւան գլուխները, որոնք ինչուան Անի քաղաքը գնացին՝ կաթողիկոսին առջևը զինքն ամբաստանելու, իբր միաբանասէր եռանդը՝ յանցանք սեպելով: Կ'աւանդեն թէ կաթողիկոսն ալ՝ քանի մը վարդապետաց հետ խորհուրդ ընելով, նուիրակներ ղրկեց անոր, ու զինքը դատաստանի կանչեց: Իմացաւ Գրիգոր անոնց դալստեան դիտումը, ու սիրով ընդունելութիւն ընելով՝ ուրբաթ օր մը զանոնք կերակուրի հրամցուց, և խորոված աղաւնի դրաւ առջևնին։ Երբ անոնք մէկ կողմանէ իրենց ծուռ կարծեացը վրայ հաստատուելով՝ մէկալ կողմանէ կը դայթակղէին վրան, ու օրուանը պահք ըլլալը կ'իմացընէին, Նարեկացին ներումն խնդրեց անոնցմէ գործած վրիպակին համար, ու խորոված աղաւնիներուն դառնալով՝ հրամայեց որ ելլեն երթան. որոնք մէկէնիմէկ ողջըննալով՝ թռան։ Այսով չարախօսաց բերանը կարկեցաւ, ու սրբոյն արժանաւոր համբաւը ալ աւելի շատցաւ։

Անկէց ետքը ինքզինքը բոլորովին ներանձնական կենաց ու գրաւորական զբաղմանց տուաւ Գրիգոր. ու իր մեծ և անզուգական հանճարը երկնից ու երկընքի արժանաւոր նուէրներու նուիրելով՝ իբր 60 տարուան փոխեցաւ առ Աստուած, ու Նարեկայ վանքին մէջ թաղուեցաւ, ուր մինչուան հիմա աւանդութեամբ կը ցուցընեն իր սուրբ և նուիրական շիրիմը։

***

Նարեկացւոյն երկասիրութիւնները. — Նարեկացւոյն բազմապատիկ երկասիրութեանցը մէջ նշանաւորներէն կրնան սեպուիլ իր ճառերը. որոնց մէջ առաջին է,

Ասպարանից խաչին պատմութիւնը. — Վասիլ ու Կոստանդ հարազատ եղբարց կայսերաց ժամանակ՝ Մոկաց աշխարհէն ազնուական անձ մը՝ գնաց նոյն ինքնակալաց դուռը զինուորելու. այս մարդս եղբօրորդի ըլլալով Գուէթի՝ Մոկաց հռչակաւոր և սքանչելագործ եպիսկոպոսին, անոր տապանին հողէն կտոր մը քովը պահած էր իբրև 'ի մխիթարութիւն, և անկէց այլ և այլ հրաշքներ կ'ըլլային։ Բարեպաշտ ինքնակալքն այս բանս իմանալով, ա՛լ աւելի պատուեցին զինքը. ու ետքէն իմանալով թէ անոր Ստեփանոս քեռորդին՝ նոյն սքանչելագործ Դաւթին՝ աթոռոյն վրայ նստած է, ուզեցին անոր գերեզմանին ընծաներ ղրկել։ Բայց Մոկացի ազնուականը հրաման ուզեց ինքնակալներէն, որ ղրկէ իմանայ թէ իր ազգայնոցը՝ աւելի ո՛ր ընծայն հաճոյական կ'անցնի. և լսեց թէ շատ փափաքելի է անոնց՝ կենաց փայտին մէկ երևելի մասն ունենալը։ Թագաւորք սքանչացան անոր բարեպաշտութեանը վրայ. ու կենաց փայտին վրայ աւելցուցին՝ Քրիստոսի տեառն մերոյ ռանկուայի ժամանակ սփածած զենջակէն մաս մը, նոյնպէս 'ի փշեղէն պսակէն, 'ի սպունգէն, բևեռներէն և 'ի խանձարրոցն։ Այս ամէն պարգևները՝ նոյն ազնուականին անձամբ Մոկաց գաւառը տանելով՝ յանձնեց իւր Ստեփանոս քեռորդւոյն. ու մեծահանդէս փառօք՝ նախ Դաւթի հանդըստարանին քով ամփոփելով, յետոյ սրբոյն Յովհաննու Կարապետի տաճարին մէջ դրին. ու վերջէն ալ՝ աւագ ուրբաթի օր մը՝ սուրբ Աստուածամօր եկեղեցին փոխադրեցին։ Այն վերջին ու հանդիսական փոխադրութեանը ներկայ գտնուեցան՝ երեք թագաւոր արծրունի հարազատք՝ Սենեքերիմ, Գուրգէն և Աշոտ։

Նոյն հանդիսին ստորագրութիւնն ըրաւ Նարեկացի այն գրուածքին մէջ՝ որ սովորաբար Ապարանից խաչին պատմութիւնը կը կոչուի, և ըստ ձեռագրաց «Յիշատակագրութիւն պատմաբանութեան ամենազօր նշանի աստուածեան խաչին որ ... 'ի ստորին կողմանց կայից աշխարհի ազգացն Յունաց՝ բերեալ հանգուցաւ 'ի սահմանս վայրից գաւառին Մոկաց, 'ի շինուած բնակութեան ուխտին սրբութեան՝ որ կոչի Ապարանք»։ Այս պատմութեան շարայարութիւն յօրինած է նաև սուրբ Խաչին վրայ ներբող մը, որ լի է ընտիր իմաստիւք և գեղեցիկ խօսքերով, ու Նարեկեան հանճարոյ յատուկ և անհաւասարելի արժանաւոր գեղեցկութեամբ մը:

***

Խաչին գովեստին կամ ներբողին հետ մէկտեղ շարադրած է նաև սուրբ Աստուածածնի հռչակաւոր ներբողը՝ որ սովորաբար Ճառին սկզբնաւորութեամբը Գուռնարք խմբից կը կոչուի: Ինչպէս առջի երկու Ճառերը, այս երրորդս ալ նոյն Ստեփաննոս եպիսկոպոսին խնդրանօքը յօրինեցաւ: Եւ ասոնց ամենուն գրութեան ժամանակը՝ յառաջ է քան ըզգրութիւն Աղօթամատոյց գրքին, այսինքն ՆԼԲ և ՆԾԱ թուականութեանց մէջոց:

Այս Ճառերուն գրութենէն ետքը՝ ընծայական մ'ալ շարադրած է Նարեկացին՝ առ խնդրող բանիցն Ստեփաննոս եպիսկոպոս, յորում հետևեալ խօսքերը կը կարդանք: «Արժանացուցի սմին անձինձ յիշատակ՝ զանուն անենչալի ձեռումդ կոչման, տէր Ստեփաննոս, ըերինդ Մոկաց հզօր դիտապետ. որպէս զի մնասցեն յարակայ 'ի սոյն համառօտագիծ մատենի՝ յաւուրս անթիւս և յամս հազարաւորս իմով սակաւամասնեայ իմաստիւ: Ես Գրիգոր՝ յետին վարժապետաց և կրտսեր բանասիրաց, որդի գատեր եղբօր՝ հօր Անանիայի հոգեզարդ և մտավարժ փիլիսոփայի, և ըստ վարուց մաքրութեան կրօնից գովելոյ և հռչակելոյ. և ընծայեցի քումդ եկեղեցեաց՝ զայս նուէր բարեաց բանից ցանկալեաց: ... Յիշատակեացես ... զիս և զեղբայրն իմ զանդրանիկ զՅովհաննէս ցանկալի անուն 'ի միում կարգի, որ դիտականն է և հանճարեղ իմաստասէր քան զիս առաւել 'ի յամենայնի»:

Այս յիշատակարանին մէջ՝ Նարեկացին կերպով մը ազատութիւն կու տայ իւրաքանչիւր վանականաց՝ որ իր պատմութեանը և ճառերուն մէջ՝ պակաս երեւցած մասերն ու խօսքերը լրացընեն. և այս քանս համարձակութիւն տուած է քանի մը յետներէց կամ անզգոյշ գաղափարողաց՝ անանկ բաներ ալ մէջը խառնել՝ որ կրնան անհաւատարմութեան կասկած տալ, այնպիսի դէպքեր ու խօսք յիշատակելով զորս Գրիգոր չէր կրնար գրել, իր ժամանակէն ետքը հանդիպած ըլլալնուն համար։

***

Ճառ ՚ի գովեստ Առաքելոց. — Թէ առաքելոց և թէ եօթանասունուերկու աշակերտաց վրայ յօրինած ներբողական ճառը՝ Աղօթամատոյց գրքին շարադրութենէն առաջ յօրինած է Նարեկացին։ Այս կարծեաց ստուգութիւնը յայտնապէս կ'երևնայ նոյն աղօթից գրոց այս խօսքէն. «Զորոց զգովեստն արժանաւորութեան՝ ըստ իմում կարի յայլում բանի պաշտեցի» (ՁԲ. 2)։

Գովեստ ՚ի սուրբն Յակոբ Մծբնայ հայրապետ. — Այս ճառին իմաստներն ու զուրցուածքի կերպը կը հաւատարմացընեն թէ Նարեկացւոյն երկասիրութիւնն ըլլայ. բայց թէ ինչ պատճառաւ շարադրած է այս ճառս, ոչ ինքը և ոչ ուրիշներն յայտնի բան մը աւանդած են։ Ոմանք կը համարին թէ սուրբն Գրիգոր Առաքելոց վրայ գովեստ մը յօրինելէն ետքը՝ ուզած ըլլայ նաև հայրապետաց վրայ ներբող մը շարադրել, անոնց խմբէն նիւթ առնելով զսուրբ հայրապետն Մծբնայ։ Ոմանք ալ կ'ըսեն թէ որովհետև Ռշտունեաց գաւառին մէջ կը բնակէր Նարեկացին, ուստի և ուզած է գրուատել այն մեծ հայրապետը՝ որ նախ անիծեց այն երկիրներն ու ետքը օրհնեց։

Բայց այս ճառին գրութեան բուն գլխաւոր պատճառը՝ սրբոյն Յակոբայ պատմութեանը մէջ փնտռելու է: Որովհետեւ Մարութէ ճգնաւորին աշակերտներէն մէկը՝ Մաղաքիաս՝ կ՚աւանդէ, թէ 'ի Հայոց ոմանք սրբոյն Յակովբայ նշխարաց մէկ մասը խնդրելով՝ առին Աղձնեաց գաւառին մօտ տեղ մը դրին: Ուրիշ հին պատմագիր մ՚ալ կ՚ըսէ, թէ Հայերը՝ Մծբնացւոյն մասին կոճը առնելով՝ Աղձնեաց գաւառը հասան, Երկաթահանք կոչուած բլուրը. եւ երբ անկէց լեռնէն վար դէպ 'ի Ռշտունեաց երկիրը կ՚իջեցնէին այն պատուական նշխարքը, անշարժ մնացին. եւ տեսիլքով հրաման ընդունեցան որ հոն հանգուցանեն. ուր փառաւոր եկեղեցի շինեցին՝ եւ տեղը յետոյ Մոգս ըսուեցաւ: Ժամանակ անցնելէն ետքը՝ այն տեղը գնեց Արծրունեաց ցեղէն Հայոց թագաւոր մը, եւ հոն փառաւոր եկեղեցի՝ եւ քահանայից եւ կրօնաւորաց բնակութեան տեղ եւ վանք շինեց: Վարդան պատմիչն ալ կ՚ըսէ թէ Նարեկայ վանքին մէջ կը պահուէր սրբոյն Յակոբայ ճկոյթ մատը, եւ Ընձաքիսարոյ վրայ վանք մը կար նոյն սրբոյն անուամբը:

Այս պատմութիւններէն կրնանք գուշակել ճառիս գրութեան պատճառը, եւ թէ Նարեկացին ուզած ըլլայ պատուել անոր սրբազան յիշատակը այն տեղուանքին վրայ՝ ուր միշտ կենդանի էր սրբոյն անունը եւ մեծարելի: Հաւանական կ՚երեւնայ կարծելը թէ Նարեկացւոյն ժամանակ եղած ըլլայ այն Արծրունի թագաւորը՝ որ յիշատակուած լեռը գնեց, եւ փառաւոր եկեղեցի եւ վանք շինեց. եւ անոր նաւակատեաց առթիւը՝ խօսեր է սուրբն Գրիգոր այս ճառս: Թերեւս այս կարծեաց ստուգութիւնը կ՚ակնարկեն նոյն ճառին հետեւեալ խօսքերը. «Հիմնեցուցեր զայս քար գովեստի 'ի շինուած յարկի քումդ հանգստի՝ դաւանարանի այս բարի հովուի»:

* * *

Երգերգոցի մեկնութիւն. — Նարեկացւոյն երկասիրութեանցը մէջ ժամանակաւ առաջին կը համարուի այս մեկնութեան գիրքը՝ ըստ հաւանագոյն կարծեաց։ Վասն զի քսանևվեց տարուան հասակին՝ երբ նոր ընդունած էր քահանայական աստիճանը. Գուրգէն Արծրունի՝ Անձևացեաց Թագաւորին խնդրանօքը շարադրած է յետ շատ հրաժարելու. վասն զի, կ'ըսէր, մեծն Գրիգոր Նիւսացին իսկ չէր համարձակեր այսպիսի խորիմաստ գրոց մեկնութեան ձեռք զարնել, որչափ աւելի ես՝ որ ոչ անոր գիտութիւնն ունիմ և ոչ ալ աստուածազդեցիկ միտքը։ Բայց ետքը նոյն սրբոյն Գրիգորի մեկնութեան շաւղացը հետևելով՝ շարադրեց պարզ, համառօտ և ընտիր մեկնաբանութիւն մը, ինչպէս որ առաջարկողը ուզեր էր։ Սակայն իր համառօտախօսութեանը մէջ ալ անանկ ընտիր ոճ մ'ունի՝ որ նոյն իսկ Եւրոպացի բանասէրք՝ որոնք կամ ազգային բնիկ լեզուով և կամ թարգմանութիւնը կարդացած են, սքանչացեր են վրան. և գաղղիացի աստուածաբան մը՝ Գուլիէլմոս Վիլֆռուա կ'ըսէ թէ Երգերգոց գրոց այսպիսի ընտիր մեկնութիւն մը ուրիշ ազգի մը մէջ տեսնուած չէ։ Անոյն պարզութեանը գլխաւոր պատճառն այն եղած է՝ որ Նարեկացին ուզած է գիւղիմաց ընել նոյն սուրբ գրքին իմաստները կարդացող հասարակ անձանց և կանանց անգամ, որոնք եկեղեցեաց մէջ այս գիրքը լսելով ուրիշ մտքեր ու իմաստներ կուտային Հոգւոյն սրբոյ ազդեցութեամբ ներշնչուած ու հոգևորական նիւթ ու նպատակ ունեցող այն խօսքերուն։

***

Աղօթք կամ Նարեկ. — Հռչակաւոր ու մեր ազգին մէջ սիրելի ու փափաքելի ու գրեթէ ամենուն ծանօթ է Նարեկացւոյն սրտին և գրչին արժանաւոր երկասիրութիւն մը։ Ողբերգութիւնք ալ կը կոչուի այս հոգւոյ ու մտաց հետ խօսող գերազանց երկասիրութիւնը. և իրեն խրթին մթութեամբն հանդերձ՝ անանկ զարմանալի գեղեցկութիւն և ոճոյ քաղցրութիւն ունի՝ որ ոչ միայն ազգային, այլ նաև շատ օտար բանասէրք միաձայն վկայած են թէ այսպիսի գրուած մը ուրիշ ազգաց մէջ դեռ երևցած չէ. այնչափ գեղեցիկ ու զմայլեցուցիչ է բանաստեղծական հիւսուածին ոճը, իմաստները այնչափ վսեմ և անակնկալ, ու պերճախօսութիւնը առատ։

Իննսունևհինգ գլուխ բաժնուած են այս աղօթքները, զորս ինքն 'ի խորոց սրտից խօսք ընդ Աստուծոյ՝ կը կոչէ. ատոնցմէ դուրս է այն յիշատակարանը՝ որ գրքին վերջը գրուած է, և յորում իր ըստ մարմնոյ և ըստ հոգւոյ հարազատ եղբայրը զՅովհաննէս՝ մէջ կը բերէ իբրև գործակից 'ի յօրինուած աղօթագրոցս։ Բայց որովհետև թէ՝ ընդհանուր ազգին աւանդութիւնը և թէ նոյն իսկ սրբոյն խօսքերը՝ յայտնապէս կը ցուցնեն զինքը միայն հեղինակ, անոր համար հաւանական կ'երևնայ կարծելը թէ այս օգնականութիւնը՝ պարզ խորհրդակցութեանը՝ կամ սուրբ գրոց քանի մը տեղուանքը քննելուն համար զուրցուած ըլլայ։ «Այս պզտի մատենին մէջ, կ'ըսէ նոր բանասէրներէն մէկը, բանական արուեստն ընդ աստուածայնոյն կը միաւորէ սուրբ Նարեկացին. տեսական աստուածաբանութիւնն խորհրդականին հետ, սուրբ գրոց պատմողական աւանդը՝ մեկնողականին հետ, աղօթից հոգին՝ բանաստեղծականին հետ. սիրոյ հետ վախը, զղջման հետ կոյսը, Աստուծոյ բարութիւնը՝ մարդկան չարութեան հետ. համառօտ ըսենք՝ զԱստուած ընդ մարդոյ»:

Այսպիսի ընտիր երկասիրութիւն մը՝ զարմանք չէ որ իր արժանաւոր յարգն ալ գտած ըլլայ մեր ազգէն, գրեթէ ամենայն հոգեսիրաց ձեռքը ընտիր աղօթից գիրք մը ըլլալով. անոր համար ալ շատ անգամ տպագրուած է այլ և այլ տեղուանք, և որոնց մէջ նախընծայ է 'ի Մարսիլիա տպագրուածը 'ի 1673. իսկ 'ի Կոստանդնուպոլիս տպագրուածներուն մէջ ընտրելագոյն կրնայ սեպուիլ 1790ին եղածը, զոր Մուրատեան Գասպար ամիրայն՝ Հայաստանի վանքերէն ընտիր գրչագիրներ ժողվելով՝ անոնց համեմատութեամբ տպագրել տուած է:

Նարեկացւոյն խրթին ոճը և մթին զուրցուածքի կերպը՝ յորդորեց զՅակոբ Նալեան պատրիարք անոր լուծումը և մեկնութիւնը շարագրել: Իր այս աշխատասիրութեանը մէջ գաղափար ունեցաւ՝ հին ատենները շարագրուած լուծմանց գիրք մը, վերպակաւ Սարգսի Շնորհալւոյ կամ Լամբրոնացւոյն ընծայուած. որ ընդհակառակն ԺԴ դարու մէջ երեւցած աննշան մարդու մը երկասիրութիւն էր: Լամբրոնացին՝ որովհետև սուրբ պատարագի խորհրդոյն մէջ գործածուած երկու Նարեկեան աղօթից մեկնութիւնն ըրած էր, կարծուեցաւ թէ բոլոր Նարեկ գրոց մեկնութիւնն ալ շարագրած ըլլայ:

Ասկէց զատ կայ ուրիշ լուծմանց գիրք մըն ալ՝ աւելի համառօտ ոճով, և վերոյիշեալ ընդարձակէն քաղուած. յարգն ալ՝ անոր ունեցածին նման:

Այս լուծմանց անբաւականութիւնը տեսնելով Հ. Գաբրիէլ Վ. Աւետիքեան, ընդարձակ մեկնութիւն մը շարագրեց թէ աղօթամատոյց գրոց և թէ ճառերուն, ընտիր տեսութիւններով և հմուտ աստուածաբանութեամբ, որ ազգին մէջ իր արժանաւոր ընդունելութիւնը գտաւ:

* * *

Նարեկացւոյն մանր երկասիրութիւնները. — Բաց 'ի վերոյիշեալ գրքերէն՝ այլ և այլ մանր երկասիրութիւններ ալ ունի Նարեկացին, գանձեր, մեղեդիք և տաղեր. որոնց մէջ յայտնի կ'երևնայ իր բանաստեղծական հոգին, հանճարն ու աշխոյժը: Գանձերը իրեք են թուով, այսինքն 'ի Գալուստ Հոգւոյն սրբոյ, 'ի սուրբ Խաչն և յԵկեղեցի: Իսկ տաղերն ու մեղեդիքը՝ քանէն աւելի մեր ձեռքը հասած և տպագրուածքն իր Մատենագրութեանցը մէջ, որոց վրայ աւելցած են յետոյ և այլք: — Թուղթ մը Կճաւայ վանից առաջնորդին, զգուշացընելով յաղանդոյն Թոնդրակեցւոց:

Նարեկացւոյն անհարազատ գրուածները. — Այս գրուածներէս դուրս կը յիշուի յանուն Նարեկացւոյն՝ Յովբայ գրոցը մէջ եղած Ո՞վ է դա ընթերցուածին մեկնութիւնը: Այս հարազատութիւնը իրաւամբ տարակուսական է, ոչ միայն բոլորովին ոճոյ տարբերութեանը համար, այլ նաև անով որ պատմչաց մէջ մէկը չկայ որ այս բանս յիշատակէ. ուստի և հաւանական կ'երևնայ կարծելը թէ իրմէ ետքի դարերուն մէջ երևցած Գրիգոր անունով մէկու մը գործ ըլլայ [1]: Անկէ զատ՝ գտնուեցաւ նաև ուրիշ գրուած

[1] ՉԽԸ (1299) գրչագրած օրինակի մը յիշատակարանին մէջ կը կարդանք. « Յամի ութհազարերրորդի քառասներորդի ութերորդի Թուաբերութեանս Հայոց աւարտեցաւ մեկնութիւնս երջանիկ Նահատակին Յովբայ յայլ և այլ ժամանակ և տեղի զանազան գրչաւք, 'ի գաւառիս Կիլիկեցւոց՝ հուպ յանառիկ դղեակս Բարձր կոչեցեալ՝ 'ի դառնագոյն ժամանակի յորում յոյժ զգուիմք յանաւրինաց... Այլ՝ զՆարեկացւոյն Գրիգորի բանսն որ յՈ՞վ է դայն է խաւսեալ, և սուղ ինչ Յեսիքայի բանիցս՝ գրեալ յայլոց ումեքէ՝ մատոյց մեզ 'ի ծիր շնորհի քահանայ ոմն Կարապետ անուն. և մեր զԹերին լցեալ՝ ընծայեցաք զկնի եկելոցդ »:

մը այսպիսի մակագրութեամբ «Հօրն և երջանիկ քահանայապետին Գրիգորի Նարեկացւոյ խրատք վասն աղօթից և վասն արտասուաց, յուսոյ և սիրոյ»: Անիկայ թէպէտ և բոլորովին աննշան երկասիրութիւն մը չէ, բայց այլք աւելի հմտութեամբ Եփրեմի սուրբ հօրն կ՚ընծայեն. և այս անուամբ տպագրուած է նոյն ճառը 'ի Կոստանդնուպոլիս[1]:

Նալեան պատրիարքին տպագրութեանը մէջ կայ նաև հոգևորական խրատ մը որ Հրահանգ հաւատոյ կը կոչուի, և ուսկից իրմէն առաջ ալ Շրօտէր գերմանացին վկայութիւն կը բերէ իր Արամեան Գանձարանին մէջ, և Նարեկացւոյ երկասիրութիւն կը համարի: Մեր տեսած գրչագրաց մէջ այս հրահանգին վերնագիրն է. «Սրբոյ վարդապետի յոգներանեան մենաւորի Գրիգորի՝ համառօտիւք բանք խրատու վասն ուղիղ հաւատոյ և մաքուր վարուց առաքինութեան, 'ի խնդրոյ նորին հարազատի Վարդանոյ դիւանագրի»: Այս վերնագրին մէջ որովհետև Նարեկացւոյն անունը չիգտնուիր, հաւանական կ՚երևնայ թէ ուրիշ համանուն Գրիգորի մը երկասիրութիւն ըլլայ, որ հայերէն լեզուի կարգաւորեալ հմտութիւն, և աստուածաբանական իմաստից ալ ներհուն և քաջավարժ տեղեկութիւն ունեցեր է: Ոմանք ալ կարծեցին թէ Գրիգորի Սկևռացւոյ կամ Լամբրոնացւոյ աշխատասիրածն ըլլայ: Նարեկացւոյն չըլլալուն գլխաւոր ապացոյցն ալ այն կ՚երևնայ՝ որ Վարդան անուամբ եղբայր չունէր Նարեկացին, այլ ըստ աւանդելոյ պատմութեան՝ երեք եղբարք էին ասոնք, Սահակ, Յովհաննէս և Գրիգոր:

Նարեկացւոյ այլևայլ երկասիրութեանց բնագրին բազմաթիւ և բազմատեսակ տպագրութեանց վրայ՝ տես 'ի ՀԱՅԿԱԿԱՆ ՄԱՏԵՆԱԳԻՏՈՒԹԵԱՆ յ'էջ 482-493:

1 Էջմիածնի Մատենադարանին ցուցակը՝ Անանիայի Նարեկացւոյ կ՚ընծայէ զայս ճառ: Մեր քովն ալ գտնուած Եւագրի վա-

ՑԻՇԱՏԱԿԱԳԻՐՔ

Այս դարուս մէջ Հայոց հայրապետական աթոռոյն վրայ նստաւ ԽԱՉԻԿ կաթողիկոս, որ Շիրակ գաւառին մէջ բազմաթիւ հոյակապ և գեղեցկակերտ տաճարներ շինելէն ետքը՝ փառաւոր գրատուն մըն ալ կանգնեց, ու հոն հաւաքեց այլ և այլ արտաքին և վարդապետական գրքերու բազմութիւն մը։ Ձեռագրաց մէջ կը կարդանք թուղթ մը. «Տեառն Խաչկայ Հայոց կաթողիկոսի բան խոստովանութեան պատասխանի Յունաց գրոյն զոր արձակեալ էր առ մետրապոլիտն Մելետինոյ»։ Եւ 'ի լուսանցսն. «Թուղթ Սամուէլի Կամրջաձորեցւոյ Հայոց փիլիսոփայի պատասխանի Թղթոյն Թէոդորոսի մետրապոլտի Մելետինւոյ՝ գրեալ հրամանաւ Խաչկայ Հայոց կաթողիկոսի»։

Կը յիշատակուի դարձեալ այս դարուս մէջ ԴԱՒԻԹ անուամբ վանահայր մը, որուն երկասիրութիւն կը սեպուի Պահոց վրայ գրուած մը այս վերնագրով. «Հարցմունք երկուց փիլիսոփայից ընդ միմեանս»։

Այս ատեններս կը յիշատակուին քանի մը վարդապետք, ինչպէս Պետրոս՝ մեկնիչ գրոց կոչուած. Մովսէս Տարոնացի, Սարգիս, Ստեփանոս, որ թերևս Մոկաց եպիսկոպոսն է, և որուն կ'ընծայուի

բուց պատմութեան գրչագիր մը՝ նոյնպէս Անանիա անունով վարդապետի մը՝ առանց որոշելու թէ որո՛ն 'ի համանուանց, յառաջաբանական յաւելուածով մը։

Սրբուհիին սրբոց չարականը. Դաւիթ Մաշկոտն, Դաւիթ եպիսկոպոս Մոկաց, և այլն: Բայց ասոնց ամենուն ալ մատենագրական երկասիրութեանցը վրայ մասնաւոր յիշատակութիւն չկայ:

Տասներորդ դարուս մէջ է նաև՝ Տիմոթէոս անունով վարդապետ մի՝ որուն կ'ընծայուի Արարածոց մեկնութիւն մը:

ՍՏԵՓԱՆՈՍ ԱՍՈՂԻԿ

Ասողիկ և իր վրայ կենսագրական տեղեկութիւնք: — Պատմութեան գիրքը և բովանդակութիւնը: -- Մեկնութիւն Երեմիայ մարգարէութեան: — Տպագրութիւնք բնագրին և թարգմանութիւնք:

Տասներորդ դարուս ազգային պատմագրաց նշանաւորներէն սեպուած է ընդհանրապէս Ստեփանոս, որ 'ի Տարօն ծնած ըլլալուն՝ Տարօնեցի ալ կը կոչուի, և յոմանց ալ Ասողիկ կամ Ասողնիկ, թերևս երաժշտական արուեստի և երգոց ունեցած հմտութեան պատճառաւ, ինչպէս կարծեցին ոմանք 'ի բանասիրաց: Ոչ ծննդեանն և ոչ մահուան ճիշդ թուականն յայտնի է: Բայց հաւանական կ'երևնայ թէ տասներորդ դարուն վերջերը և մետասաներորդին առաջին կիսուն ապրած ըլլայ Ասողիկ. որովհետև իր պատմութիւնը՝ զոր շարադրած է Սարգիս կաթողիկոսին հրամանաւ, կը հասցնէ մինչև 'ի 1004 թուականն Քրիստոսի՝ Գագկայ առաջնոյ թագաւորութեան հնգետասաներորդ տարին: Մագիտարօսի առ Գէորգ վարդապետ գրած թղթին մէկ խօսքէն, զոր յետոյ պիտի յիշատակենք, կը գուշակուի թէ մինչև 'ի խորին ծերութիւն հասած ըլլայ. ուստի և ոմանք 117–122 տարուան կեանք տուած են իրեն, որ անհաւանական կ'երևնայ: Կենացը հանգամանքն ալ անծանօթ են մեզ. հոգևորական կոչման նուիրուած և սուրբ գրոց գիտութեան հետամուտ և բաւական տեղեակ անձ մը կը թուի: Կը յիշէ մանկական հասակի մէջ ծանօթութիւնն և տեսութիւն ընդ այլևայլ ծերունի վարդապետս ժամանակին. ինչպէս Կամրջաձորոյ առաջնորդ Պօղիկարպոսի, Ստեփանոս մականուն Հոգևոր, և Մովսէս վարդապետաց, որք միաբանեցան յԱնի 'ի քննել և 'ի գտանել զՎահան կաթողիկոս, և իրեն պաշտպանն և 'ի կրօնականս համամիտ զԱպուսահլ՝ Թագաւոր Վասպուրականի: Այս դիպաց յիշատակութենէն կրնայ ենթադրուիլ թէ Ասողիկ՝ մանուկ հասակէն իր ուսումն ըրած էր յԱնի, ուր զարգանալով ուսմամբ և գիտութեամբ, և բարձրանալով 'ի պաշտօն սրբութեան սեղանոյն, աջակից և օգնական եղած ըլլայ Սարգսի կաթուղիկոսի:

***

Պատմութիւն. — Մեր ուրիշ շատ պատմչաց պէս՝ բայց անոնցմէ շատէն պակաս կարգաւորութեամբ և հմտութեամբ՝ յարարչագործութենէ կը սկսի իւր պատմութիւնը Ասողիկ, հետևելով մանաւանդ Եւսեբիոսի՝ հին ատենները մէջ բերելուն ժամանակ. և Մովսիսի Խորենացւոյ՝ ազգային պատմութեանց մէջ, զոր և շատ տեղ գրեթէ գաղափարելով կ'երկրորդէ: Իրեք գիրք՝ կամ ինչպէս ձեռագրաց խորագիրք կ'ըսեն՝ հատուած բաժնուած է իր այս գործը. և երրորդ մասը միայն կրնայ սեպուիլ բուն

Ստեփանոսի երկասիրութիւն. որովհետև ընդհան-
րապէս իւր ժամանակին անցքերը կ'աւանդէ, զորս
չէր կրնար ուրիշ պատմիչներէ քաղել. և այս պատ-
ճառաւ երրորդ գրոց խորագիրն է Ստեփանոսի Տա-
րօնեցւոյ պատմութիւն ժամանակաց, ինքնախօսու-
թիւն. մինչդեռ առջի երկու գիրքերը Պատմութիւն
քանից պատմագրական տառից կը մակագրին: Ա-
րարչագործութենէն կը սկսի իր պատմութիւնը Ա-
սողիկ, և առաջին գլխոյն մէջ Իսրայելացւոց ծագ-
մանը, անոնց ցեղերէն ելած Թագաւորութեանց
և յաջորդութեան և ժամանակագրութեան վրայ
կը խօսի: Անկէ ետքը Եգիպտոսի մէջ Պտղոմէանց
ցեղէն նստող Թագաւորաց վրայ, ու վերջը նորէն
Հրէից դառնալով, կրկին հին ժամանակաց վրայ կը
սկսի խօսիլ, Ասորւոց՝ Մարաց ու Պարսից Թագա-
ւորութեանցը. ետքէն Պարթևաց ծագմանը վրայ
ճառելով, կը հասցընէ խօսքը մեր Արշակունի Թա-
գաւորաց ժամանակ: Այս մասին մէջ՝ ինչպէս ը-
սինք, գլխաւորաբար առաջնորդ բռնած է իրեն
զՄովսէս Խորենացի, Թէպէտ ինքը 'ի պատմագրեն
ինքզինքը հետևող կը ցուցընէ Ագաթանգեղոսի, Բիւ-
զանդայ, Խորենացւոյ, Եղիշէի, Փարպեցւոյն, Սե-
բէոսի, Ղևոնդեայ երիցու, Շապհոյ Բագրատուն-
ւոյ և Յովհաննու Հայոց կաթուղիկոսի: Վաղարշա-
կայ Թագաւորութեանը օրերէն մինչև 'ի Տրդատայ
մանկութիւնը հասցընելով պատմութիւնը, առաջին
գիրքը կը լմընցընէ. իսկ երկրորդ գիրքը Տրդատէն
կը սկսի, և կը հասցընէ մինչև 'ի Յովհան Իմաստա-
սէր, և անկէց ալ մինչև 'ի Թագաւորութիւն Աշո-
տոյ Բագրատունւոյ: Մասնաւոր գլխով մը կը խօսի
նաև Սասանեան Պարսից Թագաւորաց վրայ, անոնց
Արտաշիր Թագաւորէն սկսելով, ու կը հասցընէ մին-
չև 'ի Յազկերտ որդի Կաւատայ, Թոռն Խոսրովու:
Եւ որովհետև Խոսրովու մահուընէն քիչ առաջ՝ ե-

ԴԱՐ Ժ. ՍՏԵՓԱՆՈՍ ԱՍՈՂԻԿ ՇԿԵ

րեցեր էր Մահմէտ, և իրմով Հագարացւոց իշխանութիւնն ու ցեղապետութիւնը, ուստի այս երկրորդ դրոց չորրորդ գլուխը անոնց վրայ կը ճառէ, մասնաւոր խորագրով. Ամիր-ալ-մումնիք Տաճկաց, և որ ինչ յաւուրս նոցա գործեցան. և Մահմետէն սկսելով՝ կը հասցընէ մինչև 'ի Մրուան և յԱբդլլա, և անով կը լմընցընէ երկրորդ գիրքը:

***

Աշոտոյ Թագաւորութեամբը կը սկսի Ասողիկ Գ գիրքը, որ ինչպէս առաջ ալ ըսինք, իւր պատմութեանը գլխաւորագոյն և էական մասն է. վասն զի ընդհանրապէս իր ժամանակին և կամ իրեն մերձաւոր դէպքերու վրայ կը խօսի՝ բաւական հմտութեամբ և ոճով. որով ազգային պատմութեան վրայ՝ բաւական գոհացուցիչ լոյս մը կը ծագէ, նորանոր դէպքեր աւանդելով, և կամ այլոց պատմածը աւելի կերպով լուսաւորելով: Այս պատճառաւ պիտի ըլլայ անշուշտ՝ որ իրմէ ետքը եկող պատմչաց գովեստին արժանի եղած է. որոնց մէջ Լաստիվերացին՝ յիշելով Գագիկ Ա Շահնշահի ատեն ծաղկած վարդապետները, գլխաւոր կը սեպէ անոնց մէջ այս «Ստեփանոս Տարոնացին՝ որ զաշխարհապատում գիրսն շարագրեաց, սքանչելի յօրինուածովք սկըսեալ 'ի մարդն առաջին. և դայ բովանդակէ զպատմութիւն իւր 'ի վախճան Գագկայ՝ վասն որոյ պատմութիւնս է»:

Ոմանք կ'աւանդեն թէ Ասողիկ՝ Երեմիա մարգարէին դրոցը մեկնութիւն մըն ալ շարագրած ըլլայ. և իրենց կարծեացը երաշխաւորութիւն կը սեպեն Մագիստրոսի հետևեալ խօսքերը, զոր իր Թղթերէն մէկուն մէջ գրած է առ Գէորգ վարդապետ. «Վասն որոյ բանս հայցէ 'ի քէն զմեկնութիւն Երեմիայի *մարգարէի, զոր գրեալն է Ասողնկայ՝ երջանիկ ծայրագոյն ծերոյ՝ շնորհել մեզ»: Այս երկասիրութիւնը ինչուան հիմայ երեւցած չէ. և ուրիշ համանուն մեկնութիւն մը կայ՝ զոր գրչագիրք Մխիթարայ Գետկայցւոյ կամ Գոշի կ'ընծայեն, և որ ստուգիւ հեղինակ է Երեմիայ մարգարէին մեկնութեան:*

Ասողկայ Պատմութեան առաջին տպագրութիւնն եղած է 'ի Փարիզ յամի 1859 այս խորագրով. «Տիեզերական պատմութիւն Ստեփաննոս վարդապետի Տարօնեցւոյ. 'ի լոյս ընծայեաց հանդերձ ծանօթութեամբք Կարապետ վարդապետ Շահնազարեանց՝ միաբան սրբոյ Էջմիածնի»: Երկրորդ տպագրութիւն մ'ալ 'ի 1885 'ի փետրուարի. «Ստեփաննոսի Տարօնեցւոյ Ասողկան պատմութիւն Տիեզերական» հմտական յառաջաբանով և բազմապատիկ ծանօթութեամբք Ստեփաննոսի Մալխասեանց, և նուիրեալ «'ի յաւերժական յիշատակ ազգասիրին Յովսեփայ Իզմիրեանց Պզլարեցւոյ»: Գաղղիական թարգմանութիւնն ըրաւ հանրածանօթ հայագէտն Եդ. Տիւլորիէ, և իր մահուընէն ետքը առաջին հատորն հրատարակուեցաւ, խոստմամբ մերձաւոր տպագրութեան երկրորդին, 'ի Գարրիէր հայագիտէ գաղղիացւոյ: Խորագիրն է, Histoire Universelle, par Étienne Açogh'ig de Daron; traduite de l'arménien et annotée par Ed. Dulaurier, Membre de l'Institut, Professeur à l'École des langues orientales vivantes. Première partie, Paris; Ernest Leroux, éditeur, 1883. Ռուս թարգմանութիւն մ'ալ ըրած է բազմահմուտն Մ. Էմին, և տպագրեալ 'ի Մոսկուա 'ի 1864:

ՈՒԽՏԱՆԷՍ

Ուխտանէս պատմիչ: — Պատմութեան նիւթը: — Պատմական և բանասիրական արժէք իր երկասիրութեան: — Ձեռագրին տպագրութիւնն և թարգմանութիւնք:

Տասներորդ դարուս մէջ ապրած է նաև Ուխտանէս պատմիչ, որուն մէկ պատմական երկասիրութիւնն թէպէտև քիչ ատենէն 'ի վեր գտնուած և հրատարակուած է, բայց իր անուանը և գրուածոյ նիւթին յիշատակութեանը կը հանդիպինք առ Կիրակոս պատմչի և Ստեփանոսի Ուռպելեան: Առաջինն՝ ուրիշ ազգային պատմչաց թուոյն մէջ կը յիշատակէ և զնա. «Ուխտանէս եպիսկոպոս Ուռհայի, կ'ըսէ, որ գրեաց զբաժանումն Վրաց 'ի Հայոց՝ 'ի ձեռն Կիւրիոնի»: Ուրիշ տեղ մ'ալ. «Յայնմ հետէ բարձաւ ձեռնադրութիւն Վրաց որ 'ի Հայոց. զի սկսան զյունօք թեւակոխել. զայս ամենայն ստուգութեամբ ուսուցանէ քեզ Ուխտանէս եպիսկոպոսն. զի նա զամենայն լիով գրեաց, զթուղթսն և զպատասխանին և զքաջութիւն Պետրոսի եպիսկոպոսի, որ պատգամաւոր էր տեառն Աբրահամու առ Կիւրիոն, զոր Վիրք վասն համարձակութեան նորա Գայլ կոչեցին զնա»: Դարձեալ. «Եւ զպատճառս բանիցն՝ որպէս վերագոյնս խոստացաք, բացայայտեցից սակաւուք, որպէս հաւաստի ուսաք 'ի սրբոյն Ուխտանիսէ Սեբաստացւոյ եպիսկոպոսէ»: Կը յիշատակուի նաև առ Այրիվանեցւոյն:

Պատմութեանը խորագիրն է (ըստ միակ ծանօթ օրինակին որ պահի 'ի Մատենադարանին Էջմիածնի), «Զպատմութիւնս յերիս հատուածս, զոր ասացեալ է սրբոյն Ուխտանէսի Սե (բաստացւոյ) եպիսկոպոսի, 'ի խնդրոյ հաւրն Անանիայի Նարեկավանից առաջնորդի և նախաշար վարդապետի. հատուածն առաջին՝ յաղագս թագաւորաց և հայրապետաց մերոց. և երկրորդն՝ վասն բաժանման Վրաց. և երրորդըն յաղագս մկրտութեան՝ ազգին այնմիկ Ծադն կոչեցեալ»: Այս երեքմասնեայ գրութենէն, — ինչպէս կը ծանուցանէն հրատարակողք 'ի յառաջաբանին, — միայն առաջինն ամբողջ հասած է առ մեզ. երկրորդըն՝ թերի, իսկ երրորդն բոլորովին անհետ եղած: Բայց թէ հեղինակին յօրինուածն ամբողջ էր, կը վկայէ և ինքն Ուխտանէս յընծայականին առ խընդրող պատմութեանս. «Կարգել մի ըստ միոջէ՝ ըստ իւրաքանչիւր խորհրդոյ. նախ զթիւ թագաւորացն և հայրապետացն մերոց. և զբաժանումն Վրաց 'ի Հայոց միաբանութենէ. և յետ այնորիկ զմկրտութիւն ազգին որ Ծադն կոչի. նաև զգաւառս և զգեղս գլխաւորս, և զքաղաքս և զբերդս իւրաքանչիւր գաւառօք՝ որ են յաշխարհին յայնմիկ, որպէս և կամք քո հրամայեցին, և զվանորայս հանդերձ վանականօք՝ անուամբ իւրաքանչիւրոյ»: Գրուածքիս այս հետաքննական մասն կորսուած է:

***

Պատմութեան նիւթը. — Հաւատարիմ իր խոստմանն՝ հեղինակն գրուածքին առաջին մասն կամ հատուածը կը նուիրէ Հայոց թագաւորաց և հայրապետաց պատմութեանը, 'ի գլուխ գրոցն կարգելով ընծայական մը առ խնդրողն, զոր «աստուածազարդ և վսեմական տէր, կը կոչէ, տիեզերական վարդապետ, իբրև ծառ իմն բազմապտուղ և բարձր 'ի մէջ վայելուչ և աստուածատունկ դրախտին Նարեկայ կոչեցեալ ուխտի, սաղարթ առեալ և վարսաւորեալ վարուք առաքինութեան»: Կ'անուանէ զնա և բանիբուն պերճախօս և հոյակապ հռետոր, գրուաելով նաև անոր ուսումնական եռանդն ու փոյթը: Յետոյ կը սկսի իր պատմական երկասիրութիւնն՝ յԱդամայ և յորդւոց նորա. Նոյի ու սերնդոցը վերայ խօսելու ատեն կը յիշատակէ և զՀայկ 'ի ցեղէ Յաբեթի. «Ի սոցանէ, կ'ըսէ, եղև սկիզբն թագաւորութեան 'ի Հայս. 'ի գալն Հայկայ և յանուանել զիւր անուն. և յայնմ հետէ սփռել 'ի նմանէ և անդր ամենայն աշխարհի, արեւմտից և հիւսիսի»: Այսպէս կը շարունակէ Ուխտանէս աստուածաշունչ գրոց ծննդաբանութեամբք և համառօտ տեղեկութեամբ կամ յիշատակութեամբ անուանց լերանց, ծովուց, գետոց և բաժանման աշխարհաց մինչև 'ի գլուխն ԺԵ. որ նուիրուած է Հայկայ և իր պատերազմին ընդդէմ Բելայ Խորենացւոյն խօսքերովը, և նոյն ոճով և հետևողութեամբ կը շարունակէ՝ համառօտելով պատմութիւն նորա՝ և յարգական մեծարանօք խօսելով հեղինակին վրայ, զոր մերթ անունովը կը կոչէ, և մերթ լոկ պատմագիր ըսելով գոհ կ'ըլլայ: Փոփոխակի համառօտելով պատմութիւն Հրէից, Հայոց, Պարսից և Յունաց. 'ի գլուխն ԻԵ Տիգրանայ առաջնոյ վրայ խօսած ատեն՝ կը տարբերի քիչ մը 'ի Խորենացւոյն՝ իրեն որդին ու յաջորդը Բապախրան կոչելով, «զորոյ քաջութեան գովութիւն, կ'ըսէ, երգիչք երգէին 'ի պարս խաղուց, զոր և աստուածացուցեալ զնա ասեն Վրայ աշխարհին. և զչափ հասակի նորա անդրի կանգնեալ՝ պատուէին ըռհիւք, ասէ մեզ ստուգիւ պատմագիրն: Եւ Տիգրան, ասէ, ընդվզեալ ձեռանի յԱղէքսանդրացւոց Մակեդոնացւոց»:

Ի գլուխն ԻԶ կը խօսի յաղագս Թագաւորելոյն Արշակունեաց 'ի վերայ Պարսից և Հայոց, ու կը շարայարէ (ԻԷ) 'ի վերայ Թագաւորաց Հայոց որ 'ի Պարթևաց, Արտաշէսի, Արտաւազդայ ու Աբգարու և իրենց յաջորդաց, նշանակելով համառօտիւ նաև Հռովմայեցւոց կայսերքն՝ և իրենց ժամանակաց դէպքերն, եկեղեցւոյ վրայ յարուցած հալածանք և արկածք 'ի ներքին անմիաբանութեանց և 'ի հերձուածոց՝ բաւական ստուգապատում և հետաքննական ոճով: Այս կերպով յառաջ կը վարէ գրուածքն մինչև 'ի գլուխն ՀԶ որ վերջին է առաջին հատուածին կամ գրքին: Միայն վերջընթեր գլխոյն մէջ Շապհոյ Բագրատունւոյ պատմական գրուածքէն հատուած մը մէջ կը բերէ Ուխտանէս, այս խորագրով. «Յաղագս Թագին երանելոյն Կոստանդիանոսի՝ թէ ուստի՞ կամ որպէս յաջողեալ եղև նմա 'ի Տեառնէ՝ Շափոյ որոյ (Շապհոյ՝ որդւոյ) Աշոտոյ սպահի պատրիկի ասացեալ 'ի Պատմութեան իւրոյ»: Այս հատուածը կը յիշատակէ և Ասողիկ՝ Բագրատունւոյն անուամբ: Վարդան պատմիչն ալ. «Յետ այսորիկ խաղաղութիւն խնդրեաց Շապուհ Պարսից արքայ 'ի Կոստանդեայ, նեղեալ 'ի Տրդատայ արքայէ. և նորա հաւանեալ խնդրեաց 'ի նմանէ զԹագն Դաւթի մարգարէի, զոր առ Յովաբ յորդւոյն Ամնայ՝ 'ի տանէ Մելքոմայ. և եդ 'ի գլուխն թագաւորին Դաւթի, և անկաւ 'ի Քաղդէացիսն, և ապա 'ի Կիւրոս, և 'ի Դարեհէ յԱղէքսանդր, որով պսակեցան Մակեդոնացիքն մինչև ցԱնտիոքոս, զոր սպան Պարթեւն Արշակ և առ 'ի նմանէ, և եկն մինչև ցՇապուհ. յորմէ խնդրեաց կայսրն՝ զի օրինակաւն արասցէ իւր թագ, և զայն առ նա դարձուսցէ. և յորժամ ետ կազմել՝ եդ զերկոսին 'ի վերայ սեղանոյ, և ասաց ծառայիցն Շապհոյ առնուլ զիւրեանցն. և նոցա աչք կալեալ առին զնորն և գնացին. քանզի խնդրեաց յԱստուծոյ Կոստանդիանոս զի առ ինքն մնասցէ Դաւթի մարգարէի յիշատակն»:

***

Ուխտանէսի գրոց երկրորդ մասն կամ հատուածը կը կոչուի՝ ինչպէս ըսինք. Պատմութիւն բաժանման Վրաց 'ի Հայոց: Չենք կրնար ըմբռնել թէ ինչ վերաբերութիւն ունի այս մասը առջինին հետ, ինչպէս նաև կորսուած երրորդը՝ երկու նախընթացներուն հետ. եթէ չուզենանք ենթադրել որ մի և նոյն հեղինակի այլևայլ նպատակ ունեցող շարադրութիւնք ըլլան՝ ըստ հայցման և առաջարկութեան խնդրողին, և ապա իրարու հետ միացած 'ի գաղափարուղաց և այնպէս առ մեզ հասած: Ընդհանրապէս ժամանակին եկեղեցական պատմութեան կարևոր և հետաքննական յիշատակարանք են՝ հաւաքեալք յՈւխտանիսէ յայլևայլ դիւանաց և 'ի գրոց. և զորս մարթ է ամբողջացընել 'ի թղթոց կոչուած մատենից, յորս հաւաքուած են այսպիսի թղթակցութիւններ: Ինչպէս խորագիրն ալ կ'ակնարկէ, Քաղկեդոնի ժողովոյն պատճառաւ Հայոց 'ի Վրաց բաժանման պատմութիւնն է. և մինչ հայրապետք Հայոց և ժողովք կը զգուշացընեն զՎիրս յընդունելոյ զժողովն, կամ արդէն տրուած համաձայնութենէն ետ կենալու, Վիրք ալ իրենց գործը և համոզումը կ'արդարացընեն. և այս վախճանաւ եղած են փոխադարձ թղթակցութիւնք Մովսիսի Հայոց կաթողիկոսի առ Կիւրիոն, Վրաց հայրապետին առ Մովսէս, Մովսիսի եպիսկոպոսի Ցուրտաւայ թուղթք առ Վրթանէս Քերթող, և սորա պատասխանիներն, և այլն, և այս թղթակցութեանց պատճառաւ այլ և այլ դիպուածք, ժողովք և բանակցութիւնք: Գրեթէ բովանդակ այս նիւթերով կը զբաղի Ուխտանէս իր գրոց երկրորդ մասին եօթանասուն գլուխներով. յորոց վերջինը՝ Աբրահամ Հայոց կաթուղիկոսին շրջաբերականն թերի կը մնայ 'ի գրչագրին՝ որով նաև 'ի տպագրին Էջմիածնի:

Երրորդ հատուածը, հետաքննականն անշուշտ քան զառաջինն, Ծադ ազգին մկրտութեան վրայ, բոլորովին կորսուած է ըսինք:

Ուխտանեսի լեզուն, պատմական արժէք, գրութեան ոճ՝ ունին իրենց յարգը, ուստի և իրաւամբ հաճոյ բանասիրաց: Այլևայլ աղաւաղութիւնք գըրչագրին կ'երևնան, քիչ մ'ալ տպագրողաց. որով շատ տեղ ընթերցուածոց հաւատարմութիւնք կասկածելի կը մնան, ու փափաքելի կ'ընեն նոր և ընտրելագոյն գաղափարաց գիւտը և հրատարակութիւն:

Հայկական բնագիրն հրատարակուեցաւ յէջմիածին, յամի 1871: *Գաղղիարէն թարգմանութիւնն Պրոսէի ջանքով.* Histoire en trois parties, composée par l'évêque Ter-Oukthanès, à la prière d'Ananie, superieur du Couvent de Narek, et Vartabed de premier rang, par M. Brosset; Saint-Pétersbourg, 1870. *Մատենախօսական կրկին հատուածք առ նոյն հայագիտին.* Études sur l'historien arménien Oukthanès, Xe siècle, par M. Brosset; Mélanges Asiatiques, VIe. — Histoire de la scission religiéuse entre les Georgiens et les Arméniens, depuis la fin de Ve siècle; Saint-Pétersbourg, 1851.

ՄԵՍՐՈՎՊ ԵՐԷՑ

Մեսրովպ Երէց: — Իր անուամբ գտնուած պատմական երկասիրութիւն մը. — Ի հնոց գրուած Մեծին Ներսեսի հայրապետի վարք: — Ծաղկաքաղ այդ գրուածին 'ի Մեսրովպայ: — Նիւթը և արժէքը: — Տպագրութիւնք և թարգմանութիւն:

Այս դարուս մէջ ապրած և մատենագրած է Մեսրովպ անուն երէց, վայելչահիւս դրիչ վարուց և կենաց սրբոյն մեծին Ներսիսի Պարթեւ: Ի վերջ այս երկասիրութեան գրուած ինքնագիր յիշատակարանին խօսքերն են՝ զոր մէջ կը բերենք. «Ի ՆԺԶ թուականիս Հայոց և 'ի վերագիտողութեանն Տեառն Վահանայ Հայոց կաթողիկոսի, և յամս Աշոտոյ Բագրատունւոյ Հայոց թագաւորի 'ի տանէն Շիրակայ, ես Մեսրովպ նուաստ քահանայ 'ի Վայոց ձորոյ 'ի գեղջէ Հողոցմանց, ուստի Յովսէփ էր երանելի նահատակն յաւուրս սրբոյն Վարդանայ ... մեծ ցանկութեամբ ծաղկաքաղ արարի զգիրքս զայս 'ի Հայոց Մնացորդաց յԱրեւելից դրոց․ զյաղթութիւն և զվատթարութիւն թագաւորացն Հայոց և Վրաց, և զառաքինութիւն և զսքանչելիս հայրապետաց տոհմից սրբոյն Գրիգորի Լուսաւորչին, և զտեսիլ և զկտակ սրբոյն Ներսեսի․ և զքաջութիւն և զյաղթութիւն արիական ազգին Մամիկոնէից ... Եւ արդ զայս հանեալ յԱրեւելից դրոց 'ի Հայոց Մնացորդացն պատմութեանց․ և ետու որդիացելոյն իմոյ սուրբ աւազանին ծննդեամբն՝ Վահանայ Մամիկոնէնոյ, 'ի գեւղն որ կոչի Վարժի» ։

Աւելորդ է անդրադարձնել թէ նոյն իսկ երկասիրողին վկայութեամբ՝ լոկ ծաղկաքաղ մ'է արդէն ազգին մէջ իր ատեն գտնուած և ծանօթ ընդարձակագոյն երկասիրութեան մը՝ 'ի Հայոց Մնացորդաց յԱրևելից գրոց։ Թէ ի՞նչ կը նշանակէ այս խորագիրը՝ չենք կրնար ստուգութեամբ ցուցել․ բայց այդ անունը կրող գրուածքին գոյութիւնը մեր դպրութեան մէջ արդէն յիշատակեցինք, նախնեաց իսկ վկայութեամբ ընծայելով զայն Աբրահամու Խոստովանողի, մին 'ի կրտսերագոյն Թարգմանչաց։ Բայց որովհետեւ մեր ձեռքն հասածը Մեսրովպայ երիցու աշխատասիրածն է՝ և ոչ իրմէ յիշուած նախնական երկասիրութիւնն՝ որ կորսուած կ'երևի, ուստի և իր անուան և ժամանակին տակ ուզեցինք զետեղել։

* * *

Հնութեան ոչ լոկ հետք՝ այլ նաև յարգը կը կրէ իր վրայ այս համառօտ բայց ընտիր գրուածը․ «Խուն առ մեծութեամբ Ներսիսի, – ինչպէս կ'ազդէն հրատարակողք, – զի զի՞նչ իսկ այնպիսում դէր եղելոյ 'ի մարդիկ գուցէ հնար պատշաճեցուցանել․ այլ առ մեզ մի ճանաչի 'ի գեղեցիկ չափով և համով սափերաց դպրութեան հայ լեզուի, մանաւանդ ըստ վիպասանութեան առանձին կենցաղականաց » ։ Բիւզանդ՝ արդէն իր առատաբան և պաճուճեալ լեզուով և ոճով հռչակուած էր զսուրբ հայրապետն Ներսէս. բայց թերեւս որբագրի մը ոչ այնչափ պատկանաւոր կերպով ու բացատրութեամբ՝ որ իսկապէս արժանի ըլլայ այն անզուգական անձին՝ որ սրբակենցաղ քաղաքավարելովը՝ յերկրի երկնաքաղաքացի, ու երկրաւոր հայրենեաց Ճշմարիտ բարւոյն համար տաժանող սըրտիւը՝ իրաւամբ հայր հայրենեաց կոչուած է ։ Բիւզանդայ քովթերի սեպուած մասը՝ երկրորդին մէջ լրացած կը գտնենք ։

Ո՞վ եղած է սկզբնագիր հեղինակ այս վարուց սրբոյն Ներսիսի ։ — Բանասիրութիւնը՝ դէթ ինչուան հիմայ չունի որոշ պատասխան մը այս հարցման ։ Երկու տեղ 'ի պատմութեանն կը յիշուի Մեսրովպայ — Մաշտոցի անունը, մէյմը՝ իբրու ընկերակից սուրբ հայրապետին առաքելական վաստակոց, և միւս անգամ մ'ալ՝ յերկրէ յերկինս մահաքէրան՝ բայց յաղթական ու քրիստոսանուէր անցից ժամանակ երբ « քերան, — ինչպէս կ'ըսէ պատմիչն, — ոռոգանէր զանձամբն, և ցաւն սաստկէր զնա ուժգին. և նա ձեռլէր 'ի հանգիստն ։ Եւ յարուցեալ յաթոռոյն եւ 'ի գաւիթս եկեղեցւոյն, և տարածեալ զձեռս իւր, հայեցաւ յերկինս զուարթ սրտիւ. և յիշէր յաղօթս իւր զամենայն աշխարհ, զհեռաւորս և զմերձաւորս ։ Եւ ունկն դնէր նմա Մեսրովբ աշակերտն իւր, որ անուանեցաւն Մաշտոց » ։ Այսպիսի հրաշալի նուիրման և մահուան մը տեսարանին ներկայ՝ ու հոգեհրատ խօսքերուն ականջալուր վարդապետասէր աշակերտը՝ ոմանք հաւանականաբար նաև դրիչ ուզեցին սեպել առաքինակրօն վարուցը ։ Այլք Խորենացւոյն ընծայեցին, որովհետև 'ի ցուցակս Մատենադարանին որ 'ի Ս. Յակոբ Երուսաղէմի կը յիշատակուի այսպիսի գրութիւն մը յանուն Մովսիսի. ոմանք ալ Աբրահամու Խոստովանողի ։

Գրուածքիս խորագիրն է. «Ցաղագս զարմից սըրբոյն Գրիգորի Լուսաւորչի և պատմութիւն սրբոյն Ներսիսի Հայոց հայրապետի»։ Կը սկսի սրբոյն Գրիգորի մահուընէն, տալով նաև իր որդւոց վրայ համառօտ և արդէն ծանօթ տեղեկութիւններ։ Անոնցմէ բնականաբար կ'անցնի 'ի սուրբն Ներսէս. իր ուսումն 'ի Կեսարիա, անդ 'ի կարգ աշխարհի մտնելով՝ Մամիկոնեան ցեղէն ընդ Սանդուխտ օրիորդի ամուսնութիւնն ու զաւակ մը ունենալը, ըղսուրբն Սահակ, յետ երից ամաց կնոջը մահը, ու Ներսեսի յարքունական սպաս Արշակայ Թագաւորի մտնելը իբրու սենեկապետ։ Տխուր գոյներով, – ինչպէս էր իրաւամբ, – կը ստորագրէ նոյն ժամանակի Հայաստան աշխարհին բարոյական վիճակը. և թէ ինչպէս անոր դարմանն գտնելու համար՝ միայնակեացք սրբակրօնք 'ի ժողով գումարէին, և հոգեկան ազդեցութեամբ կը գուշակէին թէ այն փափաքելի բարեկարգութեան հասնելու միակ միջոցն էր՝ Լուսաւորչի ցեղէն մէկը բազմեցընել յաթոռ նորա հայրապետական. որոց համախոհ և ձայնակից՝ Շիրակայ գաւառէն մեծ նախարար մը, Պարգեւ անուն, ուրախարար աւետիսը կու տար գումարելոցն թէ «Ես տեսի 'ի տան Թագաւորին յազգէ սրբոյն Գրիգորի մանուկ մի, որում կոչի անուն Ներսէս, կատարեալ հասակաւ և լի իմաստութեամբ և շնորհօք Աստուծոյ»։ Արշակ Թագաւորն ալ որ յայտնապէս կը տեսնէր հայրենեաց անկումը, պատճառը ուրիշ բան չէր գտնէր, կ'ըսէ պատմիչը, բայց «զի պակասէր քահանայապետ 'ի ցեղէ սրբոյն Գրիգորի, և զօրավար՝ 'ի քաջ և 'ի տիրասէր ազգէն Մամիկոնէից». և իբրև իշխան և պետ՝ 'ի կորուստ դիմող ազգին այս կարևոր պակասը լեցընելու փափաքանօք, զչորս հարազատս, զՎարդան, զՎասակ, զՎահան և զՎրոյժ՝ զորդիս Արտաւազդայ Մամի-

կոմենտոյ կարգէր 'ի զօրավարութիւն Հայոց, զորս կը գրուատէ պատմիչն, «անէրկիւղք 'ի պատերազմունս, — կոչելով զնոսա, — աջողակք 'ի մարտս պատերազմաց, բարեհամբաւք, բարենշանք, աղեղնաձգողք 'ի մարտս պատերազմաց իբրև հուր ընդ եղէգն ընթանային»: Այս մեծ կարգաւորութենէն ետքը՝ կը հրամայէ Թագաւորն աշխարհաժողով բազմութեամբ և հաւանութեամբ փութալ յընտրութիւն Ներսիսի. և արքունական փառօք և ճոխութեամբ կը ղրկէ զնա 'ի Կեսարիա՝ եպիսկոպոսական օծութիւնն ընդունելու:

Հայրապետական շքով և իշխանութեամբ 'ի հայրենիսն դառնալով, ոչ եւս յերկրէ, այլ Աստուծոյ և հայրենեաց բոլորանուէր հոգի, անձն և սիրտ, իրեն վաստակոց և հայրագութ խնամոց լայն ու ընդարձակ ասպարէզ մը կը բացուի. և նախ՝ անշուշտ Թագաւորական բարեհաճութեամբ և առաջարկութեամբ, 'ի Խոսրովայ և յայլ Թագաւորաց սահմանուած ու դրուած Հայոց իշխանաց գահը կը նորոգէր. «Զնոյնն և նա, կ'ըսէ պատմիչն, կարգէր 'ի ժամ ճաշոյն 'ի սեղան արքային Արշակայ՝ բարձս չորեքարիւր». յորոց հարիւր և վաթսուն և աւելի հետաքննական ցուցակաւ. յանուանէ կը յիշատակէ, և որ մեծ յարգ և նշանակ մ'է երկասիրողին հմտութեանն և հնութեան, և կը յաւելու. «Այս են դահոյք և այլ եւս յոլով, զոր ծանր համարեցայ արկանել ընդ գրով. զոր նորոգեաց Արշակ Թագաւորն և կարգեաց 'ի ժամ ճաշոյն իւրոյ 'ի սեղան իւր. բարձս չորեքարիւր՝ հրամանաւ մեծին Ներսիսի»: Իշխանական դասու և տոհմի բարեկարգութենէն կ'անցնի հայրապետն նաև եկեղեցական նուիրապետութեան մէջ սպրդած անպատշաճութիւններն և անվայելուչ զեղծմունք բառնալ. զորս մի ըստ միոջէ կը յիշատակէ պատմիչս, աւանդելով նաև իր ձեռ-

քով և հրամանաւ կատարուած բազմաթիւ շինութիւնք 'ի պատսպարան և 'ի սփոփումն աղքատաց, հիւանդաց և ուրկաց, յորոց բազումք անխնամ և անայցելոյ և հալածեալք յանբնակ տեղիս՝ «գազանակուրք, գետավէժք, ձիւնախեղդք և անգիւտ կորնչէին» :

***

Այսպիսի փրկարար և բարեգործ արդիւնք հրաչակելէն ետքը, պատմիչը նոր և հրաշափայլ անձնաւորութիւն մը կ'երևցընէ մեզ զՆերսէս, նկարագրելով իր գրաւած մեծ և կարևորագոյն դերը ազգային պատմութեան մէջ. և ուր աւելի է նենգագործ չարութիւն՝ հոն աւելի կը փայլեցընէ անոր բարութիւնը. ուր յաղթողի մը խրոխտանօք կ'երևնայ անիրաւութիւն, զՆերսէս աներկիւղ 'ի խորտակել և 'ի փշրել անոր զէնքերը. ուր անխուսափելի են վըտանգք՝ ինքն է առաջին յանձնառուութեան 'ի փրկել զհայրենիս. ուր արտասուք՝ հոն կը հասնի 'ի մխիթարել և 'ի սփոփել: Այսպէս՝ երկասիրութեանն առաջին երեսներուն մէջ՝ երբ անմեղին Գնելայ անպարտ ու դաւաճան մահուան նկարագրութիւնը կ'ընէ. երբ կը ցուցընէ զՓառանձեմ՝ որ կը տեսնէ թագաւորին ղրկած սուսերաւոր և վահանակիր հետևակաց գունդը, որք փայլական պէս վրայ կը հասնին, կը ձգեն զպատանեակն Գնէլ յերկվարէն, կը կապեն կը կապկըպեն անոր ձեռքերը, ու կը տանին 'ի տեղի սպանման: Այն անգութ և անողորմ տեսարանին ականատես անզէնն Փառանձեմ՝ ճիչ վերցընելով կը դիմէ առ սուրբն Ներսէս, կը գտնէ զնա դեռ ևս 'ի պաշտաման առաւօտու աղօթից. կը փարի անոր ոտիցը, կը թանայ ջերմիկ և յորդառատ արտասուօք. «Զպատանեակն Գնէլ՝ զոր դուն ափրէնը, կ՚ըսէ, զամուսին իմ, առանց իրիք յանցանաց կորուսանել կամին։ Կենդանի է Տէր, ոչ թողից ըղ-գարշապարս քո, մինչև ցուցցես խաւարեալ աչաց իմոց զորբութեամբ ամուսինն իմ զպատանեակն Գը-նէլ։ Վա՜յ հասիր սուրբ հայրապետ, վա՜յ հասիր, զի զմատաղիկ ուռն հատանեն ՚ի յորթոյ. վա՜յ հասիր սուրբ հայրապետ անօգնականին Գնելոյ. ոչ գոյ զի օգնեսցէ պատանեկին. և գազանքն ոչ ողորմին նմա »։ Սուրբ հայրապետն այս դուժին՝ մեկենիմեկ կը խա-փանէ առաւօտեան մաղթանքն. կը փութայ ՚ի խո-րանին արքունի։ Կ՚իմանայ Արշակ այդ անակնկալ գալստեան պատճառը. արքունական քօղովը գլու-խը կը ծածկէ, կեղծելով զքուն։ Ներսէս կը բանէ անոր ձեռքէն՝ ՚ի գահոյից վեր վերցընելու, մինչ Արշակ կը շարունակէ իր կեղծիքը, սպասելով որ իրմէ տրուած անօրէն հրամանն ելնէ ՚ի գլուխ։ Այն ա-տեն Ներսէս կը հրամայէ երիվար մը պատրաստել. ու սուրհանդակի մը պէս կը վազէր, կ՚ըսէ պատմի-չը, որպէս զի ատենին հասնի անմեղին Գնելոյ մահը խափանելու։ Հազիւ բանակէն դուրս ելած է, և ա-հա կը հասնին բանբերք՝ աւետելու արքային որ հրա-մանը կատարուեցաւ։ Չիթողուր Ներսէս որ վայր-կեան մ՚ալ ուրախ ըլլայ թագաւորն իր խորհրդոցն յաջողութեան համար. այլ անոր պարտաւոր գըլ-խոյն վրայ՝ երկնազդեցիկ արիութեամբ կը տեղայ կը թօթափէ կայծականց ու անիծից շանթեր. ու չխա-բուելով անոր սուտ արտասունքէն՝ կը քաշուի իր վրանը ողբալ զթագաւորն և զհայրենիս։

Դիտմամբ յերկարեցինք խօսքերնիս այս գեղեցիկ դրուագին վրայ, և որուն ոչ անարժան է Մեսրովպայ ոճը բովանդակ երկասիրութեան մէջ։ Վան զի հա-մանման և ընտիր դրուագք են՝ Արշակայ խոնարհիլն իյնալը յոտս Ներսիսի՝ իր անձին ու հայրենեաց փրկութիւնը խնդրելով յարգարադատ ցասմանէ

Վաղեսի. սուրբ հայրապետին փութալն 'ի Պոլիս առ կայսրն, առաքելանման համարձակախօսութիւնն ընդ նմա, կամակար աքսորանքն, Վաղեսի երկնաւոր պատուհասն, որբոյ Պարթեւին դարձն 'ի հայրենիս, Արշակայ գերութիւնն յԱնյուշ բերդի, Պապայ բազմարկածեան թագաւորութիւնը, Ներսիսի աղօթիւք 'ի Նպատական լերին Հայոց բանակին յաղթութիւնը, Մուշեղ և իր արութիւններն, և վերջապէս սուրբ հայրապետին մահը, և այլն. ասոնք ամէնքը սրտաշարժ ոճով ու լեզուով պատմուած են 'ի Մեսրովպայ:

Մեսրովպայ Երիցու այս գրուածքը առաջին անգամ տպագրուած է 'ի Մադրաս Հնդկաց 'ի Յակոբայ Շամիրեան 'ի 1775: Նորագոյն և ընտիր տպագրութիւն մ'ալ 'ի 1853 'ի Ս. Ղազար Վենետկոյ 'ի շարս Հայկական Սոփերաց: Գաղղիական թարգմանութիւնն ալ 'ի Հաւաքման պատմագրաց Հայոց Լանկլուայի (Հատ. Բ.). Génèalogie de la famille de Saint-Grégoire Illuminateur de l'Arménie, et Vie de Saint-Nerses, patriarche des Arméniens, par un auteur anonyme du Ve siècle. Ouvrage traduit pour la première fois en français, par Jean-Raphaël Emine, Paris, 1869.

ՅԻՇԱՏԱԿԱԳԻՐՔ

Այս դարուս մէջ կը յիշուին, ՄՈՒՇԵՂ ԲԱԳՐԱՏՈՒՆԻ, որ Կարուց թագաւոր կ'երևնայ, ու Աշոտոյ Երկաթի եղբայրը, որով տասներորդ դարուն առջի կիսուն մէջ կ'իյնայ: Անանուն վարդապետ մը՝ իւր խնդիրքովը Արիոսեանց, Եւտիքեանց, Նեստորականաց ու Քաղկեդոնականաց դէմ գրուած մը շարադրած է, այսպիսի սկզբնաւորութեամբ. «Ո՛վ քաջ բանասիրաց, տէր իմ Մուշեղ Բագրատունի, պերճաբանդ և հանճարեղ գունակացեալդ առ ծայրադոյն խորոց խոհեմագոյն, ըստ գործնականին և տեսականին գրոց ստորոգութեանց»:

ՆԼ Թուականին գրուած մատենի մը մէջ ալ կը յիշատակուի ԱՏՈՄ ԱՆՁԵՒԱՑԻ, տասներորդ դարուն առջի քառորդին մէջ ապրած, որուն հրամանաւը՝ Արտաւազդ Մաղազուշենաց տէրն «բացայայտեաց զսուրբ պատուիրանս»: Ներքողեան մ'ալ կայ 'ի գրչագիրս 'ի սուրբ Կարապետն Յովհաննէս «երանելոյն տեառն Ատովմայ Անձեւացեաց եպիսկոպոսի ասացեալ». (Մատենադարան Էջմիածնի, Թիւ գրչագրաց 915):

Հաւաքում մ'ալ յօրինեց սրբոց վարուց և դասաւորեց հռովմէական ամսոց օրերով. այս պատճառաւ յոմանց Ատոմնագիր ըսուեցաւ իր անունովը և յոմանց Հոռոմնագիր. ոմանք ալ Տօնացոյց կամ Տօնացուցակ կ'անուանեն զայն: Ասողիկ՝ Ատոմայ սուրբ ուխտին առաջնորդ Գագկայ կ'ընծայէ այս կարգաւորութիւնը:

Իրեն ժամանակակից ՍԱՄՈՒԷԼ ԿԱՄՐՋԱՁՈՐԵՑԻ յօրինեց զՏօնապատճառ գիրս:

Դարձեալ ՏԱՃԱՏ անունով կրօնաւոր վարդապետ մը, որ իրեն ատոխճանակից Թովմայի մը հարցմանը պատասխան կու տայ: Այս հարցմանը վերջը՝ հետեւեալ խօսքերը կը կարդանք. «Կիւրեղ Երուսաղեմի վկայէ և Յովհան Բիւզանդացի և Եղիշա Կողբացի, որով և զտեղիսդ ոչ բացայայտեցաք». Թերևս զԵզնիկ և զԵղիշէ շփոթելով:

Ճառընտրաց մէջ կը յիշուի սրբոց Ատովմանց վկայաբանութիւնը՝ «զոր արարեալ է Տաճատ հայրն Վարագայ»: — Կայ Թուղթ մ'ալ յանուն Թովմայի առ Ատոմ իշխան:

ԴԱՐ ԺԱ

—

ՅՈՎՀԱՆՆԷՍ ԿՈԶԵՌՆ

—

Յովհաննէս Կոզեռն։ — Իր վարքը։ — Երկասիրութիւնը։ — Պատմական գրուածքի մը յիշատակութիւնը։

Մետասաներորդ դարուն սկիզբները, Խաչիկ Բ կաթողիկոսին օրերը ծաղկեցաւ Յովհաննէս վարդապետ Կոզեռն Տարօնացի, զոր գովութեամբ կը յիշատակէ Մ. Ուռհայեցին, և կ'ըսէ. « սկայ բանիւ և մեծ գիտութեամբ բացայայտեր զգիտութիւն գրոց սրբոց ». ուրիշ տեղ մ'ալ « այր ճգնազգեաց և բանիբուն հռետոր » կոչուած կը գտնենք զինքը։ Կը պատմեն Լաստիվերտցի և Ուռհայեցի թէ Հայոց ՆԶԵ թուականին՝ արեգական մեծ և ստուգ խաւարում մը պատահեցաւ. Պետրոս կաթողիկոս և Յովհաննէս թագաւոր՝ զԳրիգոր Մագիստրոս և ուրիշ ազնուական և գիտուն անձինք և քահանաներ ղրկեցին առ Կոզեռն վարդապետ, որպէս զի այն նշանին մեկնութիւնը տայ, և իրենց վարանեալ միտքը հանդարտեցնէ։ Երբ զանոնք տեսաւ Յովհաննէս վարդապետ, հառաչեց ու սկսաւ բարձրաձայն լալ. պատգամաւորք ա՛լ աւելի շփոթեցան. և այն ատեն մեկնեց թէ ինչպէս Քրիստոսի խաչելութեան հազարերորդ թուականը լեցուելով՝ սատանայ պիտի արձակուի 'ի շղթայից, և բոլոր աշխարհս տակնուվրայ պիտի ընէ. թագաւորք՝ թագաւորաց, և ազգք ազգաց վրայ պիտի ելլեն, և բազմապատիկ թշուառութիւնք պիտի հասնին Հայաստանի վրայ: Ուռհայեցի պատմագիրը, որ այս դէպքը կ'աւանդէ, Հայաստանի վրայ հասած այլ և այլ աղէտքն աչքով տեսնելէն և զանոնք ողբալէն ետքը, կը յաւելու. «Զոր խօսեցաւ 'ի մերում ժամանակիս սուրբ վարդապետն Հայոց Յովհաննէս՝ որ ասի Կոզեռն. սա խօսեցաւ բազում բանք, որպէս զմարգարէութիւն 'ի վերայ այսմ ժամանակիս, և խափանելոյ աստուածպաշտութեան յամենայն մտաց, և թուլանալոյ հաւատոց. և զայս ասաց 'ի նոյն գիրքըս յառաջ ժամանակաց»:

Լաստիվերտցին կը զրուցէ Կոզեռն վարդապետին համար, թէ «զՀաւատոց գիրս գրեաց». բայց այսպիսի գրուած մը դեռ ձեռուընիս հասած չէ: Ուրիշ գրքի մ'ալ, այսինքն տումարական արուեստի և թըւականաց և շրջանաց վրայ գրածէն՝ 'ի խնդրոյ Անանիայ եպիսկոպոսի Վաղարշակերտցւոյ, միայն հատուած մը հասած է մեզի: Հաւանականաբար այս գրուածն է որ կը նշանակէ յէջմիածնեան Մատենադարանին (թիւ 1975) այսպիսի խորագրով. «Մեկնութիւն տումարի 'ի Յովհաննէս Կոզեռն վարդապետէ»:

Պատմական գրուած մ'ալ կը յիշատակուի իր անուամբը՝ որ մեզ անծանօթ է. «Յովհաննէս Կոզեռն, կ'ըսեն յիշատակագիրք, որ արար զոր ինչ եղեն 'ի ժամանակս իւր»:

ԳՐԻԳՈՐ ՄԱԳԻՍՏՐՈՍ

Մագիստրոսի տոհմը: — Քաղաքական դիրքը: — Կոստանդնուպոլիս երթալը և հոն ՚ի Բիւզանդական արքունեաց մեծարուիլը: — Մատենագրական կեանքը: — Այս նկատմամբ իրեն տրուած գովութիւնք: — Թղթերը: — Վարդապետականք: — Իմաստասիրականք: — Ընտանեկանք: — Քերթուածք: — Հազարտողեանն առ Մանուչէ արաբացի: — Քերականականք:

Պահլաւունեաց տոհմէն Վասակ Նահապետին որդին էր Գրիգոր Մագիստրոս, որ իւր հօրը մահուընէն ետքը ուրիշ նախարարաց հետ միաբանեցաւ, ու Գագիկ Բ Բագրատունին թագաւորեցուց Հայոց վրայ: Բայց ետքը Վեստ Սարգսի քսութեամբը Գրիգորի հետ թշնամացաւ թագաւորը, որովհետև Անւոյ կողմերը Հայոց ՚ի Յունաց կրած վնասուց պատճառ և թելադիր կը սեպէր զնա. որով ստիպուեցաւ Մագիստրոս Արարատեան աշխարհը թողլով՝ Տարօնոյ գաւառը առանձնանալ. և հոն սկսաւ վանքեր շինել, և սրբոյ Կարապետին ժամատունը: Բայց նորէն հալածուելով ՚ի Գագկայ, այն շինութիւններն իւր Հրահատ գործակալին յանձնեց, ու ինքը գնաց ՚ի Բիւզանդիոն: Կայսերական քաղաքին մէջ իւր արժանաւոր պատիւն ու մեծարանքը գտաւ. ու բաց ՚ի Յունաց գլխաւոր պաշտօնակալներէն՝ ծանօթացաւ նաև այլազգի Մանուչէ և Աբրեհիմ իշխանաւորաց հետ:

Կոստանդին և Մոնոմախոս կայսերաց առջեւ ալ իր հաւատարմութեամբ նշանաւոր երեւնալով, և անոնց սահմաններուն մէջ քաջութիւններ գործելով՝ Մագիստրոս և Դուքս կոչուեցաւ։ Այս պատիւներն ու ընդունելութիւնները՝ ալ աւելի հաստատեցին Գագիկ Թագաւորը իր կարծեացը մէջ, և սկսաւ իբրև 'ի մատնիչ նայիլ անոր վրայ, և ինչուան յանդիմանութեան թուղթ մըն ալ գրեց առ Գրիգոր։ Բայց Մագիստրոս իր ճարտար և իմաստուն գրիչը շարժեց ինքզինքը պաշտպանելու համար. ուրով Թագաւորը առանց բոլորովին իր կարծիքը անոր վրայ փոխելու՝ առջի ատելութենէն ինջաւ։

Երբոր Յոյնք մատնութեամբ Անի քաղաքը յափըշտակեցին, Մագիստրոս Կոստանդնուպոլիս գնաց, ուր էր այն ատենը Գագիկ Թագաւորը, որպէս զի իրեն օգնական ըլլայ՝ կործանման վերահաս վտանգի մէջ եղող Հայոց աշխարհին Թագաւորութիւնը կանգնելու։ Բայց տեսնելով թէ իր փափաքանաց և ջանքին գործադրութիւնը անկարելի է, ինքն ալ Յունաց ձեռքն յանձնեց իր հայրենի ամրոցները՝ Բջնի, Կայեան և Կայծոն, ու փոխարէն՝ Միջագետաց աշխարհին մէջ քաղաքներ ու գիւղեր առնելով՝ հոն քաշուեցաւ. և Թոռնիկ Մամիկոնեանին յանձնեց Տարօնոյ մէջ ունեցած իշխանութիւնն։

Անկէց ետքը իր կեանքը բոլորովին բարեպաշտական ու մատենագրական պարապմանց տալով, իր արդիւնաւոր օրերը կնքեց յամի 1058։

***

Այսչափ ընդհանուր և համառօտ կերպով մը՝ Մագիստրոսի քաղաքական կենաց ընթացքը յիշատակելէն ետքը, անցնինք նկատել զինքը իբրև մատենագիր։

Այս մասին՝ նոյն իսկ իրեն քաղաքական ընթացքը վար զարնող մատենագիրք՝ մեծ գովութեամբ կը խօսին իր վրայ։ Շնորհալին՝ որ թէ ժամանակաւ և թէ ազգակցութեամբ մերձաւոր էր իրեն, ասանկ կը զրուցէ իր վիպասանութեանը մէջ.

« Յորմէ Գրիգոր որդի ծընեալ
(Որ) Մագիստրոս վերապատուեալ,
Աստուածային շընորհօք լըցեալ
Իմաստութեամբ պայծառացեալ. . .
Ի յարքայէն Յունաց պատուեալ
Եւ նահանգաց յոգունց տիրեալ.
Տեսականաւըն ճոխացեալ,
Եւ երկիւղիւըն զարդարեալ.
Ըստ Հոմերի տաղաչափեալ՝
Ըստ Պղատոնի պերճաբանեալ։
Յունականին ներհուն եղեալ,
Յոքնիմաստիցըն մակացեալ.
Զաստուածաշունչ տառ. վերծանեալ,
Որ ըստ օրէ 'ի նոյն կըրթեալ »։

Լաստիվերտցին ալ կը վկայէ թէ « Այր իմաստուն էր, և խելամուտ յոյժ աստուածային գրոց՝ որպէս թէ ոչ այլ ոք »։ Ինքն իսկ Մագիստրոս իւր թղթոցը մէջ երբոր հարկ կ'ըլլայ իւր անձին վրայ խօսիլ, կը յիշատակէ իւր ուսումնասիրութիւնը և անպարապութիւնը յուսումնական վաստակոց։ « Եւ զի բազում աշխատութեամբ խոնջեալ և տագնապեալ, մինչ տակաւին յիմումս անտիական եղով տիս, հազիւ հազ մակացու այսմ եղեալ, սուղ ինչ էակացն հասեալ, ըստ որում են յԱրաբացւոց և Քաղդէացւոց և Յունաց, ոչ դանդաղեցայց քննութեամբ զփորձ առնուլ »։ Ուրիշ անգամ մըն ալ՝ Հագարացւոց Աբրեհիմ ամիրային գրելով, կը զրուցէ պանծանօք. « Մեք զամենայն մատեանս որ միանգամ յաշխարհի՝ ընթերցեալ, ոչ անտեղեակք եմք եթէ Քաղդէացւոցն անվաւերական պատմութեանն, և եթէ Հելլենացւոցն, եթէ Կապադովկացւոցն, եթէ Եթովպացւոց, եթէ Պարսից և այլոց բազմաց, զորս ոչ եմք բաւական զբոլորն յայտնի կացուցանել»: Առ աշակերտան իւր Բարսեղ և Եղիշէ կը գրէ խրթնաբանելով. «Քանզի տրամադրութիւնս այս վաղ ուրեմն պատահեաց մեզ, մինչ տակաւին պատանեակ եղելոյ (այսինքն՝ պարապել յուսումն ստորոգութեանց Արիստոտէլի): Իսկ թէ որչափ ջան եդեալ ոչ խոնջանս վարկանել վասն ուսփելոյն, յաւէտ այսպիսի ժողովմանց որոց տեղեակ էք դուք, 'ի պարսկականէ անտի և յիմաստասիրացւոցն, և այժմ Յունաց, անդանդաղ քառիցն արհեստից հետևաբար մասին ինչ տեղեակ լինել. քանզի յայսոսիկ կրթեալ զմեզ վեհագոյն վարկանէի, անկողոպտելի և անծանրագոյն ստանձնել քան զամենայն ինչ որ 'ի կենցաղումս ազնուագոյն»: Ուրիշ տեղ մ'ալ իրաւացի պարծանօք կը վկայէ վասն անձին. «Եթէ ձկնորսացն եմ աշակերտ, կ'ըսէ, սակայն ոչ եմ անտեղեակ Աթենացւոցն ստորոգութեանց և հելլենական հանճարոյ. սակայն հաւատք մեր ծածկեցին զիմաստութիւն»:

Ներսիսի Շնորհալւոյն վարուցը կենսագիր մը, որ ժամանակաւ ալ մերձաւոր էր Մագիստրոսի, ասանկ կը խօսի իրեն վրայ. «Յոյժ իմաստուն և հանճարեղ, և ներքին և արտաքին ուսմամբ ներակրթեալ վարժմամբ 'ի մանկական տիոց՝ հայկական և յունական դպրութեամբ, մինչև հասեալ 'ի հռետորական աստիճան փիլիսոփայութեան. որ և ուղևորեալ 'ի Թագաւորական քաղաքն Կոստանդնուպօլիս յանդիման լինէր Թագաւորին, և պատուեալ յինքնակալէն և 'ի մեծամեծաց պալատանն՝ ըստ արժանեաց քաջատոհմութեանն և ըստ մեծիմաստ գիտութեանն և հանճարոյն. քանզի ընդ իմաստունս

Ցունաց աւուրս բազում 'ի հարց և 'ի փորձ դըժուարալոյծ բանից մաքառեալ ըստ փիլիսոփայական սարասի, և ըստ եկեղեցական օրինաց և կարգի յաղթէր բնաւիցն. տկարագոյն զամենեսեան երևեցուցանէր անճշմարիտ գիտութիւնն. հզօր գոլով նորա 'ի պատասխանիս, և հանճարեղ և խոհական 'ի դարձուածս բանից »: Ուրիշ յիշատակագիր մ'ալ կ'ըսէ. « Մագիստրոս հմտագին քերթող էր »: Նոյնն դարձեալ. « Գրիգոր Եվիկասնացին (?) վասն յաճախ իմաստասիրութեան իւրոյ Մագիստրոս անուանեցաւ »:

Այլ և այլ աշակերտներ ունեցաւ Մագիստրոս, որոնց մէջ անուամբ մեզի ծանօթ եղողներն են Բարսեղ և Եղիշէ, որ ժամանակ անցնելէն ետքը եպիսկոպոսութեան աստիճանի ալ հասան, ինչպէս նաև իւր որդին ալ Գրիգոր Պահլաւունի կամ Վկայասէր, իր հօրը անմիջական խնամոցը տակ թէ՛ բարեպաշտութեան և թէ ուսումնական հրահանգաց մէջ կրթուելով՝ կաթուղիկոսական աթոռը նստաւ:

* * *

Մագիստրոսի թէ՛ արձակ և թէ ոտանաւոր գըրուածոցը մէջ իրաւամբ գլխաւոր տեղ մը կը գրաւեն

Թուղթերը, որոնք ութսունի չափ են, և որոնց մէջ երևցած իմաստից գեղեցկութիւններն և դիցաբանական գիտութիւնը՝ յայտնի կը ցուցնեն մատենագրին հանճարն և հմտութիւնը. — հայ միտք մը՝ եղլադական գիտութեամբ սնած և մեծցած: Բայց որովհետև Բիւզանդիոն՝ ուր երկար ատեն կեցաւ Մագիստրոս՝ հին Աթէնքը չէր, անոր համար ալ իր գրուածոցը մէջ յայտնապէս կը տեսնուի՛ դպրութեանց կողմանէ ալ ապականեալ աշխարհի մը գաղափար։ Անկէց է իր թղթերուն մէջ երևցած թէ՛ իմաստից և թէ շարագրութեան խրթնութիւնը, կիրթ ախորժակաց կանոններուն հակառակ․ որով զանազան անգամ ու մտադրութեամբ զանոնք կարդալնէս ետքը՝ դեռ մութ աշխարհքի մը մէջ կը գըտնենք ինքզինքնիս․ և Մագիստրոսի հանճարը գոված ժամանակնիս ալ՝ պակասութիւն մը ոճոյ կը տեսնենք վրան՝ և սրտերնիս առաջ չերթար գրուատել։ Այս խրթնութեան մէկ պատճառն ալ՝ իր գրոց լաւ և ընտիր օրինակներ չունենալնէս է․ երկրորդ և գլխաւոր պատճառ մ'ալ՝ այլ և այլ ու բազմապատիկ նիւթոց վրայ գրած ըլլալն է։ — Ուստի Մագիստրոսի թղթոցը վրայ չխօսած՝ կրնանք այլ և այլ դասակարգութեան բաժնել զանոնք․ այսինքն վարդապետական, իմաստասիրական և ընտանեկան թղթեր։ Անոնց մէջ ամենէն աւելի դիւրիմաց են վարդապետականներն, որոնց մէջ ժամանակաւ երիցագոյն կը սեպուի այն թուղթը՝ զոր գրած է առ կաթուղիկոսն Ասորւոց․ երբոր ինքն Միջագետաց կողմերը դքսութեան իշխանութիւն կը վարէր, հոն համարձակութիւն առնող Թոնդրակեցի և Մանիքեցի աղանդաւորները իր տէրութենէն հալածեր էր․ անոնք ալ Ամիթ կամ Տիգրանակերտ քաղաքը գնացին, ու տեղւոյն Ասորւոց կաթուղիկոսին ապաւինելով, գանգատ ըրին իրեն այն կարծեցեալ բռնաւորական կերպերուն վրայ՝ զոր իրենց դէմ բանեցուցեր էր Մագիստրոս։ Կաթուղիկոսն ալ չկարենալով որոշել թէ յորում էր անոնց վարդապետութեան ծառութիւնը, և իրենց խօսքերէն զիրենք անմեղ ենթադրելով՝ մեղադրանաց և գանգատի թուղթ մը գրեց առ Մագիստրոս։ Այս թղթիս պատասխանն է Մագիստրոսի շարագրածը, յորում տեղնիտեղը պատասխան տալով անոր մեղադրանացը, կը ծանուցանէ թէ ինչ իրաւացի պատճառներ ունէր զանոնք հալածելու, և կը ցուցընէ թէ ինչ բանի մէջ օտարաձայն էին յուղիղ վարդապետութենէ եկեղեցւոյ. և թէ այն պատճառաւ հարկ ու պարտք է որ ինքն ալ ետևէ ըլլայ զանոնք մերժելու, և անոնց խաբէական խօսքերուն հրապուրանացը մէջ չիյնալու:

Այս թղթոյն խորագիրն է. «Պատասխանի թղթոյն կաթուղիկոսին Ասորւոց, 'ի ժամանակին յորժամ էր դուքս 'ի Վասպուրական և 'ի Տարօն, զկնի բառնալոյն զՄանիքեցիսն յաշխարհէն Յունաց. և 'ի Թոնդրկաց մնացեալսն նոցա կործանեալ ազգն, չոգան առ կաթուղիկոսն Ասորոց 'ի քաղաքն Ամիթ. զի թերևս խաբէութեամբ հաւանեցուցեն զնա: Զոր նորա գրեալ թուղթ 'ի Գրիգոր Մագիստրոսն յԱրշակունին: Եւ այս է պատասխանին»:

Հատուած մը միայն այս նամակէն, զոր մէջ կը բերենք, բաւական է 'ի ցուցանել Մագիստրոսի ճարտարախօս լեզուն, սուր և կտրուկ զուրցուածքն ոճը. «Զինչ երկարագոյն քեզ ասացից կամ գրեցից քրիստոսասէր անձինդ. այլ սակաւուք հատանել յօժարանամ. զի բոլոր աղէտ տարակուսանաց նոցա անբարի բարեձևութեանն, և խորամանկ խաբէութեանն, և տղայաբար անուսումնութեանն, և անաստուած վարդապետութեանն, և անճոռոմ ճոռոմաբանութեանն, և անտեղի հաւանութեանն, ... անքահանայապետ քահանայագործութեանն, և խաւարչտին ձեռնադրութեանն, և անշնորհ մկրտութեանն, և անղամայարափայլ նսեմութեանն, և անլոյս դաւանութեանն և աներկիւղ երկիւղածութեանն, և խաւարասէր լուսաւորութեանն, հրեշտակակերպ դիւազգեցութեանն, ... աշակերտելոցդ սատանուէրն Սմբատայ՝ սասանողին հիման առաքելոց և մարգարէից»: Երկար ու հետաքննական թուղթ մ'է. ու Թոնդրակեցւոց աղանդին և իրենց ծիսից, արարողութեանց, հաւատալեաց և ծաւալման վրայ կարևոր տեղեկութիւններ կը բովանդակէ:

Ասոնց հետեւողք էին և Թուլայլեցիք կոչուածներն, որոնց դէմ իր ամէն իշխանական ոյժն ու խըստութիւնը գործածեց Մագիստրոս, աղանդն անհետ ընելու և զիրենք շահելու դիտմամբ. ու երբ անոնք ալ դիմեցին առ կաթուղիկոսն Ասորւոց, և կ'ուզէին խաբել զնա, Մագիստրոս երկրորդ թուղթ մ'ալ գրեց. «Պատասխանի թղթոյն Թուլայլեցեացն մնացելոյն 'ի Նորոց Մանիքեցւոց Թոնդրակեցեացն, որք եկեալ էին առ կաթուղիկոսն Ասորոց և կամէին խաբել զնա»: Կը յիշեցընէ իրենց թէ «Փրկիչն հրամայէ երկիցս և երիցս բողոքել եղբօրն. ապա եթէ ոչ լուիցէ՝ եղիցի իբրև զայլազգի և զհեթանոս. և փոխանակ երկուց և երից բողոքելոյ՝ զհարիւր և զեւթանասուն ամ երեքտասան քահանայապետք Հայոց մեծաց, նոյնչափ Աղուանից, և բիւր եպիսկոպոսունք և անթիւ քահանայք և սարկաւագունք բողոքեցին ձեզ և ոչ լուայք. խօսեցան և յանդիմանեցին, և ոչ պատկառեցէք. անիծեցին և արտաքսեցին, և ոչ զղջացայք. մինչև Հոգին սուրբ առաջնորդեաց ինձ. և աղօթք նախահօրն և հաւուն իմոյ սըրբոյն Գրիգորի. և եկեալ 'ի Միջագետս՝ հանդիպեցայ մահաբեր և մրրկեալ պղտորեալ վտակաց՝ որ հոսէր մահացու արտաթորեալ՝ յանիծելոյն Սմբատայ, որ 'ի Թոնդրակայ. և մաքրեալ զայնոսիկ՝ խաղացի չու արարեալ մինչև յակն յորում բուսեալ էր իժն և քարբն և վիշապն չարութեան. և խլեալ զնոսա տապալեցի, զոր օրինակ հաւն իմ զԱնշախշատն ... և յուսամ 'ի տէր Աստուած՝ այն որ նըստին 'ի քրովբէական յաթոռ՝ զի 'ի ձեռն իմ ծագեսցէ առ ձեզ զողորմութիւն մարդասիրութեան իւրոյ»:

Համառօտ՝ բայց ընտիր նամակ մ'ալ է զոր կ'ուղղէ «Առ հոգևոր տէրն Պետրոս կաթուղիկոս, 'ի ժամանակին յորում 'ի կապանաց իւրոց վերատին յաջորդեաց յաթոռ իւր, խնդրեալ 'ի Գրիգորէ զգիր սրբոյն Եփրեմի Հաւատոյն՝ զոր ընթեռնոյր մինչ 'ի բանտին էր» : Ուրիշ հմտական և գեղեցիկ նամակներ ալ ունի ուղղած առ նոյն հոգևոր տէրն «Ի ժամանակի խուժան յառնելոյն 'ի քաղաքին 'ի վերայ նորա, բան մխիթարական. և հայցումն Անանիայի գրոց Շիրակայնւոյն, զոր մեծ Քննիկոնն անուանեն» : — «Պատասխանի տեառն Պետրոսի Հայոց կաթուղիկոսի, 'ի ժամանակի քանզի խնդրեաց յաշակերտաց իւրոց զոմանս՝ զԲասիլ և զԵղիսէ» : — «Պատասխանի տեառն Պետրոսի կաթողիկոսին Հայոց մխիթարական թղթին» և այլն։

Վարդապետական թղթոց մէջ գերազանցներէն կրնանք սեպել այն թուղթը զոր գրած է առ Պետրոս կաթուղիկոս Գետադարձ, որ իմացուցած էր իրեն թէ Գագիկ եռանէ է որ զքեզ ձեռք ձգէ և սպաննել տայ։ Կաթուղիկոսին այս թղթին՝ ընդարձակ պատասխան մը կու տայ Մագիստրոս, և յորում նոր Դաւիթ մը կը նկատենք զինքը 'ի վիշտս, հեզութեամբ, անոխակալութեամբ և աստուածպաշտութեամբ սքանչելի. Աստուծոյ կամացը նուիրուելով։ Ասոր նման է նաև այն թուղթը՝ զոր գրած է առ առաջնորդն Սևանայ Սարգիս, մինչդեռ Գագիկ թագաւոր կը հալածէր զինքը. առ նոյն Սարգիս՝ 'ի պատասխանի իրեն թղթոյն, և յորում ողբ 'ի վերայ Արամեան նահանգի. դարձեալ՝ առ Յովհաննէս Սիւնեաց արքեպիսկոպոս, 'ի պատասխանի անոր մէկ մխիթարական թղթին զոր գրած էր իր հօրեղբօրը՝ Վահրամայ՝ մարտիրոսական վկայութեամբ նահատակուելուն պատճառաւ։

Մտադրութեան արժանաւոր են դարձեալ և այն երկու թուղթերը զորս ուղղած է առ Աբրեհիմ ամիրայ հագարացի, որուն մայրը հայկազն էր՝ սխակեան ցեղէն. և այն պատճառաւ ընտանի ըլլալով իրեն քրիստոնէութեան օրէնքը, աւելի կերպով մը կը փափաքէր տեղեկութիւն առնուլ։ Ուստի քրիստոնէական կրօնից վրայ ունեցած գլխաւոր տարակոյսները տասուերկու գլուխ բաժնելով՝ թուղթ մը գրեց առ Մագիստրոս, անոնց լուծումը իրմէն խնդրելով։ Մագիստրոս ալ սքանչելի վարդապետութեամբ անոր ամէն տարակոյսներուն մեկնութիւնը տալով՝ անանկ անդիմադրելի ցըցուց քարոզութեան ստուգութիւնը, որ Հագարացին զարմանալով՝ մասնաւոր թղթով մը խնդրեց իրմէ՝ որ դարձեալ գրէ նոյն նիւթոց վրայ, և քանի մը խօսք ալ իմաստութեան վրայ աւելցընէ. զոր և մտադիւրութեամբ կատարեց իշխանը։ Այս երկու թղթոց մէջ, ինչպէս նաև յառաջադոյն յիշուածներուն, խորունկ փիլիսոփայութիւն, իմաստուն աստուածաբանութիւն և կենդանի հաւատք կ'երևնայ, որոնք մեծ պարծանք են այնպիսի քաղաքական զբաղմանց մէջ իր կեանքը և սիրտը մաշեցընող իշխանի մը, ինչպէս էր Մագիստրոս։ Տարագրութեան կողմանէ ալ՝ ասոնց մէջ ընդհանրապէս իրեն յատուկ և հաճոյական ոճոյ մթին խրթնութիւնը չէ գործածեր։ Այս երկու թըղթերը խորագիր կը կրեն, առաջինն՝ «Առ Աբրեհիմ ամիրայն վասն հաւատոց, Գրիգորի որդւոյ Վասակայ ասացեալ»։ Իսկ երկրորդն. «Պատասխանի թղթոյն Աբրեհիմի ամիրայի, զոր խնդրեաց մի՛ վասն իմաստասիրութեան, և մի՛ վասն հաւատոց»։

Իմաստասիրական թղթոց մէջ գլխաւորներէն են, այն թուղթը՝ զոր գրած է, առ Եփրեմ Բջնոյ եպիսկոպոս. իրեն ընծայ ղրկած նամակը համար, և առ Մամիկոնեանն՝ կարմրախայտ ձկանց ընծայից առթիւը. որոնց մէջ բառերու խրթնութիւնն և խաղերը՝ ինչուան իմաստակութեան կը տանին զհեղինակը։ Քանի մը թղթեր ալ ունի՝ անանկ խառն և խրթին բառերով և իմաստիւք լցուած, որոնց մեկնութիւնը թերեւս ոչ ոք պիտի կարենայ գտնել։ Ասանկ են այն թղթերը՝ զոր գրած է առ Վահրամ Վեստ որդին իւր․ եւ միւսը՝ զոր իր աշակերտաց մէջ ծուլացողնից ուղղած է, եւ զոր հանճարեղք անգամ եւ հմտագոյնք չէին կրնար ըստ արժանւոյն հասկընալ։ Անշուշտ կամաւ այնպիսի խըրթին ոճ մը բանեցուցեր է, որպէս զի ծոյլերը մէկդի ձգեն իրենց թուլութիւնը, եւ ջանան հասկընալ իրենց ուղղած թուղթը, յորում իրենց վարդապետին հանճարը կ'երեւնար։ Այսոնց կարգէն կրնայ սեպուիլ նաեւ այն թուղթը որուն սկզբնաւորութիւնն է․ «Գամագտական գեղանամ», եւ որոյ սկզբնատառքն իր անունը կը կազմեն։

Ընտանեկան թղթոց մէջ յիշատակենք առ Մամիկոնեան գրած քանի մը նամակներ․ «Սակս ծառայն զոր խնդրէր 'ի պէտս սեղանոյ»։ – «Առ նոյն՝ Խոստացար երբեմն մեզ նպաստ առաքել լուղակս, եւ այն յատուկ»։ – Առ նոյն Մամիկոնեան՝ զոր կոչեալ 'ի տօնի Նաւակատեաց եկեղեցւոյն»։ Առ վարդապետն Անանիա այլ եւ այլ նամակներ․ առ Դանիէլ՝ յաղագս քնոյ․ առ Իշխան ոմն՝ «որ խոստացեալ էր կաթսայ, եւ հեղգայր առաքել»։ – «Առ կարծեցեալ ոմն գիտնական, զոր եւ յոյժ ոգէտ գտեալ․ եւ զգիրս արտաքին եւ զաստուածաշունչ արտուղի մեկնէր»։ – «Առ ոմն իմաստասէր՝ ոչ ուղղապէս» եւ այլն ։

***

Մագիստրոսի քերականական գրուածոցը մէջ՝ գլխաւոր եւ միակ երկասիրութիւն կրնանք սեպել Հին քերականին մեկնութիւնը, զոր համանուն գըրուածքին մէջ շատ անգամ կը յիշատակէ Երզնկացին, եւ նախադրութեանը մէջ ասանկ կը զրուցէ՝

« Բայց ցուցից քեզ և զայս. զի մի յաւելորդս և յանպէտս թուիցի աշխատութիւնս մեր: Վասն զի մեծապատիւ իշխանն Մագիստրոս՝ որդի Վասակայ մարտիրոսի, և հայր կաթուղիկոսին տեառն Գրիգորիսի՝ տէր Վահրամ կոչեցելոյ, աշխատեալ էր 'ի հաւաքումն մեկնութեան սորա, և մինչ առ մեր ժամանակ այնու վարժէին վարդապետք մեր զաշակերտեալսն »: Ետքէն անոր պակասութիւնը, և թէ ինչ պատճառաւ այս գործը շարագրելուն ձեռք զարկաւ՝ կը յիշատակէ. զոր իւր վրայ խօսելու ատեններս պիտի նշանակենք:

Մագիստրոսի այս երկասիրութեան խորագիրն է ըստ ձեռագրաց որ առ մեզ. « Գրիգորի Մագիստրոսի և Կինամի (?) որդւոյ Վասակայ մարտիրոսի, մեկնութիւն Քերականին՝ զոր եդեալ է զայլոցն, և այլ ևս յաւելեալ յիւրոց իմաստիցն »: Յորում նախ քերականութեան արուեստին կամ ուսման վրայ խօսելով, մասնաւոր գլխով մը կը ճառէ վասն գրագիւտի, և կ'ըսէ. « Գտեալ զգիր նախ՝ Փիւնիկեցիք. երկրորդ՝ Եգիպտացիք. երրորդ՝ Եբրայեցիք. չորրորդ՝ Արբիացիք. հինգերորդ՝ Քաղդէացիք. վեցերորդ՝ Հելլենացիք. եօթներորդ՝ Հայք, և ապա այլք »: Կ'աւանդէ թէ ով եղաւ առ հինուն գտիչ արուեստիս, և կը համարի նաև ըստ հնոց՝ զՀոմերոս, զոր որդի կոչէ Մելապոդոսի՝ այսինքն Սևաւ ոտան, և մօր Եւմիտիդեայ՝ յազգէ Կոմնեսեայ, և կատարելագործող արուեստին զծանօթն Դիոնեսիոս Թրակացի: Գրագիտութեան այլևայլ բաժանմանց վրայ ճառելէն ետքը՝ առանձին գլուխ մը կը կարգէ Յաղագս վերծանութեան. յետոյ կարգաւ Յաղագս Ոլորակի, Յաղագս Կետի, վասն Հագներգութեան, Յաղագս Տառի, վասն վանգի, Յաղագս երկար վանգի, Յաղագս սուղ վանգի, Յաղագս հասարակ Ծաղաշարաց, Յաղագս Բառի, Յաղագս Բանի, Յաղագս Անուան, Յաղագս Բայի, Յաղագս Լծորդութեան, Յաղագս Ընդունելութեան, Յաղագս Յօդի, Յաղագս Դերանուանութեան, Յաղագս Նախադրութեան, Յաղագս Մակբայի, Յաղագս Շաղկապի, Յաղագս Առոգանութեան, Յաղագս Ոտից. և որ վերջին գլուխ է Մագիստրոսի այս գրուածքին, ուր շատ հմտութիւն և տեղեկութիւնք ամփոփուած են, բայց նաև շատ այլայլութիւնք 'ի գաղափարողաց:

* * *

Քերթողական գրուածներ. — Զանազան նիւթոց վրայ այլ և այլ բանաստեղծական գրուածներ շարադրած է Մագիստրոս. և ատոնց մէջ գլխաւոր կը սեպուին

Թուղթերն, բաց անոնցմէ՝ զոր վերը յիշատակեցինք, և որոնց մէջ առաջին կը սեպուի առ անանուն մի գրածը՝ որուն սկզբնաւորութիւնն է.

« Լուաք թէ եկըն պապըն Պաղակ
Վարդանասարըն պխակ ».

տասը հինգ արուեստով յօրինուած ըլլալուն վրայ այսպիսի բացատրութիւն մը կ'աւելցընէ հեղինակը. « Աղէ՛ առ ընթերցիր զարհեստ ոտանաւորացդ. դիւցազնական է տաղդ, քաջոլորեալ և տաղ պայղուն, օղուն և զեղուն, եռակի վանկօք շարակայեալ, լիհոյծ, կատարուն, շարժուն. ոչ վրիժեալ գծի, ոչ նուազեալ յօդի, ոչ փոփոխեալ տառի. կարեկցաբար առ իս ձգելով զձայնակիցն ստուգաբանութեամբ. և շարակայացուցեալ շորթելով կամ ձուլապրելով» : Բացատրութիւն մը՝ որ նիւթէն աւելի դժուարին է յիմացումն:

Երկրորդ ոտանաւոր գրուածն է Ներբող 'ի սուրբ

խաչն աստուածընկալ, որ կը սկսի. «Օրհնեալ ես փայտ կենաց, քարեբանեալ, երկրպագեալ» որուն մէջ բանաստեղծական հանճար, ու այլ և այլ ընտիր զրուցուածք կան։

Երրորդ, այն տունները Հայաստանի կաթուղիկոսական աթոռը նստող Պետրոս Գետադարձ հայրապետին՝ խաչանշան գաւազանի մը հետ ընծայած ոտանաւոր մը, այս սկզբնաւորութեամբ.

« Ընծայեմ քեզ տարեկան
Նորոյ հասեալ ձեզ բարութեան »:

Այս քերթուածէն ետքը՝ արձակ շարադրութեամբ տեղեկութիւն մը կը յաւելու վիպասանական քերթութեան կամ հագներգութեան վրայ։

Ասոնցմէ շատ աւելի ընդարձակ ու ուշադրութեան արժանաւոր գրուած մըն է՝ հազարտողեան ոտանաւորը, աստուածաշունչ հին և նոր գրոց պատմութիւնը բանաստեղծական չափու վրայ առած, զոր շարադրած է ըստ խնդրոյ Մանուչէի հազարացւոյ. որուն հետ ծանօթացեր էր 'ի Բիւզանդիոն, որ և հռետորական արուեստի հմուտ անձն էր, ու այլ և այլ լեզուաց՝ ինչպէս նաև յունականին ալ տեղեակ. և իրեն քաջարուեստ տաղաչափութեանը համար՝ մեծ պատիւ գտած թէ Եգիպտոսի ամիրայէն, թէ Պաղտատու ամիրապետէն և թէ Յունաց կայսերէն։ Քրիստոնէական կրօնից ալ տեղեակ, և անոր վարդապետութեանը վրայ սքանչացած էր. միայն արհամարհելի կ'երևնար իրեն թէ հին և թէ նոր կտակարանին պարզ և անզարդ ոճը, և կը գովէր իրենց ղուրանին կամ օրինաց գրքին ընտիր լեզուն և գեղեցիկ տաղաչափութիւնը։ Մագիստրոս ուզելով հասկըցընել անոր թէ տաղաչափութիւնը մարդկային գիւտ է, աստուածային սքանչելիքն անոր կաբռնութիւն չունին, խոստացաւ որ թէ հին և թէ նոր կտակարանը իրեք օրուան մէջ ոտանաւորի վե-րայ առնու, միայն թէ Հագարացին ալ խոստանայ որ եթէ յաջողի իր այս գործառնութեանը մէջ, թողու իւր հաւատքը և քրիստոնէական կրօնից աշակերտի: Խօսք առաւ իրմէ, և աստուածային շնորհաց վրայ վստահացած՝ իրեք օրուան մէջ հազար տուն ոտանաւորի մէջ բովանդակեց հին և նոր կտակարանի պատմութիւնը և ընծայեց Մանուչէի: Նա ալ զարմացաւ Մագիստրոսի հանճարոյն վրայ, և տուած խօսքին վրայ կենալով՝ քրիստոնէութիւնը ընդունեցաւ: Այսիկայ է այն քերթութիւնը՝ որուն սկզբնաւորութիւնն է, «Մեծ են գործք Աստուծոյ»:

***

Այս ինքնագիր երկասիրութիւններէն զատ՝ շատ թարգմանութիւններ ալ ըրած է Մագիստրոս, և որոնք իրեն գլխաւոր պարապմունքն եղած են. թէպէտ այս աշխատասիրութեանց մեծ մասը կորսուած են. ինքը կը վկայէ թէ « Ոչ եմք դադարեալ 'ի թարգմանութենէ, և զբազում մատեանս՝ զորս ոչ եմք գտեալ 'ի մեր լեզուս, զերկուս մատեանս Պղատոնի՝ զՏիմէոսի Տրամաբանութիւնն և զՓեդովնի, յորս բոլոր մասն նախադիտականին այն պարփակեալ կայ, և զայլս բազումս յիմաստասիրացն: Իւրաքանչիւր մատեանքս այս մեծագոյն է քան զտարևոր տօնականս ... Բայց և զերկրաչափականն զԵւկլիդեսին սկսայ թարգմանել: Եւ եթէ առաւելին կամեսցի Տէր յերկարանալ մեզ 'ի կենցաղումս, բազում հոգս յանձին կալեալ զմնացեալսն բոլոր Յունաց և յԱսորւոց՝ թարգմանել ոչ դանդաղեցայց: Եւ կարօտիմք քեզ մերձ ելոյ մեզ օգնականութեան այսպխսում իրողութեանց․ ապա թէ ոչ՝ աղօթիւք օգնեսցես մեզ … Բայց և գտեալ մեր իսկ է 'ի հայ լեզու գրեալ Թարգմանչացն զգիր Ոլոմպիոդորոսի՝ զոր Դաւիթ յիշատակէ, կարի յոյժ ոքանչելի և հրաշալի բանաստեղծութիւն, մակաւասար բոլոր իմաստասիրական բանից․ գտեալ եմ և զԿալիմաքոսի և զԱնդրոնիկեայն 'ի հայ լեզու »։

Այս յիշատակուած գրքերէն՝ միայն Պղատոնի գիրքը՝ զոր Մագիստրոս Տիմէի և Փեդոնի տրամախօսութիւն կը կոչէ, հասած է մեր ձեռքը․ յորում նախ բնութեան և բնական իրաց վրայ կը խօսի, հին հեթանոս իմաստասիրաց կարծիքները մէջ բերելով․ երկրորդ՝ օրինաց վրայ ընդհանրապէս, և երրորդ՝ յաղագս օրէնսդրութեանց․ սաստուերկու գիրք, այլ և այլ անձանց մէջ տրամախօսութեան ձևով։

Ոմանք կարծեցին թէ այս գրքին թարգմանութեան ժամանակը՝ երիցագոյն է քան զՄագիստրոս, և թերևս ինչուան հինգերորդ դարու երկասիրութիւն, կրասեր՝ կամ երկրորդ Թարգմանչաց ձեռքովը եղած․ և թէ հաւանականաբար մի և նոյն անձն է անշուշտ՝ որ Փիլոնի և Պղատոնի իմաստասիրական գրքերը թարգմանած ըլլայ։ Եւկլիդեսի երկրաչափութենէն քիչ բան ձեռուընիս հասած է․ իսկ մեկալ գրքերը՝ զորս կը յիշատակէ Մագիստրոս, այլինքն Ոլոմպիոդորոս, Կալլիմաքոս և Անդրոնիկոս իմաստասիրաց գրքերը՝ կորսուած, կամ գեւ մեր ձեռքը հասած չեն։

Մագիստրոսի գրուածքներէն քանի մը թղթեր և ոտանաւորներ միայն հրատարակուած են ծաղկաքաղ գրոց կամ օրագրաց մէջ։ Հազարտողեան քերթուածն աղ առ Մանուչէ՝ տպագրուած է 'ի Վենետիկ, 'ի 1868։ Եւկլիդեսի հատուածն 'ի Բազմավէպ Հանդիսարանի (1884, յէջ 30)։

Մագիստրոսի ժամանակակից գրաւոր անձանց մէջ գլխաւորներէն են ;

ՊԵՏՐՈՍ ԳԵՏԱԴԱՐՁ կաթողիկոս, որ ստէպ կը թղթակցէր Մագիստրոսի հետ, և մեծ մաս ունեցաւ անոր քաղաքական կենաց ընթացքին մէջ, շատ ալ հռչակաւոր եղաւ թէ ազգին թէ օտարաց: Իր նախնական ուսմանց հրահանգը Տրապիզոնի վանքին մէջ առաւ Պետրոս. մատենագիրք և աւանդութիւնն կը հաւաստարմացընեն թէ ոչ միայն սրբազան գիտութեանց, այլ նաև արտաքին իմաստասիրութեանց և չափաբերականին մէջ անուանի եղած ըլլայ: Բայց մեր ձեռքը հասած երկասիրութիւնքը թէպէտ և ընտիր՝ բայց չեն կրնար առիթ ըլլալ այն փառաւոր գովեստներուն՝ որոնց արժանի եղած է: Այս գրուածներս են ութ ձայնի վրայ առած մարտիրոսաց և հանգստեան շարականները, և քանի մը շարականներ՝ որ ընդհանուր անուամբ Մանկունք կը կոչուին, և որոնց մէջ վայելուչ շարադրութեան և ոճոյ հետ հաւասար կը փայլին բանաստեղծական հանճար և աշխոյժ: Կ'աւանդի դարձեալ թէ այլ և այլ գեղեցիկ ճառեր ալ շարադրած ըլլայ Գետադարձ, որոնք մեր ձեռքը հասած չեն:

ԱՆԱՆԻԱ ՍԱՆԱՀՆԵՑԻ. — Մագիստրոսի ժամանակակից էր սա և Սանահնի վանաց միաբան. Գետադարձ հայրապետին խնդիրքովը՝ Պօղոս առաքելոյն չորեքտասան թղթոց մեկնութիւնը շարադրեց, հաւաքելով 'ի բանից Ոսկեբերանի, Եփրեմի և Կիւրղի: Այս բանս իրենց պատմութեան գրոցը մէջ կ'աւանդեն Կիրակոս և Վարդան. Կիրակոս կ'ըսէ թէ « Անանիա վարդապետ, սորա ասեն 'ի մի հաւաքեալ 'ի մեկնութիւն զբանս Եփրեմի, և Յովհաննու Ոսկեթերանի և Կիւրղի և այլոցն, արարեալ համառօտ վասն դիւրահաւատութեան ընթերցողաց: Արար և խորհրդական և մտաւոր տեսութիւն և համեմատութիւն աւետարանացն օրինակս: Գրեաց և լուսաւոր իմացուածս վասն խորհրդական սրբասացութեանն՝ որ յեկեղեցիս ուղղափառաց խաչեցարիւ ասի, և զներբողեան շողակաթին»: Իսկ Վարդան. «Եւ նախ քան զսոսա Անանիա՝ որ զԱռաքելոյն համառօտեաց հրամանաւ կաթուղիկոսին Պետրոսի, Սանահնեցին»: Բայց որովհետև այս գրուածքին գրչագրաց մէջ՝ որ մեր ձեռքը հասած են, Անանիայի անունը չյիշատակուիր, ոմանք անոր երկասիրութիւնն ըլլալուն վրայ կը տարակուսին:

Երկրորդ գիրքը՝ զոր 'ի խնդրոյ Գետադարձ հայրապետին շարագրեց Սանահնեցին, ու անոր յաջորդ Խաչիկ կաթուղիկոսին նուիրեց, ընդդիմադրութեան գիրք մըն է՝ ընդդէմ Յունաց, այսպիսի մակագրով, «Անանիայի վարդապետի Հայոց՝ բան հակաճառութեան ընդդէմ երկաբնակաց. զոր գըրեաց հրամանաւ տեառն Պետրոսի Հայոց վերադիտողի»: Եւ կը խօսի այն զանազան խնդրոց վրայ՝ որոնք Յունաց և Հայոց մէջ հակաճառութեան նիւթ եղած են. այսինքն անխառն ընդ միմեանս հաղորդուելուն վրայ, մեծի հինգշաբաթուն վրայ, անոնց դէմ՝ որ ապականացու կը համարին զմարմին Քրիստոսի. ներքինացեալներու դէմ, պատկերաց պաշտաման, Բաղկեդոնի ժողովոյն, Վրաց բաժանմանը վրայ, չորս աթոռներուն, մեռոնին, բաղարջին, Քրիստոսի ծննդեան տօնին, և երից սրբասացութեանց համար՝ զոր Հայոց եկեղեցին կ'երգէ 'ի դէմս Որդւոյ: Կիրակոս պատմիչ միայն այս վերջին նիւթը կը յիշատակէ՝ երբոր կը զրուցէ թէ, «Գրեաց և լուսաւոր իմացուածս վասն խորհրդական սրբասացութեանն՝ որ յեկեղեցիս ուղղափառաց խաչեցարիւ ասի » : Շարագրութեան ոճը գեղեցիկ է և զարդարուն, և ճարտասանական աղուոր զուրցուածները յաճախ. ափսոս որ հակառակութեան նիւթ եղող, և արդէն ազգին մէջ այլ և այլ տարաձայնութեանց և երկպառակութեանց առիթ խնդրոց վրայ խօսելուն ատեն՝ պէտք եղած զգուշութիւնը և անկողմնասիրութիւնը չիցուցըներ:

Կիրակոս՝ երրորդ երկասիրութիւն մըն ալ կ'ընծայէ Սանահնեցւոյն, խորհրդական և մտաւոր տեսութիւն մը և համեմատութիւն աւետարանչաց՝ որուն գրչագիրը դեռ ձեռուընիս հասած չէ: Նոյնպէս ալ Շողակաթի ներբողեան մը, որ թերևս մեր քովը գտնուածն է, և որուն վերնագիրն է. « Երանելւոյ հօր Անանիայի հոգեվարժ փիլիսոփայի՝ ներբողեան, ասացեալ 'ի սուրբ կաթուղիկէն՝ որ է 'ի Նոր քաղաք՝ որ այժմ կոչի Վաղարշապատ » : Թէպէտ և այս գրուածքը՝ ուրիշ համանուն վարդապետի մը կ'ընծայուի յոմանց, ինչպէս նաև ուրիշ քանի մը գրուածներ, որոնց միայն խորագիրերը կը գտնենք հոս.

Ա. Անանիայի վարդապետի խրատ հոգեշահ. Թէ որպէս կարասցէ զմիտս որոշել յերկրաւորացս :

Բ. Խրատք քահանայից:

Գ. Ի խորհուրդ Յովհաննու մարգարէի:

Դ. Ի խորհուրդ կատարման սուրբ առաքելոյն Պետրոսի:

Ե. Անանիայի Հայոց վարդապետի գրուած 'ի սուրբ Մկրտիչն Յովհաննէս. « Ի ձեռն առեալ զիմաստ հոգւոյն ձեռնտուութեամբ շնորհաց իմաստութեան ըստ չափոյ տկարութեանս իմոյ » :

Իրեն կամ համանուն վարդապետի ուրիշ գրուած մ'ալ կը տեսնենք հետևեալ խորագրով. « Երանեըստյն Անանիայի խօսք և խրատք աւետարանական, որ տանի զմեզ ՚ի կեանս յաւիտենական. և ոչ տայ խոտորել յաջ կամ յահեակ » ․ և սկզբնաւորութիւնն․ « Քանզի գրեալ և պատուիրեալ է մի խոտորել » ։

ՍԱՐԳԻՍ ՍԵՒԱՆԵՑԻ․ — Մագիստրոսի գլխաւոր Թղթակիցներէն ու մտերիմներէն մէկն էր նաև Սարգիս վարդապետ՝ Սևան կղզւոյն առաջնորդը, գիտնական ու լեզուագէտ անձ մը, որուն իմաստութեանն ու գիտութեան վկայութիւնը կու տայ Մագիստրոս հետևեալ խօսքերով․ « Զի՞նչ արդեօք հըզօրդ հռետոր և աստուածային աելեախս․ մի և աստեցեա՞լ ՚ի գիր ՚ի մէնջ կամ թէ արհամարհեալ․ զի միանգամ և երկիցս ոչ տաս պատասխանի, որ մինչ կարօտեալ եմ բանի քում և գրի։ Քանզի հզօր ես ՚ի պուետիկոսական մատենագրութեան․ և սիրելի ինձ ոչ այլ ինչ՝ եթէ ոչ այնպիսի ինչ լսել կամ ասել » ։ Ուրիշ Թղթի մը մէջ ալ իր Թարգմանութեանց և գրաւորական վաստակոց վրայ խօսելու ատենը կ՚ըսէ․ « Կարօտիմք քեզ՝ մերձ ելոյ մեզ օգնականութեան այսպիսում իրողութեանց » ։

Սևանեցւոյս համար կ՚աւանդի թէ այլ և այլ ճառեր և Թարգմանութիւն և մեկնութիւններ երկասիրած ըլլայ․ սակայն անոնցմէ բան մը ձեռուընիս հասած չէ․ միայն Սարգիս վարդապետի մակագրութեամբ ճառ մը կայ ննջեցելոց վրայ՝ ՚ի յունականէն Թարգմանուած ՚ի հայ՝ հանդերձ մասնաւոր յիշատակարանով մը, զոր ոմանք Սևանեցւոյս կ՚ընծայեն։

Ասոնց նման անուանի եղած են նաև ուրիշ քանի մը վարդապետներ, ինչպէս Խնասի վանաց առաջնորդ Սամուէլ վարդապետ, Գէորգ անունով վարդապետ մը, Տէֆրոն Պողլստանէ պատմիչ․ որոց գրաւոր երկասիրութիւնը ձեռուընիս անցած չէ։

ԱՐԻՍՏԱԿԷՍ ԼԱՍՏԻՎԵՐՏՑԻ

Լաստիվերտցի և իր վարքը: — Պատմական երկասիրութիւնը: — Նիւթն ու բովանդակութիւնը: — Բանասիրական և մատենագրական արժէք: — Իրեն ընծայուած Ընթերցուածոց մեկնութիւն մը: — Պատմութեանը բնագրին տպագրութիւն և գաղղիական թարգմանութիւն:

Այս դարուս մատենագրաց մէջ նշանաւոր կրնայ սեպուիլ Արիստակէս Լաստիվերտցի՝ իւր պատմական երկասիրութեամբը: Իր վրայ կենսագրական տեղեկութիւն մը չունինք ամենևին. միայն գրուածքէն և պատմագրելու ոճէն կ'երևնայ թէ եկեղեցական էր, և թէ բաւական ընդարձակ հմտութիւն ունէր աստուածաշունչ գրոց: Աս գիտութիւնը ուզած է ցուցընել նաև պատմագրութեանը մէջ, և անով գրուածոցն յարգը մասամբ կորսնցուցած. վասն զի թէպէտ յաշխարհի ամենայն ինչ յԱստուծոյ կը սահմանուի, բայց զայդ իսկ 'ի պատմութեան յայտնապէս ցուցընելու համար՝ մասնաւոր իմաստասիրական տեսութիւններ պէտք են, ու մտածութեանց ընդարձակութիւն և խորութիւն, և բաւական չէ յաճախ մարգարէից խօսքերը կրկնելը:

* * *

Լաստիվերտցւոյն պատմութեան նիւթը. — Հայաստանի թշուառ ժամանակացը ականատես, ականջալուր և ստուգապատում վիպագիր մ'է Արիստակէս:

Անգութ և անողորմ թշնամիք՝ մեր աշխարհին նիւթական և բարոյական խեղճութիւնը իրենց նպաստաւոր գտնելով, զանիկայ յափշտակելու և կամ աւերմամբ ոտնակոխ ընելու համար՝ ամէն չարութեան ձեռք զարնելու պատրաստուեր էին։ Ուստի իրաւամբ Լաստիվերտցին իւր պատմութեանը նախերգանացը մէջէն կը սկսի ողբալ ազգը, և անոր գլխուն գալիք ապագայ թշուառութեանց աղէտքը կը նկարէ. «Փառք մեր, կ'ըսէ, դարձան յապականութիւն. շունչ 'ի մեզ ոչ մնաց, զօրացաւ մահ և եկուլ. ամենեցուն յարձակեցան 'ի մեզ ձեռք. 'ի սիրելեաց քակտեալք՝ զորս ոչ սուր սատակեաց, ցրուեցաք զօրէն աստեղաց մոլորական կոչեցելոց»։

Այս տխուր նախերգանքէն ետքը կը սկսի Լաստիվերտցին իւր Պատմութիւնը։ Կը յիշատակէ Դաւթի կիւրապաղատին թագաւորութիւնը, այն աշխարհաշէն, մեծապարգև և աղքատասէր իշխանին, որուն ատենը հանգստութիւն և խաղաղութիւն կը գտնէր Հայոց աշխարհքը։ Կը յիշատակէ դարձեալ Սմբատայ ու Գուրգենայ եղբօր՝ Աշոտոյ Բագրատունւոյ՝ թագաւորութեանը ժամանակը, որ 'ի պատերազմունս հզօր և յաղթող ըլլալով՝ 'ի խաղաղութեան պահեց Հայոց աշխարհքը։ Բայց մահուընէն ետքը անոր որդիքը Սմբատ Յովհաննէս և Աշոտ հակառակելով իրարու սահմանաց և իշխանութեան վրայ, Ափխազաց Գորգի թագաւորին դիմեցին. Գորգի անոնց մէջ ուզելով խաղաղութիւն ընել՝ ձեռքն ու զէնքը երկընցուց Հայաստանի վրայ. Յունաց կայսրն ալ իրեն դէմ ելաւ, և այն պատճառաւ իրարու հետ պատերազմներ ունեցան, որոնց վնասն ու աւերմունքը Հայաստան կրեց։

Անկէ ետքը Արիստակէս՝ Բիւզանդիոնի այլ և այլ թագաւորաց յաջորդութեան շարը կը դնէ իւր պատմութեանը մէջ, և այն վերաբերութիւններն՝

զօրս անոնց հետ ունեցաւ Հայաստան։ Այն ատենուան ազգային պատմութեան անցից մէջ նշանաւոր է Անի քաղաքին վաճառումը առ Յոյնս, որով Գագիկ Բ Թագաւորը զրկուեցաւ արքունական գահէն, ու արտասուելով ազգին աղէտից վրայ՝ թէ կեանքը և թէ բովանդակ թագաւորութիւնը կորսնցուց։ Այս վաճառման գլխաւոր պատճառը՝ մեր քանի մը իշխանաց անմիաբանութիւնն էր, ու երիցու մը արծաթասէր շահախնդրութիւնը։ Այն ցաւալի դէպքը սրտաշարժ գրչով մը և հայրենասէր արցունքով կ'աւանդէ Լաստիվերացին. կը յիշատակէ Անի թագաւորանիստ քաղաքը իւր ամէն շինուածոյն ու կազմութեանց վայելչութեամբ. իսկ ետքը «Թագաւորն անկեալ 'ի պատուոյ, իբրև ըզգերի կալանաւոր նստի 'ի հեռաբնակ տեղիս ... հայրապետական աթոռն ամայացեալ՝ ցուցանէ տխուր դիմօք, իբրև զկին նորահարսն մնացեալ յայրիութեան ... յողբս փոխեցաւ մեզ ամենայն»։

Այսպէս Հայաստան անտէրունչ վիճակի մը մէջ համարձակութիւն կու տար իւր չորս կողմը բնակող և իրեն կորստեանը սպասող թշնամիներուն։ Անոնց ձեռքովը Բասենոյ դաշտին ու Սմբատայ լերան ու Արծնի մէջ սոսկալի ու դժնդակ կոտորածներ կ'ըլլան, կը զարնուի Կարս քաղաքը. վրայ կը հասնի Ալփասլան՝ արիւնարբու և մահաշունչ սուլտանը, կը խորտակէ՝ կը տապալէ Մանազկերտ քաղաքը. ու անլուր կոտորածք և աւարառութիւնք կ'ըլլան Խորձեանի ու Հանձէթի, Դերջանայ ու Եկեղեաց մէջ, որոնց տխուր պատմութիւնները՝ մատենագրին սիրտը առաջ չերթար նշանակելու. վասն զի՝ կ'ըսէ «հատկլիմ արտասուօք, փղձկի սիրտ իմ, և յիմարին միտք և զդողանի հարկանին ձեռքս»։

Սակայն և այնպէս հայրենեացը խեղճութեանը ուրիշ ցաւալի դէպքերն ալ յիշատակելու չդանդաղէր։ Անի քաղաքը՝ որ նոյն ժամանակաց գլխաւոր շահաստանն էր, իւր փառքովը ու մեծութեամբը՝ յաղթողաց ձեռքը անգթութեան և չարութեան խաղալիկ մը կ'ըլլայ․ և անոր գլուխը եկած ցաւալի դէպքերը կ'աւանդէ Լաստիվերացին։ Ասիկայ է իւր պատմագրութեան գլխաւոր մասը, զոր գեղեցիկ և սրտաշարժ ոճով և բանաստեղծական հանճարով կը ստորագրէ․ և անով կը լմնցընէ իւր երկասիրութիւնը։

Ոմանք Լաստիվերացւոյն գրուածքը՝ խիստ ողբական ոճով շարադրուած կը գտնեն։ Տարակոյս չկայ որ այս մասին մէջ չափաւորութիւն պահած չէ հեղինակը, որով թերևս ընթերցողաց սիրտը շարժելու տեղ՝ մերթ տաղտկութեան պատճառ ալ ըլլայ կ'երևնայ թէ մատենագիրը այն հանճարներէն է՝ որոնք տխրութեան հակամէտ բնաւորութիւն կ'ունենան․ բայց և այլոց վրայ ոչ նուազ ազդեցութիւն պիտի ընէին անշուշտ իւր ժամանակացը տխուր և եղերական դէպքերը։

Արիստակէս վարդապետի անուամբ, որ մեր հեղինակն կը կարծուի, կան Ընթերցուածոց մեկնութեան ճառք կամ հատուածք բանից, վայելուչ շարագրութեամբ։

Լաստիվերացւոյն Պատմութիւնն տպագրուած է'ի Ս․ Ղազար Վենետիկ, յամին 1844։ Գաղղիարէն թարգմանութիւն մ'ալ 'ի Բարիզ 1864, Բրիւտոմ հայագիտին ձեռամբ․ այսպիսի խորագրով. Histoire d'Arménie, comprenant la fin du royaume d'Ani, et le commencement des invasions des Seldjoukides, par Arisdaguès de Lasdiverd ; traduite pour la première fois de l'arménien et accompagnée de notes par M. Ev. Prud'homme. Paris, 1864.

ԳՐԻԳՈՐ ՎԿԱՅԱՍԷՐ

Վկայասէր և իր վարուց համառօտութիւն։ — Ըրած բարեկարգութիւնք։ — Ճանապարհորդութիւնները յԵրուսաղէմ և յԵգիպտոս։ — Երկասիրութիւնք։ — Մեկնութիւն Գործոց։ — Գէորգ Լամբրունեցւոյ ընծայուած համանուն գրուած մը։ — Գրիգորի թարգմանութիւնք։ — Կիրակոս աշակերտ և ժամանակակից Վկայասիրին։ — Մատթէոս։ — Գէորգ Մեղրիկ։ — Թէոդորոս Ալախոսիկ։ — Սիմէոն Սեբաստացի։ — Պօղոս Տարօնեցի։

Մետասաներորդ դարուն մատենագրաց մէջ թէ բարեպաշտութեամբ և թէ ուսումնասիրութեամբ անուանի հանդիսացաւ Մագիստրոսին որդին Գրիգոր Վկայասէր, որուն առջի անունը Վահրամ էր։ Հօրը աչքին և խնամոց տակ կրթուելով՝ թէ հօրը և թէ հայրենեաց և եկեղեցւոյ արժանաւոր երևցաւ։ Ուսմանց հրահանգը կատարելէն ետքը՝ աշխարհք մտաւ, և ըստ աշխարհի առաքինութեամբքն ալ մեծ համբաւ ստանալով, Բիւզանդիոնի կայսրէն զանազան պատիւներ առաւ, ու դուքս պատուանունով՝ իւր հօրը իշխանական աթոռը նստաւ։ Բայց քանի մը տարի անցնելէն ետքը՝ ամէն երկրաւոր մեծութիւններէ հրաժարելով, ինքզինքը միայնակեցական կենաց առանձնութեան տուաւ, որուն ու հոգւոյն խաղաղութիւնը փնտռելով։ Սակայն իր ամէն ջանքովն ալ ինքզինքը չկրցաւ ծածկել անոնցմէ՝ որոնց արդէն հասեր էր իր առաքինութեան և սրբակրօն վարուց համբաւը. ուստի Խաչիկ կաթուղիկոսին մահուընէն ետքը՝ անոր արժանաւոր յաջորդ մը փնտռելու ատեն՝ ամենուն աչքը ասոր վրայ դարձաւ, ու մեծ աղաչանքով նստուցին զինքը հայրապետական աթոռոյն վրայ, ու կոչեցին Գրիգոր երկրորդ:

Այլ և այլ եկեղեցական բարեկարգութիւններ ընելէն ետքը՝ ինքզինքը գրաւոր զբաղմանց տուաւ Գրիգոր, թէ անձամբ և թէ այլոց ձեռքով թարգմանութիւններ ընելով, և կամ սկզբնագիր երկասիրութիւնք շնորհելով ազգին. անոր համար է որ Շնորհալին՝ անոր հոգևոր և եկեղեցական արդիւնքը նշանակելէն ետքը՝ կը գրուցէ,

« Երկրորդ Մեսրովպ մեզ երևեալ
Զգիրըս բազումըս թարգմանեալ.
Առ 'ի Յունաց և յԱսորւոց
Ճառըս սըրբոց վերաբերեալ»:

Իր գրաւոր երկասիրութեանցը մէջ գլխաւոր եղան սրբոց վկայաբանութիւններն, զորս թարգմանեց և կարգի դրաւ, և անոնց շատերուն տօները հաստատեց, և այն պատճառաւ Վկայասէր կոչուեցաւ:

Վարդան պատմիչ կ'աւանդէ թէ Վկայասէր հայրապետը տարիի մը չափ կաթուղիկոսական աթոռոյն վրայ նստելէն ետքը 'ի Ծամնդաւ, նոյն աթոռոյն տեսչութեան հոգը թողուց Լոռեցի Գէորգ վարդապետին, և ինքը թարգմանութեանց համար անցաւ 'ի Կոստանդնուպոլիս: « Գայր հասանէր, — կ'ըսէ ժամանակաւ իրեն մերձաւոր պատմիչ մը, — 'ի թագաւորեալ քաղաքն Կոստանդինուպոլիս և յանդիման լինէր թագաւորին և պատրիարգին. որոց տեսեալ զայնպիսի աստուածազգեաց հայրապետ ... մեծաւ պատուով ընկալան զնա ... քանզի քաջ տեղեակ էր յունական լեզուին և դպրութեանն, և յիրս և 'ի բանս ըստ ամենայնի վարժ և կիրթ. 'ի հարցուածս խոհեմ, և 'ի պատասխանիս զգօն և հանդարտ. գեղ երեսացն բարետեսիլ և հեզահայեաց, և բանք աստուածաներկ լեզուին համեստ և քաղցրագոյն. յորս կապեցան սիրով Թագաւորն և բովանդակ իմաստնոցն ժողով» : Անկէց ալ և ալ գըրքեր հետն առնելով՝ երբոր կ'ուզէր Երուսաղէմ երթալ, հովը հակառակ ըլլալով՝ ստիպուեցաւ եւլել յԵգիպտոս. և հին անապատաւորաց բնակութեան տեղուանքը պտըտելով, իր սրտին փափաքը և ուխտը կատարեց: Այդ հոգեւոր այցելութիւնը այնչափ մեծ ազդեցութիւն ըրաւ իր եռանդուն և աստուածասէր սրտին վրայ, որ փափաքելով նորոգել զվանական և զմիանձնական կեանս 'ի Հայաստան՝ ետեւէ եղաւ հոն տեսած կրօնաւորական կարգերն ու լսած ու գտած վարքերն գրել, թարգմանել և ընտանեցընել իր հայրենակցաց. ու այս վախճանաւ կաթուղիկոսական պաշտամանէն հրաժարելէն ետքն ալ գնաց նաև 'ի Պաղեստին. տեսաւ հին ճգնաւորաց մենաւորութեան տեղուանքը. հաւաքեց անոնց վարքը, որ թէ և իրմէ առաջ մասամբ ծանօթ էին Հայոց հին նախնեաց թարգմանութեամբ, այլ ինքն եղած է երկրորդ հաւաքող և թարգմանիչ. օժանդակ և ձեռնտու ունենալով զԳրիգոր քեռորդի իւր: Զայս կ'ակնարկէն անշուշտ Ուռհայեցւոյն ըսելը վասն Վկայասիրին թէ «Պայծառացոյց զկարգս կրօնաւորութեան» :

Մեծ պատիւ գտաւ Եգիպտոսի սուլդանէն. և հոն բնակող Հայերը՝ երեսուն հազար հոգիէն աւելի՝ իր քովը ժողվուեցան. և ինքն Գրիգոր անոնց համար վանք շինեց. և վրանին գլխաւոր դրաւ իր մերձաւոր ազգականը՝ զԳրիգորիս, զոր Վարդան՝ Վկայասիրին եղբօրորդին կը կոչէ, և Ուռհայեցին՝ քեռորդի: Կիրակոս կ'աւանդէ թէ Եգիպտոսի մէջ վախճանած ըլլայ Վկայասէր. իսկ ուրիշ պատմիչք կը զրուցեն թէ դարձաւ 'ի Հայաստան, և Տորոս լերան սահմաններն կամ Եփրատ գետին քով եղած Կարմիր վանքը բնակելով՝ հոն կնքեց իր բազմարդիւն կեանքը։

***

Վկայասիրին երկասիրութիւնները. — Վկայասէրին երկասիրութեանցը՝ կամ իր ջանիւք և հրամանաւ եղած գրաւոր արդեանց մէջ, գլխաւոր կը սեպուի Գործոց Առաքելոց մեկնութիւն մը, որուն ինքնագիր յիշատակարանին մէջ սանկ կը պատմէ Գրիգոր. «Տուկիծ կայսեր որդւոյն Միքայելի թագաւորութեան ու Կոզմայի պատրիարքութեանը ժամանակ՝ Կոստանդնուպոլիս քաղաքը գնացի. և հոն շատ ետևէ լինալով՝ Յովհաննու Ոսկեբերան հայրապետին շարագրած Գործոց Առաքելոց գերահրաշ մեկնութիւնը ձեռքս անցաւ։ Հոն Կիրակոս անուամբ հմուտ հռետորի մը հանդիպելով, որ թէ հայկական և թէ յունական ուսմամբ անուանի էր, և առատ վարձք տալով իրեն՝ այս ցանկալի գիրքը թարգմանել տուի։ Եւ ինչպէս նախամարգարէն Մովսէս օրինաց տախտակները՝ անանկ ուրախութեամբ այս նուիրական գիրքը հետս առած՝ շատ աշխատութեամբ Լիբիոյ և ասիական ծոցոյն համատարածը անցայ, և Հոգւոյն սրբոյ խնամքովը՝ Սեմայ բաժնին մէջ Տորոսի սարոտը եղող սրբոց հրեշտակաբնակ կայարանը հասայ, և գտայ հոն՝ Կիրակոս հոգեշնորհ գիտնականը՝ որ իմ ըստ հոգւոյ որդին է, և մեր փոխանորդին Գէորգեայ աշակերտը։ Ասիկայ իրեն հմտութեամբը՝ առջի թարգմանչին ունեցած անհարազատ ոճերն ու խորթութիւնները՝ մեր ազգին դիւրալուր և յարմարական ոճի մը վերածեց շատ աշխատութեամբ»։

Այս յիշատակարանը կը գտնուի այն գործոց մեկնութեան մէջ՝ որ ընդհանուր անուամբ Խմբագիր կը կոչուի, յՈսկեբերանէ և յԵփրեմէ քաղուած ըն-ըալուն համար. և այս անուամբ ալ տպագրուած է 'ի Վենետիկ յամի 1839:

***

Սակայն ոմանք կը կարծեն թէ այս Խմբագիր մեկնութիւնը կրտսեր է ժամանակաւ քան զՎկայասէրն, որովհետև Շնորհալւոյն ու Լամբրոնացւոյն խօսքերէն ալ զանազան հատուածներ մէջ բերուած կը տեսնուին, և յընծայականին կը յիշատակուի Տէր Յովհաննէս արքայեղբայրն՝ Հեթմոյ Ա., և թէ անոր հրամանաւը ձեռք զարնուած ըլլայ այս երկասիրութեան: Ուստի հաւանական կ'երևնայ թէ ասոր ընդարձակ մեկնութիւնն էր զոր թարգմանել տուաւ Վկայասէր, և վրան ժամանակ անցնելէն ետքը՝ ուրիշ մը նոյնը համառօտեց՝ սրբոյն Եփրեմի և ուրիշ վարդապետաց խօսքերէն ալ այլ և այլ հատուածներ աւելցնելով:

Այս կարծիքը կ'արդարացընեն նորագիւտ յիշատակարանի մը խօսքերն՝ որ մեր յիշած երկասիրութիւնը Գէորգայ Լամբրունեցւոյ կու տայ, որուն վրայ ետքն ալ առիթ պիտի ունենանք խօսելու. « Արդ 'ի թուականին աբեթական տումարին՝ կ'ըսէ, յեւթն հարիւր և 'ի յիսունն՝ եղև փոխման երջանիկ և հռչակաւոր մեծ րաբունապետին և հռետոր գիտնականին Գէորգայ Լամբրունեցւոյ, յունվարի ԺԱ. յաւուր չորեքշաբաթի ...

» Եւ արդ սա ծնեալ 'ի նահանգին Կիլիկեցւոց, 'ի գաւառի մայրաքաղաքին Տարսոնի, յանառիկ դղղեկին Լամբրուն կոչեցելոյ, որ 'ի յունական բարբառոյն 'ի հայ լեզու՝ կրակարան հրոյ. և այս յաւէտ յիրաւի քանզի շնուր աստուածային սիրոյն յինքեան ջերմապէս բորբոքեալ. որով և մնեալ և վարժեալ 'ի հաչակաւոր սուրբ ուխտն Սկեւռայ կոչեցեալ, առ քեռայն իւրում տեառն Գրիգորի գիտապետի նմին ուխտի. որոյ և վարժապետ կարգեալ զի կրթեսցէ զնա գրովք սրբովք 'ի մանկական հասակին. յորում և քան զյոգունս առաւելեալ գըտանէր. և յորժամ յարբունս հասանէր հասակի. ընթանայր նա և յելս արեւու. որ և դարձեալ լինէր անալ բազում բարգաւաճեալ փառօք. և եկեալ դադարէր 'ի տեղի իւր. և բնաւ ոչ այլ իմիք փափաքէր՝ բայց վերծանութեան աստուածային տառից...

» Անէր և գանձս յոլովս տօնից տէրունականաց և սրբոց Աստուծոյ. գրէր և կանոնս կարգաւորս և բանս խրատականս վասն խոստովանութեան առ 'ի յօգուտ ազգատոց քահանայից: Անէր համարս գըլխոց և ցանկս, և նախադրութիւնս աստուածաշնչից տառից: Գրէր և ճառս ներբողականս 'ի պատիւ սըրբոց: Անէր և համառօտ մեկնութիւն Գործոց առաքելոցն 'ի խնդրոյ արքայեղբօրն տեառն Յովհաննու: Գրէր և մարգարէին Եսայեայ լայն և ընդարձակ մեկնութիւն հրամանաւ արքային Հայոց Հեթմոյ. բազում բանս պիտանիս հաւաքէր 'ի գանձուց աստուածայնոց առ 'ի վարժումն մանկանց նորագունից» :

***

Վկայաբերին կ'ընծայուին յիշատակարանաց ընտիր վկայութեամբը՝ Պրոկղի՝ սրբոյն Յովհաննու Ոսկեբերանին վրայ շարագրած ներբողին թարգմանութիւնը, Ոանլուայի կարգը, սրբոյն Եփրեմի՝ Յովհաննու Մկրտչին վկայութեանը և Հերովդիադայ կաքաւմանը վրայ գրած ճառը, ինչպէս իրենց իսբագիրներէն և յիշատակարաններէն կը հասկըցուի: Իրեն աշխատասիրութեամբը եղած են դարձեալ սրբոց այլ և այլ վկայաբանութիւններ, շատը թարգմանութեամբ 'ի յունէ և կամ՝ յասորւոյն. մեր ձեռքըն հասած կամ մեզի ծանօթ վկայաբանութեանց մէջ կը գտնենք 15 կամ անկէ աւելի յիշատակարանք Գրիգորի Վկայասիրի, և կ'իմանանք անոնցմէ թէ զանազան վանքերու և քաղաքաց մէջ երկասիրուած են 'ի Նմանէ: Բայց իր աշակերտ ու աշխատակցին Կիրակոսի վկայութեամբ շատ աւելի եղած պիտի ըլլայ անոնց թիւը, և որ ցարդ մեզի անծանօթ մնացած են: Այս վկայաբանութիւններէն զատ թարգմաներ և հաւաքեր է Վկայասէր նաև տերունական կամ սրբոց տօնից պատշաճ ներբողներ ու ճառեր. թէպէտ և անոնք այս վերջիններն փոքր Վկայասիրին կ'ընծայեն:

Վկայասիրին երկասիրութիւնն է նաև սրբոյն Յովհաննու Ոսկեբերանի վարուց պատմութիւնը, ինչպէս յիշատակարանին մէջ կը պատմէ ինքն Վկայասէր թէ Քրիստոսի 1104 թուականին (ՇԾԱ) Ալէքս Կոմնենոս կայսեր իշխանութեանը ժամանակ՝ այլ և այլ հալածանքներէ շատ նեղուելով՝ Սեաւ լեռը քաշուեր է, և հոն սրբոյն Յովհաննու Ոսկեբերանի վարքը թարգմաներ. «Ի ձեռն առն մի՝ որում անուն էր Թէոփիստէ՝ ազգաւ յոյն. և ապա ետու վերստին արծարծել զսա 'ի տարաբան և 'ի յստարաձայն բայից և բառից առաջին թարգմանութեանն՝ ըստ քերթողական իմաստից, միաշար տողելով 'ի ձեռն Մատթէոսի քահանայի, որ ուսեալ և վարժեալ էր ընդ մերով ձեռամբ»:

***

Վկայասիրին վրայ խօսելու առեններս՝ տեսանք թէ 'ի թարգմանութեան և թէ 'ի գիր՝ մեծապէս ձեռնտու եղած է իրեն ԿԻՐԱԿՈՍ անունով վարդապետ մը, որ՝ ինչպէս վերը յիշատակեցինք, Վկայասիրին փոխանորդ Գէորգ վարդապետին աշակերտն էր, և հայերէն լեզուի հմուտ ու տեղեակ. անոր համար Վկայասէրն ալ ուրիշներուն թարգմանած երկասիրութիւնքը՝ ասոր դարձեալ աչքէ անցընել կու տար: Նոյն աշխատասիրութիւնն ըրաւ Կիրակոս նաև Ոսկեբերանի՝ Յովհաննու աւետարանչին մեկնութեանը վրայ: Վասն զի սա ինքն Կիրակոս վարդապետս՝ Ոսկեբերան հայրապետին այս սքանչելի գրուածը տեսնելով՝ Վկայասիրէն խնդրեց որ թարգմանել տայ 'ի հայ: Վկայասէրն ալ հարազատ յունական սկզբնագիրը քովը չունենալով՝ ասորի լեզուով եղած թարգմանութիւնը գտաւ, և նոյն լեզուին տեղեակ Անդրէաս անունով քահանայի մը որ հայկական լեզուի ալ բաւական հմտութիւն ունէր՝ յանձնեց որ նոյն գիրքը թարգմանէ: Բայց Կիրակոս տեսնելով թէ յասորի բարբառոյ մեր լեզուին դարձնելը դժուարին, ու «շաղփաղփ և այլատարազ» կ'ըլլայ, ինչպէս ինքը կ'ըսէ յառաջաբանին մէջ, Վըկայասիրին աղաչեց որ նորէն թարգմանել տայ զայն 'ի յունէ: Անիկայ ալ Կիրակոսի թախանձանաց իրաւացի ըլլալը տեսնելով՝ ընդհատել տուաւ Անդրէի ձեռքով սկսուած թարգմանութիւնը, և նոյն Կիրակոսը ղրկեց 'ի Միջագետս Թէոփիլոսէ յոյն հռետորին, որ նոյնպէս տեղեակ էր հայ լեզուի, և առատ վարձք շնորհելով իրեն՝ թարգմանել կու տար նոյն գիրքը: Բայց որովհետև նոյն միջոցներուն պատահեցաւ Վկայասիրին երջանիկ փոխումը, Կիրակոս այն օգտակար աշխատասիրութիւնը խափանել չտուաւ․ այլ նոյնպէս շատ ծախքով շարունակել տուաւ ու աւարտել նոյն ճառերը, որոնց ամբողջ թիւը յիսուն և հինգ է․ որովհետև անոնց մէջ երեսուն և իրեք ճառը շատ աշխատութեամբ գտած էր՝ թարգմանեալ 'ի նախնեաց, ուստի մնացածները նորէն թարգմանել տուաւ, և անոնց մէջ առջի տասուիրեք ճառերը թարգմանուած են յասորի լեզուէ, իսկ մնացած քսանը 'ի յունէ։ Յիշատակարանին մէջ կը գրուցէ Կիրակոս թէ « բովանդակ գիրքն էր լեալ թարգմանած 'ի հայս․ և 'ի ծուլութենէ և յանփոյթ առնելոյ այլքն կորուսեալ եղծեալ էին յօրինակս հինս ուր և կայր․ և այս զոր գտաք՝ յախմար և 'ի տգէտ խաւարած գրագրերոյ այլայլած և թիւրած էր բանքն և տառքն, և աւելի և պակաս՝ անօգուտ 'ի կարդալոյ և յիմանալոյ » ։

Կիրակոսի նման վաստակակից և օգնական եղաւ Վկայասիրին նաև ՄԱՏԹԷՈՍ, որուն գլխաւոր երկասիրութիւնն եղաւ Յովհաննու Ոսկեբերանին վարուցը թարգմանութիւնը, ինչպէս յիշեցինք։

Նոյն ժամանակներն ծաղկած է նաև ԳԷՈՐԳ վարդապետ, որ քաղցրուսոյց վարդապետութիւն ունենալուն համար, ինչպէս կ'ըսէ Վարդան, Մեղրիկ կոչուեցաւ [1]։ Վասպուրական գաւառին Անալիւր կոչուած գեղը ծնած էր Գէորգ․ և ետքը կրօնաւորելով՝ Դրազարկի ուխտը նորոգեց։ Յիսուն տարի կրօնաւորական կեանք վարելէն ետքը՝ եօթանասնամեայ վախճանեցաւ բարի համբաւով և սրբութեամբ, « և թաղեցաւ 'ի գաւառն Անաւարզոյ, 'ի մեծ յանապատն որ Դրազարկ կոչի », կ'ըսէ Մ.

1 « Մեղրիկն ասացեալ էր՝ քաղցրախօս և ճարտարաբան » կ'աւանդէ յիշատակագիր մը։

Ուռհայեցի։ Ուրիշ մ՚ալ կ՚աւանդէ թէ ոչ միայն ՚ի Դրազարկ, այլ և «՚ի Խորին անապատն որ յաշխարհին Կիլիկեցւոց ՚ի Սիս զոր նորոգեաց Թորոս իշխանն որդին Կոստանդեայ», եկեղեցական բարեկարգութիւնք և նորոգութիւններ մուծած ըլլայ։ Միւս կարեւոր գործ մ՚ալ Ճաշոց գրոց կարգաւորութիւնն է, Վկայասիրին հաճութեամբ և հրամանաւ։

Անուանի եղաւ դարձեալ և ԹԷՈԴՈՐՈՍ վարդապետ՝ Ջահան գաւառին Հոնի քաղաքին եկեղեցւոյն փակակալը, որ ալէլուքը՝ քաղցրաձայն եղանակաւ նուագելուն համար Ալախօսիկ կոչուեցաւ. և ետքը ինչուան կաթուղիկոսութեան աթոռն ալ գրաւեց։ Վասն զի անշուշտ իրեն կը վերաբերին Ուռհայեցւոյն այս խօսքերը. «Նստուցանեն յաթոռ կաթուղիկոսութեան Հայոց զտէր Թէոդորոս, զդրան եպիսկոպոսն տեառն Սարգսի Հայոց կաթուղիկոսի՝ զմեծ երաժիշտն ձայնաւորաց՝ որ մականուն ասի Ալախօսիկ»։ Դարձեալ. «Յայսմ ամի (ՇԽԴ) մեռաւ մեծ երաժիշտն և սիւնն սրբոյ եկեղեցւոյ տէր Թորոս կաթուղիկոսն Հայոց, և թաղեցաւ ՚ի Հոնին՝ մօտ ՚ի տէր Սարգիս»։ Կ՚աւանդեն ոմանք թէ չորս աւետարանչաց մեկնութիւն մը շարադրած ըլլայ Ալախօսիկ։

Ժամանակակից է ասոնց նաև՝ ՍԻՍԻԱՆՈՍ կամ ՍԻՍԻՆՈՍ վարդապետ Սեբաստացի, որ իր հայրենեացը՝ իրենց վկայական մահուամբը և սքանչելեօք պարծանք եղող Քառասուն մանկանց վրայ ընտիր և գեղեցիկ ներբողեան մը շարադրած է։ Յամանց ՍԻՍԻՈՍ կոչուած է և ազգաւը «Ասորւոց վարդապետ և կրօնաւոր»։ Ձեռագրաց խորագիրն է. «Երանելւոյն Սիսիանոսի վարդապետի խօսք ասացեալ յամենաժողով տօնի սրբոց Քառասնիցն և 'ի խորհուրդ սըրբոց քառասնորդացն աղուհացից »:

Աւելորդ չենք սեպեր յիշել նաև զՊՕՂՈՍ ՏԱՐՕՆԵՑԻ, որ Տարօնոյ Ղազարու վանքը կը նստէր, և վերը յիշատակուած Թէոփիլոսէ յոյն կրօնաւորին դէմ գրուածք մը հրատարակեց լի հոգւով հակառակութեան: Եւ այն հոգին իրեն պարծանք սեպելով, Հոգւոյն սրբոյ տուրք կը սեպէր ըսելով համարձակութեամբ, թէ « Որպէս տուեալ է 'ի Հոգւոյն ումեմն այսպիսի և ումեմն այնպիսի շնորհք, և ինձ տուեալ է այսպիսի բանակռուութիւն »: Եւ թէպէտ Մխիթար կաթուղիկոսի ատեն գումարուած ժողովքի մը մէջ՝ աղէկ միաբանութեամբ մերժեց Տարօնեցւոյն այս գրուածքը, բայց շատ ժամանակէ ետք ալ իրեն համախոհ տպագրիչ մը գտաւ 'ի Կոստանդնուպոլիս յամի 1752: — Ասկէ զատ և լաւագոյն գործ մ'ալ ունի Պօլոս, վերլուծութիւն կարգաց եկեղեցւոյ, այսինքն պատճառք Տօնից, ժամակարգութեանց, Ընթերցուածոց, Ծիսից, և այլն. ասկից կ'առնուն նոյն նիւթոց վրայ գրող յետագայ մեկնիչք:

ԴԱՐ ԺԲ

—

ՅՈՎՀԱՆՆԷՍ ՍԱՐԿԱՒԱԳ

—

Սարկաւագայ տոհմն և դաստիարակութիւնը։ — Ուսումն 'ի Սանահին և 'ի Հաղբատ։ — Տոմարի նորոգութիւնը կամ Սարկաւագադիր շրջան։ — Գրաւոր երկասիրութիւններն։ — Պատմութիւնն։ — Քանի մը հատուածք մինչուան առ մեզ հասած։ — Յաղագս Քահանայութեան ճառ։ — Ներբողեան։ — Աղօթագիրք։ — Ի Սարեակն։ — Սուրբ գրոց վրայ աշխատութիւնք։ — Ճառեր։ — Մանր գրուածներ։ Իր աշակերտներն։ — Երեմիա Անձրևիկ։ — Կունդ Սարգիս, և այլք։

Երկոտասաներորդ դարը՝ որ մեր հայկական դպրութեանց համար իրաւամբք գեղեցիկ Արծաթի դար կոչուած է, կ՚ընծայէ մեզի նախ զՅովհաննէս Սարկաւագ վարդապետ, հայրենեօք Արցախու Փառիսոս գաւառէն, իր ուսումնական և քարոզական կրթութեանը խնամատար ծնողաց զաւակ. ծնած իբրև 'ի կէս ԺԱ դարու և վախճանած յամի 1129։

Սարկաւագայ հայրը՝ որ քահանայական դասուն կը վերաբերէր, և որդւոյն ապագայ յառաջադիմութեանը վրայ մեծ փոյթ և յոյս ունէր, իրենց գիտութեամբը և սրբասէր կարգերով համբաւուած Սանահնի և Հաղբատայ վանորէից մէջ աշակերտութեան կը գնէր. հոն կ՚անցընէր Սարկաւագ իր մանկութեան առջի տարիները. ու կը ոքնէր՝ ինչպէս ինքն ալ կը վկայէ, «զօր ամենայն և զգիշերն բովանդակ՝ առ իմաստս ցանկութեամբ, նաև սիրով որ առ հանճար»: Ուրիշ տեղ մ՚ալ. «Ի նախնեաց բարեպաշտից և յիմաստուն ծնողաց բուսեալ, որք սընուցին զիս օրինօք հոգւոյն կենաց՝ առնել քան ըստ բնութեան տածիւք խնամս յառ մանկունս. որովք յառաջնումն հասակին դաստիարակեալ յոյս տայր քաջութեան»:

Այդ փափաքին արժանաւոր հանճար ալ ունենալով, իր ժամանակին ու հայերէն դպրութեանց գլխաւոր պարծանքներէն մէկն եղաւ Սարկաւագ. որով իրաւամբք իր վրայ ոգանչացողներէն մէկն կը կոչէ զինքը «Մեծիմաստ գիտութեամբ քան զյոլվըս և հանճարեղ յամենայնի և մտահարուստ... յոյժ իմաստուն և աստուածային շնորհօք զարդարեալ»:

Իր գլխաւոր արդիւնքներէն մէկն եղաւ՝ հայկական տոմարը նորոգելու համար ունեցած աշխատանքը. իրմէն առաջ Մովսէս Եղիվարդեցի և ուրիշներն ջանացեր էին այս բանին. բայց իրենց ջանքն անկատար կամ անգործ մնացած էր: Սարկաւագ կրկին աշխատեցաւ. որովհետև ուրիշներուն շըտկած տոմարը շարժական ըլլալով՝ այլ և այլ շփոթութեանց պատճառ կ՚ըլլար. և ուզեց հաստատուն տոմարի մը կարգաւորութիւն ընել, և այս է Սարկաւագադիր կոչուածը, որ չկրցաւ ազգին մէջ հաստատութիւն գտնել:

Ուսմանց սիրովը վառուած՝ ուզեց իր օրինակաւըն ու ջանքով կիրթ ախորժակ, ուղիղ և ճշմարիտ գիտութիւն խոթել Հայաստանի մէջ. և այս բանին համար մասնաւոր խնամք ունէր մանկանց դաստիարակութեանը վրայ, խրատներով անոնց եռանդը վառելով, և իր զօրաւոր խօսքերովը հասկցընելով թէ իմաստութեան գանձուն հաւասարապատիւ բան չկայ:

Հաղբատայ առաջնորդ ալ եղաւ Սարկաւագ, և այն մեծ վանքին ուսմանց յառաջադիմութեանը գլխաւոր արդիւնքն իրեն կրնայ սեպուիլ: Ներքին բարեկարգութեանն համար ալ շատ աշխատեցաւ անոյշ սրտովն ու լեզուովը և հայրագութ խանդաղատանօքը:

Այս իւր բարեմասնութեանցն համար՝ պատուական էր ամենուն աչքը. ինչուան իշխանք և թագաւորք մեծարեցին անոր հանճարը, և սքանչացան սրբութեանը վրայ. և Գաւիթ Վրաց թագաւորին համար կ'աւանդեն թէ ամէն անգամ որ կը տեսնէր զՍարկաւագ՝ նախատինք չէր համարեր արքունի թագով զարդարուած գլուխը խոնարհեցընել անոր աջին և օրհնութիւնը խնդրել: «Ի ՇՀԸ թուին, — կ'ըսէ Սամուէլ Ժամանակագիր, — փոխեցաւ 'ի Քրիստոս մահուամբ սուրբ վարդապետն Սարկաւագ 'ի Հաղբատ»: Նոյն վանքին Ս. Աստուածածին եկեղեցւոյ զանգակատան տակ թաղուած է Սարկաւագ, և մարմինը ամփոփող քարին վրայ գրուած հետևեալ արձանագիրը. Սրճաևն այս սեւևկաև է Սոփևաոոսի Սարկաւագին:

***

Սարկաւագայ երկասիրութիւնքը. — Սարկաւագ վարդապետին անունը կրող երկասիրութիւնքն որչափ ալ ըստ ինքեան գեղեցիկ են, բայց իւր իմաստութեանը և անխոնջ փութոյն քանի մը երախայրիքն պիտի ըլլան անշուշտ. վասն զի հաւանական կ'երևնայ թէ իւր գրուածներէն շատը կորսուած են, և որոնց մէջ գլխաւոր է

Պատմութիւնը՝ զոր կը յիշատակեն Կիրակոս, Վարդան, Մխիթար Այրիվանեցի, և քանի մը ընտիր հատուածներն իւր ժամանակագրութեանը մէջ կը բերէ Սամուէլ Անեցի իր աշակերտը: Կ'երևնայ թէ այս պատմութեան գիրքը երկու մասն բաժնուած էր. մէյմը ընդհանուր Սկիւթական ազգաց ծագման և արշաւանաց վրայ, որ ԺԱ դարէն սկսան գալ 'ի Հայաստան. Սելճուգեանց ու Տուղրիլեանց, և Ալփասլանայ ու իր նախորդացը վրայ. մէյմըն ալ Ալփասլանայ որդւոյն Մէլիքշահի գործքերը, որուն մահուամբը դադրեցուցած կ'երևնայ Սարկաւագ իւր պատմութիւնը:

Այս կարծեաց սատուգութեանը կ'երաշխաւորեն՝ իրմէ ժամանակաւ քիչ կրտսեր՝ ու իրեն պատմութեան գիրքը կարդացող հետևեալ պատմագիրները: Կիրակոս կ'ըսէ. «Մինչև ցՄէլիք շահ սուլթանն՝ գըրեալ էր զպատճառ ախրելոյ նոցա մեծիմաստ վարդապետն որ Սարկաւագ կոչիւր»: Սամուէլ. «Իսկ յետ նոցա (Ամիրմումնեայցն) Սկիւթացւոցն առնուլ զբռնակալութիւնն, այսպիսի պատճառաւ ընթերցաք, գրեալ վարդապետին մեծի՝ որ Սարկաւագ վերակոչի անուանեալ. զի ասէ թէ Պարսից և Մարաց զմիմեամբք ելանելով՝ տարբերական փոփոխութեամբ մինչև ցաւուրս մեր: Զայսոսիկ նշանակագրոյ եցոյց մեզ իմաստասէրն մինչև ցՄէլիք շահն, զոր յիւրում տեղւոջն գրեսցից սորին ձեռնտուութեամբ: Իսկ զհօրն նորա ժամանակ՝ զարինախանձին Ալփասլանայ, և զնորին հօրն և զհաւուց, զոր Տուղլու (Տուղրիլ) Բէկ և Մահմուտ, և Սարչուկ (Սելճուգ) անուանք են նոցա: Տեսաք երբեմն գրեալ սորին ձեռօք սայոյգ գտակաւ. եթէ հանդիպիմք մատենին՝ և մեք շարագրեսցուք, և թէ ոչ՝ լռեսցուք» և այլն։ Սամուէլ՝ Մելիք շահի Թագաւորութեանը վրայ խօսելու ժամանակ՝ սակէ վկայութիւն կը բերէ՝ ըսելով. «Զի սա է Իմաստասէրն աստուածային, Թէ իբրև ատեայր զփառս իշխանութեանն», և այլն։ Դարձեալ յիշատակելով խաչակիր արևմըտեայց գալուստը, և Աղէքս կայսեր անոնց ըրած նենգութիւնը, կ'ըսէ. «Եւ այս բանք գրեալ էր վարդապետին Սարկաւագի»։

Այս ընտիր ու փափաքելի երկասիրութենէն մինչև առ մեզ հասած երկու հատուած մէջ բերենք, պահեալ առ Անեցւոյն. որով՝ ինչպէս իրաւամբ կ'անդրադարձնէ զանոնք առաջին անգամ հրատարակող բանասէրն, ամբողջ գրքին վսեմութիւնն ու ազնուութիւնը կրնանք ճանչնալ. և Թէ ինչպէս այն պատմութիւնն մեր գրականութեան ընտիր գըրուածքներէն մին էր, և իրեն ցեղին մէջ Թերևս ամենէն ընտիրը.

«Իբրև ատեայր զփառս իշխանութեանն՝ բարեբաղդն Մելէք շահ, զկնի հօրն մահուանն՝ Ալփասլանն կոչեցելոյն, մեծապէս կարգօք յօրինէր զԹագաւորութիւնն. ըստ անուանն եղեալ արդարև արքայ արքայից։ Ոչ հետևեալ հօրն բարուց և կամաց, այլ և յաւէտ մանաւանդ զընդդէմն ախորժեալ, մինչ զի և մտաչափ եղեալ՝ զնորայն բառնէր զխռովմունս, իբրև եղեալ հակառակ խաղաղութեան և կենաց մարդկան, արեամբ և զրկմամբ խնդացեալ։ Իսկ ինքն իմաստաբար քաղաքավարութեան կարգօք պատրաստէր զամենայն։ Արդ խոհեմն այն և արի քան զյոլովս 'ի Թագաւորաց և քան զամենեսեան որ առ մեօք, ոչ այնքան տանէր հոգ՝ որքան արդարութեամբ առ ամենեսին վարիլ. զի մի ոք լցցի տրտում 'ի զրկելոց, և հպարտ 'ի գոռոզաց։ Էր և ազատաբարոյ և մեծախորհուրդ. այլ և տեսիլ մարմնոյն արժանի Թագաւորութեանն. ընդ որում հեզութիւն 'ի քաղցրութիւն բարուցն ընծայեալ՝ առնէր սիրելի ամենեցուն. զոր միայն կոչեցից Թագաւոր և փարթամ: Սա 'ի դոյզն ժամանակի փոքր ինչ նուաճ զբոլորս հնազանդէր ախեղերս. զոր այլք 'ի Թագաւորաց 'ի բազում ժամանակս և կամ ոչ բընաւ. բայց ոչ այնքան պատերազմաւ և բռնութեամբ՝ որքան սիրով և քաղցրութեամբ: Զի եթէ սակաւ ինչ ժամանակաւ այնքան զօրեաց՝ կարծեմ թէ և ոչ Եւրոպէ կարէր ոչ տալ մուտս արքայութեան նորա, եթէ յոլովեալ էին՝ կենաց նորա ժամանակք: ...

» Ի ՇԽԱ. թուականին սպանաւ մեծ հազարապետըն արքային Պարսից Մէլիք շահին, որում անուն էր Հասան. իսկ ըստ պատուոյ տաճկանին՝ Վզրուկ խօճայ: Եւ զկնի աւուրց քանեւութից մեռանի և ինքն Մէլիք շահն. զորմէ համբաւէր յոմանց դեղակուր 'ի կնոջէն լեալ. որ էր մեղ առ ամենեսեան և քաղցր բարուք յաւէտ առ ազգս քրիստոնէից: Եւ յետ մահուան նորա անպատմելի եղև խռովութիւն ամենայն ազգաց զամս չորս. զի եղբայր նորա Դըդուշն և որդի նորա Բէքիարուխն՝ զայսոսիկ զամս մարտիւ պատերազմաց զթագաւորութիւն զամենայն 'ի բաց կորեցին, վասն ոչ ընդ փոյթ միոյ 'ի նոցանէ աիրելոյ. հոմանց սրեանց իբրև զուղխից լինէր, ոչ միայն զինակիր նահատակացն՝ այլ և առհասարակ ազանց և գաւառաց. և նեղութիւնք վշտաց սովու և գերութեան: Եւ այսպէս բարիքն 'ի բաց վճարեցան ընդ խզման կենաց Թագաւորին. որոյ երկք և աշխատութիւնք Թագաւորականք՝ ուրոյն, և շահն և օգուտն՝ հասարակաց ամենեցուն, մեծամեծք և ընտրելիքն. մանաւանդ զխաղաղականն ասեմ զկեանս և զանհոգականն. զի սիրէր զազգս մեր այնքան՝ զի աղօթս հայցէր և օրհնութիւնս. յորմէ և անդ երբեմն չոգաւ հայրապետն: Ոչ, թէ միայն էր աշակերտեալ քրիստոնական կրօնից և կարգաց »:

***

Յաղագս Քահանայութեան ճառ. — Ինքզինքնին Աստուծոյ սեղանոյն նուիրող քահանայից համար զգուշութեան և խրատական ճառ մը: Աստուածամերձ և ահաւոր սրբավայրին արժանաւոր և նիւթոյն վսեմութեան պատկանաւոր լեզու մը կը բանեցընէ Սարկաւագ այս ճառին մէջ. կը նկատէ զքահանայն իբրև պաշտօնեայ Աստուծոյ և մարդկան, ու կը յիշեցընէ անոր այլ և այլ պարտքերը:

Ներբողեան. — Կիրակոս՝ Սարկաւագայ վրայ խօսելով կ'աւանդէ թէ «գրեաց ճառս ներբողականս 'ի մեծաղօր արքայն Հայոց Տրդատ, և 'ի սուրբ հայրապետն Ներսէս և 'ի սքանչելին Սահակ և Մեսրովպ»: Այս ճառերը մեր ձեռքը հասած չեն: Միայն 'ի պատիւ սրբոյ Լուսաւորչին ընտիր ներբողեան մը իր անունովը, զոր թերևս ուզած ըլլայ ակնարկել Կիրակոս: Մեր մատենագրութեան մէջ քիչ հանդիպած ենք այսպիսի հանճարական ոճով ու կիրթ հանճարով յօրինուած ներբողենի մը: Ոմանք սրբոց Թարգմանչաց վրայ ընդհանրապէս գրուած ներբողական ճառի մը հեղինակ ուզած են համարել զՍարկաւագ, և որ ձեռագրաց մէջ սովորաբար կը կրէ «Պատմութիւն վասն սրբոյն Սահակայ հայրապետին և Մեսրովբայ վարդապետին» խորագիրը: Բայց այդ ճառը իւր հմուտ և ընտիր ոճովն ալ՝ Սարկաւագայ հարազատ երկն ըլլալուն իրաւացի տարակոյս կը վերցընէ առ բանասէրս:

Աղօթամատոյց. — Առ Աստուած դիմելու անձկանօք վառուած, ու աշխարհի ու մարմնոյ բազմադիմի յուզմանց, վարանմանց, լքման, վտանգաց տագնապալի վայրկեաններուն երկնաւոր սփոփանաց և քաջալերութեան փափաքող մտքեր՝ ասկէ աւելի արտաշարժ աղօթից գիրք մը դժուարաւ կրնան գտնել: Սարկաւագ որ Հաղբատայ մենաւոր առանձնութեան մէջ աշխարհքէս հեռացած, ու արդէն առ սեամս երկնից կը դեգերէր հոգւովը ու անձկանօք, այնպիսի փափաքելի մերձաւորութեան զմայլման թելադրութեամբ գրած է այս աղօթքները: Ամէն հասակի, վիճակի և կենաց գիրքի մէջ գտնուողք՝ իրենց սրտին, վիճակին և զգացմանցը համեմատ աղօթքներ կը գտնեն այս սքանչելի մատենիկան մէջ[1]:

Ասոնցմէ զատ ուրիշ քանի մը ընտիր համառօտ գրուածներ ալ ունի Սարկաւագ, որոց ամբողջը մեր ձեռքը հասած չէ. և են Վասն մասանց պատուոյ և պատկերաց ընդունելութեան. — Վասն շարժման երկնի. — Մեկնութիւն տոմարի և յաղագս անկիւնաւոր թուոց. — Բան իմաստից առ ուսումնասէրս. — Տոմար ժամանակաց և թուականաց. — Բան վասն հինգ հարիւրից. — Ի պատիւ սրբոց Ղևոնդեանց երգուած Պայծառացիր գեղեցիկ և ընտիր շարականը: Դարձեալ՝ Սարեակ թռչնոյն վրայ բանաստեղծական, ընտիր և գեղեցիկ քերթութիւն մը[2]: Մեր ազգային դպրութեան մէջ՝ այս իր տեսակին անհամեմատ աշխոյժ, եռանդուն և սիրելի արտադրութիւնը՝ այս խորագիրը կը կրէ. «Յովհաննու Սարկաւագի իմաստասիրի և վարդապետի ասացեալ բան իմաստութեան առ ճագն՝ որ զաղօթանոցաւ նորա ճռուողէր քաղցրաձայն՝ որ կոչի Սարիկ»: Ասոնցմէ զատ կը յիշուին Սարկաւագայ անուամբ Հոգւոյն սրբոյ վըրայ գրուած ճառ մը. — Ղուկասու Աւետարանին մեկնութիւն՝ զոր կը յիշէ իր աշակերտն Կունդ Սարգիս, և Տաղ մը 'ի Յարութիւն Քրիստոսի:

1 Քահանայութեան ճառը, ինչպէս նաև Ներբողական գովեստք 'ի Ս. Լուսաւորիչն և 'ի Թարգմանիչս, և Աղօթամատոյցն հրատարակեալ են 'ի Վէնետիկ, 'ի շարս Հայկական Սոփերաց 'ի 1853:

2 Հրատարակուած 'ի Բազմավէպի, Հատ. Ժ. 221:

Կիրակոս Սարկաւագայ համար՝ կ'աւանդէ թէ «գրեաց և օրինակս ստոյգ գրոց». և կ'ուզէ անշուշտ ակնարկել նոյն վարդապետին Հաղբատայ վանուցը մէջ գտած հին սաղմոսագրոց օրինակ մը՝ Թարգմանչաց ժամանակ և անոնց մէկուն ձեռքովը գրուած։ Որովհետև ատեն անցնելէն ետքը՝ անոնց թարգմանածէն զատ ուրիշ նոր կամ աւելի հնագոյն քան ընկալեալն յազգին՝ թարգմանութիւն մըն ալ երևցեր էր ազգին մէջ, անկատար և աղաւաղ, որով շփոթութիւն կար, և բուն ստոյգ և հարազատ օրինակը գտնելու համար աշխատանք կը քաշէին։ Սարկաւագ գտաւ բուն և իսկական թարգմանութիւնն և ազգին մէջ հրատարակեց[1]։

Աստուածաբանական գրուածներ ալ ունի Սարկաւագ, մանաւանդ այն խնդրոյ վրայ որ Յունաց և

1 «Ապա ճանապարհ արարեալ (Յովհաննէս Գառնեցին է որ կը պատմէ), գնացի 'ի մայրաքաղաք մենաստանն 'ի Հաղբատ և գտի Թարգմանչացն գրած սաղմոս. զոր առեալ սուրբ վարդապետին՝ Սարկաւագ կոչեցեալ, այն որ զտոմարն երևեցոյց զհին ՚Հայկին, և նա սերմանեաց զայս ուղիղ և զուղղորդ սաղմոս, որ ոմանց այլ և այլ երևէր 'ի սա»։

Սաղմոս գրոց յիշատակարանի մը մէջ ալ կը կարդանք. «...Սա է գաղափարն գերունակ սուրբ վարդապետին և մեծ սոփեստասին սուրբ ուխտին Հաղբատայ՝ Սարկաւագին... Եւ սա փնտռացեալ էր 'ի բազում ժամանակս վասն այլայլման Սաղմոսին. և ոչ գիտէր զելս իրացն թէ ուստ ուստեք ճշգրտեսցէ. և ապա մտեալ 'ի յարկեղս գրեանցն որ 'ի Հաղբատ՝ զամենայն որոնեաց. և ապա հուսկ քան զամենայն գրեանս 'ի ներքոյ՝ եգիտ Թարգմանչագիր Սաղմոսարան ջինջ և նուաղ գրով, և առեալ զայն խնդութեամբ՝ համբուրեաց և եդ 'ի վերայ աչաց իւրոց. և ապա արկեալ ձեռն 'ի գործ՝ բացայայտեաց անտի զծածկեալ գանձն և զլսցեալ աղբիւրն. և ցրուեաց ընդ ամենայն սահմանս Հայաստանեայց զայս օրինակ։ Եւ այդ նշմար սևակի որ ծրիյառաջիկայդ, յայնմ օրինակէ է»։ Ուրիշ յիշատակագիր մ'ալ կը մաղթէ. «Իմաստութիւն Հօր Յիսուս և բան, սիրողին իմաստութեան վարդապետին Սարկաւագ կոչեցեալ՝ աշխատանաց յուղղութիւն տառս, զարժանն հատո յանյաշաղ ձրիցդ»։

Հայոց մէջ վիճի նիւթ էին, իր կարուկ և զօրաւոր ոճովը, բայց կ'երևայ թէ ասոնց մէջ օտար ձեռք մըտած է։

Էջմիածնի Մատենադարանին ձեռագրաց տպագիր ցուցակին մէջ նշանակուած կը տեսնենք Սարկաւագայ անուամբ հետևեալ մեզի դեռ անծանօթ երկասիրութիւնք. Ա. «Հարցումն վարդապետաց առ Սարկաւագ»։ Բ. «Յաղագս չորից առաքինութեանց 'ի Սարկաւագ վարդապետէ»։ Նոյն գրչագրին մէջ կ'երևնայ նաև Ընդդէմ Երկաբնակաց մակագրով՝ գրուածք մը Սարկաւագայ ընծայուած։ Քառածալ երկաթագիր գրչագիր մ'է, կ'ըսէ հրատարակողն, և թերի 'ի վերջէ։ Նոյն ցուցակին մէջ (Թիւ 519) «Սարկաւագ վարդապետի բանք ընդդէմ այնոցիկ, որք վասն բաժակին մոլին»։

Սարկաւագայ աշակերտաց մէջ կը յիշատակուին ԵՐԵՄԻԱ՝ որ Անձրևիկ ալ կը կոչուէր, ՍԱՄՈՒԷԼ Երէց և ՍԱՆԱՆԻԱ, ԽԱՉԱՏՈՒՐ, ԳՐԻԳՈՐ և ՅՈՎՀԱՆՆԷՍ Անեցիք։

Ասոնցմէ զատ նաև ՍԱՐԳԻՍ վարդապետ ԿՈՒՆԴ կոչուած, Արարատեան գաւառէն, զոր ժամանակակիցք «աշխատասէր և սրի մշակ տեառն կը կոչեն. հմուտ և հանճարեղ իմաստիւք հոգւոյն»։ Ղուկաս և Յովհաննէս աւետարանագրաց մեկնութիւնը շարադրած է Սարգիս՝ իւր ծերութեանը հասակին, կամ Սարկաւագայ Թուականին 63 տարւոյն մէջ։ Ինքն հեղինակը մասնաւոր յիշատակարանով մը կ'աւանդէ թէ Եփրեմի, Կիւրղի Աղեքսանդրացւոյ, Ստեփաննոսի Սիւնեցւոյ և Իգնատիոսի և Յովհաննու Ոսկեբերանի և Գրիգորի աստուածաբանի և Եպիփանու և Նարեկացւոյն և Սարկաւագայ և Անանիայի և Նանայի համանուն երկասիրութեանց հետևողութեամբը շարադրած է այս գիրքը, ընդհանրապէս ընտիր ոճով և լեզուով։

ՍՏԵՓԱՆՈՍ ՄԱՆՈՒԿ

Ստեփանոսի գիտութիւնն և համբաւ։ — Արժանապէս կը մեծարուի ՚ի Բարսեղ կաթուղիկոսէ։ — Իրեն ընծայուած գրուածները։ — Աշակերտքը։

Ստեփանոս Մանուկ, որ տղայութենէն հասակէն իմաստութեամբն և սրբութեամբ համբաւաւոր, աշխարհէ հրաժարելով, Տուղր անապատին Կարմիր վանքն առանձնացեր էր, իր գիտութեամբն ալ աւելի մեծանուն հանդիսանալով, տեղւոյն ծերունի վարդապետացն հրամանաւ՝ բեմին վրայ կ'ելլէր ու սուրբ հաւատոյ ճշմարտութիւնը սքանչելի վարդապետութեամբ կը քարոզէր ամենեցուն։ Նոյն առենի վարդապետներէն ոմանք լսելով թէ Ստեփանոս անանկ տարաժամ հասակի մը մէջ քարոզութեան սկսեր է, դժկամակեցան որ ութեւտասնամեայ պատանի մը այնպիսի մեծ պաշտաման ձեռք զարկեր է, թէպէտ և յաջող հանճարով և գիտութեամբ։ Իրաւացի սեպեց անոնց գանգատը Բարսեղ կաթուղիկոս, և ուզեց անձամբ լսել անոր քարոզութիւնը, որուն վրայ այնչափ հասակաւոր հանճարներ զարմանալէն չէին դադրեր. և երբ լսեց՝ ոչ միայն իրաւունք տուաւ այլոց խօսքերուն, այլ անձամբ հանեց իր մատանին ու ձեռքի գաւազանը անոր տալով հրամայեց որ շարունակէ այն պաշտօնը՝ զոր յօգուտ փրկութեան հոգւոց այնչափ յաջողութեամբ սկսեր էր։ Երկրորդ օրն ալ կիրակի հանդիպելով՝ Գող Վասլին իշխանութեան և հրամանացը տակ եղող գաւառներուն եպիսկոպոս ձեռնադրեց զինքը, ու Կարմիր վանքին առաջնորդութիւնը անոր յանձնեց։

Երբոր Գրիգոր Վկայասէր մեռաւ, սա ինքն Ստեփանոս Մանուկ անոր արձանականը շարագրեց. և անոր սքանչելի սրբութեանը և անարատ վարուց արժանաւոր գովաբան երևցաւ։ Ափսոս որ ոչ այս և ոչ իր ուրիշ երկասիրութեանց մէկը ձեռուընիս հասած է. միայն պատմութիւնն և իր աշակերտներն իր վրայի համբաւը կ'արդարացընեն։

Այս աշակերտացը մէջ գլխաւոր են Գրիգոր Պահլաւունի և իր հարազատը Ներսէս Շնորհալի, և Սարգիս և Իգնատիոս վարդապետք։

ԳՐԻԳՈՐ ՊԱՀԼԱՒՈՒՆԻ

Պահլաւ Գրիգոր՝ եղբայր Շնորհալւոյն։ — Կաթողիկոսական աթոռը նստելը։ — Իր համբաւն և 'ի ժամանակակցաց ընծայուած մեծարանք։ — Հայկական գրականութեան ծաղկելուն համար ունեցած ջանք։ — Երկասիրութիւնքն։

Բարսեղ կաթուղիկոսին մահուընէն ետքը՝ իրեն մասնաւոր հրամանաւը և կարգադրութեամբ՝ նոյն հայրապետական աթոռոյն վրայ նստուցին զԳրիգոր կամ զԳրիգորիս Պահլաւունի՝ որ Վկայասիրին քեռորդի Ապիրատ իշխանին որդին էր, և Ներսիսի Շնորհալւոյ երէց եղբայրը։ Ասիկայ իր աշակերտութեանը հասակէն նախ Վկայասիրին ու ետքը Ստեփանոսի աշակերտելով, թէ առաքինութեամբը և թէ իմաստութեամբ անանկ մեծ համբաւ ունեցաւ, որ քսանամեայ հասակին հայրապետական աթոռը նստելու արժանի երեւցաւ. եւ ինչպէս կը վկայէ Շնորհալին «Յոյժ հրաշափառագոյն բանիւ եւ գործով քան զբազումս յաթոռակալացն գտաւ նախնեաց, 'ի մաքրութիւն հոգւոյ ըստ հրոյ գոլով զուգամասնութեան, յիմաստս բանի եւ 'ի շարագրութիւնս գրոց ծայրագոյնս, եւ 'ի խորհուրդ հանճարոյ՝ ըստ տերունեան խրատու բարիոք խորագիտութեամբ»։ Սամուէլ ժամանակագիրն ալ կը յաւելու. «Յաղագս աստուածային շնորհի ընկալելոյ, եւ սրբական եւ մաքուր վարուցն պատուեալ փառաւորութեամբ ոչ միայն 'ի մերոյ ազգէս, այլ եւ յօտարասեր թագաւորաց եւ իշխանաց եւ պատրիարգացն։ Սա չոգաւ 'ի քաղաքն սուրբ յԵրուսաղէմ... եւ անդ ծանուցեալ եւ իմացեալ զառատահոս ծաւալումն աստուածային շնորհին 'ի վերայ հայրապետին ազգին Հառմայեցւոց, իշխողք աշխարհացն որ Փռանգք կոչին, եւ ընդ վայելչազգեաց եւ պատշաճագեղ տեսիլ մարմնոյն՝ ծանեան եւ զհոգւոյն գեղեցկութիւն, եւ 'ի բանս հաւատոյ զճշմարտութիւն ամենեխմբ, զոր պայծառ եւ կանոնական կարգաւ եւ քանոնով վարդապետական ճոխութեամբ բորբոքէր. ուրախացան հաճելութեամբ, եւ առաւել սէր հաստատեցին ընդ հայրապետին եւ ընդ ազգս մեր»։

* * *

Մեծ ջանքով ետեւէ եղաւ Գրիգոր հայկական գրականութեան ծաղկելուն, եւ Վկայասէրին օրինակին հետեւելով՝ իր ժամանակին անուանի վարդապետացը այլ եւ այլ երկասիրութիւն յանձնեց։ Սամուէլ Երեց՝ իր հրամանաւը Քրոնիկոնը կամ Ժամանակագրութիւնը շարագրեց. Իգնատիոս վարդապետ՝ Ղուկասու աւետարանչին մեկնութիւնը, Շնորհալին՝ իր այլ և այլ գրուածները, և հաւանական կարծեօք նաև Սարգիս վարդապետ՝ կաթուղիկեայց թղթերուն մեկնութիւնը։

Ինքը Գրիգորիս ալ՝ հայրապետական զբաղմունքներէ զատ գրաւորական երկասիրութեանց ալ պարապելու ատեն կը գտնէր։ Իրենն է Աւետեաց շարականը Խորհուրդն անճառ, և Ծաղկազարդի երկրորդման օրը երգուած Մեծասքանչ այս խորհուրդ. Զօրհնեաց գեղեցիկ տաղն Ո՛վ զարմանալի խորհուրդ-դս.՝ ի պատիւ Լուսաւորչի ալ ընտիր մեղեդի մը Ի յերև արևուդ այս։ Վկայասիրին նման՝ սրբոց վկայաբանութիւններն ալ կարգի վրայ դնելու աշխատեցաւ. և սահմանեց որ ամէն մէկուն տօնին նախընթաց օրը՝ անոնց վարքը կարդացուին. անոր համար ալ է որ ոմանք զինքը Փոքր Վկայասէր կոչեցին. ոմանք ալ այս երկուքին գրուածները իրարու հետ շփոթելով՝ մէկին երկասիրածը միւսոյին ընծայեցին։ Կիրակոս ասոր համար կ՚աւանդէ՝ ինչ որ այլք Վկայասիրին համար գրած են. «Սկսաւ թարգմանութիւն առնել աստուածային գրոց. և բազում գիրս ետ թարգմանել ՚ի հայ լեզու՝ զորս ինքեամբ և զորս այլոց ձեռամբ»։

Իրենն է նաև բանաստեղծական բաւական ընտիր գրութիւն մը Վասն Երուսաղեմի և հարուածոց քրիստոնէից կոչուած [1]։

1 Տիւլորիէ հրատարակեց այս քերթուածը ՚ի Recueil des Historiens des Croisades, (Documents Arméniens), բնագիրն ու գաղղիական թարգմանութիւնը։

ՆԵՐՍԷՍ ՇՆՈՐՀԱԼԻ

Շնորհալի և իր նախնական դաստիարակութիւնը։ — Քահանայանալը։ — Ուսումն և կրթութիւնը։ — Եպիսկոպոսական աստիճանի կը բարձրանայ։ — Իր եղբօրը կը յաջորդէ յաթոռ հայրապետութեան Հայոց։ — Ընդհանրականն առ ամենայն հայասեր ազգիս։ — Խնդիր միութեան ընդ եկեղեցւոյն Յունաց. և այս առթիւ գրուած թուղթք։ — Շնորհալւոյն երկասիրութիւնք։ — Թուղթք առ զանազանս։ — Հրեշտակաց ներբող։ — Բարձրացուցեալ մեկնութիւն։ — Մեկնութիւն Մատթէի։ — Մեկնութիւն կաթողիկեայց։ — Մանր երկասիրութիւնները։ — Խրատ ժամերգութեան։ — Շնորհալի քերթող։ — Եդեսիոյ ողբ։ — Յիսուս որդի։ — Բան հաւատոյ։ — Յաղագս երկնից և զարդուց նոցա։ — Մանր քերթուածք։ — Մատենագիտական տեղեկութիւնք իր գրուածոց։

Այն ընտիր և սիրելի տոհմին՝ որ արդէն ընծայած էր Հայաստան եկեղեցւոյ և դպրութեանց զՄագիստրոս և զՎկայասէր և զԳրիգորիս, սերունդ էր սուրբն Ներսէս Կլայեցի, իրաւամբ Շնորհալի կոչուած իւր վարքով, խօսքով և գրչովը։ Մագիստրոսի դստեր Ապիրատ որդւոյն զաւակ էր Ներսէս, և կրտսեր եղբայր Գրիգորիս Պահլաւունի կաթողիկոսի. բայց թէ իր հարազատաց և թէ իր տոհմին մէջ անզուգական անձ մը կրնայ սեպուիլ Շնորհալին։

Երկոտասաներորդ դարուն սկիզբը ծնաւ Ներսէս (1102). և տղայութեան հասակէն Գրիգորի Վկայասէրի արթուն և բարեպաշտ խնամքը տակ մեծցած. ետքն ալ Սեաւ լերան վրայ եղած Կարմիր վանից առաջնորդ՝ Ստեփանոս Գինանիկանին աշակերտեցաւ, իրեն ուսումնակից ունենալով իր երէց եղբայրը ու զԻգնատիոս և զՍարգիս:

Սրբութեամբն և իմաստութեամբ՝ իրեն հանճարոյն և կոչմանը արժանաւոր յառաջադիմութիւն ցուցընելով, իւր երէց եղբայրը Գրիգորիս երբ քըսանուերկու կամ քսանուիրեք տարուան հասակին կաթուղիկոսական աթոռը բարձրանալու արժանացաւ, քահանայ ձեռնադրեց զՆերսէս, ութեւտասնամեայ պատանեակ՝ բայց հոգւովն ու սրտիւ արդէն հասունացած և արժանաւոր այն գերագոյն և սուրբ պաշտաման՝ յոր 'ի հոգւոյն Աստուծոյ առաջնորդեալ՝ կը հրաւիրէր զինք Գրիգորիս: « Անմարմնաբար և աստուածայնապէս պատուաւորեալ մեղաքաւիչ և կենարար սուրբ խորհրդոյն, օրինակ բարեաց տայ զանձն բազմաց, և նախանձելի լինէր ողջախոհ մոլորացն 'ի բարիս » հիանալով կը վկայէ իրեն վարուց գրիչ մը և ժամանակաւ մերձաւոր: Լամբրոնացին ալ կ'ըսէ. « Զանձն 'ի Փրկչին խաչ հեղուսէ » :

Ուսմանց և կրթութեան տեղուանք սակաւաւորք կը թուին յայնժամ 'ի Հայաստան, և որոց կարօտութիւնը և պէտքը զգացած է և Շնորհալին՝ որ ատեն անցնելէն ետքն ալ հառաչանօք կը գրէր առ կայսրն Մանուէլ. « Ո՞ւր մեր վարժարանք՝ 'ի թագաւորական պատրաստեալ հրամանացն. և կամ յոյս փառաց և պարգեւաց՝ յառաջացելոցն յիմաստս. որ մանաւանդ մանկաբարոյից՝ են առաւելագունի պատճառ փութոյ կրթութեան » : Վիպասանականին մէջ ալ կը խոստովանի թէ

« Զի հրահանգից վարժարանի
Զեմ տակաւին ներկուռ բանի ». —
« Յաթենականըն քաղաքի
Ջանձն իմաստիւք ոչ կըրթեցի.
Ուր լըսարանըն Պղատոնի
Եւ չափ ոտիւք Հոմերոնի...
Ուր հոյլք ամէն հռետորի,
Ժողովարան ճարտասանի
Ներհըմտութիւն քերականի »:

Որչափ ալ արտաքին յարաբերութիւնք սկսած էին յաճախել իրմէ առաջ և իր ատենը. ընդ բիւզանդական արքունեաց, և թերևս աւելի սերտիւ քան 'ի հինգերորդ դարու, սակայն ոչ նոյնպէս և յունական դպրութիւնն և ուսում, որով կը բանադատուէին 'ի յոյն գրոց թարգմանութեանց հարկին մէջ՝ այն ազգէն հայկական լեզուի հմտի մը օժանդակութեամբն օգտուիլ՝ մեծ ջանքով ու ծախքով, ու անոնց անարուեստ թարգմանութիւնն յղկել. որով հայ լեզուն գիրք մ'ալ աւելի կ'ունենար, բայց մատենագրական իսկական ճոխութենէ զուրկ մնալով:

Ազգին այսպիսի բանասիրական գիրքին մէջ՝ Շնորհալւոյն ուսումն և գիտութիւնք՝ իր փափաքանաց համեմատ չբարձրացան. կամ աւելի ճիշդն ըսելով՝ անհաւասարելի բարձրութիւն մը ունեցան հոգեխառն գիտութեանց մէջ քան արտաքնոյն, եկեղեցական քան քաղաքական. աստուածաշունչ գրոց և սուրբ Հարց վարդապետութիւն և մեկնութիւն. եկեղեցւոյ և սրբոց պատմութիւնք, երաժշտութիւն եկեղեցական, և վայելուչ շարագրութիւն արձակ կամ ոտանաւոր բանիւ: « Գրեր և շարժագրութիւն գրոյ, — կը վկայէ իր կենսագիրն. — հրաշատեսակ և վայելուչ 'ի զանազան կերպս, որպէս աստուածային մատամբք շարժահիւսեալ. և գիծք շնորհակիր և աստուածաներկ մատանցն, և բանք հոգեշարժք լեզուխն՝ արտաքերեալք 'ի յոգնահանճար մտացն, օտար և գեր 'ի վերոյ երևելին մարմնականաց գիտութեանց և իրաց: Քանզի ոչ ունէր 'ի մարդկանէ և ոչ 'ի ձեռն մարդոյ, այլ 'ի ձեռն Հօր և Որդւոյ և Հոգւոյն սրբոյ. որոյ մաքրեալ և յարդարեալ էր զհոգի և զմարմին և զմիտս»:

***

Այսպիսի վարք, եռանդն և գիտութիւն փութայուցին զԳրիգորիս, ու հայրապետական աթոռը Հռոմկլայ փոխադրելէն ետքը՝ եպիսկոպոս օծեց զՆերսէս:

Չսխալեցաւ Գրիգորիս իւր ընտրութեանը մէջ. վասն զի Ներսէս իւր վիճակին բարձրութեանը համեմատ՝ ամէն առաքինութիւն և կարևոր բարեմասնութիւն ցըցուց իւր վրայ. և ոչ միայն իւր համազգեացը, այլ նաև Յունաց և Հռովմայեցւոց, և ինչուան օտարազգեաց առջև ակնածելի և համբաւաւոր եղաւ: Ուստի երբ Գրիգորիս տարիքն առնելով՝ հայրապետական հոգւոյ ծանրութենէն ուզեց հրաժարիլ, արժանաւոր յաջորդ ճանչցաւ և 'ներկայացուց զՇնորհալի: Ընդունայն տեղը ջանաց սա հրաժարիլ և Թաքստեամբ փախչիլ այն պատուէն՝ սա որ կը կոչէին զինքը իւր սրբութիւնն և ժողովրդեան միաբան հայնակցութիւնն. հարկ եղաւ որ հնազանդի անոնց, և երկնքէն եկած անձայն հրամանի մը: Այն ատեն Գրիգորիս հայրապետական զգեստներն անոր հագցընելով, կաթողիկոսական կրկին քօղը գլուխը դրաւ, ու գաւազանն ալ ձեռքը տալով՝ նըստոյց այն աթոռին վրայ, ուսկից ինքը կ'իջնէր, ու ամենէն առաջ ինքը ողջունեց զնա երկրպագութեամբ կաթողիկոս ամենայն Հայոց: Իրեն հետևեցան հոն գտնուող բազմաթիւ եպիսկոպոսունք, վանահարք, երիցունք և ժողովուրդք: Այն բազմութեան առջև՝ առաջին անգամ իբրև հայրապետ՝ բացաւ իր աստուածուսոյց բերանը սուրբն Ներսէս, ու գեղեցիկ ատենախօսութեամբ ցուցուց հովուական պաշտաման ծանրութիւնը, ուսկից ինքն իրաւամբ կը հրաժարէր, այնչափ հեռու տեսնելով ինքզինքը այն սրբութենէն որ իրմէ կը պահանջուէր: 1165ին հանդիպեցաւ այս դէպքը ու երեք ամիս ետքը վախճանեցաւ Գրիգորիս:

Եղբօրը մահուան դոյժը հրատարակեց Ներսէս ամենայն Հայկազանց՝ Ընդհանրական թղթով մը, յիշատակելով երջանիկ փոխումն առ Աստուած, և իւր անոր աթոռը և իշխանութիւնը ժառանգելը. «Ինքն նաւու հաւատով, կ'ըսէ, ընդ ծով աշխարհիս՝ հողմով հոգւոյն ուղղակի նաւապետեալ ճշմարտութեամբ և առաքինութեամբ՝ եհաս անխռով յանքոյթ և առանց ալեաց նաւահանգիստ». և որովհետև, կ'ըսէ, գտնուած դիրքիս մէջ հարկ՝ բայց անկարելի է ինծի ըստ փափաքանացս ամէն մէկերնուդ հետ խօսիլ, և իմացընել իմ բաղձանքս՝ ինչպէս որ կ'ախորժիմ տեսնել զձեզ անխռով աստուածային ճանապարհաց ուղղութեանը մէջ, ուստի եպիսկոպոսաց գովելի սովորութեանը համեմատ՝ ուզեցի խրատել զամենքը: Այսպիսի աստուածահաճոյ և օգտակար ձեռնարկի մը մէջ՝ գեղեցիկ օրինակ մ'ունէր Շնորհալի՝ զսուրբն Սահակ Պարթեւ, զիմաստասէր հայրապետն Յովհան և զայլս, որք իրմէ առաջ պայծառացուցած էին իրենց սրբութեամբն և իմաստութեամբ զհայրապետական աթոռն Հայաստանի: Մանաւանդ զի, – կ'ըսէ ցուցելով հայրենեաց գտնուած վիճակին վրայ, – «Քաղաք թագաւորական և բազմաժողով ոչ գոյ ազգի մերում, որպէս զի անդանօր նստելով յաթոռ հայրապետութեան և վարդապետութեան՝ ուսուցանէաք ժողովրդեան մերոյ զաստուածային պատուիրանս, ըստ առաջին հայրապետացն և վարդապետացն. այլ եմք իբր զայծեամն յօրաորդաց և 'ի շանց փախուցեալք' 'ի քարանձաւս յոյս բնակելով»: Առաջ հաւատոյ դաւանութիւն մը կը դնէ, ու ետքը այլ և այլ վիճակներու պատշաճական՝ ոգանչելի և հայրագութ խրատներ: Նախ խօսքը կրօնաւորաց կ'ուղղէ, զանոնք երկնից աստեղաց նմանցընելով. ետքը վանաց առաջնորդներու՝ աչք կոչելով իրենց խնամոցը յանձնուած միաբան եղբայրութեանց մարմնոյն. ապա առ եպիսկոպոսունս, զորս մերթ գլուխ, մերթ տէր և տնտես կոչելով՝ կը յորդորէ յանպակաս կատարումն իրենց պարտուցը. ետքը առ քահանայս, զորս Քրիստոսի ժողովրդեան ծնողքը կը համարի: Ապա կարգաւ զգուշութեան գեղեցիկ խրատներ ու պատուէրներ կ'աւանդէ առ իշխանս, առ զինուորս, առ քաղաքականս, առ երկրագործս և առ ժողովրդականս, և յետոյ առ կանայս: Վայելուչ և ընտիր հայկաբան լեզու մը գործածած է Շնորհալին այս գրուածքիս մէջ, և կարելի եղածին չափ պարզ ու դիւրիմանալի:

***

Այն ժամանակները կարեւոր խնդիր մը կը յուզուէր Բիւզանդիոնի արքունեացը և Հայոց մէջ, կրօնական միութիւն մը հաստատելու համար զանազան տարաձայնութեանց՝ ու երբեմն անհիմն կամ անտեղի պատճառներով իրարմէ հեռացած և օտարացած երկու եկեղեցեաց հետ: Այս խնդրոյն մէջ մտած է նաև Շնորհալին, ու բարենպատակ վախճանին հասնելու համար այլ և այլ թղթեր ալ գրած, որոնք ամէնքը Պատճառ խնդրոյ միաբանութեան կը կոչուին: Յունաց Ալէքս իշխանը՝ որ Կիւռ Մանուէլ կայսեր փեսայն էր, Շնորհալւոյն հետ տեսութիւն մը ընելով 'ի Կիլիկիա, երկար խօսակցութիւն եղաւ մէջերնին այս կարեւոր խնդրոյն վրայ. ու երբ իշխանը աղաչեց որ բերնով խօսածները 'ի գիր անցընէ, և ասանկով սկսան թղթակցութիւնքն: Ի Շնորհալւոյն գրուած թղթերը՝ թէ 'ի դիմաց եղբօրը և թէ իր կողմէն ասոնք են.

1. Թուղթ առ մեծ իշխանն Ալեքս՝ փեսայ կայսեր, Հայոց ՈԺԴ (1165) թուականին գրուած, այսպիսի սկզբնաւորութեամբ. «Բանիւք դուզնաքեայ իմն խօսելով». յորում նախ համառօտիւ Հայաստանեայց եկեղեցւոյ հաւատոյ դաւանութիւնը կ'ընէ, ու երբ Յունաց կողմանէ առարկուած այլ և այլ տարակոյսներուն պատասխանը կու տայ յաղագս կարգաց եկեղեցւոյ և տօնից: Այս թուղթը ընդունելով Ալէքս, երբ իրեն իշխանութեան համար սահմանուած տեղը լմնցաւ՝ 'ի Կոստանդնուպոլիս դառնալով՝ Մանուէլ կայսեր 'ներկայացոյց այն թուղթը. որ զարմացաւ, կ'ըսէ պատմիչը, տեսնելով այն խօսքերուն մէջ պարունակուած իմաստից զօրութիւնը. անոր համար փութաց արձըկել պալատին ներքինեաց մէկը, և թուղթ մը տուաւ անոր ձեռքը, ուղղեալ առ Գրիգորիս կաթուղիկոս, որպէս զի հրաման և հաւանութիւն տայ իր եղբօրը՝ երթալու 'ի Բիւզանդիոն առ ինքնակալն:

2. Թուղթ առ կայսրն Մանուէլ, պատասխանի առ Գրիգորիս կաթուղիկոս գրուած թղթին, որ այն ատեն վախճանած էր: Շնորհալին ծանուցանելով իւր եղբօրը մահը, կ'իմացընէ թէ հայրապետական ըզբաղմանց յաճախութիւնը չեն ներեր իրեն թագաւորին փափաքը կատարել: Բայց կ'իմացընէ իր կատարեալ հաճութիւնը առաջարկուած միաբանութեան համար, ու այս թղթին մէջ ալ Հայաստանեայց եկեղեցւոյ վարդապետութեանցը և աւանդութեանց վրայ խօսելով՝ կը լմնցընէ գիրը. յիշեցընելով թէ

ինչպէս Ջանացողաց հարիւրապատիկ կը պտղաբերէն աւետարանական սերմանց արդասիք սէրն ու խաղաղութիւնն։ Կայսրն ընդունելով այս Թուղթը, և միշտ զարմանալով Նամակագրին իմաստուն խօսքերուն վրայ, ինքն ալ ուրիշ գիր մը գրեց, ու Թէորիանէ ճարտար իմաստասիրին ձեռքը տուաւ, որ անձամբ երթայ առ Հայրապետն և Թուղթին պակասը բերնով լրացընէ։

3. Այն ատեն Շնորհալին ուրիշ երկրորդ Թուղթ մը գրեց առ Մանուէլ կայսր, և որովհետև Յոյնք թէ՛ կայսեր Թղթովը և թէ Թէորիանեայ բերնով այլ և այլ տարակոյսներ հաներ էին Հայաստանեայց եկեղեցւոյ դաւանութեանն ու կարգաց համար, հարկ կ'ըլլար Շնորհալւոյն այս նիւթերուն վրայ դարձեալ գրել, 'ի խնդրոյ նոյն Թէորիանեայ։

4. Դարձեալ առ կայսրն երրորդ համառօտ Նամակ մը, յորում կը ցուցընէ Շնորհալին թէ Հայերը ինչ մաքով մի բնութիւն կը դաւանին 'ի Քրիստոս, ըստ վարդապետութեան սրբոյն Կիւրղի։

5. Նոյն խնդրոյն վրայ դարձեալ Թուղթ մը առ Միքայէլ պատրիարքն Յունաց, ընտիր ու գեղեցիկ շարադրութեամբ։

6. Եւ որովհետև այս միութեան խնդիրին ըստ արժանւոյն 'ի գործ դնելու համար՝ հարկ էր նաև ընդհանուր Հայաստանեայց հաճութիւնն ընդունիլ, այս պատճառաւ Շնորհալին Թուղթ մը գրեց առ Եպիսկոպոսունս և վարդապետս Հայոց, Աղուանից աշխարհէն մինչև 'ի Կեսարիա և յարևմտեան կողմանս, որպէս զի եպիսկոպոսունք և վարդապետք և վանահարք միաբանելով՝ քննեն 'ի Յունաց առաջարկուած միութեան խնդիրը, և անանկ պատասխանեն։ Բայց երանելին այն Թղթոյն պատասխանը չընդունած, նոյն տարին փոխեցաւ առ Քրիստոս (1172) յամսեանն օգոստոսի։ Զոր լսելով կայսրն՝ հառաչեց

ու ըսաւ. « Մեծ ու արթուն զգայարան մը վերցուեցաւ այսօր Աստուծոյ եկեղեցիէն. Հայաստանեայց զրկուեցան իրենց կրկին Լուսաւորչէն »[1]:

* * *

Շնորհալւոյն երկասիրութիւնքը. — Ոչ միայն իբրև հայրապետ եկեղեցւոյ՝ մեծարգոյ և սիրելի է Շնորհալւոյն անունը, այլ իբրև ընտիր մատենագիր մեր ալ՝ դպրութեանց պատմութեանը մէջ նշանաւոր տեղ գրաւած է: Իրեն աթոռոյն և նախնեացը արժանաւոր է՝ երբոր պաշտամանը և հոգւոց փրկութեան նախանձովը վառուած՝ Թուղթեր կը շարագրէ, և իւր վիճակին ամէն կողմերը կը տարածէ փրկարար վարդապետութիւնն քաղցր և հաճոյական լեզուով. երբոր եկեղեցւոյ բեմերուն վրայէն սուրբ աւետարանաց մեկնութիւնը կ'ընէ. և երբ հայրապետական հոգերէն ու 'ի մտածմանց ծանրացեալ միտքին՝ ախորժական պարապմունք մը հնարելու համար՝ հոգևոր երգեր, քերթուածներ և ինչուան հանելուկներ կը շարադրէ:

Այս երկասիրութեանց վրայ խօսելու համար՝ երկու դաս բաժնենք զանոնք. ոմանք արձակ, և ոմանք ալ քերթողական չափաւ:

Արձակ գրուածոց մէջ գլխաւորներէն կրնան սեպուիլ իւր զանազան Թուղթերը. և որոնց մէջ առ ընդհանուր հայաստանեայց ազգին և առ Յոյնս գրուածին վրայ խօսեցանք: Հիմայ մնացածներն համառօտիւ յիշատակենք:

Գիր շրջաբերական 'ի կողմանս արևելից 'ի կարս.

1 Թէ Ընդհանրականն և թէ Միաբանութեան Թղթերն շատ անգամ տպագրուած են. առաջինն նաև թարգմանեալ 'ի լատին լեզու և տպագրեալ 'ի Վենետիկ 'ի Ս. Ղազար յամին 1829, և ուրիշ գործքերով մէկտեղ՝ 'ի 1833:

— Շնորհալւոյն հայրապետութեանը ժամանակ՝ Կարս քաղաքին Աբրահամ եպիսկոպոսը վախճանելով, քաղաքացւոց առաջարկութեամբ և բարի վկայութեամբ անոր յաջորդ խնդրուեցաւ Խաչատուր անունով քահանայ մը։ Շնորհալին քննելով անոր վարքը, և իմանալով արժանաւորութիւնը, եպիսկոպոս ձեռնադրեց զինքը. ու իր վիճակը ղրկելու ատենը՝ մասնաւոր շրջաբերական գիր մը տուաւ ձեռքը, օրհնութեան նամակ մը. որուն մէջ կ'իմացընէ նորընտիր այցելուին գալուստը, և իր հայրագութ սրտին և խոհական իմաստութեանը արժանաւոր խրատներ կու տայ քաղաքացւոց, թէ՛ անոր և թէ իրարու հետ վարուելու համար։

Բան մխիթարութեան առ վտանգեալս մարմնով. — Շնորհալւոյն հայրապետութեան օրերուն՝ դըժընդակ ուրկութեան ախտ մը երևցաւ բոլոր Եդեսիա քաղաքին մէջ. ու բնակչաց մէջ ճարակելով՝ առողջ մնացողները չէ թէ միայն լոկ նախապահեստ զգուշութեան համար սկսան հեռու կենալ անոնցմէ, հապա նաև այն հիւանդութիւնը աստուածային պատուհաս մը սեպելով՝ սկսան նախատել ու արհամարհել բռնուածները։ Անոնք ալ ցաւագին ու վշտահար սրտով գանգատանաց նամակ մը գրեցին առ Ներսէս, իմացընելով իրենց խեղճ վիճակը։ Ընդունեցաւ Շնորհալին անոնց թուղթը, ու իրեն որդեգորով սրտին բնական սիրովը ու գթով՝ այն խեղճութեան և թշուառութեան վրայ մինչև յարտասուս խանդաղատելով, սրտաշարժ գրչով ու լեզուով մխիթարութեան նամակ մը գրեց անոնց։

Յաղագս Արևորդեացն դարձի. — Սամոսատիա քաղաքին Թորոս քորեպիսկոպոսը՝ իր քահանայակիցներովը և իշխանաց համախոհութեամբ թուղթ մը գրեց առ Ներսէս, ծանուցանելով թէ ինչպէս իրենց քաղաքին մէջ բնակող Արևորդիք՝ հեթանոսական կրօնքէն հրաժարելով, կը փափաքին քրիստոնէական ճշմարտութեան հետեւիլ. Ներսէս պատասխանը գրեց, իմացընելով թէ այդ Արեւորդիքը եկան մինչեւ առ ինքն ալ, և նոյն խնդիրքն ըրին։ Այն առաջարկութեան վրայ՝ մեծ ուրախութիւն ունեցաւ Ներսէս. որովհետեւ Արեւորդիք՝ ազգաւ հայ էին, ու իրենց մէջ սովորութիւն եղած էր իբրեւ Աստուծոյ պաշտօն մատուցանել արեւու և բարտի ծառոց. և թէպէտ սուրբ Լուսաւորիչը իւր քարոզութեանն ատեն շատ աշխատեցաւ զանոնք 'ի հաւատս ածելու համար, բայց վախճանին չկրցաւ հասնիլ. որովհետեւ անոնք հաստատուն մնացին իրենց մոլորութեանը մէջ։ Բայց կ'երեւնայ թէ ատեն անցնելէն ետքը՝ մերձակայ քրիստոնեայ ժողովուրդներէն ալ այլ և այլ աւանդութիւններ առնելով, կռապաշտ թիւրութեանց հետ՝ քանի մը քրիստոնէական պաշտամունք ալ խառն կը յարգէին։ Շնորհալին այս թղթին մէջ ուրախութիւնը և սրտին գոհութիւնը յայտնելէն ետքը, զանոնք աշակերտելու և ընդունելու կերպը կը սորվեցընէ։

Առ Պօղոս քահանայ հայկազն. — Շատ անգամ առիթ ունեցանք յիշելու թէ ինչպէս Շնորհալւոյն և իւր նախորդին ժամանակ՝ թէ 'ի Յունաց և թէ 'ի Հայոց բանակցութիւնք կ'ըլլային, և հաւատոց միաբանութեան փափաք մը ու ջանք կ'երեւնար։ Նոյն ատենները՝ Պօղոս անունով հայկազն քահանայ մը որ 'ի Կոստանդնուպոլիս կը բնակէր, ու ազգութիւնը ուրանալով՝ հոռոմացած էր, կը բամբասէր մեր ազգը. և ձեռքէն եկած ամէն հնարքը կը բանեցընէր այն միաբանութեան խորհուրդը ընդունայնացընելու համար. և իր ջանից արդիւնքը կ'իմացընէր 'ի Հայաստան եղող իւր մէկ համամիտ գործակցին՝ որ Սամուէլ կը կոչուէր։ Իմացաւ Ներսէս անոր այս ընթացքը, և յանդիմանողական գրով մը ուզեց զինքը յուղղութիւն բերել։

Առ ժպիրհ ոմն. — Այս վերնագրով երեք թուղթ ունի Շնորհալին առ ոմն ժպիրհ և յանդուգն, որ ինչպէս կ'երևնայ, սրբոյն միաբանակէր և աստուածահաճոյ ջանից հակառակելով, բաւական չէր սեպեր անոր դէմ 'ի ծածուկ մենքենայել, այլ իւր մըտածմունքն և թշնամանքը կը համարձակէր մինչև առ սուրբն հասցընել՝ յանդիմանողական և նախատալից գրերով։ Հեզութեամբ՝ բայց այսպիսի լըբութիւն մը ջախջախելու ուժով և զօրութեամբ գըրուած են Ներսիսի այս թուղթերը։

Առ Ստեփաննոս ոմն. — Ստեփաննոս անունով մէկը խնդրած էր 'ի Շնորհալւոյն որ Դաւիթ Անյաղթի Սահմանաց գրքին վերջին գլխոյն մեկնութիւնը իրեն շնորհէ. Ներսէս կատարեց անոր խնդիրքը, և համառօտ նամակաւ ձեռքը հասուց։

Առ երջանիկ վարդապետն Գէորգ, երեք համառօտ թուղթեր։

Հրեշտակաց ներբող. — Եկեղեցւոյ գլխաւոր վարդապետ մը, Արիսպագացին, իր երկնային և աստուածապարգև հանճարը գործածեր էր 'ի գրուածել այն երկնաւոր զօրութիւնքը՝ որ պաշտօնեայք են աստուածութեան, և պահապանք մարդկային ազգի։ Նոյն նիւթին վրայ գրեց նաև Շնորհալին գեղեցիկ ներբողեան մը, Արիսպագացւոյն հետևելով. և շատ անգամ անոր իմաստները մէջ բերելով։ Ակնեց է՝ Շնորհալւոյն միայն աս գրուածին մէջ երևցած յունաբանութիւնն ու խրթնութիւնը։ Ներբողէն զատ՝ ոտանաւոր գովեստ մըն ալ շարագրած է Շնորհալին, ու երկուքն ալ 'ի Հռոմկլայ երկասիրած, Հայոց ՈԺԱ թուականին, իւր եղբօրը Գրիգորիս կաթուղիկոսին խնդրանօքը։

Մեկնութիւն Բարձրացուցէք. — Դաւիթ Անյաղթին վրայ խօսելու ատեննիս յիշատակեցինք թէ սուրբ Խաչին վրայ ներբող մը շարագրած է, « Բարձբացուցէք զուէր Աստուած մեր » սկզբնաւորութեամբ։ Բայց որովհետև Պաւլթի ոճը իւր խրթնութեամբը շատերուն անիմանալի եղած էր, ուստի Հաղբատայ վանից առաջնորդ Վարդան վարդապետ խնդրեց 'ի Շնորհալւոյն որ այն ճառին մեկնութիւնն ընէ. և թէ ինչ առթիւ եղած է անոր գրութիւնը։ Շնորհալին ալ կատարեց խնդիրը։

Մեկնութիւն Մատթէի. — Մատթէոս աւետարանագրին մեկնութեանն ալ ձեռք զարկած էր Շնորհալին՝ իւր կենաց վերջի տարիները, և չկրցաւ գըլխաւորել, կէս մը օրհասին վրայ հասնելովը, կէս մըն ալ իւր հայրապետական հոգցը պատճառաւ։ Ընդհանրապէս Ոսկեբերանի հետևող եղած է սուրբն՝ իւր այս աշխատասիրութեանը մէջ. « այն ոսկի բերանին բղխածն՝ իր արծաթափայլ բանիւ և գրչով յերիւրած յարմարած է հասարակաց մտաց դիւրահաս, և միջակ չափով. իբրև անարուեստ արուեստով մը, որ սքանչելի պարզութեան հետ՝ մտաց յագուրդ կու տայ և սրտի հանգիստ։ Այս գործս Շնորհալւոյ գլխաւոր գործոց մէկն է, և ալ աւելի պիտի ըլլար, եթէ այնու ոճով շարունակուած մինչև 'ի վերջ աւետարանին՝ մեզի հասած ըլլար. սակայն իր գրածն և մեկնածն մինչև յ'17 համար Ի գլխոյ Մատթէոսի հասած և հոն դադրած է. և այսպէս գտաւ հարիւր տարի վերջը՝ Կիրակոս պատմիչ. որ « ոչ գիտեմ, կ'ըսէ. թէ վասն ինչ պատճառի խափանեցաւ », շարունակութիւն մեկնութեանն. յիսուն տարի ետքն ալ (յամին 1316) մեծ բանասէրն Յովհաննէս Երզնկայեցի շատ քննեց՝ բայց չկարցաւ ստուգել թէ ինչո՞ւ անկատար մնացեր էր Շնորհալւոյն երկասիրութիւնն. և թէպէտ « ոմանք զմահն ասացին խափանմանն, և այլք զհոգ հայրապետական աթոռոյն, և կէսք՝ թէ գրեաց և չէ 'ի միջի. բայց ադա ինձ ոչ եղեն հաւանելի » կ'ըսէ. և իր աառանձին կարծիքը չեն յայտներ. բայց միայն կ'իմացընէ որ իրմէ առաջ ոմանք ձեռք զարկեր էին շարունակելու Շնորհալւոյ սկսածը. «սակայն ոչ էր կարգաւոր որպէս Սրբոյն»[1]: Յիշատակարանի մը մէջ ալ կը կարդանք. «... Արդ թէպէտ ամենայն մեկնիչքն հարքն սուրբ և երանելիք, որպէս Ոսկիբերանն և Եփրեմ, և այլք բազումք եղեն մեկնիչք սրբոյ աւետարանիս, ոմն յերկար և ոմն կարճ. բայց ոչ լինէր պիտանի յաղագս ձանձրութեան ընթերցողաց: Զայս տեսեալ երանեալ հեզահոգի պատրիարգըն Հայոց տէր Ներսէս Կլայեցին, հարկեալ'ի սըրբոց վարդապետաց' սկիզբն արար հաւաքումն մեկնութեան սորա. և ոչ կարաց աւարտել. վասն զի հանգիստաբերին կոչեաց զնա 'ի հանգիստն անվախճան ... և էր այս մեծ աղէտ տարակուսանաց բանասիրաց անձանց»:

Մեկնութիւն Կաթուղիկեայց. — Նոյնպէս ոճով և լեզուով, բայց աւելի համառօտութեամբ մեկնած է Շնորհալին նաև եօթն կաթուղիկեայ թղթերը, հետևելով Ոսկեբերանի, Կիւրղի, Բարսղի, Գրիգորեանց և այլոց վարդապետաց: Գաղափարողաց մէկը սանկ կը գրուատէ Շնորհալւոյն այս գրուածքը. «Ոմն 'ի սրբազանից առաջնորդաց' հայրապետական արժանացեալ շնորհի, և վարդապետական վիճակեալ աստիճանի' տէր Ներսէս, մականուամբ Կլայեցի, հմտասիրացն հետևելով պարուց, երկասիրաբար ընթերցմամբ աշխատեալ 'ի մատեանս հոգեկիր արանցն, աստուածաղան գլխաւորաց առաքելոցն դասուց, մանրամասն խուզմամբ եդեալ առընթեր զլուծումն տեսութեան ասացելոցն, գեղեցկանկար բառիւք, համառօտ յարմարութեամբ. ըստ կարգի երջանկացն դասուց պուետիկոսաց սրբոց,

1 Շնորհալի և Պարագայք իւր, 118:

'ի հրահանգ կրթութեան եկեղեցւոյ պաշտաման »[1]:

Գրչագիր մը հետեւեալ խորագիրը կը դնէ այս գրուածքին. « Տեառն Ներսէսի Հայոց կաթուղիկոսի արարեալ Մեկնութիւն առաքելական բանին ». և 'ի վերջ գրոցն կը յաւելու. « Առաջին գլուխ ընդդէմ Նոցա՝ որք ասեն ոչ գոլ Աստուած: Երկրորդ ճառ՝ թէ մի է Աստուած. (Երրորդը չի կայ): Չորրորդ գլուխ ընդդէմ կռապաշտիցն: Գլուխ հինգերորդ ընդդէմ Մանեայ »:

***

Շնորհալւոյն մանր երկասիրութիւնները. — Ասոնց մէջ առաջին կրնայ սեպուիլ իրաւամբ՝ իւր տեսակին մէջ անհամեմատ « Հաւատով խոստովանիմ » հանրածանօթ գերազանց աղօթքը. քսանեւչորս տուն՝ օրուան նոյնչափ ժամուց համար՝ ամէն հասակի ու պիտոյից յարմար աղօթք մը, և որ շատ անգամ հրատարակուած է նաև բազմալեզու տպագրութեամբ:

Շնորհալւոյն երկասիրածն է նաև սրբոյն Սարգսի վկայաբանութիւնը: Հաղբատայ ուխտին առաջնորդ Գէորգ վարդապետը թուղթ մը գրեց առ Ներսէս, փափաքելով սրբոյն Սարգսի հարազատ վկայաբա-

1 Ուրիշ յիշատակագիր մըն ալ կ'աւանդէ թէ Գրիգորիս կաթուղիկոսն, զոր « մեծ գիտնական և վսեմափայլ առաջնորդ » կը կոչէ, մասնաւոր նամակով ու թախանձանօք հրաւիրեց 'ի Հռոմկլայ՝ Տիրացու Ստեփանոս անունով ծերունի քահանայ մը, որուն իմաստութեան և փութոյն վրայ մեծ համարում կը ցուցընէր կաթուղիկոսը: Ծերունին իւր հոգևոր սիրոյն հրամանին չկարենալով դէմ կենալ, յանձն առաւ այն ճանապարհորդութիւնը, հետը տանելով նաև Յակոբ անունով ճարտար ընդօրինակողը. Հոն տեսնելով Շնորհալւոյն աշխատասիրութեամբ մեկնուած կաթուղիկեայ թղթերը, հրամայեց Յակոբայ որ անոնց գաղափարը առնէ: Եւ այդ օրինակը կը գտնուի Մխիթարեանց մատենադարանը 'ի Վենետիկ:

նութիւնն ունենալ։ Ան ալ Միխայէլ անունով ասորի քահանայի մը յանձնեց, որպէս զի ասորական բնագրէն թարգմանէ 'ի հայ· բայց որովհետև թարգմանիչը՝ հայկական լեզուի հարկաւոր հմտութիւնը չունէր, անոր համար Շնորհալին՝ անոր անհարթ ոճը մաքուր և ընտիր հայերէնի վերածեց, իւր եպիսկոպոսութեանը ժամանակ։ Կը վկայէ և յիշատակարանն. «Թարգմանեցաւ Ճառս յասորւոցն 'ի մերս 'ի ձեռն Միխայէլի ուրումն կրօնաւորի քահանայի ասորւոյ, և յարմարեցաւ ըստ կարի մերում՝ լեզուի շարագրութեամբ 'ի Ներսիսէ եպիսկոպոսէ յեղբօրէ կաթուղիկոսի Հայոց Գրիգորիսի, 'ի թուաբերութեանս Հայոց ՈԷ»։

Նոյն աշխատանքն ունեցաւ նաև Ոսկեբերանի Ներբողին վրայ, զոր խօսած էր 'ի պատիւ սրբոյ Լուսաւորչին. և զոր կ'ակնարկեն՝ Շնորհալւոյն ինքնագիր յիշատակարանին հետևեալ խօսքերը. «Ի թուականնիս ՇՂ թարգմանեցաւ Ճառս 'ի յունականէն 'ի մերս, 'ի ձեռն Աբրահամու գրամմատիկոսի, 'ի հին և յեղծ օրինակաց. իսկ յարմարեցաւ ըստ բանից գրութեան և բառից՝ յիմոյ նուաստութեան Ներսիսի, հրամանաւ տեառն իմոյ և հօրաղբօր՝ Գրիգորիսի Հայոց կաթուղիկոսի»։

Խորան ժամերգութեան. — Շնորհալւոյն ժամանակ եկեղեցական արարողութեանց մէջ այլ և այլ նորաձևութիւններ ու թիւրութիւնք մտած էին, զորս հարկ էր ուղղել։ Եւ որովհետև Մաքենոցաց ու Թեղենեաց վանքերուն մէջ աւելի հաւատարմութեամբ կը պահուէին այն արարողութիւնք, Շնորհալին հմտացաւ անոնց, ու ըստ այնմ իրենց աչքի ձևին վերածելով՝ մասնաւոր խորան մըն ալ աւանդեց անոնց զգուշաւոր պահպանութեանն համար։ Գրուածքիս խորագիրն է։ «Կարգաւորութիւնք եկեղեցւոյ և արարողութիւնք ժամատեղաց, մինչև ցիններորդ ժամն, տեառն Ներսիսի Հայոց կաթուղիկոսի, որ ետ բերել 'ի մեծ ուխտէն Մաքենեաց. և զպակասն ելից և զխառն ուղղեաց »:

***

Շնորհալի քերթող. — Ոչ միայն արձակ, այլ նաև զանազան քերթողական երկասիրութիւններ թողուցած է մեզի Շնորհալին: Բանաստեղծութիւնը՝ որ քիչ յարգ ու յաջողութիւն գտած է մեր հին դպրութեանց պատմութեան մէջ, Ներսէսի գրչովը աւելի ծանօթացած ու հաստատուն կանոնի մը մէջ մտնելու բաղդն ունեցեր է. և թէպէտ աշխոյժն ու խանդը, որոնցմով քերթողական լեզուն սրտաշարժ ու ազդու կ'ըլլայ, նուազ է 'ի Շնորհալին քան թէ 'ի Նարեկացին և 'ի Մագիստրոս, բայց լեզուի գեղեցկութիւնը, իմաստից փափկութիւնն և հաստատուն կանոն մը՝ աւելի կը տեսնուի իր գրուածոցը մէջ: Մեծ ու գլխաւոր թերութիւն մը՝ յանգի միակերպութիւնն է, զոր յԱրաբացւոց սովրելով՝ սկսած էր գործածել նաև Մագիստրոս. բայց աւելի նմանաձայնութիւն և միակերպութիւն մը տուաւ անոր Շնորհալին, և անով թերևս քիչ մը տաղտկալի ըրաւ իր ոճը: Սակայն և այնպէս պէտք է որ յարգի սեպուին Ներսէսի այս գրուածները. վասն զի իրեն ժամանակը՝ բանաստեղծութեան դար չէր. ու երբ բոլոր աշխարհք զինուց և աշխարհակալութեանց զբաղած՝ արհամարհոտ մոռացութեան մը դատապարտած էր զինքը, անոր ձայնը նուաղ՝ բայց ախորժական եղանակով Հայաստանի մէջ կը հնչեցընէր Շնորհալին. ու կը լսեցընէր աստուածային պաշտամանց մէջ՝ իրեն սիրելի շարականներովը, ու 'ի ժողովրդեան՝ շարադրած ընտիր վիպասանութիւններովը, ողբերովը, ու զանազան սրտի

ու մտաց հետ խօսող՝ երգերով և տաղաչափու-
թեամբք․ Ինչուան Հռոմկլայի բերդին պահպանու-
թիւնն ընող զինուորք, պատերազմի փողոց ահաւոր
ձայներէն լսելով, ու հայրենեաց ազատութեանը
համար հսկելու սովորած գիշերային ժամերը՝ ա-
նոր շարագրած աստուածազգեցիկ երգերովը կ՚ան-
ցընէին[1]։

Այս քերթողական երկասիրութեանց մէջ ամենէն
նշանաւորն է

Եղեսիոյ ողբը․ — Եդեսիա՝ Միջագետաց շահա-
տան քաղաքը, Աբգարու թագաւորութեանն աթո-
ռը, և Քրիստոսի անձեռագործ դաստառակին պա-
ճառաւ նուիրական սրբավայրը, 1144 թուականին՝
Հագարացւոց Զանգի ամիրային զինուցը չկարենա-
լով դիմանալ, ստիպուեր էր իր անկախութեանն ու
հաւատոց թշնամին՝ իր պարսպացը մէջ ընդունիլ։
Ահաւոր և դժնդակ կոտորած ու աւերմունք մը՝ կա-
րապետ ու հետևանք եղան այս յաղթութեանը․
բնակչաց շատը՝ անգութ և անյագ սուսերաց մատ-
նուեցան, եկեղեցիք կործանեցան, ու քաղաքը ա-
ւարեցաւ, ու արհաւրօք և սրբամբ ծածկուեցաւ-
այն՝ որ քերթողին գեղեցիկ ստորագրութեամբ ու
բարառնութեամբ՝

« Գետոց նըման վըտակ հոսէր,
Ըզ բուրաստանս արբուցանէր.
Ծոփն 'ի միջի իմ ծածանէր,
Քաղցրիկ օդովըն ծիծաղէր...
Սաղարթաբեր ծառովք ծաղկէր

1 « Արար նա երգս և ուսոյց իսկ այնոցիկ որք պահէին զ բեր-
դըն (Հռոմկլայու)․ զի փոխանակ վայրապար ձայնից զայն ա-
սասցեն․ որոյ սկիզբն է 'ի սաղմոսէն Դաւթի․ Յիշեցի 'ի գի-
շերի զանուն քո տէր․ և այսպէս խորհրդաբար ըստ կարգի,
Զարթիք փառք իմ․ որ այժմ ասի յեկեղեցի 'ի ժամ գիշե-
րային պաշտաման »․ Կիրակոս պատմիչ։

Առատագոյն պըտղաւէտէր.
Տերեւախիտ հեզիկ շարժէր,
Հոտ անմահից յիւրմէ բուրէր.
Նարդոս քըրքում խնձ ընձիւղէր,
Վարդ մանիշակ վերաբերէր.
Առաւօտուն ցօղն իջանէր,
Ոսկէնըման ճաճանչ փայլէր ։։

Այս սրտաճմլիկ լուրը հասաւ մինչեւ 'ի Հայաստան, եւ անոնց թշուառութեան աղէտք' 'ի գութ եւ 'ի կարեկցութիւն շարժեցին զամենքը. յորոց Ապիրատ իշխանն' Շնորհալւոյ եղբօրորդին' փափաքելով այն ցաւալից կործանման ու թշնամեաց անգթութեան տխուր յիշատակը կենդանի պահել ապագայից մտքին ու սրտին մէջ, խնդրեց 'ի Ներսիսէ որ իրեն բանաստեղծական աշխոյժը բանեցընէ այս նիւթին վրայ: Անոր խնդրանացն արդասիք է Եդեսիոյ ողբը, 1053 տուն քերթուած:

Չորս տպագրութիւն ունեցած է այս քերթուածս. մէկն 'ի Մադրաս (1810), 'ի Փարիզ հանդերձ ծանօթութեամբք 'ի Սէն-Մարթենէ 'ի 1828. հետեւեալ տարին ալ 'ի Թիֆլիզ. 'ի Կալկաթա (1832): Առաջին կէսն 1558 տող' Տիւլորիէ ընծայեց գաղղիական թարգմանութեամբ 'ի Recueil des Croisades երկասիրութեան մէջ:

***

Յիսուս որդի. — Հին եւ նոր կտակարանի համառօտ պատմութիւն մը կրնայ սեպուիլ այս ընտիր եւ սրտաշարժ տասնաւոր քերթողական երկասիրութիւնը, երեք մասն բաժնուած, եւ ընդհանրապէս պըղջոկան աղօթքի եւ մաղթանաց ձեւով եւ լեզուով շարադրուած: Կամաւ քերթողաբար գրած է այս երկասիրութիւնս Շնորհալին, որպէս զի ընթերցողաց ձանձրութեան առիթ չտայ. այլ մանաւանդ զուարճութեամբ կարդալու, և այն՝ իրենց հոգևոր պտուղը: Հայոց Ո (1151) թուականին շարագրուած է այս գիրքս, և յիշատակարանին մէջ կը յիշատակէ հեղինակը իւր ծնողքը և Վասիլ եղբայրը, և զքոյրն իւր Մարիամ ու անոր Վահրամ որդին: Եւրոպացի հայերէնագիտաց մէկը, Յակոբ Վիլլոտ, **մատեան արդարև աստուածային** կը կոչէ այս գիրքը:

Նման երկասիրութիւն մըն է նաև **Բանն հաւատոյ** կոչուածը: Հայոց վեցհարիւր թուականին՝ երբ Յունաց իշխանութիւնը կը տկարանար, ու անոր հակառակամարտ Հագարացւոց զօրութիւն մը բոլոր աշխարհին կը տիրապետէր, այն նեղութեան ժամանակ Գրիգորիս կաթողիկոս՝ Ծովք գիւղէն ելնելով՝ Հռոմկլայի ամրոցը կ'ապաւինէր, իրեն ընկերակից ունենալով զեղբայրը՝ Շնորհալին: Այն առանձնութեանը մէջ շարագրեր է Ներսէս այս խրատական ու ջերմեռանդ գրուածը, նուիրելով դարձեալ իւր եղբարցը և ծնողաց և համատոհմից յիշատակին:

Յաղագս երկնից և զարդուց նոցա. — Մխիթար անունով բժշկապետ ու աստեղագէտ մը, որ է ինքն Հերացին, խնդրեց 'ի Ներսիսէ որ երկնաւոր զարդուց վրայ ոտանաւոր քերթութիւն մը յօրինէ: Այս վախճանաւ գրուած են երկու չափաբերական գրուածներն, յորոց երկրորդին տանց սկզբնագիրքն կը յօդեն, «Մխիթար բժիշկ, ընկալ 'ի Ներսիսէ զայս բան»:

Վիպասանութիւն. — Հայոց համառօտ պատմութիւնը, ութոտեան ոտանաւորի վրայ առնուած, հեղինակին պատանեկութեանը գրուածքն է. անոր համար ոչ ուրիշ քերթողական երկասիրութեանցն աշխոյժը և ոչ ալ արուեստն կ'երևայ ասոր մէջ. թէպէտ և իբրև պատմութիւն՝ ունի իրեն մասնաւոր արժէքն ու պատուականութիւնը:

Շնորհալին ունի նաև ուրիշ այլ և այլ մանր ոտա-

նաւոր գրուածներ, որոնց միայն անուանց յիշատա-
կութեամբը գոհ կ'ըլլանք. և են «Իմ եղակին» և
«Միշտ էիր», զոր դարձեալ 'ի խնդրոյ Հերացւոյն
երգած է. «Ներբող սրբոյ խաչին», որ Անյաղթին
նոյն նիւթին վրայ գրած Ճառին ոտանաւոր յարմա-
րութիւնն է. «Մաղթանք առ սուրբ հրեշտակս»,
'ի խնդրոյ Գրիգորիսի կաթուղիկոսի. «Ի Սողոմոն,
Յիշատակարան գրոցն Սողոմոնի», այլ և այլ տա-
ղեր, թուղթեր, խրատներ, ու հանելուկներ: Ա-
ռանցմէ դուրս են շարականներն:

Այս սուրբ և սիրելի հայրապետին բաւական ըն-
դարձակ կենսագրութիւն մ'ալ հասած է մինչև առ-
մեզ՝ իր անմահախառն մահուանէն քիչ ետքը գը-
րուած, հետևեալ խորագրով. «Պատմութիւն վա-
րուց սրբոյն Ներսեսի կաթուղիկոսի Հայոց և ախ-
ղերալոյս իմաստասիրի՝ սկսեալ 'ի նախնեաց անախ
նորին»: Մեզի անուամբն անծանօթ հեղինակը գրած
է այս ընտիր երկասիրութիւնը «'ի հրամանէ և 'ի
յորդորմանէ սուրբ վարդապետին Յովհաննու ... 'ի
ժամանակս քրիստոսապսակեալ բարեպաշտ թագա-
ւորին Հայոց Հեթումոյ յաշխարհիս Կիւլիկեցւոց,
որ երրորդ է 'ի Լեւոնէ բարեպաշտէ առաջնոյ ար-
քայէ այսմ Նահանգի»: Հրատարակուած է 'ի Վե-
նետիկ (1854) 'ի շարս Հայկական Սոփերաց (Հատոր
ԺԴ):

Շնորհալի հայրապետին գրուածոց բազմաթիւ տպագրու-
թեանց և թարգմանութեանց վրայ տես 'ի ՀԱՅԿԱԿԱՆ ՄԱ-
ՏԵՆԱԳԻՏՈՒԹԵԱՆ յէջ 342-344. 456-462. 518-528: իրեն ե-
կեղեցական և մատենագրական վարուց և գործունեայ վաստա-
կոց վրայ լիուլի ու հետաքննական տեղեկութիւն առնուլ փա-
փաքողք՝ կը գտնեն զայն մեծ հմտութեամբ ամփոփուած Շնոր-
հալի և Պարագայ իւր կոչուած Ալիշան Հ. Ղեւոնդ վարդապե-
տի երկասիրութեան մէջ՝ հրատարակեալ 'ի Ս. Ղազար Վե-
նետիկոյ, (1873):

ԻԳՆԱՏԻՈՍ ՎԱՐԴԱՊԵՏ

Իգնատիոս և իր աշակերտակիցքը։ — Պահլաւունի կաթողիկոսին առաջարկութիւնը։ — Ղուկաս աւետարանագրի մեկնութիւն։ — Իգնատիոսի ոճը, լեզուն և հմտութիւն այս երկասիրութեան մէջ։ — Բնագրին տպագրութիւնը։

Գրիգոր կաթողիկոսի Պահլաւունւոյ և Ներսէսի Շնորհալւոյ և Սարգիս վարդապետին աշակերտակիցն էր Իգնատիոս, որ փառօք իւր ուսումնական ընթացքը կատարելով Կարմիր վանքին մէջ, Սեաւ լերան Շափիրին անապատը կամ վանքը առանձնացաւ։ Ու երբ խոնարհութեամբ կը ջանար ինքզինքը այն լռութեան մէջ ծածկել, Պահլաւունի կաթողիկոսին հետամուտ աչուըները գտան զինքը, և անոր հմուտ, վարժ և աստուածաբան գրչին յանձնեց Ղուկասու աւետարանիչին մեկնութիւն մը շարադրել։ Իւր մտաց չափաւորութիւնը և խօսքին անբաւականութիւնը մէջ բերելով՝ հրաժարեցաւ Իգնատիոս. և երբ հայրապետը իր ամէն ջանքովը և յորդորանքներովը չկրցաւ զինքը համոզել, օր մը տեսլեանը մէջ տեսաւ Իգնատիոս լուսաւոր և գեղեցիկ տուն մը՝ յորում ժողվուած էին ամենայն վարդապետք, և ուղեց որ ինքն ալ մտնէ մէջերնին. բայց անոնք կ'արգելուին ու չէին թողուր, որովհետև չուզեցիր, կ'ըսէին, աւետարանի մեկնութեան թարգմանութիւնը յանձն առնուլ, հոս մեզի հետ մասն և բաժին չունիս։ Այս տեսիլքէն ինքն իրեն եկաւ Իգ.

նատիոս. ու իր տկարութիւնը Աստուծոյ առջեւ գնելով՝ խոնարհ զօրութիւն խնդրեց, և սկսաւ այս գը-րուածքս շարագրել: Հաւանական կ'երեւնայ թէ 1146ին արդէն աւարտած ըլլայ այս երկասիրու-թիւնը. վասն զի Կունդ Սարգիս որ նոյն թուակա-նին շարագրած է համանուն համառօտ երկասիրու-թիւնը՝ բաց յայլոց կը յիշէ նաեւ զԻգնատիոս:

Վարպետ գրուածքի մը ամէն կարեւոր հանգա-մանքը պահած է Իգնատիոս իր երկասիրութեանը մէջ. ընտիր ոճ, գեղեցիկ լեզու և մեծ հմտութիւն սրբազան գրոց: Այս վերջինիս նկատմամբ՝ որ աս-տուածաբանական և մեկնողական գրքի մը համար ամենահարկաւոր է, ջանացած է Իգնատիոս յայն եկեղեցւոյ հարց գրուածոցը կատարեալ հմտու-թեամբ ձեռք զարնել այս գրուածքին, մանաւանդ Ոսկեբերանի: Միջին ոճ մը բռնած է հեղինակս. ոչ խիստ երկայն՝ որ բառից շատութեան մէջ իմաստնե-րը կորսուին, և ոչ այնչափ համառօտ՝ որ սուրբ գրոց մեկնութեան հարկաւոր տեղուանքն անբա-ցատրելի մնան: Ասիկայ է իրեն յատուկ ճարտա-րութիւնը. որով շատ անգամ այլոց երկայն բարակ բացատրածները՝ ինքը համառօտիւ քիչ խօսքի մէջ ամփոփելով կը զրուցէ. և երբեմն ալ անանկ վայե-լուչ կերպով կ'ընդլայնէ իր խօսքերն՝ որ ամենեւին տաղտկութիւն չբերեր ընթերցողին վրայ: Լեզուի նկատմամբ ալ՝ ընտիր և գեղեցիկ շարադրութիւն մը ունի, պարզ և հաճոյական:

Այս գրուածքս կրկին անգամ տպագրուած է 'ի Կոստանդ-նուպոլիս 'ի 1735 և 'ի 1824:

ՍԱՐԳԻՍ ՇՆՈՐՀԱԼԻ

Սարգիս Շնորհալի: — Մեկնութիւն կաթուղիկեայ թղթոց: — Անոր հանճարոտութիւնը: — Ոճը և լեզուն: — Կարապետ վարդապետ: — Սարգսի անծանօթ երկասիրութիւնը:

Իգնատիոսի և անոր ընկերացը աշակերտակից էր Սարգիս, անոնց հետ միատեղ կրթուած Ստեփանոսի ձեռացը և խնամքին տակ 'ի Կարմիր վանս: Հասակն առնելէն ետքը՝ առանձնութեան սիրով ըլլալով՝ Սեաւ լերանց վրայ եղող Քարաշիթու վանքը քաշուեցաւ: Հոն բոլորովին հոգւոր և ուսումնական կենաց նուիրելով ինքզինքը, սրբոց հարց գրոց ընթերցմանը պարապեցաւ, և մանաւանդ Ոսկեբերանի հրաշալի ճառերուն: Այն ընթերցմունքը՝ փափաք մը վառեց իր սրտին մէջ՝ նոյնպիսի ոճով ու սրտով՝ Կաթուղիկեայց կոչուած եօթն առաքելական թղթոց մեկնութիւնն ընելու. և իր այս յօժարութեանն գլխաւոր պտուղն այն եղաւ որ նման երկասիրութիւն մը չէր գտած ազգային մատենագրութեանը մէջ:

Գրութեան թուականն 1156ին կ'երևնայ, ինչպէս ինքն ալ կ'ակնարկէ. իսկ համառօտութիւնն, զոր պիտի յիշենք, տասն տարի աւելի կրտսերագոյն է ժամանակաւ. « Հայ թուականին, կ'ըսէ, յայնմ ամի յորժամ կատարեցի զհամառօտս, յիշատակ ինձ և իմոցն, և 'ի վարժումն մանկանց նորոց առագաստի մօրս մերոյ՝ վերինն Երուսաղեմի, հնգետասան էր ընդ վէց հարիւրի »: Տեղ մ'ալ կը յիշեցնէ թէ ծերութեան տանն յօրինած է. « Աղաչելով, կ'ըսէ, վասն իմ ծերոյս Սարգսի զՏէր »:

***

Մեկնողական գրքի մը ամէն կարեւոր յատկութիւններն ունի Սարգսի այս գրուածքը. ողջամիտ վարդապետութիւն, եռանդուն լեզու եւ բաւական սուր քննադատութիւն մը, որոնցմով արժանապէս յարգ գտած է: Ընդհանրապէս հետեւող է Գրիգորի աստուածաբանի, Կիւրղի, Բարսղի եւ Եփրեմի, եւ ասոնցմէ ամենէն աւելի սրբոյն Ոսկեբերանի: Այս նմանողութիւնը՝ որ ըստ ինքեան գովելի է, եթէ չափուն մէջ չեմնայ՝ կրնայ ունենալ իրեն թերութիւնները: Բայց Սարգիս այսպիսի հետեւակ գրչաց կարգէն չէ: Անշուշտ մեծապէս սքանչանալով Ոսկեբերանի աննման հանճարոյն եւ սքանչելի գրչին վրայ, եւ չկարենալով անոր հաւասար լեզու մը գործածել, շատ տեղ իրեն զուրցուածքներն, ճարտասանական ձեւերն եւ աշխոյժը, երբեմն նաեւ շարադրութեանն ալ եղանակը գործածեր է: Ասկէց է այն նմանութիւնը որ այս երկու գրքերուն մէջ կը տեսնուի, մանաւանդ յորդորակաց մէջ:

Ուստի իբրեւ մատենագիր՝ ընդհանրապէս այն գեղեցիկ յատկութիւններն ունի, թէպէտ եւ ոչ հաւասար աստիճանաւ, որ բոլոր աշխարհի սիրելի եւ զարմանալի ըրած են Ոսկեբերան հայրապետին երկասիրութիւնքը: Պերճախօս լեզու մը կը բանեցընէ, ու իր օրինակագրին պէս՝ ամէն հնարք եւ ջանք կը գործածէ՝ մարդկային սրտից մէջ արմատացած կրքերն անհետ ընելու. անոր հակառակ՝ անոյշ ու փափուկ լեզու մը կը բանեցընէ առաքինութիւնը գրաւելու եւ սիրելի ընելու համար: Իր գլխաւոր թերութիւնը թերևս քիչ մը երկարաբան ըլլալն է․ և անտարակոյս շատ աւելի մեծ պատիւ ըրած կ'ըլլար թէ՛ իրեն և թէ հայկական մատենագրութեան, թէ որ ասոր մէջ ալ ուզենար՝ կամ կարենար Ոսկեբերանի հետևիլ։ Անշուշտ այս պակասութիւնս ինքն ալ իմանալով՝ ծերութեան ատենը, յամին 1166, համառօտութիւն մ'ալ գրեց նոյն մեկնութեան գրոց։

Ասկէ զատ է ուրիշ նման երկասիրութիւն մ'ալ՝ Կարապետ անունով վարդապետի մը ձեռքով եղած, ամենահամառօտ ոճով․ որուն սկզբնատառքը իւր անունը կը յօդեն, և որ տպագրած է 'ի Կոստանդնուպոլիս (1744) բուն Սարգսի ընդարձակ երկասիրութեանը հետ մէկտեղ։

***

Սարգսի կ'ընծայուի և Եսայեայ մարգարէութեան մեկնութիւն մը՝ որ մեզի անծանօթ է։ Դարձեալ գրուածք մը կայ Առաջաւորաց պահոց վրայ՝ 'ի խնդրոյ Գրիգորի Պահլաւունւոյ գրուած 'ի Սարգսէ։

Լեզուն՝ դասական սեպուելու արժանացած է 'ի հմտից, և իր դարուն ամէն որոշիչ և ընտիր յատկութիւններն ունի։ Ոչ հինգերորդ դարու ոսկեղէն լեզուն, և ոչ ալ անկման դարուց ոճոյն հետքը կամ նշմարանքը կ'երևնայ այս մատենագրութեան մէջ․ մանաւանդ թէ ինչպէս երկոտասաներորդ դարուս ուրիշ մատենագրաց շատը՝ աւելի առջինին մօտ է իր ոճովը, քան թէ երկրորդին։ Բայց որովհետև մի և նոյն ժամանակը՝ այլ և այլ տարբեր ազդեցութիւն կ'ընէ զանազան հանճարներու վրայ, ուստի և զարմանք չէ որ այս նկատմամբ աւելի ստորին մատենագիր կրնայ սեպուիլ Սարգիս՝ քան զԻգնատիոս և քան ուրիշ իր աշակերտակիցները։

ՆԵՐՍԷՍ ԼԱՄԲՐՈՆԱՑԻ

Ներսէս Լամբրոնացի։ — Իր տոհմն ու ազնուականութիւնը։ — Վարուց համառօտութիւնը։ — Եպիսկոպոսութեան աստիճանի բարձրանալն։ — Երկասիրութիւններն։ — Ատենաբանութիւն։ — Մեկնութիւն սրբոյ Պատարագի։ -- Մեկնողական ուրիշ գրուածներ։ — Ճառք։ — Թուղթք։ — Քերթուածք։ — Թարգմանութիւնք. — Տպագրութիւնք իր գրուածոց։ — Ժամանակակից անձինք։ — Գրիգոր Գանձակեցի։ — Դաւիթ Ալաւկայ։ — Գրիգոր Յեսուանց։— Խաչատուր աշակերտ Լամբրոնացւոյ։ — Դաւիթ քահանայ։

Ընտիր ու սիրելի անուն և հանճար մը, որուն լեզուով ու գրչով անհամեմատ՝ ու մեր դպրութեանց պատմութեան մէջ գրեթէ իրեն նմանը չունեցող անուանի անձ մը. Թէպէտ և իւր այնքան բարեմասնութեամբքն ալ՝ մանաւանդ թէ աւելի այն ձրից համար, քիչ անգամ մխիթարութեան, այլ շատ հեղ վշտաց և նեղութեանց հանդիպած։

Ներսէս Լամբրոնացին, 1153ին ծնած է, բարեպաշտ և ազնուական տոհմէ. հայրը Օշին Լամբրոնի իշխանն էր, որ դեռ զՆերսէս չտուած՝ իւր բարեպաշտ ամուսնոյն Շահանդուխտոյ հետ, որ էր եղբօրդուստր Ն. Շնորհալւոյ, Աստուծոյ ուխտ ըրած էր՝ անոր սեղանոյն նուիրել իւր որդին։ Բայց զաւակն ունենալէն ետքը՝ անոր գեղեցիկ և վայելուչ կերպարանքը տեսնելով, կը տարջանային ծնողքը իրենց ուխտին վրայ, ու այնպիսի կայտառ ու զուարթ մանկութեան մը տուած յոյսերէն չէին ուզեր զըրկել աշխարհ: Սակայն տղուն մահառիթ հիւանդութեամբը զգաստացած՝ դարձեալ Աստուծոյ նուիրեցին, և մնացին հաւատարիմ իրենց խոստմանը:

Մանուկ հասակէն Սմբատ, - առինկայ էր Լամբրոնացւոյն մկրտութեան անունը, - իւր ապագայ սըրբութեան և գիտութեան հաւաստի ապացոյցները կու տար: «Սիրալի ամենեցուն, - կ'ըսէ իր գովաբանն Սկեւռացի, - մանկական տիոցն երեւէր յառաջադիմութիւն. մինչ զի 'ի մօր եղեալ բազմաց, Զի՞նչ կամի լինել մանուկս՝ ասէին, զի ոչ զբօսմամբ ընդ հասակակիցս, այլ ընդ կատարելոցն խրատու փարէր ... ընդ աստուածայինս խօսելով օրէնս՝ զընդունայնաբանութիւնս 'ի բաց վարէր. խոկալով միշտ 'ի վերինս՝ զանց ստորինայնովքս առնէր. և 'ի խուռն ժամանակի՝ 'ի յոլով աստուածային վարժիցն 'ի չափ հասանէր»: Բիւզանդիոնի կայսրն, Անտիոքայ իշխողն՝ և այլք, իրենց ամէն հրապուրանքներովն և երկրաւոր փառաց և հաճոյից խոստմամբք չէին կըրնար Աստուծոյ ճամբէն զինքը դարձընել. այլ իւր ծնողաց մեծութիւնն ու իշխանութիւնն արհամարհելով՝ Սկեւռայ վանքը կը քաշուէր, ու հօն առաքինութեամբը՝ հոգին, միտքն ալ ուսմամբ կը զարդարէր. ու քիչ ատենի մէջ զարմանալի յաջողամտութեամբ՝ յոյն, լատին եբրայական, և ուրիշ լեզուներ կը սորվէր:

Օշին՝ իւր հօրը մեռնելէն ետքը՝ անոր մասնաւոր կտակաւն ու առանձին կամքով Ներսէս Սկեւռայ վանքին առաջնորդ պիտի ըլլար. բայց անիկայ հրաժարեցաւ այն պատուէն, ու նոյն իսկ քահանայական աստիճանը գրեթէ բռնի իրեն ընդունել տուաւ Շնորհալին. որ աստուածաշնորհ ոգւով նկատելով անոր Աստուծոյ սեղանոյն սպասաւորութեամբը աշգին ընելիք բարիքը, բանադատեց զինքն առ այն, առանց մօտիկ ընելու անոր ընդդիմադարձութեանցը. ու փախստեանն ու առանձնութեան տեղուանքէն զինքը գտնելով, ութևտասնամեայ հասակին Աստուծոյ ընտիր պաշտօնեայ մը ու ազգին մխիթարութեան աւիթ մը ընծայեց: Իր անունն ալ օծութեան հետ տուաւ անոր:

***

Քսանուիրեք տարուան հասակին Տարսոն քաղաքին եպիսկոպոսութեան աթոռն ալ ընդունեցաւ Ներսէս, և Սկեւռայ վանից առաջնորդութիւնը. և անով արդէն ստացած համբաւն՝ ալ աւելի մեծցաւ: Ինքն իսկ Լամբրոնացի կը բանադատուի հակառակորդաց բերանը կարկելու համար՝ իրեն յատկանիշ ու սիրելի խոնարհութիւնը առ վայր մի մոռնալով, առաքելաբար պարծիլ. «Բարեհռչակիմ, կ'ըսէ, 'ի Լատինացւոց եկեղեցիան և 'ի Հելլենացւոց և Ասորւոց, և կամ 'ի Հայաստանս»:

Վասն զի իր գիտութիւնն ու սրբութիւնը, և մանաւանդ միաբանասէր հոգին, իրեն դէմ հանեց ժամանակին ագէտ և ինքնահաւան մարդկան դաս մը, որ սրբոյն նախանձուն ու եռանդեանը մէջ ազգային եկեղեցւոյն անկումը կամ իրաւանցը բռնաբարութիւն կը կարծէին. և Ժողովրդեան առջև զինքն ամբաստանելով ալ գոհ չըլլալով՝ ինչուան Թագաւորական արքունիքն իրենց ձայնը հասուցին, և կ'ուզէին զՆերսէս թէ իր պաշտամունքէն զրկել և թէ անոր աստուածային օծութեամբ լեցուած լեզուն լռեցընել: Չխռովեցաւ Ներսէս. իր խղճին մէջ անմեղ՝ հակառակորդաց նախանձուն և ատելութեանը հարուածներէն չվախցաւ: Լսեց իրեն դէմ եղած ամբաստանութիւնները, և արդարակշիռ պատասխաններն տուաւ առ Իշխողն Լևոն. Թուղթ մը՝ յորում որբոյն աստուածային Նախանձը, անմեղութիւնն ու հանճարը միանգամայն կը տեսնուի. գրուած մը՝ յորում ամբաստանեալը կը սիրուի, և իրեն հակառակորդացը չարութիւնն աւելի ատելի կ'ըլլայ:

Այդ աստուածազդեցիկ Նախանձը՝ մէկալ կողմանէ ալ արգելք չէր ըլլար իրեն՝ ազգային իրաւանց անարատ պահպանութեանը խնամատար ըլլալու. և այդ պատճառաւ ինչուան յԱնտիոք և 'ի Բիւզանդիոն ճանապարհորդութիւններ ըրած է, և այլ և այլ օգտակար ծառայութիւններ մատուցած ազգային եկեղեցւոյ ու հայրենեաց. զորոնք հրապարակաւ գովութեամբ՝ եկեղեցւոյ պատմութեանը կը վերաբերի:

Քառասունևվեց տարուան հասակին հանդիսացաւ Լամբրոնացւոյ երջանիկ փոխումը:

Լամբրոնացւոյն երկասիրութիւնները. — Վեշտասանամեայ՝ երբ այլոց դեռ սորվելու և հմտանալու տարիքին սկզբնաւորութիւնն է, տիրաբար վարդապետական գրիչը ձեռք առաւ Լամբրոնացին, և ինչուան 'ի մահ չթողուց զայն. և այնպիսի արժանաւոր հռչակաւ և գովութեամբ, որ դեռ քսան և երեքամենի, 1175 թուականը կրող յիշատակարանի մը մէջ Տիեզերական վարդապետ կոչուած է 'ի գրչէն: Լամբրոնացւոյն գրաւոր երկասիրութեանցը մէջ նշանաւորներէն մէկն է Ատենաբանութիւնը: Շնորհալւոյ և Գրիգորի Տղայոյ վարուցը մէջ կը տեսնենք որ այն ատեններն մեծ խնդիր մը սկսեր էր յուզուիլ Հայաստանի մէջ. մէկ կողմանէ յունական եկեղեցին կը ջանար կրօնական միութիւն մը հաստատել՝ արդէն իրեն հին գործերէ 'ի վեր ծանօթ և այլ և այլ ընտանի յարաբերութիւններ ունեցող Հայաստանեայց եկեղեցւոյն հետ. մէկալ կողմանէ ալ Խաչակիրք իրենց արևելքի մէջ ըրած արշաւանքներով սկսեր էին Հայաստանի ծանօթանալ։ Այս ծանօթութիւններն ու վերաբերութիւնքն ունէին իրենց հակառակորդքը, որոնք, ինչպէս ըսինք, կը վախնային որ չըլլայ թէ ազգային հաւատքը՝ զոր միայն ուղիղ կը կարծէին, ուրիշ կարծեցեալ մոլորական վարդապետութեանց զոհ ըլլայ։ Այս խնդրոյս լուծումն ու ակամայ կամ կամաւ տգիտացելոց միտքը լուսաւորելու համար՝ սահմանեցաւ Տարսոնի ժողովքը գումարել։

Հայաստանեայց եկեղեցւոյն՝ զոր այնչափ սուրբ և աստուածամերձ անձինք փառաւորած էին, առջի փառքը յիշելէն ետքը, իր օրերուն վիճակը արտասուաց ու ցաւոց արժանի կը գտնէ Լամբրոնացին։ Աստուծոյ տունը՝ սուրբ եկեղեցին՝ սողոմոնեան տաճարին կը նմանցընէ, որուն պայծառութիւնն, մեծութիւնն ու գեղեցկութիւնը՝ բանսարկուն՝ Նաբուգոդոնոսորի ու Քաղդէացւոց պէս, վեր 'ի վայր ընելու կ'աշխատի. և որչափ ալ աստուածահիմն շէնքը չէկրնար կործանել, սակայն սրով և հրով կ'աւերէ։ Այս աւերման ու խանգարման պատճառ՝ սիրոյ պակասութիւնը կը գտնէ Լամբրոնացին. ազգին՝ յայլոց քրիստոնէից խորշելովը և անոնցմէ ուծանալով՝ Աստուծմէ հեռանալը կը ցուցընէ. և ասոր դարմանը՝ դարձեալ սիրոյ ու միաբանութեան մէջ կը գտնէ։ Որչափ զարմանալի է Լամբրոնացին իր այս խօսակցութեանը մէջ. Աստուծոյ ու ազգին սէրը՝ հաւասար իր սիրտը կը տոչորէն. Աստուծոյ փառացը առաւելութեամբը՝ իր ազգին բարոյական ապագայն հաստատուն գործել կը ջանայ։ Այս փափաքն առաջ տանելու համար՝ ինչուան իր ազգէն նզովքն ալ աչք կ'առնէ։ Մեր ամբողջ հայերէն մատենագրութեան մէջ՝ այս ճառին նման սրտով, ուժով և գիտութեամբ գրուածք մը քիչ կը գտնուի. անոր համար Եւրոպացի իմաստուններէն մէկը «Թէ որ Դեմոսթենէս, կ'ըսէ, նոյն ատեններուն մէջ գրանուած ըլլար, ինչ որ այս սուրբս, և անոր հաւատոյը ճշմարտութիւնը ճանչցած ըլլար, իրմէ տարբեր լեզու պիտի չգործածէր»: Ուրիշ մըն ալ Կիկերոնի կը նմանցընէ զինքը, ոչ զՀռոմ՝ այլ զեկեղեցի Աստուծոյ իւր թշնամեացը ձեռքէն թափելու համար:

***

Մեկնութիւն պատարագի. — Քսանևչորս տարուան հասակին՝ այս ընտիր, իմաստուն և բազմահմուտ մատեանը երկասիրեց Լամբրոնացին, երբոր Տաւրոս լերանց առանձնութեանը մէջ՝ աշխարհքի զբաղմունքներէն ու փառքէն հրաժարած, հոգւոյ անդորրութեամբը կը զմայլէր: Հայաստան՝ որ քաղաքական ոյժն ու զօրութիւնը կորսնցընելով, օր օրուան վրայ կը վատթարանար, կարգէ դուրս զեղծմունքներ մտուցած էր ինչուան սուրբ սեղանոյն նուիրական պաշտամանց և պատարագին խորհրդոց և զոհին մէջ: Հարկ էր այս զեղծմունքը վերցընել. բայց արդէն արմատացած և հիննալու սկսած սովորութեանց հետ կռուելու համար՝ Լամբրոնացւոյն պէս կորիճ ախոյեանի մը կարօտ էր ազգն: Այդ ընտիր ախոյեանն, որ միայն Աստուծոյ փառքն ու երկիւղը իրեն շարժառիթ և նպատակ ունէր, այս դըրուածքովս երիտասարդ հասակին մէջ դատաւոր կը նստի ծերոց, ու իր վրայ կ'առնէ անոնց նախապաշարմանցը հետ կռուիլ, մտաց խաւարը լուսաւորել, ու աստուածային ուղիղ ճամբուն մէջ առաջնորդել:

Սակայն այս աստուածահաճոյ ջանքերն ալ՝ յայտնի կը տեսնէր իրեն դէմ ելլելիք հակառակութիւններն ալ: Անանկ ատենի մը հանդիպած էր՝ յորում ոչ միայն ազգին բարւոյն վրայ մտածելը՝ այլ նաև անոր վրայ արցունք թափելն ալ կ'արգելուէին: «Եւ ոչ ողբալոյ տան Թորլ, կ՚ըսէր հառաչելով. զափս 'ի բերան եղեալ խփեն զջատագովաց Ճշմարտութեան զլեզուս, կամ այպանելով երգիծանեն, կամ սաստիկ կափահարեն, միայն զի մի՛ 'ի ստութեան սուտք երևեսցին » : Բայց Աստուծոյ քաջահաւատ պաշտօնեայն արհամարհեց այդ ամէն բռնութիւնները. և ընտրելի սեպեց այն երանութիւնը՝ զոր Տէրն « Հատոյց փոխարէն նախատանաց. և ախորժելի վասն նորին՝ մարդկան չարախօսութիւն » : Եւ այս վախճանաւ շարադրեց Պատարագի մեկնութեան գիրքը, յորում հզօր հանճարով, զօրաւոր լեզուով, աննախանձ սրտով և ծայրալիր հմտութեամբ կռուեցաւ ամէն նախապաշարմանց դէմ, ցրցուց ամէն զեղծմանց ապօրինաւորութիւնը, և Ճշմարտին Աստուծոյ սեղանոյն վրայ՝ յաղթանակել տուաւ Ճշմարտութեան: Եւ այն գրքին՝ և անոր մէջ ամփոփուած իմաստից կարօտ ազգին՝ նուիրեց իր աշխատութիւնը. ու մէկ երկու անգամ ինչուան եպիսկոպոսաց ատեանը հանեց որ կարդան, քննեն, ու իրեն սիրտը մրկող կրակովը՝ դէմ իրենք ալ ջերմանան. սակայն և ոչ ընթերցման կամ ունկնդրութեան արժանի եղաւ, ինչպէս զանգատելով կ՚ըսէ վերջաբանին մէջ:

Այն ժամանակները, 1187ին, այլազգիք Երուսաղեմն առին, և անօրինական տեղեաց սպասաւորք, եկեղեցականք և իշխանք գերեցան: Այս համբաւը ինչուան արևմուտք հասնելով, ամենայն ազգք թագաւորներով և իշխաններով, Հռովմայ հայրապետին հրամանաւ խաչակրութեան մը յորդորուեցան, և անթիւ բազմութիւն՝ նաւերով հասան եկան 'ի Պտղոմայիս: Այն միջոցին Լևոն Ռուբինեանց պայազատն ղրկեց զԼամբրոնացին 'ի Հռոմկլայ առ Գրիգոր կաթուղիկոս. Ճամբուն վրայ՝ Մարաշ քաղաքէն անդին վրանին վազեցին Թիւրքմէնք, և Ներսէսի ուղեկից կրօնաւորներէն ու աշխարհականներէն գրեթէ քանի հոգի սպաննեցին, ու իրենց ստացուա-ծոյը չեն յափշտակեցին նաև Պատարագի մեկնու-թեան գիրքը․ որուն վրայ անչափ տրտմութիւն ու-նեցաւ հեղինակը, որովհետև հաւատարը չունէր։ Բայց քանի մը տարիէն ետքը Ջահան գաւառին մէջ գտնուեցաւ, և գնոց առնուելով՝ նորէն Լամբրոնա-ցւոյն ձեռքը հասաւ։ Զայս ինքը Ներսէս կ'աւանդէ իր յիշատակարանին մէջ։

***

Մեկնողական․ — Լամբրոնացւոյ կենսագիր մը կ'ըսէ, վկայելով իր եռանդուն և անդադար ուսու-մնասիրութեանն․ « Յամենայն երեկոյի՝ մինչև այրէին մոմեղէնք՝ գրէր․ և ապա անդէն յաթոռն իւր նը-ստեալ՝ սակաւ մի ննջէր, և խոկոյն յարուցեալ եր-թայր յեկեղեցին »․ իր նոր ու արժանաւոր գը-րուածիչ մ'ալ կը յաւելու․ « Այսպիսի բանաւքոս հնարիւք խաբեաց զմահ․ և գէթ տասն ամ զօղա-ցեալ 'ի սուտերագիր մահուանէ՝ 'ի թմբրութենէ քնոյ առեալ, ծախեաց զնոյն 'ի խոկմունս և 'ի լուծ-մունս աստուածաշունչ տառից․ որոց իբր երկոտա-սանից ծանօթ են մեզ նորայն Մեկնութիւնք »․ և են Արարածոց գրքինը, Սողոմոնի գրոց՝ այս ինքն Առա-կաց, Ժողովողի, Իմաստութեան և Երգոց երգոյն, երկոտասան փոքր մարգարէից [1], Դանիէլի և Սաղ-մոսաց․ նոր կտակարանէն ալ՝ Մատթէի մեկնու-թիւն, կաթուղիկեայ թղթոց, Տէրունական Աղօ-

[1] Գրչագիր մը այսպիսի խորագրով կը նշանակէ Լամբրոնա-ցւոյն այս երկասիրութիւնը․ « Սրբոյ հօրն մերոյ Տեառն Ներ-սիսի արքեպիսկոպոսի Տարսոնի մեկնութիւն երկոտասան մար-գարէից՝ զոր 'ի թելադրութենէ արքայ Եփրեմի և Կիւրղի և յիւրոց յաւելուածոց մասաց գեղեցկայարմար յեռեալ իբր ոսկի ընդ սարդիոն »։

կայ, Նշման Յովհաննու՝ կամ Լիր ընդ եղբարսն ընթերցուածոյն որ 'ի վերջ աստուածաշունչ գրոց: Ասոնց ամենուն մէջ ալ որ ընդհանրապէս հեղինակին երախտապարտական հասակին արդիւնքն են, յայտնապէս կ'երեւնայ իր հմտութիւնն և հանճարը: Բայց որովհետև ընդհանուր հաւատացելոց համար յօրինուած չեն այս մեկնութիւններն, այլ մանաւոր կերպով մը ներանձնական կենաց փափաքող միանձանց հոգևոր օգուտը դիտելով, որոնց խնդրանօքն ալ շարագրուած են, ուստի աւելի խորհրդական քան թէ նկարագրական իմաստներով մեկնաբանուած են: Յայմաւուրք կ'աւանդեն թէ « Մեկնեաց և զքարոզս եկեղեցւոյ և շարօթնին ». որով հաւանական կ'երեւնայ թէ կ'ուզեն ակնարկել ժամագրոց մեկնութիւնը, և ուրիշ եկեղեցական աղօթից. որոց հարց դժուարիմաց խօսքերուն Լուծմունքը, ինչպէս Դիոնեսիոսի Արիսպագացւոյն, Նարեկացւոյն, և այլոց:

Հետագայ տողերուն մէջ՝ որ իր աշակերտին սրտի ձայնն ու հառաչանք են, ամփոփուած կը գտնենք Լամբրոնացւոյ մեկնողական գլխաւոր երկասիրութիւններն.

« Առ ձեզ խօսիմ, հի՛ն կոտակարանք,
Եկէք որ լանք, զի անպիտանացայ:
Ե՛կ Սողոմոն, զի անպիտանացար.
Ե՛կ Դանիէլ, որ խոպանեցար.
Ե՛կ Արարածք, լա՛ց, որ փակեցար.
Ա՛ր եկ Դաւիթ, որ անպարտեցար:
Առնում լալով վայիս ձայնակից.
ԸզՅովհաննէս Որդին Որոտման.
Եկ ժողովէ զՏեսիլն ու պահէ,
Զի այլ չեկայ տէրն որ մեկնէ...
Լացողք Թըղթոց կաթողիկէից,
Եկէք ու լէք վայիս ձայնակից...
Ե՛կ Առաքեալդ Տարօնեցի

Ու առ ամփոփէ զբանքս որ լսեցի։
Ե՛կ Աթանաս, լսողս ձայնակից,
Բաներըս քո են 'ի Պատարագի.
Բայց իմ հըսկող տէրն չերեւի,
Ոչ մեկնըւի ու ոչ բացայայտի.
Ոչ այլ պայծառ Քարոզն ասուի,
Ոչ այլ Նըման քեզ տէր գըտանի »։

Ճառք. — Հինգ այլ և այլ ճառեր կ'ընծայուին Լամբրոնացւոյն. 'ի Համբարձումն Քրիստոսի, 'ի Գալըստ Հոգւոյն սրբոյ, 'ի Փոխումն Կուսին, յԱնառակ որդին, և 'ի Տնտեսն։ Ասոնց մէջ առջի երկուքը ընտրելագոյն կը սեպուին իրաւամբք թէ լեզուի գեղեցկութեամբը և թէ ճարտասանական ոճով։

Թըղթերուն մէջ ալ անուանի է առ Լեւոն իշխանն գրածը, զոր առաջ յիշատակեցինք։ Թուղթ մ'ալ առ Ոսկան ճգնաւոր, և առ Յակոբ ոմն Ասորի։

Բազմաթիւ և հետաքննականք են Լամբրոնացւոյ երկասիրութեամբ եղած թարգմանութիւնք 'ի յունէ, յասորւոյ, 'ի լատին և 'ի փռանկ լեզուաց, որոց վրայ խօսիլը գրուածքիս երկրորդ մասին կը պատկանի։ Ոչ սակաւ են իրեն համբուրելի ձեռօք գրուած և մինչև առ մեզ հասած գրչագիրք։

Ունի Լամբրոնացին քանի մը կտոր մանր քերթողական գրուածներ ալ. բայց անոնց ոճը այնչափ հեռու է իր արձակ գրուածոց ոճէն, որ յայտնապէս կը տեսնուի թէ հռովմայեցի ճարտասանին պէս միայն խօսելու ուժով և գեղեցիկ ու համոզիչ լեզուով ծնած էր Լամբրոնացին, քան թէ քերթողաբանելու։ Այս գրուածքն են՝ քանի մը շարականներ, ու Ներսիսի Շնորհալւոյ վրայ գրուած Վիպասանութիւն մը, և ուրիշ մանր քերդուածներ, ինչպէս 'ի Ս. Յովհաննէս աւետարանիչ, 'ի Հրեշտակապետս, 'ի Ս. Գէորգ, 'ի Թաղումն Տեառն, մեղեդի մը 'ի Ս.

Կոյսն, որոնց ամենուն մէջ կը փայլի իր հոգեսիրութեան եռանդը։

Ժամանակաւ կրտսերագոյնք կ'ընծայեն իրեն նաև ուրիշ քանի մը երկասիրութիւնք՝ որ հիմա կորսուած կամ դեռ յայտնուած չեն. ինչպէս Վարք Գրիգորի Նարեկացւոյ, Մեկնութիւնք ութ խորհրդոց 'ի խնդրոյ Ատոմայ Ճգնաւորի, Մեկնութիւնք Քաղաքաց-շինողաց 'ի խնդրոյ Աբուսայիտ բժշկի. Լամբրոնացւոյն տրուած կը գտնենք նաև Տօնացոյց գրոց վերջին կարգաւորութիւնը, և զկանոն Կաթողիկոսօրհնեաց և Եպիսկոպոսօրհնեաց, և քերթուած մ'ալ 'ի Սուրբ Խաչն։

Յիշեալ ամենայն ծանօթ գրուածքն զանազան անգամ և տեղուանք տպուած են, որոց վրայ տես 'ի ՀԱՅԿԱԿԱՆ ՄԱՏԵՆԱԳԻՏՈՒԹԵԱՆ, յէջ 60, 249։ Լամբրոնացւոյն Հոգեւոր և ուսումնական կենաց արժանաւոր գրուատ ու գրուագ մ'ալ 'ի ՍԻՍՈՒԱՆ, յէջ 86-95։

Այս հռչականուն մատենագրաց հետ՝ երկրորդաբար կը յիշուին դարուս մէջ,

ԳՐԻԳՈՐ ԳԱՆՁԱԿԵՑԻ կամ Թոքակերի որդի, որուն կարգէ դուրս ուսումնասիրութեանը վրայ հետևեալ դէպքը կը պատմէ Կիրակոս։ Օր մը, կ'ըսէ, այրի մը մէջ առանձնացաւ, ուր բազմութիւնք գրոց կային, և հետն ալ ուրիշ շատ ընկերակիցներ ունէր։ Անոնք այրէն դուրս ելան, ու մոռացմամբ զինքը հոն ձգեցին, կարծելով թէ անիկայ իրենցմէ առաջ ելած ըլլայ. ու դուռը փակելով՝ գնացին։ Գրիգոր՝ առանց ամենևին իմանալու՝ շարունակեց հոն գրոց ընթերցման պարապելու։ Վրան օրեր անցնելէն ետքը՝ հարկաւոր բանի մը համար նորէն ելան այրը գնացին, ու զինքը հոն տեսնելով սքանչացան, կը հարցընէին թէ ինչպէս առանց ուտելու խմելու կրցաւ ապրիլ այնչափ օր. անիկայ գրքերը ցուցընելով կ'ըսէր. «Ասոնք եղան իմ կերակուրս և ըմպելիս»: Կ'աւանդեն թէ Ընթերցուածոց մեկնութիւն մը շարադրած ըլլայ:

Վարդան պատմիչ կը զրուցէ թէ Սարկաւագ վարդապետին մահուընէն տարի մը ետքը հանդիպեցաւ թէ Գրիգորի և թէ իրեն ընկեր Ճգնաւորին Սարգիս վարդապետի մահը՝ Գանձակայ երկրաշարժին փլատակաց տակ:

ԴԱՒԻԹ ԳԱՆՁԱԿԵՑԻ վարդապետ Ալաւկայ որդի: Սա Արքայութիւն կոչուած նորընծայ քահանայի մը խնդրանօք՝ կանոնական սահմանադրութիւններ գրեց, որոնց համար Կիրակոս կ'ըսէ թէ գեղեցկայարմար ու պիտանացու երկասիրութիւնք ըլլան, ու Վարդան, թէ գիւրահաս կանոններ են: Մեր ձեռքն հասած 97 կամ 98 կանոններն՝ առանց դատաստանը չեն արդարացըներ:

ԳՐԻԳՈՐ ԻՄԱՍՏԱՍԷՐ, որ Մարաշու Յեսուանց անապատին միաբաններէն էր, և իր ընկերակիցներէն այս պատուոյ անուամբը մեծարուած: Իր անունովը ձեռուընիս գիրք մը հասած է՝ զոր հեղինակը Գիրք վայից և ռնդայից կը կոչէ, պարզ և միջակ ոճով մը, ՇՂԸ (1149) Թուականին յօրինուած:

Կը յիշատակուի Լամբրոնացւոյ ժամանակակից և աշակերտ՝ ԽԱՉԱՏՈՒՐ անունով մէկը, որ իր աստուածաշնորհ վարդապետին վրայ գեղեցիկ ու քերթողաբան ողբ մը շարադրած է ոտանաւոր: Խորագիրն է. «Ողբք 'ի տէր Ներսէս արքեպ. Տարսոնի, ասացեալ Խաչատուր պաշտօնէի նորուն աշակերտի»:

Ուրիշ ԴԱՒԻԹ քահանայ մ'ալ կը յիշատակուի երկոտասաներորդ դարուս մէջ, և իր անունով գրուած մը. « Ի պանծելի վկային Քրիստոսի Յովսէփ պատանի, որ յԱյրարատոյ նահանգէն՝ ներբողական գովեստի բան » :

ՄԱՏԹԷՈՍ ՈՒՌՀԱՅԵՑԻ

Ուռհայեցւոյն ժամանակը։ — Իր պատմական երկասիրութիւնը։ — Բանասիրական արժէքը։ — Ոճ և լեզու։ — Գրիգոր Երէց՝ շարայարող իր պատմութեան։ — Բնագրին տպագրութիւն և թարգմանութիւնք։

Մատթէոսի Ուռհայեցւոյն վրայ գիտցածնիս՝ իւր երկասիրութեանը երկրորդ և երրորդ մասերուն յառաջաբաններուն մէջ տուած տեղեկութիւններն են։ Ինքզինքը Ուռհայեցի կը կոչէ, այսինքն բնակիչ կամ մանաւանդ ծնունդ Ուռհայ (Եդեսիոյ), և իւր այն քաղաքին մէջ ծնած ըլլալը յայտնապէս կ'աւանդէ։ Ուրիշ տեղ ալ ինքզինքը վաներէց կը կոչէ։ Ծննդեանն ու մահուան տարին անստոյգ է. այս միայն յայտնի է որ իւր կեանքը 1136էն աւելի անդին անցած է. որովհետև այն թուականին կը լմնցընէ իւր գիրքը։ Չամչեան վարդապետը իւր Հայոց պատմագրութեանը մէջ կը համարի թէ 1144ին, Ասորւոց աթաբէկներուն իշխան հռչակաւոր Նուրէտտինի հօրը Զանգիին ձեռքով եղած Եդեսիոյ կոտորածին մէջ՝ մեռած ըլլայ նաև Մատթէոս'ի խորին ծերութեան։ Բայց այս կարծեաց ստուգութեան եբաշխաւորութիւնը կը պակսի: Կ'երևնայ թէ կենաց մեծ մասը անցուցած ըլլայ յԵդեսիա. որովհետև այն քաղաքին մէջ հաւաքեց և կարգի վրայ առաւ ժամանակագրութեան նիւթը, որուն միայն երկու առաջին մասանցը վրայ տասնըհինգ տարի աշխատեցաւ: Իւր մէկ խօսքէն կ'երևնայ թէ կենացը վերջի տարիները Կոմագենի հիւսիսակողման Քեսուն քաղաքը քաշուած ըլլայ, որ Մարաշու պէս՝ Պօտուէն (Բալդուինոս) անունով լատին իշխանի մը ձեռաց տակ էր: Որովհետև կ'աւանդէ թէ երբ Ամր-Գազի եկաւ պաշարեց զՔեսուն, 1136ին, հոն էր և ինքն Ուռհայեցին. և զՊօտուէն՝ կոմսն մեր կը կոչէ, անշուշտ անոր իշխանութեան հպատակ ըլլալը ուզելով հասկըցընել:

* * *

Իւր հայրենի քաղաքը՝ յորում էր այն վանքը որուն առաջնորդութեան պաշտօնը կը վարէր, պատմական հետազօտութեանց համար ընդարձակ դաշտ մը կրնար սեպուիլ: Եդեսիա՝ Միջագետաց հին և հռչակաւոր քաղաքը՝ արևմտեան Ասիոյ ծաղկած մեծամեծ տէրութեանց մէջ, և յունական ու արևելեան աշխարհաց սահմանները կ'իյնար. արևելքէն սահմանակից ունէր Պարսից աշխարհը, հիւսիսէն զՀայաստան, հարաւէն խալիֆայից իշխանութիւնը, արևմուտքէն զԱսորիս, զՊաղեստին, Բիւզանդիոյ կայսերաց ընդարձակ երկիրներն: Իւր չորս դին կատարուեցան այն մեծ յեղափոխութիւններն՝ որոց արևելից այս մասը վկայ եղաւ: Հին ատեններէն վառարան մը սեպուած էր այն քաղաքը ասորի, յոյն և հայ դպրութեանց: Հաւանական կ'երևնայ թէ երկոտասաներորդ դարուն սկիզբները՝ յորում Մատթէոս գրեց, դեռ բոլորովին անհետացած չէր այն նախկին ուսումնական ախորժակը:

Շատ անգամ կը յիշատակէ Մատթէոս թէ իւր պատմութիւնը գրելու համար՝ ականջալուր աւանդութեանց և իրմէ առաջ եղող պատմագրաց դիմած ըլլայ: Բայց թէ ով են այս պատմագիրները, ամենևին չըսեր մեզի. ոչ անուն մը կը յիշէ, և ոչ գրուած մը յանուանէ մէջ կը բերէ: Ժամանակակից հայ մատենագրաց մէջ ալ չկայ մէկը որ նոյն դիպուածոց վրայ գրած ըլլալով՝ կարենանք իրենց գրուածքը Մատթէոսի երկասիրութեանը հետ համեմատել: Նոյն իսկ յետագայ պատմիչք՝ կարծես թէ մեծ ախտանաւորութիւն մը չեն ուզեր տալ իր գրուածքին. բաց 'ի Սմբատ Գունդստաբլէն, որ երեքտասաներորդ դարուն պատմիչ է, և իւր Ժամանակագրութեանը առաջին մասին մէջ զՄատթէոս կը համառօտէ, առանց ամենևին իւր առաջնորդին անունը տալու:

Այս լռութեան հաւանական պատճառը այն կ'երևի որ Մատթէոս գլխաւորաբար արևմտեան Հայոց ու սահմանակից օտար գաւառաց պատմութիւնը գրեց. իսկ իրմէն ետքը եկեցող պատմիչք՝ ինչպէս Կիրակոս և Վարդան, Սանահնի՝ Հաղբատայ և Գետկայ, արևելեան Հայոց հռչակաւոր դպրոցներու աշակերտք, գլխաւորապէս մեծ Հայոց վրայ կը գրեն՝ որով և Մատթէոսի հետ նոյն տեղւոյն վրայ չէին կրնար հանդիպիլ: Մատթէոս՝ պարզ ժամանակագիր, բաւական կը համարի ամ ըստ ամէ արձանագրել այն անցքերը՝ զորս կամ ծերունեաց խօսքերէն և աւանդական հմտութենէն, և կամ իւր ձեռքն եկած գրքերուն մէջէն ժողվեց: Իւր հմտութիւնը, ինչպէս ինքն ալ անկեղծաբար կը խոստովանի, չափաւոր է. ոչ իւր ազգին հնախօսութիւնը կը ճանչնայ, և ոչ անոնց վրայ գրող ազգային հեղինակները: Երբ իւր գրոցը առաջին գլխոյն մէջ Եդեսիոյ հիմնարկութեանը վրայ կը խօսի, չեմ գիտեր որ աւանդութենէ առած՝ Տիգրանայ կ՚ընծայէ զայն, առանց ըսելու թէ Հայոց վրայ իշխող երեք Տիգրաններէն քանիերորդն է ասիկայ։ Յետագայ գլխոց մէջ՝ մինչև յերկրորդ մասն, բոլորովին կը չփոթէ Բագրատունեաց ժամանակագրութիւնը, թէ և ժամանակաւ անոնց շատ մօտ է։ Որով յայտնի կ՚երևնայ թէ և ոչ Շապհոյ Բագրատունւոյ, Յովհաննու կաթուղիկոսի և Ստեփանոսի Ասողկան գրուածները ծանօթ են իրեն։ Կրօնական գիտութիւնն ալ՝ սուրբ գրոց բառական հասկացողութենէն անդին չանցնիր, ուսկից ստէպ վկայութիւններ մէջ կը բերէ։ Անծանօթ են իրեն Յունաց եկեղեցւոյն սուրբ հարքը՝ որ իր հայրենակից հին վարդապետացն այնչափ ընտանի էին։

* * *

Իր կեանքը այն տեղուանքը անցուցած ըլլալով՝ ուր ասորի դպրութիւնք երբեմն ծաղկած էին, կրնար կարծուիլ թէ բաւական օգտուած ըլլայ այն լեզուին յիշատակարաններէն։ Սակայն Մատթէոսէն ետքը եկող երկու ասորի, Միքայէլ ու Գրիգոր Աբուլֆարաճ պատմիչներէն դատելով՝ կը տեսնուի, թէ ասորական դպրոցը որչափ կը տարբերէր հայկականէն, թէ կրօնական գաղափարներովը, թէ ազգային նախապաշարմամբք և թէ պատմական դէպքերը կշռադատելու կողմանէ։ Մատթէոս և Աբուլֆարաճ երկու ամենևին իրարու հակառակ հոգւով լցուած են. առիթ չպակսիր որ առջինը՝ Ասորւոց ծանր նախատինքներ չտայ. երկրորդն ալ՝ ամէն անգամ որ կրնայ՝ զՀայերը կը բամբասէ ու կը չարախօսէ։ Այս ներհակութենէն կրնամք հետևցընել թէ իրարու հետ հաղորդակցութիւն չունէին։

Նոյնը կրնանք ըսել եթէ Բիւզանդացի տարեգրայ հետ զՄատթէոս բաղդատենք։ Իր տուած տեղեկութիւնները՝ մեզի հասած տարեգիրներէն այնչափ կը տարբերին՝ որ կարծես թէ ուրիշ աղբիւրներէ քաղած ըլլայ։ Օրինակի համար, եթէ Նիկեփորայ, Փոկասու և Զմշկիկի թագաւորութեան վրայ՝ Լևոն սարկաւագին պատմութեանը հետ զՄատթէոս բաղդատենք, թէպէտ և հիմնական դիպուածոց մէջ յոյն պատմչին հետ ղուգընթաց է, բայց տարբեր յիշատակարաններու վրայ աշխատած կ'երևնայ։ Այդ բաղդատութիւնը Կեդրենոսի, Զօնարասայ, Աննա Կոմնենի հետ ընելով, նոյն աննմանութիւնները կը գտնենք, որ ոչ միայն այս ժամանակագրաց ու Մատթէոսի հետ ունեցած ծանօթութեանց տարբերութենէ առաջ կու գան, հապա նաև իրենց տեսութեան տարբեր կիտէն։ Թէ որ անոնք Կոստանդնուպոլսոյ արքունեացն ու կայսերութեան արևմտեան գաւառներն յուզող խռովութեանց վրայ աւելի լաւ տեղեկութեամբ կը գրեն, չկայ մէջերնին մէկն որ ասիական գաւառաց վերաբերեալ բաները՝ Մատթէոսէն լաւ գիտնայ. ինքը կրնայ զանոնք սրբագրել և լրացնելու օգնել։

Այսպէս առջա հոգ տանելով աւանդել մեզի Զմըշկիկի առ Աշոտ գրած թուղթը որ բիւզանդական պատմութեան ամենէն աւելի ազնիւ յիշատակարաններէն մէկն է, այսօրուան օրս այն կայսեր Ասորւոց մէջ բանած ընթացքը կը հասկընամք այն մանր տեղեկութիւններով՝ զորս փուճ տեղ պիտի փնտռէինք Լևոն սարկաւագին պատմութեանը մէջ։ Այս թըղթիս՝ որ Բագրատունեաց դիւանէն հանած կ'երևնայ, վաւերականութեանը վրայ տարակոյս չկայ։ Վասն զի նոյն իսկ մէջը գտնուած սխալները կը ցուցընեն թէ յոյն բնագրի մը վրայէ թարգմանուած է 'ի հայ։ Մատթէոս՝ ուրիշ պատուական բան մըն ալ պահած է. և այս է Գագիկ Բ թագաւորին Կոստանդնուպոլսոյ Սուրբ Սոփիայ մեծ եկեղեցւոյն մէջ խօսած ճառը, Կոստանդին Դուկաս կայսեր և Յունաց կղերին առջև, հայ և բիւզանդական եկեղեցւոյ մէջ եղած հաւատոյ վէճերուն վրայ։ Անտարակոյս այս ճառը նախ հայերէն գրուած է, բայց յունարէն թարգմանուած ու խօսուած, որով սկզբնագիրը կ՚ըլլայ զոր Մատթէոս մեզի կը հասցընէ։ — Այսպէս չկարենալով ստուգել Մատթէոսի աղբիւրները, եթէ կարծիք մը հարկ ըլլար ընել, պէտք էր ըսել թէ ինքը ոչ ասորի և ոչ բիւզանդացի պատմիչներ նայած ըլլալով, հարկաւ ուրեմն իրեն ժամանակակից հայկական յիշատակարաններ ու գըրքեր պէտք է որ գործածած ըլլայ, որ այս օրուան օրս կորսուած են կամ ինչուան մեր ձեռքը չհասած։

Ժամանակագրութեան ոճն այլ յայտնի կը ցուցընէ թէ հեղինակն իւր ազգային դպրութեան անհմուտ է․ ոչ միայն անոր ոսկի դարուն օրինակագրոցը անծանօթ, հապա նոյն իսկ ութերորդ, իններորդ և տասներորդ դարուն մատենագիրներէն ալ անբաւ հեռաւորութիւն ունի։ Ոչ Արծրունեաց պատմիչ Թովմա Արծրունւոյն ճոխաբան, պաճուճեալ ու մթախոս կերպն ունի, ոչ Յովհաննու կաթուղիկոսի արուեստակեալ ու բառազարդ վայելչաբանութիւնը և հռետորական ձևերը, և ոչ Ասողկան հանճարեղ չափաւորութիւնը։ Առանց ամենևին արուեստի՝ իր ժամանակին գրեթէ խօսուած լեզուովը կը գրէ։ Հայոց մատենագրութեան ու ազգութեան վատթարանալուն առենը գրուած ըլլալով՝ իր ժամանակակցաց գաղափարներն ու նախապաշարմունքներն ունի։ Միամիտ է ու դիւրահաւան, իր տեսութեանցը մէջ անհաղորդական ու սահմանաւոր, թէպէտ և կեանքը անանկ քաղաքի մը մէջ անցուցած է որ ամէն քաղաքական ու մատենագրական ազդեցութեանց բաց էր։

***

Իր ժամանակակցացը պէս ոսոխ Քաղկեդոնի ժողովոյն, թէ և անոր հետ երկու բնութիւն կը դաւանի 'ի Քրիստոս, Յունաց դէմ ունեցած կրօնական հակակրութիւնը՝ ցասմամբ վրանին կը թափէ։ Ոչ ինչ պակաս բուռն է նաև այլազգեաց ատելութիւնն ալ։ Չխնայեր նաև Փռանկաց, որ Հայաստանի գաւառացը մէկ մասին կ'իշխէին։ Թէ որ այս կիրքը բան մը կրնայ արդարացընել՝ միայն հայրենասիրութիւնն է որով վառուած է. այն զգացմունքը՝ որուն չափազանցութիւնը շնչող պատճառին վեհանձնութենէն ու անշահասիրութենէն ներումն կը գտնէ։ Բայց այս պակասութիւններն կերպով մը իրենց փոխարինութիւնն ունին։ Իր պատմագրութիւնն որ վարժ արուեստի մը փափկութիւն չընդունիր, յղկած ոճէ մը աւելի ճշմարիտ և ազդու գործելով՝ իւր ազգին մտաւոր և բարոյական վիճակը մեզի կը ներկայացնէ։ Պատմագրելու այս անհարթ կերպին մէջ, և այն բարբարոս և աղմկայոյզ ժամանակին՝ ուր որ այս կերպս կը գործածուէր, ներդաշնակութիւն մը կայ. կարծես թէ անհմուտ ձեռքէ ելած պատմութիւններն՝ բուն իսկ նիւթին գեղեցկութիւնն աւելի դուրս կը ցատքեցընեն։ Ի՜նչ ցաւալի տեսարան՝ անմեղ ժողովուրդ մը տեսնել՝ որ քրիստոնէական համակամութեամբ այլազգեաց անողորմ սրոյն տակ կ'իյնայ կը մեռնի հազարաւորը մէկտեղ։ Ի՜նչ յօժարական անձնանուիրութիւն է՝ զոր Տարօնի Հայոց վրայ կը տեսնենք, որ Խաչակրաց հանելու ատենը՝ խոնարհեալ խաչին վրէժը խնդրողներուն գալուստը կ'ողջունեն. կ'երթան անոնց օգնելու սովուն խստութեանը մէջ, և անոնց հետ պատերազմին ամէն վտանգներուն մասնակից կ'ըլլան։ Ի՜նչպէս մեծ է Մատթէոս իւր հայրենասիրութեանը մէջ, երբ իր բնական զգացմունքն՝ ատելութեան ու կրից ամբոխմամբը չինուաստացընէր։ Ո՛րչափ կը սիրէ իր հայրենիքը, և կը փառաւորէ Հայոց քաջութիւնը՝ որ իրենց աշխարհքը պաշտպանեցին։ Ի՛նչ ճարտասան պարզութեամբ կը պատմէ այն հնդետասանամեայ դիւցազին մահը, որ հայրենի տունը կը թողու, կը վազէ սուրը ձեռքը այլազգեաց անհամար խումբերուն մէջ կ'իյնայ՝ հալածելու. անդին այս ցաւալի տեսարանիս վրայ՝ պատանւոյն ծերունի պապուն բազուկները կը ջլատին, և սուրը գետին կ'իյնայ։ Վսեմ է նաև գեղի խոնարհ հովուի մը՝ տէր Քրիստափոր երիցուն մահը, որ պաշարեալ յանկարծ յայլազգեաց՝ կ'աճապարէ իւր հօտը եկեղեցւոյն մէջ կը ժողվէ. որուն թէպէտ չորս կողմը աւեր են թշնամիք, սուրբ խորհուրդը կը կատարէ, հացն ու գինին կը բաշխէ հաւատացելոց, որոնք մէկիկ մէկիկ բարբարոսաց սրոյն սպանդ կ'երթան. մինչև որ տէր Քրիստափոր և իր երկու որդիքը Թորոս ու Ստեփան՝ մինակ մնացած՝ իրարու վերջին համբոյրը կու տան, ու այն վսեմ ու հանդիսաւոր գրկախառնութենէն ետքը՝ երեքն ալ մէկտեղ կը վազեն տաճարին սեմոցը վրայ, մարտիրոսական պսակն ընդունելու։ Ի՛նչպէս սիրտ շարժող ոճով մը կը խօսի՝ Բագրատունեաց ազնուական ու մեծ ցեղին վերջի Գագիկ Բ թագաւորին վրայ. այն հոյակապ թագաւորին՝ որ իր գիտութեամբն ու քաջասրտութեամբ անուանի, իրեններէն կը մատնուի, իր հարցը ժառանգութենէն կը զրկուի, ու աքսորանաց և թշուառութեան մէջ կեանքը կ'անցընէ, և արտասուելի դաւաճանութեամբ մը կը լմնցընէ։

Վերը յիշուած մատենագրական կրթութեանն պէտք է ընծայել հեղինակին միւս թերութիւններն, յորոց մտաւոր մշակութեամբ մը կրնար զգուշանալ. ինչպէս չափազանցութեան սէրը, բացագանչութեան հակամիտութիւնը, նոյն դարձուածոց յոգնեցուցիչ կրկնութիւնը, կարեւոր պարագայից մէջ ցուցած վերջին աստիճանի խօսքի ազատութիւնը, և անգին նուազ հարկաւորաց վրայ երկարաբանելը:

***

Ժամանակագրութեան շարայարողը ԳՐԻԳՈՐ իր աշակերտը եղած պիտի ըլլայ, թէ որ Յունաց դէմ ցուցած ատելութեանը նայինք, զոր 'ի Մատթէոսէ ժառանգած կ'երևի: Ինքզինքն Երէց կը կոչէ, բայց կ'երևնայ թէ իր հայրենակցացը մէջ երևելի աստիճան մը ունէր. վասն զի կը տեսնեմք զինքը՝ որ Քեսնոյ մեծամեծացն ու կառավարչին կը դիմէ, երբ 1137ին քաղաքացիք այլազգիներէն պաշարուելով՝ թողուցին զՔեսուն. Գրիգոր կը յորդորէ որ իրենց պարիսպները պաշտպանեն, և անոնց հետ հոն կը փոխուի: Յունաց Կոմնենոս կայսեր կրկին ապստամբութիւնքն յԱսորիս և 'ի Կիլիկիա, Զանգիին Փռանկաց ձեռքէն Եդեսիան առնուլը, Իկոնիոյ սուլդաններուն՝ Ռուբինեանց հետ մերթ թշնամութեան և մերթ բարեկամական վերաբերութիւնքն, Կապադովկիոյ Էմիրներուն և Տանիշմէնտի տանը հետ եղած պատերազմները, Քուրդընէ՝ գաղղիացի իշխանական ցեղին մարիլը, Խաչակրաց Նուրէտտինի դէմ ձեռնարկութիւնքն, Վրաց թագաւորաց Հայաստանի մէջ Անի և Դուին քաղաքաց դէմ ըրածները, Գրիգորի ժամանակագրութեան գլխաւոր նիւթերն են: Գրութեան ոճն ալ Մատթէոսինէն ոչ ինչ ընդհատ ստորին է և ռամկական:

Մատթէի Ուռհայեցւոյն Պատմութեան բնագիրը հրատարակուած է յԵրուսաղէմ (1869) շատ ծանօթութեամբք: Անկէ տասնըմէկ տարի յառաջ արդէն Տիւլորիէ գաղղիական թարգմանութեամբ ծանօթացուցեր էր արևմտեայց՝. միջին դարուց պատմութեան համար հետաքննական այս գրուածը հետևեալ խորագրով. Chronique de Mathieu d'Édesse (952-1136) avec la continuation de Grégoire-le-Prêtre jusqu'en 1162 ; par Ed. Dulaurier. Մատենախօսական այլևայլ գրուածք ալ հրատարակուած են թէ 'ի Տիւլորիէէ և թէ յայլոց հայագիտաց, և են. 1° Notice de deux manuscrits arméniens contenant l'histoire de Mathieu Jierets, et Extrait de cette histoire, relatif à la première Croisade, en arménien et en français, par M. Chahan de Cirbied. Paris, 1812. — 2° L'Histoire des Croisades, d'après les Chroniques arméniens, par Ed. Dulaurier. Paris, 1848. — 3° Les Chefs Belges de la première Croisade, d'après les historiens arméniens, par Félix Nève. — 4° Beitrage zu der Geschicthe der Kreuzzüge aus armenischen Quellen, von H. Petermann. — 5° Այլ և այլ հատուածք՝ բնագրաւ և գաղղիարէն թարգմանութեամբ 'ի Recueil des Historiens des Croisades, (Documents Arméniens.). Հատոր Ա։

ՍԱՄՈՒԷԼ ԵՐԷՑ

Սամուէլ Երէց։ — Ժամանակագրութիւնը կամ Գաւազանք։ — Այս երկասիրութեան աղբերք։ — Ոճը։ — Եւրոպական լեզուով թարգմանութիւնք։

Ուռհայեցւոյն ժամանակակից կ'երևնայ նաև Սամուէլ, որ Անւոյ կաթուղիկէին աշխարհիկ երիցանց դասակարգութենէն ըլլալով Երէց և մերթ ալ Անեցի կը կոչուի։ Ինքզինքը աշակերտած կ'աւանդէ Գէորգ անունով վարդապետի մը, որ հաւանականաբար Մեղրիկն է. ուրիշներն ալ՝ և մանաւանդ Վարդան պատմիչ, Յովհաննու Սարկաւագայ աշակերտ կը համարին զինքը։

Սամուէլի գլխաւոր՝ և մեր ձեռքը հասած երկասիրութիւնն է Ժամանակագրութիւնը կամ Գաւազանքը, զոր Պահլաւունի Գրիգոր կաթողիկոսին խնդրանօքը յօրինած է և իրեն ընծայած [1]: Այսանկ մեծ և կարևոր երկասիրութեան մը համար՝ իմաստութեամբ իրեն օգնական և ձեռնտու առած է Սամուէլ՝ ուրիշ ազգաց մէջ արդէն գտնուած և մեծարգոյ համանուն երկասիրութիւններն, և մասնաւորաբար Եւսեբիոսի և Խորենացւոյն աշխատասիրածները: Ինքը հեղինակն ալ այս բանս կը խոստովանի յընծայական նամակին առ կաթողիկոսն. «Ջանացի, կ՚ըսէ, զամենագեղեցիկ զաստուածարեալ ըզպատմութիւնս Եւսեբեայ՝ կրկին գրելով, որպէս զցայտումն արևու՝ որ 'ի մթին անդի ծագէ և լուսաւորէ» [2]: Ուրիշ տեղ մըն ալ. «Մտացեալ զաղքատութիւն և զանուսումնութիւն իմ, 'ի թախանձելոյ քոյ, սրբազնեայդ Գրիգոր, յաղթեցայ 'ի սիրոյ կամաց ձերոց առ 'ի գրել զոր կամեցար. և այժմ օժանդակեալ 'ի Հոգւոյն սրբոյ՝ ժողովեցից 'ի սոցանէ կարճ 'ի կարճոյ զախորժակս ձեր՝ զբանից հանդէս, միայն զճշմարտութեանն գնալով զհետ. և 'ի յոլովից՝ առաւել զերկոքումբք թևակոխեցուք, ձեռնտու ունելով զնոսա, զԵւսեբի ասեմ, և զՄովսէս Խորենացի»:

Իսկ երբ հին օրինակագրաց գրուածները կը սպառին, և հարկ կ՚ըլլայ որ Անեցին ինքնիրմէ սկսի շա-

1 Ժամանակագրութեան գրոցը խորագիրն է. «Սամուէլի քահանայի Անեցւոյ հաւաքմունք 'ի գրոց պատմագրաց, յաղագս գիւտի ժամանակաց անցելոց մինչև 'ի ներկայս ծայրաքաղ արարեալ»:

2 Ի վերջ ընծայականին՝ յայլմէ գրչէ յաւելեալ. «Սամուէլ քահանայ Անեցի ժողովող գրոյս, յամի մարդեղութեան Փրկչին ՌճԾԱ, և մերոյս թիւ Ո. 'ի քառասներորդ ամի կաթողիկոսութեան Գրիգորի Գ Պահլաւունւոյ, և 'ի թագաւորութեան Հայոց Թորոսի Բ»:

րունակել, այն ատեն տարակոյսը զինքը կը պատէ. «Մինչև ցայսօսիկ ժամանեալ վայր՝ անկասկած հետեւմամբ, առաջնորդ ունելով զհաւաստապատում գիրս զյառաջասացեալ վարդապետացն. իսկ յայսմ հետէ 'ի տեղւոջ՝ ուր պիտոյացաւ այլ ինչ յաւելուլ 'ի շարագրութիւնս մեր, աշխատութիւն և տարակուսանք անկաւ յաղագս անմիաբան գրելոյ պատմագրացն. ոմն առաւել և ոմն նուազ շարագրելով, և կամ թէ ոչ բնաւ: Սակայն մեք զընախօսիցն զոճ պահելով, սկսցուք ըստ կարի զհետ ճշգրտութեան հետևելով, և զառաջին ամն Տրդատայ զուգել երրորդ ամին Դիոկղետիանոսի՝ ըստ Մովսիսի Հայոց պատմագրի»:

Սամուէլի ժամանակագրութիւնը կը սկսի յԱդամայ, ու կը հասնի մինչուան իր օրերը, կամ Քրիստոսի 1179 թուականը: Սակայն իրմէ ետքը ոմանք շարայարած են իր երկասիրութիւնը, նոյն ոճն ու համառօտութիւնը պահելով: Զոր կը վկայէ գաղափարողաց մէկը հետևեալ խօսքերով. «Աստանօր զանցի առեալ կացին շարագրութիւնք գեղեցկաբանին Սամուէլի. զոր բազում երկասիրութեամբ հոգ տարեալ ստուգագրութեան, և ճշգրտիւ հասուցեալ մինչև յիւրն ժամանակ: Եւ վասն զի պատմագրութեանց սահման է՝ զանցելոյն և զներկայէն ճառել, իսկ յառաջիկայն ոչ գոյ հնար անցանել. այլ թէպէտ յայսմ հետէ մնանէ կանոն իշխանութեան Հայոց 'ի շարագրութիւնս աղիւսակիս, սակայն սխալ յոլով տեսանի կանոնացս. վասն զի յայսմ հետէ այլոյ ուրուք է շարագրութիւնս, և գրեթէ Քրիստոսի ծննդեանն ամք և թուականն Հայոց միայն գոյ անսխալ»: Այս խօսքերէն ետքը՝ Հայոց ՇԻԷ թուականէն սկսելով՝ կը շարունակէ ժամանակագրական աղիւսակը մինչուան ՉԺԱ թուականը: Ուրիշ յետին ընդօրինակողք ալ զանազան յաւելուածներ ընելով անոր *ժամանակագրական աղիւսակաց՝ ինչուան* ՌՃԼԱ *և* ՌՃԽԵ *թուականներն հասուցած են։ Ասիկայ յիշուելու ատենը ընդարձակող Սամուէլի կը կոչուի գրոց մէջ. և տուած տեղեկութիւններն ընդհանրապէս կարևոր են, մանաւանդ* Կիլիկեցի *թագաւորաց ատեն պատահած անցքերուն։*

Ասկէ գրեթէ եօթանասուն տարի առաջ՝ անուանի ծիրանաւորն Մայ՝ որ այն ատեն Միլանու մատենադարանին տեսուչն էր, Եւսեբեայ Քրոնիկոնն հրատարակելու ատեն՝ լատիներէն թարգմանեց նաև Սամուէլի Երիցու ժամանակագրութիւնը, և տպագրեց կրկին, մէյմը 'ի Միլան (1818), *երկրորդ անգամ 'ի Հռոմ* (1839)։ Samuelis presbyteris Aniensis, Temporum usque ad suam ætatem ratio e libris historicorum summatim collecta. Opus ex Haicanis quinque codicibus ab Joh. Zohrabo diligenter excerptum atque emendatum. Zohrabus et Ang. Majus nunc primum conjunctis curis latinitate donatum notisque illustratum ediderunt. — *Գաղղիական թարգմանութիւն մ'ալ 'ի Հաւաքման Հայ պատմչաց Պրոսէի*. Samuel d'Ani, Tables Chroniques, traduits par M. Brosset. *Մատենախօսական և քաղուած*. Samuel d'Ani, Revue générale de sa Chronologie, par M. Brosset. (Mélanges Asiatiques). — Extrait de la Chronique de Samuel d'Ani, Recueil des Historiens des Croisades, (Documents Arméniens), *Հատ*. Ա. 447-468. *յարումն նաև Սամուէլի շարունակողին հայ բնագիրն՝ գաղղիարէն թարգմանութեամբ 'ի* 1178 *թուականէն Քրիստոսի ց'*1340։

ՄԽԻԹԱՐ ՀԵՐԱՑԻ

Ո՞վ էր Մխիթար Հերացի: — Բժշկական գիտութիւն և արուեստ 'ի Հայաստան: — Ջերմանց մխիթարութիւն: — Նիւթը: — Աղբերք Հերացւոյն: — Իր գրոց տպագրութիւն:

Երկոտասաներորդ դարուն մէջ կը ծաղկէր 'ի Հայս Մխիթար անուամբ հռչակաւոր բժշկապետ մը, որ Հեր քաղաքը ծնած ըլլալուն համար՝ ընդհանրապէս Հերացի կը կոչուի: Տղայութենէն Արաբացւոց, Պարսից և Հելլենացւոց իմաստութեամբքը վարժած, բաւական հմտութիւն ունէր նաև փիլիսոփայական և աստղաբաշխական գիտութեանց: Սրբոյն Ներսիսի Շնորհալւոյն մտերիմն էր, որ և Յաղագս երկնից և զարդուց նորա կոչուած ընտիր քերթուածը՝ իրեն ընծայած է. ինչպէս նաև Յաղագս Աստուծոյ և արարածոց քերթութիւնը, որուն սկզբնատառքը կը յօդեն. «Մխիթար բժիշկ, ընկալ 'ի Ներսիսէ զայս բան»:

Բժշկական արուեստն ու գիտութիւն՝ որ այնչափ սերտ կցորդութիւն և կարևորութիւն ունի մարդկային կենաց վրայ, անկարելի է բոլորովին անծանօթ ենթադրել առ հինսն մեր. բայց հաւանականաբար ոչ այնչափ ծաղկեալ և բարգաւաճ վիճակի մը մէջ, որպէս առ Յոյնս և միջին կոչուած դարուց մէջ առ Արաբացիս. որով և աղօտ, և ոչ միշտ զերծ 'ի նախապաշարմանց իրենց գաղափարն նոյն արուեստին և գիտութեանը նկատմամբ: Երկար դարեր զոհ եղած կ'երևնայ հայկական գալրութիւնն այդ հարևանցի տեղեկութեամբք. մինչև Ռուբինեանց հարստութեան ժամանակ՝ յորում Հայք աւելի ծանօթութիւն ունեցան իրենց մերձաւոր ազգաց և անոնց գիտնոց հետ: Յառաջ քան զՀերացի՝ ու երեքտասաներորդ դարու վերջերը գաղափարուած ու բաւական հնութիւն ունեցող բժշկարան մը հասած է ձեռունիս, որ մակագիր կը կրէ. Բժշկարան զոր փոխած է 'ի տաճիկ լեզուէ 'ի հայս՝ 'ի ժամանակս յաղթող թագաւորին Հայոց Գագկայ, որ քաղուածոյ և թարգմանաբար երկասիրութիւն մը կը թուի, ինչպէս կը կարծենք որ ըլլայ նաև Հերացւոյն գրուածը, և իրմէ ետքը յօրինուած ուրիշ բժշկարաններ, որոց հեղինակք կը ճանչցուին Ամիրտովլաթ, Ասար և Բունեաթ Սեբաստացիք և այլք. որոց ամենուն գրուածոց աղբերքն արաբական կ'երևնան, ինչպէս կը վկայեն բժշկաց անուանքն և դեղոց և անոնց զուգութեան և բժշկական բառերուն անուններն: Վասն զի նոյն իսկ յոյն բժշկաց՝ արաբական թարգմանութենէ առնլով՝ արաբացի հնչումն տուած են մերքն. ինչպէս Իպպոկրատ հաչականուն բժիշկն՝ փոխուած է մեր բժշկարանաց մէջ 'ի Պուգրատ, Բուկրատ, Բագրատ. — Գաղենոս՝ Գելլանոս, Ճալինոս. — Ռուփոս՝ Ըռուպուս, Ըռուպոս, Ըռօֆուս. — Որիբաս՝ Ռուբաս, Արպլիտաուս. — Ասկղեպիոս՝ Ակիւղեպէս. — Պաւղոս Եգինացի՝ Փօլօս, Ֆլօս, Ֆուլուս, Ֆօլօս. — Դիոգենէս՝ Դիւճանիս, և այլն:

Հերացւոյն ալ գիտութիւնն, ուսումը և գործածած բժշկական լեզուն առանցմէ տարբեր չէր կրնար ըլլալ, ինչպէս նաև հետևողութեան աղբիւրներն, ինչպէս քիչ մը ետքը պիտի տեսնենք:

***

Գրիգոր Տղայ կաթողիկոսին, որուն մեծ մտերիմն էր Մխիթար, ու անոր յորդորելովը ու խընդրելովը՝ համառօտ բժշկական գիրք մը շարադրեց, թարգմանաբար հաւաքուած յոյն, պարսիկ և արաբացի բժշկաց գրուածներէն: Գրքին անունը Ջերմանց մխիթարութիւն դրած է հեղինակը, ու այնպիսի անուանակոչութեան պատճառն ալ ինքը կուտայ. «Զի սա, կ'ըսէ, մխիթարէ զբժիշկն՝ ուսմամբ, իսկ զհիւանդն՝ առողջութեամբ»: Երկայն ու արուեստին գիտութեանը արժանի ոճով մը կը խօսի երեք ազգ ջերմանց վրայ, զորոնք աստնկ իրարմէ կը զանազանէ. Բորբոսային և անբորբոս, Սուր և երկարօրեայ, Նոպայով և աննոպայ: Երբ այս հիւանդութեանց նկատմամբ այլ և այլ բժշկաց կարծիքները մէջ կը բերէ, անոնց անուանքն ալ շատ անգամ կը յիշատակէ. որոնց մէջ գլխաւորներն են Գաղենոս, Իպպոկրատ՝ զոր ինքն ալ Բուգարատ կը կոչէ, Սահակ՝ հայկազն բժիշկ, Փօլոս, Մատայի. Մասր Ճուէն, Մահամմատ Զաքարիա, Որիբաղ. Դեւճանիս, Սապիթ-Կուրան, և այլն:

Գրոցը սկզբնաւորութեանը յառաջաբանին մէջ կը պատմէ նոյն երկասիրութիւնը շարադրելուն պատճառը. կ'աւանդէ թէ ինչպէս 'ի մանկութենէ իմաստութեան և բժշկական արուեստից սիրող եղած ըլլայ, ու Պարսից, Յունաց և Արաբացւոց դըպրութեամբը վարժուած: Անոնց բժշկական գրքերը կարդալով «տեսի, կ'ըսէ, զի ունէին զարուեստ բժշկութեան լի և կատարեալ ըստ առաջին իմաստնոցն. այսինքն զնախագիտութիւն՝ որ է իմաստ և վարդապետութիւն բժշկական արուեստից. և 'ի Հայք բնաւ ոչ գտի զվարդապետութիւն և զիմաստ Նախագիտութեանն, այլ զստածումն միայն. և այս ոչ ըստ կարգի և լի, այլ համառօտ և ծաղկաքաղ սատի և անաւի հաւաքեալ, յայլ և այլ գրչաց և մնաց այլայլած»:

Այսպիսի ողջպահիկ գիտութեան մը պակասութիւնը դարմանելու համար՝ ուզեց Մխիթար այս գիրքս շարագրել. և իրեն կարողութենէն վեր սեպելով բովանդակ բժշկութեան արուեստին վրայ գրելը, միայն երեք ազգ ջերմանց վրայ ուզեց համառօտիւ՝ նախագիտութեան և սահման կամ դարմանելու եղանակին վրայ՝ պէտք եղած տեղեկութիւնները տալ. «զոր շարեցաք և հաստատեցաք, կ'ըսէ, ըստ կարգի հին և նոր վարդապետացն»: Բայց մեր բժշկարանաց մէջ ուրիշ հիւանդութեանց վրայ ալ կարճ գրուածներ կամ հատուածներ կան Մխիթարայ անուամբ, ինչպէս նաև գրուած մը վասն քարանց և յատկութեանց նոցա և բժշկութիւն նոցա:

Հերացւոյն երկասիրութիւնը հրատարակուած է 'ի Ս. Ղազար Վենետկոյ յամի 1832:

ԳՐԻԳՈՐ ՏՂԱՅ

Գրիգոր Տղայ: — Հայրապետական աթոռը դրաժերը: — Բանակցութիւնք ընդ կայսեր Բիւզանդիոյ: — Տարսոնի ժողովը: — Թուղթք: — Առ Կիր Մանուէլ: — Առ Միքայէլ պատրիարք Հոռոմոց: — Առ վարդապետս Սիւնեաց: — Առ Հաղբատեցիս: — Ողբք Երուսաղեմի:

Ներսէսի Շնորհալւոյն Վասիլ եղբօրը որդին էր Գրիգոր Տղայ, որ մանկութեան հասակէն իւր հօրեղբօրը իմաստուն առաջնորդութեանը տակ՝ հըմտացաւ աստուածային և արտաքին գիտութեանց, ու կաթուղիկոսարանին մէջ եղող Կոստանդին յոյն քահանայէ մ'ալ տեղեկացաւ հելլենական դպրութեանց. կ'երևնայ թէ հմուտ էր նաև եբրայական լեզուի, եթէ առ Տուտէորդին գրած թուղթերուն խօսքերը իրեն վրայ ուզենանք հասկընալ:

Շնորհալւոյն յուղարկաւորութեան հանդիսին ներկայ գտնուելու համար՝ Հռոմկլայ եկած ըլլալով, հոն գումարուած ամէն եպիսկոպոսաց ընդհանուր հաւանութեամբը անոր յաջորդ ընտրեցաւ. վասն զի անոր ըստ մարմնոյ մերձաւորը՝ ժառանգ և հետեւող տեսան նաև սրբոյն լուսափայլ առաքինութեանցը. և իր ընտրութեամբը՝ ազգին այնպիսի հօտասէր հայրապետէ մը զրկմանը ցաւը մեղմել ուզեցին:

Այն արժանաւոր ընտրութիւնը՝ ուրախացուց նաև զկայսրն Բիւզանդիոյ Կիւռ Մանուէլ, որ մասնաւոր մխիթարութեան թուղթ մը գրելով առ կաթուղիկոսն, կը յորդորէր զինքը որ հօրեղբօրը ջանիւքն սկսած յոյն և հայ ազգաց եկեղեցական միաբանութեան խորհուրդն առաջ տանի: Անիկայ էր նաև Գրիգորի բաղձանքը. բայց կը վարանէր թէ ինչպէս պիտի կարենայ ամբողջ ազգի մը հաւանութիւնն առնուլ այնպիսի օգտակար խորհրդոյ մը գործադրութեանը: Այս վախճանաւ Շնորհալին՝ Ստեփանոս անունով վարդապետ մը արևելք ղրկած էր միութեան հակառակող եպիսկոպոսաց հետ խօսելու, և անոր մեծ օգտակարութիւնը հասկցնելով՝ հաւանութիւննին առնելու: Ստեփանոս՝ Կլայեցւոյն մահուընէն ետքը՝ առաջնորդաց հաւանութեան գիրը բերաւ ու անոր յաջորդին յանձնեց. որով սիրտ առաւ հայրապետը, ու սկսաւ կայսեր ու Յունաց Միքայել հայրապետին հետ թղթակցիլ. և երկու ազգաց հաւատոյ մասանցը մէջ ունեցած զանազանութեանց մեկնութիւնը տալով կամ ուղղելով, կաթուղիկոսը Հռոմկլայ ժողվեց Հայոց, Աղուանից ու Վրաց եպիսկոպոսունքն ու առաջնորդները և վանահայրքը: Այն գումարմանը մէջ Ներսէս Լամբրոնացին իր ազդու և գեղեցիկ ատենախօսութիւնն ըրաւ, որով շատերուն մտաց տարակոյսը լուծեց, զայն իրենց ուղղութեանը մէջ հաստատելով: Ժողովին լմննալէն ետքը՝ ամէն գումարեալ եպիսկոպոսունքը իրենց հաւատոյ խոստովանութիւնը գրեցին, և անոր տակը դրին իրենց ստորագրութիւնը և ղրկեցին առ կայսրն: Բայց նոյն միջոցին Միքայէլ կայսեր մահը և ուրիշ քաղաքական յեղափոխութիւնք վրայ հասնելով, միաբանութեան խորհրդոյն գործադրութեանը արգելք եղան:

Լատինացւոց հետ ալ սիրով և ընտանութեամբ էր Գրիգոր. և այն պատճառաւ Լուկիոս Գ Հռովմայ քահանայապետին ալ թուղթ գրեց, անոնց եկեղեցական պաշտամանց կարգաւորութեան գիրքը խնդրելով: Լուկիոս կատարեց անոր խնդիրքը, ու 'ի պատիւ՝ հայրապետական խոյր, եմիփորոն և պալիում ղրկեց՝ կոնդակաւ մը, զոր Լամբրոնացին թարգմանեց:

Այն տարիները Հագարացիք նորէն Երուսաղէմ տիրեցին. Գերմանիոյ կայսրը Փրեդերիկոս Ա՝ խաչակրաց խմբով մը արևելք անցաւ, սուրբ քաղաքը նորէն քրիստոնէից դարձնելու: Ռուբինեանց պայազատ Լևոն Բ երբ լսեց անոր գալուստը, կաթուղիկոսին հետ մէկտեղ կայսրը դիմաւորելու փութաց. և թէպէտ մեռած գտան զինքը, բայց իրեն իշխաններէն մեծարուելով՝ դարձան իրենց աթոռը 'ի Հռոմկլայ. և հոն հանդիպեցաւ կաթուղիկոսին մահը՝ իր վաթսուն տարեկան հասակին (1193):

***

Գրիգորի Տղայոյ երկասիրութիւններէն՝ միայն մէկ քանի թուղթերը ձեռուընիս հասած են։ Ասոնց մէջ գլխաւորներն են

Առ Կիւռ Մանուէլ կայսր 'ի Կոստանդնուպոլիս, Յունաց եկեղեցւոյն Հայոց հետ ընելիք միաբանութեան խնդրոյն համար, որուն սկզբնաւորութիւնը Շնորհալւոյն ատենէն եղած էր։ Շնորհակալ կ'ըլլայ կայսեր այն մխիթարական թղթոյն համար՝ զոր արքայն Ներսիսի մահուանը առթիւ գրած էր իրեն. կը խոստանայ առաջ տանիլ միաբանութեան խնդրոյն նկատմամբ եղած ձեռնարկութիւնը, թէպէտ և 'ի նմին ժամանակի առջևը կը դնէ նաև մեծամեծ դժուարութիւններն, և թէ անկարելի է որ Հայք ծիսականաց մէջ փոփոխութիւն ընդունին, ինչպէս կը պահանջէին Յոյնք.

Առ նոյն ինքն Կիւռ Մանուէլ, յորում կը յայտնէ կայսեր թէ կը փափաքին Հայք որ 'ի գործ դրուի այն միաբանութիւնը՝ զոր թէ թագաւորը և թէ երկու ազգաց օգուտը կը պահանջէր. և թէ մտադիւր յանձն կ'առնու զայն նաև ազգային ընդհանուր եկեղեցական ժողովը՝ զոր ինքը գումարած էր, և որուն բերնէն հաւատոյ խոստովանութեան ընդարձակ թուղթ մը կը հրատարակէ։

Առ Միքայէլ պատրիարք Հոռոմոց 'ի Կոստանդնուպոլիս. դարձեալ նոյն խնդրոյն վրայ, և Հայոց ազգային ընդհանուր ժողովոյն հաւանութեամբը։ Այս թղթին վերջերը խօսք կ'ըլլայ հաւատոյ դաւանութեան վրայ՝ զոր առաջ տուած էին առ կայսրն. և կը բովանդակէ համառօտ քաղուած մը նոյն յայտարարութեան.

Առ Հաղբատացիս, և առանձին առ Գրիգոր Տուտէորդի, որ կարծելով ազգին ու եկեղեցւոյն իրաւանցը պաշտպանութիւն ընել իր տեսութեամբն ու գաղափարներով, դէմ ելած էր կաթուղիկոսին և Յունաց, ու անոնց հաւատոցը դաւանութեան վրայ այլ և այլ տգիտական ամբաստանութիւններ ըրած, ու անարգական խօսքերով նախատած Հռոմկլայի ժողովքը: Սպառնալիք ալ ըրած էր կաթուղիկոսը իւր իշխանութենէն ձգելու: Հանդարտ ոգւով՝ բայց լի քրիստոսահրաման սիրով և աստուածաբանական հմտութեամբ պատասխան տուած է իրեն Գրիգոր Տղայ, յորդորելով զինքն 'ի զգաստութիւն: Ոչ լոկ իրեն պաշտամանը և եկեղեցական աստիճանին արժանաւոր օծութեան, այլ նաև մատենագրական ոճոյ և պերճախօսութեան ընտիր օրինակ մը կրնայ ըլլալ այս թուղթս:

Առ վարդապետս հիւսիսոյ, որոնք կամ տգիտութեամբ և կամ նախապաշարմամբ դէմ կը կենային միաբանութեան, ու նոյն ձեռնարկին պատճառ և համամիտ եղող կաթուղիկոսը՝ իրաւունք և պարտք կը սեպէին թշնամանել: Ասոնց ուղղուած է Գրիգորի Տղայոյ այս թուղթը, որ ժամանակաւ երիցագոյն է քան զգրութիւն թղթոյն առ Տուտէորդին: Ընդարձակ ու աստուածային ոգւով վառուած կը խօսի այս թղթիս մէջ սուրբ հայրապետս, յորդորելով զվարդապետսն՝ որ ամէն բանէ աւելի նախամեծար համարին զսէր և զմիաբանութիւն:

Այս թղթերուն մէջ ընտիր, հարթ և ընդհանրապէս հայկաբան ոճ մը կը բանեցընէ Տղայն, և կը ջանայ Շնորհալւոյն հետևող երևնալ թէ գրչովն և թէ սրտովը: Միայն թէ Շնորհալւոյն փափկութիւնը և քերթողաբան ոճը կը պակսի ասոր քով: Տղայոյն թղթոցը մէջ ընտրելագոյն է առ Հաղբատացիս գրածը:

Գրիգորի կաթուղիկոսի կ'ընծայուին ուրիշ երկու

թղթեր ալ. մէկը առ Լուսիոս հայրապետ Հռովմայ, զոր կը յիշատակէ Լամբրոնացին. իսկ զմիւսը կը յիշէ նոյն ինքն կաթողիկոսն՝ կայսեր գրած թղթոյն մէջ, զոր առ նա ուղղած էր անմիջապէս Շնորհալւոյն մահուընէն ետքը։ Այս երկու թուղթերն ալ դեռ մեր ձեռքը հասած չեն, բաց 'ի Լուսիոս քահանայապետին առ կաթողիկոսն Հայոց գրածէն՝ զոր 'ի լատինէ թարգմանեց 'ի հայ Լամբրոնացին։

Ողբք Երուսաղեմի. — Գրիգոր Տղայ իր օրերը հանդիպած Երուսաղեմի առումը յայլազգեաց՝ ողբերգական քերթուածով մը աւանդեց, հետևելով և յայսմ իր հօրեղբօր Շնորհալւոյ ողբոցն՝ յառումն Եդեսիոյ. նոյն չափով ոտանաւորի ալ գրած է։ Բայց ինչպէս յարձակ գրութեանն՝ աստ մէջ ալ ստորև կը մնայ քան զՇնորհալին, թէ և հիներէն ոմանք աւելի բանաստեղծ սեպեր են զսա, գուցէ ուրիշ գրուածոց համար՝ որ մեզի ծանօթ չեն։

Գրիգորի Տղայոյ թուղթերը հրատարակուած են 'ի Ս. Ղազար (1838). իսկ Երուսաղէմի ողբը բնագրաւ և գաղղիական թարգմանութեամբ 'ի Փարիզ. (տես յէջ 601, ուղղելով անմըտադրութեամբ եղած մեր վրիպակը)։

ՄԽԻԹԱՐ ԳՈՇ

Մխիթար Գոշ։ — Իր ուսումը։ — Համբաւը։ — Շինած վանքերը։ — Զաքարէ Սպասալար։ — Իր հրամանաւ գումարուած ժողովն յԱնի։ — Գոշի երկասիրութիւնք։ — Դատաստանագիրք։ — Աղբերք և ոճ։ — Հմտութիւն։ — Պատմական գրուած մը Մխիթարայ անուամբ։ — Առակք։ — Մեկնութիւն Երեմիայ։ — Աղօթագիրք։ — Մանր երկասիրութիւնք։ — Տպագրութիւնք իր գրուածոց։

Լամբրոնացւոյն օրերը կը ծաղկէր Մեծ Հայաստանի մէջ Մխիթար անունով վարդապետ մը, որ Գոշ կոչուեցաւ՝ մօրուացը ուշ աճելուն պատճառաւ [1]։ Գանձակ քաղաքէն էր. ընտիր ու բարեպաշտ ծնողաց զաւակ, որոնք սրբազան ուսմանց նուիրեցին զինքը. և երբոր տարիքն առաւ՝ կուսակրօն քահանայ ձեռնադրել տուին։ — Շատ տարի քահանայական պաշտամունքը կատարելէն վերջը՝ փափաքելով կատարեալ հմտութեան սուրբ գրոց, և անոնց մէջ իրեն թաքուն մնացած դժուարութեանց, հանդիպեցաւ Տաւուշեցի կամ Ուշեցի Յովհան վարդապետին՝ որ նոյն ժամանակին մէջ գիտութեամբք համբաւաւոր անձ մը սեպուած էր. յառաջագոյն աշխարհիկ, ու ամուսնոյն մահուընէն ետքը կրօնաւորելով՝ քահանայական օծութեան և վարդապետական աստի-

1 « Այսպէս կոչեցին զնա՝ զի հեղգագոյն եկին աւելք նորա »։ Կիրակոս։

ճանի բարձրացած։ Մխիթար աշակերտեցաւ յետոյ
ուրիշ հոգեւորականաց ալ. և վարդապետական ա-
նուն և պատիւ ստացաւ անոնց քով։ Բայց ինքը ա-
նով գոհ չըլլալով, դէպ 'ի արեւմուտք գնաց. Սեւ
լերան վրայ բնակող վարդապետներուն քով. և ա-
նոնց իմացընելու թէ ինքն ալ վարդապետական իշ-
խանութիւն ունի, շատ օգուտ քաղեց անոնցմէ. ու
դարձաւ 'ի Կարին, ուր ծանօթացաւ Քուրդ անուն
բարեպաշտ իշխանին. որ Վրաց թագաւորէն սար-
տուցեալ եկեր էր հոն. և Մխիթար հետը մտեր-
մանալով՝ սիրելի եղաւ իշխանին։ Անկէ վերադարձաւ
իւր հայրենիքը. ուր իմաստութեամբը մեծ համ-
բաւ ստանալով, շատերը կու գային իրեն աշակեր-
տելու. և ինչպէս Կիրակոս պատմիչը կը վկայէ, ա-
մենայն ոք կը փափաքէր տեսնել զինքը, և իր խօսքը
մտիկ ընել։ Այնչափ մեծ էր անունը՝ որ ոչ միայն
ուսմանց փափաքով վառուած երիտասարդութիւնն,
այլ նաև շատ վարդապետներ իրենց մեծութեան
աստիճանը ծածկելով, աշակերտի պէս կու գային
անոր քովը որ մտիկ ընեն. ետքը իրմէն հրաման առ-
նըլով՝ նորէն վարդապետութեան աստիճանը կ'ըն-
դունէին։ Եւ թէպէտ բազմաթիւ էին իր անուանի
աշակերտքը, բայց անոնց մէջ ամենէն աւելի նշանա-
ւորներն էին Թորոս անունով մէկը, որուն հայրը
հայկազն էր և մայրը ասորի, որ առաքինի և ուսու-
մնական կեանք մը անցընելով, խոր ծերութեամբ
վախճանեցաւ ու 'ի Հաղբատ թաղուեցաւ. և Վա-
նական Յովհաննէս վարդապետ՝ որուն վրայ առան-
ձին պիտի խօսինք։ Բայց Մխիթար իր հայրենի քա-
ղաքին մէջ նեղուելով 'ի Տաճկաց՝ յորդորանօք Ստե-
փանոսի Աղուանից կաթուղիկոսի գնաց 'ի Խաչէն՝
Հաթերքոյ Վախթանկ իշխանին և անոր եղբօրը քով.
և յորոց մեծապէս պատուեցաւ։ Հոն քանի մը տա-
րի կենալէն ետքը՝ իշխանն Քուրդ եկաւ յիւր հայ-

րենիսն յաշխարհն Կայենոյ և 'ի բերդն Մահկանոյ. և Վրաց Թամար Թագուհին ոչ միայն սիրով և պատուով ընդունեցաւ զնա՝ դարձընելով հայրենական ստացուածոց ժառանգութիւնն, այլ նաև ուրիշ տեղուանք ալ տալով իրեն։ Գոշ՝ յիշելով անոր բարեկամութիւնն ու սէրը՝ փութաց առ նա։

Վարդապետն՝ որուն քով աշակերտած էր Գոշ՝ երբոր լսեց անոր իմաստութեան համբաւը, և թէ կրկին դարձեր է իւր հայրենիքը, եկաւ անոր քով, ու իրենց հին սիրովը միաբանելով, կեցան Գետիկ վանքին մէջ, զոր նոյն ինքն Գոշ մեծածախ և փառաւոր շինել տուեր էր Հաղբատայ մօտ, Կայենոյ կամ Կայենական գաւառին մէջ։ Վանքին առաջնորդն որ Սարկաւագ վարդապետ կը կոչուէր, և յառաջագոյն աշակերտած էր Մխիթարայ, ուրախութեամբ ընդունեցաւ զինքը, և կը սպասաւորէր յօժարութեամբ այդպիսի հռչականուն անձի մը։ Երբոր նոյն վանքը կործանեցաւ սաստիկ երկրաշարժով մը, և նորոգութիւնն անհնարին կ'երևնար, բնակիչքն ուզեցին հեռանալ 'ի տեղւոյն և ցրուիլ. մանաւանդ որ նեղուէին ալ 'ի մերձակայից. որովհետև Սարգիս անունով իշխան մը՝ իր գեղէն հօն փոխադրուելով, վանք մ'ալ ինք շիներ, և երկու ուխտերու մէջ անհամաձայնութեանց և գժտութեանց առիթք չէին պակսեր։ Գոշ յորդորեց զիրենք չցրուիլ, և ինք անոնց բնակութեան համար ուրիշ վանք մը շինեց նոյն Գետիկ անուամբ՝ Տանձուտայ ձոր ըսուած տեղը, Իւանէ մեծ իշխանին հրամանաւն ու օգնութեամբ։ Ուրիշ շատերն ալ օգնական եղան իրեն, և մասնաւորաբար Խաչենոյ իշխանը Վախթանկ և անոր կինը, և Ջաքարէ Սպասալար՝ եղբայրն Իւանէի։

***

Այս Զաքարէ Սպասալար՝ մասնաւոր սէր և մեծարանք կը ցուցնէր Գոշ վարդապետին, և իրեն խոստովանութեան հայր ընտրած էր զինքը: Այն օրերը Հայաստանի արևելեան կողմի վանքերուն մէջ շատ տեսակ չփոթութիւններ ծագած էին, եպիսկոպոսական ու կաթուղիկոսական աթոռոց օրինաւոր յաջորդութեանն նկատմամբ: Այս պատճառաւ Զաքարէ իշխանը հրամայեց որ ժողովք մը գումարուի յԱնի Շիրակայ, ու հոն ժողովեցան նոյն վարդապետներն ու եպիսկոպոսունքը՝ որ առաջ գումարուած էին 'ի Լոռի: Բայց Մխիթար վարդապետը իւր ծերութիւնն ու հիւանդութիւնը պատճառ բերելով՝ հրաժարեցաւ ժողովոյն ներկայ գտնուելէն. այլ թուղթ մը գրեց առ իշխանն Զաքարէ, թէ ինչ որ վարդապետք նոյն ժողովոյն մէջ վճռեն, ես ալ կ'ընդունիմ ու կը հաւանիմ անոնց սահմանածին: Երբոր ժողովը գումարեցաւ, Զաքարէ ստիպեց ըզվարդապետս որ իր խնդրուածոցը հաւանին. և Սսոյ ժողովոյն մէջ սահմանուածներուն ընդունելի ըլլալը՝ թղթով ալ իրեն ձեռքը յանձնեն: Երբ անոնք նեղը մտան, ամենքը մէկ բերան գոչեցին. « Այդ բանը անկարելի է որ մենք կարենանք ընել առանց մեծի վարդապետին Մխիթարայ »: Այն ատենը Զաքարէ հանեց այն թուղթը զոր ընդունած էր 'ի Գոշէ. եպիսկոպոսներէն ոմանք հաւանեցան. ուրիշներն ալ չհամոզուելով՝ Սպասալարէն ժամանակ ուզեցին որ իրենք ալ կարենան գրել առ Մխիթար, և խնդրել որ անձամբ յանձն առնու ներկայ գտնուիլ այն գումարման: Այն թղթին մէջ կ'աղաչէին որ ամենայն նեղութիւն և դժուարութիւն յանձն առնելով՝ գայ 'ի ժողովս. ու եթէ, կ'ըսէին,

Ճամբու մէջ մա՛ն հանդիպի քեզի՝ անունդ հին սուրբ հայրապետաց կարգը կը դնենք․ միայն թէ դու յանձն առնուս գալ առ մեզ։

Մխիթար վարդապետ անոնց թուղթը կարդալով իմացաւ յայտնապէս թէ առանց իրեն անկարելի պիտի ըլլայ անոնց համոզուիլը․ ուստի Գետկայ վանքէն ելլելով՝ Անի քաղաքը եկաւ։ Բայց քաղքին դռնէն ներս չմտած՝ Զաքարէ մարդիկ ղրկեց որպէս զի ժողովքի չգացած՝ իրեն երթայ․ և թէպէտ Մխիթար չուզեց մտիկ ընել, բայց իշխանը բռնութեամբ ձիուն երասանակէն բռնելով՝ Զաքարէի տարաւ զինքը։ Գումարուած վարդապետներն երբ այս բանս լսեցին, շատ խռովեցան․ և մէկէն Ներսէս անունով վարդապետ մը ղրկեցին առ Մխիթար, որպէս զի Զաքարէի տունը չմտած՝ իրենց գայ։ Հասաւ Ներսէս, ու տեսաւ որ անիկայ Սպասալարին դռնէն ներս մտնելու վրայ էր․ ու չկարենալով ինքն ալ մտնել, անոր ետևէն ձայնեց, ու ժողովոյն աղաչանքը ծանոյց անոր։ Բայց երբ չկրցաւ զինքը ետ դարձնել, անոր ու Զաքարէի վրայ շատ բան խօսեցաւ, ու մեծ շփոթութիւն ձգեց ժողովքին մէջ։ Իսկ Զաքարէ հարցուց Մխիթարայ կարծիքը․ ու երբ տեսաւ թէ անիկայ դէմ չկեցաւ, ա՛լ չուզեց ժողովոյն հաւանութեանը մնալ. «Որովհետև եկիր դու, ըսաւ, — ինչպէս կ'աւանդէ Կիրակոս, — ինձ ոչինչ փոյթ է զնոցանէ»․ ու հրաման ղրկեց ժողովքը գումարողներուն որ ամէնքը իրենց տեղը դառնան․ Մխիթար ալ մասնաւոր թղթով յորդորեց զիրենք որ Սպասալարին խօսքը մտիկ ընեն, և իւրաքանչիւր ոք իւր վանքը դառնայ։

Այս երկայն դէպքը պատմեցինք, ցուցընելու համար թէ ո՛րչափ մեծ էր և պատկառելի Մխիթարայ անունը թէ՛ եկեղեցականաց և թէ աշխարհական իշխանաց առջև։ Ժամանակակից պատմիչք շատ կը գովէն զինքը. և Կիրակոս՝ հռչակաւոր և մեծիմաստ գիտութեամբ կը կոչէ. ուրիշ տեղ մըն ալ՝ այր իմաստուն և վարդապետական ուսմամբ հռչակեալ: Վարդան պատմիչն ալ՝ սքանչելի գիտութեամբ կը կոչէ զՄխիթար:

Ի Գետկի կամ 'ի Հաղբատ հանգստեցաւ Մխիթարայ Գոշի մահը, Հայոց ՈԿԲ (1213) թուականին «ալևորեալ և լի աւուրբք ... 'ի խորին ծերութեան»:

***

Գոշի երկասիրութեանց մէջ նշանաւոր է

Դատաստանագիրքը, զոր Խաչենոյ Վախթանկ իշխանին ու Աղուանից Ստեփանոս եպիսկոպոսին խնդրանօքը յօրինեց Հայոց ՈԼԳ (1184) թուականին: Այս գործոյն յառաջաբանութեանը պատմութիւնը ինքը Մխիթար կ'ընէ համառօտ յիշատակարանին մէջ, հետևեալ խօսքերով. «Ձեռնարկութիւն մեզ յայսմ իրողութեան եղև 'ի թուականութեանս Հայոց ՈԼԳ, և շրջանին երթալոյ 'ի բոյ ՃԱ, որ կոչի փոքր. իսկ հռոմին ՆԵ. յամս անիշխանութեան թագաւորութեան մերոյ, 'ի վաղնջուց 'ի ժամանակի մնացելոց սակաւ իշխանացս 'ի կողմանս Խաչենոյ, ընդ ժամանակս անուանելոյ Հասանայ որդւոյ Վախտանգայ կրօնաւորեցելոյ, և որդւոյ նորա Վախտանկայ, 'ի դղեկին որ կոչի Հաթերք, գլխաւորի այլոց իշխանաց: Եւ կողմանցս Կիլիկիոյ՝ մեծի իշխանին Ռուբենի, յամի յորում մեռաւ յաղթող թագաւորն Վրաց Գէորգէ. 'ի հայրապետութեան տեառն Գրիգորի Հայոց մեծաց, և 'ի գիտապետութեան տեառն Ստեփանոսի տանն Աղուանից յաշխարհիս Առանայ, 'ի նահանգիս որ կոչի մայրաքաղաքին Գանձակայ, յանապատ և յեղբայրանոցս անուանեալ Դատնոյ, սկզբնաւորեալ 'ի լեռնակողմն մենաստանին կոչեցելոյ Հոռոմաշէն. ընդ հովանեաւ սրբոց եկեղեցեաց կուսաստանացն յիշեցելոց, ձեռնատուութեամբ հօր Յովսեփայ և եղբօր Պաւղոսի յորդորմամբ յառաջարկութիւնս։ Բայց գծագրութիւն յիշատակիս 'ի նախագրութիւն գրոցս դատաստանի եղև, զի կատարած սորա 'ի ձեռն մեր միանգամ ոչ է, որպէս ասացեալ է կանխաւ զպատճառն։ Եւ արդ որքան է կար, անկանիմք հիւսել զկնի զիրս դատաստանի. ընդ որս և զայս ևս մաղթեմք, ... եթէ հաճոյ ումանց թուի յօրինակէ աստի փոխել զիրս դատաստանի», և այլն։

Այս երկասիրութեան մէջ Մխիթարայ աղբիւրներն եղած են Բնական օրէնք, Քրիստոնեայ ազգաց իրաւաբանական աւանդութիւնք, մերթ նաև Մահմետական օրէնք. Հին և Նոր կտակարանք, և մանաւանդ մովսիսեան Հնգամատեանը, Հայկական կամ ազգային ժողովոց կանոնք։ Իրեք գլխաւոր մասերու բաժնուած է Դատաստանաց գիրքը. և են ընդարձակ Նախագրութիւն մը. — Եկեղեցական կանոններ, ու — Աշխարհական օրէնք։ Նիւթոյն որժանի հմտութիւն կը գործածէ Գոշ, և փութաջան հետազօտութիւն. անանկ որ կ'երևնայ թէ բաւական խորունկ ուսումն և հետևաբար տեղեկութիւն ստացած է օրինաց, և անով յաջողեր է այսպիսի գեղեցիկ և իրաւամբք ազգին հաճոյ և ընդունելի երկասիրութիւն մը արտադրել։ Նախ իբրև յառաջաբանական տեղեկութիւնք՝ տասնումէկ գլուխք բանի կան, որոնց մէջ տեղնիտեղը կը բացատրէ դրուածքին վախճանը, և իրեն ինչ ոճ բռնելը նոյն աշխատասիրութեան մէջ. նաև դէմն ելած դժուարութիւններն՝ ազգին համար նոր այսպիսի երկասիրութեան մը մէջ, զոր և կը յիշեցընէ՝ զայդ իրեն յանձնող Ստեփանոս կաթուղիկոսի Աղուանից. « Աղաչեմ զքեզ, կ'ըսէ, պատուական գլուխդ եկեղեցեաց տանս Աղուանից, մի վայրապար և թեթև գործ համարիր զհոգևոր հարկ զոր եդիր 'ի վերայ իմ» ։

Այս տասնըմէկ գլխէն զատ՝ երկու հարիւր յիսունըմէկ գլուխք կը կազմեն Դատաստանաց գիրքը ու կանոններն, մասնաւոր ցանկով մը՝ որ նոյնպէս Գոշի աշխատասիրութիւնն է։ Իր օրէնքները սահմանելու համար՝ ջանացած է Մխիթար՝ աստուածային ու քաղաքական օրէնքներն իրարու հետ միաբանել. այն վախճանաւ քաղուած մը կը սեպուի այս գիրքս սուրբ գրոց, առաքելական կանոնաց և ժողովոց սահմանադրութեանցը, և այլ և այլ ազգաց կանոններուն, համառօտ ու վայելուչ ոճով։

Աղուանից Ստեփանոս կաթուղիկոսին հրամանաւ շարադրուած է, ըսինք, այս գիրք. բայց ոչ յիշատակ և ոչ ալ պատմական երաշխաւորութիւն մը կայ՝ թէ Մխիթարայ երկասիրութիւնը պարտաւորիչ օրէնք կամ սահմանադրութիւն մը սեպուած ըլլայ երբէք յազգին՝ յատուկ ինքնօրինութիւն ունեցած ատենին ալ։ Ու այդ կը պահանջուէր քաղաքական ու եկեղեցական բարձրագոյն իշխանութեանց հաւանութեան կնիքը՝ որ կը պակսին՝ ուստի ինչպէս հեղինակին ժամանակ, ասանկ ալ իրմէ ետքը՝ պարզապէս գիտնական հետազօտութիւն և արտադրութիւն մը սեպուած է։

* * *

Ձեռագրաց մէջ երբեմն համառօտած ալ կը գտնանք այս գիրքս, ըստ պիտոյից տեղւոյն։ Այսպիսի աշխատասիրութիւն մը ըրած է նաև Սմբատ Գունդստաբլ, ինչպէս քիչ ետքը պիտի տեսնենք։ Անւոյ գաղթականքն ալ 'ի Լեհս" թարգմաներ են Թաթարերէն և Լատիներէն. ետքինս տպագրեցաւ 'ի Վիեննա այսպիսի խորագրով. Das alte Recht der Armenier in Lemberg, von Dr. Ferdinand Bischoff. Wien, 1862. Թարգմանիչը յառաջաբան տեղեկութեանց մէջ կը ծանուցանէ թէ 'ի Լեհաստան գաղթող և տեղական իշխանութիւններէ զանազան ազատութեանց շնորհք վայելող Հայք՝ իրենց զարգացման ընթացքին շատ անգամ կը բանադատուէին հակառակիլ գերմանական քաղաքային հասարակութեան հետ, մանաւանդ դատաստանական իրաւասութեանց մէջ. որովհետև Հայք իրենց հին աւանդութեանց վրայ հիմնուելով՝ չէին ուզեր ճանչնալ ուրիշ դատաստանական իրաւասութիւն՝ բաց 'ի իրենց ազգային դատաւորաց և իշխանաց յատուկ և ընդունուած օրէնքէն: 1518 թուականին Սիգիսմունդ Ա թագաւորն հրամայեց Հայոց որ թարգմանեն իրենց օրէնքն 'ի հայէ 'ի ռութէն և կամ 'ի լատին լեզու. և ներկայացընեն իրեն 1519ին գումարուելի պետական ժողովոյն մէջ. զոր և ըրին Հայք՝ լատինական թարգմանութեամբ 'ի Կրակաւ քաղաքի ընծայելով թագաւորին: Սիգիսմունդ քննել տուաւ զանոնք, ու իր աւագանւոյն հետ խորհրդակցելով՝ քանի մը կարևոր սեպուած փոփոխութիւններ ընելէն ետքը, հաճեցաւ տալ իր հաւանութիւնն և հաստատութիւնը Հայոց օրինագրքին:

«Տարակոյս չիկայ, կ'ըսէ Պիշ. Ֆ., որ այս օրէնսգիրքը ոչ միայն Լեմպերկի՝ այլ Լեհաստանի ուրիշ քաղաքաց մէջ բնակող Հայք ալ ընդունած էին. և ասոր յայտնի նշանը՝ ձեռագիր օրինակաց զանազան տեղուանք գտնուիլն է: Շքեղ կերպով զարդարուած և Սիգիսմունդ թագաւորին համար պատրաստուած բնագիրը հայերէն և լատին լեզուով՝ կը գտնուի, կ'ըսէ, Զիալինսկի կոմսին քով: Լատին թարգմանութեան ալ երկու ձեռագիր օրինակք կան 'ի Լեմպերկ, յորոց մին կայսերական համալսարանի մատենադարանին մէջ հետեւեալ խորագրով· Statuta juris Armenici per Sigismundum primum Regem Poloniæ potentissimum approbata et confirmata, jussumque ac mandato ejusdem Regiæ Majestatis ex lingua illorum nativa in latinum sermonem translata et hic fideliter ex exemplari descripta ».

Գաղթական հայ աւագանւոյն ձեռքով Թարգմանուեցաւ այս օրինաց գիրքը նաև 'ի լեհ բարբառ յամի 1601 [1] ։

***

Մխիթարայ ընծայուած է Դատաստանագրոց ամենահին և իրեն ժամանակակից գրչագրի մը մէջ, որ յոմանց հաւանականաբար հեղինակին ձեռաց գիրը սեպուած է, նաև պատմական հետաքնին գրուած մը՝ այս մակագրով· «Շարք հայրապետացն Աղուանից և որ ինչ առ նոքօք դէպք»։ Յօրինակին իննևտասն էջերու մէջ կ'ամփոփուի այս գրուածքը· բայց յետին թուղթը առ հնութեան եղծեալ և շատ տեղ անընթեռնլի կը մնայ· այսպէս նաև ուրիշ այլ և այլ տեղուանք՝ փափաքելի կ'ընեն աւելի անաղարտ պահուած օրինակի մը գիւտը։ Կ'երևնայ թէ իրմէ առաջ պատահած անցից վրայ համառօտագրելով, երկար գրած է Մխիթար իր ժամանակին մէջ հանդիպած անցից վրայ· յորում անշուշտ նաև իրեն կրած հալածանաց վրայ, որ հոս հարևանցի կերպով

1 Մխիթարայ Դատաստանագրոց բնագրին առաջին և միակ տպագրութիւնն ըրաւ Բաստամեանց Վահան վարդապետ, և տպագրեց յԷջմիածին 'ի 1880, ընդարձակ և հմուտ յառաջաբանով, բազմաթիւ ծանօթութիւններով և ընթերցուածոց բաղդատութեամբ և համեմատութեամբ։ Աշխատասիրողին իրաւաբանական գիտութեանն և յարատև ուսմանց արժանապէս պատիւ ընող երկասիրութիւն մը, յորմէ և մեք օգտուեցանք համառօտ տեսութեանս մէջ։

մը յիշատակուած է։ Ջալալեան Սարգիս արքեպիսկոպոս՝ Ուղեւորութեան գրոցը մէջ Խաչապատ ձորոյ մենաստանին վրայ խօսելու ատեն որ յաշխարհին Աղուանից, կ'ըսէ. «Գտաւ աստ և պատմութիւն անցից Գօշ Մխիթարայ»։ Այրիվանեցին ալ ազգային ուրիշ պատմագրաց թուոյն մէջ կը յիշատակէ նաև իրեն անունը։

Այս եկեղեցական - պատմական գրուածքին ըսկզբնաւորութիւնն է. «Փառք Փրկչին մերոյ Յիսուսի, ընդ նմին Հօր և Հոգւոյն, որ ետ զդադարումն աստանօր տալ գրոցս Դատաստանի. զի թէ և յառաջագոյն ասացաք գրելով զսակաւ յիշատակարանն եթէ աւարտումն սորա ոչ է. սակայն մեք այժմ հանգուցանել կամեցաք գրելով ըստ կարի, ոչ խափանել զայլոց որք կամին գրել և յաւելուլ։ Եւ թէպէտ յամի յորում սկսաք՝ գրեցաք զեդեալ չափս դատաստանի, սակայն յաղագս հալածանաց որ եհաս մեզ ընտանի և ոչ օտար, յապաղեաց գրել զյիշատակս զայսոսիկ։

«Բայց համարեցաք և զայս ևս հարկաւոր լինել, զի զշար կարգի հայրապետացն դիցուք զԱղուանից. զի և յայնոսիկ յամենեսեանն զսոսա որ այժմ ունին յարմարեսցուք. մի՝ ըստ այդմ գրեսցուք պատճառի. երկրորդ՝ զի թէ ոք յօժարեսցի գրել պատմութիւն զկնի գրեցելոյն պատմութեանն Մովսէսի Դասխուրանեցւոյն, որ զբովանդակ պատմէ զտանս Աղուանից, դիւրին լիցի յայսմանէ զշար հայրապետացն առնուլ. զի ոչ զամենեցուն անուն՝ 'ի նորայն գտցէ պատմութեան, բայց զայնոցիկ զորոց գրեաց։ Զի յայնմ ժամանակէ մինչև ցայժմ՝ ոչ ոք գրեաց. և եթէ պատահի ոք՝ յոյժ հարկաւոր է։ Եւ արդ դիցուք զկարգն»։

Եւ կը յարէ անմիջապէս. «Շարք հայրապետացն Աղուանից, որք կացին զկնի տեառն Եղիշայի որ եկն յԵրուսաղեմէ»։

***

Առակք. — Հարիւր իննսունի չափ առակներ ալ շարագրած է Մխիթար, և իրաւամբ այս դժուարին արուեստին մէջ անուն առած ու Հայոց Եզովբոսը կոչուած։ Իրաւ է որ իւր առակացը մէջ՝ ոչ այն քերթողին հանճարն ու փիլիսոփայութիւնը կայ, և ոչ ալ Փեդրոս՝ լատին առակախօսին վայելուչ զուրցուածքը. բայց անանկով ալ աննշան երկասիրութիւն մը չէ, մանաւանդ լեզուին նկատմամբ։ Գիւտերն ալ շատ անգամ հասարակ են, ու առանց նորութիւն մը ունենալու, որոնցմով անհամեմատ առաւելութեամբ հաճոյ կրնային ըլլալ իւր առակները։ — Թէպէտ և Կիրակոս՝ Մխիթարայ գրուածոց խօսքն ըրած ատեն՝ Առակացս յիշատակութիւնը չըներ. բայց ձեռագիրք ընդհանրապէս իր անուամբը կը յիշատակեն։

Առակաց կրկին տպագրութիւն եղած է 'ի Վենետիկ. նախ 1790ին, և ապա 'ի 1842, որ թէ տպագրութեամբն և թէ ընթերցուածոց ուղղութեամբը ընտրելագոյն է քան զառաջինն։

Մեկնութիւն Երեմիայ. — Կիրակոս պատմիչը Մխիթարայ աշխատասիրութեանցը վրայ խօսելով, այսպէս կը զրուցէ. «Եթող նա յարձան և յիշատակ գերեզմանի՝ գիրս իմաստախոհս յօգուտ իմաստասիրաց, համառօտ մարգարէութեան Երեմիայի գեղեցկագիր կարգօք»։ Այս մեկնութիւնը ոմանք ուզեցին Ասողկայ ընծայել, ինչպէս առաջ յիշատակեցինք. բայց գրուածքին ոճն ու լեզուն աւելի կը հաւաստարմացընեն անոնց կարծիքը որոնք Մխիթարայ կ՚ընծայեն[1]։ Համառօտ՝ բայց ընդհանրա-

1 Իր անունը կը կրէ նաև 'ի Մատենադարանին Էջմիածնի գտնուած օրինակը (Թիւ 1228)։ Արշնոս Բարձրահայեաց Ս.

պէս ընտիր երկասիրութիւն մըն է ասիկայ. և ինքը գրիչը կը վկայէ՝ թէ այլ և այլ պատճառներու համար ստիպուած ըլլայ՝ ռամկաւարան ոճ մը գործածել։

Աղօթք. — Մխիթարայ անուամբը այլ և այլ ընտիր ու ջերմեռանդն աղօթքներ կան, պատարագի մատուցման ժամանակ զուրցուելու համար։ Դարձեալ խրատական գրուածք մ'ը նոյն սուրբ խորհրդոյն սպասաւորելու համար, զոր կը յիշէ և Կիրակոս. « (գրեաց) սուղ ինչ կանոնս վասն սպասաւորելոյ մարմնոյ և արեան տեառն, թէ որպէս պատշաճ իցէ կամ որպիսի՛ կարգօք »։ Ձեռագիրք կը խորագրեն. « Եռամեծի և քաջ վարդապետի Մխիթարայ Գոշի ասացեալ զաղօթս 'ի ժամ սուրբ պատարագին »։

Կ'աւանդէ դարձեալ Կիրակոս թէ Մխիթար շարադրած ըլլայ նաև զանազան խրատական թուղթեր, և գիրք մը Յայտարարութիւն ուղղափառ հաւատոյ կոչուած, 'ի խնդրոյ Զաքարէ մեծ զօրավարին և անոր Իւանէ եղբօրը։ Ուրիշ գիրք մըն ալ՝ սրուն մակագիրն էր. « Ողբ 'ի վերայ բնութեանս՝ 'ի դիմաց Ադամայ առ որդիս իւր, և 'ի դիմաց Եւայի առ դստերս իւր »։ Ղազարու յարութեան վրայ ալ ճառ մը կը յիշուի Մխիթարայ Գոշի անուամբ Էջմիածնի Մատենադարանին դրչագրաց ցուցակին մէջ (Թիւ 1227)։

Աստուածածնի վանաց Մատենադարանին գրչագիրն ալ (Թիւ 224) Գոշի անունովը կը յիշատակէ. « Արարեալ կրկին աշխատութեամբ Գոշ վարդապետին Մխիթարայ. և զթերի և զանյայտ բանս 'ի գիւտ և 'ի յայտ ածեալ սուղ և սատար մեկնութեամբ առ 'ի պէտս ուսումնասիրաց »։

ԽԱՉԱՏՈՒՐ ՏԱՐՕՆԱՑԻ

Խաչատուր Տարօնացի։ — Ազգային երաժշտական արուեստին մէջ ունեցած արդիւնք։ — Խորհրդոյ խորին երգը։ — Տաղեր։ — Վարդան Հայկազն։ — Դաւիթ Քոբայրեցի։ — Սամուէլ Անեցի։ — Դաւիթ վարդապետ։ — Արիստակէս վարդապետ և իր աշակերտ Եփրեմ։ — Ստեփանոս Տիրացու վարդապետ։ — Յովհաննէս կրօնաւոր։

Մխիթարայ Գոշի ժամանակակից էր նաև Տարօնացի Խաչատուր վարդապետն, որ Գուգարաց աշխարհքին մէջ եղած Հաղարծնի վանքին առաջնորդն էր. «Այր սուրբ և առաքինի, ասանկ կը վկայէ անոր վրայ Կիրակոս, և գիտութեամբ հռչակեալ, մանաւանդ երաժշտական արուեստի»։ Հաղարծնի վանաց ուխտը՝ որ իրմէն առաջ շատ խանգարած ու աւրուած էր, թէ՛ շինութեամբ և թէ բարեկարգութեամբ պայծառացոյց։ Մեծ պատիւ գտաւ Վրաց Գորգի Թագաւորէն։ Պատմիչը կ՚աւանդէ թէ ինքը բերած ըլլայ խազը արևելքի կողմերը, այսինքն վերին կամ մեծ Հայաստանի մէջ. ու իրմէն առաջ եղող իմաստուն երաժշտաց երգերը՝ որ մոռցուեր կամ բոլորովին այլակերպուած էին, գրեց ու շատերուն սովրեցուց։ Հաղարծնի վանքին մէջ մեռնելով, եկեղեցւոյն արևմտեան կողմը թաղուեցաւ։

Գանձարանաց ու տաղարաններու մէջ բազմաթիւ երգեր ու գանձեր կը գտնուին Խաչատրոյ անուամբ, և որոց շատին սկզբնատառքը իր անունը կը յօգին։ Բայց ասոնց մէջ ամենէն աւելի գեղեցիկն ու մտադրութեան արժանաւորը՝ Խորհուրդ խորին երգն է, որ կ'երգուի քահանային զգեստաւորուելուն ժամանակ՝ սուրբ պատարագը մատուցանելու համար։ Այս երգիս յօրինման պատճառը հետեւեալ դէպքն եղած է. Զաքարէ սպասալար իշխանը տեսնելով որ պատարագի մատուցման արարողութեանց մէջ շատ քմահաճոյ նորութիւններ մտած են, մանաւոր ժողովքով մը ուզեց այն անկարգութիւնները վերցնել։ Երբ իր վախճանին հասաւ, հրամայեց որ դուրսը բացօթեայ տեղ մը՝ սուրբ խորհրդոյն պաշտամանը համար վայելուչ խորան մը կանգնելով հանդիսաւոր պատարագ մատուցուի՝ եկեղեցւոյ հին և հարազատ արարողութեամբը։ Այս առթով շարադրեց Խաչատուր վերը յիշուած ծանօթ երգը։

Տաղարանաց մէջ յիշատակուած երգերը հետեւեալներն են, յորոց ոմանք Խաչատուրոյ Կեչառեցւոյն են անշուշտ. բայց զանազանելը դժուարին ըլլալով՝ ամենը մէկէն հարկ սեպեցինք նշանակել։

Խայտացեալդ յորովայնէ. – Յովհաննու կարապետին.
Խանդաղակից սրտիւ. – Քառասուն մանկանց.
Խանդաղակաթ սրտիւ. – Բեթղեհեմի մանկանց.
Խաչ կենաց նշան յաղթութեան. – Վարագայ խաչի.
Խաչաբարձ արհի պանծալի. – Բարսղի.
Խաչաքարոզ խաչելոյն. – Ոսկեբերանի.
Խաչի քո Քրիստոս երկիր պագանեմք. – Գիւտ խաչի.
Խնամք խորհրդոյն, գութ արարչական. – Յարութեան.
Խնամք սիրոյ խնդիր փրկութեան. – Ծննդեան.
Խնդա խորան Աստուծոյ բանին. – Ծննդեան.
Խնդա Սիոն խորան խորհրդոյ. – Ծաղկազարդի.
Խնդա տաճար, մայր տեառն Յիսուսի. – Ծննդեան.
Խնդահրաւէր դասք. – Ծննդեան.
Խնդահրաւէր մանկունք Սիոնի. – Թէոդորոսի և Գէորգեայ.
Խնդութեան ձայն, բարբառ աւետեաց. – Աւետեաց.
Խնդութեան ձայն բերկրական. – Տեառնընդառաջին.

Խնդութեան տօն այսօր կատարեմք. – Կիրակամուտի.
Խնդութեան քաղաք՝ բարբառ կենդանի. – Ստեփանոսի.
Խնկաբեր ծառ, ծաղիկ անթառամ. – Ծննդեան.
Խոնարհեալ բանին Աստուծոյ. – Մարտիրոսաց.
Խոնարհիմք հոգւոյն հեզութեամբ. – Լուսաւորչի.
Խոստովանիմք զքեզ միածին. – Ոսկեանց.
Խորան փառացն Աստուծոյ. – Ծննդեան.
Խորան քեզ ողբոյ. – Վահանայ Գողթնացւոյ
Խորհուրդ անշարժ հայրաշարժ. – Թադէի և Բարդուղիմէոսի.
Խորհուրդ անքննին անճառ. – Դաւթի և Յակոբայ.
Խորհուրդ ընտրեալ յառաջ գուշակեալ. – Խաչի.
Խորհուրդ հրաւիրմամբ քոյոյ. – Յովհաննու Երուսաղեմացւոյ.
Խորհուրդ հանգստեան. – Թաղման.
Խորհուրդ յառաջ քան զխոկզբանէ. – Ղազարու.
Խորհուրդ հրաւիրեալ կամաց. – Յարութեան.
Խորհուրդ սոսկալի անիմանալի. – Աւագ ուրբաթու.
Խորհուրդ որ ծածկեալ էր. – Աւագ ուրբաթու.
Խորհրդաւոր պատուեալ պատկերին. – Սարգսի.
Խորհրդազգած քոյ մարդեղութեանդ. – Առաքելոց.
Խորք անքննին, անճառ անհասին. – Յովհ. և Յակոբայ.
Խրամատեալ կանոն օրինի. – Ղեւոնդեանց.
Խրատ մարդասիրին. – Անտոնի:

***

ՎԱՐԴԱՆ ՀԱՅԿԱԶՆ հեղինակ վերջի տարիներուս գտնուած քերթողական քանի մը էջ երկասիրութեան՝ հետեւեալ խորագրով. Տաղ գերեզմանական վասն փոխմանն երանեալ և սուրբ կաթուղիկոսին Հայոց Գրիգորի Վկայասէրի: Առաջին անգամ զայն հրատարակողը՝ հետեւեալ տեղեկութիւնը կու տան իր վրայ:

« Հեղինակն՝ որպէս և իւր գրուածն « Տաղ գերեզմանական » նորոգ յայտնուած, տակաւին անծանօթ կը մնայ իր վարքովը, կարգաւ կամ աստիճանաւ. և զարմանալի իսկ Հայկազն կոչմամբը յերկոտասաներորդ դարու յօրուած գրեց, և ինչպէս խօսքերէն կրնայ ենթադրուիլ՝ 'ի սկզբան դարուն, ժամանակակից ըլլալով իրմէ ողբացուած Վկայասիրին: Փափաքելի էր լսել իրմէ աւելի երկարապատում և հաւաստի տեղեկութիւններ անոր կենացն և գործոց վրայ, քան ողբական տողերուն կրկնութիւնը. Թէպէտև կը գտնուին անոնց մէջ ալ՝ այլ և այլ նոր և վայելուչ բառեր և ասացուածք ռամկական ոճոյ կամ բարբառոյ՝ կամ իր ժամանակին աշխարհիկ լեզուին՝ զոր ընտրեր է, յորում երիցագոյն ընծայուած քան զՆերսէս Շնորհալի 'ի Հանելուկսըն, և զԼամբրոնացի 'ի Թուղթան և քան զՄխիթար Հերացի 'ի Բժշկարանին: Ուրիշ կարևոր և մեր գրրութեանց համար հետաքննական տեղեկութիւն մ'ալ կ'ամփոփէ այս քերթուած, իրեն մերձաժամանակ ու մեզի անծանօթ երկու ազգային քերթողք յիշատակելով զԳագիկ և զԱտրներսեհ, որոց վերայ աւելի յագեցուցիչ տեղեկութիւնք փափաքելի են: Նորագիւտ քերթուածիս օրինակը գրչագրուած է 'ի ՉԾԵ (1306) թուականի»[1].

Դնենք այն տողերն՝ յորս երկու քերթողաց յիշատակութիւնն կ'ընէ.

« Այլ նոքա չեն աստ 'ի միջի
Այլ յանմարմնոյն դասն 'ի պարի.
Յաջորդ չըկայ և չերեւի
Ոչ ժառանգորդ մեծն արուեստի:
Սրահքն աւեր ճեմարանի,
Ճեմողքն անհետ չեն 'ի միջի.
Հիմքն խըլած վարժանոցի
Աթոռ չըկայ վարդապետի.
Վարժեալքն եղեն այլայն ու գերի
Պատարկացած յամենայնի:
Բայց էր չյիշեմ զոր 'ի մտի
Պետ. յերեկեան ժամանակի.
Գագիկ պիտէր Բագրատունի
Ու Ատրներսեհ Բագրեւանդցի·

1 Բազմավէպ, (1873), 264:

Իւր պերճ բանիւքն էր պանծալի
Զափովք տաղի Հոմերոսի.
Դրուատ երգել բան տերունի
Աշխարհալոյս որդւոյն շիրմի »:

ԴԱՒԻԹ ՔՈԲԱՅՐԵՑԻ. Երկոտասաներորդ դարուն մէջ ծաղկեցաւ 'ի Հայաստան Դաւիթ Քոբայրեցի կամ Քոբարեցի, Հաղբատայ վանքին միաբաններէն, որ Զաքարէ սպարապետին գումարած ժողովականացը մէկն էր, և կ'երևնայ թէ անոր բարի գիտմանցն ու ջանից հակառակողներէն: Անշուշտ զայս կ'ուզէ ակնարկել Լամբրոնացին հետևեալ խօսքերով՝ զոր գրած է առ Լևոն Թագաւոր. «ԶԱնեցւոյն պատուղն դուք էք լսել, և զՁորոյ գետոյն, և անդ Տուտէորդին և Քոբայրեցին, և այլք իւրեանց տեսողքն և կենակիցք »:

Քոբայրեցւոյն անուամբը կը գտնուին Գրիգորի աստուածաբանին ճառից լուծմունքը, և համառօտ երկասիրութիւն մը այս վերնագրով. «Թելադրութիւն յաւետարանն Մատթէի 'ի պէտս աշակերտութեան Դաւթի վարդապետի »: Յովբայ Մեկնութիւն մըն ալ կը յիշատակուի իր անուամբ, ուսկից վկայութեան խօսքեր մէջ կը բերէ Վանական վարդապետ. բայց ամբողջ գրուածը ձեռուընիս հասած չէ:

Այս դարուս վերջերը երևցած է նաև ՍԱՄՈՒԷԼ անունով ծերունի մը, Սկևռայ վանքին միաբաններէն, և այն պատճառաւ Սկևռացի կոչուած: Ասոր միակ երկասիրութիւնը՝ Լամբրոնացւոյն վարուցը համառօտ պատմութիւնն է, զոր անոր շարադրած Սաղմոսի մեկնութեան ետևը աւելցուց: Ընտանի և մտերիմ էր սրբոյն, ինչպէս նաև իւր երկու վանակիցքն Գրիգոր և Ներսէս:

ԴԱՒԻԹ ՎԱՐԴԱՊԵՏ. հեղինակ Մեկնութեան Եսայեայ մարգարէի, որ թերեւս ըլլայ առանց անուան յիշատակեալն 'ի Գէորգայ Սկեւռացւոյ' իւր Եսայեայ մեկնութեան մէջ։

ԱՐԻՍՏԱԿԷՍ ՎԱՐԴԱՊԵՏ և իւր աշակերտն ԵՓՐԵՄ, որ «աշխատեալ ժողովեաց զբանս մեկնչացն 'ի մի, յետ սրբոյն Ներսեսի» Շնորհալւոյ, և շարունակեալ յԵփրեմէ և յՈսկեբերանէ' Մատթէի աւետարանին մեկնութիւն մը գրեց։

Համանուն Արիստակէս վարդապետի մը ընծայուած կը գտնենք Նախատօնեաց ճառ մը հետեւեալ խորագրով. «Արիստակիսի Հայոց վարդապետի վասն ութօրեայ նաւակատեաց, որ զկնի աստուածայայտնութեանն կատարի»։

ՍՏԵՓԱՆՈՍ ՏԻՐԱՑՈՒ վարդապետ, Վարագայ կամ անոր մօտ Խաչի վանից առաջնորդն, և յետոյ նաև արքեպիսկոպոս Վանտօսպայ, մեծահամբաւ սրբութեամբ և իմաստութեամբ. զոր' թէպէտ և շատ ծեր էր' Թախանձանօք հրաւիրեց և 'ի Հռոմկլայ բերել տուաւ Գրիգոր Ապիրատ կաթողիկոսն, Լեւոնի մեծին արքայական օծման ուրիշ բազմաթիւ հրաւիրելոց հետ ներկայ գտնուելու. գովութեամբ կը յիշէ զնա նաև Ս. Ներսէս Լամբրոնացին. բայց յանուանէ գրաւոր գործ մը չյիշուիր Ստեփանոսի։

Երկոտասաներորդ դարուս մէջ կը յիշատակուի նաև Յովհաննէս կրօնաւոր մը որդի Մուշեղի?, որուն երկասիրած Եսայեայ մեկնութեան սկզբնագիրն կը պահուի 'ի Մատենադարանին Էջմիածնի (թիւ գրչ. 1209) և կը վկայէ ցանկողն. «երկաթագիր գրեալ 'ի թուղթ բամբակեայ, 'ի Տօսպ գաւառի 'ի գիւղն Մարմէտ' 'ի հեղինակէն, 'ի թուին Հայոց ՇԿԵ»։

ՎԱՆՈՐԱՅՔ Ի ԿԻԼԻԿԻԱ

Կիլիկիոյ վանորայք յերկոտասաներորդ դարու: — Դրազարկի վանք: — Սկեւռայ վանք: — Կոստանդին Բ կաթողիկոս: — Գէորգ վարդապետ հաւաքող Հարանց վարուց: — Ստեփանոս Սկեւռացի: — Գաներոյ ուխտ: — Յովհաննէս արքայեղբայր: — Իր երկք եւ գրաւորական արդիւնք: — Անդրիասանց ուխտ: — Խորին անապատ: — Ակներոյ վանք, եւ այլն:

Երկոտասաներորդ դարուս վանական-ուսումնական նշանաւոր հաստատութեանց մէկն է Դրազարկու կամ Թրազարկի վանքը, հեռի 'ի Սիս մայրաքաղաքէ Ռուբինեան հարստութեան միօրեայ ճանապարհաւ, եւ յԱնաւարզայ երկու օր հեռու. եւ այս վերջնոյս գաւառին մէջ կը դնէ Մատթէոս Ուռհայեցի, որ առաջին է 'ի պատմիչս մեր այդ տեղւոյն եւ հոն գումարուող վանականաց միաբանութեան յիշատակութիւնն ընողաց մէջ: Վանքին հիմնարկութեան ժամանակն անծանօթ է. բայց թուի յառաջ քան զգալուստ եւ զհաստատութիւն Ռուբինեան իշխանաց. իսկ յերկոտասաներորդ դարուս նորոգեց զայն Թորոս Ա. երկու հռչականուն վարդապետաց ձեռքով, — զորս արդէն յիշատակեցինք, Գրիգորի Վկայասէրի ընտրելագոյն եւ համավաստակ աշակերտաց. — եւ էին Գէորգ Մեղրիկ եւ Կիրակոս վարդապետք: Մեղրիկ յիսուն տարի ճգնեցաւ այն նուիրական սրբավայրին առանձնութեանը մէջ, անքուն և չորաճաշակ, և «օրինակ բազմաց եղեալ է հայր խոստովանութեան լինէր ամենայն Հայաստանեայցս, — ըստ Ուռհայեցւոյն. — և ժողովեաց զամենայն դասս ճգնաւորայն Քրիստոսի. և հաստատեաց անդ կարգ և կրօնք՝ զառաջին սուրբ հարցն». զոր և «հաստատեաց գրաւորական աւանդութեամբ, որ կայ մինչև ցայսօր» կ՚աւանդէ ուրիշ պատմիչ մը։ Հոն թաղուեցաւ ինքն Մեղրիկ վարդապետ[1], ու տասուերէք տարի ետքն ալ՝ իր գործակիցն և ճգնակից Կիրակոս «կանոնագիրն Դրազարկու, — ինչպէս կը կոչէ զինքն Սամուէլ Անեցի, — նմանեալ առաջին սրբոցն, ուսեալ զամենայն կտակագիրս Աստուծոյ, և ամենայն խորին քննութեամբ հասու եղեալ, լիապէս հասեալ ՚ի վերայ հին և նոր կտակարանացն Աստուծոյ. և կոչեցաւ վանքն այն Գերեզմանատուն սուրբ վարդապետացն»։

Այն աստուածահրաւէր կոչման յուսով ապաստող հանգստարանին մահաքուն լռութեան մէջ ամփոփուեցաւ յամի 1162 նաև «ամենագովելին Բարսեղ վարդապետ՝ աստուածաշնորհ», Մարաշոյ և Քեսունոյ Բաղդովինոս կոմսին հայր խոստովանութեան. որ երբ աւելի սրտին քաջութեան՝ քան Բարսղի հայրագութ խրատուց անսալով, պատերազմի խառն մէջ գտաւ արիական բայց ողբալի մահը. իր սըրտին ու հոգւոյն սիրելւոյն վրայ արտասուեց Բարսեղ՝ ողբերգական սրտաշարժ ճառով մը, ողբալով «զանգիւտ կորուստն», վասն զի չգտնուեցաւ անոր դիակն ալ. «տեղի ոչ ուրեք երևեցաւ, կ՚ըսէ, գերեզմանի նորա. այնքան զօրաց տէր և երևելի իշխան, ... և այժմ ՚ի մեռեալս ոչ յիշատակի ...՚ի

1 Ձեռագրաց մէջ հետևեալ երկասիրութիւնը կը գտնեմք իր անուամբը. «Երգք օրհնութեանց ոգւոց արթնոց և մաղթանք մաքուր մտաց առ Աստուած, ասացեալ սուրբ վարդապետին Գէորգայ Մեղր կոչեցելոյ»։

կենդանութեան իւրում ոչ հանգեաւ, և այժմ 'ի կատարածի կենաց իւրոց կորեաւ անյիշատակ »։

Ասոնցմէ զատ ուրիշ շատ մեծանուն և փառաշուք թագաւորաց, իշխանաց, հայրապետաց և վարդապետաց հանգստարան եղած է Դրազարկ։ Յանուանէ կը յիշատակուին երեք Թորոսեանք՝ առաջինն, երկրորդ և երրորդ. Ռուբէն Բ մեծին Լևոնի եղբայրը, և Հեթում Ա որ քառասուն և հինգ տարի լի փառօք և յաղթական թագաւորութենէ մը ետքը « 'ի ժամ վախճանին բարիոք խոստովանութեամբ կրօնաւորեցաւ և անուանեցաւ Մակար ». ուր արդէն իննևտասն տարի յառաջագոյն արդարոց խաղաղ քունն կը ննջէր Զապէլ Ա. իր լծակիցն և սիրելին, « զարդարեալ ամենայն առաքինութեամբ և բարեգործութեամբք »։ Հոն թաղուեցան նաև Լևոն Բ թագաւորին երեք որդիքն, մանկիկն Ստէփանէ, Ալինախ և Օշին։ Իսկ յեկեղեցական դասուէ և յաւագութեանց՝ Գրիգոր կաթուղիկոս Տղայ, Գրիգոր Քարավէժ, Յովհաննէս Մեծաբարոյ, Կոստանդին Ա Բարձրբերդցի և Կոստանդին Գ Լամբրունեցի։

Դրազարկի վանաց մէջ և 'ի միաբանիցն գրուած կամ գաղափարուած բազմաթիւ գրչագիրք կը ցուցնեն թէ ներանձնական կենաց սիրելի ու քաղցր պարապմանց հետ՝ սիրելի էր իրենց նաև ուսումն և գրչութիւն, մանաւանդ սուրբ գրոց և հարց գիտութիւնն, որոց յառաջադիմութեան մեծապէս նըպաստած են առաջնորդք տեղւոյն, որք հետզհետէ յաջորդած են երկու առաջին հիմնադրաց՝ Գէորգ և Կիրակոս վարդապետաց. և են ժամանակագրական կարգաւ Սամուէլ (1173-1182), Յովհաննէս Մեծաբարոյ (1198), որ յետոյ բարձրացաւ յաթոռ հայրապետութեան Հայոց. Հեղի-Հեթում՝ եղբայր Լամբրոնացւոյն (1200), Յովհաննէս Մեծաբարոյ՝

կրկին, զոր մերժեց Լեւոն 'ի հայրապետական ա-թոռոյ, և միւսանգամ հետը հաշտուելով Դրազար-կի առաջնորդութիւնն իրեն յանձնեց (1218)․ Բար-սեղ (1220), Բարսեղ արքայեղբայր (1241-1275) և այլք։ Ուսումնական բարգաւաճանք և վաստակք՝ ԺԲ դարէ մինչև ցկէս չորեքտասաներորդին տեւողու-թիւն ունեցած են․ ազգային իշխանական ինքնօրի-նութեան անկմամբ, և անոր հետևանք ողբալի ան-ցից տխուր և սրտաճմլիկ յիշատակաց մէջ կ'անհե-տանայ նաև վանքին անունն։ — Դրազարկի եպիսկոպո-սաց մէջ կը յիշուի և Ներսէս ալն, որուն ատեն ա-ռաջնորդն Բարսեղ 'ի Պոլսոյ կաթուղիկեայց մեկ-նութեան գիրք մը բերել տալով 'ի յոյն լեզու, Գրի-գոր դպրին յանձնեց, որ թերևս Սկեւռացին էր, թարգմանել 'ի հայ, որ թէպէտ տեղեակ յոյն և ազգային լեզուի և դպրութեան, բայց թարգմա-նութիւնն պակասաւոր գտնուելով 'ի տեղեկագու-նից, յիշեալն Ներսէս եպիսկոպոս «յարմարեաց յետ մահուան տէր Բարսղի՝ ըստ քերթողական ար-հեստի»։ Այս գրուածքն ձեռագրնիս հասած չէ։

***

Հռչակաւոր եղաւ յայսմ դարու և Սկեւռայ վանքն Լամբրոնի․ որուն հիմնադիրն և սկզբնաւո-րութիւնը անծանօթ, բայց ժամանակակից կ'ե-րևնայ բերդին շինութեանն և պայծառանալուն՝ երբ առաջինն Օշին հաստատեց հոն իր բնակութիւնը․ թերևս և հնագոյն իսկ, և 'ի Յունաց կառուցուած․ որովհետև անունն ալ աւելի յունական կը թուի քան հայկական։ Երկու մասն բաժնուած էր․ մին՝ բուն վանքն, իսկ միւսն Անապատ կոչուած․ ինչպէս էին ընդհանրապէս 'ի Հայաստան ուրիշ շատ վան-քեր, խստակրօնք մին առաւել քան զմիւսն։ Վանքին մէջ էր Սուրբ Աստուածամօր նուիրուած եկե-ղեցի մը, որուն շինութիւնը Օշնի երկրորդի կ'ըն-ծայեն՝ հօր Լամբրոնացւոյն, ուր և առաջնորդ գրաւ-ղորդին. բայց կ'երևնայ թէ արքունական իշխանու-թեան բարձրանալէն յառաջ շինել տուած ըլլայ, և կամ 'ի հօրէն և 'ի հաւոյն որդէն կառուցուածը աւելի ընդարձակած և փառաւորած. որովհետև հոն ստնդիայ մանուկ բերուեցաւ Լամբրոնացին՝ երբ «պատահելոց ախտ ցաւոց և ընծայեցաւ ամենօրհ-նեալ և միշտ փառաւորեալ Աստուածամօր, 'ի տա-ճար անուան իւրոյ որ 'ի վանքն Սկեւռայ... սկը-սեալ 'ի դեռաբոյս հասակէն՝ վարժեցաւ յուսումն դպրութեան՝ ըստ յօժարութեան ծնողացն, ընդ այլ եղբարսն»: Հոն էր սուրբն՝ քանամենի պա-տանեակ, երբ 'ի Հռոմկլայէ Գրիգոր անունով մէկը գալով՝ վանքին մէջ պահուած աւետարանի մը ընդ-օրինակութեանն համար, 'ի յանձնարարութենէ Կոստանդնի ուրումն սպասաւորի Տնօրհնալւոյն, յի-շատակարանին մէջ կ'աւանդէ թէ զայն «Տնօրհեաց մեզ սուրբ և ընտրեալ քահանայն, որդի մեծաղօր Սեւաստոսի Պատրոն Աւշնի, որ ամենեւին հանդիստ եղև գրչիս սկարութեան՝ յիւր սեպհական անա-պատն Սկեւռայ անուն կոչեցեալ, որ է մերձ յանուա-նեալն Լամբրոն»: Յետ Օշնի՝ Լամբրոնացւոյն անդրանիկ եղբայրն Հեթում Սեբաստոս, անոր ե-պիսկոպոսական ձեռնադրութեանն առթիւ «ամե-նապատիւ վայելչութեամբ շինեալ էր տաճար աղօ-թից 'ի սուրբ ուխտս (Սկեւռայ), և նկարագրու-թեամբ պատկերաց զարդարեալ. ընկալեալ՝ զեկեալ յանապատէն զփեսայս (զՆերսէս), գեղեցկացեալ աստուածային հանճարովն՝ որպէս լուսին, և պայ-ծառացեալ գիտութեամբ իբրու զարեգակն»:

Սկեւռայ վանաց մէջ որբակրօն բնակութեամբ և մատենագրական վաստակօք փայլեցան՝ Խաչատուր

Լամբրոնացւոյն աշակերտն, սիրողն և ողբասաց. զոր արդէն յիշատակած եմք: — Գէորգ ամն վարդապետ, նոյն սրբոյն վերակացութեամբ և առաջնորդութեամբ Հայրանց վանք կոչուած գիւղը հաւաքող և կարգի վրայ դնող. «Շնորհիւն Աստուծոյ կատարեցի, — կ'ըսէ 'ի յիշատակարանին, — ընդ ձեռամբ հոգևոր վերակացութեան տեառն իմոյ Ներսեսի արքեպիսկոպոսի սրբոյ. որ այժմ կայ 'ի գլուխ սուրբ և հռչակաւոր այս ուխտի միաբանութեան ժողովոյ, և հովուէ զմայրաքաղաքն Տարսոն հանդերձ գաւառօք Կիլիկիոյ»: Այդ միաբանակցաց մէջ նշանաւոր կը համարուի Գէորգ, ոչ միայն մանաւոր վարժապետ կոչմամբ 'ի Սամուէլէ՝ յընդօրինակողէ Սաղմոսամեկնչի Լամբրոնացւոյն, այլ նաև անով որ սրբոյն ընկեր և ուղեկից գրաւ զինք Լևոն երբ Ալամանաց կայսեր ընդ առաջ կը խրկէր պատուիրակութեամբ իր կողմանէ յողջոյն: Ներսեսի քեռորդւոյն և համանուան 'ի պատիւ սրբոյն յօրինած երկասիրութեան մը մէջ գովութեամբ կը յիշուին 'ի միաբանս Սկևռայ՝ Գրիգոր և Բասիլ «բարեկամք նորա և երջանիկ վարդապետքս մեր, առ որովք այժմ գեգերիմք 'ի վարժս. որով լցեալ առ մեզ լինին թերութիւնք սրբոյն յորմէ զրկեցաք, որք յաղօթ և 'ի նսեմացեալ ժամանակի մեր՝ որպէս զաստեղս լուսապայծառս փայլէն 'ի մէջ գիշերի»: Ասոնցմէ զատ կը յիշատակէ զԲասիլ քահանայ, զՅովհաննէս և զԲարդողիմէոս զուսումնակիցս իւր. զԳէորգ, զՄխիթար և զմիւս այլ Գէորգ Սկևռացի վարդապետս. որոց վրայ առանձին պիտի խօսինք հետևեալ երեքտասաներորդ դարու մատենագրաց կարգին մէջ:

Սկևռայ վանից առաջնորդաց մէջ կը յիշուի և Կոստանդին Բ կաթողիկոս Հռոմկլայեցի, որ հայրապետական աթոռէն հրաժարած կամ բռնադատուած 'ի հրաժարել, — որովհետև ոմանք 'ի պատմըչայ՝ կապանօք արգելեալ կը վկայէն 'ի Լամբրոն բերդի 'ի Թագաւորէն Հեթմոյ, – վանական առանձնութեան մէջ ապրեցաւ քանի մը տարի, մինչև կըրկին կոչեցաւ բաղմիլ յաթոռն յորմէ մերժուած էր: Հոն եղած ատեն՝ շինել տուած է Կոստանդին Ճարտարագործ և բազմագրուած Սրբարան կամ Պահարան մը նշխարաց սրբոց, որ և ձեռքէ ձեռք՝ 'ի հինից և յապառակաց զերծանելով՝ հասած է մինչև առ մեզ, գեղեցիկ և նախանձելի յիշատակ մեր նախնեաց բարեպաշտութեան: Սրբարանին երկու դըռնակաց վրայ հարիւր չորս տասնաւոր տողերու մէջ ամփոփուած յիշատակարան մը կայ՝ երկասիրութեամբ Կոստանդին կաթուղիկոսի յորում կ'աւանդուի իր հայրապետութիւնն և առաջնորդութիւն 'ի վանս Սկեւռայ.

« Հաւատացաւ ինձ աստիճան,
Նըստիլ յաթոռ այցելութեան՝
Գաւաղանաւս հովական.
Արդ ըստ աստուածնեան յաջողման,
Ի դէպ ժամու և պատահման.
Բարոյն Հեթմոյ արքայութեան,
Որ գիտնական էր սրբազան.
Եղէ յաթոռ փոխմական
Սկեւռա վանացս 'ի հովութեանն:
Եդայ տեսուչ այն մեծի տան,
Եւ վիճակին իւր սեպհական »:

Կոստանդնի ժամանակ անուանի եղան 'ի Սկեւռա Ստեփանոս Սկեւռացի՝ որ ըստ Ուռպելեանի իր նախկին ուսումն և յառաջադիմութիւնը ըրած էր յաշխարհին Սիւնեաց. Մարկոս վարդապետ և Ստեփանոս դպիր, և այլք չորեքտասաներորդ դարու առաջին քառորդին. որով կ'ենթադրուի թէ մինչև այն ատեն շէն էր վանքն և ուխտն. Թէպէտև Անեցւոյն ժամանակագրութեան շարունակողը կ'աւանդէ թէ յամի 1279-80ին հրոյ ճարակ եղած ըլլայ 'ի Թուրքաց ։

***

Անուանի էր և Գանձոր կամ Գանձորոյ վանքն, « հրաշակերտ սուրբ ուխտ » կոչեցեալ 'ի Նախնեաց, և « մերձ յառատուածապահ դղեակն Բարձր Բերդ կոչեցեալ » ։ Միակ յիշատակ այս վանքին և փառք՝ Յովհաննէս Արքայեղբայրն և իր անունը հասած է առ մեզ, հռչակեալ իր առհմին ազնուափայլ շքովն և մատենագրական սիրովն ու ջանիւք ։ Վասն զի էր, ինչպէս ինքն ալ և այլք զնմանէ կ'աւանդեն, « որդի քրիստոսասէր և բարեպաշտ իշխանաց իշխանին Կոստանդեայ Թագապահի և արքայահօր Հայոց, և եղբայր քրիստոսապսակ քաջ արքային Հայոց Հեթմոյ », յառաջագոյն Պաղտին կոչուած, ու եպիսկոպոսական ձեռնադրութեան ժամանակ փոխելով զանունն 'ի Յովհաննէս. մանկութեան հասակէն խնամով ու փութով ու արքայական առհմին արժանաւոր դաստիարակութիւն մը ընդունելով յեղբօրէն, և մանաւանդ յարքեպիսկոպոսէն Բարսղէ, զոր « տէր օգնոյ իւրոյ կը կոչէ և երախտաւոր մարմնոյ » և կը յաւելու թէ « որոյ երախտիք գերազանց է քան զբանս և զմիտս 'ի կրկնիս իւր » . որուն խնամոցը և ձեռքին տակ կ'երևնայ թէ շարունակած է իր կրթութիւնն 'ի վանս Դրազարկի ։

Յովհաննու Արքայեղբօր առաջին երկասիրութիւնն է, արդասիք երիտասարդական մտաց և հասակին, քերթուած մը « Յարքայն Հեթում ռեինչ 'ի Տարսոն էր, որոյ նախագիծ տանցն քառ անուանցն է ոգեալ » . վասն զի առանձնացեալ տառքն հետևեալը կը կազմեն. « Երգս Հեթմոյ է արքային Հայոց . ա (ի) Յոհաննէսէ կրսերէ իւր » ։ Այս բաւական ընտիր ո-

ձով ու ընտրելագոյն սրտով ու հոգւով շարագրա-
ծէն զատ՝ Արքայեղբօր անուամբն մասնաւոր երկա-
սիրութիւն մը ձեռւընիս հասած չէ, բայց 'ի քանի
մի տաղից. յորոց մին Ի տուչքը Աստուածածնին « ո-
րոյ նախագիծ տանցն ըստ անուանն է ոգողին. Մե-
ծին Յովհաննիսի վարդապետի տայեալ, եղբօր
Թագաւորին Հայոց », ինչպէս կը վկայէ հին և ըն-
տիր տաղարանի մը մակագրութիւնը. և միւսն՝ ա-
պաշխարութեան մեղեդի մը՝ որոյ սկզբնատառք կը
յօդեն. Յոհաննէս վայ քեզ: Բազմաթիւ են իր խա-
կագիր կամ իւր յանձնարարութեամբ ընդօրինա-
կուած գրչագիրք՝ մանաւանդ սուրբ աւետարանաց.
որոց ընթերցուածոց ընտրութեանն համար շատ
աշխատած է. ու տարբերութիւններն կը դնէ 'ի լու-
սանցս, և մերթ ալ կ'ազդէ թէ « յոյժ տագնապիմ
յուղղոյն գիտ », կամ « յոյժ տաժանեցայ յուղ-
ղոյն գիտ », որ այն ալ մեծ արդիւնք մ'է իրեն և
յետագայից երախտապարտ մեծարանաց արժանի:
Վայելուչ և ընտիր են ինքնագիր այլեայլ յիշատա-
կարաններն՝ ցրուած իրմէ կամ իրեն համար ընդ-
օրինակուած գրոց մէջ: Այս « սուրբ և ընտրեալ ա-
տուածահաճոյ արքեպիսկոպոսն » – ինչպէս կը կո-
չեն զինք ժամանակակից գրչագրաց յիշատակարանք –
մեռաւ 'ի ՉԼԸ Թուականին Հայոց: Իրեն յաջորդքն
յաթոռ առաջնորդութեան Գռներոյ վանից եղան
Ներսէս (1316) և Մխիթար (1341), որ Յակոբ կա-
թուղիկոսէն ետքը բարձրացաւ 'ի գահ հայրապե-
տութեան Հայոց, և կրօնական խնդրովք և հակա-
ռակութեամբք յուզուած ազգը խաղաղելու համար
գումարեց ժողով 'ի Սիս նաև 'ի յորդորելոյ քահա-
նայապետին Հռոմայ. և ժողովականաց հաճու-
թեամբ և հաւանութեամբ խոհական մաքով ու սըր-
տով երկար նամակ մը գրեց առ Նա՝ յանդիմանե-
լով ու սուտ հանելով հակառակողաց ոմանց յաղ-

դայնոց ընդդէմ Հայաստանեայց եկեղեցւոյ բրած ամբաստանութիւններն։

Յիշենք մերձ 'ի Սկեւռա զանապատն Ս. Աստուածածին Սաղրուի, ամայացեալ 'ի մէջ լերանց, ուր անուանն Լամբրոնացի « 'ի գիշերի և 'ի տուընջեան անհանգիստ էր յընթերցումն. և միայն կատարէր զգործ սրբոյ պատարագին պաշտաման ... ընդ հոգևոր դաստիարակին իւրում Յովհաննու՝ ելեալ մնայր 'ի միայնութիւն, և քաղցր էր նմա այն քան զամենայն հեշտութիւն »։ — Ս. Գէորգ, ուր շարադրեց իր հրաշալի երկասիրութիւնը Մեկնութեան սրբոյ պատարագին։

***

Պատմական և մատենագրական դիպօք և արդեամբք ոչ նուազ փայլ առած են Անդրիասանց կոչեցեալ ուխտն՝ մերձ 'ի Բարձրբերդ, անապատն Խորին՝ զոր արդէն յիշեցինք, Փերձեր կամ Պերձեր վանք. այլ առանցմէ շատ աւելի հռչակաւորն Սկեւռայ կամ Սկեւռոյ վանքը, առ ստորոտով Բարձրբերդոյ, մեծին Լեւոնի համակրութեանն ու սիրոյն արժանաւոր սրբավայր. որ թէպէտ աւատամիտ սրտովք ու հոգւով և քաղաքագէտ մօք՝ իր խնամքը շատ վանօրէից վրայ տարածեց որ 'ի Թագաւորական սահմանի իշխանութեանն, ու չխնայեց 'ի ծախս անոնց շինութեանն ու բարեզարդութեան համար, բայց անոնցմէ ամենէն աւելի սէր ու սիրտ կապեց ասոր վրայ. « Զի յոյժ սիրէր նա զայն վանս, — կը վկայէ Կիրակոս, — վասն բարւոք կարգաւորութեան նոցա և հաճոյական աղօթից ». ու փափաքեցաւ մահուընէն ետքն ալ հոն հանգչիլ, թէպէտև իր այս կամքը մասամբ եւեթ կատարուեցաւ, զսիրտն և զփորոտիսն միայն փոխադրելով յԱկներ և զմարմինն 'ի Սիս։

Հօն վշտահար ու անմխիթար սրտին սփոփանք և դիւր խնդրեց նաև Հեթում Ա., երբ Թշնամւոյն առջև ակարանալով՝ տեսաւ որդւոյը մէկուն մահը ու մէկալին գերութիւն. ու իրաւամբ « բեկաւ սիրտն 'ի կարի և յանհնարին տրտմութենէ, — կը վկայէ ուրիշ պատմիչ մը, — և ոչ կարէր կանգնել զսիրտ իւր, մինչև եկն 'ի սուրբ և 'ի գերահռչակ ուխտն միանձանց, 'ի յԱկանց անապատն, և աստ մխիթարեալ սակաւ մի 'ի միեղէն եղբարց սուրբ ուխտիս »: Հօն կնքեց նաև իր կեանքը, հրաժարելով յարքունական ծիրանեաց, ու անշուք կրօնաւորական սքեմուն ու Մակար անուան տակ ծածկելով աշխարհական փառօք անցեալ մը, անմահական ու անանց երանութիւն մը փափաքանօք փնտռելով:

Ականց վանաց առաջնորդաց ու միաբաններուն մէջ կը յիշուին Թորոս և Ստեփանոս վարդապետք. Ճընղուզ կոչուած Յովհաննէս վարդապետ մը, որուն տաղարանք՝ ընտիր երգ մը կ'ընծայեն 'ի Ս. Գրիգոր Լուսաւորիչ: Իբրև գիտնական ու ազգին մեծարանաց արժանի հաստատութիւն մը ծաղկած կ'երևի Լևոն Բ Թագաւորի ժամանակ և իրմէ ետքը. ինչպէս գուշակել կու տան Գրիգորի Անաւարզեցւոյ խօսքերն 'ի Թղթին առ Հեթում Բ Թագաւոր: Սայ ու Մխիթար կաթուղիկոսի գումարած ժողովոց մէջ ալ իրենց արժանաւոր ներկայացուցիչքն ունեցան:

Յ'Ակներոյ վանաց ոչ յոյժ հեռի՝ Ջորոյն սուրբ Թորոս վանք, որոյ առաջնորդաց մէջ կը յիշատակուի՝ Թորոս Փիլիսոփայ կամ Երաժիշտ կոչուած, մի 'ի հարց ժողովոյն Սսոյ: Մօտ է և Թիւրքքի վանք. զոր ՋԶԴ թուականին գրուած ձեռագրի մը յիշատակարան՝ մեծ և հռչակաւոր անապատ կը կոչէ, և կը յաւելու մաղթել. « երգ օրհնութեան և ձայն սաղմոսաց և լուցումն լապտերաց և բուրումն ա-

Նուաշահոտ խնկոց մի պակասեսցի 'ի սմանէ մինչև 'ի կատարած աշխարհի »։ Վանահայրն Գրիգոր մի էր 'ի Ժողովականաց Սսոյ։ Ասոնց մօտ էին Ս. Յակոբ վանք, — Գայլուշ վանք՝ 'ի գետահովիտ Ջահանայ, Ս. Բառնանոս անապատ, և այլն[1]։

1 Այս ամէն վանօրէից վրայ լիուլի տեղեկութեանց փափաքողք, ինչպէս նաև Ռուբինեանց հարստութեան ժամանակ ծաղկող մատենագրաց, կրնան գտնել 'ի Սիսուան, յորմէ մեք ալ մեծապէս օգտուեցանք։

ԴԱՐ ԺԳ

—

ԳՐԻԳՈՐ ՍԿԵՒՌԱՑԻ

———

Գրիգոր Սկեւռացի. մտերիմ Լամբրոնացւոյն: — Ընդ նմա առ կայսրն Փրեդերիկ: — Երկասիրութիւնք: — Ներբողեան 'ի Ս. Ներսէս Լամբրոնացի: — Ճառք: — Տաղական 'ի Ս. Յովհաննէս Մկրտիչ: — Աղօթք:

Հայ մատենագրութեան անկման այս դարուն մէջ ժամանակաւ երիցագոյն կը սեպուի Գրիգոր Լամբրոնացի, Սկեւռայ միաբաններէն: Ներսէսի Լամբրոնացւոյ մտերիմն ու սիրելին եղած է Գրիգոր, և անոր հետեւող 'ի սրբութեան վարուց և 'ի մատենագրութեան: Իրեն յանձնած էր Սաղմոսի մեկնութեան խակական բնագրէն գաղափարելու հոգն ու խնամքը. զոր սիրով յանձն առաւ Գրիգոր, ու բաւական ալ յառաջ տարաւ. բայց ապա կարեւորագոյն գործով մը զբաղած, ընկերելու Լամբրոնացւոյն 'ի նուիրակութեան առ Փրեդերիկ կայսրն Ալամանաց, բռնադատեցաւ յանձնել զայն ծերունւոյն Սամուէլի: Լեւոն մեծն Թագաւորն ալ՝ որ զինք իրեն հայր խոստովանութեան ընտրած էր, 'ի յունականէ 'ի հայ Թարգմանել տուաւ Նիկիոյ արք-

եպիսկոպոս Վահանայ կամ Յովհաննու թուղթը՝ զոր գրեր էր առ Զաքարիա կաթուղիկոս Հայոց. ինչպէս կ'աւանդէ Անաւարզեցի «սուրբ և մեծ վարդապետ Հայոց» զինա կոչելով:

Այլ և այլ երկասիրութիւններ շարագրած է, յորոց ոմանք իւր իսկ անուամբը կը յիշատակուին, և այլք անծանօթ մնացած, նոյն անուամբ ուրիշ հեղինակներ ալ ըլլալուն համար: Կան նաև այնպիսի երկասիրութիւններ՝ որոց յիշատակը կ'աւանդի գրոց մէջ, և կամ միայն քանի մը հատուածներ հասած են մեր ձեռքը:

***

Յայտնի երկասիրութեանց կարգէն են

Ներբողեան մը 'ի սուրբն Ներսէս Լամբրոնացի. զոր անոր Ներսէս քեռորդւոյն խնդրանօքը շարագրած է, ողբալով այնպիսի անդարման կորուստ մը, և անմոռացընելով այն մեծ ու նշանաւոր անձին վարքը, առաքինութիւններն ու իմաստութիւնը: Իբրև հռետորական գրուածք մը՝ իւր ժամանակին համար բաւական նշանաւոր երկասիրութիւն կրնայ սեպուիլ. բայց առանց նախագիծ գաղափար սեպուելու պատիւն ունենալու: Անշուշտ ոչ անծանօթ էր Գրիգորի գովելւոյն մեծութեան հետ նաև իր մտաց չափաւորութիւնը. ուստի առջի բերան չուզեց յանձն առնուլ իրեն եղած առաջարկութիւնը «սակաւ ինչ գովելի հակառակութեամբ բերեալ, – կ'աւանդէ Ներսէս՝ խնդրող բանին, – ըստ սրբոցն օրինի, գերազանցութիւն քան զչափ զօրութեանն զայս վարկանելով»: Այլ իր համարումը այնչափ մեծ էր Սկեւռացւոյն վրայ, որ ոչ միայն յետ մահուանն Յովհաննու՝ հայրապետական աթոռոյն վրայ բազմելու արժանաւոր կը սեպէր զինա և հետամուտ կ՚ըլլար, այլ զրկուելով 'ի քեռւոյն կը փութար աշակերտիլ իրեն «որպէս կրկին ժառանգել զոր կորուսին»։ Միրան ու ճարտասանական հոգւոյն յատկութիւններն յայտնի կ՚երեւնան, բայց ճարտասանին խօսքերուն ոյժը կրկին աւելցընող կորուկ լեզու կը պակսի, եւ որով այնչափ փայլեր էր Լամբրոնացի. Թէպէտեւ ջանացած իրեն նմանող երեւնալ, ուզելով իր ոճովն ու լեզուով զինք գրուատել[1]։

Ճառք. — Յիշատակուած ներբողէն զատ՝ քանի մը ուրիշ ճառեր ալ կը գտնուին Սկեւռացւոյն անուամբը. այսինքն Քրիստոսի յարութեան վրայ ճառ մը, եւ ուրիշ մըն ալ Եսայի մարգարէին «Տէր ո՞ հաւատաց» խօսքին վրայ։ Իրեն կ՚ընծայեն ոմանք կարծեօք Եւագրի Լուսաւոր պատերազմ կոչուած գրոց մեկնութիւնը, որուն միայն քանի մը պատառիկք հասած են մեր ձեռքը։ Տարբեր է այս գրուածքս Եւագրի գրոցը համառօտ լուծմանէն, որ անանուն երկասիրութիւն մըն է եւ վերջին դարուց արժանի։

Շարականաց ցուցակներուն մէջ Սկեւռացւոյն կ՚ընծայուի Յովհաննու Կարապետին վրայ երգուածը, այբուբենից կարգով, եւ որուն սկզբնաւորութիւնն է «Արեգականն արդարութեան»։ Հեղինակէն պատիւ ըլլալու բաւականութիւն ունեցող երգ մըն է ասիկայ. Թէպէտ չերեւնայ մէջը այն բանաստեղծական ոգին՝ զոր Կոմիտաս ցուցած է Հռիփսիմեանց շարականին մէջ, եւ ոչ այն ընտիր լեզուն՝ որ ընդհանրապէս յատուկ է շատ շարականներու։

Ոմանք Սկեւռացւոյն կ՚ընծայեն այն Հաւատոյ հրահանգը, զոր այլք ուզած են Նարեկացւոյն սեպել, եւ որուն վարքը շարագրեց Սկեւռացի։

1 Հրատարակեալ 'ի Ս. Ղազար 'ի կարգի Հայկական Սոփերաց 'ի 1854 (Հատ. ԺԵ)։ Բնագրին խորագիրն է. «Ներբողեան ասացեալ 'ի վարս մեծի քահանայապետին սրբոյն Ներսիսի արքեպիսկոպոսին Տարսոնի կիւլիկեցւոց 'ի խնդրոյ նորին համանուն եւ համազգւոյ Ներսեսի քահանայի»։

Ծանօթ են իր անուամբ քանի մը ջերմեռանդական աղօթք, և մանաւանդ առ սուրբ Կոյսն յօրինածը 'ի խնդրոյ Պետրոս անուն քահանայի մը։

ԳԷՈՐԳ ՍԿԵՒՌԱՑԻ

Սկեւռացի Գէորգ։ — Իր ուսումն և դաստիարակութիւնը։ — Երկասիրութիւնք։ — Արուեստ գրչութեան։ — Մեկնութիւն Եսայեայ։ — Խմբագիր մեկնութիւն Գործոց։ — Գէորգեայ աշակերտն Մովսէս։

Երեքտասաներորդ դարուս մէջ հռչակեցաւ 'ի վանս Սկեւռայ Գէորգ վարդապետ, վերը յիշատակուած Գրիգորի Սկեւռացւոյ քեռորդի, որ Լամբրոն դղեկին մէջ ծնած ըլլալուն՝ Լամբրոնացի ալ կոչուած է։ Մանկութեան հասակէն սիրող և հետամուտ ուսմանց՝ Բջնոյ Գրիգոր արքեպիսկոպոսի և իր հոգեւոր որդւոցը Վարդան և Գրիգոր քահանայից խնամքովը դաստիարակուած, շրջեցաւ վասն ուսման յայլևայլ վանորայս. նախ յուխտն Վիրապին « առկս կրթութեան 'ի մեծ վարդապետէն և յաստուածազգեաց առնէն Վարդանայ », որ էր մեծահռչակն Արեւելցի՝ պատմիչ և մեկնիչ, յետոյ 'ի Սաղմոսավանք և 'ի Թէղենիս, ուր իր մէկ պարապմունքն էր ընդօրինակութիւն գրչագրաց, յորոց Տօնապատճառ գիրք մ՚ալ հասած է առ մեզ « 'ի ձեռն տարաշխարհիկ պատանւոյ ուրեմն, — ինչպէս կը կարդանք յիշատակարանին, — Թարմատար գրչի Գէորգեայ, 'ի Կիլիկեան յանմատչելի ամրոցէն Ղամբրաւն կոչեցելոյ, որ է 'ի ստորոտ մեծի լերինն Տաւրոսի » ։ Այն հասակին կը զբաղէր նաև չափական քերթուածոց յօրինմամբ, յորոց միոյն՝ որ հասեալ է առ մեզ, սկզբնատառքն յօդեն Գեորգ պատանին և գրեաց. և վերջնատառք՝ Գրիգո-րի վարդապետին։

Սկեւռայ դառնալէն ետքը Կոստանդին անուն մէկու մը, և յետոյ նաև Ստեփաննոսի Գոյներ Երի-ցանց առաջարկութեամբն և խնդրանօք Գրչութեան արուեստին վրայ գրելու ձեռք զարկաւ, ընդարձա-կելով Արիստակեայ վարդապետի համանուն գը-րուածքը. « Ծաղկաքաղ արարեալ, – ինչպէս կ'ըսէ ինքն աշխատասիրողն, – զմասն ինչ գրելոյն յԱրիս-տակիսէ հռետոր դրչէ՝ եդի աստ. է ինչ զոր լու-ծեալ 'ի նմանէ, և է յեդելոցս աստ տակաւին տա-րակուսիւ փակեալ. իսկ 'ի ծանօթ և յերկարեալ նորայն բանից՝ էր ինչ յորոց երկոյնութենէն զանց արարի, և էր զոր վասն հաւաստի գոլոյն՝ թողի » ։ Ստեփաննոս Գոյներ Երիցանց ալ կը վկայէ թէ « Ա-րարեալ էր զսա յառաջագոյն Գէորգեայ վարդա-պետին 'ի խնդրոյ ուրումն, զորոյ զպահանն 'ի նմա-նէ՝ յետոյ իմ 'ի վարդապետէն խնդրեալ, և նա կա-տարեաց զխնդրուածս իմ, եդեալ յառաջ զԱրիս-տակիսի արարեալն, և զԹերին 'ի նմանէ՝ կատա-րեաց ինքն, ինձ նուաստիս՝ Ստեփաննոսի Գոյներ ե-րիցանց » ։

***

Գէորգայ Սկեւռացւոյս երկասիրութեանց մէջ ընտրելագոյն է Եսայեայ մարգարէութեան մեկնու-թիւն մը, զոր Հայոց Հեթում Թագաւորին առաջար-կութեամբն ու խնդրանօք յօրինեց, առաջնորդ ու-նենալով՝ մանաւանդ առաջին գլխոց մեկնաբանու-թեան մէջ զԵփրեմ Խուրի ասորի, զՈսկեբերան և զԿիւրեղ Աղեքսանդրացի, և զՍարգիս ամն վարդապետ՝ որուն համար կը վկայէ թէ իրմէ յառաջ ձեռք զարկած էր այդպիսի աշխատասիրութեան, և որ մեզի համար ցարդ անծանօթ է անուամբն և գրքով։ Հետևող է և նմանող նաև Գրիգորի Սկեւռացւոյ ու երբեմն նաև Աստուածաբանին և Բարսղի և Աթանասի։

Մէջ բերենք իրեն ժամանակակցի և աշակերտին յիշատակարանին խօսքերը, յորմէ կ'իմանանք նաև այս գրուածքին պատճառ եղողին իմաստասէր փոյթը և ժամանակը։

« Ի թուականութեան Հայկազեան տումարիս ՉԽԴ, 'ի հայրապետութեան տեառն Գրիգորի և 'ի թագաւորութեան Հայոց Հեթմոյ բարեպաշտի. որ ճշմարտիւ թագաւորեաց 'ի վերայ մարմանջեցուցանաւղ և գունակ գունակ հեշտակարծ ախտիցն առաթուր կոխելով. և գրեթէ զամենայն աշխարհական փառան ունայն և նանիր վարկանելով, որպէս և է։ Նաև զանուն թագաւորութեան ծանր դրէր. և նուիրէր զանձն Աստուծոյ. և յոլով անգամ հրաժարէր 'ի աթոռոյն՝ գնայր աղքատանալ. զոր հազիւ հազ և մեծաւ աենչիւ ոչ կամէին յեղաշրջել զկամս նորա. և զայս դիպուածս Աստուծոյ 'ի յանձն առնեմք։ Իսկ մինչ յայս էր՝ սիրէր զՔրիստոս և զեկեղեցին նորա, և զընթերցումն սուրբ գրոց։ Սա տեսեալ զմեկնութիւն համարձակախաւսս աստուածատես մարգարէին Եսայեայ, և զի մեծն Եփրեմ կարճ և համառօտ քաջոլորակ բանիւք էր անցեալ ընդ նա։ Իսկ աստուածաշնորհ Յովհան Ոսկեբերան յարջորջեալ վասն հոգեշահ վարդապետութեան և առատահոս իմաստից, որ 'ի բերանոյ նորա բղխեալ ոռոգանէր զականջս եկեղեցւոյ, և սա ճոխաբար խաւսեցեալ։

« Արդ բարգաւաճս այս վսեմս Հեթում 'ի մաի եդեալ զսոսա 'ի մի ժողովեալ. զատակ 'ի Սիսն զսա իւր և բարի նախնեաց գանձել տուն՝ խնդրեաց զայս առնել հարկեցուցիչ հրամանաւ 'ի յեռերջանիկ և 'ի լուսաբան րաբունապետէն Գէորգեայ, որ ընդ այսու ժամանակ առաքինութեամբ՝ յանձին ներգործութեամբ բնաւին փարթամացեալ, որ այժմ քրտնաջան երկամբք հրահանգէ զհանրակս, որ բանի են հետևեալ զյոլովս:

« Իսկ առ իբրև քարոզ Ճշմարիտ հնազանդեալ հարկեցուցանաւղ հրամանին. և զի էր Սարգսի վարդապետի հոգացեալ, առեալ և զայն. և զայլ բան սըրբոց մեկնչացն՝ համառօտ զուգեաց առ իրեարս կարճաբանութեամբ եդեալ զմտացն ամբողջ ունելով զզօրութիւն և գտեալ ձեռամբ իւրով եռանդամբ:

« Արդ ես զայս տեսեալ վերջինս 'ի բնաւիցս փըցնամիտ աշակերտս սորին Գէորգեայ . . . պիտակագործ անուանեալ Երեմիայ յորջորջեալ. յետխառն աշխատեալ, երկու անգամ առ Թագաւորն իմ երթեալ, խնդրեցի զարարեալ աւրինակն. և վասն սիրոյ նորին ետու գրել զաս Լևոնի գայլի, լաւ արհեստի գրչի 'ի յիշատակ բարի » , . . . և այլն:

Ուրիշ գրչագրող մ'ալ կը ծանուցանէ որ Թէպէտ արդէն կային յազգին Եփրեմի, Կիւրղի և Ոսկեբերանի համանուն երկասիրութիւնք, և « իւրաքանչիւր ասացուածովքն կատարեալք էին յիւրաքանչիւր գիրս, և օգտակարք, բայց գրչաց մեծագունի կարօտէին և լայն մեծատար մասց. յաղագս որոյ օգտէին, այլ ոչ գրեթէ ամենեքին: Զայսոսիկ տեսեալ մեծիմաստ արքայն Հայոց Հեթում Միակեցն կոչեցեալ, և խնդրեալ 'ի հաւատոր վարդապետէն Սկեւռացւոյ Գէորգ կոչեցելոյ, որպէս զի ըստ յօժարութեանն իւրում աշխատեսցի 'ի սմա, և ըստ իմաստութեանն համառօտեսցէ և 'ի մի վայր հաւաքեսցէ. որպէս զի հանդիպելոցն սմին՝ առանց աշխատանաց և ամենեքեան վայելեսցեն 'ի սոցանէ:

Իսկ նորա 'ի յանձն առեալ և կատարեալ զխնդիրս
նորա գեղեցիկ յօրինուածով » ։

Կը վկայէ նաև Եփրեմ կաթուղիկոս 'ի պատմու֊
թեան կաթուղիկոսացն Սսոյ թէ « Ըստ խնդրոյ ար֊
քային Հայոց Հեթմոյ՝ արար զմեկնութիւն մարգա֊
րէութեանն Եսայեայ՝ սուրբ վարդապետս այս Սկեւ֊
ռացի » ։ Ուրիշ երկասիրութիւն մ'ալ կու տայ ի֊
րեն Եփրեմ. « Առ սովաւ (Յովհաննու եպիսկոպոսի
Արքայեղբօր), էր մեծիմաստ վարդապետն Գէորգ
Սկեւռացի, որ ըստ խնդրոյ սորա արար գրուած
ներբողական առ սուրբ աւետարանիչն Յովհաննէս,
որոյ և մակագիրն է այսպէս, — Գրուած ներբողա֊
կան բանի յաստուածաբան աւետարանիչն Յովհան֊
նէս. 'ի պատկառեցուցիչ խնդրոյ Յովհաննու եպիս֊
կոպոսի՝ եղբօր բարեպաշտ արքային Հեթմոյ 'ի
թուականիս ՉԼԲ. Գէորգայ վարդապետի երջանկի
Սկեւռացւոյ ասացեալ » ։

Նոյն Արքայեղբօր առաջարկութեամբն յօրինած
է Սկեւռացի և խմբագիր մեկնութիւն մը Գործոց
առաքելոց, և որուն վրայ արդէն խօսած ենք[1] ։

Գէորգայ մահը հանդիպեցաւ 'ի ՉԾ թուին։ Իր
աշակերտն Մովսէս գրեց « Գրուած բանի սուգ լինե֊
լատմագրաբար յերջանիկ րաբունապետն և 'ի քաղ֊
ցրաբարբառ վարդապետն Գէորգ Լամբրունեցի ».
յորում ողբալով իր մահը՝ հետևեալ սրտառուչ տո֊
ղերով կը պատուէ անոր յիշատակը. « Աւա՜ղ ինձ
յետնելոյս, թէ որպիսի՜ հայր կորուսի. զորպիսի՜
դաստիարակ, զորպիսի՜ յորդորիչ և մխիթարիչ...
Ո՜ հայր պատուական, այլ ոչ գրես առ իս զբան և
զգիր քո պատուական. այլ ոչ լսեմ զբերկրական
լուր քո 'ի հեռաստանէ » ։ Նոյն վարդապետասէր և
երախտապարտ աշակերտն կը վկայէ թէ « Գծեր և

1 Տես յէջ 581։

կանոնս կարգաւորս, և բանս խրատականս վասն Խոստովանութեան առ 'ի յօգուտ ոգւոց քահանայից. առնէր Համարս գլխոց և Ցանկս և Նախադրութիւնս Աստուածաշնչից տառից. գրէր և Ճառս ներբողականս 'ի պատիւ սրբոց ... բազում՝ բանս պիտանիս հաւաքէր 'ի գանձուց աստուածայնոց, առ 'ի վարժումն մանկանց նորագունից»։ Ուրիշ մ'ալ կը վկայէ թէ այլևայլ Գանձք ալ յօրինած ըլլայ, և որ հաւանականաբար կը խառնուին կամ կը շփոթին ուրիշ համանուն անձանց յօրինածներուն հետ։

ՄԽԻԹԱՐ ԱՆԵՑԻ

Մխիթար Անեցի կամ Երէց։ — Ժամանակակցաց իրեն ընծայած գրուածք։ — Պատմական երկասիրութիւն մը։ — Անոր մէկ մասին գիւտն և հրատարակութիւնը։ — Անեցւոյն պատմութեան նիւթը և աղբիւրք։ — Արժէքն և մատենագրական ոճ։

Երկոտասաներորդ դարուն վերջերը և 'ի սկիզբն երեքտասաներորդին ծաղկեցաւ 'ի Հայաստան Մխիթար անուամբ քահանայ մը՝ որ Անւոյ կաթողիկէին երիցանց դասակարգին պատշաճելուն՝ ընդհանրապէս Անեցի կոչուած է։ Իր անուամբը քանի մը պատմական երկասիրութիւններ կը յիշատակուին մեր պատմչաց քով, յորոց գլխաւոր կրնայ սեպուիլ հնախօսական Պատմութիւն մը Հայոց, Պարսից, Վրաց և Արաբացւոց։ Վարդան պատմիչ՝ Վրաց սկզբնաւորութեան վրայ խօսելով՝ Թորգոմէն ինչուան Աբաս՝ որ Ափխազաց վրայ թագաւորեց, կը յաւելու. «Այս ըստ Մխիթարայ երիցուն ասին»: Ուրիշ տեղ ալ 'ի պատմութեանն՝ 'ի խօսելն զԹուրքաց և անոնց ծագման վրայ, կը զրուցէ. «Այս ըստ Վահրամայ որդւոյ Տիգրանայ վկայագրի: Իսկ պատուական երէցն Մխիթար Անեցի այսպէս ասէ. Յոլով աշխատ եղէ գտանել զորպէսն սուլտանացն որ 'ի Թուրքաց, և գտի այսպէս». ու կը շարունակէ անոր երկասիրութենէն հատուած մը մէջ բերելով: Ուռպելեանն ալ կը յիշէ Անեցւոյն երկասիրութիւնը ու գեղեցիկ պատմութիւն կը կոչէ զայն. «Այլ զի ժաեալ էր, կ'ըսէ, յիշատակ նախնական զրուցատրութեանց նոցա, նաև ամենայն արութիւնք և գործք երևելիք 'ի տանն Վրաց ազգին Օրբէլեանց 'ի նոյին ժամանակագրոցն, զոր Քարթլիս Ցխօրեբայ կոչեն, վասն այն մեք ոչ գիտացաք զորպէսն և զկարգ բանիցն. զի և ըստ կարգի շարայարեալ էաք 'ի մատենիս: Բայց զոր ինչ գտաք 'ի հայալեզու գիրս սակաւ ինչ յիշատակ գիցուք. եւս և զվախճան կատարածի նոցա, զոր հաւաստեաւ ծանեայց մեզ գեղեցիկ պատմութիւն Մխիթարայ Անեցւոյ»:

Այս պատմական կարևոր գրուածը մինչուան հիմա յայտնուած չէ: Միայն քանի մը տարի յառաջ՝ հանրածանօթ ազգային բանասէրն Ք. Պատկանեան Հասան Ջալալեանց Սարգիս արքեպիսկոպոսին գրչագրաց ընտիր հաւաքման մը մէջ, — որ հիմա փոխադրուած է յԷջմիածին, — Անեցւոյն անուամբը մինչուան հիմա անծանօթ մնացած երկասիրութեան մը մէկ մասին հանդիպելով՝ հրատարակեց 'ի Փեթերպուրգ (1879), և որուն խորագիրն է՝ ըստ ձեռագրին «Հանդէսք բանից աշխարհագումար զրուցաց տիեզերապատում անցից, վերաստանեալ 'ի քաջ գիտնականէն Մխիթարայ, աւագերիցու մեծ կաթուղիկէին Անւոյ հայական քաղաքի. 'ի խնդրոյ հօր Հանձայի Գրիգորոյ վարդապետի»:

Հաւանական կ'երեւնայ թէ Վարդանայ և Ուռպելեան Ստեփանոսի ակնարկած երկասիրութիւնն ըլլայ Անեցւոյն այս նորագիւտ գրուածը, որ ինչպէս ըսինք՝ դեռ մասամբ միայն յայտնուած է. վասն զի հեղինակն ալ կ'ըսէ 'ի յառաջաբանին, թէ երեք մասն կամ դրան բաժնած էր իր այս գրուածը. «Առաջին դրանն սկսանի 'ի Պարոյրայ հայկազնոյ, առաջին թագաւորէ Հայոց, մինչև ցՅովհաննէս վերջին: Իսկ երկրորդն 'ի Յովհաննիսէ մինչև 'ի քահանայանալն տեառն Բարսղի: Եւ երրորդն մինչև 'ի գերելն զԵրուսաղէմ և յելս ազգաց Ֆռանգաց: Յայս երիս հատուածս բազմատարազ ճառիւք ոչ դանդաղեցից գրել, քաղելով 'ի սրբոց և 'ի այլոտանեաց պատմութեանց»: Պատկանեանի հրատարակածը՝ միայն առաջին դրոց մէկ մասը կ'ենթադրուի. ուստի և 'ի տպագրին իրաւամբ կը խորագրէ. «Սկիզբն նորագիւտ պատմութեան Մխիթարայ Անեցւոյ» քսանեօթն գլուխք բանից:

***

Անեցւոյն պատմութեան նիւթը. — Գրուածքին սկիզբըն դրուած ընդարձակ, — ըսենք նաև, — նիւթոյն ոչ այնչափ պատկանաւոր յառաջաբանէն կ'իմացուի թէ Հաւիճոյ վանահայրն Գրիգոր, խնդրող բանին, միայն իրենց ժամանակէն վեր ելլելով՝ հարիւր քառասուն տարուան պատմութիւնը յանձներ է Մխիթարայ, Յովհաննու Բագրատունեաց վերջին թագաւորէն մինչև իրենց ատենը. բայց Անեցին՝ անշուշտ 'ի պատիւ Բագրատունեաց տոհմին, ինչպէս տեղ մ'ալ կը թուի ակնարկել 'ի յառաջաբանին, իրենց հրէական ծագմանէն և անկէց ալ 'ի վեր ելնելով, մեր շատ պատմչաց ոչ այնչափ գովելի սովորութեամբ, կը սկսի յԱդամայ, թէպէտև հա-

մառօտ ոճով. «սղամանակ տեղեկութեամբ, կ'ըսէ, թեւացեալ յԱդամայ հետէ, մինչ 'ի բնաւին վերջին ամանակս. յաւուրս Յովանիսի Թագաւորի, և անուն լայն և տարած բանիւք յընդարձակեալ մինչև 'ի ՌԽԲ Թուականս»: Կը խօսի յերկար, բայց միշտ օժանդակեալ յաստուածաշունչ գրոց և 'ի վկայութեանց, պատմութեան օտարից վրայ յուսումն և 'ի իրաւ ապագայ սերնդոց, և այն բաւական ոճով և հմտութեամբ, որչափ թերեւս սակաւք 'ի ժամանակակից պատմչաց: Երկրորդ գլուխը համառօտ և գրեթէ պարզ անուանական ցեղակարգութիւն մըն է սուրբ գրոց համեմատ տոհմաբանութեան, բաժանեալ յերկոտասան չարս, հետևողութեամբ Եւսեբեայ և Սամուէլի Անեցւոյ ժամանակագրաց: Գըլուխն երրորդ խորագիր ունի. «Դասակարգութիւն Յաբեթի նախնոյն և արմատոյն Հայոց» իջեցնելով մեր ազգին սկզբնաւորութիւնն մինչև 'ի Հայկ և 'ի Պարոյր, և մինչև ցՎահէ վերջին Թագաւոր Հայկազանց. և կը յաւելու. «Զոր սպանեալ Աղեքսանդր Մակեդոնացի»:

Հայկազանց հարստութեան անկմանէն ետքը՝ նուաճեալ երկրին վրայ 'ի Պարթեւաց իշխողներէն կը յիշատակէ զՍելեւկիոս, զԱնտիոքոս, զհամանունն Թէոս, որուն ատեն Պարթեւք ապստամբեցան 'ի Մակեդոնացւոց, և թագաւորեցուցին զքաջն Արշակ, որուն յաջորդեց Արտաշէս, յետոյ Արշակ «որ զեղբայր իւր զՎաղարշակ առաքէ 'ի Հայս, առաջին Թագաւոր պարթեւ զինի սպառելոյ Հայկազանցն 'ի ՃԿԵ ողոմպիատին»: Արշակունեաց ցեղէն Թագաւորողաց անուանքն յիշատակելէն ետքը՝ կ'անցնի Անեցին 'ի մարզպանս, և ապա առ Բագրատունիս, մինչև 'ի Յովհաննէս որդի Գագկայ. «Սա, կ'ըսէ, վերջին Թագաւոր 'ի Բագրատունեաց: Աստանօր սպառեցան Թագաւորք 'ի տանէն Բագրա-

տունեաց» ։ Մխիթարայ երկասիրութեան չորրորդ-գլուխը նուիրուած է կաթողիկոսաց յաջորդութեան 'ի սրբոյն Գրիգորէ Լուսաւորչէ մինչև յեօթանասներորդ երկրորդ յաջորդ նորա՝ և պատմչին ժամանակակից «Այժմ է տէր Գրիգոր Անաւարզայ եպիսկոպոսն» ։ Անկէ կէս իմաստասիրական և կէս աստուածաբանական ոճով ու լեզուով հինգերորդ գլխոյն մէջ կը ջանայ խօսիլ «Թէ զինչ է պատմութիւն, և կամ քանիք են որ յայտնի են առ մեզ». ուր բաց յայլոց՝ 'ի սրբազան և յեկեղեցական պատմչաց, կը յիշէ նաև զմերսն. «նախ և առաջին պատմող Ղերուբնա, որդի Ափշադարայ դպրի. գրէ ըզ-գործս Աբգարու և Սանատրկոյ. և հզօրն բանիւ Ագաթանգեղոս, և Բիւզանդացին Փաւստոս։ Եւ զկնի նոցա պատմութիւն Ներսէսի՝ զոր Ղազարիկ Հայոց անուանէ. Կորեան պատմութիւն, և պատմութիւն Հայոց 'ի Մովսիսէ շարագրեալ. և Ղազարիկ Փարպեցի, և Եղիշէ, Շապուհ, և Սեբէոս որ Հերակլն է. և պատմութիւն Ալուանից, և Ղեւոնդ երիցուն, տէր Յովհաննէս և Ասողիկ. և Լաստիվերացին և Կողբանն, և Սամուէլ երիցու։ Հուսկ ամենայնի վերջինն՝ այս որ 'ի մէնջս գրեալ. բայց բանիւք կորեռօք և զարմանագան իրօք. հարուստ և ընտանեգոյն, նոր և ծանօթ զրուցօք» ։ Այսոնց, բայց մանաւանդ Խորենացւոյ հետեւողութեամբ են՝ Անեցւոյն թերի առ մեզ հասած պատմական երկասիրութեան գլուխներն (Զ-ԻԴ) քաղելով Բագրատունեաց յեղին պատկանող դէպքերն. անոնց գերութիւնն 'ի Հրէից, և 'ի խնդրոյ Պարոյրի մեր առաջին թագաւորի որդւոյն Հրաչէի՝ հաստատուիլն ու պատուիլ յերկրին Հայոց. Բագարատայ թոռան՝ թագադիր և ասպետ անուանիլն 'ի Վաղարշակայ, Ենանոսի Բագրատունւոյ վրայ, որ յաւուրս Աբգարու. յորմէ առիթ կ'առնու պատմիչն խօսիլ այս նախահաւատ թագաւորին ծանօթ պատմութիւնն մէջ բերել․ ուանոր ազգակցութիւնն յիշեցընելով ընդ Տրդատայ, և ոխրացած այս երկու թագաւորաց ժամանակ 'ի Հայաստան կատարուած աստուածահրաշ անցից վրայ, «Մոսկալի և Նորալուր սիրոյ զեղմունք, կ'ըսէ, Նուս առաւել քան զամենայն ազգաց 'ի մեզ 'ի մեասեան ժամեայ գործնեայսս աստուածակերտ այգւոյն»: Կը պատմէ զերթ Աբգարու յարեւել՝ Արշաւրի որդւոց մէջ խաղաղութիւն հաստատելու․ թղթակցութիւնն ընդ Քրիստոսի. Թադէի քարոզութիւնն յԵդեսիա և մկրտելն զԱբգար, ու այս վերջնոյս կրկին անգամ գրելն առ Տիբեր կայսրն և իրմէ ընդունած պատասխանը: Կ'աւանդէ Սանատրըկոյ թագաւորելն, անոր որդւոց կոտորուիլն յԵրուանդայ, և բռնաբար թագաւորելը 'ի վերայ Հայոց․ Բագրատունեաց և Արշակունեաց իրարու հետ խնամութեամբ խառնուիլը, Սմբատայ քաջութիւններն, և որ «բազում և անհնարին մարտս յարդարեր ընդդէմ թշնամեաց Խոսրովու Պարսից թագաւորի, ընդ որ յաւէտ իմն հաճոյանայր արքայ (Մաւրիկ)․ և ընդ այլ բազում ընծայից՝ և զմարզպանութիւն Վրկանայ տայ նմա: Որոյ երթեալ անդ՝ գտանէ ազգ մի գերեալ 'ի Հայոց և բնակեցուցեալ 'ի Թուրքաստան կողմանէ, որ Սագաստանն անուանի․ մոռացեալ զլեզու և զգիր հայերէն: Որոց տեսեալ զՍմբատ ուրախ լինէին: Եւ նա նորոգէ դարձեալ զլեզու՛ և զգիր հայերէն 'ի ձեռն Հաբելի երիցոյ և տայ զնոյն առաջնորդ նոցա»: — Անեցւոյն վերջին երեք գլուխներն՝ Հագարացւոց աղանդապետին պատմութեան ու գործոց կը վերաբերին:

Իբրև պատմական երկասիրութիւն մը՝ չենք կըրնար ըսել թէ բոլորովին զիրկ ըլլայ 'ի կարևորութենէ, թէպէտև ըստ մեծի մասին քաղուածոյ արդէն մեզի ծանօթ պատմագրաց գրուածներէն: Դիպուածոց իրարու հետ ունեցած վերաբերութեան Թելք յաճախ կը պակսին, ու նիւթէ նիւթ անցնիլները՝ ընդոստ և անսաճ. հմտութիւնն ալ խիստ չափաւոր կ՚երևնայ. ու դիպուածք և անձինք իրարու հետ կը շփոթէ, մէկուն վերաբերածը միւսին ընծայելով, և այլն: Սակայն այս Թերութեամբքն ալ փափաքելի է երկասիրութեանն ամբողջին գիւտը, մանաւանդ իրեն մերձաւոր դիպուածոց և անցից անղեկութեանն համար:

Վարդան պատմիչ կ՚աւանդէ Թէ արևու և լուսնի խաւարման վրայ գիրք մը շարագրած ըլլայ Անեցին՝ Ոճիէ անուանով պարսկի մը գրքէն, որ կ՚ըսէր Թէ յունարենէն Թարգմանուած է 'ի պարսիկ, և Թէ Յոյնք Ենովքայ մարգարէութենէն ունէին. յորում կ՚աւանդուէր Թէ արեգակը բնութեամբ չխաւարիր, այլ անոր խաւարման պատճառը լուսինն է: Բոլորածիր ալխասակներ ալ ծրագրեց, աստեղաբաշխութեան այս երևոյԹը ուսումնական լեզուով մեկնելու համար: Այս գրուածքս ալ կորսուած է հիմա:

ԿՈՍՏԱՆԴԻՆ Ա ԿԱԹՈՂԻԿՈՍ

Կոստանդին Ա. Կաթողիկոս: — Իր գրած այլ և այլ թղթերն առ Քահանայապետս Հռովմայ և առ այլս:

Այս տեղերս Հայաստանի կաթողիկոսական աթոռը նստաւ Կոստանդին Ա կաթողիկոս Բարձրբերդցի, որուն համար կ՚աւանդեն ազգային պատմագիրք Թէ եօԹն այլ և այլ Թղթեր գրած ըլլայ առ զանազանս:

Ա. Առ քահանայապետն Հռովմայ Գրիգոր Թ:

Բ. Առ Իննովկենտիոս Դ, շնորհակալ ըլլալով քահանայապետին ղրկած ընծայից համար:

Գ. Հայաստանի բոլոր առաջնորդաց, իշխաններուն և ժողովրդոց ուղղած մխիթարական և քաջալերիչ գիր մը, զոր ղրկեց Վարդան վարդապետին ձեռքով:

Դ. Դարձեալ ուրիշ Թուղթ մը անոնց, պաշտօնական կերպով ծանուցանելով ամենուն թէ երեք տարի յառաջ մեծ ժողով մը գումարուեցաւ 'ի Սիս, և հոն' սրբոց հարց աւանդութեանց համեմատ' քըսանևեօթն գլուխք կանոնաց սահմանուեցան:

Ե. Դարձեալ օրհնութեան գիր մը անոնց' որ իբրև կանոնական ընդունած էին իւր առջի Թուղթը:

Զ. Մեծ կամ վերին Հայոց բնակիչներուն, Հոգւոյն սրբոյ բղխմանը խնդրոյն վրայ:

Է. Առ քահանայապետն Հռովմայ, ծանուցանելով թէ ինչպէս ընդունելի է Հայաստանի մէջ նոյն խնդիրը:

Ի Հռովմ ղրկած Թղթերուն' լատին Թարգմանութիւնքը մինչուան մեր օրերը պահուած են քահանայապետական կոնդակագրաց մէջ. դաւանութեան Թղթոյ մը հայերէն բնագիրն ալ կը պահուի 'ի Վատիկան, գրեալ առ Իննովկենտիոս Դ, 'ի պատասխանի Թղթոյն զոր բերեր էր Պաւլին նուիրակն Տիմանջ' առ Հեթում Թագաւոր և առ կաթուղիկոսն:

ՎԱՆԱԿԱՆ ՎԱՐԴԱՊԵՏ

Վանական վարդապետ։ — Մ. Գօշի աշակերտելը։ — Խորանաշատ վանքին շինութիւնը և հոն աշակերտներ սորվեցնելը։ — Երթն առ խանն Թաթարաց։ — Մահը։ — Երկասիրութիւնը։ — Յոբայ մեկնութիւն։ — Վարդապետական գրուածներ։ — Պատմութիւնը։

Կոստանդին կաթողիկոսին օրերը ծաղկեցաւ Յովհաննէս Վանական Տաւուշեցի վարդապետը, որ ինչպէս առաջ ալ յիշատակեցինք, Մխիթարայ Գօշի գլխաւոր աշակերտներէն մէկն էր. և կը վկայէ Կիրակոս՝ թէ իր ժամանակին ամենէն անուանի վարդապետն ըլլալով, շատերը ուսման պատճառաւ իրմէն չէին հեռանար. և ոչ միայն վարքովը, այլ նաև խօսքերուն լսողութեամբը ամէնքը կ'օգտէին. անոր կեանքն ու ամէն շարժումը՝ տեսողաց համար անգիր օրէնք էին։ Եւ զայս ոչ միայն իբրև ականջալուր կը զրուցէ Կիրակոս, այլ նաև ականատես. որովհետև երկար ժամանակ աշակերտեցաւ իրեն, Տաւուշ բերդին սահմաններն եղող անապատին մէջ։

Ժամանակ անցնելէն ետքը իր հայրենիքը դարձաւ Վանական. ու մեծաշէն փառաւոր վանք մը շինեց և բազմախորան հոյակապ եկեղեցի մը՝ որ Խորանաշատ անուանեցաւ։ Վերջը իր աշակերտներն հետն առնելով, որոնց մէջ էր նաև Կիրակոս Գանձակեցի, Վահրամայ երկրին սահմանները գնաց, ու կը բնակեր մեծ այրի մը մէջ՝ որ իր ամրութեամբը դղեկի մը կը նմանէր։ Հոն եկեղեցի մը շինած էր Վանական ու միանձանց բնակարան։ Երբոր Թաթարաց իշխանը զարկաւ այն կողմերը, մօտ գեղերուն և աւաններուն բնակիչքը հոնտեղը ժողվուեցան իրենց կանամբքը և որդւովք։ Թաթարք եկան այրին չորս կողմն առին, ու ներսն ամրացողները կը ստիպէին որ դուրս ելլեն։ Երբ տագնապն ու վախը մէկ կողմանէ, և սովոյն սաստկութիւնը միւս կողմանէ սկսաւ զիրենք չարչարել, Վանական վարդապետն հետը առաւ Մարկոս ու Սոսթենէս[1] աշակերտները, ու Թաթարաց գլխաւորին գնաց։ Մեծ սիրով ընդունեցաւ զինքն իշխանը. հարցուց ու իմացաւ իրմէ Վահրամ իշխանին ուր գտնուիլը, և հրամայեց Վանականին որ յորդորէ այրին մէջ եղողներն՝ անվախ դուրս ելլելու։ Երբ անոնք վարդապետին խօսքերէն համոզուելով, այրէն ելան, Թշնամիք անոնց ունեցածը չունեցածը վրանին յուզելով, ամէն ստացուածք յափշտակեցին, ու զիրենք ալ հեռու տեղ մը ղրկեցին զոր գերեաց համար սահմաներ էին, շատերն ալ վաճառեցին։ Անոնցմէ էր և Վանական, զոր յիսուն դահեկանով գնեցին քրիստոնեայք. ինքն ալ ելաւ Խորանաշատի վանքը գնաց՝ աշակերտացը հետ մէկտեղ. ուր ազգին և հայրենեացը վրայ եկած աղէտքն ու թշուառութիւնները գրի վրայ կ'առնուր։

Կոստանդին կաթուղիկոս Սսոյ մէջ գումարած ժո-

1 Թերեւս զսա ակնարկեն ՉԻԸ (1279) թուականին գրչագրեալ աւետարանի մը յիշատակարանին խօսքերը. « ... Հրամանաւ Սոսթենէս րաբունւոյ, որ էր վարժ և կիրթ յամենայն գիրս աստուածային՝ հնոցն և նորոցս և արտաքին փիլիսոփայից գեր 'ի վերոյ. որ և 'ի ժամանակիս մեր և 'ի թագ. Լեւոնի և 'ի հայրապետութեան Յակոբայ ոչ ոք է կատարեալ իբրև զսա յամենայն իմաստս. բայց 'ի մեծ րաբունեաց րաբունւոյն որոյ անուն ցաւղ է քաղցր, որ և Վահրամ կոչի »։

ղովքէն ետքը, նոյն ժողովոյն սահմանադրութիւններն ու կանոններն մասնաւոր թղթով ծանոյց ամէն գլխաւոր եպիսկոպոսաց և վարդապետաց, որ իրենց զբաղմանցը կամ հեռաւորութեան պատճառաւ չէին կրցած նոյն ժողովոյն ներկայ գտնուիլ: Ասոնցմէ ոմանք չուզեցին հաւանիլ ժողովոյն կանոնացը, ուրիշներն ալ համոզուելով յանձն առին. ասոնց մէջ էր նաև Վանական վարդապետ:

* * *

Այն օրերը ուրիշ եկեղեցական խնդիր մըն ալ ծագեցաւ. և արդէն շատ անգամ յուզուած՝ ու առանց կարևոր քննութեան մերժուած խնդիրը՝ Վանական իրեն իմաստութեամբն և ազգին մէջ ստացած արժանաւոր համարմամբը լմընցուց: Աս մատագրութեան արժանի դէպքս՝ ասանկ կը նշանակէ Վարդան. «Ի Ձ թուին շարժեցաւ խնդիր 'ի մեծ պապէն Հռովմայ, և գրեաց յաղագս ամենայն քրիստոնէից, եթէ պարտ է զամենասուրբ Հոգին Աստուած խոստովանիլ՝ 'ի Հօրէ և յՈրդւոյ բղխեալ: Եւ չեղև հաճոյ Ասորւոց և Յունաց և Վրաց, բայց 'ի Հայոց, որք քննեցին զդաւանութիւն առաջնոց սրբոցն՝ 'ի ձեռն աստուածամերձ վարդապետին Վանականին, և գտին համախոհ երևելի սրբանց փառաւորաց, Աթանասի, Գրիգորի Աստուածաբանի, Գրիգորի Նիւսացւոյ, Գրիգորի Լուսաւորչին և այլոց սրբոց»: Եւ որովհետև գիտէր Վանական թէ ազգին մէջ կրնային դեռ ևս գտնուիլ այնպիսի անձինք որ ասանկ նորաձայն երևցած վարդապետութենէ մը խորշին, երկայն ճառ մը գրեց, յայտնելով թէ ինչո՞ւ համար պէտք է զսուրբ Հոգին խոստովանիլ և դաւանիլ բղխեալ 'ի Հօրէ և յՈրդւոյ: Այս գրած ճառը կը կարդանք Կիրակոսի պատմագրութեանը մէջ հետեւեալ խորագրով. «Խրատ գուսանութեան Վանական վարդապետին»։

Խորանաշատի մէջ եղաւ Վանականի մահը նոյն Զ թուականին, ուր քովը կանչելով իր ամէն աշակերտները՝ յորդորեց զիրենք հաստատ գանձը անարատ պահել, ու վախճանեցաւ, մեծ սգոյ և տրտմութեան պատճառ ըլլալով իր բազմաթիւ աշակերտացը. «Զհարիւրապատիկն աստէն թողեալ, կ՚ըսէ Վարդան, զանուն քաջութեան յաշակերտս իւր, և 'ի գիրս գանձուց եկեղեցւոյ. զոր ամբարեաց 'ի շնորհացն Աստուծոյ և 'ի յստակ մտաց ծննդականաց»։

Իրմէն ետքը վանքին առաջնորդութեան պաշտօնը յանձնուեցաւ անոր եղբօրորդւոյն Պօղոս անունով քահանայի մը. իսկ վարդապետական ուսումը՝ Գրիգորիս վարդապետին որ Վանականին աշակերտն ու ազգականն էր։

* * *

Վանականի գրուածները. — Վանականի գրուածոցը մէջ կը յիշատակուի

Յոբայ մեկնութիւն մը, որ ծաղկաքաղ հաւաքմունք մըն է Խիւքիոսի և Դուլթի Փօքայրեցւոյն համանուն երկասիրութիւններէն։ Լուսանցիցը մէջ կը յիշատակուին Ստեփանոսի, Եփրեմի, Եւսեբի և այլոց ոմանց հեղինակաց անուանք, որոց գրութիւններէն մեծապէս օգտուած կ՚երևնայ Վանական։

Այսչափ զանազան ոճ ու գրուածքի կերպ ունեցող մատենագրաց սատարութեամբ ալ ամփոփ, հըմուտ և իր համառօտաբանութեամբն՝ բաւականապէս որոշ ու մտաց պարարիչ երկասիրութիւն մ՚է, սակաւաբան՝ բայց ընտիր յորդորակներով։ Ստեփանոսի (որ անշուշտ Սիւնեցին է) վկայութեամբ կ՚ուչէ հաստատել թէ Սողոմոնի է Յոբայ գրոց շարագրութիւնը. «Ոմանք Մովսիսի ասեն գրեալ, և ոմանք Սողոմոնի և այլք Եզրի, և կէս Երեմիայի: Բայց աւելի կարծիս գոյ Սողոմոնի. զի նկարագիրդ առակական է, որպէս ամենայն շարադիրք Սողոմոնի. զի Մովսէս և Եզրաս ոչ գտանեմք այսու շարադրաւ շարագրեալ: Մովսէս գրեաց որպէս պատմութիւն, և Սողոմոն ստիքսեաց որպէս իւրականն [1]»:

Այսր նման գրուածք մըն է նաև Ուրախացիր սրբուհի կուսից ըսուած շարականին տեսութիւնը, զոր Պետրոս անունով մէկու մը խնդրանօքը շարադրեց:

Վարդապետական գրուածոյը մէջ նշանաւոր է այն ճառը՝ զոր սուրբ Հոգւոյն բղխմանը վրայ շարադրեց, ինչպէս վերը յիշատակեցինք: Տօնապատճառ կոչուած գրոց մէջ ալ քանի մը մանր երկասիրութիւնք կ'ընծայուին Վանականի, որոնց հարազատութիւնը կրնայ տարակոյս վերցնել: Ասոնց կարգէն են ճառ մը հետևեալ բնաբանով, «Հայեաց 'ի քեզ, գուցէ լինիցի բան ծածուկ 'ի սրտի քում»: — Խորհրդաւոր Համեմատութիւն մը հին և նոր կտակարանաց. — զանազան նիւթերու վրայ այլ և այլ Հարցմունք ու պատասխանիք: — Տարեգլխի վրայ տոմարական գրուած մը՝ յորում Հայոց և ուրիշ ազգաց ամիսներուն խօսքը կ'ըլլայ: — Պատճառք վասն առաջաւորաց պահոց՝ արարեալ Վանական վարդապետէ վասն հակառակացն և այլանդակաց զսուրբ պահս: — Ճառ մը «Յաղագս անառակ որդւոյն»: — Հանդիպեր ենք նաև գրութեան խորագրի մը Վանականի անուամբ «Գովեստ զՀայոց» կոչուած:

Պատմութիւն. — Վանականի երկասիրութեանցը մէջ գլխաւոր, և յետագայից հետաքննութեանը

[1] Կը յիշատակուին իր անուամբ մեկնութիւնք մարգարէութեանց Զաքարիայ և Եզեկիէլի. և որոց օրինակ մը պահուած է 'ի Մատենադարանին Էջմիածնի (Թիւ 1227):

արժանաւոր նիւթ և ճարտակ պիտի ըլլար Պատմութիւնը, որ դժբաղդաբար մեր ձեռքը հասած չէ, և որուն կորուստը՝ մեծ կորուստ մը պէտք է սեպուի թէ՛ ազգային մատենագրութեան և թէ պատմութեան: Թէ Վարդան և թէ Կիրակոս կ'աւանդեն որ երբ Վանական՝ զինքը գերող Թաթարներուն ձեռքէն ազատելով՝ իւր Խորանաշատ վանքը քաշուեցաւ, իր և ազգին գլխէն անցած ամէն աղէտալի դէպքերը գրի վրայ առաւ: « Հայոց ՈՁԵ թուականէն (1236), կ'ըսէ Վարդան, մինչև 'ի ՉԺԴ (1265) յորում այժմ կը գտանիմք, ինչ որ ըրին Նետողաց ազգը՝ այն ամէն իշխաններուն և իշխանութեանց վըրայ, որ մեծ ծովուն ասդին կողմը կ'իյնան, Պարսից, Աղուանից, Հայոց, Վրաց և Հոռոմոց աշխարհին վրայ, յորս կը բնակին Հայք, Ասորիք, Յոյնք, Տաճիկք և Թուրքմանք, տեղնիտեղը պատմած է մեր փառաւորեալ հայրը Վանական վարդապետ »: Կիրակոսի խօսքերէն հաւանական կ'երևնայ թէ այս գրքին մէջ 'ի Սիս գումարուած ժողովոյն պատմութիւնն ալ ըրած է:

Նոյն պատմիչները մեծապէս կը գովեն նաև Վանականի գրասէր ուսումնասիրութիւնը, և թէ ամէն ջանք կ'ընէր որ չըլլայ թէ նախնեաց երկասիրութիւններէն բան մը կորսուի. ու յանուանէ կը յիշատակեն Երզեվանից մէջ ժողոված գրոց բազմութիւնը. տեղ մըն ալ չափազանցութեամբ խօսելով՝ Եղբայրասէր Պտղոմեայ կը նմանցընեն զինքը. « բազում գրեանս հաւաքեալ յազգաց և 'ի լեզուաց »:

ՎԱՐԴԱՆ ՎԱՐԴԱՊԵՏ

Վարդան վարդապետ: — Երթն 'ի Կիլիկիա: — Կոստանդին կաթուղիկոսին կողմանէ նուիրակութիւնն: — Թարգմանութիւն գրոցն Միխայելի Ասորւոյ: — Հուլաղու խանին հետ տեսութիւն: — Պատմութեան գիրքը: — Մեկնողական գրուածքներ: — Հնգամատենին, Սաղմոսի, Երգոց Երգոյն, Դանիելի մեկնութիւնք: — Ներբող 'ի սուրբ Լուսաւորիչն: — Մանր կամ անհարազատ գրուածներ: — Առակք: — Վարդանայ երկասիրութեանց բնագրին տպագրութիւնք և թարգմանութիւնք:

Արեւելեան Հայոց և Աղուանից աշխարհին սահմանակից քաղաքներէն մէկուն մէջ ծնած է Վարդան, մանկութեան հասակէն Վանական վարդապետին աշակերտած, և անոր ուրիշ աշակերտացը մէջ հռչակաւոր և սիրելի իր վարդապետին: Ուխտի համար Երուսաղէմ ըրած ճանապարհորդութեանը ժամանակ Կիլիկիա հանդիպեցաւ, և իրեն հանճարոյն և գիտնութեանը արժանաւոր պատիւը գտաւ թէ Հեթում թագաւորէն և թէ Կոստանդին կաթուղիկոսէն. ու հայրապետին ստիպողական թախանձանօքը հինգ տարի կեցաւ անոր քով, կաթուղիկոսարանին կարեւոր գործառնութեանցն օժանդակելու համար. և երբ Կոստանդին նոյն Վարդանայ ձեռքովը իւր մէկ շրջաբերական թուղթը ղրկեց առ արեւելեայս, մասնաւոր գովեստներով կը գրուատէր զՎարդապետն այն Թուղթին մէջ, « արդիւնական վարդապետ անուանելով զնա, և նախախնամութեան մասնաւոր պարգև մը », զոր և իւր սիրտն ու խօսքը կ'անուանէ յամենայնի։ Թղթոյն հետ մէկտեղ արևելք տարաւ Վարդան նաև Սսոյ ժողովոյն կանոններն, որուն ինքն ալ ներկայ գտնուած էր Կիւլիկիոյ եպիսկոպոսաց և վանահարց հետ։

Կաթուղիկոսին գլխաւոր վախճանն էր Սսոյ ժողովոյն սահմանադրութեանցն ու կամաց հակառակողքը համոզել, և անոնցմէ հաւանութեան գիր կամ խօսք առնուլ։ Զոր կատարեց Վարդան՝ կաթուղիկոսին կամացն ու բաղձանացը համեմատ. և հոն ժամանակ մը կենալով հայրապետին քով՝ թարգմանեց Ասորւոց Միխայէլ պատրիարքին ընդհանուր պատմութիւնն, իրեն օգնական ունենալով Իշոխ անունով ասորի քահանայ մը։ Ոմանք 'ի գրչագրաց Դաւիթ անունով վարդապետի մը կ'ընծայեն Միխայէլ պատրիարքի ժամանակագրականաց թարգմանութիւնը. « Զբարեացապարան ամենայն և զթարգմանիչն հին և նոր պատմութեան գրոց՝ մանաւանդ այսմ լուսազարդ գրոց, զմեծապատիւ րաբունին և զքարոզն աւեղերահռչակ և զամենագով սուրբ վարդապետն զԴԻԹ (զԴաւիթ) յիշեցէք 'ի Քրիստոս »։ Իսկ այլք ընդհանրապէս կը խորագրեն. « Պատմութիւն արարեալ պատրիարքին Ասորւոց Միխայէլի, զոր Վարդան վարդապետ Արևելցին փոխեալ էր յասորի գրոց »։ Ոմանք կը նշանակեն նաև թարգմանութեան ժամանակը. « Յամի անժամանակին Աստուծոյ ընդ ժամանակաւ լինելոյն ՌՄԽԸ Թուահամարութեան և 'ի ՈՂԸ Թուաբերութեան Հայոց փոխեցաւ գիրքս այս (Միխայէլի) Ասորւոց 'ի հայս՝ հրամանաւ տեառն Կոստանդեայ 'ի ԻԵ ամի հայրապետութեան, և 'ի ԻԵ ամի թագաւորութեան Հայոց Հեթմոյ »։

***

Կիլիկիայէն դառնալէն ետքը՝ Կայենոյ ձորոյն մէջ եղած Անդրէի վանքը առանձնացաւ, և հոն շարադրեց իւր գլխաւոր երկասիրութիւնքը, որոնց վրայ ետքը պիտի խօսինք։ Յետոյ Վիրապի կոչուած վանքը նստած է, և աշկերտներ սովրեցուցած. նոյն պաշտօնը կատարած նաև Սաղմոսավանից ու Թեղենեաց վանքին մէջ։

Վարդանայ կենացը գլխաւոր պարագաներէն մէկն է Հուլաղու խանին հետ ըրած տեսութիւնը, որուն մանրամասն ստորագրութիւնը կ՚ընէ իւր պատմութեան գրոցը մէջ։ Ինքը խանը, չգիտցուիր ինչ պատճառաւ, իւր քովը կանչեց զՎարդան, Շնորհաւոր, կամ ըստ այլոց Սարվանի որդի Շահպատի ձեռքով, ու հետը Սարգիս ու Գրիգոր անուանով վարդապետներն ու Տփխեաց աւագ քահանայն։ Հոն իրենցմէ առաջ հասած էր նաև Հայոց Հեթում թագաւորը ու Վրաց Դաւիթ արքայն, և Անտիոքայ լատին իշխանը, և Պարսից շատ ազատազգի մարդիկ։ Հուլաղու մեծ սիրով և մարդասիրութեամբ պատուեց զՎարդան. և անոր գինի օրհնել տուաւ, ու ձեռքէն առաւ խմեց ու իր աղօթքը խնդրեց։ Այլ և այլ հետաքրքրական հարցմունքներ ըրաւ, ու պատասխաններն ընդունեցաւ, զոր կը յիշատակէ պատմագիրը իւր գրուածին մէջ։

Խանէն ետ դառնալու ժամանակ՝ աւազակաց հանդիպեցաւ, և իւր գիրքը ինկաւ անոնց ձեռքը, զոր ետքը նորէն ստացաւ[1]։ Կենացը վերջին տարիներն

1 «Յաւուրս յայս՝ 'ի մեղաց իմոց անկաւ գրքունկս այս 'ի ձեռս հարամեաց, տղայօք մեր. և յողորմութենէն Յիսուսի ապրեցան տղայքն առ ժամն. և յետ ամի և կիսոյ գիրքս 'ի Տփխիս 'ի վաճառ բերեալ և գնեալ 'ի տանէ եղբօր մերոյ միոյ Մելքր կոչեցելոյ»։

Հաղբատայ վանքին մէջ անցուց, ուր շարադրեց Երգոց երգոյն մեկնութիւնն, և հոն մեռնելով թաղուեցաւ յամի 1271:

Պատմագրական գիրքը. — Վարդանայ գրուածոցը մէջ ամենէն աւելի նշանաւորն ու ուշադրութեան արժանի՝ Պատմութեանը գիրքն է: Հետաքնին գրուած մը, մանաւանդ իւր ժամանակացը դէպքերուն համար, և իւր ատենական գիտութեան վիճակէն բարձր երկասիրութիւն մը:

Հեղինակին գլխաւոր նպատակն եղած է այս գրուածքին մէջ՝ ազգային ժամանակակից պատմութիւն մը շարադրել համառօտ ոճով. բայց ուզեր է ազգին սկիզբէն սկսիլ, և անով ալ գոհ չեղած՝ ուրիչ զանազան ազգաց պատմութիւններն ալ մերինին հետ խառներ ու աւանդեր է:

Անոր համար արարչագործութենէ կը սկսի իւր գրուածքը, և կը հասցընէ մինչեւ Սենաարայ աշտարակաշինութիւնը, անկէց 'ի Նեբրովթ և 'ի բաժանումն ազգաց: Յաբեթայ վրայ խօսելուն ատեն, Հայկայ և Հայկազանց իշխանութեան վրայ ալ կը խօսի, մինչև 'ի Վահէ, համառօտ ոճով: Ետքը նորէն աստուածաշունչ պատմութեան կը դառնայ, համեմատութեամբ ընդարձակ և ոճով աւանդելով Աբրահամու կոչմանէն մինչև 'ի Քրիստոս, այլ և այլ ժամանակակից պատմութեանց համառօտ յիշատակութեամբքը:

Կ'անցնի ապա Արշակունեաց պատմութեանը, բաւական հմտութեամբ և նոր պարագաներով աւանդել այն դէպքերը, զոր յայլոց պատմըչաց գիտեմք, և կը հասցընէ մինչև իւր ժամանակը:

Վեցհազար տարուան պատմութիւն է, զոր կ'աւանդէ Վարդան: Այնչափ ընդարձակ ժամանակի պատմութիւն՝ այնպիսի համառօտ գրուածի մը մէջ՝ կամ խիստ ճարտարութիւն և կամ հմտութեան պակասութիւն կ'ենթադրէ. և հարկ է ըսել Վարդանայ համար թէ այս երկրորդ թերութեան մէջ ինկած է: Անոր համար է որ շատ անգամ պարզապէս անուանց ցուցակ մըն է իւր գիրքը, և ոչ յագեցուցիչ պատմութիւն: Ժամանակագրութեան մէջ ալ ունեցած տեղեկութիւնը, որ պատմութեան կարևոր աչքն է, խիստ սահմանաւոր է. անոր համար թագաւորաց և իշխանութեանց ժամանակներն իրարու հետ կը խառնէ, կամ անխտիր կ'աւանդէ, մինչդեռ երկայն դարերու տարբերութիւն կայ մէջերնին: Իւր համառօտախօսութեանը դէմ ալ՝ երբեմն երկայնաբանութեան մէջ կ'իյնայ, ու այնպիսի դէպքեր ու աւանդութիւններ մէջ կը բերէ, որոնց հաւատք ընծայելը՝ իւր իմաստութեանն և համբաւոյն կրնան վնասակար ըլլալ, դիւրահաւանութեան ու պարզմտութեան արատ մը դնելով վրան:

Սակայն այս թերութեամբքն ալ՝ թէ ազգային պատմութեան և թէ եւրոպական գիտութեանց համար՝ ունի իւր արժէքը Վարդան. մանաւանդ իր ժամանակին հետաքննական դիպուածոցը համար, զորոնք 'ի լոյս կամ 'ի տեսոյ աւանդած է:

Թէպէտև յայտնի չէ թէ երբ սկսած է հաւաքել իւր այս համառօտութիւնը, բայց 1265ին լմնցուցած է, Հուլաղու խանին երթալէն ետքը. իսկ անկէ առաջ եղած երեսուն տարիներուն պատմութիւնը համառօտիւ նշանակած է. որովհետև արդէն Վանական և Կիրակոս մանաւոր գրքով աւանդած էին այն ժամանակաց դէպքերը[1]: Անկէ ետքը կը յիշա-

1 Ինքը Վարդան համառօտ ոճ մը ընտրելագոյն սեպելուն այս պատճառը կու տայ. «Զոր մեք ոչ համարձակեցաք, կ'ըսէ, երեքկնել կամ բազմաբանել. այլ համառօտ բերել միայն զթիւ ժամանակին, և նշանաւոր իրաց և գործոց յիշատակօք 'ի լրումն մերոյ գործառնութեանս, յոլով ժամանակօք ընկըսեալ և թերի թողեալ՝ պատկառելով 'ի գրողացն պա-

տակէ խանին մահը, ու Եգիպտացւոց Կիլիկիա զարնելը. և Կոստանդին կաթուղիկոսին մահը ողբալով՝ կը լմնցընէ իւր գիրքը։

***

Մեկնողական գրուածներ. — Իւր հօգևսէր եռանդեանը և սուրբ գրոց քաջավարժ հմտութեանն արժանաւոր այլ և այլ մեկնաբանական գրուածներ ալ շարագրած է Վարդան, որոց մէջ ժամանակաւ երիցագոյն կը սեպուի

Դանիէլի մեկնութիւնը. — Ի խնդրոյ եղբարց, յօրում հետևած է, ըստ իրեն վկայութեանը՝ Եփրեմի, Հիպպողիտեայ և Ստեփաննոսի սիւնեցւոյ, համառօտ և ամփոփ ոճով։

Սաղմոսի մեկնութիւն. — Հաղբատու Յովհաննէս եպիսկոպոսին խնդրանօքը՝ սաղմոսը մեկնաբանելու ձեռք զարկաւ Վարդան, Լամբրոնացիէն աւելի համառօտ ոճ մը բռնելով, և ընդհանրապէս հետևելով թէ իրեն և թէ ուրիշ հին մեկնչաց. այս ինքն Աթանասի, Բարսղի, Եպիփանու, Եփրեմի, և այլոց։

տուոյ»։ Ուրիշ պատճառ մ'ալ կը բերէ, իր ատեն հանդիպած անցից և դիպուածոց շատութիւնը, զոր «չկարէ բան և նիւթ պեղել և 'ի յիշումն ածել»։ Հոս վերջաբան խօսքով մը կարծես թէ կ'աւարտէ պատմութիւնը. ուր և կը դադրի նաև հնագոյն օրինակն որ 'ի մերում Մատենադարանի։ Իսկ միւս օրինակն՝ գրչագրեալ 'ի ՉԶ թուականի 'ի խնդրոյ արքեպիսկոպոսին Ստեփաննոսի Ուռպելեան՝ որդւոյ Տարսայիճ իշխանի, կ'աւելցընէ թաթարաց պատմութիւն, որուն կը հետևին նաև միւս նորագոյն օրինակք ընդհանրապէս։ Բայց որովհետև այս յաւելուածին մէջ գրութեան ոճը և լեզուն կը փոխուի, աշխարհիկ բառք կը յաճախեն, տարօրինակ և 'ի ոգիտաց հրաշալի համարուած դէպք, թուականաց անդադար կրկնութիւնք, և այլն, յոմանց անհարազատ սեպուած է Վարդանայ պատմութեան այս մասը, և յաւելուած յայլոց։

Գործածած լեզուն ալ ստորին՝ գրեթէ ռամկականին մօտենալով [1] ։

Մեկնութիւն Հնգամատենին. — Հաղբատայ Համազասպ եպիսկոպոսին ու Սանահնի վանից Գրիգոր փակակալին խնդրանօքը շարադրեց Վարդան այս գրուածքը Հայոց ՉԺ (1261) Թուականին։ Իրմէն առաջ եղող վարդապետաց՝ որ նոյն նիւթին վրայ խօսեցան, գրուածոցը բովանդակութիւն կամ քաղուած կրնայ սեպուիլ այս երկասիրութիւնս։ Յունական հարց դասակարգութեան հետ կը յիշատակուի նաև մերն Եղիշէ, ու անոր Արարածոց մեկնութենէն քանի մը հատուած ալ մէջ կը բերէ, և ասոնք միայն մեր ձեռքը հասած են այն ընտիր և գեղեցիկ գրուածքէն։ Այլ և այլ քաղուածներ ալ կ'ընէ Հեղինակը Բարսղի, Եփրեմի, Գրիգորի Աստուածաբանի, Պիսիդեայ, Նիւսացւոյն մարդակազմութեան գրքէն, Ոսկեբերանի գրուածներէն. տեղ տեղ ալ 'ի Լուսաւորչէ, Դաւիթ փիլիսոփայէն, Փիլոնի գրուածներէն, Թովմայի Արծրունւոյ գրքէն, և այլն։

Մեկնութիւն Երգոց երգոյն. — Իրեն աշակերտակից Կիրակոս վարդապետին խնդրանօքը յօրինած է այս գիրքս Վարդան 1265 Թուականին, Կոստանդին կաթուղիկոսին ու Հեթմոյ Թագաւորութեան և Յովհաննու արքեպիսկոպոսութեան ատենը, Հաղբատայ վանքին մէջ։

Աս Կիրակոս ուղղեալ ընծայականին մէջ, որուն առաջնորդութեամբը և ինչ կերպով այս գրուածքին

1 Խորագիրն ըստ ձեռագրաց. «Աշխարհալոյս և տիեզերալոյս վարդապետին Վարդանայ պարզ և լուսաւոր խորին խորհրդով և դժուարագիւտ լուծմամբ և բանիւ մեկնութիւն առարեալ Սաղմոսին, շարժեալ 'ի Հոգւոյն սրբոյ և յարհիականէն Հաղբատայ և աշակերտաց իւրոց, յոյժ աշխատեալ մտաւոր բանիւք զոր ցուցանէ առաջիկայ ամբարեալս ... նաև զսրբոցն 'ի մի հաւաքեալ ձեռնհաս սիրողացն»։

ձեռք զարնելը կ'աւանդէ Վարդան. «Յորոց և դու Ճանաչիս՝ տէրունական իր և անուն, հարազատ եղբայր մեր Կիրակոս, րաբունեաց պետ և քաղցուսյնի կիրք մեր, և մեծ մասն յուսոյն 'ի սուրբ եկեղեցի. որ և քումըղձիցն կցորդել հրամայեցեր 'ի բան և 'ի գիր, զհաւատն Տեառն տալով, շնորհօք նորա կարել մեզ զմիացեալն յԵրգոց երգոյն 'ի Գրիգորէ Նիւսացւոյ, որ մեծն է և աղբիւր եկեղեցւոյ՝ ընու, առաջնորդութեամբ Որոգինեայ, համառօտել և ըզԳրիգորին 'ի սկզբանէ, որ 'ի վեր գտանի քան ըզկարն մեր յոյժ »:

Ներբող 'ի սուրբ Լուսաւորիչն. — Ի խնդրոյ Համազասպայ՝ որ Հաղբատայ առաջնորդ եղաւ յետ Յովհաննու եպիսկոպոսին[1]:

***

Մանր կամ անհարազատ գրուածներ. — Այլ և այլ մանր և անհարազատ գրուածներ ալ կ'երևնան Վարդանայ անուամբը, որոնք քիչ կամ բոլորովին անարժանք են մտադրութեան և մասնաւոր քննութեան: Ասոնց կարգէն է

Դաւանութիւն հաւատոյ երկու տեսակ, մէկն ընդարձակ՝ իսկ միւսն համառօտ:

1 Հրատարակեալ 'ի կարգի Հայկական Սոփերաց (Հատ. Ե.) 'ի 1854, 'ի Ս. Ղազար:

Էջմիածնի Մատենադարանին ձեռագրաց ցուցակին մէջ (թիւ 920) հետևեալ խորագրով երկասիրութիւն մ'ալ կ'ընծայուի Վարդանայ. « Յերիցս երանեալ հայրն մեր և 'ի սուրբ հայրապետն Յովհան Աւձնեցի, յայտարարութիւն բանից 'ի Նուաստէ Վարդանայ 'ի խնդրոյ տեառն Համազասպայ արքեպիսկոպոսի մեծի աթոռոյն Հաղբատայ. առ որ սկիզբն նախադրութեան ճառիս պատասխանի է »: Սկզբնաւորութիւնն է. « Պայծառ ջահն արևելից եկեղեցեաց այրն քրիստոսազգեաց Գրիգորիոս »:

Համառօտ գրուած մը այսպիսի խորագրով. Բանք յաղագս երկրաչափական ձեւոց, նմանութեանց երկրաչափական առաջնոց։

Քերականի մեկնութիւն. — Աննշան գրուածք մը, իբրեւ 'ի խնդրոյ Հեթմոյ Թագաւորի։

Մանր գրուածոց կարգը կրնան սեպուիլ քանի մը շարականներ ալ որ Վարդանայ կ'ընծայուին. ինչպէս 'ի պատիւ Յովակիմայ եւ Աննայի երգուած «Որ նախիմաց» շարականը, զոր 'ի Հռոմկլայ՝ Հեթում Թագաւորին եւ Կոստանդին կաթողիկոսին քովն եղած ատենը երգած կ'երեւնայ. որովհետեւ մէջը մասնաւոր մաղթանք կան Հայոց Թագաւորին եւ հայրապետին կենդանութեանը համար: «Ի յանսահման ծովէն» 'ի պատիւ Երկոտասան առաքելոց, եւ «Որք զարդարեցին» Թարգմանչաց վրայ, եւ «Ամենասուրբ Երրորդութեան» 'ի յիշատակի սրբոյն Սարգսի զօրավարի: Սարգիս անունով մէկու մը խնդրանօքն ալ Աւետարանի ժամին շարականին մեկնութիւնը շարադրած է վայելուչ ոճով:

Առակք. — Վարդանայ անուամբը Առակաց գիրք մըն ալ կը գտնուի, որոց թիւը Աղուեսագրոց մէջ ինչուան հարիւր քառասունի կը հասնի: Հաւանական կ'երեւնայ թէ Մխիթարայ Գօշի եւ այլոց առակներէն հաւաքուած երկասիրութիւն մըն է ասիկայ, որուն վրայ իր քովէն ալ քանի մը առակներ յարմարցընելով հեղինակը՝ ամբողջ գիրք մը ձեւացած է: Բաւական հանճարեղ գիւտեր եւ զուրցուածքի կերպեր կը բովանդակեն այս առակները: Երկու անգամ տպագրուած են այլ եւ այլ տեղուանք, եւ երրորդ մասնական տպագրութիւնն ալ եղած է 'ի Փարիզ, հանդերձ գաղղիական թարգմանութեամբ (1825):

Աշխարհագրութիւն. — Նոյն անուամբ երկասիրութիւն մըն ալ կը գտնուի Վարդանայ ընծայուած, որուն վրայ այսպիսի խորագիր մը կը դնեն գրչագիրք. «Աշխարհագրութիւն Նորոգ Թարգմանչին և երկրորդ լուսաւորչին, Վարդանայ վարդապետի»: Աւելի Հայաստանի աշխարհագրութիւն՝ կամ քաղաքաց անուանակոչութիւն կրնայ սեպուիլ այս գրուածս, զոր գաղղիական թարգմանութեամբ ծանօթացոյց արևմտեայց՝ Սէն-Մարթէն: Անկէ զատ ուրիշ տպագրութիւն մըն ալ եղած է մասենկանս 'ի Կոստանդնուպօլիս 1728ին:

Վարդանայ Պատմութեան գրոցը երկու տպագրութիւն եղած է. մէկ մը 'ի Մոսկուա (1861), երկրորդն 'ի Վենետիկ (1862,) Հմուտ և ընտիր ծանօթութեամբք: Վերջին տպագրութեանս յառաջաբանին հեղինակը՝ բաց 'ի Վարդանայ պատմագրողէ, ուրիշ մէկ կամ երկու համանուն վարդապետներ ալ կը յիշատակէ, և թէ այս երեքին գրուածներն վրիպակաւ իրարու ընծայուած են: Այս երկուքն են՝ Վարդան Բարձրբերդցի, որ մերինէն տասնըմէկ տարի կրտսեր է ժամանակաւ, և որ երկրորդ Վարդան կը կոչուի 'ի Ղազարայ Ջահկեցւոյ և որուն կ'ընծայէ Զորից աւետարանոյ համառօտ մեկնութիւն մը, Աշխարհագրութիւնը և Քերականի մեկնութիւնը. և թէ այս վերջիններս՝ երրորդին աշխատասիրութիւններն են: — Վարդանայ Պատմութիւնը ռուսերէն ալ թարգմանելով և ծանօթութեամբք հրատարակեց 'ի Մոսկուա՝ գիտնական բանասէրն Մկրտիչ Էմինեան, յամի 1861: Մասնենախօսական երկասիրութիւնք. Les Mongols, d'après les historiens arméniens. Fragments traduits sur les textes originaux: Extraits de Vartan, par Ed. Dulaurier. Paris, 1860. — Extrait de l'Histoire universelle de Vartan-le-Grand. Dans le Recueil des Croisades. - Dulaurier, Documents arméniens. Paris. - Analyse critique de l'Histoire universelle de Vartan; édition princeps du texte arménien et traduction russe par M. Emine. par M. Brosset. Saint-Pétersbourg, 1862. Քննադատութիւն մ'ալ 'ի ռուս, 'ի ձեռն Հմուտ ուսուցչի Ք. Պատկանեան: — Vardan (Vardapet). Extrait du livre intitulé Solutions des passages de l'Écriture-Sainte, écrites à la demande de Héthum Ier, roi d'Arménie; trad. de l'arménien vulgaire sur le texte original, par E. Prud'homme. Paris, 1867. Տես նաև ՀԱՅԿԱԿԱՆ ՄԱՏԵՆԱԳԻՏՈՒԹԻՒՆ, 639-643:

ԿԻՐԱԿՈՍ ԳԱՆՁԱԿԵՑԻ

Կիրակոս Գանձակեցի աշակերտակից Վարդանայ: — Պատմական երկասիրութիւնը: — Անոր նիւթը: — Մատենագրական ոճ և հնութիւն: — Բնագրին տպագրութիւնք և թարգմանութիւնք: — Ժամանակից փոքր մատենագիրք: — Մխիթար Սկեւռացի. — Վարդան կամ Վարխան: — Կիրակոս Արևելցի:

Վանական վարդապետին աշակերտ ու Վարդանայ ուսումնակից էր Կիրակոս Գանձակեցի: Գետկայ վանքին մէջ ըրած էր իր ուսումը, որչափ որ կը ներէր խառնուեալ ժամանակը՝ յորում ապրեցաւ, և վարդապետաց ուսման և գիտութեան չափը: Այս կարծիքս կը հաստատմացընէ իրեն Պատմութեան գիրքը, որ Կիրակոսի միակ երկասիրութիւնն է՝ մեր ձեռքը հասած: Իբրև մատենագիր՝ չունի այն կարգաբան ոճը՝ զոր իր վարդապետն և ուսումնակիցն աւելի կերպով մը գործածած են իրենց գրուածոցը մէջ. և ոչ ալ այն հմտութիւնը՝ զոր կը ցուցընէ Վարդան իր տիեզերական պատմութեանը մէջ. դարձեալ և ոչ բանադատ քննութիւնն՝ որ անհրաժեշտ պարտաւորութիւն մըն է՝ անցեալ և ժամանակից դիպուածներն ապագայից աւանդելու աշխատութիւնը վրան առնող մատենագրի համար:

Կիրակոսի ատեն՝ հայերէն գրութիւնք ազգային քաղաքականութեան հետ իրենց մահաուիթ ճգնաժամին հասած էին. կործանման մօտ եղող և չորս կողմանէ 'ի Թշնամեաց հարստահարեալ իշխանութիւն մը՝ չէր կրնար ոչ բարեկարգ վարժարաններ և ոչ ալ ուսուցիչներ երեւցընել. և անոնց պակասութիւնը հարկ էր որ զգալի ըլլար ժամանակին բանասիրացը մտքին, դպրութեանը, հմտութեան և գրչին վրայ:

Առողջ քննադատութիւն մը կը պակսի Կիրակոսի պատմութեանը մէջ, երբոր անանկ դէպքեր կ'աւանդէ ու հաւատարմացընել կը ջանայ, որոնց ստուգութեանց գոյութիւնը դժուարին, ու երբեմն ինչուան անկարելի է. երբոր իրմէ առաջ եղող պատմըչաց հետեւելու տեղ՝ շատ անգամ անոնց գրուածոցը անտեղեակ՝ տարբեր պարագաներ և յիշատակներ կ'աւանդէ: Լեզուն ալ՝ իւր ժամանակին, ըսենք նաև թէ պատմած խեղճ գիտուածոյը՝ արժանաւոր է:

Պատմութեան Ոճը[1]. — Գրիչը ձեռք կ'առնու Կիրակոս պատմագրելու անանկ Թշուառ ատենի մը մէջ, յորում «սէր ցամաքեալ, անգթութիւն աճեալ, աստուածպաշտութիւն նուազեալ և անհաւատութիւն բազմացեալ. սեղանք և պատարագք լռեալ, և քահանայք անարգեալ 'ի սուր արկեալք. կանայք և մանկունք գերեալք, և այլք դառնամահ լեալ»: Այսպիսի սրտով գրուած յառաջաբանութենէ մը ետքը, կը սկսի իւր Պատմագրութիւնը այսպիսի վերնագրով. «Համառօտ պատմութիւն և ցոյցք անուանց սրբոյն Գրիգորի, և որք յետ նորա յաջորդեցին յաթոռն»: Եւ այս վերնագիրը կը հաւատարմացընէ իրեն գրուածքին առաջին մասը. վասն զի սրբոյն Գրիգորի, անոր որդւոցն և թոռան-

1 Վերնագիրը այսպէս կը նշանակուի գրչագրաց մէջ. «Համառօտ պատմութիւն ժամանակաց 'ի սրբոյն Գրիգորէ՝ մինչև մի յետին աւուրս Թուացեալ: Արարեալ Կիրակոսի՝ մեծ և ընտրեալ վարդապետի 'ի մեծահռչակ սուրբ ուխտն Գետկայ»:

ցը պատմութիւնը կ՚ընէ համառօտ ոճով, քաղելով իրմէ առաջ եղող պատմագրաց գրուածքը, և մանաւանդ Բիւզանդայ, և այլոց։ Եւ թէպէտ քաղաքական այլ և այլ անցքեր ալ կը յիշատակէ, և ոչ միայն ազգային՝ այլ նաև Բիւզանդեան կայսերաց, Պարսից, Արաբացւոց և Մահմետի և իրեն կրօնիցը և աշխարհակալութեանց դէպքերը, սակայն գրեթէ միշտ երկրորդաբար, աւելի ուզելով ճանչցընել և մեծարել տալ Հայաստան եկեղեցւոյ իրեն փառաւոր պարծանքը։ Վասն զի ուր համառօտիւ և վեր 'ի վերոյ յիշատակութեամբ գոհ կ՚ըլլայ քաղաքական նշանաւոր անցից, աւելի մանրամասն՝ գրոցը տանելու չափ՝ կը խօսի եկեղեցական դիպուածոց, անձանց և գրաւոր երկասիրութեանց վրայ։ Այսպէս Շնորհալւոյն առ Յոյնս գրած երկար հաւատոյ դաւանութիւնը՝ ամբողջ կ՚ընդօրինակէ։

Ասանկ են ընդհանրապէս Կիրակոսի պատմութեանց առաջին տասը գլուխներն։ Բայց երբոր իրեն մերձաւոր ու ժամանակակից դէպքերու վրայ կը սկսի խօսիլ, առջի համառօտախօսութիւնը կը թողու, ու ոճով կ՚աւանդէ այն դիպուածներն՝ որոնք Հայաստանի պատմութեան մէջ տխուր տեղ մը գրաւած են. վասն զի հայրենեաց կործանման և աւերելուն մանրամասն պարագաներն են։ Սակայն առաջ Աղուանից ազգին վրայ համառօտ տեղեկութիւն մը կը դնէ [1], և պատճառն ալ ինքը մէջ կը բերէ. վասն զի զանոնք « ազգային և հաւատակից Հայոց » կը կոչէ. « մանաւանդ զի և առաջնորդք նոցա հայալեզուք, հայերէնախօսք յոլովք էին. թագաւորքն՝ հնազանդք թագաւորին Հայոց, ընդ ձեռամբ նոցա լեալք. և եպիսկոպոսքն՝ ձեռնադրեալք 'ի սրբ-

1 « Համառօտ հիւսուածք պատմութեան կողմանցն Աղուանից, ընդ ներքոյս զրուցատրաբար » ։

բոյն Գրիգորէ և յաճոռակալաց նորա »։ Ու անոնց եկեղեցական և ազգային համառօտ պատմութիւնը՝ կը հասցնէ մինչև իւր օրերը։

Անկէց Թաթարաց ազգին վրայ կը սկսի խօսիլ, անոնց ըրած պատերազմունքը, յաղթութիւններն, Հայոց և Հայաստանի հետ ունեցած յարաբերութիւններն, Գանձակ, Շամքոր, Լոռի քաղաքաց աւերումը, Անւոյ, Կարսայ հիմնայատակ քանդիլը, Թաթարաց Հայաստանի մէջ բունանալը, ծանր հարկահանութեամբ բոլորովին աղքատութեան և խեղճութեան մէջ ձգելները, և այլն։ Ասոնք են Գանձակեցւոյն Պատմութեան գլխաւոր դիպուածոց նիւթերը։

Այս նկատմամբ հետաքրքրական է իրեն երկասիրութիւնը։ Թաթարաց վրայ՝ նոյն իսկ Եւրոպացի ազգաց մէջ գտնուած տեղեկութիւններն այնչափ ցրիւ և առասպելախառն են, որ այսպիսի մատենագրի մը գրուածքը իրաւամբ իրեն արժանաւոր յարգը կը գտնէ անոնց առջևը։

Թէպէտ շատ տեղ կարգէ դուրս դիւրահաւան պարզմտութիւն մը կ'երևցընէ Կիրակոս, բայց ընդհանրապէս իւր ստուգախօսութիւնն ալ չենք կըրնար մերժել. մանաւանդ իրեն ժամանակակից դիպուածոց նկատմամբ, զորոնք չէ գանգատած մանր քննել։ Ինքն ալ կը վկայէ իւր անձին համար, երբոր Լևոնի Թագաւորութեան վրայ խօսելու առենը կը զրուցէ. «Մինչև ցայս վայր էր պատմութիւնս երկօք աշխատութեան հաւաքեալ 'ի նախագրելոց. իսկ որ առաջի կայս մեզ ասպարէզ պատմութեանս, է որ ականջալուր, և է որ ականատես »։ Դարձեալ Հեթում առաջնոյն Ճանապարհորդութեան դարձը նշանակելով, կ'ըսէ. «Բազում և այլ ինչ պատմէր Թագաւորն իմաստասէր՝ զխժական ազգացն, զոր թողաք մեք. զի մի աւելորդ համարեսցի »։ Ուրիշ տեղ մըն ալ Հուլաւու Թաթար զանին Պաղտատ քաղաքը առնելը յիշատակելով, կ'ըսէ. «Զայս ամենայն պատմեաց մեզ Իշխանն Հասան, զոր Պռօշ անուանէին, որդին Վասակայ բարեպաշտի, ... որ ականատես և ականջալուր էր իրացս»:

Բնագրին երկու տպագրութիւնք եղած են. առաջինն 'ի Մոսկուա. «Պատմութիւն Հայոց արարեալ Կիրակոսի վարդապետի Գանձակեցւոյ: Ի լոյս ընծայեաց Ոսկան Տէր Գէորգեան Յովհաննիսեանց Երեւանեցի. 'ի Մոսկուա, 'ի տպարանի արեւելեան լեզուաց Ճեմարանի Տեարց Լազարեանց, 1858»: Իսկ երկրորդն 'ի Վենետիկ, «Կիրակոս վարդապետի Գանձակեցւոյ, Համառօտ Պատմութիւն 'ի սրբոյն Գրիգորէ ցաւուրս իւր, լուսաբանեալ», 1865: Թարգմանութիւնք 'ի լեզու գաղղիական. Histoire d'Arménie, par le vartabed Kiracos de Gantzac, traduite par M. Brosset, Saint-Pétersbourg, 1871. — Les Mongols, d'après les historiens arméniens. Extraits de Guiragos, par M. Ed. Dulaurier. Paris, 1858. — Traduction latine de quelque passages de Kiracos, par M. Petermann, de l'Académie de Berlin.

***

Երեքտասաներորդ դարու մէջ գիտութեամբն և խոհական ղզօնութեամբ համբաւեալ էր յազգին ՄԽԻԹԱՐ անուն վարդապետ Սկեւռացի, զոր Կոստանդին կաթողիկոս և Հեթում, յարգելով անոր հանճարը, նուիրակ խրկեցին առ պատգամաւորն Ուրբանոս Դ քահանայապետի, առ արքեպիսկոպոսն Տիւրոսի Գուլիէլմոս. որ Աքքեա քաղաքը գալով՝ կրօնական խնդրոց համար խօսելու և վիճելու նպատակաւ, դժկամակութիւն կը ցուցընէր ոչ Հայոց կաթողիկոսին և ոչ անոր նուիրակին երեւնալուն վրայ։ Երբ վերջապէս հասաւ Մխիթար, առջի բերան ոչ այնչափ սիրալիր ընդունելութիւն մը ըրաւ անոր Գուլիէլմոս. բայց ետքը կաթողիկոսին կողմանէ խրկուած ընծաներն ընդունելով, յարգեց ու մեծարեց նաև անոր նուիրակը, տեսնելով անոր հըմտութիւնն և տուած իմաստուն պատասխաններն։ Օր մը կոչեց զնա 'ի ժողով. հոն ներկայ էին Աքքեայի քաղաքապետն Ճօֆրէ (Ջուֆրի) Տաճարական աս-պետաց կարգապետը, Հիւանդանոցին վերատեսուչը, և շատք յիշխանաց, բաց 'ի գլխաւորէ նոցա և փաստաբանք. և սկսան վիճել սրբոյն Պետրոսի առաքելոյն գլխաւորութեան վրայ։ Եւ թէպէտ Մըխիթար բաւական հմտութեամբ կու տար պատասխաններն, բայց մերթ նաև կանխակալ կարծեօք և հոգւով, չափազանց յարմամբ ազգային եկեղեցական գլխոյն իշխանութեան և իրաւասութեան, և մեծ համարելով զնա քան զայլ ամենայն պատրիարքունս։ Այս վիճաբանութեան պատմութիւնն ու խօսքերը գրի վրայ առաւ Սկեւռացին, ու 'ի դարձին ընծայեց զայն Հեթում թագաւորի՝ քառատող ոտանաւորով։ – Իրեն երկասիրութիւնն է նաև Յունաց պատրիարքական աթոռոց, և մանաւանդ Կոստանդնուպոլսի աթոռոյն վրայ վիճաբանական գըրուած մը, զոր յօրինեց 'ի խնդրոյ Յակոբայ արքեպիսկոպոսի Կաստաղօնի։ Գրիչք կը շփոթեն զինք երբեմն ընդ Վարդանայ, զոր պիտի յիշենք, որ հոգւով ու գրչով իրմէ շատ հեռի կը մնայ։

Այն ժամանակներն Հռովմայ քահանայապետին ու Կոստանդին կաթուղիկոսին մէջ թղթակցութիւններ կ'ըլլային. և թէպէտ ազգին մէջ շատերը կը գտնուէին որ կաթուղիկոսին առ արևմտեայս ցուցած մտերմութեանը վրայ գոհ էին, բայց գտնուեցան ոմանք ալ որ այլ և այլ պատճառներով դէմ կը կենային, ու չէին ուզեր որ գործադրուի այն միաբանութեան խորհուրդը, ուսկից թէ եկեղեցւոյ և թէ ազգին մեծամեծ բարիքներու յոյս ունէր Կոստանդին։ Ասոնցմէ էր և ՎԱՐԴԱՆ կամ Վարխառն, որ տեսնելով Հռոմայ հայրապետին նուիրակին Թըղթերը առ Կոստանդին կաթողիկոս, ինքիրմէ՝ իբրև 'ի դիմաց կաթողիկոսին Թուղթ մը գրեց առ Հեթում Թագաւոր, արևմտեան եկեղեցւոյն վրայ հընգետասան մոլորութիւններ բարդելով անզգոյշ բացատրութեամբք։ Որով ազգին մէջ հետևող չունեցաւ, մանաւանդ թէ կուսակից և համամիտ կարծուածներն ալ հեռացան իրմէ։

Կ՚ աւանդեն թէ ժամանակ անցնելէն ետքը նոյնպիսի ոճով գրուածքմ՝ ալ հրատարակած է Վարխամ զոր Մխիթար կաթողիկոսն ալ կը յիշէ առ Իննովկենտիոս Հռոմայ հայրապետ գրած Թղթին մէջ, ու կը մերժէ թէ հեղինակը և թէ անոր գրուածը. «Այն ատեններն, կ՚ըսէ, Սեաւ լերան վրայ կը բնակէր Վարխամ անունով հակառակասէր ու անծանօթ մարդ մը, որ նուիրակին դէմ անկարգ, մոլորամիտ ու ախմար գրութիւններ հրատարակեց։ Բայց այն խօսքերը հաճոյ չեղան ոչ Թագաւորին և ոչ կաթողիկոսին, և մեծապէս արհամարհուած են մեր քովը. և ուր որ գտնուին՝ կրակի կու տանք»։

Կիրակոսի պատմչին ժամանակակից և գրեթէ հայրենակից ալ է ԿԻՐԱԿՈՍ ԱՐԵՒԵԼՑԻ վարդապետն. հեղինակ կամ հաւաքող Յայսմաւուրք գրոց, որոյ համար կ՚ըսէ ինքն. «Ի միասին հաւաքեցի զտօն սըրբոցն Աստուծոյ ըստ իւրաքանչիւր յիշատակի աւուրց. գրեցի և պատմութիւնս նոցա, որոց ոչ էր եդեալ 'ի գիրս Յայսմաւուրայն, և խառնեցի ընդ Նախակարգան՝ ... Եւ եղև իրակութիւնս այս 'ի Թուիս ՉԺԸ, յաշխարհիս Կիլիկեցւոց, 'ի Սիս մայրաքաղաքի, 'ի Թագաւորութեան Հեթմոյ, և յառաջին ամի իշխանութեան որդւոյ նորին Լեւոնի, 'ի վաթսուն և վեց ամի կենաց պանդխտութեան մերոյ։ Եւ ձառքն որ յաւելաք մեք ընդ հինն խառնեալ՝ հարիւր եօթանասուն»։

ՅՈՎՀԱՆ ԵՐԶՆԿԱՑԻ

Երզնկացւոյն ուսումն ու դաստիարակութիւն։ — Գիւտ նշխարաց մեծին Ներսիսի հայրապետի։ — Այն առթով երգուած շարականք յԵրզնկացւոյն։ — Երթն 'ի Կիլիկիա և յարքունիս Լևոնի։ — Ժողովք 'ի Սիս և յԱտանա։ — Միաբանողաց սկզբնաւորութիւնն։ — Երզնկացւոյն երկասիրութիւնք։ — Քերականի մեկնութիւն։ — Ներբող 'ի սուրբն Գրիգոր Լուսաւորիչ։ — Մեկնութիւն Մատթէի։ — Խրատական երկասիրութիւնք։ — Քնարերգականք։

Յովհաննու Երզնկացւոյն ծնած տարին, ինչպէս մահուանը թուականն ալ՝ խիստ յայտնի չէ. միայն հաւանական կ'երևնայ թէ ծնած ըլլայ 1250 թուականին, և մեռած 'ի 1326։ Այլ և այլ անուամբք կոչուած է 'ի գիրս այս վարդապետս. մերթ Երզնկացի կամ Երզնկայեցի, այն քաղաքը ծնած ըլլալուն համար. մերթ Պլուզ՝ որ կարծես աչուի ըսել է. երբեմն Ծործորեցի, որովհետև երկայն ատեն բնակեցաւ Ծործորաւ կոչուած սուրբ Աստուածածնի վանքին մէջ, որ Արտազ գաւառին մէջ կ'իյնայ. տեղ մըն ալ՝ Յովհաննէս Երզնկացի՝ «մականուն Մաշածին» կոչուած, անգիտելի պատճառաւ։

Նոյն ատենները Երզնկայի քաղաքական իշխանութիւնը՝ Յովհաննէս պարոնին ձեռքն էր, իսկ հոգևորականը՝ իր հօրը Սարգիս արքեպիսկոպոսին, երկուքն ալ աշխարհաշէն, ուսումնասէր և ուսմանց եւանէ լինողներուն ձեռնտուութիւն ընող անձինք։ Երզնկացին իր ուսմանցն աւքի ընթացքը՝ Սեպուհ լերանը քով սրբոյն Մինասայ կոչուած անապատին մէջ ըրաւ. ետքէն շրջակայքն եղող վանքերուն մէջ իր փնտռած ուսումնքն և գիտութիւնը խնդրելով ու վախճանին չհասնելով, սորվուեցաւ հեռաւոր տեղուանք Ճանապարհորդութեան ելլել։

Այն ժամանակներն Հայաստանի մէջ մեծ անուն հանած էր իւր իմաստութեամբն և գիտութեամբը Վարդան վարդապետն, որ իւր օգտակար կենաց վերջի տարիները առանձնացեր էր Հայոց ու Վրաց սահմաններուն մօտ Հաղբատ ու Սանահին վանաց մէջտեղ՝ Կայենոյ ձոր ըսուած տեղը. և հոն եղող պզտի վանքին մէջ քաշուելով՝ քովը յաճախող աշակերտաց դաս կու տար։ Յովհաննէս ալ հոն գնաց, ու հաւանական կը կարծուի թէ ինչուան Վարդան վարդապետին մահը անոր քով կեցաւ։

***

Յովհաննու Երզնկայ դառնալէն տարի մը ետքը՝ նշանաւոր գիպուած մը հանդիպեցաւ. գրեթէ 700 տարի առաջ փլած Թիլն աւանին մէջ գտնուեցաւ Հայաստանի մեծ հայրապետին սրբոյն Ներսիսի մարմինը, ու Սարգիս արքեպիսկոպոսին ձեռքով փոխադրեցաւ մաս մը յԵրզնկայ, մաս մըն ալ Տիրաշէն ըսուած վանքը, Գայլ գետին երկու ափունքը։ Այս գիւտիս և փոխադրութեան ոչ միայն ականատես կը կարծուի Երզնկացին, այլ կ'երեւնայ թէ ինքը շարադրած է նոյն հրաշալի դէպքին պատմութիւնը։ Որովհետև կ'աւանդուի թէ այն փոխադրութեան ժամանակ՝ Սարգիս եպիսկոպոս ականատես ու իրենց իմաստութեամբը նշանաւոր եղող անձինքներէն մէկուն հրամայեց որ ոչ միայն պատմութիւնն ընէն, այլ նաև ճառ մըն ալ զրուցուի. և կը կարծուի 'ի բանասիրաց թէ այս պարտքս կատարողն Երզնկացին եղաւ: Անկէ զատ գեղեցիկ շարական մըն ալ երգեց 'ի պատիւ սրբոյն Ներսիսի, յորում կը յիշատակուի նաև անոր մարմնոյն փոխադրութիւնը: Լեւոն Գ Հայոց Թագաւորը լսելով սրբոյն Ներսիսի նշխարաց գիւտն, հրամայեր էր եկեղեցի մը շինել անոր պատուոյն. և այն եկեղեցւոյն նաւակատեաց և օծման հանդիսին առթիւը շարադրեց այս շարականս:

Կ'երևնայ թէ այն դէպքէն քանի մը տարի ետքը Երզնկացի իր հայրենի քաղաքէն հեռացած չէ, ինչուան Սարգիս արքեպիսկոպոսին ու անոր որդւոյն անպարտ մահը, որ 1276 թուականին հանդիպեցաւ: Անկէ չորս տարի ետքը՝ սրբոյն Գրիգորի վանքին միաբանները՝ իրենց միաբանութեանը նոր կարգ մը տալու համար խնդրեցին 'ի Յովհաննէ որ կանոններ գրէ. ինքն ալ կատարեց անոնց խնդիրքը, և գրեց «Կանոնք և սահմանք միաբանութեան եղբարց որ աստուածային սիրով միաբանեցան յեղբայրութիւն միմեանց յԵզնկա»:

Յաջորդ տարին Երզնկացին ուզեց ճանապարհորդութիւն մ'ընել յԵրուսաղէմ, թէպէտ և յայտնի չէ իւր այս փափաքը կատարած ըլլալը: Ասիկայ միայն գիտենք որ Կիլիկիայէն անցաւ, որպէս զի հոնտեղը թագաւորին ու հայրապետին ջանքով պայծառացած գիտութեանց ճաշակն առնու: Յակոբ կաթուղիկոս սիրով ընդունեցաւ զինքը, և իր ուսումնարանին վրակեցու կարգեց:

***

Երզնկացւոյն համբաւը լսուեցաւ նաև արքունեաց մէջ, և Լեւոն Թագաւորէն այլ և այլ մեծարանաց ու սիրոյ նշաններ տեսաւ։ Ռուբինեան Թագաւորք՝ եւրոպական ազգաց հետեւողութեամբը՝ սրբոյն Վլասայ անուամբ ասպետական կարգ մը հաստատեր էին. Երզնկացւոյն Կիլիկիա գտնուած ժամանակը՝ Լեւոն Թագաւորին երկու որդիքն՝ Հեթում ու Թորոս պատանեկութեան ու կորճութեան հասակը հասնելով՝ Ձիաւոր ընտրուեցան, ուրիշ քանի մը իշխանազանց ու արքունի պաշտօնէից որդւոյը հետ մէկտեղ։ Այս հանդիսին մէջ հրաւիրուեցաւ Երզնկացին՝ ատենական ճառ մը խօսելու, որ մեր ձեռքն ալ հասած է։ Լեւոնի անդրանիկ որդին ու Թագաւորութեան ժառանգը՝ Հեթում՝ սէր կապեց վրան. իշխաններն ու եպիսկոպոսունք ճանչցան ու յարգեցին անոր հանճարը, ու անոնց յորդորելովն ու խնդրանօքը բազմաթիւ երկասիրութիւններ շարագրած է, ինչպէս ետքը պիտի տեսնենք։

Երզնկացին իր ծերութեանը տարիները՝ Հայաստանի Արտազ գաւառին սուրբ Աստուածածնի կամ Թադէի վանքը քաշուեցաւ, որուն համար աւանդութիւնը կ'ըսէ՝ թէ սուրբն Թադէոս առաքեալ շինած ըլլայ։ Վանահայրը Զաքարիա եպիսկոպոս՝ մեծ սիրով ընդունեցաւ զինքը, և երկուքը միաբան ազգային յառաջդիմութեան համար կ'աշխատէին։

***

Այն ժամանակներն երկու նշանաւոր դիպուածներ հանդիպեցան մեր ազգին մէջ։ Պատմութենէ գիտենք թէ Կիւլիկիոյ Հայոց Թագաւորներն ուզեցին միաբանութիւն ընել լատին եկեղեցւոյ հետ. և այս վախճանաւ Գրիգոր Անաւարզեցի ժողովք մը գումարեց 'ի Սիս, և հոն հրաւիրեց ուրիշ զանազան վարդապետաց հետ նաև զԶաքարիա և զԵրզընկացին. բայց երբոր ժողովքը չգումարուած՝ կաթուղիկոսին կենաց վախճանը հասաւ, ասոնք ժողովքի չգնացին։ Անաւարտեցուցին յաջորդէց Կոստանդին, ու իր նախորդին հրաւէրքը կրկնեց. բայց Երզնկացին չուզեց տեղէն շարժիլ. վասն զի տեսաւ որ Ստեփանոս Ուռպելեան կը հակառակէր այն խնդրոց՝ որոնց համար պիտի ըլլար ժողովըն գումարումը. ու թէ կաթուղիկոսին և թէ Զաքարիայի իմացուցած էր իւր միտքը։ Զաքարիա շատ ջանաց զինքը համոզել. բայց երբոր անկարելի եղաւ, լաւ համարեցան որ հեռուանց թղթով յայտնեն իրենց կաթուղիկոսին հետ համաձայնութիւնը, և փուճ տեղը ազգային երկպառակութեանց յաճախելու պատճառ չըլլան։

Տասը տարի անցնելէն ետքը՝ երբոր Օշին թագաւորին հրամանաւը Ատանայի ժողովքը գումարուեցաւ, Երզնկացին առանց իր ծերութեանը նայելու՝ յանձն առաւ վերջին անգամ մըն ալ Կիլիկիա երթալու, և հոն սահմանուած կանոններուն հաւանելով՝ որոնցմով Սսոյ ժողովքը կը հաստատուէր, դարձաւ յԱրտազ։

Ուրիշ կրօնական նշանաւոր դիպուած մըն ալ եղաւ՝ լատին քարոզչաց առաջին անգամ Հայաստան գալը, որպէս զի Հայոց՝ իրենց լեզուն ընտանի ընեն, ու իրենք ալ հայերէնը սորվին. և այն յարաբերութեամբք՝ կրօնական միութեան և համաձայնութեան աշխատին։ Այն ժամանակը եղաւ Ունիթորաց (Միաբանողաց) կամ Հայալատիններուն երևնալը։ Երզնկացին և Զաքարիա սիրալիր ընդունելութիւն ըրին անոնց, և Յովհաննէս՝ թէպէտ արդէն տարիքն առած ու մաքովը յոգնած, ետևէ եղաւ լատինական լեզուն սորվելու, ու թարգմանեց Թովմայի Ագուինացւոյն Աստուածաբանութեան մէկ մասը։

Երզնկացւոյն կենաց վերջին տարիները մեծ երկրաշարժ մ'եղաւ Արտազ գաւառին մէջ ու Թադէի վանքը կործանեցաւ. Զաքարիա նորէն շինեց այն վանքը, ու չթողուց որ Երզնկացին հեռանայ իր քովէն. որ և հաւանական կ'երևնայ թէ հոն կնքած ըլլայ իւր բազմարդիւն կեանքը [1]:

Երզնկացւոյն երկասիրութիւնքը. — Երզնկացւոյն երկասիրութեանցը մէջ գլխաւոր՝ և ամենէն աւելի մտադրութեան արժանաւորը կը սեպուի

Մեկնութիւն Քերականի, զոր շարագրեց 'ի խնդրոյ Յակոբայ կաթուղիկոսի: Այս գրուածին յօրինման պատմութիւնը՝ իւր ինքնագիր յիշատակարանէն քաղենք. «Երբոր, կ'ըսէ, Հայոց ՉԼԸ (1289) թուականին ուզեցինք Երուսաղէմ երթալ՝ Քրիստոսի տեառն փրկագործ տնօրինականքը տեսնելու, Հայոց Կիլիկիա երկիրը գնացինք ... և ժամանակ մը կեցանք Յակոբ կաթուղիկոսին քով, որ կը պատուէր զուսումնասէրս. և հրամայեց որ իւր աշակերտացը քերականութեան դաս տանք. և մեզի ախորժելի և հաճոյ երևցաւ այս խնդիրը: Նոքը խնդրեց մեզմէ անոր մեկնութեանը պարզութիւն գրել, և լեցընել այն պակասը՝ զոր մեկնողներուն վերլուծական խօսքերը թողուցեր էին: Քանի մը ժամանակ անկատար մնաց այս գործը, մեր անպարապ ըլլալուն պատճառաւ, և տեղւոյ հանդարտութիւն չունենալնուս: Յետոյ եկեղեցւոյ վարդապետներէն հեղահո-

1 «Քաղաքին (Երզնկայ) Ս. Նշան եկեղեցին, առաջնորդական աթոռոյն տակ յեցեալ 'ի սիւն, գտայ իւր ժամանակին, և Հայոց եկեղեցւոյն նշանաւոր Սոփեստոս, աստուածախօսն և երգախօսն Յովհան Պլուզ վարդապետ Ծործորեցին: Ս.ւաղ, որ զՍեպուհն գերազանց նուագեր էր, և Հայաստանեայց եկեղեցին քան զարևն 'ի վեր բարձրացուցեր և փայլեցուցեր էր, ինքն ինկեր էր այն աթոռոյն առից տակ նսեմ, անտես և անյիշելի»: (Գ. Վ. ՍՐՈՒԱՆՁՏԵԱՆՑ, Թորոս աղբար, Բ. 50):

գի և առաքինասէր անձ մը՝ Յովհաննէս անունով, որ Տարօնոյ սուրբ Կարապետ եկեղեցւոյն մէջ երկար ժամանակ ապաստանած էր, ու ժառանգաւորաց՝ ատուածաշունչ գրոց վրայէն դասախօսութիւն կ'ընէր ու մեկնութիւն կու տար, նոյն բանը խնդրեց մեզմէ աղաչանքով ու թախանձանաց թղթով։ Մեր քովը եղող ուսումնասէրքն ալ փափաքելով այս բանիս, կը փութացուցանէին զմեզ։ Եւ մենք թէպէտ իրաւացի պատճառ ունէինք առջեւնին դնելու մեր անձին տկարութիւնը ու խօսքի անբաւականութիւնը, դժուարին կեանքն ու մեր վրայ հասած նեղութիւններն, որով խնդրողաց յօժարութիւնը անգործ կը մնար, սակայն Աստուծոյ ողորմութեան շնորհքը գթալով մեր վրայ, հասուց զմեզ մեր սուրբ Լուսաւորչին հանգստեան լեռը։... Բայց զայս ալ յաւելումք ըսել ձեզի, որպէս զի աւելորդ և անպէտ չերևնայ մեր աշխատութիւնը, վասն զի Մագիստրոս մեծապատիւ իշխանը՝ աշխատած էր այս գրքին մեկնութիւն մը շարադրելու. և մինչև մեր ժամանակը՝ անոր վրայ կը սորվեցընէին վարդապետք իրենց աշակերտացը։ Ուրեմն ինչ հարկ կար որ ուրիշները մեզմէ այս բանս խնդրեն, և մենք ալ յօժարամիտ ձեռք զարնենք այս գործիս։ Ուստի հարկ է որ նախ առաջիններուն պակասութիւնը ըսեմ։ Վասն զի հմուտն Մագիստրոս իրեք մեկնիչներու խօսքը մէկմէկու քով դրած էր. Դաւիթ փիլիսոփային, Մովսէս .քերթողին, և ուրիշ իմաստնոյ մը՝ որուն անունը գրուած չէր. և ինքն ալ իւր կողմանէ այլ և այլ յաւելուածներ ըրած էր ... բայց մեկնիչներու խօսքը իրարու հետ չէր խառնած, և ոչ ալ ամէն մէկուն մեկնութիւնը գիմացը և ուղիղ նշանակած։ Կային ուրիշ մեկնիչներ ալ՝ որոնք Մագիստրոսի ձեռքը հասած չէին, և շատ տեղ առանց մեկնութեան թողուած. երբեմն ալ երկու իրեք անգամ գրուած՝

իրեք մեկնիչներուն ալ, և շարադրութեան կարգին մէջ յայտնի չէր թէ որը առաջնոյն էր, որը երկրորդին. որով շատ տեղ լուծմունքը պակաս ըլլալով՝ տարակոյս կը վերցնէր: Անոր համար մենք ըստ ժամանակին հոգ ունենալով՝ քերականին մեկնութիւնները ժողվելու, գտանք ամէն մէկունը առանձին յօրինուած և մէկ գիրք ձևացած ... յորում կար Դաւթի փիլիսոփային և Մովսէսի քերթողին և ուրիշ իրեք մեկնիչներու գրուածը, որոնք անուն չունէին. անոր մէջ նաև Բարսղի մեկնութիւնը. Դերջանայ անապատին մէջ ալ Համամ վարդապետին մեկնութիւնը գտայ. և օգնականութիւն առի Արիստակեսի բառգրքէն: Ասոնց ամենուն, և ուրիշ իմաստուններուն խօսքը մէջ բերելով, այս մեկնութիւնս շարադրեցի»:

Երզնկացւոյն այս խօսքերէն յայտնի կ'երևնայ, ինչպէս իրօք ալ անանկ է, որ երկու տեսակ յօրինուած է քերականի մեկնութեան. մէկը՝ լոկ պարզաբանութիւն է Դիոնեսիոսի Թրակացւոյն քերականութեանը, Մագիստրոսի ու Եսայի վարդապետին մեկնութեանցը համաձայն, զոր յօրինեց 'ի խնդրոյ անոնց՝ որ 'ի Սեպուհ լեռան կ'աշակերտէին իրեն. իսկ երկրորդը աւելի ընդարձակ՝ ըստ խնդրոյ Յակոբայ կաթուղիկոսի:

***

Բանք յաղագս երկնային շարժմանց. — Երզնկացին 'ի դարձին 'ի Կիւլիկիոյ գնաց 'ի Տփխիս, Վրաց մայրաքաղաքը. ուր բաց 'ի տեղացի իշխաններէն՝ կը գտնուէին այն ժամանակը նաև Հայոց հին իշխանազանց մնացորդք. օր մը Քարիմատենց Ումեկ իշխանին շինած եկեղեցւոյն մէջ ներբող մը խօսեցաւ Յովհաննէս, յորում երկնային զարդուց աղուոր ստորագրութիւնն ըրաւ։ Ոմեկայ որդին Վախտանկ՝ շատ զարմանալով այն սքանչելի զուգուածքին վրայ, Երզնկացւոյն աղաչեց որ առանձին գրուած մը շարադրէ երկնից վրայ. Տփխեաց Յովհաննէս եպիսկոպոսն ալ իր կողմանէ շատ վրայ տուաւ. այն ատեն շարադրեց Երզնկացին «Յաղագս երկնային շարժմանց» գրուածքը, ժամանակին աստեղաբաշխական գիտութեանը յարմար։ Այլոց անունով իշխան մը նոյն գրուածքը կարդալով, աղաչեց որ նոյն գեղեցիկ նիւթոյն վրայ կրկին գրէ Երզնկացին՝ քերթողական լեզուաւ. Յովհաննէս՝ հազար տող ոտանաւորով երկնից նկարագիրն ըրաւ և ընծայեց իշխանին։

Ներբող 'ի սուրբ Լուսաւորիչն. — Վրաց աշխարհէն նորէն հայրենիքը դարձաւ Երզնկացին, և իր ծննդեանը քաղքին 1287ին կրած կործանմանը ժամանակ կ'երևնայ թէ անկէ շատ հեռու չէր. այլ մօտակայ վանքերուն մէկուն մէջ առանձնացած։ Անկէ տարի մը ետքը՝ Սեպհոյ լերանը վրայ եղող սրբոյն Գրիգորի վանքին մէջ իր պերճախօս լեզուն հանդիսացաւ։ Վասն զի գովելի սովորութիւն մը ունէին վանքին միաբանքը՝ որ տարուէ տարի այդ սրբավայրը յաճախող ուխտաւորաց և անթիւ բազմութեան առջև՝ մասնաւոր ներբողիւ մը կը պատուէին զսուրբ Լուսաւորիչն։ Նոյն տարին ներբողելոյն աւելի պատիւ մը ընելու համար՝ զԵրզնկացին աղաչեցին որ իր ճարտասան և սրտաշարժ լեզուն բանեցնէ՝ սրբոյն Գրիգորի անմահական յիշատակին աւելի մեծարանք մը ընծայելու։ Յանձն առաւ Յովհաննէս, և շարադրեց այն ընտիր և սքանչելի ներբողը որ կը սկսի. «Յարազուարճ խնդութեամբ բերկրեալ». ուր Լուսաւորչայ հետ իւր հայրենի գեղեցիկ գաւառին սիրովն ալ վառուած, և բնութեան աղուոր տեսարաններով միտքն զմայլած, բանաստեղծութեան և ճարտասանութեան շնորհքով զանոնք կը նկարագրէ, մանաւանդ Սեպուհ լեռն և Մանեայ այրքն և բոլոր Դարանաղեաց լեռները: Ոմանք իրեն ընծայած են նաև ՚ի պատիւ որդւոց և Թոռանց Լուսաւորչի ներբողեան մը, որ հրատարակուած ալ է ՚ի Պոլիս իր անուամբ, Թէպէտ որոշ հաւաստիք մը չկայ այս ենթադրութեան: Երզնկացւոյ անուամբ կը յիշատակուի ՚ի ձեռագիրս համառօտ պատմութիւն մը վարուց սրբոյն Գրիգորի [1]:

Մեկնութիւն Մատթէի. — Կիլիկիա եղած ատեն գտաւ սրբոյն Ներսիսի Շնորհալւոյ սկսած Մատթէի աւետարանին մեկնութիւնը, որ ինչուան եօթներորդ գլուխը մեկներ ու անկատար Թողուցեր էր: Իրմէ գրեթէ 150 տարի ետքը Երզնկացին յորդորեցաւ շարունակել զայն, ինչպէս ինքն ևս կը պատմէ յիշատակարանին մէջ: « Եւ աւար գրութիւնն եղաւ, կ'ըսէ, Քրիստոսի 1316 Թուականին »: Շնորհալւոյն նման ոճ մը բռնել ջանացած է Երզնկացին Թէ ըստ աստուածաբանութեան և Թէ ըստ քերականութեան. սակայն այնչափ ջանքովն ալ և նմանողութեան փափաքով՝ յայտնապէս կը տեսնուի Թէ որչափ կը զանազանին ՚ի միմեանց այս երկու հանճարները [2]:

Խրատական երկասիրութիւնք. — Ամբողջ խրատական գիրք մը շարագրած է Երզնկացին, յորում սրբոց առաքելոց և հայրապետաց ու վարդապետաց խօսքերովը զգուշացուցիչ խրատներ կու տայ պարզ

1 Ներբողին յետին և ընտրելագոյն տպագրութիւնն ՚ի Ս. Ղազար, ՚ի շարս Հայկական Սոփերաց, (Հատ. Ե.) « Յովհաննու Երզնկացւոյ ասացուած ներբողական գովեստի ՚ի սուրբ Լուսաւորիչն Հայոց Գրիգորիոս. ասացեալ յոր յիշատակի նորա զոր տօնեն ամենաժողով հանդիսիւ ՚ի լերան Սեպուհ, որ է տեղի ճգնութեան նորին և հանգստարանի յոքնահրաշ հանդէս քահանայական դասուց և վարդապետաց ոմանց և ժողովք հաւատացելոց բազմաց անդր գումարելոց »:

2 Տես յէջ 614:

ու դիւրիմաց ոճով՝ բոլոր հաւատացելոց հասկացողութեանը յարմար։ Աղօթք մըն ալ կայ իւր անունովը, և համառօտ խօսքեր ժամանակագրութեան վրայ [1]։

Բանաստեղծական քանի մը գրուածք ալ ունի Երզնկացին, որոց մէջ գլխաւոր է վերը յիշուած հազարամեան քերթուածը երկնային զարդուց վրայ։ Ուրիշ քերթուած մըն ալ՝ որոյ սկզբնատառքըն այս խօսքերը կը յօդեն. «Յովհաննէս վարդապետի Ծործորեցւոյ եդեալ 'ի չափ մերոյին տառից՝ ստանաւոր»։

Երկրորդն է խրատական և մաղթողական գրուած մը՝ զոր 'ի խնդրոյ Յակոբայ Մանկտաւագի Երզնկացւոյ յօրիներ է։

Երրորդն է այբուբենի վրայ չորս զանազան տեսակ գրուածներ, խրատական ոճով ու անանկ լեզուով մը որ աշխարհիկ խօսից կը մօտենայ [2]։

***

Քնարերգական. — Երզնկացւոյն քնարերգական քերթուածները երկու դասակարգութիւն կրնանք բաժնել, 'ի Տաղս և 'ի Շարականս։ Ասոնց մէջ աւելի կերպով մը կը փայլի Երզնկացւոյն բանաստեղծական հանճարն ու եռանդը. մանաւանդ Զբօրհնեաց

1 Յովհաննու Պլուզ վարդապետի ընծայուած Պատարագի մեկնութեան մ'ալ կը հանդիպինք Էջմիածնի Մատենադարանին գրչագրաց մէջ (Թիւ 1425)։

2 Ասոնց մէկուն սկզբնաւորութիւնն՝ իբրու ճաշակ մը գործածած լեզուին.

« Ադամայ որդիքդ ամենու ծնունդ 'ի հողէն,
կա՛յք տամ ձեզ խըրատ յԱստուծոյ բանէն.
Գիտեմ ամէն մարդ չկարենայ ունիլ 'ի գրէն,
Վասն այնոր զայս գրեցի որ լըսէք յինէն »։

Հանգիսին համար շինած տաղերուն մէջ, որ են «Յամենայն ժամ օրհնեալք», և «Այսօր ձայնն հայրական»։ Դարձեալ սրբոյ Կուսին փոխմանը վրայ տաղ մը՝ որոյ սկզբնաւորութիւնն է «Առաջնաճաշակ պտղոյն»։

Տարականաց մէջ իր անուամբը կը յիշատակուին 'ի պատիւ սրբոյ Լուսաւորչին երգուածը, «Լերինք ամենայն», բանաստեղծական հանճարով ու ընտիր լեզուով յօրինուած, զոր ոմանք Խորենացւոյն կ'ընծայեն։ Նոյն սրբոյն վրայ այբուբենական շարական մը, «Այսօր զուարճացեալ»։ Դարձեալ սրբոյն Ներսիսի հայրապետին նշխարացը յայտնութեան վրայ․ «Որ զլոյսն անճառ» սկզբնաւորութեամբ, որոյ վրան արդէն խօսեցանք․ ու 'ի պատիւ Խաչածարակաց երգուածը «Յաւուրս վերջին ժամանակի»․ որուն սկզբնատառքը կը յօդեն՝ «Յովհաննիսի է երգս»։

Թարգմանութեանցը վրայ առանձին խօսելու առիթ պիտի ունենանք։

Երզնկացւոյն գրուածոց տպագրութիւնքն տես 'ի ՀԱՅԿԱԿԱՆ ՄԱՏԵՆԱԳԻՏՈՒԹԵԱՆ յ'էջ 445, 627, 654։

***

Երզնկացւոյն աշակերտակից էր նաև ՆԵՐՍԷՍ ՏԱՐՕՆԵՑԻ անուանով վարդապետ մը, որ նոյն գաւառին մէջ եղող Ղազարու վանքը կրօնաւորած էր։ Ասիկայ թէպէտ և յունական գպրութեանց և աստուածային գրոց տեղեկութեամբ վարժ էր, բայց լսելով մեծին Վարդանայ իմաստութիւնը, գնաց անոր քով, և աորվեցաւ իրմէ․ գրաւոր երկասիրութիւն մը թողած չէ։

Իրեք գլխաւոր աշակերտ ունեցաւ այս Ներսէսս, որ էին ՅՈՎՀԱՆ ԱՐՃԻՇԵՑԻ, ԽՍԱՑԻ ՆՉԵՑԻ և ՄԽԻԹԱՐ

ՍԱՍՈՒՆՑԻ։ Արճիշեցի անուանի եղաւ իր գիտութեանց սիրովը և սրբութեան համբաւով․ գրոց մէջ երբեմն Ոսպնակեր ալ կոչուած է, որովհետև կ՚աւանդի թէ տասնըհինգ տարի ուրիշ բան կերած չըլլայ՝ բայց միայն թրջած ոսպ։ Իրեն աշխատասիրածն է Պատարագի մեկնութիւն մը, զոր քաղելով համառօտած է Խոսրովու Անձևացւոյն և Լամբրոնացւոյն խօսքերէն։ Այս գրուածքին վրայ՝ ընդհանուր տեղեկութիւն մը տուած ենք՝ Խոսրովու վրայ խօսած ատեննիս։ Երկու անգամ տպագրուած է այս գիրքս 'ի Կոստանդնուպօլիս 1717ին և 1799ին. 1810ին ալ երրորդ տպագրութիւն մը եղած է 'ի Մադրաս։

Ճառընտրի մը մէջ հանդիպած ենք նաև հետադայ խորագրով երկասիրութեան մը իր անուամբ. «Յովհաննէս վարդապետի Արճիշեցւոյ Ոսպնակերի տաղեալ բան՝ վասն երից կարգացն փրկելոց ապրելոց. և երից հակառակաց նոցին և գիմակաց»։

ՍՄԲԱՏ ՊԱՏՄԻՉ

Սմբատ Սպարապետ։ — Քաղաքական դիրքը և դերը։ — Ցուցած պատերազմները և արիութիւնը։ — Տարեգիրք։ — Թուղթք։ — Օրինագիրք։ — Լեզուն և գրուածքին ոճը։ — Տարեգրոց հայ բնագրին տպագրութիւնը և թարգմանութիւնը։

Սմբատ Գունդստաբլ՝ այսինքն Սպարապետ պատմչի անունը և արիական գործերը թէպէտ և ծանօթք էին բանասիրաց, բայց ոչ նոյնպէս իւր երկասիրութիւնները. միայն երեսուն կամ աւելի տարիներէ առաջ սկսաւ իր պատմական գրուածքին գըրչագիր մէկ օրինակը երևնալ ու ձեռքէ ձեռք անցնիլ. որուն վրայ կրկին տպագրութիւնք եղան գրեթէ մի և նոյն միջոցին. մէկն 'ի Մոսկուա և միւսն 'ի Փարիզ: Քանի մը տարի յառաջ ալ իր ուրիշ երկք յայտնուեցան և հրատարակուեցան:

Սմբատ որդի էր Կոստանդնի արքայահօր: Թէպէտ և դեռ չորեքտասանամեայ պատանեակ 'ի մահուն Լևոնի առաջնոյ Թագաւորի Ռուբինեանց, բայց արդէն իր արիական սրտովը յինք ձգեր էր իմաստուն իշխանին աչքը, որ ըստ վկայութեան նորուն իսկ Սմբատայ «Որ իմանայր թէ գոյ այր իմաստուն և գիտուն, և աջող 'ի գործ կամ 'ի զինուորութիւն, կամ 'ի խօսս և պատասխանիս, առաքէր և կոչէր խոստմամբ, և բերեալ հանդուցանէր առատաձեռն պարգևօք». և պարծանօք վրայ կը բերէ. «Յորոց մի ես եմ Սմբատ Սպարապետ»: — Լևոնի մահուընէն ետքը՝ երբ Թագաւորահայրն Կոստանդին յաջողեցաւ արքունական գահոյից վրայ բազմեցընել զորդի իւր Հեթում, սպարապետութեան ծանր ու դըժուարին պաշտօնն ու գործը Սմբատայ յանձնեց. զոր երկար տարիներ 'ի գլուխ տարաւ՝ ոչ միայն եղբօրը Հեթմոյ թագաւորութեան երկար տարիներն (1226-1270), այլ նաև անոր որդւոյն Լևոնի Գ առջի տարիներն. շատ անգամ արիւնռուշտ պատերազմաց ասպարիզի մէջ մանելով և բազմաթիւ ու նշանաւոր յաղթանակներով Եգիպտոսի և Իկոնիոնի սուլտանաց զօրաց վրայ, ու բաղդին ու զինուց ձախողելու ատենին ալ միշտ աներկիւղ և հնարիմաց 'ի դարմանն:

***

Քանի տարի պատերազմաց դաշտերուն մէջ կռուելով ու յաղթելով իր Թագաւոր եղբօրը հետ կամ անոր կողմանէ, զօրացան ապա յարեւելս Թաթարք, ու իրենց արշաւանքներովը և անոնց մէջ ունեցած գրեթէ յարատեւ յաջողութեամբ՝ վախի մէջ ձգեցին շրջակայ ազգերն ու անոնց իշխողքն. որք անվստահք և շատ անգամ նաև անզօրք 'ի խափանել անոնց յառաջխաղացութիւնն, կ'ուզէին դաշնակցութեամբ ապահովել իրենց երկրին վիճակը և իշխանութիւնը: Նոյն խորհուրդն ունեցան նաև Հեթում Թագաւոր և Կոստանդին արքայահայր, և դեսպանութեամբ յղեցին իրենց որդին և եղբայրն զՍմբատ Գունդստապլ յամի 1248 առ Գիուգ խան Թաթարաց: Հեթում պատմիչը մանրամասն կ'աւանդէ այս դեսպանութեան պատճառը. 1253 թուականին, կ'ըսէ, Հայոց Հեթում Թագաւորը անձամբ ուզեց երթալ առ ինքնակալն Թաթարաց, որպէս զի անոր շնորհքն ու սէրը աւելի յաջողութեամբ կարենայ ձեռք ձգել, ու խաղաղութեան պայմաններ դնէ անոր հետ: Բայց առաջ ղրկեց Հայոց Թագաւորութեան Գունդստապլը, զՍինիբալդ[1], որպէս զի հրաման առնելով՝ կարենայ ապահով կերպով երթալ, անոր համար՝ սա գնաց առ ինքնակալն Թաթարաց, ու իրեք չորս տարիէն ետքը դարձաւ 'ի Հայաստան, պատմելու ինչ որ տեսաւ ու լսեց: Այս հրեշտակութեան դէպքը ինքը Սմբատ ալ կ'աւանդէ իւր Պատմութեան գրոցը մէջ հետեւեալ խօսքերով. «Ի թուին ՈՂԷ գնացի ես Սմբատ Գունդստապլս 'ի Թաթարն,

1 Այսանկ կը կոչուի Հեթում պատմչի գաղղիական ու լատին թարգմանութեան մէջ Սմբատայ անունը:

և 'ի Թուին ՈՂԹ դարձայ առ իմ եղբայրն Հեթում Թագաւորն »:

Իւր պաշտաման և սրտին արժանաւոր այլ և այլ քաջագործութիւններուն յիշատակութիւնը կ'ընէ Սմբատ, իրեն համառօտ պատմագրութեանը մէջ: Երբ Քէյ Խոսրով սուլտանն բազմաթիւ հեծելազօրք ժողվելով՝ Լամբրոնի տիրոջը Կոստանդնի առաջնորդութեամբ մտաւ 'ի Կիլիկիա, Կոստանդին Թագաւորահայրն ու Սմբատ մտան 'ի Տարսոն, զոր սուլտանն պաշարած էր, Սմբատ իրեններովը պատերազմեցաւ անոր հետ, ու երկարատև կռիւներով, ու եւրոպական ճարտար զինուց օժանդակութեամբ՝ յաղթեց անոր[1]:

Այսպիսի քաջութեամբ ու պատերազմաց վտանգներու մէջ կնքեց Սմբատ իւր կեանքը փառօք, որուն հանգամանքը լաւ կ'աւանդէ ժամանակակից վարդապետ մը: 1275 Թուին գուժկանք հասան առ Լևոն Գ, Թէ Եգիպտացւոց ամիրայն անթիւ զօրքով նորէն Կիլիկիոյ վրայ կ'արշաւէ. Լևոն ժողվեց մէկէն իւր զօրքերը, ու վեց գունդ բաժնելով, մէկը ինքն առաւ, ու երկրորդը՝ իր ծերունի հօրեղբօրը՝ Սըմբատայ սպարապետի ձեռքը տուաւ, ու պատուիրեց որ քիչ զօրքով Եգիպտացւոց դէմ ելլէ, մինչդեռ ինքը զօրաց բազմութիւնը դարանի մէջ դրած էր, ու անծանօթ ճանապարհաւ Եգիպտացւոց զօրքին ետևէն անցաւ 'ի ծածուկ: Երբոր սկսան Եգիպտացիք Կիլիկիոյ սահմաններուն վրայ վազել, անոնց առաջը ելաւ Սմբատ իւր գնդովը: Եգիպտացիք՝ կարծեցին Թէ միայն այնչափ է Լևոնի զօրքը. ու սիրտ առած՝ յարձակմունքն սկսան. բայց մէկէն 'ի մէկ

1 « Շատ մեռան յերկուց կողմանց, կ'ըսէ Սմբատ, բայց 'ի դրացէ հարիւրապատիկք. զի ունէաք ընդ ներքս աղէկ Ֆռանկի չարխուորք »:

գարանամուտքը անոնց չորս կողմը պաշարեցին. ինքը Լեւոն ալ հասաւ ետեւնէն, ու Եգիպտացիները մէջերնին առնելով՝ շատերը կոտորեցին. ու այնչափ շատ ինկան անոնցմէ, որ գլխակոնց լեռնակոյտը արգելք կ'ըլլար ապրելոց փախուստին: Իսկ երբ ամիրայն հնարք գտնելով՝ սակաւաթիւ զօրքով իր կեանքը ապրեցընել կը մտածէր, ետեւէն պնդեցաւ Սմբատ. բայց ձիուն սաստիկ արշաւանացն ատեն՝ ծառի մը զարնուեցաւ ոտքը, ու վտանգեցաւ. այն վիրացը սաստկութենէն ու հասակին ծանրութենէն՝ ալ չկրցաւ շարունակել ընթացքը, ու դառնալով 'ի բանակն՝ քանի մը օրէն մեռաւ (1276):

Իւր կենացը 68 կամ 69 տարուան հասակին հանդիպեցաւ Սմբատայ մահը. որովհետեւ 1208 թուականին կը նշանակէ իրեն ծննդեանը տարին:

* * *

Սմբատայ Տարեգրութիւնք. — Աւելի համառօտ ժամանակագրութիւն մը կրնանք սեպել Սմբատայ այս երկասիրութիւնը քան թէ բուն պատմութիւն: Կ'երեւնայ թէ հեղինակին դիտաւորութիւնն ալ այս եղած է, որովհետեւ խորագրին մէջ յայտնապէս կը նշանակուի. «Պատմութիւն Յունաց 'ի Կոստանդնուպոլիս և Հայոց Մեծաց, ըստ կարգի ժամանակաց»: Կը սկսի Հայոց Ն ('Քրիստոսի 951) թուականէն, Գագկայ Բագրատունեաց իշխանութեան ժամանակէն, և կը հասցընէ մինչև 'ի ՉՁ (1331). գրեթէ չորսհարիւր տարուան միջոցի մէջ 'ի Հայաստան և 'ի Բիւզանդիոն հանդիպած դէպքերու համառօտ յիշատակութեամբ: Բայց որովհետեւ իւր մահը 1276ին եղաւ, յայտնի է որ վերջին վաթսուն տարուան պատմութեանց համառօտութիւնը ուրիշներու ձեռքով եղած է. յորոց մի էր մարաջախտն Պաղտին, տէրն Նղրի, խնամեցեալն Սմբատայ տոհմին։

Հարկ չէ ըսելը թէ այսպիսի երկասիրութեան մէջ ընդունայն է փնտռել կարգաբան լեզու և ոճ մը. ասիկայ հեղինակին նպատակէն, կրնանք ըսել թէ նաև դիտաւորութենէն դուրս ձեռնարկութիւն մըն էր. մանաւանդ թէ կամաւ ընտրած է իր ժամանակին աշխարհիկ լեզուն և ոճը՝ ընթերցողաց դիւրահասկանալի ըլլալու համար. որ որչափ ալ պարզ և ռամկական, այլ ախորժալուր և ազգայնութեան հետքը վրան կրող։ Համառօտ գրուածք մ'է, և կ'երևնայ թարգմանաբար յարմարցուած գրոց լեզուով յօրինուած ուրիշ նման երկասիրութենէ մը. որովհետև գրուածքին սկիզբը ինքզինքը թարգմանող պատմութեանն կը կոչէ։ Այնչափ աւելի հաւանական կ'ըլլայ այս ենթադրութիւնը՝ որ ձեռուընիս ալ հասած է բաց 'ի Մատթէի Ուռհայեցւոյն գրուածքէն՝ ուրիշ ժամանակագրական և գրաբար լեզուով շարադրուած Ռուբինեանց ժամանակագրութիւն մը, ընդարձակագոյն քան զՍմբատայն, և յորմէ շատ տեղ փոխ առած կ'երևի վերջինս, համառօտելով և իր ոճին վերածելով։ Բայց իբրև ժամանակագիր՝ ունի իրեն յատկութիւններն, որոնցմով թէ ազգային և թէ օտար բանասիրութեան առջևը իր յարգն ալ։ Ռուբինեանց իշխանութեան վրայ խօսող՝ քիչ մատենագիր ունինք. և աւելի քիչ՝ որ Սմբատայ պէս ժամանակագրութիւնը պատմութեան հետ խառնեն. և աս է իրեն մեծ և գլխաւոր արդիւնքը, որով արդի եւրոպական ստուգասէր գիտութեան համար՝ աւելի պատուական կը սեպուի իր երկասիրութիւնը, քան ուրիշ շատ պատմագրաց գրուածները, որոնք ժամանակագրութեան մասդրութիւն չընելով ընդհանուր պատմութեան մէջ՝ լուսաւորելու և բացատրելու տեղ՝ աւելի մթութիւն և երկբայութիւն կը ձգեն, և կարծեաց երկպառակ անհամաձայնութիւն։

Բայց 'ի Տարեգրոց և առ քոյրն և քեռայրն գրած թղթերէն, Սմբատ ուրիշ երկու կարևոր և հետաքրքրական երկասիրութիւնք ալ թողած է. ասոնցմէ մէկն է թարգմանութիւն Ասսիզացն Անտիոքայ, և միւսն համառօտութիւն մը օրինաց և կարգաց՝ ծաղկաքաղ 'ի Դատաստանագրոցն Մխիթարայ Գոշի և բիւզանդական օրինագրոց՝ որ արդէն ծանօթք էին յաղէն թարգմանութեամբ Լամբրոնացւոյն: Սմբատայ այս երկասիրութեան նպատակն էր — իբրու վարիչ և ուղղիչ թագաւորութեանն Հայոց՝ յետ մահու հօր իւրոյ Կոստանդնի —, քաղաքական ու եկեղեցական հաստատուն օրէնքով օժտել իր ազգը, և դէմն առնուլ այն անտեղութեանց որ անոնց հրատարակման պակասութենէն առաջ կու գային, մանաւանդ յետ ծանօթութեան և վերաբերութեանց մերոյն ընդ օտարաց. «Գրեցի զսա, կ'ըսէ, վասն հաստատութեան սրբոյ եկեղեցւոյ, և վասն աշխարհի դատաւորաց և թագաւորաց. և զսիրտ բանիցն առեալ եդի համառօտաբար ... և պարտ և արժան համարեցայ վասն թագաւորացն գրել իրաւունս, զի նոքա յԱստուծոյ են կարգած և յԱստուծոյ տեղն 'ի յերկրի են»: 1265ին յօրինած է Գունդստաբլ այս օրինագիրքը:

Ինչպէս 'ի Տարեգիրս՝ ասանկ երկրորդ գրուածքիս մէջ ալ՝ Սմբատայ լեզուն՝ երեքտասաներորդ դարու աշխարհիկ բարբառն է: Թարգմանչաց վայելուչ և հոյակապ ոճը՝ դարէ դար իւր գեղեցկութիւնը կորսնցընելով, հոս գրեթէ չիջելափառ կը նուազի: Քաղաքական վիճակին պէս գրաւորական լեզուն ալ բոլորովին կերպարանափոխ եղած՝ ուրիշ դար մը կը կազմէ, որ ազգային գերութեան շղթայից տխուր արձագանգը կը լսեցընէ, և աւելի նոր մատենագրութեան կը վերաբերի, ուր որ պիտի տեսնենք զայն, հոս կնքելով խօսքերնիս մեր հին հայկական դպրութեանց վրայ:

Սմբատայ Տարեգրոց տպագրութիւնք 'ի Հայ : Ա. տպ. « Սըմբատայ Սպարապետի եղբօր Հեթմոյ առաջնոյ արքայի Հայոց Պատմութիւն Յունաց 'ի Կոստանդնուպոլիս և Հայոց մեծաց՝ ըստ կարգի ժամանակաց » . . . յՈսկանեայ Գէորգեան Յովհաննիսեանց Երևանեցւոյ : Մոսկուա, 1856 : Բ. տպ. « Տարեգիրք արարեալ Սմբատայ Սպարապետի Հայոց որդւոյ Կոստանդեայ կոմսին Կոռիկոսոյ : Ի լոյս ընծայեաց Կ. Վ. Շահնազարեանց » : Փարիզ, 1859 : Գաղղիական թարգմանութիւնք. Extrait de la Chronique de Sempad, Seigneur de Babaron, connétable d'Arménie, suivie de celle de son continuateur . . . ; traduite pour la première fois de l'arménien par V. Langlois. Saint-Pétersbourg, 1862. — Observations sur une traduction d'un Extrait de la Chronique de connétable Sempad, par Ed. Dulaurier, (Paris), Revue de l'Orient, 1867, 1868. — Chronique du Royaume de la Petite-Arménie, par le connétable Sempad ; Dulaurier, Recueil des historiens des Croisades; Documents arméniens, 610-680.

ՅԱՒԵԼՈՒԱԾ

ՄԱՆՐ ՄԱՏԵՆԱԳԻՐՔ

ԳԱԳԻԿ Բ *Թագաւոր. Աշոտոյ որդին, ու Բագրատունեաց վերջին տարաբաղդ Թագաւորը: Մետասներորդ դարուն կէսերը՝ երբ Կոստանդին Տուկիծ կայսրը Սենեքերիմ Վասպուրականի Թագաւորին որդիքը՝ զԱտոմ և զԱբուսահլ իր քովը կանչեց, զանոնք Յունաց դաւանութեանը դարձընելու համար, իշխանքն կայսեր պատասխան տուին, կ'ըսէ Ուռհայեցին. «Մենք առանց Գագկայ՝ Աշոտոյ որդւոյն՝ չենք կրնար բան մը ընել. վասն զի անիկայ քաջ մարդ մին է, ու Թագաւոր, և մեր փեսայն. ղրկէ ու զանիկայ հոս կանչէ»: Կայսրը չուզեց կանչել. վասն զի «այր հզօր էր, կ'ըսէ պատմիչը, յիմաստասիրական ջոկին, և անյաղթ 'ի պատերազմի. զի սա 'ի սուրբն Սոփի 'ի յամբիոնն նստէր ընդ ամենայն վարդապետսն Հոռոմոց»: Բայց երբ ստիպուելով կանչեց զինքը, ու կայսեր առջևը երեցաւ Գագիկ, իրեն իմաստութեան և գիտութեանը վրայ վստահ խօսեցաւ անոր հետ ու կ'ըսէր. «Ես այր Թագաւոր եմ և որդի Թագաւորաց Հայոց, և ամենայն Հայք հնազանդին հրամանաց իմոց, և ամենայն կտակարանացն Աստուծոյ՝ հնոյն և Նորոյն հմուտ եմ. և ամենայն Հայք վկայեն բանից իմոց, զի հաւատար վարդապետացն ընդունին զիս. և ահա ես* խօսեցայ այսօր ընդ Հոռոմոց վասն հաւատոյ ազգին Հայոց »: Ու գրեց դաւանութեան գիր մը, զոր տուաւ Թագաւորին ու պատրիարքին: Կը վկայէ պատմիչը թէ « Խօսեցաւ յանդիման ... Տուկծին և 'ի մէջ ամենայն հաւատոյ վարդապետաց տանն Յունաց 'ի քաղաքին Կոստանդնուպօլիս. և յոյժ հաճեալ Թագաւորն Տուկիծ և ամենայն իմաստասէրքն որ նստէին 'ի Ճեմարանին, և հիանային ընդ կորովութիւն բանիցն և ընդ հաստատութիւն շնորհացն... վասն զի ամենայն դասք վարդապետացն Հոռոմոց ոչ կարացին արտաև կամ բիծ երկբայութեան գտանել հերձուածոյ 'ի հաւատոյ խոստովանութիւնն՝ զոր դրով Հոռոմոց խօսեցաւ Գագիկ արքայ Հայոց »:

Հասած է առ մեզ Թուղթ մը « Գագկայ Վասպուրականի Հայոց Թագաւորի առ կայսր Յունաց Ռոմանոս վասն հաւատոյ »:

ԳՐԻԳՈՐ Անաւարզեցի կաթուղիկոս, որ Մեծքարեցի ալ կոչուած է՝ յառաջագոյն նոյն անուամբ կոչուած և հաչակուած Թեմին և ուխտին առաջնորդ ըլլալով: Օշին տէրն Կանչոյ չափաբերական Թուղթ մը ուղղած է առ սա հանդերձ մատանւոյ ընծայիւ: Անաւարզեցւոյս ընծայուած կարեւոր և նշանաւոր երկասիրութիւնն է Յայսմաւուրք գրոց նոր կարգադրութիւնն և յօրինուածն՝ Հայոց, Յունաց ու Լատինացւոց սրբոց համախմբութեամբ, հաւանականաբար յառաջ քան զկաթողիկոսութիւնն. երբ իրեն առաջարկութեամբն և խնդրով՝ Յովհան Երզնկացի Անաւարզայ եկեղեցւոյն մէջ քարոզ մը խօսելով՝ գըրուատեց և զնա, սքանչանալով՝ ինչպէս կ'ըսէ, « Ի զուարթ և 'ի հրեշտակատիպ դիմացդ տեսութենէ, 'ի քաղցր և ախորժական բանիցդ արդիւնականէ, յամենալի և 'ի յոգնափայլ ծաղկանցդ առաքինութեանն՝ որ 'ի հոգւոյդ քո բուրաստանէ. յիմաստախաղ յարակցաց եղբարց և որդւոց հոգևորաց. 'ի քոյդ զմայլելոց վարժական հանճարասիրութենէ »:

Բաց յայլոց ներբողինից զորս շարադրեց Գրիգոր և անցոյց 'ի կարգս Յայսմաւուրաց, յօրինած է գրուած մը 'ի խնդրոյ Հեթում Բ Թագաւորի՝ այս խորագրով. « Տօն է ամենասուրբ Աստուածածնին և ամենայն Սրբոց, յայտնեաց և անյայտից, խնկըղբանէ և այսր ընտրելոցն Աստուծոյ 'ի մարդկանէ, 'ի Գրիգորէ կաթողիկոսէ ասացեալ Դրուատս »: Եկեղեցական խնդրոյ և միաբանութեան համար աշխատած է Անաւարզեցի, և այս վախճանաւ թուղթ մ'ալ գրած աշխարհիկ ոճով առ նոյն Հեթում Թագաւոր, իբրև հոգևոր կտակ մը. զոր սիրով և մեծաբանօք ընդունեցան և ընթերցան հայք ժողովոյն Սսոյ (1307) Իրենն են՝ երեսունէն աւելի կանոնք Տարախանաց, որոց շատերուն գլխատառք իր անունը կը յօգեն, կամ անոնց շարադրութիւնը իրմէ խնդրողաց. ինչպէս Կոստանդին Թագաւորի, Հեթմոյ՝ մերթ նաև անոր կրօնաւորական Յովհաննէս անուամբը, և այլն: Քրիստոսի Ծննդեանն և Յայտնութեան տօնից համար՝ երեք առանձին շարական յօրինած է, ըստ սովորութեան յոյն և լատին եկեղեցեաց այդ երկու տօնախմբութիւնը բաժնելով յիրերաց:

ԳՐԻԳՈՐ Արծրունեաց եպիսկոպոս՝ որուն անուամբը յիշատակուած կը գտնենք. « Թուղթ Գրիգորի Արծրունեաց եպիսկոպոսի յԵրուսաղեմէ 'ի Հայս վասն Տեառնընդառաջին »:

ԳՐԻԳՈՐ որդի Աբասայ, հեղինակ « Հաւաքումն պատճառաց սուրբ գրոց 'ի մեծամեծ հարց » կոչուած գրուածքի մը:

ԳՐԻԳՈՐ ՍԱՐԿԱՒԱԳԱՊԵՏ, *ժամանակն յորում ապրած է՝ անծանօթ։ Մեր ձեռքն հասած միակ գրուածքն՝ ընտիր ներբողեան մը 'ի սուրբն Գրիգոր Լուսաւորիչ՝ այս խորագրով. «Գրիգորի Սարկաւագապետի և Ճգնաւորի խօսք 'ի սուրբն Գրիգոր Լուսաւորիչ՝ ասացեալ 'ի սուրբ քաղաքն յԵրուսաղէմ»։ Ի մեր Մատենադարանի՝ գրչագիր մը միայն ունիմք այս ճառին ՌԿԳ հայ թուականաւ* [1]։

ԳՐԻԳՈՐ *վարդապետ, որուն ընծայուած կը գտնենք հետևեալ երկասիրութիւնը. «Մեկնութիւն Եսայեայ 'ի խորհուրդ մեծի ուրբաթին կամաւոր և փրկագործ չարչարանաց տեառն մերոյ Յիսուսի Քրիստոսի, զոր արարեալ է սրբոյ և գերահրաշ վարդապետին Գրիգորի՝ 'ի խնդրոյ աստուածասէր և բարեպաշտ իշխանին Կոստանդեայ տեառն Լամբրոնի»։ — Դարձեալ. «Նորին սրբոյ վարդապետին 'ի սուրբ զատիկն և 'ի կենդանաբեր յարութիւնն տեառն միաբանութեամբ աւետարանչացն բանից և 'ի բացայայտումն կանոնացն իւղաբերից»։*

ԴԱՆԻԷԼ *վարդապետ՝ Մեկնիչ սաղմոսաց Դաւթի կոչուած 'ի գրչագիրս. համառօտ հատուած մը միայն իր գրուածոց հասած է առ մեզ։*

ԴԱՒԻԹ *փիլիսոփայ. «Պատմութիւն Լակոնացւոց՝ արարեալ 'ի Դաւիթ փիլիսոփայէ»։ (Մատենադ. Էջմիածնի, թիւ 1765)։ Իրենն են. «Ջակաց դիրք, բովանդակն և բունն»։ — Յաղագս Սաղմոսաց Դաւթի։ — Ճառք 'ի վարդավառն և 'ի սուրբն Ստեփաննոս։*

1 Հրատարակեալ 'ի Ս. Ղազար 'ի շարս Հայկական Սոփերաց (Հատ. Գ). 1853։

ԴԱՒԻԹ քահանայ. հեղինակ Եսայեան մեկնութեան, և ներբողի մը ի Յովսէփ պատանին:

ԵՂԻՇԷ վարդապետ կամ կաթուղիկոս կոչուած, որուն ընծայեն գրչագիրք ճառ մը «Ի բանն Եսայեայ մարգարէի որ ասէ. Երանի տեղւոյն ուր եզն և էշ կոխեցին»:

ԵՂԻՇԷ քահանայ. որուն անուամբ կայ ընտիր ճառ մը յԱյլակերպութիւն տեառն. «Սրբասիրի տեառն Եղիշէի քահանայի և ճգնաւոր կրօնաւորի և միայնակեցի՝ 'ի Թաբօր լերին յայտնութիւն տեառն առ Պետրոսեանց և 'ի մեծ աւուր վարդավառին»: Ճառին վերջն ալ. «Եւ ես տառապեալս քան զամենայն մարդ, որ հետևեցայ հետիոտս ընդ տերունեան շաւիղն 'ի լեառն անդ, և տեսի աչօք զժողով աքանչելի եղբարց» որոց ճգնութեանն նկարագիրն ու գովութիւնը կ'ընէ[1]:

ԹԷՈԴՈՐՈՍ՝ կրտսերագոյն Թարգմանչաց թըւոյն մէջ կը յիշատակուի յԱրծրունւոյն. «Իսկ առ մեզ հասին զրոյցքս այս, կ'ըսէ, ըստ մնացորդաց պատմագրաց առաջնոց 'ի Մամբրէէ վերծանողէ և 'ի նորուն եղբօրէ Մովսէս կոչեցելոյ. և միւսումն Թէոդորոս քերթող, որք լեալ էին յաշակերտութենէ Ղևոնդ քահանայի, որ 'ի Պարս մարտիրոսացաւ ընդ այլ սուրբ եպիսկոպոսսն և քահանայս»:

ԹՈՐՈՍ, պարոն Կիլիկիոյ. Ռուբինեանց Լևոն մեծ պարոնին որդին էր Թորոս, ու հօրը գերեկից 'ի Կոստանդնուպոլիս. ուսկից ազատելով, տիրապե-

1 Հրատարակեալ 'ի շարս Հայկական Սոփերաց (Հատ. ԺԸ). 1854:

տեղ քաջութեամբ Կիլիկիոյ, Իսաւրիոյ և Ասորւոց մէկ մասին։ Ժամանակակից պատմիչներն շատ կը գովեն անոր քաջութիւնն և հնարագէտ կենցաղավարութիւնը. իսկ Վահրամ անոր գրաւորական արդիւնքն ալ կը գրուատէ՝ հետևեալ խօսքերով.

« Աստուածային գըրով վարժեալ
Եւ յիմաստից արուեստ մըտեալ.
Ասեն հոգի սա ընկալեալ,
Մարգարէի հաւասարեալ.
Որոյ դըժուար բանըս լուծեալ
Որ գըտանի այժըմ գրեալ»։

ԿԱՊՈՒՏԻԿ վարդապետ. գրչագիրք իր անունով կը խորագրեն համառօտ գրուածք մը «Դրուատումն իմաստութեան» կոչուած։

ԿԱՐԱՊԵՏ Սասունցի եպիսկոպոս։ Մետասաներորդ դարու գրչագրի մը մէջ (ՇԻԵ) այս անձին անունն ու հետաքննական երկասիրութեան մը յիշատակութիւնն կը գտնենք. «Ներբողեան պատմագրաբար ասացեալ տէր Կարապետ եպիսկոպոսի Սասնացւոյ՝ 'ի խնդրոյ համազնեայ եղբօրն Ձգնաւորի, յաղագս վարուց և մահուան սրբոյ վարդապետին Մեսրովբայ՝ թարգմանչի և լուսաւորչի»։ (Մատենագ. Էջմիածնի, թիւ 1330)։

ՀԱՄԱՄ վարդապետ Արևելցի կոչուած՝ յիններորդ դարու։ Ունի մեկնութիւն մը Յոբայ գրոց Ով է դա խօսքին. նոյնպէս Սողոմոնի Առակաց, և Քերականական գրուածք մը։ Ի հնոց ոմանք կ'ընծայեն իրեն նաև պատմական երկասիրութիւն մը, որ հիմա կորսուած կը համարուի։

ՄԻՍԱՅԷԼ եպիսկոպոս Աղուանից խնամատար կոչուած, որոյ անուամբ հասած է առ մեզ ներբողական ճառ մը 'ի սուրբ Խաչն՝ այսպիսի խորագրով. « Միսայէլի Հայոց եպիսկոպոսի մեծի կողմանցն և Քաստիփաղնեայ նաՀանգի 'ի սուրբ խաչն Քրիստոսի » :

ՅԱԿՈԲ գիտնական. Սամուելի ընդարձակօղը ասոր Համար կ'աւանդէ. « Այր սուրբ և առաքինի և յոյժ գիտնական, որ արար զլուծմունս նուրբ գըրեանց դժուարալոյծ բանից » :

ՅԱԿՈԲ Քարափնեցի կամ Սանահնեցի. մետասաներորդ դարուն մէջ, Կոստանդին Տուկիծ կայսեր ժամանակակից, Վասպուրականի Սենեքերիմ Թագաւորին որդւոյը Հետ գնաց 'ի Կոստանդնուպոլիս, Հաւատոց խնդիրներու Համար. ու աւելի Յունաց Համախոհ երևնալուն պատճառաւ՝ անՀաճոյ եղաւ ազգին, ու անոր խրատանցը պաշտպան Գագիկ Թագաւորին: ՈւռՀայեցին Հետևեալ խօսքերով զինքը կը գրուատէ. « Յամի ՇԼԴ մեռաւ վարդապետն Հայոց Յակոբ Քարափնեցի, որ յորջորջեալ կոչէր Սանահնեցի, այր Հզօր, կորովի: Սորա Հասեալ 'ի վերայ Հին և նոր կտակարանացն Աստուծոյ, ուսեալ և Հասեալ սորա 'ի վերայ Հռետորական իմաստութեանցն, և տեղեկացեալ ամենայն փիլիսոփայական խորին գիտութեանց. սա էր յաշակերտաց մեծին Դէոսկորոսի Հօրն Սանահնի: Եւ այս Յակոբոս էր որ խօսեցաւ 'ի Կոստանդնուպոլիս ... : Եւ յայսմ ժամանակիս էր 'ի քաղաքն ՈւռՀայ, և ծերութեամբ քաղաքավարեալ զկեանս իւր. և դաւով նենգութեամբ լուծեալ եղև 'ի կենաց. վասն զի գտանէին զնա մեռեալ 'ի մաՀիճս իւր, առանց Հեծութեան և ցաւոց ... և մեծաւ Հանդիսիւ Թաղեցին զնա 'ի դուռն սուրբ եկեղեցւոյ իւրոյ » :

ՅԱԿՈԲԻԿ Շնորհալից մականուանեալ. Ճառընտրաց մէջ իրեն կը տրուի բաւական ընդարձակ գըրուածք մը, վիճաբանութիւն ընդ անհրապետին և ընդ հրէին: Կրնայ սորին կամ յետին դարուց երկասիրութիւն մ՚ալ ըլլալ:

ՅՈՎՀԱՆՆԷՍ վարդապետ՝ որ Թռչնոց վրայ ընտիր ու քերթողական գրուածք մը թողած է: Նորագիւտ հրատարակութիւն 'ի Մասիս լրագրի Պոլսոյ, 1879: Սկզբնաւորութիւնն է.

« Ես Յովհաննէս հոգւով տըկար
Եւ վարդապետ յերկիր աւտար.
Կամիմ գովել զհաւք հաւասար
Ուրախութիւն մարդկան համար »:

ՅՈՎՀԱՆՆԷՍ վարդապետ Տարօնացի, որուն անունը կը նշանակուի Էջմիածնի Մատենադարանին գրչագրաց ցուցակին մէջ (Թիւ 1675) Բագրատունեաց արքունի տոհմին պատմութեան գիրք մը:

ՅՈՎՀԱՆՆԷՍ քօրեպիսկոպոս: Գրչագրաց մէջ Վարագայ սուրբ խաչին պատմութիւն մը կը գըտնենք՝ ընտիր ոճով և հայկաբանութեամբ, իրեն ընծայուած:

ՊԱՏՄՈՒԹԻՒՆ ազգին Մամիկոնէից ցաւըրն Վարդան: Կը գտնուի 'ի Մատենադարանի Բարձրահայեաց Սուրբ Աստուածածնի վանաց յԱրզն (Թիւ գրչ. 112):

ՊԱՏՄՈՒԹԻՒՆ արշաւանաց Հագարացւոց և Թաթարաց և Ռուբինեանց: Նոյն վանաց Մատենադարանին և նոյն գրչագրին մէջ:

ՍԱՀԱԿԱԴՈՒԽՏ. քոյր Ստեփանոսի Սիւնեցւոյ, որուն համար կը զրուցէ Ուռպելեան. «Էր սորա քոյր մի, 'ի մանկութենէ ուսուցեալ զվարս կուսութեան, և առանձնացեալ 'ի ձորակին Գառնոյ, յայրի միջի, և անտանելի վարս ճգնութեան կրէր յանձին. որոյ անուն Սահակադուխտ: Սա յոյժ հմուտ էր երաժշտական արհեստին. որ և 'ի ներքոյ վարագուրի նստեալ ուսուցանէր զբազումս. և արար կցորդս և մեղեդիս քաղցր եղանակաւ, յորոց մի Սըրբուհի Մարիամ, որ խոյով անուամբն է յօրինեալ»:

ՍԱՄՈՒԷԼ Կամրջաձորեցի, զոր յիշեցինք յ'էջ 550: Տասներորդ դարուն վերջերը, Սարգիս կաթուղիկոսին ու Բագրատունեաց Գագիկ Ա. Շահընշահի ժամանակ ծաղկեցաւ Սամուէլ, ինչպէս կ'աւանդէ Լաստիվերացի. «Էին յայնմ ժամանակի վարդապետք Սարգիս և Տիրան անուն և Յեսուէ, որ կաթուղիկոսարանին էին վարդապետք, և Սամուէլ՝ որ Կամըրջացն Ձորոյ վանաց առաջնորդութեամբ հովուէր»: Ասողիկ ալ կը գրէ. «Ընդ նորա (Պօղիկարպոսի) իմաստակն Սամուէլ, բազմաջնորհ 'ի գիտութիւնս գրոց սրբոց և յերգս երաժըշտութեանց»: Սամուէլի կ'ընծայուի Տօնապատճառ կոչուած գիրքը, զոր շարադրած է 'ի խնդրոյ Անանիայի Արշարունեաց եպիսկոպոսի:

ՍՏԵՓԱՆՈՍ Երէց. որոյ անուամբ կայ տումարական գրութիւն մը. «Ստեփաննոս երիցու տումարգիտի որդւոյ Յոհաննիսի քահանայի ասացեալ յաղագս ընթացութեան արեգական քսան և ութ ամաց, և շրջագայութեան լուսնին իննևտասներեակ ամաց, որ լինի միահամաւ ընդ ամենայնն՝ ամք ՇԼԲ»:

ՎԱՀՐԱՄ. այս անուամբ պատմագիր մը կը յիշատակէ Վարդան, և կը կոչէ զնա որդի Տիգրանայ. իսկ ուրիշ մ'ալ Տիգրանակերտցի կը կոչէ։

ՎԱՀՐԱՄ վարդապետ. Շնորհալւոյ վիպասանականին շարայարութիւն ըլլալու դիտմամբ յօրինած է 770 տող ոտանաւոր քերթուած մը սկսելով 'ի Ռուբենէ կը հասցընէ մինչև 'ի Լևոն որդի Ա Հեթմոյ, որուն խնդրանօք ձեռք զարկաւ այս գրուածքին, և որ դեռ ևս կենդանի էր գրուածքին շարադրութեան աւարտելուն ժամանակ։ Հեղինակին հետևեալ յառաջաբանական խօսքերը բաւականէն աւելի կը յայտնեն իւր դիտումը և ձեռնարկութեան պատճառը.

« Տէր Ներսիսի լուսազարդեալ
Հայրապետին զայս բան գրեալ,
Ըզպատմութիւնս Հայոց առեալ
Ոտանաւոր տաղիւ չափեալ...
Զոր ընթերցեալ եւ ծանուցեալ
Լեւոն արքայն Հայոց օծեալ,
Նուաստութեանս իմ հրամայեալ
Ի սուրբ հօրէն առնուլ դարձեալ,
Որ մինչ 'ի մեզ եղեւ հասեալ.
Նախահարց մերոց կացեալ՝
Գործք եւ կամ բանք վիպասանեալ,
Ի ստուգագոյն արանց պատմեալ.
Եւ զոր աչօք մերովք տեսեալ
Եւ ականջօք յայլոց լուեալ.
Զայն ինձ գրել բանիւ չափեալ,
Առ 'ի լինել գիրաւ յայտնեալ:
Արդ ես Վահրամ Րաբուն ձայնեալ,
Եւ իմաստիւք ունայնացեալ,
Աստուածային բանիւք վարժեալ
Եւ 'ի յարդիւնսն ոչ ժամանեալ.
Ի յարքայէ յայս հարկեցեալ,
Եղէ մտօք տարաբերեալ...
Փոքր ինչ յառաջ անդր ընթացեալ,
Ի նախնական զոյցաց առեալ,
Համառօտիւք ըզնոյն գրեալ
Մինչեւ 'ի մերս ժամանեալ»։

Այս պատմական քերթուածէն զատ՝ ունի Վահրամ քանի մը ընտիր ճառեր. ինչպէս 'ի Տաղիազարդն և 'ի Հաւաքարանումն: Ուրիշ մ'ալ «Ի մեծի աւուր Յայտնութեան Քրիստոսի՝ վերլուծութիւն բանին Եսայեայ և համաքմունք աստուածաշունչ բանից թարգման՝ յօրինեալ 'ի խորհուրդ Թագաւորաց որ յերկրի, արագ ցուցմամբ և իմաստասիրական սահմանաւ շարագրեալ Վահրամ վարդապետաւ, յորում աւուր օծեալ ձեռնադրեցաւ Թագաւորն Հայոց մեծն Լեւոն»: — Դիւանագրին Վահրամ վարդապետի կոչուած գրուածքի մ'ալ հանդիպեր ենք[1]:

ՏԻՄՈԹԷՈՍ վարդապետ. յառաջ քան զՄեծն Վարդան Բարձրբերդցի. որ կ'աւանդէ իր Հնգամատենին մեկնութեան յիշատակարանին մէջ թէ նոյնպէս երկասիրութիւն մը շարագրած ըլլայ և Տիմոթէոս այս վարդապետ. «Սկսաք, — կ'ըսէ, — առաջնորդ ունելով զամոլսն հաւատոյ՝ զԵղիշէ և զԵփրեմ և զՄեծն Ոսկիաբան, և զայլսն որք վաստակէին 'ի գիրքս յայս 'ի տեղիս տեղիս. և յորոց հաւաքեալ էր լուսաւոր վարդապետն Տիմոթէոս»: «Քննութիւն հաւատոց Աշոտոյ Թագաւորի և Տիմոթէոս հայրապետի» խորագիրը կրող գրուած մ'ալ գտնուի 'ի դրչագիրս:

ՏԻՐԱՆ. Այս մեզի միայն անուամբ ծանօթ վարդապետին՝ դրչագրաց ցուցակի մը մէջ հետեւեալ երկասիրութեան կը հանդիպինք հետեւեալ խորագրով. «Տիրանայ վարդապետի Հայոց՝ պատասխանի հարցմանց Թագաւորացն Աղուանից՝ Սարներսեհի և Փի-

1 Վահրամայ գրուածոց բնագրին և թարգմանութեանց վըրայ տես 'ի Հայկական Մատենագիտութեան, 656:

փիբէլ» ։ Հատուածք միայն կը գտնուին 'ի Ստեփանեան Բառարանի։

ՏԻՐԱՏՈՒՐ վարդապետ. որուն կ'ընծայուին քանի մը ճառք՝ բաւական ընտիր ոճով և շարագրութեամբ, և մեծ հռետոր կը կոչուի 'ի գրչագիրս. տեղ մ'ալ ինք իրեն համար կը վկայէ «զինուորեալ կայսեր». անշուշտ յառաջ քան զընդունիլ զքահանայական օծումն։

ՄԱՏԵՆԱԳԻՐՔ

ՈՐՈՑ ԳՐՈՒԱԾՔԸ ՉՅԻՇԱՏԱԿՈՒԻՐ

ԱԹԱՆԱՍ. — «*Հայրապետն Հայոց ժողովեաց զիմաստունս որ էին 'ի ժամանակին. յորս էր և Աթանաս 'ի վանուց սուրբ Կարապետին. և կարգեցին Թուական Հայոց, յորոց ուղղեցին զզատիկն Հայոց*»: ԿԻՐԱԿՈՍ:

ԱՆԱՍՏԱՍ. *տես Եփրեմ*:

ԳԱԳԻԿ, *Թագաւոր Կարուց*. — «*Էր յայնմ աւուրքս* (*Կոստանդին Տուկիծ կայսեր*), *Գագիկ արքայ որդի Աբասայ կարսեցւոյ, այր իմաստասէր և լցեալ ամենայն շնորհօք 'ի փիլիսոփայականսն և 'ի հռետորականաց արուեստիցն, որ և ընդ վարդապետս Հոռոմոց ճեմէր. և յորժամ մտանէր 'ի Կոստանդնուպօլիս՝ 'ի յամբիոնն նստէր 'ի մէջ սրբոյն Սոփի. և բովանդակ գիտէր զհին և զնոր կտակարանն Աստուծոյ. և էր յոյժ ճարտարաբան*»: ՈՒՌՀԱՅԵՑԻ:

ԳԷՈՐԳ *վարդապետ*. — «*Մեռաւ Պօղոս կաթուղիկոսն* (ՇԽ) *որ 'ի Մարաշ, զոր եդեալ էր Փիլարտոսն. և սուրբ և մեծ գիտնական Հայոց Գէորգ վարդապետն, և թաղեցաւ 'ի Կամրջաձորն առ Սամուէլ վարդապետի*», *կ'ըսէ Վարդան*: *Իսկ Ուռ-*

հայեցին Ուռնեցի կը կոչէ զԳէորգ, և հետևեալ խօսքերով զինքը կը գրուատէ. « Յայսմ ամի (ՇԽԲ) մեռանէր վարդապետն Հայոց Գէորգ, որ կոչեցաւ Ուռնեցի, որ էր լուսաւորիչ տանս Հայոց, և աղբիւր մշտնջենաւորութեան վտակաց, և լեզու հրեղէն հըրաշխ՛ ներկեալ: Սա ուսմամբ աստուածային վարդապետութեամբն զարդարեաց զարևելից աշխարհն, զի լցեալ էր աստուածային շնորհօք. և էր հաստարեալ գիտութեամբն իւրով առաջին աստուածախօս սուրբ հայրապետացն. տեառն Գրիգորի աստուածաբանի և Յովհան Ոսկեբերանի, Բարսեղի և այլ նմանեաց սոցա: Սա սքանչելի վարուք կատարեաց զընթացս իւր, և էր ամաց հարիւրից. և թաղեցաւ 'ի մեծ անապատն 'ի Կարմընջաձոր, մօտ 'ի գերեզման Սամուելի վարդապետի և Խաչկայ, որ էր երաժիշտ 'ի վերայ ձայնաւոր եղանակաց. և եղև սուգ ... զի զրկեալ եղեն յայնպիսի լուսաւոր վարդապետէ »:

ԳՐԻԳՈՐ ՄՈՆՈՆԻԿ. — « Էին 'ի ժամանակին յայնմիկ վարդապետք երևելիք. Մխիթար՝ որ Գօշն կոչիւր ... Գրիգոր՝ զոր Մոնոնիկ կոչէին՝ 'ի Կեչառուաց »: ԿԻՐԱԿՈՍ:

Զաքարէ Սպասալարին գումարած ժողովականաց մէկն էր Մոնոնիկ:

ԳՐԻԳՈՐ ՇԻՐԱԿԱՑԻ « հմուտ օրինաց » ըստ աւանդելոյ յիշատակագրաց:

ԳՐԻԳՈՐ որդի Վասակայ. — Գէորգ կաթուղիկոսին օրերը երբ Հայոց նախարարքը Բուղայի գերութենէն դարձան, անոնց մէջ կը յիշատակէ Արծրունին նաև զԳրիգոր որդի Վասակայ. « Յեղանել, կ'ըսէ, նախարարաց Հայոց յերեսաց ամիրային (Ահմատայ որդւոյ Հալթայ), մինչ առ նմա միայն

Մուշեղ Մոկաց իշխեցողն, այր քաջայայտ և բարձրագահ. և ընդ նմա Գրիգոր՝ որդի Վասակայ, (իշխան Վասպուրականի). և սա նմանապէս իմաստութեամբ առլցեալ, հոյակապ և անուանի 'ի մէջ հայկականացս, և ցանկալի լսողաց և ուրախարար տեսողաց: Սա առաւելեալ յամենայն հոգածութիւնս, 'ի գիւտս իմաստութեան, ուսումնասիրութեան, և յայլն ամենայնի քան զհարս և զհաւս իւր»:

ԳՐԻԳՈՐ ՏՈՒՏԷՈՐԴԻ. — «Յաւուրս իշխանութեան Զաքարիայ և յառաջնորդութեան Սանահնին Գրիգոր վարդապետին՝ որդւոյն Տուտայ, որ էր այր երևելի»: ԿԻՐԱԿՈՍ:

ԴԱՒԻԹ. տես Եփրեմ:

ԵՂԻԱ. — «Էին 'ի ժամանակին յայնմիկ (ԺԲ դար) վարդապետք երևելիք... Եղիա, 'ի Հաւուց թառէ, որ գեղեցիկ կարգաւորեաց զկարգ վանաց իւրոց»: ԿԻՐԱԿՈՍ:

ԵՓՐԵՄ. — «Յայսմ ժամանակիս (Ը դար) էին վարդապետք աշխարհիս Հայոց ընտրեալք Եփրեմ, Անաստաս, Խաչիկ և Դաւիթ Հառամայեցին»: ԿԻՐԱԿՈՍ:

ԹԷՈԴՈՐՈՍ. — Ուռպելեան կը գրէ Կոմիտաս կաթուղիկոսին համար՝ թէ Սիւնեաց քերթողն Մաթուսաղայի համբաւոյն վրայ զարմացած «Յղէ... զիւր ձեռասուն համբակն, զոր մեծափափաք սիրով սնուցանէր որբութեամբ զԹէոդորոս եղբօրորդի իւր. զոր առեալ նորա մեծաւ զգուշութեամբ ուսոյց և հասոյց 'ի գլուխ կատարման գիտութեան, զարդարեալ տեսականաւն և գործնականաւն»: Ուերբ իշխաններն ու Եզր կաթուղիկոս կը ստիպէին զՄաթուսաղա՝ որ Հերակլ կայսեր գումարած Կարնոյ ժողովոյն ներկայ գտնուի, Մաթուսաղա չուզեց երթալ, ու իր տեղը ղրկեց զԹէոդորոս, վստահանալով իւր աշակերտին գիտութեան և իմաստութեան վրայ, ու այսպէս գրեց. «Յուղարկեցաւ մեր աշակերտդ Թէոդորոս. այդ բաւականասցի»: Ու երբոր Աշտունեաց իշխանը Թէոդորոս՝ մեղադրելով յանդիմանեց զԵզր կաթուղիկոս, զՄաթուսաղա և զՅովհան Մայրագոմեցի հետը չբերելուն համար, Եզր պատասխանեց. «Ամենեքին առաջին թէ մինչ Մաթուսաղայի աշակերտս Թէոդորոս 'ի հետ է, ոչ է կարիս մեզ այլ ոք. դա բաւական է»: Եւ յիրաւի, Թէոդորոս իրեն համբաւոյն և գիտութեանը արժանաւոր լեզուով մը՝ յունաց համոզել և անոնց երկիւղը փարատել, որ կը կասկածէին հաւատոյ ճշմարտութեան մէջ մոլորիլ՝ Յունաց հետեւելուն համար:

ԹՈՐՈՍ. — «Երկուք ոմանք յաշակերտաց (Մխիթարայ Գոշի) որք իմաստնագոյնք էին քան զայլս, որք կարող էին և զայլս օգտեցուցանել. առաջնոյն Թորոս անուն, 'ի սահմանացն Մելտինոյ Հայոց. հայր նորա հայկական և մայրն ասորի. այր հեզ և խոնարհ... որ կայ թաղեալ 'ի հռչականուն վանքն 'ի Հաղբատ, 'ի գլուխ վանացն, 'ի գերեզմանս եպիսկոպոսաց և վարդապետաց»: ԿԻՐԱԿՈՍ:

ԹՈՐՈՍ վարդապետ. — Կիրակոս՝ Հեթում առաջին թագաւորին ու Մանգու խան Թաթարաց ճանապարհորդութիւնը աւանդելու ատեն՝ կը յիշատակէ. «Ընդ նմա իսկ եկեալ էր և Թորոս քահանայ կուսակրօն, և Կարապետ որ դրան երէց էր արքային, հեզ բարուք և գիտնական»:

ԽԱՉԻԿ. տես Եփրեմ:

ՄԱՐՏԻՐՈՍ. — «Կոչեաց (Մխիթար Գոշ) զբընակիչս ուխտի վանից Նոր Գետկայ, որք ընդ նմա ժուժկալեալ էին յամենայն աշխատութիւնս վանից և եկեղեցւոյ. օրհնեաց զնոսա և զաշակերտս իւրեանց յանուն տեառն, և զմի ոմն 'ի նոցանէ ընտրեալ՝ Մարտիրոս անուն, որ աշակերտեալ էր նմա և ընտանի էր, կացոյց զնա առաջնորդ նոցա, մանուկ տիօք, բայց կատարեալ իմաստութեամբ. այր քաղցրաձայն յերգս պաշտաման, և ուսումնամիտ ընթերցման, և արագ 'ի գրչութիւն: Նմա հրամայեաց իշխել նոցա. և գրեաց կտակս առ մեծ հազարապետն Իւանէ ... և յանձնեաց 'ի նա զվանս և զառաջնորդն»: ԿԻՐԱԿՈՍ:

ՅԱԿՈԲ վարդապետ. զոր Կոստանդին կաթողիկոս զրկեց առ Հեթում թագաւոր, որ գնացեր էր 'ի մեծ Հայս. «Առաքեաց զմեծ վարդապետն Յակոբ, զայր բանաւոր և իմաստուն, զոր առաքեալ էին յառաջագոյն վասն սիրոյ և միաբանութեան առ թագաւորն Յունաց Յովհաննէս ... իմաստախոհ բանիւք աստուածային գրոց ընդդիմացան հարցաքննութեան ժողովոյն Յունաց ... խոհեմ բանիւք եցոյց գրովք յերկուց միացեալ զՔրիստոս, աստուած և մարդ կատարեալ երկոքումբք ... զամենայն աստուածիմաստ բանիւք և գրոց վկայութեամբ հաստատեալ՝ շինեաց զմիտս նոցա 'ի սէր և 'ի միաբանութիւն ընդ ազգս մեր, և դարձաւ 'ի նոցանէ պատուով»: ԿԻՐԱԿՈՍ:

ՅՈՎՀԱՆՆԷՍ Գառնեցի. — «Այր ոմն առաքինի և զարմանալի վարուք, գործօղ պատուիրանաց Աստուծոյ և ճգնաբարձ 'ի մանկութենէ, արժանացեալ քահանայական պատուոյ, հուսակրօն, Յովհաննէս անուն 'ի գիւղաքաղաքէն Գառնոյ, ուր զարմանալի տաճարն է Տրդատայ, 'ի սուրբ ուխտէն Այրիվանայ: Սա 'ի մանկագոյն տիոց արհամարհեաց զամենայն ինչ զկենցաղոյս, լքեալ զազգս և զտուն, յանապատ տեղիս բնակէր. սիրէր առանձին լինել և անդբաղդապէս խօսել ընդ Աստուծոյ. տուեալ զինքն աղէի ազգի ճգնութեան պահոց և աղօթից»: Ասոնք են Կիրակոսի խօսքերը, որ նոյն վարդապետին աստուածահաճոյ քաղաքավարութեան նկարագիրն ընելէն ետքը՝ կը յաւելու. ժողովրդեան ձեռքը կու տար, կ'ըսէ, «զխորհրդական բանս աղօթից», օրոնցմով անշուշտ իր անուամբը յիշատակուած այլ և այլ ընտիր և սիրատարփ աղօթքները կ'ուզէ ակնարկել: — Գառնեցին երախտաւոր է նաև Սաղմոսաց ընտիր օրինակ մը հրատարակելուն համար: Իրենն է նաև հետևեալ խորագիրը կրող երկասիրութիւնը. «Յովհաննու Գառնեցւոյ խրատ ոգեշահ ամենայն մարդոյ, մանաւանդ ժամարարի, 'ի խնդրոյ Սարգիս քահանայի»:

ՅՈՎՀԱՆՆԷՍ Տաւուշեցի. — «Ես հանդիպեցայ (Մխիթար Գոշ) Յովհաննիսի վարդապետի Տաւուշեցի անուանեալ, որ 'ի ժամանակին յայնմիկ երևելի էր գիտութեամբ. զառաջինն յաշխարհականաց կեանս կացեալ սակաւ ինչ, և մեռեալ ամուսնոյն, կրօնաւորութեան հետևեալ, և հասու եղեալ՝ աստուածայնոց գրոց պարապեալ... Սա բազում իրս կարգաւորեաց կարգաց և կրօնից քրիստոնէից»: ԿԻՐԱԿՈՍ:

ՅՈՎՍԷՓ. — Կիրակոս՝ Բարսղի հայրապետին յաջորդ Գրիգորիս կաթուղիկոսին օրովը ծաղկած վարդապետաց մէջ կը յիշատակէ նաև Յովսէփ անունով եպիսկոպոս մը, զոր կը կոչէ «այր երեւելի 'ի կողմն Անտիոքու», ուր բազմաթիւ աղանդայինք ցրուած էին այն ժամանակները:

ՆԵՐՍԷՍ ԻՇԽԱՆ. — Մետասաներորդ դարու կիսուն ծաղկած էր «Տէր Ներսէս 'ի Բագրեւանդ գաւառէ, իշխան Հայոց, և սա էր այր կորովի և յոյժ հանճարեղ, բանիբուն իմաստասէր, ուսեալ 'ի մեծն Արգինա. հասեալ ամենայն շնորհոց աստուածեղէն կատարմանցն, և կարող էր կալ 'ի գլխի ամենայն իմաստնոցն Հոռոմոց, հզօր գիտութեամբ և զարմանալի ատենախօսութեամբ, նմանեալ Գագկայ և այլոց իմաստասիրաց Հայոց»: ՈՒՌՃԱՅԵՑԻ:

ՍԱՄՈՒԷԼ. — «Յայնժամ գրեաց (Վասիլ կայսր) առ Յովհաննէս արքայն Հայոց. զի առաքեսցէ զնոսա (զվարդապետս Հայոց) առ ինքն 'ի Կոստանդնուպօլիս, զի 'ի նոցանէ գիտասցէ զճշմարիտ պատճառն և զուղղորդ զատիկն. իսկ նոքա ոչ առին յանձն գընալ, այլ Թղթովք գեղեցիկաշար բանիւք հասկացուցին զԹագաւորն ամենայն խորին քննութեամբ... մեծաւ խնդրուածովք եւս բերել (կայսրն Վասիլ) առ ինքն զՀայոց վարդապետն զՍամուէլ, զայր կորովի և յաղթող, և կացուցանէր զնա յատենի խօսել ընդ վարդապետացն Յունաց... և հաճոյ լինէր Թագաւորին ամենայն բանքն նորա... և ածէր զՄուսի զվարդապետս Եբրայեցւոց... այր ճարտարաբան և հզօր, և սկսանէր խօսել զարուեստ տոմարին... և գովէր զբանքն Սամուէլի Հայոց վարդապետի. իսկ Թագաւորն..., զվարդապետն Հայոց յուղարկեալ մեծաւ պարգեւօք յաշխարհն Հայոց»: ՈՒՌՃԱՅԵՑԻ:

ՍՈՂՈՄՈՆ. — «Յետ վախճանելոյն Յակոբայ

հայրապետին՝ զՍողոմոն ածեալ կացուցանէին յաթոռ սրբութեանն. սա ... բազում առաքինաջան երկոց զանձն տուեալ 'ի մեծ ուխտին Մաքենոցաց, այլ և վարժեալ ևս էր 'ի փիլիսոփայական արուեստս, և առաւել ևս հմուտ լեալ փաղտութեան կրթանաց» : ՅՈՎՀԱՆ ԿԱԹՈՂԻԿՈՍ :

ՍՏԵՓԱՆՈՍ. — «Յայսմ ժամանակի (Թուին ՄԻԲ) էր Ստեփանոս գրան երէց, որ բանիբուն ճանաչիւր. հաս ամենայն իմաստասիրական և գրամատիկոս արուեստից՝ հանդերձ հոգևորական առաքինութեամբ» : ԿԻՐԱԿՈՍ :

Նոյն խօսքերով կը գրուատէ զնա և Սամուէլ, որոշելով 'ի համանուն Սիւնեաց եպիսկոպոսէն :

ՏՈՒՐՔԻԿ. — «Էին 'ի ժամանակին յայնմիկ (ՃԲ դար) վարդապետք երևելիք ... Տուրքիկ 'ի Թեղենեաց, որ բարիոք կարգաւորեաց զվանքն՝ զամենայն ինչ հասարակաց լինել և առանձինն ոչինչ ստանալ» : ԿԻՐԱԿՈՍ :

ՑԱՆԿ

—

ՅԱՌԱՋԱԲԱՆ . . . . Ն

ՊԱՏԿԵՐ ՀԱՅԿԱԿԱՆ ԴՊՐՈՒԹԵԱՆ.

ՊԱՏՐԱՍՏՈՒԹԻՒՆ. — *Հայկական Դպրութիւնն համեմատուած ուրիշ հին ազգաց գրականութեան հետ։ — Անոր աղքատութեան պատճառները։ — Մեր մատենագրութեան բաժանումը ըստ դարուց* . . . 1

ՀԱՅԿԱԿԱՆ ՆՇԱՆԱԳԻՐՔ. — *Նշանագիրք ընդհանրապէս և անոնց կարևորութիւնն։ — Հայ ազգին նախնական տառերը։ — Բևեռաքանդակ արձանագրութիւնք։ — Անոնց գոյութիւն 'ի Հայաստան և հաւանական հետևանք։ — Շամիրամ և իր արձանագրութիւնք 'ի մերում աշխարհի և այլուր։ — Զենոն, ասորի և յոյն տառք, և անոնց գործածութիւն առ մերսն։ — Համառօտագիր նշանակք։ — Յատուկ ազգային տառից պէտք։ — Վռամշապուհ, Սահակ և Մեսրովպ։ — Մեսրովպայ ջանք 'ի գիւտ հայկական տառից։ — Կորիւն, Խորենացի և Փարպեցի և անոնց խօսքերը։ — Պատմութիւն գիւտի տառից։ — Այլևայլ խնդիրք, կարծիք և դրութիւնք այս նկատմամբ։ — Դանիէլ ասորի և իր տառերը* 10

ՀԱՅ ԳՐՉԱԳԻՐՔ. — *Հայկական գրչագրաց վրայ ընդհանրապէս։ — Ծանօթ հնագոյն գրչագիրք։ — Գրչութիւն և գրիչք առ Կիլիկեցիս։ — Մագաղաթ, թուղթ և անոնց կիրառութիւն։ — Գրութեան պատկանեալ ուրիշ գործիներ։ — Թանաք։ — Նկարք, պատկերք և անոնց արուեստը* 57

ՀԱՅԵՐԷՆ ԼԵԶՈՒ. — *Հայերէն լեզու: — Իր ծագումն և սկզբնաւորութիւն ըստ ազգային պատմութեան: — Արդի բանասիրութեան կարծիք նոյն խնդրոյն վրայ: — Հայկական լեզու յառաջ քան հինգերորդ դար: — Թարգմանչաց դարը: — Այլ և այլ կերպարանափոխութիւնք լեզուին: — Հելլենաբանութիւն: — Հայ լեզուն մինչ 'ի սկիզբն երեքտասաներորդ դարու* . . 84

ԳՈՂԹԱՆ ԵՐԳԵՐ. — *Բանաստեղծութիւն՝ առաջին լեզու մարդկային ազգի: — Անոր հետքն 'ի հինն Հայաստան: — Գողթան երգիչք: — Վէպք, վիպասանութիւն: — Թուելեաց երգք: — Ինչուան առ մեզ հասած Գողթան երգոց հատուածք: — Անոնց արուեստը* . . . 116

ԳՐԱՒՈՐ ՄԱՏԵՆԱԳՐՈՒԹԻՒՆ

ՄԱՐԻԲԱՍ ԿԱՏԻՆԱ. — *Քաղդէացիք: — Նախնեան մատենագրութիւն: — Վաղարշակ 'ի Հայաստան: — Մարիբաս Կատինա: — Արքունի հրամանաւ և յանձնարարութեամբ երթն 'ի Նինուէ: — Նինուէի մատենադարանաց մէջ ըրած գիւտը: — Իր պատմական գրուածքը՝ ըստ Խորենացւոյն: — Անոր սկզբնաւորութիւնն և քանի մը հատուածք: — Բանասիրաց հակառակամարտ կարծիք նկատմամբ Մարիբասեան գրոց և իր անձին: — Գաղղիական թարգմանութիւն իր գրոցը* 135

ՄԱՐԻԲԱՍԷՆ ԻՆՉՈՒԱՆ ՉՈՐՐՈՐԴ ԴԱՐ. — *Արտաւազդ Ա: — Աբգար: — Եդեսիոյ դիւան: — Արտաշէս Բ* 150

ՔԱՆԻ ՄԸ ՄԱՏԵՆԱԳԻՐՔ. — *Ողիւպ: — Բարդածան: — Խոռոհբուտ: — Արտիթէս* 154

ՂԵՐՈՒԲՆԱ. — *Իրեն ընծայուած գրքի մը գիւտը: — Ասորի բնագիրը: — Գրուածքին նիւթը: — Հարազատութիւնը: — Այլ և այլ տպագրութիւնք և թարգմանութիւնք* 161

Դ Ա Ր Դ

Քրիստոնէական կրօնից կրկին հաստատութիւնն 'ի Հայաստան: — Անոր ազդեցութիւնն և արդիւնք մեր մատենագրութեան վրայ 171

ԳՐԻԳՈՐ ԼՈՒՍԱՒՈՐԻՉ. — Իր ջանքն և արդիւնք նաև ուսմանց յառաջադիմութեան համար։ — Հաստատած դպրոցներն։ — Յտապահպատում գիրքը։ — Անոր նիւթը ու թուանդակութիւնը։ — Ո՞ր լեզուով գրուած ըլալը։ — Լուսաւորչի անուամբ ուրիշ երկասիրութիւնք ․ ․ ․ ․ ․ ․ ․ ․ ․ ․ ․ ․ ․ 174

ԱԳԱԹԱՆԳԵՂՈՍ. — Ո՞վ էր Ագաթանգեղոս։ — Հնոց կարծիքը իր վրայ։ — Յաւաքարանն լատ յունական օրինակին։ — Ագաթանգեղեայ պատմութեան նիւթը։ — Իր գրոց հարազատութեան վրայ տարակոյսներ։ — Ո՞ր լեզուով գրուած ըլալուն խնդիրը։ — Հայկական և յունական օրինակք։ — Առ Սեբէոսի հաւասած մը իր անունով։ — Պաշանց թուղթն ու անոր հարազատութեան վրայ կարծիք և դրութիւնք։ — Իր անունը յիշուած ման» երկասիրութիւն մը։ — Ագաթանգեղեայ գրոց տպագրութիւնք և թարգմանութիւնք ․ ․ ․ ․ ․ ․ ․ ․ ․ ․ 181

ԶԵՆՈԲ ԳԼԱԿ. — Ո՞վ էր Զենոք։ — Զենոբայ պատմական երկասիրութիւնը և նիւթը։ — Իր գրուածքին դէպաւոր աղբերք։ — Ի՞նչ լեզուով գրեց։ — Տպագրութիւնք քնագրին և թարգմանութիւնք ․ ․ ․ ․ 214

ՆԵՐՍԷՍ ՊԱՐԹԵՒ. — Արքն Ներսէսի վարուց համառօտութիւնը։ — Իր արդիւնքը եկատամբ մեր քաղաքական պատմութեան։ — Բանասիրականին վրայ ունեցած ազդեցութիւնը։ — Իրեն ընծայուած երկասիրութիւնք ․ ․ ․ ․ ․ ․ ․ ․ ․ ․ ․ 218

ԲԻՒԶԱՆԴ. — Բիւզանդ և իր անձին և աղբին վրայ եղած այլևայլ կնթադրութիւնք։ — Փարպեցի և իր խօսքերը Բիւզանդայ վրայ։ — Բիւզանդայ պատմական դիրքը՝ համեմատուած ուրիշ աղգային պատմչաց հետ։ — Անոնցմէ օտարանալն շատ դեղուածոց յիշատակութեան մէջ՝ օտարութիւն կ՚ենթադրէ նաև աղդաւ։ — Սահառունի կոչուելը, ու այդպիսի անունակոչութեան հաւանական սեղուած պատճառ մը։ — Ո՞ր լեզուով գրուած է իր երկասիրութիւնը։ — Արդեօք ամբողջ հասա՞ծ է ձեռունիս Բիւզանդայ յօրինած պատմութիւնը։ — Բիւզանդարանի նիւթը։ — Տպագրութիւնք և թարգմանութիւնք ․ ․ ․ ․ ․ 222

ՊՐՈՅԵՐԵՍԻՈՍ. — Հայք յԱթէնս և 'ի Հռովմ: — Պարոյր և իր ուսումը: — Յառաջադիմութիւնն և պատիւ 'ի Հռովմ: — Իր անուանը և համբաւոյն կանգնուած արձան: — Գրիգորի Աստուածաբանին վերաբերութիւնը 237

Դ Ա Ր Ե

Մեր մատենագրութեան ոսկեդարը: — Որո՞նք կը վերաբերի այս արդիւնքը: — Դարուս ազդեցութիւնը և ուսումնական արդասիք 247

Ս. ՍԱՀԱԿ ՊԱՐԹԵՒ. — Սուրբն Սահակ Պարթեւ: — Համառօտութիւն իւր սուրբ և բազմարկածեան վարուց: — Ազդեցութիւնն ազգիս քաղաքական պատմութեան և մտաւոր բարգաւաճանաց վրայ: — Գրուածներն 249

Ս. ՄԵՍՐՈՎՊ. — Ս. Մեսրովպայ վարքը: — Արքունեաց մէջ սպասաւորութիւնը: — Առանձնութիւնն և հրաժեշտ յաշխարհէ: — Աջակցութիւնն ընդ սրբոյն Սահակայ: — Հայկական դրոց գիւտը: — Իր մեծ արդիւնքը նկատմամբ հայկական մատենագրութեան: — Գրաւոր երկասիրութեանց յիշատակք 256

ԹԱՐԳՄԱՆԻՉՔ. — Թարգմանիչք և իրենց դասակարգութիւնն: — Ուսումնական ուղեւորութիւնն յԵդեսիա, 'ի Կեսարիա, յԱղեքսանդրիա, յԱթէնս, 'ի Հռովմ և 'ի Բիւզանդիոն: — Դարձն 'ի հայրենիս: — Հայաստանի քաղաքական վիճակն: — Գտած ընդունելութիւննին և չարակրութիւնք: — Թարգմանչաց թիւը: — Առաջին Թարգմանիչք: — Երկրորդ կամ կրտսերագոյն Թարգմանիչք 262

ԵԶՆԻԿ ԿՈՂԲԱՑԻ. — Եզնիկ՝ սրբոյն Սահակայ և Մեսրովպայ առաջին աշակերտներէն, և իր ուսումը: — Թարգմանութիւնք և Եղծ աղանդոց գիրքը: — Իր իմաստասիրական հմտութիւնը այդ երկասիրութեան մէջ: — Մատենագրական ու հնախօսական դիտութիւնը: — Մանր երկասիրութիւնք: — Պատմական գրուածքի մը յիշատակութիւն և անոր քանի մը հա-

տուածք։ – Արդիւնքը կրօնական գիտութեան աո֊
ձև և իր գրոց տպագրութիւնք և թարգմանութիւնք 280
ԿՈՐԻՒՆ. — Կորիւն 'ի դասու առաջին թարգմանչաց։
— Իմէ շարադրուած կենսագրական գրուած մը։ –
Իր ոճը։ – Ագաթանգեղոսի և Բիւզանդայ գրոց հետ
նմանութիւնք։ – Տպագրութիւնք և թարգմանու֊
թիւնք 294

ԴԱԻԻԹ ԱՆՅԱՂԹ. — Դաւիթ Անյաղթ 'ի թուոյ կրթ–
ուսերագոյն թարգմանչաց։ – Իր ուսումն և համբաւ ա֊
ցոյնս։ – Գրաւոր երկասիրութիւնք։ – Ներբող 'ի
սուրբ խաչն։ – Սահմանաց գիրք։ – Թարգմանու֊
թիւնք 295

ԳԻԻՏ. — Գիւտայ վարքը։ – Կաթուղիկոսութիւնն և
յաջորդն Պարպից կոչումը։ – Գրաւոր երկասիրու–
թիւնքը 303

ՅՈՎՀԱՆ ՄԱՆԴԱԿՈՒՆԻ. — Մանդակունի և Հայաստա֊
նի վիճակը։ – Վահանայ մարդպանութիւնը։ – Ման֊
դակունւոյ ընծայուած ճառեր։ – Մանր գրուածք . . 306

ՆԵՐՇԷՀ. — Եղիշէի վարքը։ – Յաղագս Վարդանայ և
Հայոց պատերազմին գրուածքը։ – Անոր համառօտ
բովանդակութիւնը։ – Յաղագս Մինձանանց ճառը։ –
Մեկնութիւն Յեսուայ և Դատաւորաց։ – Ճառեր։ –
Արարածոց մեկնութիւն։ – Անհարազատ կամ երկ֊
բայական ճառեր։ – Պատմութեան գրքին և մատե֊
նագրութեանցը զանազան տպագրութիւնք և թարգ֊
մանութիւնք 312

ՄՈՎՍԷՍ ԽՈՐԵՆԱՑԻ. — Խորենացի և իր ուսմանկան
դաստիարակութիւնն և ճանապարհորդութիւնք։ –
Դարձն 'ի հայրենիս և կրած նեղութիւնները։ – Եր֊
կասիրութիւններն։ – Պատմութիւն Հայոց։ – Աշ֊
խիրք։ – Արտաքին պատմիչք։ – Սուրբ գրոց հետա֊
զօտութիւն մանուանէ 'ի ժամանակագրական մատ֊
ին։ – Իր Պատմութեան գրոց նիւթը։ – Զորբող գիրք իր
այս երկասիրութեան։ – Խորենացւոյն արժէքը իբրու
պատմաբան և ժամանակագիր։ – Եւրոպական և ալ֊
դասին բանասիրութեան կարծիք։ – Պատմութեան
գրոց տպագրութիւնք և թարգմանութիւնք։ – Աշ֊

խարհագրութիւնն ու անոր հարազատութիւնը: — Պիտոյից գիրք: — Հռիփսիմեանց ճառ: — Վարդավառի ճառ: — Այլ և այլ մանր երկասիրութիւնք: — Իւրն ընծայուած անհարազատ գրուածք 329

ՄԱՄԲՐԷ. — Մամբրէ Վերծանող՝ եղբայր Խորենացւոյն: — Իր անունը կրող գրուածք: — Ճառ 'ի Յարութիւն Ղազարու և անոր հարազատութիւնը: — Ճառ 'ի Գալուստ Տեառն յԵրուսաղէմ: — Պատմական գրուածք մը 367

ՂԱԶԱՐ ՓԱՐՊԵՑԻ. — Փարպեցւոյն ծնունդն: — Իր տոհմն ու Վահան Մամիկոնեան իշխանին հետ մտերմութիւնը: — Հրաժեշտն յաշխարհական փառաց: — Էջմիածնի կաթուղիկէին վերակացու գտուիլը: — Այն պատճառաւ կրած հալածականութիւններն ու թշնամութիւնք: — Ինքզինքը ջատագովելու համար առ Վահան մարզպան գրած թուղթը: — Պատմութեան գրոց նիւթը: — Աղբերք այդ երկասիրութեան: — Տպագրութիւնք և թարգմանութիւնք 370

Դ Ա Ր Զ

Գրչութեանց անկումն վեցերորդ դարուս մէջ: — Քաղաքական յուզմունք և կրօնական խնդիրք և խռովութիւնք պատճառ այս անկման 387

ԱԲՐԱՀԱՄ ԵՊ. ՄԱՄԻԿՈՆԵԱՆ. — Աբրահամ Մամիկոնէից եպիսկոպոս: — Կրօնական գրուածք իր անուամբը: — Պատմութիւն ժողովոյն Եփեսոսի: — Փիլաքսիանոս Նաբուլկայ եպիսկոպոս 388

ՊԵՏՐՈՍ ԵՊ. ՍԻՒՆԵԱՑ. — Պետրոս եպիսկոպոս Սիւնեաց և իր ժամանակը: — Ճառեր՝ որ իր անուամբ հասած են առ մեզ: — Պատմական գրուածք մը: — Քանի մը հատուածք այդ երկասիրութենէն առ Ստ. Օրբելեան: — Համբաւն ու 'ի պատմչաց գովութիւնք իւրն և գրուածոցը 389

ՄՈՎՍԷՍ ԵՂԻՎԱՐԴԵՑԻ. — Մովսէս Եղիվարդեցի: — Հայոց մէջ գործածուած հին թուականներ: — Եղիվարդեցւոյն ձեռքով ու ջանիւք եղած նորոգութիւն:

— Հայոց Թուական և անոր սկզբնաւորութիւնը . . 394
ԿԻՒՐԻՈՆ ԵՒ ԱԲՐԱՀԱՄ ԿԱԹՈՂ. — Քաղկեդոնի ժողով ու այն պատճառաւ յուզմունք յԵկեղեցւոջ: — Աբրահամ կաթուղիկոս: — Կիւրիոն Վրաց կաթուղիկոս: — Թղթակցութիւնք ընդ հայրապետին Հայոց: — Ասորեաց Թուղթ առ Ներսէս կաթուղիկոս, և վերջնոյս պատասխանն: — Հայոց իշխանաց կողմանէ գրուած նամակ մը 396

ԴԱՐ Է

ԿՈՄԻՏԱՍ ԿԱԹՈՂ. — Ո՞վ էր Կոմիտաս: — Ի պատիւ Հռիփսիմեանց երգած Անձինք շարականը: — Անոր վայելուչ ու քերթողական ոճը: — Կոմիտասայ անուամբ յիշատակուած հարազատ կամ ոչ հարազատ երկասիրութիւնք 405
ՔԱՆԻ ՄԸ ՄԱՏԵՆԱԳԻՐՔ. — Եզնիկ Երէց: — Եզր կաթուղիկոս: — Մաթուսաղա: — Ուսպելեանի գովութեանց խօսքերը: — Իր համբաւը: — Գրիգորատուր վարդապետ: — Յովհան Մայրագոմեցի 406
ՅՈՎՀԱՆ ՄԱՄԻԿՈՆԵԱՆ. — Յովհան Մամիկոնեան պատմիչ: — Իր երկասիրութեան նիւթը: — Մատենագրական ոճը: — Տպագրութիւնք և թարգմանութիւն իր գրուածքին 411
ՍԵԲԻՈՍ ԵՊԻՍԿ. — Սեբէոս եպիսկոպոս Բագրատունեաց: — Իր անձին վրայ տեղեկութիւն: — Պատմութեան նիւթը: — Այդ երկասիրութեան շարադրութեան մէջ իր ունեցած մասը: — Սեբէոսի ոճն: — Պատմական արժէքը: — Իր գրուածքին տպագրութիւնք և թարգմանութիւնք և մատենագիտական քննադատութիւնք 415
ՄՈՎՍԷՍ ԿԱՂԱՆԿԱՏՈՒԱՑԻ. — Կաղանկատուացի և իր ժամանակը: — Պատմութեան նիւթը: — Աղուանք և իրենց ծագումը և յառաջադիմութիւնը: — Իրենց նոր հաւատութիւնը: — Կաղանկատուացւոյն պատմական արժէքն և ոճը: — Մատենագրական լեզուն: — Շարունակութիւն պատմութեանն Աղուանից: — Կաղանկա-

առաջին դրոցը տպագրութիւնը 'ի հայ և յօտար
լեզուս, և քննադատական տեսութիւնք 422
ԴԱՒԻԹ ԲԱԴՐԵԻԱՆԴԱՑԻ. — Դաւիթ Բագրեւանդա-
ցի։ — Իր անունով գտնուած ճառ մը։ — Իրեն ընծա-
յուած երկասիրութիւն մը։ — Ս․ Բարսղի ճառից
թարգմանութիւն 455

ԱՆԱՆԻԱ ՇԻՐԱԿԱՑԻ. — Անանիա Շիրակացի։ — Իր
վարքը։ — Անանիայի գրուածները։ — Աստեղաբաշ-
խութիւն։ — Շիրակունեայն աստեղաբաշխական կար-
ծիք և դրութիւն։ — Ազգին մէջ ունեցած յարգը իր
գրուածոց։ — Ժամանակագրութիւն։ — Յաղագս կշռոց
և չափոյ։ — Անհարազատ և անձանօթ գրուածք Ա.-
նանիայի անուամբ։ — Աշխային պատմչաց թուոյն
մէջ չեզուկը։ — Իր ոճը 457

ՎՐԹԱՆԷՍ ՔԵՐԹՈՂ. — Վրթանէս Քերթող։ — Ընդ-
դէմ Պատկերամարտաց ճառ։ — Ցանական նամակներ
Վրթանայ անուամբ։ — Գրիգոր Քերթող . . . 447

ԹԷՈԴՈՐՈՍ ՌՈՒԹԵՆԱՈՐ. — Քռթինաւորի վարքը։ —
Ճառ ընդդէմ Մայրագոմեցւոյն։ — Ուրիշ ճառեր։ —
Գրութեան ոճը 451

ՄՈՎՍԷՍ ՍԻՒՆԵՑԻ. — Մովսէս Քերթող։ — Իր ան-
ձին և գրուածոց վրայ կարծիք։ — Քերականական
երկասիրութիւնք 454

ԳՐԻԳՈՐ ԱՐՇԱՐՈՒՆԻ. — Գրիգոր Արշարունի։ — Ըն-
թերցուածոց մեկնութիւն։ — Որուն խնդրանօք այս
երկասիրութեան ձեռք դարնելը։ — Հայերէն լեզուն
և ոճը 455

ՓԻԼՈՆ ՏԻՐԱԿԱՑԻ. — Տիրակացւոյն ժամանակը։ — Ցօ-
րինած եկեղեցական պատմութիւնը։ — Սոկրատ Սքո-
լաստիկոս։ — Փիլոնի գրութեան ոճը և իր պատմու-
թեան չարունակութիւն 456

ՍԱՀԱԿ ԿԱԹՈՒՂԻԿՈՍ. — Ձորափորեցի Սահակ կա-
թողիկոս։ — Առ Մոճմատ Հագարացի իշխան գրած
թուղթը։ — Իրեն ընծայուած երկասիրութիւնք . . 457

Դ Ա Ր Ը

ՅՈՎՀԱՆ ԻՄԱՍՏԱՍԷՐ. — Իմաստասիրին մանկութիւնը: — Քնթենաւորի աշակերտիլը: — Կաթուղիկոսական աթոռը բարձրանալը: — Ատենաբանութիւն: — Ճառ ընդդէմ Երեւութականաց: — Ընդդէմ Պաւղիկեանց ճառը: — Գործածած լեզուի ընտրութիւնը և ոճ: — Ուրիշ երկասիրութիւնք: — Եկեղեցական կանոնադրութիւնք: — Երկբայական գրուածներ: — Իր ճառից բնագրին տպագրութիւնք և թարգմանութիւնք 459

ՍՏԵՓԱՆՈՍ ՍԻՒՆԵՑԻ. — Սիւնեցւոյն վարքը և ուսումը: — Ճանապարհորդութիւններն 'ի Բիւզանդիոն և Հռովմ: — Երկասիրութիւններն: — Իրեն ընծայուած չարալանք և անոնց հարազատութիւնը: — Ուրիշ գրուածք: — Թարգմանութիւնք 470

ՂԵՒՈՆԴ ԵՐԷՑ. — Ղեւոնդ Երէց և իր պատմական գրուածքը: — Անոր նիւթը: — Ոճը: — Պատմական արժէք իր գրուածին: — Բնագրին տպագրութիւնն և թարգմանութիւն: — Մոհլ գաղղիացի արեւելագիտին կարծիք 478

Դ Ա Ր Թ

ԶԱՔԱՐԻԱ ԿԱԹՈՒՂ. — Զաքարիա կաթուղիկոս և Փոտ պատրիարք Կոստանդնուպոլսի: — Շիրակաւանի ժողովը: — Թղթակցութիւնք ընդ Փոտ պատրիարքի: — Զաքարիայ անուամբ գտնուած ճառերը 481

ՇԱՊՈՒՀ ԲԱԳՐԱՏՈՒՆԻ. — Շապհոյ պատմական երկասիրութիւնը: — Իր անուանն և երկասիրութեանց յիշատակութիւնը առ Նախնիս: — Գրութեան ոճը: — Իրեն ընծայուած անհարազատ գրութիւն մը . . 484

ՄԱՇՏՈՑ ԿԱԹՈՒՂ. — Մաշտոց և իր վարքը ըստ ժամանակակից յիշատակագրաց: — Աքաս թագաւոր: — Դըւնայ շարժը: — Մաշտոցի գրած թուղթը: — Իրեն ընծայուած ուրիշ երկասիրութիւ 487

ՅՈՎՀԱՆ ԿԱԹՈՒՂ. — Յովհան կաթուղիկոս յաշակերտաց Մաշտոցի: — Հայրապետական աթոռը ելլելը: — Պատմութիւնն և անոր նիւթը: — Արժէքը իր այս երկասիրութեան: — Գրաւորական ոճը: — Բնագրին հրատարակութիւն և թարգմանութիւն 492

ԹՈՎՄԱ ԱՐԾՐՈՒՆԻ. — Թովմայի Արծրունւոյ ժամանակը: — Գագկայ իշխանի յանձնարարութեամբ Արծրունեաց պատմութիւն գրելը: — Այդ երկասիրութեան աղբերք: — Արծրունւոյն պատմութեան նիւթը: — Գրութեան ոճը: — Բանասիրական արժէք: — Բնագրին տպագրութիւնն ու թարգմանութիւնք . . . 500

ՅԻՇԱՏԱԿԱԳԻՐՔ 515

Դ Ա Ր Ժ

ԱՆԱՆԻԱ ՆԱՐԵԿԱՑԻ. — Անանիա Նարեկացի, և իր յիշատակութիւնը առ նախնիս: — Ճառ ընդդէմ Թոնդրակեցւոց: — Ուրիշ հարազատ կամ կեղծակարծ գրութիւնք իր անուամբ 515

ԽՈՍՐՈՎ ԱՆՁԵՒԱՑԻ. — Խոսրով Անձեւացի՝ հայր Նարեկացւոյն: — Ժամագրոց մեկնութիւն: — Մեկնութիւն խորհրդոյ սրբոյ Պատարագին: — Իր անուամբ յիշատակուած ուրիշ գրութիւն մը: — Տպագրութիւնք իր երկասիրութեան 517

ԳՐԻԳՈՐ ՆԱՐԵԿԱՑԻ. — Նարեկացի և իր սրբակրօն վարքն: — Երկասիրութիւնները: — Ապարանից խաչին պատմութիւնը: — Ներբող 'ի սուրբ Աստուածածինն: — Ճառ 'ի գովեստ Առաքելոց: — Գովեստ 'ի սուրբն Յակոբ Մծբնայ: — Երգերգոյի մեկնութիւն: — Աղօթք կամ Նարեկ, — Նարեկացւոյն մանր երկասիրութիւններն: — Անհարազատ գրուածներ . . 520

ՅԻՇԱՏԱԿԱԳԻՐՔ . . . . , ... 531

ՍՏԵՓԱՆՈՍ ԱՍՈՂԻԿ. — Ասողիկ և իր վրայ կենսագրական տեղեկութիւնք: — Պատմութեան գիրքը և բովանդակութիւնը: — Մեկնութիւն Երեմիայ մարգարէութեան: — Տպագրութիւնք բնագրին և թարգմանութիւնք 532

ՈՒԽՏԱՆԷՍ. — Ուխտանէս պատմիչ: — Պատմութեան նիւթը: — Պատմական և բանասիրական արժէք իր երկասիրութեան: — Բնագրին տպագրութիւն և թարգմանութիւնք 536
ՄԵՍՐՈՎԲ ԵՐԷՑ. — Մեսրովբ Երէց: — Իր անուամբ գտնուած պատմական երկասիրութիւն մը: — Ի հնոց գրուած Մեծին Ներսէսի հայրապետի վարք: — Ծաղկաքաղ այդ գրուածին 'ի Մեսրովբայ: — Նիւթը և արժէք: — Տպագրութիւնք և թարգմանութիւն . . . 542
ՅԻՇԱՏԱԿԱԳԻՐՔ. 549

ԴԱՐ ԺԱ

ՅՈՎՀԱՆՆԷՍ ԿՈԶԵՌՆ. — Յովհաննէս Կոզեռն: — Իր վարքը: — Երկասիրութիւնք: — Պատմական գրուածքի մը յիշատակութիւն 551
ԳՐԻԳՈՐ ՄԱԳԻՍՏՐՈՍ. — Մագիստրոսի տոհմը: — Քաղաքական դիրքը: — Կոստանդնուպոլիս երթալը և հոն 'ի Բիւզանդական արքունեաց մեծարուիլը: — Մատենագրական կեանքը: — Այս նկատմամբ իրեն տրուած գովութիւնք: — Թղթերը: — Վարդապետականք: — Իմաստասիրականք: — Ընտանեկանք: — Քերթուածք: — Հազարտողեանն առ Մանուչէ արաբացի: — Քերականականք 553
ԱՐԻՍՏԱԿԷՍ ԼԱՍՏԻՎԵՐՏՑԻ. — Լաստիվերտցի և իր վարքը: — Պատմական երկասիրութիւնը: — Նիւթն ու բովանդակութիւնը: — Բանասիրական և մատենագրական արժէք: — Իրեն ընծայուած Ընթերցուածոց մեկնութիւն մը: — Պատմութեանը բնագրին տպագրութիւն և գաղղիական թարգմանութիւն . . . 575
ԳՐԻԳՈՐ ՎԿԱՅԱՍԷՐ. — Վկայասէր և իր վարուց համառօտութիւն: — Ըրած բարեկարգութիւնք: — Ճանապարհորդութիւններն յԵրուսաղէմ և յԵգիպտոս: — Երկասիրութիւնք: — Մեկնութիւն Գործոց: — Գէորգ Լամբրոնեցւոյ ընծայուած համանուն գրուած մը: — Գրիգորի թարգմանութիւնք: — Կիրակոս աշակերտ և վաստակակից Վկայասիրին: — Մատթէոս: —

Գէորգ Մեղրիկ: – Թէոդորոս Ալախօսիկ: – Սիսիանոս Սեբաստացի: – Պօղոս Տարօնեցի 577

Դ Ա Ր Ժ Բ

ՅՈՎՀԱՆՆԷՍ ՍԱՐԿԱՒԱԳ. — Սարկաւագայ տոհմն և դաստիարակութիւնը: – Ուսումն 'ի Սանահին և 'ի Հաղբատ: – Տոմարի նորոգութիւնը կամ Սարկաւագաղիր շրջան: – Գրաւոր երկասիրութիւններն: – Պատմութիւնն. – Բանի մը հատուածք ինչուան առ մեզ հասած: – Յաղագս Քահանայութեան ճառ: – Ներբողեան: – Աղօթագիրք: – Ի Սարեակն: – Սուրբ գրոց վրայ աշխատութիւնք: – Ճառեր: – Մանր գրուածներ: – Իր աշակերտներն: – Երեմիա Անձրեւիկ: – Կոնդ Սարգիս, և այլք 588

ՍՏԵՓԱՆՈՍ ՄԱՆՈՒԿ. — Ստեփանոսի դիտութիւնն և համբաւ: – Արժանապէս կը մեծարուի 'ի Բարսղէ կաթուղիկոսէ: – Իրեն ընծայուած գրուածներն: – Աշակերտքը 598

ԳՐԻԳՈՐ ՊԱՀԼԱՒՈՒՆԻ. — Պահլաւ Գրիգոր՝ եղբայր Շնորհալւոյն: – Կաթուղիկոսական աթոռը նստելը: – Իր համբաւն և 'ի ժամանակակցաց ընծայուած մեծարանք: – Հայկական գրականութեան ծաղկելուն համար ունեցած ջանք: – Երկասիրութիւնքն . . . 599

ՆԵՐՍԷՍ ՇՆՈՐՀԱԼԻ. — Շնորհալի և իր նախնական դաստիարակութիւնն: – Քահանայանալը: – Ուսումն և կրթութիւնը: – Եպիսկոպոսական աստիճանի կը բարձրանայ: – Իր եղբօրը կը յաջորդէ յաթոռ հայրապետութեան Հայոց: – Ընդհանրականն առ ամենայն հայաստեր ազինս: – Խնդիր միութեան ընդ եկեղեցւոյն Յունաց. և այս առթիւ գրուած Թուղթք: – Շնորհալւոյն երկասիրութիւնք: – Թուղթք առ զանազանս: – Հրեշտակաց ներբող: – Բարձրացուցեաց մեկնութիւն: – Մեկնութիւն Մատթէի: – Մեկնութիւն կաթուղիկեայց: – Մանր երկասիրութիւնները: – Խրատ ժամերգութեան: – Շնորհալի քերթող: – Եդեսիոյ ողբ: – Յիսուս որդի: – Բան հաւատոյ: –

Յաղագս երկնից և վարդուց նոցա։ — Մանր քեր֊
թուածք։ — Մատենագիտական տեղեկութիւնք իր
գրուածոց 602
ԻԳՆԱՏԻՈՍ ՎԱՐԴԱՊԵՏ. — Իգնատիոս և իր աշակեր֊
տակիցքը։ — Պաչլաունի կաթուղիկոսին առաջար֊
կութիւնը։ — Ղուկաս աւետարանագրի մեկնութիւն։
— Իգնատիոսի ոճը, լեզուն և ճշմարտութիւն այս երկա֊
սիրութեան մէջ։ — Ընագրին տպագրութիւնք . . 623
ՍԱՐԳԻՍ ՇՆՈՐՀԱԼԻ. — Սարգիս Շնորհալի։ — Մեկ֊
նութիւն կաթուղիկեայ թղթոց։ — Անոր համառօ֊
տութիւնը։ — Ոճը և լեզուն։ — Կարապետ վարդա֊
պետ։ — Սարգսի անձանօթ երկասիրութիւնք . . 625
ՆԵՐՍԷՍ ԼԱՄԲՐՈՆԱՑԻ. — Ներսէս Լամբրոնացի։ — Իր
տոհմն ու ազնուականութիւնը։ — Վարուց համառօ֊
տութիւնը։ — Եկեղեցասութեան ատինանի քարզ֊
րանաբ։ — Երկասիրութիւններն։ — Ատենաբանու֊
թիւն։ — Մեկնութիւն սրբոյ Պատարագի։ — Մեկնա֊
դպական ուրիշ գրուածները։ — Ճառք։ — Թուղթք։
Քերթուածք։ — Թարգմանութիւնք։ — Տպագրու֊
թիւնք իր գրուածոց։ — Ժամանակակից անձինք։ —
Գրիգոր Գանձակեցի։ — Դաւիթ Ալաւկայ։ — Գրիգոր
Ցեսուանց։ — Խաչատուր աշակերտ Լամբրոնացւոյ։ —
Դաւիթ քահանայ 628
ՄԱՏԹԷՈՍ ՈՒՌՀԱՅԵՑԻ. — Ուռհայեցւոյն ժամանակը։
— Իր պատմական երկասիրութիւնը։ — Բանասիրա֊
կան արժէք։ — Ոճ և լեզու։ — Գրիգոր Երեց՝ շարայա֊
րող իր պատմութեան։ — Ընագրին տպագրութիւն և
թարգմանութիւնք 640
ՍԱՄՈՒԷԼ ԵՐԷՑ. — Սամուէլ Երէց։ Ժամանակագրու֊
թիւնը կամ Գաւազանք։ — Այս երկասիրութեան աղ֊
բերք։ — Ոճը։ — Եւրոպական լեզուով թարգմանու֊
թիւնք 649
ՄԽԻԹԱՐ ՀԵՐԱՑԻ. — Ո՛վ էր Մխիթար Հերացի։ —
Բժշկական գիտութիւն և արուեստ 'ի Հայաստան։ —
Ջերմանց մխիթարութիւն։ — Նիւթը։ — Աղբերք Հե֊
րացւոյն։ — Իր գրոց տպագրութիւն 655
ԳՐԻԳՈՐ ՏՂԱՑ. — Գրիգոր Տղայ։ - Հայրապետական

աթոռը գրաւելը։ — Բանակցութիւնք ընդ կայսեր Բիւզանդիոյ։ — Տարսոնի ժողովը։ — Թուղթք։ — Առ Կիռ Մանուէլ։ — Առ Միքայէլ պատրիարք Հռոմայ։ — Առ վարդապետս հիւսիսոյ։ — Առ Հաղբատացիս։ — Ողբք Երուսաղեմի 656

ՄԽԻԹԱՐ ԳՈՇ. — Մխիթար Գոշ։ — Իր ուսումն։ — Համբաւը։ — Շինած վանքերը։ — Զաքարէ Սպասալար։ — Իր հրամանաւ գումարուած ժողովն յԱնի։ — Գոշի երկասիրութիւնք։ — Դատաստանագիրք։ — Աղբերք և ոճ. — Հմտութիւն։ — Պատմական գրուած մը Մխիթարայ անուամբ։ — Առակք։ — Մեկնութիւն Երեմիայ։ — Աղօթագիրք։ — Մանր երկասիրութիւնք։ — Տպագրութիւնք իր գրուածոց 662

ԽԱՉԱՏՈՒՐ ՏԱՐՕՆԱՑԻ. — Խաչատուր Տարօնացի։ — Ազգային երաժշտական արուեստին մէջ ունեցած արդիւնք։ — Խորհուրդ խորին երգը։ — Տաղեր։ — Վարդան Հայկազն։ — Դաւիթ Քոբայրեցի։ — Սամուէլ Սկեւռացի։ — Դաւիթ վարդապետ։ — Արիստակէս վարդապետ և իւր աշակերտ Եփրեմ։ — Ստեփանոս Տիրացու վարդապետ։ — Յովհաննէս կրօնաւոր . . . 675

ՎԱՆՈՐԱՅՔ Ի ԿԻԼԻԿԻԱ. — Կիլիկիոյ վանորայք յերկոտասաներորդ դարու։ — Դրազարկի վանք։ — Սկեւռայ վանք։ — Կոստանդին Բ կաթուղիկոս։ — Գէորգ վարդապետ հաւաքող Հարանց վարուց։ — Ստեփանոս Սկեւռացի։ — Գռներոյ ուխտ։ — Յովհաննէս արքայեղբայր։ — Իր երկք և գրաւորական արդիւնք։ — Անդրիասանց ուխտ։ — Խորին անապատ։ — Ակներոյ վանք, և այլն 681

ԴԱՐ ԺԳ

ԳՐԻԳՈՐ ՍԿԵՒՌԱՑԻ. — Գրիգոր Սկեւռացի, մտերիմ Լամբրոնացւոյն։ — Երթ նորա առ կայսրն Փրեդերիկ։ — Երկասիրութիւնք։ — Ներբողեան ՚ի Ս. Ներսէս Լամբրոնացի։ — Ճառք։ — Շարական ՚ի Ս. Յովհաննէս Մկրտիչ։ — Աղօթք 695

ԳԷՈՐԳ ՍԿԵՒՌԱՑԻ. — Սկեւռացի Գէորգ։ — Իր ու-

սումն և դաստիարակութիւն։ — Երկասիրութիւնք։ —
Արուեստ գրչութեան։ — Մեկնութիւն Եսայեայ։ —
Խմբագիր մեկնութիւն Գործոց։ — Գէորգեայ աշա֊
կերտն Մովսէս 696
ՄԽԻԹԱՐ ԱՆԵՑԻ. — Մխիթար Անեցի կամ Երէց։ —
Ժամանակակցաց երեն ընծայած գրուածք։ — Պատմա֊
կան երկասիրութիւն մը։ — Անոր մեկ մասին դիւան և
հրատարակութիւն։ — Անեցւոյն պատմութեան նիւթը
և աղբերք։ — Արժէքն և մատենագրական ոճ . . . 701
ԿՈՍՏԱՆԴԻՆ Ա. ԿԱԹՈՒՂ․ — Կոստանդին Ա․ կա֊
թուղիկոս։ — Իր գրած այլ և այլ թղթերն առ․ Փա֊
հանպապետս Հոնմայ և առ այլս 707
ՎԱՆԱԿԱՆ ՎԱՐԴԱՊԵՏ. — Վանական վարդապետ. —
Մ․ Գօշի աշակերտելը։ — Խորանաշատ վանքին շի֊
նութիւնը և հօն աշակերտներ սորվեցընելը։ — Երեւմն
առ խանն Թաթարաց։ — Մահը։ — Երկասիրութիւնք։
— Յովբայ մեկնութիւն։ — Վարդապետական գրուած֊
ներ։ — Պատմութիւնը 709
ՎԱՐԴԱՆ ՎԱՐԴԱՊԵՏ. — Վարդան վարդապետ։ — Երեւմն
'ի Կիլիկիա։ — Կոստանդին կաթուղիկոսին կողմանէ
նուիրակութիւնն։ — Թարգմանութիւն դրոյն Մի֊
խայելի Ասորւոյ։ — Հուլաղու խանին հետ տեսու֊
թիւն։ — Պատմութեան գիրքը։ — Մեկնողական գր֊
ուածքներ։ — Հնգամատենին, Սաղմոսի, Երգոց եր֊
գոյն, 'խանիելի մեկնութիւնք։ — Ներբող 'ի սուրբ
Լուսաւորիչն։ — Մանր կամ անհարազատ գրուած֊
ներ։ — Առակք։ — Վարդանայ երկասիրութեանց ը֊
նագրին տպագրութիւնք և թարգմանութիւնք . . . 715
ԿԻՐԱԿՈՍ ԳԱՆՁԱԿԵՑԻ. — Կիրակոս Գանձակեցի ա֊
շակերտակից Վարդանայ։ — Պատմական երկասիրու֊
թիւնը։ — Անոր նիւթը։ — Մատենագրական ոճ և
հմտութիւն։ — Բնագրին տպագրութիւնք և թարգ֊
մանութիւնք։ — Ժամանակակից փոքր մատենագիրք։
— Մխիթար Սկեւռացի։ — Վարդան կամ Վարխամ։ —
Կիրակոս Արեւելցի 725
ՅՈՎՀԱՆ ԵՐԶՆԿԱՑԻ. — Երզնկացւոյն ուսումն ու դաս֊
տիարակութիւն։ — Գիւտ նշխարաց մեծին Ներսէսի

հայրապետի: — Այն աւթուղ երգուած շարականք յԵրզնկացւոյն: — Եւթն 'ի Կիլիկիա և յարքունիս Լեւոնի: — Ճողովք 'ի Սիս և յԱտանա: — Միաբանողաց սկզբնաւորութիւնն: — Երզնկացւոյն երկասիրութիւնք: — Քերականի մեկնութիւն: — Ներբող 'ի սուրբն Գրիգոր Լուսաւորիչ: — Մեկնութիւն Մատթէի: — Խրատական երկասիրութիւնք: — Քնարերգականք 732

ՍՄԲԱՏ ՊԱՏՄԻՉ. — *Սմբատ Սպարապետ: — Քաղաքական դիրքը և արդիւնք: — Տուած պատերազմունք և արիութիւնք: — Տարեգիրք: — Թուղթք: — Օրէնսգիրք: — Լեզուն և գրութեան ոճը: — Տարեգրոց հայ բնագրին տպագրութիւնք և թարգմանութիւնք* . . 744

ՅԱՒԵԼՈՒԱԾ

ՄԱՆՐ ՄԱՏԵՆԱԳԻՐՔ 755

ՄԱՏԵՆԱԳԻՐՔ *որոց գրուածքը չյիշատակուեր* . . . 765

ՑԱՆԿ ԱՆՈՒԱՆՑ ՄԱՏԵՆԱԳՐԱՑ

Աբգար Թագաւոր. 151
Աբրահամ կամ Աբէլ Թարգմանիչ. դար Ե 278
Աբրահամ կաթուղիկոս Ա Աղբաթանեցի. դար Զ 396
Աբրահամ Մամիկոնէից եպ. դար Ե 588
Ագաթանգեղոս. դար Դ 181
Աթանաս. 765
Աղան Արծրունի. դար Ե. 191, 281
Անանիա Թարգմանիչ. դար Ե. 279
Անանիա Նարեկացի. դար Ժ. 515
Անանիա Շիրակացի. դար Է. 457
Անանիա Սանահնեցի. դար ԺԱ. 569
Անաստաս. 765
Անդրէաս Թարգմանիչ. դար Ե. 279
Ապլիկուրէշ կամ Սահակ Մռուտ. դար Թ 594
Ասողնիկ Ստեփաննոս Տարօնացի. դար Ժ և ԺԱ 532
Ատոմ Անձևացի. դար Ժ 550
Արիստակէս Գրիչ. դար ԺԳ 615
Արիստակէս Լաստիվերտցի. դար ԺԱ 573
Արիստակէս վարդապետ. դար ԺԲ 680
Արձան Արծրունի Թարգմանիչ. դար Ե 277
Արտաշէս Բ. 153
Արտաւազդ Ա. 150
Արտաւազդ Մաշաղունեաց տէր. դար Ժ 550
Արտիթէոս. դար Դ 160

Բարդածան Եդեսացի. 155
Բարսեղ կաթուղիկոս. 627
Բարսեղ վարդապետ. դար ԺԲ 682
Բիւզանդ Փաւստոս. դար Դ 222

Գագիկ Բ Թագաւոր. 753
Գագիկ, Թագաւոր Կարուց. 765
Գէորգ կաթուղիկոս Գառնեցի. դար Թ 514

Գէորգ Սկեւռացի. դար ԺԲ 686
Գէորգ Սկեռացի (այլ). դար ԺԳ 696
Գէորգ վարդապետ. դար ԺԱ 572
Գէորգ վարդապետ Մեղրիկ. դար ԺԱ 682
Գէորգ վարդապետ Ուռճեցի. 764
Գիւտ կաթուղիկոս. դար Է 278, 303
Գնիթ եպ. Դերջանայ. դար Է 276
Գրիգոր Անաւարզեցի. դար ԺԳ 734
Գրիգոր Արծրունի. 755
Գրիգոր որդի Աբասայ. 755
Գրիգոր Շիրակացի. 766
Գուրգէն Արծրունի. դար Թ 514
Գրիգոր Արշարունի. դար Է 455
Գրիգոր Երէց՝ շարայարող պատմութեան Ուռհայեցւոյն. դար ԺԲ 648
Գրիգոր Թոքակերի որդի. դար ԺԲ 638
Գրիգոր իմաստասէր Յեսուանց. դար ԺԲ 639
Գրիգոր Լուսաւորիչ. դար Դ 174
Գրիգոր Մագիստրոս. դար ԺԱ 555
Գրիդոր Մոնոնիկ. 766
Գրիգոր Նարեկացի. դար Ժ 520
Գրիգոր որդի Վասակայ. 766
Գրիգոր Սարկաւագապետ. 756
Գրիգոր վարդապետ. 756
Գրիգոր Սկեւռացի. դար ԺԳ 693
Գրիգոր-Վահրամ Վկայասէր. դար ԺԱ 577
Գրիգոր Տղայ. դար ԺԲ 656
Գրիգոր Տուտէորդի. դար ԺԲ 767
Գրիգորատուր վարդապետ. դար Է 409
Գրիգորիս կաթուղիկոս Պահլաւունի. դար ԺԲ 599

Դանան թարգմանիչ. դար Է 276
Դաւթակ քերթող. 430
Դանիէլ վարդապետ. 756
Դաւիթ Ալաւկայ որդի. դար ԺԲ 555
Դաւիթ Անյաղթ. դար Է 278, 295
Դաւիթ Բագրեւանդացի. դար Է 455
Դաւիթ Գանձակեցի. դար ԺԲ 639
Դաւիթ Մաշկոտն. դար Ժ 552
Դաւիթ Մոկաց եպիսկոպոս. դար Ժ 532
Դաւիթ վանահայր. դար Ժ 531
Դաւիթ վանահայր յեշտակապեր. դար Թ 515

Դաւիթ վարդապետ Հռոմայեցի. 636
Դաւիթ վարդապետ մեկնիչ Եսայեայ. դար ԺԲ 680
Դաւիթ փիլիսոփայ. 756
Դաւիթ քահանայ. 756
Դաւիթ Քոբայրեցի. դար ԺԲ 679

Եզնիկ Երէց. դար Ե 406
Եզնիկ Կողբացի. դար Ե 273, 280
Եզր կաթուղիկոս. դար Ե 406
Եզրաս Անգեղացի թարգմանիչ. դար Ե 278
Եղիա վարդապետ Հալուցթառեցի. 767
Եղիշէ վարդապետ. դար Ե 278, 312
Եղիշէ վարդապետ (այլ). 757
Եղիշէ քահանայ. 757
Ենովք թարգմանիչ. դար Ե 276
Եսայի Նչեցի. դար ԺԳ 618
Երեմիա Անհրեիկ. դար ԺԲ 597
Երեմիա թարգմանիչ. դար Ե 276
Եփրեմ վարդապետ. դար ԺԲ 680, 768

Զաքարիա կաթուղիկոս. դար Թ 481
Զենոբ Գլակ. դար Դ. 214

Թադիկ թարգմանիչ. դար Ե 276
Թաթուլ թարգմանիչ. դար Ե 279
Թէոդորոս աշակերտ Մաշտուացույի. դար Ե 767
Թէոդորոս վարդապետ Աղախոսիկ. դար ԺԱ 586
Թէոդորոս քերթող՝ պատմիչ Արծրունեաց. դար Ե 757
Թէոդորոս Քռթենաւոր. դար Ե 451
Թովմա Արծրունի. դար Թ 500
Թովմա վարդապետ. դար Ժ 455
Թորոս աշակերտ Մխ. Գոշի. 768
Թորոս, պարոն Կիլիկիոյ. 757
Թորոս վարդապետ. 768
Թորոս փիլիսոփայ. 691

Իգնատիոս մեկնիչ. դար ԺԲ 625

Խաչատուր աշակերտ Լամբր. դար ԺԲ 659
Խաչատուր Տարօնացի. դար ԺԲ 675
Խաչիկ կամ Խաչատուր թարգմանիչ. դար Ե 279
Խաչիկ կաթուղիկոս. դար Ժ 531

Խաչիկ վարդապետ. 636
Խռովհուա. 159
Խոսրով Անձևացի. դար Ժ 517
Խոսրով Թարգմանիչ. դար Է 278

Կապուտիկ վարդապետ. 758
Կարապետ Ասսունցի. 758
Կիրակոս Արևելցի. դար ԺԳ 731
Կիրակոս պատմիչ Գանձակեցի. դար ԺԳ 725
Կիրակոս վարդապետ. դար ԺԱ 584
Կիւրիոն կաթուղիկոս Վրաց. դար Զ 396
Կոմիտաս կաթուղիկոս. դար Զ 403
Կոստանդին Ա. կաթուղիկոս. դար ԺԳ 707
Կորիւն. դար Ե 273, 291

Համամ վարդապետ Արևելցի. 758

Ղազար Փարպեցի. դար Ե 278, 570
Ղազարիկ կամ Ղաղրիկ Թարգմանիչ. դար Ե 277
Ղերուբնա. 161
Ղևոնդ Երեց պատմիչ. դար Ը 478
Ղևոնդ Վանանդեցի՝ Թարգմանիչ. դար Ե 272

Մաթուսաղա եպիսկոպոս Սիւնեաց. դար Է 407
Մաժան. 155
Մամբրէ Վերծանող. դար Ե 278, 567
Մաշտոց կաթուղիկոս. դար Թ 487
Մատթէոս Թարգմանիչ վարուց Յովհ. Ոսկեբ. դար ԺԱ 585
Մատթէոս Ուռհայեցի. դար ԺԲ 640
Մարիամ կատինա. 155
Մարտյուրոս առաջնորդ Գետկայ. 658
Մեսրովբ Երեց. դար Ժ 542
Մեսրովբ վարդապետ՝ մեծն. դար Ե 256
Միայել եպիսկոպոս. 758
Մխիթար Անեցի. դար ԺԳ 701
Մխիթար Գոշ. դար ԺԲ 662
Մխիթար Հերացի. դար ԺԲ 653
Մխիթար Ասսունցի. 743
Մխիթար Սկևռացի. դար ԺԳ 729
Մովսես աշակերտ Գ. Սկևռա. դար ԺԳ 700
Մովսես Խորենացի. դար Ե 278, 329
Մովսես կթ. Եղիվարդեցի. դար Զ 394

Մովսէս Կաղանկատուացի. դար Է 422
Մովսէս Սիւնեցի. դար Է 454
Մովսէս Տարօնացի. դար Ժ 551
Մուշեղ Բագրատունի. դար Ժ 549
Մուշէ Տարօնացի. դար Ե 188

Յակոբ Դիւնական. 759
Յակոբիկ Շնորհալեց. 760
Յակոբ վարդապետ. 639
Յակոբ Քարափնեցի կամ Սանահնեցի. դար ԺԱ 759
Յովհաննէս Արճիշեցի կամ Ոսկեակեր. դար ԺԳ 745
Յովհան Երզնկացի. դար ԺԳ 752
Յովհաննէս Արքայեղբայր. դար ԺԲ-ԺԳ 688
Յովհաննէս Բժիշկ. դար Թ 513
Յովհաննէս Գառնեցի. դար ԺԳ 639
Յովհաննէս Եկեղեցացի՝ Թարգմանիչ. դար Ե 274
Յովհաննէս Թարգմանիչ. դար Ե 278
Յովհաննէս իմաստասէր Օձնեցի. դար Ը 459
Յովհաննէս խոստովանող Թարգմանիչ. դար Ե 272
Յովհաննէս կաթուղիկոս պատմիչ. դար Թ 492
Յովհաննէս կողբեան վարդապետ. դար ԺԱ 551
Յովհաննէս կրօնաւոր մեկնիչ. դար ԺԲ 680
Յովհաննէս Ձլուզ վարդապետ. 691
Յովհաննէս Մամիկոնեան. դար Է 411
Յովհաննէս Մայրագոմեցի. դար Է 409
Յովհաննէս Մանդակունի. դար Ե 278, 306
Յովհաննէս Սարկաւագ վարդապետ. դար ԺԲ 588
Յովհաննէս վարդապետ. 760
Յովհաննէս վարդապետ Տարօնացի. 760
Յովհաննէս վարդապետ Տաւուշցի. դար ԺԲ 640
Յովհաննէս քորեպիսկոպոս. 760
Յովնաթման Թարգմանիչ. դար Ե 279
Յովսէփ եպիսկոպոս. 640
Յովսէփ Թարգմանիչ ՚ի Վասոց Ձորոյ. դար Ե 272
Յովսէփ Պաղնացի Թարգմանիչ. դար Ե 274

Ներսէս Իշխան. դար ԺԱ 640
Ներսէս Լամբրոնացի. դար ԺԲ 628
Ներսէս Շնորհալի. դար ԺԲ 602
Ներսէս Պարթև. դար Դ 218
Ներսէս Տարօնացի. դար ԺԳ 745

Շապուհ Բագրատունի. դար Թ 484

Ուխտանէս. դար Ժ 556
Ուղեալ կամ Ոլիմպիոս քուրմ. 154

Պետրոս Գետադարձ. դար ԺԱ 569
Պետրոս վարդապետ մեկնիչ գրոց. դար Ժ 551
Պետրոս Քերթող եպիսկոպոս Սիւնեաց. դար Ձ 389
Պրոյերեսիոս կամ Պարոյր. դար Դ 257
Պօղոս Տարօնացի. դար ԺԱ 587

Սահակ Գ կաթուղիկոս. դար Է 465
Սահակ Մռուտ. տ. Ապիկուրեշ.
Սահակ Պարթև. դար Ե 249
Սահակադուխտ. դար Ը 761
Սամուէլ Երէց. դար ԺԲ 649
Սամուէլ Կամրջաձորեցի. դար Ժ 550, 761
Սամուէլ Սկեւռացի. դար ԺԲ 572
Սամուէլ վանահայր խնաւի. դար ԺԱ 572
Սամուէլ վարդապետ. 641
Սարգիս Կունդ վարդապետ. դար ԺԲ 597
Սարգիս Շնորհալի. դար ԺԲ 623
Սարգիս Սեանեցի. դար ԺԱ 572
Սարգիս վարդապետ. դար Ժ 551
Սեբիոս եպիսկոպոս. դար Է 415
Սիսիանոս վարդապետ. դար ԺԱ 586
Սմբատ Պատմիչ. դար ԺԳ 744
Սողոմոն կաթուղիկոս. դար Ը 641
Ստեփանոս դրան երէց. դար Ը 642
Ստեփանոս Երէց. 761
Ստեփանոս Մանուկ. դար ԺԲ 598
Ստեփանոս չիշատակագիր. դար Թ 514
Ստեփանոս Սիւնեցի. դար Ը 470
Ստեփանոս վարդապետ. դար Ժ 551
Ստեփանոս Տարօնացի Թարգմանիչ. դար Ս 277
Ստեփանոս Տիրացու. դար ԺԲ 680

Վահրամ պատմագիր. 762
Վահրամ վարդապետ. դար ԺԴ 762
Վաղարշակ. 159
Վանական վարդապետ. դար ԺԳ 709
Վարդան Հայկազն. դար ԺԲ 677

Վարդան վարդապետ մեծն. դար ժդ 715
Վարխամ կամ Վարդան վարդապետ. դար ժդ 750
Վարոս Թարգմանիչ. դար ե 280
Վրթանես փերթող. դար ե 447
Վշըր. 155

Տաճատ վարդապետ. դար ժ 550
Տիգրան Պահլաւունի. դար ժԱ 572
Տիմոթէոս վարդապետ մեկնիչ. դար ժ 552, 763
Տիրայր խորձենացի՝ թարգմանիչ. դար ե 274
Տիրան վարդապետ. 763
Տիրատուր վարդապետ. 764.
Տուրբիկ վարդապետ. դար ժբ 642

Փիլոն Տիրակացի. դար ե 456

www.ingramcontent.com/pod-product-compliance
Lightning Source LLC
Chambersburg PA
CBHW071426300426
44114CB00013B/1327